KB022921

옥스퍼드
음식의 역사

27개 주제로 보는 음식 연구

옥스퍼드 음식의 역사

27개 주제로 보는 음식 연구

엮은이 | 제프리 M. 필처
옮긴이 | 김병순
감수 | 주영하

초판 1쇄 발행 | 2020년 2월 28일

펴낸곳 | 도서출판 따비
펴낸이 | 박성경
편 집 | 좌세훈
디자인 | 이수정

출판등록 | 2009년 5월 4일 제2010-000256호
주소 | 서울시 마포구 월드컵로28길 6(성산동, 3층)
전화 | 02-326-3897   팩스 | 02-6919-1277
인쇄·제본 | 영신사

ISBN 978-89-98439-78-1 93900
값 65,000원

이 도서의 국립중앙도서관 출판예정도서목록(CIP)은 서지정보유통지원시스템
홈페이지(http://seoji.nl.go.kr)와 국가자료종합목록 구축시스템(http://kolis-net.nl.go.kr)에서
이용하실 수 있습니다. (CIP제어번호 : CIP2020006156)

The Oxford Handbook of
Food History

옥스퍼드
음식의 역사

27개 주제로 보는 음식 연구

제프리 M. 필처 엮음 | 김병순 옮김
주영하 감수·해제

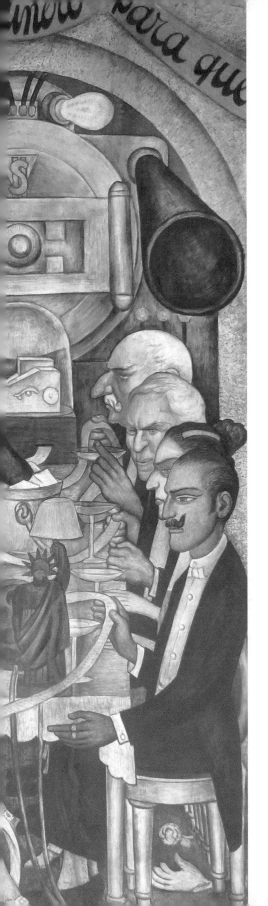

따비

일러두기

- 본문의 강조는 원서(저자)에 따른 것이며, 본문의 [ ]는 원문의 이해를 돕기 위해 옮긴이가 보충한 내용이다.
- 원서의 주는 각 장 뒤에 실었으며, 본문의 주는 모두 옮긴이 주다.
- 원서의 "food"는 맥락에 따라 "음식", "식량", "식품", "식료품", "먹거리", "먹을 것" 등으로, "foodstuff"는 맥락에 따라 "식품", "식료품", "식량" 등으로, "taste"는 "맛", "입맛", "미각", "취향" 등으로 옮겼다.
  특히 "food system", "food regime"에서의 "food"는 종자에서 음식물 쓰레기까지를 포괄하므로 "먹거리"로 옮기는 것이 맞지만, 두 용어의 구분을 위해 "food system"은 "먹거리체계"로, "food regime"은 "식품체제"로 옮겼다.
- "authenticity"는 최근 국내 학계에서는 "진정성"으로 번역하기도 한다. 이 책에서는 맥락에 따라 "정통성"과 "진정성"을 모두 사용했다.
- "national"은 "국가" 혹은 "민족"으로 번역될 수 있다. 이 책에서는 주로 "국가"로, 부분적으로 "민족"으로 번역했다.
- 원서 주에 나오는 참고문헌 중 한국어판이 있는 경우는 최대한 찾아서 원서명 뒤에 그 서지사항을 밝혀두었다.
- 외국 인명 등의 표기는 국립국어원 외래어표기법을 원칙으로 하되, 국내에서 통용되는 표기는 관행을 따르기도 했다.

Handbook

a compendious book or treatise for guidance in any art, occupation, or study

- Oxford Enlgish Dictionary

핸드북

어떤 예술, 직업, 학문의 지도에 관한 모든 필요한 내용을 담은 책이나 논문

- 옥스퍼드영어사전

감수의 글

"음식의 역사는 오랫동안 아마추어의 취미라고 비웃음을 사다가 마침내 고품격의 학문 중 하나로 그 전문적 지위를 인정받았다."

위는 캐나다 토론토대학 스카버러캠퍼스에서 음식사를 가르치는 제프리 필처 Jeffrey Pilcher 교수가 한 말이다. 그는 2012년에 옥스퍼드대학 출판부의 역사학 시리즈 중 하나인 이 책의 서문에서 이 말을 했다. 내가 필처의 이 글을 읽은 때는 2013년 봄이다. 나는 2011년 봄에 10여 년 동안 쓴 음식 관련 논문들을 모아서 《음식인문학: 음식으로 본 한국의 역사와 문화》를 펴낸 적이 있다. 그리고 2년이 지나 발견한 필처의 말은 한참 동안 나를 고무시켰다.*

필처는 이 책의 서문에서 구미 역사학계에서 얼마나 오랫동안 '음식의 역사'와 관련된 글쓰기를 주저했는지를 상세하게 설명하고 있다. 특히 19세기 독일 대학을 중심으로 역사학이 정식 학문으로 발돋움하면서 오히려 '음식의 역사'에 관한 연구가 뒷걸음질했음을 밝힌다. 실증주의를 주장한 독일의 역사가 레오폴트 폰 랑케Leopold von Ranke(1795~1886)와 그의 동료들은 근대 국민국가 건설에 역사학

---

* 이 글의 일부는 2019년 4월 호 미식월간잡지 《올리브 매거진 코리아》에 실렸다.

이 복무해야 한다고 믿었다. 그래서 주로 정부 소장 문서들에 대한 과학적인 정리와 객관성 확보를 역사학의 주된 연구라고 생각했다. 이로 인해 '음식의 역사'에 관한 연구는 정통 역사학자들이 다루면 안 되는 주제가 되고 말았다.

한국의 인문사회과학 학계에서도 사정은 비슷했다. 나는 1999년에 유럽과 아시아 각국의 역사와 문화를 연구하는 지역학Area Studies 전문가 10여 명과 함께 세계 각 지역의 음식문화에 대한 프로젝트를 한국연구재단에 신청한 적이 있다. 결과는 탈락이었다. 심사위원 중 몇몇은 이 주제의 연구비를 한국 정부가 아니라 코카콜라와 같은 다국적 식품기업에 요청해야 한다고 판단했다. 함께 연구 과제를 준비했던 나와 동료들은 그들의 지적에 헛웃음만 지을 수밖에 없었다. 아직 '먹방'이란 말도 생겨나기 전이니 음식 관련 프로그램은 일부 언론에서나 겨우 명절을 앞두고 기획하던 주제에 지나지 않았다. 그러니 고품격의 학술성을 무기로 삼는 인문사회과학 학계에서 음식의 역사나 문화와 같은 주제를 연구 대상으로 인정하기란 어려웠던 모양이다.

필처가 2012년에 음식 관련 논문 27편을 모아서 펴낸 이 책의 필진에는 역사학자뿐만 아니라 문화인류학자·민속학자·지역학자·요리학자·지리학자·의료역학자·영양학자·사회학자·종교학자 등이 망라되어 있다. 엄격하게 말하면, 이 필자들 모두가 역사학자는 아니다. 그러나 그들의 시선은 인문학과 사회과학의 이론이라는 프리즘을 통해 음식의 역사와 문화를 분석하고 있다. '먹방'의 시대인 오늘날의 한국사회에서 이런 '미식'을 직업처럼 하는 '미식가'는 얼마나 존재할까? 오히려 '음식인문학'을 내세우는 분들이 더 많은 듯하다.

필처는 음식의 문제는 학술적 연구의 대상일 뿐만 아니라 대학과 학계의 밖에 있는 대중에게도 자본주의, 환경, 사회 불평등 등에 대해 비판적으로 생각할 거리를 던져주는 매력적인 매체라고 본다. 분명 그렇다. 누구나 '음식인문학'을 연구할 수 있다. 나는《음식인문학》의 서론에서 내가 지향하는 학문은 그냥 '음식인문학'이라 아니라 '비판적 음식인문학'이라고 분명하게 밝힌 바 있다. 이 책은 그러한 나의 지향에 꼭 맞는다. 그래서 이 책의 제목을 '인문사회과학적 음식학 이론' 혹은 '비판적 음식인문학의 이론 27가지'로 바꾸어도 괜찮을 듯하다.

그러니 '음식인문학'이나 '비판적 음식인문학'에 관심을 둔 독자라면 이 책은 필독서다. 그러나 쉽게 읽히지 않는다. 내용이 독자들에게 익숙지 않아서가 아니다. 그동안 한국의 독자들이 음식 관련 책을 마치 값싼 길거리 음식 먹듯이 읽어왔기에 어렵다는 말이다. 게다가 북미와 유럽에서의 인문사회과학적 음식학 연구의 경향까지 포함해 여러 학문 분과의 연구이론과 방법론으로 음식을 다루고 있으니 더욱 어렵다.

그렇다고 표지만 펼치고 다시 덮어버리지 말길 바란다. 매일같이 대하는 식탁 위의 음식과 돈만 있으면 사들일 수 있는 시장의 식품이 우리의 입에 들어오기까지 결코 단순한 과정을 거치지 않음을 이해시켜주는 논문들로 이 책이 구성되어 있는 만큼 '낭만적인' 음식인문학 관련 서적을 즐겼거나 '먹방'의 최전선에 서려고 하는 사람들도 꼭 이 책을 읽고 소화하기를 바란다. 그렇다고 1장부터 읽을 필요는 없다. 구미가 당기는 글부터 읽어도 무방하다. 글을 읽다가 나오는 사건을 '구글링' 하는 수고를 아끼지 않는다면, '비판적 음식인문학'의 새로운 세상을 만나게 되는 기쁨을 더욱 맛볼 수 있다. 예컨대, 이 책의 2장에 나오는 '토마토 길'은 미국의 다큐멘터리 〈푸드 체인Food Chains〉(산제이 라왈Sanjay Rawal, 2014)을 보면 글이 생생하게 살아난다.

사실 이 책의 감수를 맡은 지 벌써 1년이 지났다. 번역자 김병순은 27명의 필자가 써서 정연한 문장이 아닌데도 불구하고 유려한 한국어로 풀어냈다. 수없이 나오는 생소한 음식 관련 사건들을 두고 얼마나 많은 밤을 지새웠을까? 나도 이 책의 감수를 맡으면서 관련 논저들을 찾아서 읽는 데 수많은 시간을 보냈다. 그러나 합당한 한국어를 찾지 못한 학술용어가 여전히 이 책에 그대로 남아 있다. 이 책이 많은 독자를 만난다면, 그래서 개정 번역판을 낼 때가 곧장 다가온다면, 이 책의 학술용어는 더욱 합당한 한국어 옷을 입을 것이라 믿는다.

2020년 1월
주영하

한국에서의 비판적 음식학 연구를 위하여

주영하(한국학중앙연구원 한국학대학원 교수)

《옥스퍼드 음식의 역사: 27개 주제로 보는 음식 연구》는 북미와 유럽에서의 인문사회과학적 음식학의 연구사를 27개 주제로 다루었다. 27편 논문은 크게 1부 음식의 역사Food Histories, 2부 음식학Food Studies, 3부 생산수단The Means of Production, 4부 음식의 전파The Circulation of Food, 5부 음식 공동체Communities of Consumption로 구성되어 있다. 이러한 분류는 북미와 유럽에서의 인문사회과학적 음식학 연구가 지향해온 큰 방향이기도 하다.

2007년에 나는 한국의 인문사회과학 및 자연과학 학계에서의 음식문화, 음식의 역사에 관한 연구사를 발표한 바 있다.* 나의 이 글은 2011년에 출간한 《음식인문학》**에도 실렸다. 당시만 해도 음식 관련 분야의 연구 성과가 많지

* 주영하, 〈음식생활에 대한 연구 50년〉, 이화여자대학교한국문화연구원 편,《전통문화연구50년》, 서울: 혜안, 2007.
** 주영하, 〈보론: 한국음식의 역사와 문화에 대한 연구사 50년〉,《음식인문학: 음식으로 본 한국의 역사와 문화》, 서울: 휴머니스트, 2011.

않아 연구 경향을 주제별로 살피기가 어려워 글은 연대기적 서술에 머물고 말았다.

그로부터 거의 13년이 지난 지금, 한국의 학계에서 내놓은 음식에 관한 인문사회과학적 연구 성과는 여전히 적은 편이다. 이 글은 이 책에 실린 27편 논문을 요약하고 아울러 한국 학계에서의 전망에 대해서도 살펴본다. 이 글을 통해 독자 여러분이 이 책의 주제들을 좀 더 쉽게 소화하고, 동시에 한국을 대상으로 한 새롭고 비판적인 음식학 관련 연구가 나오기를 기대해본다.

1. 음식의 역사

이 책의 1장 〈음식과 아날학파Food and the Annales School〉는 근세 유럽사에서 정육업자 길드와 공중위생의 역사를 연구한 역사학자 시드니 와츠Sydney Watts가 썼다. 와츠는 음식의 역사 연구에서 프랑스의 아날학파가 끼친 영향을 세 국면(콩종크튀르conjoncture)의 연구사로 알려준다. 그는 아날학파 학자들이 사회사를 연구하면서 음식의 역사가 학문의 연구 대상으로 떠올랐다고 설명한다. 특히 농업의 역사, 지구사, 역사인구학 등을 연구해온 아날학파 내부에서 페르낭 브로델Fernad Braudel이 주도한 정량적 역사 분석에 반발한 장-루이 플랑드랭Jean-Louis Flandrin 등이 아날학파의 마지막 세 번째 국면에서 음식의 역사를 본격적으로 연구하도록 만들었다. 그들은 사회인류학의 이론을 수용해 음식을 하나의 문화체계로 보았고, 음식을 상징적·사회적 분석 대상으로 연구했다.

플랑드랭을 대표로 하는 연구자들은 요리책, 문학작품, 의학 문헌의 상세한 해석을 통해 다양한 시대와 문명의 조리법, 식습관, 식품체제food regime의 역사를 설명하려고 애썼다. 특히 플랑드랭은 프랑스(와 유럽 대부분)가 중세의 조리법(중세 때는 조리법을 "처방전receipt"이라고 불렀고 그것을 건강 전문가들이 작성했다)과 약효 사이의 연결 고리를 잘라내는 결정적 전환점이 된 프랑스 요리의 근대화에 관한 논문을 쓰면서 18세기 말의 조리법을 역사적 현상으로 연구하기 시작했다. 플랑드랭은, 와츠의 표현을 빌리면, 음식의 역사를 더욱 구체화해 '맛과 요리의 역사'로까지 전개했다.

한국의 음식사 연구 중에서 아날학파의 연구이론과 방법론을 수용해 본격적
연구를 시도한 성과는 미미하다. 한국의 몇몇 서양사학자들은 아날학파의 연구
이론과 방법론을 포함해 미시사micro history, 신문화사, 생활사의 이론과 연구 성
과를 소개했다.* 그러나 한국의 식품사 혹은 음식의 역사를 주로 연구하는 학자
들, 특히 식품학 연구자들의 논저에서 아날학파의 문제의식을 담고 있는 사례를
찾기는 어렵다. 그들의 연구는 여전히 1920년대 실증주의적 역사학에서 추구해
왔던 분류사적 문화사 즉 사료를 나열하는 데 머물고 있다. 한국사학자 정연식은
〈한국 생활사 연구의 현황과 과제: 조선시대 생활사 연구를 중심으로〉에서 아날
학파의 음식사 연구에만 한정하지 않고 '생활사'라는 측면에서의 음식의 역사에
관한 연구사를 평가했는데, 한번 일독할 필요가 있다.**

　　2장 〈음식의 정치사Political Histories of Food〉는 멕시코의 음식사를 연구한 역사학
자 엔리케 C. 오초아Enrique C. Ochoa가 썼다. 오초아는 식량 생산과 정치권력의 관
계에 대해 설명한다. 그는 "고대국가의 발생 이래로, 정치적 정통성[정당성]은 무
엇보다도 지배자가 피지배자들을 안전하게 먹여 살릴 능력이 있느냐 없느냐에
달려 있었다"라고 본다. 음식의 정치사 분야의 초기 연구 대부분은 식량의 생산
과 분배에 초점을 맞춘 경제사학자들의 것이었지만, 오초아는 식량의 생산보다
분배에 초점을 맞춘 최근의 정치경제학적 연구에 주목한다.

　　근대 국민국가가 형성된 1930~1970년대에 식량의 생산에 대한 국가의 통제
가 강력해졌다. 1940년대 초 미국에서 행해진 녹색혁명은 소농의 희생을 대가
로 치르면서 대규모 민간 농업의 곡물 생산량을 증가시켰다. 정부정책으로서 녹
색혁명의 성공은 터키·인도·필리핀은 물론이고 한국에도 신속하게 전파되었다.
'음식의 정치사'와 관련해 가장 주목해야 하는 한국의 연구 성과는 과학기술사

---

* 조한욱, 《문화를 보면 역사가 달라진다》, 서울: 책세상, 2000; 곽차섭, 《다시, 미시사란 무엇인가》, 서울:
푸른역사, 2017.

** 정연식, 〈한국 생활사 연구의 현황과 과제: 조선시대 생활사 연구를 중심으로〉, 한국역사연구회, 《역사
와 현실》 72, 2009, 289~314쪽. 한국의 중국사학자 최덕경은 중국과 한반도의 대두와 장·두부의 역사에
대한 징연한 연구를 수행하고 있다. 崔德卿, 〈『齊民要術』의 高麗豆 普及과 韓半島의 農作法에 대한 一考
察〉, 《東洋史學研究》 제78집, 2002, 71~110쪽; 최덕경, 〈大豆栽培의 起源論과 韓半島〉, 《中國史研究》 제
31집, 2004, 65~110쪽; 崔德卿, 〈大豆의 기원과 醬·豉 및 豆腐의 보급에 대한 재검토—중국고대 文獻과
그 出土자료를 중심으로—〉, 《역사민속학》 제30호, 2009, 363~427쪽.

해제　한국에서의 비판적 음식학 연구를 위하여 :: 013

연구자인 김태호가 2017년 출간한 《근현대 한국 쌀의 사회사》*다. 특히 통일벼 품종의 발명과 한국의 녹색혁명이 전개된 양상에 대한 서술은 오초아가 논의하는 '음식의 정치사'가 한국에서 어떻게 전개되었는지를 이해할 수 있는 중요한 지점이다.**

3장 〈음식의 문화사Cultural Histories of Food〉는 이 책의 편집자이면서 멕시코 음식사를 연구한 역사학자 제프리 M. 필처Jeffrey M. Pilcher가 썼다. 필처는 아날학파의 음식사에 관한 연구와 문화사적 접근이 다르다고 분명하게 밝힌다. 그는 1990년대 들어 등장한 '신문화사new cultural history'에서 출발한 문화사를 "사람들이 자기가 살았던 세상을 어떻게 이해했는지를 알아내는 일"이라고 말한다. 그는 '요리와 맛'의 변화를 해석하고 추적하는 것이 '음식의 문화사'라고 본다. 특히 필처는, 로버트 단턴Robert Darnton이 다양한 형태의 인쇄물을 신문화사 연구의 사료로 사용했듯, 요리 문헌을 분석해 맛이 어떻게 역사가 되는지를 규명하는 것이 '음식의 문화사' 연구가 추구하는 가장 기본적인 목표라고 주장한다. 이 점에서 필처가 제시하는 '음식의 문화사'는 '요리와 맛의 역사'라고 할 수 있다.

엄격하게 말하면 '음식의 문화사'라고 보기에 적절치 않을 수 있지만, 국내에서도 조선시대 문헌 속에 담긴 '탐식'에 초점을 맞추거나,*** 19~20세기 음식점의 요리가 어떤 사회문화적 요소와 관련되어 있는지를 논증한 책****과 '조리법과 맛'에 대한 개인적 표현을 문서로 남긴 조선시대 15인의 삶과 그들 시대의 맛의 취향, 조리법의 변화과정을 살핀 책이 나왔다.*****

한국의 식품사 연구자들은 요리책에 담긴 조리법의 변화상을 살피는 작업을 꾸준히 해왔다. 그러나 그들의 연구 대부분은 특정한 음식의 조리법이 시대별

---

* 김태호, 《근현대 한국 쌀의 사회사》, 파주: 들녘, 2017. 이 책은 저자의 박사학위논문 〈통일벼'와 1970년대 쌀 증산 체제의 형성〉을 기반으로 쓰였다.
** 경제사학자 조영준은 조선 후기 왕실의 회계장부를 분석 대상으로 삼아 서울의 시장에서 팥과 소고기 거래에 관한 세밀한 분석을 했다. 전근대 시기 서울에서의 식재료 유통의 실재를 파악하는 연구는 조선 후기 음식의 역사 연구에서 매우 중요하다. 조영준, 《조선 후기 왕실재정과 서울상업》, 서울: 소명출판, 2016.
*** 김정호, 《조선의 탐식가들》, 서울: 따비, 2012.
**** 주영하, 《식탁 위의 한국사: 메뉴로 본 20세기 한국 음식문화사》, 서울: 휴머니스트, 2013.
***** 주영하, 《조선의 미식가들: 이색의 소주, 영조의 고추장, 장계향의 어만두 맛 좀 아는 그들의 맛깔스런 문장들》, 서울: 휴머니스트, 2019.

로 어떻게 변화했는지에 주목했지 그것을 둘러싼 역사학적 해석을 내놓지는 못한다.* 더욱이 그들은 문헌에 담긴 조리법이 실제로 부엌에서 실천되었는지에 대해 의문을 제기하지 않는다. 이와 같은 자료 나열에 그치는 조리법의 변화과정은 소재주의에 그칠 위험이 있다. 필처는 "우리는 음식에 의미를 부여하는 담론들을 간과하지 말고 이러한 상징체계를 언제나 연구 대상의 체화된 물질성에 다시 연결해야 한다"는 말로 클리퍼드 기어츠Clifford Geertz의 인류학적 문화 해석**에서 배태된 신문화사의 시각을 '음식의 문화사'에 적용할 것을 권고한다.

4장 〈음식의 노동사Labor Histories of Food〉는 미국 정부의 주부 만들기와 식품점의 역사를 연구한 역사학자 트레이시 도이치Tracey Deutsch가 썼다. 도이치는 "음식 생산에 엄청난 양의 노동이 필요하다는 사실에 주목하면서 음식의 역사를 노동을 중심으로 살펴보려 한다"라고 강조했다. 그러면서 연대기적 순서로 음식의 노동사를 연구사적 맥락에서 고찰한다. 음식을 생산하는 노동을 키워드로 하여 시대별 양상을 살피면, 도이치가 정리하듯, 기존의 식량 생산의 역사는 다른 모습으로 드러난다.

그 첫 번째 단계는 인간의 식량 생산 출발에서 전개된 수렵과 채집, 농경과 목축이 주류를 이룬 시기다. 그러나 도이치는 종래 수렵·채집사회, 농경사회, 목축사회로 구분하는 고전적 초기 공동체의 생산방식에 문제를 제기한다. 농경사회에서도 수렵과 채집이 지속되었다는 것이다. 그 두 번째 단계는 유럽의 제국들이 아메리카대륙에서 펼친 플랜테이션 생산으로 인해 음식 생산의 노동이 전 세계적 노예화로 전락한 시기다. 플랜테이션 음식 생산의 노동은 멀리 떨어진 곳에 있는 유럽의 노동자들에게 식량을 공급하는 데 결정적 역할을 했다. 그 세 번째 단계는 산업화로 근대도시가 들어서면서 "상업이 번성하고 산업화된 곳에서는 가정에서 먹을 것을 직접 재배하거나 가공하지 않고 돈을 주고 사 먹는 경우가 점점 더 늘어"나게 된 시기다. 가난한 가정의 여성들은 작은 자본으로 길거리에서 음식을 판매해 생계를 유지하기도 했다. 결국, 상업화된 도시에는 음식 공급과 관련된 직업군들의 광범위한 네트워크가 만들어졌고, 이러한 현상은 지금

---

* 이한창, 《장보: 동아시아 장의 역사와 계보》, 서울: 따비, 2016.
** 클리퍼드 기어츠 지음, 문옥표 옮김, 《문화의 해석》, 서울: 까치글방, 2009.

까지도 이어진다. 그 네 번째 단계는 산업사회로 진입하면서 산업생산과 산업노동이 식품의 생산과 소비에 절대적 영향을 끼치기 시작한 시기다. 도이치는 식품산업계, 외식업계 종사자들의 노동에 주목하기를 권고한다. 그 다섯 번째 단계는 외식의 산업화 속에 담긴 생산자로서의 노동자와 소비자로서의 노동자, 가사노동자로서의 여성이 산재하는 시기다. 이 단계는 또한 식량 생산의 가장 오래된 방식인 농업에서도 소농이 사라지고 상품화된 농산물이 주류를 이루면서 농산물의 상품화와 농민의 노동자화가 이루어진 시기이기도 하다.

도이치가 논의하는 '음식의 노동사'를 닮은 연구는 아직 한국 학계에서 나오지 않았다.* 정치학자 김원에 의해 이루어진 '노동자의 역사'에 관한 연구는 농민, 식품회사와 외식업체의 노동자와 소비자 사이 관계를 설명할 가능성을 보여준다.** 특히 1950~1970년대에 한국의 대도시 부유층 가정에서 일했던 '식모'에 관한 연구는 가정과 사회에서 전개되는 음식 관련 사적·공적 노동에 대해 유기적으로 살필 수 있는 가장 적절한 사례의 하나다.

5장 〈음식의 공공역사Public Histories of Food〉는 미국인과 아메리카 원주민의 식생활 전시 전문가인 스미스소니언 국립미국사박물관의 명예 큐레이터 레이나 그린Rayna Green이 썼다. 그린이 이 주제를 다루면서 제시하는 '공공역사'는 박물관과 정부와 대학의 연구소에서 수행하는 다양한 역사 재현을 가리킨다. 음식의 역사를 공공역사로 생각하는 학자들은 "자신들이 연구하는 음식과 식생활에 관한 시대나 지역사회의 역사뿐 아니라 물질문화에 관해서도" 전문가들이다. 고고학적 유적지를 재현하는 작업에서는 음식과 식생활에 대한 구체적 지식이 핵심이다. 그녀는 미국의 다양한 공공영역에서 조리법과 식생활의 재현을 통해 구축된 '음식과 공공역사'의 관련성을 소개하고 있다.

2000년대 이후 한국의 역사 관련 공공영역에서도 음식과 식생활 관련 자료 전시를 매우 중요하게 생각하고 있다. 특히 음식에 대한 대중의 관심이 고조되면

---

* 본격적인 음식 노동사는 아니지만, 성공한 식품업계 종사자들의 긍정적 음식 경험을 모은 책으로는 다음이 있다. 주영하·양영균·김혜숙·박경희·양미경, 《음식 구술사: 현대 한식의 변화와 함께한 5인의 이야기》, 성남: 한국학중앙연구원출판부, 2019.
** 김원, 〈근대화 시기 주변부 여성노동에 대한 담론: '식모'食母를 중심으로〉, 숙명여자대학교 아시아여성연구소, 《아시아여성연구》 제43집 제1호, 2004.

서 박물관 학예사들 역시 음식을 전시 주제로 다루려는 기획을 다양하게 내놓았다. 2001년 11월 궁중음식연구원과 국립민속박물관의 공동기획전인 〈옛 음식책이 있는 풍경전〉을 비롯해 2015년 12월 한국 국립민속박물관과 일본 국립민족학박물관의 한·일 국교 정상화 50주년 기념 공동기획전인 〈밥상지교飯床之交, 飯膳の交わり〉에 이르기까지 음식과 관련된 기획전시는 대중의 관심을 끄는 데 성공했다.* 또한, 1988년 서울올림픽 이후 기업에서 운영하는 음식 관련 박물관도 계속 늘어나는 추세다.

그러나 한국의 공공영역에서 시도하고 있는 음식의 역사와 관련된 자료 발굴과 전시에는 '민족주의'와 '전통주의'라는 '신화'가 알게 모르게 관통하는 경우가 많다. 현재 한국의 많은 박물관과 연구소는 음식과 식생활의 역사를 살필수 있는 다양한 고문헌, 그림 자료, 고고학적 유물·유적, 민속품 등을 소장하고 있다. 그러나 이들 자료를 단순히 나열하든지 재현하는 데만 목표를 둔 기획전시는 '자문화 중심주의적'이거나 아니면 민족적 자긍심을 강조하는 데 활용될 뿐이다. 그린이 밝히는 대로 미국의 공공역사학자들이 대중의 '신성한' 신화에 맞서면서 깊이 있는 음식의 역사 연구에 몰두할 수 있었던 것처럼, 한국에서도 '음식의 공공역사'를 연구할 때 '민족주의'와 '전통주의'를 해체하려는 노력이 필요하다.

2. 음식학

6장 〈음식과 젠더 문제Gendering Food〉는 이탈리아와 미국의 음식문화 속 젠더에 관해 연구한 인류학자 캐럴 커니핸Carole Counihan이 썼다. 커니핸은 2009년 3월 이탈리아에서 개최된 국제슬로푸드협회에서 자신이 직접 경험한 남성 중심적 분위기를 꼬집으면서 글을 시작한다. 그녀는 글에서 줄기차게 음식 영역에서의 정치적 행동인 음식 행동주의food activism 활동에서도 남성이 여성보다 우월한

---

* 국립민속박물관,《미역과 콘부다시마: 바다가 잇는 한일 일상》, 서울: 국립민속박물관, 2019.

지위를 구가함을 증명하고 있다. 한국의 유기농운동이나 슬로푸드운동에서도 정치적 결정권을 가진 음식 행동주의자가 주로 남성인 상황은 이탈리아의 사례와 별반 다르지 않을 것이다. 한국의 음식 행동주의 활동가 내부의 젠더 문제를 살펴야 할 이유가 여기에 있다. "먹거리 민주주의food democracy라는 개념은 젠더와 음식 행동주의에 관한 문제를 바라보는 유용한 관점을 제공"하며, "무비판적인 먹거리정치[food politics]는 젠더·계급·인종 등의 위계질서에 대한 기존의 고정관념들을 재생산할" 가능성이 크고 그것을 비판할 필요가 있다는 점에서다.

커니핸은 이탈리아에서 자신이 연구한 경험을 바탕으로 '젠더와 음식 행동주의 연구'에서 주목해야 할 세 측면을 강조한다. 음식 속의 차별적 고정관념을 해체하기 위해서는 "첫째, 신체 이미지, 몸 사용, 적절한 식사, 편안함, 감각에 대한 정의를 남녀 사이에 다르게 내리는 젠더적 관점이 음식 행동주의에 영향을 끼치는 방식. 둘째, 음식과 관련해 젠더화된 남녀 간 노동의 분업이 음식 행동주의 활동가로서 남성과 여성의 가치, 권력, 효율성에 영향을 끼치는 방식. 셋째, 젠더가 음식과 관련된 내적·외적 의미를 형성하고 음식 행동주의를 실천에 옮기는 방식" 등에 대해 살펴야 한다는 것이다.

'음식과 젠더 문제'는 한국의 학계에 매우 생소한 연구 주제다. 여성은 당연히 음식을 만드는 사람이라는 고정관념이 지금도 한국사회는 물론이고 이 분야 관련 학계에서도 당연한 상식처럼 여겨진다. 종부의 내림음식에 대한 기여를 서술하면서도 현대사회에서 제사라는 실천을 둘러싼 젠더 문제는 언급되지 않는다. 그만큼 한국 학계의 음식 연구는 남성적이라고 할 수 있다. 비록 음식에 초점을 맞추지는 않았지만, 사회학자 강혜경의 근현대 한국사회의 종부에 관한 연구는 '음식과 젠더 문제'의 한국적 주제로 확장할 수 있는 가능성을 보여준다.* 전문 연구서는 아니지만, 페미니스트 작가는 일상의 식탁 속에 숨어 있는 한국사회의 차별에 대해 다룬다.**

7장 〈음식의 인류학Anthropology of Food〉은 《쌀의 인류학》의 저자인 일본인 인류

---

* 강혜경, 〈근현대 한국사회 종부宗婦 연구: 嶺南地域 종부 사례를 중심으로〉, 서강대학교대학원사회학과 박사학위청구논문, 2008.
** 이라영,《정치적인 식탁: 먹는 입, 말하는 입, 사랑하는 입》, 파주: 동녘, 2019.

학자 에미코 오누키 티어니Emiko Ohnuki-Tierney(일본명 오누키 에미코大貫惠美子)와 그의 아들인 인류학자 R. 켄지 티어니R. Kenji Tierney가 함께 썼다. 두 저자의 관심 지역으로 글은 미국과 일본의 사례를 중심으로 전개되고 있다. 인류학자들은 진화론적 발전 이론을 거부해왔으며, 음식과 식습관의 특성이 문화적으로 정의되고 지역적 의미를 지닌다는 점에 주목해왔다. 특히 클로드 레비-스트로스Claude Levi Strauss, 메리 더글러스Mary Douglas, 마빈 해리스Marvin Harris, 잭 구디Jack Goody, 시드니 민츠Sidney Mintz와 같은 인류학자들은 음식의 종교적 상징성과 유물론적 측면, 음식의 문화적 생산과 소비에 담긴 집단정체성, 선물과 예절에 담긴 한 집단의 사회성과 위계질서, 국가의 음식 분배에 대한 통제 등과 같은 주제를 줄기차게 분석해온 북미와 유럽 음식학 연구의 개척자들이다.

1993년 한국문화인류학회 전국대회의 주제는 '음식문화'였고, 대회에서 발표된 주요 논문은 1994년 《한국문화인류학》 제26권의 특집에 실렸다. 김광억은 "먹고 마시는 생활부분이 정치·경제·사회적 영역에 관한 연구에 중요하다는 인식과, 문화의 역동성과 가변성에 대한 주목의 결합"이라면서 문화체계로서 음식, 성性과 음식, 권력과 음식, 사회정치적 제도로서의 음식, 공동체의 범주와 사회적 관계, 문화의 계급화, 세계체제와 민족주의 담론, 음식과 역사적 담론, 생활 스타일과 음식, 건강과 과학 먹기와 같은 주제어와 음식의 생산과 소비를 연결하는 문화인류학의 이론적 측면에서 음식을 살폈다.*

이후 인류학적 음식 연구에 관한 제언도 있었다.** 간헐적으로 '음식과 문화'의 측면을 다룬 연구 성과가 나왔고 국제적 협력 연구의 성과가 나오기도 했다.*** 그러나 특별한 쟁점을 도출해내는 데는 아직 한계가 있다. 머지않아 한국 학계에서도 인류학적 음식 연구의 여러 이론을 소개한 이 글을 바탕으로 하여 '음식의

---

* 김광억, 〈음식의 생산과 문화의 소비: 총론〉, 한국문화인류학회, 《한국문화인류학》 제26권, 1994, 8쪽.
** 한국어로 된 음식의 인류학과 관련된 이론적 정리는 이정혜, 〈IV. 서울의 음식문화 연구를 위한 제언〉, 정혜경·이정혜, 《서울의 음식문화: 영양학과 인류학의 만남》, 서울: 서울시립대학교부설서울학연구소, 1996, 232~290쪽.
*** Kim, Kwang Ok(ed), *Re-orienting Cuisine: East Asian Foodways in the Twenty-First Century*, Oxford, New York: Berghahn Books, 2015.

인류학'만을 오로지 연구하는 학자가 나오기를 기대한다.[*]

8장 〈음식의 사회학Sociology of Food〉은 미국의 위스키에 반영된 전통 방식과 기술에 관해 연구한 식품학자 시에라 버넷 클라크Sierra Burnett Clark와 인도아대륙의 음식이 미국에서 전개되는 역사에 관해 연구한 식품학자 크리슈넨두 레이Krishnendu Ray가 함께 썼다. 사회학자가 아닌 두 저자가 '음식의 사회학'을 집필한 이유는 미국의 사회학에서 음식에 관한 연구를 중시하지 않기 때문이다. 그들은 "음식이 계급과 계층화, 소비, 노동에 관한 연구에서 전보다 더욱 강한 특성을 보이는 오늘날에도 음식에 관한 다채로운 사회학 연구는 일부 영역에 한정되어 있다"라고 아쉬워한다.

그래서 클라크와 레이는 하나의 학문적 흐름으로서의 '음식의 사회학'보다는 사회학자의 음식 연구로 대표되는 소스타인 베블런Thorstein Veblen, 노르베르트 엘리아스Norbert Elias, 피에르 부르디외Pierre Bourdieu의 연구를 소개하고 있다. 두 저자는 카페, 음식점, 커피하우스, 식료품점, 생산자직거래 장터, 길거리 음식점과 같은 개인적이면서 고도로 사회화된 실천의 공간을 '음식의 사회학자'가 연구하기를 제언한다. 아울러 "정신과 신체, 꿈과 현실, 자아와 타자, 내국인과 외국인, 삶과 죽음, 동물과 식물과 사물, 건강과 질병"과 같은 "다양한 종류의 경계 사이를 오가며 절충하는 작업"을 통해 확보한 새로운 지식의 창출이 '음식의 사회학'이 지향해야 하는 목표라고 강조한다.

한국의 사회학계에서도, 미국과 마찬가지로, '음식의 사회학'에 관한 연구는 매우 적은 편이다. 그래도 사회학 연구자 위주로 구성된 '일상성·일상생활연구회'에서는 1999년《술의 사회학: 음주공동체의 일상문화》[**]와 2009년《일상과 음식》[***]

---

[*] 주영하,《음식전쟁 문화전쟁》, 서울: 사계절, 2000; 함한희,《부엌의 문화사》, 서울: 살림, 2005; 박상미, 〈커피의 소비를 통해 본 한국 사회에서의 미국적인 것의 의미〉, 문옥표·오명석·한건수·양영균·박상미, 《우리 안의 외국 문화: 관광과 음식을 통해 본 문화 소비》, 서울: 소화, 2006; 조숙정, 〈김치와 문화적 지식: 전라도 김치의 명칭과 구분법에 대한 인지인류학적 접근〉, 한국문화인류학회,《한국문화인류학》제40권 1호, 2007, 83~127쪽; 조숙정, 〈상품화된 젓갈의 명칭과 범주: 곰소 젓갈시장의 사례 연구〉, 한국문화인류학회,《한국문화인류학》제43권 2호, 2010, 3~44쪽; 윤형숙·김건수·박종오·박정석·선영란·김경희·조희숙,《소금과 새우젓》, 서울: 민속원, 2010; 강윤희, 〈"커피 배우기": 언어, 향미, 그리고 감식안의 습득 과정〉, 서울대학교 비교문화연구소,《비교문화연구》제21권 제2호, 2015.

[**] 일상성·일상생활연구회,《술의 사회학: 음주공동체의 일상문화》, 서울: 한울아카데미, 1999.

[***] 일상성·일상생활연구회,《일상과 음식》, 파주: 한울아카데미, 2009.

을 통해 일상생활 속의 음식에 대한 사회학적 이론과 한국사회의 현상을 살폈다. 한국사회사학회는 2003년 정기 학술대회에서 '음·식의 사회사'라는 주제를 다루었다. 학술대회의 결과는 《사회와 역사》 제66집에 실렸다.* 이후에도 《사회와 역사》에는 음식 관련 논문이 게재되었지만, 엄격하게 사회학 혹은 사회사적 연구이론과 방법론으로 쓰인 연구 성과라고 보기는 어려운 글도 있다. 한국의 여느 인문사회학 분야와 마찬가지로, '음식의 사회학' 분야에서도 연구이론과 방법론에 대한 논쟁 중심의 논의가 필요하다. 이런 면에서 농촌사회학의 시각에서 음식의 생산과 소비를 살피는 정은정의 연구가 주목된다.**

9장 〈음식의 지리학Geography of Food〉은 프랑스령 대서양 지역에서 진행된 음식의 생산·공급·소비에 관해 연구한 지리학자 버티 만델블랫Bertie Mandelblatt이 썼다. 만델블랫은 인문지리학자들이 음식과 공간적 요소의 상관관계에 초점을 맞추고 진행한 성과들을 소개한다. 그것은 초국가, 국민국가, 도시, 농촌, 가정이라는 공간을 대상으로 지리학자들이 수행해온 연구 성과다. 이 장은, 음식 연구의 좀 더 광범위한 맥락을 언급하지만, 인문지리학자들이 다양한 하위분야(역사지리학, 문화지리학, 경제지리학, 농업지리학, 도시지리학, 의료지리학)에서 그 분야들 간에 자연스러운 일관성을 유지하기 위해 자신들이 애쓴 것에 대한 어떤 보상도 요구하지 않으면서 이 광범위한 맥락을 형성하는 데에 얼마나 큰 기여를 했는지에 집중한다.

만델블랫은 먼저 공간의 규모가 가장 큰 초국가적 규모로 진행되는 식품의 상품 사슬에 대해 살핀다. 이 주제는 프랑스 지리학자들이 주도해왔고, 그들의 진척된 연구는 사슬chain 개념과 대조되는 회로망circuit 개념을 도출하는 데까지 이르렀다. 즉, 사슬은 식품이라는 상품의 공간적 이동이 지나치게 단선적이고 기계적이고 거리 중심의 척도인 데 비해, 회로망은 식품이 이동하는 각 단계와 전 과정, 그중에서도 소비 시점에서 상품, 장소, 행위자들의 정체성이 의미하는 것의 질적 변화에 주목

---

* 한국사회사학회, 《사회와 역사(특집 음·식의 사회사)》 제66집, 서울: 문학과지성사, 2004.(주영하, 〈식탁 위의 근대: 1883년 조일통상조약 기념연회도를 통해서〉, 6~34쪽; 배영동, 〈안동 지역 전통 음식의 탈맥락화와 상품화: 1970년대 이후를 중심으로〉, 35~65쪽; 정근식, 〈맛의 제국, 광고, 식민지적 유산〉, 66~99쪽; 최원기, 〈한국인의 음주문화: 일상화된 축제의 탈신성성〉, 100~117쪽; 최항섭, 〈상류 사회의 연결망과 문화적 자본: 런던 소사이어티, 파리 16구, 한국 호텔 레스토랑에 대한 사회 문화적 해석〉, 118~150쪽.

** 정은정, 《대한민국 치킨전: 백숙에서 치킨으로, 한국을 지배한 닭 이야기》, 서울: 따비, 2014.

한다. 프랑스 '음식의 지리학자'들이 주로 연구한 주제는 와인 및 증류주다. 영어권 지리학자들은 글로벌한 상품사슬 또는 상품회로망 연구를 주로 했다.

비록 초국가적 상품사슬보다는 덜 주목받지만 근대 국민국가 내에서의 지역별 식습관과 다문화주의적 양상도 '음식의 지리학자'가 관심을 가져온 연구 주제다. 일례로, 미국의 지역별 식습관에 관한 연구나, 소수민족 음식점의 분포에 관한 연구를 통해 미국의 음식 다문화주의를 분석한 연구가 있다. 도시라는 공간 내에서 일어나는 음식의 생산과 소비에 관한 지리학적 연구는 주로 식재료를 확보하는 곳에서 출발해 도시화가 도시민의 식습관에 끼친 영향에 대해 주목한다. 농촌이라는 공간은 식재료의 산지라는 측면에서 상품사슬의 출발지다. 이 점에서 농촌을 주로 연구하는 '음식의 지리학자'들은 농촌의 독자성을 제시해 농식품의 세계화라는 상품사슬의 정치성을 탈락시키는 '대안적' 연구를 시도한다. 이러한 시도는 가정과 개인의 식품 소비행동에 관한 지리학자들의 연구에도 이어진다.

인문사회과학적 음식학 연구 그 자체가 미비한 한국의 학계에서 '음식의 지리학'은 아직 출발조차 하지 않았다고 해도 과언이 아니다. 이른바 '향토음식'을 조사하고 정리하는 작업이 농촌진흥청에 의해 시도되었지만 이 작업에 지리학자는 참여하지 않았다.* 그러다 보니 행정구역별로 향토음식의 공간이 나누어지고 말았다. 다행히 일상 음식의 분포가 지리적 상상력과 결합할 수 있는 가능성을 살피는 논문을 통해 '음식의 지리학'에 대한 가능성을 열어놓았다.**

10장 〈비판적 영양학Critical Nutrition Studies〉은 19세기 말부터 현재까지 미국의 식생활 건강에 관한 문화정책을 연구한 식품학자 샬럿 빌테코프Charlotte Biltekoff가 썼다. 빌테코프가 군이 '비판적'이라는 말을 영양학 앞에 붙인 이유는 화학적 분석과 수치 계량화라는 과학적 분석틀로 무장한 100년 역사의 근대영양학이 만들어낸 담론이 마치 절대적 진리로 여겨져왔기 때문이다. 특히 그는 영양학자들이 과학적 연구를 내세워 제시해온 올바른 식사에 대한 캠페인에 담긴 문장이 역사서술의 한 양상이며 '비판적 영양학'에서 연구해야 할 자료라고 본다. 그래서

---

* 農村振興廳 編, 《韓國傳統 鄕土飮食》, 수원: 국립농업과학원 전통한식과, 2011.
** 김학희[김이재], 〈세계지리에서 동남아시아 지역의 정형성에 대한 재조명: 일상음식을 통한 글로벌 교육의 지리적 대안 개발〉, 서울대학교사범대학사회교육과박사학위청구논문, 2005.

영양학의 세 패러다임을 역사학적 변화라는 측면에서 소개하고, 그 과정에서 영양학의 역사를 집필한 학자들마저도 영양학의 과학적 연구 결과를 절대 진리로 오해한 사례를 비판적으로 서술한다.

후기구조주의와 과학기술학은 영양학 지식에 대한 절대적 신뢰를 무너뜨리는 데 큰 역할을 했고, 그로부터 최근에 비판적 영양학이 출현할 수 있었다. 즉, 비판적 영양학을 견지하는 음식학자들은 '영양과 건강식'이라는 담론을 문화를 구성하는 하나의 개념에 지나지 않는다고 보고, 영양 섭취 행위뿐 아니라 영양의 내용을 역사의 산물로 본다. 이 점에서 '비판적 영양학'은 '영양과 건강식'에 관한 지식 계보학에 더 가깝다.

오늘날 한국사회에는 특정 음식의 '영양과 건강'에 관한 담론이 대학의 식품영양학 관련 학과의 수업과 관련 학계 세미나에뿐만 아니라 병원과 음식점 그리고 매스미디어를 통해 가정의 식탁에까지 확산되고 있다. 이로 인해 배고픔의 해결이나 맛에 대한 추구를 위해 음식을 먹는 것이 아니라 오로지 영양, 건강, 장수를 위해 먹는 것처럼 보일 때도 있다. 국가의 보건의료정책은 국민의 영양과 건강을 완벽하게 책임지려는 듯 여겨진다. 한국사회는 더욱 '영양학의 사회'가 되어가고 있다.

한국의 영양학계에서는 '비판적 영양학'을 견지하는 연구가 나오지 않는다. 국가의 보건의료정책을 추동하는 보수적 영양학과 '올바른 식생활의 담론'이 여전히 중심에 있다. 여기에 '좋은 전통'이라는 이미지가 붙은 '한의약의 음식 담론'도 국민들의 '영양과 건강'에 대한 생각을 쥐락펴락한다. 향후 한국에서의 '비판적 영양학'과 '비판적 한의약'을 손꼽아 기다린다.

11장 〈음식 교육 방식Teaching with Food〉은 식품학 연구방법론에 관해 연구한 요리사이면서 식품학자인 조너선 도이치Jonathan Deutsch와 '음식과 사회'의 관련성을 연구한 호텔경영학자 제프리 밀러Jeffrey Miller가 함께 썼다. 2000년 이후 북미의 대학에서 '음식'을 주제로 하는 강의는 역사학, 철학, 인류학, 지리학, 사회학, 젠더 연구와 퍼포먼스 연구 등에 이르기까지 매우 방대한 학문 분과에서 개설되었고 수강생들의 열렬한 관심을 모았다. 이 글은 이 과정에서 만들어진 수많은 강의계획서를 분석해 '음식 교육'의 목표를 제시한다.

최근 한국의 학교 교육에서 행해지는 '식교육'과 이 글은 다른 맥락에 놓여 있다. 도이치와 밀러가 정리한 "음식과 관련해서 공통적으로 활용된 수업 활동"

표는 북미의 사회문화적 사정이 반영되어 있다. 그리고 이 표는 국내의 '식교육' 프로그램이 식품과학과 영양학의 지식을 통해 '올바른 식생활'을 하도록 만드는 '계몽'에 목표를 두고 있는 것과 북미의 '음식 교육'이 서로 다른 차원에 있음을 여실히 보여준다.

특히 미국의 '음식과사회연구협회Association for the Study of Food and Society'의 주된 구성원인 음식학자들은 '음식의 역사'를 다음의 이유로 학교의 기본 교육과정에 넣어야 한다는 주장을 펼친다. 첫째, 산업혁명 이전 여성, 노동자, 노예는 음식 생산의 주역이었다. 둘째, 무엇을 먹을지에 대한 선택권이 주어졌던 지배층과 아무 선택권이 없었던 사람들에 대한 이해는 역사를 새롭게 보도록 해준다. 셋째, 적어도 '콜럼버스의 교환' 이후 제국주의와 산업혁명 전후의 서양사는 오늘날 북미사회의 음식과 관련된 사회운동의 출발에 대한 이해력을 높여준다. 이와 같이 북미의 '음식 교육'은 음식공동체, 식재료의 상품사슬, 음식 운동 등 '비판적 음식학'을 둘러싼 다양한 문제의식을 가르치는 현장이다. 아직 '비판적 음식인문학'의 첫 출발도 내딛지 못한 한국의 학교에서 이러한 '음식 교육'은 먼 나라의 이야기처럼 들린다.

3. 생산수단

12장 〈농업 생산과 환경의 역사Agricultural Production and Environmental History〉는 멕시코·미국·캐나다의 에네켄[용설란의 일종]과 밀 복합체의 역사와 생태를 연구한 농업사학자 스털링 에번스Sterling Evans가 썼다. 글은 농업사와 환경사라는 두 측면에서 인류가 식량 생산을 어떻게 지속시켜왔는지를 살핀다. 특히 이 글은 I. G. 시먼스I. G. Simmons가 제시했던 수렵채집사회, 농경사회, 산업사회의 세 가지 생산양식의 이행과정에 근거해 수렵채집, 작물 재배와 가축 사육, 농경 제국, 열대지방의 플랜테이션 농장, 산업형 농업과 같이 농업사의 역사적 전개과정을 중심축에 두고 있다.

그러나 이 글의 역사적 전개과정은 결코 '진보의 사다리ladder of progress'라는 역사발전론에 근거하고 있지 않다. "야만적인 유목사회에서 농경 문명으로, 마침내 근대 산업사회로 필연적으로 발전했다"는 가설은 농경민이 수렵민과 채집민보다 우월했기 때문이 아니라 그들의 뛰어난 재생산 능력 덕분이었다는 사실을 놓치면 안 된다. 에번스는 기존의 '신석기혁명'이라는 개념도 신화에 지나지 않는다고 말한다. 그는 유라시아대륙과 아메리카대륙에서 진행된 밀·벼·조·수수·카사바·고구마·감자·옥수수 등의 개량과 재배는 각각의 생산 중심지가 여러 곳이며 서로 다른 품종 개량 경로를 밟았다는 증거를 제시한다. 특히 곡물의 재배와 개량이 필연적이지 않고 많은 경우 '우연의 연속'이었음도 강조한다. 이 점은 야생 동물이 가축으로 전환되는 과정에서도 마찬가지다. 이 글을 통해 농업사와 환경사의 고정 관념을 깨트리겠다는 각오를 할 필요가 있다.

콜럼버스의 아메리카대륙 도착 이후 유럽인의 이주와 중남 아메리카에서 전개된 열대 플랜테이션 농장의 경영은, 시드니 민츠의 《설탕과 권력Sweetness and Power》에서 매우 상세하게 묘사되었듯, 이후 산업형 농업을 탄생시키는 결정적 계기였다. 또한 19세기 남아메리카의 외딴 지역에서 발견된 구아노guano(인산과 질산이 함유된 바닷새의 배설퇴적물)는 20세기 초 독일의 과학자들에 의해 질소비료를 개발하도록 만들었고, 이로써 산업형 농업이 가능하게 되었다. 그러나 지난 100여 년 동안 지구상에서 전개된 산업형 농업은 전 세계적으로 산림과 초원이 사라지는 결과를 낳았다.

이 점에서 에번스의 글은 농촌 중심의 생산과 기술의 전개과정을 살핀 기존의 농업사나 환경 파괴의 역사에 집중해온 기존의 환경사와는 다른 맥락에 놓여 있다 에번스 글의 핵심은 음식을 중심축에 둔 농업사와 환경사다. 한국의 학계에서도 농업사는 생산기술의 진보와 생산량의 확대, 농촌의 노동구조 변화에 관한 연구가 주를 이룬다. 국내 학계에서 이루어진 환경의 역사에 관한 연구는 매우 초보적인 수준에 그치고 있지만, 음식과 환경사가 얼마나 연결되어 있는지를 살핀 역사학자의 선구적 저서도 있다.*

13장 〈역사 기록물로서의 요리책Cookbooks as Historical Documents〉은 르네상스 시대 영양학과 고급 정찬, 콩의 역사를 연구한 역사학자 켄 알바라Ken Albala가 썼다. 알바라는 "역사학자들은 요리책[조리서]을 여타의 과거 기록물을 다룰 때와 똑

---

* 김동진, 《조선의 생태환경사》, 서울: 푸른역사, 2017.

같은 방식으로 중요한 1차자료 문서로서 취급한다"는 글로 시작한다. 그 이유는 글의 제목에도 나와 있다. 그는 역사 기록물로서의 요리책 연구는 단지 조리법을 알기 위해 오래된 요리책 속의 조리법을 정리하는 것이 아니라 특정한 시대에 어떤 종류의 요리가 인기 있었거나 흥미로웠는지에 관심을 둔 '요리의 역사'여야 한다고 강조한다.

알바라는 역사 기록물로서의 요리책에 관한 역사학적 연구는 다섯 가지의 기본 질문을 던져야 함을 강조하고 있다. 첫째, 그 요리책을 쓴 사람은 누구인가? 둘째, 그 요리책의 독자는 누구인가? 셋째, 그 요리책은 어디서, 언제 발간되었는가? 넷째, 왜 그 요리책을 썼는가? 다섯째, 그 요리책은 필사본인가 초기 인쇄본인가와 같은 서지 형태에 대한 질문이다. 이 다섯 가지 질문은 미국의 역사학자 로버트 단턴이 제시했던 '책의 문화사' 연구의 '커뮤니케이션 회로the communication circuit'* 이론을 파악하면 더욱 명확해진다.

그러나, 알바라에 따르면, 이 질문들에 앞서 특정 요리책과 관련된 시기와 장소에 대한 정보를 수집하는 것이 중요하다. 왜냐하면, 요리책의 내용은 당대의 독자를 대상으로 한 것인 만큼 당시 사람들이 당연히 알고 있는 조리법은 생략될 수도 있기 때문이다. 또 역사학자가 옛 요리책 연구를 통해 음식을 재현해 당시의 미각을 간접 경험할 수 있고, 요리책 저자의 규범적 기술도 파악할 수 있으며, 요리책 원본에 묻은 얼룩이나 여백에 적힌 메모를 통해 조리법 외에 또 다른 역사적 흔적을 찾을 수 있다. 또 경제사학자는 요리책을 통해 당시 사용된 식재료의 목록 작성이 가능하다. 당연히 조리법을 통해 주방용품과 조리 방식을 구체화할 수도 있다.

요리책은 국가 이데올로기를 구축하는 데도 활용되었다. 알바라는 1891년에 초판이 출간된 이탈리아 요리책 《주방 과학과 잘 먹는 법La Scienze in Cusina e L'arte di Mangiar Bene》을 이러한 사례로 든다. 즉, 이탈리아가 근대 국민국가가 된 지 20년밖에 안 된 시점에 나온 이 책은 이탈리아 정부가 "여러 이질적인 지역에서 전래되는 진정한 민속 전통에 초점을 맞추고, 그것들을 고유한 이탈리아의 것으로 묶

---

* Robert Darnton, "What Is the History of Books?", *Daedalus* Vol. 111, No.3, 1982.

어넘으로써 국가적 통합을 이루려고 노력했는데, 그 가운데 하나가 이 요리책이었다"는 것이다. 또한, 1950년대 미국 가정의 부엌이 기계화된 결과를 당시의 요리책을 통해 분석할 수도 있다.

한국 식품사의 선구자인 이성우는 요리책에 관한 연구의 중요성을 일찌감치 파악했다.* 이성우의 서지학적 요리책 연구는 후배 학자들에게 큰 도움이 되었지만, 그의 연구는 특정 음식의 조리법 자체의 변화에만 주목해 '역사기록물로서 요리책의 문화사'를 구현하는 데 오히려 장애가 되었다. 이후 식품학 연구자들이 전개한 오래된 요리책 혹은 조리법에 관한 연구는 대부분이 이성우의 한계를 뛰어넘지 못했기 때문이다.

최근 조선시대 요리책의 조리법이 인용과 재인용의 결과물이라는 주장과 그것을 증명하는 연구들이 나오기 시작했다.** 또한 요리책의 저자에 주목하고 그들이 살았던 시점과 장소에 주목하는 연구도 나왔다.***

알바라는 "오늘날 그와 같은 현장[역사적 재연과 생생한 역사 전시의 현장]에서 실제로 음식을 활용하는 가장 좋은 방법은 당시에 썼던 장비, 연료, 식재료를 다른 것으로 바꾸거나 각색하지 않고 그대로 쓰는 것"이라고 주장한다. 간혹 국내에서 행해지는 옛 요리법에 근거한 음식의 재현에서도 이러한 학문적 자세가 필요하다.

14장 〈음식과 제국Food and Empire〉은 근현대 인도의 정체성 형성과 식민지에서의 차tea 자본주의의 관계를 연구한 역사학자 제이에타 샤르마Jayeeta Sharma가 썼다. 세계 음식의 역사에서 영국의 산업혁명 성공은 매우 중요한 사건이다. 산업혁명을 계기로 제국주의가 성립되면서 식재료는 국가와 대륙의 경계를 넘나들었고, 식품의 생산방식도 플랜테이션 농장과 공장에서의 생산으로 바뀌어갔다. 영국을 비롯한 서유럽의 중산층과 노동계층도 아시아와 아메리카대륙에서 생산

---

* 李盛雨, 『韓國食經大典』, 서울: 鄕文社, 1981; 李盛雨, 『朝鮮時代 調理書의 分析的 硏究』, 성남: 한국정신문화연구원, 1982.

** 羅然載, 〈근대 요리책에 담긴 지식 전승 연구: 『조선요리제법』과 『조선무쌍신식요리제법』을 중심으로〉, 한국학중앙연구원한국학대학원석사학위청구논문, 2016; 주영하·오영균·옥영정·김혜숙, 《조선 지식인이 읽은 요리책: 거가필용사류전집의 유입과 역사》, 성남: 한국학중앙연구원출판부, 2018.

*** 주영하, 《조선의 미식가들: 이색의 소주, 영조의 고추장, 장계향의 어만두 맛 좀 아는 그들의 맛깔스런 문장들》, 서울: 휴머니스트, 2019.

된 값싼 설탕·차·파인애플·카카오·커피 등을 소비할 수 있게 되었다. 열대지역에서 생산된 각종 음식은 유럽제국의 상징으로 자리를 잡았다. 제국의 국민들은 본디 사치품이었던 각종 향신료를 필수품으로 여기기 시작했다. 이와 달리 식민지 하층민들의 식탁에는 저급한 공장제 식품이 가득 찼다.

제국의 국민들에게 보다 값싸고 신선한 식재료를 공급하기 위한 식품의 산업화도 진행되었다. 일례로, 파인애플과 같은 식품의 대규모 생산과 통조림 생산이 식민지에서 이루어졌다. 20세기 이후 유럽 열강의 식품과 운송 분야의 혁신 기술은 미국을 농산업의 제국으로 전환시켰다. 그 과정에서 식품 보존 기술, 기계화, 도소매 기술, 운송 기술의 개발이 수반되었다. 당시 가장 대표적인 식품산업은 유럽의 여행객, 탐험가, 무장 군대, 무역업자, 식민지 관리들에게 필요한 식품을 제공하기 위한 통조림식품 산업과 비스킷 산업, 적도를 넘어 신선한 고기를 유통시키기 위한 냉동기술 산업이었다. 이러한 기술 혁신은 오스트레일리아·아르헨티나·미국에서 공장제 축산업을 구축했다.

음식의 제국주의는 아메리카대륙과 아시아에 어두운 그림자를 드리웠다. 북아메리카 그레이트플레인스 지역의 아메리카들소인 바이슨bison은 대평원에 구축된 밀 농장에 의해 멸종되었다. 캘리포니아와 하와이에는 서유럽으로 수출하기 위한 과일 농장이 들어섰다. 농업 생산의 자급력을 잃어버린 아일랜드와 인도아대륙에서는 기근이 발생했고, 인도아대륙의 아삼과 중남미 카리브 지역에는 각각 차와 사탕수수를 대량으로 생산하는 플랜테이션 농장이 자리 잡았으며, 원주민은 물론이고 아프리카에서 온 노동자들까지 노예처럼 착취를 당했다. 결국, 서유럽 국민들의 풍요로운 식탁은 식민지 국민들의 착취를 통해 만들어졌다고 할 수 있다.

샤르마는 글의 마지막에 인도아대륙의 로컬푸드인 커리가 어떤 과정을 거쳐 글로벌푸드가 되었는지를 소개한다. 즉, 특정 지역의 가정식이었던 음식이 세계시장에 전파·순응되는 과정에는 값산 노동력의 이동이 있었다는 것이다. 제2차 세계대전 이후에도 불확실성과 불평등이 지속되었던 카리브 지역의 사람들, 베트남인, 남아시아인, 사하라사막 이남의 아프리카인들은 제국주의 본국이었던 글로벌 도시로 이주하면서 자기 집에서 해먹던 가정요리 기술을 활용해 생계를 이어갔다. 이 과정에서 로컬푸드였던 '소수민족' 음식이 글로벌푸드로 변신한 과

정도 샤르마의 글에 상세하게 나온다.

한반도 역시 일본 제국주의 식민지 역사가 있다. 그래서 샤르마의 글은 남의 이야기가 아니다. 한국 식품산업의 식민지기와 후기식민지기의 변신과정에는 제국일본으로부터 온 식품과 그것의 적응이 중요하다. 해방과 한국전쟁 이후 미국이라는 신제국 아래에 놓인 역사는 한국에서의 '음식과 제국'의 또 다른 측면이다. 한국 슬로푸드 운동의 개척자인 사회학자 김종덕은 1992년 박사학위청구 논문에서 미국의 제국적인 농산업이 한국에 끼친 영향을 살폈다.* 역사학자 이은희는 20세기 한국 식품산업의 제국주의 포섭과 후기식민주의 양상의 전개과정을 세밀하게 서술하고 있다.**

15장 〈산업식품Industrial Food〉은 현대 식품과학과 기술의 역사와 미각의 역사를 연구한 호텔관광학자 가브리엘라 M. 페트릭Gabriella M. Petrick이 썼다. 이 글은 기존의 미국사와 미국농업사 연구에서 소홀히 다루었던 식품산업사의 연구사가 주된 내용이다. 페트릭은 먼저 '산업식품'에 대한 정의부터 내린다. 대형 공장에서 제분된 밀가루나 도축시설에서 가공된 돼지기름을 비롯해 고도로 가공된 식품, 그리고 공장 시설에서 대량으로 생산되어 먹기 위해 전혀 조리할 필요가 없거나 아주 약간만 손을 보면 되는 식품 모두를 '산업식품'이라고 정의할 수 있다는 것이다.

북미와 유럽에서의 식품 산업화에 관한 연구는 긍정적이거나 부정적인 태도의 두 경향을 보인다. 특히 냉장기술, 통조림산업, 자동 도축 시설, 곡물수확기와 같은 혁신적 기술에 대해 긍정적 태도를 보이는 학자들의 연구가 미국학계에서는 주류를 이루었다. 그러나 산업식품이 야기한 부정적 사례 즉 산업식품이 "국민의 육체적, 정신적, 도덕적 건강을 약화시"킨 주범이라고 보는 인식도 있다. 그러나 최근의 연구는 "식품을 생물학적·문화적 복합체로 설명함으로써 산업식품 생산의 블랙박스를 비집고 들어가 20세기 미국에서 일어나는 산업 변화를 더욱 심층적으로 이해하"려는 시도가 일어나고 있음도 페트릭은 놓치지 않는다.

결국 산업식품에 관한 연구는 식품의 산업화 과정에서 일어나는 정치적, 문화적, 경제적 힘이 다양한 먹거리체계food system를 형성하는 데 어떻게 영향을 끼쳤

---

* 김종덕, 〈미국의 대한 농산물원조와 그 영향에 관한 연구〉, 서울대학교대학원박사학위청구논문, 1992.
** 이은희,《설탕, 근대의 혁명: 한국 설탕산업과 소비의 역사》, 파주: 지식산업사, 2018.

는지를 규명하는 데 있다고 본다. 한국의 역사학에서 산업식품의 전개과정에 관한 본격 연구는 앞서도 소개했던 이은희의 저서가 대표적이다. 또 산업식품의 역사에만 초점을 맞춘 것은 아니지만, 1960년대 이후 한국 식품산업사의 맥락을 이해하는 데 출발점이 될 수 있는 책도 나왔다.*

페트릭이 많은 분량으로 설명한 정부가 생산해내는 국민 식생활 관련 자료를 통한 가정에서의 식생활 패턴에 대한 한국 사례는 1969년 6월 정부의 용역을 받은 한국영양학회가 실시한 국민영양조사에서도 확인할 수 있다. 이후 지속적으로 이루어진 '국민건강영양조사'는 현재 식품의약품안전처에서 DB로 관리하고 있다. 식품영양학자들이 이 자료를 활용해 연구한 《한국인의 식생활 100년 평가: 20세기를 중심으로》를 인문사회과학계 학자들이 활용한다면 한국의 가정에서의 식생활 전개과정을 살필 수 있을 것이다.** 여기서, "가난한 미국인들은 신선식품을 사 먹을 수 없게 되었고 따라서 그들의 식습관도 바뀌게 되었다"는 페트릭이 마지막에 한 말에 주목할 필요가 있다. 즉, 산업식품과 한국인 전체의 식생활 사이 상관관계를 살피는 연구도 필요하지만 계층별 식습관 차이에 대해서도 관심을 두어야 한다는 것이다. 산업식품의 초기 소비자는 부유층이었지만 오늘날의 주된 소비자는 빈곤층이기 때문이다.

16장 〈패스트푸드Fast Food〉는 캐나다 도넛의 역사를 연구한 역사학자 스티브 펜폴드Steve Penfold가 썼다. 펜폴드의 글은, 연구사 위주의 다른 글과 달리, 미국 맥도날드에 대한 다양한 시선을 소개하면서 '패스트푸드'의 문화사를 서술하고

---

* 주영하·김혜숙·양미경, 《한국인, 무엇을 먹고 살았나: 한국 현대 식생활사》, 성남: 한국학중앙연구원출판부, 2017. 이외에 한국식품산업사의 각론은 주영하, 〈특집: 한반도 초콜릿의 역사에서 제국의 그림자를 보다〉, 사라 모스·알렉산더 바데녹 지음, 강수정 옮김, 주영하 감수 《초콜릿의 지구사》, 서울: 휴머니스트, 2012; 주영하, 〈특집: 한국 '카레'는 일본 '카레'의 아류인가?〉, 콜린 테일러 센 지음, 강경이 옮김, 주영하 감수, 《커리의 지구사》, 서울: 휴머니스트, 2013; 주영하, 〈한국 아이스크림의 역사〉, 로라 B. 와이스 지음, 김현희 옮김, 주영하 감수, 《특집: 아이스크림의 지구사》, 서울: 휴머니스트, 2013; 주영하, 〈특집: 한국 빵의 역사는 공장제 빵의 역사〉, 윌리엄 루벨 지음, 이인선 옮김, 주영하 감수 《빵의 지구사》, 서울: 휴머니스트, 2015; 주영하, 〈특집: 한국 위스키의 역사〉, 케빈 R. 코사르 지음, 조은경 옮김, 주영하 옮김, 《특집: '유사길'에서 '위스키'까지, 위스키의 지구사》, 서울: 휴머니스트, 2016.
** 李基婉·朴英心·朴太培·金恩卿·張美羅, 《韓國人의 食生活 100年 評價(I): 20世紀를 중심으로-》, 서울: 新光出版社, 1998; 李基婉·明春玉·朴英心·朴太瑄·南惠元·金恩卿·張美羅, 《韓國人의 食生活 100年 評價(II): 20世紀를 중심으로-》, 서울: 新光出版社, 1998.

있다. 글의 구성 역시 맥도날드의 팽창, 패스트푸드 혁명이 가져온 표준화와 다양성, 친숙함과 새로움, 적응과 교육 사이의 긴장 관계, 기술 응용과 시스템을 이용한 기술적 관리를 통해 탄생한 패스트푸드 산업, 패스트푸드가 바꾼 미국인을 비롯한 세계 각국의 식생활 변화 등이다.

한국 학계에서는 패스트푸드에 대한 부정적 인식이 중심에 놓여 있다. 왜냐하면 미국의 맥도날드가 한국에 진출한 사건은 식생활의 서양화를 가져왔다고 보기 때문이다. 이런 인식을 반영하듯, 조지 리처George Ritzer의《맥도날드 그리고 맥도날드화The McDonaldization of Society》가 국내에 번역되어 널리 읽히기도 했다. 그러나 펜폴드는 미국 맥도날드에 관한 이 연구에서 주로 소비자들이 패스트푸드를 어떻게 수용했는지에 주목해, 패스트푸드의 팽창, 맛, 시스템, 사회생활이 중요하다고 말한다.

1990년대 이후 한국음식점의 프랜차이즈화는 매우 급속하게 진행되었고 21세기 초입의 오늘날 외식업 형태의 주류가 되었다. 프랜차이즈 산업으로 변한 한국의 외식업을 패스트푸드로 볼 수 있을까에 대한 논쟁이 필요하지만, 펜폴드의 글을 통해 한식 프랜차이즈 외식업에 관한 향후의 연구 방향을 설정할 수 있다. 즉, 기업·합리화·노동 등의 구조, 상징·신호·아이콘 등의 문화, 팽창·맛·시스템·사회생활과 같은 각기 다른 시선의 주제로 한식 프랜차이즈 외식업의 역사를 살피는 연구가 나오기를 기대한다. 그래야 오늘날 한국인의 식생활 패턴이 얼마나 경제성·효율성·편리성의 문화정치학적 맥락 속에서 운용되고 있는지를 밝힐 수 있다.

4. 음식의 전파

17장 〈음식, 이동, 그리고 세계사Food, Mobility, and World History〉는 전 세계 이탈리아인들의 생활을 연구한 역사학자 도나 R. 가바치아Donna R. Gabaccia가 썼다. 인류의 이동과 음식의 확산은 음식의 세계사에서 매우 중요한 연구 주제다. 가바치아는 특정 지역의 사람들이 이동하면서 "특정한 음식, 음식 관행, 음식 기술이 매우 광범위하고 다양한 집단에 통용되면서 어떻게 여러 곳으로 '퍼져나갔는지'"를 설명한다.

가바치아는 글의 시작에서 문명의 세계사를 다룬 역사학자들이 인류의 이동과 음식의 역사를 서로 연결하는 데 매우 소홀했음을 지적한다. 1990년대의 세계화 논의에 부응해 세계사를 연구하는 역사학자들은 "지구상에서의 인간의 삶을 장기지속적 관점에서 파악하면서 연구의 초점을 끊임없이 변화하고 긴밀해지는 세계 각 지역과 사람들 사이의 연결망과 그에 따른 자연계와 인간의 관계 변화로 옮기기 시작했다"라고 보았다. 이와 같은 연구 경향의 변화 속에서 "인류의 이동에 관한 연구를 음식의 역사와 연결하기 위한 새로운 기회"가 도래했다는 것이다. 가바치아는 패트릭 매닝Patrick Manning이 쓴 《이주의 세계사Migration in World History》(2005)와 본서의 편집자인 필처가 쓴 《음식의 세계사Food in World History》(2006)를 이 분야의 가장 대표적인 연구로 꼽는다. 매닝과 필처는 인간의 이동, 믿음·상징·관습의 횡단의 역사와 더불어 그 안에 깊숙이 내재된 음식과 음식 관련 믿음·상징·관습의 이동을 면밀히 살핀다.

그런데 여기에서 문제가 되는 이론은 초기 인류학자들이 강조했던 전파론diffusionism의 수용 여부다. 사실 '전파'는 19세기 인종주의·제국주의·진화론을 정당화하기 위해 사용된 개념으로 이미 인류학계에서 폐기되었다. 오히려 인류의 이동과 음식의 역사에서는 서로 다른 공동체의 접촉과정에서 발생하는 음식의 문화적 '동화assimilation와 변용acculturation'이 더 중요할 것이다. 최근까지도 한국 식품사 연구자들은 음식의 역사를 '전파'로 보려는 경향이 강하다. 식재료의 역사에서는 한 지역에서 다른 지역으로 '전파'된 사례가 많다. 그러나 음식과 관련된 관습, 생각, 조리기술 등에는 동화와 변용이 생기기 마련이다.

19세기 말 이래 중국인의 한국 이주와 '동화와 변용'의 과정을 거친 화교음식에 관한 국내의 최근 연구는 일국사의 경계를 넘어 동북아시아의 화교이동과 음식의 역사를 살피고 있다.* 또한 1990년대 이후 동아시아 지역에서 전개되고 있

---

* 주영하, 《중국, 중국인, 중국음식》, 서울: 책세상, 2000; 유중하, 《짜장면: 검은 유혹, 맛의 디아스포라》, 고양: 섬앤섬, 2018; 이정희, 《한반도 화교사: 근대의 초석부터 일제강점기까지의 경제사》, 서울: 동아시아, 2018; 周永河, 〈チャジャン麵ロード—20世紀東北アジア, チャジャン麵流浪の旅〉, 岩間一弘(編著), 《中国料理と近現代日本: 食と嗜好の文化交流史》, 東京: 慶應義塾大学出版会, 2019.

는 음식의 문화적 변용에 관한 연구도 지역사 범위 내에서 음식의 역사를 다루고 있다.* 가바치아가 강조하듯, 전파론과 관점을 달리하는 최근의 음식의 세계사 연구가 지닌 특징은 "인간의 영향력, 인간의 선택, 인간의 창조성 다시 말해 인간이 여러 제약 요소와 한계에 대응하는 방식"에 대해 사회과학적 방법론으로 연구하려는 점이다. 한국의 학계에서도 수용해야 하는 지적이자 철학적 의제다.

또 가바치아의 글에서 주목해야 할 대목은 "학자들은 음식 혁신이 어떻게, 어떤 방식으로 일어났는지 설명하기 위해 더욱 복잡하고, 때로는 매우 혼란스러운 용어들—'글로컬라이제이션[현지화]'에서 '혼종화'에 이르기까지—을 공들여 만들어냈다"는 것이다. 한국의 식품학자들은 한때 정부의 정책으로 강조되었던 '한식 세계화'에 부응하는 연구를 하면서 동화, 변용, 현지화, 혼종화와 같은 사회과학적 개념들을 이해하지 못한 채 한국의 학계에서 수립한 한식 레시피의 '표준화'를 그대로 외국에 옮겨야 한다는 매우 비학술적인 인식을 견지했다. 2005년 한국에서 번역된 이후 최근까지도 베스트셀러 목록에 올라 있는 재레드 다이아몬드Jared Diamond의 《총, 균, 쇠: 무기, 병균, 금속은 인류의 운명을 어떻게 바꿨는가》**가 그들의 서재에 꽂혀 있지 않아 그랬는지는 모를 일이다.

18장 〈중세의 향신료 무역The Medieval Spice Trade〉은 스페인 지중해 연안 카탈로니아 지역의 1000년에서 1500년 사이 역사에 주목하면서 중세의 음식사를 연구한 역사학자 폴 프리드먼Paul Freedman이 썼다. 프리드먼은, 연구사 위주의 서술과 달리, 자신의 저서 《동양으로부터 온 향신료와 중세적 상상력Out of the East: Spices and the Medieval Imagination》(2008)을 기반으로 글을 재구성했다. 따라서 프리드먼의 〈중세의 향신료 무역〉은 유럽 중세의 향신료 무역에 관한 개설적인 글이다.

그렇다고 프리드먼의 글에 쟁점이 없는 것은 아니다. "음식의 역사에서 향신료 무역의 중요성은 단순히 향신료가 퍼져나간 상업적 교역로와 전파 방식에 대한

---

* 주영하, 《차폰 잔폰 짬뽕: 동아시아 음식 문화의 역사와 현재》, 파주: 사계절, 2009; 주영하, 〈동아시아 식품산업의 제국주의와 식민지주의: 깃코망형 간장, 아지노모토, 그리고 인스턴트라면〉, 서울대학교 아시아연구소, 《아시아리뷰》 제5권 제1호, 2015, 71~96쪽.
** 재레드 다이아몬드 지음, 김진준 옮김, 《총, 균, 쇠: 무기, 병균, 금속은 인류의 운명을 어떻게 바꿨는가》, 서울: 문학과사상사, 2005.

추측에 있는 것이 아니라 향신료 수요가 처음에 왜 그처럼 놀랄 정도로 높았는 가에 있다"는 그의 문제의식은 매우 중요하다. 또 중세의 향신료가 조리용 말고 도 건강 증진에 도움을 주는 것이라는 인식에 주목해야 한다는 그의 주장에도 귀 기울일 필요가 있다. 즉, 유럽 중세 시기의 향신료는 "음식에 맛을 내는 양념 이면서 질병을 치료·예방하는 약품"이었다는 것이다. 특히 당시의 요리는 각각의 식재료 맛을 강조하지 않고 향신료를 통해 전체적인 맛을 추구했다. 이러한 중세 의 맛에 대한 취향이 근대 유럽 요리에서 식재료의 질을 높이는 방향으로 전환 된 이유는 제국주의 시대 이후 향신료의 가치가 떨어졌기 때문이다.

또 유념해야 할 대목은 중세 유럽에서 "향신료의 높은 가치는 향신료가 추출 되는 식물이 희귀하다거나 원산지가 멀리 있다는 사실과 관련이 있는 것이 아 니라 그것을 수확하는 데 들어가는 힘든 노동 과정과 밀접한 관련이 있었다"라 는 프리드먼의 주장이다. 칭기즈칸과 그의 후예들이 만들어낸 '팍스 몽골리카Pax Mogolica'는 유럽에서 중국과 태평양을 가로지르는 길을 만들어냈고,* 유럽의 탐 험가들은 이 길을 통해 '동양East(여기에서의 동양은 중동 혹은 인도아대륙 혹은 중국 을 지칭)'과 접촉하면서 향신료 전파의 길을 만들어냈다. 그 과정에서 후추와 같 은 향신료는 더는 사치품이 아니었다. 15세기 스페인에서는 후추를 시골사람이 나 먹는 것으로 여기기까지 했다.

프리드먼의 주장 중 귀담아 들어야 할 대목이 또 있다. "향신료가 고기 방부제 로서 극히 중요하다는 대중들 사이의 신화는 중세 식생활의 본질을 오해하고 향신 료의 유용성을 과장"한 결과라는 것이다. 프리드먼은 "역사기록학의 측면에서 향 신료 무역이라는 잘 알려진 주제를, 역사의 변화와 관련해서 맛, 사치품, 이뿐만 아 니라 경망스러움과 잘못된 추측으로 행동하는 종species의 영향이라는 측면에서 더 욱 면밀하게 들여다볼 필요가 있다"라는 말로 글을 마무리한다. 즉, 음식의 역사,

---

* 향신료의 이동과 직접 관련은 없지만, 팍스 몽골리카 시기에 소주의 증류법이 동아시아 지역에서 확산 된 과정에 관한 연구 역시 '음식의 전파'라는 측면에서 논쟁 중이다. 이 논쟁에 대해서는 재미 한국인 역 사학자 박현희의 '소주의 지구사(Soju, a Global Histortory)'를 참고할 필요가 있다. Park, Hyunhee. "The Rise of Soju: The Transfer of Distillation Technology from 'China' to Korea during the Mongol Period(1206-1368)." *Crossroads—Studies on the History of Exchange Relations in the East Asian World* 14, Special Issue, 2016, pp. 173-204.

그중에서 특정 식재료의 전파와 그것의 수용 혹은 배척에는 합리적 이유가 있는 경우와 인간이란 동물이 보이는 비합리적이고 즉흥적인 욕구가 있다는 말이다.

한국 역사학에서 향신료의 무역에 관한 연구는 거의 없다. '콜럼버스의 교환' 이후 한반도 내부에서의 향신료 전래와 확산에 관한 연구는 있었지만, 그것도 그 이동의 경로를 정치하게 다루지는 않았다. 중국사와 한국사 연구자들의 한중 교류사 연구도 정치사에 집중되어 있다가 최근에야 무역의 역사에 관심을 보이고 있다.* 조선 왕조 초기 조선과 인도네시아 마자파힛 왕국 사이의 접촉 과정에서 발생한 후추 교역에 관한 기초 연구도 나왔다.** 그러나 한국 혹은 동아시아 지역의 향신료 역사에 관한 프리드먼의 연구처럼 철저한 사료의 확보와 다양한 이론, 향신료 전반에 관한 연구는 아직 초보적 단계에서 나아가지 못하고 있다.***

19장 〈콜럼버스의 교환The Columbian Exchange〉은 중남미 지역의 식민지시대 음식의 역사를 연구한 레베카 얼Rebecca Earle이 썼다. 글의 제목이기도 한 '콜럼버스의 교환'은 1972년 미국의 역사학자 앨프리드 크로스비Alfred W. Crosby가 처음 사용한 용어다. 크로스비의 책은 2006년 한국에서 출판되어 많은 반향을 일으켰다.**** 오늘날 한국인이 먹고 있는 식재료 중 감자·고구마·옥수수·호박·고추 등은 아메리카대륙이 원산지다. 즉, '콜럼버스의 교환' 이후에 한반도에 유입된 식재료인 것이다. 그럼에도 '콜럼버스의 교환'이 한반도의 음식과 식생활에 끼친 영향에 관한 연구가 적은 이유는 그것이 왜 아메리카대륙이 원산지인가라는 무의식 속에서의 의문 때문일지도 모른다. 일례로 콜럼버스 교환이 이루어지기 훨씬 이전에 살았던 이성계(1335~1408)가 순창에서 고추장을 먹었다는 '만들어진 이야

---

* 이강한,《고려와 원제국의 교역의 역사: 13~14세기 감춰진 교류상의 재구성》, 파주: 창비, 2013; 김시덕, 〈근세 일본의 만병통치약: 조선의 쇠고기 환약〉, 안대회·이용철·정병설 외,《18세기의 맛: 취향의 탄생과 혀끝의 인문학》, 파주: 문학동네, 2014; 이강한,《고려의 자기, 원제국과 만나다》, 성남: 한국학중앙연구원 출판부, 2016.

** 조흥국, 〈조선왕조 초기 한국과 인도네시아의 마자파힛 왕국 간 접촉〉, 서강대학교 동아연구소,《동아연구》제55권, 2008.

*** 주영하, 〈특집: 한국 향신료의 오래된 역사를 찾아서〉, 프레드 차라 지음, 강경이 옮김, 주영하 감수,《향신료의 지구사》, 서울: 휴머니스트, 2014.

**** 앨프리드 W. 크로스비 지음, 김기윤 옮김,《콜럼버스가 바꾼 세계: 신대륙 발견 이후 세계를 변화시킨 흥미로운 교환의 역사》, 서울: 지식의숲, 2006. 원서명은 "Columbian Exchange: Biological and Cultural Consequences of 1492"다.

기'가 지역민은 물론이고 일부 학자들 사이에서 사실로 받아들여지고 있다.

아메리카대륙이 원산지인지 아닌지에 관한 논쟁보다 더 중요한 것은, 얼이 말하듯, '콜럼버스의 교환'이 "세계 먹거리체계를 급격하고 예상치 못한 방식으로 바꾸었다"는 점이다. 얼은 음식의 역사를 연구하는 학자가 '콜럼버스의 교환'에 주목해야 하는 이유를 다음과 같이 밝힌다. "이러한 변화가 일어난 방식은 콜럼버스의 교환을 포함하는 유럽의 팽창과 식민지화라는 더 커다란 역사 과정을 반영한다." 여기까지는 한국의 음식사 연구에서 참조할 정도의 내용이다. 그러나 얼의 다음 지적은 '콜럼버스의 교환'이 먼 나라 이야기가 아님을 알려준다. '콜럼버스의 교환'은 "지역 차원에서 개별 민중의 식습관을 어떻게 굴절시켰는지"를 연구해야 하고, 이 점은 한국의 음식사 연구에서도 놓치면 안 되는 주제다.

얼은 크로스비와 달리 구대륙의 식재료가 아메리카대륙에 유입된 과정을 먼저 소개한다. 그 과정에서 유럽의 조리법과 아메리카대륙 원주민의 조리법이 혼합되는 양상이 나타났다. 이후 멕시코를 비롯해 라틴아메리카 여러 국가에서 '음식민족주의culinary nationalism'가 등장했다. 다이아몬드가 주장했듯, 제국 유럽이 아메리카대륙을 식민지로 전락시키면서 아메리카대륙의 원주민들은 자신들이 오랫동안 유지시켜왔던 먹거리체계를 잃어버렸고, 계급적으로 하층민으로 전락하면서 조리법도 변형될 수밖에 없었던 것이다.

한국 음식의 역사를 연구할 때 참고해야 할 '콜럼버스의 교환'의 쟁점은 이 글의 '구세계에 불어닥친 새로운 식습관' 꼭지에 담겨 있다. 얼은 크로스비의 책에서 주목해야 할 것은 신세계의 녹말가루가 구대륙에 끼친 영향이라고 말한다. 감자·고구마·옥수수가 동아시아 지역에 끼친 인구의 증가에 관한 논의에서 한국은 빠져 있다. 조선 후기 이들 작물의 유입이 조선과 20세기 한국인의 식탁에 끼친 영향을 살피는 연구가 나오기를 기대한다.*

---

* 식민지 시기 손진태는 감저(甘藷, 고구마)의 조선 유입과 관련해 조선 후기 공로자 세 사람에 대해 살피는 논문을 발표했다. 孫晉泰, 〈甘藷傳播考〉, 震檀學會, 《震檀學報》 제13권, 1941, 86~109쪽. 그러나 이후 감저의 한반도 내부에서의 확산과정에 대한 연구는 아직 없다. 사실 고구마의 한자 이름이 '감저'였지만, 중국을 통해서 한반도 북부지방에 먼저 도착한 '마령서馬鈴薯'가 민간에 급속하게 퍼지면서 사람들은 그것이 '감저'라고 생각했다. 결국 '마령서'가 감자가 되고, '감저'는 그 이후에 쓰시마의 사투리를 가지고 와서 고구마가 되었다.

20장 〈음식, 시간, 그리고 역사Food, Time, and History〉는 아프리카의 농민·농업·먹거리체계 등을 연구하는 역사학자 일라이어스 맨더러Elias Mandala가 썼다. 아프리카의 역사와 문화에 대한 이해가 부족한 한국인 독자에게 맨더러의 글이 쉽지는 않다. 더욱이 얼핏 보면 아프리카의 '세시음식'과 '일상음식'을 다루는 듯하지만, 글은 아프리카의 먹거리체계를 연구할 때 일상과 계절을 끼워 넣어 먹거리체계의 맥락을 살피는 데 목적을 두고 있다. 그것도 "시간의 흐름에 관한 두 가지 대립적인 관점, 곧 직선적인 시간과 순환적인 시간을 지질학, 구체적으로 말하자면 층서학의 역사를 통해서 설명"*하는 지질학자 스티븐 제이 굴드Stephen Jay Gould의 《시간의 화살, 시간의 순환: 지질학적 시간의 발견에서 신화와 은유Time's Arrow, Time's Cycle: Myth and Metaphor in the Discovery of Geological Time》가 이 글의 이론적 출발이기 때문에 더욱 어렵다.

말라위는 맨더러 글의 사례다. 말라위는 아프리카 동남부에 있는 국가다. 아열대계절풍 기후로 '마시카masika'라 불리는 5월부터 8월까지의 춥고 건조한 계절, '칠림웨chilimwe'라 불리는 9월부터 11월까지의 덥고 건조한 계절, '드진자dzinja'라 불리는 12월부터 4월까지의 비가 많이 내리거나 습한 계절과 같이 3번의 계절이 있다. 그러나 경제적, 사회적, 정치적 관점에서 말라위의 1년은 건기와 우기의 두 시기로 나뉜다.

적어도 유럽 열강의 침략이 있기 이전까지 말라위의 망간자족은 춥고 건조한 건기에는 농사 활동을 하지 않고 마을 공동으로 물고기를 잡고 사냥을 하며 밭농사를 준비한다. 남자들은 말을 돌보고 곡식창고를 수리하고, 여자들은 솥이나 항아리를 만들고 집에 회반죽을 바른다. 비가 많이 내리거나 습한 우기는 경작지에서 고된 노동에 시달리면서 총체적으로 굶주리는 시기로 망간자족은 이를 '은잘라njala'라고 부른다. 망간자족은 계절적으로 반복되는 기아가 진행되는 은잘라를 커다란 자연현상의 일부라고 본다. 은잘라의 굶주림이 식탁을 완전히 비우는 참혹한 기근은 아니다. 왜냐하면, 이 시기에 작물이 한창 자라고 있기 때문이다.

---

* 스티븐 제이 굴드 지음, 이철우 옮김, 《시간의 화살, 시간의 순환: 지질학적 시간의 발견에서 신화와 은유》, 서울: 아카넷, 2012, 5쪽.

은잘라가 끝나면 망간자족은 "농촌 사람들은 작물을 거두어 곡식창고를 가득 채우는 수확기를, 은잘라 때문에 약화된 서로의 관계를 회복하고 여러 중요한 통과의례 특히 성인식과 망자를 약 아홉 달 동안 제사 지내는 의식을 통해 새로운 세대에게 질서를 가르치는 기회로 삼는다." 즉, 은잘라 때 소원해진 공동체는 수확기 때 다시 결속되고 사회적, 이데올로기적 에너지를 얻는다. 은잘라 시기는 물론이고 수확기에도 가정에서의 일상 식사에는 망간자족의 오래된 이데올로기인 남성, 여성, 아이 사이의 차별이 식탁 위에서 펼쳐진다. 이런 차별의 기준이 되는 음식이 스튜의 일종인 '은디워ndiwo'다.

맨더러는 말라위 농촌 사람들의 계절, 기아, 기근이 공동체 내부의 식사체계를 어떻게 관습으로 만들었는지에 대해 설명한다. 그러나 아프리카 전체가 세계경제에 편입되면서 자연현상의 일부로 여겨졌던 은잘라나, 예측하지 못한 자연재해로 생겨나는 최악의 기아 시기인 '차올라chaola'에 대응해 공동체 내부의 갈등과 협력, 그리고 식사체계도 왜곡되었다. 이 왜곡을 바로잡기 위해 지금의 아프리카 식량 공급 방식을 바꿀 수 있는 가능성은 없다. 오히려 전통을 존중하는 농민들의 반란이 "오늘날의 무질서를 내일의 질서로 바꿀 수 있는지, 또는 그럴 수 있다면 어느 정도로 바꿀 수 있는지의 문제"가 더 중요하다.

맨더러가 '무질서와 질서'를 중심에 두는 이유는 유럽 중심의 인식인 '자본주의 이전과 이후'라는 시선을 오늘날 아프리카에 도입하면 안 된다는 문제의식 때문이다. 말라위 망간자족의 계절과 일상의 '음식의 역사'를 제대로 이해하려면 '질서와 무질서'를 파악해야 한다. 이 '질서와 무질서'의 음식의 역사를 이해하는 데는 "화살 같은 시간의 측면과 쳇바퀴 같은 시간의 측면을 모두 고려"할 필요가 있음을 맨더러는 강조한다.

한국 음식의 역사 연구에서 '계절과 일상의 음식이 어떻게 전개됐는가'라는 주제는 이 글을 통해 더욱 이론적으로 만들 수 있다. 특히 계절과 관련한 음식의 역사는 다른 말로 하면 '세시음식의 역사'다. 그런데 '세시음식'이라 하면 농촌 사람들의 계절별 생산 활동과 연결된 '권농적' 세시음식이거나, 아니면 그로부터 배태된 종교적 의미를 밝히는 데 초점을 맞추는 연구가 주류를 이룬다. 대체로 농촌 공동체는 매우 협력적이었고 자연친화적이었음을 강조하고 싶은 도시의 지식인이 만들어낸 '낭만성'이 한국의 세시음식 연구에서 '보이지 않는 손'이다. 그보다는 조선시대의 계층별로 계절마다 차이를 보였던 계절음식의 규칙이 당시의 식량 공급 방식과 어떤 관련이 있는지를 연구해야 한다.*

특히 20세기 이후 산업화와 도시화의 길을 걸은 한국사회에서 '세시음식의 역사'는 그것이 행해지는 농촌과 도시를 분리할 수밖에 없는 상황에 놓였다. 또 식재료와 세시음식의 구매자로 바뀐 도시 사람들이 과연 어떤 이유로 세시음식을 식탁에 올리려고 하는지도 살펴야 한다. 이렇게 연구의 시선을 바꾸려면 '낭만적인' 세시음식이라는 인식을 거두고, 연구 방향을 식량 공급 방식의 정치적·경제적·사회적 구조를 파악하는 데로 전환해야 한다. 즉, 한국의 식량 공급 방식의 역사 속에서 '계절음식'과 '일상음식'의 변화를 살펴야만 '낭만성'에서 벗어날 수 있음을 맨더러의 글을 통해 배운다.

21장 〈식품체제Food Regimes〉는 역사정치학적 경제의 관점에서 지역 사이의 음식의 역사를 연구한 사회학자 앙드레 마냥André Magnan이 썼다. 이 글에서의 '식품체제'는 역사학적 정치경제학자들이 먹거리체계의 진화를 설명할 때 사용하는 이론적 용어다. 즉, "식품체제의 관점은 농업과 먹거리를 세계적 차원에서 자본주의의 발전과 관련해 해석하고, 사회변화를 사회운동, 자본, 국가 간 투쟁의 결과로 본다." 따라서 식품체제의 이론으로 음식의 역사를 연구하려면, "역사성historicity, 방법론적 전체론methodological holism, 지역과 세계의 변화 과정들을 서로 연결하고 해석할 수 있는 능력"이 요구된다. 정치경제학과 사회학의 이론에 익숙지 않으면 마냥의 이 글을 이해하기 어렵다. 그래서 이 글의 '식품체제의 역사' 꼭지를 먼저 읽기를 권한다. 마냥은 식품체제의 역사를 다음과 같이 세 시기로 구분한다.

1870~1914년 사이에 구축된 1차 국제 식품체제는 북아메리카와 오스트레일리아와 같은 정착민 국가와 유럽 제국주의 열강을 연결하는 주곡 식량 교역의 강화로 시작되었다. 이미 〈음식과 제국〉에서도 설명되었듯, 아메리카대륙의 밀과 고기가 유럽에 수출되고 유럽의 공장제 생산품이 아메리카대륙에 수출되는 체제다.

---

* 이와 같은 시선에서 살핀 본격적인 연구는 아니지만, 다음의 논문은 새로운 출발이 될 수 있을 것이다. 주영하, 〈1609~1623년 忠淸道 德山縣 士大夫家의 歲時飮食: 조극선의 『忍齋日錄』을 중심으로〉, 《藏書閣》 제38집, 2017.

그 결과, 아메리카대륙의 가족농은 국가에 종속되었다. 이 시기에 이루어진 새로운 국제분업은 "독립적이고 자유로운 국민국가 체계"를 낳았고, 농업생산이 산업화를 뒷받침하는 미국의 경우를 이상적 모델로 여기는 인식을 만들어냈다.

2차 국제 식품체제는 제1차 세계대전(1914~1918)과 금본위제의 세계 통화가 종결된 1925~1945년 사이에 구축되었다. 대공황과 1930년대 아메리카대륙의 토지 황폐화 등이 일어나면서 미국 정부의 뉴딜정책으로 대표되는 정부가 곡물 가격을 안정시키고 생산을 촉진해 농업 생산물의 과잉 생산과, 그리고 제2차 세계대전 이후 미국이 제3세계로 식량을 원조하는 이른바 '중상주의적 산업mercantile-industrial 식품체제'의 시대였다. 이는 북아메리카의 잉여농산물인 콩·옥수수가 동물의 사료로 사용되고, 공장제 축산업과 육류 생산량의 증가, 이와 맞물린 고기 소비의 증가로 이어지는 결과를 낳았다.

결국, 다국적 곡물상과 사료 가공업체가 축산업을 주도하는 초국가적 식량시장을 형성시켰다. 산업농이 증가하면서 소농이 위기를 맞았고, 제3세계 국가의 농산물 수입이 증가했다. 또 이 시기에 대형 식품 제조회사들이 크게 세를 불렸고, 동시에 대형 슈퍼마켓이 등장해 전후 미국에서는 지배적 소매점 위치를 점하게 되었다. 여기에 식품과학 기술이 가세했다. 식량을 둘러싼 국가 간 긴장 관계가 심화되어 관세무역일반협정GATT 내 농업을 포함하는 협정이 1986년 우루과이라운드를 통해 실시되었다. 하지만 진짜 자유로운 무역은 되지 않았고, GATT의 후신이라 할 수 있는 세계무역기구WTO 체제 내에서 농업 무역은 제대로 실시되지 않았다.

3차 국제 식품체제가 도래했는지에 대해서는 논쟁의 여지가 있지만, 식품체제를 연구하는 대표적 학자들은 이미 3차 국제 식품체제가 등장했다고 주장한다. 오늘날 초국가적 슈퍼마켓 체인들이 식품사슬 내에서 자신들의 영향력을 공고화하면서 큰 힘을 행사하고, 이에 대항하는 유기농운동과 같은 사회운동이 일어나는 이 상태가 바로 3차 국제 식품체제라는 것이다. 이러한 특징의 3차 국제 식품체제를 '기업-환경적corporate-environmental 식품체제'라고 부른다. 지금의 국제 식품체제는 선물시장에서 금융자본에 의해 관리되는 금융 종속의 단계에까지 이르렀다는 주장을 펼치는 학자도 있다. 일부 비판적 학자들은 생명과학 기업들이 영양가가 높은 단위식품뿐 아니라 국민 필수식품들을 열거하고 품질을 높이고 홍보해, 사람들이 슈퍼식품과 같은 음식들을 반드시 먹어야 하는 것처럼 생각하도록 호도하는 지경에 이르렀다.

마냥은 식품체제의 관점이 농업과 식품[식량]의 역사를 19세기 이후의 세계 자본주의 관계 속에서 읽을 수 있도록 도와준다고 말한다. 예컨대, 한국전쟁 이후 미국이 가난한 한국인을 위해 한국에 무상으로 제공해준 밀과 옥수수가 2차 국제 식품체제의 패권국이 된 미국의 잉여농산물이었음을 안다면, 그 시기에 배급받았던 밀가루와 빵은 결코 추억이 될 수 없다. 당시 미국 정부는 미국식 영양학에 근거해 한국인의 몸에 부족한 동물성단백질의 보충을 한국 정부와 영양학자들에게 권고했고, 한국은 정부가 국가 주도의 축산업에 미국으로부터 받은 잉여농산물로 만든 사료를 사용해 국제 식품체제에 종속되어갔다. 1980년대 '삼겹살'의 탄생 역시 한국의 농축산업이 국제 식품체제에 예속된 결과다. 이로 볼 때, 20세기 한국 음식의 역사에서 식품체제의 관점은 매우 중요하다. 농촌사회학에서 일부 이와 관련된 연구가 나왔지만, 국제 식품체제에 예속되면서 생겨난 한국인의 식사방식에 관한 더욱 치밀하고 정치한 정치경제학적 연구는 좀 더 많은 시간이 필요해 보인다.[*]

22장 〈음식관광Culinary Tourism〉은 '음식관광'이라는 인문사회과학적 음식학의 새로운 주제를 개척한 미국의 민속학자 루시 M. 롱Lucy M. Long이 썼다. 그녀에 의하면, '음식관광'은 여행의 주된 동기가 특별한 음식을 경험하는 데 있다. 모험과 호기심에서 나온 이국적 음식 경험, 음식을 통한 문화 이해를 목적으로 하는 다른 문화의 식습관 체험, 관광객을 끌기 위한 음식 개발과 함께 단순한 미식관광gastronomic tourism, 맛기행tasting touring, 음식여행food tourism도 '음식관광'에 포함될 수 있다. '음식관광'은 관광산업의 한 종류이지만 식품 생산과 소비의 세계화 문제를 반영하고 있어서 이 책의 4부 '음식 전파'에 이 글이 들어갔다.

관광과 음식이 교차하는 부분에 관한 영어권에서의 학문적 연구는, 롱도 밝히듯, 1990년대 말과 2000년대 초에 주로 발표되었다. 이 시기 '음식관광'의 주된

---

[*] 송원규·윤병선, 〈세계농식품체계의 역사적 전개와 먹거리위기—대안의 모색: 식량안보에서 식량주권으로〉, 《농촌사회》 제22권 제1호, 2012, 265~310쪽; 김흥주(외), 《한국의 먹거리와 농업: 한국 농식품체계의 과거와 현재 그리고 대안》, 서울: 따비, 2015; 윤병선, 《농업과 먹거리의 정치경제학》, 서울: 울력, 2015.

연구는 크게 정성적인 것과 정량적인 것으로 나눌 수 있다. 정성적 연구는 음식과 관광을 모두 사회문화적 구성물로 보고 현지조사를 통한 문화기술지 작성과 분석에 초점을 맞춘 인류학과 민속학의 연구다. 정량적 연구는 관광산업 안에서 음식을 둘러싼 현상들을 정량 즉 수치화하는 사회과학, 경영학, 마케팅학과 같은 분야에서의 연구다.

정성적이거나 정량적인 연구 외에 '음식관광'과 관련된 연구의 또 다른 두 경향은 관광산업을 바라보는 긍정적 시각과 부정적 시각이다. 롱의 '음식관광'에 관한 연구는 그녀가 펴낸 《음식관광Culinary Tourism》(2004)이란 단행본을 통해 새로운 영역으로 자리 잡았다. 이 책에 실린 〈음식관광: 식사와 타자성에 관한 민속학적 관점Culinary Tourism: A Folkloristic Perspective on Eating and Otherness〉이란 글에 주목할 필요가 있다. 여기서 '타자성'은 관광지에서 관광객이 선택하는 이국적 음식의 기준이 문화, 민족성, 종교, 과거·미래·축제시즌과 같은 시간, 기풍이나 종교, 사회경제적 계급, 젠더, 나이 등에 따라 나타난다는 점을 강조하기 위해 사용한 용어다. 관광객의 음식 선택에 간여하는 다양한 요소를 찾아내고 분석하는, 어떻게 보면 관광산업에 대해 약간은 부정적인 시각과, 관광객에게 다양한 음식을 맛보게 하려고 축제 음식을 비롯해 일상 음식에서까지 모델을 찾는 롱의 연구는 '음식관광'에 관한 두 입장(긍정적 시각과 부정적 시각)을 결합하고 있다고 볼 수 있다.*

그러나 '음식관광'에 대한 현재의 쟁점들에 롱은 대부분 비판적이다. 첫 번째 비판은 관광 자체가 권력과 부를 가진 개인의 즐거움에 지나지 않기 때문에 지역 사람들을 진열대에 올려놓고 감상하는 인간성 박탈의 현장이라는 비판에서 '음식관광'도 자유로울 수 없다는 주장이다. 롱은 "음식순례food pilgrimage"처럼 타문화의 사람과 음식을 존중하려는 관광객의 태도만이 이 비판을 해결할 수 있다고 주장한다. 두 번째 비판은 문화를 상품화해 문화의 정체성을 약화시키는 데 일조하는 관광이 '음식관광'에도 적용된다는 것이다. 또 '음식관광'은 민족적 정체성을 강조하는 결과를 낳기도 한다. 이 점은 〈음식, 이동, 그리고 세계사〉에서

---

* 흥미롭게도 루시 M. 롱은 미국에 있는 한국인 경영의 음식점을 연구하면서 '음식관광'에 대한 본격적 연구를 했다(Lucy M. Long, "Culinary Tourism: A Folkloristic Perspective on Eating and Otherness," *Journal of Southern Folklore* 55, no. 30, 1998, pp. 181-203)

지적되었던 제1세계로 이주한 제3세계 소수민족들이 만들어낸 로컬푸드의 글로벌푸드 현상과도 연결된다. 세 번째 비판은 '음식관광'이 오래된 '전통음식'을 개량해 균질화한다는 것이다. 롱에 따르면, 이 비판을 극복하기 위해서는 관광지의 음식 전통을 관광지의 문화사 맥락 안에서 이해하려는 노력이 필요하다.

롱은 결론에서 "하나의 학문 분야이자 관광산업 내의 한 부분으로서 음식관광은 복잡하고 다면적이다. 음식관광은 또한 오늘날 우리가 직면한 수많은 문제를 꿰뚫어 볼 수 있는 독특한 통찰력뿐 아니라 그 직면한 문제들을 풀 수 있는 다양한 가능성을 제공한다"라고 말한다. 2000년대 이후 한국인의 국내외 음식관광은 하나의 붐처럼 확장되고 있다. 이에 따라 한국의 학계에서도 최근 '음식관광'에 관한 연구가 많이 나오지만, 대부분은 관광을 산업이라는 틀 속에 넣고 관광 수입을 증대시킬 수 있는 제안을 위한 정량적 '음식관광' 연구가 주류를 이룬다. '비판적' 음식관광에 관한 연구가 더욱 필요한 이유이기도 하다. 예컨대 1980년대 이후 관광객을 위해 개발된 제주도 제주음식점의 메뉴에 내재한 제주도의 현대사와 제주음식의 역사를 살피는 연구를 기대한다.*

5. 음식 공동체

23장 〈음식과 종교Food and Religion〉는 미국과 이탈리아의 종교와 음식에 관해 연구한 신학자 코리 E. 노먼Corrie E. Norman이 썼다. 태초에 음식과 종교가 있었듯, 음식과 종교는 매우 밀접한 관계를 지니고 있었다. 그러나 기독교의 비교종교 연구에서 출발한 종교학에서는 종교와 음식에 관한 연구를 매우 제한적으로 이해했다. 즉, 종교적 음식 관습food customs의 범위는 "식사계율, 금기 음식food taboos, 그리고 그것들을 만들어낸 종교와 사회 환경"에 한정되었다. 이러한 한정은 종교학자들이 각 종교의 경전과 교리 속에서 음식에 대해 어떤 계율과 금기가 있는지를 파악하고 해석하도록 이끈 결과다.

---

* 주영하, 〈주변부 음식 문화의 운명: 국민 음식에 포섭된 제주도 음식〉, 《차폰 잔폰 짬뽕: 동아시아 음식 문화의 역사와 현재》, 파주: 사계절, 2009.

이에 비해 메리 더글러스와 같은 인류학자는 히브리의 식사계율에서 음식과 순수[깨끗함]의 관계를 설정한 대목을 찾아 그것의 사회문화적 의미에 관해 연구했다. 즉, 더글러스는 히브리의 유대교 자체에 관한 관심보다는 식사계율과 공동체의 정체성 사이의 연관성에 관심이 있었다. 인류학자 E. N. 앤더슨E. N. Anderson 역시 음식과 종교에 관한 설명에서 금기taboo만을 주로 다루었듯이, 인류학자들의 음식과 종교에 관한 관심은 금기 음식에 한정되거나 아니면 식사와 음식이 종교 의례 속에서 갖는 종교적 상징성에 주목하는 편이다.

영어권 종교학자들의 음식에 관한 관심은 1995년 《미국종교학회지Journal of the American Academy of Religion》에 실린 다양한 민족집단과 종교적 식생활에 관한 논문들로 드러났다. 종교학 내부에서의 종교적 식생활에 관한 관심은 이후 단행본을 낼 정도로 높아졌다. "식생활은 온갖 종교적 경험과 관련이 있는 만큼 종교적 연구 대상에 포함되어야" 하기 때문이다. 즉, 종교적 식생활의 범주 구분에 대한 논란이 있지만, 종교인들의 "금기와 금식"은 부정할 수 없다. 이 점이 더글러스로 대표되는 사회문화인류학sociocultural anthropology의 종교 음식에 관한 연구와 종교학자의 음식에 관한 연구 사이의 차이다.

한국 종교학자들이 음식과 종교에 관해 스스로 관심을 보인 사례는 드물다. 대부분 종교계 내부의 요청에 의해 종교학자나 인류학자가 논문을 발표한 정도다. 최근 불교계에서 자신들의 음식과 식생활을 하나의 문화상품으로 만들고자 하는 노력을 기울이고 있고, 이에 대한 글들이 발표되고 있다. 공만식이 쓴 《불교음식학: 음식과 욕망》은 경전과 불교학의 내용에서 식사계율, 금기 음식, 종교적 식생활로서의 수행에 대해 불교학적 시각에서 다루었다.* 이 저서는 종교학자에 의한 음식 연구서라고 할 수 있다. 하지만, 더글러스처럼 한국의 종교 공동체에서 실천되는 식사계율과 종교적 식생활이 지닌 사회문화적 의미를 분석하는 연구는 아직 나오지 않았다.

24장 〈음식, 인종, 그리고 민족성Food, Race, and Ethnicity〉은 미국에서의 중국음식의 역사를 연구한 역사학자 용 첸Yong Chen이 썼다. 글은 서로 다른 개인, 공동체,

---

* 공만식,《불교음식학: 음식과 욕망》, 서울: 불광출판사, 2018.

국가가 다양한 관계를 맺으면서 음식이 어떤 역할을 하는지를 설명하는 데 목표를 두고 있다. 음식에 담긴 정치적, 사회경제적, 문화적 의미의 내면화는 자기 자신과 타자 사이의 관계를 뒷받침하는 강력한 이데올로기로 작용한다는 것이 이 글의 이론이다. 음식은 역사를 통틀어 인종과 민족성을 표출하는 징표로 중요한 역할을 했다. 그래서 용 첸의 글은 이주민의 국가인 미국에서 진행된 영국계 백인 위주의 음식 인종화와 유럽·아프리카·아시아에서 이주한 미국 소수민족 사이에서 음식을 둘러싸고 진행된 배제·동화·대체의 과정을 역사학적으로 서술하고 있다. 따라서 음식·인종·민족성의 상관관계를 살핀 연구의 경향을 소개하는 글이 아니라 미국 음식의 역사를 인종의 측면에서 설명하는 글이다.

용 첸은 먼저 아메리카대륙으로 이주한 영어권 정착민들이 원주민들의 음식과 만나면서 미국 백인의 음식을 어떻게 구축해나갔는지를 설명한다. 가장 기억해야 할 역사적 사실은 영국계 백인들이 초기에 아메리카 원주민과 흑인 노예의 음식으로부터 상당한 도움과 영향을 받았음에도 불구하고 "미국" 혹은 "뉴잉글랜드" 혹은 "버지니아" 등의 이름이 붙은 요리책 출판을 통해 그 흔적을 지워버렸다는 점이다.

미국 백인의 식생활 관습과 음식이 지역적, 문화적 특징이 없음에도 이것에 대한 집착은 오히려 인종적 순수성을 지키려는 노력으로 전개되는 결과를 낳았다. 영국계 음식으로 무장한 미국의 영국계 백인의 인종적 순수성에 대한 집착은 1820년대부터 1920년대까지의 100년 동안 미국으로 이주한 유럽과 아시아 사람들이 가지고 온 그들의 음식문화를 배제하는 방향으로 이어졌다. 19세기 말 미국 식품산업이 구축되면서 '산업식품의 인종화racialization'가 식품기업 광고를 통해 나타났다. 영국계 백인 여성은 요리를 잘하는 인물로, 아프리카계 미국인 여성은 고용된 요리사이자 가정부로 묘사되었다.

20세기 중반 이후 이민의 세기에 미국으로 이주한 유럽과 아시아계 소수민족의 2세들은 여타의 생활방식과 마찬가지로 식습관에서도 영국계 미국인을 닮아가고 있었다. 이들 소수민족이 앞선 이주민이 형성해놓은 소수민족 음식점과 식품산업에 끼어들었다. 가장 대표적인 현상이 19세기 미국계 중국인은 주로 남방 한족이었지만, 1965년 이후의 새로운 이주민은 쓰촨성·상하이·베이징 출신들이었고, 미국 차이나타운의 음식점 메뉴도 광둥요리에서 쓰촨·상하이·베이징 요리로 대체되었다는 것이다. 최근의 심각한 문제는 미국 대도시의 슬럼화로 인해 식재료의 대량 구매와 값싼 식품을 조달하는 패스트푸드 음식점과 슈퍼마켓이 도심을 장악하면서 그곳에 사는 소수민족 빈민가를 '먹거리사막food desert'으로 바꾸어버렸다는 사실이다.

2000년대 이후 한국사회도 이른바 '다문화사회'에 진입했다. 대도시와 공장 밀집 지역에는 소수민족의 집단 거주지가 형성되었고 소수민족 음식점은 한국 인에게 더는 낯선 풍경이 아니다. 한국에 이주한 조선족을 비롯한 소수민족, 한 국에 정착한 북한 이탈주민의 적응·배제·정체성 등 식생활 관습과 음식에 관한 연구가 제법 있지만, 융 첸의 글처럼 문제의식이 뚜렷한 글은 드물다. 아마도 주 류 한국인 연구자가 소수민족의 공동체에 참여하는 일 자체가 어렵기 때문일 것 이다.* 그러나 오늘날 한국의 중소 음식점에서 종사하는 노동자 대부분이 소수 민족이라는 점을 생각하면 한국사회에서의 소수민족과 음식에 관한 연구는 매 우 중요한 주제다. 융 첸이 글 마지막에서 미국의 인종 형성과 변화 과정을 이해 하는 데 음식이 중요한 기여를 했다고 밝히고 있듯, 한국의 소수민족 음식에 관 한 인문사회과학적 연구도 한국사회의 다문화 양상의 실재를 밝히는 데 중요한 이바지를 할 것이다.

25장 〈민족 음식National Cuisines〉은 러시아의 식생활 역사를 연구한 역사학자 앨리슨 K. 스미스Alison K. Smith가 썼다. 이 글은, 스미스의 전공에서도 알 수 있듯, 러시아 요리가 19세기 중반에 어떻게 러시아의 '민족 음식'이 되었는지를 설명하 는 데 목표를 두고 있다. 사실 영어 'National Cuisines'의 한국어 번역어는 "민 족 요리", "민족 음식", "국가 요리", "국가 음식" 등과 같이 다양하다. 이 책에서는 "cooking"을 "요리"로 "cuisine"을 "음식"으로 번역했다.

문제는 "민족의" 혹은 "국가의"로 번역되는 "national"이다. 한국어 "민족의" 의 영어 번역어로는 소수민족을 의미하는 "ethnic"이 있다. "nation"도 마찬가 지다. 스미스의 글 속에서 표현된 "national cuisine"은 러시아의 관제 국민주의 official nationalism와 관련이 있으므로 "민족 음식"으로 번역하는 편이 더 타당한 듯

---

* 천현진, 〈서울 속의 소연변小延邊: 대림동 중국인 거주지 문화경관 해석〉, 서울대학교대학원박사학위청구 논문, 2015.

하다.* 대부분의 근대 국민국가가 특정한 지역을 기반으로 한 '상상된' 민족에서 형성되었기 때문에 스미스의 글에 나오는 "national cuisine"을 이 책에서는 "민족 음식"으로 번역했다. 스미스의 글을 이해하기 위해서는 반드시 에릭 홉스봄Eric Hobsbawm의 '만들어진 전통'과 베네딕트 앤더슨Benedict Anderson의 '상상된 공동체'를 설명한 책을 먼저 읽을 필요가 있다. 그래야 이 글에서 사용한 개념과 시선을 이해할 수 있다.

스미스는 인도의 국가 음식이 어떻게 만들어졌는지에 관해 연구한 아르준 아파두라이Arjun Appadurai가 내린 '민족 음식'의 정의를 빌려온다. "농업, 교역, 지역regional, 지방local, 가정, 종교의 차이와 전통에 따라 창조되고, 요리책과 같은 각종 매체, 음식점, 특정한 물품을 통해 일반인들에게 제시되는, 조리된 음식의 집합체"라는 것이다. 그러나 스미스는 "이러한 민족 음식이 반드시 해당 민족이 먹는 모든 음식과 같음을 의미하는 것도 아니고, 해당 지역에서 실제로 오랫동안 이어져 내려온 전통과 꼭 일치함을 의미하는 것도 아니다"라고 덧붙인다. 결국, 국가 음식 혹은 민족 음식은 "고정되어 있지 않고 오히려 그것의 가장 중요한 '민족적' 특성을 잃지 않으면서 형태를 바꿀 수 있다"는 것이다.

특히 스미스는 교역과 인위적 접촉을 통해 농업 관습과 식습관이 형성되어 왔기 때문에 '민족 음식'을 정의하면서 "민족 음식이 '예로부터 전해 내려오는age old' 또는 '토착의natuve' 농산물이나 조리 기술로만 만들어지고 발전한다고 생각해서는 안 된다"는 말도 덧붙인다. 또 유의해야 하는 점은 가정의 일상식이 바로 지역 음식이 되고 국가 음식이 되지 않는다는 것이다. 특정 지역 내부에 사회계층이 존재한다는 점은 계층을 불문하고 가정의 일상식이 지역 음식이 될 수 없는 이유다.

국가 음식 혹은 민족 음식이 만들어지는 방식은 일정하지 않다. 더욱이 하나의 민족으로 규정되는 지역에서도 외부와의 민족적 경계를 모호하게 하는 지역적 유사성 문제를 해결해야 하고, 사회계층 사이의 차이도 줄여야 한다. 심지어 이를 위해서는 국가 음식이나 민족 음식을 창조하는 과정도 필요하다. 이러한 창

---

* 베네딕트 앤더슨 지음, 서지원 옮김, 《상상된 공동체: 민족주의의 기원과 보급에 대한 고찰》, 서울: 길, 2018, 139~142쪽.

조를 가장 강력하게 해주는 요소는 인쇄자본주의와 산업자본주의다.

"요리책은 서로 별개의 음식을 하나의 일관된 전체로 묶기도 하고, 한때 여러 방식으로 조리되었던 일련의 음식을 단일한 방식의 공인된 요리로 개량하기도 한다." 요리책과 민족 음식을 둘러싼 언론 보도 혹은 그와 관련된 문화적 저작물도 민족 음식을 규정짓는 데 일조를 한다. 대중음식점 역시 국가 음식이나 민족 음식을 표상하는 현장이 된다. 18세기와 19세기 초에 출판된 프랑스 명장 요리사의 요리책은 대다수 프랑스 사람들이 먹는 음식과는 별 관련이 없었지만, 프랑스의 이미지를 일관되게 유지하며 외부에 널리 알리는 과정에 관한 이해가 '국가 음식'의 역사가 어떻게 만들어지는지를 알 수 있는 사례다.

그러나 민족 음식은 결코 고정불변 그 자체는 아니다. 민족음식은 "경제적 생산을 비롯해 문화 규범, 시간 경과에 대한 이해, 지리적 위치에 이르기까지 다양한 변수에 따라 크게 달라질 수 있다는 점에서 언제라도 바뀔 수 있다고 생각해야 한다." 하지만 민족주의가 강력한 국가에서는 민족 음식이 "국가를 지지하는 데 동원될 수 있다." 심지어 국가 음식이나 민족 음식은 민족이나 국민을 통합하고 타자들과 구분하는 데도 이용된다.

한국 정부는 2009년부터 정부 주도의 한식세계화 정책을 시작했는데, 이로부터 '한식'이 민족 음식 혹은 국가 음식이 된 것은 아니다. 오히려 식민지기에 출판된 《조선요리제법》, 《조선무쌍신식요리제법朝鮮無雙新式料理製法》, 《조선요리》 등의 근대 인쇄기술로 제작된 요리책들이 '조선요리'라는 개념을 처음으로 도입했다고 볼 수 있다. 그러나 '한식'을 개념화하려는 정부와 학계 일부의 노력은 '2000년대 전후 일본과 아시아 각국에서의 한류 붐으로 생겨난 국내의 한식에 대한 자긍심에서 출발했을지도 모른다.

최근 한국의 학계에서는 '한국음식'이 무엇인지에 대해 설명하는 논저가 많이 출판되고 있다. 그러나 '한국음식'에 대해 어떤 책도 명확하고 합의된 설명을 내놓지 못한다. 그래도 "민족을 외부 세계에 소개하기 위해, 또 때로는 이주민들이 자기 민족에 대한 기억을 간직하기 위해" 생산하는 한국음식의 개념과 이미지는 어느 정도 합의를 모으기도 한다. 그러나 한국 영화나 드라마에서 가장 맛있게 먹는 음식이 짜장면이라는 외국인의 판단에 짜장면을 한국음식의 범위에 넣어야 하는지에 대한 합의는 아직 없다. 스스로 혹은 타자에 의해 '만들어진' 한국 음식의 개념이나 이미지가 없는 상태에서 한국인이 소비하는 음식은 외부와의 교섭을 통해 변형되고 있기 때문이다.

26장 〈음식과 윤리적 소비Food and Ethical Consumption〉는 음식 윤리, 여성과 어린이의 식습관에 관해 연구하는 과학사학자 겸 과학철학자 레이철 A. 앙키니Rachel A. Ankeny가 썼다. 앙키니는 '음식의 윤리적 소비'를 정의하기에 앞서서 '윤리적 소비'의 개념이 매우 여러 가지임을 설명한다. 윤리적 소비는 다양한 행동주의, 특별한 정치적 목적이 있는 소비자단체가 보이는 정치적 소비, 책임 있는 소비나 양심적 소비와 구분된다. 즉, 윤리적 소비는 하나의 일관된 실천 행위라기보다 다양한 경향을 포괄하는 두루뭉술한 표현이라고 이해하는 게 더 적절하다는 주장도 있다는 것이다.

이런 상황에서 앙키니는 "윤리적 음식 소비ethical food consumerism"를 "행위자들이 중시하는 가치와 사회적 책임의식 같은 것들에 대한 그들의 신념의 결과물이 지향하는, 자발적이고 적극적으로 먹거리를 선택하는 다양하고 가끔은 서로 충돌하는 행위로 정의된다"라고 본다. 앙키니는 채식주의와 완전채식주의, 동물 복지, 지역 소비, 유기농식품, 유전자조작생물체에서 자유로운 식품, 푸드마일과 녹색제품, 불매운동과 대의마케팅, 공정무역, 쓰레기·과잉소비·프리거니즘freeganism 등 음식의 윤리적 소비와 관련된 다양한 양상 혹은 운동의 역사를 미국을 중심으로 설명하고 각각의 윤리적 소비가 지닌 현재의 문제를 다룬다. 음식의 윤리적 소비에 대한 비판도 이 글의 중요 초점이다.

한국의 학계에서 '음식의 윤리적 소비'에 관한 논의는 대중과 시민운동단체의 것과 비교하면 매우 적다. 격월간지 《녹색평론》에 간혹 넓은 의미에서 보면 '음식의 윤리적 소비'와 관련되었다고 볼 수 있는 글이 실리지만, 이러한 글이 윤리적 소비에 대한 학술적 논쟁으로 확장되지는 않는다. 한국사회는 세계의 그 어떤 사회보다 한순간에 유기농식품으로 소비 방향을 전환한 경험이 있다. 심지어 MSG를 부정 식품으로 몰아 불매운동을 했고 결국 기업의 명칭도 바꾸었다. 그러나 식품학자 중에서 이 문제에 대해 학술적 논쟁을 제기한 예는 많지 않다.* 앙키니

---

* 최낙언·노중섭, 《(아무도 알려주지 않는) 감칠맛과 MSG 이야기》, 서울: 리북, 2015(개정판).

는 "비판적 음식 소비자critical food consumer 되기는 지구촌의 일원으로 참여하고, 모두를 위한 조건 특히 식량과 물 같은 기본적인 것과 관련된 조건을 향상시키려고 애쓰는 과정에서 아주 중요한 발걸음이다"라고 한다. 한국의 인문사회과학적 음식학계에서도 이에 대한 논쟁을 주도해 나갈 필요가 있다.

27장 〈음식과 사회운동Food and Social Movements〉은 미국에서 음식과 정치, 문화, 경제의 상관관계를 사회과학적으로 연구해 비판적 음식학의 기반을 다지는 데 큰 공헌을 한 역사학자 워런 벨라스코Warren Belasco가 썼다. 벨라스코의 글에는 이 책의 다른 글과 달리 세부 꼭지가 없다. 그런 만큼 처음부터 꼼꼼히 읽어야 한다. 벨라스코는 먼저 개인의 음식 선택이 '맛과 편의성'이라는 두 대비적 기준의 절충 과정에서 결정된다고 본다. 여기에 음식과 관련된 사회문화, 정치경제, 산업 등에서의 여러 문제를 제기하고 개혁하려는 식품개혁가들은 '맛과 편의성'의 상호작용에다 "매우 윤리적이고 정치적인 제3의 요소인 책임 의식까지 부과하려 애쓴다"는 것이다.

벨라스코의 글은 미국에서의 식품개혁가 혹은 음식 행동주의 활동가들의 역사를 제7대 미국 대통령 앤드류 잭슨의 민주주의 시대였던 1830~1840년대, 혁신주의 시대였던 1890~1920년, 반문화 시대였던 1960~1970년대에 초점을 맞추어 서술한다. 벨라스코는 이 시기의 음식의 사회운동을 이해하기 위한 다음의 다섯 가지 전제에 대해 이해할 필요가 있다고 한다.

첫째, 소비자가 짐작조차 못 할 정도로 식량 공급 체계의 규모가 매우 커야 한다. 공정무역에 대한 소비자의 자각은 세계 식품체제의 결과물일 수도 있다는 것이다. 둘째, 보고서·뉴스·논평과 같은 뉴스 산업들이 소비자가 직접 확인을 못하지만 자신의 음식 소비로 인해 생겨났을지도 모를 좋지 않은 결과를 인지하도록 만들어야 한다. 미국에서의 1970년대 유기농 농장, 협동조합 상점, 자연식 음식점의 유행이 바로 이런 현상의 결과라는 것이다. 셋째, 통계에 근거한 근대적 먹거리체계의 잘못을 지적하는 식품개혁가들은 전통음식과 전통적인 먹거리체계를 이상화하는 경향을 보인다. 일례로, 프랜시스 무어 라페Frances Moore Lappé 는《한 소행성을 위한 식습관Diet for a Small Planet》(1971)에서 고기 섭취가 영양학적으로도 비효율적이고 사회적으로도 불평등하며 생태적으로도 재앙이라는 자신의 주장을 입증하기 위해 영양학의 수치를 내세워 독자들을 설득했다는 것이다.

넷째, 식품개혁가들은 통밀빵이 흰 빵에 비해 질적·양적으로 좋은 것이라는 사실을 강조하면서 근대 기계식 농업과 식품산업이 문제라는 점을 강조한다. 다섯째, 식품개혁가들은 국내의 여러 불안정한 사정을 활용해 소비자가 음식에 무언가 불안감을 가지게 해 음식의 사회운동을 성공시키려 한다. 그들이 출판한 책 제목에는 '타락debauchery', '독poison', '위험peril', '전염병plague', '생존survival', '미래the future'와 같은 선정적인 단어가 자주 쓰인다.

벨라스코는 글의 마지막에서 유기농식품이나 슬로푸드를 먹는 것 자체가 지구 온난화를 지연시키고 가난한 농부와 노동자 편에 설 수 있다고 믿어온 소비자들에게 충격적인 말을 남긴다. "이제 식습관을 바꿈으로써 세상을 바꿀 수 있다는 생각을 거두어야 할 때가 된 것 같다." 아울러 음식을 통한 사회개혁 이면에 숨어 있는 복잡하고도 미묘한 먹거리체계에 주목하라고 요청하면서, "더 좋은 음식을 먹는다고 거대한 시스템이 저절로 변화하는 것은 아님"을 강조한다. 오늘날 '음식 사회food society'가 되어버린 한국사회에서 긍정적이든지 부정적이든지 음식을 주제로 생각하고 행동하는 사람이면, 이 글을 반드시 읽어야 한다.

한국의 학계에서는 아직 '음식과 사회운동'과 관련된 역사적 접근의 연구가 없는 편이다. 다만, 최근에 협동조합의 역사를 비판적으로 다루는 역사학자들의 연구는 향후 한국사회에서의 '음식의 사회운동'으로 확장될 가능성을 보여준다.*

1970년대 후반 정농회 운동에서 출발한 한국의 농업 및 음식의 사회운동은 2000년대 이후 슬로푸드운동으로까지 이어지고 있다. 원주에서 출발한 한살림은 이제 전국적인 협동조합 슈퍼체인이 되었고, 풀무원농장에서 시작한 풀무원은 식품대기업이 되었다. 음식의 사회운동과 기업화의 관계를 살피는 연구는 향후 비판적 음식학의 중요한 연구 주제가 될 것이다.

---

* 김소남, 〈1960~80년대 원주지역의 민간 주도 협동조합운동 연구: 부락개발, 신협, 생명운동〉, 연세대학교 대학원사학과박사학위청구논문, 2014; 한국협동조합운동100년사편찬위원회, 《한국 협동조합운동 100년사》, I·II, 고양: 가을의아침, 2019.

차례

서문
Introduction

제프리 M. 필처 Jeffrey M. Pilcher

"음식의 역사는 오랫동안 아마추어의 취미라고 비웃음을 사다가 마침내 고품격의 학문 중 하나로 그 전문적 지위를 인정받았다." 초기에 이 분야에 관한 연구의 필요성을 주장하며 묵묵히 연구에 몰두해온 이름 없는 학자들이 취했던 방어적 자세는 이제 역사학계의 새로운 인식 변화에 따라 당당한 연구 자세로 바뀌었다.[1] 음식은 그 자체로도 연구할 만한 주제일뿐더러 상아탑[대학] 밖의 일반 대중에게 자본주의, 환경, 사회 불평등에 대해 비판적으로 생각할 거리를 던져주는 매력적인 방편이라는 점에서 중요하다. 이 책의 목적은 초기에 음식의 역사를 연구한 학자들의 성과를 인정하고, 그 분야에 대한 우리의 이해를 더 높이면서, 미래의 연구자들에게 새로운 과제를 제시하는 것이다.

비록 정통 역사학자들이 인류 역사에서 음식이 차지하는 중요한 의미를 인식하기까지 좀 긴 시간이 걸렸지만, 그 의미를 밝히는 사실들은 다양한 1차자료에 숨어서 언젠가 기회가 오기를 기다리고 있었다. 고대 중국의 현자들은 요리사를 궁중 대신大臣으로 인정했다. 도축 행위를 통해 깨달음을 얻는 사람을 바로 요리사라고 본 것이다. 그들은 백성을 먹여 살리는 일이 정치적 정통성[정당성]political legitimacy을 입증하는 것이며, 식탁에서의 예의가 질서정연한 사회를 나타내는 매우 중요한 의미를 지닌 것으로 생각했다. 반면에, 고대 그리스의 지적 전통은 부엌방의 실용적 노동을 철인왕哲人王, philosopher king의 사색보다 열등한 것으로 경멸했다. 그럼에도 고대 그리스 역사가와 지리학자들은 사람들의 먹고 마시는 습관을 문화의 차이를 구분하는 잣대로 세밀하게 기록했다. 역사학자들의 연구 방법론에서 기초가 되는 르네상스 인문주의자들의 문헌비판은 다른 고전 저작들과 함께 아테나이오스Athenaeus*와 [마르쿠스 가비우스Marcus Gavius] 아피키우스Apicius**가 쓴 요리책들을 정조준했다. 18세기 프랑스 계몽철학자들은 [피에르 장-바티스트Pierre Jean-Baptiste] 르그랑 도시Le Grand d'Aussy의 《프랑스인의 사생활 역사 Histoire de la vie privée des françois》(1782)와 리처드 워너Richard Warner의 《옛날 주방, 또는 옛날 영국인의 기이한 요리책Antiquitates Culinariae, or Curious Tracts on Culinary Affairs of the Old English》(1791) 등 국가별 음식의 역사를 최초로 펴냈다.[2]

하지만 19세기 독일 대학을 중심으로 역사학이 정식 학문으로 발돋움하면서 음식에 관한 연구는 오히려 뒷걸음질했다. 레오폴트 폰 랑케Leopold von Ranke와 그의 동료들은 국가 건설이 역사학의 중심 주제라고 생각했다. 그들은 그와 같은 프로젝트를 수행하기 위한 적절한 자료로 정부 기록보관소 문서들을 가장 중요하게 꼽았다. 과학적 객관성을 적극적으로 주장하는 역사학자들은 남성적이고 국가중심적인 학문의 경계를 지키기 위해 세심한 주의를 기울였고, 역사를 문학처럼 기술하려는 어떠한 일탈이나 시도도 비웃으며 용납하지 않았다. 당시로서 획기적인 사회사인 《가사Domestic Service》(1897)라는 역사책을 저술한 루시 메이너드 새먼Lucy Maynard Salmon은 [미국 뉴욕주] 바사르칼리지에서 열린 세미나에서 고문서들에 나온 전통 조리법과 주방 기구들을 분석한 내용을 발표했을 때 동료

---

* 2세기 말과 3세기 초의 그리스 수사학자. 《식탁의 현인들The Deipnosophistae》을 남겼다.
** 기원전 1세기 전후의 고대 로마 미식가. 《요리에 관하여Apici Caeli de Re Coquinaria Libri Decem》를 썼다. 책은 현존하는 가장 오래된 고대 로마 요리서로, 국내에서는 《데 레 코퀴나리아: 로마요리에 대하여》(박민음 옮김, 우물이 있는 집, 2018)로 번역·출간되었다.

학자들로부터 비웃음을 샀다.[3]

　상황이 이러한지라 그 무렵 뱃심 좋게 음식의 역사를 연구했던 학자들도 대개
는 국가와 학문의 영역 밖에서 연구를 진행했다. 초기 이주사를 연구한 역사학
자 시어도어 블레겐Theodore Blegen은 《민초들의 역사Grass Roots History》(1947) 같은
책에서 음식을 고찰했다. 프랑스의 아날학파도 마찬가지로 지리적 경계와 학문
적 영역을 초월해 총체적으로 역사를 바라보는 '전체사total history'의 관점에서 음
식을 다뤘다. 페르낭 브로델Fernand Braudel은 역사에 기록된 전통 음식물들의 칼
로리를 계산함으로써 인구와 영양 상태에 초점을 맞추긴 했지만 음식을 사회적·
문화적 맥락에서 파악하는 데까지는 나아가지 못했다. 최근 들어 역사학에서 음
식과 관련된 학문적 연구가 분출하는 것은 인류학자들의 영향이 크게 작용했다.
중국계 미국인 광지 창Kwang-Chih Chang[장광즈張光直]은 아마 [중국 음식 관련] 최초
의 주요 영문판 총서인 《중국 문화에서의 음식Food in Chinese Culture》(1977)을 정리
해 출간했다. 그는 고고학자로서 중국 조리법의 역사적 발전 과정을 연대별로 정
리하는 것이 기본적으로 매우 중요하다고 생각했다. 시드니 민츠Sidney Mintz를 대
표하는 책으로 설탕의 역사를 기록한 《설탕과 권력Sweetness and Power》(1985)*은 카
리브해 지역의 노예[에 의한] 생산을 유럽 지역의 소비와 근대산업의 발흥과 연결
함으로써 제1차 상품 생산 연구의 모델이 되었다.[4]

　한편, 요리 연구에 전념하는 역사학자들은 정통 역사학자들의 경멸에도 불구
하고 전통적인 조리법에 관한 연구를 멈추지 않았다. 그들은 대개 역사학자로서
전문성을 인정받지 못했지만 자신들이 연구하는 분야를 깊이 파고들어 요리 관
련 고서들에 대한 철저한 원문 분석textual analysis과 함께 공문서 기록 연구와 당
대 기술을 이용해 옛 조리법을 역사적으로 재연하기도 했다. 그들은 때로는 박물
관에서 때로는 역사 관련 공공장소에서 그러한 역사적 재연을 통해 음식의 중요
성을 세밀하게 이해했다―그것은 정통 역사학자들도 따라 해야 할 연구 방식이
었다. 전통적인 역사학자로 인정받지 못한 이들 가운데 가장 널리 알려진 사람
이 마크 쿨란스키Mark Kurlansky인데, 그는 대중으로부터 엄청난 인기를 얻었지만

---

* 국내에서는 《설탕과 권력》(《김문호 옮김, 지호, 1997)으로 번역·출간되었다.

그것이 오히려 그가 순수 학문을 연구하는 학자가 아님을 더욱 확실하게 입증하는 것처럼 보이게끔 했다. 그러나 요리사학자들culinary historians이 비판받아야 할 더 합당한 이유가 있다면, 그것은 오히려 그들이 대개 첨예하게 대립하는 사회문제들을 제기하는 데 실패했고, 정통 역사학자와 요리사학자들이 이룩한 이전의 역사적 작업들을 무시했다는 점이다. 그 결과 그들은, 자신들이 비록 익명의 경쟁자들이 끊임없이 만들어낸 신화와 오류들을 바로잡고 있다고 주장할지라도, 사실은 쓸데없이 시간과 노력만 낭비하고 있는 셈이었다. 하지만 여기서 내가 이런 말을 하는 것은 그들을 학문적으로 마음대로 재단하려는 의도에서가 아니고 —요리를 연구하는 역사학자들 역시 역사학의 한 분야를 개척한 사람들이다— 오늘날 빠르게 영역을 넓혀가는 동시에 질적 성장을 꾀하고 있는 역사기록학[역사서술, 역사편찬]historiography 분야에 더욱 적극적으로 참여할 것을 그들에게 촉구하기 위한 것이다.[5]

이 책은 다양한 층의 독자를 대상으로 기획되었다. 각종 종합시험과 논문을 준비하는 대학원생, 음식과 관련된 학문을 연구하고 가르치는 일에 관심이 있는 기성 학자, 학문적 수준을 높이고자 하는 요리사학자 모두에게 유익한 도서가 될 것이다. 이 책에 수록된 글들은 관련 분야를 꼼꼼히 뜯어보면서 문헌들을 다시 조사하고 그동안의 연구방법론들을 평가하며 사료들을 수집한다. 일부 저자는 예컨대 중세의 향신료 무역이나 오늘날의 음식관광 같은 실례가 되는 주제들을 심층 연구한다. 또 다른 저자들은 인구 이동, 노동, 환경과 같은 근본적 주제들을 중심으로 세계사 전반을 훑는다. 그들은 모두 오늘날 음식과 사회를 연구하는 역사학자들이 취한 접근방식들을 폭넓게 예시해준다.

음식을 둘러싼 역사적 논쟁들—오늘날 의견이 양극단으로 갈리는 먹거리정치food politics*와 달리—은 상대적으로 산만하게 다양한 형태를 유지하고 있다. 이러한 개방성은 음식 관련 주제들의 범위가 매우 넓다는 것을 일부 반영한다고 볼 수 있다—그것은 "사회를 총체적으로 나타내는 한 현상total social phenomenon"으로서 실제로 인간이 살아가는 모든 측면에 영향을 끼친다. 따라서 음식의 역사

---

* 먹거리의 생산, 통제, 규제, 검사, 유통, 소비 전반에 걸쳐 음식과 관련된 모든 정치적 측면을 말한다. 문맥에 따라 "식품정치", "식량정치"로도 쓰인다.

에 관한 연구는 우리 자신의 상상력에 따라 그 범위가 달라질 수 있다. 그러나 학문 연구는 대개 국가의 역사기록과 관련해 특별히 관심이 있는 일들에 민감하게 반응한다. 그 일이 국가라는 경계에서 여전히 제도적으로, 특히 대학원생을 가르치고 교수를 고용하는 데서 압력을 받을 수밖에 없기 때문이다. 이 책은 국가적 한계 때문에 더 큰 역사적 과정을 보지 못하는 일이 일어나지 않도록 하기 위해 일부러 음식과 관련된 모든 주제를 다루고 서로 비교하는 방식으로 구성되었다. 자신이 존재하는 시간과 공간 안에 갇힌 채 편협하게 생각하는 학자들은 귀중한 통찰력을 놓치고 쓸데없이 시간만 낭비하기 십상이다. 학제간 경계를 뛰어넘어 폭넓게 바라보고 생각하는 것은 리처드 윌크Richard Wilk가 흥미롭게도 "좀비 이론zombie theories"이라고 불렀던 것, 즉 처음에 생겨난 분야에서는 이미 잊힌 지 오래인데 오히려 그 인접 학문 영역에서 거꾸로 되살아난 근대화와 같은 유해한 개념들을 계속해서 만들어내지 않는 것이 무엇보다 중요하다.

적어도 1950년대까지만 해도 음식에 관한 내용은 그것이 다른 주제들과 관련이 있을 때 어쩌다 한 번씩 역사 관련 저작들에 나타나는 경향이 있었다. 예컨대 초기에 농업사학자들은 주곡 생산에 관해 조사했지만 주곡 소비와 관련해서는 전혀 주목하지 않았다.[6] 또한 정치사학자들이 도시의 식량 공급 및 유통과 관련된 제도들을 고찰할 때도 있었다.[7] 리처드 오스본 커밍스Richard Osborn Cummings가 쓴 《미국인과 음식: 미국 음식 습관의 역사The American and His Food: A History of Food Habits in the United States》(1940)는 본디 영양학nutritional science의 역사적 발전 과정에 관한 연구서였다.[8] 한편, 케임브리지대학 동양학자 아서 J. 아르베리Arthur John Arberry가 번역한 중세 바그다드의 한 요리책은 사실 코란과 수피파 시인들의 작품을 번역하다가 언어학적 호기심이 발동해서 함께 작업한 것이었다.[9]

1960년대와 1970년대, 역사학에서 사회사의 발전은 처음으로 음식과 관련된 논쟁, 특히 생활수준을 둘러싼 논의를 역사학의 중심으로 가져왔다. 산업화 industrialization가 과연 18세기와 19세기 유럽 노동자들의 생활을 향상시켰는지에 대한 질문은 브로델을 비롯한 아날학파 동료 학자들이 중세와 근세early modern 지중해 지역에서의 농업 생산과 인구 변화에 관한 총체적 역사를 분석하면서 처음으로 사용했던 학제적이고 정량적인 방법을 통해 제기되었다.[10] 미국에서는 경제사학자 스탠리 엥거먼Stanley Engerman과 로버트 포겔Robert Fogel이 남북전쟁

[1861~1865] 이전에 미국의 대농장 노예들이 배불리 먹고 지냈다는 주장을 함으로써 격렬한 논란을 불러일으켰다.[11] 비록 그러한 주장이 1990년대에 경제인구사economic and demographic history를 역사학의 가장자리로 밀어내는 데 얼마간 한몫했지만, 학자들은 무엇보다도 유골을 면밀하게 조사해 옛사람들의 식습관과 건강의 특질을 상세히 파악하는 작업을 멈추지 않았다.[12]

1970년대 초에 벌써 학자들은 그동안 경제학 연구를 뒷받침하던 결정론[determinism]적 가정들에 의문을 제기하기 시작했고, 그러는 중에 문화와 정치의 영향을 포괄하는 음식의 역사를 연구하는 환경이 점차 만들어졌다. 그 시발점 가운데 하나가 에드워드 파머 톰슨E. P. Thompson이 영국의 자본주의 이행 과정에서 발생한 군중과 식량 폭동을 설명하기 위해 사용한 개념인 "도덕경제moral economy"에 관한 논문이다. 톰슨은 식량 폭동을 굶주린 사람들이 식량 가격 상승에 "돌발적으로" 반발한 것으로 이해하기보다는 오히려, 새로운 상업경제가 과거 오랫동안 가장 취약한 사회계층을 보호하고자 했던 도덕경제의 규칙을 침해하기 시작했을 때 식량 폭동이 일어났음을 문화적 논리를 적용해 밝히려 애썼다.[13] 이와 같은 기아의 정치학에 대한 인류학적 접근방식은 아마르티아 센Amartya Sen의 식량 획득권entitlement*에 관한 경제 이론에 의해 더욱 강화되었다. 그는 기아 발생이 대개 단순히 식량 부족 때문이 아니라 근본적으로 분배의 실패 때문이라고 주장한다.[14] 이런 연구 결과에서 영감을 얻은 학자들은 다양한 종류의 사회에서 식량 분배와 정치적 정통성 사이의 연결 관계를 면밀히 검토했다. 일례로, 피터 간지Peter Garnsey는 오늘날 다양한 식량 지원 사업에 대한 서양의 모순적 태도가, 고대 그리스·로마 시대의 경제적으로 자립한 시민이라는 개념과, 식량 원조는 정부의 재정 지원이 아니라 개인의 자선 행위로 이루어져야 한다는 굳은 믿음에서 비롯했다는 사실을 밝혀냈다. 라스 리Lars Lih는 러시아에서 차르 정권이 붕괴된 것은 도시에 안정된 식량 공급을 하지 못했기 때문이며, 러시아내전**의 성격도 곡물 소비지를 근거지로 하는 볼셰비키 세력과 농업 중심지인 [흑해와 카스피

---

* 식량 획득과 관련해 사회로부터 부여받은 권리. 센은 이러한 권리나 자격을 박탈당했을 때 기아가 발생한다고 주장한다.
** 1917년 10월혁명 이후 백군과 적군 사이의 내전.

해 사이의] 코카서스Caucasus[캅카스]와 [우랄산맥에서 태평양에 이르는] 시베리아 지역을 중심지로 하는 차르 지지 세력 사이의 전쟁이라는 사실을 입증함으로써 러시아혁명에서 먹거리정치가 얼마나 중요한 위치에 있는지 입증했다.[15]

음식의 정치사는 또한 단순히 식량 분배를 둘러싼 투쟁이라는 논리를 넘어 지배층이 무력행사가 아닌 민중의 동의를 통해 정통성을 확보해 헤게모니를 잡는 데서 음식이 어떻게 기여했는지를 다양하게 연구하는 데까지 한 걸음 더 나아갔다. 워런 벨라스코Warren Belasco는 식품산업에서 패권을 유지하는 한 방편으로 1960년대 반문화counterculture를 상징하는 다양한 형태의 "여피족 음식yuppie chow"을 마케팅에 활용한 사례를 《변화를 갈망하는 식욕Appetite for Change》(1989)이라는 명저로 펴냈다.[16] 그와 비슷하게 나탈리아 밀라네시오Natalia Milanesio는 후안 도밍고 페론Juan Domingo Perón 정부가 아르헨티나를 상징하는 음식인 소고기를 누구나 싸게 사 먹을 수 있는 정책을 실시해 민중의 지지를 얻으려 했음을 지적했다. 그러나 그 정책은 가뭄과 부실한 정책 운영으로 축산업이 힘을 잃으면서 실패하고 말았다. 고대 아테네에서 생선은, 제임스 데이비드슨James Davidson이 언급하듯, 시민들의 과소비를 부추기는 사치식품으로 간주되었다. 그것은 평등한 민주 질서를 어지럽히는 중대한 위협이었다.[17] 또한 여성, 노동계급, 소수 인종과 민족을 포함한 주변부 사람들이 음식을 얻기 위해 주도권 경쟁을 벌인 싸움들에 대해 면밀히 검토한 학자도 여럿 있었다. 그중, 에이미 벤틀리Amy Bentley는 미국 여성들이 제2차 세계대전 동안에 애국 시민으로서의 자격을 주장하는 수단으로 가사노동domestic labor을 어떻게 이용했는지 상세하게 논했다.[18]

음식의 역사 연구에서 두 번째로 중요하게 생각한 것은 시대가 바뀌면서 문화와 요리가 어떻게 변화했는지를 설명하는 것이었다. 앨프리드 W. 크로스비Alfred W. Crosby의 세계화에 관한 기초 연구서 《콜럼버스의 교환The Columbian Exchange》(1972)*은 특별히 변화의 동인과 환경적 맥락에 주목하면서 근세 초기에 요리가 변화하게 되는 결정적 순간이 무엇이었는지 면밀히 살폈다. 라틴아메리카 역사 연구에 전념해온 역사학자 크로스비는 구세계[유럽]의 음식이 신세계[라틴아메리

---

* 국내에서는 《콜럼버스가 바꾼 세계: 신대륙 발견 이후 세계를 변화시킨 흥미로운 교환의 역사》(김기윤 옮김, 지식의숲, 2006)로 번역·출간되었다.

카]로 전파되는 과정을 스페인 정복자들이 자신들의 음식을 고수하고 원주민들의 일상식을 거부하면서 발생한 문화 정복의 한 사례로 해석했다. 그러나 그는 아메리카 음식의 귀향을 이야기하면서 결국 폭넓게 정의된 생태계 안에서 농작물의 생산성을 따지는 맬서스주의자들의 주장을 되풀이하는 쪽으로 흘러갔다.[19] 수체타 마줌다르Sucheta Mazumdar와 제임스 매캔James McCann 같은 학자들은 지역 사회와 환경 조건들을 보다 긴밀하게 살핌으로써 크로스비의 주장을 수정했다. 더 나아가 주디스 카니Judith Carney 같은 학자들은 서민과 심지어 노예 상태의 농민과 요리사들이 새로운 음식의 수용을 결정했다는 사실을 보여줌으로써 문화 이전의 매개자로 스페인 정복자와 상인들에 초점을 맞추었던 크로스비의 주장에 이의를 제기했다.[20]

마시 노턴Marcy Norton은, 맛 자체에 문화를 바꾸는 힘이 있다는 것을 밝힘으로써, 역사적 인과관계를 생물학적 결정론biological determinism이나 문화적 기능주의 cultural functionalism로 파악하는 데서 벗어나야 한다고 주장했다. 그녀는 초콜릿을 사례로 들어 유럽인들이 초콜릿을 즐겨 먹게 된 이유가 카카오에 함유된 카페인과 같은 종류의 화학물질인 테오브로민theobromine의 중독성 있는 생물학적 특성 때문이라거나, 원주민들이 마시던 쌉싸래한 음료에 설탕과 향신료를 첨가함으로써 초콜릿이 유럽의 문화체계에 편입되었다고 하는 전통적 설명들을 주의 깊게 살폈다. 그러나 둘 중 어느 것도 유럽인이 초콜릿의 맛을 좋아하는 이유를 충분히 설명하지 못한다—그 대신에 그녀는 스페인이 라틴아메리카를 정복하던 초기에 원주민과 스페인 정복자들을 이어주는 복잡한 사회적 관계에 대해 면밀히 검토할 것을 주장했다.[21] 폴 프리드먼Paul Freedman은 향신료와 중세적 상상력에 관한 책에서 맛을 역사적 사실에 근거해 기술할 수 있음을 보여주었다. 그는 맛을 내는 양념뿐 아니라 향료perfume, 약재, 여기에 더해 영적 능력의 원천으로서 사용된 향신료의 용도에 대해 면밀히 검토했다. 프리드먼은 중세 유럽인들이 향신료의 매력에 사로잡혀 그 알 수 없는 신비로운 기원에 대해 상상했던 여러 방식을 밝혀냄으로써 그들 정신세계의 신비감을 사람들에게 알렸다.[22] 콜럼버스의 교환과 향신료 무역 말고도 음식의 역사와 관련해서 오랫동안 연구가 끊이지 않은 또 다른 주제는 프랑스 요리가 알베르토 카파티Alberto Capatti와 맛시모 몬타나리Massimo Montanari가 묘사한 "기교의 맛taste of artifice"에서, 추측하건대, 더욱 자연주의적이고 근대적인 "분석적 맛analytical taste"으로 전환되었다는 사실이다. 다시 말해, 향신료로 현란한 기교를 부린 중세의 연회 요리가 근세에 들어서는 다양한 맛을 명확하게 구별하는, 예컨대 전채로 먹는 샐러드 요리는 신맛이 두드러지는 반면에 단맛은 후식에서 맛보는 식으로 요리의 구성이 바뀐 것이다. 장-루이 플랑드랭Jean-Louis Flandrin의 꼼꼼한 연구는 나중에 프랑스 아날학파의 브로델로 계승되면서 이러한 논쟁의 기틀을 만드는 데 기여했다.[23]

음식의 역사와 관련해 세 번째 기초 연구 분야는 음식과 정체성 사이의 관계였다. 그와 같은 연구서 가운데 가장 오래되고 뛰어난 것 하나가 중세 여성에게 음식이 자신의 신앙심을 나타내는 것으로 얼마나 중요한 역할을 했는지 세밀하게 들여다본 캐럴라인 워커 바이넘Caroline Walker Bynum의《거룩한 향연과 거룩한 금식Holy Feast and Holy Fast》(1987)이다. 음식의 이미지는 공동체를 먹여 살리기 위해 자비를 베풀고 기적을 행한 예수 그리스도를 따르려는 여자 성인들의 삶에서 매우 중요했다.[24] 근대에 들어 레스토랑이나 클럽에서 함께 밥을 먹으며 교분을 나누는 세속적 형태의 친교의식commensality[공식共食, 커멘설리티]의 자리는 계급정체성class identity을 형성하는 중요한 공간이 되었다. 중산계급이 자신들의 이상을 민주주의로 표현했듯, 지배계급은 상류층만이 이용하는 고급 프랑스 요릿집으로 자신들의 계급적 구별짓기를 강조한 반면에, 노동계급은 자신들이 즐겨먹는 피시앤칩스fish and chips를 통해 계급적 연대감을 과시했다.[25] 음식은 또한 가족과 공동체의 전통을 지키는 각종 의례를 통해 민족정체성[종족정체성]ethnic identity을 보전하는 데도 기여했다. 함께 음식을 만들고 먹는 관습은 특히 주변으로 밀려난 사람들에게 중요했다. 그들이 먹는 음식은 대개 사회를 지배하는 집단들로부터 비위생적이고 비도덕적인 것으로 조롱받았다.[26] 그럼에도 음식은, 그것이 사회분화social differentiation의 도구로 쓰일 때에도, 서로 다른 민족과 인종을 위협하기보다 오히려 그들을 연결하는 다리 역할을 했다. 여러 학자는 서로 다른 민족의 사람들이 함께 어울려 밥을 먹는 행위는 하층계급과 주변부 집단 사람들 사이에서 특히 흔한 일이라는 것을 발견했다.[27] 민족 간 경계를 허물고 함께 밥을 먹는 것은, 아르준 아파두라이Arjun Appadurai가 식민지에서 해방된 인도 중산계급의 요리책에 관한 초기 연구에서 밝혔듯이, 국가정체성[국민정체성]national identity을 공유하는 기반이기도 했다. 민족을 정의하려는 국가 내부의 시도들은 대개 특정한 사

회집단이 다른 집단의 시민권을 거부하는 수단으로 이용되었다.[28] 더 나아가 에릭 래스Eric Rath는 민족에 지나치게 집착하는 태도를 경계했다. 그는 근세 일본의 음식 문화를 연구하면서 일본의 식탁에 깃든 환상적 아름다움, 도덕성, 정서를 발견했지만, 거기서 나중에 일본 민족을 구성하게 될 "상상의[상상된] 공동체imagined communities"*도, 심지어 스시sushi[すし, 寿司, 鮨, 초밥]나 덴푸라tenpura[天ぷら, 天婦羅, 튀김] 같은 일본을 상징하는 요리와 관련한 어떠한 증거도 찾지 못했다.[29]

음식과 관련된 네 번째 논점은 이른바 정통 역사학자들 사이의 논쟁 범위를 훨씬 뛰어넘어서는 것으로 근대 산업식품 체계의 발전과 관련이 있다. "좋은 먹거리 운동good food movement" 활동가activist**들은 농식품기업을 오염, 비만, 사회적 무질서, 환경 파괴를 포함해 악행을 저지르는 무리라고 비난했다.[30] 반면에 산업식품을 지지하는 사람들은 대다수가 기아에 허덕였던 근대 이전과 비교할 때 지난 200년 동안의 기술 발전은 유례없는 풍족함을 인류에게 안겨주었다고 주장했다.[31] 역사학자들이 이러한 논쟁에 어느 정도 한몫한 것은 틀림없지만, 그들의 논쟁은 음식의 산업화 과정을 보여주는 역사와는 전혀 상관이 없었다. 최근의 학문 연구는 설득력 있는 새로운 해석을 제공하기보다는 기존에 일반적으로 용인된 서사들을 뒤흔드는 데 더 큰 기여를 했다. 오늘날의 산업화된 농장이 기계화, 관개 기술과 같은 20세기의 발전에서 비롯되었다고 주장하는 학자들도 있지만, 앨런 옴스테드Alan Olmstead와 폴 로드Paul Rhode는 19세기까지 거슬러 올라가서 식물 육종 기술의 발전과 화학비료의 발명이라는 생물학적 혁신이 농업 생산성에 엄청난 영향을 끼쳤다고 주장했다.[32] 또한 닉 컬래더Nick Cullather는 극도로 효율적인 자본주의 농업 체계의 확산이 아마도 냉전 시기의 대량 아사를 막았을 것이라는 녹색혁명Green Revolution에 대한 전통적인 역사 해석에 의문을 제기했다. 실제로 녹색혁명을 통한 생산성 증대는 여태껏 역사적 사실로 그려진 것처럼 그렇게 극적이지 않았다. 제3세계 국가들에서 전개된 녹색혁명은 대개 그 이전에

---

* 베네딕트 앤더슨은 민족을 상상의[상상된] 공동체라고 주장하면서 민족은 실제로 존재하지 않지만 근대의 성립과 더불어 인위적으로 조작되어 구성된 집단이라고 정의했다.
** 여기서 "activist"는 사회적·정치적 목적을 이루기 위한 캠페인이나 활동에 적극적으로 힘쓰는 사람을 말한다. "행동가", "운동가", 또는 원어 발음 그대로의 "액티비스트"라고도 한다.

이미 그 국가의 전문가들이 수행한 농업 개선 사업들에서 생겨났다.[33]

또한 산업화가 소비행태에 끼친 영향에 대해서도 아직까지 학자들 사이에 명백한 합의가 이루어지지 않고 있다. 식품가공업자들이 강력한 광고 선전과 일용품 생산에 제공되는 정부의 보조금을 이용해 소비자들이 질 낮은 식품을 먹도록 기만했다고 주장하는 학자들도 일부 있다. 마르탱 브뤼겔Martin Bruegel은 프랑스에서 대량으로 통조림식품이 유통되기 시작한 것이 100년에 걸친 식품가공업체의 끈질긴 노력과 정부의 계몽이 있고난 이후에 뒤늦게 이루어졌음을 잘 보여주었다. 프랑스 국민들의 가공식품에 대한 이와 같은 저항의 원인을 프랑스의 [프랑스는 요리 또는 음식에서 특별하다는] 요리 예외주의culinary exceptionalism로 돌리는 사람도 있을지 모르지만, 가브리엘라 M. 페트릭Gabriella M. Petrick은 이 책[본서 15장]에서 미국에서도 산업 가공 식품을 용인하기까지 프랑스와 비슷한 기간이 걸렸다는 사실을 알려준다.[34] 물론, 오늘날 종자회사(몬산토Monsanto)에서 식료품점(월마트Walmart), 패스트푸드 음식점(맥도날드McDonald's)에 이르기까지 다국적기업이 전 지구적 먹거리체계food system를 지배하는 상황에서 전 세계 식품산업이 점점 더 집중하는 현상을 부인하기는 어렵다.[35] 그럼에도 우리에게는 여전히 다양한 상품사슬commodity chain, 그리고 신제품과 신기술에 대한 소비자들의 반응이 역사적으로 어떻게 형성되었는지 더 근본적인 연구가 필요하다.[36]

한편, 식생활 건강[건강식]에 대한 생각의 변화는 음식의 역사에 관한 연구에서 최근에 부쩍 관심이 집중되는 분야다. 의학의 역사는 질병의 원인을 밝히는 지식의 발전 과정을 기록하는 것에 오랫동안 주력해왔다. 일례로 대프니 로Daphne Roe가 쓴 《옥수수의 저주A Plague of Corn》(1973)는 18세기 유럽에서 발생해 제2차 세계대전 전후로 수십 년 동안 비타민B 영양소의 중요성이 강조되기까지 영양성질환nutritional disease인 [니코틴산nicotinic acid(니아신Niacin) 결핍에 의해 발생하는] 결핍 증후군인 펠라그라pellagra에 대한 진료 기록들을 면밀하게 검토했다.[37] 그러한 연구들은 중요한 것들이지만 그저 현실을 객관적으로 설명하는 단순한 과학적 기록으로 자연스럽게 취급되었다. 그러나 최근 들어 학자들은 인간의 영양과 관련된 믿음이 궁극적 진리에 가까운 사실로서가 아니라 특정한 문화체계의 표현으로서 중요한 의미가 있다고 생각하기 시작했다. 그것은 오늘날 서양의 영양학이 추구하는 또 하나의 연구 방식이다. 일례로, E. H. 콜링엄E. H. Collingham,

레베카 얼Rebecca Earle, 트루디 에덴Trudy Eden은 근세 유럽의 식민지 지배자들이 남아시아와 아메리카대륙에서 원주민들의 음식을 먹을 경우 자신들이 식민지 피지배자들의 수준으로 떨어질지 모른다고 느낀 두려움에 관해 엄밀하게 연구했다.[38] 이러한 사례들이 말해주는 것처럼, 한 시대의 영양에 대한 지식은 윤리체계와 문화적 신념에 깊게 스며들어 있다. 오늘날 미국에서 비만에 오명의 낙인을 찍는 각종 캠페인은 한 세기 전 미국의 중산계급 사회사업가들이 이주민들의 식습관을 바꾸려 시도했던 것처럼 하층계급을 통제하려는 바람을 그대로 반영하고 있다. 더 나아가 서양의 영양학은 남반구의 의학 전문가들에게 널리 인정받는 세계적인 권력 체제가 되었다.[39] 샬럿 빌테코프Charlotte Biltekoff는 음식과 관련된 지식이 한 사회의 권력관계를 재생산하는 방식을 학문적으로 면밀하게 검토하는 "비판영양학critical dietary studies"과 지금까지 기업과 의학전문가 집단이 주장하는 영양에 관한 내용의 배후에 숨겨진 엄청난 이해관계를 일반 시민들에게 알려줌으로써, 그들이 스스로 더 건강한 삶을 꾸려나가게 하는 "식사에 대한 비판적 리터러시[식사 담론에 대한 비판적 이해]critical dietary literacy"의 필요성을 제기했다.[40]

이 다섯 가지 주제—정치사, 시간의 흐름에 따른 문화적 변화, 음식과 정체성, 산업의 변화, 영양학적 건강—가 음식의 역사에 잠재된 수많은 의미를 모두 다 밝힐 수는 결코 없다. 게다가 음식의 역사에 깊이 내재된 또 다른 논쟁은 역사를 기술하는 적절한 서술 형식과 관련이 있다. 어쩌면 음식은 더 폭넓은 학문 영역에서 보면 부수적 주제일 수 있는 만큼, 학자들은 자신의 연구 방향을 정하면서 새로운 방식을 실험하는 것에 부담을 느끼지 않았다. 전통적으로 역사를 기술하는 기본 방식 가운데 하나인 전기傳記적 역사 기록은 이제 설탕, 대구codfish, 바나나, 파인애플 같은 인간이 아닌 대상으로 확대되었다. 물론 줄리아 차일드Julia Child 같은 유명 요리연구가들에 대한 전기도 여전히 많았다.[41] 또 다른 전통적 역사 접근방식인 연대기적, 문명사적 서사 또한 일반화되었다.[42] 세계사에서 음식에 관해 단편적으로 고찰할 때 내가 사용한 서술 방식은 주제별 비교사례 연구였다.[43] 펠리페 페르난데스-아르메스토Felipe Fernández-Armesto는 생산·유통·소비에서 일어난 역사적 "혁명"에 관해 쓴 반면에, 케네스 키플Kenneth Kiple은 연속적 세계화의 물결을 중심으로 역사를 서술하고 있다.[44] 실제로 인류 역사에서 가장 근본적인 변화를 가져온 두 사건—신석기혁명과 산업혁명—에서 음식은 그러한 포괄적 서술 방식을 촉진하는 결정적 역할을 했다.

끝으로, 음식을 연구하는 학자들 사이에서 다음과 같은 한 가지 존재론적 질문이 오랫동안 끊이지 않고 이어졌다. 우리는 과연 우리가 연구하는 분야가 독자적 방법론과 논문들이 있는, 그리고 다른 학문 분야의 혁신적 연구에 단순히 기대지 않고 새로운 아이디어와 접근방식으로 더 폭넓은 지식을 추구함으로써 과거의 지적 채무를 갚을 수 있는 독자적 학문 분야라고 당당하게 말할 수 있을까? 이 책에 실린 글들은 이 질문에 대해 한 가지 견해나 의제를 강요하지 않으면서 많은 사람이 공감할 수 있는 긍정적 대답을 제시해줄 것이다.

주

1. Jennifer K. Ruark, "A Place at the Table: More Scholars Focus on Historical, Social, and Cultural Meanings of Food, but Some Critics Say It's Scholarship-Lite," *The Chronicle of Higher Education*, July 9, 1999, A17. 이러한 인식 변화의 한 사례로서, 미국역사학회American Historical Association 학회지 《아메리칸 히스토리컬 리뷰American Historical Review》는 2004년 이후로 음식의 역사에 관한 논문을 적어도 6편 실었다. 이 논문들은 음식에 관한 연구가 기여한 광범위한 영역의 학술 문헌들을 보여준다. Roger Horowitz, Jeffrey M. Pilcher, and Sydney Watts, "Meat for the Multitudes: Market Culture in Paris, New York City, and Mexico City over the Long Nineteenth Century," *American Historical Review* 109, no. 4(October 2004): 1055-1083; James Vernon, "The Ethics of Hunger and the Assembly of Society: The Techno-Politics of the School Meal in Modern Britain," *American Historical Review* 110, no. 3(June 2005): 693-725; Marcie Norton, "Tasting Empire: Chocolate and the European Internalization of Mesoamerican Aesthetics," *American Historical Review* 111, no. 3(Jun 2006): 660-691; Nick Cullather, "The Foreign Policy of the Calorie," *American Historical Review* 112, no. 2(April 2007): 337-364; Michael A. LaCombe, "'A Continuall and Dayly Table for Gentlemen of Fashion': Humanism, Food, and Authority at Jamestown," *American Historical Review* 115, no. 3(June 2010): 669-687; Rebecca Earle, "'If You Eat Their Food (…)': Diets and Bodies in Early Colonial Spanish America," *American Historical Review* 115, no. 3(June 2010): 688-713.

2. David Knechtges, "A Literary Feast: Food in Early Chinese Literature," *Journal of the American Oriental Society* 106, no. 1(1986): 49-63; Deane W. Curtin, "Food/Body/Person," in *Cooking, Eating, Thinking: Transformative Philosophies of Food*, ed. Deane W. Curtin and Lisa M. Heldke(Bloomington: Indiana University Press, 1992), 5; Ken Albala, "Cooking as Research Methodology: Experiments in Renaissance Cuisine," in *Renaissance Food from Rabelais to Shakespeare: Culinary Readings and Culinary Histories*, ed. Joan Fitzpatrick(Farnham: Ashgate, 2010), 73-74; Jean-Baptiste Donaventure de Roquefort Le Grand, *Histoire de la vie privee des françois: depuis l'origine de la nation jusqu'a nos jours*(1782; repr., Paris: Laurent-Beaupre, 1815); Richard Warner, *Antiquitates Culinariae, or, Curious Tracts on Culinary Affairs of the Old English*(London: R. Blamire, 1791).

3. Bonnie Smith, *The Gender of History: Men, Women, and Historical Practice*(Cambridge, MA: Harvard University Press, 1998), 115; Lucy Maynard Salmon, *Domestic Service*(New York: Macmillan, 1897).

4. Theodore Blegen, *Grass Roots History*(Minneapolis: University of Minnesota Press, 1947); Fernand Braudel, *The Structures of Everyday Life: The Limits of the Possible*, Vol. 1 of *Civilization and Capitalism, 15th-18th Century*, trans. Siân Reynolds(New York: Harper

and Row, 1979) [한국어판. 페르낭 브로델 지음, 주경철 옮김, 《물질문명과 자본주의: 일상생활의 구조 Civilisation matérielle, économie et capitalisme, XVe et XVIIIe siècles 1. Les Structures du quotidien》(전 2권), 서울: 까치, 1995]; K. C. Chang, ed., *Food in Chinese Culture: Anthropological and Historical Perspectives*(New Haven: Yale University Press, 1977); Sidney W. Mintz, *Sweetness and Power: The Place of Sugar in Modern History*(New York: Viking, 1985) [한국어판. 시드니 민츠 지음, 김 문호 옮김, 《설탕과 권력》, 서울: 지호, 1997]

5. 이러한 요리의 역사 가운데 최고의 책으로는 다음을 꼽을 수 있다. Mark Kurlansky, *Cod: A Biography of the Fish that Changed World*(New York: Walker and Company, 1997) [한국어판. 마크 쿨란스키 지음, 박중서 옮김, 《대구: 세계의 역사와 지도를 바꾼 물고기의 일대기》, 서울: RHK, 2014]; Anne Mendelson, *Stand Facing the Stove: The Story of the Women Who Gave America The Joy of Cooking*(New York: Henry Holt and Company, 1996); D. Eleanor Scully and Terence Scully, *Early French Cookery: Sources, History, Original Recipes and Modern Adaptations*(Ann Arbor: University of Michigan Press, 1995); Laura Shapiro, *Perfection Salad: Women and Cooking at the Turn of the Century*(New York: Farrar, Straus, and Giroux, 1986); Andrew F. Smith, *Eating History: Thirty Turning Points in the Making of American Cuisine*(New York: Columbia University Press, 2009); Barbara Ketcham Wheaton, *Savoring the Past: The French Kitchen and Table from 1300 to 1789*(Philadelphia: University of Pennsylvania Press, 1983).

6. Naum Jasny, *The Wheats of Classical Antiquity*(Baltimore, MD: Johns Hopkins University Press, 1944); Redcliffe N. Salaman, *The History and Social Influence of the Potato*(Cambridge: Cambridge University Press, 1949).

7. Raymond L. Lee, "Grain Legislation in Colonial Mexico, 1575-1585," *Hispanic American Historical Review* 27, no. 4(November 1947): 647-670; Murray Benedict, *Farm Policies in the United States: A Study of their Origins and Development*(New York: Twentieth Century Fund, 1955).

8. Richard O. Cummings, *The American and His Food: A History of Food Habits in the United States*(Chicago: University of Chicago Press, 1940).

9. A. J. Arberry, "A Baghdad Cookery-Book," *Islamic Culture* 13(1939): 21-47, 189-214.

10. Fernand Braudel, *The Structures of Everyday Life*; Robert Forster and Orest Ranum, eds., *Food and Drink in History: Selections from the Annales, Economies, Societes, Civilisations*, trans. Elborg Forster and Patricia Ranum(Baltimore, MD: Johns Hopkins University Press, 1979); Louis Stouff, *Alimentation et ravitaillement en Provence aux XIVe et XVe siecles*(Paris: Mouton, 1970).

11. Robert William Fogel and Stanley L. Engerman, *Time on the Cross: The Economics of Negro Slavery*(Boston: Little, Brown, 1974); Herbert Gutman, *Slavery and the Numbers Game: A Critique of Time on the Cross*(Urbana: University of Illinois Press, 1975).

12. Richard H. Steckel and Jerome c. Rose, ed., *The Backbone of History: Health and Nutrition in the Western Hemisphere*(Cambridge: Cambridge University Press, 2002).

13. E. P. Thompson, "The Moral Economy of the English Crowd in the Eighteenth Century,"

Past and Present 50(February 1971): 76-136. 또한 다음을 보라. Cynthia Bouton, *The Flour War: Gender, Class, and Community in Late Ancient Regime French Society*(University Park: Penn State University Press, 1993); Judith A. Miller, *Mastering the Market: The State and the Grain Trade in Northern France, 1700-1860*(Cambridge: Cambridge University Press, 1999).

14. Amartya Sen, *Poverty and Famines: An Essay on Entitlement and Deprivation*(Oxford: Clarendon Press, 1984).

15. Peter Garnsey, *Food and Society in Classical Antiquity*(Cambridge: Cambridge University/ Press, 1999); Lars T. Lih, *Bread and Authority in Russia, 1914-1921*(Berkeley: University of California Press, 1990). 또한 다음을 보라. Pierre-Etienne Will and R. Bin Wong, *Nourish the People: The State Civilian Granary System in China, 1650-1850*(Ann Arbor: University of Michigan, Center for Chinese Studies, 1991); Michael A. LaCombe, "A Continuall and Dayly Table for Gentlemen of Fashion': Humanism, Food, and Authority at Jamestown."

16. Warren Belasco, *Appetite for Change: How the Counterculture Took on the Food Industry, 1966-1988*(New York: Pantheon Books, 1989).

17. Natalia Milanesio, "Food Politics and Consumption in Peronist Argentina," *Hispanic American Historical Review* 90, no. 1(February 2010): 75-108; James Davidson, "Fish, Sex and Revolution in Athens," *Classical Quarterly* 43, no. 1(1993): 53-66.

18. Amy Bentley, *Eating for Victory: Food Rationing and the Politics of Domesticity*(Urbana: University of Illinois Press, 1998).

19. Alfred W. Crosby, Jr., *The Columbian Exchange: Biological and Cultural Consequences of 1492*(Westport, CT: Greenwood Press, 1972) [한국어판. 앨프리드 W. 크로스비 지음, 김기윤 옮김, 《콜럼버스가 바꾼 세계: 신대륙 발견 이후 세계를 변화시킨 흥미로운 교환의 역사》, 서울: 지식의숲, 2006]. 이 책은 다음을 기반으로 했다. Ping-Ti Ho, *Studies on the Population of China, 1368-1953*(Cambridge, MA: Harvard University Press, 1959); and William Langer, "Europe's Initial Population Explosion," *American Historical Review* 69, no. 1(October 1963): 1-17.

20. Sucheta Mazumdar, "The Impact of New World Food Crops on the Diet and Economy of China and India, 1600-1900," in *Food in Global History*, ed. Raymond Grew(Boulder, co: Westview Press, 1999), 58-78; James McCann, *Maize and Grace: Africa's Encounter with a New World Crop, 1500-2000*(Cambridge, MA: Harvard University Press, 2005); Judith Carney, *Black Rice: The African Origins of Rice Cultivation in the Americas*(Cambridge, MA: Harvard University Press, 2001); Arturo Warman, *Corn and Capitalism: How a Botanical Bastard Grew to Global Dominance*, trans. Nancy L. Westrate(Chapel Hill: University of North Carolina Press, 2003).

21. Marcie Norton, "Tasting Empire: Chocolate and the European Internalization of Mesoamerican Aesthetics," 660-669, 691.

22. Paul Freedman, *Out of the East: Spices and the Medieval Imagination*(New Haven: Yale University Press, 2008).

23. Alberto Capatti and Massimo Montanari, *Italian Cuisine: A Cultural History*, trans.

Aine O'Healy(New York: Columbia University Press, 2003), 86; Stephen Mennell, *All Manners of Food: Eating and Taste in England and France from the Middle Ages to the Present*(Oxford: Basil Blackwell, 1985); Jean-Louis Flandrin, *Arranging the Meal: A History of Table Service in France*, trans. Julie E. Johnson, Antonio Roder, and Sylvia Roder(Berkeley: University of California Press, 2007); T. Sarah Peterson, *Acquired Taste: The French Origins of Modern Cooking*(Ithaca, NY: Cornell University Press, 1994); Susan Pinkard, *A Revolution in Taste: The Rise of French Cuisine, 1650-1800*(New York: Cambridge University Press, 2009).

24. Caroline Walker Bynum, *Holy Feast and Holy Fast: The Religious Significance of Food to Medieval Women*(Berkeley: University of California Press, 1987). 또한 다음을 보라. Nathan MacDonald, *Not Bread Alone: The Uses of Food in the Old Testament*(Oxford: Oxford University Press, 2008).

25. Rebecca Spang, *The Invention of the Restaurant: Paris and Modern Gastronomic Culture*(Cambridge, MA: Harvard University Press, 2000); Priscilla Parkhurst Ferguson, *Accounting for Taste: The Triumph of French Cuisine*(Chicago: University of Chicago Press, 2004); Andrew P. Haley, *Turning the Tables: Restaurants and the Rise of the American Middle Class, 1880-1920*(Chapel Hill: University of North Carolina Press, 2011); John K. Walton, *Fish and Chips and the British Working Class, 1870-1940*(Leicester: Leicester University Press, 1992).

26. Harvey A. Levenstein, "The American Response to Italian Food, 1880-1930," *Food and Foodways* 1, no. 1(1985): 1-23; Hasia Diner, *Hungering for America: Italian, Irish, and Jewish Foodways in the Age of Migration*(Cambridge, MA: Harvard University Press, 2001); Tracy N. Poe, "The Labour and Leisure of Food Production as a Mode of Ethnic Identity Building Among Italians in Chicago, 1890-1940," *Rethinking History*(2001): 131-148; Franca Iacovetta and Valerie J. Korinek, "Jell-O Salads, One-Stop Shopping, and Maria the Homemaker: The Gender Politics of Food," in *Sisters or Strangers: Immigrant, Ethnic, and Racialized Women in Canadian History*, ed. Marlene Epp, Franca Iacovetta, and Frances Swyripa(Toronto: University of Toronto Press, 2004), 190-230; Psyche Williams-Forson, *Building Houses Out of Chicken Legs: Black Women, Food, and Power*(Chapel Hill: University of North Carolina Press, 2006).

27. Donna R. Gabaccia, *We Are What We Eat: Ethnic Food and the Making of Americans*(Cambridge, MA: Harvard University Press, 1998); Marcie Cohen Ferris, *Matzoh Ball Gumbo: Culinary Tales of the Jewish South*(Chapel Hill: University of North Carolina Press, 2005); Frederick Douglass Opie, *Hogs and Hominy: Soul Food from Africa to America*(New York: Columbia University Press, 2008).

28. Arjun Appadurai, "How to Make a National Cuisine: Cookbooks in Contemporary India," *Comparative Studies in Society and History* 30, no. 1(January 1988): 3-24; Emiko Ohnuki-Tierney, *Rice as Self: Japanese Identities Through Time*(Princeton, NJ: Princeton University Press, 1993); Jeffrey M. Pilcher, *¡Que vivan los tamales! Food and the Making*

of Mexican Identity(Albuquerque: University of New Mexico Press, 1998); Warren Belasco and Philip Scranton, eds., *Food Nations: Selling Taste in Consumer Societies*(New York: Routledge, 2002).

29. Eric C. Rath, *Food and Fantasy in Early Modern Japan*(Berkeley: University of California Press, 2010).

30. Marion Nestle, *Food Politics: How the Food Industry Influences Nutrition and Health*(Berkeley: University of California Press, 2002) [한국어판. 매리언 네슬 지음, 김정희 옮김, 《식품정치: 미국에서 식품산업은 영양과 건강에 어떤 영향을 끼치는가?》, 서울: 고려대학교출판부, 2011]; Eric Schlosser, *Fast Food Nation: The Dark Side of the All-American Meal*(New York: Harper Collins, 2002) [한국어판. 에릭 슐로서 지음, 김은령 옮김, 《패스트푸드의 제국》, 서울: 에코리브르, 2001]; Michael Pollan, *The Omnivore's Dilemma: A Natural History of Four Meals*(New York: Penguin, 2006). [한국어판. 마이크 폴란 지음, 조윤정 옮김, 《잡식동물의 딜레마》, 서울: 다른세상, 2008]

31. Rachel Laudan, "A Plea for Culinary Modernism: Why We Should Love New, Fast, Processed Food," *Gastronomica* 1, no. 1(February 2001): 36–44; Robert Paarlberg, *Food Politics: What Everyone Needs to Know*(New York: Oxford University Press, 2010).

32. Alan L. Olmstead and Paul W. Rhode, *Creating Abundance: Biological Innovation and American Agricultural Development*(New York: Cambridge University Press, 2008); Vaclav Smil, *Enriching the Earth: Fritz Haber, Carl Bosch, and the Transformation of World Food Production*(Cambridge, MA: MIT Press, 2001); Deborah K. Fitzgerald, *Every Farm a Factory: The Industrial Ideal in American Agriculture*(New Haven: Yale University Press, 2003); J. L. Anderson, *Industrializing the Corn Belt: Agriculture, Technology and Environment, 1945-1972*(DeKalb: Northern Illinois University Press, 2008).

33. Nick Cullather, *The Hungry World: America's Cold War Battle Against Poverty in Asia*(Cambridge, MA: Harvard University Press, 2010). 또한 다음을 보라. Joseph Cotter, *Troubled Harvest: Agronomy and Revolution in Mexico, 1880-2002*(New York: Praeger, 2003).

34. 본서 15장; Martin Bruegel, "How the French Learned to Eat Canned Food, 1809-1930s," in Warren Belasco and Philip Scranton, eds., *Food Nations*, 113-130. 정육산업에 관해서는 다음을 보라. Roger Horowitz, *Putting Meat on the American Table: Taste, Technology, Transformation*(Baltimore: Johns Hopkins University Press, 2006); Jeffrey M. Pilcher, *The Sausage Rebellion: Public Health, Private Enterprise, and Meat in Mexico City, 1890-1917*(Albuquerque: University of New Mexico Press, 2006).

35. 예컨대 다음을 보라. Jack Kloppenburg, *First the Seed: The Political Economy of Plant Biotechnology, 1492-200* 2nd ed.(Madison: University of Wisconsin Press, 2004) [한국어판. 잭 클로펜버그 2세 지음, 허남혁 옮김, 《농업생명공학의 정치경제: 시작은 씨앗부터》, 파주: 나남, 2007]; Steve Penfold, *The Donut: A Canadian History*(Toronto: University of Toronto Press, 2008).

36. William Cronon, *Nature's Metropolis: Chicago and the Great West*(New York: W. W. Norton, 1991); John Soluri, *Banana Cultures: Agriculture, Consumption, and Environmental Change in Honduras and the United States*(Austin: University of Texas Press, 2005);

Warren Belasco and Roger Horowitz, eds., *Food Chains: From Farmyard to Shopping Cart*(Philadelphia: University of Pennsylvania Press, 2009).

37. Daphne Roe, *A Plague of Corn: A Social History of Pellagra*(Ithaca, NY: Cornell University Press, 1973).

38. E. M. Collingham, *Imperial Bodies: The Physical Experience of the Raj, c. 1800-1947*(Cambridge: Polity Press, 2001); Rebecca Earle, "If You Eat Their Food (⋯)': Diets and Bodies in Early Colonial Spanish America,"; Trudy Eden, *The Early American Table: Food and Society in the New World*(DeKalb: Northern Illinois University Press, 2008).

39. Nick Cullather, "The Foreign Policy of the Calorie,"; James Vernon, *Hunger: A Modern History*(Cambridge, MA: Harvard University Press, 2007); Mark Swislocki, "Nutritional Governmentality: Food and the Politics of Health in Late Imperial and Republican China," *Radical History Review* 110(Spring 2011): 9-35; Sandra Aguilar-Rodriguez, "Nutrition and Modernity: Milk Consumption in 1940s and 1950s Mexico," *Radical History Review* 110(Spring 2011): 36-58.

40. Charlotte Biltekoff, *Eating Right in America: The Cultural Politics of Food and Health*(Durham: Duke University Press, 2013).

41. 예컨대 다음이 있다. Mark Kurlansky, *Cod: A Biography of the Fish that Changed World* [한국어판. 마크 쿨란스키 지음, 박중서 옮김, 《대구: 세계의 역사와 지도를 바꾼 물고기의 일대기》, 서울: RHK, 2014]; Sidney W. Mintz, *Sweetness and Power: The Place of Sugar in Modern History*; Arturo Warman, *Corn and Capitalism: How a Botanical Bastard Grew to Global Dominance*; Pierre Boisard, *Camembert: A National Myth*, trans. Richard Miller(Berkeley: University of California Press, 2003); Gary Y. Okihiro, *Pineapple Culture: A History of the Tropical and Temperate Zones*(Berkeley: University of California Press, 2009). 또한 다음을 보라. Noel Riley Fitch, *Appetite for Life: The Biography of Julia Child*(New York: Doubleday, 1997).

42. Reay Tannahill, *Food in History*(New York: Stein and Day, 1973) [한국어판. 레이 태너힐 지음, 손경희 옮김, 《음식의 역사: 인류 음식문화의 서사시》, 서울: 우물이 있는 집, 2006]; K. C. Chang, *Food in Chinese Culture*; Jean-Louis Flandrin, Massimo Montanari, and Albert Sonnenfeld, eds., *Food: A Culinary History from Antiquity to the Present*, trans. Clarissa Botsford, et al.(New York: Columbia University Press, 1999); Paul Freedman, ed., *Food: The History of Taste*(Berkeley: University of California Press, 2007).

43. Jeffrey M. Pilcher, *Food in World History*(New York: Routledge, 2006).

44. Felipe Fernandez-Armesto, *Near a Thousand Tables: A History of Food*(New York: Free Press, 2002); Kenneth F. Kiple, *A Movable Feast: Ten Millennia of Food Globalization*(Cambridge: Cambridge University Press, 2007).

1부
음식의 역사

Food Histories

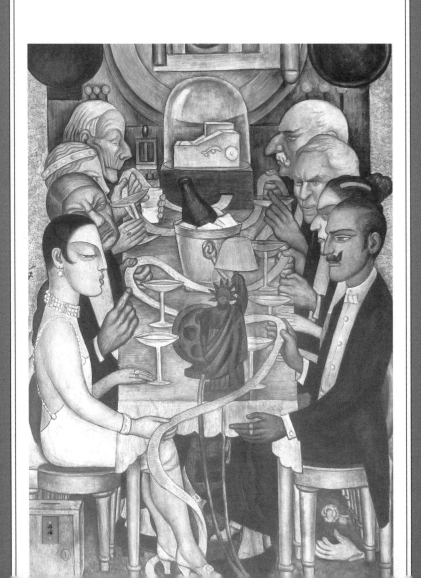

1장

음식과 아날학파

Food and The Annales School

시드니 와츠 Sydney Watts

음식의 역사가 본격적인 학문적 연구 대상으로 떠오른 것은 프랑스 아날학파 학자들이 역사학 분야에서 중대한 분기점을 마련하고 난 뒤부터였다. 이러한 변화는 제2차 세계대전 전에 시작되어 수십 년 뒤에 마침내 사회사를 연구하는 학자들이 제도권에서 자리를 차지하면서 구체적 모습을 갖추었다. 프랑스 국경을 뛰어넘어 역사학계 전반에 불어닥친 변화로 역사학자들은 그동안 위인들의 역사에 몰두하던 데서 벗어나 새로운 근거와 접근방식을 통해 사회사를 본격적으로 다루기 시작했다. 사회사의 발전이 오로지 아날학파의 덕분일 수는 없지만, 아날학파 창시자들은 근대 이전 사람들의 역사적 사실을 바탕으로 한 생활수준, 인구 변화, 물질적 삶, 망탈리테[mentalités]*에 대한 야심 찬 연구를 시도했다. 그들 연구의 관심은 주로 농업의 역사와 생존의 문제에 초점이 맞추어졌다. 동시에 그들의 연구는 현재의 문제들이 과거의 역사와 밀접한 관련성이 있음을 공식적으로 인정했다. 따라서 과거를 과거 그 자체로 연구하는 데 몰두했던 지난 세대 역사학자들의 실증주의 사관을 깨뜨리고 벗어날 수 있었다. 이 장은 세 차례의 중요한 "국면moments[콩종크튀르conjoncture]"에 대한 검토를 통해 음식의 역사가 역사학의 한 분야를 형성하는 데서 아날학파가 어떤 역할을 했는지 보여준다. 첫 번째 국면은 근대 이전 사회의 농업 양식과 인식 구조에 주안점을 둔다. 두 번째 국면은 사회적·경제적 삶의 토대로서 식량 생산과 소비에 더 큰 비중과 논점을 둔다. 세 번째 국면은 맛과 정체성에 대한 문화적 접근을 통해 요리의 역사와 관련한 심도 깊은 해석을 시도한다. 그리고 최종적으로 아날학파가 프랑스가 아닌 다른 지역의 음식의 역사에 끼친 영향도 면밀하게 검토한다.[1]

아날학파는 제1차 세계대전과 제2차 세계대전 사이에 등장하면서 역사학의 흐름을 국민국가의 정치적 서사 중심에서 사실상 사회학적 주제들에 관한 연구 중심으로 바꾸었다. 1929년, 프랑스 역사학자 마르크 블로크Marc Bloch와 뤼시앵 페브르Lucien Febvre는 과거와 현재의 역사 연구에 경제학과 사회학의 진입을 허용함으로써 역사학의 획기적 지평을 마련한 《아날Annales》[《사회경제사 연보Annales d'histoire économique et sociale》]지를 창간했다. 20년 뒤, 그 저널은 세계적 명성을 떨치는 잡지로 발전했다. 블로크와 페브르는 역사학을 인문학이 아닌 사회과학으로 발전시키는 혁신적 연구방법을 찾겠다는 강한 소명의식 속에서 사회학자 에밀 뒤르켐Emile Durkheim의 지적 영감을 따랐다. 이 아날학파 창시자들의 열정, 재능, 책임감은 그들을 순식간에 프랑스 학계의 중심에 올려놓았다. 그들은 콜레주 드 프랑스Collège de France[1530년 프랑스 국왕 프랑수와 1세가 파리에 설립한 국립 고등교육기관]의 최고 자리를 차지했다. 그러나 하나의 '학파'로서 《아날》의 영향력은, 그들의 공동 기획·연구에서가 아니라, 후세에 아날학파의 특징이라고 알려진 기록 연구와 폭넓은 역사 탐구의 높은 기준을 정한 학파 창시자들의 개별 연구에서 나왔다. 블로크와 페브르는 한 가지 연구방법이나 패러다임만을 고집하지 않았다. 오히려 그들은 자신들의 논문에서 사회경제사의 기반으로서 심리적·

---

* "망탈리테"는 프랑스 아날학파가 만들어낸 개념으로, 특정한 시대에 개인들이 공유하는 집단적 사고방식 및 생활양식, 또는 사회문화 현상의 저변에 깔려 있는 집단 무의식을 의미한다. 이와 관련해, 그동안 많이 쓰여온 일본학자들에 의한 "심성心性" 대신에 "집단정신자세"라는 번역어를 제안하는 학자(서양사학자 주명철)도 있다.

문화적 요소의 중요성을 강조했다. 이와 같은 접근방식은 뒤에 망탈리테의 역사[histoire des mentalités]로 나타났으며 1980년대 초 역사학을 문화적 관점에서 이해하는 방향으로 이끌었다.

아날학파의 두 번째 결정적 국면은 페르낭 브로델의 지도 아래 일어났다. 그는 페브르의 후계자로 파리대학에서 아날학파의 제도화를 선도했다. 브로델은 1950년대부터 1960년대까지 지구사geohistory와 역사인구학historical demography 분야에서 수많은 역사 연구 과제를 감독했다. 브로델은 그러한 역사서술 작업을 통해 아날학파를 대표하는 중심인물로 떠올랐다. 프랑스를 비롯해서 전 세계 수많은 역사학자가 문명의 물질적 기반을 강조하는 그의 설명 모델을 채택하고 지리적 단위와 지질학적 시간 척도들을 개념화했다. 그는 경제사학자 에르네스트 라브루스Ernest Labrousse와 함께 일련의 동질적 계열성이 있는 자료들, 특히 수세기 동안의 물가 추이를 수량화하는 작업에 착수했다. 두 사람은 모두 곡물과 같은 1차생산물의 경제사에 주목했다. 브로델에게 음식 연구는 식량 위기와 소비혁명consumer revolution을 통해 가장 잘 드러나는 경제 성장과 침체에 관한 연구에서 중요한 부분이 되었다.

세 번째 국면에서 요리의 역사는 브로델이 주도하는 정량적 역사 분석에 대한 반발에서 나왔다. 역사학자 장-루이 플랑드랭은 프랑수아즈 사방Françoise Sabban, 모리스 아마르Maurice Aymard와 함께 하나의 문화체계로서 음식에 대한 상징적·사회적 분석의 학문적 가치를 인식했다. 섹슈얼리티sexuality와 가족의 역사에 초점을 맞추는 플랑드랭의 초기 저작은 가족 내의 사회 관습에 훨씬 더 많은 관심을 기울였다. 그리고 그의 방법론methodology은 경제적 모델보다는 사회인류학적 접근방식에 훨씬 더 가까웠다. 플랑드랭과 동료 학자, 공동연구자들은 수많은 요리책, 문학작품, 의학 문헌의 상세한 해석을 통해 다양한 시대와 문명의 요리 관행culinary practices, 식습관eating habits, 식품체제food regimes의 역사를 설명하려고 애썼다. 20세기 말, 학자들은 음식에 대한 자신들의 견해를 역사적 경험의 일부로서 확장했다. 이 아날학파 학자들은 음식에 관한 연구에 더 엄격한 학문적 기준을 부여하는 동시에 음식을 먹고, 조리하고, 구매하는 것에 관한 정보의 출처들을 넓혔다. 대개 정통 역사학자들이 즐거운 일화에 불과한 것으로 깎아내렸던 음식과 요리의 역사는 이제 —아날학파의 포괄적 학문 연구 덕분에— 역사학의 한 분야로 당당하게 자리를 잡았다.

학문적 기반 조성 시기: 블로크와 페브르

제1차 세계대전이 끝나고 나서, 역사학자들은 낭만주의적, 민족주의적 서사의 미몽에서 깨어나 사회 전체를 이해하려 애썼다. 프랑스에서 가장 야심 찬 사상은 《아날》지와, 아날학파 창시자 블로크·페브르의 근거지 [알자스 소재] 스트라스부르Strasbourg라는 프랑스 대학 체제의 언저리에서 나왔다. 그들은 그동안 정치지도자와 정치적 사건들에 관해서만 주목해온 역사학 연구의 협소함을 비판하고, 경제사를 매우 중시하면서 여러 학문 분야와 연계하는 동시에 세계적 관점에서 역사를 바라보았다. 그들은 역사학에 대해 뒤르켐이 말한 "인간 사회에 관한 학문"이라는 관점을 일관되게 유지했지만 사회학의 지나치게 이론적이고 결정론적인 모델을 거부하고 "삶 자체에 관한 학문"이라는 좀 더 실용적인 개념을 선호했다.[2] 그들은 자신들이 즐겨 이야기하는 해석, 혁신, 실험, 대항에 대한 "끝없는 욕구"를 지닌 고집 세고 끈질긴 학자들을 끌어모았다.[3]

블로크는 중세 사회를 연구하는 역사학자로서 재산의 분배, 사회집단, 국가 형태와 기능을 면밀히 검토함으로써 다양한 사회제도를 통해 봉건제를 설명하려했다. 블로크는 《봉건사회Feudal Society》[전 2권, 1939~1940]*에서 사회 관습과 습성에 관한 설명을 통해 사회의 "규칙적 반복 운동"을 묘사했다. 그는 [책의 제5장] 〈자연과 시간에 대한 인간의 태도〉의 도입부에다 다음처럼 썼다.

봉건시대 사람들은 자연과 가까웠다—지금의 우리보다 훨씬 더 가까웠다. 그리고 그들이 알았던 자연은 오늘날 우리가 아는 것보다 훨씬 더 사납고 거칠었다. 과거에 매우 큰 부분을 차지했던 농촌 풍경은 인간의 손길이 닿은 흔적이 [지금보다] 훨씬 더 적었다. 지금은 그저 옛이야기에나 나오는 야생동물들—곰 그리고

---

* 국내에서는 《봉건사회》(전 2권, 한정숙 옮김, 한길사, 2001)로 번역·출간되었다.

무엇보다 늑대—이 그때는 모든 황무지뿐 아니라 농경지 사이를 먹이를 찾아 돌아다녔다. 그래서 사냥은 평소에 몸의 안전을 위해서도, 그리고 식량 공급을 보충하는 수단으로서도 마찬가지로 불가피했다.[4]

블로크의 문화기술지文化記述誌적 접근방식은 심리적인 것과 물질적인 것, 그리고 노동과 숭배의 상징적 의미와 사회적 의식들을 풍부하게 설명하는 편이었다.* 반면에 페브르는 개인과 공동체의 관계를 대중의 통념에 초점을 맞추고 바라보았다. 그는 역사 속 행위자들이 시대착오적 생각에 사로잡히지 않고 당시에 불가능하다고 생각한 것들을 어떻게 이해했는지 그들의 사고방식과 심성적 도구들mental tools을 밝히는 데 관심이 있었다. 역사적 방법론에 대한 페브르의 아주 깊은 확신은 16세기 사상사에 대한 그의 접근방식에서 나왔다.

우리는 이 (16세기) 문헌들을 이해할 때 본능적으로 지금 우리 자신의 생각, 느낌, 과학적 탐구의 결과, 우리의 정치적 경험, 사회적 성취들을 이용한다. 그러나 그 책들이 처음에 나왔을 때 리옹의 메르시에르 거리나 파리의 생자크 거리 서적상들의 차양 아래서 그것들을 죽 훑어본 사람들—그들은 과연 그 행간에서 무엇을 읽었을까? 적어도 우리가 볼 때 이러한 문헌에 담긴 생각들이 지금까지 이어지고 있다는 사실은 그것들이 일종의 영원한 진리임을 의미하는 것일 수 있다는 점에서, 모든 지적 태도가 시대를 뛰어넘을 수 있다고 결론내리는 것은 과연 합당한가? 늘 같을 수 있다고? 이것은 인류 정신사에서 매우 큰 문제다. 이는 방법론의 문제를 더욱 복잡하게 만들며 기존과 다른 시각의 필요성을 제기한다.[5]

---

* 문화기술지ethnography는 마을/부족/종족/민족 등 문화를 공유하는 집단culture-sharing group의 구성원, 사회, 문화 등을 현지(현장, field) 조사를 통해 기술記述·연구하는 학문 분야를 말한다. 문화공유집단 구성원들이 갖고 있는 가치, 신념, 행동, 삶의 방식의 공유되고 학습된 패턴 등을 현지인의 관점(참여관찰 participant observation, 심층 인터뷰in-depth interview, 담화 분석discourse analysis 등)에서 이해하기 위한 질적 연구방법의 하나다. "민족지[학]民族誌[學]" 혹은 "민속지[학]民俗誌[學]"("민속학folklore"과는 다른)이라고도 하며, 원어 그대로의 "에스노그래피"라고도 한다.

페브르의 후기 저작[《16세기의 무신앙 문제: 라블레의 종교》]에서 발췌된 이 말은 독자들이 역사적 사고와 연구의 전략적 과정에 대해 명료하게 이해할 수 있게 했다. 블로크의 저작은 역사를 해석할 때 반드시 역사적 상상력을 발휘해야 함을 강조했다. 아날학파의 이 두 거장이 설파하고자 한 바가 바로 이것이었다.

그들에게 다양한 학문을 가로지르는 연구(공동연구enquêtes collectives)가 필요한 이유 가운데 많은 것이 과거의 역사 전통을 거스르는 듯 보이지만, 사실은 대개가 이전 민족주의 역사학자들의 저작에서 영감을 받은 것이었다. 그러한 요구에 부응한 노력의 한 부분으로서 음식의 역사를 연구하는 학자들은 브로델이 1944년에 발표한 감자와 옥수수의 "식량혁명food revolutions"에 관한 초기 저작에 일제히 환호했다. 그것은 동시에 아날학파 학자들이 위대한 낭만주의 작가이자 "프랑스 역사학의 아버지" 쥘 미슐레Jules Michelet와 커피와 프랑스 혁명사에 관한 그의 생각에 대해 다시 숙고하게 했다.* 페브르는 다음처럼 주장했다. "우리 아날학파 학자들은 처음부터" 단순히 과거의 역사로서가 아니라 현재까지도 중요한 연관성이 있는 "식량 공급 문제에 전념했다."[6] 역사학에서 식량 문제를 다루는 것은, 사실로 가정하는 과거에 대해 의문을 제기하면서 계속해서 심문·분석하는 아날학파의 연구 방식과 일맥상통했다. 또 한편, 그와 같은 요구는 생존의 문제를 다룰 과학적 접근방식(역사학은 그러한 방식 가운데 하나다)이 필요하다는 것을 지적했다. 아시아와 아프리카 지역의 가난과 기아에 대한 인식이 점점 높아지면서, 페브르는 역사학자들이 오늘날 기아와 영양실조malnutrition의 세계적 위기와 관련해 이에 "인간의 현실을 상기시키는" 장기적 관점으로 대응할 필요가 있음을 특별히 언급하고 있다.[7]

인간의 영양 습관에 관한 공동연구의 필요성은, 아날학파의 특성상, 중심이 되는 하나의 역사적 문제를 다양한 방식으로 집중적으로 연구할 것을 요구한 데서 나왔다. 페브르는 다름 아닌 음식과 관련된 획기적 역사에 대해 문제를 제기함으로써 제2차 세계대전으로 무참하게 짓밟힌 프랑스에 용기를 북돋아주었다. 그의 독창성은, 당시 독일 점령하의 어려운 시대 여건에도 불구하고 또는 그 때문

---

* 미슐레는 커피의 출현을 새로운 습관을 가져온 '혁명'에 비유하기도 했다.

에 극히 중요한 하나의 연구 영역에 그것과 관련된 모든 학문 분야의 프랑스 학자들이 함께 참여할 것을 요청한, "과학적 자원봉사주의scientific volunteerism"에 있었다.[8] 음식의 역사를 "비교연구"하고자 하는 페브르의 집념은 1954년에 마침내 그 결실을 보았다. 그는 근대 역사와 문명이라는 강좌를 진행하면서 "단순히 모든 항목을 수록하는 것이 아니라 구체적으로 역사적 문제들을 제기하는 것"을 목표로 하는 《프랑스 백과사전Encyclopédie française》의 편집 책임을 맡았다.[9] 정통적 방식을 벗어나 편집된 이 지식 개요서는 알파벳순이나 연대순으로 기술되어 있지 않다—이러한 개념 중심의 편집 구성은 역사학을 사회과학으로 보는 아날학파의 정신을 구체화한다. 《프랑스 백과사전》제1권은 "심성적 도구[L'outillage Mental]"편으로 생활수준에 대한 정의가 점점 바뀌고 있음을 예시하는 하나의 증거로서, 근세 역사에서 일반 민중의 소고기 소비 증가와 귀족의 사냥고기game 감소를 설득력 있게 제시하고 있다. 제14권은 "일상생활la civilisation quotidienne"편으로 80쪽 분량의 한 절 전체가 음식학자, 인구학자, 지리학자, 역사학자들이 쓴 음식 섭취 내용으로 가득하다. 현재는 과거에 질문을 던짐으로써 파악되었다. 한 예로, 페브르는 [프랑스 중서부] 푸아투샤랑트Poitou-Charentes 지역이 1950년대 중반부터 유제품 생산의 중심지가 되었지만 어째서 아직도 음식 조리에 라드lard* 를 즐겨 쓰는지를 밝히기 위해 제2차 세계대전 이전의 표본조사 자료들을 이용했다. 예컨대 다른 지역들에서 과거에 올리브기름보다 버터를 더 좋아한 것은 현재 농업 생산의 지리적 경계와 일치하지 않았다.[10]

아날학파의 특징인 현재주의presentism[역사적 사건들을 당시의 현재적 관점에서 판단하는 것]는 《아날》지의 초기 논쟁적 시기에 특히 더 강조되었는데, 이는 그 밖의 다른 역사학지에서는 찾아볼 수 없는 큰 차이점이었다. 이와 같은 태도는 또한 음식을 단순히 먹는 것으로서 뿐 아니라 생존하기 위한 것으로서, 국가적 경계를 뛰어넘는 인류의 보편적 관심사로서 음식의 중요성을 드높였다. 식량안보[먹거리보장]food security, 영양소, 영양부족 현상에 대한 문제 제기는 아날학파가 역사학계의 선두주자로서 입지를 다지고 세력을 확장하면서 다음 시대로 나아갈

---

* 돼지고기 지방 조직을 정제하거나 녹여서 만든 식용 유지.

방향을 제시했다. 이 시기에 《아날》지의 편집자와 계열 학자들은 음식의 역사에서 자신들의 연구 방향을 식량 생산과 소비의 경제 구조, 그리고 그것이 기근, 농업 위기, 식량 폭동의 국면과 만나는 연결 지점들로 명확하게 맞추었다.

제도적 확립 시기: 페브르와 브로델

《아날》지는 블로크가 전쟁 중에 비극적 죽음을 맞고[1944년], 페브르가 파리 대학 프랑스 고등연구원École Pratique des Hautes études: EPHE에 새로 만들어진 제6국의 국장으로 선임된 1947년 초반부터 공식직으로 제도적 뒷받침과 연구 지원을 받기 시작했다. 유력한 지위에 오른 페브르는 막강한 국립역사연구소(페브르가 수년 동안 지휘했던 연구소)를 통해 역사학을 사회과학과 완벽하게 통합하는 방식으로 학문체계를 개혁할 수 있었다. 제6국은 그 뒤 얼마 안 있어 사회과학고등연구원 École des Hautes Études en Sciences Sociales: EHESS이라는 새로운 명칭을 얻었다. 페브르는 또한 인간과학연구소Maison des sciences de l'homme: MSH 창설을 위한 유네스코 프랑스 대표직도 맡았는데, 이것은 아날학파가 제도권에서 더욱 확고하게 자리 잡는 데 크게 기여했다. 페브르는 브로델과 함께 전후 프랑스 전역에 걸쳐 연구자·교사·편집자의 네트워크를 구축해, 파리와 프랑스 모든 지방을 연결하는 제도화된 구조를 세우는 대망의 연방주의 계획의 일환으로서 역사학의 위상을 높였다.

브로델은 역사학계의 혁신과 전 지구적이지는 않지만 세계적 관점에서 문명을 바라보려 한다는 점에서, 국립역사연구소의 책임을 맡고 있는 페브르와 뜻을 같이하며 그를 지지했다. 브로델은 1956년 페브르가 죽은 뒤에도 《아날》지의 핵심 인물이 되어 '경제, 사회, 문명Economies, sociétés, civilisations'을 잡지명의 부제로 새로 붙였다―이 때문에 《아날》지는 마르크스주의 성향의 구조주의 잡지라는 인식이 널리 퍼졌다. 브로델은 사회과학고등연구원 원장과 《아날》지 편집장으로서 페브르를 승계해 이후 10년이 넘도록 두말할 여지 없이 아날학파의 대표가 되었다. 사회과학고등연구원과 그와 같은 계열의 인간과학연구소는 브로델의 특별한 후원 아래 세계적 수준으로 성장했다―인간과학연구소는 포드재단Ford Foundation 의 재정 후원을 통해 해외 연구자들에게 연구보조금을 제공하고 국제학술회의

나 연구 프로젝트를 조직하고 연구 보고서와 책자 발간을 지원했다. 브로델의 탁월한 지도력에 힘입어 《아날》지의 지면은 이전 세대 역사학자들이 철저히 무시한 정도는 아니지만 소홀히 하고 넘어갔던 프랑스 지역—도시든 농촌이든—의 외부로까지 연구 범위를 넓혀야 한다는 주장들로 가득했다. 제2차 세계대전 이후 급증한 인구, 전보다 훨씬 높아진 대학진학률, 그리고 프랑스 학계를 이끄는 학문으로서 역사학의 고조된 위상과 함께, 아날학파 역사학자들의 뛰어난 연구는 주류 학계 내에서 확고하게 주도권을 장악했을뿐더러 전 세계로부터도 인정을 받게 되었다.

1960년대 초, 《아날》지에 발표된 논문과 비평이 실린 서적들은, 페브르가 처음에 정의한 것처럼, 그러나 특히 영세 농민들의 안전한 식량 확보와 관련된 노동 형태와 현안들을 바라보는 하나의 관점으로서, 전보다 더욱 체계적이고 지역에 초점을 맞춘 "영양섭취의 문제the problem of alimentation"로 돌아갔다. 그와 관련해 프랑스의 다양한 지역에 관한 수많은 연구 논문이 1966년에 처음 발표되었는데, 그 가운데 가장 유명한 논문은 에마뉘엘 르 루아 라뒤리Emmanuel Le Roy Ladurie의 랑그도크에 관한 연구다.[11]* 역사적으로 산업혁명 이전 유럽의 식량 공급 문제에 오랫동안 주목해왔던 아날학파 역사학자들은 아프리카·아시아 개발도상국들에서 영양부족 인구의 식량 수요를 충족시키는 데 초점을 맞춘 세계기구들에서 나온 가장 최근의 연구보고서들을 조사했다. 인문지리학human geography 및 농촌사회학rural sociology에 관련된 개념들은 음식의 역사에서 큰 영향력을 발휘하는 요소로서 떠올랐다. 아날학파 역사학자들은 그 개념들을 이용해 이후 수십 년 동안 그 어느 곳보다도 20세기 전반에 걸쳐 기아를 완전히 근절한 러시아와 중국—반면에 아프리카의 신생국가들에서는 그 기간에도 기아가 계속해서 발생했다—에서의 식량안보 문제에 각별히 주목한 수많은 논문을 발표했다.[12]

브로델은 역사학자로서 향후 아날학파의 역사 분석 도구를 상징하게 될 독특한 개념체계를 설계함으로써 아날학파가 지구사적 관점으로 역사를 파악하는

---

* 15~18세기 프랑스 서남부 랑그도크Languedoc 지방의 토지대장 '콩푸아'를 토대로 자본주의의 기원을 밝히는 데 초점을 둔 전체사 연구를 말한다. 국내에서는 《랑그도크의 농민들》(전 2권, 김응종·조한경 옮김, 한길사, 2009)로 번역·출간되었다.

데서 가장 중요한 역할을 했다. 그는 자신을 대표하는 기념비적 저술인 《펠리페 2세 시대의 지중해와 지중해세계The Mediterranean and the Mediterranean World in the Age of Philip II》(1949)*에서 이러한 역사 모형을 처음으로 확립했다.[13] 이 1,300쪽짜리 방대한 학술서는 세계 어느 한 지역의 발전 과정을 그곳의 경제적·사회적·정치적 삶을 통해 매우 상세하게 묘사했다. 그런데 이와 같은 전문 영역 밖 역사학자들에게 더욱 중요해진 것은 나중에 아날학파를 대표하게 될 **장기지속**longue durée이라는 개념이었다. 브로델은 그 책의 서문에서 서로 다른 공간에서 움직이는 역사적 시간을 바닷속 맨 밑바닥, 중간에 흐르는 조류, 파도의 물마루에 비유하며 세 차원으로 나누어 설명했다. 그의 분석틀에 따르면, 이 차원들은 각각 역사를 이루는 구조, 국면, 사건과 조응되었다. 브로델은 그 책의 제2권에서 결국 펠리페 2세[재위 1556~1598]의 통치라는 정치적 사건들을 언급하며 마무리했지만, 그가 그것보다 훨씬 더 주목한 내용은 기술의 전파, 교역로의 개척과 같은 매우 더디게 움직이는 다양한 경제적 힘에 의해 지중해 문명이 만들어진 방식들이었다. 브로델은 나중에 수백 년은 아닐지라도 수십 년 동안 크게 바뀌지 않고 진화해온 식사법dietary regime의 구조적 특징들을 설명했다. 이런 구조의 변화는, 조수가 찼다 빠졌다 반복하는 것처럼, 역사 속의 개별 사건들로는 밝혀낼 수 없었다. 브로델의 저작은 빙판 위를 움직이듯 매우 더디게 변화하는 역사적 구조의 연구가 왜 중요한지를 예시해주었다. 1967년, 르 루아 라뒤리는 지난 1000년 동안 유럽의 곡물 수확량 기록을 이용해 17세기 그 지역에서 발생한 "소小빙하기mini ice age"의 실체를 밝힌 유럽의 기후 역사를 발표함으로써 브로델의 앞서 말한 은유적 표현을 구체적으로 입증했다.[14]

브로델의 지중해 세계 연구는 또한 지중해 지역의 다양한 식습관 역사들을 밝히는 데 필요한 특정 지역의 분석틀도 제공했다. 이러한 식습관, 다시 말해 와인·빵·생선 세 음식을 기본으로 하는 식사법은 근세 전반에 걸쳐 그리스·로마 문명을 규정지었다. 맛시모 몬타나리는 나중에 로마제국 침입에 따른 이민족의 문명 및 식사법 붕괴 과정을 추적했다. 수렵 및 유목 생활을 하는 이민족과 생선

---

* 국내에서는 《지중해: 펠리페 2세 시대의 지중해 세계》(전 3권, 주경철·조준희 등 옮김, 까치, 2017)로 번역·출간되었다.

을 위주로 안락하게 진수성찬을 즐기던 고대 문명 사이의 충돌은 마침내 사육하거나 사냥한 고기 요리가 식탁의 중심을 차지한 르네상스 시대의 전형적인 궁정 식사 의례로 종합되었다.[15] 지역의 음식 문화는 지난 50년 동안 저술된 중국의 음식 역사에서 주목받는 연구 과제가 되었다. 그것이 브로델의 영향을 직접적으로 받은 건 아닐지라도, 《아날》지는 수시로 다양한 비교연구 논문을 발표했고 때로는 서양의 식생활foodways과 비교하기 위해 중국의 음식과 쌀 문화를 이용하는 경우들도 있었다. 오랫동안 여러 지리행정 단위와 관청에 보관된 문서들에서 확인할 수 있듯이, 긴 세월에 걸쳐 기록된 중국의 역사는 식량 공급과 정책에 대한 수많은 제도적 연구의 토대를 만드는 데 기여했다.[16]

브로델은 자신의 분석틀을 근세 유럽에 관한 권위 있는 3권짜리 연구서 《15~18세기 물질문명과 자본주의Civilization and Capitalism, 15th-18th Century》[1967, 1979]*에 확대·적용했다. 제1권 《일상생활의 구조The Structures of Everyday Life》는 브로델이 "초超역사학parahistory[기존의 역사학 범주를 뛰어넘는 영역의 학문]"적인 것이라고 정의한 개념적 범주에 초점을 맞춘다. 그는 그런 정의 아래 의식주와 같은 물질적 욕구를 인구통계학, 기술, 도시생활이라는 구조적 범주와 같은 위치에 두었다. 대서양을 횡단하는 교역로가 표시된 지도, 곡물과 빵 가격 변동 그래프, 농민과 플랜테이션 농장을 묘사한 삽화들로 풍성하게 채워진, 인간의 물질생활과 관련한 브로델의 치밀한 역사서술은 인간의 행동과 사고에 대한 그의 시각을 더욱 새롭게 바꾸면서 인간의 지배보다 물질의 지배에 더 큰 방점을 찍었다. 이러한 과거의 물질적 측면들은 브로델이 인류의 문명사를 이해하는 중요한 요소였다―그는 "지금까지 그것들은 전통적인 역사의 변방에 있었을 뿐이다"라고 했다.[17]

이와 같이 말한 브로델은 어쩌면 선대 역사학자들이 학문적 논쟁의 중심에 가져다놓은 많은 성과를 간과했을 수도 있다. 여러 측면에서 브로델의 연구는, 물질적 음식 문화가 인간의 일상사를 밝히는 창으로서 수행하는 역할을 페브르와 동일한 수준은 아니지만 확인했다는 점에서, 페브르의 연구의 연속이었다. 그

---

* 국내에서는 《물질문명과 자본주의》(전 6권, 주경철 옮김, 까치, 1995~1997)로 번역·출간되었다.

러나 브로델은 어떤 사람들이 어떤 식생활을 선호하느냐 하는 정신구조보다는 식품체제라는 경제구조에 더 관심이 많았다. 브로델은 노동력 투입과 옥수수·쌀·밀 같은 1차식품의 영양분 산출량, 그리고 향신료와 설탕처럼 나중에 생필품으로 바뀐, 새로 발견된 사치식품들을 자본주의 세계의 교환과 관련된 상세한 논의에 포함시켰다—하지만 그러한 음식들의 문화적 의미나 상징적 중요성에는 별로 주목하지 않았다. 확실히 브로델은 음식의 역사에 관한 이전의 공시적 synchronic 연구들보다 더 커다란 통시적diachronic 변수들이 있는 역사적 주제를 다룸으로써 음식의 역사 전개 과정에서 새로운 단계를 열었다. 그는 자신의 저작과 《아날》지의 공동연구를 통해 커피·차·초콜릿에 관한 수많은 (대개는 지나치게 많은) 역사를 더 커다란 역사적 서사에 포함시키면서 신세계 음식이 장기지속에 끼친 광범위한 영향을 설명하려고 애썼다.[18]

1975년, 음식에 관한 연구는 그 진가를 인정받았다. 브로델이 음식과 영양을 주제로 한 포괄적 연구를 수행하기 위해 두 번째 공동연구 계획을 제안하고 나서 14년이 지난 뒤, 역사학자 아마르는 그 요구가 "폭넓은 호응을 얻었다"라고 인정했다. 아마르는 특히 장-클로드 투탕Jean-Claude Toutain과 장-자크 에마르덩키 Jean-Jacques Hémardinquer가 공동으로 작업한 음식 섭취 연구들을 지목했다. 그들의 치밀한 연구는 칼로리, 단백질, 비타민, 미네랄의 섭취에 관한 역사적 기록을 정리하는 것과 더불어 근세에 곡물이 가장 중요한 영양 섭취원이었음을 확인해주었다.[19] 그러나 아마르는 오늘날의 음식 연구 분야에 대해 논평하면서 과거 영세 농민 사회의 최소 영양 섭취 수준과 관련해 이미 확인된 사실을 거듭 언급하고는 있어도, 자료에 따라 "실제 가용 식량available supply"이 실제 소비된 칼로리와 크게 다를 수 있음을 보여줌으로써 동료 학자들이 발견한 것들의 의미 가치를 떨어뜨리는 일에 주저하지 않았다.[20]

아마르는 데이터를 효과적으로 분류하고 유엔 식량농업기구FAO와 세계보건기구WHO가 정한 최소 기준을 바탕으로 한 영양 섭취의 역사에 대해 "설명가설 interpretive hypotheses[이해하기 어려운 어떤 현상을 설명하는 다양한 해석 가운데 최선의 가설]"을 세울 필요가 있음을 인식했다. 아마르의 요구는 당시 급증하던 다양한 정부·비정부 세계기구들의 목표에 반영되었고, 그 기구들은 일시적이거나 만성적인 식량 위기를 극복하기 위해 자체적으로 투자를 아끼지 않았다. 식량농업기구와 세계은행World Bank은 제2차 세계대전 이후 개발경제로 진입한 아시아·라틴 아메리카 국가들에 대한 수많은 데이터를 만들어내면서 거시적 경제 성과와 다양한 농업 정책과 관련해 종합적 분석 작업을 수행했다. 그러나 음식의 역사에 관한 연구는 유럽 안팎에서 모두 적절한 연구 수행 방법이나 도구가 부족했다. 근세 유럽의 농업 생산 통계자료는 아프리카 것만큼이나 종합적 경제지표로서 신뢰하기 어려웠기 때문이다. 아날학파 학자들은 통계 처리에 적합하지 않은 자료들을 단순히 일련의 순서로 분석하는 것에 대한 취약점들을 지적하면서, 기아와 세계 식량 공급 측면에 국제적으로 관심이 집중되는 것을 고려해서 역사적으로 생존의 문제를 더욱 세밀하게 검토하자는 새로운 문제들을 제기했다. 세계 식량 위기는 1980년대 전반에 걸쳐 개발도상국들이 식량안보와 관련된 연구에 박차를 가하는 계기가 되었다. 당시 대개 마르크스주의 이론가들은 기아를 서구 자본주의의 실패라고 주장하면서 자신들의 정치경제학적 입장을 분명히 했다. 아프리카와 중국의 지리학자와 경제사학자들은 자신들이 주장하는 식량 위기에 대한 분석에 일관성과 논리를 부여하는 데서 아날학파 말하는 "구조structure"와 "국면conjuncture" 개념을 이용했다.[21]

1960년대와 1970년대, 아날학파 학자들이 수행한 일련의 연구를 포함해 그 기간에 나온 음식에 관한 연구 대부분은 식량 정책, 노동 조직, 특정한 식료품에 대한 상징적 가치처럼 당면한 생존의 문제들에 대한 질적 분석보다는 평균 칼로리 섭취량과 같은 양적 분석을 훨씬 더 중요시했다. 음식의 역사를 일련의 통계조사로 보는 이런 경향은 또 다른 아날학파 역사학자들의 반발을 불러일으켰다 (반발은 그 이후로도 계속 이어졌다). 페브르는 이미 1942년부터 생존의 문제를 이처럼 기계론적 관점으로 파악하는 견해를 비판하며, "물질문명을 물질적 대상의 집합체로, 또 인간의 행위를 선천적으로 타고난 행동으로 생각하려는 강한 성향"을 지적했다. 아마르에 따르면, 이러한 "인간 기계human machine"는 단순히 대차대조표에 한정되어 있을 리가 없다.[22] 따라서 페브르와 아마르를 비롯한 많은 아날학파 학자는 식량 소비와 분배에 영향을 끼친 사회제도에 대해 더 자세히 알아야 할 필요가 있다는 데 모두 동의했다.

그때에는 당대의 식량 정책을 장기적 차원에서 경제적·사회적 실재와 결합한 연구가 거의 없었지만, 《아날》지의 이론틀은 구조와 국면을 가장 중시했다. 그들은 16세기부터 19세기까지 "곡물의 전제정치tyranny of grain"에 종속되어 있던 유럽 대다수 민중의 삶을 좌우한 군주와 지방 영주들의 지배에 대해서는 거의 기술하지 않았다.[23] 1980년대와 1990년대 초에 이르러, 스티븐 카플란Steven Kaplan 같은 프랑스 밖의 역사학자들은 근세 농촌사회에 대한 지리적·거시경제적 시각에서 벗어나 18세기 파리에 대한 정치적·미시경제적 연구로 그 초점을 바꾸면서 비로소 정책 및 치안 문제들을 제기하기 시작했다. 카플란은 제빵업자나 제분업자의 동업조합 같은 노동기구뿐 아니라 파리 의회, 왕실 행정장관, 군주의 지휘를 받는 경찰총장과 같은 국가기구도 연구 대상으로 삼았다. 그들은 모두 도시에 식량을 공급하는 문제와 관련해 어떻게든 서로 긴밀하게 연결되어 있었다. 뒤이어 진행된 세계 다른 지역들의 농업과 관련된 후속 연구들은 가부장과 같은 위치에 있는 정부의 존재 이유로서 생존의 문제를 중점적으로 다루었다. 그동안 추상적으로 생각했던 시장의 주인공을 규제하는 공간으로서 현실의 구체적 시장이라는, 아마도 근대 이전의 상상력이 빈곤한 사상가에게는 낯설었을, 새로운 경제 개념이 이들 연구에 적용되었다.[24]

아마르는 또한 이와 같은 일련의 연구에 대한 비판을 넘어서 "가장 넓은 의미에서 요리에 관한 연구, 다시 말해 음식 조리와 관련된 모든 영역"을 고려하는 새로운 연구 방식이 필요하다고 생각했다. 확실히《아날》지는 네덜란드, 스웨덴, 러시아, 영국, 프랑스 병사와 선원들의 식사 및 영양에 관한 일련의 논문을 발표했다. 장-폴 아롱Jean-Paul Aron이 1973년에 출간한 19세기의 식사법에 관한 책은 자크 르고프Jacques LeGoff와 그의 3부작《역사 만들기Faire de l'historie》[1974]가 주도한 아날학파 수정주의 운동에서 요리의 역사를 하나의 "새로운 역사적 대상"으로 인정했다.[25] 그러나 부르주아의 [식탁]예절 및 조리법 관련 일화를 중심으로 한 아롱의 연구는, 드니 디드로Denis Diderot의《백과전서l'Encyclopédie》에 실린 "여러 음식 습관food habits에 관한 광범위하고 다양한 언어화"라는 장-클로드 보네Jean-Claude Bonnet의 문학적 해체주의가 그랬던 것처럼, 사람들의 호응을 많이 얻지 못한 듯했다.[26] 사람들이 이전보다 음식의 역사에 더욱 주목하게 만든 것은 1970년에 나온 루이 스투프Louis Stouff의 논문이었다. 중세 말 [프랑스 동남부] 프로방스Provence 지역에서 가정의 음식 섭취에 관한 그의 연구는 새로운 형태의 자료들이 이용되었고, 아날학파가 선호하는 시계열 분석時系列分析, serial analysis과 어울려 더욱 강력한 방법론을 제공했다. 시장 기록과 가계 수지에 관한 지역 연구는 브로델이 요구하는 연구 방식에 적극적으로 호응해 14세기와 15세기에 고기가 얼마나 중요한 음식이었는지를 밝히고 그것과 함께 주방, 식사 공간 배치, 음식 주문에 대한 설명을 통해 음식 소비의 질도 세밀하게 분석했다.[27] 의심할 바 없이, 브로델과 아날학파 학자들의 연구 성과는 음식을, 이제 더는 역사 고증의 진부한 소재가 아닌, 물질문화material culture의 인식가능한 대상이자 교역의 세계체계world systems의 초점으로서 그 지위를 높였다. 제3, 4세대 아날학파 역사학자들의 연구 경력은 브로델의 노력과 학계에서의 위치를 통해 세상에 알려졌고, 그들 가운데 일부는 조리기구나 식기와 같은 가사용품의 소비 역사를 되살리기 위해 유언장 기록과 여러 자료를 더욱 깊이 파고들었다.[28] 그러나 또 다른 학자들은 신흥시장과 농업 개발에 대한 브로델식의 세계체계 접근방식을 채택해 신세계 음식에 담긴 사회적·경제적 삶에 더 커다란 경험적 가중치를 부여했다.

아마르의 더욱 엄밀한 연구에 대한 요구는 아날학파의 비판 정신에서 비롯한다. 아날학파 학자들은 그러한 연구가 문제를 보다 완벽하게 이해하기 위해 연구방법에 대한 정밀한 비평과 함께 이루어졌음을 인정했다. 아마르의 견해는 또한 식사 그 자체에 관한 상징적 분석의 중요성을 강조함으로써 음식사학자들food historians의 영역을 넓히는 동시에, 그들이 문화인류학과 공동연구 하는 쪽으로 연구 범위를 확장했다. 아마르는 처음부터 식습관에 배어 있는 문화적 의미를 인식했는데, 그는 그것을 "식습관의 심리사회학psychosociology of diet"이라고 불렀다. 그가 말한 것처럼 "인간은 영양분이 아니라 아니라 음식물을 먹고 산다." 지금까지 이루어진 수많은 영양 관련 연구에 적용된 거시경제적 방식과 완전히 다른 것처럼 보이는 이와 같은 방식은 특정한 영양학적 "관례code"를 따르는 가치관, 상징, 규칙들을 인식했다. 그것은 구조주의 문화 이론(일례로 인류학자 클로드 레비-스트로스Claude Lévi-Strauss)을 통해 또 다른 연구 방식의 도래를 알렸다. 이 새로운 접근 방식은 특정한 "식사법"을 따르는 문화체계 내부에 인간의 영양을 구성하는 성분들을 정렬시켰다. 브로델은 "식사법"이라는 용어를 음식 습관을 설명하는 데 사용했지만, 아날학파 학자들이 요리 용어들의 의미를 다루는 기호학semiotics과 소비에 관한 사회심리학적 접근을 통해 문제를 추궁할 "심성적 도구"를 창조해내고 있었음은 틀림없는 사실이었다. 음식은 먹기 좋은 것일뿐더러 생각하기 좋은 것이기도 하다는 레비-스트로스의 유명한 말은, 많은 학자가 음식 섭취를 현재와 과거의 "소통체계, 수많은 이미지, 관습과 상황과 행동에 대한 규약"으로 연구하도록 자극했다. 스투프가 일찍이 식습관에 관한 제한된 연구를 감행한 것 말고는, 거시경제적 문제들에 대한 정량적 분석을 최우선으로 하지 않으면서, 음식 습관의 의미 및 실제와 관련한 그와 같은 해석학적 연구를 시도한 역사학자들은 거의 없었다.《아날》지가 음식 연구를 문화인류학적 방식으로 접근할 것을 그렇게 호소했음에도, 플랑드랭 같은 학자들이 그런 방식을 이용해 음식의 역사에 새로운 길을 연 것은 그로부터 10년이 더 지난 뒤였다.

1950~1960년대 브로델의 영도 아래, 음식 연구는 학계 특히 먹거리체계와 소비사회의 경제사 영역, 사회지리학social geography의 비교연구 방식에서 학문적 타당성을 인정받기 시작했다. 그동안 대개 일개 농산품으로 여겨졌던 음식이 이제 물질생활의 주요 요소의 하나가 되었지만, 그것은 여전히 장구한 세월에 걸친 역사의 변화라는 더 거대한 질문들 속에 파묻혀 있었다. 음식을 먹는 것은 영양사史의 일부로서 중요한 것이 틀림없었지만, 문화 관습으로서 요리의 역사나 심미적 관점에서 "맛taste"에 주목하는 학자는 거의 없었다. 음식 조리, 식품시장, 요리사들의 사회조직이나 식재료의 중요성에 대한 이해도 거의 없었다. 음식의 역사에서 연구되어야 할 영역이 아직도 많이 남아 있었다. 다양한 조리법에 대한 문화 분석cultural analysis은 아직 독립적 연구 주제로 부상하지 못했다.

플랑드랭의 맛과 요리의 역사

두말할 나위 없이, 아날학파가 음식의 역사에 대해 제시한 교육·연구 방향은 많은 부분이 절충주의eclecticism*에 초점을 맞추었고, 여러 시대에 걸쳐 인간을 지배했던 환경적, 인구통계학적, 물질적 힘들을 포착하는 것이 목적이었다. 그러나, 아마르 같은 학자들이 제기한 음식 조리에 대한 문제들은 논외로 하더라도, 소비

---

* 여러 체계에서 옳다고 생각하는 요소를 뽑아내어 하나의 독자적 체계를 세우는 태도.

자주권운동consumerism*과 식품시장에 관한 연구가 부족한 현실을 우리는 어떻게 설명할까? 롤랑 바르트Roland Barthes가 현대의 음식 선호에 대해 심리사회학적 접근방식을 사용한 것 말고는,[29] 맛이나 음식 선호에 관한 연구는 별로 없었다.[30] 로버트 포스터Robert Forster가 영어권 독자들을 위해 영역한 1979년 《아날》지 음식 관련 논문 선집의 서문에 넌지시 언급된 것처럼, 그와 같은 연구가 소홀했던 이유는 그 주제가 지나치게 엘리트 중심적이었기 때문이다. 음식 선택에 대해 묻는 것은, "특히 16세기부터 19세기 말까지 유럽 인구의 최소 4분의 3이 최저생계 수준이었다는 사실을 감안"할 때, 음식 선택권이 거의 없는 세상에 살았던 사람들에게 생색내는 듯한 것이었다.[31] 먹을 음식을 고를 수 있는 권리는 19세기에 들어서도 여전히 세상에 없었으며, 그것은 부르주아를 특징짓는 속성 가운데 하나가 되었다. 브로델의 연구에서도 음식 습관과 식사 선택의 역사적 문제는 여전히 숙제로 남아 있었다. 이와 관련해 가장 주목할 사례는 미셸 모르뉴Michel Mornieau가 연구한 것으로, 신세계 음식인 감자가 16세기 초에 유럽에 소개되었지만 18세기 들어서까지 대중의 인기를 얻지 못하며 역사적으로 유럽인들의 저항에 부딪친 문제였다.[32]

《아날》지가 1988년 3-4월 호에서 스스로 "중대한 전환"이라고 천명한 가운데, 많은 아날학파 학자가 열중했던 경제·사회 구조는 이후 곧바로[1994년] 잡지 이름이 '아날: 역사, 사회과학Annales: Histoire, Sciences sociales'으로 바뀌면서 새로운 문화사의 흐름에 길을 내주었다. 당시 로제 샤르티에Roger Chartier와 자크 르벨Jacques Revel이 이끈 제4세대 아날학파 학자들은 역사적 실재를 결정하는 주요인으로서 망탈리테라는 말을 썼다.[33] 이 새로운 문화사들은 대개 인문학에서의 문학적 전환을 추구하고 언어와 은유에 주목했다. 또한 전통, 가치체계value system, 생각, 인간 상호작용의 제도적 형태들에 대한 해석으로서 문화를 연구하는 데 몰두했다. 따라서 사생활의 가치와 관습에 관한 문제 제기는 갑자기 문화적 관습과 사회

---

* "consumerism"은 상반된 의미로 쓰이는 용어다. 여기서처럼, 1960년대부터 이루어진 대량생산과 이에 따른 대량소비 추세에 따라 소비자의 권리 회복과 강화를 위해 전개되고 있는 소비자 운동을 말하기도 하고(이 경우는 "소비자주권운동", "소비자주권주의", "소비자중심주의", "소비자주의" 등으로 쓰이고 있다), 이 책의 다른 곳에서처럼, 물질적 만족을 최고의 가치로 여기며 소비에 가치의 중심을 두는 사고방식을 말하기도 한다(이 경우는 "소비지상주의", "소비제일주의", 소비주의" 등으로 쓰이고 있다).

[사회적] 정체성social identity의 형성을 연구하는 시발점이 되었다. 이러한 후발 세대 아날학파의 일원으로서 플랑드랭은 자신의 인류학적 전문 지식을 이 분야에 결합했고, 사방은 기호학을 요리 연구에 접목했다.[34] 필립 하이먼Philip Hyman과 메리 하이먼Mary Hyman은 옛 프랑스 요리 문헌에 정통한 자신들의 전문 지식을 이용해 문화적 산물인 요리책을 상세히 해석함으로써 본격적인 요리 연구의 문을 열었다.[35] 역사학자들은 이제 요리의 역사에 대한 의미와 실제 속으로 더욱 깊숙이 파고들기 시작했다.

플랑드랭은 최초로 자신을 섹슈얼리티와 가족을 연구하는 역사학자로 자리매김했다. 그는 맛과 음식을 선택하는 인간 행동에 대해 새로운 질문들을 던지며 지난 20년을 보냈다. "맛"을 한 개인이 좋아하거나 싫어하는 향미를 판단·감지할 수 있는 신체 감각으로 정의한 사람은 그가 처음이었다. 그러나 그는 또한 맛을 "문화, 사회 환경, 공간과 시간의 한 줄기"로도 보았고,[36] 그래서 맛은 본질적으로 역사적일 수밖에 없다고 생각했다. 플랑드랭은 요리 관련 문서, 역사 사전, 의학 논문들을 철저하게 연구해 결론을 도출하면서, 중세에서 18세기에 이르기까지 음식 습관과 요리 혁신의 다양한 변수를 정리했다. 1983년 《아날》지에 실린, 맛과 관련한 그의 초기 논문 하나는 버터 맛이 기호에 따라 선택할 수 있는 맛이 아니라 없어서는 안 될 필수적인 맛이라고 단정했다. 버터가 정통 프랑스 요리의 기본 요소로서 요리 과정에서 차지하는 중요성이 점점 커지면서 많은 프랑스인은 마침내 사순절四旬節, Lent의 금기 하나를 깨뜨리지 않을 수 없었다.[37] 또 한편으로 플랑드랭은 "구역질 나는 고기gross meats"(특히 소고기)를 좋아하는 부르주아의 취향과 사냥한 신선한 야생동물과 새고기를 좋아하는 귀족의 취향 차이가 어떻게 좁혀졌는지 입증함으로써, 새롭게 발견된 "부르주아의 소고기bourgeois beef" 맛이 근세에서 사회적 구별social distinction의 기준이 되었다고 주장했다. 그는 그 두 집단이 합쳐지는 방식을 보여주기 위해 조리 기술을 이용해서, 맛이 어떻게 "유행의 대상과 사회적 구별의 근원, 다시 말해 새로운 집단이 만들어지는 기준"이 되었는지 논증했다.[38] 플랑드랭은 특정한 맛의 배경이 되는 근거들을 끊임없이 찾으려고 애쓰면서, 음식 선택과 맛 선호는 자의적으로 이루어지는 경우는 전혀 없으며 대개 특정한 시기에 전체 인구는 아닐지라도 특정 사회집단의 가치관과 성향을 나타낸다는 것을 입증했다.

플랑드랭의 저작들은 브로델과 같은 학자들이 틀을 만들어놓은 아날학파 모형 위에서 완성되었지만, 정량적 분석에 집착하고 총소비 패턴에 치중하는 아날학파의 편향성을 노골적으로 비판했다.[39] 1980년대와 1990년대에 역사학자들이 문화인류학 분야를 적극적으로 수용하기 시작하면서 음식을 주제로 하는 토론회와 세미나도 급증했다. 학자들은 음식의 역사가 하나의 중요한 연구 주제로서 정체성 및 문화와 관련된 다양한 핵심 변수를 손쉽게 검토하는 새로운 방법들을 제시한다는 것을 인식했다. 그들은 또한 음식 습관과 요리 관행을 분석하는 1차자료로서 요리책에 주목함으로써 음식의 역사에 관한 연구 범위를 넓혔다.

1987년, [프랑스] 낭시대학에서 개최된 조리법, 영양 공급 방식alimentary regime, 지역을 주제로 내건 학술회의에는 문화기술지 학자ethnographer, 지리학자, 역사학자들이 30명 넘게 모였는데, 플랑드랭이 기조연설자로 참석했다. 그날 학술회의에서 의장은 학제간 공동연구 노력이 1960년대와 1970년대 브로델의 영향 아래 급속하게 확산되었던 "영양지리학alimentary geography의 영역을 되살리려는" 것이라고 말했다. 그러나 여기서 맛과 관련된 역사적 문제와 음식 선택의 문화적 의미는 다양하게 변화하는 음식 습관을 표현할 때 가장 중요한 요소였다.[40] 1989년, 아날학파 역사학자 아마르는 사회학자 클로드 그리뇽Claude Grignon, 인류학자 사방과 함께(당시 이들은 새로 창간된《음식과 식생활Food and Foodways》지의 편집위원이었다) 음식 습관과 사회적 삶의 시간성을 주제로 하는 학술회의를 이끌었다. 거기에는 다양한 분야의 학자들이 20명 넘게 참석했다. 전형적인 아날학파의 연구 방식대로 사회과학자들 간의 비교연구는 (현재와 과거의) 음식 습관이 하루의 특정한 시간, 일하는 시간, 휴식하는 시간을 어떻게 구성하고, 소비하는지, 그리고 사람들이 음식물을 구매하고, 조리하고, 먹는 데 어떻게 시간을 들이는지에 관한 문제를 끊임없이 파고들었다. 영양학자, 사회학자, 시간연구time-study* 전문가들은 이렇게 제기된 문제들을 다양한 학제적 관점으로 접근함으로

---

* 작업 능률을 높이기 위해 여러 가지 작업을 몇 개 동작으로 표준화하고 각각의 작업에 소요되는 표준시간을 결정하는 연구. 노동의 시간이나 동작을 분석해 가장 합리적으로 일의 능률을 올릴 수 있는 조건과 방법을 연구하는 "작업연구work study"의 일부다.

써, 브로델이 20여 년 전에 윤곽을 그린 일상생활 연구를 더욱 상세하고 복잡한 수준으로 끌어올릴 수 있었다.[41]

　브로델 사후 1980년대 말과 1990년대 사이에 《아날》지는 프랑스 학계에서 지배력을 잃기 시작했고 새로운 음식 전문 잡지들이 연달아 생겨났다.[42] 플랑드랭은 인간의 영양사에 관한 학제적, 세계적 연구 성과를 발표하는 잡지를 목표로 창간된 《음식과 식생활》의 초대 편집위원 가운데 한 명으로 일했다. 이 학술지는 지금도 초기 《아날》지의 전통을 대부분 유지하면서 음식 연구의 수준을 높이기 위해 음식 관련 주제들에 관한 학문적 연구를 계속해서 지원하고 있다. 플랑드랭은 몬타나리와 공동으로 선사시대부터 20세기까지 방대한 요리의 역사를 다룬 인상적인 논문집을 1996년에 발간했는데, 여기에는 서유럽을 가로지르는 다수의 역사학자, 지리학자, 고고학자, 사회학자들이 필자로 참여했다.[43] 이 선집은 종교적, 지리적, 사회적, 민족적 의미들로 틀이 갖추어진 저마다의 문화적 정체성이 내재된 서로 다른 식사법들을 한데 모았다. 아울러 다양한 주제별로 수많은 분야에서 나온 요리 관련 연구물들을 통합했다. 동굴 그림, 고분 벽화, 인체 유골과 같은 고고학적 증거, 고대 문서에 관한 기호학 연구, 시장경제의 성장을 배경으로 한 신세계 음식의 역사, 상품[환금]작물cash crop의 대량생산을 위한 노예노동의 투입, 식품 교역의 확대와 음식의 산업화, 설탕·초콜릿·커피·차 같은 주요 소비재의 경제적·사회적 성공의 문화적 의미, 음식점의 등장과 숙박업소의 역사, 문화의 맥도날드화McDonaldization 같은 것들이 바로 그 책에 실린 내용들이다.

　플랑드랭은 음식의 역사 분야를 확립하는 일에 일관되게 적극적인 역할을 수행했다. 플랑드랭이 진행하는 사회과학고등연구원 주례 세미나를 통해 그의 지지자 집단이 생겨났다. 세미나에 참석한 연구원들은 사람의 태도와 몸짓의 역사에 초점을 맞춘 음식 관련 주제들을 연구하고, 요리 전통과 음식 습관에서의 결정적 변화를 일으킨 것들이 무엇인지 파고들었다. 플랑드랭은 영양 공급 방식이 잘 바뀌지 않는다는 점을 인정했지만, 또한 프랑스(와 유럽 대부분)가 중세의 조리법(중세 때는 조리법을 "처방전receipt"이라고 불렀고 그것을 건강 전문가들이 작성했다)과 약효 사이의 연결 고리를 잘라내는 결정적 전환점이 된 프랑스 요리의 근대화를 주제로 삼은 논문을 쓰면서, 그동안의 공시적 설명 방식에서 통시적 설명 방식으로 전환했다.[44] 플랑드랭의 논문은 음식의 역사에 새로운 시대 구분을 하나 더 추가했다. 18세기 말의 조리법이 역사에 새롭게 등장한 것이다. 그의 논문 발표 이후로 직업요리사의 출현, 음식점의 등장, 옛날 궁정 시종이 하던 일에서 순수예술을 주장하는 독립된 전문직업인의 일로 요리의 지위가 상승하는 것과 연결된 하나의 역사적 현상으로서 조리법에 관한 연구들이 계속해서 뒤따라 나왔다.[45]

프랑스 너머로 확산된 《아날》지의 전통

아날학파는 유럽을 포괄하는 학회와 연구소들에서 음식의 역사 연구를 더욱 공식화하는 매체들을 통해 이 분야의 발전에 끊임없이 애쓰는 많은 역사학자에게 영향을 끼쳤다. 그 분야는 유럽 전체를 가로지르는 음식의 역사의 일부로서 조리법과 요리 풍속에 관한 연구 말고도, '다른 지역' 음식들의 유럽 전파 과정과 그에 대한 유럽인들의 문화적 반응에도 주목하기 시작하면서 연구 영역을 넓혀나갔다. 《아날》지에 논문들을 기고하고 마침내 아날학파를 확립한 제1세대에서 제4세대까지의 학자들은 음식의 역사와 관련해 수많은 논문을 발표하고 선집을 편집했는데, 그들의 영향을 받은 프랑스 이외 다른 지역의 학자들도 그 작업에 뛰어들었다.

유럽 전체의 음식사학자들은 어떤 분야의 역사를 연구하더라도 더 큰 목표의 공유와 엄격한 방법론 적용을 요구하는 아날학파의 전통에 따라 서로 협력해 공동연구를 수행했다. 음식의 역사와 관련된 특정한 주제들을 논의하는 다양한 학술회의에 많은 참가자를 끌어모은 이러한 공동의 노력은 국가의 경계를 뛰어넘어 여러 국가 학자들의 동참을 촉진했다.

2001년, 아마르가 이끄는 한 무리의 음식학자들이 프랑스 스트라스부르 유럽음식역사및문화연구소Institut Européen d'Histoire et des Cultures de l'Alimentation: IEHCA에서 첫 회의를 열었다. 이 신설 학술회의의 중심 주제는 유럽 음식의 역사적 정체성 찾기였다. 그들은 유럽 전역에 걸친 "집단 간 특수성과 차이성"을 확인하고 "소속감을 표현하는 음식에 관한 담론을 재구성"하는 데서 사회과학 분야의 다양한 학문을 이용해 "인간의 영양 공급 방식manières d'être alimentaires"으로서의 음식 관행food practices을 문화적 차원에서 검토하는 것에 관해 논의했다.[46] 이러한 유럽적 관점은 국가정체성을 의도적으로 피하고, 브로델이 말한 "육식성 유럽a carnivorous Europe"이라는 개념에서 알 수 있는 것처럼 영양 공급 차원에서의 정체성 파악을 중요시했다. 그런 관점은 또한 역사적 시대 구분의 장벽들을 허물고 브로델의 장기지속 개념을 역사 연구에 적용했다. 현재 [프랑스 파리 서남부] 투르Tours에 있는 이 프랑스어권 연구단체는 음식의 역사를 연구하는 유럽의 젊은 학자들이 특별 연구원 제도를 통해 연구소와 도서관을 이용할 수 있도록 지원과 격려를 아끼지 않고 있으며, 음식의 역사와 관련한 세미나를 지속적으로 진행하면서 학술회의도 연례적으로 개최하고 있다.

음식의 역사와 관련한 영어권의 공동연구 작업으로는 (1989년에 설립된) 유럽 음식의 역사 연구를 위한 국제위원회International Commission for Research into European Food History: ICREFH가 격년으로 개최하는 세미나가 있다. 피터 숄리어스Peter Scholliers는 이 위원회에서 중세 이래 유럽의 요리, 식사, 음주에 관한 내용이 담긴 회보를 여러 차례 편집했다. 회보에는 노르웨이에서 스페인에 이르기까지 주제별 논문들이 실리는데, 전체적으로 보면 가장 최근의 역사 연구 방법들을 적용한 정체성 형성의 심층연구 사례가 많다. 숄리어스는 그 사례들을 소개하면서 "음식이 민중의 정체성 형성에서 수행하는 역할"을 환기하는 분석 도구로서의 정체성을 설명하기 위해 최신 사회 이론들을 끌어들인다. 벨기에인인 숄리어스는 음식의 역사 분야를 평가할 때, 음식과 정체성에 관한 연구에서 방법론적으로 더욱 엄격한 잣대를 들이대는 것에 동의하는 플랑드랭 같은 학자들을 적극적으로 포용한다. 숄리어스가 소개하는 연구 논문들은 사료를 통해서든 사료 이외 다른 자료를 통해서든 이론적 검증 작업이 필요한 수많은 사례를 제공하는데, 그러한 연구 대상이 유럽 자체의 국가적 경계 안에 여전히 귀속되어 있을 때에도 마찬가지의 작업을 한다.[47]

유럽 밖의 많은 학문적 연구도 음식의 상품화와 전 세계적 식량 공급의 문제를 자본주의의 발전과 연결하는 브로델의 세계적 관점을 따랐다. 브로델이 1500년부터 1800년까지의 문명에 관해 연구한 3부작에서 입증하는 것처럼, "상업의 수레바퀴the wheels of commerce"는 식품 교역이 늘면서 시장 전문화를 촉진하고 소비자의 욕구 증대로 점점 커지는 시장에서 민중과 엘리트의 조리법에 변화를 불러일으킨다. 브로델의 독창적 연구 성과는 사회지리학과 경제사의 결합에 영감을 불어넣었다. 아날학파를 따르는 미국인 이매뉴얼 월러스틴Immanuel Wallerstein은 1976년 9월, 뉴욕주립대학 빙햄프턴캠퍼스에 페르낭브로델센터Fernand Braudel Center를 세우고 오랜 기간에 걸쳐 "세계체계" 연구에 매진했다. 브로델의 지구사는 국가를 초월한 먹거리체계 연구의 선례로 볼 수도 있다. 지난 20년 동안 아프리카 문화 연구자들은 지역의 농업 개발에 관한 세부적 연구와 풍토와 관련된 음식 문화 연구를 통해 브로델의 개괄적 이론체계를 엄밀하게 검증했다.[48] 플랑드랭과 몬타나리는 아메리카대륙에서 유럽대륙으로의 음식 전파와 유럽·중동·아시아를 연결하는 향신료spice 및 향료aromatics의 이동을 연구하는 학자들을 선도했다. 이와 같은 연구들은 대개 이 새로운 조리법들의 의미를 결정하는 더 폭넓은 사회적, 경제적 변화의 패턴에 주목한다.[49] 또 그런 요리의 전파와 더불어, 서로 멀리 떨어진 지역들을 상업적·문화적으로 연결하는 데 결정적 역할을 한 단일 식품의 역사에 집중하는 연구들도 나왔다.[50]

그 밖에 전 세계 여러 국가의 역사학자들도 아날학파의 영향을 많이 받았다. 엔리케 플로레스카노Enrique Florescano는 프랑스의 전체사 전통을 라틴아메리카 최고의 대학원 중심 대학의 하나인 멕시코대학에 이식했다. 그는 브로델, 피에르 빌라르Pierre Vilar, 루지에로 로마노Ruggiero Romano와 함께 고등연구원에서 동문수학하며 박사학위를 받았다. 플로레스카노의 박사논문은 18세기 옥수수 가격의 중대한 변화 국면들을 면밀히 검토하면서 농업 위기가 다양한 사회 붕괴 현상과 마침내 멕시코 독립의 도래와 관련이 있음을 밝혔다. 또 한편으로 남아시아의 K. N. 초두리[차우드후리]K. N. Chaudhuri는 브로델이 지중해 세계에 관해 광범위한 지역사를 쓴 것처럼 인도양 세계에 대해서도 그런 역사를 기술하는 데 주력했다.[51] 이 모든 노력은 다 《아날》지의 전통을 따랐다. 그들은 모두 고문서를 철저히 조사하고 엄밀한 양적·질적 분석 방법을 병행하면서 과거에 대해 예리한 통찰력으로 역사적 문제들에 주목했다.

음식의 역사에서 장기지속의 문제

한 세기 가까이 아날학파는 "왜 음식을 연구하는가?"라는 질문에 답을 찾기 위해 많은 애를 썼다. 여기에 대해서는 매우 강력하고 명확한 주장이 많다. 1) 음식은 일상사의 일부이므로 경제구조와 사회구조의 필수 요소로서, 그리고 광범위한 문화적 관습의 핵심 지표로서 접근해야 하기 때문이다. 2) 식량안보와 식량안전[먹거리안전]은 문명 발생 이래 국가 지도자와 가장의 가장 중요한 임무이기 때문이다. 3) 음식과 요리에 관한 연구는 우리가 누구이며 문명의 가치가 무엇인지를 말해주기 때문이다. 더 나아가 아날학파 역사학자들은 다음과 같은 역사에 관한 근본적인 질문들에 답하기 위한 근거들을 찾으려고 많은 노력을 기울였다. 사람들은 무엇을, 어떻게 먹고 살았을까? 계절에 따라, 그리고 풍년이 들거나 흉년이 들 때 먹는 것이 달라지는 것에서 환경은 어떤 역할을 했을까? 기술과 인적 자본, 다양한 사회관계망social networks, 그리고 미각은 식사법에 어떻게 영향을 끼쳤을까? 아날학파 학자들은 거대한 경제·사회 구조에 초점을 맞추고, 그것의 상징적 의미와 물질적 실체를 밝히고, 혁신을 촉진하고 전통을 보전하는 망탈리테를 문제화함으로써, 그동안 일반에 널리 알려진 "신화적 기원"을 통해 음식의 역사를 특이한 것으로 바라보던 기존의 연구 행태를 폐기했다. 음식의 역사는, 플랑드랭이 상기한 대로, 유명 요리나 영약靈藥을 최초로 개발한 사람들의 이야기로 한정될 수 없다.[52] 그러나 최근의 음식사학자 세대들이 주장하는 것처럼, 과거뿐 아니라 오늘날의 문명인들 사이에서도 음식에 관한 신화들이 널리 퍼져 있어서, 학자들은 그것들의 사실관계를 근본적으로 검토하지 않을 수 없다.[53]

지난 80년 동안 인간과학연구소와 사회과학고등연구원, 그리고 최근 들어 유럽음식역사및문화연구소에서 발표한 연구논문과 학위논문, 학회 회보들을 보면 초창기부터 《아날》지를 가득 채웠던 다양한 인접 학문 간 비교연구가 주를 이루고 있음을 알 수 있다. 이 연구들은 농산물과 지역·전통 요리들이 어떻게 생산·유통·소비되는지 자세히 분석하고, 음식이 어떻게 발전하고, 다양한 시장의 힘과 정부 정책, 사회계층, 문화적 정체성의 영향을 받는지에 대해 더욱 폭넓은 시각의 주장을 전개한다. 음식을 과거를 구성하는 중요한 일부로서 보는 포괄적 접근방식comprehensive approach은 식사법의 변화를 영세 농민들의 생존과 관련해서 인식하거나 새로 부상한 부르주아의 입맛을 처음으로 음식의 역사에서 중대한 문제로 제기한 역사학자들이 없었다면 생겨날 수 없었을 것이다. 그리고 과거의 살아 있는 경험들에 대한 그와 같은 문제 제기는 역사 기록에 없는 민중의 삶을 되살려낸 문서나 물적 증거뿐 아니라, 사회와 그 사회를 만든 세력들에 대한 보다 폭넓은 통찰이 없었다면 일어날 수 없었을 것이다. 학계 전반에 걸쳐 음식 연구가 굳건히 설 수 있는 길을 연 음식의 역사에 관한 아날학파의 이러한 기여를 생각할 때, 그들에게 경의를 표하지 않을 수 없다.

주

1. 엄청난 문헌이 아날학파의 역사 기록에 존재한다. 그 대다수 학자는 브로델을 아날학파의 지도자로 신뢰한다. 그러나 앙드레 뷔르기에르의 다음 논문은 마르크 블로크와 뤼시앵 페브르에게 더 많이 주목한다. André Burguière, *The Annales School: An Intellectual History*, trans. Jane Marie Todd(Ithaca, NY: Cornell University Press, 2009); Peter Burke, *The French Historical Revolution: The Annales School, 1929-89*(Stanford: Stanford University Press, 1990); Robert Forster, "Achievements of the Annales School," *The Journal of Economic History* 38, no. 1(March 1978): 58-76; Samuel Kinser, "Annalist Paradigm? The Geohistorical Structuralism of Fernand Braudel," *The American Historical Review* 86, no. 1(February 1981): 63-105; Troian Stoianovich, *French Historical Method: The Annales Paradigm*(Ithaca, NY: Cornell University Press, 1972). 《아날》지의 최근 논문 모음집은 아날학파의 지도자들에 대한 반성과 지난 80년 동안 주요 역사학자들과 《아날》지 편집자들에 대한 비판적 평가를 담고 있다. Stuart Clark, ed., *The Annales School: Critical Assessments*, 4 vols. (London: Routledge, 1999).

2. Jacques Revel, "Introduction," in *Histories: French Constructions of the Past*, ed. Jacques Revel and Lynn Hunt(New York: The New Press, 1995), 11-12.

3. Ibid., 12.

4. Marc Bloch, *Feudal Society*, trans. L. A. Manyon, 2 vols.(Chicago: Phoenix Books, 1967), 1:72. [한국어판. 마르크 블로크 지음, 한정숙 옮김, 《봉건사회La Société féodale》(전 2권), 서울: 한길사, 2001]

5. Lucien Febvre, *The Problem of Unbelief in the Sixteenth Century*, trans. Beatrice Gottlieb(Cambridge, MA: Harvard University Press, 1982), 5-6. [한국어판. 뤼시앵 페브르 지음, 김응종 옮김, 《16세기의 무신앙 문제: 라블레의 종교Le problème de l'incroyance au XVIe siècle. La religion de Rabelais》, 서울: 문학과 지성사, 1996]

6. Lucien Febvre, "Alimentation," *Mélanges d'histoire sociale* 6(1944): 38.

7. "Depuis l'origine, nos Annales n'ont cessé, avec des collaborations comme celles du R. Gidon, d'André Varangnac, d'Haudricourt, d'autres encore, d'accorder une attention suivie aux problèmes alimentaires. A l'heure où on se constitue, dans les laboratories, une physiologie de alimentation toute nouvelle: à l'heure où, dans un domaine que l'on vit longtemps et paradoxalement occupé par la seule chimie des chimistes purs, et peuplée des illusions de Berthelot [...], les physiologists reprennent leurs droits et nous rappellent à la réalité humaine," *Mélanges d'histoire sociale* 6(1944): 39.

8. André Burguière, *The Annales School*, 92-93.

9. Lucien Febvre, ed., *Encyclopédie française*, 21 vols.(Paris: Librairie Larousse, 1935-40).

10. Ibid., 14:85-87.

11. Emmanuel Le Roy Ladurie, *The Peasants of Languedoc*, trans. John Day(Urbana: University of Illinois Press, 1974) [한국어판. 에마뉘엘 르 루아 라뒤리 지음, 김응종·조한경 옮김, 《랑그도크의 농

민들Les Paysans de Languedoc》(전 2권), 파주: 한길사, 2009]. 이 논문들의 완벽한 목록은 다음을 보라. Bartolome Bennassar and Joseph Goy, "Contribution à l'histoire de la consommation alimentaire du XVe au XIXe siècle," *Annales: Histoire, Sciences Sociales*, 30, no. 2/3(March-June 1975): 402-430.

12. 다음을 보라. Jean-Jacques Hemardinquer, "Problèmes et techniques alimentaires: Un panorama mondial," *Annales: Histoires Sciences Sociales*, no. 6(November-December 1969): 1468에 나온 논평 기사.

13. Fernand Braudel, *The Mediterranean and the Mediterranean World in the Age of Philip II*, trans. Sian Reynolds, 2 vols.(New York: Harper & Row, 1972-1973 [1949]) [한국어판. 페르낭 브로델 지음, 주경철·조준희 등 옮김,《지중해: 펠리페 2세 시대의 지중해 세계La Méditerranée et le monde méditerranéen à l'époque de Philippe II》(전 3권), 서울: 까치, 2017]

14. Emmanuel Le Roy Ladurie, *Times of Feast, Times of Famine: The History of Climate since the Year 1000*, trans. Barbara Bray(New York: Doubleday, 1971).

15. "영양체제nutritional regimes"에 관한 몬타나리의 연구는 그리스·로마 시대의 고대 문명들에서 식습관에 관한 자신의 연구를 종합했다. 또한 다음을 보라. Massimo Montanari, *The Culture of Food*, trans. Carl Ipsen(Oxford: Blackwell Publishers, 1994). [한국어판. 맛시모 몬타나리 지음, 주경철 옮김,《유럽의 음식문화Fame e l'abbondanza》, 서울: 새물결, 2001]

16. Kung-chuan Hsiao, *Rural China: Imperial Control in the Nineteenth Century*(Seattle: University of Washington Press, 1967); Pierre-Etienne Will and R. Bin Wong, with James Lee, *Nourish the People: The State Civilian Granary System in China, 1650-1850*(Ann Arbor: University of Michigan Press, 1991).

17. Fernand Braudel, *The Structures of Everyday Life: The Limits of the Possible*, vol. 1 of *Civilization and Capitalism 15th-18th Century*, trans. Siân Reynolds(New York: Harper & Row, 1981), 27. [한국어판. 페르낭 브로델 지음, 주경철 옮김,《물질문명과 자본주의: 일상생활의 구조 Civilisation matérielle, économie et capitalisme, XVe et XVIIIe siècles 1. Les Structures du quotidien》(전 2권), 서울: 까치, 1995]

18. 장 르클랑Jean Leclant은 "Le café et les cafés à Paris, 1644-1693," *Annales E.S.C* 6(January-March 1951): 1-12에서 초기 저술에 대한 뛰어난 문헌 비평을 남긴다. 다음에 잘 번역되어 있다. *Food and Drink in History: Selections from the Annales, Economies, Sociétés, Civilisations*, ed. Robert Forster and Orest Ranum, trans. Elborg Forster and Patricia Ranum(Baltimore, MD: Johns Hopkins University Press, 1979), 86-97.

19. J.-C. Toutain, *La Consommation alimentaire en France de 1789 à 1964*(Geneva: Droz, 1971); J.-J. Hémardinquer, *Pour une histoire de l'alimentation*(Paris: A. Colin, 1970).

20. 아마르는 음식의 부패, 조리, 남긴 음식 때문에 10~12퍼센트의 손실이 발생하고 식량 분배가 계층적 사회구조에 비례해 불균등하기 때문에 데이터 분류에 왜곡이 일어날 수 있다고 주장한다. Maurice Aymard, "Pour l'histoire de l'alimentation. Quelques remarques de méthode," *Annales, E.S.C* 30(March-June 1975): 431-444.

21. Michael Watts, *Silent Violence: Food, Famine & Peasantry in Northern Nigeria*(Berkeley: University of California Press, 1983); Pierre-Etienne Will, *Bureaucratie et famine en Chine*

au 18e siècle(Paris: EHESS, 1980).

22. Lucien Febvre, "Enquêtes et suggestions," *Mélanges d'historie sociales* 2(1942): 56.

23. 한 가지 중요한 예외는 Jacques Revel, "A Capital City's Privileges: Food Supplies in Early Modern Rome," in Robert Forster and Orest Ranum, *Food and Drink in History*, 37-49이다.

24. Steven Laurence Kaplan, *Bread, Politics, and Political Economy in the Reign of Louis XV*, 2 vols.(The Hague: Nijhof Press, 1976); Steven Laurence Kaplan, *Provisioning Paris: Merchants and Millers in the Grain and Flour Trade in the Eighteenth Century*(Ithaca, NY: Cornell University Press, 1984); R. E. F. Smith and David Christian, *Bread and Salt: A Social and Economic History of Food and Drink in Russia*(Cambridge: Cambridge University Press, 1984); Jane L. Guyer, ed., *Feeding African Cities: Studies in Regional Social History*(Bloomington: Indiana University Press, 1987); Francesca Bray, *The Rice Economies: Technology and Development in Asian Societies*(Oxford: Blackwell, 1986).

25. Jacques LeGoff, ed., *Constructing the Past: Essays in Historical Methodology*(Cambridge: Cambridge University Press, 1985).

26. Jean-Paul Aron, *The Art of Eating in France: Manners and Menus in the Nineteenth Century*, trans. Nina Rootes(New York: Harper & Row, 1975); Jean-Claude Bonnet, "Le réseau culinaire dans l'Encyclopédie," *Annales E. S. C* 31(Sept.-Oct. 1976): 891-914.

27. Louis Stouff, *Ravitaillement et alimentation en Provence au XIV-XV siècles*(Paris: Mouton, 1970).

28. Annik Paradailhe-Galabrun, *The Birth of Intimacy: Private and Domestic Life in Early Modern Paris*, trans. Joselyn Phelps(Cambridge: Polity Press, 1991); Daniel Roche, *The People of Paris: An Essay in Popular Culture in the 18th Century*, trans. Marie Evans(Berkeley: University of California Press, 1987).

29. Roland Barthes, "Toward a Psychosociology of Contemporary Food Consumption," in Robert Forster and Orest Ranum, *Food and Drink in History: Selections from the Annales, Economies, Sociétés, Civilisations*, 166-173; Jean Soler, "The Semiotics of Food in the Bible," in Ibid., 126-138.

30. 확실히 브로델을 비롯한 아날학파 학자들은 향신료를 많이 친 음식이 조리된 요리를 지배한 중세 때부터 미각에서 큰 변화가 일어났고, 17세기에 이런 요리가 사라졌음을 인정했다. 그러나 소비자 기호와 사회적 정체성을 이해하기 위한 개념적 도구로서 맛은 이와 같은 논의의 주제가 아니었다. 소비자 미각에 관한 초기 연구는 다음을 보라. P. H. Chombart de Lauve, *La Vie quotidienne des familles ouvrieres*(Paris: CNRS, 1956); Marguerite Perrot, *Le Mode de vie des familles bourgeoisies*, 1873-1953(Paris: A. Colin, 1961); Stephen Mennell, *All Manners of Food: Eating and Taste in England and France from the Middle Ages to the Present*(Oxford: Basil Blackwell, 1985).

31. Robert Forster, "Introduction," in Robert Forster and Orest Ranum, *Food and Drink in History*, vii-xiii.

32. Michel Morineau, "The Potato in the Eighteenth Century," in Robert Forster and Orest

Ranum *Food and Drink in History*, 17-36.

33. Lynn Hunt, "Introduction: History Culture, Text," in *The New Cultural History*, ed. Lynn Hunt(Berkeley, CA: University of California Press, 1989), 6-7.

34. Françoise Sabban, "Le système des cuissons dans la tradition culinaire chinoise," *Annales: E.S.C.* 38(March-April 1983): 341-368.

35. 그들은 17세기 요리서 La Varenne, *Le cuisinier françois*(Paris: Mantalba, 1983)의 학술판을 편집하면서 플랑드랭과 공동연구를 진행했다.

36. Jean-Louis Flandrin, "Histoire du goût," OCHA Textes Exclusifs en Sciences Humaines(Online). Available: http://www.lemangeur-ocha.com/uploads/tx_smilecontenusocha/09_Histoire_du_gouCint.pdf(April 3, 2010).

37. J -L Flandrin, "Le goût et al nécessité: Sur l'usage des graisses dans les cuisines d'Europe occidentales(XVIe-XVIIIe siècles)," *Annales: E. S. C.* 38, no. 2(1983): 369-401.

38. Jean-Louis Flandrin , "Distinction through Taste," in *History of Private Life*, ed. Philippe Aries and Georges Duby, trans. Arthur Goldhammer, 5 vols.(Cambridge, MA: Belknap Press, 1981-1991), 3:265-307. [한국어판. 필립 아리에스·조르주 뒤비 책임편집, 주명철·전수연 등 옮김, 《사생활의 역사Histoire de la vie privée. De l'Empire romain à l'an mil》, 서울: 새물결출판사(전 6권), 2002-2006]

39. Jean-Louis Flandrin , "Preface," in *Tables d'hier, tables d'ailleurs. Histoire et ethnologie du repas*, ed. Jean-Louis Flandrin and L. Cobbi(Paris: O. Jacob, 1999), 17-36.

40. Jean Peltre and Claude Thouvenot, eds., *Alimentations et regions: Actes du colloques*(Nancy: Presses Universitaires de Nancy, 1989).

41. Maurice Aymard, Claude Grignon, and Franyoise Sabban, eds., *Le temps de manger: Alimentation, emploi du temps et rythmes sociaux*(Paris: Editions de la Maison des sciences de l'homme, 1993).

42. *Food and Foodways*(1989); *Gastronomica*(2000); *Food & History*(2003); *Food, Culture and Society*(2004).

43. Jean-Louis Flandrin and Massimo Montanari, eds., *Histoire de l'alimentation*(Paris: Fayard, 1996).

44. Jean-Louis Flandrin , "Dietary Choices and Culinary Technique, 1500-1800," in *Food: A Culinary History from Antiquity to the Present*, ed. Jean Louis Flandrin, Massimo Montanari, and Albert Sonnenfeld, trans. Clarissa Botsford, et al.(New York: Columbia University Press, 1999), 403-417과 "From Dietetics to Gastronomy: The Liberation of the Gourmet" in ibid, 418-432.

45. 이러한 연구에는 다음과 같은 것들이 있다. Jean-Robert Pitte, *French Gastronomy: The History and Geography of a Passion*, trans. Jody Gladding(New York: Columbia University Press, 2002); Priscilla Parkhurst Ferguson, *Accounting for Taste: The Triumph of French Cuisine*(Chicago: University of Chicago Press, 2004); Susan Pinkard, *A Revolution in Taste: The Rise of French Cuisine, 1650-1800*(New York: Cambridge University Press, 2009); Rebecca Spang, *The Invention of the Restaurant: Paris and Modern Gastronomic Culture*(Cambridge, MA: Harvard University Press, 2000).

46. Martin Bruegel and Bruno Laurioux, eds., *Histoire et identites alimentaires en Europe*(Paris: Hachette, 2002), 12.

47. Peter Scholliers, ed., *Food, Drink and Identity: Cooking, Eating and Drinking in Europe since the Middle Ages*(Oxford: Berg, 2001).

48. 아프리카 연구 문헌에 대한 뛰어난 논평은 다음을 보라. Sara S. Berry, "The Food Crisis and Agrarian Change in Africa: A Review Essay," *African Studies Review* 27, no. 2(June 1984): 59-112.

49. Kenneth F. Kiple and Kriemhild Conee Ornelas, eds., *The Cambridge World History of Food*, 2 vols.(Cambridge: Cambridge University Press, 2000); Raymond Grew, ed., *Food in Global History*(Boulder, CO: Westview, 1999).

50. 예컨대 다음을 보라. Redcliff Salaman, *The History and Social Influence of the Potato*(1949, reprint: Cambridge: Cambridge University Press, 1987); Marcy Norton, *Sacred Gifts, Profane Pleasures: A History of Tobacco and Chocolate in the Atlantic World*(Ithaca, NY: Cornell University Press, 2008); Nikita Harwich, *Histoire du Chocolat*(Paris: Desjonqueres, 1992).

51. Enrique Florescano, *Precios del maiz y crisis agricolas en Mexico(1708-1810)*(Mexico City: El Colegio de Mexico, 1969); K. N. Chaudhuri, *Asia Before Europe: Economy and Civilisation of the Indian Ocean from the Rise of Islam to 1750*(Cambridge: Cambridge University Press, 1990).

52. Jean-Louis Flandrin, *Food: A Culinary History*, 1.

53. Martin Bruegel and Bruno Laurioux, "Introduction," in Martin Bruegel and Bruno Laurioux, *Histoire et identites alimentaires en Europe*, 18.

2장

음식의 정치사

Political Histories of Food

엔리케 C. 오초아 Enrique C. Ochoa

기아를 근절하기 위한 정책적 노력이 수십 년 동안 지속되었음에도, 기본적인 생존 유지를 위한 식량접근권은 새천년 들어서도 여전히 극도로 불평등하다. 2006년과 2008년 사이에 식품 가격의 급등으로 전 세계 약 7,500만 명이 영양실조로 고통을 받았고, 약 1억 2,500만 명이 극빈층으로 몰락하면서 식량 폭동이 광범위하게 퍼져나갔다.[1] 아주 극단적인 사례로 인구의 80퍼센트가 하루에 2달러도 안 되는 돈으로 연명하는 아이티Haiti[북아메리카 카리브해의 섬나라]에서는 식품 가격 상승으로 사람들이 이른바 [살균소독제 상표의 이름을 딴] 클로락스 기아Clorox hunger라고 부르는 고통스러운 굶주림에 시달렸는데, 사람들이 "표백제나 황산에 위가 씻겨나가는 것 같은 고통을 느꼈기" 때문이다.[2]

많은 학자와 정책분석가는 기아와 영양실조의 기준, 그것의 원인과 해법을 두고 의견이 날카롭게 대립하고 있다. 일부 학자는, 10억 명의 사람들이 여전히 영양부족 상태지만, 지난 몇 세기 동안 식량 생산의 증가로 기아의 기간은 줄어들었고 전 세계 인구 가운데 충분한 식량을 얻지 못하는 사람들의 비율도 감소했다고 주장한다. 반면에, 식량 생산량이 증가하기는 했지만, 시장 정책과 구조적 불평등은 다양한 기아 근절의 노력을 막았을 뿐 아니라 만성적 영양부족의 절대치를 전체적으로 높이기까지 했다고 주장하는 학자들도 있다. 실제로 많은 분석가는 비슷한 종류의 개발 정책들이 전통적인 삶의 이해 방식과 다양한 생활양식은 지워버리면서 기업의 이익을 앞세우는 전 지구적 식량경제[먹거리경제]food economy를 부추긴다고 주장한다. 그럼에도 불구하고, 최근 학계의 분석은 식생활이 이와 같은 동질화 추세에 저항하고 식량 생산과 분배의 대안적이고 더욱 평등한 체계를 창조하는 하나의 중요한 수단임을 보여주었다.

이 글은 이러한 논쟁의 실마리를 푸는 동시에, 지난 수 세기 동안 음식에 관한 정책들을 뒷받침했던 가정과 이데올로기들을 면밀하게 살펴보고자 한다. 이 논의에서 가장 중요한 핵심은 자본주의 개발 정책들이 바뀌면서 형성되고 다양한 정부와 국제기구가 빚어낸 권력관계들을 분석하는 것이다. 특정한 가정과 세계관을 바탕으로 한 각종 식량 정책들은 어떤 종류의 식량을 누가 경작하고, 무엇을 수출하고 수입하며, 누가 식량에 접근할 수 있는지를 정하는 패권적 관점에서 여러 사회를 파악하려고 애썼다. 여기서는 이와 같은 요소들이 시간이 흐르면서 어떻게 변화하는지 검토하고, 그 주제와 관련해 더 큰 연구기관들의 자료 지원을 받는 가운데, 생산자, 소비자, 활동가, 학자들이 식량과 사회에 대한 지배적 담론들에 어떻게 문제를 제기하면서 다양한 대안을 유기적으로 연결하는지 보여주고자 한다.

식량, 자본주의, 그리고 식민주의

15세기 말부터 유럽의 식민지 확장과 자본주의의 발전은 전 세계의 식생활 및 토지와 관련한 인간의 관계를 새로운 형태로 만들려고 애썼다. 제국주의 열강은 해외 식민지의 부를 착취하기 위한 활동으로 생태계를 전면적으로 변형시키고, 동시에 이들 식민지 사회를 유럽의 복제품으로 개조하려 했다. 열강 제국은 식민지 플랜테이션 농장에서 일할 노동력을 얻기 위해 대규모로 인구를 강제 이주 시컸다. 그 가운데 가장 악명 높은 것이 대서양 노예무역slave trade이었다. 유럽인들은 마침내 전 세계의 농산물을 자신들에게 공급하기 위한 정교한 제1차 상품 공급망을 구축했다. 이러한 새로운 공급 체계는 또한 소비자들의 입맛을 거기에 맞게 적응하도록 강제하면서 음식의 특성과 관련해 근본적 변화를 수반했다. 그러나 글로벌한 식생활을 구성하려는 식민주의자와 자본가 세력들의 다양한 노력에도, 노동자들은 바뀐 환경에서 자신들의 식생활을 독창적으로 조정해나갔다 .

앨프리드 W. 크로스비는 혁신적인 저서 《콜럼버스의 교환》(1972)에서, 1492년에 유럽이 아메리카대륙을 식민지화colonization하면서 그곳의 식물계와 동물계에 엄청난 변형을 불러왔음을 입증했다. 식민지 초기 100년 동안 원주민의 거의 85퍼센트를 대량 학살 한 이 사건은 아메리카대륙의 땅, 노동력, 문화를 유럽인들이 지배하는 과정의 시작이었다. 유럽인들은 아메리카대륙산 많은 식품을 착취하고 수출하는 동시에, 식민지에서 자신들의 편익과 상거래를 위해 다른 지역산 식품들을 아메리카대륙으로 들여왔다.[3] 생산성이 높은 '신세계'산 옥수수와 감자의 유럽 전파는 전 세계의 인구 증가와 교역을 촉진했다. 옥수수는 16세기부터 19세기까지 노예로 끌려온 수백만 아프리카인의 주식主食, staple food이 되었고, 유럽 남부와 광범위한 아시아 지역에서는 불모지에서 일하는 하층계급의 식량으로 보급되었다. 식물과 동물에 대한 콜럼버스의 교환은 기존의 사회관계에 다양한 영향을 끼쳤다. 아일랜드에 들여온 감자나 [유럽대륙 동남부] 발칸반도에 이식된 옥수수 같은 새로운 농작물을 상업용으로 생산하기 위해 식민지 지주들이 가장 기름진 농지를 독점하기 시작했다고 주장하는 학자들이 있는 반면에, 그 새로운 작물들이 혁명적인 새로운 윤작 방식의 가능성을 제공함으로써 예속된 소농들을 구해냈다고 역설하는 학자들도 있다. 일례로, 그리스 산악지대나 [이탈리아 북부] 베네치아 범람원의 소농들은 그러한 새로운 곡물 생산을 통해 식량을 충당함으로써 가혹한 착취에서 벗어날 수 있었다는 것이다. 그럼에도, 중앙아메리카에서는 옥수수를 조리해 먹을 때 부족한 니코틴산 성분을 증대하기 위해 옥수수에 알칼리성 가공 처리를 하는데 이와 같은 지역 음식에 대한 이해 없이 전 세계로 보급되는 바람에, 옥수수는 나중에 비타민 결핍 증후군인 펠라그라 발병의 직접적 원인이 되었다.[4]

식물과 동물뿐 아니라 사람의 이동 또한 식민지와 자본주의 먹거리체계의 발전을 위한 필수 요소였다. 세계 설탕시장의 발달 과정에 관한 시드니 민츠의 뛰어난 분석은 1,000만 명이 넘는 아프리카인들이 유럽 소비자에게 공급할 식량의 생산을 위해 세계 자본주의 경제에 어떻게 강제로 통합되었는지를 보여준다. 민츠는 노예제를 자본주의에 대조되는 근대 이전의 노동체계로 보는 시각에 문제를 제기한다. 그는 노예노동에 대한 철저한 조직적 관리가 이후 근대 유럽 공장체계의 바탕이 되었고, 오늘날 이주 농업노동자들에 대한 통제 형태를 결정했다고 보았다.[5] 그러나 대서양 지역 플랜테이션 농장 시스템의 비인간적 억압 아래서도, 노예들은 어느 정도 자율성을 유지했으며 자신들의 식생활을 조절할 수 있었다. 주디스 카니의 주목할 연구는 아프리카의 전통 지식이 어떻게 노예무역을 통해 남녀 노예들을 따라 이동했고, 그것이 어떻게 아메리카대륙에서 아프리카인들의 식생활을 보전하고 변화시키는 데 중요한 영향을 끼쳤는지를 강조했다.[6]

시간이 흐르면서, 전 지구적 상품사슬은 먹거리 구성 체계를 변형시키는 과정에서 자본주의와 식민지 먹거리체계의 불평등성을 제도화했다. 민츠는 특정한 식품 곧 설탕이 어떻게 생산·소비·권력의 네트워크에 연결되었는지를 검토한 최초의 학자 가운데 한 사람이다. 그는 새롭게 떠오르던 세계체계 분석world-systems analysis[세계체계론world-systems theory]을 이용해 서구 제국주의의 팽창이 전 세계 공동체와 문화에 끼친 영향을 거시적 관점에서 연구했다.[7] 최근의 학문적 성과는 이 주제를 확장해, 지구촌 지역사회들이 어떻게 먹거리체계를 바꾸고 결정하는 힘을 가진 더 커다란 자본주의 세력 및 전 세계 기업적 이해관계의 지배를 받는 세계경제에 점차 흡수되었는지를 보여준다. 예컨대 19세기에 [미국의] 아처대니얼스미들랜드Archer Daniels Midland와 카길Cargill 같은 농산물 가공·판매 대기업들은 전 세계 곡물시장의 독과점 지배를 위해 수직적·수평적 통합 전략을 병행했다.[8] 더 나아가, 해리엇 프리드먼Harriet Friedmann과 필립 맥마이클Philip McMichael은 유럽과 미국의 자본력 증대가 농업과 산업 부문의 긴밀한 관계를 낳았다고 주장한다.[9] 스티븐 토픽Steven Topik과 앨런 웰스Allen Wells는 이 과정을 "제2차 라틴아메리카 정복second conquest of Latin America"이라고 불렀다.[10]

전통적 농업체제의 변화는 결국 지역의 공동체와 생태계를 폭력적으로 파괴했다. 이와 별도로, 마이크 데이비스Mike Davis와 리처드 터커Richard Tucker는 이 기간 생태계의 변형이 자본주의 팽창에 끼친 영향을 입증하고 있다.[11] 데이비스는 자본주의 시장의 성장이 인도에서 브라질에 이르기까지 19세기 말 식민지 사회에서 촉발된 대규모 기아와 관련 있을 수 있다고 대담하게 주장한다. 다국적기업들은 자기네 이익을 위해 지역사회의 공유지를 사유화하고, 자신들을 반대하는 민족주의 정부를 무너뜨리고, 원주민과 전쟁을 벌이고, 대량 이주를 강요하고, 유럽과 북아메리카의 소비자들에게 값싼 식량을 공급하기 위해 제국주의 세력 및 지역 엘리트들과 공모했다.

또한 세계시장의 경기 상승을 위해서는 북반구 지역의 소비자 입맛이 바뀌어야 했다. [미국의] 유나이티드프루트컴퍼니United Fruit Company; UFCO는 19세기 말 비로소 이국적인 외래 과일로 소개된 바나나에 대한 미국 소비자들의 수요를 창출했다. 1920년대 초, 열대과일은 가정주부를 대상으로 집중 마케팅을 벌인 덕분에 많은 가정의 필수 식품이 되었다. 그러나 과거 이국적인 땅의 이미지들은 사실상 제국주의적 상상력을 위해 만들어졌다. [미국의] 돌Dole과 같은 파인애플 생산업체들은, 게리 오키히로Gary Okihiro가 주장한 것처럼, "풍요로운 열대 천국으로 철저하게 조작된 하와이의 이미지를 이용한" 광고 선전을 통해, 실제로 플랜테이션 농장에서 가혹한 노동조건에 시달리는 노동자들의 고통을 덮어버렸다.[12] 어느 소설가[온두라스의 라몬 아마야 아마도르Ramón Amaya Amador]가 "녹색의 감옥 Prisión Verde"이라고 부른, 이런 플랜테이션 농장에서 살아남기 위한 지난한 투쟁은 여러 자료에 상세히 기록되어 있다.[13] 그럼에도 불구하고 그런 상황에서 노동자들이 어떻게 사회와 문화 환경을 바꾸었는지를 밝히는 학자들도 있다. 일례로, 퍼트리샤 베가 히메네스Patricia Vega Jiménez에 따르면, 유나이티드프루트컴퍼니는 서인도제도의 노동자들에게 줄 식량으로 쌀과 콩을 수입했는데, 그 결과 자메이카의 쌀과 콩이 코스타리카의 전통 요리인 가요핀토gallo pinto("얼룩덜룩 반점이 있는 수탉spotted rooster")로 이식되었다.[14]

19세기 말과 20세기 초, 식품가공산업의 성장은 개혁가, 노동자, 자본가, 그리고 정부의 근대화 추진 세력 사이에 갈등을 유발했는데 특히 정육산업에서 매우 심했다. 학자들은 다양한 관점에서 이러한 싸움을 바라보았다. 기업의 역사 관점에서는 산업에서 과점의 발생에 초점을 맞추는 경향이 있는 반면에, 노동의 역사 관점에서는 장인노동에서 산업노동으로 바뀌는 과정에서 투쟁의 발생을 강조한다.[15] 최근 들어서는 요리의 근대화 과정을 좀 더 종합적으로 이해하기 위해,

공중보건과 소비자 입맛의 문제들을 다루는 연구들이 나오기 시작했다.[16] 이와 같이 역사를 문화적으로 접근하는 방식에 영향을 받은 많은 학자가 함께 논의에 참여하고 있고, 그들은 그 과정에서 "시장 문화가 어떻게 여러 사회적 과정—무엇이 건강에 좋고, 필수품이고, 비록 민주적이지는 않더라도 공정한지에 대한 요구를 만들어내고, 동시에 그러한 요구에 의해 만들어지는—에 기반을 두고 있는지"를 실례를 들어 설명하고 있다. "시장 문화는 특정한 상품과 서비스에 따라 소비자의 기대가 어떻게 바뀌는지 잘 보여준다."[17]

최근의 연구는 과학적 접근방식이 음식과 영양에 끼친 영향을 부각하고 있다. 젠더 문제를 연구하는 학자들은 영양학과 광고의 증가가 어떻게 사람들의 식습관을 바꾸고 식품 생산을 기계화하는 데서 중요한 역할을 했는지 입증하고 있다. 윌버 애트워터Wilbur Atwater가 1896년에 개발한, 음식물 섭취와 노동 산출물을 열에너지 단위(칼로리)로 측정하는 방식은 음식과 몸에 관해 새롭게 생각하는 계기를 마련했다.[18] 제프리 필처Jeffrey Pilcher가 멕시코의 사례에서 밝힌 것처럼, 영양학은 남반구에서 대개 전통 음식을 없애기 위한 하나의 근거로서 활용되었다.[19] 영양과 관련한 개념이 이처럼 획기적으로 바뀌는 가운데, 우리는 먹거리 분배를 합리화한다는 명목으로 먹거리보장food security을 포기하는 현실 속에서, 오늘날 식품시장을 새로운 경제적 시각으로 인식하게 되었다.

식량 부족, 기근, 그리고 정치적 정통성

고대국가의 발생 이래로, 정치적 정통성은 무엇보다도 지배자가 피지배자를 안전하게 먹여 살릴 능력이 있느냐 없느냐에 달려 있었다. 이와 같은 믿음은 중국의 "천명Mandate of Heaven, 天命"이라는 말에 내포되어 있으며 로마제국이 이집트의 곡식을 대량으로 수입한 이유였다. 중세 유럽의 상인들은 흉년이 들면 음식을 "적정 가격just price"으로 팔아야 하는 종교적 의무가 있었다. 이러한 "도덕경제"는, 에드워드 파머 톰슨이 잘 보여준 것처럼, 18세기 자본주의가 성장하면서 물가는 자연법칙에 따라 움직이기 때문에 정부의 [물가] 개입은 역효과만을 초래할 것이라고 비난받는 "정치경제학political economy"으로 대체되었다.[20] 최근에야 비로소 경제학자들은 생산보다 분배에 초점을 맞추고, 먹거리[식량]에 대한 접근권이 왜 근본적으로 정치적 문제인지를 보여줌으로써 정치학을 정치경제학 안으로 다시 집어넣기 시작했다.

아일랜드 경제사학자 코맥 오 그라다Cormac Ó Gráda는 기근과 관련된 중요한 사실들을 새롭게 종합하면서 1693~1694년 프랑스에서 기근으로 150만 명이 죽은 것을 비롯해서, 1877년, 1927년, 1959년 중국에서 일련의 가뭄으로 수백만 명이 죽고, 20세기 들어 더 최근에 아프리카 각지에서 발생한, 규모는 작지만 더 잦아진 기근에 이르기까지 문서로 기록된 엄청나게 많은 주요 기근을 설명한다. 그는 주요 기근이 "물가 상승, 식량 폭동, 토지 범죄, 기아로 이미 죽었거나 죽기 일보 직전의 엄청나게 많은 사람, 일시적 이주의 증가, 기근이 유발하는 전염병 발병과 그에 따른 공포"를 수반한다고 말한다.[21]

기근과 관련된 최고의 주요 논문 가운데 지금까지 가장 큰 영향력을 발휘하는 것은 1798년에 토머스 맬서스Thomas Malthus가 발표한 《인구론An Essay on the Principle of Population》이다. 맬서스의 연구는 인구 증가의 맥락에서 주요 기근을 기록한 초기의 여러 연구를 바탕으로 이루어졌다.[22] 그러나 그는 사람들에게 인구통계학의 중요성을 알리면서, 인구는 기하급수적으로 증가하는 반면에 식량 생산은 그보다 훨씬 느린 속도로 증가한다고 주장했다. 맬서스는 기근과 대량 기아가 결국 인구 증가를 막을 것이며 그것은 자연 순환의 일부라고 생각했다. 많은 사람이 맬서스를 비판했지만, 그의 분석은 수 세기 동안 기근과 관련된 논의를 지배했으며 아직도 여전히 통설로 인정받고 있다. 그 결과, 영국 정부는 아일랜드에서 대기근Great Famine*이 발생해 50만 명이 굶어 죽고 있을 때에도 그들을 구제할 결정적 조치를 취하지 않고 오히려 아일랜드에서 생산한 식량을 본국으로 보냈다. 기아가 불가피하다는 설명은 신맬서스주의자들 사이에서 여전히 영향력을 발휘하고 있다.[23]

기근과 정책에 관한 학문적 분석에서 중대한 변화는 [1998년] 노벨경제학상 수상자 아마르티아 센의 저작에서 시작되었다. 센은 오늘날 고전의 반열에 오른 《빈곤과 기근: 식량 획득권 부여와 박탈에 관한 논문Poverty and Famines: An Essay on

---

* 아일랜드 대기근. 1845년에서 1852년까지, 당시 영국의 식민통치에 있던 아일랜드에서 일어난 집단 기근. 이 기근으로 역병과 집단 해외 이주가 뒤따랐다. '아일랜드 감자 기근Irish Potato Famine'이라고도 한다.

Entitlement and Deprivation》(1981)에서 기근의 원인과 결과에 대해 기존에 우리가 알고 있는 것을 근본적으로 뜯어고치기 위해 1942~1944년 [인도] 벵골Bengal의 기근, 1973~1975년 에티오피아의 기근, 1970년대 아프리카 [사하라사막 남쪽 가장자리] 사헬Sahel 지역의 기근, 1974년 방글라데시의 기근 사례들을 분석했다. 센이 볼 때, 기아는 "먹을 식량이 충분치 못하다는 점이 특징이 아니라" 식량을 제공할 수 있는 원천에 접근하는 문제와 더 많은 관련이 있다. 따라서 센은 먼저 인구와 식량 공급 사이의 연결 고리를 끊는 작업을 한다. "인구 대비 식량의 비율에 초점을 맞추는 대단히 매력적인 단순 논리는 수백 년 끈질기게 사실관계를 불분명하게 했으며, 그것이 과거에 기근에 맞서는 정책들을 어지럽혔던 것만큼이나 오늘날도 계속해 다양한 정책 논의를 어렵게 하기" 때문이다.[24] 오히려 센은 토지에 대한 접근, 사회보장제도, 다양한 취업 기회를 포함하는, 한 사회의 법률 구조와 식량 분배 사이의 관계를 이해하기 위해 식량 획득권 부여 문제로 접근할 것을 제안한다. 센은 이처럼 더 광범위한 관계들을 살펴봄으로써 독립 이후 인도와 같은 민주국가들이 어떻게 식량 공급의 급속한 증대 없이도 기아를 종식했는지를 입증한다

센의 분석은 이어 더 큰 정치경제학의 틀 안에서 농민들의 역할을 진지하게 검토하는 인접 학문과의 학제간 연구 덕분에 논리가 더욱 보강·뒷받침되었다.[25] 최근에 토머스 바셋Thomas Bassett과 알렉스 윈터 넬슨Alex Winter-Nelson은 전통적인 식량가용성food availability 평가 방식이 현실을 오도하고 있음을 증명했다. 많은 국가에서 영양실조 현상과 풍부한 식량 상황이 공존하고 있음을 확인했기 때문이다. 그들은 사회 내부의 불평등한 식량 분배 문제를 더 잘 이해하기 위해, 식량 공급량, 가구 소득, 개인의 영양 지표와 같은 척도를 사용하는 기아취약성지수 Hunger Vulnerability Index를 만들었다. 이 지수는 한 국가가 기아 문제에 얼마나 취약한지 좀 더 자세히 측정할 수 있게 한다.[26]

식량과 국민국가, 1930~1970년대

1930년대의 대공황은 자본주의 체제와 자유시장이 무릎을 꿇게 했고 자본주

의 국가들은 정부의 역할에 대해 다시 생각해보지 않을 수 없게 했다. 많은 정부가 시장에 적극적으로 개입함으로써 예측하기 어려운 시장의 변동 상황을 통제하려 애썼다. 시장규제의 목적은, 자본주의든 공산주의든 또는 독재 파시즘이든, 다양한 인구 부문의 이익이 서로 충돌하는 것을 막고 그 균형을 유지하는 데 있다. 제임스 스콧James Scott의 고도근대성high modernism 개념은 정치 이데올로기에 상관없이 모든 국가가 어떻게 새로운 질서를 창조하고 천연자원을 효율적으로 관리하려 시도하는지를 이해하는 데 유용하다. 스콧은 고도근대성을 "과학, 기술 진보, 생산 증대, 인간의 욕구 충족 증대, 자연 지배력, 그리고 무엇보다 과학적 자연법칙에 부합하는 사회질서의 합리적 설계에 대한 흔들림 없는 확신"으로 본다.[27] 이러한 접근방식은 국가 건설 과정에서 국력을 강화하려고 애쓰는 많은 국가에 영향을 끼쳤다.

자본주의 국가들에서 정부의 경제 개입과 기업과의 협력 증대는 대개 자본주의 국가와 자본가계급이라는 특정 부문의 지위를 든든하게 뒷받침했다. 미국에서 뉴딜New Deal의 농산물 가격 지원과 생산 통제 정책은 1930년대 초 미국 식량 공급 관리 정책의 핵심 요소가 되었다. 빌 와인더스Bill Winders에 따르면, 지역의 농장연합들은 그러한 정부지원책이 자유시장이 주장하는 것과 반대되는 조치라고 지적하는 다른 부문들의 로비에도 불구하고 자신들에게 유리한 정책들을 확실하게 보장받았다.[28] 또한 트레이시 도이치Tracey Deutsch의 연구가 보여주듯, "정부가 소비를 민주적으로 통제하는 것에 점점 회의를 느끼고, 정부 정책을 더 잘 집행할 수 있는 중앙 통제 방식의 대형 상점들과 더 긴밀하게 협력하는 쪽으로 나아감에 따라" 민초들의 소비자 행동주의[소비자운동]consumer activism는 점점 기반이 허물어지기 시작했다.[29] 이에 정부는 중소 상점과 소비자협동조합을 희생시키고 신흥 슈퍼마켓 체인들에 대한 지원을 확대했는데, 이런 결과에는 여성단체들의 불신도 한몫했다.

다른 국가들에서도 미국과 똑같은 방식으로 공격적 시장 정책을 통해 공급을 관리하려는 비슷한 노력을 기울였지만, 국가마다 역사적 배경이 다른 까닭에 여러 왜곡 현상이 발생했다. 일례로, 이탈리아의 베니토 무솔리니Benito Mussolini 파시스트 정권은 주곡 생산 증대 운동을 통해 식량 공급 자립을 추구했지만, 이는 이탈리아 식사의 질과 다양성을 침식하는 부작용을 초래했다.[30] 멕시코 정부는 토지개혁을 화려한 수사로 포장하며 주장했지만, 그것은 명분일 뿐이고 도시화urbanization와 산업화가 우선이었다. 이와 같은 모순된 정부의 태도는 대규모 생산자들을 선호하는 정책으로 이어졌고, 도시민들은 소농들의 소득과 생존을 희생시킨 대가로 싼값에 식량을 구매할 수 있었다.[31] 아르헨티나의 도시 노동자들에게 저렴하게 소고기를 공급하는 정책은 후안 페론의 대중추수주의 정권을 뒷받침하는 아주 중요한 보루였다. 페론 정권은 아르헨티나의 대중문화에서 소고기가 연상시키는 남성적 이미지를 이용해, 데스카미사도스descamisados(셔츠를 입지 않은 가난한 사람들)라고 알려진 노동계급 유권자들에게 소고기를 획득할 권리를 새롭게 부여했지만, 1950년대 가뭄으로 축산업이 파탄에 이르면서 그러한 대중추수주의 정책들은 역효과를 낳았다.[32] 아프리카에서도 독립 후 이와 비슷한 도시 편향적 정책을 고수하는 정부가 많았는데, 그들은 농업 부문과 생산자들을 희생시켜 강력한 정치적 이익을 거두었다.[33] 그러나 탄자니아에서는 잠시기는 하지만 농촌사회가 이러한 정책을 유리하게 이용하는 방법을 찾기도 했다.[34]

사회주의경제는 시장경제에서 사회주의 집단화로 신속하게 전환하기 위해서 농촌사회를 한층 더 가혹하게 통제하는 정책을 주장했다. 소련은 자본주의 국가들과 똑같이 산업화 추진과 합리성 담론을 내세워 소작 농업과 소농의 생활 방식을 시대에 뒤진 것이라고 비난했다. 스탈린 정권은 1929년부터 농촌 지역을 급속하게 집단화하면서 수십만의 부농들을 내쫓은 뒤, 규모의 경제를 이용하고 소비에트의 산업화를 뒷받침하기 위해 대규모 국영 농장을 만드는 데 몰두했다. 이 집단화 과정에서 발생한 기근으로 수백만 명이 죽었는데, 특히 우크라이나와 같은 부유한 농촌 지역의 피해가 심했다.[35] 마오쩌둥이 이끈 중국혁명은, 레닌이나 스탈린의 경우와 달리, 사회 내부에서 농민들을 혁명 세력으로 받아들였다. 그럼에도 대약진운동大躍進運動, Great Leap Forward이라는 공상적 이상주의와 기술전문가들에 대한 불신은 러시아의 규모를 뛰어넘는 광범위한 생태계 파괴와 기근을 초래했다.[36] 쿠바와 니카라과의 혁명정부는 이와 같은 잘못된 선례에서 교훈을 얻어 농촌과 도시 사이의 균형을 유지하기 위해 발버둥치는 동시에 국민들에게 적절한 영양 공급을 보장하기 위해 애썼다.[37]

이른바 녹색혁명은 고도근대성 프로젝트의 정점을 나타낸다. 근대화론을 명분으로 내세우고 활동하는 자본가 세력과 다자간기구들은 개발도상국들에 최신 기술과 자본가의 투자를 수용해 농업생산량을 높일 것을 권고했다. 1940년대 초, 록펠러재단Rockefeller Foundation과 미국농무부, 멕시코 정부의 과학자들이 개발한 이 프로젝트는 식물 품종 개량, 화학비료, 살충제 등으로 주곡의 생산량을 증대하는 것이 목적이었다. 그 결과, 대규모 민간 농업의 곡물 생산량은 영세 소농의 희생을 대가로 크게 증대했고, 이 프로젝트는 터키·인도·필리핀을 포함해 전 세계 주요 냉전 동맹국들에 신속하게 전파되었다. 그럼에도, 닉 컬래더가 최근에 밝힌 것처럼, 녹색혁명으로 예상된 생산성 증가는 초기의 식물 품종 개량의 일부 성공 사례를 바탕으로 가정한 하나의 신화에 불과했으며, 그 목적은 농업 생산량을 증대하기보다는 농민들의 망탈리테를 바꾸는 데 있었다.[38]

기업 세계화와 먹거리정치, 1970~2000년대

1960년대 말과 1970년대 초에 시작된 신자유주의 정책들의 증가와 더불어, 전 지구적 먹거리체계의 급격한 변화가 있었다. 많은 경제학자와 석학은 농산물 시장의 자유화가 경제개발에 대한 합리적·과학적 접근 방법을 제공했다고 주장했지만, 급진적 시장 중심 정책들은 먹거리 정책에 허울 좋게 남아 있던 사회복지의 가식마저 모두 날려버리며 정치적으로 승자와 패자를 확실하게 가르는 결과를 낳았다. 자유시장은 일부 분야에서 생산 증대를 이루었지만 그 대가로 불평등을 더욱 악화시켰다. 이런 사회적 변화 과정에서 생산자와 소비자는 많은 분야에서 더욱 포괄적인 새로운 생산 모델을 유기적으로 통합할 공간을 찾기 위해 분투했다.

시장규제의 전면 철폐와 사회적 비용의 대폭 절감을 주장하는 신자유주의 경제 정책들은 농촌과 생산관계의 변화를 가속화했다. 그와 같은 정책들은 칠레의 아우구스토 피노체트 장군에서 미국의 로널드 레이건, 영국의 마거릿 대처, 중국의 덩샤오핑에 이르기까지 수많은 정부가 추진했다. 1980년대 초, 외채 위기와 오일 쇼크는 제3세계 많은 국가에 이러한 정책을 널리 퍼뜨렸는데, 국제통화기금IMF이 구제 금융을 지원하는 조건으로 신자유주의적 "구조조정 정책"을 수용할 것을 요구했기 때문이다. 한편, 세계무역기구WTO는 무역자유화 체제로 이행하면서 20세기 후반에 기업의 철저한 구조조정과 각국의 규제 제도 철폐를 다 그쳤다.[39] 예컨대, 전후 민주 정부들이 소농을 보호하려 애쓴 일본과 한국에서는 쌀값의 자유화가 농촌의 사회적 기반을 무너뜨렸다.[40] 대체로 북반구 일부 국가에서 주곡 생산량이 늘어나면 세계 여러 지역에서는 기본적 식량 생산이 줄어들었다. 동시에 남반구의 식용작물은 그 생산 목적이 사람의 식용이 아니라 대개 부유한 지역의 소비자들이 먹을 고기와 유제품 생산을 위한 동물의 사료용으로 바뀌었다.[41]

식량경제의 최근 변화는 세계적 규모의 몇몇 대기업이 농산물시장에 더욱 집중케 하고 있다. [미국] 미주리대학 농촌사회학자 윌리엄 헤퍼넌William Heffernan과 메리 헨드릭슨Mary Hendrickson은 1970년대 이후로 미국에서 소수 과점 기업들이 얼마나 빨리 농산물시장을 잠식했는지를 분석했다.[42] 셀마 톤잘리니Selma Tonzalini는 세계 최대 다국적 식품가공회사들의 시장지배력이 점점 강해지고 있다는 것을 보여주었다.[43] 마찬가지로 슈퍼마켓들은, 토머스 리어든Thomas Reardon과 피터 팀머Peter Timmer가 증명한 것처럼, 다국적 통합 과정의 일부가 되고 있다. 그러한 체인점들은 남아메리카와 동아시아의 상대적으로 부유한 일부 지역에 매우 많이 생겨났고, 멕시코·불가리아·인도네시아 같은 국가들의 중산계급 지역으로 전파되었으며, 아프리카 일부 지역과 니카라과·페루 같은 곳에도 일부 침투 했다. 그러나 아프리카의 많은 국가에는 아직 슈퍼마켓이 많이 생겨나지 않았다.[44] 세계적인 슈퍼마켓들의 성장은 월마트로 대표되는 북반구에 기반을 둔 몇몇 기업의 전유물이다. 특히 월마트는 2위 업체인 프랑스의 까르푸Carrefour보다 매출 규모가 4배나 더 크다.[45] 월마트는 가격 할인 혁명을 주도하며 세계화를 촉진하고 모든 생산 단계에서 저임금 노동력을 요구했다.[46] 따라서 다국적 슈퍼마켓의 수직적 통합과 세계적 규모는 지구촌의 먹거리사슬food chain 구조를 바꾸었고 생산자들과의 관계를 재편성했다.[47]

기업들은 또한 정교한 마케팅 기법의 개발을 통해 소비자들도 이러한 전 지구적 먹거리사슬 구조에 끌어들였다. 매리언 네슬Marion Nestle은 미국 식품산업의 정치력이 어떻게 영양 섭취와 관련된 과학적 연구와 조언을 뒤집고 정부의 감독 기능을 약화할 정도로 강력한지를 입증했다.[48] 또 다른 연구는 이와 같은 일이 어떻게 오늘날 세계 식품산업에서 일어나는지를 입증했다. "가장 광고를 많이 하는 제품들은 대개가 해외직접투자FDI로 생산된 고도의 가공식품일 가능성이 크다. 그러한 광고가 아이들의 식사 습관dietary habits에 큰 영향을 끼친다는 사실이 그 증거다."[49]

전 지구적 먹거리체계에 신자유주의적 변화가 일어난 원인은 대기업들의 시장 지배력뿐 아니라 신기술에 대한 정치적 지배력 때문이다. 지난 수십 년, 국제 재산법은 종자회사들이 종자에 대한 지적소유권을 이용해서 세포질 조작을 통해 생산한 상업용 변종 종자들로부터 막대한 수익을 올릴 수 있도록 보장했지만, 농민들이 소유한 토종종자에 대해서는 아무런 경제적 가치가 없는 천연자원으로 취급했다. 특허를 받을 수 있는 변종 종자는 영세농과 원주민들의 지식과 노동이 창조해낸 생물다양성biodiversity 덕분인데도 말이다. 이런 법적 체계는 미국의 특허권 보호가 살아 있는 유기체로 확대되는 것에 한몫 거든 1980년의 바이-돌법 Bayh-Dole Act*의 제정과 더불어, 유전자조작식품Genetically modified organisms: GMOs** 을 기업에서 생산할 수 있는 근거가 되었다. 1990년대, 여러 연구재단과 과학자는 전 세계의 기아와 영양실조를 해결한다는 명목으로 생명공학의 혁신과 유전 공학을 이용한 제2차 녹색혁명을 예고했다.[50]

이와 같은 GMOs에 대한 유용성은 소비자와 생산자 모두에게서 폭넓게 의심을 받고 있으며, 그러한 반대 목소리는 대체로 매우 강력하다. 특히, 유럽의 소비자들은 건강과 환경을 해칠 위험성이 아직 충분히 검증되지 않았다고 주장하면서 조직적으로 GMOs의 판매를 막아내는 데 성공하고 있다.[51] 한편, 농촌을 분석하고 옹호하는 사람들은 세계 기아 문제가 공급이 아니라 근본적으로 분배, 토지, 소득 불평등의 문제라고 주장한다. 따라서 산출량 증대를 강조하는 것은 초점이 잘못 맞춰진 것이며, 더군다나 그것이 기아와 영양실조의 근절책은 전혀 될 수 없다는 것이다.[52] 또 한편에서는 소수의 기업들이 어떻게 식량 공급을 통제하게 되었고, 그 과정에서 몬산토·아벤티스Aventis*** 같은 일부 종자회사와 중개상이 막대한 이익을 올릴 수 있게 되면서 어떻게 소농과 소생산자들이 점점 더

---

* 1980년, 미국 상원의원 버치 바이Birch Bayh와 밥 돌Bob Dole이 제안한 특허 및 상표법에 관한 법.
** 유전자변형생물체, 유전자조작생물체, 유전자재조합생물체 등으로도 불린다.
*** 독일의 제약기업. 2004년 지금의 프랑스 글로벌 제약기업 사노피Sanofi에 합병되었다.

큰 피해를 입게 되었는지를 지적한다. 농민들은 새로운 기술의 수혜자가 될 수도 있지만, 올해 심은 종자로 생산된 곡물에서 받은 종자를 이듬해에 다시 쓸 수 없기 때문에 해마다 새로운 종자를 사야만 한다. 종자회사들은 농민들에게 종자를 팔 때 계약 조건으로 그것을 요구하고 더군다나 원천적으로 종자의 발아를 막는 "터미네이터 기술terminator technologies"을 적용한다. 생명공학 혁명이 라틴아메리카에 끼친 영향에 관한 최근 연구서에서 저자들은 생명공학의 발전이 가져온 변화가 소수 대기업들의 영향력은 더욱 강화한 반면에, 그 변화가 불평등한 분배와 영양실조 문제를 해결하는 데는 별 효과가 없던 신자유주의의 급격한 구조조정과 어떻게 맞아떨어지는지 입증한다.[53] 실제로 개별 사회의 사회적, 문화적, 경제적, 정치적 배경을 근본적으로 무시하면서, 미국과 유럽의 접근방식이 "무엇보다 우월하거니와 보편적으로 적용할 수 있다"라고 생각하는 자민족중심주의적 태도를 중요시하는 학자가 많이 있다.[54]

농업 근대화의 중요성을 둘러싼 논쟁은 오늘날 남반구-북반구 사이 정치적 차이를 뛰어넘는다. 많은 지식인과 정책결정권자는 생명공학을 북반구 부유한 소비자들의 사치품이라고 비판하는 데 반대한다. 일례로, 남아프리카공화국 케이프타운대학 제니퍼 톰슨Jeniffer Thomson 교수는 다음과 같이 주장한다. "많은 개발도상국과 신생 산업국의 관점에서 볼 때, 생명공학이 농업에 주는 이익은 오늘날 매우 실질적이고 시급하며 미래에는 없어서는 안 될 것이다. 개발도상국들은 유럽에서 생겨난 문제들이 자국의 미래 발전에 부정적 영향을 끼칠지에 대해 생각하고 말고 할 여유가 없다."[55] 신자유주의와 생명공학 혁명을 지지하는 사람들은 그러한 정책들의 목표가 시장을 확장하고, 생산을 가로막는 관료주의와 문화 장벽들을 우회하고, 수많은 소농과 가난한 소비자의 삶을 향상시킬 것이라고 주장한다. 하지만 그것을 비판하는 사람들은 농업의 변화가 전통적 생산자들의 기반과 국가의 식량주권food sovereignty을 무너뜨려, 세상에서 가장 가난한 사람들을 더욱 착취하고, 공동체를 변질시키고, 이주를 재촉하고, 한때 비옥했던 토지를 묵은 땅으로 만들거나 수출용 농산물을 경작하는 땅으로 바꿔버릴 것이라고 항변한다. 미겔 튜발Miguel Teubal의 주장에 따르면, 지난 수년 동안 아르헨티나는 "세계의 곡창지대에서 콩 공화국으로" 바뀌었다.[56] [2004년] 노벨평화상 수상자 [케냐의 환경운동가이자 정치운동가] 왕가리 마타이Wangari Maathai는 다음처럼 주장한다. "생명공학과 생명체에 대한 특허는 오늘날 정복을 위한 새로운 전선이다. 아프리카는 식민주의[식민지주의]colonialism의 역사와 수탈이 아직도 반복되고 있기 때문에 경계하지 않으면 안 된다."[57]

저임금의 이주 농업노동자와 서비스업 종사자들 또한 초국가적 상품사슬에서 없어서는 안 될 존재가 되었다. 세계화된 생산은 이미 국경을 초월한 산업들에서 노동자들을 기능박탈[탈숙련화]deskilling 하고, 농사와 농업 관련 산업 업무를 일반적 단순 노무직으로 바꾼다. 농촌을 이탈해 유민이 된 남반구의 농촌 인구는 대규모 농장, 정육업체, 통조림공장 같은 농업 관련 산업체에서 저임금의 계절노동자로 적극적으로 고용되었다. 고용주들은 노동자들을 갈라놓고 생산자와 소비자를 서로 격리하기 위해 인종·계급·젠더·지역 차별을 조장했다.[58] 일례로, 데버라 반트Deborah Barndt와 그녀의 동료들은 북아메리카의 "토마토 길tomato trail"과 관련해서 여성·노동·세계화 문제를 연구했다. 토마토 길은 멕시코 농장에서 계절노동자로 일하고 캐나다에서 슈퍼마켓이나 패스트푸드점 점원으로 일하는 여성들을 연결하는 상품사슬을 말한다. 그들은 "유연한flexible" 노동체계가 두 집단의 여성들을 모두 가난하게 했지만, 그 두 집단이 국경·문화·계급을 초월해 하나의 노동자로서 단결하는 데는 한계가 있었음을 밝혔다.[59]

18세기의 "계몽된" 시장 개혁이 식량 폭동의 물결로 이어진 것처럼, 오늘날 신자유주의 정책도 전 세계에 걸쳐 식량 폭동과 긴축 경제에 대한 저항을 불러일으키고 있다. 존 월턴John Walton과 데이비드 세든David Seddon의 연구 결과에 따르면, 1976년부터 1992년까지만 한정하더라도, IMF가 부과한 구조조정 정책에 대항해 적어도 146차례의 긴축 경제에 대한 저항과 대규모 집단행동이 일어났다. 두 저자는 다음처럼 말한다. "대중의 저항 수단으로서 식량 폭동은 시장사회에서 일반적인, 아마도 더 나아가 보편적인 특징—가난한 무산자 집단이 사회정의를 주장하는 권한 행사 방식의 정치적·산업적 진화의 흔적—이다."[60] 실제로 오늘날 발생하는 많은 식량 폭동의 질서 있는 태도와 연극적인 모습은, 센이 주장하는 것처럼, 기아는 식량 부족 때문이 아니라 특정한 사회집단들을 취약한 상태로 내버려두는 불평등한 분배 정책 때문이라는 사실을 대중이 이미 광범위하게 파악하고 있음을 예시해준다.

식량주권 투쟁: 기업 우호적인 먹거리정치에 대한 대안

농민과 농촌 공동체들이 수 세기 동안 생존을 위해 투쟁해온 결과, 최근 수십 년에 걸쳐 지역의 생산, 생산 방식, 의사결정권을 되찾으려는 운동들이 더욱더 강력한 모습으로 전개되고 있다. 이 많은 세계적 운동이 지역의 투쟁을 통해 시작되었고, 주권과 때로는 자치권의 원칙과 관련해 지역마다 서로 다른 배경을 바탕으로 발전해왔다는 사실을 감안할 때, 이것은 어떤 기본 원칙을 공유하지만 그 진행 방식이나 조직 전략은 매우 다채로운 양상의 운동이라 할 수 있다. 대체로 이러한 전략은 자연과 공동체의 가치와 전통을 존중하면서, 지역 내수용 식량을 생산할 목적으로 가용 자원을 이용함으로써, 공동체의 식량주권을 창출하려고 애쓰고 있다. 기업, 신자유주의 정부, WTO나 IMF 같은 다자간기구의 위로부터의 세계화에 맞선 공동투쟁은 다양한 집단의 농장주, 소작농, 소비자, 활동가들을 하나로 묶어 아래로부터의 강력한 저항의 세계화를 벼려내고 있다.

이 전쟁의 시작을 알린 첫 사례는 1994년 1월 1일 사파티스타민족해방군 Ejército Zapatista de Liberación Nacional: EZLN의 깃발 아래 모인 원주민들의 봉기다. 이 사건은 세계경제체제가 오랫동안 숨기고 있던 주변부로 밀려난 농민들의 투쟁을 마침내 만천하에 드러냈다. 북미자유무역협정NAFTA의 시행과 시기적으로 우연히 맞물린 사파티스타민족해방군의 바스타!Basta!(이제 그만!)라는 외침은 원주민 공동체에 남겨진 것을 파괴하는 글로벌 자본과 그 발전이라는 통제 불능의 거대한 힘을 직접적으로 겨냥했다.[61] 학자들은 NAFTA가 정부 보조금을 받는 미국의 옥수수에 맞설 경쟁력이 없는 멕시코의 소농들에게 치명타가 될 것이라는 사파티스타민족해방군의 예언을 확인해주었다. 사파티스타민족해방군의 봉기는 식용작물이 그저 또 하나의 교환가능한 상품에 불과하다는 주장을 정면으로 반박하면서, 옥수수는 하나의 삶의 방식이자 수백만 민중의 정체성을 이루는 핵심 요소라고 주장했다.[62] 그들은 위로부터의 세계화라는 전체주의적 세계관을 버리라고 외치며 "모든 세상 사람이 조화롭게 사는 세상"을 요구했다. 그들은 자신들의 투쟁을 세상에 널리 알리고 전 세계 저항 민중들과 연대를 공고히 하는 수단으로 인터넷을 적극적으로 활용함으로써 세계적 이목을 끄는 데 성공했다.

전통적 토지 관계에 문제를 제기하고, 농촌에 대한 신주유주의적 시각에 맞선 또 다른 농민운동은 브라질의 무토지농민운동Movimento dos Trabalhadores Rurais Sem Terra: MST이다. 1984년에 창설된 무토지농민운동은 극도로 불평등한 브라질의 토지 소유 형태와 심각한 사회적 불평등에 맞서기 위해 직접행동direct action에 나선다. 노동자들을 조직화하고 토지 소유와 공동체 건설을 위해 자신들만의 독특한 전략을 세운다. 이 운동의 참가자들은 "점유하라, 저항하라, 그리고 생산하라 occupy, resist, and produce"라는 기치 아래 자신들이 먹을 식량을 재배하고, 학교를 설립하고, 공동체를 꾸려나가기 위해 자신들의 삶을 민주적으로 재구성한다.[63] 무토지농민운동은 처음 20년 동안 브라질 전역에서 1,000만 헥타르의 땅을 점유하고 그곳에 35만 가구를 정착시켰다.[64]

1993년, 다양한 국가의 농촌 사회운동 단체들은 소농의 이익에 반하는 신자유주의 정책에 저항하고 전 세계의 정의와 민주주의를 신장하기 위해 비아캄페시나La Vía Campesina*를 결성했다. 비아캄페시나는 설립 이후 10년 만에 56개국에 149개 조직을 두었다.[65]** 비아캄페시나 조직 원칙에서 가장 중요한 것은 식량주권에 대한 명확한 표명이다. "민중이 스스로 식량과 농업을 결정하고, 지속가능한 개발 목표를 이루기 위해 국내 농업 생산을 보호·규제하며, 자신들의 자립 수준을 자율적으로 정할 수 있는 권리."[66] 이와 같은 접근방식은 근본적으로 교역을 반대하지 않으면서, 생산자들이 일상생활을 철저히 민주적으로 운영하고 교역과 기술이 공동체의 발전에 기여하게끔 하는 동시에 스스로 독자적 농사법과 생활 방식을 결정할 수 있게 한다.

오늘날 점점 성장하고 있는 농생태학[농업생태학]agroecology 운동은 생태학의 과학적 발전과 더불어, 비아캄페시나 네트워크 소속 농민들처럼 원주민들의 농사 지식을 이용해 지속가능한 농업을 달성하려 애쓰고 있다. 수천 년에 걸친 농업의 역사에서[67] 이끌어내는 농생태학은 전체론의 관점을 취한다. 따라서 식량과

---

* 스페인어로 '농민의 길'이라는 뜻으로, 신자유주의에 반대하고 소농 중심의 가족농업체제를 지지하는 국제 농민운동 단체
** 2020년 1월 현재 세계 81개국 182개 농민단체가 가입해 있다.

토지와 공동체의 건강을 안전하게 유지하는 데서 환경과 사회에 끼치는 영향을 신중하게 생각하는 접근방식을 택한다. 이러한 방식을 앞장서서 지지하는 한 명이 주장한 것처럼, "전 세계의 농민, 비정부기구, 일부 지방자치단체들이 주도하는 새로운 농생태학적 접근방식과 기술은 이미 가정, 국가, 지역 차원에서 식량 안보에 충분히 기여하고 있다."[68] 인도 물리학자 반다나 시바Vandana Shiva는 "사적 소유[사적 소유물]private property"가 아닌 "공유재산으로서 지구the planet as a commons"를 볼 것을 요구한다. 그녀는 근시안적 세계화에 반대하며 "전 세계 지역사회들은 지구상의 생명체들을 보호하고 창조성을 촉진하는 살아 있는 공동체를 단호하게 지키고 발전시킬 것이다"라고 주장한다.[69]

식량주권이나 지구 민주주의earth democracy를 추구하는 접근방식들은, 계급차별 없는 인도적이고 포용력 있는 사회를 창조하기 위해 애쓰는 가운데, 여성을 식량주권 운동의 핵심으로 직접 앞세우고 있다. 비아캄페시나 소속 여성들은 처음부터 "우리 자신의 땅에서 우리 자신의 식량을 생산할 권리"를 줄기차게 요구하고 있다.[70]

식량주권 운동은 남반구에서 부상했지만 유럽과 미국에도 확고한 뿌리를 내리고 있다. 프랑스 농민·활동가 조제 보베José Bové는 [프랑스 남부 로케포르 마을 자연동굴에서 숙성시키는 양젖 치즈인] 로케포르치즈Roquefort cheese에 대한 미국 무역장벽에 항의하고 이를 세상에 알리고자 프랑스 남서부의 한 맥도날드 체인점을 부수는 행동을 통해 세계적 주목을 받았다.[71] 유럽 소비자들은 GMOs 반대 운동의 전면에 서서 유럽 각국 정부가 GMOs 제품을 금지하도록 압력을 넣는 불매운동[보이콧]boycott을 이끌고 있다. [공공장소에 허가 없이 꽃, 채소, 식물 등을 심는] 게릴라가드닝guerrilla gardening 운동은 로컬푸드local food 운동이 기반을 얻기 시작하면서 유럽과 북아메리카 도시들에서 고조되고 있다. 또 한편으로 공정무역운동Fair Trade Movement은 오랜 세월 자본주의 정책들에 의해 조심스레 세워진 소비자와 생산자 사이의 장벽을 허물기 위해 분투하고 있다. 오늘날 전개되고 있는 이런 다양한 운동은 값싼 식품의 실제 비용true cost과 그것이 경제와 문화에 끼치는 영향에 대한 사람들의 인식을 더 고양할 것이다.[72]

결론

식생활은 역사적 산물이며 오늘날 여전히 뜨거운 논쟁을 일으키는 주제다. 식량과 농업 부문에서 자본주의적 생산관계의 발전이 생산력 증대에 기여한 것은 틀림없지만, 그것은 또한 식량과 그것에 접근할 수 있는 권한의 의미를 심각하게 변질시켰다. 더 나아가, 대개 계급과 지역 분쟁의 산물이라 할 수 있는 먹거리체계를 합리한다는 명목으로 감행한 정치적 개입은 종종 의도적으로 농민들과 전통적 생활 방식을 희생시켜 도시민들에게 불평등한 이익을 제공하는 결과를 낳았다. 오늘날 기근은 세계 대부분 지역에서 크게 줄어든 것처럼 보인다. 하지만 만성적 기아와 영양실조 현상은 여전하다. 그럼에도 [민중의] 저항resistance과 대중운동movement은 전통적 식생활을 새로운 형태로 지속케 하는 방식으로 변화하는 상황에 잘 적응할 수 있게 했다. 아래로부터의 세계화 다시 말해 비아캄페시나와 GMOs 반대 운동과 같은, 생산자와 소비자의 국가를 초월한 네트워크 구축은 기업들의 이해관계와 북반구 다자간기구들이 주도하는 개발 정책의 사회적·문화적 영향에 대한 사람들의 인식을 높였다. 이와 같은 투쟁은 위압적인 정치적·경제적 압박에 직면해서도 당당히 살아남아 번성하는 광범위하고 다양한 대안적 생산 형태와 식생활을 강조하고 있다.

주

1. United Nations, *World Economic Situation and Prospects 2009*(New York: United Nations, 2008), 8; Walden Bello, *The Food Wars*(London: Verso Books, 2009), 1-3 [한국어판. 월든 벨로 지음, 김기근 옮김, 《그 많던 쌀과 옥수수는 모두 어디로 갔는가: 식량전쟁을 둘러싸고 벌어지는 세계화와 신자유주의의 본질》, 서울: 더숲, 2010]

2. Walden Bello, *The Food Wars*, 3.

3. Alfred W. Crosby, Jr., *The Columbian Exchange: Biological and Cultural Consequences of 1492*(Westport, CT: Greenwood Press, 1972). [한국어판. 앨프리드 W. 크로스비 지음, 김기윤 옮김, 《콜럼버스가 바꾼 세계: 신대륙 발견 이후 세계를 변화시킨 흥미로운 교환의 역사》, 서울: 지식의숲, 2006]

4. Arturo Warman, *Corn and Capitalism: How a Botanical Bastard Grew to Global Dominance*, trans. Nancy L. Westrate(Chapel Hill: University of North Carolina Press, 2003); James c. McCann, *Maize and Grace: Africa's Encounter with a New World Crop, 1500-2000*(Cambridge, MA: Harvard University Press, 2005); William H. McNeill, "American Food Crops in the Old World," in *Seeds of Change: A Quincentennial Commemoration*, ed. Herman J. Viola and Carolyn Margolis(Washington, DC: Smithsonian Institution Press, 1991), 43-59; Alfred Jay Bollett, "Politics and Pellagra: The Epidemic of pellagra in the U.S. in the Early Twentieth Century," *The Yale Journal of Biology and Medicine* 26(1992): 211-221.

5. Sidney W. Mintz, *Sweetness and Power: The Place of Sugar in Modern History*(New York: Viking, 1985) [한국어판. 시드니 민츠 지음, 김문호 옮김, 《설탕과 권력》, 서울: 지호, 1997]

6. Judith Carney, *Black Rice: The African Origins of Rice Cultivation in the Americas*(Cambridge, MA: Harvard University Press, 2001); Judith Carney, "'With Grains in Her Hair': Rice History and Memory in Colonial Brazil," *Slavery and Abolition* 25, no. 1(2004): 1-27; Judith Carney, with Richard Nicholas Rosomoff, *In the Shadow of Slavery: Africa's Botanical Legacy in the Atlantic World*(Berkeley: University of California Press, 2009).

7. Sidney Mintz, *Sweetness and Power*.

8. Dan Morgan, *Merchants of Grain*(New York: Viking Press, 1979). [한국어판. 댄 모건 지음, 최윤희 옮김, 《세계의 곡물재벌들: 식량은 武器化 되고 있다》, 서울: 시인사, 1981]

9. Harriet Friedmann and Philip McMichael, "Agriculture and the State System: The Rise and Decline of National Agricultures, 1870 to the Present," *Sociologia Ruralis* 29, no. 2(1989): 93-117. 또한 다음을 보라. Steven Topik, Carlos Marichal and Zephyr Frank, eds., *From Silver to Cocaine: 1500-2000년 Latin American Commodity Chains and the Building of the World Economy, 1500-2000*(Durham: Duke University Press, 2006).

10. Steven C. Topik and Allen Wells, eds., *The Second Conquest of Latin America: Coffee, Henequen, and Oil during the Export Boom, 1850-1930*(Austin: University of Texas Press, 1998).

11. Mike Davis, *Late Victorian Holocausts: El Nino Famines and the Making of the Third World*(London: Verso Books, 2002) [한국어판. 마이크 데이비스 지음, 정병선 옮김,《엘니뇨와 제국주의로 본 빈곤의 역사》, 서울: 이후, 2008]; Richard P. Tucker, *Insatiable Appetites: The United States and the Ecological Degradation of the Tropical World*, rev. ed.(Lanham, MD: Rowman and Littlefield, 2007).

12. 또한 다음을 보라. Gary Y. Okihiro, *Pineapple Culture: A History of the Tropical and Temperate Zones*(Berkeley: University of California Press, 2009), 143-144. Virginia Scott Jenkins, *Bananas: An American History*(Washington, DC: The Smithsonian Institute Press, 2000) [한국어판. 버지니아 스콧 젠킨스 지음, 송은경 옮김 《바나나 혹은 미국의 역사》, 고양: 이소출판사, 2002]

13. Ramón Amaya Amador의 1950년 소설 《녹색 감옥Prisión Verde》(El Progreso: Editorial Ramón Amaya Amador, 2003); John Soluri, *Banana Cultures: Agriculture, Consumption, and Environmental Change in Honduras and the United States*(Austin: University of Texas Press, 2005), chapter 5. 또한 다음을 보라. Aviva Chomsky, *West Indian Workers and the United Fruit Company in Costa Rica, 1870-1940*(Baton Rouge: Louisiana State University Press, 1996).

14. Patricia Vega Jimenez, "El Gallo Pinto: Afro-Caribbean Rice and Beans Conquer the Costa Rican National Cuisine," *Food, Culture & Society* 15, no. 2(June 2012): 223-240.

15. 예컨대 다음을 보라. Mary Yeager, *Competition and Regulation: The Development of Oligopoly in the Meatpacking Industry*(Greenwich, CT: Jai Press, 1981).

16. Jeffrey M. Pilcher, *The Sausage Rebellion: Public Health, Private Enterprise, and Meat in Mexico City, 1890-1917*(Albuquerque: University of New Mexico Press, 2006); Sydney Watts, *Meat Matters: Butchers, Politics and Market Culture in Eighteenth-Century Paris*(Rochester, NY: University of Rochester Press, 2006).

17. Roger Horowitz, Jeffrey M. Pilcher and Sidney Watts, "Meat for the Multitudes: Market Culture in Paris, New York City, and Mexico City over the Long Nineteenth Century," *American Historical Review* 109, no. 4(October 2004): 1062.

18. Nick Cullather, "The Foreign Policy of the Calorie," *American Historical Review* 112, no. 2(April 2007): 337-364.

19. Jeffrey M. Pilcher, *¡Qué vivan los tamales! Food and the Making of Mexican Identity*(Albuquerque: University of New Mexico Press, 1998).

20. E. P. Thompson, "The Moral Economy of the English Crowd in the Eighteenth Century," *Past and Present* 50(February 1971): 76-136.

21. Cormac Ó Gráda, *Famine: A Short History*(Princeton, NJ: Princeton University Press, 2009), 23-24.

22. Geoffrey Gilbert, introduction to Thomas Malthus, *An Essay on the Principle of Population*(Oxford: Oxford University Press, 2004), vii-xxv; Cormac Ó Gráda, *Famine: A Short History*, 8.

23. Warren Belasco, *Meals to Come: A History of the Future of Food*(Berkeley: University of

California Press, 2006).

24. Amartya Sen, *Poverty and Famines: An Essay on Entitlement Deprivation*(Oxford: Oxford University Press, 1981), 1, 8.

25. Timothy M. Shaw, "Towards a Political Economy of the African Crisis: Diplomacy, Debates, and Dialectics," in *Drought and Hunger in Africa: Denying Famine a Future*, ed. Michael Glantz(Cambridge: Cambridge University Press, 1987), 127-147; Michael Watts, "Drought, Environment and Food Security: Some Reflections on Peasants, Pastoralists and Commoditization in Dryland West Africa," ibid, 181-211.

26. Thomas J. Bassett and Alex Winter-Nelson, *The Atlas of World Hunger*(Chicago: University of Chicago Press, 2010), chapter 8.

27. James c. Scott, *Seeing Like a State: How Certain Schemes to Improve the Human Condition Have Failed*(New Haven: Yale University Press, 1998), 4. [한국어판. 제임스 C. 스콧 지음, 전상인 옮김,《국가처럼 보기: 왜 국가는 계획에 실패하는가》, 서울: 에코리브르, 2010]

28. Bill Winders, *The Politics of Food Supply: U.S. Agricultural Policy and the World Economy*(New Haven: Yale University Press, 2009).

29. Tracey Deutsch, *Building a Housewife's Paradise: Gender, Politics, and American Grocery Stores in the Twentieth Century*(Chapel Hill: University of North Carolina Press, 2010), 156.

30. Carol Helstosky, *Garlic and Oil: Food and Politics in Italy*(Oxford: Berg, 2004).

31. Enrique C. Ochoa, *Feeding Mexico: The Political Uses of Food Since 1910*(Wilmington, DE: Scholarly Resources, 2000).

32. Natalia Milanesio, "Food Politics and Consumption in Peronist Argentina," *Hispanic American Historical Review* 90, no. 1(February 2010): 75-108.

33. Robert H. Bates, *Markets and States in Tropical Africa: The Political Basis of Agricultural Policies*(Berkeley: University of California Press, 1981).

34. Deborah Bryceson, *Food Insecurity and Social Division of Labor in Tanzania, 1919-1985*(New York: St. Martin's Press, 1990); Deborah Bryceson, *Liberalizing Tanzania's Food Trade: Public and Private Faces of Urban Marketing Policy*(Geneva: United Nations Research Institute, 1993).

35. Elena Osokina, *Our Daily Bread: Socialist Distribution and the Art of Survival in Stalin's Russia, 1927-1941*(Armonk, NY: M.E. Sharpe, 1999); James c. Scott, *Seeing Like a State: How Certain Schemes to Improve the Human Condition Have Failed*, chapter 6.

36. Judith Shapiro, *Mao's War against Nature: Politics and the Environment in Revolutionary China*(Cambridge: Cambridge University Press, 2001).

37. Medea Benjamin, Joseph Collins, and Michal Scott, *No Free Lunch: Food and Revolution in Cuba Today*(New York: Grover Press, 1984); Joseph Collins, et al, *Nicaragua: What Difference Could a Revolution Make*(San Francisco: Food First Books, 1985).

38. Nick Cullather, *The Hungry World: America's Cold War Battle Against Poverty in Asia*(Cambridge, MA: Harvard University Press, 2010).

39. Peter M. Rosset, *Food Is Different: Why We Must Get the WTO Out of Agriculture*(London: Zed Books, 2006), 20. [한국어판. 피터 M. 로셋 지음, 김영배 옮김, 《식량주권: 식량은 상품이 아니라 주권이다》, 서울: 시대의창, 2008]

40. Philip McMichael and Chul-Kyoo Kim, "Japanese and South Korean Agricultural Restructuring in Comparative and Global Perspective," in *The Global Restructuring of Agro-Food Systems*, ed. Philip McMichael(Ithaca, NY: Cornell University Press, 1994), 46.

41. David Barkin, Rosemary L. Batt, and Billie R. DeWalt, *Food Crops vs. Feed Crops: Global Substitution of Grains in Production*(Boulder, co: Lynne Reinner Publishers, 1990), 4.

42. Mary Hendrickson and William Heffernan, "Concentration of Agricultural Markets," Department of Rural Sociology, University of Missouri(Online). April 2007. Available: http://www.foodcircles.missouri.edu/07contable.pdf(September 8, 2010).

43. Selma Tozanli, "The Rise of Global Enterprises in the World's Food Chain," in *Multinational Agribusiness*, ed. Ruth Rama(New York: Food Products Press, 2005), 22.

44. Thomas Reardon and C. Peter Timmer, "The Rise of Supermarkets in the Global Food System," in *Globalization of Food and Agriculture and the Poor*, ed. Joachim von Braun and Eugenio Diaz-Bonilla(New Delhi: Oxford University Press, 2008), 184-213.

45. "Global Powers of Retailing 2010: Emerging from the Downturn," Deloitte Touche and Tohmatsu and STORES Media 보고서(Online). February 2010. Available: http://www.deloitte.com/view/en_ GX/global/industries/consumer-businesstransportation/retail/6b79C2cd67b06210Vgn VCM200000bb42fooaRCRD.htm(September 9, 2010).

46. 다음을 보라. Nelson Lichtenstein, *The Retail Revolution: How WAL-MART Created a Brave New World of Business*(New York: Metropolitan Books, 2009); Nelson Lichtenstein, *WAL-MART: The Face of Twenty-First Century Capitalism*(New York: The New Press, 2006).

47. Reardon and Timmer, "The Rise of Supermarkets in the Global Food System," 201.

48. Marion Nestle, *Food Politics: How the Food Industry Influences Nutrition and Health*(Berkeley: University of California Press, 2002) [한국어판. 매리언 네슬 지음, 김정희 옮김, 《식품정치: 미국에서 식품산업은 영양과 건강에 어떤 영향을 끼치는가?》, 서울: 고려대학교출판부, 2011]

49. Corinna Hawkes, "Globalization of Agrifood Systems and the Nutrition Transition," in von Braun and Diaz-Bonilla, *Globalization of Food and Agriculture*, 230.

50. Per Pinstrup-Andersen and Ebbe Schiøler, *Seeds of Contention: World Hunger and the Global Controversy over GM Crops*(Baltimore, MD: The Johns Hopkins University Press, 2000); Jack Kloppenburg, *First the Seed: The Political Economy of Plant Biotechnology, 1492-200* 2nd ed.(Madison: University of Wisconsin Press, 2004) [한국어판. 잭 클로펜버그 2세 지음, 허남혁 옮김, 《농업생명공학의 정치경제: 시작은 씨앗부터》, 파주: 나남, 2007]

51. Rachel Schurman and William A. Munro, *Fighting for the Future of Food: Activists vs. Agribusiness in the Struggle Over Biotechnology*(Minneapolis: University of Minnesota Press, 2010).

52. 이러한 입장은 Frances Moore Lappe, Joseph Collins, and Peter Rosset, *World Hunger: Twelve Myths*, 2nd ed.(New York: Grove Press, 1998)에 가장 잘 기술되어 있다. [한국어판. 프랜

씨스 라페 등 지음, 허남혁 옮김, 《굶주리는 세계: 식량에 관한 열두 가지 신화》, 파주: 창비, 2003]

53. Gerardo Otero, ed., *Food for the Few: Neoliberal Globalism and Biotechnology in Latin America*(Austin: University of Texas Press, 2008).

54. Kathy McAfee, "Exporting Crop Biotechnology: The Myth of Molecular Miracles," in ibid, 61-62.

55. Per Pinstrup-Andersen and Ebbe Schiøler, *Seeds of Contention: World Hunger and the Global Controversy over GM Crops*, 108에서 인용.

56. Miguel Teubal, "Genetically Modified Soybeans and the Crisis of Argentina's agricultural Model," in Gerardo Otero, ed., *Food for the Few: Neoliberal Globalism and Biotechnology in Latin America*, 189-216.

57. Wangari Maathai, "The Link Between Patenting of Life Forms, Genetic Engineering and Food Insecurity," *Review of African Political Economy* 25, no. 77(September 1998): 529-531.

58. 식품가공업에서 이러한 최근의 변화의 예로는 다음을 보라. Deborah Fink, *Cutting into the Meatpacking Line: Workers and Change in the Rural Midwest*(Chapel Hill: University of North Carolina Press, 1998); Steve Striffler, *Chicken: The Dangerous Transformation of America's Favorite Food*(New Haven: Yale University Press, 2005); Carolina Bank Munoz, *Transnational Tortillas: Race, Gender, and Shop Floor Politics in Mexico and the United States*(Ithaca, NY: Cornell University Press, 2008).

59. Deborah Barndt, *Tangled Routes: Women, Work, and Globalization on the Tomato Trail*(Lanham, MD: Rowman and Littlefield, 2002); Deborah Barndt, ed., *Women Working the NAFTA Food Chain: Women, Food and Globalization*(Toronto: Sumach Press, 1999).

60. John Walton and David Seddon, *Free Markets and Food Riots: The Politics of Global Adjustment*(Oxford: Blackwell Publishers, 1994), 54.

61. "Dedaración de la Selva Lacandona," January 1, 1994, reproduced in *Rebellion in Chiapas: A Historical Reader*, ed. John Womack, Jr.(New York: The New Press, 1999), 247-249.

62. Enrique C. Ochoa, *Feeding Mexico: The Political Uses of Food Since 1910; Tom Barry, Zapata's Revenge: Free Trade and the Farm Crisis in Mexico*(Boston: South End Press, 1995).

63. Monica Dias Martins, "Learning to Participate: The MST Experience in Brazil," in *Promised Land: Competing Visions of Agrarian Reform*, ed. Peter Rosset, Raj Patel, and Michael Courville(Oakland, CA: Food First Books, 2006), 265-276; Angus Wright and Wendy Wolford, *To Inherit the Earth: The Landless Movement and the Struggle for a New Brazil*(Oakland, CA: Food First Books, 2003).

64. Bassett and Winter-Nelson, *The Atlas of World Hunger*, 80.

65. Annette Aurelie Desmarais, *La Via Campesina: Globalization and the Power of Peasants*(London: Pluto Press, 2007), 6-7. [한국어판. 아네트 아우렐리 데스마레이즈 지음, 박신규·엄은희·이소영·허남혁 옮김, 《비아캄페시나: 세계화에 맞서는 소농의 힘》, 대구: 한티재, 2011]

66. 다음에서 인용. Peter M. Rosset, *Food Is Different: Why We Must Get the WTO Out of*

Agriculture, 125-126.

67. Susan B. Hecht, "The Evolution of Agroecological Thought," in *Agroecology: The Science of Sustainable Agriculture*, ed. Miguel A. Altieri, 2nd ed.(Boulder: Westview Press, 1995), 1.

68. Miguel A. Altieri, "Agroecology, Small Farms, and Food Sovereignty," *Monthly Review*(July-August 2009): 109.

69. Vandana Shiva, *Earth Democracy: Justice, Sustainability, and Peace*(Cambridge, MA: South End Press, 2005), 2.

70. 다음에서 인용, Sofia Monsalve Suarez, "Gender and Land," in Peter Rosset, Raj Patel, and Michael Courville, *Promised Land*, 194; Annette Aurelie Desmarais, *La Via Campesina: Globalization and the Power of Peasants*, 161-181.

71. José Bové and François Dufor, *The World is Not for Sale: Farmers Against Junk Food*, trans. Anna de Casparis(London: Verso Books, 2001). [한국어판. 조제 보베·프랑수아 뒤푸르·질 뤼노 지음, 홍세화 옮김, 《세계는 상품이 아니다: 세계화와 나쁜 먹거리에 맞선 농부들Le monde n'est pas une marchandise. Des paysans contre la malbouffe》, 서울: 울력, 2002]

72. Daniel Jaffee, *Brewing Justice: Fair Trade Coffee, Sustainability, and Survival*(Berkeley: University of California Press, 2007) [한국어판. 다니엘 재피 지음, 박진희 옮김, 《커피의 정치학: 공정무역 커피와 그 너머의 이야기》, 서울: 성균관대학교 출판부, 2010]; Henry J. Frundt, *Fair Bananas: Farmers, Workers, and Consumers Strive to Change an Industry*(Tucson: University of Arizona Press, 2009).

3장

음식의 문화사

Cultural Histories of Food

제프리 M. 필처 Jeffrey M. Pilcher

음식의 문화사는, 적어도 최근의 학문적 연구 경향을 고려할 때, 장황한 표현처럼 보일 수도 있다. 음식은 인간의 삶에서 없어서 안 될 한 부분으로 고대부터 역사적 서사 속에 등장했다. 그러나 음식이 전문적 학문 탐구 대상으로 인정받기 시작한 것은 1990년대 들어 '신문화사new cultural history'*가 득세하면서다. 음식의 역사 분야는, 문화의 학문적 지배력이 해체되고 약해지기 시작했음에도, 계속해서 활기차게 범위를 넓혀갔다. 따라서 이제 음식에 관한 역사적 연구를, 먹거리정치와 영양 섭취의 역사에 관한 문화적 접근방식과는 전혀 다른 별개의 문화적 표현으로서 곰곰이 생각해야 할 적절한 시점인 것처럼 보인다.[1] 문화사는 가

---

* 20세기 후반 미국·프랑스·독일 등지에서 동시에 일어난 포스트모더니즘 계열의 새로운 역사 연구 흐름. 민중의 일상과 문화를 역사의 중요한 동인으로 인정한다. 아날학파 제4세대 로제 샤르티에와 문화인류학의 영향을 크게 받은 미국의 역사학자 로버트 단턴Robert Darnton 이 그 중심인물이다.

장 기본적인 차원에서 과거의 의미를 찾는 작업이다. 다시 말해, 사람들이 자기가 살았던 세상을 어떻게 이해했는지를 알아내는 일이다. 이 장에서는 역사학자들이 요리를 어떻게 해석했으며 시간이 흐르면서 일어난 요리의 변화를 어떻게 설명했는지에 대해 살펴본다.

문화에 대한 학자들의 생각이 바뀌면서 요리를 이해하는 방식도 크게 바뀌었다. 잭 구디Jack Goody는 —남성 주방장들chefs이 음식을 조리하고, 주요 공식 행사장 식탁에 요리가 올라가고, 조리법이 문자로 기록되는 고급문화로 여겨졌던— 19세기 요리의 개념에 주목했다. 구디의 비교사회학comparative sociology적 분석에 따르면, 이전에는 음식을 여자 요리사들cooks이 조리하고, 집에서 먹는, 대개 역사 기록으로 남지 않는 좀 더 단순하고 계층 간 차이가 없는 일상생활의 한 부분으로 생각했던 반면에, 19세기 들어 문자를 읽고 쓸 수 있는 사람이 많아지고 사회의 계층구조가 확립되면서 요리에 대한 생각도 바뀌었다.[2] 반면에 시드니 민츠는 요리를 식재료, 조리기술, 그리고 무엇이 적절하고 건강하며 맛있는 식사인지에 대한 공통된 태도와 믿음을 모두 포함하는 한 사회 내부의 음식 문화로서 정의하는 문화인류학적 관점을 취했다.[3] 언어적 전환linguistic turn*을 따르는 프리실라 파크허스트 퍼거슨Priscilla Parkhurst Ferguson은 일상의 관행을 일정하게 고정된 패턴으로 정형화함으로써 집단적 정체성의 기반을 만들어내는 문화 코드로서 요리에 대한 해석학적 추론의 특성을 강조했다.[4] 나는 이러한 접근방식들을 근거로 서로 연결되어 있는 세 관점 즉 요리 문헌의 전파, 음식의 맛, 실제 조리 방식이 역사적으로 어떻게 변화했는지 검토한다.

이 과정에서 음식사학자들은 신문화사를 뒷받침하는 광범위한 이론들 가운데 자신들이 무엇을 선호하는지 뚜렷이 드러냈다.[5] 보편적 심리 규칙을 찾아내기 위해 기호학적 분석 방식을 사용했던 1960년대 구조주의 인류학자들은 요리체계에 주목했음에도 직접적으로 그 연구 방향을 제시하지는 못했다. 클로드 레비-스트로스는 음식을 "생각하기 좋은good to think" 대상이라는 명언을 남겼지만, 역사와 무관한 가설들 때문에, 날것the raw과 익힌 것the cooked이라는 대립적 분석 이상으

---

* 언어의 사회적·문화적 맥락에서 의미를 강조하는 분석철학적 흐름. 언어적 전회라고도 한다.

로는 음식의 역사 연구 범위를 확대하지 못했다.* 메리 더글러스Mary Douglas의 순수[깨끗함]purity와 오염[더러움]pollution에 관한 연구 또한 식사법의 해석을 통해 음식에 직접적으로 접근하기보다는 몸에 대한 인류학적 분석을 통해 음식의 간접적 영향을 더 강조한 것일 수도 있다.** 한편, 민츠가 유물사적 접근방식으로 저술한 《설탕과 권력》(1985)은 음식의 역사를 대표하는 이정표로 큰 명성을 얻었다.[6]

역사사회학자들의 연구 또한 형성기에 있었다. 특히 노르베르트 엘리아스 Norbert Elias는 자신이 "문명화과정civilizing process"***이라고 부른 것을 통해 근세 유럽 국가가 형성되었음을 입증하기 위해 식탁예절[식사예절]table manner의 역사를 끌어왔다. 엘리아스의 제자 스티븐 메넬Stephen Mennell은 《음식의 모든 매너들 All Manners of Food》(1985)에서 프랑스와 영국의 요리 발전 과정을 설명하면서 문명화과정 이론을 적용했다.[7] 음식사 연구에 중대한 영향을 끼친 또 다른 이론은 피에르 부르디외Pierre Bourdieu와 미셸 드 세르토Michel de Certeau 등이 정교화한 사회적 실천론practice theory이었다. 그들은 권력구조를 조종해 자율성autonomy을 얻어낼 줄 아는 일반인의 즉흥성improvisation을 탐구했다. 반면에, 신문화사학자들이 아마도 가장 존경하는 프랑스 이론가 미셸 푸코Michel Foucault는 음식사학자들에 대해 그다지 주목하지 않았다. 그러나 요리와 관련된 의식 연구performance studies, 리터러시 연구literacy studies, 감각 연구sensory studies처럼 새로운 분야들은 지금까지 보다 훨씬 더 큰 주목을 받을 가치가 있다.

여기서는 콜럼버스의 교환, 농업생산성의 증대와 상업화commercialization의 확대, 여러 지역에서의 사회적 이동성 증가 덕분에 전 세계의 요리가 극적으로 변화하게 된 근세사 연구에 주로 초점을 맞추고자 한다. 유럽에서 입맛의 변화는 부유한 사람들의 식탁을 통해, 그리고 대량 소비주의mass consumerism의 시작과 더

---

* 클로드 레비-스트로스의 이 책은 국내에서는 《신화학 1: 날것과 익힌 것》(임봉길 옮김, 한길사, 2005)으로 번역·출간되었다.
** 메리 더글러스의 이 책은 국내에서는 《순수와 위험: 오염과 금기 개념의 분석》(유제분·이훈상 옮김, 현대미학사, 1997)으로 번역·출간되었다.
*** Prozeß der Zivilisation. 자신의 감정을 통제할 수 있는 더 큰 능력을 얻게 되는 역사적 과정. 문명화된 삶의 유형이 어떻게 서구사회에서 심오한 세련화 과정을 거쳐 정상적이고 적절한 행동으로 나타나는지를 보여준다.

불어 문서로 잘 기록되었다. 17세기 중반 프랑스를 시작으로, 향신료로 맛을 낸 정교한 요리들은 개별 식재료의 맛을 돋보이게 하려는 단순화된 조리 방식 때문에 점점 인기를 잃기 시작했다. 자연주의 계몽사상과 관련된 이와 같은 누벨퀴진 nouvelle cuisine*은 유럽 전역에 널리 퍼졌고 식민주의를 통해 전 세계 엘리트들로도 확산되었다. 일부 학자는 프랑스 요리가 끊임없이 발전하는 것처럼 보이는 현상을 단선적 근대성modernity과 결부하기도 했다. 하지만, 프랑스 음식사학자들의 최고 맏형인 장 루이 플랑드랭은 유럽 국가들의 경우에도 국가마다 고유한 요리의 다양성을 강조하면서 그 현상에 신중하게 접근했다.[8] 한편, 외국산 기호식품—초콜릿, 커피, 차, 설탕—의 교역 증가는 사회의 더 많은 구성원에게 일시적 만족을 누릴 수 있는 순간을 제공하면서 "부르주아" 커피하우스coffee house와 같은 새로운 사교 공간들을 낳았다.

우리는 세계가 어떻게 발전해왔는지에 대해 아직 모르는 것이 많다. 그러나 전 세계 근세 사회들이 새로운 형태의 농업, 교역, 식민주의가 낳은 기회와 도전에 창조적으로 대응했다는 것에 대해서는 의심할 여지가 없다. 다행히도 점점 늘어나는 역사 연구가 아시아, 아프리카, 아메리카, 그리고 이슬람 세계에 대해 우리가 모르고 있던 사실들을 알려주기 시작했다. 그 결과, 우리는 요리의 다양한 변화 형태를 비교분석 하며 바라보고 음식과 관련된 문화적 의미의 다양성을 이해할 수 있게 되었다.

요리 문헌의 전파

먼저, 많은 요리책과 그 관련 문헌에서 얘기를 시작하고자 한다. 그 이유는 그것들이 우리의 관습을 결정한다는 불확실한 가정 때문이 아니라 단지 그것들이 세월이 흐르면서 바뀐 것에 대한 역사적 증거를 제공하는 가장 확실한 자료라는 실용적 고려 때문이다. 근세의 요리 관련 문헌들을 연구하다 보면, 문해력literacy

---

* 1970년대 프랑스 고전요리에 대해 반발하며 등장한 요리 경향. "새로운 요리[음식]"라는 의미이다. 고기 사용을 줄이고 채소를 많이 이용하며, 식재료 본연의 풍미·질감·색조를 살리는 것을 특징으로 한다.

과 더불어 인쇄문화와 구술문화 사이의 끊임없는 대화가 얼마나 중요한지를 잘 이해할 수 있다. 출판된 요리책과 그 관련 문헌들은 실용적인 것에서 예술적인 것에 이르기까지 그 종류가 다양하다. 동시에 그것들은 주방의 변화를 기록하고 촉진했다. 그런 문헌을 기록한 사람들은 저마다 자기 나름의 방향을 제시하기도 했지만, 가깝게는 가족과 이웃을 하나로 묶으면서 크게는 민족·시장·사회운동 같은 상상의 공동체를 세우려 애썼다.

영국의 사회인류학자 구디는 글을 읽고 쓸 줄 아는 사회와 그렇지 못한 사회 사이의 "거대한 이분법grand dichotomy"에 일찌감치 주목함으로써 《조리, 요리, 그리고 계급Cooking, Cuisine, and Class》(1982)이라는 획기적인 연구서를 남겼다. 그는 앞서 저술한 《야생의 사고 길들이기The Domestication of the Savage Mind》(1977)*에서 글쓰기가 문화생활의 발전을 가능케 하는 지성인의 기예technology라고 생각했다. 구디가 추상적 사고의 필요조건으로 거론한 일람표, 목록, 공식이 공교롭게도 여러 종류의 식단표, 구입할 식재료 목록, 조리법이었다. 연회장의 차림표는 요리의 선별을 통해서 뿐 아니라 식탁의 상석에 고위층을 앉히는 자리 배치를 통해서도 사회적 위계질서를 부여했다. 하지만, 요리책은 그 책을 소지한 사람들이 특정 지역 음식의 제한된 틀에서 벗어나 더욱 폭넓은 종류의 음식을 개발·제공할 수 있게 했다. 그것은 엘리트들에게는 사회적 구별성을, 야망이 있는 사람들에게는 사회적 이동성을 보장했다.[9]

그러나 1980년대에 일찌감치 새롭게 떠오른 리터러시 연구 분야는 이른바 인쇄문화와 구술문화의 분리에 대한 광범위한 일반화에 의문을 제기하기 시작했다. 학자들은 그런 구분보다는 오히려 읽고 쓰는 행위가 일어나는 사회적 맥락에 세심한 주의를 기울일 것을 요구했다. 그러면서 특히 그동안 정규 학교교육과 고차원적 학문 연구의 변두리에 있던 실용적 기능을 다룬 문헌들에 주목했다. 요리 관련 문헌들에 관한 연구는 서로 분리된 것처럼 보였던 인쇄 영역과 구술성orality 영역 사이의 소통 지점을 밝힘으로써 이 분야의 발전에 크게 기여할 가능성을 제공해주었다.[10]

---

* 국내에서는 《야생 정신 길들이기: 인간 정신의 발달 과정을 해명하다》(김성균 옮김, 푸른역사, 2009)로 번역·출간되었다.

플랑드랭에게서 크게 영감을 받은 요리사학자들은 요리책 원문 분석을 통해 근세 유럽에서 식습관이 어떻게 바뀌었는지를 연대순으로 구분하는 데서 연구를 시작했다. 요컨대 이와 같은 시기 구분은 출판의 역사에서 중요한 계기를 제공한 세 시점을 기준으로 한다. 첫 번째는 16세기 초로 중세시대의 필사본이 인쇄본으로 바뀌기 시작한 시기다. 두 번째는 17세기 중반으로 유력한 문헌들이 새로운 요리의 전형들을 확립한 시기다. 세 번째는 18세기 중반으로 요리책이 하나의 특화된 시장으로 통합된 때인데, 저마다 새로운 요리를 소개한다고 주장하는 요리책들이 쏟아져 나온 시기다. 이처럼 역사적으로 요리를 분석하는 방법에는 조리법에 대한 계통 조사가 포함되었다. 예컨대 처음에 발간된 요리책들에 이미 중세의 조리법을 벗어난 변화가 있음을 밝힌 것은 바로 이런 조사를 통해서다. 요리사학자들은 또한 프랑스 요리가 중세의 화려한 조리법에서 근대의 단순화된 조리법으로 바뀌었음을 정식으로 인정한 《프랑스 요리사Le cuisinier françois》(1651)의 저자로 라 바렌La Varenne이라는 필명을 쓴 프랑수아 피에르François Pierre 같은 유명 저자의 전기 문헌들에 관한 연구도 진지하게 수행했다.[11]

그러는 사이에 학자들은 요리의 전문화와 요리책 인쇄·발간 사이의 관계를 숙고했다. 알랭 지라르Alain Girard는 한 소논문에서 요리책들이 인쇄되어 나오면서 엄격한 도제관계를 통해 조리법을 구술로 전수하던 전통이 서서히 무너지기 시작했다는 간략하지만 도발적인 주장을 펼쳤다. 이와 같은 변화는 요리를 가르치는 사람의 권위를 약화시키기보다는 오히려 그를 장인으로서 인정하는 계기를 마련하고 지배층 주방에서 더 큰 실험과 혁신을 불러왔다.[12] 메넬은 이런 주장을 더욱 확대해 프랑스와 영국의 요리책 출판 전통을 비교분석 했다. 프랑스 요리책은 자신들을 위해 남성 요리사들이 쓴 반면에, 영국 요리책은 프랑스 요리의 다양한 혁신을 거부했던 시골의 주부들을 위해 여성들이 주로 썼다.[13]

근대 유럽 조리법의 부상과 요리책이라는 특이한 장르의 등장은 요리가 건강과 관련해 의학적 예속에서 점점 벗어나고 있던 현실의 변화에 따른 것이었다. 고대 세계로부터 유래된 4체액설*을 신봉하는 갈레노스Galenos의 의학은 몸 건강

---

* 히포크라테스가 처음 주장한 것으로 인간의 몸에는 혈액blood, 점액phlegm, 황담즙yellow bile, 흑담즙black bile 4가지 체액humorism, humoralism이 존재한다는 학설.

유지를 위해 체액의 균형에 필수적 요소로, 음식을 특히 향신료를 꼽았다. 실제로 플랑드랭은 4체액설이 점점 의학적 근거를 잃으면서 전통적인 건강 개념에 전혀 구애받지 않고 좀 더 심미적인 관점에서 조리법에 접근할 수 있게 되었다고 주장했다.[14] 한편, 엘리자베스 스필러Elizabeth Spiller는 근세의 인쇄문화가 지식 전승에 끼친 영향을 면밀히 검토하면서, 기계적 기술[기예]mechanical arts*과 관련된 "비법이 담긴 책"에 기록되어 있던 조리법이 오로지 요리만 전문으로 다루는 책에 실리기 시작했음을 발견했다. 그녀는 17세기 중반 영국 요리책의 부활이, 라 바렌 덕분이라기보다는, 1949년에 영어로 번역되어 모든 종류의 보조 문헌들의 확산에 기여한 의약품 공정서 《런던 약전藥典, Pharmacopoea Londoninses》에 기술된 치료 방식을 왕실이 더는 통제할 수 없게 된 때문이라고 결론지었다.[15]**

영국에서 요리책 발간이 활발해진 또 다른 중요한 문학적 배경으로, 부유한 가문에서 보통 대를 이어 물려주던 요리 비법 필사본들을 들 수 있다. 그것을 물려받은 후손들은 저마다 자신의 경험을 반영해 새로운 조리법과 주석을 비법에 추가했다. 샌드라 셔먼Sandra Sherman이 보여준 것처럼, 이와 같은 자유롭고 개방적인 기록 방식은 세대를 가로질러 대화할 수 있게 해줌으로써 기존의 구술 공동체 범위를 확장했다. 반면, 출간된 요리책들은 문학시장이라는 상상의 공동체에서 작동되었고, 저자들은 처음에는 구술에 의한 전승을 완전히 폐기하려 애썼다. 하지만 그들은 주방장으로서 직업적 경험을 바탕으로 자신들의 권위를 주장할 때에도 여전히 지난날 도제 방식의 전제 조건들을 무의식적으로 계속 유지하고 있었다. 따라서 로버트 메이Robert May의 1660년 "통닭구이" 조리법은 다 구운 닭요리에 고명을 얹거나 뿌려 먹음직스럽게 꾸미는 것에 대해 자세하게 설명하고 있지만, 정작 처음에 닭을 어떻게 굽는지에 대해서는 전혀 설명이 없다. 18세기 들어 인쇄물시장이 점점 더 경쟁적으로 성장하면서, 내용이 부실한 요리책은 금방 다른 경쟁 요리책들로부터 비난을 받았다. 요리책 저자들은 독자들의 충성도를 높이기 위해 구술 공동체의 즉시성을 본받으려 했다. 셔먼은 이러한 문

* "자유학예liberal arts"(문법, 수사법, 변증법, 산술, 기하학, 천문학, 음악 등)에 대비되는 말로, 순전히 실용성을 목적으로 하는 비속한 기술로서 근세 이전까지는 자유학예보다 하위 범주로 여겨졌다.
** 기존의 《런던 약전》은 라틴어로 기술되어 있었다.

헌 연구와 문학적 배경을 분석함으로써 영국에서 요리책의 발전 과정에 대한 역사적 통찰력을 제공한다.[16]

19세기 초, 요리책은 프랑스에서 또 하나의 새로운 문학시장으로 떠오르면서 음식을 만드는 것뿐만 아니라 초기에 일종의 사회시설로 등장한 레스토랑에서 조리되는 음식을 먹는 것에 관한 지침도 제공했다. 퍼거슨은 부르디외의 문화 이론*을 적용해 요리 문학의 성장을 탐색하면서 당시 주방장, 음식비평가, 소설가, 수필가들이 어떻게 새로이 부상하는 중산계급에 지난날 귀족들이 즐기던 고급 요리의 진수를 주입시키려 애썼는지를 보여주었다. 이 요리 문학은 요리책 저자들의 전문가로서의 지위를 굳건히 뒷받침했거니와, 파리 사람들을 기준으로 국민들을 표준화하고 프랑스를 중심으로 전 세계를 통합하면서 프랑스의 국가정체성을 강화하는 역할을 했다.[17]

그러나 요리책은 여러 민족과 시장이라는 상상의 공동체들을 고무할 수 있었을뿐더러 서로 매우 다른 형태의 환상들을 불러일으킬 수 있었다. 에릭 래스는 근세 일본에 관한 연구에서 음식이 아름다움, 도덕성, 감성을 구현할 수 있음을 입증했다—심지어 그것이 사람이 먹기 위한 것이 아닐지라도 말이다. 도쿠가와 시대Tokugawa era**의 지배층 연회는 대개 음식을 먹기 전에 생선류나 가금류를 주방용 칼로 정교하게 베어 나누는 "칼 의식knife ceremony"***을 거행했는데, 이것은 식사 분위기를 조성하고 손님들의 호기심을 자극해 식욕을 돋우는 구실을 했다. 지난날 일부 주방장 사이에만 손으로 써서 전수되던 요리 "비법"이 17세기 일본에서 대중 출판 시장의 성장과 더불어 요리책으로 발간되면서 광범위한 독자들의 호응을 얻었다. 이러한 요리책에는 귀감이 되는 연회 방식, 조리법, 식탁예절에 관한 조언들이 담겨 있었다. 비록 대다수 독자들은 실제로 책에 실린 것과 같은 진수성찬

---

* 창조적 지식이나 예술작품과 같은 문화 활동은 창작자들이 속한 특정한 환경에 의해 형성된 성향, 사고, 인지, 판단, 행동 체계에 따라 결정된다는 주장.
** 德川時代. 1603년 3월 24일 도쿠가와 이에야스德川家康가 대장군이 되어 에도江戸(일본 도쿄의 옛 이름)에 막부幕府를 연 때부터 1868년 5월 3일 에도 성이 메이지 정부군에 함락되는 때까지의 265년간을 이른다. 에도시대江戸時代라고도 한다.
*** 호초시키包丁式. 한 손에 칼, 다른 한 손에 젓가락을 들고 생선과 같은 제물을 정교하게 베어내고 장식하는 의례. '호초시키'는 일본어로 '요리사 의식'이라는 뜻이다.

을 먹는 것을 꿈도 꾸지 못했지만 책을 통해 마음속으로나마 그 맛을 음미할 수 있었다.[18]

중국의 요리책 또한, 서양과는 매우 다른 방식이지만, 제국의 맛의 지형 안에 다양한 지역 문화를 이식함으로써 상상력을 자극했다. 마크 스위슬로키Mark Swislocki는 중국 문화가 지역적 특수성과 세계적 보편성을 형성하는 과정에서 요리가 갖는 중요성을 강조했다. 상하이의 달콤한 수밀도 복숭아와 같은 유명 음식들은 일본과 마찬가지로 그 심미적 평가를 중요하게 생각한다. 그러나 이런 음식들은 또한 지명사전 같은 인쇄문화를 후원하는 사람들에게 자부심을 느끼게 하는 요소로서도 역할을 했으며, 처음에는 지역 차원에서 시작되었지만 나중에는 지역뿐 아니라 제국 전체의 독자를 대상으로 책을 쓰는 저자들 덕분에 많은 사람의 인정을 받고 더 널리 전파될 수 있었다. 이와 같은 요리책들은 중국의 농업과 미각의 뛰어남을 애써 강조했다.[19]

학자들은 또한 음식에 대한 깊은 문화적 관심에도 요리책이 개발되지 않은 사회들에도 주목했다. 아르준 아파두라이는 인도에서 요리책을 쓰는 것에 무관심했던 이유가 무엇인지 궁금해했다. 그가 연구를 통해 얻은 결론은, 영국의 식민지 중산계급 문화가 엄습하기 전까지 인도에서는 음식에 지나치게 무거운 도덕적·종교적 의미를 부여한 까닭에 음식과 같은 쾌락의 문화를 발전시킬 수 없었다는 것이다. 식민지 라틴아메리카 사람들 역시 음식 및 요리 관련 책을 거의 쓰지 않았다. 아마도 스페인 사람들과 원주민들 사이의 사회적 계급이 불일치한 때문이었을 것이다. 스페인 지배자들은 원주민들의 음식과 문화를 거부했다. 하지만 그럼에도 그것들은 적어도 일상생활의 저변을 통해, 예컨대 거리에서 파는 음식에 맛을 들이기 시작하면서 서서히 지배층의 문화를 파고들었다. 요리 문학도 성쇠의 시기를 거치는 것임에 틀림없다. 일례로 중세 아랍 사회는 엄청나게 많은 요리책을 양산해냈지만, 근세 오스만제국 시기에 들면서 그와 같은 요리 관련 문헌 생산은 크게 감소했다. 그러다 19세기에 유럽의 제국주의 열강과 문화적으로 경쟁하면서, 오즈게 사만츠Özge Samanci는 오스만제국 시대의 요리책을 되살리는 데 크게 기여했다.[20]

대다수 요리책 저자와 독자들은 민족이나 제국과 관련된 거대한 목표가 아니라, 가족과 친구들을 위해 저녁을 차리는 것처럼, 좀 더 친근하고 일상적인 목표와 공동체에 관심이 있었을 가능성이 크다. 게다가 그런 문서와 공동체들은, 여러 저술가가 훌륭하게 증명한 것처럼, 여성의 삶에서 중요한 역할을 했다. 수전 레오나르디Susan Leonardi는 공동체 내의 젠더[젠더성]를 나누는 사회관계망을 재생산해내는 담론이 조리법에 내재해 있다고 생각했다. 그녀는 다양한 조리법의 구성과 그 조리법 사이의 상호 영향에 관한 면밀한 검토를 통해 조리법에 여성을 구속하는 문화적 가치관이 스며들어 있음을 간파할 수 있었다. 바버라 크리센블랫-김블렛Barbara Kirschenblatt-Gimblett은 개혁파 집단과 보수파 집단이 서로 크게 다른 유대인 공동체를 위한 요리책들에 담긴 먹거리정치를 상세히 검토했다. 앤 바우어Anne Bower와 그녀가 편집한 공동체 집단을 위한 요리책의 저자들은 이 점을 더욱 파고들어 그렇게 도식화된 것처럼 보이던 책이 어떻게 문학의 기본 요소 즉 배경, 등장인물, 줄거리, 주제를 갖출 수 있게 되었는지를 상술했다. 끝으로, 재닛 테오파노Janet Theophano는 요리책을 여성들의 자서전이라고 보고 그것이 가정생활의 기록보관소로서 어떤 역할을 담당했는지 탐구했다.[21]

기록 보관 과정은 또한 한 공동체의 역사적 기억에서 특정 개인과 집단을 배제할 여지가 있었다. 특히 아프리카계 미국인들의 조리법은 미국 남부 지역의 요리 양식에서 그 흔적이 사라졌다. 백인 요리책 저자들은 대개 입 발린 말로 흑인 요리사들의 노고를 치하하기는 했지만, 앤트 저마이머Aunt Jemima*와 같은 형태로, 그들의 요리를 장인의 창조적 재능이 아니라 원시적 구술문화의 산물로서 묘사함으로써 엘리트들의 정교한 요리를 더욱 돋보이기 위한 비교 수단으로 이용했다. 주디스 카니는 역사학자들이 [미국 남동부 대서양 연안] 사우스캐롤라이나South Carolina 지역의 쌀 생산에 대해 기술하면서, 숙련된 흑인 노동자들을 어떻게 다루었는지를 비슷한 논리로 설명했다.[22]

역사적 기억은 또한 최근에 도나 R. 가바치아Donna R. Gabaccia와 제인 올드리치Jane Aldrich가 캐롤라이나 지역에서 최초로 발간된 요리책《캐롤라이나 요리책The Carolina Receipt Book》(1832)을 쓴 익명의 여성이 누구인지 밝히기 위해 수행한 획기적 연구에서 중심에 있었다. 요리사학자들은 연구를 통해,《캐롤라이나의 주부

---

* 저마이머 아줌마. 백인 가정에 굴종하는 흑인 가정부를 비하하는 말. 한때 미국에서 큰 인기를 끈 팬케이크 재료 상품명이기도 하다.

The Carolina Housewife》(1847)로 더 잘 알려진 세라 러틀리지Sarah Rutledge의 가문을 포함해 지역 엘리트 가운데 한 사람이 그 책을 썼을 것이라는 그동안의 유력한 추측이 틀렸음을 알 수 있었다. 따라서 가바치아와 올드리치는 남북전쟁 전 미국 남부의 요리 문헌 생산 과정에서 숨겨진 세계까지 더욱 폭넓게 탐구함으로써, 가정문학이나 자선 사업과 관련된 전통적인 여성들의 인맥 관계뿐 아니라 남부의 연방법거부Nullification처럼 마침내 남북전쟁을 불러온 매우 남성적인 정치적 이해관계까지도 숙고했다. 그들은 그 요리책의 저자가 [사우스캐롤라이나주] 찰스턴 Charleston 출신이 아닌 외부의 여성이라는 것을 알아냈지만, 전통적으로 찰스턴에서 역사상 최초인 것들을 도시에 봉헌·기념하는 일을 도맡은 그곳의 엘리트 가문들이 그녀를 역사적 기억의 가장자리로 밀어냄으로써, 결국 그 도시에서 새로운 요리를 개발한 한 사람을 역사에서 지워버렸다고 결론지었다.[23]

이 간략한 연구에서도 알 수 있는 것처럼, 요리책은 음식을 만드는 사람이 저녁 식탁을 차리는 일을 돕는 기본적 역할을 뛰어넘어 훨씬 더 광범위한 기능을 수행할 수 있다. 요리책은 규범 문학으로서 훌륭한 요리의 기준을 정하고 강화하는 구실을 한다. 이러한 역할은 특정한 조리법, 개인, 집단을 배제하는 막강한 영향력을 수반한다. 요리책은 또한 출세를 위한 문학, 사회적 신분 상승의 수단, 공상의 세계를 경험하는 방법으로서 역할을 수행할 수도 있다. 요리책이 이와 같은 역할을 할 수 있는 것은 일정 부분 다른 지역의 아이디어를 자기네 지역의 관습으로 바꿔낼 줄 아는 요리책 저자들의 능력 덕분이다. 요리책은 그 저자들에게 공동체를 건설하고, 신분을 옹호하고, 과거를 기록·보관하고, 역사적 기억을 보존하고, 예술적 성취를 이루는 문학 매체다—지난날 정통 학자들이 오랫동안 무시해왔던 보잘것없는 문학 장르에 불과했다는 점에서 볼 때, 요리책이 이룬 성취는 결코 작지 않다.

음식의 맛

맛의 역사적 뿌리를 찾는 일historicizing taste은 식탁의 관점에서 쓰는 음식의 문화사가 추구하는 가장 기본적인 목표다. 그러한 작업에서 가장 어려운 문제는,

많은 학자가 언급하는 대로, 맛의 특성이 본디 순간적이라는 사실뿐 아니라 맛을 인식하는 우리의 감각과 그것을 표현하는 언어 사이에 근본적 차이가 있다는 점이다. 일부 학자는 그와 같은 어려운 문제에 직면해서 개인의 경험보다는 사회 집단의 선호를 더 주목했다. 이런 접근방식은 특정한 음식 섭취를 널리 전파하는 집단이 지배층임을 확인하는 데 특히 유용할 수 있다. 그러나 새로운 "감각의 역사sensory history"가 제시하는 가능성에 영감을 받은 또 다른 학자들은 맛의 주체성과 사회적 의미를 연구하기 시작했다. 맛에 대한 해석은 궁극적으로 이른바 높은 차원의 시각예술과 청각예술이 그렇듯 특정한 시간과 공간의 "정신spirit"에 관해 우리에게 많은 것을 말해줄 수 있다.[24]

맛과 음식 섭취의 역사를 연구하는 학자들은 소스타인 베블런Thorstein Veblen까지 거슬러 올라가며 사회학에서 많은 문헌을 참조했다. 빈부를 떠나 모든 계층에 사치품 소유를 통해 자신의 위신을 높이고 싶어 하는 과시적 소비conspicuous consumption 욕구가 있다는 베블런의 독창적 통찰력은 지금도 사회적 신분과 음식의 관계를 설득력 있게 잘 설명하고 있다. 부르디외는 이와 같은 개념을, 경제적 자본이 어떻게 상징자본symbolic capital 또는 문화자본cultural capital으로 바뀌고 또한 특정 환경에서 정규 교육과 일상생활을 통해 습득된 엘리트들의 입맛이 어떻게 사회적 불평등을 재생산하는 역할을 하는지를 설명하는 구별짓기distinction 이론*으로 정교화했다.[25] 메넬은 역사적으로 볼 때 이러한 사회적 맛이란 "식욕을 문명화하는 것civilizing appetite"이라고 하면서, 선호하는 음식 성향이 바뀌는 과정을 계급 경쟁과 국민국가 형성이라는, 특히 프랑스와 영국에서 절대왕정의 쇠퇴와 궤적을 같이하는 더 큰 과정과 연결했다. 끝으로, 위르겐 하버마스Jürgen Habermas는 부르주아의 "공론장public sphere[Öffentlichkeit]"에 관한 연구**에서 "공중"의 일원으로서 인정받기 위한 기준의 하나로 맛이 얼마나 중요한 요소인지를 일깨웠다.[26]

더 나아가 맛의 사회적 구성social construction은 실제로 먹는 음식만큼이나 먹

---

* 국내에서는 《구별짓기: 문화와 취향의 사회학》(전 2권, 최종철 옮김, 새물결, 2005)으로 번역·출간되었다.
** 국내에서는 《공론장의 구조변동: 부르주아 사회의 한 범주에 관한 연구》(한승완 옮김, 나남, 2001)로 번역·출간되었다.

는 공간에 따라 달라진다. 엘리아스는 르네상스 시대 유럽의 왕실이 더욱 세련된 요리의 탄생을 자극한 새로운 감수성과 예법을 만들어낸 배경이었다고 지적했다. 엘리트층에 주로 초점을 맞추었던 음식사학자들은 또 다른 영향력 있는 이론가인 러시아 언어학자 미하일 바흐친Mikhail Bakhtin의 근세 시장 대중문화 연구에 별로 주목하지 않았다. 속이 꽉 찬 소시지들과 젤리 모양의 디저트 블라망주blancmange가 가득한 사육제carnival의 진수성찬은 전통적으로 궁정 문화가 추구한 세련되고 정교한 요리와 맞서는 무질서를 상징했다.[27] 그러다 18세기 프랑스에서는 이와 같은 두 극단 사이에 이후 부르주아의 공론장으로 발전할 레스토랑restaurant이라는 새로운 조리 공간이 등장했다.

이들 세 지점 사이의 치열한 각축은 안토니오 그람시Antonio Gramsci가 무력이 아닌 합의에 의해 피지배층을 통치하는 지배자의 능력으로 정의한 문화적 헤게모니cultural hegemony의 문제를 제기한다.[28] 맛은 늘 엘리트층에서 하층으로 이동하며 그들 엘리트들이 타고난 귀족임을 입증하는가? 엘리트층의 식탁에 민중의 요리가 오르는 것은 민중의 저항을 약화시키는 문화적 전유를 가리키는가? 이러한 문제들을 고려할 때, 바흐친이 대중문화와 엘리트문화의 상호침투에 관해 일깨워주는 것은 지금도 매우 유효하다.

음식에 대한 감각의 역사는 이와 같은 사회적, 공간적 위상들이 당대인들의 미각과 어떤 연관성이 있는지 규명한다. 플랑드랭과 그의 동료들은 근세 유럽에서 시기별로 맛이 어떻게 변천했는지 연구하는 데서 이러한 규명 작업을 시작했다. 알베르토 카파티와 맛시모 몬타나리는 르네상스와 많은 비서구 요리의 특징인 "기교artifice"의 맛, 또는 "향미료flavor의 배합"과 "향미료마다 (달콤하고, 짜고, 톡 쏘고, 시큼하거나 신) 자기 고유의 맛을 **구별**하려는" 근대 유럽의 "분석적" 맛의 차이를 아주 훌륭하게 개괄했다.[29] 세라 피터슨Sarah Peterson은 유럽의 요리가 달고 신 맛에서 짜고 허브향 맛으로 바뀌는 감각적 차원의 변화를 잘 설명했다. 마시 노턴은 음식에 관한 기존의 역사적 문헌들에 만연한 생물학적 결정론과 문화적 기능주의에 대한 의존을 탈피하는 대안으로서 맛을 고려할 것을 요구했다.[30] 한편, 제라드 피츠제럴드Gerard Fitzgerald와 가브리엘라 M. 페트릭은 감각의 역사를 기록할 때 언어적 표현의 어려움을 극복하기 위한 서술과 분석 방법을 개발했다. 그들은 다음처럼 결론짓는다. "우리는 미각에 대해 어떤 보편적이거나 역사성이 배제된 주장을 하기보다는, 미각과 관련된 전후 맥락과 경험을 중시하고 역사적 상상력을 동원해 읽고 쓰는 것이 오히려 역사학자들로 하여금 근본적으로 상황적일 수밖에 없는 맛의 특성과 그것의 역사적 의미를 찬찬히 살펴볼 수 있게 한다고 믿는다."[31]

유럽 궁정의 연회—와 그 반대편에 있는 종교적 금식—에 관한 연구는 문화인류학의 설명 방식을 이용해 음식이 인간의 몸과 밀접한 관련이 있음을 일깨워주었다. 캐럴라인 워커 바이넘의 《거룩한 향연과 거룩한 금식》(1987)은 대개 자신의 삶과 신앙심에 대한 지배권을 얻는 한 방법으로 금식을 했던 중세의 여성들에게 음식이 의미하는 것들을 분석했다. 여자 성자들은 성찬식[성민찬, 성찬례] Eucharist에 헌신하는 것을 매우 중요하게 생각했다. 그들은 비록 사제 서품을 받을 수 없었지만 그리스도와 하나로 묶인 다른 사람들을 먹임으로써 기독교 공동체를 부양했다. 바이넘의 제자 켄 알바라Ken Albala는 금식에서 향연으로의 전환이 정치적 선전으로서 어떻게 기능했는지를 보여주기 위해 이탈리아 르네상스 시대 연회의 미시사를 재구성했다. 알바라는 조반니 바티스타 로세티Giovanni Battista Rossetti가 쓴 음식공급업자 편람 《스칼코에 대하여Dello Scalco》(1584)를 이용해 차림표와 식탁 장식에 나타난 고전적 비유들을, 서로 경쟁하는 열강 사이에서 밀고 당기기를 하는 이탈리아 도시국가들의 지정학적 맥락에서 해석했다.* 그의 주장에 따르면, 프랑스와 독일의 여러 변형된 조리법은 이탈리아 왕실의 세계주의[코즈모폴리터니즘]cosmopolitanism가 외교 사절들에게 강력한 인상을 남겼음을 보여줄 뿐 아니라 이탈리아의 노련하고 솜씨 좋은 요리사들이 해외로 활발히 이동했음을 입증한다.[32]

오스만제국[오스만튀르크]의 톱카프 궁전Topkapi Palace에서 열린 궁정 연회들은, 종교적 의미와 세속적 의미를 모두 담고 있었는데, 이슬람교의 수호자로서 황제의 권위를 주장하는 동시에 제국을 대표하는 하나의 원형으로서도 구실 했다. 오스만제국의 국무회의가 열리는 연회 자리에서 음식은 반관반민의 형태를 띠었다. 궁정 관료들은 다양한 코스의 밥, 닭고기수프, 구운 양고기, 달콤한 디저트

---

* '스칼코'는 이탈리아어로 "식탁에서 고기를 잘라주는 사람"을 의미한다. 여기서는 '조리사' 정도의 의미로 쓰였다.

들을 실컷 먹은 뒤, 엄청난 양의 "먹다 남은 음식leftovers"에 버터와 건포도를 섞어 만든 달작지근한 밥을 이스탄불Istanbul의 노예와 평민들을 위해 남겼다. 이러한 식사 방식은 극소수의 엘리트들을 위한 ―제국의 고관대작들이 하급 서기관들보다 선택권이 더 많은 것은 물론이다― 진미에 초점을 맞춘 근세 프랑스 고급 요리의 내포적 접근방식intensive approach과 매우 이질적인 과시적 소비 형태를 낳았다. 대신에 그것은 톱카프 궁전의 화려한 화덕이 궁정 신하와 평민들을 모두 먹인다는 의미에서 볼 때 외연적 접근방식extensive approach이었다. 그럼에도 연회에 대한 이와 같은 제도[주의]적 접근방식institutional approach은 실험과 역사적 변화의 흐름을 수용하지 못했다. 역사학자 투레이 아르탄Tülay Artan과 크리스토프 노이만Christoph Neumann은 18세기 조리용 기름의 소비가 버터에서 올리브기름으로 바뀌고, 향신료는 후추pepper와 생강ginger의 매운맛에서 시나몬cinnamon과 정향丁香, clove의 감칠맛으로 바뀌었음을 발견했다. 비록 그것들이 이러한 정치적 흐름의 변화와 교역 및 도시의 음식 섭취 사회사에 관해 잠정적 설명밖에 제공할 수 없다고 하더라도, 오스만제국 사람들의 입맛 또한 유럽인들의 입맛과 마찬가지로 시류를 벗어나지 못했다는 것은 틀림없는 사실이다.[33]

비교연구는 맛과 시류에 대한 다양한 표현에 주목했을뿐더러 궁정 연회에만 연구의 초점을 맞추는 것이 한계가 있음을 밝혔다. 1977년, 마이클 프리먼Michael Freeman은 중국 조리법의 구성요소들이 송 대(960~1279)에 이미 황실 의례 절차상의 환경에서가 아니라 당시 수도였던 항주杭州[항저우]의 음식점, 찻집, 거리 행상들에서 형태를 갖추었다고 주장했다. 그 후 조안나 웨일리-코언Joanna Waley-Cohen은 이어지는 명 말과 청 대의 여러 소비주의[소비 풍조]consumerism시기에 걸친 음식 섭취 문화를 근거로 해서 이 주장을 더욱 확대했다. 극도의 고상함과 쾌락을 추구하는 중국의 음식 문화는, 유럽과 달리, 음식에 대한 의학적 신조가 약해지면서 나타났다기보다는 오히려 잘 먹는 것이 건강에 더 좋다는 생각을 지지하면서 그러한 믿음을 보완하는 가운데 서서히 부상했다. 근세 일본도 마찬가지로 고급 기생들로 상징되는 "부유하는 세상floating world"*의 요체인 먹고 마시는

---

* 일본말로 "덧없는 이 세상", "속세"를 말하는 우키요浮世. 에도시대 쾌락을 추구하던 일본 도시의 생활양식을 일컫는다.

대중문화가 번창했다. 거기서 일본의 전통 무사계급인 사무라이들은 새롭게 떠오르는 상인계급과 함께 뒤섞였다.[34]

유럽 역사학자들은 근래에 비로소 근대 프랑스 요리의 기원과 관련해서 왕실 중심의 관점에서 탈피하기 시작했다. 수전 핀커드Susan Pinkard는 최근에 파리 사람들에게 만찬회dinner party가 얼마나 중요한 역할을 했는지를 역설했다. 17세기 중반 절대왕정이 번성하면서 파리 사람들은 돈만 있으면 귀족계급을 사서 사회적 신분 상승을 할 수 있었다. 그러나 이처럼 돈을 주고 귀족이 된 사람들은 여전히 기존의 귀족들에게 자신의 신분을 인정받아야만 했다. 만찬회는 살롱salon과 더불어 귀족 신분의 족보를 의심받는 사람들이 친목 모임을 통해 자신들의 고상한 신분을 증명하는 공간이 되었다. 그럼으로써 연회에 차려지는 요리 선정에 세심한 주의가 기울여졌고, 세련되고 정교한 요리 솜씨는 더욱 중요해졌다. 주방장들은 질 좋은 고기를 더욱 잘게 썰어 기름에 살짝 튀기고, 소스를 고기에 얹거나 솔로 발라주고, 단단한 버터를 크림처럼 부드럽게 만들고, 각종 제철 식재료와 허브herb를 고명으로 얹었다. 플랑드랭은 자신의 마지막 미완성 유고를 통해 중세에서 근대까지 장기지속이 진행되는 동안 프랑스에서 일어난 식탁 서비스 방식의 변화와 다양한 형태를 상세히 설명함으로써 식탁 차림이 점점 더 단순해지고 있음을 엄밀하게 밝히려 했다.[35]

한편, 근세 유럽에서 소비주의consumerism의 증가는 새로운 제국의 1차 상품들과 깊은 관련이 있었다―초콜릿·커피·차·설탕이 그 새로운 상품들의 단맛을 내는 데 쓰였다. 학자들은 이러한 새로운 상품이 남성적이고 합리적인 토론의 공적 영역인 부르주아 공론장과 그 반대편에 사적 영역으로서 여성적인 가정생활 공간을 창출하는 사회변화를 수반했다고 오랫동안 인식해왔다. 따라서 합리성은 신흥 중산계급이 태생보다 능력을 중시하는 정부에서 영향력을 발휘할 수 있는 기반을 제공했다. 비서구 문화 관습들이 그들의 새로운 음식 섭취 형태를 만들어낸 방식에 대해서는 잘 알려지지 않았지만, 최근에 마시 노턴과 로스 제이미슨Ross Jamieson이 수행한 연구 결과에 따르면, 유럽인들은 원주민들의 요리 기술과 맛을 차용했다. 일례로, 아메리카 원주민Native American들은 카카오를 메타테metate(맷돌)에 갈고 몰리니요molinillo(나무 "거품기")로 거품을 내어 초콜릿을 만들었다. 이와 유사한 방식으로, 유럽인들은 중국 도자기로 차를 마시며 그 맛에 깊

이 빠져들었다.[36]

　유럽의 엘리트와 부르주아 계급의 음식 섭취 경향은 18세기 파리에 레스토랑들이 생겨나는 결과를 불러왔다. 레베카 스팽Rebecca Spang은 저서에서 프랑스 레스토랑의 기원과 관련된 신화를 사회제도의 변화라는 훨씬 더 흥미진진한 이야기─루이 16세와 마리 앙투아네트가 프랑스혁명의 단두대에서 처형되면서 수천 명의 궁정요리사가 베르사유 궁전에서 나와 일반 대중에게 음식을 만들어 팔기 시작했다는─로 연결했다. 본디 레스토랑*은 계몽사상가들의 섬세한 감각을 살리기 위해 특별히 조리된 [양의 발을 푹 고아서 육즙을 낸] 강장 수프였다. 레스토랑 주인들은 곧바로 완벽한 한 끼 정식을 제공하는 데까지 범위를 넓힘으로써, 과거 숙박업소에서 모든 손님에게 고정된 식단으로 제공하던 주인의 식탁table d'hote(공동식사)을 대체하고, 손님들이 건강보다는 개인의 입맛에 따라 음식을 골라 먹을 수 있게 했다. 스팽은 하버마스의 공론장 개념을 끌어들여 혁명주의자들이 레스토랑에 급진적 의미를 불어넣었다고 주장한다. 하지만 그러한 의미들은 나중에 요리가 미학적 영역으로 탈정치화하면서 사라졌다. 스팽은 이와 같은 변화가 나폴레옹의 검열 시대에 시작되었다고 보는데, 이는 지나칠 정도로 세밀하게 시기를 특정한 것일 수 있다. 어쨌든 그녀는 레스토랑이 모양을 갖출 때 공적 경계와 사적 경계가 서로 이동하는 것을 통찰력 있게 보여준다. 더 나아가, 레스토랑이 프랑스 요리의 예외주의에 따른 필연적 산물이 아니라 역사적으로 우연히 발생한 것이라는 그녀의 주장은 근세 유럽 전역에 걸쳐 여관inn에서 음식 섭취가 개인의 입맛에 맞춰지는 쪽으로 바뀌었다는 비트 퀴민Beat Kümin의 연구 결과로 입증되었다.[37]

　엘리트와 중산계급의 음식 섭취에 초점을 맞추는 것은 대개 맛은 어떤 형태로 표시되든 부자들만을 위한 사치품이라는 전제에 어느 정도 암묵적으로 동의함을 의미했다. 페르낭 브로델은 사치품과 필수품을 명확하게 구분하면서 "민중의 요리 전통이 잔치를 통해 늘 생생하게 살아남게 되었다는 것은 의심할 여지가 없다"라고 인정했다.[38] 페르낭은 더 나아가 사람들이 특정한 식습관에 익숙해

---

* 레스토랑은 음식점으로 통칭되기 전에 본디 프랑스인들의 '원기를 회복시키는 보양식'의 이름이었다.

질 수 있다고 해도 그것이 반드시 선택을 의미하는 것은 아니라고 지적했다. 그러나 굳이 농촌의 요리를 낭만적으로 그리지 않는다더라도, 가장 가난한 사회집단의 음식 문화에서도 맛을 느낄 수 있다. 그러려면, 엘리아스가 말하는 "수치와 혐오의 경계threshold of shame and repugnance"를 밀어내고, 예컨대 멕시코의 노릇하게 구운 메뚜기 전문가나 중국의 두리안 식도락가를 중요하게 다뤄야 한다. 어쩌면 손에 묻은 푸푸fufu* 반죽의 희미한 얼룩이나 소금만으로 간을 한 옥수수로 만든 토르티야tortilla의 맛을 알아차리는 것이 여전히 더 어려울 수도 있다. "문명화과정"의 세련된 음식에 익숙해진 사람들에게 그런 획일적인 복합 탄수화물 덩어리는 정말 아무 맛도 없을 수 있다. 그러나 리처드 윌크가 말한 것처럼, 영세 농민들은 이러한 음식들에서 자신들만의 다른 세상을 발견할 수 있다.[39] 역사학자 피에로 캄포레시Piero Camporesi는 생존의 문제가 절박한 근세 사회에서 음식에 대한 환상의 세계를 아주 철저하게 파고들었다. 불확실한 농작물 수확에 대한 걱정은 바흐친이 사육제에서 고기들이 넘쳐흐르는 기괴한 광경을 아주 인상적으로 표현한 것에 잘 나타난다.

캄포레시는 이탈리아 농민들의 민간 신화에 널리 퍼져 있는 풍요에 대한 간절한 꿈을 잘 묘사했다. 논란의 여지는 있지만 그는 그러한 꿈이 모자란 곡식량을 늘리기 위해 공통적으로 첨가하는 각종 허브와 버섯mushroom 같은 것에 있는 환각 성분 때문에 생겼다고 주장했다. 종교적 축제들은 아마도 1년에 한 번쯤 탐식을 통해 그동안의 굶주림에 매우 격렬하게 정신적 보상을 제공하는 계기를 마련했다. 캄포레시는 물질적 삶과 정신적 삶에 대한 기존의 통념에서 벗어나 새로운 측면에 주목함으로써, 과거의 농민들과 지금의 우리 사이에 큰 격차가 있음을 예시해주었다.[40]

민츠는 또한 피압박자들 사이에서 맛의 의미를 면밀히 검토했다. 그는 설탕이 역사적으로 영국 사회에서 르네상스 시대까지는 엘리트층만을 위한 사치품이었다가 근대 들어 공장노동자들의 일용 식품으로 확산되었지만, 공장노동자들의

---

* 카사바cassava(탄수화물이 풍부한, 남아메리카가 원산지인 다년성 작물)와 플랜틴plantain(인도와 카리브해가 원산지인 바나나의 한 종류. 쿠킹바나나cooking banana라고도 한다)을 찐 다음 인절미 치듯 절구 등에 찧어서 만드는 서아프리카 전통 음식.

설탕 섭취는 귀족들의 설탕 공예나 부르주아의 티타임을 모방한 과시적 소비가 아니었다고 주장했다. 오히려 공장노동자들은 공장에서 휴식 시간 동안 기운을 차리게 하는 식품으로 설탕에 자신들만의 의미를 부여했다는 것이다. 민츠가 입증하는 대로, 유럽의 소비자들을 위해 설탕을 생산하는 카리브해 지역의 노예사회에서도 맛은 여전히 또 다른 의미가 있었다. 노예들은 음식에 스스로 문화적 의미를 부여하고 선택함으로써 인간으로서의 존엄성을 유지하고 자유의 맛을 음미할 수 있었다고 그는 결론지었다.[41]

멕시코 음식의 역사는 스페인의 멕시코 정복 이래로 "폭식과 절제된 식사 사이"의 긴장 관계로 정의되었다. 이것을 소니아 코르쿠에라 데 만세라Sonia Corcuera de Mancera의 말로 표현하자면, 한편에서 풍족한 밀가루빵과 고기로 대표되는 스페인의 호사스러운 도시 요리와 다른 한편에서 옥수수 토르티야와 칠리고추chile[chili] pepper를 기반으로 하는 원주민의 가난한 농촌 식단 사이의 긴장 관계라고 말할 수 있다. 그러나 원주민 요리사들은, 그들의 물질적 가난에도 불구하고, 정복자들의 멸시를 이겨내고 오히려 가난한 원주민 농민들의 매우 다채로운 조리법, 아주 얇게 펼 수 있는 옥수수 반죽의 특성, 칠리고추의 중독성 있는 맛을 통해 마침내 정복자들의 미각을 정복했다. 스페인의 엘리트들도 자기네 국가라면 길거리 음식에 불과했을 멕시코 원주민 음식 엔칠라다enchilada와 타말레tamale를 먹었고, 그 결과 맛과 계급의 위계질서가 무너졌다.[42] 이처럼 요리가 세상을 거꾸로 뒤집을 수 있음을 이해하기 위해서는 주방에서 실제로 이루어지는 노동에 관한 더욱 심층적인 탐구가 필요하다.

실제 요리 방식

음식사학자들이 문자로 기록된 차림표와 당시 식탁에 오른 음식들의 찰나적 맛 사이의 간극을 메워야 하는 것처럼, 요리책과 실제 주방에서 요리를 하는 것 사이에도 큰 틈새가 있다. 18세기 요리책 저자들이 이미 매우 유용하고 매력적인 요리책을 쓰는 데 능숙했지만, 문자들만으로는 조리하는 데 필요한 모든 단계를 완벽하게 설명할 수도 없고 또 조리 과정에서 일어날 수 있는 상황을 예측할 수도 없다. 요컨대, 조리를 할 때는 즉흥성이 필요하다. 그리고 주방 노동의 역사는, 그것이 비록 문자 기록으로 남은 1차자료에 크게 의존한다고 하더라도, 이런 풍부한 독창성을 반드시 전면에 배치해야 한다. 하물며 문자가 없는 사회의 조리 방식을 재구성하는 일은 더욱 어렵다. 그럼에도 불구하고, 우리는 그러한 문서 기록들을 물질문화 및 조리 솜씨와 조합함으로써 조리하는 것의 의미 즉 여성들이 부엌일로부터 얻은 대가와 좌절, 따분한 일상의 반복과 심미적 만족을 파악하고자 한다.

음식 조리가 당연히 여성의 일이라고 생각되었다는 사실은 서구 사회에서 오랫동안 그 일을 무시하는 결과를 초래했다. 철학자 리사 헬드케Lisa Heldke는 이와 같은 무시가 어디서 비롯하는지 알기 위해 고대 그리스인들까지 거슬러 올라가, 이론과 실제, 정신과 육체, 영원과 찰나처럼 모든 것을 [상반되는] 둘로 나누는 플라톤의 이분법에서 그 기원을 찾았다. 헬드케가 이러한 자의적 분할에 의문을 제기한 최초의 인물은 아니다. 17세기 멕시코의 대大학자 소르 후아나 이네스 데 라 크루스Sor Juana Inés de la Cruz는 아리스토텔레스가 부엌일을 했다면 자연을 더 잘 이해했을 것이라고 시사했다. 헬드케는 조리를 추상적 지식과 체화된 지식을 모두 이용하는 "생각을 많이 해야 하는 일"로 바라볼 것을 요구했다. 메러디스 아바르카Meredith Abarca는 한 발 더 나아가 미각을 하위의 미적 경험으로 폄하하는 미학적 위계질서를 뒤집었다. 노동계급에 속하는 멕시코 여성에 관한 그녀의 문화기술지적 연구는 매우 독창적인 예술성이 일상의 조리 활동에서 나타날 수 있음을 밝혔다.[43]

요리책 저자들은 대개 전문가로서의 권위를 주장했지만, 역사적으로 볼 때 그들의 주장은 상황에 따라 달랐다. 퍼거슨은 그러한 불일치를 다음과 같이 깔끔하게 정리했다. "요리책이 조리법을 상세히 기술하는 것을 넘어 어떤 원칙을 정하는 구실을 하는 한, 반드시 실제에 반反하는 요리가 나오기 마련이다. 그것은 특정한 조리 방식을 강요하고 억제하는 것을 목적으로 한다."[44] 메넬은 엘리자베스 데이비드Elizabeth David를 인용해 거기에 역사적 관점을 더했다. 데이비드는 글로 기록된 조리법이 근세 영국 요리책에 등장한 것은 그러한 조리법이 주방에서 이미 일상화되고 나서 수십 년이나 지난 뒤지만, 요리책은 18세기 프랑스에서 혁신의 원천이 되어 새로운 조리 기법과 관행을 견인한다고 시사했다. 에이미 트루벡

Amy Trubek이 쓴 프랑스 요리의 역사를 보면, 요리사들이 자신의 신분을 높이고 노동조건을 향상시키기 위한 수단으로 협회, 학교, 각종 조리 표준을 어떻게 만들어냈는지 아주 자세하게 기술되어 있다. 그럼에도 드 세르토와 뤼스 지아르Luce Giard는 날마다 요리를 하면서 기본이 되는 모든 요리 기술을 빼놓지 않고 활용하되 전문가들이 정한 표준에 얽매이지 않는 프랑스 요리사들의 끊임없는 즉흥성과 독창성inventiveness을 강조했다.[45]

우리는 요리사들이 요리책을 읽을 때 책에 쓰인 내용을 어떻게 받아들이는 지에 대해 알아야 할 것이 아직도 많이 있으며, 의식 연구*는 그 과정과 관련해 커다란 통찰의 가능성을 제공한다. 그 분야 연구자들은 의식performance을 "체화된 경험"이라고 폭넓게 정의하는데, 따라서 그들도 음식사학자들이 부딪치는 것과 똑같은 문제들을 만난다. 특정한 한 끼의 식사는 육체적 동작과 마찬가지로 일시적 경험이기 때문에 대본, 연출, 차림표, 요리책에 따라 제한적으로만 포착될 수 있다. 대개 어떤 규약이나 방식이 문자로 기록되지 않은 요리들은 특별한 요리를 재연하거나 먹을 때 발생하는 즉흥성과 의미들을 평가하는 데서 더욱 유용할 수 있다. 의식 연구는 또한 불확실한 요리 관련 문헌들을 유추할 때 유용한 수단으로 활용되기도 한다. 일례로, 셰익스피어 연극 대본은 똑같이 권위를 인정받는 각기 다른 판본이 여럿 존재할 수 있는데, 그 판본들은 모두 결국에는 그 연극이 특정 연출자가 각색한 연극임을 나타내는 형식일 뿐이다. 우리는 연구의 중심을 조리법이 기술된 문헌에서 완성된 요리와 그에 대한 사람들의 반응으로 이동함으로써, 한 끼 식사를 몸과 마음으로 동시에 더욱 완벽하게 체험할 수 있다. 다이애나 테일러Diana Taylor는 이에 대한 더 폭넓은 인식론적 연구가 필요하다고 주장했다. "의식 연구는 지식을 습득·저장·전달하는 하나의 체계로 의식을 이해함으로써 우리가 이해하는 지식의 범위를 더욱 확장한다."[46]

그러한 체화된 지식으로의 접근방식은 물질문화에 관한 세심한 연구와 결합될 때 더욱 유용해질 수 있다. 예컨대 고고학자들은 석기시대에 음식 조리를 맡은 사람들이 자원을 가장 효율적으로 이용하기 위해 어떻게 주기적으로 주방 용

---

* 여기서는 요리 재연을 통한 연구를 뜻한다.

구들을 재설계했는지를 보여주었다. 이와 같은 연구는 다양한 나무열매와 씨앗을 가공하는 실험을 통해 당시에 절구통이나 절굿공이 같은 여러 마제석기의 숙련된 설계와 제작 기술이 있었음을 말해주는 것이다. 요리사학자들도 마찬가지로 당시 실제로 주방에서 노동이 이루어진 방식을 이해하기 위해 당시의 용구를 사용해보는 것이 얼마나 중요한지 예시해주었다. 알바라는 당시의 요리책을 보고 조리 과정을 정확하게 재구성하는 데 실패한 사람들이 그것을 실제로 구현하는 일은 불가능하다는 주장을 반박하기 위해, 지금으로서는 매우 기이해 보이는 르네상스 시대 조리법들을 재연하면서 이런 기술들을 적용했다. 그는 뒤뜰 불구덩이에서 갈비가 그대로 붙어 있는 소고기 등뼈를 쇠꼬챙이에 꽂아 굽는 매우 극단적인 연구 실험에서, 고기를 오븐에 넣고 이리저리 뒤집으며 굽는 좀 더 편리한 방법을 쓰지 않고 빨갛게 타고 있는 장작 위에다 직접 구웠다. 그 과정에서 그는 양념을 발랐을 때처럼 고기 표면을 태우지 않으면서 구운 고기의 육즙이 빠지지 않게 표면에 단단한 껍질이 생기는 것을 발견했다. 이러한 조리 기법 실험은 프랑스인들의 입맛이 완전히 익힌 고기에서 덜 익힌 고기로 바뀐 것을 설명하는 역사적 근거를 제공했다. 고깃덩어리를 좀 더 잘게 썰어 냄비에 넣고 비슷한 온도에서 살짝 볶으면 육즙이 다 빠져버린다는 것을 알았기 때문이다.[47]

다니엘 로슈Daniel Roche는 "일상적인 것들의 역사history of everyday things"라는 제목의 기념비적 저작을 통해, 물질문화에서 물품을 이용할 때 임기응변과 실습의 중요성을 다시 한 번 일깨워주었다. 그는 물질적 분석과 상징적 분석을 병행해서 특권 엘리트층뿐 아니라 가난 때문에 선택권이 제한된 사람들이 자신들의 정체성을 세우기 위해 어떻게 물품을 이용했는지를 보여주었다. 근세 프랑스에서는 부자들이 먹다 남긴 음식들을 수거해 가난한 사람들에게 다시 파는 장사가 번창했다. 더 나아가 18세기 파리의 대장장이와 가정부들의 유언 공증 기록들을 보면, 프라이팬의 소유가 점점 늘어나고 있음을 알 수 있다. 그들은, 소고기 안심 같은 고급 고기는 꿈도 못 꾸고 기껏해야 내장 고기에 만족할 수밖에 없었지만, 내장을 빨갛게 익혀 기름을 제거하고 그것을 묽은 소스에 찍어 먹을 수 있었다. 노동계급은 이런 누벨퀴진을 자기 고용주들을 위해 조리했을뿐더러 집에 가서 자기 가족들을 위해 다시 조리하기도 했다.[48]

근세 프랑스의 요리 혁명은, 시드니 와츠가 파리의 정육사 길드의 역사에 관해 최근에 밝힌 것처럼, 가정부의 요리 기술뿐 아니라 장인 정육사의 노동에 크게 힘입었다. 그녀는 한 마리 동물을 가장 효율적으로 먹기 위해 18세기에 고안된, 뼈와 지방을 발라낸 고기의 정교한 분류체계를 아주 잘 설명했다. 숙련된 정육사들은 부자들에게 팔 고급 부위의 소고기와 송아지고기는 따로 정선하고, 나머지 다양한 부위를 노동자들에게 싸게 팔았다. 그것은 특권 사회에서 신분의 정체성을 결정하는 역할을 했다. 귀족 가정은 새끼양고기와 송아지고기의 허리살 부위, 소고기와 양고기를 4등분한 덩어리 하나를 주기적으로 정육업자에게 사서, 숙련된 요리사를 고용해 끼니마다 먹기 편하게 1차로 도축한 이 큰 덩어리 고기를 작은 덩어리들로 잘라놓았다. 귀족보다 신분이 낮은 부자의 하인들은 날마다 고기를 구매했는데, 대개는 고기의 품질을 두고 흥정이 오갔다. 흥정의 대상은 고기 가격과 신선도만이 아니었다. 만찬회라는 엄혹한 세계에서 동료들이 평가하는 사회적 지위도 거기에 포함되었다. 와츠는 퍼포먼스 이론performance theory을 이용해 시장에서의 흥정이 어떻게 권위와 지위의 공개 경연으로 이전되었는지 보여주었다. 거기서 길드 소속의 장인들은 자신의 명예와 명성을 강하게 주장하지만, 그 고기를 먹는 사람들은 그것이 상등품인지 하등품인지 분류체계에 따라 자신의 지위를 나타내려고 애썼다.[49]

제임스 맥캔은 최근에 아프리카 음식사 연구에서 의식 연구와 구술역사 연구 방법론을 서로 연결했다. 그는 구디의 획일적 요리 개념을 거부하는 동시에, 최초로 시대와 맛을 초월한 포리지porridge[오트밀에 물이나 우유를 넣어 끓인 죽] 죽그릇을 기반으로 한, 아프리카 "요리의 역사적 기준"을 세우고 시간이 흐르면서 다양한 경로—인도양 교역, 콜럼버스의 교환, 역내 이주, 식민 통치—를 통해 요리 재료와 기술이 축적되는 과정을 추적함으로써, 아프리카 지역의 요리들이 발전해온 과정을 재구성했다. 맥캔은 식민지 시대의 기록보다 아프리카의 구술역사—"일상의 조리 행위에 관한 살아 있는 표현"—를 더 중요하게 생각했다. 그는 오히려 구술 내용이 부글부글 끓고 향기로운 냄새와 맛이 나는 각종 스튜 요리들을 더욱 생생한 감각으로 느끼고 나눌 수 있게 한다고 보았다. 그는 다음처럼 결론지었다. "아프리카인들은 세계 다른 어느 지역 사람들보다 구술 형식을 더 완벽하게 보존한다. 게다가 구술은 재즈 음악처럼 자유로운 형식 같아 보이지만 실제로 그 연주자와 청중은 그것의 구조를 더 깊이 이해했다. 그것의 핵심이 되는 구술성은 의식performance, 체험, 최종 결과물을 감상한 사람들의 반응을 통해 조심스럽게 보존·전승되었으며, 요리사들이 그렇게 요리를 재연하는 의식을 면면히 이어오도록 독려했다."[50]

비슷한 종류의 연구 작업을 하고 있는 인류학자 스테판 이고르 아요라-디아스Steffan Igor Ayora-Diaz는 지역 요리들에 내재한 맛의 요소들이 역사적으로 어떻게 전개되었는지 설명하기 위해 "맛의 이식移植, naturalization of taste" 이론을 제시했다. 그는 멕시코 남동부 유카탄주Yucatán의 사례 연구를 통해 이러한 이식 과정을, 지역의 요리 풍속과 계속되는 세계화의 물결이 만나면서 생겨난 산물이라고 설명했다. 아요라-디아스도 맥캔처럼 가정 요리의 창조성과 세계주의를 인정했다. 레카도recado(고기 밑간으로 쓰는 걸쭉한 양념)나 에스카베체escabeche(음식을 절이기 위한 식초)의 배합이 개인이나 가족, 공동체, 사회집단들의 다양한 기호를 여전히 만족시키면서, 지역의 정체성 안에 스며들게 된 것은 특정한 감각적 경험들의 반복, 교환, 표준화를 통해서였다.[51]

훌륭한 미각이 엘리트 미식가들만의 배타적 특권이 아닌 것처럼, 빈곤한 공동체에서도 독창적이고 예술적인 요리들이 탄생했다. 대개 외부자들은 농촌의 요리들을 문화기술지적 관점에서 정적인 산물로 인식했지만, 어떤 공동체든 그 내부자들은 개별 요리사들 사이의 미묘한 맛과 솜씨의 차이를 알아보았다. 음식의 문화사 연구자들이 해야 할 일은 과거로부터 전해지는 옛 문헌과 요리들에서 그러한 실제 조리 방식과 의미들을 찾아내는 것이다.

문화사가들은 음식 연구를 통해 커다란 가능성을 발견할 것이다. 음식에 담긴 풍부한 상징적, 물질적, 체화된 의미들은 지난날 다양한 사회를 해석하는 귀중한 진입점들을 제공한다. 그와 같은 역사 자료들은 매우 다양하게 존재하지만 여기저기 산만하게 분산되어 있기 때문에 그것을 연구하려는 사람들에게는 도전이자 기회일 수 있다. 고문서, 여행기, 요리 관련 문헌—문화사의 가장 중요한 것—을 폭넓게 활용할 수 있으며, 또 디지털 카탈로그와 검색 엔진 덕분에 이제 진기한 조미료로 쓰이는 트뤼플truffle[송로松露버섯]을 캐기 위해 더는 짜증나게 땅을 팔 필요도 없다. 그럼에도 불구하고, 문화사의 진정한 미래는 문서 기록뿐 아니라 물질문화, 구술역사, 감각지각을 통한 이해, 주방의 식단표 같은 새로운 형태의 자료들을 얼마나 혁신적으로 이용하느냐에 달려 있다. 우리는 음식에 의미를 부여하는 담론들을 간과하지 말고 이러한 상징체계를 언제나 연구 대상의 체화된 물질성에 다시 연결해야 한다.

연대기, 변화, 연속성을 끊임없이 생각하면서 역사를 늘 문화적 맥락에서 바라보는 것 또한 마찬가지로 중요하다. 적어도 18세기 이후로, 프랑스인들은 자연과 근대성을 동시에 껴안은 누벨퀴진의 개발을 되풀이해왔다. 따라서 지나치게 의식적으로 "근대적"이라고 주장하는 서구의 고급 프랑스 요리 최신판은 드라이아이스와 진공 포장 같은 산업식품 가공기술을 이용해 생각지도 못한 맛과 질감을 나란히 제공하고, [향미香味식물] 세이보리savory로 좋은 향기와 매운맛의 거품을 만들어 없는 식재료를 해체한 요리*를 만들어낸다. 하지만 역설적이게도 그것은 "분석적 요리analytical cuisine"가 아니라 "기교의 요리cuisine of artifice"라 부르는 편이 합당할 것이다.[52] 동시에 오늘날 요리사들은 유럽의 "자연주의naturalism"에서 시선을 돌려, 인도·에티오피아·멕시코 같은 국가들에서 근대 이전의 서민들이 즐기던 "다양한 융합의 요리"에서 영감을 얻고 있다. 따라서 음식의 역사는, 다른 문화 영역들과 마찬가지로, 옛날 사람들이 즐겼던 다양한 맛으로 우리를 놀라게 하면서 서구의 진보와 근대성을 단선적으로 설명하는 기존의 주장을 뒤흔들 것이다.

---

* 일명 '분자요리'라고 하는 조리법을 설명하는 것으로 보인다.

주

1. 예컨대 다음을 보라. 본서 2장, 10장.

2. Jack Goody, *Cooking, Cuisine, and Class: A Study in Comparative Sociology*(Cambridge: Cambridge University Press, 1982), vii, 97-99.

3. Sidney Mintz, *Tasting Food, Tasting Freedom: Excursions into Eating, Culture, and the Past*(Boston: Beacon Press, 1996), 96. [한국어판. 시드니 민츠 지음, 조병준 옮김, 《음식의 맛, 자유의 맛》, 서울: 지호, 1998]

4. Priscilla Parkhurst Ferguson, *Accounting for Taste: The Triumph of French Cuisine* (Chicago: University of Chicago Press, 2004), 3.

5. Peter Burke, *What is Cultural History?*(Cambridge: Polity, 2004). [한국어판. 피터 버크 지음, 조한 욱 옮김, 《문화사란 무엇인가》, 서울: 길, 2005]

6. Claude Levi-Strauss, *The Raw and the Cooked*, trans. John and Dorren Weightman(New York: Harper & Row, 1969) [한국어판. 레비-스트로스 지음, 임봉길 옮김, 《신화학 1: 날것과 익힌 것 Mythologiques 1: Le Cru et le Cuit》, 서울: 한길사, 2005]; Mary Douglas, *Purity and Danger: An Analysis of Concepts of Pollution and Taboo*(London: Routledge, 1966) [한국어판. 메리 더글러 스 지음, 유제분·이훈상 옮김, 《순수와 위험: 오염과 금기 개념의 분석》, 서울: 현대미학사, 1997]; Sidney W. Mintz, *Sweetness and Power: The Place of Sugar in Modern History*(New York: Viking, 1985) [한국어판. 시드니 민츠 지음, 김문호 옮김, 《설탕과 권력》, 서울: 지호, 1997]

7. Norbert Elias, *The Civilizing Process: The History of Manners and State Formation and Civilization*, trans. Edmund Jephcott(Oxford: Blackwell, 1994) [한국어판. 노르베르트 엘리아스 지음, 박미애 옮김, 《문명화과정Über den Prozeß der Zivilisation》(전 2권), 서울: 한길사, 1996]; Stephen Mennell, *All Manners of Food: Eating and Taste in England and France from the Middle Ages to the Present*(Oxford: Basil Blackwell, 1985).

8. Jean-Louis Flandrin, "Introduction: The Early Modern Period," in *Food: A Culinary History from Antiquity to the Present*, ed. Jean-Louis Flandrin, Massimo Montanari, and Albert Sonnenfeld, trans. Clarissa Botsford, et al.(New York: Columbia University Press, 1999), 372-373; 비교, Jean-François Revel, *Culture and Cuisine: A Journey Through the History of Food*, trans. Helen R. Lane(Garden City, NY: Doubleday, 1982).

9. Jack Goody, *The Domestication of the Savage Mind*(Cambridge: Cambridge University Press, 1977), 129-135, 140-143. [한국어판. 잭 구디 지음, 김성균 옮김, 《야생 정신 길들이기: 인간 정신의 발 달 과정을 해명하다》, 서울: 푸른역사, 2009]

10. 예컨대 다음을 보라. Harvey J. Graff, ed., *Literacy and Historical Development: A Reader*(Carbondale: Southern Illinois University Press, 2007).

11. Barbara Ketcham Wheaton, *Savoring the Past: The French Kitchen and Table from 1300 to 1789*(Philadelphia: University of Pennsylvania Press, 1983); D. Eleanor Scully and Terence Scully, *Early French Cookery: Sources, History, Original Recipes and Modern*

Adaptations(Ann Arbor: University of Michigan Press, 1995); Philip Hyman and Mary Hyman, "Printing the Kitchen: French Cookbooks, 1480-1800," in *Food: A Culinary History*, 394-402; François Pierre de La Varenne, *Le cuisinier françois*, ed. Jean-Louis Flandrin, Philip Human, and Mary Hyman(1651; repr., Paris: Montalba, 1983).

12. Alain R. Girard, "Du manuscrit à l'imprimé: Ie livre de cuisine en Europe aux 15th et 16th sièces," in *Pratiques et discours alimentaires à la Renaissance*, ed. Jean-Claude Margolin and Robert Sauzet(Paris: G.-P. Maisonneuve et Larose, 1982), 107-117.

13. Stephen Mennell, *All Manners of Food: Eating and Taste in England and France from the Middle Ages to the Present*, 64-101.

14. Jean-Louis Flandrin, "Introduction: The Early Modern Period," 364.

15. Elizabeth Spiller, "Recipes for Knowledge: Maker's Knowledge Traditions, Paracelsian Recipes, and the Invention of the Cookbook, 1600-1660," in *Renaissance Food from Rabelais to Shakespeare: Culinary Readings and Culinary Histories*, ed. Joan Fitzpatrick(Farnham: Ashgate, 2010), 65.

16. Sandra Sherman, *Invention of the Modern Cookbook*(Santa Barbara, CA: Greenwood, 2010), 42.

17. Priscilla Parkhurst Ferguson, *Accounting for Taste: The Triumph of French Cuisine*, 83-109.

18. Eric C. Rath, *Food and Fantasy in Early Modern Japan*(Berkeley: University of California Press, 2010).

19. Mark Swislocki, *Culinary Nostalgia: Regional Food Culture and the Urban Experience in Shanghai*(Stanford: Stanford University Press, 2009).

20. Arjun Appadurai, "How to Make a National Cuisine: Cookbooks in Contemporary India," *Comparative Studies in Society and History* 30, no. 1(January 1988): 3-24; John C. Super, "Libros de cocina y cultura en la América Latina temprana," in *Conquista y comida: Consecuencias del encuentro de dos mundos*, ed. Janet Long(Mexico City: UNAM, 1996), 451-468; Ozge Samanci, "Culinary Consumption Patterns of the Ottoman Elite During the First Half of the Nineteenth Century," in *The Illuminated Table, the Prosperous House: Food and Shelter in Ottoman Material Culture*, ed. Suraiya Faroqhi and Christoph K. Neumann(Wiirzburg: Ergon Verlag, 2003), 161-164.

21. Susan J. Leonardi, "Recipes for Reading: Summer Pasta, Lobster à la Riseholme, and Key Lime Pie," *PMLA* 104, no. 3(May 1989): 340-347; Barbara Kirschenblatt-Gimblett, "Recipes for Creating Community: The Jewish Charity Cookbook in America," *Jewish Folklore and Ethnology Review* 9, no. 1(1987): 8-12; Anne L. Bower, "Cooking Up Stories: Narrative Elements in Community Cookbooks," in *Recipes for Reading: Community Cookbooks, Stories, Histories*, ed. Anne L. Bower(Amherst: University of Massachusetts Press, 1997), 29-50; Janet Theophano, *Eat My Words: Reading Women's Lives through the Cookbooks They Wrote*(New York: Palgrave, 2002).

22. Doris Witt, *Black Hunger: Food and the Politics of U.S. Identity*(New York: Oxford University Press, 1999), 26-39, 54-61; Andrew Warnes, "'Talking' Recipes: What Mrs

Fisher Knows and the African-American Cookbook Tradition," in *The Recipe Reader: Narratives-Contexts-Traditions*, ed. Janet Floyd and Laurel Forster(Aldershot: Ashgate, 2003), 52-71; Judith Carney, *Black Rice: The African Origins of Rice Cultivation in the Americas*(Cambridge, MA: Harvard University Press, 2001).

23. Donna R. Gabaccia and Jane Aldrich, "Recipes in Context: Solving a Small Mystery in Charleston's Culinary History," *Food, Culture & Society* 15, no. 2(June 2012): 197-221; [Caroline Howard Gilman], *The Carolina Receipt Book*(Charleston: James S. Burges, 1832); Sarah Rutledge, *The Carolina Housewife*(1847; repr., Columbia: University of South Carolina Press, 1979).

24. Paul Freedman, "Introduction: A New History of Cuisine," in *Food: A History of Taste*, ed. Paul Freedman(Berkeley: University of California Press, 2007), 22.

25. Thorstein Veblen, *The Theory of the Leisure Class*(1899, repr., New York: Penguin Books, 1994) [한국어판. 소스타인 베블런 지음, 김성균 옮김, 《유한계급론》, 서울: 우물이있는집, 2012(개정판)]; Pierre Bourdieu, *Distinction: A Social Critique of the Judgment of Taste*, trans. Richard Nice(Cambridge, MA: Harvard University Press, 1984) [한국어판. 삐에르 부르디외 지음, 최종철 옮김, 《구별짓기: 문화와 취향의 사회학La Distinction: Critique sociale du jugement》(전 2권), 서울: 새물결, 2005]

26. Stephen Mennell, *All Manners of Food: Eating and Taste in England and France from the Middle Ages to the Present*, 20-39; Jürgen Habermas, *The Structural Transformation of the Public Sphere*, trans. Thomas Burger(Cambridge, MA: The MIT Press, 1989). [한국어판. 위르겐 하버마스 지음, 한승완 옮김, 《공론장의 구조변동: 부르주아 사회의 한 범주에 관한 연구 Strukturwandel der Öffentlichkeit: Untersuchungen zu einer Kategorie der bürgerlichen Gesellschaft》, 서울: 나남, 2001]

27. Mikhail Bakhtin, *Rabelais and His World*, trans. Helene Iswolsky(Cambridge, MA: The MIT Press, 1968). [한국어판. 미하일 바흐찐 지음, 이덕형·최건영 옮김, 《프랑수아 라블레의 작품과 중세 및 르네상스의 민중문화Творчество Франсуа Рабле и народная культура средневековья и Ренессанса》, 서울: 아카넷, 2001]

28. Antonio Gramsci, *The Prison Notebooks*, trans. Joseph A. Buttigieg and Antonio Callari(New York: Columbia University Press, 1992).

29. Alberto Capatti and Massimo Montanari, *Italian Cuisine: A Cultural History*, trans. Aine O'Healy(New York: Columbia University Press, 2003), 86.

30. Marcy Norton, "Tasting Empire: Chocolate and the European Internalization of Mesoamerican Aesthetics," *American Historical Review* 111, no. 3(June 2006): 660-691; T. Sarah Peterson, *Acquired Taste: The French Origins of Modern Cooking*(Ithaca: Cornell University Press, 1994).

31. Gerard J. Fitzgerald and Gabrielle M. Petrick, "In Good Taste: Rethinking American History with Our Palates," *Journal of American History* 95, no. 2(September 2008): 392-393, 395.

32. Caroline Walker Bynum, *Holy Feast and Holy Fast: The Religious Significance of Food to Medieval Women*(Berkeley: University of California Press, 1987); Ken Albala, "Food and

Feast as Propaganda in Late Renaissance Italy," in *Dining on Turtles: Food Feasts and Drinking in History*, ed. Diane Kirkby and Tanja Luckins(New York: Palgrave Macmillan, 2007), 33-45; Giovanni Battista Rossetti, *Dello Scalco*(Ferrara, Italy: D. Mammarello, 1584).

33. Tülay Artan, "Aspects of the Ottoman Elite's Food Consumption: Looking for 'Staples,' 'Luxuries,' and 'Delicacies,' in a Changing Century," in *Consumption Studies and the History of the Ottoman Empire, 1550-1922: An Introduction*, ed. Donald Quataert(Albany: SUNY Press, 2000), 107-200; Hedda Reindl-Kiel, "The Chickens of Paradise: Official Meals in the Mid-Seventeenth Century Ottoman Palace," in Faroqhi and Neumann, *The Illuminated Table*, 59-88; Christoph K. Neumann, "Spices in the Ottoman Palace: Courtly Cookery in the Eighteenth Century," in ibid, 127-160.

34. Michael Freeman, "Sung," in *Food in Chinese Culture: Anthropological and Historical Perspectives*, ed. K. C. Chang(New Haven: Yale University Press, 1977), 143-145; Joanna Waley-Cohen, "The Quest for Perfect Balance: Taste and Gastronomy in Imperial China," in *Food: The History of Taste*, 99-132; Nishiyama Matsunosuke[西山松之助], *Edo Culture: Daily Life and Diversions in Urban Japan, 1600-1868*, trans. Gerald Groemer(Honolulu: University of Hawaii Press, 1997).

35. Susan Pinkard, *A Revolution in Taste: The Rise of French Cuisine, 1650-1800*(New York: Cambridge University Press, 2009, 83-94; Jean-Louis Flandrin, *Arranging the Meal: A History of Table Service in France*, trans. Julie E. Johnson(Berkeley: University of California Press, 2007).

36. Brian Cowan, *The Social Life of Coffee: The Emergence of the British Coffeehouse*(New Haven: Yale University Press, 2005); Marcy Norton, *Sacred Gifts, Profane Pleasures: A History of Tobacco and Chocolate in the Atlantic World*(Ithaca, NY: Cornell University Press, 2008); Ross W. Jamieson, "The Essence of Commodification: Caffeine Dependencies in the Early Modern World," *Journal of Social History* 35, no. 2(Winter 2001): 269-294.

37. Rebecca Spang, *The Invention of the Restaurant: Paris and Modern Gastronomic Culture*(Cambridge, MA: Harvard University Press, 2000); Beat Kiimin, "Eating Out Before the Restaurant: Dining Cultures in Early-modern Inns," in *Eating Out in Europe: Picnics, Gourmet Dining and Snacks Since the Late Eighteenth Century*, ed. Marc Jacobs and Peter Scholliers(Oxford: Berg, 2003), 71-87.

38. Fernand Braudel, *The Structures of Everyday Life: The Limits of the Possible*, Vol. 1 of *Civilization and Capitalism, 15th-18th Century*, trans. Siân Reynolds(New York: Harper and Row, 1979), 187 [한국어판. 페르낭 브로델 지음, 주경철 옮김, 《물질문명과 자본주의: 일상생활의 구조Civilisation matérielle, économie et capitalisme, XVe et XVIIIe siècles 1. Les Structures du quotidien》(전 2권), 서울: 까치, 1995]

39. Richard Wilk, *Home Cooking in the Global Village: Caribbean Food from Buccaneers to Ecotourists*(Oxford: Berg, 2006), 43쪽, 개별 접촉; Norbert Elias, *The Civilizing Process: The History of Manners and State Formation and Civilization*, 492.

40. Piero Camporesi, *Bread of Dreams: Food and Fantasy in Early Modern Europe*, trans. David Gentilcore(Chicago: University of Chicago Press, 1989).

41. Sidney Mintz, *Sweetness and Power*, 151-186; Sidney Mintz, *Tasting Food, Tasting Freedom: Excursions into Eating, Culture, and the Past*, 33-49.

42. Jeffrey M. Pilcher, *¡Que vivan los tamales! Food and the Making of Mexican Identity*(Albuquerque: University of New Mexico Press, 1998), 19-22, 55-57; Sonia Corcuera de Mancera, *Entre gula y templanza: Un aspecto de la historia mexicana*, 3rd ed.(Mexico City: Fondo de Cultura Econ6mica, 1991).

43. Lisa M. Heldke, "Foodmaking as a Thoughtful Practice," in *Cooking, Eating, Thinking: Transformative Philosophies of Food*, ed. Deane W. Curtin and Lisa M. Heldke(Bloomington: Indiana University Press, 1992), 203-229; Meredith E. Abarca, *Voices in the Kitchen: Views of Food and the World from Working-Class Mexican and Mexican American Women*(College Station: Texas A & M University Press, 2006), 54-68.

44. Priscilla Parkhurst Ferguson, *Accounting for Taste: The Triumph of French Cuisine*, 44.

45. Stephen Mennell, *All Manners of Food: Eating and Taste in England and France from the Middle Ages to the Present*, 65; Amy B. Trubek, *Haute Cuisine: How the French Invented the Culinary Profession*(Philadelphia: University of Pennsylvania Press, 2000); Luce Giard, "The Nourishing Arts," in *Living and Cooking*, vol. 2 of *The Practice of Everyday Life*, ed. Michel de Certeau, Luce Giard, and Pierre Mayol, trans. Timothy J. Tomasik(Minneapolis: University of Minnesota Press, 1998), 151-169.

46. Diana Taylor, *The Archive and the Repertoire: Performing Cultural Memory in the Americas*(Durham: Duke University Press, 2003), 16; W. B. Worthen, "Disciplines of the Text: Sites of Performance," in *The Performance Studies Reader*, ed. Henry Bial(New York: Routledge, 2004), 10-25.

47. Ken Albala, "Cooking as Research Methodology: Experiments in Renaissance Cuisine," in *Renaissance Food from Rabelais to Shakespeare*, 73-88. 또한 다음을 보라. Jenny L. Adams, *Ground Stone Analysis: A Technological Approach*(Salt Lake City: University of Utah Press, 2002).

48. Daniel Roche, *A History of Everyday Things: The Birth of Consumption in France, 1600-1800*, trans. Brian Pearce(Cambridge: Cambridge University Press, 2000), 5-8, 234; Daniel Roche, "Cuisine et alimentation populair à Paris," *Dix-Huitieme Siècle* 15(1983): 7-18. 이 참고문헌에 대해 개인적으로 시드니 와츠에게 감사드린다.

49. Sydney Watts, *Meat Matters: Butchers, Politics, and Market Culture in Eighteenth-Century Paris*(Rochester: University of Rochester Press, 2006), 27-41.

50. James C. McCann, *Stirring the Pot: A History of African Cuisine*(Athens: Ohio University Press, 2009), 12, 85, 110, 135.

51. Steffan Igor Ayora-Diaz, *Foodscapes, Foodfields, and Identities in Yucatan*(Oxford: Berghahn, 2012), 114-152.

52. Nathan Myhrvold, "The Art in Gastronomy: A Modernist Perspective," *Gastronomica* 11, no. 1(Spring 2011): 18-19.

4장

음식의 노동사

Labor Histories of Food

트레이시 도이치 Tracey Deutsch

노동의 관점으로 음식과 음식의 역사를 바라볼 때 우리는 과연 무엇을 알 수 있을까? 그 대답은 모든 것이다. 노동은 자연에서 나는 것들을 조리해서 음식으로 바꾼다. 노동은 소화할 수 없는 유기물질들을 인체에너지와 영양소의 필수 원천으로 바꾼다. 노동은 이러한 물질들에 사회적 의미를 불어넣는다. 요컨대 음식과 노동은 서로 아주 긴밀하게 연결되어 있다. 노동은 음식의 핵심 요소다. 실제로 인간은 먹을 것을 얻기 위해 더욱더 열심히 일하지 않을 수 없었다. 노동의 관점은 특정한 시기와 장소의 음식 뒤에 감춰진 복잡한 사회과정, 기술 구조, 물질적 욕구에 관한 날카로운 상상력을 자극한다. 당대의 노동체계는 먹을 수 있는 음식의 종류를 극적으로 바꿨고, 그러한 음식의 변화는 다시 노동체계를 바꿨다.

게다가 음식과 노동의 관계는 단순했던 적이 결코 없었다. 사람들은 원재료를 음식으로 바꾸기 위해 수많은 방법을 썼다. 이와 같은 방법에는 사람들이 그런 음식을 먹게 된 무수한 사회적 맥락과 제도가 반영되어 있다. 성별분업, 음식이 제공되는 방식, 무엇을 어떻게 조리할지에 대한 아이디어, 음식 재료 채취[채집]·가공·사냥[수렵] 방식—이 모든 것은 동시대라 하더라도 매우 다양할 수 있다.

이 문제는 오늘날 특히 곤혹스러운 상황을 낳는다. 최종적으로 음식을 먹는 사람들이 그 음식을 만드는 사람들의 노동에 대해 거의 알지 못하기 때문이다. 오늘날 음식과 관련된 많은 노동이 최종적으로 그 음식을 먹지 않는 사람들(농장 농사꾼, 트럭운전사, 통조림공장 생산라인 노동자, 레스토랑 주방장 등)에 의해 이루어진다. 이주 또는 방문취업 노동자들이 바로 노동의 비가시성invisibility을 보여주는 전형적인 사례다. 그들의 노동력은 농산물 수확에서 매우 중요한 위치를 차지하지만 그들의 존재는 국가 정책에서 일시적이며 불확실하다. 그들이 제공하는 노동으로 생산된 음식을 먹는 사람들은 그들의 존재를 인식하는 순간, 대개 그들을 자국 밖으로 추방할 것을 요구한다.

다음으로 이 글은 음식 생산에 엄청난 양의 노동이 필요하다는 사실에 주목하면서 음식의 역사를 노동을 중심으로 살펴보려 한다. 특히 음식과 관련된 기본적인 일 즉 채취, 생산, 소비가 시간이 흐르면서 어떻게 바뀌었는지를 유념해서 검토할 것이다. 음식과 관련된 노동의 초기 역사와 중세 말부터 시작해 전 세계적으로 식량 생산과 소비에 획을 그은 "상업적 전환commercial turn"을 개관하면서, 음식과 관련된 노동이 이루어지는 세 공간—상업적 식품 공정(특히 제조와 판매)의 세계, 농장, 주방 공간—에 초점을 맞추되, 연대기적 구성은 상대적으로 느슨한 형태를 이룰 것이다. 이와 같은 구성은 근대에 이르러 음식과 관련된 일이 정교하게 세분화되고 공간적 분할이 두드러지게 나타난 역사적 변화 과정을 반영하는 것이다. 그렇다고 그것이 완전한 단절을 의미하는 건 아니다. 실제로 이처럼 서로 다른 공간이 문화적으로나 신체적으로 서로 연결되는 것은 음식을 둘러싼 문화적, 신체적 욕구의 충족에 결정적으로 필요한 요소다. 이 글의 마지막 부분은 음식, 노동, 그리고 그 둘의 관계에 대한 이와 같은 역사가 암시하는 바를 곰곰이 따져보면서, 결론적으로 음식이 일과 노동을 범주화하는 전형적 방법들에 대해 진지하게 문제를 제기한다.

이 글은 전반적으로 음식을 만드는 데 들어가는 막대한 양의 노동을 역설하는데, 오늘날 같은 생산체계에서도 상황은 전혀 바뀌지 않았다. 더 나아가 이 글은 그러한 노동의 사회적 배태성embeddedness을 강조한다. 다시 말해, 이는 음식과 관련된 노동이 대개 해당 지역의 권력과 정체성—그리고 특히 젠더—의 체제에 따라 구조화된다는 것을 의미한다. 이 두 주제는 시간의 흐름에 구애받지 않고 어디서나 유효하다. 그러나 음식과 관련된 노동 또한 마찬가지로 엄청난 변화 과정을 겪었다. 이들 문제를 파고드는 과정에서 두 다른 주제가 부상한다. 첫째는 상업혁명commercial revolution과 산업화가 음식과 관련된 과거의 일 형태를 극적으로 바꾸었다는 점이다. 둘째는 특히 산업화가 전 세계적으로 서로 다른 차별적 영향을 끼침으로써 결국 부유한 사람들과 가난한 사람들 사이에 음식과 관련된 노동에서 커다란 차이를 초래했다는 점이다.

상이한 역사적 시대를 이어주는 연속성 즉 음식을 생산하는 서로 다른 체계를 이어주는 연결고리는 그것들의 차이만큼이나 중요하다. 음식을 생산하는 공간과 방식은 늘 서로 중첩되고 대개는 공생하면서 유기적으로 연결될 수밖에 없다는 것이 이 글이 말하려는 핵심이다. 예컨대 가장 산업화된 공간들까지도 결국에는 음식 공급에서 농업에 의존했다. 이와 비슷한 연결은 시대를 초월해 발생한다. (곧, "현대" 세계에서도 수렵과 채집은 여전히 중요하다.) 노동체계 사이의 이런 중첩과 연결에 대한 이와 같은 강조는 먹거리 생산의 복잡성을 반영한다. 그리고 최근에 발표된 많은 학술 문헌에 따르면, 일상의 관습을 표준화 또는 동질화하거나 새롭게 바꾸는 것은 자본이나 경제만으로는 한계가 있다.[1] 끝으로, 이 글은 가족 구성원이 그들 각자와 서로를 부양하기 위해 제공하는 무보수 가사노동으로 만들어지는 음식에 특별히 중요한 의미가 있음을 밝힌다. 가사노동은 음식을 만드는 데 필요한 노동에 관해, 더 일반적으로 말해 경제활동의 문화적 기반과 관련해 중요한 사실들을 보여준다. 따라서 이 글은 먹거리 생산과 관련된 노동에 관해 복합적이고 전체적인 관점을 유지하면서 최근의 새로운 변화 과정에서 옛날의 체계와 주방 공간이 지속적으로 영향을 끼치고 있음을 역설한다.

첫 번째 작업: 식량 생산의 기원

최근의 많은 연구 결과로 나온, 옛날의 식생활에 필요한 노동 패턴에 관한 설명은 여러모로 음식과 노동의 관계를 규정하는 데 매우 유용하다. 그것["설명"]은,

무엇보다도 먼저, 음식 연구에서 노동을 중심에 둘 것을 시사한다. 인류 역사의 대부분을 볼 때, 음식의 생산과 분배는 사회구조와 정치구조―그리고 대다수 사람의 일상―의 중심에 버티고 서 있었다. 그것은 또한, 많은 학자가 지적한 것처럼, 맛과 문화가 민중의 길잡이 노릇을 했음을 시사한다. 음식만으로 혹은 음식과 관련된 노동만으로 능률[성]efficiency[투입input에 대한 산출output의 비율]을 발휘한 적은 없었다. 끝으로, 학자들은 옛날의 음식을 만드는 기술과 방식에 대한 이해를 통해 현재의 음식을 평가하고, 수렵채집, 목축, 공동경작communal farming과 같은 기술들의 역사적 특수성과 그 기원까지 모두 파악할 수 있다.

음식을 생산하는 데 상당히 많은 노동이 필요하다는 사실은 선사시대로까지 거슬러 올라가서도 확인할 수 있다. 150만 년 전 사람들은 야생동물을 죽이거나 도축하기 위해 처음으로 단단한 돌날을 사용했다. 3만 년 전에는 음식을 저장 preservation할 목적으로 바구니를 짜고 점토 항아리를 만들었다. 이것들은 과거 인류의 활동 가운데 유물로 남겨진 것들에 불과하다. 계절에 따른 이동, 식용 식물, 동물 습성, 식품 보존 방법처럼 인간을 살아남게 한 수많은 다양한 생존 능력과 관련한 상세한 지식은 전혀 기록이 남아 있지 않다.[2] 마셜 살린스Marshall Sahlins가 말한 이른바 "원초적으로 풍요로운original affluent" 수렵채집 사회에서도 먹을 것을 구하기 위해 사람들은 함께 협력하고 노력했다. 예컨대 벌통에 연기를 피워 벌들을 쫓아내고 꿀을 채집하기도 하고, 각종 야생딸기를 채집하기도 하고, 물고기와 (고래와 같은) 해양 포유동물을 찾아 원정대를 꾸려 대양과 바다로 나가기도 했다.[3]* 살린스가 정확하게 지적한 것처럼, 비록 이들이 생존을 유지하기 위해 쓴 시간이 하루에 불과 몇 시간밖에 안 되었지만, 그러한 일은 고도로 숙련되고 여러 세대에 걸쳐 축적된 지식과 경험을 바탕으로 한 것이었다.

먹을 것은 수렵을 통해 얻었지만 조리를 통해 새롭게 태어났다. 적어도 20만 년 동안, 혹은 아마도 그것보다 더 오랫동안, 오늘날 인류의 조상인 유인원들은 먹을 것을 조리하기 위해 땔감을 모으고 불을 지폈다. 불구덩이와 깨진 돌들의

---

* 살린스는 문명과 야만이라는 전통적인 사고방식에서 벗어나 수렵채집사회야말로 "원초적 풍요 사회 original affluent society"였다고 말한다.《석기시대 경제학: 인간의 경제를 향한 인류학적 상상력》(마셜 살린스 지음, 박충환 옮김, 한울아카데미, 2014) 참조.

흔적은 그들이 사냥한 동물들을 익히고, 이에 더해 그것들의 골수에서 기름을 제거하기 위해 애썼음을 시사한다. 또한 그들은 야생딸기를 채집했을 뿐 아니라 그것을 저장하고 말리기도 했다.[4] 많은 학자는 태곳적에도 사람들이 음식을 먹을 때 그 맛을 매우 중요하게 생각했을 거라고 추측한다.[5] 이와 같은 견해는 음식을 굽거나 끓이는 아주 기본적인 조리 기술들이 사회적, 문화적, 신체적 생존에 오랫동안 중요한 구실을 했음을 시사한다.

인류는 약 1만 년 전에 한곳에 정착해 농경을 시작했는데, 이는 식량 생산과 더불어 정착해서 농경을 채택한 사회들을 극적으로 변화시켰다. 노동체계와 그러한 노동이 배태된 정치·사회도, 식량 생산 방식에서 중대한 변화가 일어난 것처럼, 크게 바뀌었다. 실제로 많은 인류학자와 역사학자는 오래전부터 영구적 농경 정착을 인류 역사의 중대한 전환점으로 인식했다. 그 덕분에 크고 작은 도시가 더 많이 생겨나고, 노동과 관련된 정교한 문화·정치 체제가 성장하고, 토지를 경작·소유하고, 기록도 남길 수 있었다.[6] 우리는 4,000년 전 아시아의 비옥한 하천 유역 다시 말해 서쪽으로 티그리스강과 유프라테스강, 남쪽으로 인더스강과 갠지스강, 동쪽으로 황허강과 양쯔강에서 발생한 고대국가의 발전에서 이와 같은 현상을 볼 수 있다. 이러한 도시화는 새로운 관개 방식의 발명, 곡물 생산량의 증가, 식품 가공과 저장 기술의 발전을 통해 더 많은 인구를 먹여 살릴 수 있게 했으며, 곧바로 아프리카·유럽·아메리카로 확산되었다. 최초의 중앙집권 국가의 출현은 대규모 농경의 결과이기도 하지만, 거꾸로 그것을 유지하기 위해서도 중앙집권 국가는 필요했다.

초창기의 농경은 자연에서 먹을 것을 얻는 아주 획기적인 새로운 방식을 개발했다. 물론 그 가운데 일부는 오랫동안 누적되어온 기술에서 발전한 것이었다. 씨를 뿌리고 작물을 수확하는 기술은 나무를 베고 불을 질러 땅을 일구는 새로운 농경법에 의해 보강되었다. 곡류와 콩류가 인간의 주식이 되면서 사람의 몸도 바뀌었다. 유골 흔적은 농경이 관절에 손상을 입힐 정도로 매우 고된 노동이며 그 결과로 곡식의 생산량이 부족했다는 것을 시사한다. 조리 방식 또한 새로운 음식을 수용하기 위해 계속해서 바뀌었다. 이런 식으로 음식은 인간에게 끊임없이 엄청난 양의 노동을 요구했다. 초창기 농경민들은 또한 양과 염소(유라시아와 중동의 경우), 돼지(아시아의 경우)에 많이 의존했는데, 결국에는 그 동물들을 길들여

집에서 가축으로 길렀다. 동물들이 생산하는 우유와 고기는 유목사회에서 아주 중요한 요소가 되었다. 유목민들은 가축을 몰고 이동하면서 사육하고 서로 사고 팔았다. 그들은 먹을 것을 마련하기 위해 날마다 우유를 짜며 가축을 돌보지 않으면 안 되었다.

농경과 목축을 통해 먹을 것을 생산하는 방식은 그 모든 것이 복잡하게 연결된 사회 체계와 관계들에 의존했다. 일례로, 중앙아메리카에서 이른바 닉스타말과정nixtamalization*이라고 하는 알칼리 가열처리법의 발명은 옥수수의 영양분 섭취 열량을 늘렸다. 이것은 결국 [멕시코의] 테오티우아칸Teotihuacán과 같은 대도시들이 번창할 수 있는 여건을 마련했지만, 여자들은 날마다 오랜 시간 고된 노동에 시달려야 했다. 아널드 바우어Arnold Bauer는 이처럼 남자들은 농경을 통제하고 여자들은 가정에서 음식을 조리하고 가공하는 일에만 매달리게 되면서 가부장제가 강화되었다고 주장했다. 농경과 관련된 일은 대개 여성과 남성의 관계를 규정하는 젠더체계의 변화에 따라 그 구성이 달라졌다.[7]

목축 생활도 정착해서 농경 생활을 하는 경우처럼 매우 특별한 사회제도들 속에서 생겨났다. 계절에 따라 주기적으로 초원을 옮겨 다니는 이동 방목은 많은 유목민의 생활양식이 되었다. 이러한 사회에서 음식을 조리하는 사람은 낙농제품(예컨대 버터우유buttermilk, 치즈, 요구르트, 알코올성 발효음료 쿠미스koumiss)을 저장하고 (대개 젖당lactose을 소화시키기 위해 필요한 효소가 부족한) 성인들의 소화를 위해 효모 배양·발효법을 배웠다.[8] 유목사회에서도 여성과 남성의 구분은 매우 중요한 영향을 끼쳤지만 유목사회는 정착 농경사회보다는 남성적 권위의 범위가 훨씬 유동적이었다.

농경은 특히 점점 더 권력이 중앙에 집중되고 계층화하면서 확대되는 노동집약적 식량 생산 체제로 구조화되었다. 과거 그 어느 때보다 거대한 규모로 움직이는 중앙 당국은 관개 시설, 곡물 생산 및 저장과 관련된 일을 총체적으로 조정했다. 일례로, 고대 이집트인들은 대개 (나일강이 범람하지 않는) "건조"기에 엘리트

---

* 옥수수 조리법의 하나. 백회, 숯, 또는 구운 달팽이껍질을 넣고 옥수수를 삶아 하룻밤 동안 식히고 다음 날 아침에 옥수수껍질을 벗기면, 옥수수 낟알을 쉽게 갈 수 있어 반죽이 훨씬 부드러워지거나와 단백질에 대한 알칼리 작용으로 아미노산이 증가함으로써 옥수수의 영양가가 극적으로 증가한다.

층과 지배자들의 명령 아래 강물의 흐름을 제어하는 기반 시설을 관리하는 일에 많은 시간을 썼다. 많은 농경사회에서 식량은 중앙정부의 통제에 따라 생산·분배되는 경우가 대부분이었다.

한 가지 체제로는 사람들이 식량을 얻는 많은 방법을 완벽하게 설명하지 못했다. 대부분의 농경사회에서도 사람들은 수렵과 채집을 지속했다. 실제로 먹을 것을 얻는 이와 같은 대안들은 노동자들이 때로 폭력 봉기와 반란을 통해, 하지만 평소에는 제임스 스콧이 "약자의 무기weapons of the weak"라고 부른 일상적 저항 형태들을 통해 지배층의 강압적 요구에 저항하는 도구가 되었다.[9] 농경민, 채집민, 유목민들은 늘 서로 교류하면서, 농경을 망치거나, 아주 중요한 야생먹거리가 부족해지거나, 방목하는 가축이 죽으면 서로를 찾아가 도움을 청했다. 그들은 또한 상황이 나아지면 서로 먹을 것을 거래했다. 이 모든 것은 결국 농경이 먹을 것을 얻기 위해 사람들의 일하는 방식을 바꾼 것은 맞지만, 당시의 자연환경이나 정치적·문화적 조건이 허락한다면, 사람들은 옛날 방식이든 혁신적인 새로운 방식이든 자신들을 둘러싼 세계로부터 먹을 것을 얻기 위해 다양한 방식을 사용했음을 의미한다.

상업화에 따른 변화
: 플랜테이션, 제국주의, 그리고 전 세계적 식량 교역

세계를 지배하는 상업화된 유럽 제국들의 출현은 식량을 생산하고 얻을 수 있는 방법을 크게 바꾸었는데, 농경 발생 초기에 나타났던 변화를 훨씬 더 뛰어넘었다. 새로운 음식(유럽의 경우, 설탕·차·커피)이 끼친 영향과 가난에 대한 대응(식민지 정복과 노예화, 공유농지의 사유화와 산업화로 인한 농촌 인구의 이탈)으로 사람들의 식생활이 크게 바뀌었다. 새로운 사회체제와 정치, 특히 새로운 노동 방식은 식량의 상업화를 촉진한 동시에 그것의 영향을 크게 받았다. 예컨대 새로운 식량 생산 체계를 뒷받침하는 막대한 노동량은 플랜테이션 생산을 중심으로 전 세계적인 노예화를 통해 더욱 노골적이고 추악한 모습을 드러냈다. 당시의 원거리 교역과 세계경제 상황에서 배태된 플랜테이션 농업plantation agriculture은 기본적 식량의 상업화 과정에서 강제노동coerced labor이 어떠한 구실을 했는지를 명백하게 보여준다.

유럽에서 식량의 상업화는 새로운 강제노동 체계들을 발판으로 성장했다. 그 가운데 가장 악명 높은 것이 로마제국 말기에 등장해서 이후 수 세기에 걸쳐 유럽 전역으로 퍼져나간 농노제農奴制, serfdom다. 농노제의 종류가 많긴 하지만, 농노serf—다른 제국의 지배를 받는 속국의 피지배자들처럼—는 자기 땅에서 자기가 먹을 식량을 생산했다. 하지만 그들은 또한 대개 자기 땅에서 생산한 식량을 귀족들에게도 공급하는 동시에, 귀족들이 직접 관리하는 대규모 농지를 경작하는 데도 자신의 노동력을 제공했다. 농노의 가족이 영주領主, lord의 땅에서 생산한 잉여농작물은 국내에서 팔리거나 국외로 수출되었다.[10]

유럽과 유라시아 전역에 걸쳐, 이제 지배 권력층뿐 아니라 중간층의 농민들과 소농들도 자신의 생계보다는 교역과 시장 공급을 목적으로 식량을 생산하는 경우가 점점 많아졌다. 연구에 따르면, 시간이 흐르면서 [국내의] 여러 도시와 국외에 내다 팔기 위해 농토를 넓히고 식량(특히, 채소·곡물·낙농제품)을 생산하는 사람들은 바로 이런 식민지 지배층에 속하거나 특혜를 받은 농경민들이었다.[11]

아메리카대륙의 식량은 또 다른 여러 형태의 부자유 노동unfree labor을 통해 상업화되었다. 아메리카대륙의 설탕·커피 플랜테이션, 아시아의 차 플랜테이션, 아프리카의 카카오 플랜테이션은 모두 유럽의 상업 제국들을 강화했다—그리고 강제노동과 노예화를 전 세계적 규모로 확대했다. 커피, 차, 설탕, 초콜릿과 같은 식품을 생산하는 노동은 극도로 고된 일이었다. 식량 생산과 같은 여러 힘든 일과 관련해 약탈적인 식민지 노동관계로 악명 높은 중앙아메리카와 남아메리카의 원주민들은 대개 스페인 정복자의 광산 개발에 강제 동원 되느라 자기 땅에서 짓던 농사를 그만둘 수밖에 없었다. 그들은 또한 레파르티미엔토repartimiento—식민지 원주민의 노동력 강제 징발 제도—를 통해 식민지 지배층이 먹을 식량도 생산해야 했다. 스스로 충분한 식량을 생산할 기회를 박탈당한 원주민들은 식민지 지배자들의 혹독한 학대와 그들이 전파한 질병으로 많은 생명을 잃었으며, 이로 인해 원주민 인구는 급감했다. 그러자 설탕 플랜테이션 소유주들은 곧바로 아프리카 노예들을 "신세계"로 실어 나르기 시작했다. 시간이 흐르면서 유럽의 설탕 수요가 급증하자 농장 감독관들은 당시의 군대식 규율을 개조한 가혹한 노동체계를 도입해 사탕수수 줄기를 심고 잡초를 제거하고 비료를 주고 수확을 할 때 뒤처지는 노예들에게 무자비한 폭력을 행사했다. 한편 제분소와 푹푹 찌는 실내에서의 작업은 대단히 엄격하고 위험했지만, 생산성 극대화를 위해서는 상당히 숙련된 노예 노동자들이 필요했다. 식량을 생산하기 위한 이런 종류의 강제노동이 단순히 강압적 폭력만으로 이루어진 것이 아니라 숙련된 기술을 요구했다는 사실을 유념할 필요가 있다. 아메리카대륙에서의 쌀농사에 관한 주디스 카니의 연구에 따르면, 서아프리카 노예들이 쌀농사를 지을 줄 아는 인력과 제분 기술을 제공했다.[12]

노예를 이용한 플랜테이션 강제노동이 멀리 떨어진 곳에 있는 사람들—특히 유럽 노동자들—에게 식량을 공급하는 데 아주 중대한 요소였음이 판명되었다. 설탕은 한때 진귀한 식품이었지만 마침내 서유럽의 식탁에 늘 오르는 일용식품이 되었다.[13] 럼주rum·커피·차 또한 유럽의 노동자들이 일상적으로 먹는 식품이 되었는데, 이 모든 것은 결국 아메리카대륙, 카리브해, 태평양, 아프리카, 아시아 지역 노동자들의 노예노동을 통해 얻어진 것들이었다. 한편으로는 이와 역방향으로 공급된 식품들도 있었는데, 그것은 유럽이 구축한 거대한 대서양 제국의 식민지에 이주한 사람들을 먹이기 위해서였다. 어느 경우든, 새로운 정치권력은 농업의 식량 생산을 크게 변화시켰다.[14]

상업화에 따른 변화: 노동력을 팔고, 먹을 것을 사다

아메리카대륙에서 유럽 제국의 출현과 그들이 구축한 교역망은 일과 음식의 관계를 바꾸었다. 이제 먹고 살기 위해서는 농사짓거나, 채집하거나, 수렵하는 것이 아니라 오히려 상거래와 산업 생산에 참여하는 것이 더 필요한 시대로 서서히 넘어가고 있었다. 15세기에서 17세기까지 점점 상업화하는 환경에서 이전보다 더 가난해진 유럽의 소농들은 농촌과 도시를 떠돌며 임금을 받고 일할 자리를 찾아다니는 이주민이 되었다. 유럽의 인클로저enclosure* 운동은 대다수 농촌 사람이 스스로 수렵, 채집, 목축을 통해 자립할 수 있는 기회—가정의 식량 공급을 보충할 매우 중요한 수단—를 거의 앗아가버렸다. 서반구에서는 점점 더 많은 원주민이 금속 냄비 같은 일상의 주방용구들을 구입하기 위해 교역 관계에 편입되거나, 수출용 농작물을 재배하는 플랜테이션에서 유럽인 소유주들을 위해 일하지 않을 수 없었다. 교역 또는 교환할 수 있는 상품을 만들어내는 노동이 이제 먹을 것을 얻는 통로가 되었다. 시장이 처음으로 가정생활과 밀접한 관계를 맺게 된 것은 대개 음식을 통해서였다. 중세 무역상들은 향신료와 저장가능한 식품들을 실어 나르기 위해 전 세계를 잇는 무역망을 구축·유지했다.[15] 유럽의 도시 같은 곳에서는 알코올음료, 빵, 각종 구운 식품을 오래전부터 사 먹었다. 잼·버터 같은 손이 많이 가는 가공식품은 대개 이웃 간에 나누어 먹었고 이따금씩 돈을 주고 사 먹기도 했다. 확실히, 설탕처럼 점점 많은 사람이 애용하기 시작한 수입식품은 대개 먹을 사람이 직접 생산하지 않고 대부분 돈을 주고 사 먹었다. 마침내, 상업이 번성하고 산업화된 곳에서는 가정에서 먹을 것을 직접 재배하거나 가공하지 않고 돈을 주고 사 먹는 경우가 점점 더 늘어났다.

먹을 것을 파는 사람들이 시장에서 축적할 수 있는 부의 수준은 그들의 판매 능력에 따라 달랐지만, 음식 판매와 관련된 일이 매우 중요하다는 생각은 전 세계 어디서든 똑같았다. 특히 16세기부터 19세기까지 노동력의 이동과 도시화가 이루어진 뒤, 그러한 현상은 더욱 심화되었고 음식과 관련된 새로운 직업도 마구 생겨났다. 시장의 진열대와 노점은 행상이나 저임금 도시생활자, 그리고 때로는 도시에 사는 부자유 노동자들에게도 없어서는 안 될 중요한 일자리를 제공했다. 이제 세계 어디를 가든 작은 음식점이라도 열어 생계를 유지할 수 있는 경제적 상황이 만들어졌다. 일례로, 19세기 멕시코에서는 여성들이 돈을 벌기 위해 가장 흔히 하는 일이 토르티야나 타말레를 파는 것이었다. 또한, 18세기와 19세기 미국의 해안 도시들에서는 신분이 여전히 노예든 자유민이든 흑인들이 굴oyster을 파는 것을 흔히 볼 수 있었다.[16] 아프리카 시장에서는 이미 오래전부터 여성들이 음식을 내다 팔았다—일부 여성은 시장에 독점으로 식료품을 공급하기도 했다.[17] 시장 진입 비용도 낮고 어떤 음식은 비교적 구하기도 쉬웠기 때문에, 이

---

* 근세 초기의 유럽, 특히 영국에서, 영주나 대지주가 목양업이나 대규모 농업을 하기 위해 미개간지나 공동 방목장과 같은 공유지를 사유지로 만든 일. 15~16세기의 제1차 인클로저와 18~19세기의 제2차 인클로저로 중소 농민들은 토지를 이탈해 공장들이 많이 세워진 도시로 내몰리게 되고 도시의 하층 임금노동자로 일하게 된다.

런 시장 공간을 이용해 추가 자본을 거의 들이지 않으면서 날것이든 조리된 것이든 음식을 팔아 돈을 버는 것이 가능했다. 조리된 음식을 사람들이 많이 거주하는 지역에서 행상을 하며 파는 것은, 대개 가계 소득에 보탬이 되어줄 수단이 변변치 않은 사람들에게 아주 좋은 기회를 제공했다. 때때로 그것은 더 많은 돈을 벌기 위한 종잣돈을 모을 수 있는 기회이기도 했다.[18] 그들이 하는 일은 사람들이 다양한 양질의 음식을 접하고 맛볼 수 있는 데 결정적 역할을 했다.

인구 밀집 도시에 음식을 공급하기 위해 노동력을 제공하는 사람은 음식판매자들만이 아니었다. 그 밖에도 어부, 선원, 짐꾼, 통 제조업자 같은 음식 공급과 관련된 새로운 연결 고리를 형성한 수많은 사람이 있었다. 지난날 음식과 관련된 일을 하는 사람이라고 생각되지 않았던 (지금도 여전히 그렇게 생각하는) 사람들이 연결된 이런 광범위한 네트워크는 이제 도시의 식생활—고급 음식이든 일상 음식이든 상관없이—에서 없어서는 안 될 중요한 요소가 되었다.

산업화: 외식과 새로운 가정생활의 탄생

이와 같은 변화는 결국 산업화가 음식과 관련된 일을 바꾸는 과정의 시작에 불과했음이 밝혀졌다. 새로운 음식은 산업사회에서 소비되었고, 식품가공업체들은 끊임없이 새로운 식품을 만들어냈다. 산업사회의 상품 공급 사슬에서 점점 중요한 위치를 차지하기 시작한 농장도 새로운 먹거리들을 재배했다. 산업화는 제조기술과 기계화 기반이 탄탄한 지역 또는 국가와 그렇지 못한 곳 사이의 격차를 더욱 벌렸다. 산업화는 아주 오래전부터 이어져온 식사 전통—집에서 음식을 조리하고 먹는 것—과 관련해서 한편으로는 새로운 가능성을 제기하는 동시에 또 다른 한편으로는 엄청난 걱정거리를 자아냈다. 산업생산과 산업노동에서 무엇보다도 주목해야 할 점은 역사의 변화다. 그러나 산업화 시대는 어떤 일이 이루어지는 기반이 되는 사회체계와 그 일의 상대적 중요성에 대한 문화적 신념을 끊임없이 반영했다. 계급, 민족, 젠더와 관련된 권위체계가 그 속을 관통하면서 그러한 공간들을 구성하는 데 한몫한다.

유럽 상업 제국의 중심지에서 음식은 산업노동자의 식생활에서 특별히 중요한 구실을 했다. 부유한 사람이든 가난한 사람이든 설탕·쌀·차·커피의 섭취량이 전보다 훨씬 늘어난 것은 사실이지만, 이와 같은 고칼로리 음식과 원기 회복 음료는 산업화된 국가의 노동자들 식탁에서 무엇보다 중요한 자리를 차지했다. 이러한 식품은 높은 열량과 에너지를 공급하고 알코올음료는 단조로운 작업을 오랫동안 참고 견뎌낼 수 있도록 정신적 안정을 제공해, 임금노동자들이 고된 노동조건을 극복할 수 있게 해주었다.[19]

근대적 산업 제조 방식이 음식에 처음 적용된 것은 적어도 19세기 중반까지 거슬러 올라가는데, 유럽에서 값싸고 신속하게 고기통조림을 생산할 수 있는 시스템을 개발한 시점이 바로 그때다. 제분 기술 또한 19세기 전반에 걸쳐 점점 더 기계화(되고 효율화)되었다. 시간이 오래 걸렸지만 진공 포장, 유리병 제조 기술, 안전한 통조림깡통 발명은 모두 대량 주문 문제—처음에는 (군용으로) 정부로부터, 그다음에는 민간 유통업자들로부터—를 해결하고 싶은 기업가들의 희망 사항 가운데 일부가 되었다. 그 결과, 산업화된 지역에서는 점점 더 많은 사람이 스스로 자신들이 먹을 음식을 만들기보다는 오히려 임금을 받기 위해 음식 일에 몰려들었다. 또한 이것은 마침내 생산과정에 대한 지배력이 상실되는 결과를 초래하면서, 빵 굽는 사람이나 잼 만드는 사람과 같은 독립된 기능인들을 공장노동자나 가게 점원으로 전환시켰다.[20]

음식을 만드는 작업이 임금노동으로 바뀐 과정은 고기 생산 과정을 살펴보면 더욱 명확하게 알 수 있다. 고기는 본디 상대적으로 적은 양만 도축해 훈제하고 말리고 소시지로 가공하거나, 개별 가정이나 소규모 음식점에서 조리되었다. 근세와 근대 도시에서 정육사들은 조직을 잘 정비해서 아무나 고기를 사고팔지 못하게 하고 [다른 사람들의] 시장 진입을 제한하기 위해 자격증 제도를 두었다. 그럼에도, 임금노동과 산업화는 상업적 육류 처리 분야에서 일찌감치 자리를 잡았다—그리고 극적 효과를 보았다.

19세기 중반부터 대규모 정육산업이 미국 중서부 지방에서 모습을 드러냈다. 처음에는 [미국 중동부 오하이오주] 신시내티Cincinnati에서 시작해 나중에는 [미국 중부 일리노이주] 시카고Chicago로 확산되었다. 산업사회에서 분업은 그 유명한 도축장의 "해체라인disassembly line"을 등장시켰다. 거기서 일단의 노동자들은 팀을 이루어 조직적이고 빠른 속도로 동물을 도축하고 절단해 다양한 부위로 나누고 구역질 날 정도로 많은 육가공품을 생산해냈다. 통조림으로 만들어 최종적으로 냉동 처리 된 고기와 육가공품들은 배에 실려 미국을 비롯해 점차 전 세계로 팔려나 갔다. 실제로 선원·철도원·광부처럼 대기업과 대량생산을 뒷받침하는 채취 및 운 송 산업에 종사하는 많은 노동자는 가공 통조림고기의 중요한 고객이었다.[21]

이러한 분야에 고용된 노동자들은 위험하기로 악명 높은 노동조건에서 일 했다. 업턴 싱클레어Upton Sinclair가 1906년에 발표[장편소설 《정글The Jungle》]한 미 국 정육산업(과 육식)의 해악에 관한 그 유명한 묘사는 정육업 종사자들의 처참 한 노동환경을 잘 요약했다. 그와 같은 상황이 오늘날에도 닭고기와 소고기 생 산의 문제를 폭로하는 기사들에서 조금 다를 뿐 여전히 반복되고 있다는 사실 은 유념할 일이다. 19세기 후반부터 정육산업은 이주노동자들이 고기를 오염시 키고 안전사고를 유발하는 환경에서 고도로 반복적이고 고된 작업을 수행하는 형태로 바뀌었다. 실제로 20세기 후반 가금류 처리의 중앙집중화는 그것을 미국 에서 가장 위험한 산업 가운데 하나로 만들었다. 많은 학자가 상세히 증명한 것 처럼, 언어·계급·민족성ethnicity의 분화는 노동조합을 만들려는 노력을 어렵게 했다—그리고 이런 상황은 이주노동자들에 대한 산발적 단속과 가족이나 공동 체의 붕괴와 뒤섞이면서 악화되었다.[22] 정육가공업 종사자들은, 독립적 도축업자 들과 달리, 자신들의 노동조건과 관련해 어떤 주장도 하지 못했고 경제적 독립 을 이루거나 정치적 영향력을 행사하는 것은 꿈도 꾸지 못했다.

그러나 산업 식품업계의 노동 문화는 저항의 현장이기도 했다. 식품가공 공장 노동자들은 민족은 서로 달라도 때때로 공동의 기반을 발견하고 작업과정을 제 어하는 여러 방법을 함께 조정한다. 비키 루이스Vicki Ruiz는 20세기 초반 멕시코 계 미국 여성들이 자녀들에게 미국 문화의 중재자로서 중요한 역할을 했다고 지적 한다. 그들은 식품가공산업의 모든 부문에서 가장 영향력 있는 노동조합을 결성 했고 대중문화와 소비의 즐거움을 누리면서 저마다의 민족적 정체성을 아이들에 게 심어주었다.[23] 그리고 역사학자들이 상세히 기록하는 것처럼, 정육업체 노동자 들은 1930년대에 강력한 조직 운동을 전개하고 그 후 수십 년 동안 강력한 노동 조합을 운영하기 위해 인종과 민족성이라는 장애물을 뛰어넘었다.[24] 심지어 최저 임금 노동자들까지도 다양한 사회관계망을 통해 일을 새롭게 재구성할 수 있다.

음식과 관련된 일이 이처럼 새로운 환경에 처하면서 레스토랑과 그 노동자는 특히 중요한 존재로 떠오른다. 이러한 곳은 19세기 도시생활자들이 일상적으로 찾는 공간이 되었다. 선술집, 바, 레스토랑, 음식 행상, 육가공품 판매점은 대개 노동계급 거주지 인근에 있었다. 반면에 상업 지역이나 점점 늘어나는 호텔에 있는 레스토랑은 상층계급 사람들에게 음식을 제공했다.[25] 다시 말해, 도시민들은 식사를 하기 위해 음식 재료를 구입하거나 아예 식당에서 돈을 주고 밥을 사 먹었다.

그와 같은 음식점에서 일하는 주방 노동자들은 다른 임금노동자들과 비슷한 변화를 경험했다. 레스토랑은 작은 노점이나 선술집 또는 행상에 비해 다른 사업들과 마찬가지로 점점 중앙에서 통제되는 체인점의 일부가 될 가능성이 커졌다. 세계 어디서든 부유한 지역의 주방 노동자들은, 음식업에 종사하는 여타의 노동자들처럼, 대개 가난한 농촌 지역 출신이었다. 최고급의 음식 시중과 조리 기술이 전문직업인이 되고 최저생활 임금을 버는 중요한 통로였지만, 그런 일자리들은 테일러식 능률성 개념에 비추어볼 때, 그리고 아무 다른 선택권도 없는 노동자들을 고려할 때, 대개 일상적인 것이 되었다.[26] 그럼에도, 여느 곳에서와 마찬가지로 레스토랑의 주방 노동은 노동자들에게 정체성을 실현하고 창조하며, 지지와 연대의 중요한 문화를 형성하고, 위로부터 하달되는 지침에 대처할 수 있는 계기를 제공했다. 역사학자 로빈 D. G. 켈리Robin D. G. Kelly는 고등학교 식당 교대근무 동료들과 함께 머리망 쓰기를 거부하고, 식당의 라디오를 마음대로 틀 권한을 주장하고, 정해진 근무조건에 맞게 일하려 애써온 일들을 떠올리면서 다음과 같이 말한다. "[미국 캘리포니아주] 센트럴 패서디나Central Pasadena 맥도날드점에서 일하는 종업원들은 끊임없이 저항할 새로운 방법들을 찾고 있었다." 사람들이 먹을 것을 구하는 장소와 방법이 크게 변화하는 가운데, 사회성Sociality과 연대성Solidarity 속에 깊이 뿌리박힌 노동은 음식 생산을 촉진하기도 하고 중단시키기도 했다.[27]

상업화와 산업화는 음식 생산의 현장을 집 밖으로 이동시켰다. 그것은 또한 "가정"이 "일"과 분리된 공간 개념으로서 떠오를 수 있는 새로운 환경을 만들어 냈다. 시간이 흐르면서, 공적 공간과 사적 공간의 분리에 관한 젠더 담론은 자기 가족을 위해 음식을 만들고, 불이 꺼지지 않도록 살피고, 설거지하는 것처럼 가사에 편입된 일 자체의 성격을 모호하게 만들었다. 물론 가정의 음식 생산과 가공은 대다수 사람들의 생존에 반드시 필요한 단계였다—그러나 기묘하게도 이런 종류의 활동은 산업화 과정에서 근대 경제의 기술과 권력관계가 간섭하지 못한 것처럼 보이는 범주의 일이 되었다.[28] 가정은, 1830년대 한 사제가 말한 대로, "인간이 생업의 괴로움과 낭패로부터 벗어나 피난처를 찾고, 고된 일을 중단하고 황홀한 안식을 찾는 (…) 곳"이었다.[29]

산업화와 식량 공급: 가사노동을 세상에 드러내다

앞서 살펴본 대로, 한 사제가 언급한 것에도 불구하고, 음식을 조리하고 준비하는 것을 포함해 "가사"노동을 가정에서의 휴식 활동으로 생각하는 것은 심각한 오해를 불러일으킬 수 있다. 그러한 일은 늘 큰 수고와 고된 활동을 요구했다. 1500년과 1900년 사이에 그와 같은 일은 집 밖에서 받는 임금, 대규모 경제체제, 광범위한 노동과 밀접한 관계를 맺게 되었다. 실제로 산업화의 영향을 가장 두드러지게 보여주는 중요한 표식 하나는 누구나 친밀하게 느끼는 음식 만드는 일—가정에서 음식을 조리하고 차리는 일—이 경제력과 교환에 의존하게 되었다는 사실이다.

상업화된 음식은 산업화된 곳의 부유한 사람들뿐 아니라 산업화와는 거리가 먼 곳의 아주 가난한 사람들에게도 중요한 기본식이 되었다. 통조림 고기와 우유는 지역에 따라 먹는 사람의 식성 및 식재료에 따라 먹는 방식의 차이는 있었지만, 인도와 영국에서 요리로 인정을 받았다. 또한 인도에서 아시아·멕시코에 이르기까지 식민지 유민과 이주민들은 자신들이 먹던 음식을 자신이 거주할 국내 지역이나 다른 국가로 운송하기 위해 가공·저장하는 방법을 찾았다. 그런 음식은 현지 사정에 맞게 채택·변형되어 새로운 식단으로 재탄생했고, 더 나아가 오늘날 카리브해 지역에서처럼 자기 민족의 고유한 정체성을 유지하는 데 한몫했다.[30]

집 밖에서 음식을 사 먹는 가정이 생겨났듯, 집에서 가정부를 두고 음식을 마련하는 가정도 있었다. 가사 서비스domestic service—지난날과는 서비스 형태와 사회질서가 일부 변형되었지만—는 임금노동이 음식 생산에 스며든 또 다른 방식이었다. 근대의 가사 서비스는 시간, 공간, 사람에 따라 상이한 기능을 수행했다. 그러나 요리는 오래전부터 하인들이 하는 일 가운데 가장 주된 일이었다—그리고 가난한 여성이나 유민 여성이 돈을 받고 노동력을 팔 수 있는 아주 중요한 통로이기도 했다. 그러한 하녀들은 자신의 주인들이 먹는 것을 변화시켰다. 그 음식들은 주인인 지배층이 요구하고 대개 널리 즐겨 먹었지만 고용된 하녀들의 노동과 독창적 솜씨가 스며든 혼합 요리였다.[31]

임금을 받고 하는 가사노동에는, 어떤 경우든, 복잡한 의미가 담겨 있다. 그것은 그 일이 간절히 필요한 사람에게는 아주 중요한 일자리였고, 그들을 고용한 가정에는 위신의 바탕이 되는 디딤돌이기도 했으며, 또 그 일을 선택한 여성들에게는 대개 위험한 공장 일을 벗어나거나 가난한 집구석을 뛰쳐나올 수 있는 방법으로서 자율적 삶을 누릴 수 있는 기회였다. 외국 이주민, 소수 인종, 농촌 이주민, 식민지 여성들이 바로 이런 자리—유럽에서 아메리카, 아시아에 이르기까지 각지에서—를 차지했다. 그러면서 그들은 점점 노동 그 자체보다 임금으로 보상을 하는 세상으로 들어갔다. 가정에서 직접 조리하는 사람이 산업국가에서 점점 줄어들었지만, 세계의 많은 중산계급 가정에서 조리하고 청소할 사람을 고용하는 것은 쉽게 예견할 수 있는 생활 모습이다. 급속하게 경제적 혼란을 겪는 지역에서는 지금도 많은 여성이 끊임없이 가정부 일자리에 뛰어들고 있는 실정이다.[32]

음식을 준비하고 차리는 데 필요한 실제 직무는 그 일을 누가 하느냐에 상관없이 매우 안정된 상태로 있었다. 19세기 도시생활자들이 음식을 마련하는 방법은 농촌생활자들과 달랐을지 모르지만, 두 경우 모두 음식을 직접 조리해서 먹는 것은 같았다. 조리 기술 그 자체는 근대 시기에 상대적으로 그다지 바뀌지 않았다. 여성들은 여전히 아궁이에 불을 지피고 엄청난 수고를 들여 가정에서 만드는 음식 준비(예컨대 멕시코와 중앙아메리카에서 토르티야를 만들기 위해 옥수수를 가는 일이나 서아프리카에서 푸푸를 만들기 위해 [카사바 같은] 덩이줄기tuber를 빻는 일 같은)의 대부분을 도맡아 했다.

이것은 20세기 초에 손수 조리하는 여성들이 능률성과 과학의 수단을 사용할 수 있고 사용해야 하는 근대적 공간으로서 주방을 재구성한 새로운 규범적 담론의 일부로 약간 바뀌었다. 19세기 중반에 시작해 20세기 전반에 걸쳐 전문 영양사, 요리책 저자, 가정학자home economist들은 가정에서 만드는 음식의 조리법에 새로운 권위를 부여했다. 서양과 산업국가에 뿌리내린 이 새로운 환경은 전 세계에 영향을 끼쳤다. 많은 전문가는 여성 이주민들에게 전통 음식을 더 위생적으로 조리하도록 가르치고 새로운 조리 기술도 전수함으로써 그들을 미국 사회에 동화시키려 애썼다. 그들에게 조리법을 전수하는 사람들과 요리책들이 식민지 여러 국가로 파견된 선교사들과 서양인 교육자들을 따라 다녔다.[33] 그러한 처방전은 앞뒤가 맞지 않았다. 여성들에게 한편으로는 덜 힘들이면서 더 효율적으로 음식을 만들기 위해 노동력을 절감하는 장비를 쓰도록 끊임없이 촉구하면서, 다른 한편으로는 기업을 운영하는 것처럼 음식 조리와 식사 계획을 짜도록 장려했다—테일러식의 시간 관리와 능률성 개념을 주방 설계와 식사 계획에 도입한 것이다.

이와 같은 조언이 늘 여성이 일하던 방법을 바꾼 것은 아니지만 음식 조리에 영향을 끼친 것은 틀림없다.[34] 산업화된 지역의 많은 가정 요리사는 집에서 먹는 음식을 조리하고 살피는 작업을 쉽게 하기 위해 산업체제의 담론과 물질적 가능성을 이용했다. 석탄이나 석유난로의 발명과 확산은 대개 위험하고 끊임없이 불이 꺼지지 않도록 잘 살펴야 하는 덮개가 없는 화덕에서 조리하던 방식의 극적인 변화와 발전을 뒷받침했다. 그 뒤에 나온 가스오븐과 전기오븐도 똑같이 중대한 변화를 가져왔다—예컨대 난로에 석탄이 떨어졌는지 확인하느라 신경 쓸 일이 없어졌다. 마찬가지로, 냉장고와 냉동장치는 음식이 겨울을 나듯 상하지 않게 음식을 통조림 형태로 제조하고 저장하는 데 여러 날을 허비하지 않게 해주었다. 식기세척기는 밥을 먹고 나서 치우고 설거지하는 데 들어가는 시간을 줄여주었다. 마침내 이처럼 음식을 시장에서 구매하는 흐름이 아주 오랫동안 지속되면서, 점점 더 많은 사람이 집 밖 레스토랑에 가서 돈을 내고 음식을 사 먹기 시작했다. 따라서 음식을 조리하고, 차리고, 설거지하는 허드렛일을 하지 않아도 되었다. 레스토랑과 패스트푸드점에서 음식을 사 먹는 사람이 늘어나면서 가정에서 직접 밥을 해먹기 위해 들이는 수고는 더욱더 줄어들었다. 중산계급 가정이 레스토랑과 간이식당을 자주 이용하기 시작한 1950년대에, 미국 여성들이 식사 준비와 식사 후 치우고 설거지하는 시간이 일주일에 평균 20시간도 안 되었다. 1998년에는 전체 식비 가운데 외식비 비율이 평균 47퍼센트에 이르렀다.[35]

그럼에도 이와 같은 변화는 조리하는 데 투입되는 일을 확실하게 줄이지 못했다. 전 세계의 가난한 지역과 가정에서는 돈을 주고 음식을 사 먹는 경우가 드물고 첨단의 조리도구들을 사용할 형편도 안 되었다. 실제로 부유한 가정(과 지역)과 가난한 가정(과 지역)의 차이를 구분하는 한 가지 기준으로, 음식 조리에 얼마나 많은 조리도구와 현대식 기술을 사용하고 집에서 얼마나 자주 밥을 해

먹느냐를 들 수 있다. 신기술 사용으로 널리 알려진 산업화된 사회에서도 음식을 조리하고 식자재를 구하는 데 수반되는 일들이 예전과 달라진 것은 맞지만 완전히 사라진 것은 아니다. 음식을 조리하고 준비하는 시간이 줄어든 반면에, 먹을 것을 공급하고(구매하고), 식단을 짜고, 식료품을 조달하는 데 들어가는 시간은 훨씬 늘어났다. 마조리 디볼트Marjorie Devault는 1980년대 후반 시카고에 사는 여성들을 연구했는데, 그들은 식사를 돈 주고 사 먹을 때도 많았지만, 때로는 가족을 먹이기 위해 식단을 짜고 음식을 준비하는 데 하루를 온통 다 쓰기도 했다. 조앤 바넥Joanne Vanek은 비록 1960년대 중반에 가정들이 그 이전보다 조리하는 데 시간을 덜 썼지만 식료품을 구매해서 집으로 나르는 데 드는 시간은 매우 크게 증가했다고 주장한다. 대량 유통 시대에 하나의 즐거움으로 칭송받는 이러한 식료품 구매 행위에도 여전히 많은 수고가 필요했다. 여기에 한 가지 더 덧붙인다면, 제2차 세계대전 이후 번창한 슈퍼마켓은 여성들이 식료품을 구매하기 위해 돌아다니고 식단을 짜고 마침내 구매해서 그 식료품을 다시 집으로 나르는 것을 전제로 생겨났다는 사실이다. 심지어 "현대식" 대량 유통업체들도 여성들에게 상당한 노동력을 요구했다.[36] 끝으로 (이탈리아와 프랑스 같은 서양의 산업국가들을 포함해) 전 세계 많은 곳에서, 음식을 구매하고 조리하는 것은 여성들의 하루 일과 가운데 중심이 되었고, 또 누구나 그렇게 될 것이라고 예상했다.[37] 이런 점에서 가사노동은 산업체제가 음식 관련 노동에 끼친 효과만큼이나 그 한계에 대해서도 생각할 수 있는 기회를 제공한다.

농업: 전통적 식량 생산이 산업 논리와 만나다

농사에는 훨씬 더 극적인 변화가 일어났다. 그 변화가 가정에서 음식을 조리하는 것과 같은 가사노동의 변화보다 규모가 더 크다는 데에는 논란이 있을 수 있지만, 농업노동은 19세기와 20세기에 근본적으로 바뀌었다. 농업노동의 극적 변화는 많은 사람이 20세기 전반에 걸쳐 농업의 "산업화"라고 부른 것에 의해 특히 명확하게 드러났다. 요컨대 농업의 산업화는 특정 작물(설탕, 커피, 쌀, 차에서 거의 모든 곡식과 채소에 이르기까지)을 집중해서 재배하는 전문 농장의 증가, 수확량 증대를 위한 화학비료와 살충제의 사용, 동식물 종자 개량(기업에서 제어하는)의 확대로 설명될 수 있다. 농업의 산업화는 대다수 농민의 먹거리체계 전반에 대한 영향력뿐 아니라 자기 소유 경작지에 대한 지배력을 약화시키는 결과를 초래하는 동시에, 역으로 그 결과의 영향을 받았다. 일이 이루어지는 논리와 방식에 대한 비농업전문가들의 주장이 더욱 거세지는 가운데서도, 농업은 이런 방식으로 식량 생산의 중심을 유지했다. 먹을 것을 재배하는 데 필요한 일들(농작물을 얻기 위해 씨를 뿌리고, 비료를 주고, 물을 대고, 수확하는 일. 고기를 얻기 위해 가축에게 먹이를 주고, 가축을 기르고, 도축하는 일. 우유를 얻기 위해 암소를 기르고 젖을 짜는 일)은 놀랍게도 과거와 거의 다를 바가 없었다. 전 세계 많은 곳에서 농사 기술은 가축을 기르고 농사를 짓는 일이 농민들 자신의 먹거리 확보와 지역의 식량 공급에 중요해진 이래로 아주 오랫동안 계속해서 후대로 전수되었다.

그러나 시간이 흐르면서 농사 논리와 기술이 바뀌었다. 인류 역사 전반에 걸쳐, 농민들은 경작지를 점점 넓히면서 수확량을 늘려나갔다. 따라서 (임금을 지불하든 지불하지 않든) 농업의 노동력에 대한 의존도는 더 높아졌다. 하지만 산업화와 "녹색혁명"은 이러한 상황을 바꾸었다. 농작물 수확량은 이제 더는 경작지의 크기나 농가의 일꾼 수에 제한되지 않았다. 오히려 농사 기구와 설비, 화학비료, 살충제, 그리고 최근에는 생체공학적 처리가 된 종자 개발에 얼마나 많은 투자를 하는가가 중요한 문제였다.

변화는 처음에 느리게 진행되었다. 예컨대 쟁기는 밭을 가는 매우 고된 작업을 쉽게 할 수 있는 더 무게가 나가고, 더 비싸고, 더 효과적인 경운기로 서서히 바뀌었다. 농민들은 또한 수확량을 안정화하고 예측할 수 있는 방법으로 퇴비 사용량을 늘리고 외부에서 화학비료를 수입하기 시작했다. 서반구의 농민들은 19세기 초부터 페루와 칠레에서 [인산염과 질산염이 함유된 바닷새의 배설퇴적물] 구아노guano와 질산비료를 수입했다. 19세기 말과 20세기 초에는 산업화된 지역의 소농들도 인산비료와 산업폐기물을 재가공해 만든 화학비료를 쓰기 시작했다. 제2차 세계대전이 끝난 뒤, 이러한 화학비료의 사용은 폭발적으로 증가해 전 세계 농민들은 농업기업이 만들어낸 생산품들을 접할 수 있게 되었고 대개 그것들을 사용하도록 강력한 부추김을 받았다.

이론적 연구보고서와 함께 시간이 흐르면서 녹색혁명 시기에 채택된 것과 유사한 정책들을 통해, 농민들은 다양한 신기술을 수용하고 시장과 자본주의의 기술에 주목할 것을 강요받았다. 실제로 특정한 기술의 "도입"은 대개 기계화로 이어졌고, 농민들은 다양한 가공 처리 장치와 설비 구입을 위해 시장생산에 더욱 관심을 집중하지 않을 수 없었다. 예컨대 고가의 우유 짜는 설비를 구입하는 낙농업자들은 대개 아주 큰 빚을 져야 했다. 그 빚을 갚기 위해서는 가축 수를 일부 늘릴 수밖에 없었다.[38] 과거에는 그 전년도에 수확한 것 중에 이듬해에 심을 종자를 따로 보관했다가 쓰는데, 오늘날 인기 있는 신품종 종자들은 대개 해마다 새로 구입해야 한다.[39]

농사일 가운데 어떤 작업(예컨대 농작물 수확)은 여전히 엄청나게 많은 노동력이 필요했다. 그러나 여기서도 마찬가지로 변화를 불러오는 새로운 노동 모델의 강력한 영향력을 느낄 수 있다. 소농들은 대개 여전히 가족 단위나 공동체의 도움으로 농사를 지으면서 가끔씩 돈을 주고 일꾼을 고용한 반면에, 특히 산업화된 지역에서 대규모 농사를 짓는 사람들은 자기 땅에서 쫓겨난 농촌 사람들을 임금노동자로 고용하는 경우가 늘어났다. 오랫동안 가족노동을 보충하는 중요한 수단이었던 임금을 받고 농사일을 돕는 사람들은 이제 전 세계 농업 노동력의 주류가 되었다 그 결과, 정치적으로나 사회적으로나 영향력이 제한된 조건 아래서 자신이 먹지도 않고 그것을 살 여력도 없는 사람들이 전 세계에 공급할 식량의 대부분을 수확한다. 심지어 소농 생산을 촉진하기 위해 고안된 최근의 지속 가능한 유기농 운동들조차도 대규모 임금노동력에 크게 의존하고 있다.[40]

생산의 변화는 대개 금방 수확량 증대를 가져왔다. 특히 아시아에서는 녹색혁명이, 아메리카에서는 기계화가 그 역할을 톡톡히 했다. 비료와 기계장치에 대한 농민들의 투자를 포함해 그들의 수고와 계획적인 노동이 전 세계 식량 증산에 기여했음은 두말할 나위가 없다. 그러나 농사를 지어 (아프리카의 경우 축산을 통해) 얻는 수익은 대개 수확량에 비례해서 늘어나지 않았다. 많은 지역에서 농민들은 수출 시장을 위해 생산하는 쪽을 선택하거나 강요당하기 일쑤였다. 그런 만큼 국내 소비자들이 먹는 음식[식품]은 상대적으로 비싸지고 공급량 또한 부족해졌다. 실제로 일부 지역에서는 식량 생산량이 늘어났지만 부의 불평등이 심화되고 끊임없이 가난과 영양실조에 시달리면서 매우 고단한 삶을 살아가는 농민, 농장노동자, 목축업자들이 여전히 많다.[41]

음식과 관련된 일을 다시 생각하다

인간이 먹을 것과 관련해서 처음으로 한 작업들―자연환경에서 먹을 것을 구하는 일―은 아직도 여전히 인간이 먹고 살기 위해 갖추어야 할 능력의 중심에 있다. 그러나 오늘날의 새로운 식품체제에서는, 최초의 인류와 달리, 이와 같은 일을 가장 직접적으로 수행하는 많은 사람(농민, 자급자족 또는 장사의 목적으로 수렵 채집 하는 사람들) 또한 원격지에서 산업 수단을 이용해 먹을 것을 기르고 가공하는 사람들의 수고에 의지한다. 이러한 의존성은 불평등을 수반했다. 전 세계에 먹을 것을 공급하는 일의 대부분을 수행하는 사람들은 정작 먹을 것이 매우 부족하고 비위생적인 환경에서 일하고 있다. 이런 종류의 생산 작업들은 먹을 것을 공급하는 일에서 노동이 지금도 여전히 중심에 있음을 간명하게 보여준다. 그리고 때로는 음식 관련 일을 하는 사람들에게 음식이 도달하는 경로가 불확실하고 불충분하다는 것도 보여준다.

그러나 단순한 생산 위주의 작업들은 오늘날 음식과 관련된 일이 만들어낸 불일치의 시작에 불과하다. 예컨대 집에서 먹는 음식은 대개 집에서 만들어지지 않는다. 무엇보다 식구들이 직접 노동해서 얻은 식재료를 써서 음식을 만들고 있지 않다는 것은 틀림없는 사실이다. 오늘날 음식과 관련한 노동의 **부재**는 현재 진행되는 담론의 성격을 규정한다. 사람들에게 그들이 사는 곳과 가까운 지역에서 재배한 먹거리를 먹도록 권장하고 식생활을 개선시키려는 지금의 각종 노력은 대개 집에서 모든 과정을 직접 수행하면서 조리하려는 가정들―특히 엄마들―의 필요성에 초점을 맞춘다.[42] 20세기 말, 인기 있는 요리책들은 노동력이 많이 들어가는 조리법을 칭송하면서 그것이 오늘날 사라지고 있음을 애석해했다.[43] 집에서 차려진 가족들의 저녁 식탁은 비만율을 낮추는 것에서 10대들의 약물 복용과 혼전 섹스를 막는 것에 이르기까지 모든 것을 해결할 수 있으리라고 사람들에게 믿음을 주었다.[44] (임금을 받고 음식 관련 분야에서 일하는 사람들의) 노동량과 (임금을 받지 않는 가족 구성원들의) 노동의 부재는 모두 현 시점에서 부자 나라의 많은 관찰자에게 걱정거리다. 자기가 조리하고 키우지 않은 음식을 먹는 것은 늘 복잡한 유통 과정을 수반하기 마련이었다. 그 모습은 오늘날에도 결코 달라지지 않았다.

현재와 같은 불공평한 상황에서 음식 관련 일 가운데 어떤 것들은 상업화나 산업화가 가져온 각종 체제들에도 불구하고 전혀 바뀌지 않았다는 사실을 우리는 망각하기 쉽다. 농업 생산의 규모는 증가했지만, 농업 노동력 또한 늘 그랬던 것처럼 예측할 수 없고 소규모일지라도 매우 중요한 방식으로 지금도 여전히 존재한다. 예컨대 일부 역사학자는 수출시장용 생산 장려에 대한 농민들의 반발과, 토지 공동소유 폐지의 제한된 효능에 주목했다.[45] 산업화 시대에 농업은 이제 자급자족의 영역이 아니다. 전 세계에 걸쳐, 농업은 농촌 사람들과 함께 도시로 옮겨갔다. 먹을 것을 위해 가축을 기르고, 농작물을 재배하고, 소규모 농사를 짓는 것은 이미 19세기부터 시작해 마침내 20세기와 21세기에 이르러서는 도시 풍경의 일부로 완벽하게 정착했다. 전쟁 때의 자급자족용 채소밭, 동네의 작은 텃밭, 여러 계층의 개인들이 비공식적으로 경작한 개인 텃밭들이 바로 그런 사례다. 많은 가정이 이런 곳에서 먹을 것을 직접 재배했고 지금도 그러고 있다. 끝으로, 유기농 식품과 먹거리 정의food justice에 대한 새로운 조명은 소농에 대한 관심 고조를 불러오고 있다. 이와 같은 소농들은 이주노동자를 고용할 때에도 여전히 그 규모가 한정되어 있으며, 때로는 소비자들이 수확을 도와주는 프로그램의 지원을 받는 공동체와 협력하기도 한다.[46] 이런 사례가 입증하는 것처럼, 먹을 것을 기르고 구하는 일은 이제 많은 사람의 삶의 일부가 되었다—물론 개인들이 먹을 것을 생산하는 양과 사람이 그것을 먹는 비율은 저마다 크게 다르지만 말이다.

이 밖에도 우리가 아주 흔히 현대화를 설명할 때 혼란스러운 것들이 있다. 일례로, 공설 식품시장들은 가난한 사람들에게 중요한 소득원으로 여전히 남아 있다—아프리카, 라틴아메리카, 동유럽 일부 지역에 관한 최근의 연구는 공설시장과 음식 판매가 특히 여성들의 소득에 계속해서 중요한 구실을 하고 있음을 보여준다.[47] 젠더 질서는 남성과 여성이 맡은 특정한 일이나 노동의 분할에 상관없이 대개 옛날부터 그랬던 것처럼 오랫동안 음식과 관련된 일의 중심에 버티고 서 있다.

노동을 통해 음식을 다시 생각해볼 수 있듯이, 역으로 음식을 통해 일에 대한 기존의 전형적인 (그리고 불확실한) 범주들을 다시 생각해볼 수 있다는 것이 내 생각이다. 음식은 대개 노동자들을 설명할 때 사용되는 연대기, 공간, 규모, 조직의 작은 갈래들을 서로 이어준다. 표면적으로 수렵채집사회에서 농경사회, 그리고 산업사회에 이르기까지 문명의 진보가 꾸준히 이루어졌음에도, 전통적인 음식 조리 방식들은 대개 신석기시대 이래 아주 조금밖에 바뀌지 않은 기술들(절굿공이로 곡식을 빻고 장작불에 고기를 굽는 기술)을 이용해 지금까지 이어져왔다. 그 밖에도 오늘날 훨씬 더 많은 영역에서 산업사회의 관습과 농경사회의 관습이 서로 연결되어 있음을 볼 수 있다. 그리고 지그프리트 기디온Siegfried Giedion이 처음 언급한 대로, 합리성과 능률성을 중시하는 어떠한 담론도 근본적으로 음식을 만드는 과정의 유기적 특성 때문에 그 과정이 비효율적이고 예측불가능할 수밖에 없음을 인정하지 않을 수 없다.[48]

어쩌면 가장 놀라운 일이지도 모르지만, 근대에 와서 "일"과 "가정"의 경계는 가족 혹은 가정에서의 식사 문제로 논의 방향이 바뀌면서 무너졌다. 확실히 가정에서의 "음식과 관련된 노동"은 어떤 분명한 경계가 없는 일로, 단순히 조리하고 설거지하는 수준을 훨씬 더 넘어섰다. 이것은 매우 광범위한 영역에 걸쳐 암시하는 바가 크다. 마르크스주의자들은 산업노동이 당연히 임금노동이라고 주장하지만, 임금을 받지 않고 집에서 조리하는 노동 행위는 자본주의에 무엇보다 뿌리 깊게 각인되어 있다. 하지만 자기 가족을 위한 많은 일(먹을 것을 제공하고, 구매하고, 설거지하는 일)은 대개 일로 분류되지 않고 전체적으로 노동의 역사에서 배제되기 일쑤다. 이런 현실은 가사노동의 소외와 경제와 교환에서 무임금노동의 중요성을 덮어버린다. 음식과 관련된 노동에 주목한다면, 오늘날 경제체제 전반에 대해 새로운 진실을 깨닫게 될 것이다.

요컨대 음식과 노동의 역사에 대해 생각하는 것은 누가 어떤 일을 하고, 그들이 일하는 노동 공간이 어딘지와 같이 학자들의 연구 범위를 제한하는 것들을 효과적으로 무너뜨린다. 녹색혁명을 중시하는 근대화론자들로부터 카를 마르크스Karl Marx에 이르기까지 음식과 그것을 얻는 방식에 관해 연구하는 분석가들은 역사적 시기와 노동체계를 깔끔하게 구분하고 싶어 한다. 그러나 음식에 관한 실증적 연구는 그와 같은 시도를 용납하지 않는다. 오히려, 이러한 연구들은 모든 공간에서 발생하는 노동 방식을 강조하고 다양한 노동 이론이 임금노동 및 무임금노동과 냉철한 이기심뿐 아니라 인간의 정서를 설명하기 위해 필요하다는 점을 지적한다. 우리는 음식과 노동에 관해 꼼꼼히 살펴봄으로써 사람들이 일상생활에서 오랫동안 규정했던 것들을 학문적 분석으로 통합할 수 있다. 우리가 앞으로도 계속해서 살아나가기 위해 필요한 여러 다른 종류의 공적·사적 노동에 대해 늘 유기적으로 통합해 생각할 필요가 있기 때문이다.

주

1. 지금도 계속되고 있는 먹을 것을 찾아다니는 것의 중요성에 관해서는 다음을 보라. Marla R. Emery and Alan R. Pierce, "Interrupting the Telos: Locating Subsistence in Contemporary US forests," *Environment and Planning* 37(2005): 981-993; Jane Kramer, "The Food at Our Feet," *New Yorker*, November 21, 2011, 80-91; Anna Tsing for the Matsutake Research Group, "Beyond Economic and Ecological Standardisation," *The Austrailian Journal of Anthropology* 20(December 2009): 347-368. 세계화의 한계와 관련해서는 다음을 보라. J. K. Gibson-Graham, *The End of Capitalism(As We Knew It): A Feminist Critique of Political Economy*(Cambridge, MA: Blackwell, 1996) [한국어판. J. K. 깁슨-그레엄 지음, 엄은희 · 이현재 옮김, 《그따위 자본주의는 벌써 끝났다: 여성주의 정치경제 비판》, 서울: 알트, 2013]; Anna Tsing, *An Ethnography of Global Connection*(Princeton, NJ: Princeton University Press, 2005).

2. Martin Jones, *Feast: Why Humans Share Food*(Oxford: Oxford University Press, 2007), 48-58, 77-79, 107-108; Richard Wrangham, *Catching Fire: How Cooking Made Us Human*(New York: Basic Books, 2009). [한국어판. 리처드 랭엄 지음, 조현욱 옮김, 《요리 본능: 불, 요리, 그리고 진화》, 서울: 사이언스북스, 2011]

3. Marshall Sahlins, "The Original Affluent Society," in *Stone Age Economics*(Chicago: Aldine Publishing Co, 1974), 1-39. [한국어판. 마셜 살린스 지음, 박충환 옮김, 《석기시대 경제학: 인간의 경제를 향한 인류학적 상상력》, 파주: 한울아카데미, 2014]

4. Alan Outram, "Hunter-Gatherers and the First Farmers: The Evolution of Taste in Prehistory," in *Food: The History of Taste*, ed. Paul Freedman(Berkeley: University of California Press, 2007), 41, 48.

5. Ibid, 35-61.

6. Ibid; Marcel Mazoyer and Laurence Roudart, *A History of World Agriculture from the Neolithic Age to the Current Crisis*, trans. James H. Membrez(New York: Monthly Review Press, 2006), 82-83.

7. Arnold J. Bauer, *Goods, Power, History: Latin America's Material Culture*(Cambridge: Cambridge University Press, 2001), 27-33.

8. 본서 12장; Peter B. Golden, "Nomads and Sedentary Societies in Medieval Eurasia," in *Agricultural and Pastoral Societies in Ancient and Classical History*, ed. Michael Adas(Philadelphia: Temple University Press, 2001), 71-115.

9. James Scott, *Weapons of the Weak: Everyday Forms of Peasant Resistance*(New Haven: Yale University Press, 1985).

10. John Mears, "Agricultural Origins in Global Perspective," in Adas, *Agricultural and Pastoral Societies* 37; Richard Abels, "The Historiography of a Construct: 'Feudalism' and the Medieval Historian," *History Compass* 7(2009): 1008-1031.

11. Aldo Lauria-Santiago, *An Agrarian Republic: Commercial Agriculture and the Politics of*

Peasant Communities in El Salvador, 1823-1914(Pittsburgh: University of Pittsburgh Press, 1999); Marcel Mazoyer and Laurence Roudart, *A History of World Agriculture from the Neolithic Age to the Current Crisis*, 345.

12. Sidney W. Mintz, *Sweetness and Power: The Place of Sugar in Modern History*(New York: Viking, 1985) [한국어판. 시드니 민츠 지음, 김문호 옮김, 《설탕과 권력》, 서울: 지호, 1997]; Judith Carney, *Black Rice: The African Origins of Rice Cultivation in the Americas*(Cambridge, MA: Harvard University Press, 2001); Frederic Knight, *Working the Diaspora: The Impact of African Labor on the Anglo-American World, 1650-1850*(New York: New York University Press, 2010).

13. Sidney Mintz, *Sweetness and Power*, 146-150.

14. 대서양 노예와 자본주의의 부상에 관계에 대한 더 자세한 내용은 다음을 보라. Walter Johnson, "The Pedestal and the Veil." *Journal of the Early Republic* 24(Summer 2004): 299-308; Stephanie Smallwood, *Saltwater Slavery: A Middle Passage from Africa to American Diaspora*(Cambridge, MA: Harvard University Press, 2007). 또한 다음을 보라. Eric Williams, *Capitalism and Slavery*(Chapel Hill: University of North Carolina Press, 1994). [한국어판. 에릭 윌리엄스 지음, 김성균 옮김, 《자본주의와 노예제도》, 서울: 우물이 있는 집, 2014]

15. 중세 상인이 날마다 하는 일에 관해서는 다음을 보라. Kathryn Reyerson, *The Art of the Deal: Intermediaries of Trade in Medieval Montpelier*(Boston: Brill, 2002).

16. Helen Tangires, *Public Markets and Civic Culture in Nineteenth-Century America*(Baltimore, MD: Johns Hopkins University Press, 2003).

17. 이와 같은 노동의 개관은 다음을 보라. Bessie House-Soremekun, "Revisiting the Micro and Small Enterprise Sector in Kenya," *History Compass* 7(2009): 1444-1458.

18. Tracey Deutsch, *Building a Housewife's Paradise: Gender, Politics, and American Grocery Stores in the Twentieth Century*(Chapel Hill: University of North Carolina Press, 2010), 28-32.

19. Sidney Mintz, *Sweetness and Power*, 186.

20. Jack Goody, *Cooking, Cuisine, and Class: A Study in Comparative Sociology*(Cambridge: Cambridge University Press, 1982).

21. Roger Horowitz, *Putting Meat on the American Table: Taste, Technology, Transformation*(Baltimore, MD: Johns Hopkins University Press, 2006); Richard With, "The Extractive Economy: An Early Phase of the Globalization of Diet," *Review: A Journal of the Fernand Braudel Center* 27(2004): 285-306.

22. 예컨대 다음을 보라. Steven Striffler, *Chicken: The Dangerous Transformation of America's Favorite Food*(New Haven: Yale University Press, 2005).

23. Vicki Ruiz, *Cannery Women, Cannery Lives: Mexican Women, Unionization and the California Food Processing Industry, 1930-1950*(Albuquerque: University of New Mexico Press, 1987).

24. 정육업체 노동자들의 결집과 분리에 관한 설명은 다음을 보라. James Barrett, *Work and Community in the Jungle: Chicago's Packinghouse Workers, 1894-1922*(Urbana: University

of Illinois Press, 1990); Roger Horowitz, *"Negro and White, Unite and Fight!": A Social History of Industrial Unionism in Meatpacking, 1930-1990*(Urbana: University of Illinois Press, 1997).

25. W. Scott Haine, "The Priest of the Proletarians: Parisian Cafe Owners and the Working Class, 1820-1914," *International Labor and Working Class History* 45(Spring 1994): 16-28; Peter Scholliers, "The Diffusion of the Restaurant Culture in Europe in the Nineteenth Century: The Brussels Connection," *Food and History* 7(2009): 45-68; Alison K. Smith, "Eating Out in Imperial Russia: Class, Nationality and Dining before the Great Reforms," *Slavic Review* 65(Winter 2006): 747-768; Katherine Leonard Turner, "Buying, Not Cooking," *Food, Culture, and Society* 9(Spring 2006): 13-39.

26. Tracie McMjJlan, *Foodless: On (Not) Eating Well in America*(New York: Scribners, 2012); Hans-Dieter Ganter, "Changes in Work Organization in French Top Quality Restaurants," *Business History* 46(July 2004): 439-460.

27. Robin D. G. Kelley, *Race Rebels: Culture, Politics, and the Black Working Class*(New York: The Free Press, 1994), 3. 다음도 보라. Dorothy Sue Cobble, *Dishing It Out: Waitresses and Their Unions in the Twentieth Century*(Urbana: University of Illinois Press, 1991).

28. Jeanne Boydston, *Home and Work: Housework, Wages, and the Ideology of Labor in the Early Republic*(New York: Oxford University Press, 1990); Michelle Dowd, *Women's Work in Early Modern English Literature and Culture*(New York: Palgrave Macmillan 2009).

29. 다음에서 인용. Nancy Cott, *The Bonds of Womanhood: Women's Sphere in New England, 1780-1835*, 2nd ed.(New Haven: Yale University Press, 1997), 64.

30. Richard Wilk, *Home Cooking in the Global Village: Caribbean Food from Buccaneers to Ecotourists*(Oxford: Berg, 2006).

31. Rebecca Sharpless, *Cooking in Other Women's Kitchens: Domestic Workers in the South, 1865-1960*(Chapel Hill: University of North Carolina, 2010); Cecilia Leong-Salabir, *Food Culture in Colonia Asia: A Taste of Empire*(New York: Routledge, 20n).

32. 예컨대 다음을 보라. Hairong Yan, *New Masters, New Servants: Migration, Development, and Women Workers in China*(Durham: Duke University Press, 2008); Raka Ray and Seemin Qayum, *Cultures of Servitude: Modernity, Domesticity, and Class in India*(Stanford: Stanford University Press, 2009).

33. 이런 점들에 관해서는 다음을 보라. Megan Elias, *Stir it Up: Home Economics in American Culture*(Philadelphia: University of Pennsylvania Press, 2010); Priya Lal, "Mothers, Families, and the Nation: Home Economics and Rural Development in Tanzania, 1964-1975," Berkshire Conference of Women Historians, University of Massachusetts, Amherst, June 2011 보고서; Amelia Lyons, "The Civilizing Mission in the Metropole: Algerian Immigrants in France and the Politics of Adaptation during Decolonization," *Geschichte und Gesellschaft* 32(October 2004): 489-516.

34. Susan Strasser, *Never Done: A History of American Housework*(New York: Pantheon Books, 1982); Ruth Schwartz Cowan, *More Work for Mother: The Ironies of Household*

Technology from the Open Hearth to the Microwave(New York: Basic Books, 1983).

35. Douglas E. Bowers, "Cooking Trends Echo Changing Roles of Women"(January-April 2000), 23-29(Online). Available: www.ers.usda.gov/publications/ foodreview/jaU2ooo/ frjaU2ooo.pdf(December 15, 2011); Andrew Hurly, "From Hash House to Family Restaurant: The Transformation of the Diner and Post-World War II Consumer Culture," *Journal of American History* 83, no. 4(March 1997): 1282-08.

36. Tracey Deutsch, *Building a Housewife's Paradise: Gender, Politics, and American Grocery Stores in the Twentieth Century*; Joanne Vanek, "Time Spent in Housework," *Scientific American* 231(November 1974): 116-120; Marjorie DeVault, *Feeding the Family: The Social Organization of Caring as Gendered Work*(Chicago: University of Chicago Press, 1991).

37. Emanuela Scarpellini, "Shopping American Style: The Arrival of the Supermarket in Postwar Italy," *Enterprise and Society* 5(December 2004): 625-668; Peter Scholliers, "Worker's Time for Cooking and Eating in 19th and 20th Century Western Europe," *Food and Foodways* 6(April 1996): 243-260.

38. 아시아 농민들에게 신기술을 채택하고 농업을 "산업화"하도록 설득하려는 노력과 관련해서는 다음을 보라. Nick Cullather, *The Hungry World: America's Cold War Battle Against Poverty in Asia*(Cambridge, MA: Harvard University Press, 2010). 미국의 기계화가 가져온 이러한 "쳇바퀴treadmill" 효과에 관한 대표적인 주장은 다음을 보라. Willard Wesley Cochrane, *The Development of American Agriculture: A Historical Analysis*, 2nd ed.(Minneapolis: University of Minnesota Press, 1993). 20세기 전반기 미국 농업의 산업화와 관련해서는 다음을 보라. Deborah K. Fitzgerald, *Every Farm a Factory: The Industrial Ideal in American Agriculture*(New Haven: Yale University Press, 2003).

39. 20세기 종자와 농기업의 정치와 관련해서는 다음을 보라. Jack Kloppenburg, *First the Seed: The Political Economy of Plant Biotechnology, 1492-2000* 2nd ed.(Madison: University of Wisconsin Press, 2004) [한국어판. 잭 클로펜버그 2세 지음, 허남혁 옮김, 《농업생명공학의 정치경제: 시작은 씨앗부터》, 파주: 나남, 2007]

40. 유사한 농업 노동 조건에 관해서는 다음을 보라. Richard Walker, *The Conquest of Bread: 150 Years of Agribusiness in California*(New York: The New Press, 2004); Julie Guthman, *Agrarian Dreams? The Paradox of Organic Farming in California*(Berkeley: University of California Press, 2004.

41. Nick Cullather, *The Hungry World: America's Cold War Battle Against Poverty in Asia*; Michael Lipton with Richard Longhurst, *New Seeds and Poor People*(Baltimore: Johns Hopkins University Press, 1989).

42. Rachel Slocum, et al, "'Properly, with Love, from Scratch': Jamie Oliver's Food Revolution," *Radical History Review* 110(Spring 2011): 178-191; Josee Johnston and Shyon Baumann, *Foodies: Democracy and Distinction in the Foodie Landscape*(New York: Routledge, 2010).

43. 이것에 대한 찬양은 다음을 보라. Michael Pollan, "Out of the Kitchen, Onto the

Couch," July 29, 2009(Online). Available: http://www.nytimes.com12009/08/o2/ magazine/02cooking-t.html(December 15, 2011); Barbara Kingsolver with Steven Hopp and Camille Kingsolver, *Animal, Vegetable, Miracle: A Year of Food Life*(New York: Harper Perennial, 2008). [한국어판. 바버라 킹솔버·스티븐 L. 호프·카밀 킹솔버 지음, 정병선 옮김, 《자연과 함께 한 1년: 한 자연주의자 가족이 보낸 풍요로운 한해살이 보고서》, 서울: 한겨레출판, 2009]

44. J. E. Fitzpatrick, L. S. Edmunds, and B.A. Dennison, "Positive Effects of Family Dinner Are Undone by Television Viewing," *Journal of the American Dietetic Association* 107, no. 4(April 2007): 666-671; J. A. Fulkerson, et al, "Family Dinner Meal Frequency and Adolescent Development: Relationships with Developmental Assets and High-Risk Behaviors," *Journal of Adolescent Health* 39(September 2006): 337-345. 이런 종류의 대중적 담론에 관해서는 다음을 보라. Miriam Weinstein, *The Surprising Power of Family Meals: How Eating Together Makes Us Smarter, Stronger Healthier and Happier*(Hanover, NH: Steerforth, 2006). [한국어판. 미리엄 와인스타인 지음, 김승환 옮김, 《(부부와 자녀의 미래를 바꾸는) 가족식사의 힘》, 서울: 한스미디어, 2006]

45. David Vaught, *Cultivating California: Growers, Specialty Crops, and Labor, 1875-1920*(Baltimore, MD: Johns Hopkins University Press, 1999); Aldo Lauria-Santiago, *An Agrarian Republic: Commercial Agriculture and the Politics of Peasant Communities in El Salvador, 1823-1914*.

45. Laura Lawson, *City Bountiful: A Century of Community Gardens in America*(Berkeley: University of California Press, 2005).

47. 동유럽에 관해서는 다음을 보라. Julie Hessler, *A Social History of Soviet Trade: Trade Policy, Retail Practices, and Consumption, 1917-1953*(Princeton, NJ: Princeton University Press, 2004).

48. Siegfried Giedion, *Mechanization Takes Command: A Contribution to Anonymous History*(New York: Oxford University Press, 1948). [한국어판. 지그프리트 기디온 지음, 이건호 옮김, 《기계문화의 발달사》, 서울: 유림문화사, 1992]

5장

음식의 공공역사
Public Histories of Food

레이나 그린Rayna Green

    고문서학자, 문화 자원과 역사 해설가, 박물관 전문가, 정부와 대학에서 연구하는 학자들(주로 고고학자, 과학자, 역사학자)은 우리가 보통 "공공역사public history"*라 부르는 영역에 음식의 역사를 이용해서 광범위한 청중을 끌어들인다. 공공역사를 연구하는 어떤 개인이나 기관도 공공역사의 맥락에서 음식의 역사를 설명하고 있지 않지만, 여기서는 여러 공공기관에 소장된 음식사의 다양한 형태와 양식을 설명하고, 그것과 관련해서 실제 미국의 주목할 만한 사례들에 대해 검토한다. 또한 이 글은 음식사의 중요한 사건들에 관한 기존의 획일화된 (또는 공공의) 기억에서 놓치고 있는 것들이 무엇이고 그 이유는 무엇인지를 사례를 통해 제시한다 .

---

* 대학과 학계의 외부인 공공의 영역에서 이루어지는 다양한 역사 재현. 역사지식의 유용성 증진을 위해 과거를 전시·재현하는 역사적 작업에 주목하는 일련의 흐름을 말한다.

박물관, 옛 가옥과 공동체, 국립공원, 식품 생산시설 같은 다양한 현장에서, 이러한 공공역사 연구자들은 역사적으로 사람들이 음식을 어떻게 만들고 저장하고 대접하고 분배하고 먹었는지에 관한, 다시 말해 식생활이라고 알려진 것에 관한 정보들을 수집하고 기록하고 정리하고 재현하는 일을 한다. 음식사는 일반적으로 사회사, 문화사, 그리고 환경사나 자연사 같은 더 큰 범주의 역사를 재현하는 데 도움을 주지만, 매우 제한된 (그리고 대개 매우 상업적인) 목적을 가질 때가 있다. 대부분의 지역에서, 음식사는 매우 이해하기 쉽게 대개 대중 교육을 위해 극적인 형태(예컨대 "살아 있는 역사living history")로 재현되기 마련이다—그렇지 않은 곳에서는 매우 교과서적이고 학술적인 형태로 재현된다. 실제로 어떤 현장은 음식사를 매우 복잡한 정치적·사회적 운동이나 그것을 옹호의 차원에서 생산한다. 그것은 예컨대 생물다양성 또는 문화다양성cultural diversity, 지속가능성 sustainability, 공동체 건강의 개선, 모든 사람의 건강과 영양 전반에 기여한 원주민들의 지식과 같은 것들에 대한 대중의 이해와 지지를 얻는 쪽으로 초점이 맞춰져 있다.

미국과 캐나다에 있는 공립박물관, 국립공원, 옛 가옥과 유적지들은 어디서 수집된 것이든 다양한 모든 역사와 관련된 음식사를 주제로 각종 전시회와 프로그램을 정기적으로 운영한다. 음식과 농업의 역사를 전문으로 연구하는 역사학자들은 고고학자, 생물학자, 시대별 전문 역사학자들과 함께 "살아 있는 역사" 또는 박물관 프로그램 전시에 필요한 조사와 계획에 착수한다. 그들은 음식사와 관련된 대상과 관습을 분류하고 편람과 안내책자를 만든다. 보통 그들은 한 시대나 지역사회의 역사적 맥락에서 설명되는 식물, 동물, 특정 음식, 음식 관행에 관한 서사의 정통성authenticity이나 생활사의 진위 여부를 확인한다. 그들은 음식사를 통해 대개 민간에 떠도는 역사에 대한 통속적 신화들의 실체를 낱낱이 밝힌다. 그들은 서술되는 당시의 경제 상황이 음식 및 식생활과 연결되어 있음을 보여주고, 자신들이 재현하는 영역에서 음식과 식생활에 의해 규정되고 제한되는 사회관계와 정치관계들을 묘사한다. 어떤 학자들은 [역사] 재연가들reenactors이나 살아 있는 역사 연출자들living history interpreters과 함께 농작물과 먹을 것들을 실제로 재배·수확하고 보존하기도 하고, 음식을 저장하는 도구와 용구를 개조하거나, 화덕이나 항아리로 조리하는 일에 직접 참여하고 조언하기도 한다. 이렇게 볼 때, 음식사를 공공역사로서 생각하는 사람들은 자신들이 연구하는 음식과 식생활에 관한 시대나 지역사회의 역사뿐 아니라 물질문화에 관해서도 전문가가 될 필요가 있으며, 대다수가 그러한 전문가들이다. 그렇다면, 그들이 밝히려고 애쓰는 음식사는 과연 무엇인가?

가장 생기 넘치는 형태의 음식사는 어느 한 장소나 지역에 살았던 사람들의 일상생활을 다루는 초기 역사의 유적지들에서 발견된다. 실제로 우리는 역사 유적지에서 먹을 것을 채집하고 보존하고 저장하고 조리하는 것에 대해, 수렵하고 채집하고 농사짓고 물고기를 잡는 초기 도구들에 대해, 그리고 음식을 준비하고 저장하고 조리하고 보존하는 초기 방식들에 대해 많은 정보를 늘 발견할 수 있다. 옛날 유적지의 대부분을 포함하고 있는 국립공원은 (공원관리원이 적극적으로 재현할 의향이 있는 경우를 제외하고는) 살아 있는 역사에 어떻게 접근할지에 관심이 거의 없다. 그래서 대개는 (대부분 고고학적) 조사 결과에 대한 설명을 인쇄물이나 전문가의 강연을 통해 접하는 경우가 많다. 서로 다른 시기에 특정한 장소에 머물렀던 사람들이 활용한 그곳의 식물과 동물에 대한 많은 정보가 인쇄물이나 현장 표지판에 있다. 대부분의 국립공원에서 중요한 것은 유적지와 거기에 살았던 사람들의 자연사다. 그래서 음식사는 그곳에 살았던 사람들, 식물, 동물 사이의 관계와 생물다양성 분야에 대한 설명에서 대개 찾아볼 수 있다. 그러한 곳에서 환경과 사회의 변화 문제는 주로 음식사를 통해 논의된다.

고고학적 연구 대상 지역이든 살아 있는 역사 유적지든, 옛날에 거기에 살았던 사람들이 먹을 것을 구하고 보존하고 조리하는(예컨대 옥수수를 갈고 말리는) 방식은 일반 대중에게 매우 큰 흥미를 불러일으킨다. 18세기와 19세기 화덕 요리는 옛 가옥과 공원 내 유적지에서 재현되는 가장 일반적인 조리 형태지만, 다른 형태의 요리 실연이나 방법론 또한 청중을 매료시킨다. 새로 발굴되거나 복원된 [미국] 하와이의 이무imu라고 부르는 구덩이 화덕, 애리조나와 뉴멕시코의 오르노horno라고 하는 아도베adobe* 화덕, 먹을 것(옥수수, 말린 고기나 생선)을 저장하기 위한 구덩이나 동굴과 같은 다양한 공간, 잔해 더미나 패총들은 옛날 사람들

---

* 고대 라틴아메리카 안데스문명에서 사용한 건축재. 건조한 안데스문명 지대에서 진흙과 물 및 식물섬유를 섞어서 이긴 다음에 햇볕에 말린 벽돌 등의 건축재를 말한다. 《실크로드사전》(정수일, 창비, 2013) 참조.

이 먹던 음식과 그들의 식생활에 대해 많은 것을 알 수 있는 장소들이다. 북서 태평양 지역에서 행해지는 각종 의식체계의 복원과 역사, 하와이 남성들의 음식점, 하와이 원주민 수백 명이 주변에 살면서 수많은 물고기를 "양식"했던 로코loko라고 부르는 전통 대형 양어장들은 원주민들의 삶을 지배했던 복잡한 사회-정치적, 환경적 관리 체계를 이해하는 데 꼭 필요한 장소들이다.[1] 이러한 곳에서 먹고 먹히는 것의 역사와 문화는 대개 서로 대등하게 다뤄진다.

음식사가 일반 대중 교육에 이용되는 방식 가운데 가장 흥미로운 한 가지는 어떤 것에 대한 지지를 호소할 때다. 대개는 위에서 말한 곳 같은 장소들에서 자연사의 맥락에서 음식사를 활용해 교육할 때 가장 효과가 크다. 자연사나 문화사—특정 음식, 식물, 동물, 인간들에 대해—를 이야기하는 경우, 그것들은 대개 (인간, 동물, 환경에) 유용한 생물종의 생존을 보장해야 할 필요성을 대중에게 확신시키기 위한 이야기들이다. 우리는 이와 같은 종류의 음식을 기반으로 한 공공역사의 실례를 이를테면, [애리조나주 피닉스의] 사막식물원Desert Botanical Garden이나 [애리조나주 투손의] 애리조나-소노라사막박물관Arizona-Sonora Desert Museum처럼 미국 전역에 산재해 있는 식물원들에서 찾아볼 수 있다. 거기서 역사학자, 식물학자, 인류학자들은 서로 협력해서 원주민, 새, 동물들이 그 지역 및 그 지역에 서식하는 용설란龍舌蘭, agave·아마란스amaranth·콩bean·호박squash과 같은 야생식물·식용식물·약용식물과 어떻게 관계를 맺고 있는지를 탐구한다.[2]

그러한 장소들에서 우리는 원주민들이 그 지역의 식물과 동물을 이용하고 개발한 역사와 그곳의 자연환경을 변형시키고 때로는 피해를 준 변화를 불러온 환경적·인적 요소의 흔적을 찾을 수 있다. 그곳의 연구팀들은 원주민들의 지식이 환경을 보살피는 데 어떻게 이용될 수 있고, 그 지식을 이용해 어떻게 물을 절약하고, 토양 침식을 막고, 사막에 그늘을 만들고, 도시의 열을 반사하고, 야생생물에게 먹이와 피난처를 제공할 수 있는지 입증해준다. 생물다양성을 보전하고, 건강을 증진하고, 지속가능한 환경을 만들고, 문화 활성화를 촉진하고자 광범위한 활동을 펼치는 역사학자, 과학자, 그리고 원주민들의 전통 지식을 이어온 사람들은 이러한 식물·동물·인간의 역사를 일반 대중에게 공개적으로 재현하고 연출하는 일을 한다.

미국음식전통부흥협회Renewing America's Food Tradition Consortium 같은 단체들의 주

도 아래 식물생물학자, 민속식물학자, 역사학자, 수목관리원, 어민, 정치적 활동가, 원주민의 전통 지식 전수자들은 전통적 식생활을 기록·복원·보전하기 위해 특정 지역에서 활동한다. '씨앗을 나누는 사람들Seed Savers Exchange'에서 '재래종자/서치Native Seeds/SEARCH', 북서인디언수산위원회Northwest Indian Fisheries Commission, 요리사협회Chef's Collaborative, 미국(과 국제) 슬로푸드Slow Food에 이르기까지, 그리고 미국가축품종보호협회American Livestock Breeds Conservancy에서 노던애리조나대학의 지속가능한환경연구소Center for Sustainable Environments, 미네소타의 화이트어스토양복원사업White Earth Land Recovery Project에 이르기까지, 그들은 생물학적 복원과 문화 활성화를 목적으로 멸종 위기종과 사라질 위기에 처한 옛길들을 기록하기 위해 원주민 음식의 자연사를 이용한다. 재현되는 공공역사들은 실제로 학자와 지역사회 활동가들이 사람, 동물, 식물, 토지, 물의 문화적·생물학적 건강 증진을 목적으로 이들 중요한 전통 식물과 동물을 "구하고" 되살리기 위해 서로 힘을 합쳐 조직한 훌륭한 홍보 활동이다.[3]

일례로, [미국 매사추세츠주] 플리머스플랜테이션Plimoth Plantation* 같은 초창기 미국 살아 있는 역사박물관living history museum들의 역사학자들은 17세기 영국인과 북아메리카 해안가의 아메리카 원주민 알공킨족Algonkian/왐파노아그족Wampanoag의 식생활을 모두 기록했다. 그들은 초기에 이 두 집단이 서로 교류하면서 불러온 변화의 역동성에 특별히 주목했다. 플리머스플랜테이션에서 음식사학자들은 또한 민족주의 이데올로기의 중심축을 이루는 그릇된 신화들을 해체하고 폐기했다. 그들은 흔히 "최초의 추수감사절First Thanksgiving"의 기원으로 잘못 알려진, 왐파노아그족과 필그림들pilgrims** 사이 초기 만남의 역사적 의미를 재해석했다. 이와 같은 재조명은 음식사를 통해 아메리카 원주민, 식민지 이주민, 북아메리카 자연환경의 역사를 새로운 맥락에서 재해석할 수 있게 했다. 그 결과, 관심이 있는 대중은 당시에 무슨 음식이 식탁에 올랐는지(칠면조 말고 사슴과 뱀장어, 호박 파이가 아닌 구운 애호박과 늙은 호박), 사회와 정치의 특징은 어떠했는지(두 집단이 행한 감사제 의식을 포함해서), 영국인과 왐파노아그족 모두에게 유

* 청교도들이 미국에 정착할 당시의 생활상을 재현한 박물관.
** 1620년 메이플라워호Mayflower를 타고 북아메리카의 플리머스에 도착한 영국 청교도인들.

용한 식재료와 조리법은 무엇이었는지(설탕이나 유제품, 밀가루가 아닌, 갓 따서 말린 옥수수), 그리고 그 "축제"날, 어떤 집단이 어떤 음식을 가져왔을지(영국인들은 오리와 거위고기, 왐파노아그족은 블루베리와 크랜베리cranberry[넌출월귤/덩굴월귤], 견과류 같은 말린 과일들, 정착민들은 양배추와 당근 같은 신선한 채소)를 알게 되었다. 그 내용들은 모두 기존에 사람들 사이에 널리 퍼져 있었던 이야기와는 전혀 달랐다.[4]

새로운 이야기는 필그림과 인디언[아메리카 원주민] 사이의 관계를 더 현실적이고, 덜 편향적이며, 원주민들의 땅에 정착한 영국인의 "식민지" 사관에서 벗어난 균형 잡힌 관계로 재조정했다. 이것은 성공한 "정복"의 만족만큼이나 상호의존성과 원주민의 영향력에 관한 이야기다. 플리머스에서 제공되는 새로운 프로그램들은 정착민과 원주민 사이의 차이를 얼버무리지도 않고, "정복"의 결과로 입은 원주민들의 피해와 향후 생존 전략에 관한 논의를 과소평가하지도 않는다. 유럽인이 원주민을 처음 접촉하던 시대 사람들의 이야기와 현재 사람들의 이야기는 대개 "최초의 추수감사절"에 대한 신화적 요소를 제거하는 과정을 통해 오늘날 살아 있는 후손들 사이에서 매우 진지하게 논의된다. 더군다나 "추수감사절" 음식에 관한 이야기는, 플리머스에서 재구성된 것처럼, 뉴잉글랜드New England 지역*의 환경사와 변화에 관한 중요한 이야기 안에 깊이 자리 잡고 있다.

제임스타운정착마을Jamestown Settlement은 플리머스처럼 원주민과 장차 "신세계"에 정착할 사람들 사이에 일어난 최초의 상호작용의 역사를 재현한다. 제임스타운은 플리머스보다 조금 이른 17세기 버지니아Virginia**에서 시작된다. 당시 최초의 영국인 식민지 이주민들은 원주민 음식과 아메리카 원주민들에게 의존해야 했다. 그러고 나서, 그들은 원주민과 원주민 음식들에서 독립하려 애썼지만 결국 실패하고 이른바 "굶주림의 시기Starving Time"를 맞는다. 그 뒤(1624년)에 그들

---

* 북아메리카 동북부 대서양 연안에 있는 코네티컷, 매사추세츠, 로드아일랜드, 버몬트, 뉴햄프셔, 메인 6개 주.
** 미국 동부 대서양 지방에 있는 주. 원래 아메리카 원주민의 거주지였으나 1607년 미국에서 최초로 제임스타운에 영국인 개척 식민지가 건설되었다. 독립전쟁 당시, 13개의 식민지 중 가장 큰 식민지였다. "버지니아"는 "처녀 여왕Virgin Queen"이라고 불린 잉글랜드의 엘리자베스 1세Elizabeth I의 이름에서 유래한 것이다.

은 마침내 자신들만의 공동체를 지탱할 수 있는 방법을 깨우쳤다. 식민지 이주민들은 자신들을 원주민들과 분리해 자기네 생태적 지위로 인디언들(과 식물과 동물들)을 대체하고 자신들이 가져온 농작물, 먹거리, 식생활으로 지역 환경을 바꿔나간다. 과거의 역사를 연출하는 사람들은 제임스타운정착마을의 초창기 모습을 보여주는 포와탄Powhatan(파사프에그Paspahegh) 마을에서 옥수수를 재배하고, 수렵 채집 활동을 하고, 물고기와 사냥고기를 조리하고, 짐승가죽을 가공 처리 한다. "식민지 이주민"을 연출하는 사람들은 "굶주림"의 시기가 끝난 뒤의 제임스포트James Fort 안에서처럼 먹을 것과 담배 작물을 재배하고, 식사를 준비하고, 유럽에서 가져온 밀가루를 이용해 식민지 시절의 빵 굽는 기술을 입증해준다. 그들은 플리머스에서처럼, 제임스타운에서 17세기와 18세기에 흔히 사육했던 가축(닭, 양, 소)을 키우고 보여준다. 여기서 강조하는 것은 식민지 이주민들이 한때 소중하게 생각했던 원주민 음식도 아니고, 새로운 작물, 동물, 그리고 인간의 개입이 생태계에 끼친 환경 변화도 아니다. 그것은 정착민들이 처음으로 마주한 낯선 상황 속에서 만들어낸 새로운 삶이다. 전통적인 원주민 음식과 식료품에 대한 새로운 음식의 승리는 정착민들의 생존과 번성에서 보는 것처럼 새로운 문화의 승리를 의미한다. 그러나 그와 같은 승리가 인간과 자연환경에 끼친 영향은 잘 보이지 않는다.[5]

[미국 버지니아주 윌리엄스버그시에 있는 유적지] 콜로니얼 윌리엄스버그Colonial Williamsburg에서 역사적 식생활부Department of Historic Foodways는 지금도 꾸준히 활발한 조사활동을 하고 그 결과를 재현한다. 윌리엄스버그는 미국의 살아 있는 역사 유적지 가운데 일관성 있는 음식의 역사를 재현하는 곳으로 가장 유명하다. 그곳은 제임스타운처럼 승리의 역사 유적지이지만, 그럼에도 매우 정확하고 상세하며 모든 것을 완비하고 있다. 여기서 정보를 제공하는 사람들은 대중이 음식에 얼마나 관심이 있는지를 파악해서 여러 프로그램을 통해 그 관심을 당시의 음식과 식생활에 반영한다. 콜로니얼윌리엄스버그는 마을을 옛날 모습으로 수리해 전통 부엌과 식료품 저장실, 외양간이나 훈제실, 뜰과 텃밭, 빵 굽는 곳, 와인 저장실 같은 별채들을 복원·연출하고 있다. 제과점·정육점과 함께 일반에게 공개된 여인숙과 선술집들은 관람객들에게 먹고 마실 것을 제공하는데, 가장 일반적으로 복원·연출된 구조물이다. 윌리엄스버그(와 그 밖의 다른 유적지들)는 유지를

위한 수입의 대부분을 선술집과 음식점에 의존한다. 그러나 사람들은 그곳에서 또한 식민지 이주민들이 카리브해 지역, 유럽, 아프리카, 아시아와 교역을 하면서 누렸던 많은 즐거움, 특히 마실 것(차, 초콜릿, 커피, 럼주, 와인)과 국내에서 주조한 위스키, 사과술cider, 맥주 같은 것들의 역사도 알 수 있다.[6]

지역과 세계 경제, 그리고 사회·정치·외교 관계에서 이와 같은 음식들이 한 역할은 그 마을에 사는 장인들과 음식 생산자들이 그곳을 방문하는 사람들에게 재현하는 내용의 중요한 원천이다. 대개 18세기 윌리엄스버그 주민들의 일상생활에서 중요한 요소를 이루었던 음식과 식생활의 역사를 통해 최근에 그 지역을 연출한 모습을 보면, 우리는 노예든 자유민이든 흑인들이 노예 사회의 문화적·경제적 복잡성에 기여했다는 사실을 점점 더 명확하게 이해할 수 있다.

토머스 제퍼슨Thomas Jefferson[미국의 제3대 대통령. 1743~1826]이 살았던 버지니아주의 사저 몬티첼로Monticello에 가면, 원주민 방식이든 외국에서 들여온 방식이든 미국 농업과 포도 재배, 원예에 대한 그의 영향력과 강렬한 관심을 금방 발견할 수 있다. 그가 농경제학, 포도 재배, 그리고 국내 농업에서 시도한 많은 실험(예컨대 사과와 포도를 대상으로 한 실험들)에 대한 기록들은 그 주제와 관련된 미국 최초의 교과서다. 제퍼슨은 여러 면에서 미국 최초의 음식사학자였다. 그가 다양한 식물·와인·먹거리에 보인 열정을 기록한 각종 문서 및 몬티첼로(와 백악관)에 대한 계획을 보면 금방 알 수 있듯, 그 기록은 내용이 지나칠 정도로 상세하다. 실제로 그는 식물박물학자이자 식물국수주의자였다. 그는 미국 토산품이든 수입품(특히 프랑스산)이든 진귀한 음식에 모두 관심을 보였다. 맛있는 프랑스 와인에 완전히 매료된 그가 유럽대륙의 와인처럼 "의심할 여지 없이 훌륭한doubtless as good" 미국 와인을 생산하고 싶다고 말한 것은 별난 일이 아니다. 비록 자신의 소망이 몬티첼로를 비롯해 미국의 나머지 지역에서 실현되는 것을 보기까지 오랜 세월이 걸렸지만 말이다. 무엇을 재배하고 먹고 마시는지—언제, 어디서, 어떻게—에 대한 제퍼슨의 기록이 옛 모습 그대로 정확하게 복원된 몬티첼로의 밭, 텃밭, 부엌에서 오늘날 실제로 구현된다.[7]

제퍼슨이 몬티첼로에서 만든 음식과 와인의 역사를 이해함으로써 미국의 자연사를 한층 더 잘 알 수 있듯이, 바로 그 역사를 통해 미국 사회사에서 발견되는 특정한 사건의 유래도 발견할 수 있다. 최근의 많은 연구에서 제퍼슨이 자기 노예였던 샐리 헤밍스Sally Hemings를 매우 사랑했다는 새로운 증거가 많이 나왔지만, 세상에 알려진 제퍼슨의 인생사를 다시 면밀히 살펴본다면, 헤밍스의 오빠 제임스 헤밍스James Hemings와 제퍼슨의 관계를 통해 제퍼슨이 음식과 와인 또한 마찬가지로 매우 사랑했음을 더욱 명백하게 알 수 있다. 제퍼슨이 마침내 자유인으로 풀어준 유일한 노예가 제임스였다는 점을 감안할 때, 18세기에 "미국인이 되는 것"과 인종, 정체성, 그리고 투쟁의 과정에서 나타날 수밖에 없었던 복잡한 관계와 역설적 상황을 발견할 수 있다. 지배를 위한 노골적 투쟁은 실제로 노예주主의 침실뿐 아니라 노예들이 제퍼슨과 같은 노예주들을 위한 영역에 대해 문화적으로 강력한 권위를 주장할 수 있었고, 실제로 그것을 실현한 주방—침실처럼 똑같이 정치화된—에서도 일어났다. 제퍼슨은 제임스를 프랑스로 보내 프랑스어도 익히고 프랑스인들이 주방을 어떻게 관리하는지 배워오게 했다. 나중에 제임스가 노예제를 반대하는 프랑스에 남아 자유인으로 살 수 있었음에도 자진해서 [미국] 필라델피아Philadelphia에 돌아왔을 때, 제퍼슨은 실제로 자기 노예가 주방에서 일하는 대가로 그에게 급료를 지불했다. 제임스는 제퍼슨의 존경을 받을 정도로 주방을 잘 관리했다. 그래서 제퍼슨은 노예에서 해방시켜달라는 자신의 총애하는 주방장 제임스의 요청을 들어주되, 그가 자유민이 될 때 그의 동생 피터 헤밍스Peter Hemings가 대신 주방에서 일하는 것을 조건으로 걸었다. 당시에 제퍼슨의 생각은 일반적으로 모든 사람에게 자유를 주는 것이 아니라 그야말로 자신을 잘 받들어 모신 노예만을 해방시키는 것이었다. 노예제도와 노역에 대한 제퍼슨의 이와 같은 태도와 행동은 농업, 와인, 음식, 훌륭한 상차림에 대한 제퍼슨의 세밀한 기록 및 아낌없는 열정과 더불어 몬티첼로에서 매우 주의 깊게 다루어진다.[8]

윌리엄스버그를 비롯해서 플랜테이션 시대의 미국을 재현한 여러 유적지에서 볼 수 있는 것처럼, 몬티첼로에서도 노예들의 일상생활이나 노동, 특히 그들의 식량과 상품작물의 경작, 음식 조리 및 시중과 관련된 물리적 구조들은 노예주의 생활과 함께 연출되는 경우가 점점 증가했다. "대저택들big houses"에 관한 기록 역사들에서, 특히 제퍼슨을 비롯해서 초기 플랜테이션 소유주들이 자기네 텃밭에서 무엇이 자라고, 주방에서 무엇이 만들어지고, 식탁에 무엇이 올라왔는지에 대해 광범위하게 기록한 문서들에서, 우리는 점점 아메리카 원주민의 음식이 사라지거나 변형되고, 아프리카의 음식·식생활·조리법이 유럽식으로 바뀌고, 주택이 부와 지명도에 따라 커진 것처럼 유럽식 및 미국식 고급 음식들이 점차 늘어나기 시작한 것을 볼 수 있다. 노예를 소유한 집들에 관한 연구는 마침내 노예들이 자기네 식량 공급과 배급을 위해 밭을 얼마나 경작하고, 사냥하고, 관리할 수 있게 허용되었는지를 밝히기 시작했다. 설탕과 쌀, 럼주와 당밀molasse의 역사를 과거 플랜테이션이었던 유서 깊은 집들에서 찾아볼 수 있게 된 덕분에, 우리는 그와 같은 플랜테이션 사례들을 통해 노예와 인종차별의 중요한 역사와 함께 환경 파괴와 쇠락, 지역 경제의 역사 또한 살펴볼 수 있다. 따라서 예컨대 계급·인종·젠더라는 더욱 복잡한 문제들을 이제 막 다루기 시작한 훌륭한 음식사는 역사고 고학historic archaeology과 옛날 공문서들에 관한 철저한 연구와 고증이 반드시 필요하며, 그러한 자료들에 대한 연출 및 재현과 관련된 제도적 지원 또한 충분해야 한다.[9]

아마나콜로니Amana Colonies나 셰이커교도Shakers 공동체 같은 목적지향적 공동체 마을의 그리 크지 않은 공동 취사장, 텃밭, 식생활에서는 특화된 형태의 음식사를 볼 수 있다. 셰이커교도 공동체의 경우, 많은 부분이 그들의 종교와 노동관을 반영한 독특한 철학과 관습으로 이루어져 있는데, 원예를 하고 농사를 짓고 가축을 기르고 종자를 받고 음식을 저장하고 조리하는 그들만의 고유한 좋은 방법들을 탐구한다. 일례로, 셰이커교도 마을은 자기들만의 밥상을 차리는 방식과 자기네 고유의 조리법을 바탕으로 한 요리책 개발을 전문화하고, 그들이 가구를 짤 때 취하는 경건한 자세를 음식을 차릴 때도 똑같이 취했다.* 일반 관람객들은 아마나 마을의 독실한 경건주의나 자신을 학대하는 셰이커교도들의 금욕주의 행동에는 전혀 관심이 없을지 모르지만, 공동생활과 훌륭한 밥상 차리기가 주는 뜻밖의 즐거움과 독실한 신자들의 경탄할 만한 사업 본능을 연상할 수 있다. 그리고 캘리포니아 내파Napa에 복원된 수도원 양조장 여러 곳에서 전해지는, 미국의 금주법 철폐 뒤 와인산업의 복원과 관련된 미국 수도원의 경이로운

---

* 세속으로부터의 분리를 원칙으로 하는 셰이커교도들은 먹거리·의복·생활용품 등을 자급자족 했는데, 특히 장식을 배제하고 기능성과 실용성을 중시한 가구는 '셰이커 가구Shaker furniture'라는 말을 만들어냈을 정도로 유명하다.

역사에 또 한 번 놀랄 수도 있다. 이렇듯 와인과 종자의 역사에는 종교의 역사에 관해 교과서에는 나와 있지 않은 미국인 종교와 공동체의 역사가 숨어 있다.[10]

우리는 예컨대 뉴욕 맨해튼에 있는 유대인박물관Jewish Museum처럼 종교의 역사와 관련된 많은 박물관에서도, 좀 더 양식화된 형태이기는 하지만, 전통적인 음식의 역사를 발견할 수 있다. 그 박물관에는 예배 때 먹고 마시는 것과, 의식, 문화의 관계를 찾아볼 수 있는 많은 소장품과 전시의 역사가 있다. 박물관 소장품 가운데는 독일에서 쓰던 유월절 의례용품을 비롯해서 키두슈[키뒤시]kiddush의 현대 조각 작품, 러시아에서 찍은 유월절에 먹는 무발효빵[무교병無酵餠]matzoth 굽는 사진 등이 망라되어 있다.* 이 전시회의 서사구조는 유대교에서 먹고 마시는 것의 의례 기능에 관해 설명한다—안식일 같은 행사 날에 준수해야 하는 식사 의식이나 유대교의 식사계율(카슈루트kashrut)에 대한 내용들이다. 유월절의 물질문화—예컨대 와인 잔이나 유대인의 출애굽을 상징하는 여섯 음식을 담는 유월절 제기용 접시, 무교병 접시, 접시 덮개와 같은 유월절 행사 동안에만 쓰이는 특별한 식기류—를 설명할 때, 종교의식 전반에 걸친 이야기가 유대인 이주 공동체의 역사에서 얻는 많은 교훈과 함께 논의될 수밖에 없다. 그러한 물건을 통해 이야기되는 음식사는 대개 멕시코에서 브라질, 영국, 아르헨티나, 스웨덴, 그리고 이란에 이르기까지 유대인의 집단 이주에 따른 다양한 공동체에 대한 더 많은 정보를 조명한다. 이와 같은 접근방식은 동유럽에 주로 거주했던 아슈케나지[아시케나지]Ashkenazic 유대인 주류 문화에 한정된 대부분의 박물관과 공문서보관소에서 재현하는 이야기보다 유대 문화에 대해 훨씬 더 설득력 있고 내밀한 사실들을 생산한다.

미국의 유적지들은 대개 농장과 대목장의 역사가 중심을 차지하지만, 그런 현장들의 음식사는 빈약하기 그지없다. 대부분의 역사 연출들이 이미 우리가 잘 아는 이야기를 반복하는 수준에서 특정 장소와 관련된 농장 경영이나 농장주의 역사를 들려준다. 산업적 축우 생산의 이야기에 묻혀버렸지만 19세기 모습으로 재연된 대목장과 카우보이 요리가 표면적으로나마 오늘날 미국 서부 전역에서

---

* 키두슈는 안식일 기도 때 쓰는 잔을, 무발효빵은 누룩을 넣지 않고 굽는 빵을 말한다.

열리는 인기 있는 카우보이 음식 경연대회들을 통해 당시의 현실을 보여준다. 그러나 그런 경연대회나 역사 유적지에 간다고 해도 대규모로 소를 키우고(또는 낙농을 하거나 가금류를 기르고) 판매하는 기업농이 ─사람, 땅, 물에─ 끼친 영향에 대해서는 거의 알지 못한다. 다른 분야의 경영의 역사나 기업의 역사에서와 마찬가지로, 여기서 이야기되는 음식 자체(예컨대 무쇠 냄비에서 비스킷을 굽는 방법), 요리사(취사 마차에서 먹을 것을 조리하는 대목장의 요리사들), 카우보이와 목장주들의 일상생활들은 대개 무조건 멋지고 낭만적으로 표현되기 일쑤다.

([미국] 코네티컷Connecticut의) 미스틱항구Mystic Seaport[해양박물관]처럼 해양 유적만을 전문으로 전시하는 공공기관이 늘어나고 있다. 이런 곳은 음식의 역사가 농장이나 대목장 박물관보다 더 깊이 있고 친절하다. 대형 해양박물관들은 해양 생활에서의 다양한 음식 관행을 실연·실증하는 과정에서 정통성authenticity과 세부사항에 관해 음식사학자들의 의견을 물었다. 그곳에서는 물살을 가르고 달리는 배(스쿠너선, 포경선, 낚싯배나 바닷가재 보트, 굴 채취 범선, 게잡이 보트)의 주방과 갑판에서 음식이 어떻게 조리되고 차려지는지 보여주고, 해양 지역의 일상생활을 경험할 수 있다. 많은 해양박물관에서는 옛날 해상무역─예컨대 설탕, 럼주, 당밀, 향신료 무역─의 주요 품목이었던 먹고 마시는 것들의 생산, 포경산업과 음식의 관계, 뱃사람들의 일상생활에서 먹고 마시는 것의 공급과 저장의 역사에 대해 주목한다.

이들 기관은 바다라는 특수한 생활조건 때문에 요구되는 음식들에 매우 큰 관심을 기울였다. 여러 달의 항해를 견뎌내기 위해 (금방 곰팡이가 생길 수 있는 신선한 빵 대신에) 장기간 보존할 수 있는 딱딱한 비스킷을 굽고, (비타민C를 공급해서 괴혈병을 막기 위해) 다양한 형태의 감귤류citrus를 제공하고, 오랫동안 습한 환경에서 건조한 상태를 유지해야 하는 음식들의 저장에 필요한 일(예컨대 저장용 통을 제작하는 기술)이 그런 것들이다. 그 결과, 오늘날 관람객들은 (워싱턴D.C.의 국립항공우주박물관National Air and Space Museum에서 매우 인기가 높은) 우주비행사를 위해 개발된 음식만큼이나 뱃사람들의 음식에도 많은 관심을 보인다. 몇몇 해양박물관은 관람객들에게 해양 환경에서 지속가능한 자원 개발과 생물다양성 보전의 필요성, 기후변화와 지구온난화의 피해를 이해시키기 위해 대양과 운하의 식량 자원들의 황폐화 문제를 심각하게 다룬다.

산업박물관들 또한, 비록 필요한 때만 산업에 필수적인 음식과 식료품에 대해 언급하지만, 어쨌든 산업과 관련된 이야기를 하기 위해 음식의 역사에 기댄다. 이들 박물관이 주로 초점을 맞추는 것은 식품을 생산하는 기업체들이지만, 그 기업에서 일하는 사람들의 사회사도 함께 알려준다. 일례로, 한때 세계 제일의 밀가루 공장이었던 곳에 세워진 밀시티박물관Mill City Museum은 미시시피강 변에 자리 잡고 있다. 이곳을 방문하는 관람객들은 "밀가루산업과 미시시피강, [미국 미네소타주 미시시피강 상류의] 미니애폴리스Minneapolis 도시의 얽히고설킨 역사"에 대해 알 수 있다. 그곳은 식재료(여기서는 밀가루)의 생산에서 중요한 역할을 했지만, 지금은 주로 과거에 번창했던 제분소의 역사를 연출·재현한다. 그 과정에서 그레이트플레이스Great Plains[북아메리카의 중앙, 로키산맥의 동쪽에 위치한 대평원]에서의 밀농사와 노동, 제분 기술, 밀가루산업의 진행 과정, 그리고 미국 주방에서 밀가루 제품의 영향력에 대한 이야기들도 일부 나온다. 그런데 이 박물관에서는 제분산업에 대한 전시가 진행되는 동안 빵 굽는 일을 실제로 재연한다. 따라서 그곳 주방들에서는 밀가루를 제분해서 생산되는 가장 인기 있는 제품(예컨대 구운 빵)들을 관람객들이 맛볼 수 있다.

미국 전역에는 옛날 제분소 자리가 수백 군데 있으며, 이뿐 아니라 제분소를 열성적으로 좋아하는 단체도 있다. 그러나 그들의 열정은 대개 그 안에서 가루로 찧어 나오는 곡식에 대한 것, 다시 말해 최종적으로 가루로 만들어진 곡식의 역사나 곡식과 제분소의 이용이 암시하는 사회사·문화사·경제사에 대한 관심이 아니라 옛날의 아름다웠던 방앗간에 대한 기억들이다. 그렇다. 여기서는 초점을 늘 덜 광범위하지만 경제적으로 중요한 쌀·당밀·사탕수수를 찧는 곳이라는 사실이나 그것과 관련된 노동과 환경적 관행들이 초래한 막심한 결과가 아닌 대개 단순히 곡식을 찧는 제분소라는 사실에 맞춘다.[11] 유럽보다 제분 전통이 훨씬 짧은 북아메리카에서 역사적 의미가 있는 제분소들은 해당 지역에서 곡식을 찧는 일의 역사와 경제에 관해 다루는 일이 좀처럼 없다. 그곳들은 대부분 19세기 영미계의 제분소에서 이용한 비위생적 세균 제거 제분 기술에 대해 전혀 다루지 않는다. 20세기 초 제분소에서 찧은 곡식 가루들에 영양소가 부족한 것은 바로 그러한 제분 기술 탓이다.

유럽 전역에 걸쳐 특정한 음식과 관련이 있는 박물관들은 그들 지역 내부의 중요한 문화적, 경제적 문제들에 초점을 맞춘다. 그곳들에서 그런 특정한 음식과 음료—대개 와인, 맥주, 치즈, 빵이나 초콜릿—의 역사는 그 지역이나 국가가 그 특정한 음식에 보이는 작업 전통과 환경적·문화적 애착에 대해 설명해준다. 미국과 캐나다에서는 유럽과 달리 이러한 사례가 아주 드물다. 특정한 음식을 다루는 미국의 박물관 대부분은 기업이나 제품 브랜드를 선전하기 위한 박물관(스팸박물관SPAM® Museum, 젤오갤러리박물관Jell-O Gallery Museum, 타바스코팩토리앤컨트리스토어Tabasco Factory and Country Store, 월드오브코카콜라World of Coca-Cola)이거나 요리 사업의 일부일 뿐이다. 이런 곳에서는 자사 브랜드나 제품과 관련이 있는 것만을 수집·전시·연구한다. 그곳에 전시되는 것들은 모두 그들 기업의 역사와 관련이 있다. 이러한 기업 박물관들 가운데 일부는 필요에 따라 해당 브랜드 제품 주요 재료의 경작이나 생산과 관련된 뛰어난 기술과 문화의 역사, 그리고 그러한 제품의 개발, 마케팅, 판매, 소비자 이력들도 보유하고 있다. 일례로, 스팸박물관은 제2차 세계대전 동안 스팸이 태평양 지역의 미군 식량 공급에서 얼마나 중요한 역할을 했고, 전쟁이 끝난 뒤 하와이의 문화 관습과 식생활 변화에 얼마나 큰 영향을 끼쳤는지 매우 멋지게 설명한 적이 있었다. 그러나 이제는 박물관이고 웹사이트고 어디서도 그런 설명을 하지 않는다. 대신에 스팸을 활용할 수 있는 조리법을 제공한다.[12] 타바스코팩토리앤컨트리스토어에 가면, 방문객들은 공장 견학을 하면서 제품이 만들어지는 과정을 지켜볼 수 있다. 그 과정에서 공장 박물관은 기업의 특징을 보여주는 지역적, 경제적, 환경적, 문화적 역사, 그리고 가족의 역사를 아주 조금밖에 제공하지 않는다. 유감스럽게도, 지금은 그마저도 자사 제품과 그 연계 상품(타바스코 모자, 셔츠, 서빙웨어servingware[음식을 덜어먹는 데 쓰는 수저나 포크])에 대한 과대선전으로 축소되었다.

이와 같은 박물관들이 노리는 주요한 효과는 미국의 대중문화를 미국의 음식문화 다시 말해 자본주의 기업에 흥미진진하게 연결하는 것이다. 그러나 이러한 연결은 미국에 고유한, 일종의 상품화되고 정치화된 음식의 역사 때문에 가능하다. 대부분의 기업 박물관들은 오랫동안 소비자들의 사랑을 받았거나 종종 악명 높고 논란이 많은 식품과 관련된 인물들—베티 크로커Betty Crocker(밀가루), 엉클 벤Uncle Ben(쌀), 앤트 저마이머(팬케이크 재료), 랜드오레이크스Land O'Lakes 인디언 아가씨(버터), 미스 마졸라Miss Mazola(옥수수기름), 프리토 반디토Frito Bandito(옥수수칩)—을 내세운 수많은 광고의 역사를 제공한다. 학술 문헌이나 공적 담론에서 인종차별적이고 젠더차별적인 고정관념을 유포한다는 비판을 받은 그러한 광고들은 이들 제품이 아메리카 원주민의 땅과 먹을 것을 전유한 결과이며 라틴아메리카인들과 아프리카 흑인들의 노예노동 덕분이라는 사실을 감춘다.

미국의 이런 기업 박물관 및 대형 역사박물관 대부분에는 오늘날 그들이 말하는 것 말고도 겉으로 드러내지 않은 주목할 만한 음식의 역사가 있다. 워싱턴 D. C. 국립아메리칸인디언박물관National Museum of the American Indian: NMAI을 감싸고 있는 텃밭과 운동장은 아메리카대륙의 원주민들이 세계의 먹거리에 얼마나 큰 기여를 했는지를 입증해준다. 그러나 박물관에서는 거기에서 자라는 식물들을 상대적으로 잘 연출하지 않는다. 이따금 열리는 식수植樹 견학 행사들에서 그러한 복잡한 역사를 활용할 뿐이다. 미국의 자연사와 미국의 음식 종류를 이해할 때 아메리카 원주민에게 초점을 맞추는 것은 박물관 안에서 아메리카대륙의 원주민 음식을 파는 미트시탐Mitsitam이라는 구내식당에서도 마찬가지다. 하지만 여기서도, 박물관 텃밭에서처럼, 파는 음식들에 대한 공개 연출은 없다. 오직 비정기적 특별 프로그램(예컨대 초콜릿이나 옥수수에 관한)을 통해서만 그러한 역사적 공란을 채울 뿐이다. 국립아메리칸인디언박물관이 소장하고 있는 많은 유물은 미국의 다른 모든 문화 박물관과 마찬가지로 음식과 관련이 있을 수 있지만 그와 같은 식으로 전시되거나 재현되는 소장품은 거의 없다. 전시 물품들은 사냥이나 낚시, 여성들의 노동과 남성들의 노동, 기술과 공예, 사회와 정치 관계에 대한 것들이지만, 음식 그릇, 무기, 바구니, 인디언평화메달Indian Peace Medal의 앞면(쟁기 질하는 인디언이 새겨진)의 역사가 다른 사람들의 생활환경과 관계를 밝히는 데 어떻게 이용될 수 있는지에 대해서는 전혀 언급이 없다.

아메리카대륙의 옥수수 농업 역사, 옥수수 농업을 발전시킨 아메리카 원주민 여성들이 사용한 기술과 경륜, 비타민B를 만들어내고 질소가 함유된 단백질을 증대시키는 인디언들의 옥수수 처리 방식(닉스타말 과정)을 보여주는 박물관은 아무 데도 없다. 국립아메리칸인디언박물관을 비롯해서 여러 곡물 박물관 가운데 기후와 장소에 따라 복잡한 적응 능력을 발휘해 토종 옥수수 종자를 지키는 아메리카 원주민 여성들의 뛰어난 천재성을 다루는 곳 또한 어디도 없다. 또한 영양 증진, 야생동물들의 농작물 피해 방지를 위해 원주민 여성들이 개발한 (콩·

호박과 같은 작물의) 섞어짓기나 사이짓기 농법을 다루는 곳도 없다. 그것은 오로지 학자들에게만 필요한 음식사일 뿐 유감스럽게도 일반 대중에게 알릴 내용이 아니라고 생각하고 있기 때문이다. 그러나 이 모든 이야기와 그 이상을 말할 수 있는 지적·물적 수단을 갖춘 박물관들이 그런 이야기를 할 수 있는 능력은 내부적으로 충분하다. 그 이야기들은 일반 대중이 원주민에 대해 가지고 있는 고정관념을 획기적으로 바꿀 수 있고, 오늘날 우리의 신체적·문화적 건강을 위해 의미가 있는 것들이다. 분명히 말하지만, 평범한 "기여"에 관한 논의(일례로, 아메리카 원주민들이 세상에 옥수수를 주었다)를 뛰어넘는 시도는 무엇이든 플리머스 모델에서 보는 것처럼 매우 중요한 공공역사가 될 것이다.

그 밖의 다른 박물관들은 새로운 시도의 일환으로서 음식사에서 자료를 수집하고 그 역사를 일반 대중에게 재현하기 시작했다. 초창기 요리책과 가사 입문서(음식 보관, 저장, 대접을 위한 방법을 포함한)들이 늘 가득한 도서관과 공문서보관소들은 관련 소장 자료를 늘리고 그것들을 더 많은 사람이 읽을 수 있게 개방했다. 전 세계에서 수집된, 책으로 출판되거나 원고 형태의 엄청나게 많은 요리책과 와인을 비롯한 각종 음식 관련 자료들은 오늘날 미의회도서관, 미시간대학, 래드클리프칼리지 슐레징거도서관(하버드대학), 코넬대학, 뉴욕공립도서관, 뉴욕대학, 캘리포니아대학 샌디에이고캠퍼스에서 일반인들도 볼 수 있다. 이들 도서관 대부분은 엘리너 로벤슈타인Eleanor Lowenstein 같은 저명한 요리책 수집가, M. F. K. 피셔M.F.K. Fisher 같은 작가, 줄리아 차일드 같은 유명 인사들이 기증한 고문서와 장서들을 구비하고 있다. 그곳들은 웹사이트를 통해 더 많은 사람이 필요한 자료들을 이용할 수 있게 하고 있다. 그 소장 자료들은 또한 전자문서와 인쇄물, 전시 형태로도 세상에 모습을 드러내기 시작하고 있다. 이 기관들은 예컨대 젠더와 계급을 주제로 연구하는 학자들에게 요리책을 유용한 자료로 인식하게 만들었다. 그들은 이제 요리책과 같은 음식 관련 자료들을 문화적으로 중요한 기록물로 다루기 시작했다.

스미소니언협회Smithsonian Institution가 운영하는 [워싱턴 D. C.에 있는] 국립미국사박물관National Museum of American History: NMAH에는, 대부분의 대형 박물관들처럼, 음식과 관련성은 있지만 기준을 정하지 못해 종합적으로 정리되지 않은 옛날 음식 관련 소장 자료가 많다. 일례로, 먹고 마시는 것과 관련해 관람객들의 관심을 집중시키는 박물관 소장 기록 자료들로 20세기 중반 광고(예컨대 펩시콜라), 기업사(예컨대 힐스브라더스 커피Hills Bros. Coffee, 크리스피 크렘 도넛Krispy Kreme Doughnut Corp.), 개인 발명가와 혁신가의 역사(얼 타파Earl Tupper와 타파웨어Tupperware)가 있다. 물질 소재 소장품들은 고래잡이에서 목화농사, 양조에서 제분, 통조림에서 사탕 제조, 양계장에서 낙농에 이르기까지 식품 생산의 산업적·기술적 측면에 초점을 맞추고 있다. 대체로 대량생산되고 극도로 대중문화적인 음식 저장, 생산, 포장(스팸, TV를 시청하며 먹는 최고의 냉동식품, 크리스피 크렘 링 킹Krispy Kreme Ring King)의 많은 실례가 박물관 저장소의 선반을 가득 채우고 있다. 오븐에서 주전자, 과자 절편판에서 앞치마, 아이스크림에서 커피메이커, 직물, 도자기, 유리와 금속 도구, 주방용품에 이르기까지 집에서 음식을 조리하고 차리고 먹는 것과 관련된 각종 식기들은 대체로 19세기와 20세기 초 가정생활을 보여준다. 물론 18세기 것도 가끔 볼 수 있지만, 아주 드물게는 20세기 말과 21세기 초 것도 볼 수 있다. 오래된 물건들은 대부분이 미시시피강 동쪽에 살던 중상류계급이 쓰던 것들인데, 연구하거나 전시할 때, 미국의 경영·기업·산업이나 상류계급의 역사, 대개의 경우 "미국 건국의 아버지"와 "산업계의 거두"들의 역사, 또는 아주 드물기는 하지만 중상류계급 여성들의 삶을 조명하기 위해 사용되었을 수도 있을 것들이다.

20세기 후반의 역사학자, 민속학자, 인류학자들은 지금까지 일반인들에게 알려지지 않은 공동체와 그들의 일상생활이 물질문화에서 얼마나 중요한 역할을 했는지를 강조하면서 박물관 소장 자료들에서 근본적으로 부족한 점들을 교정하고, 새로운 전시를 기획하고, 옛것들을 재해석하기 시작했다. 음식사학자, 민속학자, 문화사학자들은 이런 새로운 수집품들을 꾸준히 발견해서 일반 대중서와 학술 전문서 저술에 활용하고 있다. 그 가운데 일부는 음식의 역사를 직접 다루기도 한다. 공공역사 연구자들은 영화를 비롯한 다양한 전자매체에서 이와 같은 물품을 적극적으로 활용하기 시작했다. 스미소니언 국립미국사박물관에서는 최근에 미국 근대의 포도 재배와 와인 주조, 차일드의 주방, 멕시코계 미국인 사회의 식생활에 관한 새로운 소장품 전시회를 통해 인종·계급·정체성의 교차점뿐 아니라 젠더 역할과 세계경제의 변화된 모습까지 조명한다. 지난날 미국 중서부와 남부 지역에서 경제적으로 중요한 역할을 한 농작물(담배, 면화, 옥수수, 밀)에 초점을 맞추었던 과거 농업의 역사에서 벗어나 농업의 성장과 쇠퇴에 따른 결과를 진지하게 고민하는 사회문화사에 주목하기 시작한 것이다.

투옥, 재배치, 이주, 곤궁, 전쟁 상태에 있었던 사람들의 일상생활과 관련된 물질문화를 보여주는 자료들을 수집하고 전시할 때, [미국에 일하러 오는 멕시코 계약직 계절노동자] 브라세로bracero와 미국인 농장주, 열악한 공장 환경에서 착취당하는 노동자들과 그들의 "사장", 노예와 주인, 소작인과 지주, 일본의 포로수용소에 갇힌 사람과 그들을 감시하는 군인 "감독관"들이 저마다 썼던 농사도구(예컨대 짧은 팽이), 살림용품, 옷들을 서로 나란히 비교한다면, 완전히 다른 새로운 역사가 만들어진다. 음식의 역사는 기술의 역사나 경영의 역사보다 더 복잡한 분석이 필요하지만 더 훌륭한 공교육을 낳는다. 그것은 기술적이고 국가적이거니와 국경을 초월해서 여러 문화를 가로지르는 세계적 관점이 필요하기 때문이다.

이러한 새로운 수집 물품들은 여러 학문 분야 간에 광범위한 협력을 통해 자료가 모아지고 폭넓은 관람객층을 염두에 두고 전시될 때 비로소 여러 측면에서 새롭게 이해될 것이다. 사람들은 그것들을 이제 더는 연구자료로만 생각하지 않는다. 그와 같은 물품은 더 거대한 대중, 특히 세계화된 미국 안에서 그 물품과 동일시되는 공동체의 새로운 관람객들을 마음에 두고 수집된다. 이 새로운 수집품들은 그것을 만든 제작자와 발명가, 그리고 이용자와 그 물품의 문화적·사회적 관계 다시 말해 공공역사의 맥락에서 깊이 천착한 음식사를 창조할 수 있는 모든 관계의 (사진, 영화, 비디오, 소리의 형태로 된) 구술역사들과 합쳐질 때 완전해진다. 이처럼 새로운 방식으로 수집되고 전시된 새로운 물품들이 제공할 수 있는 것의 한 예를, 우리는 국립미국사박물관에서 전시된 멕시코계 미국 음식사의 수집품들에서 찾아볼 수 있었다. 국립미국사박물관은 이와 관련해서 2009년에 특별기획전을 잠시 열었다가 이를 2012년에 장기 전시회로 전환하면서, 민족성과 정체성, 이주 문제, 젠더, 문화, 노동 사이의 교차점들을 밝히는 수집품들을 보여주고 연출하기 시작했다. 다양한 구술역사와 사진 기록들로 완벽하게 구성된 수집품들은 캘리포니아의 어느 한 가정에서 나왔는데, 그 가정은 대목장에서 가축도 치고 채소도 기르고 식료품 가게를 소유하다 나중에 (토르티야와 타말레를 파는) 동네 빵가게를 운영했다. 그 가정에서 수집된 물품들의 전시는 옛날에 그들이 썼던 전통 옥수수 제분기 몰리노molino와 토르티야도라tortilladora(토르티야를 만들기 위해 옥수수가루 반죽을 얇게 펴는 기구), 코말comal(토르티야를 굽는 데 쓰는 진흙판), 할머니가 토르티야를 구울 때 두르던 앞치마의 역사를 볼거리로 삼는다. 이러한 전시는 단순히 수동 제분기와 빵 굽는 진흙판, 제빵기에 관한 통상적인 기술사를 뛰어넘어 토르티야라는 음식 자체와 그것을 만드는 여성 노동을 중심에 놓고 보게 한다. 이는 라틴아메리카인들의 정체성 문제 다시 말해 멕시코에서 캘리포니아로 이주한 그들의 이주사, 그리고 이주민들이 어떻게 이주노동자에서 주류 경제의 성공한 기업가로 이전했는지와 같은 경제사에 대한 문제들을 투영한다.[13] 토르티야와 타말레 —지금은 전 세계 모든 식료품점에서 볼 수 있는— 같은 단순한 음식의 역사가 공공역사를 통해, 라틴아메리카인들의 이주와 노동을 둘러싼 시끄러운 갈등이 날마다 일어나는 세계에서 다양한 관계를 설명하는 데 이용될 수 있다.

그러나 그와 같은 공론은 복잡할 수도 있고 논란이 분분할 수도 있다. 그런 공론을 촉진하기 위한 재원 마련은, 공공예술과 마찬가지로, 일반 대중에게 기댈 수밖에 없다. 공무원들은 대개 공공기금을 모금·분배하는 자신들이 공론의 내용을 통제해야 한다고 생각한다. 기존에 전해지는 역사에 대한 획일적 재해석에 제기되는 불평(예컨대 플리머스플랜테이션이나 "최초의 추수감사절" 신화에 대한 재해석)도 공무원들은 용납하지 않기 때문에, 그러한 일이 일어나면 그들은 옛날 해석을 고집하거나 새로운 프로그램과 기관들에 대해 예산 삭감을 위협하거나 실행한다. 심지어 민간이 후원하는 공공기관의 프로그램과 전시회까지 기증자가 전시 내용에 간섭하고 공무원들이 비판하고 위협하는 양날의 칼을 만난다. 따라서 기관들은 대중의 사랑을 받고 정치적 의미가 부여된 "신성한sacred" 신화들을 해체함으로써 공무원이나 민간 기증자들의 분노에 직면하기보다는, 대개 몇 년에 걸쳐 전시품이나 수집품을 변경하느라 애쓰는 쪽을 택하지만, 그것은 시간이 흐르면서 별 의미도 없고 지적으로 용납할 수도 없는 행위임이 드러난다. 깊이 있는 음식의 역사는 이런 "신성한" 신화들에 도전할 아주 좋은 기회를 제공한다. 그러나 미국 추수감사절의 사례에서 보는 것처럼, 음식의 역사 그 자체가 이미 기존의 주류에서 연출한 내용의 근간을 이루고 있다.

이 장은 공공역사로서 음식사의 문제와 전망에 대해 아주 간략하게만 말할 수밖에 없다. 미국 대중의 음식사라는 제한된 범위에서 이야기하고 있기 때문이다. 음식과 음식사에 대해 더 많은 것을 알고 싶어 하는 대중의 관심 고조는 공공 영역에서 탐구될 수 있는 역사의 범위가 엄청나게 크다는 것을 보여준다. 음식의 역사는 그 범위가 넓든 좁든 전통적 역사 연구 영역에서 "중요한" 쟁점들에 이르는 독특한 방식을 제공할 뿐 아니라 세련된 공론을 촉진할 수 있는 영양과 계급 같은 주제들과 관련된 현재의 다양한 논쟁에서 주장되는 내용들을 해체할 수 있는 흥미로운 방법 또한 제시한다.

주

1. "Puuhonua of Honaunau National Historical Park."(Online). Available: http:// www.nps. gov/puho.(December 20, 2011). "Canyon de Chelly National Monument."(Online). Available: http://www.nps.gov/cach/historyculture/index.htm(December 20, 2011).

2. "Desert Botanical Garden."(Online). Available: http://www.dbg.org.(January 31, 2011). "Arizona Sonora Desert Museum."(Online). Available: http://www.desertmuseum. org(December 20, 2011).

3. Gary Paul Nabhan and Annette Rood, compo and ed., *Renewing America's Food Traditions(RAFT): Bringing Cultural and Culinary Mainstays of the Past into the New Millennium*(Flagstaff: Center for Sustainable Environments at Northern Arizona University, 2007). 이와 같은 종류의 개별적 프로젝트들이 이 설득력 있는 자료에 많이 나온다.

4. "Plimoth Plantation."(Online). Available:http://www.plimoth.org/learn/thanksgiving- history/partakers-our-plenty(January 31, 2011).

5. "Jamestown National Historic Site(part of Colonial National Historical Park)"(Online). Available: www.historyisfun.org/jamestown-settlement.htm(December 20, 2011).

6. "Colonial Williamsburg."(Online). Available: http://www.history.org/foundation/ journal(January 31, 2011).

7. Damon Lee Fowler, *Dining at Monticello: In Good Taste and Abundance*(Charlottesville, VA: Thomas Jefferson Foundation, 2005); Dave Dewitt, *The Founding Foodies: How Washington, Jefferson, and Franklin Revolutionized American Cuisine*(Naperville, IL: Sourcebooks, 2010); James M. Gabler, *Passions: The Wines and Travels of Thomas Jefferson*(Baltimore: Bacchus Press, 1995), 205; 1808년 7월 15일 제퍼슨이 C. P. 드 라스테리에 C. P. de Lasteyrie에게 보낸 편지에서 발췌. "우리는 미국에서도 유럽과 완전히 똑같지는 않지만 의심할 여지 없이 훌륭한 매우 다양한 와인을 주조할 수 있었습니다. 그러나 저는 유럽 와인의 수입을 중요하게 생각하는 우리 국민들에게 여기서 밀과 벼, 담배나 면화를 재배하는 노동자가 그것들을 판 돈으로 자신이 만들 수 있는 와인보다 두 배나 많은 양을 살 수 있을 것이라고 말해왔습니다. (…) 일반적으로, 모든 국가가 자국에서 생산하기에 가장 적합한 것만 생산한다면, 그들이 모든 것을 자체적으로 기르는 것보다 각각에 대해서 더 많은 양을 생산함으로써 사람들을 행복하게 할 것입니다."

8. Annette Gordon-Reed, *The Hemingses of Monticello: An American Family*(New York: W.W. Norton & Company, 2008).

9. Sidney W. Mintz, *Sweetness and Power: The Place of Sugar in Modern History*(New York: Viking, 1985) [한국어판. 시드니 민츠 지음, 김문호 옮김, 《설탕과 권력》, 서울: 지호, 1997]; Jessica Harris, *The Welcome Table: African-American Foodways*(New York: Simon and Schuster, 1995).

10. 음식과 종교의 역사에 관한 학술 자료가 많지 않다. 그와 관련된 일반적 참고문헌으로는

다음을 보라. Daniel Sack, *Whitebread Protestants: Food and Religion in American Culture*(New York: St. Martin's, 2000). 또한 캘리포니아 세인트헬레나의 그레이스톤수도원 Greystone Abbey으로 알려진 크리스천브라더스Christian Brothers의 와인양조장이 상업 양조장으로 바뀌었다가 다시 미국요리학교Culinary Institute of America: CIA로 된 것과 관련된 자료들도 보라. 미국과 유럽 전역의 수도원 개신교도들은 각종 식품(빵, 와인, 술, 치즈, 양념)을 생산하지만, 자신들이 하는 작업을 대중에게 보이거나 공개시험을 치르는 것에 특별한 관심이 없다.

11. 예컨대 아메리카대륙의 설탕 생산 문제를 노동, 권력관계, 노예제에 광범위하게 다룬 다음을 보라. Sdiney Minz, *Sweetness and Power*.

12. 남태평양 지역에서 스팸의 문화적, 정치적 의미에 관한 최근 연구로는 다음을 보라. George H. Lewis, "From Minnesota Fat to Seoul Food: SPAM in America and the Pacific Rim," *Journal of Popular Culture* 34, no 2(2000): 83-105.

13. 일반적인 멕시코인의 정체성과 함께 멕시코 여성의 정체성 형성 과정에서 옥수수, 토르티야, 타말레의 역할에 관한 광범위한 설명은 다음을 보라. Jeffrey M. Pilcher, *¡Que vivan los tamales! Food and the Making of Mexican Identity*(Albuquerque: University of New Mexico Press, 1998).

2부
음식학

Food Studies

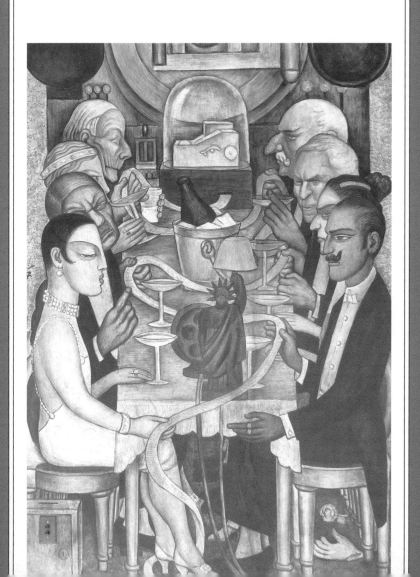

6장

음식과 젠더 문제
Gendering Food

캐럴 커니핸Carole Counihan

2009년 3월 21일 아침, 나는 큰 기대에 부풀어 이탈리아 피우미치노Fiumicino의 한 회의장 안으로 들어섰다. 실내는 국제슬로푸드이탈리아협회 전국총회에 참석한 약 500명 협회 지부장들의 달뜬 상태를 드러내듯 시끌벅적했다. 국제슬로푸드협회Slow Food: SF는 1986년 이탈리아에서 처음 시작해 2010년에 전 세계 130개국에 10만 명이 넘는 회원을 둔 조직으로 성장한 "좋고, 깨끗하고, 공정한good, clean, and fair" 음식[먹거리]을 추구하는 국제단체다.[1]* 회원은 저마다 지부에 소속되며, 전 세계에 1,300개 지부가 있고 이탈리아에만 약 300개 지부가 있다. 피우미치노 회의에는 음식을 더욱 맛있고 건강하고 지속가능하고 민주적으로 만들자는 기치 아래, 슬로푸드가 전국적·지역적으로 어떻게 노력할지 이틀 동안

---

* 2007년 12월 7일 국제슬로푸드한국협회Slow Food Korea가 창립되었다.

함께 고민하기 위해 이탈리아 전역에서 지부 대표와 회원들이 모여들었다.

2009년 총회는 여태껏 가운데 가장 규모가 크고 가장 다양한 사람들이 모인 —그 어느 때보다 참석 연령층의 범위가 가장 폭넓고 여성이 가장 많이 참석한— 회의였다. 그러나 동시에 첫날 개회식 단상의 모습은 충격적이었다. 무대 위에는 남성 일곱 명과 여성 한 명이 앉아 있었는데, 그것은 슬로푸드 조직의 권력 구성에서 남성이 지배적 위치에 있음을 상징적으로 묘사해주었다. 단상에 있는 남성들은 국제슬로푸드협회 회장이자 창설자인 카를로 페트리니Carlo Petrini, 국제슬로푸드이탈리아협회 회장 로베르토 부르데세Roberto Burdese, 부회장이자 사무총장 실비오 바르베로Silvio Barbero 같은 사람들이었고, 여성으로는 국제슬로푸드협회 교육부 책임자이자 [이탈리아] 슬로푸드전국협의회 위원 발레리아 콤메티Valeria Commeti가 홀로 외로이 앉아 있었다. 오전 내내 그들이 저마다 5분 연설을 진행하는 동안, 회의 참석자 몇몇은 농담반 진담반으로 상석의 자리 배치에 대해 한마디씩 했다. 이튿날 오전 새로운 토론자들이 우리에게 인사했다. 이번에는 남성두 명—부르데세와 바르베로—과 슬로푸드전국협의회 소속이거나 국제슬로푸드협회에서 일하는 몇몇이 포함된 여성 여섯 명이 나왔는데, 남성 둘은 조직에서 주요 직책을 맡은 지도자들인 반면에 여성 가운데 그런 지도자급은 한 명도 없었다.[2] 그날 다시 토크니즘tokenism*에 대한 농담과 지적들이 참석자 사이에서 광범위하게 오갔다. 실제로 상석에 앉은 여성 가운데 그 누구도 그 프로그램 진행에서 어떤 공식적 역할도 하지 않았음을 모르는 사람은 아무도 없었다.

나는 이 광경을 지켜보면서 의문을 품지 않을 수 없었다. 음식 행동주의food activism에서 젠더는 중요한 문제인가? 젠더가 중요한지 아닌지는 페미니즘의 핵심 문제다. 음식 행동주의에서 젠더에 초점을 맞출 경우 우리는 어디로 향할까? 나는 음식 행동주의를 음식 관행을 통해 사회정의와 경제정의를 촉진하기 위한 의식적 노력이라고 정의한다. 식생활—먹을 것을 생산하고 분배하고 소비하는 것에 대한 생각과 행동—은 어떻게 남성과 여성에게 정치행위자가 되도록 압박하거나 그런 권한을 부여할까? 젠더의 힘과 정체성은 음식 행동주의에서 어떤 역

---

* 사회적 약자인 여성에 대한 형식적 배려를 통해 마치 양성평등을 이룬 것처럼 보이는 형식주의.

할을 할까? 젠더는 인간이 맺는 다양한 관계, 협력, 분리, 위계질서, 권력이라는 더 커다란 이야기의 한 부분이다. 젠더 연구는 다름 아닌 근본적으로 먹거리체계에서의 평등 문제를 제기하는 것이다.

이 글에서 나는 음식과 젠더 관련 문헌들을 조사하면서 특정한 문제—여기서는 젠더가 어떻게 음식 행동주의 연구에 빛을 밝힐 수 있을까—를 검토하는 방법론적 모델로서 현재 내가 진행 중인 연구를 활용할 것이다. 나는 이 문제에 대해 여성주의 인류학feminist anthropology의 접근방식을 취하지만 사회과학 분야 자료들도 활용한다. 그리고 음식을 중심으로 한 생활사 방법론을 사용해 사람들이 일상생활에서 음식의 역할에 대해 어떻게 묘사하는지를 알아본 이탈리아의 사르데냐Sardegna와 피렌체Firenze, 미국의 펜실베이니아와 콜로라도 지역의 음식·문화·젠더에 관한 문화기술지적 조사 내용도 참조한다. 나는 음식이 특히 여성이 자신의 경험, 문화, 생각—자칫 묻혀버릴지도 모를 일반 대중의 삶 다시 말해 보통 여성의 삶—에 대해 목소리를 내기에 아주 좋은 도구임을 발견했다. 나는 이 새로운 연구를 진행하면서 음식을 공론화하는 여성—곧 여성들이 공론장에서 특히 행동주의를 알리고 실천하는 도구로 음식을 사용하는 방식—에 점차 주목하기 시작한 학자들과 함께할 것이다.[3]

젠더, 페미니즘, 그리고 음식 행동주의

젠더는 성차sex difference를 의미하는 사회적 구성으로서, 문화적으로 남성, 여성, 그리고 —어떤 문화에서는 남성과 여성이 아닌— 제3의 젠더로 정의된다—예컨대 주니족Zuni*은 자신들을 "두 개의 영혼two-spirit"이라고 부른다.[4] 생물학은 남성과 여성의 생식적·생리학적 차이를 밝히는 반면에, 문화는 젠더 코드gender code**와 특성을 통해 그러한 차이의 의미와 가치를 전한다. 젠더는 다양한 문화 시대를 가로지르며 식생활에서 중요한 역할을 했다.[5]

---

* 미국 애리조나 주 북동부에 거주하는 아메리카 원주민 종족.
** 성차를 뚜렷하게 강조하는 이미지나 성향.

페미니즘은 젠더가 중요한가라는 핵심적 질문을 던지며 사회생활과 사회 이론에 접근하는 방식이다. 헨리에타 무어Henrietta Moore의 여성주의 인류학에 대한 정의는 식생활 연구 방식의 틀을 짤 수 있는 구성요소로 네 가지를 든다.[6] 첫째, 여성에게 초점을 맞춘다—그렇다고 남성을 완전히 배제한다는 말이 아니다. 여성을 연구의 시발점과 분석의 중심에 둔다는 의미다. 둘째, 여성의 다양성을 인정하고 연구하며 "여성"에 대한 통념적 일반화에 문제를 제기한다. 페미니즘은 사회학자들이 흔히 "상호교차성intersectionality"이라 부르는 것에 주목하는데, 그것은 젠더를 비롯한 여러 사회적 범주—예컨대 인종, 민족성, 종교, 계급, 나이—가 서로 교차하는 방식을 말하며, 결국 여성이라고 하는 것에 매우 복합적이고 중첩적인 의미를 부여한다.[7] 셋째, 페미니즘은 젠더 불평등gender inequality뿐 아니라 모든 형태의 불평등을 밝히고 그 불평등에 이의를 제기한다. 넷째, 여성주의 사회과학은 여성의 역할, 관점, 기여에 관한 새로운 데이터의 생성을 통해 인간 행동 이론들을 재구성한다. 나는 이와 같은 무어의 정의에 페미니즘 연구의 다섯째 요소—여성들이 사물을 인식하는 특별한 방식을 인정하는 비판적 방법론 구성—를 추가하고자 한다. 그 한 가지 방법은 여성들에게 중요한 영역인 음식을 통해 인식하는 것이다. [음식을 통해 자신의 의사를 표출하는] 여성들의 푸드 보이스food voice를 포착하는 연구 방식은 몇몇 페미니즘 학자들에게 예리한 방법론이었다.

먹거리 민주주의food democracy라는 개념은 젠더와 음식 행동주의에 관한 문제를 바라보는 유용한 관점을 제공한다. 팀 랭Tim Lang이 정의한 바에 따르면, 먹거리 민주주의는 모든 시민이 문화적으로 적절하고 지속가능하며 건강한 먹거리를 먹을 수 있도록 보장하는 능력이다.[8] 퍼트리샤 앨런Patricia Allen과 그 동료 학자들은 먹거리 민주주의를 "환경적으로 지속가능하고 경제적으로 실행가능하며 사회적으로 정당한" 먹거리체계라고 말한다.[9] 네바 하사네인Neva Hassanein에게 먹거리 민주주의는 "먹거리체계에 대한 모든 목소리"가 자유롭게 표출되고 "모든 사람이 그 체계를 만드는 데 동등하고 효과적으로 참여할 수 있는 기회가 주어질 때"다.[10] 이것은 젠더 문제와 관련해 매우 중요한 주제다. 멜라니 뒤피Melanie DuPuis와 데이비드 굿맨David Goodman이 지적하는 대로, 무비판적인 먹거리정치는 젠더·계급·인종 등의 위계질서에 대한 기존의 고정관념들을 재생산할 수 있기 때문이다. 전통적으로 무시되었던 여성의 목소리를 들음으로써 우리는 그러한 기존

의 차별적 사회체계에 문제를 제기할 수 있다.[11]

　이 글의 나머지 부분에서 나는 이탈리아의 음식 행동주의를 조사하기 위해 젠더와 음식을 연구하면서 얻은 통찰을 논의할 것이다. 국제 슬로푸드 운동의 본산인 이탈리아는 풍요롭고 다양한 요리 전통과 광범위한 음식 평가, 그리고 그것의 경제적 가능성을 인식하고 있는 국가다―그것들은 식생활을 다양한 정치적 행동과 계획을 추진할 수 있는 강력한 수단으로 만들었다.[12] 나는 2009년에 이탈리아의 여러 슬로푸드 지부의 지도자와 회원 38명을 인터뷰하는 방식으로 슬로푸드 조직을 연구하기 시작했다. 이들 지역의 음식 행동주의 활동가들이 무슨 일을 하고, 자신이 하는 일에 대해 어떻게 생각하고 있으며, 그동안 이룬 성과가 무엇이고, 젠더는 무슨 역할을 하는지에 대해 궁금했기 때문이다. 앞으로도 나는 이 연구를 지속할 계획이며, 젠더의 관점에서 음식 행동주의에 접근하는 방식들을 정리·제시하고자 한다.

푸드 보이스와 젠더

　음식을 어떤 주장을 표출하는 수단으로 보고 거기에 초점을 맞추는 것은 지금까지 젠더 특히 여성들의 경험을 연구하는 강력한 방법론이었다. 많은 문화권에서 여성들은 공적으로 자기의 목소리를 전달할 수 없었기 때문에 자신들이 말하는 것을 듣기 위해서는 창의적인 방법들을 찾아야 했다. 조앤 브룸버그 Joan Brumberg는 [먹는 것을 거부하고 살찌는 것을 두려워하는, 대표적인 섭식장애인] 신경성식욕부진증anorexia nervosa에 관한 연구를 통해 서양 여성들이 공적으로 침묵을 강요당하는 현실을 극복하기 위해 "식욕을 자신의 의사를 표출하는 목소리 appetite as voice"로 이용했다는 사실을 밝혔다. 그들은 금식, 편식, 폭식을 통해 자신의 노력, 좌절, 무기력, 능력을 표현했다는 것이다. 마찬가지로, 역사학자 루돌프 벨Rudolph Bell과 캐럴라인 워커 바이넘은 여성들이 사회적 영향력을 얻고 신앙심을 돈독히 하기 위해 극단적 금식을 감행하고, 가난한 사람들에게 먹을 것을 주고, 자신의 몸에서 추출한 젖을 성유聖油, holy oil로 사용하고, 자기제어self-deprivation를 통해 그리스도의 고통을 체화하는 것에서 보듯이 음식을 도구로 이용했다는

사실을 발견했다.[13]

오늘날 사회과학자들은 더욱 깊이 있는 연구를 통해 여성들이 "[자기 생각을] 말하기" 위해 어떻게 음식 섭취나 거부를 이용했는지 뿐 아니라, 음식에 관해, 그리고 음식을 통해 이야기하는 것이 어떻게 강력한 자기 의사 표현의 형태가 될 수 있는지를 면밀히 검토했다. 여러 학자가 이 방법을 사용했다. 애니 호크-로슨 Annie Hauck-Lawson은 "음식이 자신의 목소리를 대변"할 때 여성들의 삶에서 무엇을 꿰뚫어볼 수 있는지 살폈다. 메러디스 아바르카는 "음식을 조리하면서 수다를 떠는 것"—식생활과 관련해 격식을 차리지 않고 나누는 대화—이 어떻게 멕시코인과 멕시코계 미국인 노동계급 여성들의 경험뿐 아니라 철학까지도 드러내는지 탐색했다. 라모나 리 페레스Ramona Lee Perez는 멕시코인과 멕시코계 미국인 여성들의 국경을 넘나드는 초국가적 경험들에 대한 통찰을 얻기 위해 "부엌 식탁 문화기술지kitchen table ethnography"—그들이 음식을 조리하거나 가족이나 친구들과 밥을 먹거나 식단을 짤 때, 주방에서 여성들을 상대로 행해진 약간 구조화된 인터뷰—를 사용했다.[14] 나는 이탈리아와 미국에서 관련 조사를 진행하면서 일반 남성과 여성의 주관적이고 객관적인 실체를 조사하기 위해 음식 중심의 생활사 방법론—자발적으로 응한 사람들을 대상으로 그들의 삶에서 음식과 관련된 모든 것에 대해 질문하는 전자기록 방식의 반半구조화 인터뷰semi-structured interview—을 사용했다.[15]

여성들의 푸드 보이스에 주목하는 학자들은 매우 자료가 풍부하다는 것을 발견했지만, 남성들의 경우는 그와 상반된 결과를 보여주었다. 예컨대 나는 미국 대학생들의 식품 관련 학술지들을 조사하다가 여학생들보다 남학생들이 음식에 관해 훨씬 덜 글을 쓴다는 것을 알게 되었다.[16] 조너선 도이치Jonathan Deutsch는 뉴욕시 소방관들의 소방서 요리에 대해 인터뷰를 하면서 매우 유익한 사실을 발견했다. 음식과 관련한 소방관들의 발언은, 그들이 문화적으로 여성의 일이라고 여기는 것(장보기, 조리, 청소나 설거지)을 자신들이 직접 하는 한편으로 실제로는 점점 약해지는 젠더 이분법을 이데올로기적으로 강화하고 있다는 점에서, 자의식적으로 과잉남성성[초남성성]hyper-masculinity을 강화한다는 사실이다.[17] 우리는 남성과 여성의 푸드 보이스가 젠더의 정의, 경제성, 역할, 관계가 먹거리 민주주의에 도움이 될 수도 또 방해가 될 수도 있음을 안다.

음식과 몸: 식사, 위안, 신체 이미지, 감응

음식은 문화, 민족성, 젠더에 따라 다양한 방식으로 사람들의 신체와 관련된 관계를 규정한다. 따라서 음식 행동주의를 공개적으로 드러내는 것은 남성과 여성의 음식과의 신체적 관계, 젠더 차원에서의 식사의 의미, 신체 이미지[신체상像] body image에 대한 기대감, 식사에 대한 감각적 반응에 영향을 받을 수 있다. 서양 문화에서 적절한 음식 섭취와 신체의 관계에 대한 생각들은 젠더와 인종, 또는 민족 차별적 위계질서를 재생산한다. 그러나 그러한 생각들은 한편으로 여성들이 더 건강한 식사를 할 수 있게 촉진하기도 한다.[18] 예컨대 이탈리아와 미국에서 여성들의 음식 섭취는 자기 통제와 날씬함을 여성성femininity으로, 배불리 먹는 것과 체형과 강인함을 남성성으로 연결하는 문화적 가치로 인해 제한을 받는다. 더 나아가 문화적으로 고기와 술 등은 남성과 관련이 있고, 채소, 과일, 달콤한 식품은 여성과 관련이 있다는 증거가 있다. 실제로 "고기는 모든 문화에서 공통적으로 남성성의 상징으로 기능하는 것처럼 보인다."[19] 캐럴 J. 애덤스Carol J. Adams 는 고기에서 남성을 연상하는 것이 인간의 동물에 대한 지배를 남성의 여성에 대한 지배로 연결하는 가부장적 권력과 관련이 있다고 주장한다.[20]

남성과 여성의 신체미를 정하는 기준은 문화마다 다양하다.[21] 지나치게 음식을 많이 먹는 경우가 드문 문화에서는 대개 비만을 높이 평가한다—일례로, 카메룬에서는 뚱뚱한 남성, 니제르에서는 뚱뚱한 여성을 미인으로 여긴다.[22] K. 오도허티 옌센K. O'Doherty Jensen과 L. 홀름L. Holm에 따르면, 서양 문화에서 "여성들은 남성들보다 평균적으로 음식을 훨씬 덜 먹는다." 그리고 그들은 덜 먹을수록 더 여성답다고 생각한다. "과체중 여성들은 남성들의 경우보다 훨씬 더 큰 사회적 제재를 받는다."[23] 역설적으로 남성들은 비만인 경우가 많은 반면에 여성들은 살을 빼기 위해 다이어트를 많이 하는데, 여성들은 영양 섭취에 대해 더 많이 알고 관심도 더 많아 지방을 덜 먹고 더 건강한 식사를 한다. 그렇다면 이러한 패턴은 음식 행동주의에 대한 남성과 여성의 관심과 참여에 어떤 영향을 끼칠까? 여성이 남성보다 덜 먹으면서 더 건강한 식사에 관심이 많기 때문에 음식 행동주의에 참여할 가능성도 여성이 남성보다 더 높을까? 거꾸로, 남성이 여성보다 더 많이 먹기 때문에 남성의 음식 행동주의 참여율이 더 높을까? 아니면, 남성은 육식과 술을 중시하고 그 질을 개선하는 데 관심을 기울이는 반면에 여성은 과일과 채소에 초점을 맞추는 식으로, 남성과 여성은 음식 행동주의에 대해 서로 다른 방식으로 참여할 가능성이 클까? 일례로, 이탈리아에서 와인은 전통적으로 거의 남성들이 독점하다시피 한 영역이라 지금도 슬로푸드 와인 전문가, 저술가, 감식가는 대부분 남성이다.

문화와 시대를 가로질러 여성들은 음식을 위안, 버팀목, 심리적 지지라고 말하면서 남성들보다 더 감성적으로 음식에 접근하는 것처럼 보인다.[24] 여성은 남성보다 더 개인적이고 자기 주도적 식사 행태—극단적 금식, 먹는 것에 대한 강박, 강제적 위장 청소—를 통해 소망을 드러내거나, 자아를 확인하거나, 유의미한 관계를 만들어내거나, 통제를 표현하거나, 억압에 맞서는 경우가 많다. 섭식장애[식이장애]eating disorder는 전통적으로 남성보다 여성에게 훨씬 더 일반적인데, 어떤 통계에 따르면, 여성이 남성보다 9배는 더 많다.[25] 일부 여성은 서로 모순되는 문화적 기대들에 부응하기 위해 남이 먹는 음식은 열심히 만들면서도 자신은 먹지 않는다. 음식을 만들기는 하지만 날씬한 몸매를 유지하고, 자신은 희생하더라도 남은 먹이는 것이다. 음식을 통한 여성들의 감성적 유대는 음식 행동주의에서 중요한 역할을 하는가? 아르헨티나 독재정권 시기에 "실종된" 자식들 때문에 자발적으로 저항하면서 생겨난 유서 깊은 활동가 네트워크 '5월광장 어머니회 Mothers of the Plaza de Mayo'에 관한 페르난도 보스코Fernando Bosco의 연구는 한 가지 흥미로운 단서를 제공한다. 보스코의 주장에 따르면, "사회관계망의 감성적 측면은 (…) 활동가들의 출현, 지속가능성, 결집을 위한 결정적 요소다."[26] 그렇다면, 많은 여성이 음식과 맺는 깊은 감성적 관계는 음식 행동주의 활동가들의 노력이 성공하기 위한 결정적 네트워크를 구축할 때 젠더적 요소가 무엇보다 중요하다는 근거가 되는가?

음식과 몸의 관계를 둘러싼 또 다른 질문은 음식 행동주의에서 감각의 역할에 주목한다. 예컨대 슬로푸드는 기존의 먹거리체계를 바꾸기 위해 미각 교육이 무엇보다 중요한 요소의 하나라고 주장한다. 슬로푸드 식품전문가 과정은 치즈, 절인 고기, 꿀, 커피, 와인, 곡물, 향신료 같은 주요 식품과 관련된 일련의 과목을 가르친다. 맛보는 법을 배우고, 감각적 민감성sensory acuity을 발달시키고, 맛있음과 맛없음을 감별하는 것은 슬로푸드에서 가장 중요하게 생각하는 요소다. 여기에는 사람들이 음식을 고르는 기존의 방식을 바꿔 "좋고, 깨끗하고, 공정한" 음식을 찾는 것이 환경정의와 사회정의 실현뿐 아니라 입맛에도 더 좋다는 사실을 아는 순간, 바로 그처럼 행동할 것이라는 전제가 깔려 있다.[27] 그렇다면 젠더는 음식에 대한 감각인식sensory appreciation과 관련이 있는가? 일부 연구는 비록 이 문제에 확실한 결론을 내리지 못했지만, 아일랜드 코크대학UCC이 발표한 미각 인식에 관한 한 연구에 따르면, "씹는 능력을 빼고는 맛, 냄새, 질감"을 포함해서 "검증된 모든 인식 능력에서 여성이 남성보다 훨씬 앞섰다."[28] 이것은 여성이 남성보다 맛있는 음식을 더 좋아하고 더 잘 평가하기 때문에 음식 행동주의에 활기를 불어넣어줄 것임을 의미하는가?

분업, 공과 사, 생산과 재생산, 가치, 그리고 권력

남성과 여성은 음식을 먹는 것과 관련해서 신체적·감성적으로 서로 다르거니와 음식과 밀접한 관련이 있는 역할에서도 서로 뚜렷한 차이를 보인다. 따라서 그러한 차이는 음식과 관련된 생산과 재생산 역할을 통해 남성과 여성의 사회적 관계를 규정한다. 많은 문화가 여성에게는 집 안에서의 재생산 역할을 부여하고 남성에게는 집 밖에서의 생산 역할을 부여한다. 어디든 마찬가지지만 그 둘 사이의 경계는 서로 융통성이 있고 상호 침투할 여지가 많다. 그러나 생산과 재생산, 남성과 여성이라는 이분법은 젠더 권력과 관련해 암시하는 바가 크다.[29] 나는 이탈리아에서 그와 같은 남녀 간 사회적 역할이 바뀌어 돈을 벌기 위해 밖에서 일하는 여성이 점점 늘어나고 집 안에서 음식을 조리하는 남성이 점점 많아질 때에도, 문화적으로 여성은 가족을 위해 음식을 만들고 먹이는 일에 책임이 있으며, 비록 그런 일들을 하지 않더라도 결국에는 어떻게든 그것에 관여할 거라고 기대되는 모습을 발견했다. 여성이 음식 관련 일을 하는 것은 당연한 반면에 남성이 음식 관련 일을 하는 것은 칭찬받을 일이다.[30] 그렇다면 집 안에서의 남성과 여성의 음식과 관련된 역할에 대한 문화적 기대는 어떻게 집 밖에서의 그들의 권력과 영향력, 그리고 특히 음식 행동주의에서의 역할에 영향을 끼칠까?

여성들은 전 세계 어디서든 대개 재생산과 관련된 일을 한다. 가족을 위해 음식을 조리해서 먹이고, 아이들에게 식탁예절과 젠더 역할을 가르치고, 물론 수유도 한다.[31] 이처럼 사람들을 먹이고 보살피는 일을 젠더 역할로 부여하는 것은 여성을 구속하고 그들의 다양한 선택을 제한하는 방식으로 여성을 규정하지만, 한편으로 그들을 하나로 묶는 중요한 유대 관계를 창조하는 통로를 여성에게 제공하기도 한다. 음식을 조리해서 다른 사람들을 먹일 의무는 여성에게 억압, 폭력, 고된 일, 권력, 창조성의 모호한 원천이었다.[32] 한편, 남성은 조리하는 것을 하고 싶으면 할 수도 있고 하기 싫으면 하지 않을 수도 있었다. 때로는 멕시코 남성들이 여름철에 거주하는 콜로라도 산양의 산막山幕이나 보이스카우트·소방서 같은 남성만의 공간에서는 어쩔 수 없이 남성이 식사를 준비해야 할 때도 있지만, 그렇다고 그들이 가족을 위해 조리할 거라고는 기대도 않는다.[33] 먹이고 보살피는 일의 이러한 편향된 역할 부여는 집 안팎에서 젠더의 위계질서를 강력하게 뒷받침한다.[34] 여성은 대가도 없고 가치도 인정받지 못하는 이를테면 음식을 해 먹이기 같은 재생산 역할을 수행하는 것과 사회적으로 가치를 인정받고 경제적으로 보수도 지급받는 일을 하는 것이 서로 충돌하는 문제를 해결해야 한다.[35]

여태껏 여성이 이와 같은 문제를 해결했던 방식 하나는 가정에서 개발한 조리법을 이용해 집 밖에서 돈을 버는 것이다—대개는 지하경제를 통해서지만 말이다. 일례로, 사이키 윌리엄스-포슨Psyche Williams-Forson은 미국 남부 지방에서 아프리카계 미국인 여성이 집에서 튀긴 닭을 기차역에서 여행객들에게 팔았다는 것을 보여주었다.[36] 제프리 필처는 19세기 말과 20세기 초에 [미국 텍사스주] 샌안토니오San Antonio의 주主 광장에서 음식을 팔았던 "칠리 퀸chili queens"*에 대해 썼다. 그들은 보건법 발효로 장사가 금지될 때까지 거기서 먹을 것을 팔았다.[37] 아바르카는 여성들이 생계를 꾸려가기 위해 설치한 소규모 타코taco** 파는 좌판과 같은 노점 식당들을 지칭하는 용어로 "퍼블릭 키친public kitchens"***이라는 신조어를 만들었다.[38] 여성들이 오래전부터 조리법을 이용해 변변치 않은 생계라

---

* '칠리콘카르네chili con carne'라는 매운 고기스튜를 비롯해 멕시코 진미 음식을 저녁 무렵부터 새벽녘까지 광장에서 팔았던 여성들.
** 옥수숫가루 반죽을 살짝 구워 만든 토르티야라는 빵에 야채나 고기를 싸서 먹는, 멕시코의 대표적인 음식.
*** 일반 서민 대중을 위한 간이식당이라는 뜻.

도 유지할 수 있을 정도의 돈을 벌어온 모습은 식생활에서 젠더의 역할에 대한 기존의 인식을 잘 반영한다. 오늘날 이러한 분업은 또 다른 차원에서 일어나고 있다. 여성들은 가장 낮은 신분, 가장 낮은 임금, 그리고 농업 관련 산업과 음식 산업의 비천한 직종에서 야외작업자, 식당 종업원, 주방 보조원, 패스트푸드 점원, 통조림공장 노동자로 일하는 수가 점점 늘어나는 반면에, 남성들은 마찬가지로 노동력을 착취당하더라도 여성들보다 좀 더 장기적이고 급여가 나은 일자리를 얻을 수 있는 이점이 있다.[39]

그러나 다른 한편으로 집 밖에서 활발하게 일하는 일부 여성은 크레이그 클레이본Craig Claiborne, 마이클 폴란Michael Pollan, 앤서니 보데인Anthony Bourdain, 에릭 슐로서Eric Schlosser와 같은 저명한 남자 동료들을 만나서 음식과 관련된 비평가, 회고록 집필자, 잡지 편집장, 요리사, 음식학자로서 최고의 자리에 오르는 데 성공했다. 《미식가Gourmet》 잡지의 편집장을 지낸 《뉴욕타임스》 음식비평가이자 성공한 저술가 루스 라이셜Ruth Reichl, 요리사 앤 로스Ann Ross, 작가 피셔, 레스토랑 경영자이자 슬로푸드 활동가 앨리스 워터스Alice Waters, 음식학자 매리언 네슬과 같은 여성들이 바로 그런 사례다.[40] 음식은 지금까지 줄곧 양날의 칼이었다. 음식 때문에 여성들은 가정에 묶이기도 했지만, 다른 한편으로 음식 때문에 여성들은 생산과 재생산의 경계를 가로지르며, 가정에서의 조리 지식을 이용해 집 밖에서 사회적·경제적 힘을 얻고 대중 정치 영역에 영향력을 끼칠 수 있었기 때문이다.

음식과 관련된 의미들: 내적 의미와 외적 의미

여성에게는 가정에서의 사적 역할을 부여하고 남성에게는 직장에서의 공적 역할을 부여하는 것은 시드니 민츠가 설명한 '내적 의미'와 '외적 의미'를 연상시킨다. 내적 의미는 감정적이고 개인적인 것으로 문화적 논리를 바탕 삼아 개인이 만들어내고, 외적 의미는 구조적인 것으로 기업·정부·대중매체처럼 이익과 권력을 고취하는 권력기관이 만들어낸다.[41] 민츠는 이런 의미가 젠더와 어떤 연관이 있는지 직접 거론하지 않지만, 그의 연구는 이 문제의 중요성을 암시한다.

민츠는 다음과 같이 말한다. "권력과 의미는 늘 연결되어 있다. (…) 외적 의미에 숨겨진 권력이 내적 또는 상징적 의미의 생성 조건을 결정한다."[42] 이는, 남성은 외적 의미에 대한 지배력이 더 크고 여성은 내적 의미에 대한 지배력이 더 크다면 남성이 부여한 의미구조가 여성이 부여한 의미구조를 지배할 것이라는 점을 암시한다. 이것은 정말로 그처럼 일방적일까? 나는 내적 의미와 외적 의미가 끊임없이 서로 침투하고 영향을 미치면서 늘 변화한다고 생각한다. 예컨대 슬로푸드 운동의 경우, 자기 자식에게 덜 유해하고 더 건강한 음식을 먹이고 싶어 하는 엄마들의 바람은 이탈리아와 미국에서 학교 텃밭school garden 가꾸기 운동에 불을 지폈고, 학교 급식을 개혁하고 소아[아동]비만 문제를 해결하기 위한 미국 대통령 부인 미셸 오바마Michelle Obama의 정치운동과 결합했다. 콜로라도주 앤토니토Antonito에 사는 멕시코인들은 모든 수혜자에게 연방푸드스탬프프로그램Federal Food Stamp Program(지금은 저소득층 영양보조프로그램Supplemental Nutrition Assistance Program, SNAP으로 명칭 변경)에 신청해서 그 자격을 취득할 것을 요구함으로써, 푸드뱅크에 외적 의미와 외적 가치를 부여하고자 했던 그 지역의 한 성직자에게 이의를 제기했다. 여성들은 푸드뱅크의 문을 두드리는 누구든 그에게 먹을 것을 주는 오래된 기존 관행을 바꾸지 않기로 했다. 그들은 가정에서 음식을 나누어 먹는 "내적inside" 의미를 더 널리 지역사회로 확산했다.[43]

민츠는 인류학자 에릭 울프Eric Wolf가 "의미를 부여하는 능력—사물, 행동, 생각에 '이름을 붙이는' 것—은 권력의 원천이다"라고 한 말을 인용하며 그 중요성을 재차 강조한다.[44] 음식 행동주의는 의미를 주는 권력 즉 여성이 음식을 조리하고 먹이고 나누는 것에서 생성되는 내적 의미를 외부 세계에 부여하는 권력을 잡을 때 비로소 개념화될 수 있다. 이런 접근방식은 오늘날 음식 행동주의가 "새로운 사회운동"에 적합하다는 최근 학자들의 주장과 일치한다. 이는 과거처럼 노동조합, 시위, 파업, 불매운동[보이콧]과 같은 직접행동이 아니라 "가치관, 생활양식, 상징체계를 바꿈"으로써 변화를 이끌어내는 것을 목표로 한다.[45]

음식, 젠더, 정치권력, 그리고 음식 행동주의

음식의 영역에서 누가 정치적 행동을 지배하는가의 문제는 중요하고 매우 흥미로운 사안이다. 그 문제와 관련해 두 추세—지금까지 정치는 남성이, 음식을 먹이는 것은 여성이 지배해왔고 그 추세는 지금도 진행형이다—가 서로 부딪치고 있기 때문이다. 최근 들어 풀뿌리 음식 행동주의에 여성의 참여가 높아진 것은 명백한 사실이다. 하지만, 내가 이 글을 쓰게 된 이유이기도 한, 슬로푸드 같은 공식 기구가 점점 늘어나고 있지만 그 조직들의 내부 권력 구조는 여전히 남성이 지배적인 상황에서 여성의 역할은 과연 무엇이란 말인가?[46]

데버라 반트와 그 동료 학자들은 NAFTA 체결 이후 여성과 일에 대한 획기적 연구를 통해, 여성이 지역의 매우 다양한 음식 행동주의의 형성에 큰 역할을 했음을 보여준다. 여성이 그럴 수밖에 없는 이유는 전 세계 어디를 가든 여성은 음식을 장만하고 조리를 하는 일의 중심에 있고, 대개 남자들보다 더 가난하고 기아의 위험에 더 취약하고, 키우고 보살필 자식들이 있고, 따라서 대개 같은 처지에 있는 다른 여성들과 연대하기 때문이다. 여성들은 취약 계층이 음식을 더욱 쉽게 구할 수 있도록 제도적 변화를 이끌고, 각종 아동 급식 프로그램과 "공동체 부엌community kitchen, 공동체 텃밭community garden, 공동 구매 모임"에서 핵심 역할을 했다.[47] 데버라 모펫Deborah Moffet과 메리 루 모건Mary Lou Morgan은 [캐나다] 토론토Toronto의 굿푸드박스Good Food Box 배달 서비스와 포커스온푸드Focus on Food 연수 프로그램에 참여한 여성들에게 초점을 맞추었다. 그들은 그것을 "소규모 저항 도구", "여성이 개인과 정치 변화 촉매제로 음식을 어떻게 이용하는지를 말해주는 사례", 그리고 권한 부여라고 부른다.[48]

마리아 돌로레스 빌라고메스Maria Dolores Villagomez는 공동체 부엌을 만들어 여성들이 자원과 인력을 공동으로 관리하며 날마다 돌아가며 조리하는 멕시코 이라푸아토Irapuato 도시 여성들을 설명한다. 이 공동체 부엌은 중산계급 여성들에게 균형 잡힌 식단을 제공하면서 시간과 돈을 절약하게 했지만 거기에 함께 참여할 시간과 돈이 없는 가난한 여성들에게는 전혀 도움이 되지 않았다.[49] K. 슈뢰더K. Schroeder는 페루 및 볼리비아 공동체 부엌 사례 연구에서 다음처럼 썼다. "공동체 부엌은 여성들의 무임금 주방 노동을 이용해 많은 가정이 경제 위기에서 살아남기 위해 없어서는 안 될 부분이 되었다."[50] 그러나 그녀도 그것이 굶주림을 막는 일종의 안전판 구실은 하지만 근본적으로 굶주림을 야기하는 정치구조를 바꾸지는 못한다고 지적했다. 분명한 것은 음식 행동주의가 지금 이곳의 먹거리체계를 바꾸기 위해서는 반드시 지역적 차원에서 영향력을 발휘해야 한다는 사실이다. 그러나 음식 행동주의는 또한 중대한 구조적 변화를 일으키기 위해 반드시 정치제도를 바꿔야 한다. 그렇다면, 젠더는 그와 같은 지역 변화와 구조 변화를 이루는 데 무슨 역할을 하는가? 젠더의 관점에서 음식 행동주의는 오늘날 이탈리아에서 중요한 의미가 있는가? 남성과 여성은 서로 다른 사회정치적 차원에서 서로 다른 목적을 가지고 서로 다른 역할을 하고 있는가 아니면 공동의 목표를 향해 함께 협력하고 있는가?

이탈리아에서의 젠더와 음식 행동주의 연구

내가 이탈리아에서 젠더와 음식 행동주의에 관한 새로운 연구 프로젝트를 진행하면서 사용한 방법론은 음식 중심의 생활사 인터뷰 방식으로, 남성과 여성의 정의, 정체성, 역할, 다양한 관계가 어떻게 음식 행동주의의 가장 중요한 목표―먹거리 민주주의 고취―의 달성을 지원하거나 방해하는지를 탐색하기 위한 것이다. 나는 하사네인의 주장에 동의하면서, 음식 행동주의에서 남성과 여성의 목소리가 동등하게 인정을 받는지 못 받는지, 그리고 그것이 어디서 어떻게 나타나는지에 대해 질문을 던짐으로써 젠더와 먹거리 민주주의 문제에 각별히 주의를 기울였다. 남성과 여성은 좋은 음식과 위생적이고 공정한 음식에 동등하게 접근할 수 있는가? 젠더의 역학 관계는 음식 행동주의에서 어떻게 작용하는가? 또 그 역학 관계는 젠더의 위계질서를 재생산하는가 아니면 그것에 맞서 이의를 제기하는가? 줄리 구트만Julie Guthman은 미국에서 대안적 먹거리운동을 벌이는 집단들의 언어와 이념들이 때로는 어떻게 유색인종을 소외시키는지 지적한다. 젠더와 계급 문제에서도 인종 문제에서와 똑같은 일이 일어날 수 있다.[51] 음식 행동주의 활동가들의 노력이 성공하기 위해 나이, 계급, 인종은 젠더와 어떻게 상호작용하는가? 그것들은 특히 젠더와 관련해 먹거리체계의 진정한 민주적 변화를 불러올 것인가 아니면 상대적으로 소수의 참여자들에게 이득과 "문화자본"을 안겨줄 뿐인가? 그렇다면 그 이득을 얻는 소수 집단은 누구인가? 이것은 대안적 먹거리운동을 연구하는 학자들에게 아주 중요한 문제다.

지금까지의 문헌 조사와 검토 상황에서 볼 때, 젠더와 관련된 고려사항들은 아직 부족한 부분이 많아 더욱 폭넓은 현장조사가 필요하다. 나는 사전 조사에서 제시된 세 주요 영역에서 젠더와 음식 행동주의를 탐색하기 위해 음식 중심의 생활사food centered life histories를 계속해서 활용할 것이다. 첫 번째로 주목하는 것은 **젠더, 네트워크, 참여행위**participatory action다. 내가 질문하는 내용은 다음과 같은 것들이다. 젠더는 음식 행동주의 활동가들의 네트워크, 관계, 연대 활동에서 어떻게 나타나는가? 젠더는 각종 활동, 대상집단, 참여자, 지속성과의 관계에서 어떤 역할을 하는가? 음식 행동주의 활동가들은 어떤 기구 및 개인과 관계를 구축하는가? 그러한 관계는 인종, 계급, 젠더, 세대의 경계를 뛰어넘는가 아니면 그것을 재생산하는가?

사전 조사 결과에 따르면, 슬로푸드 활동가들은 자신들이 아는 사람들과 먼저 네트워크를 구축한다. 그리고 남성이든 여성이든 먼저 동성 친구에게서 더 많은 것을 끌어내고 그들과 협력해서 자신들의 성향에 맞는 프로젝트를 구상한다. 역사적으로 슬로푸드는 주로 남성 전용의 일과 후 클럽으로 상징되는 [이탈리아 공산당 문화조직의 하나인] 이탈리아문화레크레이션연합ARCI에서 탄생한 사교단체 아르치골라Arcigola에 뿌리를 두고 있다. 여기서 슬로푸드의 일부 지부를 이끄는 지도부가 왜 오랫동안 남성 위주로 구성되었는지 어느 정도 이해할 수 있을 것이다.[52] 그러나 남성이 지도부인 지부든 여성이 지도부인 지부든 활동에서 큰 차이는 보이지 않는다. 모든 지부가 중앙에서 조직한 슬로푸드 프로젝트 예컨대 '식품전문가Master of Food' 수업이나 학교 텃밭 가꾸기 사업에 적어도 조금씩은 다 참여하기 때문이다. 내가 인터뷰한 가장 젊은 지부 지도자 가운데 한 명인 칼리아리(사르데냐주) 콘도타condotta의 대표 줄리아 안니스Giulia Annis는 자기 동료의 대다수가 여성이라고 말했다. 그녀는 그들을 "젊은 여성들의 부대"(운 에세르치토 디 라가체un esercito di ragazze)라고 불렀다. 그들은 여성들뿐 아니라 남성들의 관심을 끄는 온갖 종류의 프로젝트들을 조직했다—초콜릿·치즈·와인 시음회, 맥주 장인들과 전통적인 그물로 고기를 잡는 어민들 방문, 인근 농촌 마을에서 원예의 활성화, 농산물 시장의 구매 집단 형성과 같은 사업들을 펼쳤다.

가장 성공적인 슬로푸드 지부인 [토스카나주] 스칸디치Scandicci의 지부장 마우로 바그니Mauro Bagni는 여성 8명 남성 11명으로 조직된 "작은 식탁"(피콜라 타볼라piccola tavola)이라는 조직이 있다고 말했다. 하지만 이처럼 조직 내 남녀 비율이 비교적 엇비슷함에도, "업무를 조정하고 결정하는 일은 남성들이 주로 한다"라고 했다. 그러나 스칸디치 지부에서 하는 일은 포괄적이었고 슬로푸드의 주목표인 생산자와 소비자 간 네트워크 확장에 초점이 맞추어져 있었다.[53] 따라서 바그니가 보기에, 지역 차원에서 네트워크를 창출하는 것은 무엇보다 가장 중요한 일이었다. "네트워크는 모든 유대 관계를 엮어내는 것이다—예컨대 치즈 생산자, 지역 음식점, 지역 관청, 헝가리 지부와 협력하는 집단, 학교 텃밭을 가꾸는 아이들처럼 지역사를 만들어내는 모든 집단 사이에 네트워크를 형성하는 것이다."[54] 흥미롭게도, 2009년에 바그니는 "날마다 시장 보는 물품들"(라 스페사 쿠오티디아나 la spesa quotidiana)을 연구하는 것—남성들의 전형적인 영역이 아닌—이 지부의 "연결선"(필로 콘두토레filo conduttore)이라는 입장을 분명히 밝혔다.

그러나 바그니는 [이탈리아 북부 피에몬테 자치주] 브라Bra에 있는 슬로푸드 본부의 젠더 관계에 대해 말할 때는 모든 것을 솔직하게 이야기하진 않았다. "슬로푸드는 남성 우월주의 조직이다. (…) 지도부가 모두 남성이다. 여성은 거의 없다." 그러나 내가 인터뷰한 여성 대다수는 슬로푸드 조직 내에서 젠더차별의 문제에 부딪친 적이 거의 없다고 했다. 그들은 조직 내에서 여성들의 지위에 대해 대개 긍정적이었다. 하지만 때때로 여성들의 의견이 묵살되거나 남성들이 담론을 지배하는 것에 대해 언급하는 여성도 일부 있었다. 오늘날 전국의 슬로푸드 조직에서 조직 활동에 적극적으로 참여하고, 여기에 더해 지부의 지도자로 성장하는 여성들이 늘어나고 있다. 하지만 아직까지는 여성보다 남성이 지도부를 구성하는 비율이 훨씬 더 높으며, 눈에 띄게 드러나지는 않지만, 이러한 남녀 비율의 불균형이 은밀하고 조용하게 조직의 네트워크 형성과 프로젝트 선정에 영향을 끼치는 것은 틀림없다.

음식 행동주의에 대해서 내가 주목하는 두 번째 주제는 **젠더와 교육**에 관한 것이다. 음식과 맛에 대한 교육과 관련해 누가 무엇을 누구에게 어떻게 가르치고, 그 근간이 되는 이념은 무엇이며, 얻고자 하는 결과는 무엇인가를 정할 때 젠더의 역할은 무엇인가? 그와 관련된 교육 프로그램들의 젠더 편향성, 젠더 포괄성, 젠더 다양성은 어느 정도인가? 그것들은 "내적" 또는 "외적" 의미들을 반영하고 있는가?

사전 조사에 따르면, 슬로푸드 지부에서 벌이는 모든 사업에서 교육은 무엇보다 중요했다. 그것은 지부의 지도자가 남성이든 여성이든 상관이 없었다. 나는 슬로푸드의 교육 프로젝트들을 맛/감각, 음식 문화/역사, 품질 생산/생물다양성으로 나누어 분류했다. 이들 분류 항목에 젠더와 관련된 어떤 흐름이 있는지에 관해서는 더 많은 연구가 필요하다. 그런데 한 가지 확실한 것은 아이들 교육 프로젝트에 특히 여성의 참여가 두드러지다는 사실이다. 일례로, [이탈리아 북부 에밀리아 로마냐 자치주] 라벤나Ravenna의 학교 텃밭 프로젝트가 그러한데, 전직 교사 출신의 슬로푸드 활동가 안젤라 체카렐리Angela Ceccarelli는 여성 지부 회원 한 명이 슬로푸드에서 교육받은 학교 텃밭 여성 강사 한 명, 초등학교 여교사 한 명과 손잡고 그 프로젝트를 시작·조직했다고 설명해주었다. 또 다른 아이들 대상 교육 프로젝트는 [에밀리아로마냐 자치주] 모데나Modena 지부에서 발간한 주세페 페데리알리Giuseppe Pederiali의 《마갈라소의 모험과 마법의 식초L'Avventura del Magalasso e del Magico Aceto》인데, 슬로푸드 회원이자 초등학교 교사인 미렐라 페라리Mirella Ferrari가 내게 알려주었다. 페데리알리는 모데나 출신의 작가로 발사믹 식초—모데나에서 문화적·경제적으로 가장 중요한 음식—를 "엄청나게 먹어치우는" 그 지역의 유명한 괴물 마갈라소에 대한 이야기를 들려준다. 슬로푸드 모데나 지부의 여성 회원들은 초등학생들을 대상으로 그 책의 표지를 디자인하는 경연대회를 열고, 동시에 아이들을 데리고 발사믹 식초를 수백 년을 이어 만들어온 그 지역의 생산자들을 방문함으로써 아이들에게 지역의 전통 음식에 대해 교육했다.

　　아이들 대상 교육 프로젝트를 여성이 주도하는 것과 대조적으로, 사전 조사에 따르면, 슬로푸드의 시식 "전문가들"은 특히 와인, 맥주, 커피, 치즈, 꿀, 절인 고기와 관련된 시식의 경우 여성보다 남성이 더 많다는 점을 알 수 있다. 이는 놀라운 사실이 아니다. 이탈리아 문화에서 남성은 이러한 음식의 주된 생산자이기 때문이다. 그러나 그것은 남성에게는 음식 전문가로서의 지위를 부여하고 여성에게는 집에서 무보수로 음식을 조리하는 가정주부로서의 지위를 부여하는 문화적 편견을 반영하는 것일 수도 있다. 슬로푸드 회원 노에미 프란키Noemi Franchi는 패권을 잡은 나이 먹은 남성들이 전문가를 자처하는 것에 진저리를 치며, 슬로푸드가 청년과 여성이 시식 교육 워크숍을 이끌도록 그들을 적극적으로 끌어안기를 제안했다. 교육을 통해 수행되는 활동가들의 노력에서 젠더 문제가 실제로 얼마나

중요할 수 있는지를 알 수 있기 때문이다.[55]

음식 행동주의와 관련해 내가 주목하는 세 번째 주제는 **젠더와 음식 섭취/맛/미식**에 관한 것이다. 음식 행동주의의 실천 도구로서 음식을 먹고 맛보는 것은 남성과 여성에게 어떻게 달리 나타나는가? 그들은 음식을 통해 자신의 몸과 어떻게 관계를 맺는가? 음식과의 편안하거나 불편한 관계가 그들의 일에 어떻게 영향을 끼치나? 남성과 여성에게 음식, 음식을 먹는 것, 음식의 맛은 무슨 의미가 있는가? 음식을 먹는 것과 관련된 의미와 관습은 남성과 여성에게 어떻게 힘과 권력으로 나타나는가?

앞서 말한 것처럼, 남성들은 음식 맛을 감별하는 "전문가"로서 강력한 지위를 다지면서 여성들이 음식 맛과 관련된 전문직에 나아가는 것을 막는 것처럼 보인다. 그러나 음식의 맛을 보는 기술뿐 아니라 음식을 먹는 방식과 관련해서도 남성과 여성 사이에 감각의 차이가 있는지 여부는 더 많은 자료 수집이 필요하다. 슬로푸드에 마음이 끌린 이유를 물었을 때, 남성이든 여성이든 모두 프란키가 "끝없는 식탐"(우나 골로시타 인피니타una golosità infinita)이라고 한 것 같은 말을 했다. 프란키는 더 나아가 학습할 때 감각의 역할과 슬로푸드 조직에서 감각 교육의 중요성을 강조했다. "학창 시절 가장 기억에 많이 남는 것은 생활 속에서 내 몸과 관련된 일이며 (…) 음식을 신체적으로 직접 체험하게 하는 방식이 청소년들에게 많은 것을 전달하는 가장 좋은 방법이라고 생각한다."[56] 슬로푸드 [이탈리아 토스카나주] 시에나Siena 지부 대표 마르코 베키Marco Bechi도 다음처럼 말한다. "나는 조리하는 것도 좋아하고 먹는 것도 좋아한다. (…) 내게 중요한 기억은 음식과 관련된 것들이다. (…) 나는 늘 당신의 감각을 기억하라고 말한다. 왜냐하면 (…) 조금만 더 기억을 더듬는다면, 당신의 삶에서 음식의 냄새와 맛과 연결된 즐거웠던 일뿐만 아니라 유감스럽지만 불쾌했던 일도 떠올릴 수 있기 때문이다."[57] 베키와 프란키는 내가 전에 피렌체에서 수행한 연구 결과 다시 말해 남성이든 여성이든 먹는 것을 좋아하며, 음식에 대한 감각적 경험과 관련된 기억은 남녀 모두에게 강하게 남아 있다는 점을 확인해주었다. 그러나 여성들은 남성들에게 매력 있게 보이기 위해 날씬한 몸매를 유지해야 한다는 사회적 압력 때문에 음식에 대해 남성들보다 더 양가兩價적이고 감정적으로 복잡한 관계가 있었다. 반면에 남성들은 자기 몸매에 대한 우려나 여성들에게 매력적으로 보이는 것을 걱정할 필요가 없기 때문에 맘껏 먹었다. 그러나 이탈리아에서는 음식을 맘껏 먹는 것은 문화적으로 남성과 여성을 불문하고 누구에게나 허용된다. 따라서 이탈리아 남성과 여성 대다수는 음식을 즐기며 맛있게 먹고, 음식 행동주의 활동가들은 음식의 질과 맛을 향상시키는 하나의 방법으로 사람들이 음식을 마주할 때 느끼는 즐거움을 이용한다.

결론

이 글에서 나는 젠더적 관점이 음식 행동주의 연구를 어떻게 이끌어갈 수 있을지에 대해 탐색했다. 음식 중심의 생활사를 활용하는 것은 음식 행동주의 활동가들의 다양한 목소리를 모으고 먹거리 민주주의를 촉진하는 아주 생산적인 방법이다. 그것은 그동안 남성 위주의 경험과 관점에서 벗어나 여성의 경험과 관점을 포괄하는 데로 나아가고, 계급과 종교, 인종이나 민족, 문화에 따른 남성과 여성의 다양성을 인정하는 페미니즘의 목표를 달성하기 위한 좋은 방법이다. 페미니즘 관점에서의 음식 연구들을 통해 얻어진 통찰은 이들 연구에서 세 갈래 연구 영역이 필요함을 설명해준다. 첫째, 신체 이미지, 몸 사용, 적절한 식사, 편안함, 감각에 대한 정의를 남녀 사이에 다르게 내리는 젠더적 관점이 음식 행동주의에 영향을 끼치는 방식. 둘째, 음식과 관련해 젠더화된 남녀 간 노동의 분업이 음식 행동주의 활동가로서 남성과 여성의 가치, 권력, 효율성에 영향을 끼치는 방식. 셋째, 젠더가 음식과 관련된 내적·외적 의미를 형성하고 음식 행동주의를 실천에 옮기는 방식. "젠더가 중요한가?"라고 묻는 행위는 라즈 파텔Raj Patel이 "세상에서 가장 큰 사회운동"이라 부른 음식 행동주의에 관한 수많은 흥미로운 연구 방향을 새롭게 제시한다.[58] 음식 행동주의에서 젠더의 역할을 연구하는 것은 이 중요한 풀뿌리 정치운동의 작동 방식을 예시해주는 동시에 그것이 효율적으로 돌아갈 수 있게 하는 통찰을 제공해줄 것이다.

주

1. "Slow Food."(Online). Available: http:www.slowfood.com(January 20, 2011).

2. 상석에는 여성 명패가 7개 있었지만 6명만 참석했다. [명패의] 그들은 라파엘라 폰치오, 실비아 데 파울리스, 크리스티나 카발로, 리타 아바그날레, 가이아 자노티, 조반나 리체리, 마우라 비안코토였다

3. 공론장에서 여성들의 연구 성과는 다음과 같다. Meredith Abarca, "Charlas Culinarias: Mexican Women Speak from the Public Kitchens," *Food and Foodways* 15, no. 3-4(2007): 183-212; Joan Wardrop, "Private Cooking, Public Eating: Women Street Vendors in South Durban," *Gender, Place and Culture* 13, no. 6(2006): 677-683.

4. Will Roscoe, *The Zuni Man-Woman*(Boston: Beacon 1991).

5. 젠더, 음식, 문화에 관한 연구는 다음과 같다. Josephine Beoku-Betts, "'We Got Our Way of Cooking Things': Women, Food, and Preservation of Cultural Identity among the Gullah," in *Food in the USA: A Reader*, ed. Carole Counihan(New York: Routledge, 2002), 277-294; Christopher Carrington, *No Place Like Home: Relationships and Family Life among Lesbians and Gay Men*(Chicago: University of Chicago Press, 1999); Alice Julier, "Hiding Gender and Race in the Discourse of Commercial Food Consumption," in *From Betty Crocker to Feminist Food Studies*, ed. Arlene V. Avakian and Barbara Haber(Amherst: University of Massachusetts Press, 2005), 163-184; Alice Julier and Laura Lindenfeld, "Mapping Men onto the Menu: Masculinities and Food," *Food and Foodways* 13, no. 1-2(2005): 1-16; Anna S. Meigs, *Food, Sex, and Pollution: A New Guinea Religion*(New Brunswick, NJ: Rutgers University Press, 1984); Bridget O'Laughlin, "Mediation of Contradiction: Why Mbum Women Do Not Eat Chicken," in *Women, Culture and Society*, ed. Michelle Rosaldo and Louise Lamphere(Stanford: Stanford University Press, 1974), 301-318; Fabio Parasecoli, "Feeding Hard Bodies: Food and Masculinities in Men's Fitness Magazines," *Food and Foodways* 13, no. 1-2(2005): 17-38; Elspeth Probyn, *Carnal Appetites: FoodSexIdentities*(New York: Routledge, 2000); Mary J. Weismantel, *Food, Gender and Poverty in the Ecuadorian Andes*(Philadelphia: University of Pennsylvania Press, 1988); Jeffrey Sobal, "Men, Meat and Marriage: Models of Masculinity," *Food and Foodways* 13, no. 1-2(2005): 135-158.

6. Henrietta L. Moore, *Feminism and Anthropology*(Cambridge: Cambridge University Press, 1988).

7. "상호교차성" 개념과 다양한 페미니즘 접근방식에서 그것의 응용에 관해서는 다음을 보라. Maxine Baca Zinn and Bonnie Thornton Dill, "Theorizing Difference from Multiracial Feminism," *Feminist Studies* 22, no. 2(1996): 321-331; H. Y. Choo and M. M. Ferree, "Practising Intersectionality in Sociological Research: A Critical Analysis of Inclusion, Interaction and Institutions in the Study of Inequalities," *Sociological Theory* 28, no.

2(2010): 129-149; Kimberle Williams Crenshaw, "Mapping the Margins: Intersectionality, Identity Politics & Violence Against Women of Color," *Stanford Law Review* 43, no. 6(1991): 1241-1299; Kathy Davis, "Intersectionality as a Buzzword: A Sociology of Science Perspective on What Makes a Feminist Theory Successful," *Feminist Theory* 9(2008): 67-85; Ann Denis, "Review Essay: Intersectional Analysis: A Contribution of Feminism to Sociology," *International Sociology* 23(2008): 677-693.

8. Tim Lang, "Food Policy for the 21st Century: Can It Be Both Radical and Reasonable?" in *For Hunger-Proof Cities: Sustainable Urban Food Systems*, ed. M. Koc, et al.(Ottawa: International Development Research Centre, 1999), 216-224.

9. Patricia Allen, et al, "Shifting Plates in the Agrifood Landscape: The Tectonics of Alternative Agrifood Initiatives in California," *Journal of Rural Studies* 19(2003): 63.

10. Neva Hassanein, "Practicing Food Democracy: A Pragmatic Politics of Transformation," *Journal of Rural Studies* 19(2003): 84.

11. E. Melanie DuPuis and David Goodman, "Should We Go 'Home' To Eat?: Toward a Reflexive Politics of Localism," *Journal of Rural Studies* 21(2005): 359-371.

12. Fabio Parasecoli, "Postrevolutionary Chowhounds: Food, Globalization, and the Italian Left," *Gastronomica* 3, no. 3(2003): 29-39.

13. Joan Jacobs Brumberg, *Fasting Girls: the Emergence of Anorexia Nervosa as a Modern Disease*(Cambridge: Harvard University Press, 1988); Rudolph M. Bell, *Holy Anorexia*(Chicago: University of Chicago, 1985); Caroline Walker Bynum, *Holy Feast and Holy Fast: The Religious Significance of Food to Medieval Women*(Berkeley: University of California Press, 1987).

14. Annie Hauck-Lawson, "Hearing the Food Voice: An Epiphany for a Researcher," *The Digest: An Interdisciplinary Study of Food and Foodways* 12, no. 1-2(1992): 6-7; Annie Hauck-Lawson, "When Food Is the Voice: A Case Study of a Polish-American Woman," *Journal for the Study of Food and Society* 2, no. 1(1998): 21-28; Meredith Abarca, "Los Chilaquiles de mi"ama: the Language of Everyday Cooking," in *Pilaf, Pozole and Pad Thai: American Women and Ethnic Food*, ed. Sherrie A. Inness(Amherst: University of Massachusetts Press, 2001), 119-144; Meredith Abarca, *Voices in the Kitchen: Views of Food and the World from Working-Class Mexican and Mexican American Women*(College Station: Texas A & M University Press, 2006); Ramona Lee Perez, "Tasting Culture: Food, Family and Flavor in Greater Mexico"(Ph.D. diss., New York University, 2009).

15. Carole Counihan, "Food, Culture and Political Economy: Changing Lifestyles in the Sardinian Town of Bosa"(Ph.D. diss., University of Massachusetts, Amherst, 1981); Carole Counihan, "The Border as Barrier and Bridge: Food, Gender, and Ethnicity in the San Luis Valley of Colorado," in *From Betty Crocker to Feminist Food Studies: Critical Perspectives on Women and Food*, ed. Arlene Avakian and Barbara Haber(Amherst: University of Massachusetts Press, 2005), 200-217; Carole Counihan, "Mexicanas' Food Voice and Differential Consciousness in the San Luis Valley of Colorado," *Food and Culture: A*

Reader, ed. Carole Counihan and Penny Van Esterik, rev. ed.(New York: Routledge, 2007), 354-368.

16. Carole Counihan, "Food Rules in the U.S.: Individualism, Control, and Hierarchy," *Anthropological Quarterly* 65, no. 2(1992): 55-66.

17. Jonathan Deutsch, "'Please Pass the Chicken Tits': Rethinking Men and Cooking at an Urban Firehouse," *Food and Foodways* 13, no. 1-2(2005): 91-114.

18. Mimi Nichter, *Fat Talk: What Girls and Their Parents Say about Dieting*(Cambridge, MA: Harvard University Press, 2001).

19. K. O'Doherty Jensen and L. Holm, "Review: Preferences, Quantities and Concerns: Socio-Cultural Perspectives on the Gendered Consumption of Foods," *European Journal of Clinical Nutrition* 53, no. 5(1999): 352.

20. Carol J. Adams, *The Sexual Politics of Meat: A Feminist-Vegetarian Critical Theory*(New York: Continuum, 1990). [한국어판. 캐럴 J. 애덤스 지음, 류현 옮김, 《육식의 성정치: 페미니즘과 채식주의 역사의 재구성》, 서울: 미토, 2006]

21. Don Kulick and Anne Meneley, eds., *Fat: The Anthropology of an Obsession*(New York: Penguin, 2005) [한국어판. 돈 쿨릭 · 앤 메넬리 엮음, 김명희 옮김, 《팻: 비만과 집착의 문화인류학》]; Hortense Powdermaker, "An Anthropological Approach to the Problem of Obesity," *Bulletin of the New York Academy of Medicine* 36(1960): 286-295.

22. Igor de Garine and Nancy J. Pollock, *Social Aspects of Obesity*(Amsterdam: Gordon and Breach, 1995); Rebecca Popenoe, *Feeding Desire: Fatness, Beauty, and Sexuality among a Saharan People*(London; New York: Routledge, 2003).

23. K. O'Doherty Jensen and L. Holm, "Review: Preferences, Qualities, and Concerns," 353-534.

24. Laurette Dube, Jordan L. LeBel, and Ji Lu, "Affect Asymmetry and Comfort Food Consumption," *Physiology & Behavior* 86, no. 4(2005): 559-567; Julie L. Locher, William C. Yoels, Donna Maurer, and Jillian Van Ells, "Comfort Foods: An Exploratory Journey into the Social and Emotional Significance of Food," *Food and Foodways* 13, no. 4(2005): 273-297.

25. 섭식장애와 젠더에 관해서는 다음을 보라. Kim Chernin, *The Hungry Self: Women, Eating and Identity*(New York: Times Books, 1985); Rudolph M. Bell, *Holy Anorexia*; Joan Jacobs Brumberg, *Fasting Girls*; Caroline Walker Bynum, *Holy Feast and Holy Fast*; Counihan, *The Anthropology of Food and Body*(New York: Routledge, 1999).

26. Fernando J. Bosco, "The Madres de Plaza de Mayo and Three Decades of Human Rights' Activism: Embeddedness, Emotions, and Social Movements," *Annals of the Association of American Geographers* 96, no. 2(2006): 343.

27. Allison Hayes-Conroy and Jessica Hayes-Conroy, "Visceral Difference: Variations in Feeling (Slow) Food," *Environment and Planning A* 42(2010): 2956-2971.

28. C. Michon, M. G. O'Sullivan, C. M. Delahunty, and J. P. Kerry, "The Investigation of Gender-Related Sensitivity Differences in Food Perception," *Journal of Sensory Studies* 24(2009): 934.

29. Frederick Engels, *The Origin of the Family, Private Property and the State*(New York: International, 1972) [한국어판. 프리드리히 엥겔스 지음, 김대웅 옮김, 《가족, 사유재산, 국가의 기원Der Ursprung der Familie, des Privateigenthums und des Staats》, 서울: 두레, 2012]; Eleanor Burke Leacock, "Introduction," *The Origin of the Family, Private Property and the State*, Frederick Engels(New York: International, 1972), 7-67; Louise Lamphere, "The Domestic Sphere of Women and the Public World of Men: the Strengths and Limitations of an Anthropological Dichotomy," in *Gender in Cross Cultural Perspective*, ed. Caroline B. Brettell and Carolyn F. Sargent(Upper Saddle River, NJ: Prentice Hall, 2000), 100-109; Karen Sacks, "Engels Revisited: Women, the Organization of Production, and Private Property," in *Women, Culture and Society*, ed. Michelle Z. Rosaldo and Louise Lamphere(Stanford: Stanford University Press, 1974), 207-222.

30. Carole Counihan, *Around the Tuscan Table: Food, Family and Gender in Twentieth Century Florence*(New York: Routledge, 2004).

31. Penny Van Esterik, *Beyond the Breast-Bottle Controversy*(New Brunswick, NJ: Rutgers University Press, 1984); Linda Blum, *At the Breast: Ideologies of Breastfeeding and Motherhood in the Contemporary United States*(Boston: Beacon Press, 1999); Elizabeth Dixon Whitaker, *Measuring Mamma's Milk: Fascism and the Medicalization of Maternity in Italy*(Anne Arbor: University of Michigan Press, 2000).

32. Carole Counihan, "Food as Women's Voice in the San Luis Valley of Colorado," in Counihan, *Food in the USA*, 295-304; Marjorie DeVault, *Feeding the Family: The Social Organization of Caring as Gendered Work*(Chicago: University of Chicago Press, 1991).; Rhian Ellis, "The Way to a Man's Heart: Food in the Violent Home," in *The Sociology of Food and Eating*, ed. Anne Murcott(Aldershot: Gower Publishing, 1983), 164-171; Sherrie Inness, *Cooking Lessons: The Politics of Gender and Food*(Lanham, MD: Rowman & Littlefield, 2001); Sherrie Inness, *Kitchen Culture in America: Popular Representations of Food, Gender and Race*(Philadelphia: University of Pennsylvania Press, 2001).

33. Carole Counihan, "Food as Mediating Voice and Oppositional Consciousness for Chicanas in Colorado's San Luis Valley," in *Mediating Chicana/o Culture: Multicultural American Vernacular*, ed. Scott Baugh (Cambridge: Cambridge Scholars Press, 2006), 72-84; James M. Taggart, "Food, Masculinity and Place in the Hispanic Southwest," in Counihan, *Food in the USA*, 305-313; Jay Mechling, "Boy Scouts and the Manly Art of Cooking," *Food and Foodways* 13, no. 1-2(2005): 67-90; Deutsch, "'Please Pass the Chicken Tits,'" 91-114; Richard Wilk and Persephone Hintlian, "Cooking on Their Own: Cuisines of Manly Men," *Food and Foodways* 13, no. 1-2(2005): 159-168; T. M. J. Holden, "The Overcooked and Underdone: Masculinities in Japanese Food Programming," *Food and Foodways* 13, no. 1-2(2005): 39-65.

34. Anne Allison, "Japanese Mothers and Obentôs: The Lunch Box as Ideological State Apparatus," in *Food and Culture: A Reader*, ed. Carole Counihan and Penny Van Esterik, 2d ed.(New York: Routledge, 2008), 221-239; Nickie Charles and Marion Kerr, Women,

Food and Families(Manchester: Manchester University Press, 1987).

35. Carole Counihan, *The Anthropology of Food and Body: Gender, Meaning and Power*(New York: Routledge, 1999).

36. Psyche Williams-Forson, *Building Houses Out of Chicken Legs: Black Women, Food, and Power*(Chapel Hill: University of North Carolina Press, 2006).

37. Jeffrey M. Pilcher, "Who Chased Out the Chili Queens? Gender, Race and Urban Reform in San Antonio, Texas, 1880-1943," *Food and Foodways* 16, no. 3(2008): 173-200.

38. Abarca, "Charlas Culinarias." Sidney Perutz, "A Tale of Two Fondas: Scrambling Gender in Tepoztlan in the Decade of the New Economy," *Food and Foodways* 15, no. 3-4(2007): 237-259; Irene Tinker, *Street Foods: Urban Food and Employment in Developing Countries*(Oxford: Oxford University Press, 1997); Gisele Yasmeen, "'Plastic-bag Housewives' and Postmodern Restaurants? Public and Private in Bangkok's Foodscape," in Counihan and Van Esterik, *Food and Culture*, 523-538.

39. 농업, 음식, 레스토랑 산업의 젠더에 관해서는 다음을 보라. Deborah Barndt, ed., *Women Working the NAFTA Food Chain: Women, Food and Globalization*(Toronto: Sumach Press, 1999).; Deborah Barndt, "On the Move for Food: Three Women Behind the Tomato's Journey," *Women's Studies Quarterly* 1&2(2001): 131-143; Deborah Barndt, "Fruits of Injustice: Women in the Post NAFTA Food System," *Canadian Women's Studies* 21, no. 4(2002): 82-88; Deborah Barndt, *Tangled Routes: Women, Work, and Globalization on the Tomato Trail*, 2nd ed.(Lantham, MD: Rowman and Littlefield, 2010); David Beriss and David Sutton, eds., *The Restaurants Book: Ethnographies of Where We Eat*(Oxford: Berg, 2007); Deborah Fink, *Cutting into the Meatpacking Line: Workers and Change in the Rural Midwest*(Chapel Hill: University of North Carolina Press, 1998); Meika Loe, "Working for Men-At the Intersection of Power, Gender, and Sexuality," *Sociological Inquiry* 66, no. 4(1996): 399-421; Katherine Newman, *No Shame in My Game: The Working Poor in the Inner City*(New York: Penguin, 2000); Greta FoffPaules, *Power and Resistance among Waitresses in a New Jersey Restaurant*(Philadelphia: Temple University Press, 1991); Ester Reiter, *Making Fast Food: From the Frying Pan into the Fryer*(Montreal: McGill-Queen's University Press, 1996); Penny Van Esterik, "Gender and Sustainable Food Systems: A Feminist Critique," in *For Hunger-Proof Cities: Sustainable Urban Food Systems*, ed. M. Koc, et al.(Ottawa: IDRC Books, 1999); Patricia Zavella, *Women's Work and Chicano Families: Cannery Workers of the Santa Clara Valley*(Ithaca, NY: Cornell University Press, 1987); Patricia Zavella, "Engendering Transnationalism in Food Processing: Peripheral Vision on Both Sides of the U.S.-Mexican Border," in *Transnational Latina/o Communities: Politics, Processes, and Cultures*, ed. Carlos G. Velez-Ibanez and Anna Sampaio(Lanham, MD: Rowman and Littlefield, 2002), 225-245.

40. Ruth Reichl, *Tender at the Bone: Growing Up at the Table*(New York: Random House, 2010); M. F. K. Fisher, *The Art of Eating*(New York: Morrow, 1954); Alice L. Waters, *The Art of Simple Food: Notes, Lessons, and Recipes from a Delicious Revolution*(New York: Clarkson

Potter, 2007); Marion Nestle, *Food Politics: How the Food Industry Influences Nutrition and Health*(Berkeley: University of California Press, 2002) [한국어판. 매리언 네슬 지음, 김정희 옮김, 《식품정치: 미국에서 식품산업은 영양과 건강에 어떤 영향을 끼치는가?》, 서울: 고려대학교출판부, 2011]; Marion Nestle, *What to Eat*(San Francisco: North Point Press, 2007) [한국어판. 매리언 네슬 지음, 김명주 옮김, 《무엇을 먹을 것인가: 음식과 건강 먹거리에 관한 새로운 가이드》, 서울: 도도, 2014]; Marion Nestle, *Safe Food: The Politics of Food Safety*(Berkeley: University of California Press, 2010).

41. Sidney W. Mintz, *Sweetness and Power: The Place of Sugar in Modern History*(New York: Viking, 1985), 151-152. [한국어판. 시드니 민츠 지음, 김문호 옮김, 《설탕과 권력》, 서울: 지호, 1997]

42. Sidney Mintz, *Tasting Food, Tasting Freedom: Excursions into Eating, Culture, and the Past*(Boston: Beacon Press, 1996), 30.

43. Carole Counihan, *"A Tortilla Is Like Life": Food and Culture in the San Luis Valley of Colorado*(Austin: University of Texas Press, 2009).

44. Eric R. Wolf, *Europe and the People Without History*(Berkeley: University of California Press, 1982), 388. [한국어판. 에릭 R. 울프 지음, 박광식 옮김, 《유럽과 역사 없는 사람들: 인류학과 정치경제학으로 본 세계사 1400~1980》, 서울: 뿌리와이파리, 2015]

45. Neva Hassanein, "Practicing Food Democracy," 80; 또한 다음도 보라. Stephen Schneider, "Good, Clean and Fair: The Rhetoric of the Slow Food Movement," *College English* 70, no. 4(2008): 384-402.

46. 젠더와 음식 행동주의 관련해서는 다음을 보라. Patricia Allen and Carolyn Sachs, "Women and Food Chains: The Gendered Politics of Food," *International Journal of Sociology of Food and Agriculture* 15, no. 1(2007): 1-23; Deborah Barndt, ed., *Women Working the NAFTA Food Chain: Women, Food and Globalization*; Allison Hayes-Conroy and Jessica Hayes-Conroy, "Taking Back Taste: Feminism, Food, and Visceral Politics," *Gender, Place and Culture: A Journal of Feminist Geography* 15, no. 5(2008): 461-473; Hayes-Conroy and Hayes-Conroy, "Visceral Difference," 2956-2971 .

47. Debbie Field, "Putting Food First: Women's Role in Creating a Grassroots Food System Outside the Marketplace" in Deborah Barndt, ed., *Women Working the NAFTA Food Chain: Women, Food and Globalization*, 203.

48. Deborah Moffett and Mary Lou Morgan, "Women as Organizers: Building Confidence and Community through Food," in Deborah Barndt, ed., *Women Working the NAFTA Food Chain: Women, Food and Globalization*, 222, 223.

49. Maria Dolores Villagomez, "Grassroots Responses to Globalization: Mexican Rural and Urban Women's Collective Alternatives" in Deborah Barndt, ed., *Women Working the NAFTA Food Chain: Women, Food and Globalization*, 209-219.

50. K. Schroeder, "A Feminist Examination of Community Kitchens in Peru and Bolivia." *Gender, Place & Culture* 13, no. 6(2006): 663.

51. Julie Guthman, "Bringing Good Food to Others: Investigating the Subjects of Alternative Food Practice," *Cultural Geographies* 15(2008): 431-447; Julie Guthman, "'If They Only Knew': Color Blindness and Universalism in California Alternative Food Institutions,"

The Professional Geographer 60 (2008): 387-397.

52. Fabio Parasecoli, "Postrevolutionary Chowhounds."

53. 슬로푸드는 테라 마드레Terra Madre 운동을 통해 생산자와 소비자 간 전 지구적 네트워크를 확대하는 노력을 기울이고 있다. "테라 마드레는 맛과 생물다양성을 보존하면서 지속가능한 농업, 어업, 목축업을 뒷받침하는 식량 사슬의 요소들을 하나로 묶는다." "Terra Madre."(Online). Available: http:www.terramadre.org(January 14, 2011).

54. 마우로 바그니가 말한 내용의 원문은 다음과 같다. "La rete è construire cioè tutti i legami legati alla-ci può essere il circolo che si occupa di storia locale, il produttore di formaggi, l'osteria, la trattoria, il comune, il gruppo appunto di Italia Ungheria, i bambini dell'orto dello schoolgarden ..."

55. 노에미 프란키는 맛 교육 수업이 "우리 모두가 평등하다고 느끼도록 젊은 사람들에 의해 수행되어야 한다"라고 말한다. "맛을 보는 동안 나를 가장 위협하는 것이 전문가 남성—그들은 대개가 늘 남성이다—을 보는 것이기 때문이다. 그 성인 전문가는 내가 어떻게 느끼는지를 묻는다. 그러면 나는 그가 이미 나를 무능하다고 판단하고 있음을 직감한다(deve essere condotta sempre secondo me da personale giovane per farci sentire tutti alla pari perche quello che intimorisce di piu me durante Ie degustazioni e vedere un uomo esperto, uomo perche sono quasi sempre uomini, esperto, adulto che mi chiede Ie mie sensazioni e io mi sento come se mi stesse gia giudicando come un'incapace)."

56. 프란키가 말한 내용의 원문은 다음과 같다. "Credo Ie cose che io ricordo di piu della scuola sono quelle che io ho vissuto con il mio corpo ... e il modo anche fisicO di accostarsi al cibo sia il modo migliore per trasmettere qualcosa ai giovani."

57. 마르코 베키가 말한 내용의 원문은 다음과 같다. "io amo cucinare, amo anche mangiare ... ho ricordi legati al cibo importanti ... dico sempre ricordatevi dei vostri sensi perche ... se fate attenzione potete assolutamente ricordare alcuni momenti della vostra vita piacevoli, purtroppo anche spiacevoli, legati a degli odori, a dei sapori."

58. Raj Patel, *Stuffed and Starved: The Hidden Battle for the World Food System*(Brooklyn, NY: Melville House, 2007), 2. [한국어판. 라즈 파텔 지음, 유지훈 옮김, 《식량전쟁: 배부른 제국과 굶주리는 세계》, 서울: 영림카디널, 2008]

7장

음식의 인류학
Anthropology of Food

R. 켄지 티어니 R. Kenji Tierney
에미코 오누키-티어니 Emiko Ohnuki-Tierney

인류학자들에게 음식과 식생활은 서로 다른 문화와 사회를 들여다볼 수 있는 아주 독특하고 효과적인 창을 제공한다—특히 세계적이고 역사적인 흐름과 연결이라는 맥락에서 바라볼 때 더 그러하다. 음식 연구 방식에는 여러 가지가 있다. 음식에 관한 책, 기사, 텔레비전 쇼, 블로그, 웹사이트—요리책을 비롯해 음식점 평가, 특정한 요리나 음식물의 역사에 이르기까지—가 흘러넘칠 지경이다. 인류학자들은 대체로 사물, 말, 행동을 통해 문화와 사회를 이해하는 데 관심이 있다. 그들은 개개인이 늘 세계의 영향을 받지만 그럼에도 개개인이 자기네 문화와 사회 안에서 어떻게 "지역화"하는지 자세히 살펴본다. 특정한 사회(사회집단)의 일원으로서 한 사람의 생각, 감정, 행동은 대개 그 사회 내부의 다른 사람들로부터 배운 것들이다. 문화는 이런 점에서 결코 정체되어 있지 않다. 많은 인류학자가 가정하는 또 다른 전제는 한 대상물의 의미뿐 아니라 물리적 특성 또한 문화적으로 해석된다는 것이다. 먹을 수 있는 것은 많지만, 그것을 음식으로 인정하고 안 하고는 문화가 결정한다. 어떤 문화에서는 "악취 나는" 것이 다른 문화에서는 향기로운 것일 수 있다. 이 두 전제를 바탕으로 인류학자들은 한 민족[종족]의 문화와 사회를 이해하기 위해 음식, 음식의 생산, 음식의 섭취에 관해 연구한다.

인류학자들을 비롯해서 일부 사회과학자가 사용하는 연구 방식인 문화기술지는 연구 대상이 되는 사람들과 함께 생활하면서 겪는 경험으로부터 이해를 구하는 총체적이고 체화적인 접근방식을 취한다. 그들은 대상자들을 직접 면담하거나, 문자화된 것들을 분석하거나, 관찰 특히 "참여관찰participant observation"을 통해 필요한 자료와 정보를 얻는다. 참여관찰이란 인류학자가 연구 대상자들과 함께 살면서 먹는 것은 물론이고 그들의 생활을 공유함을 의미한다. 축제 즐기기, 음식점에서 일하기, 옥수수 따는 일 도와주기 등이 참여관찰의 예다. 하지만 관찰을 위해 반드시 직접 참여해야 하는 것은 아니다. 여러 종류의 음식점, 공설시장, 음식 노점상, 식료품 가게를 조사하기 위해 도시를 둘러보는 것도 효과적인 방법이다. 인류학자는 그 과정에서 관찰 대상자들의 생각과 관습에 문제가 많다고 판단되는 경우에도 그것들을 존중하려고 애쓴다. 예컨대 많은 종교의례가 대개 함께 음식 나누어 먹기[공식共食]commensality 등에 여성들의 참여를 금지한다. 마찬가지로 어느 지역이든 어촌사회에서는 여성이 배에 타는 것을 금기시하는 관습이 있다.[1]

시간의 흐름에 따른 변화를 역사적 관점에서 파악하는 것 또한 한 사회의 음식 문화를 이해하는 데 꼭 필요한 태도다. 인류학의 연구 방식은 어느 고정된 시점에 초점을 맞추는 문화 분석과 그 문화가 만들어지고 변화하는 과정을 중시하는 역사연구historical studies 사이를 오가기 마련이다. 그럼에도, 지난 세기 프란츠 보아스Franz Boas 이래 대다수 인류학자는 문화가 특정한, 대개 서양의 이상향을 향해 "발전"한다는 것을 기정사실로 받아들이는 문화변동cultural change의 발전 모형들을 거부했다. 심지어 수렵채집민에서 농경민, 그리고 공장노동자에 이르기까지 인류의 역사가 식량 부족을 극복하고 풍족한 사회로 발전해가는 일관된 과정이었다고 추정하는 것은 정확한 분석이 아니다. 마셜 살린스가 지적하는 것처럼, 옛날에도 소규모 사회들은 "원초적 풍요 사회original affluent society"—물질적 재화가 풍족한 것은 아닐지라도 여가 시간이 풍족한—였다. 그들은 일과 중 꽤 많은 시간을 식량을 충분히 채집하는 데 쓸 수 있었기 때문이다. 사할린 남부에서 수렵채집-어로 생활로 먹고 사는 아이누족Ainu은 소수의 사람들이, 식량 공급이 엄청나게 줄어든 상황 예컨대 눈이 내려 그 지역의 사슴 개체수가 줄어들었을 상황에서도 어떻게 살아남을 수 있는지를 예시해준다.[2] 오늘날 식품산업의 발전은 풍족함을 입증하는 것처럼 보이지만 실제로는 그 풍족함이 성가신 문제가 된 듯한 상황 속에서, 먹거리에 접근할 수 있는 기회의 불평등과 주기적 식량 부족의 문제가 여전히 심각한 상태다.

인류학자들이 중요하게 생각하는 또 다른 전제는 음식과 식생활의 특성—심지어 "먹을 수 있는" 음식이 무엇인지와 같은 가장 기본적인 분류까지도—이 문화적으로 정의되고 지역적 의미가 있다는 점이다. 특히, 어느 지역의 주식主食이 정해지는 것은 그곳의 문화 및 금기시되는 여타의 것과 아주 밀접한 관련이 있다. 많은 사회에서 사람들은 자신들의 주식이 쌀이든 밀이든 옥수수든 감자든 카사바든 그것을 먹지 못하면 아무리 많은 열량을 섭취해도 허기를 느끼거나 불만을 표시한다. 주식은 단순히 배를 채우는 기능을 넘어 더 큰 역할을 한다. 곧 주식은 사람들의 생명을 유지시킴으로써 자아도 유지시킨다. 곡물은 대개 신을 상징한다. 일본 문화에서는 벼가, 많은 아메리카 원주민 문화에서는 옥수수가, 기독교 성찬식에서는 밀이 그 역할을 한다. 어떤 종족에게는 아주 심각한 식량 부족 시기에도, 객관적으로 "먹을 수 있는" 것임에도 음식으로 인정되지 않는 것들이 있다. 일례로, 개구리는 아이누족에게는 혐오스러운 음식이지만 프랑스인들에게는 진미다. 일부 일본인 남성은 독이 있어 먹었을 때 자칫하면 즉사할 수도 있는 복어를 즐겨 먹는데, 단순히 맛 때문이 아니라 자신의 남성성을 과시하기 위해서다. 금기 음식은 사람들의 가치관과 생각에 관한 중요한 통찰을 제공하는데, 유대인들이 돼지고기를 안 먹고 불교 신자들이 육식을 금하는 것이 그 대표적 사례다.[3]

물질문화와 사회생활의 기본 요소로서 음식은 인류학이 생겨날 때부터 인류학의 중심 연구 과제였다. 1890년대에 근대 인류학의 창시자 가운데 한 명인 [스코틀랜드 출신의] 윌리엄 로버트슨 스미스William Robertson Smith는 제사에 바친 음식을 함께 나누어 먹는 의식에 초점을 맞추었다.[4] 영국의 사회인류학자 오드리 리처즈Audrey Richards는 선구적 연구서 《북로디지아의 땅, 노동 그리고 식습관Land,

Labour and Diet in Northern Rhodesia》(1939)에서 음식 교환이 사회[적] 통합social cohesion
에 어떻게 기여하는지를 면밀히 검토함으로써 음식을 기능주의 분석의 중심에
두었다. 제2차 세계대전 전후 시대에 프랑스 구조주의 인류학자 클로드 레비-스
트로스는 다양한 문화를 가로지르는 공통의 개념 구조가 있음을 주장하기 위해
신화에 대한 언어학적 분석을 시도하면서, 투피남바족Tupinambá*의 요리와 같은
문화 관습을 분석하는 데 그 유명한 "날것과 익힌 것"이라는 이항대립의 논리를
폈다. 하지만 구조주의는 음식 습관을 유물론의 입장에서 설명하려 애쓴 문화
생태론자들의 공격을 받았다.[5] 카리브해 지역의 대규모 사탕수수농장 현장연구
로 인류학자의 길에 들어선 시드니 민츠는 유물론적 차원에서 생산에 초점을 맞
춰 영국인들의 설탕 섭취에 관한 문화 분석으로 학계에 매우 큰 영향력을 끼친
《설탕과 권력》(1985)을 내놓았다. 오늘날에는 여성주의 인류학의 젠더적 관점에
서의 분석, 문화적 경계를 뒤흔드는 후기구조주의적 분석, 다현장 초국가적multi-
sited transnational 연구, 시장의 문화적 토대에 관한 경제인류학적 검토와 같은 새로
운 연구 방식이 시도되고 있다.[6]

　이 글은 인류학적 관점에서 사회적, 문화적 접근방식에 초점을 맞춰 음식을 연
구하기 위해 주제별 구성을 채택한다. 함께 음식 나누어 먹기는 집단정체성의 원
천이자 표현으로서 인류학자들이 끊임없이 주목해온 요소다. 선물과 예절에 관
한 분석은 한 집단의 사회성을 연구하는 또 하나의 중요한 수단이다. 위계질서는
필연적으로 음식에 대한 접근권을 구조화한다. 음식 분배에 대한 국가의 통제 또
한 중요하다. 끝으로, 오늘날의 사회뿐 아니라 과거 사회를 분석할 때도 세계와
지역 간의 관계에 반드시 세심한 주의를 기울여야 한다. 연구의 초점이 무엇이든
지 간에 문화적 또는 상징적 가치는 음식을 "정의"할 때도 그리고 음식의 의미
를 규명할 때도 모두 매우 중요하다. 그러나 우리는 음식을 단순히 문화적·상징
적 의미로만 생각해서는 안 된다. 날마다 배를 채우지 않으면 안 되는 현실적 이
유 때문에 음식에 대한 접근권이 어떻게 강력한 정치적 수단으로 탈바꿈하는지
도 알아야 한다.

---

* 브라질 해안 지역에 거주하는 남아메리카 원주민.

맛: 몸으로 직접 느끼며 감상하는 심미적 차원에서의 음식

사람들은 음식을 감각으로 인지해서 감정을 통해 맛을 느끼기 때문에 음식을 연구할 때는 몸으로 직접 느끼는 체화된 방식이 필요하다.《순수와 위험Purity and Danger》(1966)을 통해 "몸의 인류학anthropology of the body"의 문을 연 메리 더글러스는 신체적 불결[더러운]의 경험을 무질서의 한 형태, 문화 규범의 위반으로 설명했다. 돼지고기를 먹지 않는 유대인의 식습관을, 양과 소 같은 반추동물은 새김질을 하고 썩은 고기를 먹지 않지만 돼지는 그렇지 않은 때문이라는 것이다. 심리학자 폴 로진Paul Rozin은 순수[깨끗함]의 개념을 깨뜨리는 음식을 마주했을 때 인간이 느끼는 격심한 신체적 혐오감을 보여주었다.[7] 그러나 이러한 감정의 반응은 타고나는 것이 아니라 문화적으로 체화되는 것이다. 민츠는 신생아도 단것에 대한 선호를 표현하지만 설탕 섭취의 특성은 사회마다 크게 차이가 난다고 지적했다.[8] 그런 만큼 음식의 인류학은 몸과 문화를 모두 고려해야 한다.

감정적 차원에서 우리의 식습관을 연구하는 것이 중요하다면, 심미적 차원에서 음식을 연구하는 것 또한 중요하다. 심미적 차원을 강조한다고 해서 그것이 지배층의 고급 미각 문화를 암시하는 것은 아니다. 그것은 오히려 음식과 식사 도구처럼 날마다 만나는 사물들에 대한 일반인의 일상적 감상을 중시한다. 일례로, 일본인은 쌀을 날것이든 익힌 것이든 근본적으로 아름답다고 생각한다. 옛날에는 더 그랬다. 그들은 벼이삭에 풍성하게 맺힌 낱알들이 바람에 흔들리는 모습을 보고 금빛 물결이 일렁인다고 묘사한다. 일본어로 '긴きん 또는 가네かね'는 금과 돈을 의미하는데, 벼의 색깔과 통화가치로서 벼의 용도에서 그와 같은 연상작용이 일어난다. 시, 수필, 시각예술에서 표현되는 벼의 심미적 특질은 아름다움의 상징으로서 벼의 명성을 한층 드높인다.

감각은 또한, [프랑스 소설가] 마르셀 프루스트Marcel Proust가 마들렌 과자의 맛과 냄새를 통해 전체 사회 세계를 재구성함으로써 보여준 것처럼, 새로운 식생활이 창조될 때 기억과 상호작용을 한다. 인류학자 데이비드 서턴David Sutton은 끝까지 이런 통찰을 놓지 않으면서 [에게해에 있는] 그리스 칼림노스섬Kalymnos에 떠도는 음식에 대한 기억들의 사회적 구성을 면밀히 살폈다. 그는 과거의 식사를 그리워하는 강력한 향수의 감정뿐 아니라 미래의 함께 음식 나누어 먹기에 대한 기억들도 미리 사람들의 마음속에 그려진다는 것을 발견한다.[9] 에프라트 벤 제 브Efrat Ben-Ze'ev도 1948년 이스라엘 건국 후 추방된 팔레스타인 난민들의 삶에서 음식에 대한 기억들이 얼마나 중요한 부분을 차지하는지를 묘사했다. 과일과 허 브는 추방당한 사람들이 고향땅을 마음속에 다시 떠올리는 기억 장치로서 기능 한다. 유럽이나 북아메리카의 여권으로 잠시 고향땅을 밟을 수 있는 팔레스타인 난민 출신들은 함께 귀향하지 못한 친척들과 함께 나누기 위해 올리브, 무화과, 우슬초牛膝草, 샐비어를 열심히 챙긴다.[10]

이처럼 정서적으로 깊이 각인된 문화적 가치들 때문에 참여관찰을 시도하는 현장연구자들은 함정에 자주 빠지게 된다. 인류학자는 외교관처럼 관찰 대상자 들이 먹는 음식이 자기 나라에서는 아무리 역겨운 맛일지라도 아주 공손하게 함 께 먹을 수 있어야 한다. 하지만, 원주민들이 일부러 역겨운 음식을 먹이려고 할 때는 어떻게 해야 할까? 폴 스톨러Paul Stoller는 "지금까지 먹었던 소스 가운데 최 악의 것"—이는 해당 인류학자만의 생각이 아니라 그 음식을 조리해준 집 식구 들도 "이런 쓰레기 같은 음식은 염소한테나 줘버려!"라고 노골적으로 불만을 터 뜨렸다—을 자신에게 대접한 아프리카 송가이족Songhay의 한 젊은 여성에 대한 이야기를 들려주었다.[11] 그렇게 고의로 역겨운 음식을 먹이는 것은 그 젊은 원주 민 여성 및 그녀의 식구와 그들의 손님 사이에 복잡하지만 흔히 일어나는 관계 에 대한 반응이었다. 개인적 소신 또한 서로 다른 문화가 만날 때 장애가 될 수 있다. 하지만 서턴은 칼림노스섬에서 현장연구를 하는 동안 자신의 평소처럼 채 식을 고집했던 경험을 묘사했다. 동료 학자들은 고기가 남성성을 연상시키는 사 회에서 채식을 고집하다가는 원주민들에게 업신여김을 받을 위험이 있다고 경고 했다. 하지만, 실제로 그 지역민들은 자기들도 잘 알고 있는 사순절 금식을 떠올 리며 그가 보여준 극도의 자제력에 오히려 존경심을 나타냈다. 종교적 계율이 아 니라 자발적 의지에 따라 육식을 거부하는 모습은 그들이 보기에 더욱 칭송할 만한 일이었다.[12] 인류학 연구의 상호적·반사적 특성과 연구 대상들이 역으로 연 구자들을 "연구"하는 방식에서 비롯하는 복잡한 문제가 그 밖에도 많다. 수전 테 리오Susan Terrio는 프랑스의 최고급 그랑크뤼 초콜릿에 관한 글에서 초콜릿 장인 (쇼콜라티에chocolatier)이 자신에게 "좋은 미각"이 없다고 말할까봐 두려워한다고 고백했다.[13]

함께 음식 나누어 먹기: 집단적 자아의 은유로서의 음식

음식은 상징적 힘을 부여하는 두 연동 기제를 통해 자아와 사회집단에 대한 은유로서 독특한 역할을 수행한다. 첫째, 음식은 개개인에게 **체화**되며, 따라서 자아의 일부로 포함됨으로써 **환유어**metonym로서 작동한다. 둘째, 음식은 한 사회집단이 오랜 세월에 걸쳐 여럿이 같이 먹었던 역사적 산물이다―혼자 밥을 먹기 시작한 것은 아주 최근에 일어난 새로운 현상이다. 따라서 이렇게 함께 밥을 먹는 것은 음식을 "우리"―사회집단, 또는 하나의 전체로서 사람들―를 나타내는 **은유**metaphor로 만든다. 이 이중의 연관―환유에 의해 강조되는 은유―은 음식을 개념적으로 뿐 아니라 **생리적 차원에서**at the gut lever 구체적으로 집단적 자아를 나타내는 강력한 상징으로 만든다. 함께 음식을 나누어 먹는 이러한 생리적 경험은 가정과 학교 같은 공동체를 비롯해 베네딕트 앤더슨Benedict Anderson의 용어를 빌리자면 근대국가(민족)라는 "상상의 공동체imagined communities"[14]에 이르기까지 다양한 공동체가 형성될 수 있는 토대를 제공했다.

함께 음식 나누어 먹기는 가정에서 식구들이 함께 밥을 먹는 것을 비롯해 많은 문화에서 제도화되어 있다. 일본에서는 함께 밥을 먹는 것을 흔히 "한솥밥을 먹다[동거동락하다]"(오나지 카마노 메시오 쿠우同じ釜の飯を食う)라고 표현한다. 반면에 "찬밥을 먹다"(본디 밥은 따뜻할 때 먹기 때문에)와 "남의 밥을 먹다"라는 표현은 그 반대 상황을 나타낸다―혼자 밥을 먹든 혈연집단을 떠나 밥을 먹든 그것은 고달픈 인생을 의미한다. 술 또한 마찬가지로 중요하다. 쌀로 빚은 술인 '사케酒'는 일본에서 특히 남성들 사이에서 함께 나누어 먹는 가장 중요한 음식의 하나다. 일본인은 혼자서 술을 마시지 않는 것을 철칙으로 지키면서 서로의 잔에 끝없이 술을 따라준다. "혼자 마시는 술"(히토리자케ひとりざけ, 一人酒)이라는 말은 사회적으로 보잘것없는 존재가 될 직전에 있는 개인을 가리킨다. 인류학자 잭 구디도 예언자 무함마드[마호메트]Prophet Muhammad의 말을 인용해 같은 말을 한다. "따로따로 먹지 말고 함께 먹어라. 신의 축복은 함께 있는 사람들에게 내려지는 것이다." 구디는 더 나아가 먹는 행위를 배설하는 행위와 비교한다. "안에 넣을 때는 여럿이, 밖으로 내보낼 때는 각자가. 홀로 먹는 것은 대로에서 용변을 보는 것과 마찬가지다."[15]

그럼에도 불구하고, 함께 음식 나누어 먹기의 형태는 매우 다양하게 나타날 수 있다. 서양 사회에서 칠면조 고기를 나누어 먹는 것은 축제가 정점에 이르렀음을 의미할 수 있지만, 일상의 식사에서도 다른 요리들은 처음부터 개인별로 나뉘어도 빵만은 식탁에서 함께 뜯어 먹는다. "빵을 함께 뜯어 먹는 것break bread together"은 하나가 됨을 의미한다. 명문 대학들에서 학생들이 함께 식사하는 기회—옥스퍼드대학과 케임브리지대학의 '하이테이블High Table' 만찬이나 아이비리그 대학들의 공동식사—는 그들의 계층적 유대를 공고히 함으로써 졸업 후에도 서로 오랫동안 우정을 유지할 수 있는 기반을 제공한다. 함께 음식 나누어 먹기의 정반대인 금식 즉 함께 음식 나누어 먹지 않기는 이슬람교의 라마단Ramadan, 기독교의 사순절, 유대교의 욤키푸르Yom Kippur[속죄일]에서 보는 것처럼, 모든 제도권 종교에서 매우 중요한 역할을 한다.[16] 그러나, 함께 음식 나누어 먹기가 동료애와 직접적 연관이 있는 것처럼 보이지 않는다면, 일본 스모 선수들이 먹는 푸짐한 스튜 요리인 '창코ちゃんこ'*를 생각해보라. 찬코는 특히 여럿이 함께 먹는 음식이다. 하지만 자세히 들여다보면, 스모 선수들은 그들 사이에 위계질서가 있어서 그 서열[반즈케ばんづけ, 番付·番附]에 따라 찬코를 먹는다. 합숙훈련소 소장과 최고의 선수들(또는 중요한 손님들)이 가장 먼저 먹고, 그다음 선수가 먹고 나면, 다음 서열의 선수가 냄비 주변에 자리를 차지한다. 하급 선수들은 먹는 사람들 뒤에 서서 그들의 식사를 도우며 빈 그릇과 잔에 다시 음식을 채운다. 하급 선수들이 먹을 차례가 오면, 고기·생선·채소는 모두 먹고 없을지 몰라도, 역설적으로 수프는 더 많아진다.[17]

음식이 집단적 자아의 은유로서 갖는 상징적 힘은 또한 음식의 시간 및 공간과의 밀접한 연관성에서 나온다. 인간의 노력으로 자연이 농토의 형태를 띤 문화로 바뀜으로써 강화된 음식과 땅 사이의 연결 고리는 농업을 산업사회 도시민의 숨겨진 원초적 자아의 상징으로 만든다. 이와 같은 결합의 사례들은 19세기 프랑스 화가 클로드 모네Claude Monet의 연작에 나타나는 건초더미와 일본 에도(도쿄) 시대 번성기에 [우키요에浮世絵 화가] 가츠시카 호쿠사이葛飾北斎와 안도 히로시게安藤

---

* 생선·고기·채소 등을 큼직하게 썰어 큰 냄비에 넣고 끓여 먹는 요리. 창코나베ちゃんこ鍋의 줄임말로, 스모 선수들의 영양식이다.

広重의 목판화에 그려진 논에서 볼 수 있다.[18] 마오쩌둥은 문화대혁명 동안에 농촌·농업·농민에게 되돌아가고 도시 생활과 지식인들을 버리는 가운데 "자연을 정복"하려고 함으로써 중국인의 정체성을 재정립하고자 했다.[19] 도시화와 산업화에 오염되지 않은 공동의 공간과 원시적 본성을 상징하는 것으로서의 자연과 함께, "천연의", "신선한", "유기농" 식품의 광고는 점점 더 흔해빠진 일이 되었다. 이러한 깊은 정서적 유착은 또한 WTO와 유럽연합EU 간의 국제무역 협상에서 농업보조금 문제를 다루기 어려운 의제로 만들었다.[20]

주곡은 대개 집단적 정체성을 구축하는 과정에서 집단 구성원들을 하나로 통합하는 동시에 다른 집단과 구별하는 매우 강력한 역할을 한다. 따라서 흰 밀가루빵이 귀족들을 지난 수백 년간 검은 통밀빵을 먹은 농민들과 구분하는 기준이었을 때에도, 성찬식은 유럽의 모든 기독교 국가를 하나로 묶는 공동의 상징 구실을 했다. 이와 비슷한 사례는 매우 많다. 밀을 주식으로 하는 인도 북부 사람들은 쌀을 주식으로 하는 남부 사람들을 반대했다. 중앙아프리카의 펜데족Pende은 19세기에 옥수수를 재배한 이웃의 음분족Mbuun과 대조적으로 수수를 재배했다.[21] 오늘날 일본인들이 캘리포니아산 쌀 수입을 제한하려는 움직임은 저마다 집단적 정체성을 나타내는 프랑스·독일 빵과 이탈리아 빵 사이의 아주 세밀한 차이들과 비교하면 덜 극단적인 것처럼 보인다.

사회적 상상력에서 주곡의 중요성은 인류학의 역사에서 오랫동안 지속된 편견 가운데 하나를 가리킨다. 서양에서는 고기 특히 사냥한 커다란 동물 고기를 함께 나누어 먹기의 결정적 특징으로서 강조하는 경향이 있다. 로버트슨 스미스는 동물을 제물로 바칠 때만 신과 인간 사이에 교감communion이 이루어지고, 곡물은 그저 신에게 바치는 하나의 공물tribute에 불과하다고 주장했다. "식탁에 둘러앉아 함께 고기를 나누어 먹는 사람들은 어떠한 사회적 영향에도 하나로 합심한다. 함께 고기를 나누어 먹지 않는 사람들은 종교적 유대감이나 상대방에 대한 사회적 의무감이 없다면 서로가 이방인이다."[22] 로버트슨 스미스는 신에게 동물을 제물로 바치는 것을 곡물로 대체할 수 있다는 제임스 프레이저James Fraser의 주장을 부차적인 것으로 격하했다. 따라서 그는 함께 음식 나누어 먹는 의식과 관련해서 동물 음식과 식물 음식 사이에 "객관적" 차이가 없음을 인정하지 않는다. 저명한 프랑스 역사학자 페르낭 브로델도 이와 비슷한 편견을 드러냈다.

"오늘날 밭은 사냥터와 방대한 목축을 **희생한 대가로** 일궈졌다. 수백 년이 흐르면서, 점점 더 많은 사람이 (…) 대개 무미건조하고 늘 단조로운 (…) 채식을 하는 사람들로 **바뀌었다.**"[23]

초기에 인류학이 "커다란 사냥고기big game"를 사냥하는 사람들을 강조한 것은 고기의 크기와 부패하기 쉬운 특성 때문이다. 그러한 고기는 신에게 제물을 바치는 의식이 끝나면 여럿이 함께 나누어 먹기에 적합했다. 아이누족 남성들이 곰을 사냥하거나 쿵족iKung*이 기린을 죽일 때, 그들은 그것을 음식이라고 부른다. 반면에, 아이누족과 쿵족이 먹는 음식의 가장 많은 부분을 차지하는, 여성들이 채집한 덩이줄기와 몽곤고나무mongongo 열매들은 그런 커다란 사냥고기만큼의 높은 가치를 인정받지 못한다. 관찰 대상자들 사이의 젠더 불평등은 인류학에서 고기의 가치를 높이 평가하게 된 원인이기도 하다. 그러나 학술 문헌들 또한 원주민들에 대한 서양의 문화적 편견을 한층 부추긴다. 그리스신화에서 헤라클레스는 "남자 사냥꾼Man the Hunter"의 원형인 반면에, 헤라클레스의 아내 데이아네이라는 "여자 농사꾼Woman the Tiller"이었다. 마찬가지로 성경의 창세기에서도 하느님은 농사꾼인 카인이 땅에서 키운 과일을 바치자 무시했다. 대신에 목동인 아벨이 바친 동물 제물은 기쁘게 받았다. 비록 성서학자들은 카인과 아벨의 이야기를 다양하게 설명하지만, 식물 음식에 부여된 낮은 지위는 서양 문화에 깊이 각인되어 있는 것처럼 보인다.

더 나아가, 함께 음식 나누어 먹기는 분명 공동식사 행위를 의미하지만, 조리 행위 또한 사회적 결속과 위계질서를 모두 강화하는 중요한 공동의 경험임에 틀림없다. 예컨대 멕시코의 농촌 가구들은 대개 두 종류의 부엌 공간을 유지한다. 하나는 날마다 가족들이 먹을 음식을 조리하는 실내의 '코시나 데 디아리오cocina de diario'(일상의 부엌)로 대개 현대식 주방기구로 음식을 조리하는 공간이다. 다른 하나는 실외의 '코시나 데 우모cocina de humo'(연기를 뿜는 부엌)로 거대한 옹기솥에 화톳불을 때서 축제 음식을 조리할 때 사용한다. 최근 한 문화기술지 연구에서 마리 엘리사 크리스티Marie Elisa Christie는 일상의 식사는 대개 혼자서 조리

---

* 산족San People의 하나로, 아프리카 남부 보츠와나와 남아프리카공화국에 걸쳐 있는 칼라하리사막 북부에 사는 수렵채집 민족. !는 치경흡착음으로, 앞니 뒤에 혀를 대며 강하게 발음하라는 것이라고 한다.

하지만 축제 음식은 여러 여성이 함께 모여 집단적으로 조리한다는 사실을 발견했다. 그들의 노동은 공동체를 하나로 묶는 데 기여한다. 축제를 치르기 위해 하는 일은 노동력이 고도로 젠더화되어 있다. 남성들은, 대개 고기를 조리하는 일을 하는데, 요리의 핵심이 되는 몰레mole(칠리소스)를 만드는 일에는 전혀 관여하지 않는다. 이와 같은 일들은 또한 위계질서가 있어서 가정의 여성 우두머리는 축제와 관련된 모든 일을 책임진다. 여성들은 이렇게 축제를 준비하는 가운데 지금껏 대대로 이어져온 음식 만드는 전통을 아랫사람들에게 전수한다. 하지만 대개 젊은 여성들은 윗사람들이 자신들의 지위를 지키기 위해 조리법 가운데 핵심이 되는 부분은 잘 가르쳐주지 않는다고 불평한다.[24]

사회성: 음식, 선물, 예절

음식은 모든 사회관계 구성에 없어서는 안 될 요소다. 인간이 최초로 하는 사회적 행동은 엄마의 젖을 빠는 것이다. 엄마의 몸 일부를 취해 그 몸 안의 물질을 함께 나눔으로써 엄마와 다시 하나가 되는 것이다. 거의 모든 사회에서 음식은 사회적 결속을 강화하는 "선물 교환"의 주된 품목이다. 물론 선물은 적대 관계 청산과 신분 경쟁의 매개체가 될 수도 있다. 이처럼 문화적으로 정해진 규칙들을 이해한다면 음식을 선물하는 것이 사회관계의 특성을 반영하고 정의하고 표현하는 데서 어떤 역할을 하는지 알 수 있다. 사회적 페르소나persona를 확립하기* 위해 마찬가지로 중요한 것은 식탁예절을 지키는 것이다. 음식을 먹을 때 그에 걸맞은 예법에 따르지 않으면, 그 사람은 다른 사람의 강력한 반박을 야기해 기존 자신의 지위를 잃을 수도 있고 심지어는 소속된 사회집단에서 쫓겨날 수도 있다. 그러나 음식을 먹는 행동에 대한 대개의 본능적인 몸적 반응은, 사회학자 노르베르트 엘리아스가 말한 것처럼, 사회적으로 학습되거니와 시간이 지나면서 역사적으로 변화한다.[25]

---

* 사회 규범에 맞는 사람이 되기.

선물을 주는 것 특히 음식 교환은 한 사회의 가치관에 대해 많은 것을 드러내는 고도의 상징적 연관성을 내포하고 있다. 음식은 생명의 원천이다. 따라서 병문안 시 사람들이 환자에게 먹을 것을 선물하는 일은 자신의 에너지를 환자에게 전달해 환자가 빨리 건강을 회복하기를 바라는 의미가 담겨 있다. 그러나 부적절한 선물은 기존의 관계에 매우 부정적인 효과를 끼칠 수 있다. 와인 전문가인 윗사람에게, 또는 맥주는 좋아하고 와인은 고상한 척하는 것 같아 싫어하는 친구에게 그저 그런 와인을 선물하는 것은 역효과를 낼 수 있다.[26] 대부분의 사회에서 먹고 마시는 식음료—둘 다 쉽게 상한다—는 선물로 가장 선호되는 품목 가운데 하나다. 미국에서 손님을 초대한 주인에게 유형의 물건을 선물하는 것은 어떤 경우든 부적절한 행동이다. 그러나 꽃다발과 함께 음식이나 와인처럼 쉽게 먹고 치울 수 있는 것을 선물하면, 손님을 초대한 주인은 그 선물을 기꺼이 받을 것이다. 일본인들이 하는 말처럼, "계속 남아 있지 않는 것"은 다른 것들보다 선물로 받기가 쉽다. 그래서 매우 값비싼 와인을 선물하면 쉽게 받으면서, 같은 값의 유형의 물건을 선물하면 예의에 벗어난다고 생각한다.

식탁예절에는, 선물 주기와 마찬가지로, 사회적 정체성과 신분의 위계질서를 나타내는 사회적 암시가 담겨 있다. 엘리아스는 서양의 예절을 역사적 방식으로 접근해서 그것이 중세부터 현대까지 계속해서 변화했음을 보여주었다. 특히, 그는 1인용 상차림, 식기류, 컵들이 나타나기 시작하면서 개인화된 식사 경향이 늘어났고 마침내 식사하는 사람끼리 서로에게 관심을 두지 않게 되었다고 지적한다. 결국, 식탁예절에는 식사를 통해 의례 절차, 신분 서열, 진행 과정의 미세한 단계 변화를 알리는, 예컨대 포크와 나이프 같은 식사 도구는 그 배치 형태에 따라 어떤 요리를 다 먹었음을 표시하는 절묘한 언어로 발전했다. 이러한 규칙을 지킬 줄 아느냐 모르느냐에 따라 곧바로 그 사람의 등급—시골 촌놈인지 교양 있는 국제적 신사인지—이 매겨진다. 그것을 통해 식사하는 사람에 대한 사회적 대우가 달라지는 것은 물론이다. 음식을 먹을 때 손가락을 사용하는 비서구 문화에서도 식사할 때 지켜야 할 엄격한 규칙이 있다. 일례로, 힌두교도는 음식을 먹을 때는 반드시 오른손을 쓰고 청결하지 못한 행동을 할 때는 왼손을 쓴다. 젓가락 문화권에서는 기본적으로 젓가락을 깨끗하다고 생각하지만, 일본인은 여럿이 함께 먹는 음식이 담긴 접시에서 자기가 먹을 것을 덜어갈 때 젓가락을 거꾸로 잡아 사용하고, 중국인은 음식을 덜어갈 때나 먹을 때나 모두 젓가락을 같은 쪽으로 잡고 사용한다.

예절의 역사적 변천은 또한 일본의 서구화 과정에서도 관찰될 수 있다. 일본에 의자가 들어오면서 일본의 가장 전통적인 예법 가운데 하나인 무릎 꿇고 앉는 관행(정좌正座·正坐, 세이자せいざ)이 사라지고, 따라서 일상생활에서 방석과 일본식 돗자리인 다다미畳를 깐 마루가 자취를 감추었다. 이와 같은 변화는 서서 손으로 들고 먹는 미국식 패스트푸드의 도입·확산으로 더욱 강화되었다. 이런 식사 방식은 인간과 동물의 행동 간에 기본적 차이를 잊게 했다. 실제로, 1971년에 도쿄의 고급 상점가가 즐비한 긴자銀座 거리에 문을 연 최초의 일본 맥도날드 매장에는 식탁도 의자도 없었다. 세계적으로 청춘 문화의 급부상은 청바지를 입고, 선 채로, 맥도날드 햄버거를 먹는 것을 유행으로 만들어 이러한 변화를 촉진했다.[27]

신기하게도 전 세계 젊은이들이 이와 같이 대량 소비의 식탁예절 방식에 빠져드는 동안에, 미국에서는 반문화 운동이 열풍을 일으키며 현대의 순응주의적 생활양식과 산업 가공식품에 반기를 들었다. 워런 벨라스코Warren Belasco는 1960년대와 1970년대 자연식과 소수민족 음식ethnic food을 즐기고 스스로 그것들을 생산하는 공동체적 생활양식을 선호했던 히피족의 식사 방식을 연구했다. 그 독창적인 운동은 많은 젊은이가 더욱 안락하고 편리한 생활을 추구하면서 결국 좌절되었지만, 그 핵심 집단의 사람들은 1980년대까지 남아 반자본주의적 생활양식을 택했다. 딜런 클라크Dylan Clark는 레비-스트로스의 이분법을 확장한 〈날것과 썩은 것: 펑크 음식The Raw and the Rotten: Punk Cuisine〉에서 하위문화인 펑크 문화punk subculture의 식습관을 면밀하게 검토했다. 클라크는 [미국] 시애틀seattle에 있는 펑크 카페에서의 문화기술지 연구를 바탕으로 식재료를 제공하거나 접시 닦는 일을 해주고 그 대가로 음식을 얻어먹음으로써 기존의 시장체계를 파괴하고, 채식을 통해 동물 살상에 반대하고, 펑크[펑크족]의 신체 문화를 통해 여성의 아름다움에 대한 통념을 페미니즘 시각에서 근본적으로 거부하는 펑크 문화의 실상을 예시했다. 펑크 음식의 논리는 미국 소비자 사회가 버린 쓰레기를 구한다면서 쓰레기통을 뒤지는 것dumpster diving[유통기한을 갓 넘겨 대형마트나 음식점에서 버린 식품들을 쓰레기통을 뒤져 찾아내 먹는 것]으로 끝났다.[28]

위계질서: 음식과 사회분화

음식은 사회분화social differentiation를 말해주는 아주 중요한 표식이다. 음식은 사회집단 사이의 경계와, 이와 아주 밀접한 관련이 있는 계급·신분·권력의 불평등을 수반하는 사회적 위계질서라는 개념을 모두 정의한다. 여기서 우리는 특정 사회에서 신분과 집단의 문화적 구성에 초점을 맞춘다. 프랑스 사회학자 피에르 부르디외는 특히 맛의 **구별[구별짓기]**distinction이 한편으로는 계급과 젠더 사이를 또 한편으로는 계급과 몸 사이를 어떻게 중재하는지 설득력 있게 설명한 것으로 유명하다. "계급문화가 본성으로 바뀐 다시 말해 몸으로 체화된 맛은 오늘날 계급 형성에 한몫한다. (…) 몸은 두말할 것도 없이 계급의 맛이 물질화된 것이다."[29] 이런 형태의 구별을 면밀히 살펴보면, 우리는 신분의 표식으로서 맛이 시간이 흐르면서 변하는 특성이 있으며 또 맛이 문화적으로 어떻게 코드화되는지를 확실하게 알 수 있다.

특정 음식이 사회에서 차지하는 위치는 사회적 구별로서 희귀성과 지배계급 내부의 권력 작용이 복합적으로 뒤섞여서 반영된다. 중세 유럽의 궁정요리는 아시아에서 비싼 값을 주고 수입한 향신료와 밀렵금지법 때문에 귀족들만 먹을 수 있었던 막대한 양의 고기 특히 사냥고기에 절대적으로 의존했다. 근세에 맛의 변화가 문화적 분수령을 맞이한 것은 유럽에서 식민주의의 위세가 날로 높아지면서였다. 처음에는 포르투갈이, 다음에는 네덜란드가 해양 제국을 확립하면서 향신료의 수입 가격이 극적으로 낮아졌고 유럽대륙으로 막대한 양의 향신료가 유입되기 시작했다. 일부 지배층만 맛볼 수 있었던 고급 음식으로서 특성을 잃은 향신료는 따라서 지배층의 주방에서 자취를 감추고, 대신에 고기를 냄비에 담고 미묘한 향을 내는 허브를 넣어 졸인 조리용 육즙을 이용한 좀 더 "자연적"인 소스들이 향신료의 자리를 차지했다. 한편, 인구 증가와 가축 사육에 따른 곡물 생산의 증대—역사학자 브로델이 통탄한 역사적 흐름—는 가축고기 특히 최상등급의 소고기에 새로운 사회적 지위를 부여했다.[30]

이와 같은 변화는 음식의 공급과 신분 사이에 어느 정도 직접적 연관성이 있음을 도출해냈지만 민츠가 설탕—유럽 제국주의를 통해 요리의 새로운 전기를 마련한 또 하나의 식재료—에 관한 연구에서 입증한 것처럼, 그러한 연관성이 늘 명백한 것은 아니다. 처음에 설탕은 르네상스 시대 연회 음식을 만들 때 아주 특별한 경우에 사용되었지만 그저 또 다른 향신료일 뿐이었다. 그러다 노예노동을 이용한 아메리카대륙의 사탕수수 플랜테이션이 탄생하면서 설탕은 공급이 크게 증가했고 사회의 모든 계층에서 막대한 양의 설탕을 쉽게 구할 수 있게 되었다. 그러나 설탕이 노동계급의 주된 식료품이 된 것은, 민츠가 언급한 대로, 노동계급이 지배층의 식습관을 따라 한 때문이 아니라 오히려 공장에서 휴식 시간에 커피나 차에 설탕을 넣어 마시기 시작했기 때문이다. 따라서 설탕은 "추가적 영양 공급 없이도 더 많이 일할 수 있도록 자극"을 유발했다. 민츠는 다음과 같이 결론짓는다. "영국의 공장에서 노동계급의 영양 상태를 파괴하고, 그들을 설탕중독자로 만들고, 치아를 상하게 하려는 음모를 꾸민 적은 전혀 없었다. 오히려 설탕 섭취의 지속적 증가는 돈을 벌고자 하는 노동계급 내부 투쟁의 유물이었다. 결국 그 투쟁은 약물 식품 문제를 해결하기 위한 세계시장의 해법을 낳았는데, 그것이 바로 설탕이었다."[31]

음식은 사회계급 간을 구별 짓는 구실을 했을뿐더러 특정 사회집단 내부에서 젠더 위계와 세대 위계질서를 구성하는 역할도 했다. "남자 사냥꾼"의 개념은 오늘날 도시사회에도 여전히 자리 잡고 있다. 남성들에게 스테이크와 바비큐 고기를 먼저 주거나, 남성들에게 축하용 칠면조나 햄 또는 소고기 로스구이를 먼저 잘라서 주는 관습이 바로 그런 사례다.[32] 음식의 생산 및 분배와 관련해 젠더적 차원의 문제들은 많이 지적되지만, 그것과 관련된 세대 차이의 문제는 간과되는 경우가 많다. 특히 미국의 경우가 심하다. 세대 차이의 문제가 반드시 공공연한 불평등을 수반하는 것은 아니지만, 아기와 어린이 식품은 대개 슈퍼마켓 진열대에서 어른 식품과 분리되어 있으며, 아이들 음식은 음식점 식단표에도 따로 표기되어 있다. 음식은 대개 나이대별로 나뉘는 것을 볼 수 있는데, 예컨대 아이들에게는 우유가, 어른들에게는 커피가 적합한 음식으로 나뉜다. 하지만 이러한 구분은 스타벅스가 널리 퍼지면서 점점 줄어들고 있는 것 같다.

미국에서 음식의 사회적 경계에 대한 포스트모더니즘의 비판은 "잡식주의 omnivorism" 문화로 이어진다. 햄버거, 타코, 길거리표 국수가 송로버섯이나 스시 같은 고급 식품과 경쟁하기 시작했는데, 스시는 19세기 초 에도시대에는 본디 길거리 음식이었다. 그러나 이러한 추세는 맛의 민주화를 나타낸다기보다는 오히려 구별을 강조하는 새로운 수단을 표지하는 것일 뿐이다. 음식 상징주의 [상징성]food symbolism의 계층화는, 토마토와 캐비아를 대조하는 것처럼, 서로 다른 종류의 식품을 통해서 뿐 아니라 같은 종류의 식품 내부—유기농 토종 토마토와 산업화된 온실hothouse에서 재배된 맛없는 개량 품종 토마토—를 통해서도 나타난다. 조제 존스턴Josée Johnston과 샤이언 바우만Shyon Baumann은 "미식가[식도락가]foodies"에 관한 연구에서, 잡식성 취향이 어떠한 방식으로 사회적 구별과 문화적 자본을 강조하는지를 설명한다. 미식가들이 장인의 제빵 기술이나 지역 특산 요리의 정통성authenticity과 단순성simplicity을 추구하는 것은 자신들의 음식에 대한 지식과 훌륭한 미각을 과시하기 위함이다.[33] 그러나 오늘날 소비자들이 맛을 선택할 수 있는 능력은 철저하게 시장구조에 의해 제한되어 있다. 윌리엄 로즈베리William Roseberry는 "여피족 커피yuppie coffee"*에 관한 연구에서 다음처럼 말한다. "나는 요즘 고급 커피전문점에 가면, 내가 그동안 한 계급과 세대의 일원으로 명백하게 대상화되었고, 커피 포대나 통, 커피의 종류와 향내, '오늘의 스페셜 커피'의 제공이 나 같은 사람들의 틈새시장을 노리고 의도적으로 고안된 것이라는 사실을 알고는 약간 당황스러워진다. 그러나 내 선택의 자유를 둘러싼 환경이 실제로 그러하다."[34] 음식의 분배에서 권력과 불평등의 구조는 그와 같은 문제를 해결할 국가의 역할에 관한 연구가 매우 중요하다는 것을 말해준다.

음식에 대한 국가의 통제

음식에 대한 선호는 인간의 선택으로부터 "자연스럽게" 나오는 것으로 생각하기 쉽다. 그러나 음식의 생산과 분배는 대개 국가가 통제하기 마련이며, 따라

---

* 여기서 "여피족"의 문자 그대로의 뜻은 "도시 주변을 생활 기반으로 삼고 전문직에 종사하면서 신자유주의를 지향하는 젊은이들"이다. "young urban professionals"의 머리글자 "yup"와 "히피hippie"의 뒷부분을 합성해 만든 말로, 1980년대 초부터 사용되기 시작했다.

서 한 국가 국민의 문화적 취향은 역사적으로 국가에 의해 만들어지고 모양이 갖춰진다. 물론 통치자들은 오래전부터 국민들에게 적절한 음식 공급을 보장함으로써 국가의 정통성을 유지해왔다. 일례로, 중국의 황제는 곡식의 신인 하늘로부터 "천명"을 받은 천자 곧 하늘의 아들이었다. 그래서 통치자들은 관개공사나 공공 곡물저장고 건설과 같은 각종 국가사업을 통해 곡물 생산에 투입될 노동력을 동원할 수 있는 권력이 자신에게 있다고 주장했다. 고대 잉카제국은 국가의 종교의례에 쓰이는 발효주 치차chicha의 원료인 옥수수를 재배하기 위해 고지대 감자밭 주민 전체를 저지대 안데스계곡으로 이주시켰다.[35] 오늘날 독재정권들도 비슷한 방식으로 자신들의 권력을 강화하기 위해 국민들의 식습관을 통제하려는 노골적인 시도를 꾸준히 해왔다. 심지어 민주국가의 정부들도 음식을 루이 알튀세르Louis Althusser가 '이데올로기적 국가기구[국가장치]ideological state apparatus'라 부른 것의 핵심 요소로 이용한다. 다시 말해, 정부의 음식 통제는 국가의 노골적인 억압과 구별되는, 국가의 지배력을 이용해 국민의 묵인을 얻어내려는 헤게모니적 시도 가운데 하나다.

무솔리니 치하의 이탈리아는 시민·군인·농민이 삼위일체라는 로마제국의 이상을 전면에 내걸고 음식을 국가의 상징과 경제구조의 중심에 두었다. 스파게티spaghetti와 폴렌타polenta* 같은 이탈리아의 지역 요리들은 파시스트 이론가 필립포 토마소 마리네티Filippo Tommaso Marinetti**가 쓴 《미래주의자 요리책Futurist Cookbook》(1932)에서 말한 현대 요리에 전혀 들어가지 못했다. 무솔리니 정권은 1925년에 이미 식량의 자급자족을 이루어 수입 곡물에 대한 국가의 의존을 무너뜨리기 위해 "밀과의 전투"를 선포했다. 무솔리니는 대국민 선전용 포스터 제작을 위해 탈곡하는 영웅적 농민처럼 웃통을 벗은 자세를 취하면서 자신의 추종자들에게 식량 증산을 촉구했다. 이와 같은 선전 활동은 청과물, 감귤류, 올

* 이탈리아 북부지방(프리울리Friuli, 베네토Veneto, 롬바르디아Lombardia)의 전통음식으로 옥수수를 끓여서 만드는 수프의 일종. "폴렌타"는 고대 로마시대에 곡물가루를 물에 풀어 끓여 만든 죽을 의미하는 라틴어 '폴스puls' 혹은 '풀멘툼pulmentum'에서 유래한 말이라 고한다.
** 이집트 태생의 이탈리아 시인·소설가(1876~1944). 프랑스 일간지 《르 피가로Le Figaro》 1909년 2월 20일자 1면에 〈미래주의 선언Manifeste du futurisme〉을 발표해 과거의 전통에서 벗어나 모든 해방을 목표로 하는 미래주의운동을 창시하기도 했다

리브와 같은 수출용 곡물만 집중 재배 하는 결과를 초래했고 이탈리아인 식생활의 다양성을 약화시켰다. 하지만 무솔리니는 국민들의 생활수준이 낮아지는 것에는 전혀 관심이 없었다. 그러다 제2차 세계대전의 패전으로 황폐해진 이탈리아 국민들은 아사 직전의 상황에 이르렀다. 캐럴 헬스토스키Carol Helstosky가 보여준 대로, 무솔리니는 대중에게 복지를 제공하는 데 실패함으로써 일반 대중의 식생활을 바꾸려는 정부의 시책에 대한 국민들의 비협조에 직면했다.[36]

일본에서 음식에 대한 국가의 통제는 역사적으로 쌀의 생산과 분배에 초점이 맞춰져 있었다. 불교의 계율에 따라 야생동물까지는 아니더라도 가축을 잡아먹는 육식이 금지되어 있었기 때문이다. 250년 동안의 쇄국의 시기 이후 19세기 중반 일본의 "재개방"은 서구 식민주의 열강의 침략 위협과 함께 식생활에 대한 국가적 논쟁을 촉발했다. 도정한 백미의 비타민B 결핍으로 각기병 발병률이 높아졌음이 밝혀지면서 일본의 전통적 식생활은 국가의 군사력과 독립에 큰 위협이 되었다. 1871년, 메이지明治 천황은 마침내 공식적으로 육식 금지를 해제하고 소고기, 양고기, 돼지고기, 사슴고기, 토끼고기를 황실 식단에 포함시켰다.* 그는 한 발 더 나아가 1872년 1월 24일에 드디어 공개적으로 고기를 먹기도 했다. 식생활 개혁의 수용은 서구의 근대성을 폭넓게 채택하는 과정의 일부였다—육식은 일본이 서구 세계에 더 가까워졌음을 상징했다. 천황은 이뿐 아니라 국가에서 주관하는 연회에 프랑스 요리를 소개하기도 했다. 여기에 더해 그는 영양 개선이 강인한 "군인들의 몸"을 만드는 데 필수조건이며, 그럴 때 비로소 이미 유럽제국 열강의 지배 아래 떨어진 다른 아시아 국가들의 운명을 피할 수 있다고 생각했다.[37]

음식은 전후戰後 일본에 민주적 정부가 들어선 뒤에도 국가가 인구를 통제하는 강력한 통치 기제로 여전히 남아 있다. 앤 엘리슨Anne Allison은 일본에서 아이들이 학교에 갈 때 가지고 가는 도시락인 "벤토べんとう, 弁当"의 문화적 중요성에 대해 설명했다. 이 도시락은 동물·꽃·풍경과 같은 기발한 모양으로 꾸며지

---

* 7세기(675) 덴무天武 천황이 수렵한 동물을 먹지 말라고 선포했지만, 이는 주로 귀족층에서만 지켜졌고 일반 백성들에게까지 육식 금기가 확산되지 않았다. 에도시대의 경우 표면적으로는 소고기와 돼지고기의 금기가 상류층을 중심으로 지켜졌다.

지만, 아이에게 적당하고 맛있는 점심을 싸줘야 하는 엄마에게나 교실에서 다른 아이들과 함께 싸온 점심을 깨끗이 먹어치워야 하는 아이에게나 모두 부담을 준다. 도시락을 아름답게 꾸미기 위해서는 하루 평균 30분 정도가 걸리는데, 날마다 새로운 도시락을 준비하기 위해 전문 요리책과 잡지를 살펴보는 데 들어가는 시간과 비용은 거기에 포함되어 있지 않다. 교육부서[문부과학성]가 지원하는 유치원 교사들은 원생들을 감독한다는 명목으로, 학교 성취도 달성 기준과 정형성setting pattern을 맞추지 못하는 엄마와 아이들을 부끄럽게 만들면서 원생들의 가정생활에 개입한다. 국가는 직접적으로는 교육 환경에서 이러한 시스템을 지원하는 성별분업을 통해 이익을 얻을 수 있고, 간접적으로는 남자들이 직장에서 잘 관리된 가정을 믿고 마음 놓고 오랫동안 일할 수 있게 보장함으로써 그들의 노동력을 확실하게 착취할 수 있다. 앨리슨은 이렇게 끝맺는다. "모성은, 가정과 학교에서 아이들을 통해 그리고 아이가 집에서 학교로 들고 나르는 벤토처럼 엄마에게 떠넘겨진 노동을 통해 작동하는, 국가가 만들어낸 이데올로기이다."[38] 이탈리아든 일본이든 모든 국가는 국민의 식생활에 언제나 적극적으로 개입한다.

세계적인 것과 지역적인 것

특정 문화의 구조적인 것과 세부적인 것들에 대한 세심한 주의는 인류학의 전통적 강점 가운데 하나였다. 이러한 지역적 관점은 또한 세계화 과정의 본질을 꿰뚫어볼 수 있는 귀중한 통찰을 제공한다. 실제로 새로운 상품과 생각이 어떤 문화에 통합되는 "현지화localization" 과정에 대해 인류학자들이 주목하는 것은 세계화 흐름의 역사를 이해하는 데서 꼭 필요한 자세다. 그러나 참여관찰이라는 방법론은 본디 전통 사회 연구를 위해 고안된 것이어서, 그것은 변화하는 세계에 발맞춘 수정이 필요하다. 오스카 루이스Oscar Lewis는 1950년대에 도시인류학urban anthropology이라는 새로운 분야를 개척했는데, 그가 전에 현장연구를 수행했던 [멕시코시티 교외의] 테포스틀란Tepoztlán 마을을 다시 방문했을 때가 바로 그 시점으로, 거기서 그는 옛날에 자신의 관찰 대상이었던 농민들이 모두 멕시코시티의 빈민촌으로 이주한 사실을 알았다.[39]* 조지 마커스George Marcus는 새로운 연구 대상을 따라 이동함으로써 예컨대 종족, 사건, 은유, 또는 분쟁을 따라 다님으로써, 더욱 복잡하고 이동성이 큰 디아스포라 공동체들을 연구하기 위해 "다현장 문화기술지multi-sited ethnography" 방법이 필요하다고 주장했다.[40] 그러한 접근방식은 자칫하면 인류학자들이 심도 있는 문화기술지 연구를 포기하고 국제공항 일등석 대합실에 죽치고 앉아 "참여"관찰만 수행할 위험이 있다. 그러나 특정 문화에 대한 깊은 이해를 바탕으로 한다면, 그런 지역적인 것을 세계적 네트워크에 연결하는 인류학은 상품·기업·이주노동자들의 이동이 의미하는 것을 아주 잘 설명할 수 있다.

상품사슬 분석이 대개 농촌사회학자들의 연구와 관련이 있다고 하더라도, 인류학자들 또한 상품이 역사적으로 어떻게 이동했는지에 대한 중요한 통찰을 제공한다. 실제로, 모든 주요 식품은 매우 광범위하게 전 세계를 이동하면서 그것들이 도달하는 사회들에 중대한 영향을 끼쳤다. 민츠의 설탕에 대한 설명은 대서양을 가로지르는 노예무역을 영국 산업화의 기원과 솜씨 있게 연결한다. 아르투로 와르만Arturo Warman은 옥수수의 세계사를 통해 신세계 농작물들이 전 세계 많은 지역에 어떻게 수용되었는지를 잘 보여준다―그러나 옥수수를 수입한 지역에서 아메리카 원주민들이 옥수수에 부족한 비타민 함유량을 올리기 위해 알칼리성 가공 처리 후 조리하는 방식을 무시했기 때문에, 옥수수 의존도가 큰 지중해 지역 사람들은 펠라그라라는 유행성 질병에 시달렸다.[41] 논농사가 일본에 처음 도입된 것은 기원전 400년경이었고, 그 이후로 논농사는 이전의 수렵채집 중심의 생계경제를 서서히 대체하면서 초기 국가의 기반을 제공했다. 일본의 신화 역사들은 벼를 신神으로 말하는 경우가 많다. 예컨대 전설적 인물인 진무神武 천황은 태양 여신의 손자로 하늘 들판에서 키운 최초의 볍씨를 받아 지상의 황무지를 논으로 바꾸었다. 이 신화는 벼와 신 사이뿐 아니라 논과 일본의 토양 사이를 상징적으로 연결한다. 일본에서 벼의 역사는 "세계적"인 것이 어떻게 철저히 "현지화"되는지, 그리고 다른 나라의 음식이 어떻게 자기 나라의 맛이 되는지

---

* 루이스의 이 책은 국내에서는 《산체스네 아이들: 빈곤의 문화와 어느 멕시코 가족에 관한 인류학적 르포르타주》(박현수 옮김, 이매진, 2013)로 번역·출간되었다.

를 입증해준다.

패스트푸드 산업 또한 세계화와 현지화 사이의 독특한 연관성을 예시해준다. 맥도날드는 이러한 패스트푸드가 어떻게 그처럼 신속하고 눈에 띄게 극적인 존재가 되었는지를 상징적으로 보여주는 표상이 되었다. 프랑스인들은 미국의 "문화적 헤게모니"에 저항하는 사람들로 유명하다. 양을 치는 프랑스 농민 조제 보베는 프랑스의 맥도날드 체인점 한 곳을 파괴해 순식간에 유명한 반세계화 운동가가 되었다. 그럼에도 맥도날드는 파리의 고객들에게 와인을 제공하는 현지화 전략을 통해 부분적이긴 해도 프랑스 시장에 침투했다. 비서구 사회에서 맥도날드의 탈바꿈metamorphosis 전략은 훨씬 더 광범위하다. 맥도날드가 일본에 진입한 이래로 일본 맥도날드 체인점의 메뉴는 엄청난 변화를 겪었다. 중국식 볶음밥(맛쿠차오マックチャオ), 치킨 타츠타(チキンタツタ, 간장 맛이 나는 튀김 치킨 샌드위치), 그리고 역설적으로 홍콩에서 "사무라이 버거samurai burger"라고 부르는 데리야키 버거(양념구이 버거)가 그런 것들이다. 맥도날드는 또한 지역의 경쟁업체들에 영감을 주었다. 일례로 일본의 모스버거MOS Burger는 둥근 빵bun 모양의 쌀 패티와 휴대용 벤토상자로 유명한 일본식 버거 체인점이다.* 모스버거는 게다가 "로컬푸드"의 흐름에 편승해 버거에 쓰이는 채소를 재배하는 농장 정보와 사진들을 눈에 띄게 디스플레이한다. 처음에 일본 고객들은 미국 생활을 간접적으로 경험하기 위해 비싼 돈을 주고 맥도날드를 사 먹었지만, 한 세대가 지나기도 전에 맥도날드의 이국적 매력은 토착화와 국산화를 통해 사라졌다. 일본 맥도날드의 창업자 후지타 덴藤田田은 미국을 방문한 일본의 보이스카우트 대원들이 시카고 맥도날드 매장에서 먹은 버거가 일본에서 먹었던 버거 맛과 같다는 것을 알고는 안심했다는 말을 전한다.[42]

맥도날드 체인점 형태의 "위로부터의 세계화"에 대한 과도한 주목은 실제로 동등하게 중요한 의미가 있는 흐름이라 할 수 있는, 노동력의 이동을 통해 발생하는 "아래로부터의 세계화"의 중요성을 축소하는 결과를 낳는다. 민츠는 수백만 아프리카인이 플랜테이션농장 노예로 강제 이주 당한 것이 어떻게 오늘날 유럽

---

* 모스의 MOS는 산Mountain, 바다Ocean, 태양Sun의 앞글자에서 따왔다고 한다. 일본의 모스버거는 1972년에 문을 열었으며, 한국에도 진출해 있다.

인들의 식습관을 새롭게 바꾸어냈는지 보여준다. 마찬가지로 오늘날 미국의 농장노동은 값싼 이주노동자들에게 크게 의존하고 있다. 하지만 현실은 그들의 노동력으로부터 큰 이익을 챙기는 당사자들 곧 미국인들이 그들의 존재를 비난하고 있는 어처구니없는 상황이다. 수잰 프라이드버그Susanne Freidberg는 오늘날 상품 공급 사슬이 원거리에서 어떻게 약탈적 본성을 수행할 수 있는지를 밝힌다. 예컨대 비행기를 통해 유럽의 소비자들에게 공급될 깍지콩을 서아프리카에서 재배하는 것이 바로 그런 경우다.[43] 그러나 이주노동자들은 그들의 노동력뿐 아니라 그들의 관례적 식생활도 새로운 땅으로 가져온다. 세계 어디서나 볼 수 있는 중국인들의 모습은 근세에 동남아시아로 이주하기 시작한 중국인 이주노동자들의 뛰어난 장사 수완을 입증한다.[44] 미국에서 중국 음식 하면 춥 수이chop suey*와 차우멘chow mein**을 떠올리는데, 이는 광둥廣東 지역에서 미국으로 이주한 중국인들이 많고 그 지역의 요리들이 서구인의 입맛에 맞게 현지화가 잘 이루어졌기 때문이다. 1965년부터 중국 전역에서 새로운 이주민들이 미국에 유입되면서, 미국 문화에 동화된 이 중국 전통 요리들은 쓰촨성四川省, 후난성湖南省, 상하이, [광둥성] 차오저우潮州의 다양한 특산 요리들로 빠르게 대체되었는데, 특히 중국 이주민들이 많이 모여 사는 화교 사회에서는 더욱 그러했다.[45]

　우리는 다양한 "민족 전통 음식"의 세계화와 그것의 현지화를 다양한 방면에서 목격하지만, 그것은 단순히 지역적인 것이 세계적인 것으로 바뀌는 과정이 전혀 아니다. 제프리 필처는 이와 관련해 중요한 질문을 던진다. "세계화를 주시하는 사람들은 어떤 문화를 전 세계에 포장해서 팔지를 결정하는 국제적 권력관계에 점점 더 주목해왔다. 그것은 바로 '누가 세계화를 주도하는가?'라는 문제다."[46] 미국에서 멕시코 음식은 소수민족 공동체[에스닉 커뮤니티]와 백인 주류 사회의 연쇄적 만남을 통해 떠올랐다. 19세기 텍사스주 샌안토니오에서, "칠리 퀸"이라고 알려진 음식 노점상들이 여행객들에게 자신들이 즐겨 먹던 독특한 풍미가 나는 스튜를 팔기 시작했다. 그러나 외지인들은 칠리 고추 가루와 통조림 칠리 같은 그와 유사한 복제품을 곧바로 개발했다. 대량 생산된 칠리와 타코는 전 세계

---

* 자수이雜碎. 다진 고기와 채소를 볶아 밥과 함께 먹는 요리.
** 차오몐炒麵. 잘게 다진 고기와 채소를 국수와 함께 볶은 면요리.

로 퍼져나갔는데, 멕시코인이 아닌 미국인 특히 군무원과 반문화운동가들을 통해 전파되었다. 뉴욕에서 베를린, 울란바토르에 이르기까지 이른바 멕시코 음식은 식품가공업의 산물이다. 식품가공업자들은 광고를 통해 그 자체적인 정통성authenticity을 제조해내는 사람들이다. 필처는 전 세계에 흩어져 있는 멕시코인들에 대한 다현장 문화기술지 연구를 구상하고는, 다양한 지역사회가 멕시코 문화에 대해 어떤 이미지를 가지고 있는지 알아내기 위해 육대주의 음식점들을 방문하고 요리책을 검토하는 방법을 통해 타코의 발자취를 추적했다.

시어도어 베스터Theodore Bestor 또한 비슷한 방식으로 북아메리카 사람들의 머릿속에 자리 잡은 일본 이미지와 관련해 "글로벌 스시의 아주 특별한 논리"를 설명한다. [도쿄도都 주오구區의] 쓰키치 수산시장은 일본 음식 문화, 일본의 유통 경로, 일본의 사회 문화 규칙들로 가득 차 있다. 하지만 그곳은 세계시장과 아주 긴밀하게 통합되어 있다. 쓰키치 [수산]시장築地市場은 적어도 공식적으로는 대서양 참치보존위원회ICCAT의 규제를 받지만 세계 참다랑어 시장을 실질적으로 지배하는 곳이 되었다.[47] 따라서 멕시코 음식이나 일본 스시의 세계화 과정은 그러한 전통 음식이 지역에서 전 세계로 전파되면서 자연스럽게 세계인의 입맛을 바꾸어 그들의 "인정을 받는" 것과는 거리가 멀다. 오히려 이와 같은 음식 관행의 변화는 멕시코나 일본의 "아이디어"를 이용한 자본, 생산, 유통, 광고가 어우러진 복잡한 시스템으로부터 비롯한다.

결론

인류학은 사회과학 분야에서 가장 먼저 음식을 탐구 대상으로 진지하게 받아들인 학문 가운데 하나로, 지금까지 음식학 연구에서 선도적 역할을 수행해왔다. 참여관찰을 통한 문화기술지적 연구 방법은 음식의 생산·분배·소비와 관련된 물리적 처리 과정과 상징적 의미들을 파악하는 데 아주 적합하다. 주어진 사회 안에서 음식이 상징하는 특별한 의미를 이해하기 위해서는 오늘날 널리 행해지는 식습관이 어떻게 현지화했는지 세심한 주의를 기울여야 한다. 이러한 의미들은 문화적으로 구성되고 시간이 흐르면서 변화한다. 이에 인류학 또한 연구 방법과 개념들에 대한 비판적 자기 점검을 통해 음식에 대한 접근방식을 수정해왔다. 최근 들어 음식 연구에 대한 인류학적 접근방식이 크게 확산되는 것은 인류학이 사회와 문화에 대한 중요한 문제들을 제기하고 —또 답변하는— 데 필수적 역할을 수행해왔기 때문이다.

주

1. 음식의 인류학의 연구방법론과 관련해서 유용한 지침이 되는 책으로는 다음을 보라. Helen Macbeth and Jeremy MacClancy, eds., *Researching Food Habits: Methods and Problems*(New York: Berghahn, 2004).

2. Marshall Sahlins, "The Original Affluent Society," in *Stone Age Economics*(Chicago: Aldine Publishing Co, 1974), 1-39. [한국어판. 마셜 살린스 지음, 박충환 옮김, 《석기시대 경제학: 인간의 경제를 향한 인류학적 상상력》, 파주: 한울아카데미, 2014]: 또한 다음을 보라. Emiko Ohnuki-Tierney, *The Ainu of the Northwest Coast of Southern Sakhalin*(New York: Holt, Rinehart & Winston, 1974).

3. Edmund Leach, "Animal Categories and Verbal Abuse," in *The Essential Edmund Leach*, vol. 1, *Anthropology and Society*, ed. S. Hugh-Jones and J. Laidlaw(1964; repr., New Haven: Yale University Press, 2000), 322-343; Francis Zimmermann, *The Jungle and the Aroma of Meats: An Ecological Theme in Hindu Medicine*(Berkeley: University of California Press, 1987).

4. William Robertson Smith, *Religion of the Semites*(1894; repr., New Brunswick, NJ: Transaction Publishers, 2002).

5. 예컨대 다음을 보라. Marvin Harris, *Good to Eat: Riddles of Food and Culture*(New York: Simon and Schuster, 1985). [한국어판. 마빈 해리스 지음, 서진영 옮김, 《음식문화의 수수께끼》, 서울: 한길사, 1992]

6. 그 문헌에 관한 상세한 검토는 다음을 보라. Ellen Messer, "Anthropological Perspectives on Diet," *Annual Review of Anthropology* 13(1984): 205-249; Sidney W. Mintz and Christine M. Du Bois, "The Anthropology of Food and Eating," *Annual Review of Anthropology* 31(2002): 99-119.

7. Paul Rozin, "Food and Eating," in *Handbook of Cultural Psychology*, ed. Shinobu Kitayama and Dov Cohen(New York: Guilford Press, 2007), 391-416.

8. Sidney W. Mintz, *Sweetness and Power: The Place of Sugar in Modern History*(New York: Viking, 1985), 14-16. [한국어판. 시드니 민츠 지음, 김문호 옮김, 《설탕과 권력》, 서울: 지호, 1997]

9. David E. Sutton, *Remembrance of Repasts: An Anthropology of Food and Memory*(Oxford: Berg, 2001).

10. Efrat Ben-Ze'ev, "The Politics of Taste and Smell: Palestinian Rites of Return," in *The Politics of Food*, ed. Marianne Elisabeth Lien and Brigitte Nerlich(Oxford: Berg, 2004), 141-160.

11. Paul Stoller, *The Taste of Ethnographic Things: The Senses in Anthropology*(Philadelphia: University of Pennsylvania Press, 1989), 19.

12. David E. Sutton, "The Vegetarian Anthropologist," *Anthropology Today* 13, no. 1(February 1997): 5-8.

13. Susan J. Terrio, "Crafting Grand Cru Chocolates in Contemporary France," *American Anthropologist* 98, no. 1(March 1996): 67-79.

14. Benedict Anderson, *Imagined Communities: Reflections on the Origin and Spread of Nationalism*, rev. ed.(London: Verso, 1982). [한국어판. 베네딕트 앤더슨 지음, 서지원 옮김,《상상된 공동체: 민족주의의 기원과 보급에 대한 고찰》, 서울: 도서출판 길, 2018]

15. Jack Goody, *Cooking, Cuisine and Class: A Study in Comparative Sociology*(Cambridge: Cambridge University Press, 1982), 206.

16. Pat Caplan, *Feasts, Fasts, Famine: Food for Thought*(New York: Berg, 1994); Gillian Feeley-Harnik, *The Lord's Table: The Meaning of Food in Early Judaism and Christianity*(1981; repr., Washington, DC: Smithsonian Institution Press, 1994).

17. R. Kenji Tieney, "Drinking like a Whale, Eating like a Horse: The Place of Food in the Sumo World," in *Cuisine, Consumption, and Culture: Food in Contemporary Japan*, ed. Theodore Bestor and Victoria Bestor(Berkeley: University of California Press, forthcoming).

18. Emiko Ohnuki-Tierney, *Rice as Self: Japanese Identities through Time*(Princeton, NJ: Princeton University Press, 1993), 89-90.

19. Judith Shapiro, *Mao's War against Nature*(Cambridge: Cambridge University Press, 2001).

20. John Feffer, "Korean Food, Korean Identity: The Impact of Globalization on Korean Agriculture"(Stanford: APARC Working Paper, Stanford University, 2005); Raj Patel, *Stuffed and Starved: The Hidden Battle for the World Food System*(Brooklyn, NY: Melville House, 2007), 2. [한국어판. 라즈 파텔 지음, 유지훈 옮김,《식량전쟁: 배부른 제국과 굶주리는 세계》, 서울: 영림카디널, 2008]

21. Jan Vansina, *The Children of Woot: A History of the Kuba Peoples*(Madison: University of Wisconsin Press, 1978), 177.

22. Robertson Smith, *Religion of the Semites*, 269. 강조는 필자.

23. Fernand Braudel, *Capitalism and Material Life, 1400-1800*, trans. Miriam Kochan(London: Weidenfeld and Nicolson, 1973), 68. 강조는 필자.

24. Marie Elisa Christie, *Kitchenspace: Women, Fiestas, and Everyday Life in Central Mexico*(Austin: University of Texas Press, 2008).

25. Norbert Elias, *The Civilizing Process: Sociogenetic and Psychogenetic Investigations*, trans. Edmund Jephcott(New York: Wiley-Blackwell, 2000). [한국어판. 노르베르트 엘리아스 지음, 옮김, 박미애 옮김,《문명화과정Über den Prozeß der Zivilisation》(전 2권), 서울: 한길사, 1996]

26. 예컨대 다음을 보라. Josephine Smart, "Cognac, Beer, Red Wine or Soft Drinks? Hong Kong Identity and Wedding Banquets," in *Drinking Cultures: Alcohol and Identity*, ed. Thomas M. Wilson(Oxford: Berg, 2005), 107-128.

27. Isao Kumakura, "Zen-Kindai no Shokuji Sahô to Ishiki(Table Manners and their Concepts during the Early Modern Period)," in *Shokuji Sahô no Shisô (Conceptual Structure of Eating Manners)*, ed. T. Inoue and N. Ishige(Tokyo: Domesu Shuppan, 1990), 108; Motoko Murakami, "Gendaijin no Shokuji Manâ-kan(Eating Manners of Contemporary Japanese)," in ibid, 133.

28. Warren Belasco, *Appetite for Change: How the Counterculture Took on the Food Industry*(Ithaca, NY: Cornell University Press, 1993); Dylan Clark, "The Raw and the Rotten: Punk Cuisine," in *Food and Culture: A Reader*, ed. Carole Counihan and Penny Van Esterik, 2nd ed.(New York: Routledge, 2008), 411-422.

29. Pierre Bourdieu, *Distinction: A Social Critique of the Judgment of Taste*, trans. Richard Nice(Cambridge, MA: Harvard University Press, 1984), 190. [한국어판. 삐에르 브르디외 지음, 최종철 옮김, 《구별짓기: 문화와 취향의 사회학》(전 2권), 서울: 새물결, 2005] 또한 다음을 보라. Claude Fischler, *L'omnivore: Le gout, la cuisine et Ie corps*(Paris: Odie Jacob, 1990)도.

30. Stephen Mennell, *All Manners of Food: Eating and Taste in England and France from the Middle Ages to the Present*(Oxford: Basil Blackwell, 1985), 72-n.

31. Sidney Mintz, *Sweetness and Power*, 186.

32. Richard Shweder, *Why Do Men Barbecue?*(Chicago: University of Chicago Press, 2002).

33. Josee Johnston and Shyon Baumann, *Foodies: Democracy and Distinction in the Gourmet Foodscape*(New York: Routledge, 2010).

34. William Roseberry, "The Rise of Yuppie Coffees and the Reimagination of Class in the United States," *American Anthropologist* 98, no. 4(December 1996): 771.

35. Paul S. Goldstein, "From Stew-Eaters to Maize-Drinkers: The Chicha Economy and the Tiwanaku Expansion," in *The Archaeology and Politics of Food and Feasting in Early States and Empires*, ed. Tamara L. Bray(New York: Kluwer, 2003), 143-172.

36. Carol Helstosky, *Garlic and Oil: Food and Politics in Italy*(Oxford: Berg, 2004); Simonetta Falasca-Zamponi, *Fascist Spectacle*(Berkeley: University of California Press, 1997); Filippo Tommaso Marinetti, *The Futurist Cookbook*, ed. Lesley Chamberlain, trans. Suzanne Brill(London: Trefoil, 1989 [1932]).

37. Nobuo Harada, *Rekishi no Naka no Kome to Niku-Shokumotsu to Tenno Sabetsu(Rice and Meat in History-Food, Emperor and Discrimination)*(Tokyo: Heibonsha, 1993), 17, 19, 70-76; Yanesaburo Gushima, *Bunmei eno Dappi-Meiji Shoki Nihon no Sunbyo(Exodus Toward Civilization-A Sketch of Early Meiji)*(Kyushli: Kyushli Daigaku Shuppankyoku, 1983), 194.

38. Anne Allison, "Japanese Mothers and Obentôs: The Lunch-Box as Ideological State Apparatus," in Counihan and Van Esterik, *Food and Culture*, 236.

39. Oscar Lewis, *The Children of Sánchez: Autobiography of a Mexican Family*(New York: Random House, 1961). [한국어판. 오스카 루이스 지음, 박현수 옮김, 《산체스네 아이들: 빈곤의 문화와 어느 멕시코 가족에 관한 인류학적 르포르타주》, 서울: 이매진, 2013]

40. George E. Marcus, "Ethnography in/of the World System: The Emergence of Multi-Sited Ethnography," *Annual Review of Anthropology* 24(1995): 95-117.

41. Arturo Warman, *Corn and Capitalism: How a Botanical Bastard Grew to Global Dominance*, trans. Nancy L. Westrate(Chapel Hill: University of North Carolina Press, 2003).

42. Emiko Ohnuki-Tierney, "We Eat Each Other's Food to Nourish Our Body: The Global and the Local as Mutually Constituent Forces," in *Food in Global History*, ed. Raymond Grew(Boulder, CO: Westview Press, 1999), 255-260.

43. Susan Freidberg, *French Beans and Food Scares: Culture and Commerce in an Anxious Age*(New York: Oxford University Press, 2004).

44. David Y. H. Wu and Sidney C. H. Cheung, eds., *The Globalization of Chinese Food*(Honolulu: University of Hawai'i Press, 2002).

45. Haiming Liu and Lianlian Lin, "Food, Culinary Identity, and Transnational Culture: Chinese Restaurant Business in Southern California," *Journal of Asian American Studies* 12, no. 2(June 2009): 135-162.

46. Jeffrey M. Pilcher, "Eating Mexican in a Global Age: The Politics and Production of Ethnic Food," in *Food Chains: From Farmyard to Shopping Cart*, ed. Warren Belasco and Roger Horowitz(Philadelphia: University of Pennsylvania Press, 2009), 158.

47. Theodore C. Bestor, *Tsukiji: The Fish Market at the Center of the World*(Berkeley: University of California Press, 2004); Theodore C. Bestor, "How Sushi Went Global," *Foreign Policy*(November-December 2000): 54-63.

8장

음식의 사회학
Sociology of Food

시에라 버넷 클라크 Sierra Burnett Clark
크리슈넨두 레이 Krishnendu Ray

　학문의 세계에서 비판적 사고는 학자들에게 당연히 요구되는 연구 자세임에도, 오늘날 미국 학계의 일상적 관행은 다양한 학문 분야를 몇몇 특정 국가 범위로 귀속시키고 소수의 지식 형태로 집중시킨다. 오늘날 학문의 연구 방법, 연구 유형, 설명 양식과 관련한 가정들은 지식의 변방으로 받아들여져서, 어떻게 시간적·공간적 환경이 그러한 가정들을 주조해내는지에 대해서는 거의 따지지 않는다. 미국의 학계는 대개 맹목적으로 미국 대학이 전 세계를 포괄한다고 생각하기 때문에, 자신들의 학문적 토대가 되는 국가와 그 공간적 제약이 인식에 영향을 끼칠 수밖에 없다는 사실을 까먹기 일쑤다. 그들은 자국의 학문적 전통을 당연한 것으로 여긴다—따라서 미국에서 인류학으로 여겨지는 것이 인도에서는 사회학으로 불릴 수도 있다는 사실을 알지 못한다—그리고 학문적 꼬리표는 대학에서 학과와 주 경계를 가로지르는 풍부한 토론의 가능성을 가로막는다. 게다가 학자들 대다수는 세상을 이해할 때 학문의 형식을 갖춘 지식이 대학의 공간을 벗어나거나 학문의 형식을 갖추진 못한 지식보다 우월하다고 생각한다. 이는 남들이 하고 있는 것에 대한 생소함에서 비롯한다고 할 수 있는데 결국은 전문화, 경계작업boundary-work,* 파벌주의를 수반하는 (실용적 차원에서 구직을 위한) 공동체 형성에 대한 현실적 요구와 관련이 있다. 그러나 그것은 또한 학계 내부에서 자기 잇속을 차리려는 이데올로기의 결과이기도 하다. 대학을 기반으로 하는 미국의 학문 분야들은 연구중심 대학들이 새로운 지식을 생산하는 곳—역사학자, 사회학자, 인류학자들이 서로의 결점에 대해 얼마나 잘 알고 있는지 모르지만 어쨌든 그들을 하나로 묶는 주장—이라는 데 합의를 이룬 것처럼 보인다. 다른 학문 분야의 인식론을 비판할 때, 그들은 대학이 아닌 곳에서 나온 연구에 대해서는 특히 더 무시한다.

그러나 새로운 지식은 사실은 개인을 비롯해 개별 가구, 동업 조합, 젠더 집단, 사회관계망, 커피 간담회, 이웃, 영리 기업, 비영리 단체, 정부, 그리고 대학에 이르기까지 다양한 공간 영역에서 생겨난다. 대학(과 정부)은 그저 사심 없이 진리를 추구하는 곳으로서 그들 고유의 지식 생산 능력을 모두 다 바치도록 역할이 주어진 영역일 뿐이다. 대학 밖과 우리의 일상생활을 들여다보고 여러 곳에서 학자들이 하는 말에 귀 기울인다면, 그것은 대부분 자명하다. 일례로 인도에는 다양한 운동 내부에서 생산되는 지식에 관한 활기찬 거리토론이 있는데, 그 토론은 대학을 기반으로 하는 지식과 관련해 진지하게 문제를 제기하고 있다.[1] 음식학의 장점은 지식 생산이 대학이 아닌 다른 곳에서도 이루어질 수 있음을 인정하고, 따라서 대학은 그러한 지식을 생산하는 곳 가운데 한 부분일 뿐이라고 생각한다는 바로 그 점일 수 있다—물론 음식학은 그 점을 단언하지는 않지만 매우 중요하게 인식한다. 음식학은 그러면서 현실과 유리된 사회과학자들에게 본디 그들의 태생이 거리임을 일깨워주고, 그들의 계보를 면면히 이어온 숱한 이주민 빈민가, 정착촌, 뒷골목에서 터져 나오는 목소리에 귀 기울일 것을 요구한다. 이 글에서 우리는 사회학(또는 다른 주류 학문 분야)이 정상적으로 설정하지 않는 특별한 장소, 특정한 시간, 특유한 기관들에서 지식 생산의 가능성을 인식하는 것이 어

---

* 과학 논쟁에서 자기들 주장만 과학적이고 상대방 주장은 비과학적이라고 몰아붙이기 위한 경계 나누기 작업.

떻게 또 다른 현실을 돌아볼 수 있는 기회를 제공하는지 살펴본다. 우리는 또한 음식에 관한 연구가 오늘날 대학에서 학문적으로 매우 생산적인 연쇄 접점을 제공한다고 주장한다. 음식학은 그동안 학문이 안주할 수 있는 근거지를 제공했던 견고한 학문들 사이의 벽에 도전하지만, 오히려 우리가 사회적 세계라는 훨씬 더 넓은 개념과 그것을 이해하는 더 미묘한 방식들을 볼 수 있도록 창문을 활짝 연다.

가정 및 여성의 노동과 밀접한 관련이 있는 영역인 음식에 관한 연구는 수십 년 동안 사회학자들의 무시를 받았다. 민속학자와 인류학자들은 문화, 종교, 그룹 다이내믹스group dynamics,* 상징성, 의사소통처럼 인간의 삶에 의미를 부여하는 원천들의 발전 과정에서 음식의 중요성을 오래전에 간파했다. 그러나 사회학자들은 음식을 핵심 요소로 초점을 맞추는 것에 주저했다. 심지어 음식이 계급과 계층화, 소비, 노동에 관한 연구에서 전보다 더욱 강한 특성을 보이는 오늘날에도 음식에 관한 다채로운 사회학 연구는 일부 영역에 한정되어 있다. 이와 같은 사회학의 무시는 두 극단적 경향성을 초래했다. 일부 학자는 학문적 규칙을 아주 엄격하게 지키고 학계에서 널리 인정받는 연구방법론만 적용함으로써 음식 연구를 정당화하기 위해 많은 애를 쓴다. 그러나 다른 한편의 학자들은 이러한 규범의 부재 덕분에 연구에 더욱 융통성을 발휘할 수 있었고 서로 다른 이론 체계들을 창의적이고 생산적으로 종합할 수 있었다. 음식에 관한 연구가 초기에 학계의 인정을 받는 데 크게 기여한 학자들이 전자에 속한다면, 앞으로 학계에 아주 크게 기여할 것으로 기대되는 학자들은 후자에 속한다. 일반적으로 음식학의 장점 특히 그것이 사회학에 주는 교훈에 대한 우리의 야심만만한 결론을 설명하기 위해서는 먼저 사회학이라는 학문, 그 이론과 방법론, 그리고 음식에 관한 연구에 사회학을 적용할 때의 장단점에 대해 몇 마디 하지 않을 수 없다.

사회학은 저개발, 농업 근대화, 도시화, 이주, 인종과 젠더, 소비, 의사소통, 과학과 종교, 집단 형성과 해체, 엘리트와 하위문화, 정체성, 공동체처럼 근대성 관

---

* 실험적 사회과학 연구 방법의 하나. 집단group 운영을 원활화하기 위해 집단이라는 장을 중력의 장이나 전자기의 장처럼 생각해 집단 구성원의 상호 교섭 관계에 작용하는 힘을 연구하는 사회학·심리학의 분야다. '집단역학'이라고도 한다.

련 문제에 주목하는, 계속해서 다양한 세부 주제로 확장해나가는 거대한 학문 분야다. 사회학은, 학계에서 주류 학문이 된 이래, 오늘날 사회학 연구에 지속적으로 영향을 끼치는 수많은 문제 제기를 통해 어떤 연구 분야가 사회학 연구에 합당한지 아닌지를 가리면서 현재의 모습을 갖추었다.

첫 번째 문제는 정책 변화와 지식 축적 사이의 긴장 관계다. 이는 이론과 실증적 연구empirical research 사이의 관계에 대한 문제들과 밀접하게 관련되어 있다. 초기의 미국 사회학자들은 자신들의 위치를 공공의 영역에 두고 개혁 의제들을 형성하기 위한 논거와 윤리를 제공하려 애썼다. 초창기 미국 사회학계의 근거지 가운데 한 곳인 시카고대학의 사회학자들은 처음에 그 대학 설립자인 존 D. 록펠러John D. Rockefeller가 속한 침례교의 이상과 사회복지 실현이라는 도덕적 지상명령을 따랐다. 그러나 1920년대와 1930년대에 사회학이 대학을 중심으로 기반을 다지고 성장하면서, 시카고학파Chicago school는 로버트 파크Robert Park, 어니스트 버지스Ernest Burgess, 루이스 워스Louis Worth, 허버트 블루머Herbert Blumer의 연구를 중심으로 사회학계에 굳건하게 자리를 잡았는데, 그들은 설립자의 적극적인 현실 참여와 거리를 두면서 정치적으로나 도덕적으로 현실 문제에 노골적으로 개입하는 것을 자제했다.[2] 그들은 실증적 연구를 높이 평가하면서 자신들의 연구가 도덕을 강조하는 기존의 사회철학과는 다른 사회과학이라고 주장하며 자신들의 주무대인 도시에 주목했다. 인간의 해석과 반응을 강조하는 미국의 프래그머티즘pragmatism[실용주의]은 주변부 사회적 행위자들social actors의 태도, 가치관, 경험에 대한 시카고학파 사회학자들의 생각에 영향을 끼쳤다. 이주민, 부랑자, 어린이, 빈민촌 거주자, 흑인, 소수민족 빈민가ghetto 사람들, 퍽치기들은 자신들이 비난하는 의미들에 바탕을 둔 상황에 반응했다. 이러한 상황을 이해하기 위해서는 좀 더 광범위한 사회과정에 관한 실증적 연구가 필요해 보였다. 사회학자들은 자신들이 연구하는 대상의 "세계" 안에서 실용적 추론과 의미 생성의 형태들을 면밀히 살폈다. 이와 같은 접근방식은 마침내 "사람들이 어떤 상황을 실재하는 것으로 규정하면, 그 상황은 결국 현실에서 실현된다"는 사회학계의 격언으로 완성되었다.[3]

오랜 세월에 걸쳐 사회학 발전에 영향을 끼친 두 번째 문제는 방법론과 관련이 있다. 미국 사회학이 동부 지역 대학들을 중심으로 퍼져나가다 마침내 서부 해안 지역 대학들로 번졌을 때, 도시 기반의 실증적 접근방식은 새롭게 뜨고 있던 통계학을 비롯한 각종 정량적 분석 도구의 지원을 받으며 더욱 확고하게 자리 잡고 있었다. 제2차 세계대전 뒤 전문화의 속도는 더욱 빨라졌고 응용 연구 분야는 많은 대학에서 새롭게 각광받기 시작했다. 다른 어떤 학과보다 더 많이 사회학 분야에서 "정량적 방법"을 점점 더 "전문화되는 연구 과제에 연결"한 곳은 바로 컬럼비아대학이고, 이런 연계는 오늘날까지 이어지고 있다.[4] 1960년대, 조사 데이터의 정형 분석formal analysis과 점점 이용도가 높아지고 있던 다변량 분석multivariate analysis은 현장 데이터 분석의 표준이 되었다. 개리 앨런 파인Gary Alan Fine 같은 학자들과 스티븐 메넬, 프리실라 파크허스트 퍼거슨의 연구와 같은 일부 역사사회학historical sociology 분야가 추구하는 심도 있는 해석과 자세한 설명이 특징인 문화기술지와 미시사회학microsociology은 지금도 여전히 살아남아 있다. 하지만, 그것들은 대개 정량적 분석 위주의 학문 앞에서 자신들의 타당성을 주장하기 위해 다른 학문 분야(예컨대 인류학과 역사학)의 인식론적 주장에 의존한다.

사회학자들이 내부적으로 이렇게 계속되는 학문적 긴장 관계 속에서 음식에 접근하기 때문에, 그들의 연구 작업은 몇몇 영역에서 집단화되었다. 연구방법론과 연구 주제는, 여타의 많은 학문이 그렇듯, 보통 서로 상관관계가 있다. 소비 패턴에서의 변화를 확인할 때, 연구자들은 대규모 조사 기록이나 구매 기록을 수집하기 마련이다. 하지만, 사람들이 자신의 소비행태나 다른 사람의 소비 습관의 원인으로 생각하는 의미를 파악하는 데는 연구자와 연구 대상 사이에 상호작용이 매우 빈번하게 일어나는 문화기술지적 접근방식이나 인터뷰 중심의 연구방법론이 사용되었다. 그 결과, 다양한 요소가 몇 가지 범주(정책 대 지식 축적, 이론 대 실증주의, 통시적 분석 대 공시적 분석, 정성적 연구 대 정량적 연구)로 분류되었다. 이들 분류를 개관하는 일은 문제의 요점을 이해하는 데 도움이 될 것이다.

오늘날 정책에 초점을 맞춘 사회학은 일반적으로 음식의 생산과 소비에 깊게 뿌리박힌 불평등을 말하면서 건강, 복지, 기회의 차이에 주목한다. 예컨대 보건사회학sociology of health은 권력 및 계급과 관련된 이론적 기반에 의존하기 때문에 대개 통계적 분석을 통한 실증주의로 나아간다. 이 분야에서 활동하는 학자들은 보통 대규모 집단 연구에 의존한다. 그 방식은 분석 대상이 되는 주제들과 그 주제들 사이의 상관관계를 폭넓게 바라보는 데 매우 유용하지만, 대개 음식과 관련된 더욱 긴밀하고 집약적인 상호작용을 수반하는 문제들은 다루지 못한다. 수치를 통해 지식을 구하는 대규모 정량적 연구에 비해, 정성적 방법론은 함축적 의미, 다양성, 인간의 긴밀한 상호작용이 데이터의 종합이나 일반화보다 더 설득력 있는 영역으로 학자들을 안내했다. 음식 문화의 발전 과정, 음식과 정체성의 관계, 음식에 대한 선호와 같은 문제가 사회적 관계에 영향을 끼치고 반영되는 방식을 연구하기 위해, 학자들은 역사사회학과 문화기술지 연구에서 담화 분석discourse analysis과 원문 분석에 이르기까지 다양한 방법론을 활용했다. 끝으로, 방대한 규모의 농촌사회학은 농촌생활과 그것이 문화와 환경에 끼치는 영향에 초점을 맞춘다. 농본주의agrarianism를 이해하는 것은 어떠한 먹거리체계를 연구하든 꼭 필요한 일이다. 농지가 여전히 모든 먹거리 생산의 시발점이거니와 농업과 관련된 이데올로기와 정책들이 사람들이 구매하고 섭취할 수 있는 먹거리의 양과 가격에 큰 영향을 끼치기 때문이다. 최근에 발표된 먹거리 생산과 관련된 많은 농촌사회학 연구는 지역주의와 환경의 지속가능성 문제들을 다루고 있다.[5]

우리는 지금까지 설명한 접근방식들의 중요성을 인정하면서, 음식학이 사회학자들에게 생각할 거리를 가장 많이 던져주는 곳이 아마 음식을 조리하고 먹는 현장일 거라고 생각한다. 인간의 감각적 경험과 긴밀한 상호작용을 가장 잘 드러내는 곳이 바로 그곳이기 때문이다. 이는 우리가 여러 생산 현장에 적용될 수 있는 노동과 기술 관련 이론들을 뛰어넘어, 인간의 삶에 보편적이지만 그동안 사회학자들이 지나치게 일상적이고 신체적인 것으로 무시해왔던 영역을 주목해야 할 충분한 근거를 제공한다. 그러나 세상은 바뀌고 있다. 이 시점에서 페미니스트 사회학자들이 음식을 만들고 선물하는 것을 포함해 자원의 행위 및 분배인 가정의 식사와 젠더 역학에 주목하는 것은, 사회학이 음식과 관련해 첫발을 내딛는 계기가 되었으며, 마침내 그 자체가 사회학의 전문적 하위 분야가 되었다.[6] 우리는 맛에 초점을 맞추고 다른 계통에서 사회학의 발전을 짚어보기 위해 그 논의를 한데 묶어 이야기한다.

최근의 사회학적 사고의 발전은 여러 새로운 방향에서 정성적 분석을 연구에 활용하면서 음식에 관한 연구에 새로운 기회의 가능성을 활짝 열어놓았다. 앞으로 설명하겠지만, 지난 수십 년 동안 사회학에서 일어난 문화적 변화와 관습의 "전환들"(젠더와 섹슈얼리티에 관한 이론화 과정에서 발전해나온)은 일상과 몸, 꿈, 틀에 박힌 일과라는 친밀한 공간에 대한 관심을 높였다. 사회학이 지난날 구조(미국 사회학계에 탤컷 파슨스Talcott Parsons가 남긴 유산)와 갈등(유럽-미국 사회학계에 카를 마르크스가 남긴 유산)을 강조하던 데서 벗어나면서, 학자들은 전면적 갈등이냐 완전한 합의냐의 논쟁 사이에서 관심 밖에 있던 일상의 사회적인 것 안에서 인간의 정신과 몸을 다시 생각하게 되었다. 우리의 음식학 관점에서 볼 때, 추상적 이론과 실증적 연구, 물질적 조건과 정신적·신체적 습관 사이의 긴장 관계가 가장 흥미로운 지점이 바로 여기다. 더 나아가, 학자들이 자신들의 존재 기반과 상황에 따라 달라질 수밖에 없는 해석의 특성에 대해 점점 깊이 생각하면서, 결국 과거에 사회학적 연구 대상으로 합당하다고 생각하지 않았던 새로운 형태의 지식을 탐구할 여지가 만들어지기 시작하는 지점도 바로 여기다.

우리가 다음에 검토할 많은 내용은 지금까지는 "소비사회학sociology of consumption"이라는 제목 아래 분류된다. 그것이 맛이나 음식 습관과 관련 있는 이론을 사용하기 때문이다. 그러나 우리는 "소비"라는 용어가 늘 정확한 말은 아니며 또 그것이 더 폭넓게 학계에 이익을 가져다줄 중요한 학문적 지식을 묵살한다는 사실을 보여주고자 한다. 실제로 음식에 관한 연구는 생산과 소비를 구분하는 것에 문제를 제기하는 설득력 있는 사례를 제공한다. 생산자도 소비자일 수 있고, 소비자도 생산자일 수 있다. 하지만 생산의 순간과 소비의 순간을 나누는 경계는 환상이 아니라면 모호하다. 예컨대 음식점은 음식을 조리하는 장소이자 먹는 장소다. 음식을 조리하는 중에 맛을 결정하고 느끼고 조절해서 수용하거나 퇴짜 놓는 곳이 바로 음식점이다. 앞으로 보게 되듯, 요리사나 요리비평가는 두 영역에서 동시에 활동한다. 음식업계에 종사하는 노동자들은 직공이나 장인 또는 종종 이주를 통해 형성되는 조직체와 사회집단으로서 노동관계의 관점에서 연구될 수도 있지만, 그들은 또한 맛을 창조하는 사람으로도, 소비자로도, 요리의 수준이나 추세를 발전시키는 데 필수적인 사람으로도 보일 수 있다. 따라서 이 장에서 우리가 주목하는 바는 "소비사회학"이 아닌 소비와 생산의 결합이며, 그 둘이 얼마나 긴밀하게 연결되어 있는지를 명백히 밝히는 것이다.

이제부터 우리는 음식에 관한 연구가 지금과 같은 형태로 궤도에 오르는 데 가장 큰 영향을 끼친 학문적 노력을 살펴볼 것이다. 다시 말해, 역사사회학을 검토하면서 그것이 요리와 같은 여러 문화 규범에 관한 당대의 이론들과 어떤 관련성이 있는지 살펴볼 것이다. 그러고 나서 대개 인터뷰와 문화기술지적 방법, 그리고 최근 들어 담화 분석을 통해 탐색되는 맛 선호도의 사회적 특징들에 관한 연구들을 검토할 것이다. 다음으로, 우리는 음식에 관한 연구와 그것의 폭넓은 학문적 기여에 매우 생산적일 수 있거나 그럼에 틀림없는 사회학을 비롯한 유관 학문에서의 새로운 발전 방향에 대해 면밀히 살펴볼 것이다. 우리는 조사, 이론 수립, 데이터 수집 및 분석 과정을 조명함으로써 여러 형태의 사회학 연구가 갖는 특수성과 이점들을 알아볼 것이다. 또한 오늘날 대학의 특징이라 할 수 있는 각종 학문적 경계와 제한된 지식 개념의 한계가 왜 날마다 조리하고 먹는 음식에 대한 우리의 이해력을 불필요하게 제한할 수 있는지 설명하고자 한다. 그래서 마침내 음식학의 미래를 기대하면서 이렇게 깊이 뿌리박힌 한계들을 뛰어넘어 앞으로 나아갈 수 있는 방법들을 제시할 것이다.

사회학에서의 음식

지금까지 사회학에서 음식은 대개 봉건주의에서 자본주의로의 이행, 농촌 개발 문제, 영양실조, 젠더 관계와 같은 여러 다른 사회문제에 관한 연구의 배경 즉 조연 노릇만 했다. 농업 생산과 관련된 방대한 하위 분야로서 사람들이 최종적으로 먹는 음식에 관해서는 그동안 철저하게 논의에서 배제되었다. 학자들은 또한 식품 처리 과정을 공장 노동과 안전, 이주민 동화와 그 장애물, 또는 젠더 관계와 가사노동과 관련한 문제를 제기하는 시발점으로 생각했다.[7] 이들 연구 가운데 많은 것에서 대개 사람들이 조리하고 먹는 음식은 기껏해야 그런 사회문제를 들여다보기 위한 한 가지 관점일 뿐이다. 하지만 여기서 우리는 음식, 또는 그것을 조리하고 먹는 행위가 연구의 초점이 되는 사례들과 우리가 음식에 대해 생각하는 방식을 근본적으로 바꾼 대표적 연구들을 알아보고자 한다. 먼저, 많은 사람이 오늘날 소비 이론의 창시자로 생각하는 소스타인 베블런과 노르베르트 엘리아스에서 논의를 시작한다. 그 까닭은, 음식학이 그들이 연구한 것의 영향을 직접적으로 많이 받았다고 생각해서라기보다는 오히려 그들이 인간의 행동 패턴과 소비 및 과시와 관련된 규범을 학문적 탐구 대상으로 다룬 최초의 학자들이기 때문이다.

베블런은 《유한계급론The Theory of the Leisure Class》(1899)*에서 근대의 소비주의consumerism에 대해 비판한다. 그는 분업과 그에 따른 잉여 축적이 1800년대 말 미국 사회에서 정점에 도달한 것으로 본다. 그는 상층계급의 "과시적" 소비와 낭비의 강압적 역할과 계급 불평등의 확산 속에서 모방의 압박을 확인한다. 그의 연구는 시간의 흐름에 따른 특정 형태의 소비, 낭비, 계급 관계에 영향을 끼친 힘들을 알아내고, 자신이 관찰한 것을 바탕으로 현재의 끔찍한 모습을 그려냈다는 점에서 역사적인 동시에 동시대적이다. 그는 다른 사람들이 소비지상주의에 관한 연구를 계속 이어갈 수 있는 토대를 마련해주었거니와 앞으로 수십 년 동안 사회학자들이 취하게 될 역사적이고 공시적인 접근방식의 본보기를 보여주었다.

베블런의 논문이 나오고 나서 40년 뒤에, 독일의 사회학자 엘리아스는 《문명화과정The Civilizing Process》(1939)**을 발표했는데, 그는 거기서 근세 유럽의 예절의 역사를 분석하고 사회집단을 구별하는 과정에서 에티켓etiquette과 혐오감이 어떤 구실을 하는지를 밝히고 있다. 카를 만하임Karl Mannheim의 제자인 엘리아스는 구조와 행위 주체, 갈등과 합의, 개인과 사회 간의 핵심 모순을 해결하려는 독특한 사회학을 낳았다. 예절에 관한 그의 연구는 수십 년 동안 에티켓, 정서, 습관에 대한 사회학의 관심을 고조시켰다. 엘리아스는 비록 영어권에서 오랫동안 무시되었지만, 개인이 먼저 존재하고 그들이 모여 사회를 형성한다고 가정하는 자유로운 사회계약의 전제와 달리, 개인과 사회는 함께 만들어진다고 말한 최초의 학자 가운데 한 명이다. 개인들은 사회적으로 형성되는 "아비투스habitus"*** 다시 말해 제2의 천성을 개발한다. 엘리아스는 또한 개인화된, 그러나 사회화된 몸의 생성과 국가의 형성 사이 놀라운 이론적 연계를 (미셸 푸코보다 30년쯤 앞서) 제안했다.

---

* 국내에서는 《유한계급론》(김성균 옮김, 우물이 있는 집, 2012, 개정판)으로 번역·출간되었다.
** 국내에서는 《문명화과정》(전 2권, 박미애 옮김, 한길사, 1996, 1999)으로 번역·출간되었다.
*** 특정한 시간과 공간이라는 사회적 환경에 의해 특정 집단이나 개인에게 내면화된 성향 체계.

엘리아스는 푸코와 마찬가지로 거대한 사회구성체를 이해하기 위해서는 시간의 흐름에 따라 변화를 연구하는 통시적 분석이 필요하다고 주장했다. 그의 시간적 도식은 푸코가 주장하는 지식의 고고학archaeology of knowledge*보다는 덜 "파괴적"이지만, 당대의 기준이 되는 사회 규범들의 발전 과정에 초점을 맞춘다는 점에서는 푸코와 동일하다.

엘리아스는 또한 원문 분석을 사회학에 도입한 최초의 사회학자 가운데 한 명이다. 그는 인간의 행위와 정신이 어떻게 표준화되었는지를 추적하기 위해 근세 에티켓에 대한 지침서들의 원문을 분석했다(미국의 사회역사학자와 페미니스트 학자들이 훨씬 뒤에 계승하게 될 혁신적 방법). 그는 개인으로서 인간이 극도의 자제력을 발휘해 야만적인 어린아이에서 문명화된 근대적 주체로 사회적 발전의 여러 단계를 연달아 가로지른다고 주장했다. 그것은 점점 상호의존성과 사회분화를 증대하는 구실을 한다(푸코의 주장과 반대). 그의 연구는 사회 발전을 단선적(단계적 발전)으로 생각하고, 문명이 본능과 감정(분노의 폭발을 포함한 감정의 표현)의 억제의 산물이라는 주장을 수용했다는 점에서 지나치게 지그문트 프로이트Sigmund Freud에게 의존적이라는 비판을 받았다. 그럼에도 크리스토퍼 래시Christopher Lasch는 특별히 다음처럼 언급했다. "엘리아스는 미국 학자들이 역사사회학의 새로운 영역을 개척하기 오래전에 이 새로운 학문 분야의 가능성을 인식했고 또 그에 관해 후세의 연구를 훨씬 능가하는 대담한 상상력으로 학문적 탐구를 진행했다."[8] 지그문트 바우만Zygmunt Bauman은 엘리아스가 스스로를 편협한 지식기술자라가 아니라 위대한 통합을 목표로 연구하는 고전사회학의 마지막 대표 세대 학자 가운데 한 명이라고 생각했다.[9]

엘리아스의 제자인 메넬은 맛이 추후에 어떻게 구성되고 정당화되는지 보여주는 데서 "문명화과정" 개념을 이용한다. 그는 담화 분석의 물결에 맞서 물질성을 여전히 중요하게 생각하면서 반복되는 사회적 압력의 영향력을 강조한다. 그는 역사 기록이 내적으로 면밀한 검토가 필요한 계속해서 발전해나가는 담화가 아니라 보통 역사학자들이 하는 것처럼 지나간 사건들을 기록한 고문서로서 이

---

* 고고학이 지층의 특징을 연구해 연대를 결정하는 것처럼, 언어라는 문화의 지층을 연구해 그 연대의 특이성을 알아내는 연구 방식.

용한다. 메넬은 광범위한 고문서 자료들—근세 요리책, 업계 신문, 여성 잡지의 요리 칼럼—에 대한 정밀한 독해를 바탕으로, 왜 영국인들은 프랑스인들과 달리 고급 요리를 개발하지 못했는지에 대한 답을 찾으려고 한다.

메넬은 계급의 역학 관계와 국가 형성을 통해 프랑스와 영국의 차이를 설명한다. 절대왕정이었던 프랑스는 상대적으로 세력이 약한 귀족들이 주방과 식탁에서 사회적 경쟁에 참여한 반면에, 의회주의였던 영국은 지주계급인 젠트리 gentry가 정치적 영향력을 유지하고 런던[중앙 왕권]의 유혹을 물리쳤다. 메넬의 《음식의 모든 매너들》(1985)은 궁정 문화가 사회적 경쟁을 상징하는 장소들을 제공했던 중세 말에서 시작한다. 15세기에 엘리트들은 자신의 권력을 내보이는 기회로 연회를 열고 막대한 양의 귀한 고기와 향신료들을 외부에 과시하고 소비했다. 그러나 17세기에 떠오르는 중산계급도 그런 음식들을 먹을 수 있게 되면서 귀족 간의 경쟁은 새로운 의미의 고상함을 추구하는 쪽으로 옮겨갔다. 귀족들은 기존의 향신료 사용을 멀리하고 출판 혁명을 통해 요리책에 기록된 미묘한 맛을 내는 소스와 더 자연적인 맛을 선호하게 되었다. 출판과 엘리트 요리사들의 직업 문화는 이제 궁정 요리가 조리법과 수사적 기교 모두에서 주도권을 잡았던 1650년부터 1750년까지 프랑스 고급 요리에 역동성을 불어넣는 역할을 했다. 반면에, 절대왕정 구현에 실패한 영국 왕실은 베르사유로 상징되는 권력을 얻지 못함으로써, 영국인의 머릿속에는 지역의 농촌 요리들이 여전히 지배적 자리를 차지하고 있었다. 영국의 경우, 출판에서는 여성들이 자신들을 위해 쓴 요리책이 여전히 지배적이었고 지방 지주들의 가정은 허세를 부리는 프랑스의 귀족주의에 맞서 영국의 미덕과 권력의 원천으로서 서서히 재정립되기 시작했다. 《음식의 모든 매너들》은 메넬의 뛰어난 고문서 자료 활용 능력과 비교 분석을 통한 능숙한 이론적 개념화 덕분에 맛의 역사사회학에서 매우 중요한 연구 저작이 되었다.

한편, 문화의 기원과 발전에 관심이 많은 영국의 사회인류학자 잭 구디는 농업기술, 잉여, 문자, 계급분화의 발생 사이의 관계를 설명한다. 그는 《조리, 요리 그리고 계급》(1982)에서 계층화된 요리는 잉여가 소수에게 축적되고 조직적 불평등이 만연하는 생산 사회의 결과물이라고 주장한다. 그는 역사적으로 비교분석을 통해 볼 때, 식민지 이전 시대 아프리카에서는 발달된 농업 기술과 문해력의 부재 때문에 유라시아 지역과 달리 계층화된 요리들이 개발되지 않았다고 말한다. 그가 이야기하는 것의 많은 부분이 문자 사용 이전의 사회들을 다루는데, 근대 사회의 경우에도 기록된 문자들은 당시 사회제도들을 극히 일부만 알려주거나 밝혀줄 뿐이다. 원문 연구와 물질적 조건의 연구 즉 인간의 지식 세계와 물리적 세계 사이의 그와 같은 긴장 관계는 오늘날 학자들에게 여전히 비판과 도전의 대상으로 남아 있다.

메넬과 구디가 우리 사회의 변화 과정과 구조들의 기원을 문자로 기록된 것에서만 찾지 않고 더 폭넓게 생각할 것을 독려하는 반면에, 다른 사람들은 오늘날 유럽에서 특히 말words의 힘을 강조하면서 담화와 관습 사이의 관계를 명시적으로 검토한다. 실제로 음식과 음식을 먹는 것의 찰나성 및 물질성을 고려할 때, 음식에 관한 연구가 특히 언어에 관한 연구와 밀접한 관계가 있다고 주장하는 사람이 많다. 퍼거슨의 《미각 분석Accounting for Taste》(2004)은 말을 증거 자료로서 뿐 아니라 강력한 사회적 힘으로서 우선시하는 역사사회학 분야의 유력한 연구 사례다. 퍼거슨은 스스로 "요리 관행을 체계화하고 즉흥적인 조리 행위를 안정된 문화코드로 바꾸는 문화적 구성체"[10]라고 장황하게 정의 내린 "퀴진 cuisine[요리]"이라는 서구의 개념을 왜 프랑스가 차지했는지에 대한 답을 찾는 작업에 착수한다. 그녀는 퀴진이라는 단어가 맛과 말이라는 두 부분으로 된 구술성의 산물이라고 얘기하는 알베르트 소넨펠트Albert Sonnenfeld, 맛시모 몬타나리, 파스칼 오리Pascal Ory, 장 루이 플랑드랭 등과 같은 입장에 있다.[11] 퀴진은, 그들의 주장에 따르면, 음식을 조리하는 것이 일반 가정의 부엌을 떠나 근세 유럽의 왕실과 파리의 레스토랑으로 진입하면서 생겨났다. 그러나 물론 구술성은 요리만큼이나 찰나적이다. 그래서 조리법과 그것에 대해 말하는 것을 문자로 기록해야 했다. 그리고 그것은 인쇄로 복제되어 저널리스트, 소설가, 사상가들의 작업을 통해 문화적 생산의 영역으로 진입하면서 비로소 퀴진이 되었다. 퀴진은 역사적으로 이 특별한 순간에 문자화를 통해 위르겐 하버마스가 "문자로 인쇄된 말이 결정적 증거가 되는 공론장의 새로운 영역"이라고 부른 곳으로 들어갔다.[12] 여기서 주역은 프랑스 레스토랑에서 하는 일을 합리화하고 또 안정된 조리 기법 목록을 창안해낸 앙토넹 카렘Antonin Carême이다. 그는 또한 요리 담화를 미학적으로 발전시키고 말과 맛을 모두 프랑스화하는 데 기여했다.[13] 카렘과 그의 추종자들은 마침내 자신들의 조리법을 문자로 기록함으로써 비로소 부엌에서 나와 미식학gastronomy이라는 자율적 문화 영역으로 들어갔다. 따라서 퀴진은 문자화된 형태로 바쳐지고 인위적으로 안정화되었는데, 적어도 유럽에서는 그러했다.[14]

이 이야기에서 레스토랑과 퀴진은 둘 다 당연히 프랑스의 발명품인 양 여겨진다. 퍼거슨은 프랑스 농작물의 다양함과 신선함, 프랑스 지역 요리의 풍성함, 테루아terroir[생산지의 독특한 자연환경] 등에서 그 근거를 찾는 것은 오해의 소지가 있다고 주장한다. 소넨펠트가 오래전에 말한 것처럼 "흔히 프랑스를 '유럽의 텃밭the garden of Europe'이라고 부르듯이, 프랑스 토양과 농작물이 눈부실 정도로 다양한 것은 사실이지만, 그것으로 프랑스가 이탈리아 혹은 캘리포니아와 다르다고 말하기는 적절하지 않다."[15] 퍼거슨은 프랑스 음식의 명성이 완벽하게 확립된 것은 다름 아닌 미식학이 발명된 19세기 초에 불과하다고 말한다. 말과 문자는 유명 요리사들이 쓴 요리책과 요리 관련 논문, 그리고 요리 관련 글을 읽는 미식가들 즉 "음식을 먹는 것만큼이나 문자 섭취를 좋아하는 사람들"을 통해 프랑스 요리의 지배력을 강화했다.[16] 요리 관련 글 읽기를 좋아하는 미식가들은 음식을 단순히 먹기만 하지 않고 음식에 대해 토론하고 비교하고 평가하고 궁극적으로 탐미한다. 요리와 관련한 글을 쓰고 읽는 사람이 많아지면서, 프랑스 미식학의 우월성은 거듭 확인되었고 마침내 프랑스뿐 아니라 전 세계 사람들에게 프랑스 요리가 최고라는 확신을 심어주었다. 에이미 트루벡은 "프랑스인들은" 프랑스라는 한 나라의 요리를 뛰어넘는 "요리 전문가들의 요리를 발명했다"라고 주장함으로써 앞서 말한 내용을 좀 더 명확히 했다.[17]

아르준 아파두라이는 인도의 요리책에 관한 매우 영향력 있는 글에서 국가, 조리법, 텍스트화에 관한 이와 같은 논의의 일부를 예시像示했다. 아파라두이가 그리는 논리의 궤적 또한 이 글을 시작할 때 말한 학문적 경계의 자의성에 주목한다. 그는 전형적인 인류학자로서 학문의 첫발을 인류학으로 시작했다. 그러나 일찌감치 그는 요리책 관련 글에서 사실상 구디의 사회적 위계질서와 맛에 관한 해석과 맞물리면서 이미 자신의 작업을 비교사회학의 한 과제로 설정했다. 아파두라이의 문제는 프랑스의 문제와 정반대다. 왜 우리는 인도의 자료에서 구디가 확인한 모든 사회적 구성요소가 있음에도, 맛과 조리법에 대한 그런 종류의 텍스트화―프랑스 고급 요리가 탄생하게 된 요인―를 보지 못하는가? 아파라두이가 최종적으로 내린 결론에 따르면, 인도인에게 음식은 도덕적·의학적으로 너무도 중요해서 미식학의 필수 요소라 할 음식에 대한 미학적 접근이 어려웠을 수 있기 때문에 인도는 결코 중앙집중화된 고급 요리를 개발할 수 없었다. 아파라두이는 인도의 요리 세계를 설명하기 위해 과거와 현재의 소재들을 끊임없이 오가며 문화적으로 지속되는 것과 결정적 변화의 순간들을 조명한다. 그에게 이 세계를 여는 열쇠는 물질적 조건과 도덕적 코드들에서 그것["이 세계"]의 기원을 추적하는 것이다.

음식, 사회계층화, 소비, 계급 사이의 관계는 역사를 중시하는 사회학자들이 주목하는 것 이상으로 매우 흥미진진한 주제였다. 실제로 이 분야 최고의 연구 가운데 일부는 공시적이고 비교분석적인 시각을 가진 사회학자들로부터 나온다. 이런 학자들은 어떤 것의 기원을 찾는 데 초점을 두기보다는 불평등이 일상 속에서 어떻게 유지·재생산·수용되는지에 더욱 주목한다. 특히 지난 반세기 동안 소비사회학과 음식에 관한 연구에 큰 영향을 끼친 가장 저명한 학자는 프랑스 사회학자 피에르 부르디외일 것이다. 부르디외가 엄청난 일상의 실증적 데이터들을 대개 그 자신의 문화기술지적 경험에서 비롯하는 몸과 전의식前意識, preconscious 성향에 대한 심오한 이론으로 엮어내는 유동성fluidity이라는 개념은 취향taste[맛]과 소비에 대한 사회학 연구의 금본위제gold standard[최적 표준]를 설정했다.

부르디외는 프랑스의 대학체계가 최고 수준일 때 교육받은 사람으로서(그가 그 체계를 가장 예리하게 비판한 한 사람이긴 했지만) 철학적으로 박학한 사회학자를 대표한다. 그는 《구별짓기》(1979)에서 (철학에서 말하는) 미학으로서의 "문화"를 (인류학에서처럼) 일상생활로서의 문화로 관점을 바꾸는 작업을 한다. 그는 인간의 취향이 어째서 타고난 가치가 아니라 권력과 계급에 대한 사회화되고 측정가능한 절충의 결과인지를 보여준다. 그가 말하는 취향은 "미학적 소비를 일상적 소비의 세계로 무자비하게 재통합"하고 "칸트 이래로 고상한 미학적 가치 기준이었던 '감각의 취향taste of sense' 대 '반영의 취향taste of reflection'의 대립, 통속적 쾌락(쾌락을 감각의 수준으로 떨어뜨린) 대 순수한 쾌락(도덕적 우월함의 상징이자 진정으로 인간적인 사람을 가늠하는 정화 능력의 척도로서 정화된)의 대립을 제거한다."[18] 결국 그가 주목하는 문제는 바로 이것이다. 사회체계는 어떻게 문화를 통해 스스로 재생하는가?

문화는 계급 관계의 형성을 돕는 하나의 자산으로 이해된다. 모든 상징체계—언어, 예술, 과학, 종교—는, 부르디외가 끊임없이 주장하는 바에 따르면, 지식 창조의 장치이자 지배체계의 근원이다. 가정과 학교에서 행위자들은 사회의 계층구조를 뒷받침하는 신체적 성향 다시 말해 엘리아스와 마찬가지로 그가 아비투스라고 부르는 여러 습속에 둘러싸여 있다. 부르디외는 일상의 관습에 주목함으로써 사회적 무의식의 두꺼운 껍데기를 벗겨내는 것을 자신의 과제로 설정한다. 그는 《구별짓기》에서 1,217명을 표본으로 1963년부터 1968년까지 그들의 소득, 직업, 소비유형의 변화 데이터를 분석했다. 그는 철학적 논쟁에 정통하면서 회귀 분석regression analysis보다 다중 대응 분석multiple correspondence analysis이 더 우수하다는 것을 통계적으로 입증하는 정량적 분석 능력까지 겸비한 보기 드문 사회학자다. 그러면서 그는 시간의 제한을 두지 않는 인터뷰를 통해 자신이 설명하는 취향에 관한 주관적 또는 상호주관적 판단들을 여전히 깊이 있게 잘 조율한다. 따라서 부르디외가 최근 세대들의 취향과 관련된 연구에서 독보적 자리에 오르고, 《구별짓기》가 사회학계 안팎 모두에서 하나의 규범이 된 것은 놀라운 일이 아니다.

최근 몇 년 동안 소비와 관련된 사회학 연구가 봇물 터지듯 쏟아져 나왔는데, 그 대부분은 부르디외와 직접적으로 연관되어 있다. 그의 주장이 지리적으로 다른 곳에서도 적합한지 의문을 제기하고 오늘날에도 그의 모형이 여전히 작동하는지 시험하는 학자들도 있지만, 다양한 집단과 상호주관적 상호작용, 사회과정들을 설명하기 위해 그의 이론을 이용하고 논의 기반으로 삼는 학자들도 있다.[19] 이런 맥락에서 많은 학자가 현대 사회에서 취향과 계급을 연구하기 위한 하나의 관점으로 음식에 주목하기 시작했다. 영국 사회학자 앨런 워드Alan Warde는 동료 학자들과 함께 음식 습관의 변화와 소비자의 식품 품목 확대에 학문적으로 많은 관심을 기울였다. 이들은 폭넓은 조사와 엄밀한 통계 방식을 이용해 사회적 계층구조와 사회적 경쟁의 문제들을 탐색하고, 지식인의 속물근성과 전문가 중심의 모형에서 매우 다양한 소비재에 대한 지식을 칭송하는 모형으로의 이동이 어떤 의미가 있는지를 분석한다. 그들은, 다른 사람들과 마찬가지로, 그러한 잡식성 취향이 신분 경쟁과 사회적 배제를 없애지 못한다고 결론 내린다. 오히려, 그

잡식성 취향은 불평등을 영구화하지만 사회계층 구조는 점점 더 하부 집단들로 쪼개지고 이들 집단은 내부에서 서로 자기 집단과 다른 집단을 구분 짓기 위해 싸운다는 것이다.[20]

워드는 여섯 동료 사회학자와 공동으로 영국인의 소비에 관한 야심만만한 연구 논문을 발표했다. 그들은 영국인의 취향과 관련된 사회조직을 면밀히 조사하면서, 《문화, 계급, 구별짓기Culture, Class, Distinction》(2009)라는 주목할 연구에서 부르디외의 연구방법을 본떠 작업에 새롭게 적용한다. 연구는 잉글랜드, 스코틀랜드, 북아일랜드 가구의 모든 성인 거주자를 대표하도록 고안된 ―계층과 집단을 무작위로 가로지르는― [특정 지점 또는 기간의] 횡단면 표본cross-sectional sample으로 영국국립사회연구소NCSR가 2003년에서 2004년 사이에 1,564명을 대상으로 실시한 조사를 기반으로 한다. 표적집단[초점집단]focus group, 소수민족 표본, 엘리트층 대상의 집중 면접 조사를 통한 정성적 요소들도 [조사에] 가미되었다. 그들은 또한 기업가, 정치인, 공직자 가운데 리더들을 찾아내는 것처럼 연구방법을 여러 차례 반복해 재조정했다. 표준교과서가 우리에게 알려주는 것이 있지만, 어떤 연구도 처음에 생각했던 것을 그대로 따르는 경우는 없다. 훌륭한 연구는 진행하는 동안 계속해서 즉흥성을 발전시켜나가느냐 마느냐에 달려 있기 때문이다.[21]

워드를 비롯한 영국의 공동연구자들은 부르디외의 《구별짓기》에 제기되는 기존의 세 주요 비판을 극복하기 위해 그들 나름의 연구방법을 개발하려 애썼다. 첫째, 그들은 프랑스나 영국 같은 국민국가가 문화를 담는 폐쇄용기라는 가설 다시 말해 계급이 개별 국가 단위로 따로따로 생성된다는 추정을 거부했다. 그들은 세계화와 초국가주의transnationalism에 관한 최근의 연구를 인정하면서, 사람, 사물, 문화 형태가 국경을 가로지르며 문화적 차이를 생성하는 현상을 설명하려 애썼다. 둘째, 그들의 현재 상황에 관한 연구는 부르디외의 《구별짓기》가 1960년대에 수행된 조사를 기반으로 하고 있다는 비판에 대한 대답이다. 셋째, 《구별짓기》는 프랑스 국내법의 제약으로 인종이나 민족과 같은 준국가적 또는 초국가적 정체성에 관해 질문할 수 없었던 시절의 조사를 기반으로 해서 계급과 직업을 뛰어넘는 집단정체성의 또 다른 중요한 연구 영역들은 다룰 수 없었다. 예상대로, 《문화, 계급, 구별짓기》는 오늘날 영국에서 문화적 분리 문제를 다룰 때 중요한 것이 계급이라는 점을 보여주지만, 취향과 관련된 모든 문제에서 계급이 반드시 젠더나 민족성보다 더 중요한 것은 아니다.

흥미롭게도, 워드 등 연구의 기반이 되는 조사 자료에 대해 다중 상관 분석을 한 결과는 오늘날 영국에서 생활양식을 반영한 사회적 공간이 만들어질 때, 민족성이 계급·교육·나이·젠더만큼 중요한 척도 구실을 하지 못한다는 점을 보여주었다. 하지만 그들은 자신들이 살아온 경험을 통해 민족성이 중요한 구실을 한다는 것을 알았다. 그래서 그들은 결국 "우리는 문학, 예술, 음악, 스포츠, 각종 미디어 분야에서 (유명 작품이 아닌 영국인들이 좋아하는) 장르에 대한 취향과 선호의 문제들을 통해 이 공간을 구축했기 때문에, 민족성이 문화적 취향에 영향을 끼치는 강력하지만 미묘한 방식들을 쉽게 이해할 수 없다"라고 가설을 세웠다. 그들이 살아온 경험과 조사 자료의 불일치는 부분적으로 인터뷰 대상자들이 조사에 대해 예단하고 "인터뷰"를 "남들에게 보여주기 위한 쇼"로 생각한 데서 나온 것일 수 있다. 게다가 연구자들은 많은 무슬림 남성이 인터뷰 진행자들이 던지는 질문의 문화적 의미를 "잘 이해하지 못하는 상태에서" 일반적으로 작성된 설문에 그냥 대답하고 있다는 결론에 이르렀다. "마지드는 우리 질문을 거의 이해하지 못하는 것 같다. 선술집에서 당황스러운 상황에 처한 자기 자신의 모습을 생상해보라는 질의서 삽화 내용을 그는 그냥 못 본 척 넘긴다—그가 생전에 선술집이라는 데에 한 번이라도 가본 적은 있는지 의심스럽다."[22]

이와 같은 반성들은 통계 수치와 패턴 파악을 통해 연구 대상보다 그 대상의 인식과 행동을 유발하는 것이 무엇인지를 더 잘 알 수 있다고 생각하는 연구자들의 정량적 조사 작업이 갖는 한계점들의 핵심을 공격한다. 설문조사는 질문의 맥락을 설명해주는 내용이 없다. 어떤 것을 대하는 사람들의 태도는 설문의 맥락을 알지 못한 상태에서는 이해될 수 없다. 그런 만큼 연구자는 정성적 데이터를 더욱 철저하게 활용하고 현장에서 자신의 처지가 주관적이라는 점을 명확하게 인식할 필요가 있다. 이는 물론 실용주의자, 현상학자, 일상생활방법론자ethnomethodologist, 상징적 상호작용주의자들이 늘 말해왔던 것이다. 사람들이 자신의 세계에 대해 어떻게 생각하는지에 관심이 있다면, 우리가 만들어내는 지식과 그것을 만드는 과정은 실증적이고 공시적인 독백이 드러내는 것보다 훨씬 더 미묘하고 대화적이어야 한다. 의미는 상호작용 속에서 생겨나고, 가치는 다른 사람과 교류하기 전에는 결코 완성되지 않는다—그 다른 사람이 설문지를 들고 인터뷰하는 연구자일지라도 말이다. 미국국립과학재단NSF에서 나온 자료 〈체계적인 정성적 연구를 위한 학제적 표준 정립에 관한 연수회Workshop on Interdisciplinary Standards for Systematic Qualitative Research〉(2005)에서 지적한 것처럼, 정성적 연구 작업의 특별한 강점 하나는 특히 권력과 위신의 문제들이 수반될 때, "연구자들이 연구 대상이 되는 사람이나 집단에 더 가까이 다가감으로써 얻게 되는 유연성과 반복성"이다. 더 나아가 기록 연구, 인터뷰, 문화기술지 연구와 같은 체계적인 정성적 기법은 시간의 흐름에 따른 변화, 경험, 상호작용을 연구하고 인과관계를 상정할 때 더 적합하다.[23] 하지만 유감스럽게도, 상호작용과 주관성을 중요하게 받아들이는 취향 이론들을 개발하느라 여념이 없는 사람들에게는 분통 터질 일이지만, 이러한 교훈들은 대개가 현실에서 계속해서 무시되고 있다.[24]

북아메리카에서 구별짓기 수단이자 문화자본 개발 도구로서 음식에 관해 연구한 책으로는 조제 존스턴과 샤이언 바우만의 《미식가: 식도락 세계에서의 민주주의와 구별Foodies: Democracy and Distinction in the Gourmet Foodscape》(2010)을 들 수 있다. 존스턴과 바우만은 미각의 영향력이 넓어졌음에도 불구하고 미 대륙 동서 해안 도시들에서(특히 그 도시들의 대표적 신문과 음식 잡지들에서) 불붙은 미식 논쟁은 여전히 계급의식[계급구분 기준]class distinction 문제를 어떻게 처리할지를 부담으로 안고 있다고 주장한다. 지식인의 철지난 우월의식이 쇠퇴하고, 프랑스 요리 및 대륙 요리가 권좌에서 내려왔음에도 그와 같은 일이 일어나고 있다는 것이다. 이 책은 영국에 관한 상세한 실증적 연구를 통해 취향에도 계층이 존재하고, 문화가 확실하게 계급을 표시하며, 잡식성omnivorousness이 극히 일부만 이해하는 (그러나 드물지 않은) 현상임을 확인해준다. 거기서 부자와 고학력자들은 심지어 노동계급의 하위문화까지도 게걸스럽게 포식하는 반면에, 노동계급(특히 남성)은 전위예술, 고전음악, 예술영화, 고급 레스토랑의 이국적인 요리 같은 고급문화 장르들을 섭취하지 못한다.

비슷한 문제 제기에도 존스턴과 바우만은 워드와 그 동료들과는 매우 다른 방법론을 채택한다. 존스턴과 바우만은 경험적 증거를 얻기 위해 대규모 집단 연구와 고급 통계 분석advanced statistical analysis보다는 담화 분석과 원문 분석에 치중한다. 그들은 능력주의[실력주의, 현능주의賢能主義]meritocracy 이데올로기로 정의되는 민주주의와, 문화자본과 신분을 위한 투쟁으로 표시되는 구별 사이의 긴장관계를 탐구하는 데서 미식가용 음식 잡지에 나오는 화려한 수사와 "미식가들"의 인터뷰에 의존한다. 대부분의 담화 분석 연구와 마찬가지로, 존스턴과 바우만은 실제로 음식을 조리하고 먹는 현장이 전혀 아닌 자리에서 그리고 텍스트화된 형태로 포착되지 않거나 인터뷰로 재생되지 않는 대부분의 대화와 동떨어진, 소비와 취향을 분석한다. 그러나 음식 소비와 생산의 이러한 공간적·시간적 차원은 음식의 사회적 중요성을 말할 때 가장 중요한 요소다. 따라서 이제 취향의 상황적 특성 즉 취향이 생성, 경합, 절충을 통해 최종 결정 되는 장소와 순간에 대해 생각해보자.

커피하우스를 비롯해 하숙집boarding house과 현대식 레스토랑에 이르기까지 음식이 소비되는 장소들은 대중 공간과 그 안에서 일어나는 상호작용을 연구하는 사회학자들에게 오랫동안 주목 대상이었다. 하버마스는 학계에 두루 영향력을 끼친 획기적인 저서《공론장의 구조적 변화The Structural Transformation of the Public Sphere》(1962)*에서 18세기 유럽의 커피하우스가 부르주아 공론장이 등장하는 데 기여했다고 보았다. 이 커피하우스와 같은 시설들은 사람들이 서로 얼굴을 맞대고 대화하면서 대중의식을 키운 집 밖의 중요한 장소였다. 개인들이 공중의 일원으로서 사회에서 자신의 위치를 스스로 성찰하게 되고 국가 권력층과는 완전히 다른 힘으로서 여론을 형성한 것은 하버마스가 "합리적이고 비판적인 논쟁"이라고 부른 이와 같은 긴밀한 소통을 통해서였다. 공공의 영역에서 음식을 먹는 시설의 중요성에 대해서는 지금까지 많은 역사학자가 탐색해왔다.[25] 하지만 하버마스의 뒤를 이어 대중 식사 시설을 사람들의 상호작용과 대화를 관찰하고 이론화하는 공간으로서 연구의 중심 주제로 삼은 사회학자는 극히 드물었다. 그 아주 예외적인 학자가 게리 앨런 파인이다. 파인의 저서《주방: 음식점 노동의 문화 Kitchens: The Culture of Restaurant Work》(1996)는 주방노동의 구조와 취향과 미학에 관한 절충 과정을 문화기술지 방식으로 연구한 것이다. 하버마스의 영향을 받았다

---

* 국내에서는《공론장의 구조변동: 부르주아 사회의 한 범주에 관한 연구》(한승완 옮김, 나남, 2001)로 번역·출간되었다.

고 명시하지는 않았지만 하버마스와 동일한 문제의식이 있었던 파인은 노동이 구조화되는 과정과 취향 판단이 특정 장소 및 네트워크와 절충되는 과정 모두에서 사람들이 서로 얼굴을 맞대고 상호작용하고 대화하는 것을 무엇보다 중요하게 생각한다.

앞서 말한 것처럼, 사회학자들은 실용주의와 현상학이라는 표찰을 달고 그 안에서의 철학과 인류학의 발전 덕분에 자신들의 연구 대상이 어떻게 상호작용하며 어떻게 세계를 스스로 새롭게 이해하는지 생각하고, 그들 자신의 지식 생산 과정에 대해 되돌아볼 수 있었다. 파인은 이 두 가지를 모두 실행한다. 첫 번째 문제에 대해 그는 어빙 고프만Erving Goffman의 통찰을 수용해 행위자들이 자신이 처한 상황을 어떻게 이해하는지, 그들이 다른 사람들에게 주는 자신의 인상을 어떻게 관리하는지에 초점을 맞춘다. 그는 지식(그의 경우, 요리와 미학적 지식)이 어떻게 그것과 관련된 일을 하는 사람들(그의 경우, 요리사와 웨이터)의 공동체 안에서 상호작용을 통해 구성되는지를 탐색한다. 그에게 문화는 일상적 실천이 서로 결합된 결과다. 이것들은 학문적 객관성만으로는 다시 말해 손쉽게 모든 것을 실증주의에 맡기는 것만으로는 쉽게 이해하기 어려운 습관들이다. 오히려 그것들을 이해하고 해석하려면 오래 시간에 걸쳐 육체적으로 친밀한 관계를 유지해야 한다. 파인은 사회학의 연구 대상인 의미 밝히기는 단순히 저 멀리 있는 진상을 파악하는 것만으로는 충분하지 않을 수 있으며, 오히려 현장에서 일상을 사는 사람들이 진실에 대해 판단하고 검증하고 확인하는 과정과 의례 절차를 연구해야 한다고 우리에게 일깨워준다.

전통적으로 학계에서 인정하지 않았던 지식의 형태들에 대한 검증 순간이 가장 명확하게 드러나는 것은 파인이 수행한 바와 같은 문화기술지 방식의 연구에서다. 그러한 지식을 진지하게 받아들이고 사람의 몸과 의사소통을 무엇보다 중시한다면, 연구자들에게 필요한 것은 자기성찰이다. 현장에서 자신의 위치와 물리적 현존감physical presence을 절감하는 파인은 여기서 바로 그 점을 잘 예시해준다. 그는 세계에 대해 우리가 느끼고 인식하는 것이 그 안에 있는 자신의 몸에 대한 인식과 서로 긴밀하게 연결되어 있다는 모리스 메를로-퐁티Maurice Merleau-Ponty의 통찰에 공감하면서 거리감과 대규모 수치를 통해 객관성을 꾀하는 정량적 연구와 대조되는 위치에 자리 잡는다. 파인은 어떤 교리든 그것을 작성한 사람의 영향이 반영되고 일상적인 것들이 이론과 역사에 침투할 수밖에 없음을 고려한 인식론을 개발해야 한다는 미셸 드 세르토와 뤼스 지아르의 주장에 공명한다.[26] 파인의 연구는 특히 표현과 실천 사이의 간극을 탐구하는, 그리고 사회적 프로그램이나 지적 프로그램과 같이 "전략적인 것"과 정치 활동이나 시작詩作 활동과 같이 "전술적인 것" 사이의 관계를 탐구하는 인식론적 문제들과 주로 깊은 관련이 있다.

파인은 자신의 연구가 추상적 학술 이론과는 어떤 체계적 관계도 없음을 주장하고 그런 이론을 세우는 작업도 전혀 권하지 않는다. 그는 자신이 관찰한 것들을 특정 방식으로 표현하기 위해 상징적 상호작용주의symbolic interactionism나 네오마르크스주의neo-Marxism, 신제도주의New Institutionalism 같은 이론에 잠시 기대지만, 전반적으로 어떤 단일 이론에 경도되거나 그것을 기반으로 삼지 않는다. 그는 냉철하고 반어적 문체를 구사한다는 점에서, 그리고 자아는 자신이 발 딛고 있는 현실 위에, 상호작용이 빈번하게 일어나는 복잡한 의례의 춤과 같은 의식performance 속에 살고 있으며, 소집단들 속에서 그것을 볼 수 있다고 주장한다는 점에서 고프만과 생각이 같다. 이 점에서 그는 사람들과 친숙한 영역에서의 정성적 연구와 자기 자신의 성찰을 중요하게 생각한다. 이러한 비판적 견해는 젠더, 인종, 성정체성sexual identity과 관련해서, 현재의 우리 모습은 지금 우리가 하는 행동에 달렸다고 주장하는 포스트모더니즘 이론을 연상시킨다.[27]

하지만 유감스럽게도 지금까지 음식 생산에 관한 사회학은 대개가 문화기술지 방식으로 진행되지 않았다. 이는 아마 레스토랑에서의 노동과 공간의 현실, 그리고 연구자들이 직면하는 여러 문제점 때문일 것이다. 식당이든 주방이든 그 공간은 대개 비좁고 그 안에서는 모든 일이 빠르게 돌아간다. 그런 공간에 접근하는 것 특히 일을 하고 있는 중에 그곳에 가는 것은 어려운 일이다. 그래서 레스토랑을 연구하는 사회학자들은 지금까지 멀리 떨어져서 연구를 진행했다. 이런 접근방식은 대개 레스토랑이든 거기서 식사를 하는 사람이든 그 연구 대상을 체계화하고 분류하기 위해 직접 인터뷰하고 눈으로 관찰하는 방법을 이용한다. 그 결과, 명확하게 실체가 입증되지도 않고 문화기술지 방식의 현장연구라고 하기에는 미흡해 보이는 약간 이상한 분류체계(예컨대 조앤 핑켈슈타인Joanne Finkelstein이 식당의 종류를 페트 스페시알fête spéciale, 비스트로bistro 또는 패러디parodic 식당, 카페 먼데인

café mundane, 소수민족 식당 또는 패스트푸드 식당이라고 분류한 것*)가 나온다.[28]

　최근에 사회학에서는 도시지리학urban geography, 공간과 장소의 사회적 구성 이 두 부분에서의 인간 경험의 역할에 관한 유익한 논의를 시작했다.[29] 상상력, 체화된 지식과 습관, 감각을 망라하는 각종 실천론의 등장으로 사회학은 더욱 풍요로워졌다.[30] 이 분야에서 특별히 음식에 관한 연구가 기본적으로 부족한 것은 사실이지만 그 가능성은 풍부하다. 음식학은 실천과 관련해서는 이론과 실제 양쪽에서 주방장, 요리사, 음식 전문기자들과 유대 관계를 통해, 그리고 그 실천에 대한 학술적 연구와 관련해서는 사회학, 인류학, 미디어연구 및 문화연구가 세계적 네트워크에서부터 개인적 체험에 이르기까지 서로 개념을 공유하면서, 현대 사회학의 중요한 연결점으로 자리 잡고 있다. 음식학의 이와 같은 독특한 위상은 기존 다른 학문들의 경계작업으로부터 비판적 거리를 유지할 수 있게 한다. 그것은 여러 학문의 인식론적 장점들을 끌어내서 의자에 앉아 숫자놀이를 하는 것처럼 기존에 학자들이 즐겨 사용하는 접근방식의 단점을 확인할 수 있게 한다. 더 나아가, 음식학은 역사적으로 가정학과의 관계와 음식에 관한 대중적이고 활동주의적 연구와 강력한 유대 때문에, 자기성찰과 대학 밖에서의 실천 및 지식 형태에 진정으로 참여하기에 아주 적합하다. 이제 그 가능성에 대해 알아보자.

음식 연구를 위한 제안

　음식학은 학문적 경계작업에 그다지 관심이 없기 때문에, 사회학적 이론화와 방법론을 이용하고 그것들을 좀 더 생산적으로 발전시켜나가는 많은 방향을 제공한다. 우선, 음식학은 사회학이 공간을 실제적이고 감각적으로 이해하는 방향으로 나아가게 할 수 있다. 그것은 주위 환경의 영향을 받아 만들어진 몸에 관한 연구를 포함한다. 사람들은 기존의 환경이 수용해야 하는 욕구와 희망을 가지고 거리를 걷는다. 우리는 카페, 음식점, 커피하우스, 식료품점, 생산자 직거래

---

* 요약하면 차례로 최고급 식당, 고급 식당, 일반 식당, 편의점 식당으로 분류한 것이다.

장터를 지나치며 우리의 존재를 감각하고 판단하고 절충한다. 인간의 몸은 환경에 반응하면서 동시에 극히 개인적이면서 고도로 사회화된 실천을 통해 환경을 만든다. 음식을 만드는 사람과 먹는 사람이 도시의 공간과 시간을 절충하고 그들 자신의 꿈과 야망을 실현하기 위한 공간을 창조하는 곳은 거리와 음식점에서 날마다 아침저녁으로 냄비나 접시 위를 떠도는 바로 이 영역이다. 그들이 세상을 살아가고 이해하는 방식을 시시하다거나 부적절한 지식 형태라고 무시할 것이 아니라 오히려 학문적 이론과 연구 수행의 대상으로 삼아야 할 것이다.

우리가 여기서 참조하는 많은 공적 공간은 교환이 이루어지는 곳으로 가치 평가와 거래의 경제적 과정이 형성되는 장소다. 그곳들은 또한 경제학 교과서에서 말하는 것과는 전혀 다른 문화규범과 인간의 상호작용이 복잡하게 뒤얽힌 모습을 보여준다. 지금까지 음식에 관한 연구는 자본—경제자본, 문화자본, (아직까지 덜 개발된 상태이지만) 일부 사회자본—의 관점에서 수행되었다. 음식에 대한 의사 결정을 순전히 경제적 계산에 따른 것으로 보는 사회학자들은 거의 없지만, 그럼에도 그들은 주로 돈과 사회적 신분—물론 사회 환경과 개인의 **아비투스**에 포함된—을 기반으로 하는 합리적 방정식 이론들을 제시한다. 그러한 연구에서 행위자는 중요하지 않으며 우리가 먹는 음식은 거의 눈에 보이지 않게 된다. 이는 부르디외를 지나치게 단순하게 이해할 때 쉽게 나타나는 경향이다. 이와 같은 모호한 부분은 일상생활과 살아 있는 경험에 다시 초점을 맞춰 논의하면 쉽게 밝혀질 수 있는 문제다. 여기서 우리는 합리적 행위자와 감각적 몸 사이의 명백한 모순 관계가 어쩌면 음식을 통해 일체화되고 풀릴 수 있다고 주장한다. 결국, 음식은 이처럼 서로 완전히 다른 이론적 관점들이 정면으로 충돌하는 지점이다. 우리가 어떻게 음식을 조리하고 먹는가는 체화된 지식과 선호, 혀끝에서 느끼는 맛, 사회화된 취향, 합리적 판단, 꿈, 습관 같은 것들이 서로 결합해서 나온다. 이런 방식으로 음식을 연구한다는 것은 훨씬 더 깊은 이해를 위해 학문 간 경계를 건너뛴다는 것을 의미한다.

음식은 생산과 소비의 관계를 복잡하게 만든다. 날마다 먹을 것을 조리하고 먹는 경험 다시 말해 음식을 창조하고 섭취하는 일상의 경험은 사회학자들이 이전에 이 두 활동 사이에 그려놓은 경계선을 재검토하지 않을 수 없게 만든다. 상업 시설의 주방에서든 가정의 부엌에서든, 음식을 조리하는 행위는 맛·색·질감에 대한 감각적 기억들의 강력한 영향을 받는다. 노동과 관련된 사회학에서 대개 그렇듯이, 음식점 요리사를 생산자로 다루는 것은, 그래서 그들을 마치 아무것도 먹지 않는 몸을 가진 사람, 아무것도 맛보지 않는 연구 대상으로 보는 것은 전 세계 식품업계에서 일하는 수백만 노동자들의 인식과 경험에 가장 결정적인 영향을 끼치는 요소들을 무시하는 결과를 낳는다. 그리고 행위자 즉 음식을 먹는 사람을 아비투스와 사회적 지위에 의해 이미 정해져서 더는 선택할 것이 없는 사람으로 보는 것은 그들 고유의 생산적이고 창조적인 능력을 부정하는 일이다. 하지만, 어떠한 식사 자리에서도 그들은 가장 중요한 역할을 할 뿐 아니라 인생의 어떤 시점에서 문자 그대로 음식을 직접 조리했을 가능성이 크다. 파인의 접근방식을 따르는 음식학 연구는 생산과 노동 관련 연구와 소비와 취향 관련 연구 사이에 유연한 대화를 촉진할 수 있다. 그 대화는 전통적 연구 방식을 고수하는 사회학자들에게도 도움을 줄 수 있을 것이다.

음식에 관한 연구는 단순히 현존하는 지식의 범위를 확대한다는 의미만 있는 것이 아니다. 우리가 제안하는 연구의 종류는 실제로 거대한 현실 세계를 대상으로 하며, 보건, 이주, 기업가정신, 계급 불평등과 관련한 연구를 하는 사람들에게도 정책적으로 암시하는 것이 많을 수 있다. 우리의 몸은 현대 의학의 발전과 함께 더욱 예리한 분석의 대상이 되어왔다. 사람의 몸은 그 자체로(식습관, 운동, 폭식, 금주, 욕구, 쾌락, 고통), 그리고 공공정책의 대상으로(비만, 전염병, 예방접종, 의학 연구) 대중문화와 정책 사업에서 인기 있는 연구 주제다. 따라서 생산적이고 결정적인 방식으로 정책에 영향을 끼치고자 하는 사회학자들이라면, 아직 "학문적으로 완성"되지 않은 이런 체화된 형태의 새로운 지식을 진지하게 숙고해야 한다.

따라서 우리가 음식에 관한 연구를 위해 제안하는 의제는 연구방법론과 인식론, 이론 사이의 관계를 재정립할 것을 강력하게 요구한다. 어떠한 연구든지 방법에 관한 질문—어떻게 데이터를 확인하고 분리하고 해석하고 설명할 것인가 하는 문제—은 어떤 종류의 지식을 어디서 어떻게 만들어내고, 다른 장소 및 사람들과 어떠한 관계를 맺고, 세상을 어떻게 이해하고 행동할 것인가에 대한 이론적·철학적 질문들로 이어지기 마련이다. 특히 최근 들어 기존의 지배적인 지식론에 대해 저항하고 재조명하는 포스트모더니스트, 페미니스트, 비판적 인종주의

critical race theory: CRT가 중심이 되어 표현, 대표성, 이데올로기, 권위에 대한 문제들을 비판적으로 추궁하면서 이러한 질문들을 인식할 필요성은 더욱 높아졌다. 오늘날 서양의 인식론은 철학과 과학으로부터 공격을 받으며 점점 무너져 내리는 가운데, 사람들을 먹이는 것과 관련된 연구는 그동안 당연한 것으로 여겼던 다양한 종류의 경계 —정신과 신체, 꿈과 현실, 자아와 타자, 내국인과 외국인, 삶과 죽음, 동물과 식물과 사물, 건강과 질병— 사이를 오가며 절충하는 작업을 수반한다. 새로운 지식은 이와 같은 상호작용을 통해 만들어질 수 있으며, 음식에 관한 연구는 이 세상을 새롭게 인식하는 길목에서 중심 역할을 수행할 것이다.

주

1. Veena Das, ed., *Handbook of Indian Sociology*(Delhi: Oxford University Press, 2004); Arjun Appadurai, "The Right to Research," *Globalisation, Societies and Education* 4, no. 2(2006): 167-177.

2. Craig Calhoun, *Sociology in America: A History*(Chicago: University of Chicago Press, 2007), 26.

3. William L. Thomas and Florian Znaniecki, *The Polish Peasant in Europe and America*, 3 vols.(Boston: The Gorham Press, 1918-21), 572.

4. Craig Calhoun, *Sociology in America*, 34.

5. Sarah Bowen, "Embedding Local Places in Global Spaces: Geographical Indications as a Territorial Development Strategy," *Rural Sociology* 75, no. 2(2010): 209-243; Angela Tregear, "From Stilton to Vimto: Using Food History to Re-think Typical Products in Rural Development," *Sociologia Ruralis* 43, no. 2(2003): 91-107.

6. Marjorie DeVault, *Feeding the Family: The Social Organization of Caring as Gendered Work*(Chicago: University of Chicago Press, 1991); Alan Beardsworth and Teresa Keil, *Sociology on the Menu: An Invitation to the Study of Food and Society*(London: Routledge, 1997). [한국어판. 앨런 비어즈워스·테레사 케일 지음, 박형신·정헌주 옮김, 《메뉴의 사회학: 음식과 먹기 연구로의 초대》, 파주 : 한울아카데미, 2010]

7. Judith G. Goode, Karen Curtis and Janet Theophano, "A Framework for the Analysis of Continuity and Change in Shared Sociocultural Rules for Food Use," in *Ethnic and Regional Foodways in the United States: The Performance of Group Identity*, ed. Linda Keller Brown and Kay Mussell(Knoxville: University of Tennessee Press, 1984), 66-88; Alex McIntosh and Mary Zey, "Women as Gatekeepers of Food Consumption: A Sociological Critique," *Food & Foodways* 3, no. 4(1989): 317-332.

8. Christopher Lasch, "Historical Sociology and the Myth of Maturity: Norbert Elias' 'very simple formula,'" *Theory & Society* 14(1985): 705; Anthony Giddens, review of *The Society of Individuals*, by Norbert Elias, *American Journal of Sociology* 98, no. 2(September 1992): 388-389.

9. Zygmunt Bauman, "The Phenomenon of Norbert Elias," *Sociology* 13(1979): 117-125.

10. Priscilla Parkhurst Ferguson, *Accounting for Taste: The Triumph of French Cuisine* (Chicago: University of Chicago Press, 2004), 3.

11. Albert Sonnenfeld, "The Chef as Hero: Microwaves in the Sea of Culinary History," *The Journal of Gastronomy*(1987): 27-37; Massimo Montanari, *The Culture of Food*, trans. Carl Ipsen(Oxford: Blackwell Publishers, 1994). [한국어판. 맛시모 몬타나리 지음, 주경철 옮김, 《유럽의 음식문화Fame e l'abbondanza》, 서울: 새물결, 2001]; Pascual Ory, "Gastronomy," in *Realms of Memory. The Construction of the French Past*, ed. Pierre Nora, trans. Arthur

Goldhammer(New York: Columbia University Press, 1997), 442-467; Jean-Louis Flandrin, Massimo Montanari, and Albert Sonnenfeld, eds., *Food: A Culinary History from Antiquity to the Present*, trans. Clarissa Botsford, et al.(New York: Columbia University Press, 1999).

12. Jürgen Habermas, *The Structural Transformation of the Public Sphere*, trans. Thomas Burger(Cambridge, MA: The MIT Press, 1989). [한국어판. 위르겐 하버마스 지음, 한승완 옮김, 《공론장의 구조변동: 부르주아 사회의 한 범주에 관한 연구Strukturwandel der Öffentlichkeit: Untersuchungen zu einer Kategorie der bürgerlichen Gesellschaft》, 서울: 나남, 2001]

13. 프랑스 최고급 요리가 어떻게 민족주의 시대에 유럽 전역에서 기준이 되었는지는 설명되지 않는 역설이다. 근대 세계의 민족적인 것과 직업적인 것 사이의 긴장 관계와 그것이 어떻게 세계 다양한 부분에서 요리 직업의 행운을 만들어냈는지에 대한 흥미로운 이야기가 있다.

14. 우리는 프랑스 요리의 고유성 주장을 반박할 증거를 제공하는 중국에 대해 상대적으로 잘 알지 못한다. 하지만 이는 여기서 다루지 않을 것이다.

15. Albert Sonnenfeld, "The Chef as Hero: Microwaves in the Sea of Culinary History," 33.

16. Priscilla Parkhurst Ferguson, *Accounting for Taste: The Triumph of French Cuisine*, 17.

17. Amy Trubek, *Haute Cuisine: How the French Invented the Culinary Profession*(Philadelphia: University of pennsylvania Press, 2000), 3.

18. Pierre Bourdieu, *Distinction: A Social Critique of the Judgment of Taste*, trans. Richard Nice(Cambridge, MA: Harvard University Press, 1984), 6 [한국어판. 삐에르 부르디외 지음, 최종철 옮김, 《구별짓기: 문화와 취향의 사회학La Distinction: Critique sociale du jugement》(전 2권), 서울: 새물결, 2005]

19. Douglas B. Holt, "Distinction in America? Recovering Bourdieu's Theory of Tastes from Its Critics," *Poetics* 15(1997): 93-120; Richard Peterson and Roger Kern, "Changing Highbrow Taste: From Snob to Omnivore," *American Sociological Review* 61, no. 5(1996): 900-907.

20. Alan Warde, Lydia Martens, and Wendy Olsen, "Consumption and the Problem of Variety: Cultural Omnivorousness, Social Distinction and Dining Out," *Sociology* 33, no. 1(1999): 105-127; Alan Warde and Lydia Martens, *Eating Out: Social Differentiation, Consumption and Pleasure*(Cambridge: Cambridge University Press, 2000).

21. Tony Bennett, et al, *Culture, Class, Distinction*(London: Routledge, 2009).

22. Ibid 237.

23. Michéle Lamont and Patricia White, eds., *Workshop on Interdisciplinary Standards for Systematic Qualitative Research*(Washington, DC: National Science Foundation, 2005), 10(Online). Available: http://www.nsf.gov/sbe/ses/soc/ISSQR_workshop_rpt.pdf(February 1, 2011). 이 국립과학재단 보고서는 연구에 필요한 간단하고 유용한 수많은 정보가 있다는 점에서 숙독할 가치가 있다. (a) 적절한 이론과 방법론이 갖춰진 명확한 연구 과제가 있다(정성적 연구자들은 대개 가정을 검증하지 않고 질문에 바로 대답한다). (b) 핵심 구성요소들을 정의하고 운영할 수 있게 한다. (c) 사례 선정에 대한 명확한 기술과 설명을 제공한다—특정한 장소, 사람, 사건들을 왜 연구하는지에 대해서. (d) 체계적 샘플링 작업은 비록 그것이 무작위가 아니고 전체 모

집단을 대표하지 않는다 해도 중요하다. (e) 체계적이고 완벽한 데이터 수집, 다양한 데이터 소스와 형태로 다각적으로 검토한다—경험에 가까운 데이터와 먼 데이터의 균형을 잡으려고 애쓴다. (f) 데이터와 이론 사이의 연관성을 설명한다. (g) 분석할 때, 부정적이거나 확인되지 않은 증거가 어떻게 맞물리게 되는지 보여준다. (h) 현장에 있을 때, 예기치 못했지만 경험적으로 중요한 발견들에 대해 문을 열어놓는다.

24. Geneviève Teil and Antoine Hennion, "Discovering Quality of Performing Taste? A Sociology of the Amateur," in *Qualities of Food*, ed. Mark Harvey, Andrew McMeekin, and Alan Warde(Manchester: Manchester University Press, 2005), 19-37.

25. 가장 주목할 것으로 다음이 있다. Rebecca Spang, *The Invention of the Restaurant: Paris and Modern Gastronomic Culture*(Cambridge, MA: Harvard University Press, 2000).

26. Michel de Certeau and Luce Giard, *The Practice of Everyday Life*, trans. Steven Rendall(Berkley: University of California Press, 1984).

27. Judith Butler, "Performative Acts and Gender Constitution: An Essay in Phenomenology and Feminist Theory," *Theatre Journal* 40, no. 4(December 1988): 519-531.

28. Joanne Finkelstein, *Dining Out: A Sociology of Modern Manners*(Cambridge: Polity Press, 1989). Shun Lu and Gary Alan Fine, "The Presentation of Ethnic Authenticity: Chinese Food as a Social Accomplishment," *Sociological Quarterly* 36, no. 3(1995): 535-553; Zachary Paul Neal, "Culinary Deserts, Gastronomic Oases: A Classification of US Cities," *Urban Studies* 43, no. 1(2006): 1-21; Kenneth R. Lord, Sanjay Putrevu, and H. G. Parsa, "The Cross-Border Consumer: Investigation of Motivators and Inhibitors in Dining Experiences," *Journal of Hospitality & Tourism Research* 28, no. 2(2004): 209-229.

29. 다음을 보라. Sharon Zukin, *The Cultures of Cities*(Malden: Blackwell Publishing, 1995).

30. Theodore R. Schatzki, Karin Knorr Cetina, and Eike von Savigny, eds., *The Practice Turn in Contemporary Theory*(London: Routledge, 2001).

9장

음식의 지리학
Geography of Food

버티 만델블랫Bertie Mandelblatt

음식에 관한 연구는 가장 기본적이고 가장 강력한 방식으로 인간의 사회적·
문화적 세계와 생태 및 기후의 동물적·물질적 세계 간 연관성을 탐색한다. 다시
말해, 수천 년에 걸쳐 수렵과 채집, 농경과 가축 사육, 먹거리 마련과 보존, 지역
안팎에서 식품의 교환·공급·분배, 다양하고 광범위한 사회 환경에서 음식의 소
비와 처리 등에 의해 만들어진 연관 관계들이 그 연구 대상이다. 하나의 연구 분
야로서 지리학의 학제간 연구 특히 지리학의 하위 분야로서 점점 확장되고 있는
인문지리학의 학제간 연구는 지리학자들이 이 광범위한 실천들의 중심 무대인
인문학과 사회과학의 방대한 내부 분야들을 가로지르는 논쟁을 이끌어내고 학
문 발전에 기여하게 한다. 여기서는 역사학, 인류학, 민족학, 사회학, 농학, 생태학,
개발학development studies, 정치경제학, 영양학, 민속학, 문화연구 같은 분야들이 공
동으로 연구를 진행한다.

그러나 지리학 내에서 매우 전문화된 음식 연구에 대한 학계의 관심은, 어쩌

면 이 복잡한 학제간 연구의 한 기능일지는 모르지만, 많은 지리학자(를 비롯한 여러 분야의 학자들)가 끊임없이 말하는 것처럼, 여전히 상대적으로 무계획적이고 산발적으로 나타나고 있다.[1] 그럼에도 불구하고, 지리학자들은 지리학에서 음식 연구를 해야 할 필요가 있으며, 거꾸로 음식 연구를 할 때 지리학이 반드시 필요하다고 주장하는 가운데, 뚜렷이 차별화된 연구 영역들이 꾸준히 발전해온 것도 사실이다.[2] 이 장에서는 이러한 논의들을 출발점으로 삼아 특히 학계를 비롯해 더 광범위한 공론장에서 음식 연구가 폭발적 주목을 받고 있다는 점에서, 음식에 관한 다양한 논쟁이 영어권과 프랑스어권 모두에서 지리학과 더불어 발전해온 경로를 추적하려고 한다.[3] 음식 연구에 대한 관심과 논문 발표의 확산 추세를 고려할 때, 음식 연구에 참여하는 지리학자들을 다른 분야의 학자들과 굳이 구분하는 것은 좀 어색하고 너무 인위적으로 보일 수 있다. 그럼에도 이 장은, 음식 연구의 좀 더 광범위한 맥락을 언급하지만, 인문지리학자들이 지리학의 하위 분야들에서 서로 자연스럽게 일관성을 유지하기 위해 자신들이 애쓴 것에 대한 어떤 보상도 요구하지 않으면서 이 광범위한 맥락을 형성하는 데 얼마나 큰 기여를 했는지에 집중한다.

우선, 지리학이 인간이 살아가는 공간적 요소에 초점을 맞춘다는 점을 고려할 때, 지리학자들은 대개 인간의 식생활을 장소와의 유동적 관계에서 개념화한다.[4] 지리학의 다양한 하위 분야 —예컨대 예컨대 역사지리학historical geography, 문화지리학cultural geography, 경제지리학economic geography, 농업지리학agricultural geography, 도시지리학, 의료지리학medical geography — 내에서의 특정한 논쟁들은 이러한 관계의 특성을 중심으로 발전해왔다. 물질적, 영토적, 문화적 경계가 어떻게 특정 장소나 지역의 음식 관행을 확립·구분하고 그 고유한 관행을 계속해서 유지하는 데 성공하거나 실패했을까? 특정 장소나 지역 내에서 또는 서로 다른 지역들 간에 음식의 이동을 문화사와 정치경제학적으로는 어떻게 설명할까? 어떤 장소를 특징짓는 음식의 생산, 교환, 소비 관행은 무엇인가?와 같은 논쟁들이 그런 것들이다. 실제로 지리학자들이 해야 하는 일 가운데 하나가 특정 장소와 연관된 음식 관행을 연구하는—또는 특정한 음식 관행과 관련된 지역의 특성을 연구(다시 말해, 음식 문화 지도 그리기)하는— 것이라면, 다른 하나는 음식 관행 때문에 어떤 장소를 새롭게 정의하는 것이 방해받고 혼란스러워지고 어려워지는지 아니면 반대로 음식 관행이 그것에 기여하는지 따져보는 것이다.

이처럼 장소와 그 경계를 정의하는 문제들에서 가장 중요한 것은 규모scale의 문제다. 식품의 생산·교환·소비와 관련된 방대한(또는 극도로 한정된) 활동들과 그 활동들에 수반하는 가치와 의미의 생산은 전 세계적 규모에서 몸이라는 개인적 규모에 이르기까지 매우 다양한 규모에서, 그리고 그와 같은 다양한 범위를 가로지르며 발생한다. 음식을 연구하는 지리학자들은 직접 그 규모를 주제로 연구할 수 있지만,[5] 대다수 지리학자들은 그러지 않는다. 그들은 여전히 암묵적으로 규모를 지리학에서 하나의 구성 방식으로 인식한다. 이 장은 다양한 규모에서 일어나는 논쟁들이 어떻게 지리학 내부에서 부각되었는지 (또는, 다른 학문 분야에서 발전한 논쟁들에 지리학자들이 어떻게 다양하게 기여했는지) 살펴보면서, 규모에 대한 중첩되는 개념들을 중심으로 구성된다. 이러한 분류는 깔끔하게 경계를 지을 수 없다. 실제로, 현재 하고 있는 많은 연구는 관례적으로 구분된 활동들의 규모에 문제를 제기하는 것이다. 따라서 이 장은 연구 중인 기존의 패턴들을 해체해 명확히 하기 위해서 기존의 경계들을 끊임없이 넘나들며 참조한다.

세계적이고 초국가적인 식품 규모

지리학자들이 지속적으로 아주 큰 기여를 하고 있는 음식 연구의 가장 역동적인 분야 가운데 하나가 상품사슬에 관한 연구다. 상품사슬 연구는 특정한 상품 또는 일정한 범위의 상품들의 생산·교환·소비를 통해 만들어지는 초국가적 연결 관계를 면밀하게 살핀다. 역사학자 셰인 해밀턴Shane Hamilton은 "가공되지 않은 농산물을 소비가능한 식품으로 바꾸는 데 수반되는 개인, 기관, 기술, 지식 형태, 자본 형태를 식별하고 밝히는" 것이 바로 그러한 초국가적 연결 관계를 분석하는 목적이라고 말한다.[6] 알렉스 휴스Alex Hughes와 수잔 레이머Suzannne Reimer는 지리학자들이 상품사슬 분석 방법을 사용하는 경향에 대해 개괄하면서, 이 연구에 영향을 준 두 광범위한 논쟁을 소개하고 그것들에 대한 비판적 반응에 주의를 기울인다.[7] 첫 번째 논쟁은 대개 개념적으로 철저하게 수직 계열화된 상품들의 생산자와 소비자를 연결하는 각각의 사슬에서 경제적 가치의 변화를 중시한다.

이러한 논쟁은 다시 과거의 여러 연구 영역 예컨대 중심부(소비)-주변부(생산) 모형을 기반으로 하는 글로벌한 상품사슬 영역, 농업의 정치경제학 영역, 농업사회학 분야에서 나온 영역 가운데 특히 윌리엄 프리들랜드William Friedland의 연구, 그리고 끝으로 1980년대 프랑스에서 부각된 "농식품사슬filières agro-alimentaire(food chains)" 연구 영역에 영향을 끼친다.[8] 대개 지리학자들은, 항상은 아니지만, 상품사슬의 공간성spatiality에 집중한다. 따라서 그들은 영토적 경계를 가로지르거나, 그 안에서의 행위자들의 관계가 어떻게 기존 체계에 도전하고, 명시적으로나 암묵적으로 새로운 체계를 창조하는 쪽으로 나아가는지를 면밀히 검토한다.[9]

농식품사슬의 영향력과 관련해서, 당시에 식품을 연구하던 프랑스 지리학자들은 농식품사슬이라는 개념을 그다지 많이 쓰지 않았고 오히려 프랑스국립농학연구소INRA나 고등농업학교ESA처럼 농식품 연구에 전념하던 프랑스 국립기관들이 그 개념을 많이 사용했다는 점은 주목할 만하다. 프랑스 지리학자들은 이러한 농경제 연구자들과 연구의 초점이 조금 달랐다. 일례로, 클로드 투브노Claude Thouvenot가 1980년에 "식품지리학Géographie de l'alimentation"이라는 종합 표제로 《지리학연보Annales de géographie》 특집호에 편집·발표한 논문은 식품의 생산·교환 과정에서 경제적 가치 창출과 변화, 또는 이들 과정을 통해 생성되는 초국가적 규모의 참고문헌이 제기하는 문제보다는 식품의 생물학적·영양학적 측면에 훨씬 더 많이 주목한다.[10] 이 시기에 프랑스 지리학계가 식품을 세계적 또는 초국가적 규모로 생각했다는 사실에 국한해서, 그 모형은 "국제적" 면모—즉 국가들 사이에 맺은 먹거리 정책과 관련된 협약들—를 유지했다. 당시 프랑스 지리학자들은 전 세계적인 영양실조와 기근의 위기에 대처하기 위해 다자간 국제 협력을 지원하는 지리학 연구의 시도 및 조직을 촉구한 막시밀리앙 소르Maxmilian Sorre의 전후戰後 식품에 관한 지리학의 기초 연구들에 귀를 기울였다.[11] 몇 세대가 지나면서, 프랑스 지리학의 식품 관련 연구는 의식적으로 식품 생산과 소비에 대한 지정학적이고 글로벌한 관점을 지지하며 국제적 체계에 진입했으며, 이전의 농식품사슬에 대한 언급 없이도 식품에 대한 관점을 그대로 유지할 수 있었다.[12] 앞서 언급한 휴스와 레이머의 글로벌한 상품사슬 분석에 관한 논의에서, 그들은 생산자-소비자 관계를 개념화하는 두 번째 접근방식을 정의한다—그들은 그것을 네트워크 접근방식network appoach이라고 명명한다. 이 방식은, 그 근본적 차이는 있지만, 첫 번째 접근방식에 대해 정치경제학적으로 가장 우려하는 가치의 변화에 마찬가지로 주목한다. 네트워크 접근방식은, 그 명칭에서 이미 알 수 있듯, 상품사슬 개념에 내포된 생산지에서 소비지로의 상품 이동에 수반되는 행위자 간 관계의 수직적이고 단선적이며 계층적인 본질에 대한 또 다른 관점, 사실상 비판적 시각을 제공한다. 다시 말해, 행위자 사이와 정보 유통의 상호의존성, 그리고 접속점 자체의 다방향성은 이런 형태의 분석에서 가장 중요한 부분이다. 지리학자 피터 잭슨Peter Jackson은 상품사슬 연구에서 기존의 사슬chain 개념과는 대조되는 회로망circuit 개념을 소개함으로써 지금까지의 연구 성과들과는 약간 다른 계보의 개념을 제시한다. 그의 주장에 따르면, 최근의 인문지리학자들은 사슬이라는 개념에 대해 다음과 같은 사실을 발견했다. "[사슬은] 복잡성complexity, 투명성transparency, 규제regulation 같은 문제들을 다루기에는 지나치게 단선적이고 기계적이며 너무 길이[거리] 중심의 척도에만 초점을 맞춘다. 회로망은 시작도 끝도 없다. (…) 분석은 반드시 발원지가 있어야만 한다"는 것을 발견했다.[13] 1990년대와 2000년대에 영국에서는 한 무리의 문화지리학자들—필립 크랭Philip Crang, 이언 쿡Ian Cook, 마크 소프Mark Thorpe, 미셸 해리슨Michelle Harrison 같은 학자들—이 나타났다. 그들은 생산·분배·소비의 순간에 수반되는, 행위자 간 상품의 초국가적 이동으로 생긴 복잡한 공간성을 탐색하기 위해 회로망 개념을 사용한다. 일례로, 베키 맨스필드Becky Mansfield는 일본의 어묵을 예로 들면서 산업적 식품 생산의 세계화가 식품의 "품질"을 규정할 때 중대한 영향을 끼친다고 주장했다.[14]

특히, 이 지리학자들은 식품의 경제적 가치가 행위자 간의 회로망 및 관계를 변화시키고 유지하고 강제할 수 있다는 것에 대해 잘 알고 있었지만, 그들이 더욱 주시한 것은 상품회로망을 통해 식품이 이동하는 각 단계와 전 과정에서, 특별히 소비 시점에서, 상품·장소·행위자들의 정체성이 **의미하는** 것의 질적 변화였다.[15] 이 지리학자들은 그러한 문제들에 주목하면서 적어도 부분적으로는 데이비드 하비David Harvey가 학계에 큰 영향을 끼친, 한 논설에서 식품 분석을 통해 새로운 소비의 정치학으로 나아갈 것을 촉구한 마르크스주의적 요구에 부응하고 있었다.[16] 하비의 주장에 따르면, 자본주의의 상품사슬(또는 상품회로망)은 상품의 생산(노동) 조건을 감춘다. 사람들은 그 과정을 통해 필연적으로 상품을 숭배하게 된다. 상품 분석은 이러한 노동 과정의 진실을 밝힘으로써 상품의 물신화에서 벗어날 수 있게 해준다. 그리고 이러한 지식으로 무장한 깨인 소비자들은 더욱 공정한 소비에 참여할 줄 알게 된다. 많은 문화지리학자는 이러한 주장에 대해서, 특히 상품과 관련된 영구적이고 불변하는 지리학적 "지식knowledges"이라는 개념에 대해서 문제를 제기하며 그 논리를 추궁했다. 그들은 어떤 것의 확실한 기원을 밝히는 것이 불가능하다는 것과 그것들에 이름을 붙이는 것에 수반되는 극도의 모호성의 문제에 초점을 맞추었다.[17]

세계적 규모의 분석은 또한 생산에서 소비까지 전 지구적 궤적을 따라 개별 식품의 이동 경로를 추적하는 지리학자(와 다른 분야의 학자)들의 연구에도 적용된다—정성적 연구와 정량적 연구 모두에 가능하다. 이와 같은 연구 방법론은 최근 몇 년 사이에 지구사, 세계사, 일상사, 그리고 소비의 역사에 대한 학자들의 관심이 높아지는 것과 더불어 학계에서 크게 유행했다. 이 문제와 관련해 최근에 지리학자들이 연구한 것만 국한해서 살펴보면, 근세 프랑스령 대서양 지역의 파파야, 게맛살, 아일랜드 염장소고기, 18세기와 19세기 아프리카 이주민 사회의 쌀, 19세기와 20세기 프랑스의 아프리카산 깍지콩에 관한 연구들이 있다.[18] 프랑스어권에서 발간되는 《프랑스지리학회보Bulletin de l'association des géographes français》의 식품지리학 관련 특집호에 "유제품 행성la planète laitière"과 퀘벡Quebec 단풍나무시럽[메이플시럽]maple syrup에 관한 글들이 실려 있다.[19] 단일 상품에 초점을 맞춘 연구는 프랑스에서 유서가 깊다. 일례로, 지리학 내부에서 와인과 증류주에 관한 연구는 앙리 앙잘베르Henri Enjabert, 로제 디옹Roger Dion, 알랭 위츠 들랑스Alain Huetz de Lemps, 그리고 나중에 장-로베르 피트Jean-Robert Pitte 같은 학자들이 오래전부터 성과를 내온 부분이다.[20] 피츠는 중세부터 20세기까지 유럽을 휩쓴 밤나무 문화에 관한 연구로 자신의 첫 기념비적 논문을 발표했으며, 이후 와인에 관한 연구를 추가했다.[21] 이 지리학자들은 단일 상품과 그것의 생산부터 소비까지의 이동에 초점을 맞추는 방법론을 이용해 초국가적 상품 규모로 장소를 나누는(또는 나눌 수 없는) 여러 정의와 경계(즉 테루아[생산지의 독특한 자연환경] 또는 "산지의 맛taste of place[생산지의 독특한 자연환경이 주는 향미]" 개념),[22] 그리고 개별 상품 네트워크에 속한 행위자들의 정체성과 작용에 관한 매우 다양한 문제를 폭넓게 조명할 수 있었다.[23] 예컨대 학자들은 제국주의의 팽창이나 식민지의 발전 과정, 대서양 노예무역을 배경으로 과거에 일어났거나 현재 진행 중인 상품 교역에 관한 분석 및 연구의 전면에 역사적 권력관계를 배치함으로써, 세계적 단위든 국가적 단위든 단순화된 상품 규모에 이의를 제기하고, 노예와 식민지 국민들을 본국 정치경제의 소비자로서, 제국의 기능에 비판적인 지식전달자로서 볼 것을 역설한다.[24]

국가적, 지역적 식품 규모

최근 들어 국가적 규모의 음식 연구가 세계적 규모의 음식 연구보다 관심을 덜 받는 것은 명백하다. 음식을 문화적, 경제적 현상으로서 연구하는 인문지리학자들은 대개 국가 영토의 경계로 정의되는 명백한 국가 단위의 준거틀에 도전장을 던진다. 이러한 인문지리학의 전형적 학풍에서 두드러진 예외가 바로 문화지리학자 장-로베르 피트다. 그는 프랑스의 미식 전통에 특별히 주목하는데, 프랑스의 미식 문화를 유네스코 세계무형문화유산 목록에 등재시키기 위해 오랫동안 캠페인을 벌였고 2010년에 마침내 그 결실을 거두었다.[25] 국가적 규모는 거의 대부분이, 예컨대 국가적 차원에서 정의되는 식품 정책 분석의 영역에서처럼, 그 자체가 연구 대상이 될 때 가치 있는 분석틀로 남을 수 있었다.[26]

정반대로, 역사지리학과 문화지리학을 연구하는 학자들은 그 대다수가 국가적 경계에 구멍이 많으며 역사적으로 취약하고 바뀔 수 있는 국경선에서 의미를 끄집어내는 것이 어렵다는 점에 주목한다.[27] 그들이 고정되고 통일된 국민국가의 개념에 대응하기 위해 대개 식품의 생산·분배·소비의 영역에서 선택하는 두 기준은 지역적 준거틀과 다문화주의multiculturalism 개념이다. 일례로, 지리학자 바버라 쇼트리지Barbara Shortridge의 미국 지역별 식생활에 관한 방대한 연구와 이 연구를 위한 지리적 자료의 출처들에 대한 설명을 보면 이 두 가지가 아주 명백하게 잘 나타난다.[28] 미국의 위대한 문화지리학자 칼 사우어Carl Sauer의 제자, 윌버 젤린스키Wilbur Zelinsky는 자신을 대표하는 소수민족 식당에 관한 연구를 통해 미국의 음식 다문화주의를 지리학 관점에서 분석하는 토대를 마련했다.[29]

미국 이외의 다른 국가에서도 또 다른 국가적 준거틀을 조사하기 위해 지역적 준거틀과 다문화주의의 기준을 적용했다. 영국에서는 쿡, 크랭, 소프가 영국 고유의 음식이든 영국에서 유통되는 다른 "국적의" 음식이든 요리의 정통성culinary authenticity 개념에 문제를 제기하고, 영국의 다문화 음식과 관련된 사회적 상상들을 면밀히 살펴보는 연구에서도 지역적 준거틀과 다문화주의의 기준을 반복해서 적용하고 있다.[30] 또한 장 뒤뤼즈Jean Duruz는 오스트레일리아에서 음식민족주의culinary nationalism와 다문화주의가 서로 만나는 접점에 관해 연구하고 있다.[31] 프랑스에서는, 와인의 경우처럼, 지역 음식 문화의 특징과 역사에 관한 연구가 다문화주의에 관한 연구보다 훨씬 더 유서가 깊다. 그 이유는 대개 이와 같은 연구를 지리학자가 아니라 역사학자가 주도했기 때문이다.[32] 그럼에도 지리학자 질퓌메Gilles Fumey는《문화지리학Géographie et Cultures》에서 미국과 유럽의 음식 다문화주의를 모두 논의하고,《맛의 지리학Géographie des Saveurs》특집호에 [프랑스] 니스Nice와 오브락Aubrac 지역의 "맛"을 다룬 유럽의 다문화주의에 관한 논문을 발표했다.[33] 또 하나의 특별한 예외는 "요리, 식습관, 지역Cuisines, Régimes alimentaires, Espaces régionaux"이라는 주제로 1987년 낭시에서 열린 학술대회의 논문집이다.[34] 이 논문집에서 지리학자들은 프랑스를 비롯한 각지의 요리 관행과 관련해 지역의 의미를 집중 조명 하면서, 패스트푸드의 등장으로 요리의 특수성이 사라질 수 있다는 우려의 전조를 내보인다. 이 학술회의는 프랑스역사지리학위원회Commission de Géographie historique에서 처음 시작했지만, 일련의 식품 관련 회의로 구성된 제3차 학술회의는 특별히 지리학자들에 의해 "음식의 지리학geographie de l'alimentation" 주제를 중심으로 조직되었다.[35]

도시 규모

음식 문제를 조사하는 규모가 국가 또는 지역 단위에서 도시 단위로 이동할 때, 지리학자들이 수행하는 연구의 특성과 규모는 크게 바뀐다. 도시 내부에서 특별히 다문화주의와 음식에 관해서는 할 일이 상대적으로 적다고 해도, 인종·계급·민족성과 같은 관련 문제들은 음식 연구에서 여전히 중요하게 다루어지고 있다.[36] 이러한 규모에서, 연구 과제들은 대개 도시 환경 안에서 먹거리 접근 문제에 초점을 맞추는 쪽으로 이동해왔다.[37] 지리학자들은 다양한 개념을 이용해 캐나다·미국·유럽 도시들에서 도시 거주자들의 먹거리 접근 양상을 면밀히 검토한다. 즉 먹을 것을 구하는 곳이 시장인지 텃밭인지 슈퍼마켓인지,[38] 도시 환경에서의 먹거리보장과 먹거리사막food desert[신선한 먹거리를 구하기 어려운 지역사회 환경] 문제,[39] 도시민의 먹거리 결정권을 보장하는 먹거리시민권food citizenship 문제,[40] 도시의 먹거리 지속가능성[41]이 그런 연구 과제들이다. 지리학자들은 이와 같은 현대의 문제들을 파고들면서 한편으로는 건축가, 도시계획자, 보건전문가들이, 다른 한편으로는 인류학자, 도시학자, 영양학자들이 수행하는 도시 공공보건과 정책 사업들에 적극적으로 협력·기여하고 있다.[42] 이들 연구의 대부분이 현재의 도시에 초점을 맞추고 있지만, 역사지리학자 피터 엣킨스Peter Atkins가 공동 편집·출간한《1800년 이래 유럽의 음식과 도시Food and the City in Europe since 1800》(2007)는 최근 200년 동안 유럽의 음식과 도시에 관한 주제로 연구한 글들을 수록하고 있다. 도시화가 식습관에 끼친 영향과 그에 따른 먹거리 접근 양상의 변화, 도시의 식품 품질과 위해 식품변조food adulteration[법적 또는 기타 이유로 식품에 함유되면 안 되는 위변조 성분이 들어가는 것], 음식점과 식료품점, 기타 식품 소매점, 이주민이 도시 식생활에 끼친 영향 등이 주요 내용이다.[43]

　도시 규모에서 음식 문제를 바라보는 것은 필연적으로 지역 규모로 귀결될 수밖에 없다. 연구 대상을 구체적으로 어떻게 잡느냐에 따라 도시 규모인지 지역 규모인지 범주가 나뉘겠지만 말이다. 음식 문제를 연구하는 일부 지리학자가 명시적으로 "지역적인 것the local"에 초점을 맞추어 작업하고 신중하게 관련 문제들을 직접 다룰 때[44] 그 경계를 명확하게 나누기는 어렵다. 즉, "지역적인 것"은 도시 구조의 일부를 구성하는 필수 요소로 이해될 수도 있고, 그 역으로 도시 같은 규모와는 완전히 다르게 존재하는 독특한 것으로 이해될 수도 있기 때문이다. 실제로 지역적인 것은 세계적인 것에 반대되는 것으로서 오늘날 대중이 음식에 대해 이야기할 때 가장 일반적으로 언급하는 부분이다.[45] 음식과 지역주의에 대해 연구하는 학자들이 주장하는 것처럼, 지역적인 것이 의미가 있으려면 무엇보다 주어진 지역 환경 예컨대 식품 소매점, 시장, 음식점 같은 곳에서 식품의 생산 및 소비 관습의 체화와 제도화가 이루어져야 한다.[46] 쇼트리지가 미국인의 식생활을 문화지리학 관점에서 연구하면서 참고한 도서 가운데 특정 지방이나 지역을 대표하는 음식점과 같은 식사 장소들을 연구한 문헌이 많은 것에서 지리학자들이 특히 그런 문헌들에 주목한다는 것을 쉽게 알 수 있다.[47]

농촌과 농업적 식품 규모

교외가 전통적으로 도심과 비교되는 개념이라면, 농촌[적인 것]은 도시[적인 것]와 비교되는 개념이다. 식품의 생산과 소비와 관련해서 지역적인 것은 두 개념이 하나로 묶여서 나타나거나 아니면 둘이 서로 반대되는 것으로 해서 나타날 수 있다.[48] 옛날부터 농경과 축산 같은 농촌의 식품 생산과 유통망에 깊이 관여해온 지리학은 이런 현상의 역사적 전개 과정과 오늘날의 변화에 관한 연구를 오랫동안 지속해왔다. 이 영역에 관한 지리학자들의 연구는 크게 세 범주 곧 1) 세계적인 것에서 극도로 지역적인 것까지 망라하고 그 둘을 이어주면서 정치경세학과 농본주의 사이의 상호관계를 연구하는 부분, 2) 식품 생산과 제조의 산업화에 주목하는 부분, 3) 농촌의 식품 생산자들에 대한 적극적 관심을 통해 공정무역과 윤리적 교역, 그리고 그와 같은 교역에 따른 새로운 계급 문제에 집중하는 부분으로 나누어볼 수 있다. 이처럼 범주를 나누는 것이 식품 생산·유통·소비 영역에서 지리학자들이 농촌 문제들을 고심했던 방식을 면밀히 검토하기 위한 유용한 관점들을 제공한다고 해도, 그런 관점들이 쉽게 서로 또는 다른 것들로 대체될 수 있는 하나의 집합임을 이해하는 것은 매우 중요하다. 다시 말해, 무엇보다도 이들 주제 영역을 연구하는 지리학자들이 대개 자신을 특별히 농촌 문제를 연구하는 학자라고 말하지 않는 것은 분명해 보인다.

첫째 범주—정치경제학과 농본주의—의 경우는 이러한 원칙이 잘 적용되지 않는다. 일례로, 마이클 와츠Michael Watts는 정치경제학, 농본주의, 에너지와 농식품 부문 내에서 점점 발전하는 산업자본주의industrial capitalism 간 세계적 상호관계를 수십 년 동안 연구해온 지리학자인데, 그가 집중 분석 하는 대상은 바로 농촌의 생산자들이다.[49] 또한, 산업자본주의의 중심 역할이 점점 커지는 것에 대해서는 상대적으로 덜 주목하고 있지만 세계적 농식품체계와 농촌의 식품 생산자 및 네트워크 간의 관계는 지리학자들이 공동으로 펴낸 영향력 있는 세 책, 《농촌 체계의 지속가능성: 지리학적 해석The Sustainability of Rural Systems: Geographical Interpretations》(2002), 《음식의 세계: 먹거리사슬에서의 장소, 권력, 산지Worlds of Food: Place, Power, and Provenance in the Food Chain》(2006), 《농식품 상품사슬과 세계화하는 네트워크Agro-Food Commodity Chains and Globalising Networks》(2008)에서 핵심 내용을 이룬다.[50] 지리학에서의 또 다른 연구들이 이런 개념들을 유효하게 적용할 수 있는 폭넓은 역사적 맥락들을 제공했다.[51]

특정 환경에서 식품 생산 및 제조의 산업화에 관한 연구는 농식품과 글로벌 자본에 관련된 거시적 문제들이 훨씬 더 지역적이고 한정된 규모에서 어떻게 작동하는지를 이해할 수 있는 아주 유효한 수단임을 입증했다. 농업의 산업화를 면밀히 검토하고, 그것과 식품 생산이 어떻게 도시와 농촌의 관계를 중재하는지 살펴본 많은 연구가 있지만,[52] 대개는 특정한 산업적 관행이나 식품 부문에 초점이 한정되어 있다. 예컨대 수잰 프라이드버그의 《신선식품: 상하기 쉬운 역사 Fresh: A Perishable History》(2009)는 "신선함freshness"이라는 개념 자체와 함께 19세기와 20세기의 효과적인 식품 보존 방식, 그리고 로커보리즘locavorism*의 부각 과정을 살펴본다. 그녀는 신선함이라는 개념이 일련의 특정 식품(소고기, 생선, 채소, 우유, 과일, 달걀)과 관련이 있음을 역사적으로 설명한다.[53] 지리학자들이 각별히 지속적으로 분석해온 식품 부문은 낙농업 분야인데,[54] 연어통조림 산업, 냉동육 산업, 사과 산업도 못지않게 지속적인 주목 대상이다.[55]

또한 농촌은 공정무역, 윤리적 교역, 유기농과 관련해서, 그리고 이들 과정에서 발생하는 유통과 소비라는 사회경제학적 측면에 대한 대중적·학문적 논쟁에서 중점적으로 다루는 더욱 복잡해진 계급 문제와 관련해서 점점 중요해지고 있는 지리학 연구에서 중심 자리를 차지한다. 줄리 구트만은 유기농과 자신이 "여피족 음식"이라고 지칭한 것의 등장과 같은 문제들을 연구하고 있다.[56] 프라이드버그는 또한 영국 슈퍼마켓들이 특히 아프리카 원예용품의 원거리 공급과 관련해 윤리적 교역을 채택한 것에 내재하는 역설적 상황을 조사하고 있다.[57] 식품의 유통, 교환, 그리고 무엇보다도 소비의 윤리적 측면에 대한 관심 고조는 이러한 논쟁들을 불러일으키는 데 매우 중요한 역할을 한다. 윤리적 소비에 대한 높아진 관심은 새로운 소비의 정치학이 필요하다고 호소하는 하비의 목소리에 다시 귀를 기울이며, "대안적alternative" 지리학으로 알려진 식품과 관련된 새로운 지리학 연구가 점점 늘어나고 있음을 알려주는 신호탄이다. 이 용어는 2007년에 발간

---

* 자기 지역에서 생산된 음식을 먹는 실천 운동. 오늘날 로컬푸드 운동과 유사한 의미라 할 수 있다.

된 한 공동 저서의 제목에 처음 쓰였고, 실제로 대안적 식품 네트워크를 떠올리는 거의 모든 글의 표제에 등장한다. 예컨대 대안적 식품 경제, 대안적 식품 생산자와 유통업자가 그런 것들이다.[58] 그 밖에도 대안적 식량 공급과 대안적 먹거리 정치와 관련된 지리학 연구들도 있다.[59] 2007년에 발간된 책의 편저자들은 이런 맥락에서 "대안적"이라는 용어를 아주 단순하게 "종래의conventional' 산업화된 농식품 복합체가 보여준 것과는 다른 '대안적' 가능성들을 제공하는 새로운 식품 생산-소비 관계의 등장 추세를 인식하는 것"이라고 설명한다.[60] 흥미롭게도, 이와 같은 연구들에서 학자들의 행동은 그들의 연구 대상인 식품생산자와 유통업자, 소비자의 행동만큼이나 도덕적이거나 윤리적인 태도를 취한다. 다시 말해, 연구자들은 자신들이 연구에 착수하고 연구 방향을 설계(즉 전통적인 것과 대안적인 것을 가르는 표준을 확립하기)하고 연구 결과를 널리 알리는 것이 결국 사회에 바람직한 변화를 가져올 수 있다고 생각한다. 그리고 실제로 사람들은 그러한 행동이 "대안적"의 영역들을 끊임없이 넓혀나가는 데 필요하다고 생각한다.

가정의 식품 소비와 소비자로서 개인

이 장에서 검토하는 식품 관련 행동의 마지막 범주는 가정 규모domestic scale와 개인 규모의 소비행동에 관한 지리학자들의 연구와 관련이 있다. 먼저, 가족family과 가구household 단위에서 식품을 구매하고 소비하는 행위는 영국과 북아메리카에서 점점 주목을 받고 있다. 이와 같은 활동은 아이들과 관련된 식품 보건 문제와 가정을 지역사회와 연결하는 데 큰 영향을 끼치는 것으로 보인다.[61] 지리학자 잭슨은 [영국] 셰필드대학에서 2005년부터 2008년까지 바로 이런 문제들을 탐색하기 위해 영국 리버흄 트러스트Leverhulme Trust의 자금 지원을 받아 "가족 바꾸기, 음식 바꾸기Changing Families, Changing Food"라는 장기 연구 프로그램을 수행했다. 가정의 식품 소비 연구는 또한 개인, 젠더, 집단의 정체성을 탐색하기 위한 합리적 담론이기도 했다.[62]

가장 한정된 분석 단위인 개인과 식품의 상호작용 방식은 두 가지로 나누어 볼 수 있는데, 이 두 방식은 서로 다른 지리학 분야에서 저마다 발전해왔다. 하나는 윤리적 구매자와 소비자로서의 식품과 상호작용 방식이고, 다른 하나는 직접 식품을 섭취하는 몸으로서의 상호작용 방식이다. 먼저 잭슨은, 매우 전통이 오랜 도덕경제와 마찬가지로, 앞서 설명한 최근 음식의 지리학 내에서의 윤리성을 강조하는 논의를 더욱 확장해 특별히 소비의 윤리성morality of consumption이라는 개념을 새로 정립했다.[63] 그는 이 연구에서 식품 소비 영역에서 개인의 도덕적, 윤리적 선택이 식품 경제의 특정한 결과에 끼치는 막대한 영향을 탐색한다. 물론 그러한 결과를 낳은 집단적 책임에 대해서도 분명하게 의견을 단다. 이런 맥락에서, 식품 소비 결정의 중요성에 대한 개별 소비자의 자각은 현재 잭슨이 셰필드대학에서 "불안의 시대에서의 소비자 문화Consumer Culture in an Age of Anxiety"라는 주제로 진행 중인 또 다른 장기 연구 프로그램의 한 측면이다.[64]

　소비자 윤리 의식에 대한 이와 같은 관심은 개인과 식품 소비와 관련된 지리학의 최종적 하위 분야인 신체적 건강과 영양 분야와 강한 대조를 이룬다. 식품과 건강의 복잡한 관계를 연구하는 학자들의 대다수가 영양학자나 영양사들이지만, 지리학자들은 주로 식품과 관련해 건강에 위험을 끼치는 현상들에 영향을 주는 공간적 요소들에 관해 집중적으로 연구한다. 일례로, 영국에서 2005년에 완료된 "식사, 식품, 그리고 건강Eating, Food, and Health"이라는 학제적 연구 프로그램은 영국 도시들의 먹거리사막 지대에 초점을 맞춘 지리학적 조사와 결과가 포함된 연구였다.[65] 다른 한편으로 지리학자 코리나 호크스Corinna Hawkes는 비만과 식사 관련 만성질환, 국제적 영양표시제, 무역자유화가 세계의 식습관에 끼치는 영향에 관한 연구를 세계적 규모로 진행한다.[66] 다양한 규모(가구 단위의 규모에서 세계적 규모에 이르기까지)로 진행되는 이러한 소비행태들이 경제와 몸 건강에 끼치는 영향을 연구하는 지리학자들에게 개인의 식품 소비는 도덕적 영역과 신체적 영역 모두에서 매력적인 연구 대상이었다.

결론

　음식과 관련된 연구를 하는 지리학자들이 제기하는 다양한 문제를 검토하고 나서 드는 느낌은 매우 풍부하고 다채롭지만 좀 당혹스럽다는 것이다. 음식을 연구하는 지리학자들이 가장 주목하는 것을 한마디로 요약한다면 공간성 또는 장소에 대한 생각들이라고 말할 수 있을지 모르지만, 이 장을 시작하면서 주장한 것처럼, 이런 표현의 무지막지함과 무정형성은 음식 연구와 관련된 특정 주제나 하위 분야에 그 표현들을 정확하고 확실하게 적용하는 것을 어렵게 한다. 그러나 이러한 주장은 (역사학과 인류학을 포함한) 다른 많은 학문에서도 공간성 대신에 자체적으로 주목하는 요소들에 대해 마찬가지로 적용될 수 있다. 음식 연구의 특정 주제와 영역은 지리학자들이 다른 분야의 학자들보다 훨씬 더 유리하다. 그 사례는 매우 많지만 대표적인 예를 둘 든다면, 프랑스어권 지리학자들의 와인 및 증류주 연구, 영어권 지리학자들의 글로벌한 상품사슬 또는 상품회로망 연구다. 이들 연구 주제는 지리학적 분석이 유익하다. 음식 관행과 관련된 공간적 틀은 역학적 분석과 다차원적 분석에서 모두 하나의 구성요소로 고려되기 때문이다. 하나의 학문 분야로서 지리학의 다원적이고 학제적인 연구가 표면적으로 음식에 관한 지리학적 논쟁들 간에 일관성을 떨어뜨리는 것으로 보일 수 있다 하더라도, 지리학자들은 그러한 연구를 통해 다양한 공간 규모와 범위에서 음식을 바라볼 수 있다. 하지만 무엇보다도 지리학의 방대한 연구 범위 때문에 지리학자들은 음식 연구 자체에 내재하는 복잡성 곧 음식에 대한 물질적 분석, 원문 분석, 지식, 그리고 세계가 사회적·문화적·환경적·신체적으로 동시에 복잡하게 얽히고설키면서 발생하는 복잡성이 제기하는 학문적·개념적 문제들에 접근할 수 있는 독보적 위치에 있다.

주

1. Gilles Furney, *Manger local, manger global: l'alimentation géographique*(Paris: CNRS Éditions, 2010), 9-26은 잠정적이고 상대적으로 최근에 프랑스 문화지리학 내부에서 이루어진 음식 연구를 검토한다. Warren Belasco, "Perspectives on an Emerging Field," in *Food Nations: Selling Taste in Consumer Societies*, ed. Warren Belasco and Philip Scranton(New York: Routledge, 2002), 4-10.

2. Peter Atkins, Mapping Foodscapes," *Food & History* 3, no. 1(2005): 267-280; Barbara Shortridge, "Geographical Data Sources for the Study of Regional Foods in the United States," *Journal for the Study of Food and Society* 4, no. 1(2000): 11-18; Jean-Robert Pitte, "La Géographie du goût: entre mondialisation et enracinement local," *Annales de géographie* 621(September-October 2001), Jean-Robert Pitte, *Géographie culturelle*(Paris: Librairie Artheme Fayard, 2006, reprint), 823-851.

3. 여기서 초점은 음식 연구에서 지리학자들이 기여한 점에 맞출 것이지만, 1960년대부터 1980년대까지 프랑스 아날학파에서 음식 연구의 위상에 대한 매우 유용한 윤곽을 잡기 위한 것은 다음을 보라. Eva Barlosius, "The History of Diet as a Part of the Vie materielle in France," in *European Food History: A Research Review*, ed. Hans J. Teuteberg(London: Leicester University Press, 1992), 90-108.

4. "공간space"과 "장소place" 사이의 (거짓) 차이에 관한 논의는 다음을 보라. Doreen Massey, "Geographies of Responsibility," *Geografiska Annaler* 86B(2004): 7-9.

5. 음식 관련 활동의 규모를 중심으로 명쾌하게 구성된 연구로는 다음을 보라. David Bell and Gill Valentine, eds., *Consuming Geographies: We Are Where We Eat*(London: Routledge, 1997).

6. Shane Hamilton, "Analyzing Commodity Chains: Linkages or Restraints," in *Food Chains: From Farmyard to Shopping Cart*, ed. Warren Belasco and Roger Horowitz(Philadelphia: University of Pennsylania Press, 2009), 17.

7. Alex Hughes and Suzanne Reimer, "Introduction," in *Géographies of Commodity Chains*, ed. Alex Hughes and Suzanne Reimer(London: Routledge, 2004), 1-16.

8. 상품사슬 분석에 관해서는 다음을 보라. William Friedland, "Reprise on Commodity Systems Methodology," *International Journal of Sociology of Agriculture and Food* 9, no. 1(2001): 82-103. 농식품사슬과 관련해서는 다음을 보라. *Économies et Sociétés: cahiers de l'ISMA* 특집호, Série AG, no. 17(May 1983), 특히, F. Lauret, "Sur les études des filières agro-alimentaires," 721-740; Groupe de recherche économique and sociologique sur la consommation alimentaire, "Consommation et système agro-alimentaire: quelques approches et quelques résultats," 877-909; and the special issue entitled "Dossiers: les filières agro-alimentaires," *Agriscope*, no. 3(Spring 1984): 6-96.

9. 이 과정은 Deborah Leslie and Suzanne Reimer, "Spatializing Commodity Chains,"

Progress in Human Geography 23, no. 3(1999): 401-420에서 직접 다뤄진다.

10. Claude Thouvenot, ed., "Geographie de l'alimentation," a special issue of *Annales de geographie* 89, no. 493(May-June 1980): 258-398.

11. Maximilien Sorre, "Géographie de l'alimentation," *Annales de geographie* 61, no. 325(1952): 184-199; "The Geography of Diet"으로 번역 in *Readings in Cultural Geography*, ed. and trans. Philip Wagner and Marvin Mikesell(Chicago: University of Chicago Press, 1962), 445-456.

12. Gilles Furney, *Manger local, manger global: l'alimentation géographique; Géopolitique de l'alimentation*(Auxerre: Sciences Humaines Editions, 2008); Gilles Furney, with Olivier Etcherverria, *Atlas mondial des cuisines et gastronomies: une géographie gourmande*(Paris: Éditions Autrement, 2009). 또한 다음을 보라. Éric Bordessoule, "Produire et échanger des biens alimentaires," in *Nourrir les hommes: questions de géographie*, ed. Jean-Paul Charvet(Nantes: Éditions du temps, 2008), 5-26. 지정학, 정치경제학, 세계 식량 규모에 관한 유사한 초점과 관련해서는 다음을 보라. Peter Atkins and Ian Bowler, *Food in Society: Economy, Culture and Geography*(London: Arnold, 2001).

13. Peter Jackson, Neil Ward, and Polly Russell, "Mobilising the commodity chain Concept in the Politics of Food and Farming," *Journal of Rural Studies* 22(2006): 132.

14. Becky Mansfield, "Spatializing Globalization: A 'Geography of Quality' in the Seafood Industry," *Economic Geography* 79, no. 1(January 2003): 1-16.

15. 상품의 사회적 삶이라는 개념은 특히 이런 면에서 영향력이 있음을 입증했다. Arjun Appadurai, "Introduction: Commodities and the Politics of Value," in *The Social Life of Things: Commodities in Cultural Perspective*, ed. Arjun Appadurai(Cambridge: Cambridge University Press, 1986), 3-63; Igor Kopytoff, The Cultural Biography of Things: Commoditization as Process," in ibid, 64-91.

16. David Harvey, "Between Space and Time: Reflections on the Geographical Imagination," *Annals of the Association of American Geographers* 80(1990): 418-434.

17. 필립 크랭은 상품의 이동과 관련된 정의하기 어려운 공간성을 설명하기 위해 "이동"이라는 개념을 불러냈다. Philip Crang, "Displacement, Consumption and Identity," *Environment and Planning A* 28, no. 1(1996): 47-67. Ian Cook, Philip Crang, and Mark Thorpe, "Tropics of Consumption: 'Getting with the Fetish' of 'Exotic' Fruit?" in *Geographies of Commodity Chains*, ed. Alex Hughes and Suzanne Reimer(London: Routledge, 2004), 173-192; Ian Cook and Philip Crang, "The World on a Plate: Culinary Cultures, Displacement and Geographical Knowledges," *The Journal of Material Culture* 1, no. 2(1996): 131-153.

18. Ian Cook, "Follow the Thing: Papaya," *Antipode* 36(2004): 642-664; Becky Mansfield, "'Imitation Crab' and the Material Culture of Commodity Production," *Cultural Geographies* 10, no. 2(2003): 176-195; Bertie Mandelblatt, "A Transatlantic Commodity: Irish Salt Beef in the French Atlantic," *History Workshop Journa* 63(Spring 2007): 18-47; Susanne Freidberg, *French Beans and Food Scares: Culture and Commerce in an Anxious Age*(New York: Oxford University Press, 2004); Judith Carney, *Black Rice: The*

African Origins of Rice Cultivation in the Americas(Cambridge, MA: Harvard University Press, 2001); Judith Carney, with Richard Nicholas Rosomoff, *In the Shadow of Slavery: Africa's Botanical Legacy in the Atlantic World*(Berkeley: University of California Press, 2009).

19. Eugene Calvez, "La planète laitière: quelques aspects de la production dans Ie Monde," *BAGF* 84(March 2007): 45-63; Vincent Moriniaux, "Un sirop au goût amer: Ie sirop d'érable québécois, produit industriel standardisé ou produit de terroir," *BAGF* 84(March 2007): 81-96.

20. Henri Enjalbert, *Histoire de la vigne et du vin: l'avènement de la qualite*(Paris: Bordas, 1975); Roger Dion, *Histoire de la vigne et du vin en France des origines au XIXe siècle*(1959, reprint: Paris, Flammarion, 1977); Roger Dion, *Le Paysage et la vigne: Essais de géographie historique*(Paris: Payor, 1990); Alain Huetz de Lemps, *Vignoble et vins d'Espagne*(Bordeaux: Presses Universitaires de Bordeaux, 1993). 지리학 분야의 프랑스 와인 역사에 관해서는 다음을 보라. Raphaël Schirmer, "Le Regard des géographes francrais sur la vigne et Ie vin," *Annales de géographie*, no. 614-615(July-October 2000): 345-363. 프랑스 와인과 증류주를 대서양과 연관지어 보는 것과 관련해서는 다음을 보라. Bertie Mandelblatt, "L'Alambic dans l'Atlantique: production, commercialisation, et concurrence d'eau-de-vie de vin et de rhum dans l'Atlantique français au XVIIe et au début du XVIIIe siècle," *Histoire, Bconomie, Societe* 2(2011): 63-78.

21. Jean-Robert Pitte, *Les Terres de Castanide: Hommes et paysages du châtaignier de l'antiquite à nos jours*(Paris: Fayard, 1986). Jean-Robert Pitte, ed., "La Nouvelle planete des vins," *Annales de geographie* 특집호, no. 614-615(July-October 2000); Jean-Robert Pitte, *Bordeaux, Burgundy: A Vintage Rivalry*, trans. M. B. DeBevois(Berkeley: University of California Press, 2008).

22. 테루아의 개념에 관해서는 다음을 보라. Jean-Robert Pitte, "Pour en finir avec Ie pseudoterroir: les vrai facteurs de la qualité du vin," in *Pratiques anciennes et genèse des paysages: Mélanges de géographie historique à la mémoire du Professeur Jean Peltre*, ed. Andre Humbert(Nancy: CERP, 1997), 195-212. 지리학자가 아닌 사람들의 연구로는 다음이 있다. Laurence Berard and Philippe Marchenay, *Les produits de terroirs entre cultures et reglements*(Paris: CNRS Editions, 2004); Olivier Assouly, *Les Nourritures nostalgiques: essai sur le my the du terroir*(Paris: Actes Sud, 2004).

23. 음식에 관련해서 이러한 문화지리학 연구방법론에 관한 일련의 상호연관된 논문들에 관해서는 다음을 보라. Ian Cook, et al., "Geographies of Food: Following," *Progress in Human Geography* 30, no. 5(2006): 655-666; Ian Cook, et al., "Geographies of Food: Mixing," *Progress in Human Geography* 32, no. 6(2008): 821-833; Ian Cook, et al., "Geographies of Food: 'Afters,'" *Progress in Human Geography* 35, no. 1(2011): 104-120.

24. 이런 측면에 관해서는 다음을 보라. Bertie Mandelblatt, "'Beans from Rochel and Manioc from Prince's Island': West Africa, French Atlantic Commodity Circuits, and the Provisioning of the French Middle Passage," *History of European Ideas* 34, no. 4(December, 2008): 411-423; Susanne Freidberg, "Postcolonial Paradoxes: the Cultural Economy of

African Export Horticulture," in *Food and Globalization: Consumption, Markets and Politics in the Modern World*, ed. Alexander Nützenadel and Frank Trentman(Oxford: Berg International, 2008), 215-234. 음식학(과 더 일반적으로 물질문화)이 어떻게 탈식민주의 이론을 더욱 문자와 설명에 집중하게 만들었는지에 대한 논의는 다음을 보라. Ian Cook and Michelle Harrison, "Cross Over Food: Re-Materializing Postcolonial Geographies," *Transactions of the Institute of British Geographers*, no. 28(2003): 296-317.

25. Jean-Robert Pitte, *Gastronomie française: histoire et géographie d'une passion*(Paris: Fayard, 1991). 프랑스 사르코지 정부가 지원하고 유럽음식역사및문화연구소가 참여한 유네스코 세계무형문화유산 등재 신청과 관련해서는 다음을 보라. "The Gastronomic Meal of the French."(Online). Available: http://www.unesco.org!culture/ich/index.php?RL=00437(March 26, 2011). 그것에 대한 비판과 관련해서는 다음을 보라. Roger Celestin et al, "Editors Introduction," *Contemporary French and Francophone Studies* 14, no. 2(March 2010): 129-133.

26. 그 사례는 다음과 같다. Terry Marsden, Andrew Flynn, and Michelle Harrison, *Consuming Interests: The Social Provision of Foods*(London: University College London Press, 2000); Peter Jackson, Neil Ward, and Polly Russell, "Mobilising the Commodity Chain"는 영국의 제도권에서의 상품사슬 개념 사용을 면밀히 검토한다. Carol Morris and Craig Young, "New Geographies of Agro-Food Chains: An Analysis of UK Quality Assurance Schemes," Alex Hughes and Suzanne Reimer, in *Geographies of Commodity Chains*, 83-101.

27. 흥미롭게도, 장-로베르 피트Jean-Robert Pitte 자신은 모든 종류의 음식의 경계에 의문을 제기하는 것을 출발점으로 삼은 Massimo Montanari, *Les Frontieres alimentaires*(Paris: CNRS Editions, 2009)를 공동 편집 하여 국가적 틀의 문제 제기에 적극적으로 한몫했다.

28. 예컨대 다음을 보라. Barbara Shortridge and James Shortridge, "Cultural Geography of American Foodways: An Annotated Bibliography," *Journal of Cultural Geography* 15(1995): 79-108; Barbara Shortridge, "Apple Stack Cake for Dessert: Appalachian Regional Foods," *Journal of Geography* 104, no. 4(2005): 65-73; Barbara Shortridge, "A Food Geography of the Great Plains," *Geographical Review* 93, no. 4(2003): 507-529; Barbara Shortridge, "Geographic Data Sources for the Study of Regional Foods in the United States," *Journal for the Study of Food & Society*, 4, no. 1(Spring 2000): 11-18.

29. Wilbur Zelinksy, "The Roving Palate: North America's Ethnic Restaurant Cuisines," *Geoforum* 15(1985): 51-72.

30. Ian Cook, Philip Crang and Mark Thorpe, "Eating into Britishness: Multicultural Imaginaries and the Identity Politics of Food," in *Practising Identities: Power and Resistance*, ed. Sasha Roseneil and Julie Seymour(Basingstoke: Palgrave Macmillan, 1999), 223-247; Ian Cook, Philip Crang and Mark Thorpe, "Regions to be Cheerful: Culinary Authenticity and its Geographies," in *Cultural Turns/Geographical Turns: Perspectives on Cultural Geography*, ed. Simon Naylor, et al(Harlow: Prentice Hall, 2000), 109-138.

31. Jean Duruz, "Eating at the Borders: Culinary Journeys," *Environment and Planning D: Society and Space* 23, no. 1(2005): 51-69.

32. 아날학파의 음식사와 관련해서는 다음을 보라. Eva Barlosius, "The History of Diet as a Part of the Vie materielle in France." 지리학계 밖에서 식민지가 프랑스 본국의 요리 관행에 영향을 끼쳤다는 연구의 두 가지 사례 관련해서는 다음을 보라. Kolleen M. Guy, "Imperial Feedback: Food and the French Culinary Legacy of Empire," *Contemporary French and Francophone Studies* 14, no. 2(March 2010): 149-157; David Burton, "Curries and Couscous: Contrasting Colonial Legacies—in French and British Cooking," in *Gastronomic Encounters*, ed. A. Lynn Martin and Barbara Santich(Adelaide: East Street Publications, 2004), 49-61.

33. Gilles Fumey, "La Question culinaire aux États-Unis: peut-on parler de multiculturalisme alimentaire," *Géographie et cultures*, no. 58(2006): 33-49; Gilles Fumey, "Brassages et métissages de l'Europe culinaire," *Géographie et cultures*, no. 50 (2004): 7-27.

34. Jean Peltre et Claude Thouvenot, eds., *Alimentation et Régions: actes du colloque 'Cuisines, Régimes alimentaires, Espaces régionaux'*(Nancy: Presses Universitaires de Nancy, 1989).

35. 1982년 보르도에서 처음 개최된 학술회의 논문집은 다음을 보라. Alain Huetz de Lemps, et al, eds., *Eaux-de-vie et spiritueux*(Paris: CNRS, 1985); 1985년 캉에서 열린 두 번째 학술회의 논문집은 다음을 보라. Pierre Brunet, ed., *Histoire et Géographie des fromages*(Caen: Universite de Caen, 1987).

36. 지리학계 밖 학자들의 연구와 관련해서는 다음을 보라. Jason Block, Richard Scribner, and Karen DeSalvo, "Fast food, race/ethnicity, and income: A geographic analysis," *American Journal of Preventative Medicine* 27, no. 3(2004): 211-217; LaVonna Blair, et al, "African Americans' Access to Healthy Food Options in South Los Angeles Restaurants," *American Journal of Public Health* 95, no. 4(2005): 668-673. 지리학자들의 연구는 다음을 보라. Betsy Donald and Alison Blay-Palmer, "The urban creative-food economy: producing food for the urban elite or social inclusion opportunity?" *Environment and Planning A* 38, no. 10(2006): 1901-1920.

37. 도시의 음식에 관한 폭넓은 숙고와 관련해서는 다음을 보라. David Bell, "Fragments for a New Urban Culinary Geography," *Journal for the Study of Food and Society* 6, no. 1(Winter 2002): 10-21.

38. Benjamin Coles and Philip Crang, "Placing Alternative Consumption: Commodity Fetishism in Borough Fine Foods Market, London," in *Ethical Consumption: A Critical Introduction*, ed. Tania Lewis and Emily Potter(London: Routledge, 2010); Sarah Wakefield, et al, "Growing Urban Health: Community Gardening in Southeast Toronto," *Health Promotion International* 22, no. 2(2007): 92-101; Robin Kortright and Sarah Wakefield, "Edible Backyards: A Qualitative Study of Household Food Growing and its Contributions to Food Security," *Agriculture and Human Values* 27(2010): 1-15.

39. Kristian Larsen and Jason Gilliland, "Mapping the Evolution of 'Food Deserts' in a Canadian City: Supermarket Accessibility in London, Ontario, 1961-2005," *International Journal of Health Geographies* 7, no. 16(2008): 1-16; Karen Smoyer-Tomic, John

Spence, Carl Amrhein, "Food Deserts in the Prairies? Supermarket Accessibility and Neighbourhood Need in Edmonton, Canada," *The Professional Geographer* 58, no. 3(2006): 307-326; Philippe Apparicio, Marie-Soleil Cloutier, and Richard Shearmur, "The Case of Montreal's Missing Food Deserts: Evaluation of Accessibility to Food Supermarkets," *International Journal of Health Geography* 6, no. 4(2007): 1-13; Ian Clarke, et al., "Retail Competition and Consumer Choice: Contextualising the 'Food Deserts' Debate," *International Journal of Retail and Distribution Management* 32, no. 2(2004): 89-99.

40. Lauren Baker, "Tending Cultural Landscapes and Food Citizenship in Toronto's Community Gardens," *Geographical Review* 94, no. 3(2010): 305-325.

41. Betsy Donald, "Food Systems Planning and Sustainable Cities and Regions: The Role of the Firm in Sustainable Food Capitalism" *Regional Studies* 42, no. 9(2008): 1251-1262.

42. 이런 종류의 학제적 공동연구의 사례는 다음을 보라. Mustafa Koc, et al., eds., *For Hunger-Proof Cities: Sustainable Urban Food Systems*(Ottawa: International Development Research Centre, 1999); Karen A. Franck, ed., "Food + the City," *Architectural Design* 특집호, 75, no. 3(May/June 2005).

43. Peter Atkins, Peter Lammel, and Derek J. Oddy, eds., *Food and the City in Europe since 1800*(London: Ashgate, 2007).

44. Megan Blake, Jody Mellor, and Lucy Crane, "Buying Local Food: Shopping Practices, Place and Consumption Networks in Defining Food as 'Local,'" *Annals of the Association of American Geographers* 100, no. 2(2010): 409-426; Robert Feagan, "The Place of Food: Mapping Out the 'Local' in Local Food Systems," *Progress in Human Geography* 31, no. 1(2007): 23-42.

45. 예컨대 다음을 보라. Brian Halweil, *Home Grown: The Case for Local Food in a Global Market, Worldwatch Paper* No. 163(Washington, DC: The Worldwatch Institute, 2002). 이러한 이분법과 관련해서는 다음을 보라. Susanne Freidberg, *Fresh: A Perishable History*(Cambridge, MA: Belknap Press, 2009), 280-283.

45. William Prichard, "Local and Global in Cyberspace: The Geographical Narratives of US Food Companies on the Internet," *Area* 31, no. 1(March 1999): 9-17.

47. Shortridge and Shortridge, "Cultural Geography of American Foodways," 91-95. 또한 다음을 보라. Philip Crang, "It's Showtime: On the Workplace Geographies of Display in a Restaurant in Southeast England," *Environment and Planning D* 12(1994): 675-704.

48. John Smithers, "Unpacking the Terms of Engagement with Local Food at the Farmers' Market: Insights from Ontario," *Journal of Rural Studies* 24, no. 3(2008): 337-350.

49. David Goodman and Michael Watts, eds., *Globalising Food: Agrarian Questions and Global Restructuring*(London: Routledge, 1997); Michael Watts, "The Great Tablecloth: Bread and Butter Politics, and the Political Economy of Food and Poverty," in *A Handbook of Economic Geography*, ed. Gordon Clark, Meric Gertler and Maryann Feldmann(London: Oxford University Press, 2000), 195-215.

50. Ian Bowler, Christopher Bryant, and Chris Cocklin, *The Sustainability of Rural Systems: Geographical Interpretations*(Dordrecht, Netherlands: Kluwer, 2002); Kevin Morgan, Terry Marsden, and Jonathan Murdoch, *Worlds of Food: Place, Power, and Provenance in the Food Chain*(Oxford: Oxford University Press, 2006); Christina Stringer and Richard Le Heron, eds., *Agri-Food Commodity Chains and Globalising Networks*(Aldershot: Ashgate, 2008).

51. Michael Winter, "Geographies of Food: Agro-Food Geographies-Making Connections," *Progress in Human Geography* 27, no. 4(2003): 505-513; Michael Winter, "Geographies of Food: Agro-Food Geographies-Farming, Food and Politics," *Progress in Human Geography* 28, no. 5(2004): 664-670; George Henderson, "Nature and Fictitious Capital: The Historical Geography of an Agrarian Question," *Antipode* 30(1998): 73-118; Terry Marsden, "Exploring Political Economy Approaches in Agriculture," *Area* 20, no. 4(December 1988): 315-322; George Henderson, "Agricultural Geography and the Political Economy Approach: A Review," *Economic Geography* 72, no. 4(October 1996): 361-375.

52. Margaret Fitzsimmons, "The New Industrial Agriculture: The Regional Integration of Specialty Crop Production," *Economic Geography* 62(1986): 334-353; John Smithers, Alan Joseph, and Matthew Armstrong, "Across the Divide(?): Reconciling Farm and Town Views of Agriculture-Community Linkages," *Journal of Rural Studies* 21, no. 3(2005): 281-295; Daniel Block, "Making the Country Work for the City: Von Thiinen's Ideas in Geography, Agricultural Economics and the Sociology of Agriculture," *American Journal of Economics and Sociology* 60, no. 1(2003): 79-98.

53. Susanne Freidberg, *Fresh: A Perishable History*

54. 낙농업에 관한 연구는 미국 지리학자들의 오랜 관심사다. Loyal Durand, Jr., "he Migration of Cheese Manufacture in the United States," *Annals of the Association of American Geographers* 42(1952): 263-282; Loyal Durand, "The Historical and Economic Geography of Dairying in the North Country of New York State," *Geographical Review* 57(1967): 24-47. Gordon Fielding, "Dairying in Cities Designed to Keep People Out," *Professional Geographer* 14(1962): 12-17; Daniel Block, "Public Health, Cooperatives, Local Regulation, and the Development of Modern Milk Policy: The Chicago Milkshed, 1900-1940," *Journal of Historical Geography* 35, no. 1(January 2009): 128-153; Daniel Block, "Saving Milk Through Masculinity: Public Health Officers and Pure Milk, 1880-1930," *Food and Foodways* 13, no. 1/2(2005): 115-134; Daniel Block, Protecting and Connecting: Separation, Connection, and the U.S. Dairy Economy 1840-2002," *Journal for the Study of Food and Society* 6, no. 1(Winter 2002): 22-30.

55. Otis Freeman, "Salmon Industry of the Pacific Coast," *Economic Geography* 11(1935): 109-129; Michael Roche, "International Food Regimes: New Zealand's Place in the International Frozen Meat Trade, 1870-1935," *Historical Geography* 27(1999): 129-151; Megan McKenna, Michael Roche, and Richard Le Heron, "An Apple a Day: Renegotiating Concepts, Revisiting Context in New Zealand's Pipfruit Industry," in *Restructuring Global*

and Regional Agricultures: Transformations in Australasian Agri-food Economies and Spaces, ed. David Burch, Jasper Goss, Geoffrey Lawrence(Alder@shot: Ashgate, 1999), 41-59.

56. Julie Guthman, *Agrarian Dreams? The Paradox of Organic Farming in California*(Berkeley, California: University of California Press, 2004); Julie Guthman, "Fast Food/Yuppie Food: Reflexive Taste and the Making of Yuppie Chow," *Social and Cultural Geography* 4(2003): 45-58. 국민 건강 개념이 어떻게 20세기 중반 영국에서 식이와 유기체설에 관한 논쟁을 유발했는지에 대한 것은 다음을 보라. David Matless, "Bodies made of Grass made of Earth made of Bodies: Organicism, Diet and National Health in Mid-Twentieth-Century England," *Journal of Historical Geography* 27, no. 3(July, 2001): 355-376.

57. Susanne Freidberg, "Cleaning Up Down South: Supermarkets, Ethical Trade and African Horticulture," *Social and Cultural Geography* 4(2003): 353-368.

58. Damian Maye, Lewis Holloway, and Moya Kneafsey, eds., *Alternative Food Geographies: Representation and Practice*(Oxford: Elsevier, 2007).

59. Edmund M. Harris, "Eat Local? Constructions of Place in Alternative Food Politics," *Geography Compass* 4, no. 4(2010): 355-369; David Watts, Brian Ilbery, and Damian Maye, "Making Re-connections in Agro-food Geography: Alternative Systems of Food Provision," *Progress in Human Geography* 29, no. 1(2005): 22-40.

60. Damian Maye, Lewis Holloway, and Moya Kneafsey, eds., *Alternative Food Geographies*, 1.

61. Peter Jackson, "Changing Families, Changing Food"(January 2009, Online). Available: http://www.shef.ac.uk!contentlt!c6/05/09/93/CFCF_FinaLReporC2008.pdf(March 28, 2011).

62. Jody Mellor, Megan Blake, and Lucy Crane, "When I'm Doing a Dinner Party I Don't Go for the Tesco Cheeses: Gendered Class Distinctions, Friendship and Home Entertaining," *Food, Culture and Society* 13, no. 1(2010): 115-134; Gill Valentine, "ating In: Home, Consumption and Identity," *Sociological Review* 47(1999): 491-524.

63. Peter Jackson, Neil Ward, and Polly Russell, "Moral Economies of Food and Geographies of Responsibility," *Transactions of the Institute of British Geographers NS* 34(2008): 12-24; Peter Jackson, "Connections and Responsibilities: the Moral Geographies of Sugar," in Alexander Nützenadel and Frank Trentman, *Food and Globalization*, 235-250. 또한 다음을 보라. Frank Trentman의 대답인 "Before Fair Trade: Empire, Free Trade and the Moral Economies of Food in the Modern World," *Environment and Planning D: Society and Space* 25(2007): 1079-1102.

64. 이 프로그램은 [유럽연합 산하] 유럽연구이사회European Research Council에서 자금을 지원했고, 2009년에 시작해서 2012년에 끝났다. http://www.sheffield.ac.uk!conanx/index.html. (March 28, 2011)

65. Neil Wrigley, Daniel Warm, and Barrie Margetts, "Deprivation, Diet, and FoodRetail Access: Findings from the Leeds 'Food Deserts' Study," *Environment and Planning A* 35, no. 1(2003): 151-188.

66. Corinna Hawkes, "Uneven Dietary Development: Linking the Policies and Processes of Globalization with the Nutrition Transition, Obesity and Diet-Related Chronic Diseases," *Globalization and Health* 2, no. 4(2006, Online). Available: http://www. globalizationandhealth.com!content/pdfIt744-8603-2-4.pdf(March 28, 2011); Corinna Hawkes, "Government and Voluntary Policies on Nutrition Labelling: A Global Overview," in *Innovations in Food Labelling*, ed. Janice Albert(Cambridge: FAO/Woodhead Publishing, 2010), 37-58; Corinna Hawkes, "The Influence of Trade Liberalization and Global Dietary Change: The Case of Vegetable Oils, Meat, and Highly Processed Food," in *Trade, Food, Diet and Health: Perspectives and Policy Options*, ed. Corinna Hawkes, et al.(Oxford: Wiley-Blackwell, 2010), 35-59.

10장

비판적 영양학
Critical Nutrition Studies

샬럿 빌테코프 Charlotte Biltekoff

미국 소비자들은, 정부 보건 당국, 의사, 영양전문가, 식품업자들이 건강과 장수를 위해서는 식사가 가장 중요하다고 강력히 권고하는 가운데, 자신들이 먹는 음식에 무엇이 들어 있는지에 대한 더 많은 정보와 맛있고 건강에 좋은 음식은 무엇인지에 대한 안내를 목청 높여 요구하고 있다.[1] 동시에 음식을 환경, 지역 경제, 지역 공동체의 안녕을 위해 중요한 요소로 생각하는 활동가와 개혁가들도 [그런 "정보"와 "안내"를] 강력히 촉구하고 있는 가운데, 많은 사람이 또한 자신들이 먹는 음식이 어디에서 오고, 그것을 어떤 조건에서 누가 어떻게 생산하는지 알고 싶어 한다. 음식을 둘러싼 공개 토론이 이루어지는 공간에는 늘 각종 영양 지침서, 윤리 철학, 식품 영양 표시 제도, 식품 산업의 흐름과 관련한 논의가 흘러 넘친다. 이와 같은 논의는 좋은 먹거리가 무언가에 대해 더 많이 알고 싶어 하는 소비자들의 지속적이고 점점 높아지는 요구에 (대개 여러 방안이 경합하며) 응답한다. 미국농무부의 영양 지침, 식품 포장에 특정 질병 관련 건강 정보 표시, 유기농 인증, 로컬푸드 운동, 클린 라벨clean label,* 공정무역 제품, 포장지 전면에 포장 식품의 영양 품질 평가 정보 표시 같은 것들은 소비자의 이러한 요구에 부응해 현재 시행 중인 제도들의 일부일 뿐이다. 그러나 이처럼 올바른 식사[올바르게 먹기]eating right에 대한 불안이 점점 커지는 현실을 감안할 때, 소비자들에게 정말로 필요한 것은 식품의 영양 성분이나 원산지에 관한 더 많은 정보가 아니라 건강식dietary healty[식생활 건강]과 식이요법 권고dietary advice에 관한 더 많은 지식과 학습과 비판의식이다. 이 글은 19세기 말 이후로 미국의 영양과 건강식의 역사 및 역사서술의 방법론에 관해 탐색하고, 이와 같은 건강식에 대한 새로운 문화 리터러시cultural literacy에 필요한 수단들을 제공할 잠재력을 지닌, 최근에 떠오르고 있는 학문 분야를 조명한다.

　　미국의 식이요법 권고에 관한 100년의 역사를 연구하면서 나는 영양과 건강식의 역사 연구가 건강식의 문화정치학을 둘러싼 대중의 리터러시를 확립하는 데 결정적이며, 이러한 "식사에 대한 비판적 리터러시critical dietary literacy"가 바로 식품과 건강을 둘러싼 우리의 대중 담론에서 놓치고 있는 부분이라고 확신했다. 그 연구를 통해 얻은 다음의 세 가지 교훈은 내가 그와 같은 확신에 이르는 데 특히 중요한 역할을 했다. 첫째, 사람들은 이상적 식사가 대개 영양학적 진실을 객관적으로 반영한 것이라고 생각하기 쉽지만 실제로 그것은 사회적 이상을 반영하는 것이다. 이상적 식사는 좋은 사람 더 나아가 좋은 시민이 무엇을 의미하는지에 대한 중요하고 (적어도 중산계급 사이에서는) 널리 공유된 생각들을 알린다. 둘째, 이러한 이상적 식사와 사회적 이상은 그런 이상을 표현·옹호하는 중산계급 사회 개혁가들의 가치들을 반영한다. 건강식이라는 말은 역사적으로 미국 중산계급의 정체성과 특성을 확립하는 데서 중요한 역할을 했다. 그 과정에서 한편으로는 중산계급—책임 있고 좋은 식습관을 가진 사람들—과 몸에 해로운 식사 때문에 늘 주시와 개입이 필요한 나쁜 식습관을 가진 하층계급을 끊임없이 서로 대조시켰다. 마지막으로, 올바른 식사—"좋은 식습관을 가진 사람good eater"이 되는 것—의 문화적·사회적 중요성은 한 세기 동안 꾸준히 커지면서 이제 그 어느 때

---

* 일반 영양학적 분석표와 달리 누구나 잘 이해할 수 있도록 식품 성분을 쉽고 명확하게 표기하고 식품과 관련된 윤리적 내용도 포함시킨 건강 정보 표시.

보다 더 사회 구석구석에 짙게 스며들고 그 의미 또한 한층 더 깊어졌다.[2] 이 모든 것을 고려할 때, 우리가 어떤 식사를 선택하느냐에 따른 사회적 이해관계—정체성, 도덕성, 신분을 포함해서—는 생의학적 이해관계만큼이나, 또는 그보다 더 중요하다. 그러나 건강식과 관련한 우리의 대중 담론은 마치 식이요법 권고가 단순히 음식과 건강에 대해 기존에 알고 있는 사실들만 전달하는 수단에 불과한 것처럼 진행된다. 영양학계는 다양한 음식에 내재된 심리적 특성에 대한 영양학의 이해를 세련되게 다듬는 데에 초점을 맞춘다. 반면에, 대안적 식품 운동은 윤리적 생산을 기반으로 해서 좋은 식품을 재정립하려 한다. 식품 제조업체들은 수익 증대를 위해 이 두 요소를 통합한다. 따라서 식품 역사의 실천 과정에 참여하는 우리 같은 사람들은 영양과 건강식을 문화적 실천으로 이해하는 방식을 제공할 수 있고 또 마땅히 그래야 한다.

건강식에 관한 담론이 사회적으로 의미하는 바가 무엇인지 확인하고 이해할 줄 아는 능력은 수많은 요인 때문에 오랫동안 억제되었다. 식이요법 권고가 문화적, 정치적, 이념적 내용을 전혀 담지 않은 과학적 사실만 반영한 것이라고 흔히 생각하는 점도 바로 그런 요인 가운데 하나다. 그러나 역사가 불과 100년밖에 안 된 근대영양학은 올바른 식사에 대한 기존의 도덕적 수칙들을 반영한 것인데, 역사적 과정을 통해 사회적·문화적 내용이 배제된 것처럼 보일 뿐이다. 화학적 분석과 수치 계량화라는 과학적 분석틀의 도입은 순전히 객관적인 것처럼 보이는 방식으로 "좋은 식사good diet"를 판단·평가할 수 있게 했다. 그러나 실제로 영양학은 아주 오랜 옛날부터 인간의 식사와 관련된 도덕적·금욕적 요소들과 깊이 연결되어 있었다. 오늘날 우리에게 익숙한 인체영양학science of human nutrition은 1800년대에 식품이 특정한 심리적 기능을 하는 여러 성분(단백질, 지방, 탄수화물, 미네랄)으로 구성되어 있음을 밝혀낸 독일 화학자들의 연구에서 시작되었다. 1890년대까지 그들은 인간이든 동물이든 먹는 것은 이런 성분을 균형 있게 섭취만 하면 충분하다고 생각했다. 그러나 19세기 말, 칼로리calorie라고 하는 열량 측정 단위를 쓰기 시작하면서 좋은 식사를 판단하는 기준은 더욱 정밀해졌다. 독일에서 공부한 윌버 애트워터는 "미국 영양학의 아버지"라는 영예를 얻었다. 그는 식품을 구성하는 화학 성분과 몸이 그러한 식품을 유용한 에너지로 바꾸는 과정을 연구하면서, 칼로리라는 측정치를 이용해 식품의 가치를

수치로 표시했다.[3]

애트워터의 연구를 통해 무엇이 좋은 음식인가에 관한 문제를 과학적으로 새롭게 분석·수량화할 수 있게 되었지만, 존 코브니John Coveney가 주장하는 것처럼, 이전의 도덕적·종교적 평가 방식은 여전히 일관되게 남아 있었다. 코브니의 설명에 따르면, 고대 그리스인들은 먹는 즐거움 앞에서 도덕적 처신을 강조했고, 초기 기독교인들은 신을 위해 먹는 즐거움을 포기했다. 계몽주의 시대에 과학적·의학적 추론이 힘을 얻기 시작했지만, 도덕적·금욕적 기준은 16세기부터 19세기까지 계속해서 올바른 식사를 판단하는 척도였다. 애트워터 같은 초기 영양학자들이 연구실에서 식품을 구성하는 화학 성분들을 발견한 것은 도시 노동자 사이에서 발생하는 비현실적 폭식 현상을 제어하고, 빈곤을 퇴치하고, 매우 절실한 인성과 도덕성과 사회질서의 회복에 기여하려는 노력과 바로 맞닿아 있었다. 영양학은 초기 금욕적 기독교인들의 가장 중요한 관심사였던 인간의 본성이 검소하고 절약하고 경제적이어야 하는 이유에 합리적 정당성을 제공했다.[4]

근대영양학은 식사의 도덕적·정치적·철학적 측면을 적극적으로 수용한 초기 연구들을 무시하는 영양학사史를 기록하는 것과 같은 방식을 통해 식품과 건강에 관한 사실들의 객관적이고 가치중립적인 평가들로 구성되었다. 하름케 카밍아 Harmke Kamminga는 〈사람을 위한 영양학Nutrition for the People〉에서, 독립된 학문으로서 영양학의 확립은 과학적 객관성을 강화하기 위해 의도적으로 정교하게 조작된 영양학의 역사 기록을 바탕으로 이루어졌다고 주장한다. 그녀는 19세기 심리학자 야코프 몰레스호트Jacob Moleschott의 연구가 영양학사에서 사라졌음을 지적한다. 몰레스호트는 과학적 연구의 목적이 "인간의 행복, 존엄, 자유"라고 생각했다. 과학자의 역할이 아직 명확하게 정의되지 않은 시절에 연구에 몰두했던 그는 영양에 관한 학문적 연구와 현실 속의 영양 문화를 분리하고, 과학적 지식의 생산과 그 지식을 공익에 사용하는 일에 서로 차이가 나는 것에 반대했다. 그는 과학을 "해방군liberating force"으로, "음식과 식사를 과학적인 문제만큼이나 정치적인 문제"로 보았다. 카밍아에 따르면, 영양학의 역사 기록들이 나타나기 시작한 1920년대와 1930년대에 몰레스호트와 그의 견해는 의도적으로 기록에서 삭제되었는데 가치관과 정치와 철학은 과학적 탐구 대상이 아니라고 여겨졌기 때문이다.[5] 따라서 영양학은 과학이 문화적·사회적 요소가 전혀 없는 것으로 규정되는 더 커다란 문화적 과정 안에 들어가는 것이 맞으며, 여기서 영양학은 흔히 객관적이며 개인의 가치관이 배제되었다고 말하는 수치를 계산·산출하는 과정을 통해서만 "진실"을 이야기한다.[6] 일반적으로 과학 특히 영양학의 구성이 식이요법 권고의 문화적 측면에 대한 비판적 분석을 제한했을지도 모르지만, 특히 지난 수십 년 동안 건강 문화와 올바른 식사의 중요성에서 일어난 변화는 건강식 관련 담론을 둘러싼 비판적 논쟁의 필요성을 점점 더 높였다. 제2차 세계대전이 끝난 뒤, 의학계와 공중보건계의 초점은 전염병에서 암·심장질환·당뇨병 같은 "만성 풍요 질병[포식병]chronic diseases of affluence"으로 옮겨갔다. **생활양식**lifestyle은 건강 담론에서 열쇳말이 되었다. 일상생활에서 더 많은 부분이 "건강과 관련된" 것으로 생각되었고, 건강을 실천하는 일은 개인에게 새로운 의미로 다가섰다. 로버트 크로퍼드Robert Crawford의 설명에 따르면, 질병 예방은 사회 구석구석에서 일어나는 많은 행위와 현상을 판단하는 기준이 되었다.[7] 그는 "새로운 건강 의식new health consciousness"의 출현을 설명하면서, 건강은 개인이 스스로 끊임없이 공부하고 노력해서 성취해야 한다고 생각했다. 식습관은, 이런 새로운 건강의식을 배경으로, 건강과 관련된 중요한 행동의 하나로서 주목을 받았다. 제2차 세계대전의 종전과 함께 대부분의 결핍성 질환이 사라지면서, 영양학 연구자들은 만성질환의 예방과 치료에서 식사의 역할에 초점을 맞추고 또 과체중과 비만의 위험에 경종을 울리기 시작했다.[8] 더 폭넓은 건강 문화와 식이요법 권고에 대한 주목 속에서 이와 같은 상호 연관된 변화들이 복잡하게 연결되는 가운데, 올바른 식사는 건강 개념에서 더욱 중요해졌고, 그런 만큼 올바른 식사는 윤리성·정체성·신분과 관련해서 그 어느 때보다 더 큰 의미를 갖게 되었다.

이 글은 영양과 건강식의 역사와 역사서술의 방법론을 살펴보고 식사에 대한 새로운 리터러시를 위한 주춧돌이 될, 내 자신이 "비판적 영양학critical nutrition studies"이라고 이름 붙인 새롭게 떠오르는 연구 분야의 가능성에 대해 검토한다. 나는 영양과 건강식에 관한 연구가 이러한 맥락에서 맡을 수 있는 중요한 역할을 강조하기 위해, 20세기로 전환되는 무렵 이래로 미국에 초점을 맞춘다. 이 글은, 20세기 동안에 좋은 식사를 구성하는 요소가 무엇인지에 대한 생각이 어떻게 발전해왔는지 기본적으로 이해할 수 있게 하기 위해, 19세기 말 이래로 영양에 대한 중요한 패러다임의 개요를 설명하는 데서 시작한다. 그다음에는 영양과 건강식이 역사의 경험 속에서 나타났던 다양한 방식을 보여준다. 마지막으로, 무엇을 먹을 것인가라는 문제를 둘러싸고 오늘날 격렬하게 벌어지고 있는 문화적 논쟁의 장으로 돌아간다. 요컨대, 이 글은 비판적 영양학에 대한 개요를 제공하고 비판적 영양학 연구가 새로운 "식사에 대한 비판적 리터러시"를 위한 기반을 제공함으로써 오늘날 음식과 건강을 둘러싼 토론들의 방향을 재설정할 수 있을 것이라고 주장한다.

현대 영양학의 패러다임들

세 가지 영양학 패러다임이 20세기 전반과 그 이후에 걸쳐 좋은 식사란 무엇인가에 대한 생각의 역사를 특징짓는다. 그 첫 번째가 역사학자 하비 리벤스테인Harvey Levenstein이 "새로운 영양학New Nutrition"이라고 말한 칼로리 패러다임caloric paradigm이다.[9] 애트워터는 영양학이 효율적인 식사에 필요한 지식을 사람들에게 제공함으로써 식사를 개선하고 따라서 생활수준도 높일 수 있을 것이라고 믿었다. 그의 연구는 굴에서 귀리에 이르기까지 미국인들이 먹는 음식들의 화학 성분을 계량화하고, 식품의 가격이 그 영양 품질과는 전혀 관련이 없음을 보여주는 데 초점을 맞추었다. 애트워터는 또 다양한 육체노동과 정신노동을 할 때 몸에 필요한 에너지를 측정하기 위해 "열량계calorimeter"를 이용한 새로운 실험을 수행했다. 애트워터는 미국인들—특히 북동부 도시 중심가에 밀집해 있는 빈민과 이주민—에게 가장 "효율적인" 즉 최소의 비용으로 최대의 노동에너지를 얻을 수 있는 식사법을 가르쳐주기 위해 식품의 "금전상의 경제pecuniary economy"*라는 용어를 사용했다.[10]

애트워터는 미국농무부 간행물과 1880년대 말 월간 대중지《더 센추리 매거진The Century Magazine》에 실은 일련의 기고문을 통해 미국 중산계급이 믿고 있는

---

* 규모의 경제를 설명할 때, 대기업이 중소 납품업체의 희생을 대가로 제품 원가를 낮추는 일을 일컫는 용어. 식품에 이것을 적용할 경우, 의식주에서 입고 사는 문제는 희생하더라도 먹는 문제는 최우선으로 고려하는 행태를 의미한다.

좋은 식사에 대한 자신의 생각을 발표·확산시켰다. 그는 이 글들에서 아주 비싸고 가장 맛있다는 "최고의 음식best food"이 반드시 가장 경제적이거나 가장 건강한 음식은 아니라는 것을 아주 공들여 설명했다. 입는 것에 지나치게 인색하고 비좁은 싸구려 다세대주택에 세를 살면서도, "자긍심과 미각"을 지키기 위해 고급 음식을 사는 데 추가로 돈을 지불하는 것도 마다하지 않으면서 자기 가족에게 최고급의 밀가루, 설탕, 고기를 사다준 석탄노동자는 "어리석게도 경제적·위생적으로 엄청난 실수를 저지른 것이다."[11] 이주민과 노동자들의 식습관은 애트워터와 그의 연구를 이어받은 여성 개혁가들에게 특별한 관심사였다. 1890년대에 훗날 가정학자home economist라고 불리게 될 생활과학자domestic scientist들은 이주민과 빈민들에 과학적 영양의 개념을 가르치기 위해 공중취사장을 세웠다. 하지만 그들은 빈민과 이주민들의 "고질적" 식습관을 고치기가 어렵다는 것을 알고는 "지식인계층"에 과학적 식사법을 가르치는 쪽으로 방향을 선회했다.[12]

제1차 세계대전 식량 계획은 종전 무렵, 수백만 명이 초기 영양학의 기본 원칙에 익숙해졌음을 확인했다. 그러나 이런 영양학 논리는 이미 1910년대에 연구자들이 비타민vitamin이라고 이름 붙인 아무 냄새도 맛도 없는, 전에는 알지 못했던 식품 성분을 발견하면서 큰 도전에 직면했다. 결핍성 질환이 비타민과 관련이 있다는 사실은 건강 촉진과 생명 유지에 칼로리만으로는 충분하지 않음을 밝힘으로써 초기 영양학의 논리를 약화시켰다. 비타민은 칼로리 만능의 시대를 끝장내고, 식품의 금전상 경제 문제를 복잡하게 만들었으며, 미국인들이 정말로 적절한 식사를 하고 있는지에 대해 영양학계가 다시 생각하게 했다.

비타민의 발견은 두 번째 중대한 영양학 패러다임을 탄생시켰다. 엘머 매컬럼Elmer McCollum은 생쥐 실험을 통해 칼로리 패러다임에서 새로운 패러다임으로의 변화에 시동을 걸었는데, 그는 그것을 "더 새로운 영양학The Newer Nutrition"이라고 불렀다.[13] 1908년, 그는 인간을 대상으로 한 애트워터의 연구가 찾아내지 못했던 식품 요소 하나를 밝혀냈다. 1911년 또 다른 연구자 카시미어 풍크Casimir Funk는 이러한 영양소 하나를 분리해내는 데 성공했는데, 비타민B다. 1912년, 매컬럼은 비타민A를 [공동으로] 발견하고 그것이 생쥐의 시력장애 및 성장 문제와 관련이 있음을 밝혔다. 그는 1916년에 또 비타민B의 결핍이 각기병과 관련이 있음을 입증했다. 이후 10년 동안, 다양한 비타민, 미네랄, 미량원소trace element*가 계속해 발견되면서 적절한 식사 구성에 대한 미국인들의 인식이 바뀌었다.[14] 1920년대 초 더 새로운 영양학이 전하는 메시지는 미국 전역을 휩쓸고 중산계급을 사로잡았다. 이와 같은 현상은 대개 식품업체들이 그레이프 너츠Grape-Nuts나 플레이쉬만스 이스트Fleischmann's Yeast, 웰치스 그레이프 주스Welch's Grape Juice 같은 익숙한 식품을 팔기 위해 새로운 건강 개념을 널리 이용한 때문이다.[15]

대공황을 겪는 동안, 비타민 결핍의 위험에 대한 새로운 지식으로 무장했지만 식품의 비타민 함유량이나 건강 유지에 필요한 다양한 비타민의 양을 평가할 적절한 수단이 없었던 연구자들은 일반 국민의 식이부족dietary deficiency의 심각성을 경고하는 보고서들을 발표하기 시작했다. 미국 정부도 제2차 세계대전에 국민을 동원하는 동안 영양을 국가 방위의 문제로 다루기 시작했다. 미국 정부는 1941년에 최초로 영양권장량RDAs**을 공표하고, 이 새로운 영양권장량을 전쟁 승리를 위해 미국인들이 준수해야 하는 식이요법 권고로 바꾸는 전 국민 영양교육 운동을 개시했다. 이 영양권장량에는 식사가 개인의 건강(이미 적절한 영양 섭취를 하고 있는 사람들을 포함해서)과 국력에 중요한 역할을 할 수 있다는 야심 찬 생각이 담겨 있어서, 그것에는 전 국민을 위한 "최적영양optimal nutrition"이라는 목표가 설정되었다.[16]

그러나 제2차 세계대전의 종전은 미국에서 영양에 대한 또 다른 중대한 생각의 전환을 가져왔다. 20세기에 영양학 패러다임이 세 번째 중대한 변화를 맞이한 것이다. 영양학계는 주요 비타민 결핍 질환들이 대부분 정복되었다고 인정했지만, 많은 사람이 그것이 타당한지에 대해 우려를 나타냈다. 한 저명한 영양학자가 나중에 상기한 것처럼, 그러한 질병들은 곧바로 "비만"과 "만성질환의 시대"의 시작으로 되살아났다.[17] 1960년대 말, 영양학자들은 자신들이 암, 당뇨병, 심혈관계질환[순환기계통질환] 같은 "풍요로운 사회에서 성인의 건강 문제—중년의 퇴행성질환"—를 해결하는 데 결정적 역할을 할 수 있다고 생각했다.[18] 워런 벨라스코가 "부정적 영양학negative nutrition"이라고 이름 붙인 이 새로운 영양학 패러다임

---

* 미량微量이지만 생명 유지에 필수적으로 요구되는 원소.
** recommended dietary allowances. 사람이 하루를 활동하고 건강을 유지하기 위해 꼭 필요하다고 권장하는 열량. 성별·연령별로 그 표준량이 제시되어 있다.

의 중심에, 어떤 식품은 특히 많이 먹을 경우 만성질환을 일으킬 수도 있고 어떤 식품은 피하거나 적게 먹어야 한다는 생각이 있었다.[19] 제2차 세계대전 이래 처음으로 개정된 미국인의 영양권장량은 1969년에 공표되었는데, 고칼로리 식품, 지방, 콜레스테롤, 소금, 설탕, 알코올 섭취 제한을 권고하는 내용이 포함되었다.[20] 이 새로운 지침은 이전의 식이요법 권고에서 중대한 변화가 일어났음을 시사해주었는데, 곧 미국인들에게 더욱 건강을 촉진하는 식품을 먹도록 권장했다. 지침은 또한 식품 가공업자들에게도 경종을 울렸는데, 그들은 새로운 패러다임이 기업의 이익 기반을 약화시키지 않을까 염려한 나머지, 미국농무부의 권고가 자신들의 제품에 전혀 부정적 영향을 끼치지 않도록 적극적인 로비를 펼치기 시작했다.[21]

영양학 패러다임이 부정적 영양학으로 바뀌면서 비만은 그 자체가 일종의 만성질환으로 인식되기 시작했을뿐더러 암·당뇨병·심장질환 같은 다른 질병을 유발하는 원인으로 받아들여졌다.[22] 보험업계는 조기 사망과 상호연관성이 있는 그래서 업계의 비용을 증가시키는 요인들을 확인하려고 늘 주시하는 만큼, 그들이 비만 연구에 돌입한 것은 당연한 일이었다. 그러나 체중 증가에 대한 경계 고조는 제2차 세계대전 후 생활양식에 대한 문화적 우려를 불러일으켰다. 1950년《뉴욕타임스》기고문은 비만이 크게 볼 때 "기계적 향상mechanical improvements" 때문에 국가적 문제가 되었다고 설명하면서, "미국인들은 지나치게 많이 먹는 반면 일은 너무 적게 해서 점점 살찌고 있다"라고 선언했다.[23] 또 다른 기사는 너무 많은 가정에서 과식을 자랑으로 여기는데 "과식이 자신들이 부자임을 입증한다"라고 믿기 때문이라고 한탄했다.[24] 비만에 대한 우려는 전후 시기 전반에 걸쳐 천천히 그러나 꾸준히 높아졌다. 그 우려는 1990년대 중반 정점에 이르렀는데, 그와 관련된 두 차례 연구 결과를 보면, 1980년대와 1990년대 초반에 비만율이 급속도록 높아졌음을 알 수 있다.[25] 2001년, 미국 정부는 "비만과의 전쟁war against obesity"을 개시했고 지방과 싸우는 것이 영양학계와 공중보건계의 주 관심사가 되었다.[26]

부정적 영양학의 패러다임이 오늘날 영양학계의 가장 중요한 관심사인 비만을 명백히 유행병처럼 만들었지만, 그것은 또한 대안적 먹거리 운동에 의해 표현된 건강식에 대한 서로 다르지만 관련이 있는 우려를 낳았다. 오늘날 더욱 윤리적이고 지속가능한 먹거리체계에 대한 요구는 1970년대 반문화와 음식문화, 또는 "그것의 일부였던 반요리countercuisine"*에 뿌리를 박고 있다.[27] 1970년대 히피족과 급진주의자들이 품었던 음식에 대한 생각은 부정적 영양학의 핵심 수칙—어떤 음식은 건강에 해로울 수 있다—과 완벽하게 일치했고, 생활양식과 밀접한 관계에 있다고 생각되는 만성질환에 대해 엉뚱한 식이요법으로 대응하는 것이 몸에 밴 미국인의 생활양식을 일관되게 비판했다. 오늘날 산업 식품 체계에 대항하는 대안들을 찾고 있는 활동가들은 무엇을 먹을 것인가의 문제뿐 아니라 그것이 어떻게 생산되는가의 문제도 포함해서, 그리고 그것이 몸뿐 아니라 사회와 환경에 끼치는 영향까지도 감안해서 건강식을 재정립했다.

역사서술 방법론에 관한 논의

오늘날 영양과 건강식에 대한 관심사가 20세기 영양학 패러다임의 영향으로 형성된 것처럼, 오늘날 영양과 건강식에 대한 학문적 연구 또한 그런 문제에 대한 역사서술 방법론의 영향으로 이루어졌다. 오늘날 학자들의 연구는 영양과 건강식에 관한 다양한 역사서술 방법과 접근방식 위에서 이루어진다. 여기서는 이들 접근방식이 전문 교육, 역사적 실제historical practice와 우선순위 및 가설의 변화, 과학의 이해와 과학이 생산하는 지식을 구분하는 것과 같은 여러 상호 관련된 요소로 이루어짐을 보여준다. 이 간략한 개요는 두 독립적 축을 따라 구성된다. 한 축은 "영양학 분야"의 발전 과정을 통해 비교적 연대순에 따라 이동하고, 다른 한 축은 영양학 자체—그것의 실제와 사실—를 어느 정도까지 역사적 구성개념으로서 볼 것인가에 대한 일련의 관점을 살펴본다.

이와 같은 개요는 영양학자들이 쓴 **영양사史**와 함께 출발한다. 이 연구 작업은 대개 과학적 방법과 발견의 발전 과정을 추적하는 동시에, 그것들이 인간의 건강에 끼치는 긍정적 영향을 칭송하면서, 영양학을 음식과 몸에 대한 진실을 밝

---

* 워런 벨라스코가 음식에 대한 기존의 관행을 반대하려는 의도에서 만든 용어로, 본디 "반문화countculture"에서 가져온 것이다. 가공식품과 패스트푸드 등의 산업식품에 반대하여 소비자가 유전자 변형이 행해지지 않은 농축수산물을 구입해 요리하는 행위를 가리킨다.

히기 위한 점진적 노력의 일환으로서 접근한다. 이러한 맥락에서 연구하는 저자들은 철학적·종교적 사고에 뿌리박힌 과학 발생 이전의 식사에 대한 생각과, 객관적 실험 방법을 통해 끊임없이 제기되는 식사에 대한 문제들에 답하고, 질병 퇴치를 위한 사실에 기반을 둔 지식을 창출한 과학적 영양학의 시대 사이에 급격한 단절이 있음을 인정한다. 이 분야의 권위 있는 연구서로 매컬럼의 《영양의 역사: 영양학 연구에서 생각의 변화A History of Nutrition: The Sequence of Ideas in Nutrition Investigation》(1957)는 과학 발생 이전부터 1940년까지 영양과 관련한 생각의 발전 과정을 추적한다. 이 연구는 영양학 분야에서 새로운 발견과 발전 상황을 칭송하면서, 영양학의 탄생을 "인류 역사에서 가장 위대한 사건 가운데 하나"로서 화려하게 묘사한다.[28] 영양학자들은 대개 그처럼 거창한 용어를 쓰지 않지만 자기 분야에서의 성취를 이런 방식으로 꾸준히 기록한다. 일례로, 디애나 푸치아렐리 Deanna Pucciarelli가 2009년에 쓴 글을 보면, 영양학의 "연구와 실천은 인류의 생물학적·사회적 성공과 관련이 있다"라고 결론짓는다.[29]

사회사는 1960년대와 1970년대에 보통 사람들의 경험과 그들의 일상사를 기록하는 작업의 한 부분으로 영양에 관심을 갖기 시작했다. 사회사학자들은 영양학 분야의 역사적 변화에는 별로 주목하지 않지만 영양학이 제공하는 생활수준 데이터에는 관심이 많다. 그들은 대개 생활수준 데이터를 여러 역사적 조건과 연계해 연구한다. 예컨대 그들은 영양 상태, 식량 공급, 식사 표준의 변화가 결핍성 질환, 출산율과 사망률, 인구 증가, 노동자 생산성에 어떤 영향을 끼치는지 추적하는 데서 영양 관련 데이터를 사용했다.[30] 사회사에서 많은 논란을 불러일으킨 유명한 영양 분석의 사례는 로버트 포겔과 스탠리 엥거먼의 《십자가 위의 시간: 흑인 노예제의 경제학Time on the Cross: The Economics of Negro Slavery》(1974)이다. 책은 노예제가 경제적으로 효율적인 제도였으며 흑인 노예들이 받은 가혹하고 혹독한 대우는 과장된 것이라고 주장했다. 저자들은 1860년에 한 플랜테이션 농장에 공급된 식량 총량 데이터를 분석해서 노예들이 먹은 것을 모두 합해보면, 실제로 1964년 주요 영양소들의 하루 권장량을 초과했다고 추산했다. 그들은 남북전쟁이 끝난 뒤 오히려 흑인 소작인들의 식사가 더 나빠졌다고 주장한다.[31] 1700년대부터 세계 인구가 급증한 것은 특정한 공중보건이나 의학적 개입 때문보다는 오히려 광범위한 사회적·경제적 변화 ―특히 식사 조건의 향상― 때문이라는 토머스 매큐언Thomas Mckeown의 주장을 뒷받침하는 중요한 자료 또한 영양과 관련된 데이터였다.[32]

영양과 건강식은 1970년대 영양학 분야가 자연과학적 모형 분석에서 벗어나 주관성과 맥락적 의미를 다루는 해석학적 접근방식으로 바뀌면서 언어적 전환의 영향을 받은 역사학자들의 연구에서 새로운 역할을 맡았다.[33] 문화사는 일반적으로 문화 관습의 의미와 중요성을 이해하는 것에 초점을 맞춰서 대개 권력, 정체성, 이데올로기의 문제에 주목한다. 이런 맥락에서 영양은 다른 문화 관습과 서로 영향을 주고받으며 형성된 하나의 문화 관습으로 인식된다. 《영양의 과학과 문화 1840~1940The Science and Culture of Nutrition, 1840-1940》에 실린 논문들이 이러한 접근방식을 이용한 대표적 연구 사례다.[34] 1980년대 후반 이래로 발표된 음식과 식사에 관한 문화사들은 주로 식습관, 대중의 생각, 의료 행위, 과학적 연구에 필요한 자금 조달, 정부 정책, 사회운동과 관련해서 연구되었다. 미국의 음식 습관 역사에 관한 리벤스테인의 두 권짜리 연구서는 이와 같은 종류의 저술로 가장 잘 알려지고 영향력 있는 책일 것이다. 거기서 그는 당시 미국인의 식습관에 영향을 끼친 개인, 제도, 직업 구조, 경제적·정치적 요인(계급을 포함해서), 사회개혁운동, 업계의 요구, 정부 시책들을 두루 검토한다. 리벤스테인의 연구서는 음식 습관이 어떻게 바뀌는지(또는 바뀌지 않는지)에 매우 집착한 나머지, 오늘날 다른 사람들의 식습관을 —일제히— 바꾸는 것을 특별히 좋아하는 일부 사람의 편애에 주목한다. 리벤스테인을 비롯해서 그의 연구 방식을 따르는 사람들은 영양학적 지식이 역사적 맥락 형성에 영향을 끼치는 동시에 거꾸로 역사적 맥락이 영양학적 지식의 발전을 제한한다고 주장한다.[35]

후기구조주의와 과학기술학은 비교적 최근에 **비판적 영양학**의 출현에 영향을 끼쳤다. 이 연구 분야는 영양과 그것의 문화적 맥락 사이의 상호 관계를 탐색하는 것이 아니라 영양과 건강식을 문화적 구성개념으로 보고 접근한다. 여기서 과학이라는 경험적 진실과 몸이라는 객관적 실체에 대한 믿음은 위에서 설명한 모든 연구가 비판적 탐구의 대상이 된다는 사실을 뒷받침한다. 이런 맥락에서 연구하는 학자들은 영양 자체—영양 섭취 행위뿐 아니라 영양의 내용도—를 역사의 산물로 생각한다. 그들의 접근방식은 후기구조주의 이론이 역사를 바라보고 설명하는 방식에 끼친 영향을 그대로 받았다. 이들의 연구 방식이 역사학보다 계보

學genealogy에 더 가깝다—주관성과 몸에 대한 통념들이 어떻게 만들어지는지 밝히고, 언어·문화·이데올로기 과정의 밖에 있는 어떠한 생의학적 진실도 당연한 것으로 인정하지 않는다—는 점에서 미셸 푸코가 이 연구 분야에 끼친 영향은 매우 중대하고 명백하다.[36] 그러나 비판적 영양학은 또한 과학적 지식 생산에 대한 과학기술학의 중요한 통찰들을 바탕으로 형성되며, 커뮤니케이션, 수사학, 공중보건, 사회학, 문화연구를 포함해 다양한 분야에서 훈련받은 학자들이 연구에 참여한다.[37] 이 글의 마지막 부분은 오늘날 새롭게 떠오르는 이 비판적 영양학 연구 분야의 가장 중요한 두 통찰에 초점을 맞추어, 그러한 통찰들이 어떻게 오늘날 학자들과 식생활 개혁가, 활동가, 소비자들에게 음식과 건강에 대한 새로운 토론의 방향을 제시하고, 식사에 대한 새로운 비판적 리터러시를 위한 도구를 제공할 수 있을지를 탐색한다.

비판적 영양학: 식사에 대한 새로운 리터러시를 위해

구성주의에 입각해 영양과 건강식을 바라본 역사들은 앞서 설명된 연구의 기반이 되는 여러 가정에 대한 의문점에 초점을 맞춘다. 개인이 음식과 건강의 관계에 대해 더 많은 지식을 얻게 해줌으로써 개인 스스로 건강을 증진할 수 있도록 도와주는 객관적 학문이 영양학이라는 가정은, 이 가정이 어떻게 진실인 것처럼 보이게 되었는지를 이해하고, 그것을 당연하게 여기는 데에 내재하는 정치적·이데올로기적 함의를 찾으려 애쓰는 학자들이 집중해서 파고드는 부분이다. 여기서 초점을 맞추는 것은 사회 및 주관성과 몸 사이의 상호관계다. "자아self"를 의미하는 지식과 체화를 통한 경험은 모두 사회적 과정의 산물로 여겨진다. 이러한 관점을 가지고 연구하는 학자들은 영양학의 객관성이라고 하는 것이 사실은 그 나름의 이데올로기적·정치적 목적을 지닌 문화적 구성개념이라고 생각한다. 비판적 영양학의 기본 관심사는 바로 영양학적 사실들이 겉보기에 가치중립적이고 객관적인 것으로 여겨지는 데 대해 재고하는 것이다. 영양학이 경험적으로 입증된 지켜야 할 규칙이 아니라 도덕적 평가 체계이며, 가치중립적인 것처럼 보이는 영양학의 정량적 방법들이 사실은 정치적이고 이데올로기적이라는 두 중요한 통찰에 대해 이제 좀 더 자세히 탐색하려고 한다.

　지금까지 비판적 영양학을 통해 얻은 가장 중요한 통찰 가운데 하나는 영양학은, 겉으로는 가치중립성을 내세움에도 불구하고, 그 안에 담긴 도덕적 요소와 절대 불가분의 관계에 있다는 사실이다. 우리는 영양에 어떤 규칙이 있어서 그것이 개인의 건강과 행복에서 중요한 역할을 한다고 배우며 살아왔다. 하지만, 비판적 영양학은 올바른 식사가 사실은 사회적 책임이며 도덕적 의무라고 주장한다. 후기구조주의의 영향을 받은 학자들에게 과학적 영양학을 바탕으로 한 식사 규정은 불가피한 것도 객관적으로 좋은 것도 아니다. 그것은 오히려 국민의 생산성에 대한 국가의 우려에서 발생하는 역사적 특수성에 불과하다. 일례로, 오스트레일리아 문화연구자 데버라 럽턴Deborah Lupton은 이미 잘 알려진 영양학적 사고의 패러다임이 발전해온 역사를 반복해서 말하지만, 영양이 사람들에게 하나의 "문제problem"로 인식되는 과정을 설명하면서 그것을 좀 다르게 해석한다. 그녀는 근대영양학의 출현을 개인들이 자신의 건강한 삶을 위해 영양학적 지식을 이해하고 그에 따라 사는 것이 중요해진 일련의 과정으로 묘사하면서, 19세기 말에 "모든 개인이 영양학적 지혜에 따라 자신들의 삶을 영위하는 것이 중요하다"라고 생각했다고 말한다. 식사가 개인의 건강을 위해 의식적으로 관리해야 하는 중요한 요소가 된 것처럼, 국가 또한 군사력과 경제성을 위해 건강식을 장려하는 데 관심을 갖게 되었다는 것이다. 따라서 식사는 "개인의 자기 통제력, 노동, 낭비 및 과잉 회피의 문제를 포함하는 도덕적 문제가 되었다"라고 그녀는 설명한다.[38]

　자신의 건강 증진에 영양학적 사실들을 활용해야 하는 의무가 도덕적·사회적 의무로 전환되는 순간, 영양학은 단순히 지식을 전파하는 것을 넘어 더 큰 일을 한다. 그것은 어떤 특정한 종류의 주체들을 세우고 자신 및 다른 사람들에 대한 도덕적 평가도 할 수 있게 한다. 오스트레일리아 공중보건학 교수 코브니는 일련의 사회적 의무와 도덕적 공황moral panic이 어떻게 건강식의 역사와 끊임없는 "음식 선택의 합리화"를 만들어냈는지 보여준다. 그의 주장에 따르면, 영양학은 무엇이 좋은 음식인지에 대한 사실들을 생산하는 경험적 체계가 아니라 "음식 선택의 근대적 주체"의 구성 기반을 제공하는 윤리적 체계다. 코브니는 영양 계보학 연구를 위해 푸코의 연구를 파고든다. 그는 영양학을 계몽주의 시대에 발전한 수많은 인구과학 사이에서 발견한다. 일례로 코브니는 19세기 말 애트워터의 연구를 검토하면서, 그가 말한 식품의 금전상의 경제가 무엇을 먹느냐에 대한 잘못된 선택을 심리적 어리석음으로서뿐 아니라 도덕적 문제로서 규정했음을 지적한다. 과거의 역사가 과학자든 사회개혁가든 개인이든 모두 영양 증진의 대상이 되는 것을 당연하게 생각했다면, 코브니는 음식을 선택·추천할 줄 아는 능력을 가진 개인들이 역사적으로 어떻게 구성되는지를 탐색한다. 다시 말해, 영양학은 무엇이 좋은 식사인지에 대한 규칙을 제공하는 과학인 동시에, 개인이 특정한 종류의 주체로서 그러한 규칙에 따라 자기 자신을 구성하는 일종의 정신이기도 하다.[39]

최근의 비판적 영양학 연구는 또한 영양학의 정량화 속에 내포된 정치적·이데올로기적 특성을 밝혀냈다. 학자들은 칼로리, 영양권장량, 식품 포장에 찍힌 영양학적 "사실들facts"[영양성분 표기 내용]과 같은 객관적인 것처럼 보이는 평가 기준을 분석했다. 그들은 그러한 수치들—사과에 얼마나 많은 칼로리가 있는지, 성인 한 사람이 하루에 필요한 단백질은 몇 그램인지와 같은—이 그 값만큼 영양학적 사실을 투명하게 나타내지 못하며, 특정한 음식, 건강, 음식을 먹는 사람들에 대해 그 밖의 특별한 진실을 구성하지 못한다는 것을 알아냈다. 역사학자 닉 컬래더는 다음처럼 설명한다. "통계수치치고 의도적이지 않은 것은 거의 없지만 특히 저녁 식탁 위 음식들의 칼로리 수치는 결코 가치중립적이고 객관적이었던 적이 없다." 이어서 그는 칼로리 정책의 목적이 사실은 근대국가 수립을 위해 국민의 후생 복지를 감독하는 데 있었음을 보여준다. 궁극적으로, 식사의 가치를 수량화해서 서로 다른 사회계급이나 국가들의 식사를 비교해 경쟁적으로 생각할 수 있게 한 것이 바로 칼로리였다는 것이다. 예컨대 칼로리는 배고픔을 수량으로 나타내 계산할 수 있게 하여 식량이 남고 모자라는 정도를 객관적으로 측정해 그것을 바탕으로 국가 간 관계를 수립할 수 있게 함으로써, "미국인들이 식량을 국력의 수단으로 보고, '세계 식량 문제'를 빌미로 다른 나라의 정치와 과학에 손쉽게 개입할 수 있게 했다."[40]

영양학의 정량적 접근방식에 담긴 사회적 함의에 주목한 오스트레일리아 사회비평가 조르지 스크리니스Gyorgy Scrinis는 그가 영양주의nutritionism*라고 부르는

---

* 먹는 것에서 중요한 것은 음식이 아니라 영양이기 때문에 복잡한 영양학적 지식이 있는 전문가의 도움이 필요하다는 영양만능주의 사고.

것 즉 대중이 수량화할 수 있는 영양 성분에 의해서만 음식을 바라보도록 권장하는 "식사에 대한 환원주의적 접근방식"에 강력한 비판을 가한다. 음식과 식사를 생화학적 효과로 축소하는 일은 개별 음식을 그것과 관련된 광범위한 맥락에서 제거하는 것이다. 음식 함유물에 대한 영양 차원의 정보는 음식의 가치를 평가하는 지배적 수단이 되었다. 여기서 전통 요리, 감각적 경험, 생태적 효과의 가치는 빛을 잃고 만다. 스크리니스는 또한 영양주의라는 이데올로기가 유기농식품과 가공식품 사이의 차이를 불명확하게 해 가공식품의 효과적 마케팅 수단을 제공함으로써 식품 산업의 이익에 한몫 거든다고 주장한다.[41]

제시카 머드리Jessica Mudry는 마치 객관적인 것처럼 보이는 영양 성분 수치에 대한 이와 같은 비판을 기반으로 미국농무부가 100년 동안 발표해온 식품 지침들을 분석한다. 그녀는 그 지침이 음식의 가치를 숫자 언어로 표시함으로써 새로운 현실을 만들어낸다고 생각한다. 그녀는 수량화를 통한 인식론이 어쩌면 그다지 합리적이지도 정교하지도 전문적이지도 않을 수 있는 지식에 집착케 해서, 음식을 먹는 사람의 새로운 유형을 창조한다고 주장한다. 미국농무부의 식품 지침에 맞지 않는 식사를 하는 사람은, 코브니가 묘사한 음식 선택의 근대적 주체처럼, "윤리적으로 불완전"하기 때문에 식품의 숫자 언어를 통해 완전해지려고 노력해야 한다는 것이다. 미국농무부의 지침이 가정하는 이상적 식사를 하는 사람은 그러한 수치들에 따라 음식을 먹는데, 하지만 그것은 사람들을 "음식을 먹는 다른 많은 다양한 이유와 건강을 평가하는 여타 종류의 기준들을 무시하거나 적어도 덜 중요시하는" 쪽으로 이끈다.[42]

종합해볼 때, 최근에 떠오르는 비판적 영양학 분야는 우리가 음식과 건강 문제들에 다가갈 때 처음부터 새로 시작할 것을 요구한다. 이와 같은 패러다임을 채택하는 순간, 우리는 영양학적 사실이 더는 가치중립적이라거나 유익하다고 가정하지도 않고, 올바른 식사가 우리에게 가장 유익하다거나, 식사 개선 자체가 말할 수 없이 좋은 것이라는 전제는 버린다. 그동안 음식과 건강에 대해 당연하게 생각했던 것들을 이렇게 풀어헤치는 작업은 분석되지 않은 가정들에 의해 뒤틀리지 않은 시각을 통해, 좋은 음식은 무엇이고 그것을 어떻게 제공하느냐의 문제에 사실상 매우 정치적이고 이데올로기적인 함의가 담겨 있음을 인정하면서, 건강식의 미래를 상상할 수 있는 기회를 제공한다. 그렇다면, 이런 통찰은 오늘날 이루어지고 있는 무엇을 먹는 것이 좋은가라는 문제에 관한 토론들에 어떻게 영향을 끼쳤을까? 나는 비판적 영양학 연구가 오늘날 먹거리정치 담론에 어떻게 영향을 미치고 변화를 일으켰는지 생각하는 것에서 이 문제에 대한 대답을 찾기 시작할 것이다.

마이클 폴란, 앨리스 워터스, 매리언 네슬, 윌 앨런Will Allen, 슬로푸드, 로컬푸드, 도시농민, 학교급식개혁가 같은 대중지식인과 활동가·활동단체들이 내는 목소리는 모두 현재의 먹거리 생산·유통·소비 체계에 문제를 제기하고, 더욱 지속 가능하고 윤리적이고 건강한 대안을 찾는 합창이 되고 있다. 그러나 대개 이런 활동가들은 오늘날 미국인들의 식습관에 내재된 건강식에 대한 통념들에 대해 아직까지 문제를 제기하지 않았다. 또한 우리 삶에서 영양의 역할이 먹거리체계 자체의 역할만큼이나 정치적이고 상황적이며 중요한 역사적 과정의 산물이라는 점도 인정하지 않았다. 비판적 영양학의 관점에서 볼 때, 영양학적 사실들이 표면적으로 과학적이고 객관적이라는 이유로 그것들을 무조건 수용한다면 먹거리 체계 자체를 면밀하게 검토하는 것은 불가능하다. 먹거리체계를 만들고 그 체계에 정당성을 주는 것이 바로 영양학적 사고이기 때문이다. 대안적 먹거리 운동의 정치 전략이 생산에서 소비까지의 과정뿐 아니라 건강식에 대한 "진실들truths"까지 다시 생각해보는 것을 포함한다면 어떻게 될까? 그리고 우리의 생산과 소비 행위가 최종적으로 추구하는 올바르게 먹는다는 것은 무엇을 의미할까?

현재 진행 중인 먹거리정치 담론에는 비판적 영양학의 중요한 통찰 하나—영양을 수치로 나타내는 것은 식품 가치의 객관적 척도가 아니며 오히려 특정한 가치만 표현하고 나머지 가치는 버리는 방식이라는 견해—가 어느 정도 담겨 있다. 이러한 논의의 방향은 영양학적 원칙보다 생태적 원칙을 중심으로 하는 반문화와 그런 성향에서 물려받은 과학적 합리성을 의심하는 데까지 거슬러 올라갈 수 있다. 폴란은 이와 같은 논의를 바탕으로 2007년 《뉴욕 타임스 매거진New York Times Magazine》에 기고한 〈불행한 식사Unhappy Meals〉와 이어진 자신의 베스트셀러 《음식을 지키기 위해In Defense of Food》*에서 영양주의에 대한 스크리니스의 비판에

---

* 국내에서는 《마이클 폴란의 행복한 밥상: 잡식동물의 권리 찾기》(조윤정 옮김, 다른세상, 2009)로 번역·출간되었다.

동의하고 그것을 대중에게 널리 알렸다.[43] 오늘날의 먹거리정치를 배경으로 하는 영양주의에 제기되는 이런 비판은 식품 산업에서 점점 고조되는 소비자들의 분노에서 비롯되어 공감대를 더욱더 넓혀가고 있다. 폴란과 그의 독자들은 영양주의가 끼친 가장 치명적인 악영향이 음식과 음식에 함유된 영양소와의 차이를 불명료하게 만든 것이라고 말한다. 폴란은 영양학과 식품 산업의 제휴 관계—영양산업복합체Nutrition Industrial Complex—를 설명하면서, 그것이 1970년대부터 정부의 제도적 뒷받침으로 영양주의의 핵심 이념—음식은 영양소들을 합친 것에 불과하다—을 반영하기 위해 식품 공급 기준을 바꿨다고 말한다.[44] 이런 맥락에서 "가짜 음식fake foods"이 "진짜배기the real things"보다 훨씬 더 영양이 많은 것처럼 보이게 되었다고 그는 주장한다.[45] 그러나 폴란에 따르면, 가짜 음식의 포장지에 적힌 인상적인 영양 성분 표시가 좋은 식사를 증명하지는 않는다. 그는 결국 영양주의는 음식, 식사, 건강의 복합 관계를 적절하게 설명하지 못하기 때문에 성공할 수 없다고 논증한다.

영양주의에 대한 이와 같은 비판이 미국의 대안적 먹거리 운동이라는 더 커다란 정치에 어느 정도 통합은 되었지만, 그것이 대변하는 영양과 건강식에 대한 구성주의적 견해가 건강식 특히 비만과 관련된 다른 과학적 주장들에까지 확대되지는 않았다. 일례로, 폴란은 영양주의에 대해 비판하면서도 비만을 둘러싼 과학적 주장들은 액면 그대로 받아들이는데, 대개 자신의 영양산업복합체에 제기되는 비판을 뒷받침하는 데 비만과 관련된 사실을 이용한다. 비만은 더 좋은 학교 급식과 "먹거리사막"에서 농장의 신선한 농작물 제공을 위해 싸우고 있는 사람들 사이에서도 객관적 사실로 인식된다. 이것은 그러한 움직임이 비만 확산을 막고 더욱 지속가능한 먹거리체계와 더 맛있는 음식을 확보하는 데 도움을 줄 수 있다는 주장을 바탕으로 한다. 음식 행동주의 활동가들은 대다수가 비만을 치명적인 질병으로 보고 비만이 개인의 건강, 경제 안정, 국민 복지를 점점 더 빠르게 위협하는 요소라고 생각한다.

비만에 대한 이와 같은 확고한 관점은 부분적으로 비만의 역사에 대한 일종의 신화화된 판단을 근거로 한다. 그러한 생각은 적어도 100년 전에 시작된 어떤 복잡한 과정을 통해 비만에 대한 문화적·의학적 편견이 생겨난 방식과 관련된 복잡한 문제를 망각한다. 동시에, 지배적인 역사적 서사는 또한 비만의 원인,

비만의 발생률[이환률]과 사망률 사이의 관계를 둘러싼 과학적 논쟁을 모호하게 만들어, 비만을 개인 건강과 국민 복지를 모두 끊임없이 위험에 빠뜨리는 요인으로 지나치게 단순화된 이미지로 바꾼다. 에릭 올리버Eric Oliver는 이런 견해가 1989년 미국 질병통제센터Center for Disease Control[지금의 질병통제예방센터Centers for Disease Control and Prevention: CDC]가 처음 배포한 뒤 계속해서 정기적으로 갱신되고 널리 복제되어온 일련의 지도에 의해 만들어지고 유행하게 되었다고 주장한다. 그 지도들은 여러 색깔—차분한 파란색에서 경고음을 울리는 빨간색에 이르기까지—을 사용해 국가별 비만과 과체중의 증가율을 보여주는데, 1985년 이래로 점점 색조가 어두워지면서 점차 상황이 위험해지고 있음을 암시한다. 파워포인트로 제작된 지도들은 생기 없는 통계 데이터의 추이 변화에 생명을 불어넣어, 올리버가 지적하는 것처럼, 비만이 "바이러스가 퍼지는 속도로 급속하게 사람들을 감염시키고 있다"는 것을 확실히 믿게 만들었다.[46] 체중과 건강 사이의 관계가 실제로 서로 적대적이라고 하더라도, 그 파워포인트 지도 자료들은 각종 의학, 과학, 정부, 미디어에서 선전하는 것들과 결합해 많은 사람에게 비만과 관련해 문화적 공감대를 형성하며 확고한 믿음을 준다. 그럼으로써, 현재 진행 중인 먹거리의 정치학에 관한 논의에서 비만은 여전히 큰 의심을 받지 않고 있다.[47]

그러나 비판적 영양학과 같은 도구와 전제의 사용으로 점점 더 왕성해진 비만 연구fat studies 분야는 식이조절, 이상적 신체상, 비만의 과학과 관련된 각각의 역사를 더욱 구상주의적 관점으로 바라본다. 비만을 연구하는 학자들은 비만에 관한 기본 사실들을 조사하고 비만의 정치적·이데올로기적 함의를 밝힌다. 많은 학자는 현재 이야기되는 비만이 사실은 미심쩍은 조사와 통계 조작에 의해 뒷받침되어온 도덕적 공황의 결과라고 주장한다.[48] 그럼에도 오늘날 식습관에 대한 비판적 재검토에 몰두하는 사람 가운데 많은 이가 비만에 관한 사실들을 당연한 것으로 받아들이거니와 그것들을 현행 먹거리체계에 제기하는 자신의 비판을 정당화하는 변명으로 이용하고 있다. 그러나 비만 연구 학자와 비만 퇴치 활동가들이 주장하는 것처럼, 비만을 그런 식으로 비판하는 사람들은 실제로 비만한 사람들을 희생시킨다. 마치 자신들이 하는 일이 비만한 사람들을 더 건강한 삶으로 이끄는 데 도움을 줄 거라고 믿지만, 사실은 그것이 비만한 사람들을 비판하고 소외시키고 억압하는 결과를 낳기 때문이다. 일례로, 줄리 구트만은 음식 행동주의 활동가들이 국민 건강을 위해 산업 식품 체계가 낳는 결과를 비판할 때, 비만한 사람들을 그와 같은 먹거리체계의 속임수에 넘어간 얼간이처럼 묘사하는 경우가 많다고 지적한다. 그렇게 나쁜 음식을 아무 생각 없이 먹는 것은 많이 알고 의식 있는 음식 행동주의 활동가들의 깨어 있는 도덕적 식사에 반하는 행동이다. 이것은 결국 식사에 대한 도덕적 위계질서를 만들어 대안적 먹거리 운동의 정치적 가능성을 제약한다.[49] 음식과 건강의 관계와 관련해 그동안 상식으로 생각했던 것들에 감춰져 있는 내용들을 포괄적으로 검토하는 비판적 영양학은 비만 담론에 대한 무조건적 수용에서 벗어나 현행 먹거리체계를 비판적으로 바라볼 수 있게 함으로써 더욱 광범위하고 생산적인 먹거리정치를 허용한다.

신화화된 역사에 의존하는 오늘날 먹거리정치의 경향은 또한 그러한 움직임에 깊이 배어 있는 과거에 대한 낭만적 감상에서도 명백히 찾아볼 수 있다. "당신의 증조할머니가 음식으로 생각하지 않았던 것은 어떤 것도 먹지" 말라는 폴란의 경고는 과거의 음식이 건강에 좋았다는 막연한 향수를 불러일으킨다.[50] 역사학자 레이첼 라우던Rachel Laudan은 과거와 현재, 좋음과 나쁨, 자연과 인공이라는 손쉬운 이분법에 의존하는 음식과 건강에 대한 신화화된 역사가 오늘날 먹거리정치의 풍조를 잘 대변할 수 있을지는 모르지만, 그것이 우리의 먹거리체계가 지금처럼 보이게 된 많은 이유를 불명료하게 만들 수도 있다고 주장한다.[51]

지나치게 단순화된 역사관에 의해 정당화된 산업 식품 체계에 대한 현재의 비판은 식품의 미래에 대한 지나치게 양극화된 논쟁을 초래해, 힘없는 소비자들의 이익과 그들이 마땅히 보존할 가치가 있는 "진짜" 음식이 농식품 산업계와 정면으로 충돌하는 결과를 낳았다. 소비자들은 자신들이 농간에 놀아나고 위협받는다고 느끼지만, "먹어보고 선택"한다면, 자신들의 이익에 반하는 먹거리체계를 철저히 감시할 수 있다고 조심스레 낙관한다. 식품공학자와 식품제조업자들은 자기네가 이익을 지켜주기 위해 일하는 바로 그 사람들에게 부당하게 비난을 받는다고 느끼며, 그들이 걱정하고 바라는 것들이 비합리적이고 비현실적이라고 생각한다.[52] 그러나 현재의 먹거리체계든 음식과 건강에 대한 우리의 믿음이든, 그것이 형성되는 데 영향을 끼친 여러 요소의 복잡한 상호작용을 조명하는 건강한 비판적 영양학은 그 둘을 모두 이해할 수 있는 더 생산적인 타협점에 이르는 길을 열어줄 수도 있다.

비판적 영양학이 제공하는 통찰들은 오늘날 먹거리정치의 맥락에서 건강식에 대한 우리의 기본 전제들을 재검토할 것을 요구한다. 이런 작업은 또한 이상적 식사에 담긴 도덕적 요소들을 조명하고, "좋은 식사"에 관한 담론이 어떻게 사회의 도덕적 위계질서를 만들어내고 뒷받침하는지를 보여줌으로써, 식사 개선 운동 자체를 비판적으로 바라보는 데 필요한 도구들도 제공한다. 오늘날 먹거리정치에서 볼 때 나쁜 식습관을 가진 사람들은, 내가 연구한 바에 따르면, 다른 시대에도 있었으며 형태도 지금과 비슷하다. 그들은 주로 유색인종이나 빈민들로, 그들의 행동은 이미 기존의 사회질서를 위협하는 것으로 여겨지고, 그들의 나쁜 식습관은 늘 위험하고 일탈적인 방식을 애호하는 것처럼 보인다.[53] 로컬푸드와 유기농식품을 더 주목하고 "진짜" 음식을 재배하고 조리하고 음미하는 데 더 많은 시간을 씀으로써 대안적 먹거리체계를 옹호하라는 폴란과 워터스의 명령은 비평가 사이에서 엘리트주의를 선동한 책임이 있다.[54] 그러나 비판적 영양학은 이러한 이상적 식사에 대해 훨씬 더 심각한 우려를 나타낸다. 어쩌면 사회적 이상을 표현하지 않는 이상적 식사는 없다고 생각할 수도 있을지 모르지만, 우리가 계속해서 더 윤리적인 먹거리체계를 옹호한다면, 우리가 좋은 식사와 좋은 식습관을 가진 사람들을 규정짓는 정치―와 윤리―를 정말로 심각하게 검토해야 한다. 이와 같은 각성은 새롭게 떠오르는 먹거리 정의 운동에 아주 잘 스며들 것이다. 활동가들이 접근성과 공평성 문제를 중심으로 식사 개선 운동의 과정을 재편하고, 소외된 공동체를 그 개선 과정에 참여시킬 때, 비로소 비판적 영양학은 좋은 식사를 규정짓는 것에 내재하는 종류의 힘을 정확하게 인식할 수 있도록 도움을 줄 것이다.[55]

식사에 대한 비판적 리터러시

대안적 먹거리정치 영역의 바깥에 있는 비판적 영양학은 식품 소비자들이 점점 더 복잡해지는 음식과 건강을 둘러싼 환경을 잘 헤쳐 나갈 수 있도록 준비시키는 역할을 할 수 있으며, 또 그렇게 해야 한다. 식료품점 진열대는 공학적으로 처리되고 재구성된 건강 증진 제품들로 가득하다. 그리고 식품 산업은 주방의 선반이 점점 더 병원이나 약국의 약장과 같은 구실을 할 미래를 준비하며 새롭게 만들어가고 있다. 건강에 유익한 바이러스로 제조된 과일주스, 콜레스테롤 수치를 낮추는 콘칩 같은 제품들과 노화를 막는 "항산화물질이 풍부"하다거나, "오메가-3 불포화지방산의 훌륭한 공급원"이라거나, "식물스테롤을 함유"하고 있다는 따위의 건강 강조 표시들이 올바른 식사란 무엇이가라는 논의의 지형을 새롭게 바꾸고 있다. 어떤 사람들은 이러한 식품들―때로는 기능성 식품functional food 또는 뉴트라슈티컬neutraceutical*이라고도 부르고 늘 건강 강조 표시가 되어 있는―을 식품 산업의 이익을 더욱 증진하기 위해 매우 필요한 것이라고 말하고, 또 어떤 사람은 식품 소비자들 입장에서 볼 때, 규제가 거의 없는 "황량한 서부"라고 비아냥거린다.[56] 비판적 영양학은 이런 새로운 시장 상황과 사회적, 도덕적, 정치적, 경제적, 이뿐 아니라 농업적 결과 속에서, 건강이 정의되고 이용되는 방식에 담긴 이데올로기적 함의들을 숙고할 수 있는 도구들을 제공하기 시작했다. 그러나 우리가 건강식과 좋은 음식, 그리고 "올바른 식사"가 의미하는 바에 내포된 가치·믿음·이데올로기들을 명확하게 인식하지 못하도록 막는 음식과 건강과 관련한 가정들을 걸러내고 허물기 위해서는 현재의 먹거리 지형에서 해야 할 일이 아직도 많이 남아 있다.

비판적 영양학은 사람들이 건강식과 관련된 중요한 메시지들을 더욱 잘 분석·평가하고 새롭게 창조할 줄 아는 새로운 종류의 역량 강화에 기여할 수 있다. 식사에 대한 비판적 리터러시는, 미디어 리터러시와 마찬가지로, 식사 개선, 이상적 식사, 건강식에 관한 담론들을 분석이 필요한 텍스트로 다룸으로써 우리의 리터러시를 확장할 것이다. 궁극적으로 식사에 대한 비판적 리터러시를 키우는 교육은 음식과 건강의 관계에 관한 기존의 가정들을 면밀히 검토하고, 올바른 식사의 의미에 대해 비판적으로 생각하며, 다양한 형태의 자금 지원과 산업의 이해관계 같은 구조적 요인들이 공적 정보에 어떻게 영향을 끼치고, 식사 관련 문제들의 형성을 어떻게 사회와 개인의 책임으로 떠넘기며, 많은 통계 수치·사실·

---

* 1989년 미국의학혁신재단Foundation of Innovation Medicine: FIM의 스티븐 L. 디펠리스Stephen L. DeFelice 박사가 뉴트리션nutrition(영양)과 파마슈티컬pharmaceutica(의약품)을 합성해 만든 신조어. 의약품에 준하는 효과가 있는 식품, 질병 치료나 예방에 도움을 주는 식품 등을 말한다.

이상을 어떻게 문화적·정치적·이데올로기적으로 분석하는지 탐색하는 데 필요한 도구들을 제공할 것이다. 식품 포장에 표기되는 영양 성분 표시나 건강 강조 표시, 영양학적 사실과 식이요법 조언들 너머에 있는 의미들을 읽어낼 줄 아는 새로운 러터러시가 필요하다. 그것을 통해 건강식에 대해 그동안 상식으로 알고 있던 내용들을 전면적으로 재검토함으로써, 우리가 마음에 그리는 "올바른 식사"의 세계가 새롭게 변화되기를 기대한다.

주

1. 많은 분이 이 논문 작성에 도움을 주었다. 특히 캘리포니아대학의 음식과 신체 연구를 위한 멀티캠퍼스 공동 조사 프로그램Studies of Food and the Body Multicampus Research Program의 구성원들의 도움이 컸다.

2. Charlotte Biltekoff, *Eating Right in America: The Cultural Politics of Food and Health*(Durham: Duke University Press, 2013).

3. Harvey Levenstein, *Revolution at the Table: The Transformation of the American Diet*(New York: Oxford University Press, 1988), 46; John Coveney, *Food, Morals, and Meaning: The Pleasure and Anxiety of Eating*(New York: Routledge, 2000), 60.

4. John Coveney, *Food, Morals, and Meaning: The Pleasure and Anxiety of Eating*, 53-56; Nick Cullather, "The Foreign Policy of the Calorie," *American Historical Review* 112, no. 2(2007): 342.

5. Harmke Kamminga, "Nutrition for the People," in *The Science and Culture of Nutrition, 1840-1940*, ed. Harmke Kamminga and Andrew Cunningham(Amsterdam: Rodopi, 1995).

6. Charles E. Rosenberg, *No Other Gods: On Science and American Social Thought*(Baltimore, MD: Johns Hopkins University Press, 1961), 6.

7. Robert Crawford, Health as Meaningful Social Practice," *Health: An Interdisciplinary Journal for the Social Study of Health, Medicine, and Illness* 10, no. 4(October 2006): 401-420.

8. Marion Nestle, *Food Politics: How the Food Industry Influences Nutrition and Health*(Berkeley: University of California Press, 2002) [한국어판. 매리언 네슬 지음, 김정희 옮김, 《식품정치: 미국에서 식품산업은 영양과 건강에 어떤 영향을 끼치는가?》, 서울: 고려대학교출판부, 2011]; Harvey Levenstein, *Paradox of Plenty: A Social History of Eating in Modern America*(New York: Oxford University Press, 1993).

9. Harvey Levenstein, *Revolution at the Table: The Transformation of the American Diet*, 72-85.

10. John Coveney, *Food, Morals, and Meaning: The Pleasure and Anxiety of Eating*, 60; Harvey Levenstein, *Paradox of Plenty: A Social History of Eating in Modern America*, 46-49.

11. Wilbur O. Atwater, "Pecuniary Economy of Food: The Chemistry of Foods and Nutrition V," *The Century Illustrated Monthly Magazine*(November 1887 to April 1888): 445.

12. Harvey Levenstein, *Revolution at the Table: The Transformation of the American Diet*, 44-60; Ellen Richards, ed., *The Rumford Kitchen Leaflets: Plain Words About Food*(Boston: Rockwell and Churchill Press, 1899).

13. Elmer Verner McCollum, *The Newer Knowledge of Nurition*(New York: Macmillan, 1918).

14. Harvey Levenstein, *Revolution at the Table: The Transformation of the American Diet*,

148.

15. Ibid, 150-156.

16. Food and Nutrition Board Committee on Diagnosis and Pathology of Nutritional Deficiencies, "Inadequate Diets and Nutritional Deficiencies in the United States: Their Prevalence and Significance," in *Bulletin of the National Research Council Number 109*(Washington, D.C.: National Research Council, National Academy of Sciences, 1943), 13.

17. David Mark Hegsted, "Recollections of Pioneers in Nutrition: Fifty Years in Nutrition," *Journal of the American College of Nutrition 9*, no. 4(August 1990): 280-287.

18. Marion Nestle, *Food Politics: How the Food Industry Influences Nutrition and Health*, 39 [한국어판. 매리언 네슬 지음, 김정희 옮김, 《식품정치: 미국에서 식품산업은 영양과 건강에 어떤 영향을 끼치는가?》, 서울: 고려대학교출판부, 2011]

19. Warren Belasco, *Appetite for Change: How the Counter Culture Took on the Food Industry, 1966-1988*(Ithaca, NY: Cornell University Press, 1989), 174-176.

20. Marion Nestle, *Food Politics: How the Food Industry Influences Nutrition and Health*, 39 [한국어판. 매리언 네슬 지음, 김정희 옮김, 《식품정치: 미국에서 식품산업은 영양과 건강에 어떤 영향을 끼치는가?》, 서울: 고려대학교출판부, 2011]

21. Ibid, 38-50.

22. 이른바 비만증이 실체적 사실이라는 전제에 문제를 제기하고 비만 반대 담론이 사회에 끼치는 부정적 영향을 비판하는 비만 수용론자와 비만 연구 학자들은 "비만obesity"이라는 용어 사용에 문제가 있다고 주장한다. 비만이 다양한 인간 형태를 의료 문제화 하고 뚱뚱한 사람에게 폭력을 가하는 것으로 이해되기 때문이다. 따라서 대개 비만이라는 용어 사용을 피하거나 금한다. 나는, 비판적 영양학을 비만 연구의 협력자로 생각하고 "비만"이라는 용어를 문제시하는 사람들의 우려에 동의하지만, 내가 설명하려고 하는 담론들과 일관성을 유지하기 위해 여기서는 그 용어를 그냥 사용한다.

23. "Overeating Laid to U.S.," *New York Times*, April 4, 1950.

24. "'Overeating Called 'Compulsive'; Diet Held Only Way to Reduce," *New York Times*, October 21, 1950.

25. Ali H. Mokdad, et al., "The Spread of the Obesity Epidemic in the United States," *Journal of the American Medical Association 282*, no. 16(October 1999): 1519-1322.

26. U.S. Department of Health and Human Services, "The Surgeon General's Call to Action to Prevent and Decrease Overweight and Obesity"(Rockland, MD: U.S. Department of Health and Human Services, Public Health Service, Office of the Surgeon General, 2001).

27. Warren Belasco, *Appetite for Change: How the Counter Culture Took on the Food Industry, 1966-1988*, 4.

28. Elmer Verner McCollum, *A History of Nutrition: The Sequence of Ideas in Nutrition Investigations*(Boston: Houghton Mifflin 1957), 421.

29. Deanna L. Pucciarelli, "Early History and Evolution of Nutrition Science in the United States of America," *Family & Consumer Sciences Research Journal 38*, no. 2(2009): 119-120.

30. Vivek Bammi, "Nutrition, the Historian, and Public Policy: A Case Study of U.S National Nutrition Policy in the 20th Century," *Journal of Social History* 14, no. 4(1980): 627.

31. Robert Fogel and Stanley Engerman, *Time on the Cross: The Economics of Negro Slavery*(Boston: Little, Brown, 1974), 114-115, 261.

32. Thomas McKeown, *The Modern Rise of Population*(New York: Academic Press, 1976).

33. Victoria E. Bonnell and Lynn Hunt, eds., *Beyond the Cultural Turn: New Directions in the Study of Society and Culture*(Berkeley: University of California Press, 1999), 2.

34. Harmke Kamminga and Andrew Cunningham, "Introduction: The Science and Culture of Nutrition, 1840-1940," in *The Science and Culture of Nutrition*, 1.

35. Harvey Levenstein, *Revolution at the Table: The Transformation of the American Diet*; Harvey Levenstein, *Paradox of Plenty: A Social History of Eating in Modern America*.

36. Michel Foucault, *Discipline and Punish: The Birth of the Prison*(New York: Vintage Press, 1979) [한국어판. 미셸 푸코 지음, 오생은 옮김, 《감시와 처벌: 감옥의 탄생Surveiller et punir. Naissance de la prison》, 파주: 나남출판, 2016(번역개정판)]; Michel Foucault, *The History of Sexuality: An Introduction* Volume I, trans. Robert Hurley(New York: Vintage Books, 1978) [한국어판. 미셸 푸코 지음, 이규현 옮김, 《성의 역사 1: 지식의 의지》, 파주: 나남출판, 2010(제3판)]; Michel Foucault, *Power/Knowledge: Selected Interviews and Other Writings, 1972-1977*(New York: Pantheon, 1980).

37. 과학기술학의 권위 있는 연구 사례로는 다음을 보라. Ira H. Carmen, *Politics in the Laboratory: The Constitution of Human Genomics*(Madison: University of Wisconsin Press, 2004); Donna Haraway, *Primate Visions: Gender, Race, and Nature in the World of Modern Science*(New York: Routledge, 1989); Bruno Latour, *Science in Action: How to Follow Scientists and Engineers through Society*(Cambridge, MA: Harvard University Press, 1987). [한국어판. 브뤼노 라투르 지음, 황희숙 옮김, 《젊은 과학의 전선: 테크노사이언스와 행위자-연결망의 구축》, 파주: 아카넷, 2016]

38. Deborah Lupton, *Food, the Body and the Self*(London: Sage Publications, 1996), 6, 72, 73.

39. John Coveney, *Food, Morals, and Meaning: The Pleasure and Anxiety of Eating*, 1.

40. Nick Cullather, "The Foreign Policy of the Calorie," 338, 339.

41. Gyorgy Scrinis, "On the Ideology of Nutritionism," *Gastronomica* 8, no. 1(2008): 39-48.

42. Jessica Mudry, *Measured Meals: Nutrition in America*(Albany: State University of New York Press, 2009), 18.

43. Michael Pollan, *In Defense of Food: An Eater's Manifesto*(New York: Penguin Press, 2008) [한국어판. 마이클 폴란 지음, 조윤정 옮김, 《마이클 폴란의 행복한 밥상: 잡식동물의 권리찾기》, 서울: 다른세상, 2009]; Micheal Pollan, "Unhappy Meals," *New York Times*, January 28, 2007.

44. Michael Pollan, *In Defense of Food: An Eater's Manifesto*, 8, 32-34.

45. Ibid, 32.

45. Eric J. Oliver, *Fat Politics: The Real Story Behind America's Obesity Epidemic*(New York: Oxford University Press, 2006), 41-42.

47. 비만증의 핵심 주장들이 어떻게 이론의 여지가 있는지에 대해서 더 많이 알려면 다음을 보라.

Paul Campos, *The Obesity Myth: Why America's Obsession with Weight Is Hazardous to Your Health*(New York: Gotham Books, 2004); Glenn A. Gaesser, *Big Fat Lies: The Truth About Your Weight and Your Health*(Carlsbad, California: Gurze, 2002); Michael Gard and Jan Wright, *The Obesity Epidemic: Science, Morality and Ideology*(London and New York: Routledge, 2005).

48. Paul Campos, et al., "The Epidemiology of Overweight and Obesity: Public Health Crisis or Moral Panic?," *International Journal of Epidemiology* 35, no. 1(February 2006): 55-60; Kathleen LeBesco, *Revolting Bodies?: The Struggle to Redefine Fat Identity*(Amherst: University of Massachusetts Press, 2004); Michael Gard and Jan Wright, *The Obesity Epidemic: Science, Morality and Ideology*.

49. Julie Guthman, "Can't Stomach It: How Micheal Pollan et al. Made Me Want to Eat Cheetos," *Gastronomica* 7, no. 3(Summer 2007): 75-79; Julie Guthman, "Fast Food/Organic Food: Reflexive Tastes and the Making of 'Yuppie Chow,'" *Social and Cultural Geography* 4, no. 1(2003): 45-58.

50. Michael Pollan, *In Defense of Food: An Eater's Manifesto*, 148-149.

51. Rachel Lauden, "A Plea for Culinary Modernism: Why We Should Love New, Fast, Processed Food," *Gastronomica* 1, no. 1(2001): 36-44.

52. Eric A. Decker, "The Evolution of Processed Foods: Implications for the Food Scientist," in *Annual Meeting of the Institute of Food Scientists*(Anaheim, CA: Resourceful Recordings, 2009); Sally Squire, "Processed Food: Moving from Bad to Better in the News Media," in ibid; Robert E Bracket, "Implications for the Food Industry: The Evolution of Processed Foods and the Implications for Food Science," in ibid.

53. Charlotte Biltekoff, *Eating Right in America*

54. Ken Kelley, "Alice Waters," Mother Jones(Online). Available: http://www. motherjones. com/mother_jones/jf95/kelley.html(February 21, 2011). "Nurturing Connections with Farmers: An Interview with Alice Waters," In Season 1997. "Alice Waters' Crusade for Better Food," in *60 Minutes*(2009).

55. Patricia Allen, "Mining for Justice in the Food System: Perceptions, Practices, and Possibilities," *Agriculture and Human Values* 25, no. 2(2008): 157-161.

56. 산업 성장 관점: Peter Leighton, "Selling Wellness Leads to Greener Pastures," *Functional Ingredients*, November 1, 2002. 규제되지 않은 "황량한 서부" 관점: "Mark Lawrence and Mike Rayner, "Functional Foods and Health Claims: A Public Health Policy Perspective" *Public Health Nutrition* 1, no. 2(1998): 75-82.

11장

음식 교육 방식
Teaching with Food

조너선 도이치 Jonathan Deutsch
제프리 밀러 Jeffrey Miller

보통 음식과사회연구협회Association for the Study of Food and Society 강의계획서 모음집ASFS Syllabi Set으로 알려진 《음식 강의: 농업, 음식, 사회 교수강의 자료집 Teaching Food: Agriculture, Food, and Society Syllabi and Course Materials Collection》의 2000년 판, 2003년 판, 2010년 판 다시 말해 지난 10년 동안의 음식 강의 계획과 과제들이 수록된 1,000쪽에 이르는 자료들을 샅샅이 살펴본 사람이라면, 교실[강의실]에서 이루어지는 음식에 관한 학문적 연구가 수도자들의 금식 행위 또는 어쩌면 매우 난해한 체중 감량 방식(에릭 슐로서의 《패스트푸드의 나라Fast Food Nation》*를 읽고 검토하다 보면 식욕을 잃는다)임을 알 수밖에 없다. 우리는 급증하는 이러한 교수용 자료들을 통해 음식학이 북아메리카 전역의 대학들에서 번창하고 있다

---

* 국내에서는 《패스트푸드의 제국》(김은령 옮김, 에코리브르, 2001)으로 번역·출간되었다.

고 해도, 교수들이 그것을 가르치는 방식은 다른 대부분의 인문학과 사회과학에서 가르치는 방식과 다르지 않다는 것―수업 전에 주제가 되는 내용을 읽고 와서 수업시간에 그것을 토론하고, 학기말 과제나 프로젝트로 그것에 대해 보고서를 제출하는 방식―을 금방 알 수 있다. 일부 음식사 수업들은 진짜 음식을 강의에 활용한다. 하지만 훨씬 더 많은 수업은 그렇지 않다. 수업에 음식을 활용하고 싶어 하는 강사가 일부 있다 하더라도 나중에 학장과 교수에게 제출할 강의계획서에 그런 내용을 기록하지 못하기 때문이다. 실제로, 어떤 강의계획서들은 심지어 음식학 수업에서 교실에 음식 반입을 금지하기까지 한다. 그들은 대개 수업을 도서관에서 하기 때문이라든지, "스마트 기기를 이용하는" 교실이라서, 또는 지은 지 얼마 안 되는 새로운 시설이라서 먹고 마시는 것의 교실 반입을 허용하지 않는다는 비슷한 변명만 늘어놓는다. 하지만 우리는 교수나 학생들이 그와 같은 역설에 주목을 하는지 하지 않는지에 대해 추측만 할 수 있을 뿐이다.

물론 이처럼 만연된, 말만으로 가르치는 교육에도 다양한 예외는 있기 마련이다. 그 가장 좋은 예는 음식을 연구 대상으로서 뿐 아니라 역사·문화·사회를 조사하는 독특한 다감각적 도구로 사용하는 것이다. 이 장에서는 음식이 수업시간과 관련해 어떤 의미가 있는지 세 차원에서 알아본다. 음식이 다양한 사회적·문화적 문제를 탐색하기 위한 하나의 관점lens이라는 차원, 음식이 연구 그 자체를 위한 하나의 주제topic라는 차원, 음식이 학문적 연구와 학습을 위한 물질적 재료material라는 차원이다. 음식과사회연구협회 강의계획서 모음집을 잘 살펴보면, 강의할 때 음식을 실례로 보여주는 것을 비롯해서 실습용 주방에서 직접 조리하는 것에 이르기까지 모두 이 세 방식으로 음식이 사용되고 있음을 알 수 있다. 물론 후자가 예외적 경우임은 확실하다. 음식에 접근하는 방식이 이렇게 다양한 것은 음식을 중요한 요소로 연구하는 학문의 범위가 역사학, 철학, 인류학, 지리학, 사회학에서 젠더 연구와 의식performance 연구에 이르기까지 매우 방대하기 때문이다. 이 장에서 우리는 음식학food studies과 음식사food history라는 용어를 하나로 융합한다. 음식사학자들은 학자든 교사든 모두 연구 자료와 방법을 선택할 때 여러 학문을 종합적으로 살피고 서로 연관된 학문들과 협력하는 자세와 관점을 취하기 때문이다.

우리는 또한 이 장이 음식학 분야를 대표하는 기존의 두 전문가집단 회원들이 기울인 집단적 노력─강의계획서, 과제, 교습일지들을 작성하면서─을 보여준다는 점을 강조하고자 한다. 1985년에 창설된 음식과사회연구협회는 그 분야에서 학제간 연구를 촉진하고 학술지《음식, 문화, 그리고 사회Food, Culture, & Society》를 발간한다. 음식과사회연구협회는 1992년부터 농업·음식및인간가치학회Agriculture, Food and Human Values Society: AFHVS와 함께 연례회의를 열어왔다. 농업·음식및인간가치학회는 농업과 농촌 연구에 더욱 주목하며 학술지《농업과 인간의 가치Agriculture and Human Values》를 발간한다. 두 학술단체는 대개 북아메리카를 중심으로 연구하지만 육대주에 모두 회원을 두고 있다. 우리는 2010년 판(밀러)과 2003년 판(도이치) 음식과사회연구협회 강의계획서 모음집 편집자로서 이 자료들을 면밀하게 검토했으며, 이 글을 쓰기 위해 2000년 판 포함 3개년 판본 문서들을 다시 정밀 검토 했다. 우리는 거기에 수록된 강의계획서와 과제들을 하나의 데이터 집합으로 보고 그것들을 개별적으로 분석하면서 정성적 내용 분석을 통해 주제들과 눈에 띄는 사례들을 찾았다.[1]

우리가 관찰한 또 다른 중요한 점은 음식이 학생 주도 분야라는 사실이다. 이 점은 학생들을 가르치는 방식에도 영향을 끼친다. 학생들이 음식에 흥미를 느끼는 이유와 어쩌면 교사들이 교육과정에 음식을 직접 사용하기를 주저하는 이유 가운데 일부는, 음식이 "근본적이고, 즐겁고, 섬뜩할 정도로 무섭고, 광범위한 영향을 끼친"다는 것을 보여주는 폴 로진의 유익한 정보 기사에서 쉽게 찾아볼 수 있다.[2] 음식은 그 무엇보다도 우리 몸을 지탱하는 필수적 영양공급원이다. 그렇지만 말은 학문 연구에서 통용되는 화폐다. 말은 생산적 사고와 가르침을 기록하지만, 음식은 순간에 사라진다. 둘째, 음식은 즐거움을 준다. 그래서 학생들은 음식사 과목에 수강신청을 하는지도 모른다. 학습 부담이 큰 다른 묵직한 과목들에서 한숨 돌릴 시간을 갖기 위해서 말이다. 하지만 음식을 연구하거나 가르치는 학자들은 그와 동일한 이유 때문에 동료들로부터, 그리고 채용이나 종신 재임과 승진 심사를 하는 인사위원회로부터 너무 평범하다는 평가를 받을 위험도 있다. 셋째, 음식은 섬뜩할 정도로 무섭다. 학부생들은 오히려 열띤 흥분을 느낄 수 있을지 모르지만, 알레르기 유발, 칼 사용, 미생물, 교실 안에서 기름 끓이기 같은 문제들은 아무리 혁신적인 고위직 교육행정가들이라 해도 몸을 사리지 않을 수 없게 한다. 끝으로, 중대한 비밀 하나. 대다수 교수들은 조리하는 것보다 말하는 것을 더 좋아한다. 음식사 전공 교수들은 자신들이 잘 알고 있는 콜럼버스의 교환에 대해 가르치는 문제는 거의 걱정하지 않지만, 수업시간에 조리 시연이나 실습을 하는 것은 자신의 영역 밖 일이라고 생각할지도 모른다. 그들 가운데 많은 교수가 자신이 직접 조리하는 것에 대해 남의 시선을 의식한다. 음식을 연구하는 학자는 분명 뛰어난 요리사일 거라고 사람들이 가정할지도 모른다고 생각하기 때문이다. 그렇다면, 예술사를 연구하는 학자들은 실제로 위대한 예술가라고 생각하는 사람이 있을까? 이러한 의구심에도 불구하고, 음식은 분석을 위한 관점으로서, 연구 가치가 있는 중요한 주제로서, 또 생생한 교육용 재료로서 교육 내용을 풍요롭게 할 수 있다.

다른 주제를 연구하기 위한 하나의 관점으로서 음식

음식과사회연구협회 강의계획서 모음집에서 실제로 모든 강사가 수업시간에 가장 많이 음식을 사용하는 경우는 그 수업에서 주목하는 것을 실례를 들어 보여줄 때다. 말하자면, [로마의 정치가·작가] 페트로니우스Petronius가 쓴 풍자소설 〈사티리콘Satyricon〉 속 음란한 연회는 로마제국의 멸망을 상징한다. 더 정교한 차원에서 음식 연구는 하나의 분석 관점 예컨대 추수감사절 정찬(미국과 캐나다에서 가장 인기 있는 가을학기 과제)에 대한 일종의 자전적 문화기술지autoethnography* 가 될 수 있다. 이러한 과제 하나로 여러 목적을 수행할 수 있다—사회학에서는 젠더와 가족의 역학 관계를 살피고, 종교학에서는 종교의례 절차에 관한 분석의 기틀을 마련하고, 미국사에서는 향수병에 관한 논의를 자극할 수 있다. 이와 같은 교육학적 접근방식은 매우 매력적이다. 우리는 저마다 음식과 특별한 관계가 있기 때문에 —예컨대 전쟁사 같은 다른 역사들에서는 이런 관계가 있을 수 없다— 자기 자신만의 음식 경험은 복잡한 주제—노동, 세계화, 향수병, 민족[종족]정체성, 젠더, 가족 따위—를 탐색하기 위한 출발점이 될 수도 있다. 그러나 궁

---

* 일반적인 문화기술지의 참여관찰 방법보다는 자신의 경험과 체험을 분석·탐구하는 질적 연구방법론의 하나. '자문화기술지'라고도 한다.

음식과 관련해서 공통적으로 활용된 수업 활동

활동	내용	가르쳐야 할 기본 개념
음식일지 작성	학생들은 정해진 기간, 대개 주중 이틀과 주말 하루를 포함해서 3일 동안 자신이 먹는 모든 음식 즉 3일간의 영양물 섭취의 변화를 기록한다. 음식물이 섭취되는 사회적 맥락(강의실로 달려가면서 먹거나, 친구들과 함께 맥주를 마시거나 하는 것)은 자기가 먹은 음식물과 함께 기재한다.	가르쳐야 할 기본 개념: 주식과 부식, 먹거리 체계에 편재해 있는 일부 식재료(예컨대 옥수수나 콩), 계획적 식사와 "닥치는 대로" 식사, 사회집단과 사회 관습이 개인의 식품 선택에 끼치는 영향, 일반적 식품 환경에 대한 개인의 반응
음식과 관련된 장소에서 참여관찰	학생들은 농산물직판장, 일반음식점, 패스트푸드점, 셀프서비스 식당, 슈퍼마켓 같은 곳에서 문화기술지적 참여관찰을 수행한다.	문화기술지 방법, 각각의 장소와 소비자의 관계, "제3의 장소", 전통적 먹거리체계와 대안적 먹거리체계, 각각의 장소에서 느끼는 건강 문제
상품사슬 분석	학생들은 단일 상품(토마토, 콩기름, 삼겹살)이나 포장식품(요구르트, 토르티야, 상자 포장된 마카로니치즈)의 식재료들이 농장에서 판매상까지 이르는 과정을 추적한다. 대개 동일한 생산물을 두 경로 즉 종래의 방식대로 생산된 것과 "윤리적" 방식으로 생산된 것을 서로 비교한다.	푸드마일food miles*, 전통적 먹거리체계와 대안적 먹거리체계, 식품 마케팅, 건강과 영양에 대한 소비자 인식, 먹거리체계의 투명성과 추적가능성, 노동, 세계화, 식품 안전
인터뷰, 또는 구술역사	학생들은 가족 웃어른 한 분에 대해 과거의 음식 습관을 인터뷰해서 세월이 흐르면서 음식과 먹거리체계가 어떻게 바뀌었는지를 확인한다.	향수, 전통적 먹거리체계와 대안적 먹거리체계의 변화, 음식과 민족적/문화적 정체성, 음식과 기억
개인 소감 /기억 기록	학생들은 어릴 적 의미 있었던 음식이나 지속적으로 오랫동안 남아 있는 음식에 대한 기억들을 기록한다.	음식과 기억, 음식과 정체성, 향수, 음식이 자아 형성에 끼친 영향
수업시간에 특정한 소수민족 집단의 음식 조리하기	학생들은 수업 중에 특정 문화 또는 하위문화 집단의 음식을 조리하고 그들의 문화, 취향, 조리법에 대한 정보를 공유한다.	문화로서의 음식, 조리법, 각 문화로서의 음식 비교, 식재료 입수 가능성, 음식의 이동과 이주민
음식노동자 인터뷰	학생들은 농부, 와인 만드는 사람, 최고의 식재료 생산자, 요리사 장인 같은 음식노동자들을 인터뷰한다.	노동, 전통적 먹거리체계와 대안적 먹거리체계, 먹거리정책의 현실
식품광고 분석	학생들은 텔레비전 광고를 보거나 일상에서 입수하는 식품 정보들을 기록해서 내용 분석을 한다.	식품/건강 환경, 식품과 미디어, 정책, 정보 전달
봉사 학습	학생들은 무료급식소, 건강/영양 각성 캠페인이나 푸드뱅크 같은 음식 관련 사업에 자원봉사자로 참여한다.	시행 중인 먹거리정책, 전통적 먹거리체계와 대안적 먹거리체계, 공중보건 영양

* 농산물 같은 식재료가 생산지에서 소비자의 식탁에 오르기까지의 이동거리.

극적으로 이러한 수업들은 대개 실제 음식을 사용하기보다는 방과후 관련 서적 탐독, 과제 작성, 공동 토론을 통해 이루어지기 일쑤다.

음식과사회연구협회 모음집의 목차를 통해 알 수 있듯, 현존하는 역사적 서사들에서 음식이 중요한 요소인 경우가 많다. 음식을 통해 접근할 때, 분석에 도움이 되는 많은 주제가 그 안에 담겨 있기 때문이다. 이른바 "신석기혁명Neolithic Revolution"과 농경의 발생, 콜럼버스의 교환과 근세의 급격한 세계화, 근대 산업시대와 같은 사건들은 모두 새로운 식량 생산 방식들을 수반했다. 마찬가지로, 국가와 제국의 발생, 민족정체성과 인종정체성의 형성, 종교적 믿음과 같은 것들도 모두 어느 정도는 서로 같거나 다른 음식 소비 방식에 따라 정해진다. 그 결과, 대학 교수와 강사들은 학생들이 자기 삶을 면밀히 살펴보고, 현대 세계의 복잡한 식량 공급 체계를 조사하고, 다문화 사회를 구성하는 서로 다른 공동체를 경험하도록 돕는 프리즘으로 음식을 활용하는 광범위한 과제물들을 개발해왔다.

음식과사회연구협회 강의계획서 모음집에 수록된 다양한 과제물 가운데, 아마도 그 수가 가장 많은 과제는 조금씩 다르게 표현되지만 애니 호크-로손Annie Hauck-Lawson이 "푸드 보이스food voice"라고 부르는 것이 아닐까 생각한다. 사람들이 음식에 관해 말하는 방식을 통해 개인의 정체성과 사회적 관계를 해석하는 연구 방법이 많이 있다. 그것은 구술역사일 수도 있고, 인터뷰, 문화기술지, 또는 차르라스 쿨리나리아스*charlas culinarias*("주방에서 나누는 수다")일 수도 있다. 또한 푸드 보이스는 다양한 문제에 대한 개인적 관점을 표현하기 위한, 특히 그렇지 않으면 수업시간에 토론에 적극적으로 참여하기를 꺼렸을 학생들에게 강력한 수단을 제공한다. 일례로, 종교학 수업시간에 코리 노먼Corrie Norman은 학생들에게 음식과 관련된 기억을 한 가지씩 쓰고 다른 급우들이 떠올린 기억들을 일종의 "우주론" 다시 말해 특별한 형태의 창조론(이것은 이브의 사과처럼 대개 음식을 중심으로 펼쳐진다)으로 해석해볼 것을 요구했다. 이와 같은 방식은 자신이 누구이고 왜 여기에 존재하는지를 설명함으로써 자기 삶의 방향을 인식시키는 구실을 한다. 이러한 기억들은 의례적으로 가족이 함께 하는 식사 시간을 신성하게 여기는 반면에, 날마다 패스트푸드를 먹는 것은 그런 신성을 모독하는 행위라고 생각하는 것이 대부분이었다.[3] 린 월터Lynn Walter가 수행한 또 다른 프로젝트는 학생들에게 음식 공동체 한 군데를 정해서 그곳의 구성원들을 인터뷰하라고 요구했다. 공동체 텃밭을 가꾸는 사람들이든, 동일한 음식점을 드나드는 사람들이든, 무료급식소에서 밥을 먹는 사람들이든 상관없었다. 이러한 과제는 학생들이 자기가 먹는 음식과 그것을 생산하는 데 수반되는 노동이 어디서 공급되는지 더욱 잘 이해할 수 있게 한다. 더 나아가, 이와 같은 인터뷰 자료들이 문서저장고([미국] 남부지역 식생활 연합 온라인 구술역사 프로젝트Southern Foodways Alliance onlian Oral History Project 같은)에 보존된다면,[4] 그 자료들은 후세 역사학자나 학생들에게 귀중한 1차자료가 될 수 있다. 요컨대, 푸드 보이스를 활용해 추상적 개념을 구체적으로 표현함으로써 학생들에게 교육 내용을 더욱 효과적으로 가르칠 수 있음을 많은 교수가 알게 되었다.

과제 사례: 음식공동체 구성원 인터뷰

당신에게 중요한 어떤 사안과 특별한 방식으로 관련된 일을 하는 사람을 인터뷰한 내용을 학기말 과제로 제출하시오. 예컨대 지속가능한 농사를 짓고 있는 지역 농민, 억압적 차별 대우를 받는 특정 집단의 사람들을 상대하는 식당 주인이나 공동체 텃밭 운영자 또는 식료품상, 새로운 식품을 개발하거나 판매하는 일을 하는 사람들, 푸드뱅크나 무료급식소를 총괄하는 사람들, 당신의 문제를 다루는 공동체 조직의 대표 같은 사람들을 만나 인터뷰할 수 있다. 인터뷰해서 얻은 정보를 활용해 인터뷰 내용을 보고서로 정리해 제출하시오.

린 워터가 내준 과제―위스콘신대학 그린베이캠퍼스

특히 고도로 추상적인 체계 가운데 하나인 세계자본주의[글로벌 자본주의]global capitalism는 식품의 생산과 소비를 연결하는 상품사슬 분석을 통해 효과적으로 연구될 수 있다. 일례로, 시드니 민츠의 고전적 설탕의 역사 연구는 음식과 사회연구협회 강의계획서 모음집에 항상 등장한다. 또한, 데버라 반트의 북아메리카의 "토마토 길"에 관한 연구는 기업체의 "유연한 생산flexible production" 추구가 어떻게 공급 체계의 양극단에 있는 여성들 즉 멕시코 농장의 계절노동자와 캐나다 상점의 시간제 출납원들을 주변부로 밀어내고 가난으로 몰아넣었는지를 밝

한다.[5] 학생들은 특정한 음식을 정해 그것이 전 세계로 어떻게 이동되는지 추적함으로써 스스로 그러한 연결고리들을 조사할 수 있다. 캘리포니아예술대학CCA 데이비드 플레처David Fletcher가 진행한 수업 프로젝트는 샌프란시스코에서 타코를 파는 푸드트럭에 식재료를 공급하는 "타코 저장소tacoshed"의 지도 그리기였다. 그 과정에서 학생들은 식품 생산의 환경 영향 평가가 매우 어려운 일임을 알게 되었다.[6] 그 과제를 통해 학생들이 얻을 수 있는 가장 큰 교훈은 그와 같은 조사가 얼마나 어려운지, 그리고 기업들이 자신들의 행적을 감추려 얼마나 힘을 들이는지 깨닫게 된다는 사실이다.

음식이 효과적인 학습 도구로 활용될 수 있는 또 다른 경우는 학생들이 외국 문화와 만날 때다. 많은 젊은이가 음식에서 이국적 정취를 느낄 수 있다는 바로 그 이유 때문에 외국 음식을 매우 흥미롭게 생각한다. 그래서 앤드루 지먼Andrew Zimmern이 진행하는 〈기이한 음식Bizarre Foods〉 같은 텔레비전 프로그램들이 큰 인기를 끌고 있다. 철학교수 리사 헬드케는 이런 형태의 문화 탐색이 개인적이든 실제 미디어를 통해서든 다른 문화가 우리 문화와 완전히 다르다는 것 다시 말해 타자가 우리보다 열등하다는 이미지를 어떻게 만들어내는지 설명한다. 그녀는 서양의 유명 요리사와 식품 기업들이 자기네 "진짜authentic" 토속 음식을 추려내고 개량해서 더 많은 이익을 올릴 수 있는 자원으로 만들려고 애쓰는 것에서 보는 것처럼, 지금까지 지속되고 있는 식민지 권력관계에 문제를 제기하라고 촉구한다.[7] 민속학자 루시 M. 롱Lucy M. Long은 음식을 활용해 예컨대 미국 전역에서 소비되는 다양한 칠리고추들을 통해 다른 민족과의 경계 지점들을 탐색하는 새로운 교육 방식을 주장한다.[8] 푸치엘라는 "소수민족 전통시장 보고서ethnic market report"에서, 학생들에게 소수민족 식료품점에서 지속적으로 식품을 사 먹거나 그들의 문화 행사에 참석해 외국 음식들에 친숙해지라고 권장한다. 그럴 때 비로소 학생들은 그 음식들을 덜 이국적으로 생각하게 된다는 것이다.

─────── **과제 사례: 소수민족 전통시장 보고서** ───────

지역의 소수민족 전통시장(자신의 출신 배경과 다른)이나 문화행사에 참석해서 그 결과를 2쪽짜리 보고서로 제출하시오. 보고서에는 방문한 날짜, 장소, 그곳의 문화를 기재하고, 그 시장이나 행사를 당신이 자주 접하는 시장이나 행사와 비교·대조하시오. 그리고 거기서 무엇을 배웠고 장래 당신의 경력에서 그것을 어떻게 활용할 수 있을지 적으시오. 시장을 방문한다면, 당신이 잘 모르는 식재료 세 개를 골라 판매원(또는 농산물 직판장 판매원)에게 그것이 대개 어떻게 쓰이는지 물어보시오. 그 판매원으로부터 얻은 정보를 기재하시오.

디애나 푸치엘라가 내준 과제―볼스테이트대학

하나의 주제로서 음식

음식 그 자체를 하나의 주제로 연구하고 가르쳐야 할지 아니면 다른 주제들을 이해하기 위한 하나의 수단으로 연구하고 가르쳐야 할지는 해당 분야의 학자들 특히 음식과사회연구협회 소속 학자들 사이에서 끊임없는 논쟁거리다. 학자 대부분이 내리는 결론은 둘 다 답이다. 음식과사회연구협회 강의계획서 모음집을 읽는 사람들이 음식 연구의 중요성을 꼭 인정할 필요는 없을지 모르지만, 음식사를 학교의 기본 교육과정에 넣어야 한다고 역설하는 일부 주장은 진지하게 검토해볼 가치가 있다. 첫째, 음식의 생산은 산업혁명 이전의 사회에서 대다수 사람 특히 여성, 노동자, 노예의 생계와 직접적으로 연계되어 있었다. 따라서 음식은 그들이 이루어놓은 것들을 평가하는 포괄적 역사의 기초를 가르치는 데 도움을 줄 수 있다. 둘째, 음식의 문화와 상징은 과거 사회의 이해를 아주 풍요롭게 한다. 무엇을 먹을지 선택권이 있었던 지배층에 대해서 뿐 아니라 아무 선택권이 없었던 그래서 더더욱 음식이 중요했던 사람들에 대해서도 잘 이해할 수 있다. 셋째, 과거를 연구하는 것은 학생들이 오늘날 음식을 중심으로 벌어지는 각종 사회운동을 이해하고 발전시킬 수 있도록 도울 수 있다. 이와 같은 중요한 교육적 목적을 인정할 때 비로소 우리는 그것들을 가장 효과적으로 가르칠 수 있는 수단들을 개발하는 일에 착수할 것이다.

먹을 것을 생산하고 소비하는 일은 옛날부터 일상생활의 중심이었기 때문에 음식은 그 어느 것보다 중요하다. 산업혁명 시대 이전에는 먹을 것을 재배·가공하는 일이 대다수 사람에게 주된 고용의 원천이었다. 남녀 간 분업의 형태는 사회마다 크게 달랐지만 먹을 것을 채집하고 조리하고 보존하고 배분하는 극심한 육체적 작업은 우리 일상의 삶을 구성하는 아주 기본적인 요소였다. 이러한 활동은 농촌 사람들을 자연세계와 직접적으로 연결해주었다. 오늘날 우리가 그런 노동과 관련해 전혀 알지 못한다는 사실은, 자신이 먹는 식품 공급원에 대한 소비자들의 무관심을 부추김으로써 다시 말해 다리와 날개 달린 살아 있는 생명체인 닭을 셀로판 포장지로 감싼 치킨의 한 부위로 또는 심지어 정체불명의 "너겟"이라는 식품으로 소비자들이 이해하게 만듦으로써, 끊임없이 부가"가치"를 창출하고자 ―식품 가격을 올리고자 ― 애쓰는 식품 가공 산업이 성공했음을 의미한다.[9] 소비 또한 지난 수백 년 동안 서양 세계에서 극적으로 바뀌었다. 가전제품 위주의 생활양식, 전자레인지에 데워 먹는 가공식품, 어디를 가든 차에 탄 채로 일을 볼 수 있는 창구 시대가 열리면서, 식사 행위는 더욱 고독한 일이 되었다. 과거에는 볼 수 없던 현상이다.

음식은 생존 기반이라는 것 말고도 그만큼 중요하게 생각해야 할 또 다른 문화적 가치가 있다. 폴 프리드먼은 지난 반세기 동안 역사적으로 과거의 식사와 생활수준을 연구하고 가르치는 것이 전문가들의 주된 일이었지만, 아주 최근까지도 식당의 메뉴판과 미식 관련 문헌들에 기록된 음식 미학과 음식 상징주의[상징성]를 아주 하찮거나 엘리트적인 것으로 바라보는 역설적 상황을 지적한다.[10] 그에 비해, 인류학자들은 적어도 메리 더글러스 이후로 사람들의 요리 취향을 해당 사회의 기본적 가치관을 이해하는 창구로 연구했고, 문화사학자들도 그들의 연구사례를 따르기 시작했다. 캐시 카우프만Cathy Kaufman은 다음처럼 말한다. "우리 자신을 이해하기 위해서는 우리 존재의 골격을 구성하는 음식에서 시작하는 것이 당연하다. 그러나 모든 문화는 저마다 서로 다른 해법이 있다. 서로 다른 작물과 조리법을 사용하고, 자기네 고유의 음식을 만들어낸다. 이것들은 어느 정도 각 문화가 처한 지리적 조건과 기술에 따라 그리고 또 어느 정도는 운에 따라 미리 정해지기 마련이다. 그럼에도 모든 요리는 그 모태가 되는 문화를 실용적이고 예술적으로 표현한 것이다. 요리는 그 사회의 가치, 열망, 세계관, 역사를 상징한다."[11] 사람들이 음식을 어떻게 조리했는지 면밀히 살피고, 음식을 보존하기 위해 어떤 기술을 사용했는지 연구하고, 함께 밥을 먹을 때 어떤 형태로 식사했는지 이해하고, 더 나아가 그때 음식 맛이 어떠했을지 이해함으로써, 잃어버린 과거 세계에 대해 훨씬 더 풍요롭게 많은 것을 알 수 있다.

학생들이 음식에 대해 기존에 알고 있는 것들 특히 언론매체와 활동가들의 주장을 통해 얻은 생각들을 활용하는 것은 수업에서 또 다른 중요한 초점을 제공한다. 오늘날 음식은 공개 토론에서 확실한 존재감을 획득했다. 학생들은 대개 지역운동과 지속가능성을 주장하는 운동에 적극적으로 참여한다. 그 가운데 많은 수가 음식점과 빵집에서 일한 경험이 있다. 그들은 자신들이 먹는 음식에 대해 심미적으로 강렬한 흥미를 느낄 수도 있다. 그러나 아무리 아는 것이 많은 사람이라도 대개는 놀라울 정도로 역사 인식이 부족한 경우가 많다. 오늘날 음식 행동주의 활동가들은 일반적으로 옛날에 식사의 황금시대가 있었다고 상상하지만 그런 적은 결코 없었다. 줄리 구트만, 트레이시 도이치 같은 학자들은 그런 활동가들의 정치적 주장들이 주로 개인적 선택에 초점을 맞추지만, 그것이 대체로 매우 윤리적 성격이 짙은 주장들임에도 사회에 만연한 경제적 불평등과 젠더 불평등 문제는 거의 거론하지 않는다고 말한다.[12] 학생들이 더욱 폭넓은 역사적·사회적 관점으로 자신들이 처해 있는 먹거리정치를 바라보도록 도와주는 것은 장기적으로 볼 때 실제로 더욱 민주적이고 지속가능한 먹거리체계로 나아가는 데 기여할 수 있다.

학교 수업을 통해 이러한 목표를 효과적으로 달성하기 위해서 강사들은 자료, 조직, 과제 문제와 관련해 수많은 중요한 선택을 해야 한다. 교재로는 오늘날 선택할 수 있는 훌륭한 2차자료가 많지만, 대개 매우 특이한 방식으로 폭넓은 조사가 이루어진다.[13] 이처럼 다양한 접근방식은 또한 역사학 논문에도 반영되는데, 그 대부분이 개별 상품의 일대기 형태를 취한다. 1차자료로는 인쇄물과 온라인을 통해 이용할 수 있는 옛날 요리책을 번역한 것이 점점 더 많아지고 있다. 그러나 그 기록들을 읽을 사람들을 위해서는 음식과 사회를 연구하는 역사학자들이 사용한 다양한 형태의 자료를 선별·취합할 필요가 있다. 한편 강사들은 수업 구성 방식을 매우 자유롭게 정하는데, 그들이 기준으로 삼을 수 있는 음식의 역사라 할 만한 것이 거의 없기 때문이다. 심지어 수업을 주제별로 진행하는 게 좋을지 연대순으로 진행하는 게 좋을지도 명확하지 않다. 실제로 강사들은 두 방식의 조합을 더 좋아할 수도 있다. 예컨대 근세는 연대순으로 수업하고 근대 이후는 주제별 접근방식을 취할 수 있다. 어떤 강사는 과거의 정치, 경제, 사회, 문화를 광범위하게 살피는 전통적 방식으로 음식의 역사를 그릴 수도 있다. 그런 수업에서 내줄 수 있는 과제로는 제프리 콜Jeffrey Cole이 고안한 "유명한 재배작물 발표"가 있다. 또 어떤 강사는 가축 사육이나 농작물 재배의 역사를 사회사와 젠더 문제에 초점을 맞춰 살펴보는 것을 선호할 수도 있다. 이 경우에는 푸드 보이스를 이용한 구술역사 과제가 더 적합할 수 있다. 그러나 어떤 수업 방식을 택하든, 우리는 강사들이 단순히 음식에 대해서가 아니라 음식을 하나의 연구 주제로 가르치는 것이 중요하다고 생각하기를 바란다.

과제 사례: 유명한 재배작물 발표

감자, 토마토, 해바라기 같은 사람들에게 널리 알려진 재배작물을 조사해서 수업시간에 5~7분 정도로 발표하시오. 발표할 내용에는 ① 해당 작물의 원산지와 재배 과정, ② 이주, 정복, 교역을 통한 해당 작물의 전파 과정, ③ 해당 작물이 시간이 경과하면서 일반화되는 과정, ④ 해당 작물로 만든 음식 조리법이 꼭 들어가야 한다. 반드시 보조 교구들을 사용해서 발표하시오. 1차 참고자료로 《케임브리지 음식 세계사Cambridge World History of Food》를 찾아보고, 조리법이나 부수 정보는 그 밖의 다른 자료를 참조하시오.

제프리 콜이 내준 과제—다울링칼리지

교육용 재료로서 음식: 가장 적극적인 학습 도구

교육학 연구에 따르면, 적극적 학습 방식이 학생들의 학습에 강력한 영향을 끼칠 수 있음을 뒷받침해준다.[14] 가장 적극적인 학습 방법은 학생들을 어떤 구체적 활동에 참여하게 해서 학생들로 하여금 자신이 하는 활동에 대해 생각하게 하는 것이다. 음식은 여러 감각지각과 관련이 있기 때문에 —실제로 음식은 교실 수업에서 안전하게 우리가 오감을 사용할 수 있는 유일한 매체라고 생각되는 교재다— 음식을 활용하는 수업에 참여하는 학생들은 예컨대 문자 교재로 학습할 때처럼 그들의 시각과 청각만이 아니라 미각과 후각과 촉각까지 사용할 기회를 갖는다. 더 나아가 학생들은 오감의 인식뿐 아니라 음식과 관련된 경험을 통해 나타나는 생리적 감각—배고픔, 포만감, 메스꺼움, 타액 분비—까지 느낄 수 있다.

누구다 다 아는 것처럼, 사람들은 모두 음식을 먹는다. 그래서 교실 안팎에서 음식을 활용해 수업하는 것은 학생들을 학습과정에 적극적으로 참여하게 한다. 이미 한 세기 전에 존 듀이John Dewey는 조리 행위가 어떤 과정들의 배경에 있는 근거들을 학생들이 이해하게끔 해서 실험적 사고방식에 익숙해지게 하는 강력한 도구라고 주장했다.[15] 음식은 교실에서 수업받는 학생들이 모두 이해하고 쉽게 다가갈 수 있는 도구다. 음식과 관련된 행동은 소규모 집단 내의 개인적 상호작용에서 전체 주민의 관습에 이르기까지 모든 수준에서 역사의 교훈들을 예시해줄 수 있다. 또한, 우리 가운데 음식을 먹지 않는 사람이 없고 저마다 다양한 음식과 관련된 강렬한 기억, 느낌, 의미 발견, 관점이 있는 만큼, 음식은 다양한 개념으로 나아가기 위한 중요한 시발점이자 발판에 해당한다. 성인 학습자들에게 새로운 음식 재료에 다가갈 때 자기가 겪은 생생한 경험을 바탕으로 시작하라고 요구하는 것은 성인 교육의 주춧돌이자 문화적으로 적절한 교과과정이다.[16]

그러나 하나의 교육용 재료로서 음식은 적극적인 학습 도구일 수 있고 음식 연구에서 필요한 것임에 틀림없지만 실제 교실 수업에서는 널리 쓰이지 않는 것으로 보인다. 음식과사회연구협회 강의계획서 모음집에 보면 음식을 활용하는 흥미진진한 사례들이 있지만, 거기에 수록된 강의나 과제들을 살펴보면 수업과 관련해서 음식을 재료로 쓰는 것—작물을 심거나, 수확하거나, 물고기를 잡거나, 가축을 도축하거나, 식재료를 씻거나, 음식을 조리하거나, 냄새를 맡거나, 맛을 보는 것—과 관련한 언급은 없고, 음식을 주제로 심도 있게 검토하는 것—자료를 읽고 이야기하고 쓰는 것—이 대부분이다. 여기서는 몇몇 두드러진 예외를 생각해본다.

미국 동북부 10개 주 대학들Big Ten의 대강당 수업에서도 음식의 전략적 활용은 엄청난 교육적 효과를 올릴 수 있다. 일리노이대학의 인류학자 마틴 매날란산Martin Manalansan은 〈음식, 문화, 그리고 사회〉 강의를 시작하는 첫날, 그 과목에 수강신청을 한 학생 800명에게 [운세가 적힌 쪽지가 들어 있는 중국집 과자인] 포춘쿠키fortune cookie를 하나씩 나누어주었다. 그것은, 한입에 들어가는 작은 과자이지만, 음식의 기원—이 전형적인 "외국" 음식은 사실은 미국에서 만든 것이다—, 섹슈얼리티, 엑조티시즘exoticism[이국적 정취] 같은 중요한 주제들이 앞으로 이 과목에서 검토할 내용임을 밝힌 것이다. 학기말에 강의가 다 끝나고 먹는 후식이 아니라 첫 강의시간에 먹은 아뮤즈 부시amuse bouche(전채가 나오기 전에 음식점에서 무료로 주는, 말 그대로 "입맛을 돋우는" 음식)로서 그 과자는 일반적 식사 순서에 대한 선입견을 깨뜨리면서 학생들이 자기가 듣는 수업이 앞으로 어떻게 전개될지에 대해 생각할 기회를 주었다.

마찬가지로, 미네소타대학의 제프리 필처는 신입생 세계사 시간에 학생들을 위해 "아즈텍 연회Aztec banquet"를 열었다. 그는 학생들에게 나누어줄 타말레를 만들지(바쁜 학기 중보다는 연말 행사 때 더 어울릴 것 같은 시도) 않고 제비뽑기를 통해 학생들의 신분 서열을 정했다. 그 결과, "귀족"으로 뽑힌 몇몇 학생은 타말레를 마음껏 먹었지만 "평민"으로 뽑힌 학생들은 콘칩 한 개만을 먹었다. 학생들은 이 과정을 통해 스페인 정복 이전 시대 아즈텍족 사회의 불평등을 직접 경험할 수 있었다. 필처가 학생들에게 요구하는, 주방에서 이루어지는 다양한 과제는 학생들이 음식을 조리함으로써 음식학의 핵심 개념들을 예증하도록 도전의식을 북돋운다. 2010년 음식과사회연구협회와 농업·음식및인간가치학회 연례회의에 참가한 교수들은 코스 요리(전채, 주요리, 후식)를 조리하고, 자신들이 마련한 만찬에 초대된 동료들에게 자신들이 만든 요리와 발표한 내용에서 실마리를 찾아 그 주제가 무엇인지 추론하게 함으로써 세계화, 남성성, 헤게모니를 예증했다.

그와 같은 과제 가운데 특히 눈에 띄는 한 사례는 오늘날 먹거리체계에 옥수수가 식재료로 얼마나 깊이 자리 잡고 있는지를 예시해준다. 이 주제는 여러 음식학 강좌에 자주 등장하는 내용인데, 인류학자 켈리 펠톨트Kelly Feltault의 프로젝트는 학생들이 옥수수를 계속 떠올리게 한다. 펠톨트는 학생들에게 옥수수가 함유된 가공식품은 어느 것도 먹지 못하게 제한함으로써, 미국에서 옥수수가 들어 있지 않은 식품을 먹는 것이 얼마나 힘든지 깨닫게 한다. 다시 말해, 학생들은 자신의 신체를, 그러한 실험 데이터를 기록하고 여러 감각과 교감하고 심리적 연계성을 갖춘 적극적인 학습 실험실로 활용하게 된다. 이처럼 학생 스스로 생각하게 하는 과제 사례는 학생들에게 체험을 통해 능동적으로 과제를 수행하는 초인지적 이해를 요구한다.

과제 사례: 옥수수 식품 안 먹기

옥수수와 고기에 관한 단원을 읽은 뒤, 적어도 일주일 동안 어떤 형태로든 옥수수가 함유된 식품은 어느 것도 먹지 마시오. 옥수수 사료를 먹인 소고기나 어떤 가축 고기도, 옥수수 토르티야 칩이나 콘플레이크도, 무엇보다 옥수수 시럽 [콘 시럽]corn syrup이 들어간 어떤 식음료(각종 가공식품, 소다수, 주스, 패스트푸드 따위)도 절대 먹지 마시오. 따라서 식품 성분표를 반드시 읽고 음식점에서도 잘 생각하고 음식을 골라야 한다. 음식일지를 작성해서 자신의 먹는 것을 날마다 기록하시오. 그리고 평소에는 먹는 것인데 이 과제 때문에 먹을 수 없는 것 또한 기재하시오. 또한 음식일지에 자신이 신체적·정신적으로 어떻게 느끼는지와 함께 옥수수를 먹지 않는 것이 얼마나 어려운지도 적으시오. 당신의 식사가 어떻게 바뀌었고, 그 변화 때문에 닥친 어려움은 무엇인지 3쪽짜리 보고서로 제출하시오. 당신이 겪은 신체적·정신적 변화는 무엇인지 기술하고, 평상시 일주일에 얼마나 많은 옥수수를 먹는지도 추정해보시오. 당신의 옥수수 식습관과 관련된 도덕적, 문화적, 정치적 경제 문제에 대해서 토론하시오.

켈리 펠톨트가 내준 과제—아메리카대학

음식의 역사는 특히 음식을 직접 조리하고 먹음으로써 이해를 높이는 종류의 탐구에 잘 어울린다. 기아에 관한 강의를 할 때, 음식 없이 가르쳐도 논리적으로 아무 문제가 없지만, 하루를 굶고 차오르는 식욕에 주목하는 것은 생계가 불안정한 가구들 더 자세히 말해 어쩔 수 없이 여러 날을 굶을 수밖에 없는 사람들에게서 나타나는 비만의 역설을 학생들이 직접 이해하는 데 도움을 줄 수 있다. 또 한편으로, 생생한 역사 현장을 통해 옛날 조리법의 가능성과 한계를 경험할 수 있다. 특정 시대의 기술 —그것이 옛날 그대로의 방식이든 복제된 방식이든 상관없이—을 이용해 학생들은 완전히 다른 조리법을 배울 수도 있다. 오늘날 보통 하는 것처럼 단순히 제어 단추를 돌려 온도를 높이거나 낮추는 것이 아니라 음식과 불 사이의 간격을 조정해서 말이다. 밀러는 "신석기시대 빵 굽기" 프로젝트를 통해 매우 독창적으로 주방에 접근해서 옛날 조리법에 대한 아주 정교한

"실험들"이 가능하다는 것을 보여준다.

───────────── **과제 사례: 신석기시대 빵 굽는 사람** ─────────────

이 과제를 수행하기 위해서는 주방에 가야 한다. 곡물을 빻는 도구 말고는 다른 어떤 전문화된 장비도 필요하지 않다. 석재 그라인더나 맷돌 같은 것을 쓸 수도 있지만 현대식 제분기가 좋다. 여차하면 믹서나 만능 조리 기구로 가루를 낼 수도 있다.

대용량 식품 코너가 있는 동네 건강식품점이나 식료품가게에서 대용량 곡물을 구매하시오. 현재 많은 상점에서는 이와 같은 학습 활동에 독특한 분위기를 더해주는 테프, 퀴노아, 파로, 아마란스, 스펠트 같은 이른바 "고대 곡물ancient grain"을 취급한다. 학생들에게 곡물을 빻아 가루를 내게 하시오. 학생들이 곡물을 빻아 부드러운 가루를 생산할 때가 바로 옛날 기술과 현대 기술에 대해 토론하기 좋은 자리다. 당신이 원한다면, 학생들이 여러 곡물을 섞어서 가루를 내게 하시오. 곡물 가루에 있는 단백질과 그것이 어떻게 글루텐을 만들어내는지(또 어떤 단백질은 그러지 않는지)에 관한 토론 또한 여기서 유익하다. 학생들이 곡물 가루를 얻었다면, 그것에 물을 붓고 반죽한 다음 손으로 작고 납작한 빵을 빚게 하시오. 주물로 만든 냄비를 뒤집어 그것의 부드러운 밑바닥을 햇볕에 달궈진 돌을 대신해서 쓰시오. 신빙성을 더하기 위해 야외에 있는 화덕에서 반죽을 구울 수도 있다. 그렇게도 해보시오. 달궈진 냄비 바닥에 학생들이 만든 반죽을 얹고 굽게 하시오. 비교를 위해 한 학생 집단에 효모로 발효한 빵을 만들게 할 수 있다. 그러면 학생들은 두 종류의 빵이 질감이 어떻게 다른지 알 수 있다.

이 과제와 관련해 당신이 사용할 수 있는 매우 다양한 산출물이 있다. 먼저 야생 효모를 파악하는 일에서 시작할 수 있다. 이 과제는 학생들이 역사적으로 빵이 어떻게 만들어졌는지를 이해하는 데 아주 큰 도움을 준다.

제프리 밀러가 내준 과제─콜로라도주립대학

───

이와 같이 직접 해보는 실습 활동을 통해 얻을 수 있는 또 다른 중요한 교훈은 문자문화와 구술문화 사이의 차이를 이해하고 침묵 속에 있는 조리법에 생기를 불어넣는 것이다. 옛날 조리법은 오늘날 요리책에 수록된 구체적인 조리 설명과 비교할 때 매우 모호한 부분이 많다. 옛날에 조리법을 작성한 사람들은 그것을 읽을 사람들이 어느 정도 조리 기술이 있고 문화적 소양이 있다고 가정했기 때문에, 더 자세하게 조리 방식을 기술하는 것은 불필요하다고 생각했다. 게다가, 글을 못 읽는 요리사들도 실험적 자세로 조리하는 일에 접근했기 때문에, 기존의 조리법을 지금 쓰고 있는 식재료의 특성에 맞게 끊임없이 수정해나갔다. 요리사들은 또한 전자레인지에서 조리하면서 느낄 수 없는 감각들에 주목했다. 그들은 조리하면서 만지고, 보고, 듣고, 냄새 맡고, 맛보았다. 린 휴스턴Lynn Houston은 학생들에게 문학 작품에 나오는 조리법에 따르라고 시킴으로써 근세 시대의 요리에 수반되는 즉흥성을 파악했다. 거기서 설명하는 조리 방식은 과학적 용어가 아닌 감성적 용어로 기술되어 있을 수 있기 때문이다. 학생들은 어쩔 수 없이 임기응변의 능력을 발휘하면서 미지의 문화를 해석할 수밖에 없다. 이는 우리가 학생들에게 가르치고자 하는 기본 기술 가운데 하나다.

과제 사례: 문학 속의 음식

이 과제를 하기 위해서는 우리가 읽고 있는 소설에 나오는 조리법 하나를 골라 그것에 따라 실제로 요리를 해야 한다. 수업시간에 그 과정을 발표하고 그 조리법에서 지시한 것들을 분석한다. 요리 결과는 어떠했는가? 조리법 그대로 요리를 만들 수 있었는가? 아니면 빠뜨린 단계도 있는가? 혹시 저자가 조리법에서 빠뜨린 것이 있다면, 그것은 무엇이었고 어째서 중요한가? 식재료 가운데 구하기 어려운 것은 없었는가? 그 음식이나 요리, 또는 그것을 만드는 데 필요한 식재료에 대해서도 조사한다.

린 휴스턴이 내준 과제—캘리포니아주립대학 치코캠퍼스

음식은 교실 밖 활동에서도 유익한 도구가 될 수 있다. 음식을 수반하는 학생활동은 동네 식품잡화점을 들르는 것을 비롯해 국외로 학습여행을 떠나는 것까지 다양할 수 있다. 흥미롭게도, 강의계획서에 따라 교실에서는 음식을 활용하지 않는 강사들이, 교실 밖 수업에서는 학생들과 농사도 짓고 조리도 하고 음식을 함께 먹는 경우가 많다. 이는 교내에서 주당 2시간 강의하는 것보다 며칠 함께 여행을 떠나 한꺼번에 여러 날 강의를 이어가는 편이 더 실용적이라는 측면과 관련이 있을 수 있다. 그러나 여행은 교수와 학생 모두 압박감에서 벗어나 적극적이고 신중한 방식으로 생산자들도 방문하고 수확도 도우면서 농업에 대해 더 많이 알고, 지역의 요리사들과 함께 조리도 하고 함께 먹고 마시면서 지역 음식에 빠져들 수 있게 하는 것처럼 보인다. 학교에서 이런 수업을 진행하기는 어렵다.

세미나, 강의, 토론을 통한 음식 교육에서 배울 수 있는 게 많은 것은 틀림없다. 적어도 그것은 우리 대다수가 (음식을 비롯해서 여러) 역사를 배우는 방식이다. 하나의 주제로서 음식의 중요성, 편재성, 관련성—교재로 익힌 내용을 더 잘 이해하고 친교를 쌓기 위해 함께 음식을 먹는 학생들에 의해 더욱 높아진—은 흥미진진한 수업을 진행하는 데 도움을 줄 수 있다. 그러나 음식을 교재로 쓰는 수업 —먹을 것을 재배하고 수확하고 조리하고 맛보는 것— 또한 다양한 감각과 관련된 인식 도구가 된다. 교실 안팎에서 음식을 혁신적이고 의미 있게 활용함으로써 얻을 수 있는 가장 큰 가능성이 바로 여기에 있다.

음식 수업을 진행할 때 주의할 점

현실적으로 중요한 문제로서 음식은 무수히 많은 개념을 가르치기 위한 아주 이상적인 도구이기도 하지만, 법률, 의학, 수송, 비용 면에서 여러 약점이 있다. 교실에서 음식을 활용할 때 생기는 법적 문제 하나는 음식을 다루다 다치거나, 음식 때문에 발생하는 질병에 걸릴 위험에 대비해 교육기관에서 보험을 들어야 한다는 점이다. 미국에서 음식을 다루다 —칼에 베거나 불에 데는 것과 같은— 사고를 당하는 학생들은 식품 실험실이나 공식적인 교실 수업처럼 감독이 이루어지는 환경에서 사고를 당한 경우 대개 대학에서 가입한 보험으로 치료를 받을 수 있다. 정상적인 교육과정과 관련된 그와 같은 사고는 체육수업을 하다 발목 인대가 나간 경우와 똑같이 처리되어야 한다. 물론 역사학자들이 그런 실험실에 가는 경우는 거의 없다. 그리고 음식을 교육 시설에 반입하는 것은 일반적으로 생각하는 것보다 더 어려울 수 있다. 예컨대 미국에서는 집에서 만든 음식을 학교에 가져오는 것을 더는 허용하지 않는 초등학교가 점점 더 많아지고 있다. 알지 못하는 음식 성분 때문에 알레르기 반응을 일으키는 학생이 생겨날지도 모른다는 이유에서다

학교 밖에서 이루어지는 수업과정에 참여하는 학생들은 학교에서 가입한 보험의 혜택을 받지 못할 가능성이 큰데, 특히 사전 승인 받은 장소로 학교 차량을 이용해 이동하는 매우 조직적인 여행이 아닌 경우에 사고가 난다면 더욱 그러하다. 학교 밖 기업의 주방 시설에서 음식에 대해 배우고 싶지만, 그 회사에 고용된 사람이 아닌 이를테면 비정규 무보수 인턴십 학생들은 개인 보험에 가입할 필요가 있다. 그들은 회사가 가입한 직원 보상 보험의 혜택을 받을 수 없기 때문이다. 인턴십 과정이 대학 교과과정의 일부라면, 대학에서 가입한 보험이 대부분의 상황에 적용될 수 있고, 또는 학교 당국에서 학생들에게 개인 보험에 가입할 것을 요구하기도 한다.

의학적인 문제도 심각히 고려해야 할 사항이다. 알레르기를 일으키는 물질은 아마 교실 환경에서 가장 끊임없이 우려하는 요소일 것이다. 초·중등학교 학생들에게는 아직 무리이지만 학생들은 자신이 속한 집단에 대해 확실히 책임질 줄 알아야 한다. 앞서 지적했듯 실습을 하다 칼에 베거나 불에 데거나 넘어져서 다치면 학교에서 가입한 보험의 혜택을 받을 가능성이 크지만, 그런 사고가 발생할 수 있다는 사실은 특별히 더 조심해야 한다는 것을 의미한다. 많은 요리 실습 과정에서 나온 다음의 격언은 음식을 직접 다루며 학생들을 가르칠 때 유용할 수 있다. "주방에 있는 모든 것이 당신을 벨 수 있고, 당신에게 화상을 입힐 수 있고, 당신을 걸어 넘어뜨릴 수 있다고 생각하고 조심해서 행동하라."

비용 또한 중요한 문제다. 음식이 공짜인 경우는 거의 없기 때문이다. 가끔 기부금을 받을 때도 있지만 그러려면 또 다른 수고가 따르기 마련이다. 모금을 하러 다닐 것인가?(대부분의 기관이 난색을 표할 것이다) 학과 예산에서 갖다 쓸 수 있는 자금이 있는가? 실험실 사용료를 걸을 것인가? 대학들은 학생들에게 수업용 교과서를 수백 달러 주고 사도록 요구하는 것은 당연하다고 생각하지만, 교실에서 음식 실습을 위해 학생들이 아주 적은 돈이라도 내는 것은 허용하지 않는다.

음식을 실습 도구로 활용할 수 있는 가장 이상적인 공간은 대학 구내에 있는 주방, 또는 관능검사설비sensory evaluation booth*를 갖춘 현대식 시험장소다. 하지만, 그러한 시설이 없다고 해서 음식 수업을 포기해야 하는 것은 아니다. 시식/시음, 관능 분석sensory analysis, 시각적 설명, 연상학습을 포함해서 조리식품이나 날음식을 이용해서 할 수 있는 음식 실습이 많이 있다.

결론

음식은 용도가 풍부하고 촉감을 느낄 수 있고 쉽게 구할 수 있는 교육용 도구로서 역사 수업에서 많이 쓰인다. 민츠가 말한 것처럼, "음식 욕구는 섹스 욕구보다 더 강렬하다. 하지만 그것에 신경 쓰는 사람은 거의 없다. 누구나 하루에 세 번 [음식을] 먹기 때문이다."[17] 역사 수업을 듣는 학생들은 저마다 음식과 관련한 개인적 사연이 있기 마련이다. 그들은 교실 밖에서 끊임없이 음식과 만나게 되고 다양한 차원에서 음식과 관계를 맺을 수 있다. 음식은 모든 학생이 어느 정도 이해할 수 있는 공통어다. 이러한 관계를 학생들과 역사 수업을 이어주는 수단으로 활용한다면 역사 교육을 시대별, 주제별, 접근방식별로 효과적으로 진행할 수 있을 것이다. 교육자가 음식을 교실에서 어떤 수준으로 활용하든 간에 —특정 주제와 테마를 탐구하는 관점이든, 그 자체가 연구 주제이든, 탐구용 교재든— 음식은 역사 교사의 학습 도구 상자 안에 있는 가장 유용한 도구일 수 있다.

---

* 화학적, 물리적 분석 방법이 아니라 인간의 감각(오감)으로 식품의 품질을 판별하는 계측 설비.

주

1. 다음을 보라. Margot Ely, et al., *Doing Qualitative Research: Circles within Circles* (Philadelphia: Falmer, 1991).

2. Paul Rozin, "Food Is Fundamental, Fun, Frightening and Far-Reaching," *Social Research* 66, no. 1(1999): 9-30.

3. Corrie Norman, "Nostalgia for Origins in a Fast Food Culture: Teaching with the Food Memories of Carolina College Women," *Food, Culture & Society* 15, no. 2(June 2012).

4. "Southern Foodways Oral History."(Online). Available: http://www. southernfoodways. com/documentary/oh/index.html(January 12, 2011).

5. Sidney W. Mintz, *Sweetness and Power: The Place of Sugar in Modern History*(New York: Viking, 1985) [한국어판. 시드니 민츠 지음, 김문호 옮김, 《설탕과 권력》, 서울: 지호, 1997]; Deborah Barndt, ed., *Women Working the NAFTA Food Chain: Women, Food, and Globalization*(Toronto: Second Story Press, 1999).

6. "Tacoshed,"(Online). Available: http://rebargroup.org/doxal2010/02/tacoshed/(March 15, 2012).

7. Lisa Heldke, *Exotic Appetites: Ruminations of a Food Adventurer*(New York: Routledge, 2003), 48-59.

8. Lucy M. Long, "Nourishing the Academic Imagination: The Use of Food in Teaching the Concept of Culture," *Food and Foodways* 9, no. 3-4(December 2001): 235-262.

9. Warren Belaso, *Food: The Key Concepts*(Oxford: Berg, 2009), 4.

10. Paul Freedman, "Introduction: A New History of Cuisine," in *Food: The History of Taste*, ed. Paul Freedman(Berkeley: University of California Press, 2007), 7.

11. Cathy K. Kaufman, *Cooking in Ancient Civilizations*(Westport, CT: Greenwood Press, 2006), xxv.

12. Julie Guthman, "Commentary on Teaching Food: Why I am Fed Up with Michael Pollan et al.," *Agriculture and Human Values* 24, no. 2(June 2007): 261-254; Tracey Deutsch, "Memories of Mothers in the Kitchen: Local Foods, History, and Women's Work," *Radical History Review* 110 (Spring 2011): 167-177.

13. 예컨대 다음을 보라. Giovanni Rebora, *Culture of the Fork: A Brief History of Food in Europe*, trans. Albert Sonnenfeld(New York: Columbia University Press, 1998); Felipe Fernandez-Armesto, *Near a Thousand Tables: A History of Food*(New York: Free Press, 2002); Kenneth F. Kiple, *A Movable Feast: Ten Millennia of Food Globalization*(Cambridge: Cambridge University Press, 2007).

14. C. Charles C. Bonwell and James A. Eison, "Active Learning: Creating Excitement in the Classroom," *ASHEERIC Higher Education Report NO. 1*(Washington, DC: George Washington University, 1991).

15. John Dewey, *The School and Society*(Chicago: University of Chicago Press, 1900), 32.

16. Jeffrey Miller, Jonathan Deutsch, and Yolanda Sealey-Ruiz, "Advancing Multicultural Education in Hospitality Education Through the Use of Food Studies Curricula," *Journal of Hospitality and Tourism Education* 16, no. 4(2004): 45-51.

17. 다음에서 인용. J. Ruark, "A Place at the Table," *Chronicle of Higher Education* 45, no. 44(July 9, 1999): All.

3부
생산수단

The Means of Production

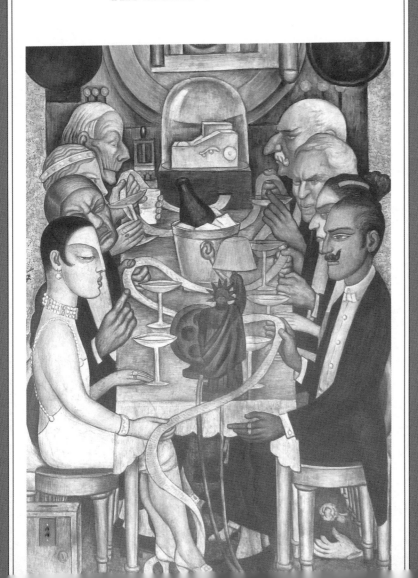

12장

농업 생산과 환경의 역사
Agricultural Production and Environmental History

스털링 에번스 Sterling Evans

"역사는 우리가 죽음과 대면하는 전쟁은 찬양하지만 쟁기로 밭을 갈고 작물을 무럭무럭 키우는 일에 대해 이야기하는 것은 수치로 여긴다. 역사는 수많은 군주가 낳은 서자들의 이름은 기억하지만 밀의 기원에 대해서는 말할 줄 모른다. 이것이 인간이 자신의 어리석음을 보여주는 방식이다."[1] 19세기 프로방스의 곤충학자 장 알리 파브르Jean Henri Fabre가 한 이 말은 농업적 관점에서나 환경적 관점에서 모두 음식을 또는 더 광범위하게 말해 자연계를 연구하는 것에 대한 역사학자들의 전통적 편견을 언급한 것이다. 대개 유럽에서 농촌의 역사라고 부르는 농업의 역사는 1920년대에 비로소 학문적 타당성을 인정받았지만 1960년대와 1970년대에 쇠퇴의 길로 접어들었다가 최근 들어 활기찬 새로운 모습으로 되살아났다.[2] 환경의 역사는 그보다 더 늦은 1960년대에 미국의 자연보호의 역사를 연구하는 수단으로 모습을 드러낸 뒤로, 전 세계 역사학자 사이에서 한창 각광받는 분야로 성장했으며, 모든 시기를 면밀히 살핀다.[3] 역사학의 하위 분야로서 농업의 역사와 환경의 역사는 역사학자들이 과거 천연자원의 사용, 농사, 시간의 흐름에 따른 토지의 변화와 관련해 중요한 문제들을 제기할 수 있게 했다. 그러나 그 두 분야의 역사적 궤적, 의제, 청중은 서로 달랐다. 농업의 역사는 전통적으로 농촌의 풍경, 사회, 경제, 농업 생산 및 기술 연구에 중점을 두었다. 반면에 환경의 역사는 초점을 더욱 확대해 여러 관련 학문과 공동연구 하는 방식으로 생태적 분석과 정치적 분석을 함께 하며 역사적 관점에서 오늘날 세계를 위협하는 환경 위기에 대해 매우 직접적으로 발언한다.[4]

이 장은 인간의 식량 생산이 어떻게 발전해왔는지를 조사하기 위해 환경적 접근방식을 채택한다. 생존의 문제는, 역사학자들에게 오랫동안 무시되었지만, 태초부터 근대 산업형 농업의 발생에 이르기까지 아주 중요한 주제였다. 채집과 수렵으로 먹고사는 사람들은 식량 조달을 위해 계절에 따른 이동을 체계화했다. 농경과 목축의 시작은 다른 분야에서 전문적으로 활동하는 도시 엘리트 계급의 출현을 허용했지만, 식량 생산은 농경사회 대다수 주민에게 여전히 초점을 맞추었다. 오늘날에도 농업은 경제적으로 해마다 1조 3,000억 달러의 가치를 창출하고 전 세계 13억 명에게 일자리를 만들어주는 지구상에서 가장 큰 산업이다. 마찬가지로, 지구에서 거주할 수 있는 땅의 약 절반이 농업과 목축 생산에 사용되고 있으며, 전 세계적으로 농지는 지난 30년 동안 그랬던 것처럼 지금도 1년에 약 1,300만 헥타르[13만 제곱킬로미터]씩 계속해서 늘어나고 있다.[5] 식량의 수요와 공급이 이처럼 계속해서 증가한 결과를 해석하기 위해, 환경사학자들은 인류학자, 고고학자, 고생물학자, 지리학자, 생물학자, 생태학자 같은 여러 분야의 과학자가 사용하는 다양한 방법론을 이용해 여러 학문적 증거와 분석을 광범위하게 연구해왔다.

이 간략한 조사를 통해 인간의 식량 생산의 세계사를 둘러싸고 벌어지는 학자들 사이의 복잡한 논쟁 내용을 정확하게 포착하기를 바랄 수는 없는 노릇이다. 그보다는 이 글은 I. G. 시먼스I. G. Simmons가 수렵채집사회, 농경사회, 산업사회로 뚜렷하게 구분하면서 "문화생태cultural ecologies"라고 불렀던 것을 재구성하고자 하는데, 특히 이 세 기본적 생산양식이 어떤 이행과정을 거쳤는지에 주목할 것이다.[6] 점점 더 많은 학자가 자연환경을 개념화하고 개조하는 새로운 능력을 지닌 현생인류(호모사피엔스사피엔스)의 범위에서 진화적 발전을 지적한다.

작물 재배와 가축 사육은 인간의 자연환경 개입과 약 1만 년 전 기후변화라는 결정적 순간에 이루어진 사회적 상호작용 사이의 중차대한 국면에서 발생했다. 그 이후 사회의 변화는 매우 느리게 진행되었지만, 서기西紀를 쓰기 시작한 약 2,000년 전부터 인간은 활용가능한 태양광을 이용해 매우 생산성이 높은 주요 작물을 재배하고, 농경에 물을 끌어들이고, 원거리 교역을 함으로써 지중해 유역, 남아시아, 동아시아, 아메리카대륙에 농경 제국들이 세워질 수 있는 기반을 확립했다. 끝으로, 약 500년 전 근세가 시작되면서 초기 유럽 제국들은 나중에 콜럼버스의 교환을 가져온 새로운 윤작 방식을 통해 그리고 대서양 플랜테이션 농장에서 일할 노예의 강제 이주를 통해 전례 없이 엄청난 동력 자원을 뽑아내어 공급했다. 이러한 변화는 마침내 화석연료를 태우고 대기에서 질소비료를 합성해내는 기술 발전을 이루어냄으로써 오늘날까지 지배적 영향력을 발휘하고 있는 산업의 문화 생태계를 낳았다.

수렵채집과 자연환경

인류와 그 조상은 수백만 년 동안 더욱 효과적으로 식량을 얻기 위해 자연환경을 계속해서 바꾸어왔다. 인류 진화의 역사에 대한 합의가 이루어지려면 아직도 멀었지만, 한 가지 유력한 학설—"비싼 조직expensive tissue" 가설—은 새로운 식량원이 인간이 하나의 종으로 발전하는 데 결정적이었다고 주장한다. 질긴 섬유질이 감싸고 있는 식물성 음식 대신에 소화하기 쉬운 동물성단백질 섭취가 늘어나면서 인류는 소화관의 크기가 더 작아질 수 있었고, 그 대신에 또 다른 "비싼 조직"인 뇌로 에너지가 이동하는 진화가 일어날 수 있었다. 조리와 발효를 통한 "체외 소화external digestion"는 또한 동물성 음식과 식물성 음식 모두를 소화하기 쉽게 했다. 영장류동물학자 리처드 랭엄Richard Wrangham은 《불 붙이기Catching Fire》(2009)*라는 도발적인 책에서 불을 사용한 요리가 180만 년 전 호모에렉투

---

* 국내에서는 《요리 본능: 불, 요리, 그리고 진화》(조현욱 옮김, 사이언스북스, 2011)로 번역·출간되었다.

스의 진화에 결정적 자극제가 되었다고까지 말한다. 하지만 이 주장이 확립되기 위해서는 인류 초기의 요리 유적들에 대한 더 많은 증거가 필요하다.[7]

어쨌든 현생인류는 약 10만 년 전 동아프리카 고지에 모습을 드러냈고, 약 7만 년 전에는 소규모 집단의 사람들이 아프리카를 떠나 중동, 인도, 남중국, 인도네시아제도(그리고 거기서 다시 오스트레일리아로)로 퍼져나가기 시작했다. 그들이 옮겨간 지역들은 모두 채집과 수렵만으로도 충분히 먹고살 수 있을 정도의 천연자원을 풍성하게 제공했다. 이후 서서히 북쪽으로 이동한 인류는 또한 그 지역의 환경에 맞는 새로운 생산 방식들을 개발했다. 아메리카대륙은 전 세계로 퍼져나간 인류 이동의 긴 역사에서 마지막 정착지다. 사람들이 베링해협Bering Strait을 건너 알래스카Alaska 너머까지 가기 전에 혹독한 시베리아 기후를 이겨낼 수 있는 특별한 적응 기간이 필요했기 때문이다.[8] 물론 일부 집단이 그보다 훨씬 더 일찍 아메리카대륙에 도착했다고 믿는 것—많은 아메리카 원주민 집단이 주장하는 것처럼—은 그 나름의 타당성이 있을 수 있다. 베링해협 횡단 이전에 아메리카대륙에 사람들이 들어갔다는 것을 입증하는 고고학적 증거가 엄청나게 많기 때문이다.[9]

수렵채집 집단은 놀랄 정도로 다양한 음식을 먹었는데, 이는 그들이 지역의 천연자원에 대해 깊은 지식이 있었음을 보여준다. 예컨대 아프리카 일부 지역의 초기 인류가 알고 있던 주요 식용식물은 80종이 넘었고 식용동물은 50종이 넘었다. 그 가운데 특히 몽곤고나무 열매는 오늘날 곡물들보다 칼로리는 5배 높고 단백질은 10배가 많다. 문화기술지적 증거에 따르면, 수렵 집단은 대개 동물 살상이 금지된 신성한 지역을 존중하거나 수렵감 개체수가 다시 회복될 수 있도록 여러 동물을 돌아가며 수렵함으로써, 오랜 세월에 걸쳐 생존을 유지하기 위해 자원들을 보호하려고 애썼다. 해양에서 얻는 먹거리 또한 수렵채집 집단 사람들의 식사에서 중요했다. 유골에 남아 있는 탄소와 질소의 비율을 비교하는 안정동위원소stable isotope 연구 결과에 따르면, 네안데르탈인은 육상의 육식동물들과 비슷한 식사를 했지만 초기 인류는 해산물을 훨씬 더 많이 먹었다. 일부 해안과 강기슭 유역은 어류와 조개류가 매우 많이 나서 최초의 정착 사회가 유지될 수 있는 토대를 마련해주었다. 수만 년도 더 거슬러 올라간 것으로 추정되는 거대한 조개더미[패총]들은 굴을 광적으로 좋아하는 요즘 세대에게 초기 인류도 마찬가지였음을 말없이 증언한다. 그러나 대부분의 수렵채집 무리들은 여전히 이동하며 살았다. 계절마다 매우 정교하게 짜인 이동 경로를 옮겨 다니며 다양한 자원을 이용했다. 이렇게 먹을 것을 찾아 이동하는 방식은 초기에 인간 사회를 구성하는 데 기여했다. 예컨대 특정한 자원이 많이 나는 시기와 지역에, 비가 많이 내리는 우기 동안 강 유역에 여러 집단이 함께 모여 살다가 동절기나 건조기가 되면 다시 뿔뿔이 흩어지는 방식으로 사회를 조직했다. 식용식물을 채집하는 사람들은 정교한 식품 가공 기술을 새롭게 개발했는데, 예를 들면 특정한 씨앗을 가장 효과적으로 조리할 수 있도록 전문적으로 빻는 맷돌 같은 것들이다. 또 수렵하는 사람들은 수렵한 동물 고기를 오랫동안 저장하기 위해 그것을 (태양에 말려) 포로 만들거나 뜨거운 연기에 훈제를 하고, 뼈에서 기름을 짜내어 필수 비타민과 지방산을 보충했다.[10]

초기 인류가 자연과 모종의 조화를 이루며 살았고 지역 생태계에 최소한의 영향만 끼쳤다는 가정은 고고학적 증거와 일치하지 않는다. 그레임 바커Graeme Barker는 특별히 다음처럼 지적했다. "아주 태초부터 현생인류가 자연환경과 그 안에 있는 자신들의 공간에 대해 생각하면서 호모에렉투스와 네안데르탈인 같은 이전의 종들과는 전혀 다른 방식으로 자연에 자신들의 흔적을 남긴 것처럼 보인다."[11] 그럼에도, 역사학자 리처드 화이트Richard White와 윌리엄 크로넌William Cronon이 쓴 것처럼, 에덴동산의 환상은 지금까지도 끈질기게 명맥을 이어오고 있다. "인디언을 황야를 배회하는 야만인으로 또는 자연이 주는 풍족함에 감사하며 사는 순진무구한 어린아이처럼 묘사하는 것은 유럽인들이 꾸며낸 문화적 가공물이다. 그것들은 아메리카 원주민들의 실제 삶과 전혀 관련이 없다."[12]

초기 인류는 종의 남획을 통해 극적으로 자연환경을 변형시켰는데, 이는 세칭 일부 동물종이 남획으로 멸종되었다는 홍적세洪積世 남획Pleistocene Overkill 이론[가설]으로 이어졌다.[13] 북아메리카대륙에서만, 왕아르마딜로[큰아르마딜로]giant armadillo, 거대 설치류, 고대 사슴과 영양 종, [고대 들소인] 자이언트바이슨giant bison을 포함한 약 200속의 대형 포유동물과 거대한 마스토돈mastodon과 털매머드woolly mammoth가 사라졌다. 시먼스가 단정하는 것처럼, "수렵하는 인간들이 남쪽으로 영역을 넓혀가는 과정에서 기후변화에 적응하지 못한 동물들은 (이미) 멸종되었다."[14] 마찬가지로 고대 유럽에서 기후변화는 동물 남획과 결합하면서 인간의 중요한 식량원이었던 초식 포유동물 5종의 멸종을 초래했다. 털매머드, 코뿔소rhinoceros, 아일랜드큰사슴[큰뿔사슴]giant Irish elk, 사향소musk ox, 원시초원들소steppe bison가 그것들이다. 그리고 오스트레일리아에서는 대륙 토종의 거대 동물 가운데 무려 86퍼센트가 10만 년 사이에 멸종되었음을 보여주는 증거들이 있다. 거기서는 포유동물 개체 수에 영향을 끼칠 (빙하의 생성이나 빙하시대 같은) 중대한 기후변화가 없었던 만큼 원주민들의 남획이나 동물 서식지 교란이 멸종의 주 원인이라고 추정된다. 더 최근의 경우, 고립된 자연환경에 대한 인간의 식민지화는 하와이제도의 새들, 뉴질랜드의 키위kiwi와 웨카weka 같은 날지 못하는 새들, [인도양 서부의] 마다가스카르섬Madagascar의 애기하마[꼬마하마]pygmy hippopotamus의 남획을 통해 그것들을 멸종시켰다.[15]

채집 집단의 사람들은 무엇보다 불을 사용할 줄 알게 되면서 주변의 자연환경에 영향을 끼쳤다. 초기 인류는 불을 통제하는 법을 배워 서식지 환경을 바꾸고 자기가 좋아하는 한해살이 식물을 더 많이 채집했다. 아프리카에서의 문화기술지 연구 결과를 보면, 얌yam이나 바나나처럼 중요한 식용식물의 성장을 촉진하기 위해 원주민들이 어떻게 삼림지대를 개간하는지 알 수 있다. 북아메리카 그레이트플레인스[대평원] 지역의 원주민들은 바이슨[아메리카들소]이 서식하는 초원지대를 가려서 결국 사냥을 방해할 수 있는 나무, 덤불, 이파리 넓은 풀들의 성장을 막는 데 불을 사용했다. 캘리포니아의 원주민들은 숲 관리에 종종 불을 사용했다. 특히 열매껍질이 터뜨리는 견과류와 솔방울이 달리는 일부 나무 종들의 경우에는 종자 번식에 불을 이용한다. 오스트레일리아 원주민 집단은 사냥하기 좋게 땅을 개간하는 데 적극적으로 불쏘시개를 사용했다. 19세기 초에 그들은 해마다 약 5,000개 덤불에 불을 질렀다. 삼림에 불을 질러 나타난 지형의 변화는 당시에 원주민들이 즐겨 사냥해 먹었던 유대류有袋類, marsupial*의 서식지를 늘리는 결과를 가져왔다. 고대 영국에서 인류는 숲속에 빈 공간을 넓히고, 하늘을 가리며 높이 솟아오른 참나무숲 지역을 개간하는 데 불이 사용될 수 있음을 알았다. 새롭게 조성된 낮은 가지의 관목대 지형은 사슴들—중요한 단백질 공급원—이

---

* 캥거루나 코알라처럼 주머니에 새끼를 넣어 기르는 동물.

주변을 둘러보기 좋은 환경이었고, 따라서 그들의 개체 수는 크게 늘어날 수 있었다.[16] 역사학자 요아힘 라트카우Joachim Radkau는, "실제로 전 세계 모든 곳에서 불은 인간과 환경이 함께 어우러지는 드라마의 시작을 나타낸다"라고 설명한다. 또한 초기 인류는 마구잡이로 불을 지르지도 않았다고 한다. "불 지피기에는 그 나름의 질서와 기술 문화가 있었다."[17] 이제 불은 인간이 단순히 환경에 적응하며 생존을 유지하던 것에서 적극적으로 환경을 관리하는 것으로 나아갈 수 있도록 도와주는 중요한 도구였다.

시먼스에 따르면, "수렵채집 집단의 문화적 생태"는 기후변화의 시기에 인류가 전 세계적으로 이동하면서 생겨났다. 오랜 건기와 빙하기 같은 기후변화는 "변화 속에 있는 세계"를 의미했고, "생태계를 특징짓는 거의 모든 것이 바뀌고 있었다." 홍적세의 빙하기가 끝나고 1만 2,000년 전 충적세沖積世, Holocene[현세]의 더 따뜻한 지금의 기후로 바뀌면서, 인류는 더 광범위하고 다양한 식량 수집 과정이나 약탈 방식을 개발함으로써 "기후와 해수면의 급격한 변화에 성공적으로 적응"했다. 시먼스는 이러한 생존 방식에는 에너지 공급이 필요했고 그에 비용이 수반되었다고 주장한다. 각종 씨앗, 견과, 과일, 모피 생산에 태양에너지 같은 에너지를 얼마나 투입해야 하고, 이주하는 동안 얼마나 더 많은 에너지가 필요한지는 예로부터 차곡차곡 쌓여온 전통적인 생존 지혜를 통해 학습되었다. 이동은 특히 에너지 비용을 늘렸는데, 소유물이 적을수록 아기나 어린이가 적을수록 여기저기 이동하기가 훨씬 원활하고 그에 따라 생활 방식을 조정하기도 쉽다는 것을 사람들이 깨달았다.[18]

그러면, '그처럼 인류에게 기여했던 생활 방식을 왜 버리는가?' 하는 의문이 떠오른다. 인류학자 마셜 살린스는 수렵채집으로 생존하던 사람들은 대개 하루에 몇 시간만 일해도 충분히 살 수 있었기 때문에, 물질적으로는 아니지만 매우 풍족한 여가 생활을 누리는 명실상부한 "풍요사회"를 이루었다고 지적했다.[19] 유골 분석에 따르면, 수렵채집사회 사람들이 평균적으로 농경사회 사람들보다 대체로 더 다양한 식사를 한 덕분에 신체적으로 더 건강했다는 것을 알 수 있다. 게다가, 농사를 짓고 가축을 기르기 전 수천 년 동안 대다수 인류는 한곳에 정착해서 살기보다는 농사를 짓는 방식과 먹을 것을 찾아 떠돌아다니는 방식이 혼합된 삶을 살았다. 그들은 해마다 계절에 따라 먹을 것을 수렵하고 채집하며 이동하면서 또 한편으로는 곡물을 심고 수확했다. 이와 같은 생활 패턴은 야만적인 유목사회에서 농경 문명으로, 마침내 근대 산업사회로 필연적으로 발전했다는 "진보의 사다리ladder of progress"라는 빅토리아 시대의 역사 개념을 부인한다. 마침내 농경민들이 수렵·채집민들을 대체했지만, 이는 그들의 지능이나 힘이 더 우월했기 때문이 아니라 오히려 그들의 뛰어난 재생산 능력 덕분이었는데, 빅토리아 시대 사람들이 이런 결과를 알았다면 틀림없이 경악했을 것이다.[20]

작물 재배와 가축 사육에서 농경 제국으로

시먼스가 설명하듯, "식량 채집에 의존하던 쪽에서 식량을 생산하는 쪽으로의, 야생을 이용해 얻는 방식에서 야생을 길들여 재생산하는 방식으로의 전환"은 여러 자연환경을 토지 관리와 개발이라는 명목 아래 두면서, 태양에너지를 기반으로 하는 새로운 "농경의 문화적 생태"를 만들어냈다. 몇 종 안 되는 작물 재배와 가축 사육을 기반으로 생겨난 이 새로운 생태는 기하급수적 인구 증가를 뒷받침했다. 기원전 10000년에 지상의 인류는 약 400만 명밖에 안 되었지만, 산업혁명이 시작되는 1750년경에는 그 수가 7억 2,000만 명으로 늘어났다. 이러한 변화가 어떻게 일어났고 그것이 환경에 끼친 영향은 무엇인지가 여기서 살펴보려는 주제다.[21]

학자들은 농경의 기원을 마지막 빙하기인 홍적세에서 오늘날의 기후 시대인 충적세로 이행하는 동안 다시 말해 지금으로부터 1만 3,000년 전에서 1만 1,000년 전 사이에 일어난 기후변동에서 찾을 수 있다는 견해에 대체로 동의한다. 그러나 "신석기혁명"이라는 개념—몇몇 천혜의 자연환경을 배경으로 "작물 재배와 가축 사육이 이루어진 중심지들"에서 농경이 시작·전파되었다는 주장—은 고고학적으로 전 세계의 인류가 다양한 경로를 통해 농사를 짓게 되었다는 증거들이 나옴으로써 점점 설득력을 잃게 되었다. 동지중해와 메소포타미아 유역의 비옥한 초승달 지대Fertile Crescent는 기원전 9500년경부터 에머밀emmer wheat, 외알밀einkorn wheat, 보리 같은 곡물을 최초로 재배했다는 증거를 계속해서 제시해준다. 벼 경작은 인도의 갠지스강 유역과 중국의 양쯔강 유역에서 야생벼와 관련 없이 별개의 형태로 독립적으로 발전한 것으로 보인다. 그 지역에서는 기원전 7500년경에 재배된 벼가 각종 야생벼 종자들을 압도했다. 거의 같은 시기에 더 북쪽의 중국 황허강 유역에서는 먹을 것을 찾아 떠돌던 사람들이 야생의 초원을 조밭과 기장밭으로 바꾸었다. 충적세 초기에 아메리카대륙의 인류는 아마존강과 카리브해 유역의 초원지대가 점점 삼림으로 바뀌는 것에 대응해 지금의 카사바와 고구마의 전신이라 할 수 있는 야생 덩이줄기 식물들을 계속해서 번식시켰다. 이처럼 특정 야생식물을 선별해 번식시키는 방식은 나중에 안데스산맥에서 생산성이 낮고 알칼로이드 성분 때문에 먹기 어려웠던 독성이 있는 지역의 덩이줄기 식물을 오늘날과 같은 감자로 개량·재배하는 데 사용되었다. 그러는 사이에 메소포타미아 지역에서는 기원전 7000년경에 열대 초원의 테오신테teosinte라는 한해살이풀을 개량해 옥수수를 재배하기 시작했다.[22]

그러나 이 "중심지들"이 서로 다른 발전 경로를 나란히 밟아왔다는 증거는 수없이 많다. 아프리카대륙의 각지에서 먹을 것을 채집하며 살던 사람들은 서로 독립적으로 [조, 기장 등의] 서속黍粟, millet과 쌀 그리고 수수와 테프teff*를 재배했다. [오스트레일리아 북쪽] 뉴기니섬New Guinea 산악지대에 살던 인류는 "삼림관리forest management" 시스템을 개발해 바나나, 사탕수수, 사고sago,** 타로토란taro의 생육을 관리했다. 바커는 최근 작물 재배와 가축 사육에 관한 고고학 문헌들을 꼼꼼히 다시 살펴보고 나서 "서로 다른 환경 속에서 살았던 홍적세 현생인류들이 갖가지 형태로 오늘날 우리가 농업이라고 말하는 것의 전조가 되는 자연과의 관계를 맺는 데 적극적으로 '개입'했다는 사실을 입증해주는 사례가 널리 존재"한다고 지적했다.[23]

사람들이 어떻게 곡물을 재배하는 법을 배웠는지는 확실하게 알려진 것이 없으며, 아마도 각각이 다 다를 것으로 추정된다. 많은 경우가 우연의 연속이었을 가능성이 크다. 어떤 특정한 작물, 심지어 쓰레기 더미에 던져진 작물이 더 크게 자라고 더 큰 알곡(곡물 자체)을 맺으면 그 씨앗을 보관했다가 다시 심는 이른바

---

* 아프리카의 뿔Horn of Africa(아프리카 대륙 동북부를 통틀어 이르는 말) 지역이 원산지인 벼과의 한해살이풀. 아프리카 사람들이 즐겨 먹는 좁쌀보다 작은 곡물이다.
** 사고 야자나무의 수심髓心에서 나오는 쌀알 모양의 흰 전분. 식용 또는 바르는 풀의 원료로 쓴다.

선발육종selective breeding*의 초기 형태로 그 종자들을 육성했을 것이다. 한편 식물학자들은 지금의 농작물에 해당하는 야생작물들이 여러 지역에서 아주 잘 자라면서(지금도 계속해서 잡초들이 잘 자라고 있는 것처럼), 그것들이 한 지역을 장악하기 —다른 식물들을 밀어내고 대량 서식 하는 "선구수종先驅樹種[개척수종開拓樹種] pioneer species"이 되기— 시작했다고 말한다. 이렇게 번식이 왕성한 종들은 사람들이 자신들의 종자를 충분히 거둬들일 정도로 아주 잘 자랐다.[24] 더 나아가, 고고학자들은 작물 재배가 새로운 생활양식을 창조하기 위해서가 아니라, 오히려 보수적 입장에서 기후변화로 위협받던, 당시 사람들이 선호했던 종들을 보존하려는 시도에서 시작되었다고 주장한다.[25] 재러드 다이아몬드Jared Diamond는 전 세계 농경의 발전은 새로운 발견도, 발명도, 심지어 의식적 선택도 아니며, 당시에 "결과에 대한 아무 생각도 없이 내려진 결정의 부산물"로서 식량(과 섬유질) 생산이 어떻게 진화했는가의 문제로 보아야 한다고 주장한다.[26] 그러한 태도는 농경이 왜 시간과 장소를 가로질러 서로 다르게 발전했는지, 그리고 농경이 왜 어떤 곳에서는 전혀 발전하지 못했는지에 대한 질문을 공허한 소리로 들리게 만든다.

가축 사육은 또한 자연환경을 만지작거리고 싶어 하는 인류의 성향에서 비롯했다. 홍적세 때 나타난 최초의 목축 형태 사례들을 유럽대륙에서 발견할 수 있는데, 그곳의 수렵 집단은 동물의 남획과 언제 어떻게 바뀔지 모를 수렵감 문제를 해결하기 위해 순록reindeer과 붉은사슴red deer 무리들을 관리했다. 동물들의 이동 패턴에 맞게 생활하고, 공동체에 고품질의 단백질을 지속적으로 제공할 식량원을 생산하기 위해 우량의 동물을 선별하고 나머지는 도태시켰다.[27] 고고학과 유전학적 증거에 따르면, 개는 약 1만 5,000년 전에 동아시아에서 식용으로 사육된 최초의 동물이다. 진정한 의미에서 최초의 가축은 기원전 8000년경 비옥한 초승달 지대의 양과 염소, 중국의 돼지다. 소는 기원전 6000년경 메소포타미아·인도·북아프리카 지역에서 인류의 관리 아래 있었고, 같은 시기 남중국이나 동남아시아 지역에서는 닭을 길렀다. 말·당나귀·물소 같은 동물들도 그로부터 2,000년 뒤에 사육되었고, (남아메리카 안데스 지역의) [낙타과의 포유류] 라마llama

---

* 유용한 유전적 형질을 이용하기 위해 특정 개체나 개체군을 선택하여 계속해서 교배하는 것.

와 알파카alpaca는 기원전 3500년경에, (아라비아와 중앙아시아의) 낙타는 기원전 2500년경에 사육되었다.[28] 가축은 대부분 육식용으로 사육되었다. 오늘날 고고학자들은 소에서 우유를 짜는 것이 아마 종교의식의 일부로서 서남아시아 지역에서 처음 시작되었는데, 다른 곳으로 전파 속도가 느렸던 것은 성인 유당분해효소결핍증[유당불내증乳糖不耐症]lactose intolerance 때문이었다고 생각한다.[29]

가축 사육은 기술의 발전 특히 울타리를 치고 초원을 개간하는 능력과 긴밀하게 연결되어 있었다. 일부 학자는 수렵인들이 목동이나 목축을 하는 사람으로 바뀐 것은 지속적으로 안정된 고기 공급을 위해서라고 생각했다. 그러나 저명한 지리학자 칼 사우어를 비롯한 몇몇 지리학자는 수렵인들이 결코 가축을 사육하는 사람이 되지 않았으며 목축에 필요한 울타리를 치는 도구를 개발하거나 기술을 습득하지 못했음을 밝혔다. 인류가 어미를 잃은 새끼동물들을 기르거나 애완용으로 그들을 야생에서 포획했다가 나중에 사육 능력을 확대해 대규모로 그 동물을 목축하게 되었다고 주장하는 학설도 있다. 그러나 소와 돼지는 결코 좋은 애완동물이 아니었으며, 목축은 애완동물을 기르는 기량 및 기술과 전혀 다르다.[30] 울타리를 치고, 덤불과 나무를 제거하고, 초원을 만들기 위해서는 날카로운 돌도끼 특히 양날 도끼가 필요했다. 그것이 없었다면 가축 사육에 실패했을 것이다. 삼림 개간은 생태계 변화에 불을 붙였다. 생태 환경이 교란되면서 서로 다른 식물이 번성하고, 개간된 땅에 쏟아진 비로 침출된 땅의 토질은 더욱 산성화되고, 거기서 밀 같은 곡물은 더는 자랄 수 없었다. 그러나 야생 귀리와 호밀은 산성 땅에서 잘 자랐고, 목동들은 그것이 가축에게 아주 훌륭한 먹잇감임을 깨달았다. 나중에 겨울 먹이 마련을 위해 야생풀(건초)과 귀리를 저장하는 초기 형태의 창고를 짓고, 특히 겨울에 몸집이 큰 가축들을 가두고 관리하기 쉬운 마구간을 만드는 데 들어가는 목재 마련을 위해 더 많은 도구와 삼림자원이 필요했다. 따라서 가축 사육과 목축은 환경을 길들이는 하나의 방법이 되었다. 역사학자 로리 칼슨Lori Carlson은 다음처럼 말한다. "인류가 소를 계속해서 지배할 수 있었던 것은 자연계를 교묘하게 다룸으로써 가능했다."[31]

이와 같은 변화에 대한 인류의 문화적·지적 적응도 마찬가지로 농경의 확대를 자극했다. 경작자들은 씨앗이 싹을 틔우고 뿌리를 잘 내릴 수 있게, 그리고 나중에 곡식들이 시들지 않도록 그것들을 잡초로부터 보호하기 위해 깊이 땅을 갈

수 있는 괭이 같은 전문화된 농기구들을 개발했다. 그들은 또한 농작물 수확용 칼과 낫도 개발했다. 사람들은 거둬들인 곡물이 늘어나자 그것들을 커다란 바구니나 점토 그릇에 보관할 필요가 생겼다. 그러기 위해서는 여러 문화적·사회적 기술이 있어야 했다. 시간이 흐르면서, 농경민들은 적정 생산량을 확보하기 위해 언제 씨를 뿌려야 하는지, 상이한 토양에서 가장 잘 자라는 곡물은 무엇인지 유의해 관찰했다. 그다음, 그들은 그런 종자들을 추출해 보관했다가 나중에 다시 뿌리는 선발육종 과정을 시작했다. 일부 무리는 두세 번 계절이 바뀌면 토양을 황폐화하는 작물이 여러 가지 있음을 발견하고, 기존의 경작지를 묵히기 위해 새 경작지를 찾거나, 묵은 밭이 나중에 더 생산적으로 바뀔 수 있음을 알았다. 특히, 열대 지역의 경작자들은 돌도끼와 불을 이용해 삼림을 개간하는 화전火田 농법을 썼다. 화전의 경우 타고 남은 재 덕분에 영양분이 풍부해진 토양에서는 곡물이 잘 자라지만, 경작을 거듭해 토질이 악화되면 결국 그 토지를 포기할 수밖에 없게 된다. 그 자리에 다시 새로운 덤불·가시나무·관목들이 자라면서 이차림二次林이 만들어지는데, 이는 그 지역에 중대한 생태 변화가 일어났음을 보여준다.[33] 따라서 인류 초기 농경에 좋은 곳은 온대지방의 기름진 토양으로 이루어진 범람원의 경작지였을 것이다.

농경 기술이 발전하면서 몇 가지 특정한 작물을 섞어 짓는 방식도 도입되었다. 메소포타미아 지역의 화전농들은 점점 늘어나는 마을과 도시에 공급할 옥수수를 충분히 생산하기 위해 수천 개의 밀파milpa(옥수수를 재배하는 작은 화전)를 새로 일구면서, 열대 삼림을 계속해 개간해야 했다. 그러나 인디언들은 옥수수를 콩과 호박과 사이짓기를 함으로써 밀파의 생산량을 극대화했다. 콩은 다른 콩류처럼 토양에 질소를 공급하는(토양 황폐화 과정을 늦추는) 구실을 했고, 콩 덩굴은 옥수수 줄기를 타고 올라갔다. 인디언들은 같은 고랑과 이랑에 다양한 호박을 심었는데, 넓은 호박잎은 아직 어린 콩이 뜨거운 햇살에 노출되지 않도록 그늘을 만들어주었다. 또 호박이 생성하는 천연 효소는 개별 작물을 해치거나 수확을 망치게 할 수 있는 해충을 퇴치하는 유기방충제 구실도 했다. 흔히 "세 자매three sisters"로 알려진 이 삼자 농업생태 시스템은 식량 생산뿐 아니라 식사의 다양성과 영양, 토양 보강에도 매우 효과적이었다. 이와 같은 경작 방식은 중앙아메리카와 북아메리카 지역에서 지금의 뉴잉글랜드와 캐나다 지역에 이르기까지 모든 인디언에게 전파되었고, 오늘날에도 특히 멕시코 토착농들은 이 방식을 고수하고 있다.

신석기시대 농촌 마을들이 수천 년에 걸쳐 소도시와 농경 제국으로 규모가 커지면서 전보다 훨씬 더 발전된 기술들이 사용되었다. 사람들은 이회토泥灰土, marl(석회), 또는 사람과 가축의 배설물로 만든 퇴비, 구아노(인산염과 질산염이 풍부한 새와 박쥐의 배설물)를 써서 황폐화된 토양을 다시 기름지게 만드는 것을 배웠다. 인류는 메소포타미아 지역에서 처음으로 강의 수량을 잘 조절하면 언제 올지 모르는 비에만 의존하지 않고 밭에 안정적으로 물을 댈 수 있다는 사실을 알았다. 또한 농경민들은 구릉성 지형의 새로운 땅을 개간해 토양의 침식을 막는 계단식 다랑이 농지를 만들었다. 물과 땅을 다스리는 거대한 사업은 도시국가의 성립에 기여했고 많은 사회에서 권력의 기반이 되었다. 사회학자이자 아시아사 역사학자 카를 비트포겔Karl Wittfogel은 관개기술이 중국에 끼친 영향을 연구한 결과, 물의 통제가 고대 세계에서 "수력사회hydraulic society"를 만들어냈다고 결론지었다. 그의 대표적 저서《동양의 전제주의Oriental Despotism》(1957)에 등장하는 "수력사회"라는 용어는 치수와 관개 사업에 의존하는 사회에서 발전한 권력 기반과 관료제를 나타내는 말이다. 농지에 물을 대기 위해 강물의 물줄기를 바꾸고 대규모 농경지 전용을 하기 위해서는 관개시설 구축에 따르는 노동력과 자금을 동원할 수 있는 강력한 중앙집권 국가의 출현이 필요했다. 그 결과, 위계질서가 엄격한 전제적 중앙정부가 생겨났다.[34]

다양한 식품 가공 기술은 문명사회를 뒷받침하는 데서 농업 기술만큼이나 매우 중요했다. 발효된 알코올성 음료는 영양 섭취 면에서 뿐 아니라 기념행사의 분위기를 띄우는 수단으로서도 수천 년 동안 많은 사회에서 없어서는 안 될 필수 음식이었다. 동물의 젖에서 짜낸 가공되지 않은 생유를 소화하기 쉬운 치즈와 요구르트로 가공하는 일은 귀중한 단백질원을 제공해주었다. 오늘날의 다양한 콩류 곡물을 기반으로 하는 요리의 개발은 식품의 영양가를 높이는 데도 한몫했다. 콩, 병아리콩chickpea[이집트콩], 렌즈콩lentil[렌틸콩]과 같은 콩류는 토양에 질소를 공급해 지력을 강화해주었거니와 식물성단백질의 귀중한 공급원이 되었다. 콩류가 인간의 영양 공급에 필요한 완벽한 아미노산 사슬을 제공하지는 못하지만, 콩류를 쌀과 옥수수 같은 주곡과 함께 먹으면 부족한 영양소를 보충할 수 있었다. 따라서 기원전 2000년 말에 중국에서 대두를, 아메리카대륙에서 강낭콩을 재배한 것은 인구 증가와 복잡 사회의 출현을 자극했다. 서기가 시작될 즈음, 수력을 이용한 최초의 제분소는 지중해 지역에서는 밀을, 중국에서는 쌀을 도정[정미]하기 위해 만들어졌다.

문명 발생에서 조리 과정이 얼마나 중요한 역할을 했는지 알아보기 위해 옥수수를 예로 들어 살펴보자. 아메리카대륙 원주민들의 주곡인 옥수수에는 피부에 발진과 내장에 문제를 일으키고 정신이상 증세를 보이다 결국 죽음에 이르게 하는 병인 펠라그라를 막기 위해 필요한 비타민B₃(나이신)가 없다는 영양상 치명적 약점이 있었다. 옥수수를 기반으로 하는 문명들은 요리사들이 화학적 결합 상태에 있는 비타민을 분리해주는 알칼리 처리 방법을 발견하면서 비로소 번창할 수 있었다. 멕시코에서는 테오티우아칸 시대(기원전 250년에서 서기 750년까지)에 알칼리 처리된 옥수수로 조리한 토르티야라고 부르는 핫케이크를 만들어 먹었다. 이와 별도로 북아메리카의 카호키아Cahokia 인근에서는 서기 800년경 호미니hominy라는 옥수수죽 요리를 개발해 미시시피 문화를 동부의 삼림지대까지 확장할 수 있었다.[35]

단일 종의 곡물을 생산하기 위해 자연환경을 인공적으로 조성하는 농경 제국의 출현은 자연계에 중대한 영향을 끼쳤다. 삼림생태계는 화전농법으로 매우 심각하게 파괴되었고, 야생 동식물의 서식처와 토종 식물은 상당 부분 사라졌다. 그러한 행태는 지피식물地被植物, ground cover과 임상식물林床植物, forest cover 같은 일부 토종 식물을 파괴했을뿐더러 그로 인해 지표가 노출되면서 비바람에 토지가 크게 침식되고, 토질이 자연스럽게 복원되는 과정이 교란되었다. 관개 사업은 대개 토양 침수를 유발해 토양을 결국 못 쓰게 만듦으로써 자연계를 훨씬 더 혼란에 빠뜨렸다. 관개 사업은 또한 염류화salinization—특히 덥고 건조한 기후(예컨대 메소포타미아 지역)에서 경작지에 끌어들인 관개수가 급속하게 증발하면서 토양에 남는 염분이 곡물을 죽이는 과정— 때문에 토양의 미네랄 성분을 변형시켰다. 도시의 증가는 농촌 지역의 환경뿐 아니라 로마나 항주杭州(상하이 근처), 테노치티틀란Tenochtitlan(멕시코시티)처럼 제국의 수도 같은 더 광범위한 식량 공급 지역들도 더욱 빠른 속도로 강력하게 압박했다. 토지의 적정 수용력을 초과해 삼림 파괴로 이어지고 경지를 황폐화하고 사회 붕괴를 초래한 사례는 전 세계 많은 도시

국가와 제국에서 찾아볼 수 있다.[36]

　실제로 집약적 농업이 치른 대가는 전혀 개발이 이루어진 적이 없는 지역들을 설명하는 데 도움이 될 수도 있다. 스튜어트 배너Stuart Banner가 수행한 광범위한 비교연구 《태평양 차지하기: 오스트레일리아에서 알래스카까지 토지와 정착민, 그리고 원주민Possessing the Pacific: Land, Settlers, and Indigenous People from Australia to Alaska》 은 환태평양 지대 원주민 집단 사이에 존재하는 문화적 차이와 다양한 농업 관습(의 여부)을 자세히 보여준다. 오스트레일리아 원주민과 캘리포니아 지역 대다수 토착민들은 전혀 농사를 짓지 않았다. 알래스카 원주민과 캐나다 브리티시컬럼비아British Columbia 원주민들도 극히 제한된 형태로만 농사를 지었다. 반면에, 배너가 연구한 다른 6개 지역 원주민 특히 뉴질랜드 마오리족Maori과 [남태평양의] 피지Fiji와 통가Tonga 폴리네시아인들은 고도로 발전된 형태의 농사를 지었다. 이런 다양한 생활양식은 사람들이 자연계에 대한 인식과 관계에 영향을 끼쳤다. 예컨대 마오리족은 땅에 영혼이 있다고 믿어서 자신들이 땅의 소유자가 아니라 땅의 일부라고 생각했다.[37]

　농업의 발전은 인간에게 자연을 지배하는 힘을 점점 더 많이 주었다. 그 힘은 특히 도구의 사용을 통해 더욱 강화되었다. 잉여 식량 공급은 정착 생활과 "발전된" 도시와 국민국가의 견인뿐 아니라 다양한 집단 간의 거대한 전쟁, 사회계급의 발생(농사를 짓는 사람들과 안 짓는 사람들), 급속한 인구 증가(때로는 지역의 수용력을 초과하는 과잉인구), 그리고 전 세계에 걸쳐 농경지와 목축지 조성을 위한 삼림과 초지 개간으로 이어졌다. 하지만 농경 제국들이 일으킨 변화는 그것이 아무리 심각하다고 해도 산업 시대가 일으킨 변화에 비하면 아예 비교가 안 될 정도다.

열대지방의 플랜테이션 농장과 산업형 농업

　1492년, 태양에너지를 기반으로 하던 농경 제국들의 생태는 이제 자연의 한계에 다다르기 시작했다. 하지만 이후 수백 년 동안, 유럽에 세워진 세계적 규모의 제국들은 지상에서 에너지를 뽑아내는 새로운 방법들을 발견했다. 크리스토퍼 콜럼버스Christopher Columbus의 아메리카대륙 탐사는 매우 효율적이고 여러 면에서 보완적인 농업체계의 통합을 이끌어냄으로써 전 세계 식량 생산을 늘렸다. 식민지 영토와 강제노동 위에 세워진 열대 지역의 플랜테이션 농장은 본토에서 육성할 수 없는 1차산물에 대한 유럽인들의 수요를 충족시켰다. 그 결과, 각종 상품의 공급사슬과 그 관리를 위해 생겨난 다국적기업들은 자본가들에게 전보다 훨씬 더 거대한 자본 축적을 안겨주었다. 마침내 인간은 증기기관의 발명을 통해 화석연료를 태워 훨씬 더 많은 에너지를 공급할 수 있게 되었다. 소화하기 쉬운 설탕과 지방을 기반으로 하는 새로운 산업형 식품의 탄생은 그동안 농업사회를 뒷받침해온 곡류-콩류 종군種群을 대체하기 시작했다. 20세기 동안 인구는 그 어느 때보다 가파르게 증가하면서 15억 명에서 70억 명 넘게 늘어났고, 인간의 평균 체중도 급격하게 증가했다.

환경역사학자 앨프리드 W. 크로스비는 아프로-유라시아의 농작물·가축·질병이 아메리카대륙에 끼친 영향과 신세계 식재료 특히 옥수수·감자·마니옥manioc*의 구세계로의 귀항을 설명하기 위해 "콜럼버스의 교환Columbian Exchange"이라는 신조어를 만들어냈다. 크로스비는 알지 못하는 질병들과 식민지 착취 개발이 야기한 아메리카 원주민의 인구지리학적 붕괴가 유럽인들에게 그들이 밀을 재배하고 가축을 기를 수 있는 엄청나게 방대한 새로운 땅을 제공했다고 지적했다. 반면에, 생산성 높은 아메리카대륙 농작물의 전파는 그러한 조우 이후에 구세계 인구가 수세기 동안 엄청나게 증가하는 결과를 낳았다. 그 뒤로 역사학자들은 이 주제를 계속해서 확대·발전시켜 크로스비가 말한 "생태 제국주의ecological imperialism"를 유럽인들이 어떻게 수행했는지 더욱 세밀하게 분석했다. 일례로, 역사학자 엘리너 멜빌Elinor Melville은 유럽의 가축이 멕시코 생태에 끼친 영향을 보여주었다. 유럽이 멕시코를 정복한 지 몇십 년도 지나지 않아, 양과 소는 엄청난 속도로 번식을 거듭하며 멕시코 들판을 가득 채우고 순식간에 토지 수용력을 뛰어넘었다. 이전의 기름진 토양은 황폐해지고 침식에 깎여나가 농사나 목축에 적합하지 않게 되었다. 제임스 매캔의 또 다른 연구에 따르면, 옥수수는, 처

---

* 남아메리카가 원산지인 다년생 작물. 녹말(전분, starch)이 많다.

음에는 특별한 문화 생태로 들어갔지만, 나중에 식민주의를 통해 아프리카에 널리 퍼지며 마침내 아프리카대륙의 대표 주곡이 되었다.[38]

콜럼버스의 교환은 훗날 산업자본 축적, 노동력 동원, 고칼로리의 현대 식사를 예고한 열대지방 플랜테이션 농장 구축을 통해 가장 중대한 영향을 끼쳤다. 인류학자 에릭 울프는 플랜테이션 농장을 "판매할 농작물을 생산하기 위해 철저한 관리 감독 아래 자본을 이용해 거대한 노동력을 고용하는 장치"라고 현실적으로 정의한다. 이러한 노동체제는 대개 "군대의 질서와 훈련"을 닮은 "필수적 작업 순서와 동기화를 강제 집행 하는 감독의 감시 아래 육체노동을 반복 수행하는 작업 조직들"—"군사적 농업military agriculture"이라 할 수 있는 체제—로 구성된다.[39] 근세에 이와 같은 플랜테이션 농장은 아프리카 노예에 크게 의존했다. 1550년부터 1850년까지 아메리카대륙으로 이송된 아프리카 노예는 1,000만 명이 넘었다.[40] 대서양 노예무역이 폐기된 이후, 아시아에서 온 계약노동자와 같은 이주노동력이 아프리카 노동자들을 대체하기 시작했다.[41] 유럽 열강은 처음에는 브라질과 중앙아메리카의 로그우드logwood, 코치닐cochineal, 인디고indigo 같은 염료 생산 분야에서, 나중에는 설탕, 담배, 커피, 고무 같은 대규모 생산 분야에서 이 노동 시스템을 발전시켰다.

설탕은, 시드니 민츠가 주장하는 것처럼, 세계 최초로 산업형 농업이 모습을 드러낸 식품이 되었다. 식물학적으로 사탕수수는 줄기에 수분이 많고 당분이 가득한 섬유소로 채워진 여러해살이 풀이다. 사탕수수는 기원전 300년경 인도 북부에서 최초로 재배되어, 아라비아 상인들에 의해 지중해 지역으로 전파되었고, 스페인과 포르투갈 사람들에 의해 신세계로 퍼져나갔다. 설탕 생산은 그야말로 악명 높은 노동집약적 활동이었다. 사탕수수를 심고, 김을 매고, 거름을 주고, 마침내 수확하기 위해 열대의 태양 아래 도끼와 낫을 들고 무리지어 밭일을 하는 노예들에게는 특히 고된 노역이었다. 그러나 플랜테이션 농장은 또한 막대한 자본 투자와 제분 기술을 요구했다. 19세기 제분소에서는 사탕수수 줄기를 으깨기 위해 수력을 이용한 롤러를 돌렸다. 갓 베어낸 사탕수수 줄기에서 막대한 양의 당즙을 추출하기 위해서는 또한 산업 공정 과정이 필요했다. 가공 처리 된 백설탕에 대한 유럽인의 수요가 하늘을 치솟으면서 설탕 산업의 성장을 뒷받침하는 자금이 모여들었다. 르네상스 시대에는 연회를 위해 특별히 준비된 정교한 설탕

공예와 함께 귀족만이 먹을 수 있는 진귀한 식품이던 것이 사회계급의 사다리를 타고 내려와 중산계급도 먹는 잼과 사탕 원료로 쓰였고, 19세기에 이르러서는 영국 노동자들도 자신들이 날마다 마시는 차에 설탕을 타 먹었다.[42]

열대지방의 플랜테이션 농장이 환경에 끼친 영향은 엄청났다. 사탕수수 플랜테이션 농장을 짓기 위해 매우 방대한 규모의 자연식생지가 개간되었다. 수백만 헥타르의 식물 군락지와 동물 서식지가 파괴됨으로써 카리브해의 사탕수수 섬들과 브라질 북동부 지역의 생태는 완전히 바뀌었다. 또한 사탕수수 생산은 대개 심각한 토양 침식을 유발했는데, 따라서 농장주는 새로운 농장을 짓기 위해 점점 더 많은 땅을 끊임없이 파괴할 수밖에 없었다. 이 모든 것은 플랜테이션 농장 지대의 환경을 더욱 급격하게 변형시켰다. 특히, 지역 고유의 생물다양성을 간직했던 자연경관이 단일작물 경작의 자연환경으로 급격한 변형을 겪었다. 다른 지역과 작물들에도 이와 비슷한 패턴의 환경 변형이 발생했다. 다양한 작물을 여러 곳에 분산 재배를 하거나 사이짓기를 하는 곳에서는 일어나지 않지만, 단일경작을 하는 플랜테이션 농장 환경 예컨대 중앙아메리카의 바나나 농장 같은 곳에서는 농업과 관련된 병원균과 질병의 발생률이 높았다.[43] 울프는 다음과 같이 단언했다. "플랜테이션 농장은 침략자다. 그것의 성공적 팽창은 성공한 침략의 열매다."[44]

한편, 다국적 상품사슬은 전 세계의 노동·토지·시장을 연결하는 점점 복잡한 그물망을 형성했다.[45] 이 체제는 커피나 바나나 같은 값비싼 농작물뿐 아니라 그것들을 플랜테이션 농장에서 항구로, 다시 원거리 시장으로 수송하는 새로운 시스템에 의존한다. 예컨대 19세기 말에 냉동기술은 북아메리카와 남아메리카, 남아프리카, 오스트레일리아에서 유럽의 시장으로 수출되는 전 세계적 냉장소고기 chilled beef 교역으로 이어졌다. 최근에 와서는 항공 교통과 컨테이너 수송선 덕분에 남반구의 열대과일과 구하기 어려운 채소들을 북반구의 부유한 소비자들에게 수출하는 것이 쉬워졌다. 그러면서, 이와 같은 수송체계는 특정 국가들에 가치를 창출하는 역할을 하는 법체제와 시장경제 안에 깊숙이 자리 잡았다. 고전경제학자 애덤 스미스Adam Smith와 데이비드 리카르도David Ricardo는 무역경제가 비교우위comparative advantage를 낳는다고 주장했다. 가난한 국가는 자본도 없고 돈을 빌리려면 높은 이자를 물어야 해서 막대한 자본 투자를 할 수 없는데, 이들 국가가 자국의 광물이나 농업생산물을 내다 팔 수 있다면 굳이 그런 투자를 할 필요가 없다는 것이 그들의 주장이었다. 반면에, 이러한 시나리오를 다른 식으로 설명하는 학자들도 있다. 사회학자 이매뉴얼 월러스틴의 세계체계론[세계체계 이론]은 산업식민주의 열강이 자본을 계속해서 독점하는 것은 주변부에서 자원을 수출하는 식민지 종속국가가 열강의 세계 지배력을 위협하지 못하게 하기 위해서라고 주장했다.[46]

인류가 최초로 재배하기 시작한 곡물 가운데 하나인 밀은 오늘날 농업 생산의 세계적 연결 관계가 어떠한지를 예시해준다. 19세기 말과 20세기 초에 일어난 가장 중대한 환경 변화 하나는 오스트레일리아, 북아메리카와 남아메리카, 러시아의 방대한 일부 초원지대가 밀밭으로 바뀐 것이다. 이 변화를 가져온 것은 거친 평원의 잔디와 초원을 파헤치고 밀밭으로 경작할 수 있게 만든 증기와 석유를 이용한 트랙터tractor 같은 기계장치였다. 그보다 훨씬 이전인 1831년, 사이러스 매코믹Cyrus McCormick이 발명한 곡물수확기reaper는 각종 크고 작은 낫의 힘겨운 수작업을 종식시키며 추수 과정을 획기적으로 바꾸었다. 1870년대에 이르러 바인더binder가 발명되면서 곡식을 타작하기 전에 낟알을 말리려고 베어낸 줄기를 다발로 묶는 작업을 기계로 할 수 있게 되었다. 이 때문에 전 세계적으로 밀 추수 과정에서 노끈twine의 수요가 갑자기 폭발적으로 증가했고, 이는 곧 필리핀, 동아프리카, 카리브해 지역, 브라질에서 섬유작물의 산업화로 귀결되었다. 20세기 초, 멕시코 유카탄반도에서는 에네켄henequén과 사이잘sisal 같은 토종 용설란이 바로 그 수요에 딱 알맞은 노끈 섬유를 생산해 한동안 수출 호황을 이루었다. 에네켄 플랜테이션 농장의 탄생은 유카탄반도의 환경을 생태적으로 다양한 낙엽관목 숲에서 전 세계의 급증하는 밀 수요에 발맞추어 노끈을 공급하기 위해 용설란을 대량으로 재배하는 일렬로 길게 뻗은 상업용 농업지대로 바꾸었다. 그러나 1950년, 콤바인combine harvester(밀 줄기를 다발로 묶지 않고 바로 추수와 동시에 타작하는)이 바인더를 대체하면서 노끈 섬유 수요가 사라졌다. 그 결과, 유카탄반도의 자연환경은 황폐하게 버려진 모습으로 남고 말았다.[47]

산업형 농업을 촉진한 또 다른 핵심 요소는 19세기 남아메리카의 외딴 지역에서 발견되어 20세기에 화학적으로 합성된 새로운 비료의 원료다. 구아노guano는 페루와 칠레 해안에서 많이 발견되었는데, 그곳들은 육상의 기후가 매우 건조해 수백 년 동안 엄청나게 많은 바닷새의 배설물[구아노]이 그대로 보존되고 있었다. 유럽에서는 경작지의 토질을 회복시키기 위해 늘 하던 휴작 기간을 두었는데, 구아노를 거름으로 뿌리면 (적어도 한동안은) 더는 그럴 필요가 없었다. 지표에 퇴적된 구아노는 금방 고갈되었지만 땅속에 묻힌 질산염 광물들이 근처에서 발견되었고, 그 결과 유럽에서는 농업이 지속적으로 성장할 수 있었던 반면에 환경적으로 민감한 해안 지역에는 또 다른 환경 재앙이 초래되었다.[48] 그 뒤 20세기 초, 독일 과학자 프리츠 하버Fritz Haber와 카를 보슈Carl Bosch는 대기로부터 암모니아를 합성해 그것을 질산질비료nitrate fertilizer로 변환하는 산업화 방식을 개발했다.[49]

먹을 것을 생산하기 위해 환경에 영향을 끼치는 일은 최근 200년 동안 훨씬 더 많아졌다. 자연생태계를 경작지로 전환시킨 가장 극적인 사건들은 19세기 후반기와 20세기 초입에 발생했다. 역사학자 존 리처드John Richard는 1860년부터 1920년까지 전 세계 농민들이 4억 3,200만 헥타르[432만 제곱킬로미터]에 이르는 새로운 경작지를 개간했음을 보여주었다. 가장 넓은 경작지를 새로 개간한 지역은 북아메리카로 1억 6,400만 헥타르였고, 그 뒤가 구소련 8,800만 헥타르, 아시아 8,400만 헥타르였다. 아프리카, 라틴아메리카, 오스트레일리아는 합해서 9,600만 헥타르가 경작지로 전환되었다. 그 이후 60년 동안 4억 1,900만 헥타르가 추가로 개간되었다. 도널드 워스터Donald Worster는 이러한 사실들을 다음처럼 요약하며 한탄한다. "그동안 생물학적 복합성으로 충만해온 10억 헥타르의 삼림과 초원이 (…) 상업형 농업의 단순화로 사라지고 말았다."[50]

불확실한 미래

크로넌은 우리가 환경의 역사를 서술하면서 인간의 도덕성을 자연에 부여한다고 말한다.[51] 이는 그가 패배주의적 서사라고 부르는 것 다시 말해 세계사 전반에 걸쳐 오직 환경의 쇠퇴와 파괴만이 있었다는 주장과 딱 맞아떨어진다. 반면에 승리주의적 서사는 인류가 수렵채집사회에서 농경 제국, 산업사회로 자연을 지배하면서 점점 더 발전해왔다고 찬양할 수 있을 것이다. 물론 후자의 분석은 여러 장점이 있다. 사람은 먹어야 사는데 날마다 먹을 양식을 구하기 위해 기술을 개발하는 과정에서 땅을 개조했다. 더 나아가 2011년에 전 세계 인구가 70억 명에 다다른 인류는 19세기 말 영국에서 세계는 그처럼 팽창하는 인구를 결코 지탱할 수 없을 거라고 경고한 토머스 맬서스 같은 불길한 예언가들을 무색하게 만드는 듯 보였다.

그러나 승리주의적 관점은 기후변화라는 미래의 불확실성에 대한 우려를 불식시키지 못한다. 20세기에 이미 북아메리카의 그레이트플레인스 지대로의 농업 팽창은 1930년대 중반 서부의 더스트볼Dust Bowl이라는 모래바람이 자주 휘몰아치는 건조지대를 낳는 결과로 이어졌다. 이것은 북아메리카대륙의 역사에서 가장 엄청난 생태 재앙 가운데 하나였다. 1935년에는 바람·가뭄·모래폭풍이 너무 심해서 1,300만 헥타르[13만 제곱킬로미터] 넘게 즉 더스트볼 지대의 약 3분의 1이 넘는 땅에서 식물들이 사라지고 농지가 모두 흙더미로 바뀌었다.[52] 대다수 환경사학자들은 1910년대와 1920년대에 이루어진 엄청난 개간 때문에 더스트볼 지대가 만들어졌다는 데 동의한다. 저명한 생태학자 알도 레오폴드Aldo Leopold가 그 재앙을 "토지를 죽게 만드는 밀 재배"라고 언급한 것은 위스터가 투자자, 농민, 제분업자들에 의한 "땅과의 약탈적 관계"라고 불렀던 바로 그것을 가리킨다.[53] 또한 20세기 후반기에 남반구의 열대 삼림 파괴와 상업형 어업의 붕괴를 수반하는 비슷한 양상의 농업생태 재앙은 화학 제초제, 비료, 유전자조작 농작물에 대한 의존도가 점점 늘어나는 문제에 의문을 제기하게 만들었다.[54] 21세기 들어 전 세계적으로 식품을 더욱 공평하게 분배하고 특히 최근 40년 동안 세계 농업의 특징이었던 산업형 농업에서 시선을 돌려 작고 지속가능한 농장과 지역 농민 시장에 더욱 주목하고, 더 나아가 어떤 먹거리가 진짜 먹거리인지를 다시 생각해볼 것을 요구하는 추세가 점점 거세져왔다.[55]

환경사학자들은 지금까지 중요한 질문들을 던져왔는데, 여기에 우리가 지나온 역사적 과거를 어떻게 바라볼 것인지 그리고 그런 이해 속에서 자연의 역할과 자리는 무엇인지를 새로운 의제로 올렸다. 따라서 파브르가 아주 오래전에 우리에게 문제를 제기한 것처럼, 밀의 기원에 대해서 아는 것만으로는 충분하지 않고, 시간의 흐름 속에서 인간 사회와 자연계와 관련해서 먹거리 생산의 더 넓은 차원들을 이해하는 것이 필요하다.

주

1. 이 논문의 저자는 세심한 편집과 보완할 추가 자료의 제시, 그리고 이 장의 초점과 해석에 매우 유용하고 박식한 아이디어의 재공에 힘써준 옥스퍼드 핸드북 편집자 제프리 필처에게 고마움을 전한다. 파브르가 한 말은 다음에서 인용. John T. Schlebecker, *Whereby We Thrive: A History of American Farming, 1607-1972*(Ames: Iowa State University Press, 1975), 1.

2. 미국의 농업역사학회Agriculture History Society는 1919년 창립했고 그 학회지(《Agricultural History》)는 1927년부터 논문을 게재해왔다. 유럽에서 농촌사는 특히 영국농업역사학회British Agricultural History Society(1952년 설립)와 그 학회지(《Agricultural History Review》)를 통해 광범위한 인기를 계속해서 유지하고 있다.

3. 이 분야의 기원과 발전에 대한 개요와 분석에 관해서는 다음을 보라. Richard White, "American Environmental History: The Development of a New Historical Field," *Pacific Historical Review* 54, no. 3(August 1985): 297-335; Donald Worster, "Doing Environmental History," in *The Ends of the Earth: Perspectives on Modern Environmental History*, ed. Donald Worster(Cambridge: Cambridge University Press): 289-307; J. Donald Hughes, "Global Dimensions of Environmental History," *Pacific Historical Review* 70, no. 1(Feb. 2001): 91-101; Richard White, "Environmental History: Watching a Historical Field Mature," *Pacific Historical Review* 70, no. 1(February 2001): 103-111; and J. R. McNem, "Observations on the Nature and Culture of Environmental History," *Environment and History* 42, no. 4(December 2003): 5-43.

4. 이것들은 한 중요한 원탁회의에서 내린 결론들이었다. "Working Fertile Ground: Environmental and Agricultural History in the New Millennium," at the Western History Association annual conference in St. Louis, Missouri, on October 12, 2006. 이날 회의에 참석한 사람들은 클레어 스트롬Claire Strom, 도널드 워스터, 도널드 피사니Donald Pisani, 데버라 피츠제럴드Deborah Fitzgerald, 마크 피게Mark Fiege, 더글러스 헬름스Douglas Helms이었다.

5. Jason Clay, *World Agriculture and Environment: A Commodity-by-Commodity Guide to Impacts and Practices*(Washington, DC: Island Press, 2004), 2, 3, 13.

6. I. G. Simmons, *Global Environmental History*(Chicago: University of Chicago Press, 2008).

7. Leslie C. Aiello and Peter Wheeler, The Expensive-Tissue Hypothesis: The Brain and the Digestive System in Human and Primate Evolution," *Current Anthropology* 36, no. 2(April 1995): 199-221; Martin Jones, *Feast: Why Humans Share Food*(Oxford: Oxford University Press, 2007), 79-87; Richard Wrangham, *Catching Fire: How Cooking Made Us Human*(New York: Basic Books, 2009). [한국어판. 리처드 랭엄 지음, 조현욱 옮김, 《요리 본능: 불, 요리, 그리고 진화》, 서울: 사이언스북스, 2011]

8. 개요로는 다음을 보라. Patrick Manning, *Migration in World History*(New York: Routledge, 2005).

9. 더 상세한 논의는 다음을 보라. Vine Deloria, Jr., "Low Bridge-Everybody Cross," in *Red

Earth, White Lies: Native Americans and the Myth of Scientific Fact(New York: Scribner, 1995), 67-92.

10. Clive Ponting, *A Green History of the World: The Environment and the Collapse of Great Civilizations*(New York: Penguin Books, 1991), 19-23 [한국어판. 클라이브 폰팅 지음, 이진아 옮김, 《녹색세계사》, 서울, 그물코, 2010(개정판)]; Alan K. Outram, "HunterGatherers and the First Farmers: The Evolution of Taste in Prehistory," in *Food: The History of Taste*, ed. Paul Freedman(Berkeley: University of California Press, 2007), 35-61.

11. Graeme Barker, *The Agricultural Revolution in Prehistory: Why Did Foragers Become Farmers?*(Oxford: Oxford University Press, 2006), 396.

12. Richard White and William Cronon, "Ecological Change and Indian-White Relations," in *Handbook of North American Indians*, vol. 4, *History of Indian-White Relations*, ed. William C. Sturtevant(Washington: Smithsonian Institution, 1988), 417.

13. 이 논쟁적 이론의 최초 전개는 다음을 보라. Paul S. Martin, "Prehistoric Overkill," in *Pleistocene Extinctions: The Search for a Cause*, ed. P. S. Martin and E. H. Wright, Jr.(New Haven: Yale University Press, 1967), 75-120. 또한 다음을 보라. Donald K. Grayson and David J. Meltzer, "A Requiem for North American Overkill," *Journal of Archaeological Science* 30 (2003): 585-593. 환경에 대한 원주민들의 믿음과 관련해서는 다음을 보라. Raymond Pierotti and Daniel R. Wildcat, "Being Native to This Place," in *American Indians in American History, 1870-2001: A Companion Reader*, ed. Sterling Evans(Westport, CT: Praeger Publishers, 2002): 3-16.

14. I. G. Simmons, *Global Environmental History*, 4.

15. Clive Ponting, *A Green History of the World: The Environment and the Collapse of Great Civilizations*, 33.

16. I. G. Simmons, *Global Environmental History*, 5; Stephen J. Pyne, *World Fire: The Culture of Fire on Earth*(Seattle: University of Washington Press, 1995), 11-12.

17. Joachim Radkau, *Nature and Power: A Global History of the Environment*(New York: Cambridge University Press, 2008), 42. [한국어판. 요아힘 라트카우 지음, 이영희 옮김, 《자연과 권력: 인간과 자연, 갈등과 개입 그리고 화해의 역사Natur und Macht: eine Weltgeschichte der Umwelt》, 서울: 사이언스북스, 2012]

18. I. G. Simmons, *Global Environmental History*, 26, 27.

19. Marshall Sahlins, "The Original Affluent Society," in *Stone Age Economics*(Chicago: Aldine Publishing Co, 1974), 1-39. [한국어판. 마셜 살린스 지음, 박충환 옮김, 《석기시대 경제학: 인간의 경제를 향한 인류학적 상상력》, 파주: 한울아카데미, 2014]

20. Richard H. Steckel and Jerome c. Rose, ed., *The Backbone of History: Health and Nutrition in the Western Hemisphere*(Cambridge: Cambridge University Press, 2002); Martin Jones, *Feast: Why Humans Share Food*, 170-175; Graeme Barker, *The Agricultural Revolution in Prehistory*, 4-9.

21. I. G. Simmons, *Global Environmental History*, 53-54.

22. Dolores R. Piperno and Deborah M. Pearsall, *The Origins of Agriculture in the Lowland*

Neotropics(San Diego: Academic Press, 1998); Graeme Barker, *The Agricultural Revolution in Prehistory*, 104-148, 182-230.

23. Graeme Barker, *The Agricultural Revolution in Prehistory*, 221-222, 320-323, 412.

24. Otto T. Solbrig and Dorothy J. Solbrig, *So Shall You Reap: Farming and Crops in Human Affairs*(Washington: Island Press, 1994), 17-18.

25. Martin Jones, *Feast: Why Humans Share Food*, 142-149.

26. Jared Diamond, *Guns, Germs, and Steel: The Fates of Human Societies*(New York: Norton, 1999), 105-106. [한국어판. 재러드 다이아몬드 지음, 김진준 옮김, 《총 균 쇠: 무기·병균·금속은 인류의 운명을 어떻게 바꿨는가》, 서울: 문학사상, 2013(개정증보판)]

27. Clive Ponting, *A Green History of the World: The Environment and the Collapse of Great Civilizations* 26-35.

28. Frederick E. Zeuner, *A History of Domesticated Animals*(New York: Harper and Row, 1963); Carl O. Sauer, *Agricultural Origins and Dispersals: The Domestication of Animals and Foodstuffs*(Cambridge, MA: MIT Press, 1969); Laurie Winn Carlson, *Cattle: A Social History*(Chicago: Ivan Dee, 2001), 18-46; Kenneth F. Kiple and Kriemhild Conee Ornelas, eds., *The Cambridge World History of Food*, 2 vols.(Cambridge: Cambridge University Press, 2000)

29. Laurie Winn Carlson, *Cattle: A Social History*, 18-20; Jared Diamond, *Guns, Germs, and Steel: The Fates of Human Societies*, 167.

30. Carl O. Sauer, *Agricultural Origins and Dispersals: The Domestication of Animals and Foodstuffs*, 86; Laurie Winn Carlson, *Cattle: A Social History*, 19-20.

31. Frederick E. Zeuner, *A History of Domesticated Animals*, 35; Laurie Winn Carlson, *Cattle: A Social History*, 21.

32. Otto T. Solbrig and Dorothy J. Solbrig, *So Shall You Reap: Farming and Crops in Human Affairs*, 14-15, 19, 28.

33. Joachim Radkau, *Nature and Power: A Global History of the Environment*, 41-45.

34. Karl Wittfogel, *Oriental Despotism: A Comparative Study of Total Power*(New Haven: Yale University Press, 1957). [한국어판. 칼 A. 비트포겔 지음, 구종서 옮김, 《東洋的 專制主義: 總體的 權力의 比較研究》, 서울: 법문사, 1991] 미국의 환경사학자 도널드 워스터는 다음에서 "수력사회hydraulic societies"라는 개념을 적용했다. *Rivers of Empire: Water, Aridity, and the Growth of the American West*(New York: Oxford University Press, 1985).

35. S. H. Katz, M. L. Hediger, and L. A. Valleroy, "Traditional Maize Processing Techniques in the New World," *Science* 184(1974): 765-773.

36. Clive Ponting, *A Green History of the World: The Environment and the Collapse of Great Civilizations*, 68-87, 160-193; I. G. Simmons, *Global Environmental History*, 90-97; Joachim Radkau, *Nature and Power: A Global History of the Environment*, 71-77.

37. Stuart Banner, *Possessing the Pacific: Land, Settlers, and Indigenous People from Australia to Alaska*(Cambridge, MA: Harvard University Press, 2007), 55.

38. Alfred W. Crosby, Jr., *The Columbian Exchange: Biological Consequences of*

1492(Westport, CT: Greenwood Press, 1972) [한국어판. 앨프리드 W. 크로스비 지음, 김기윤 옮김, 《콜럼버스가 바꾼 세계: 신대륙 발견 이후 세계를 변화시킨 흥미로운 교환의 역사》, 서울: 지식의숲, 2006]; Alfred W. Crosby, Jr., *Ecological Imperialism: The Biological Expansion of Europe, 900-1900*(New York: Cambridge University Press, 1986); Elinor G. K. Melville, *A Plague of Sheep: Environmental Consequences of the Conquest of Mexico*(New York: Cambridge University Press, 1994); James C. McCann, *Maize and Grace: Africa's Encounter with a New World Crop, 1500-2000*(Cambridge, MA: Harvard University Press, 2005).

39. Eric R. Wolf, *Europe and the People without History*(Berkeley: University of California Press, 1997), 310-346, 315 [한국어판. 에릭 R. 울프 지음, 박광식 옮김, 《유럽과 역사 없는 사람들: 인류학과 정치경제학으로 본 세계사 1400~1980》, 서울: 뿌리와이파리, 2015]; Otto T. Solbrig and Dorothy J. Solbrig, *So Shall You Reap: Farming and Crops in Human Affairs*, 143-161.

40. Philip D. Curtin, *The Rise and Fall of the Plantation Complex*(Cambridge: Cambridge University Press, 1998).

41. Eric R. Wolf, *Europe and the People without History*, 315.

42. Sidney W. Mintz, *Sweetness and Power: The Place of Sugar in Modern History*(New York: Viking, 1985) [한국어판. 시드니 민츠 지음, 김문호 옮김, 《설탕과 권력》, 서울: 지호, 1997]

43. Richard P. Tucker, *Insatiable Appetites: The United States and the Ecological Degradation of the Tropical World*(Berkeley: University of California Press, 2000); Reinaldo Funes Monzote, *From Rainforest to Cane Field: An Environmental History since 1492*, trans. Alex Martin(Chapel Hill: University of North Carolina Press, 2008); John Soluri, *Banana Cultures: Agriculture, Consumption, and Environmental Change in Honduras and the United States*(Austin: University of Texas Press, 2005)

44. Eric R. Wolf, *Europe and the People without History*, 315.

45. Terence K. Hopkins and Immanuel Wallerstein, "Commodity Chains in the World Economy Prior to 1800," *Review* 10, no. 1(1986): 151-70; Steven Topik and Allen Wells, eds., *The Second Conquest of Latin America: Coffee, Henequen, and Oil during the Export Boom, 1850-1930*(Austin: University of Texas Press, 1998).

46. Immanuel Wallerstein, *The Modern World-System*, vol. 1, *Capitalist Agriculture and the Origins of the European World Economy in the Sixteenth Century*(New York: Academic Press, 1974). [한국어판. 이매뉴얼 월러스틴 지음, 나종일 외 옮김, 《근대세계체제 1: 자본주의적 농업과 16세기 유럽 세계경제의 기원》, 서울: 까치, 2013(제2판, 전 4권)]

47. Sterling Evans, *Bound in Twine: The History and Ecology of the Henequen-Wheat Complex for Mexico and the American and Canadian Plains, 1880-1950*(College Station: Texas A & M University Press, 2007).

48. Rory Miller and Robert Greenhill, "The Fertilizer Commodity Chains: Guano and Nitrate, 1840-1930," in *From Silver to Cocaine: Latin American Commodity Chains and the Building of the World Economy, 1500-2000*, ed. Steven Topik, Carlos Marichal, and Zephyr Frank(Durham: Duke University Press, 2006), 228-270.

49. Vaclav Smil, *Enriching the Earth: Fritz Haber, Carl Bosch, and the Transformation of*

World Food Production(Cambridge, MA: MIT Press, 2001)

50. John Richards, "Global Patterns of Land Conversion," *Environment* 26(November 1984), 6-13, 34-38; Donald Worster, *The Ends of the Earth*, 15.

51. William Cronon, "A Place for Stories: Nature, History, and Narrative," *The Journal of American History* 78, no. 4(March 1992): 1347-1376.

52. Donald Worster, *Dust Bowl: The Southern Plains in the 1930s*(New York: Oxford University Press, 1979), 94.

53. Aldo Leopold, *A Sand County Almanac*(1949; repr., New York: Ballantine, 1990), 15 [한국어판. 알도 레오폴드 지음, 송명규 옮김, 《모래 군(郡)의 열두 달: 그리고 이곳 지곳의 스케치》, 서울: 따님, 2000]; Donald Worster, *Dust Bowl*, 93. For an alternate view, see Geoff Cunfer, *On the Great Plains: Agriculture and Environment*(College Station: Texas A & M University Press, 2005).

54. 예컨대 다음을 보라. Norman Wirzba, ed., *The Essential Agrarian Reader: The Failure of Culture, Community, and the Land*(Washington, DC: Shoemaker and Hoard, 2003).

55. 예컨대 다음을 보라. Andrew Kimbrell, ed., *The Fatal Harvest Reader: The Tragedy of Industrial Agriculture*(Washington, DC: Island Press, 2002); Eric Schlosser, *Fast Food Nation: The Dark Side of the All-American Meal*(New York: Houghton Mifflin, 2001). [한국어판. 에릭 슐로서 지음, 김은령 옮김, 《패스트푸드의 제국》, 서울: 에코리브르, 2001]

13장

역사 기록물로서의 요리책
Cookbooks as Historical Documents

켄 알바라 Ken Albala

역사학자들은 요리책[조리서]을 여타의 과거 기록물을 다룰 때와 똑같은 방식으로 중요한 1차자료 문서로서 취급한다. 1차자료는 과거에 누군가가 직접 작성한 텍스트인 반면에, 2차자료는 1차자료에 역사학자들이 주석을 달아놓은 것이다. 우리가 분석하는 요리책은 필사본 형태일 수도 인쇄본 형태일 수도 있고, 원본 상태일 수도 복제본 상태일 수도 있으며, 현대 편집 버전일 수도 오늘날 점점 늘고 있는 온라인 전자책 버전일 수도 있다. 원본 문서를 다루는 것이 확실히 여러 장점이 있는데, 주로 (서지 간행 이력과 다양한 판본을 추적하는) 서지학bibliography적 측면에서 그렇다. 그러나 대개는 복사 자료만으로도 충분하다. 옮겨 적거나 번역한 문서는 원본과 다르게 중대한 변형이 이루어졌을 수 있다. 철자를 현대화했거나 심지어 오늘날 주방의 용어로 "고쳐 쓴adapted" 경우에 그것은 과거 기록물로서 실질적 쓸모가 없다. 필사본이나 인쇄본의 원본을 그대로 복사했다면 원본이 아니더라도 그것으로 충분하다.

필사본이든 인쇄본이든 100년도 넘은 옛 요리책의 원본은 대개 희귀장서실에 보관되거나 특수소장품으로 취급받기 마련이며, 책에서 참조할 정보를 찾는 것도 해당 보관 장소에서만 가능하지 책의 반출은 불가능하다. 거의 모든 대학이 옛 요리책들을 일부 보유하고 있지만, 자료를 잘 갖추고 있는 곳은 [미국] 래드클리프대학 슐레진저도서관, 미시건대학 클레멘츠도서관, 뉴욕과 로스앤젤레스 공립도서관 정도가 손꼽을 만하다. 사실상 오늘날 모든 도서관에는 온라인 도서목록이 있다. 특정한 책이 어디 있는지 찾는 데는 월드캣WorldCat 서지데이터베이스가 매우 유용하다. 새로 찍은 요리책들은 온라인에서 쉽게 구입할 수 있고 도서관에서도 금방 빌려 볼 수 있다. 프로스펙트 북스, 아르날도 포르니, 애플우드, 사우스오버처럼 그러한 자료들을 전문으로 찍어내는 출판사도 많다. 처음에 그런 책들이 무엇인지 알고 싶은 사람은 조르주 비케르Georges Vicaire의 권위 있는 《미식서지학Bibliographie Gastronomique》이나 캐서린 골든 비팅Katherine Golden Bitting의 《미식서지학Gastronomic Bibliography》 같은 참고문헌 목록서를 참조하면 된다. 개별 국가 및 시대를 다루는 더욱 세분화된 서지학 자료로는 바버라 페레Barbara Feret 의 《미식과 요리 문헌Gastronomical and Culinary Literature》과 윌리엄 캐글William Cagle의 《1739~1950년 미국의 음식 관련 책American Books on Food and Drink 1739-1950》이 있다.

역사적으로 중요한 요리책들이 복제되거나 일부 수정된 형태로, 때로는 다른 국가 언어로 번역되어 웹사이트에 올라오는 경우가 많아지고 있다. 구글북스의 상세검색 기능을 포함한 구글 검색은 맞춤한 출발점이고, 미시건주의 피딩아메리카Feeding America 사이트, 바르셀로나의 폰스그레웨Fons Grewe 사이트, 프랑스국립도서관 디지털 사이트 갈리카Gallica도 마찬가지다. 당신이 다니는 대학이 가입되어 있다면, 얼리잉글리시북스온라인Early English Books Online에서 역사적으로 중요한 요리책을 수십 권 발견할 수 있을 것이다. [독일 독문학자] 토마스 글로닝Thomas Gloning의 웹사이트 또한 중세와 근세의 요리책 수십 권을 연결해놓고 있다.

예상할 수 있듯이, 사람들이 자기가 사는 현재를 더 면밀하게 접근할수록 역사적 자원은 더욱 풍부해진다. 어떤 문화에서는 요리 관행에 대한 아무 문서 기록도 남아 있지 않다. 그럼에도, 고대 메소포타미아 것으로는 설형문자楔形文字 [쐐기문자]coneiform로 조리법을 기록한 점토판들([프랑스 역사학자] 장 보테로Jean Bottéro 편집)이, 고대 그리스 것으로는 여러 요리책의 많은 단편(예컨대 [고대 그리스의 시인이자 미식가] 아르케스트라토스Archestratus의 요리책)이, 고대 중국과 로마(아피키우스가 쓴 것으로 추정) 것으로는 완벽한 요리책들이 발굴되었다. 중세 이슬람, 유럽, 아시아의 요리책 수십 권이 현존하며, 그 수는 세월이 흐를수록 점점 늘어난다. 오늘날 역사학자들은 아주 작은 공동체의 요리책과 개인의 조리법 파일에서부터 여러 차례 증보판을 낸 엄청나게 인기 있는 요리책에 이르기까지 언제든지 각종 정보를 찾기 위해 참조할 요리책이 그야말로 수십만 권이나 있다. 아주 오래된 요리책들의 경우, 그것들이 대개 최고 지배층을 위한 것이었다는 사실은 매우 주목할 만하다. 당시에 글을 읽고 쓸 수 있었던 사람은 매우 드물었다는 점에서다. 최근으로 올수록 요리책을 읽을 수 있는 사람들의 범위는 점점 더 넓어졌다. 고대와 중세의 텍스트들은 대개 궁정 사람들을 위해 쓰였다. 근세에 와서는 도시와 농촌의 중간 사회계층도 그와 같은 책을 접할 수 있었고, 19세기 경에는 노동계급과 이주민, 여기에 더해 상대적으로 가난에 시달리는 사람들도 독자층에 포함되었다.

요리책이 음식사 연구를 위한 유일한 1차자료가 아니라는 사실 또한 짚고 넘어가야 할 사항이다. 요리책 말고도 대개 세금 또는 법률 관련 기록, 무역수지, 유언장, 일기, 인구조사 자료, 이뿐 아니라 소설과 그림에서 나온 증거들이 음식사 연구의 보완 자료로 중요한 구실을 한다. 또한 식이요법책, 농사 자료, 약초 의학서, 급식 지침서 같은 음식과 관련된 보조 문헌도 수많이 있다. 이 자료들에는 대개 풍부하고 자세한 정보가 수록되어 있지만, 여기서는 요리 하나에만 초점을 맞출 것이다.

역사학자는 요리책을 볼 때도 다른 역사적 문서를 볼 때와 마찬가지로 가능하면 그것의 출처와 목적에 관해 다섯 가지 기본 질문을 던지려고 해야 한다. 그 요리책을 쓴 사람이 누구인가? 어떤 사람들을 대상으로 그 책을 썼는가? 그 책은 어디서, 그리고 언제 발간되었는가? 왜 그 책을 썼는가? 아주 쉬운 질문들 같지만 늘 그런 것은 아니다. 일부 요리책 특히 필사본이나 고판본(초기에 인쇄된 책)들은 저자가 익명이고 복제 또는 인쇄 일시도 모르는 경우가 허다하다. 16세기 중엽부터 현재까지 그와 같은 정보는 대개 책의 속표지나 판권에 수록되는 것이 보통이지만, 요리책은 판본이 여럿일 수 있음을 늘 염두에 두어야 한다. 정보가 판본마다 크게 다를 수 있음을 잊지 말아야 한다는 것이다. 자료가 다른 요리책 내용을 그대로 무단복제한 것일 수도 있고 약간 각색하거나 다른 말로 바꿔 썼을 수도 있다. 그래서 역사학자들은 요리책에 실린 조리법이 그 책의 발간일이나 필사본 원고에 기재된 날짜에 바로 기록된 것이라고 쉽게 단정해서는 안 된다. 내용 표절을 규제하는 법이 없던 시절에 쓰인 조리법은 매우 최근까지도 요리책 저자가 다른 텍스트를 베끼거나 다른 요리사에게 배운 내용을 기록한 것일 수 있다고 가정하는 것이 안전하다. 이와 같은 현상은 어쩌면 오늘날 우리가 인정하고 싶은 것보다 훨씬 더 일반적일지도 모른다. 이는 역사학자들이 이제는 더 이상 어떤 특정 요리를 특정한 시기와 장소에 정확하게 일치시키기 어렵다는 것을 의미한다. 또한 어떤 조리법은 인쇄되어 책으로 나오기 전에 이미 사용되고 있었다고 보는 것이 대체로 무난하다. 더 최근에 나온 요리책들의 경우, 의식적으로 새로운 요리들을 개발하고 저작권을 등록하기도 하지만, 그것들도 마찬가지로 앞의 경우처럼 생각하는 것이 안전하다.

어쩌면 여기서 배울 수 있는 가장 중요한 교훈은 사람들이 특정한 시기와 장소에서 무엇을 먹었는지 정확하게 기술한 요리책은 극히 드물다는 사실이다. 요리책은 대개 규범적 문헌이라서 사람들이 갈망하는 것 또는 실제 요리 관행보다는 저자가 독자들에게 알리고 싶은 것을 반영하기 마련이다. 게다가 옛날의 요리책도 오늘날의 요리책과 마찬가지로 안락의자에 앉아 있는 요리사들의 책 다시 말해 실제로 음식을 조리하는 사람들을 위한 지침서라기보다는 재미로 읽는 책인 경우가 많았다. 대부분의 요리책 특히 아주 옛날 요리책들은 서재에 보관되어 있었을 것이다. 신분이 낮은 요리사들이 탐독하기보다는 학식 있는 지배층이 그것을 주로 읽었기 때문이다. 하지만 그렇다고 해서 요리책들이 역사 기록물로서 가치가 떨어지는 것은 아니다.

이처럼 주의해야 할 점들 때문에 역사학자들이 옛날의 조리법을 오늘날 구현하지 못할 까닭은 없다. 옛날 악기들로 연주되는 심포니를 듣거나 미술관에서 오래된 그림을 관람할 때 거기에서 느끼는 것이 있는 것처럼, 옛날 조리법대로 조리된 음식을 맛볼 때도 느끼고 배울 수 있는 것이 있다. 옛날 사람들이 좋아하는 맛에 대한 심미적 가치는 실제로 오늘날 사람들의 그것과 매우 다르다. 사람들이 옛날에 즐겼던 어떤 식재료가 오늘날에는 아주 끔찍하게 생각하는 것일 수도 있다. 어떤 풍미와 질감은 역겨운 정도는 아닐지라도 기이하게 여겨질 수도 있다.

그러나 그것 때문에 연구를 중단할 정도로 음식사학자들이 소심하지는 않다. 역사학자들은 냄비에 음식을 넣고 끓이는 것보다는 원문 분석을 하는 것에 익숙해 있는 만큼, 그들이 역사적으로 중요한 문헌에 나오는 조리법을 재연하는 연구 방식을 그동안 주저해온 것은 당연한 일이다. 그러나 역사적 재연과 살아 있는 역사 전시는 대개 역사적 현장에서 일반 대중에게 옛날의 조리 기술을 보여주는 아주 좋은 방법이었다. 하지만 오늘날 그와 같은 현장에서 실제로 음식을 활용하는 가장 좋은 방법은 당시에 썼던 장비, 연료, 식재료를 다른 것으로 바꾸거나 각색하지 않고 그대로 쓰는 것이다. 그럼으로써 우리가 배울 수 있는 것은 특정한 조리 과정을 실제로 수행하면서 그 느낌을 체화하고 선조들의 미각이 어떠했는지를 직접 이해할 수 있다는 점이다.

그렇다면, 요리책은 원문 분석을 통해 훈련된 전통적인 역사학자들에게 무엇을 말하는가? 원문에 접근하는 것은 단서를 찾아가는 과정이다. 원문에서 알고 싶은 바를 정확하게 확인하는 것이 무엇보다 중요하다. 요리사학자들은 특정한 시대에 어떤 종류의 요리가 인기 있었거나 흥미로웠는지에 관심이 있을 수 있다. 음식에 대한 선호, 상차림과 식사 대접 방식, 식탁예절과 식사 시간 따위의 변화는 모두 옛날 요리책에서 얻을 수 있는 중요한 정보 형태다. 다시 한 번 말하지만, 이와 같은 유력한 증거들은 당시의 조리 방식을 그대로 나타낸 것이 아니라 저자가 독자들에게 알리고 싶은 것을 반영한 규범적 내용임을 잊지 말아야 한다. 직접 증거를 다룰 때, 역사학자는 유물 파편이 묻힌 구덩이를 파헤치는 고고학자, 식물 화석을 면밀하게 살피는 식물학자, 여기에 더해 유골 잔해를 보고 —때로는 미라의 위 안에 든 내용물을 살필 때도 있다— 그 사람의 식이 형태를 설명할 줄 아는 고古영양학자paleonutritionist의 자문을 반드시 받아야 한다. 아무리 작은 생물학적 표본이라도 아주 상세한 식이 정보를 설명해줄 수 있기 때문이다. 예컨대 피렌체의 메디치예배당에 안치된 16세기 유해에 대한 검사는 역사학자들이 생각했던 것처럼 귀족들이 평상시에 고기를 많이 섭취했거나와 금식 기간에도 생선을 많이 먹었다는 것을 강력하게 뒷받침해주었다.[1] 따라서 요리책에서 발견되는 기본적인 식이 정보는 단순한 짐작이나 추측이 아니라 당시 사람들의 식사 패턴dietary pattern, 칼로리, 전반적 건강의 역사를 이해하는 데 도움을 줄 수 있다.

드문 경우지만, 역사학자는 요리책을 보다가 거기에 어떤 증거가 될 만한 얼룩들을 발견할 수 있다. 그것은 화학적 분석을 통해 누군가가 적어도 한두 번은 요리책에 나온 조리법대로 음식을 조리했다는 직접적 증거가 될 수도 있다. 요리책에서 그런 얼룩보다 더 자주 발견되는 것은 책 여백에 씌어 있는 글들인데, 때로는 이러한 글들이 요리책에서 발견된 가장 중요한 정보일 수도 있다. 아주 사소한 평가 한마디, 조리법에 대한 정정이나 부언 같은 내용은 누군가가 그 책을 직접 들춰보면서 실제로 조리법에 따라 조리를 했음을 입증해준다. 오늘날 손으로 쓴 조리법 모음집을 연구하는 사람들은 종종 그 조리법을 쓴 사람이 신문이나 통조림 뒷면에 기재된 조리법을 베꼈다는 것을 알고는 낙심한다. 그러나 이는 그 조리법이 사람들의 흥미를 끌었고 실제로 검증된 것일 수 있다는 좋은 증거이기도 하다. 그와 같은 경우에, 그리고 물론 요리책과 관련해서, 우리는 그 텍스트가 실제로 사람들이 식사한 음식을 기술한 것임을 더욱 확신할 수 있다. 특정 공동체의 요리책에 대해서도 똑같이 말할 수 있는데, 그 조리법을 쓴 사람이 최초로 그것을 개발한 당사자는 아닐지라도 개발자와 같은 공동체 소속이라면 문제될 것이 없다.

또 다른 형태의 정보들도 요리책에서 직접 얻을 수 있다. 경제사학자는 특정 시기에 어떤 종류의 소비재가 쓰였는지 보여주기 위해, 또는 어떤 지역의 농장이나 마을에서 어떤 종류의 작물이 생산되었는지 알기 위해, 그저 당시 사용된 식재료 목록을 살펴볼 수도 있다. 일부 수입식품 특히 향신료 같은 것은 오늘날 인도네시아 같은 원산지로부터 수천 마일을 이동해 유럽으로 건너왔다. 요리책에 그런 수입식품이 등장했다는 것은 일부 사람이 그것을 식재료로 썼음을 입증하는 근거를 제공한다. 육지로 둘러싸인 지역에서 발간된 책에 해산물 같은 식재료가 나온다면, 당시에 국내 교역망이 활발하게 작동하고 있었음을 확인할 수 있다. 때로는 요리책에 물가 정보가 나오기도 하는데, 이것은 역사학자들이 당시의 생계비와 인플레이션 상황을 재구성하는 데 아주 중요한 자료가 될 수 있다. 그리고 특정한 식재료가 새롭게 등장하는 것만으로도 역사적으로 커다란 영향을 끼친다. 일례로, 17세기 말 [이탈리아 요리사] 안토니오 라티니Antonio Latini의 《오늘날의 급사장Lo Scalco alla Moderna》에 나오는 최초의 토마토소스 조리법이 바로 그러하다.

물질문화나 기술을 연구하는 역사학자는 각종 조리법에 기술된 주방용품과 조리 방식을 자세히 살펴보고 나서, 특정한 시기에 적어도 어떤 일부 사람들이 구해서 사용했을 도구들이 어떤 종류가 있었는지 꽤 정확하게 설명할 수 있다. 예컨대 어떤 시기에 화덕에서 조리하는 사람은 충분한 화목을 사서 쓸 수 있을 정도로 상당한 부와 능력의 소유자였음을 의미한다. 하지만 이는 다른 시기에는 무쇠 난로에 넣을 석탄을 살 수 있는 능력의 문제가 될 수 있고, 또 다른 시기에는 단순히 전기료를 지불할 수 있느냐 없느냐의 문제로 귀결된다. 우리는 요리책을 통해 이처럼 다양한 방식으로 정보를 곧바로 읽어낼 수 있다.

그러나 역사학자는 말하자면, 요리나 물질문화와 직접적으로 관련이 없지만, 젠더 역할, 계급, 민족성, 인종 문제를 다루는 질문에 답하기 위해 조리법 행간의 의미를 찾아낼 수도 있다. 여기에 더해 정치, 종교, 세계관 같은 주제들이 요리책에 쓰인 메모들에 모습을 드러낼 때도 있고 때로는 아주 간단하게 보이는 조리법에 숨겨져 있을 때도 있다. 아주 가치 있는 요리책이나 그와 관련된 요리 문서들은 우리가 이른바 완벽하게 음식 이데올로기food ideology라고 부를 수 있는 것을 담고 있을 때도 있다. 이는 더 커다란 심미적, 정치적, 사회적 사고방식을 구성하는 세계관을 의미한다. 예컨대 채식주의자 요리책은 인간이 동물과 맺는 관계와 관련해 특별한 윤리적 태도를 제공한다. 식이요법 요리책은 아름다움과 몸에 대한 저자의 생각과 사회가 비만을 어떻게 보는지에 대한 정보도 제공한다. "빠르고 간편한" 요리책은 사람들의 평범한 일상과 부모가 모두 일하고 직장에 다니는 맞벌이 가정에서 신봉하는 가치들에 대해 솔직하고 상세한 정보를 제공할 수도 있다. 이러한 음식 이데올로기는 또한 그 요리책을 읽는 사람이 책에 나온 조리법을 따른다면 그에게 어떤 변화를 약속하는 식사 방식을 의미할 수도 있다. 예컨대 그렇게 식사를 하면 살이 빠지고 더욱 매력적인 사람이 되어서 어쩌면 사랑하는 연인을 만나게 될지도 모른다. 간편하게 조리할 수 있다면, 그는 날마다 음식을 만드는 고되고 단조로운 노동에서 벗어나 아이들과 자유로운 시간을 누리고 가정의 행복을 발견할 것이다. 이와 같은 식으로 음식 이데올로기는 어찌 보면 정치 이데올로기나 종교 이데올로기와 매우 비슷하다. 그것은 더욱 좋고 만족스러운 삶, 도덕적 청렴, 더 나아가 주인의 요리 솜씨에 대한 손님들의 존중과 그에 따른 사회적 지위의 상승을 사람들에게 약속하기 때문이다.

그러나 이처럼 더 웅장한 질문으로 뛰어들기 전에, 요리책에 담긴 정보를 맥락에 따라 이해하기 위해서는 먼저 다섯 가지 기본 질문에 방법론적으로 어떻게 다가갈지가 중요하다. 어떤 한 시기의 상세한 정보는 다른 시기에는 매우 다른 어떤 것을 의미할 수 있다. 예컨대 14세기에 설탕이 들어가는 조리법은 상당한 부를 의미하는데, 설탕이 매우 비싸고 구하기 어려운 식재료였기 때문이다. 그러나 19세기에는 설탕이 매우 싸져서 산업화된 국가에서는 일반 대중도 쉽게 설탕을 사 먹을 수 있었고, 이에 설탕의 의미도 전과는 많이 달라졌다. 처음부터 다짜고짜 닭을 잡으라고 지시하는 조리법은 그 요리책의 독자가 누구인지에 대한 힌트를 제공한다. 그 조리법은 닭 잡는 법을 자세하게 설명하지 않아도 무슨 말인지 금방 이해할 수 있는 시골 사람을 대상으로 쓴 것임을 알 수 있다는 말이다. 따라서, 앞서 말한 다섯 가지 기본 질문에 대한 답을 찾으려고 애쓰기 전에, 먼저 그 요리책과 관련된 시기와 장소에 대한 정보를 수집하는 것이 중요하다.

이를테면, 그 요리책은 누가 썼는가?라는 질문은 저자의 이름보다 다음 같은 사항을 먼저 묻는 것이 중요하다. 저자가 전문 요리사였는가, 가정주부였는가? 저자가 취미로 요리책을 읽는 독자들을 위해 글을 쓴 아마추어 요리사였는가, 실제로 조리 기술을 갖춘 진짜 요리사였는가? 무엇보다도 저자가 남자였는가, 여자였는가? 이처럼 저자에 대해 먼저 생각하는 것은 —저자 정보는 대부분 서문에 나오기 마련이다— 대개 나머지 다른 질문들을 던지기 위한 가장 좋은 방법이다. 일례로, 저자가 17세기 영국의 케넬름 딕비 경Sir Kenelm Digby처럼 궁정과 관련된 일에 대해 말하는 귀족 신분 곧 유사의학적 효능을 지닌 알코올성 음료, 과일설탕조림, 사탕을 만드는 다양한 조리법을 제공하는 귀족이라면, 그들이 쓴 요리책의 독자는 저자와 같은 신분이거나 적어도 그와 같은 신분에 오르고 싶어 하는 사람들일 가능성이 크다고 당연히 추론할 수 있다. 딕비는 실제로 유명 과학자이며 그의 조리법에 나오는 주방용품들은 일반 가정에서 감히 장만하기 어려운 비싼 것들이었다. 그가 쓴 요리책으로 추정되는 《케넬름 딕비 경의 찬장을 열다The Closet of Sir Kenelm Digby Opened》(여기서 찬장은 비밀 실험 주방을 의미한다)는 집에서 가족들을 위해서가 아니라 여가를 즐기기 위해 조리를 하는 독자들을 위한 것이었다. 딕비의 조리법은 또한 그가 유럽대륙과 밀접한 관련성이 있고, 특별히 이탈리아풍의 요리를 좋아하며, 가톨릭 국가인 스페인과 빈번하게 전쟁을 벌이는 개신교 국가의 가톨릭 신자로서 그의 명성을 보여준다. 이와 같은 경우에 저자는 자신이 저술한 요리책에 나오는 조리법과 그것의 의미를 해석할 수 있는 가장 많은 실마리를 제공하는 당사자다.

마찬가지로, 20세기 초 수십 년 동안 여러 판본으로 출간된 패니 파머Fanny Farmer*의 《보스턴 요리학교 요리책Boston Cooking-School Cook Book》을 보면, 저자가 조리법을 예측가능하고 신뢰할 수 있는 결과를 내놓기 위해 반드시 준수해야 하는 과학적 절차로 생각하는 유명 요리학교의 운영자였음을 알 수 있다. 그 요리책은 자기 집 주방을 합리적으로 개선하기 위해 똑같은 원칙을 적용하도록 교육받은 일반 가정주부들에게 그러한 조리 방식을 제공한다. 이 이후로 [식재료] 표준량, 조리 시간, 조리 순서가 요리책에 필수로 들어가는 사항이 된 것은 우연이 아니었다. 그러나 요리책의 구성, 목적, 독자들이 기대하거나 바라는 가치를 설명하는 사람은 바로 저자 자신이다. 이 시기에 여성은, 그 여성이라는 말 자체가 모든 의미에서 가정에 속한 사람을 의미했는데, 가정이라는 자신들의 영역을 다른 모든 직장과 마찬가지로 전문적이고 과학적인 것으로 만드는 데 전념했다. 이것은 가정에서 여성들의 자리에 어떤 권위와 중대한 목적의식을 부여했다. 따라서 가사노동은 남성들의 노동과 동등하지는 않지만 한 단계 향상되었고, 그 뒤에 적어도 남성들의 노동과 동등한 수준까지 다가갔다. 여성참정권 운동도 바로 이 몇 년 사이에 가속화하고 있었다. 이 사례에서 요리책은 여성들이 여전히 가정을 벗어나지는 못했지만, 여성의 역할이 새롭게 재정립되고 있었다는 것에 대한 구체적 증거를 제시한다.

두 번째로 답해야 할 질문은 그 요리책을 읽을 독자가 누구냐는 것이다. 이는 매우 간단한 질문이고 책 제목만 보면 금방 알 수 있을 때도 있다. 일례로, 16세기 저자 미상의 《좋은 가정주부의 주방 심부름꾼The Good Housewife's Handmaide for the Kitchen》이나 1961년에 발간된 프랑수아 마시알로François Massialot의 《왕족과 부르주아의 요리Le Cuisinier Roïal et Bourgeois》**²**는 왕이 먹은 요리들이 규모가 축소되어 일반 도시 가정과 소수의 손님들에게 대접할 수 있는 실용적 상차림이 되었음을 명확하게 설명해준다. 또한 1861년 찰스 엘므 프란차텔리Charles Elmé Francatelli

---

* 미국의 요리 전문가이자 요리 작가(1857~1915). 소금 "소량" 대신 소금 "3분의 1 티스푼"식으로 주방의 계량법을 표준화·합리화했다.

의 《노동계급의 소박한 요리책A Plain Cookery Book for the Working Classes》은 힘든 노동을 하는 몸에 충분한 영양을 공급하기 위해 실속 있는 음식 공급이 필요한데, 빠듯한 살림에 최소한의 주방용품으로 요리를 해야 하는 가구를 대상으로 한 요리책임을 아주 명확히 한다.[3] 그것은 또한 어린 나이에 공장에 떠밀려 들어간 여성 노동자들이 기본적인 요리 기술도 엄마에게 전수받지 못했을 수 있음을 시사해준다. 빅토리아 여왕의 요리사였던 프란차텔리가 이런 싸구려 작은 판형의 책을 쓴 것은 일종의 자선 행위에 틀림없다. [프랑스 출신의 요리사] 알렉시 스와예Alexis Soyer의 《대중을 위한 한 푼짜리 요리책Shilling Cookery for the People》[1854]처럼, 이 최고의 스타 요리사는 국민들을 위해 아주 싼값으로 자신의 재능을 나누어주고 있다. 스와예는 또한 책 수익금의 많은 부분을 자선 사업에 기부하기도 했다.

그러나 때로는 독자와 목적이 직접적으로 언급되지 않고 세부 내용에서 간접적으로 유추될 때도 있다. 요리책의 판형이 그 좋은 예다. 작고 싼 판형의 책은 일반 대중을 독자로 보고 있는 것이 거의 확실하다. 반면에 거대하고 화려한 장정과 삽화가 들어간 4절판 책은 그럴 가능성이 거의 없다. 최근의 요리책들은 또한 가격을 통해 그것을 판단할 수 있는데, 한 권에 수백 달러나 되는 페란 아드리아Ferran Adrià[1962~]의 요리책이 그 좋은 예다. 이 최고의 [스페인] 스타 요리사가 자신이 경영하는 유명한 레스토랑을 향해 부르는 화려한 찬가는 두둑한 지갑을 가진 그의 열혈 팬들만이 들을 수 있는 것임은 누구나 알 수 있다. 반면에 10달러짜리 작은 페이퍼백 요리책을 찾는 독자들은 그와는 전혀 다른 대중들이다. 책 안의 세부 내용도 대개 그와 같은 사실을 확인해준다. 그러나 여기서 중요한 것은 단순히 저자가 대상으로 삼은 사회계급, 경제계급이 무엇이냐를 지목하는 것이 아니다. 대개 요리책은 동경하는 가치들을 나타낸다. 그 책을 읽을 독자들이 조리하고 싶어 하는 음식의 조리법을 제공하는 것이다. 독자들은 대개 자신이 속한 계급과 그 계급이 공유한 가치들을 뛰어넘어 더 높이 상승하고 싶은 마음에 다른 사람들에게 강렬한 인상을 남길 식재료들을 써서 음식을 만들고 싶어한다. 예컨대 어떤 요리책에 복잡하고 소란스러운 과정 없이 값싼 일반 식재료로 만드는 조리법이 나온다면, 그것은 사회적으로 어떤 경합을 벌일 가능성이 거의 없다. 그러나 식재료가 값비싸고 구하기 어려운 것이라면, 그래서 그것이 정교하거나 우아한 미식 요리를 암시한다면, 그 요리책의 저자는 그 책을 사는 사람들

아마도 그 책을 읽고 음식을 만들 요리사들이 신분이 더 높은 단계로 상승하기를 바라는 사람들이라고 생각한다.

두 아주 다른 사례가 이 점을 잘 예시해줄 것이다. 16세기 이탈리아 페라라Ferrara에 있는 궁정에 사는 공작의 집사였던 크리스토포로 디 메시스부고Christoforo di Messisbugo가 자신이 주재한 대형 연회들의 식탁에 올랐던 음식 목록을 중심으로 요리책을 한 권 썼다. 그 책은 당연히 격조 높고 부유한 궁정 고관대작들을 대상으로 편집되었다. 그래서 각 연회는 참석자가 50명으로 한정되고 그야말로 접시가 수천 개 동원되는 수많은 코스 요리로 구성된다. 또한 세공된 진주와 금으로 만든 잎으로 음식을 장식하기도 한다. 이 책을 읽은 사람이라면 누구든 그 엄청난 낭비에 놀라지 않을 수 없을 것이다. 그러나 스스로 사회적 신분 상승을 통해 귀족에 오른 메시스부고는 자신과 같은 뛰어난 요리 기교를 가진 집사들이 비슷한 규모의 여러 궁정에 많이 있으며, 그들이 뛰어난 연회 관리를 통해 신분 상승의 기회를 도모할 수 있도록 자세하게 자신들을 안내해줄 지침서에 관심이 많다는 것도 아주 잘 이해하고 있다. 이것은 전문가가 전문가를 위해 쓴 출세지향적인 책이다. 그러나 또 한편으로 경쟁 관계에 있는 궁정에 사는 귀족들도 자기가 여는 연회가 유행에 뒤떨어지거나 싸구려처럼 보이는 것을 우려한 나머지 자기네 하인들을 교육시키기 위해 그런 책을 구매하리라는 점 또한 누구든 쉽게 상상할 수 있을 것이다. 이는 귀족들 사이에 서로 뒤지지 않는 화려한 연회를 열려는 경쟁이 사회적 긴장을 불러왔음을 입증하는 것으로, 이 요리책은 바로 그런 긴장을 고조시켰다. 또한 귀족보다 약간 사회적으로 낮은 계급과 돈 많은 상인들이 그와 같은 연회를 모방하면서, 요리책 저자들 사이에 혁신적 조리법 개발 경쟁이 불붙기 시작한다. 그들은 단순히 벼락부자와 갑자기 사회적으로 신분이 상승한 사람들이 귀족처럼 "행세"하는 것을 막기 위해 점점 더 화려하고 돈이 많이 들고 복잡한 조리법들을 개발하지 않을 수 없었다. 다시 말해, 그러한 요리책은 지배층이 당시에 엄청난 사회 불안에 시달렸음을 알려주는 동시에, 당시 사람들의 계급에 따라 법적으로 코스 요리의 종류를 제한하는 사치 규제 제도의 실상도 함께 드러낸다. 이 모든 일들은 예외 없이 늘 거대한 사회적 이동을 수반했다. 따라서 단순히 조리법의 행간을 읽는 것만으로도 과거의 시기와 장소와 당시의 가치들에 대한 깊은 통찰을 얻을 수 있다.

전혀 다른 시기와 장소에서 나타난 작은 요리책이 한 권 있다. 미국의 흑인이 쓴 최초의 요리책으로, 1911년에 발간된 루퍼스 에스테스Rufus Estes의 《맛있는 음식Good Things to Eat》이다.[4] 에스테스는 전문 요리사였다. 당시는 흑인 요리사를 주방에 두는 것이 유행인 시절이었다. 어떤 레스토랑은 이와 같은 사실을 자랑스럽게 외부에 알렸고, 철도회사들은 열차 침대칸에서 시중을 드는 풀먼 포터Pullman Porter로 흑인만을 고용했다. 우리는 미국에서 남북전쟁이 끝나고 오랫동안 많은 흑인이 북부 도시들로 이주했을 때, 백인들이 왜 하인으로 쓸 흑인들을 적극적으로 찾았는지를 짐작만 할 수 있을 뿐이다. 물론 그 이후 한 세기 내내 널리 굳어진 흑인들의 전형적인 모습은 모두 엉클 벤과 앤트 저마이머 같은 이미지였다. 어쨌든 에스테스의 이야기는 태생의 한계를 딛고 일어선 인물의 대표적 사례다. 그는 노예로 태어나서 철도노동자로 일했고 그 뒤에 유력한 철강회사의 전문 요리사가 되었다. 그의 요리책 독자층이 어떤 부류인지는 특정하기 어렵다. 그와 비슷한 처지에 있었던 사람 즉 요리사가 되어 좋은 직장에 취직하고 싶어 하는 사람들이었을 가능성이 클 수 있다. 이 경우에 요리책은 확실히 사회적 신분 상승을 통해 자신이 몸담고 있는 세계와는 다른 세계에서 "성공"하는 법에 대한 책이 되었을 것이다. 그러나 에스테스가 쓴 책의 독자 가운데 십중팔구는 백인이었을 가능성이 높다. 남부의 조리법이 흑인 노예를 부렸던 백인들에게 옛날의 향수를 불러일으키기에 충분했다는 점에서다. 요리사에게, 아마도 하인에게 요리를 시켰을 가능성이 더 컸을 사람들에게, 흑인이 만든 그런 **검증된** 음식은 어느 정도 자신이 그 흑인 노예들과 그들이 만든 음식을 소유하고 있다는 환상을 만들어낸다. 이는 이미 사라지고 없는 세계를 갈망하고 그리워하는 상상에 다름 아니다. 그럼에도 사람들은 한때 진짜 노예였던 한 남자의 조리법을 통해 당시에 먹었던 특정한 식사를 포착해낼 수 있었다.

각종 케저리kedgeree*와 커리curry로 가득한 영국령 인도의 식민지 시대 요리책들은 점심식사를 접시에 담아 날라줄 하인들이 없는 사람들이 탐독했는데, 이는 식민지 지배 시절의 환상을 불러일으키기 위한 한 방법이었다. 비록 나이프와 포

---

* 쌀, 콩, 양파, 달걀 따위를 넣고 양념한 인도 요리. 유럽인들은 생선을 추가하기도 한다.

크를 써서 먹었더라도 말이다. 이국적인 요리책들은 모두 실제로 외국여행을 떠나거나 식민지 경험을 하는 대신에 그곳의 낯선 음식들을 맛보는 것으로 대리만족하는 사람들에게 매력이 있다고 주장하는 사람들도 있다. 이와 같은 요리책들은 다른 나라의 문화적 산물들을 섭취함으로써, 그 나라의 나머지 다른 것들도 모두 자기 것으로 만드는 방법이다. 그리고 다른 사례들에서 보는 것처럼, 그것들은 대개 어떤 음식을 먹기 위해 지구 반대편까지 날아갈 방법이 없는 사람들을 겨냥하기 마련이다. 오늘날 대부분의 요리 잡지들은 기이하고 이국적인 음식을 먹으면서 이런 종류의 환상 여행을 맛보고 사회적 신분 상승의 느낌을 갖게 하는 데 능숙한데, 특히 《미식가》가 대표적이다.

요리책 독자들이 왜 그 책을 읽는지를 생각할 때, 사회적 모방이 유일한 고려 사항은 아니다. 저자의 의도 또한 똑같이 중요하다. 때로는 저자의 의도가 정치적 의제에 따라 달라진다는 것이 아주 명백할 때가 있다. 펠레그리노 아르투시 Pellegrino Artusi가 쓴 고전적인 이탈리아 요리책《주방 과학과 잘 먹는 법La Scienze in Cusina e L'arte di Mangiar Bene》을 예로 들어보자.[5] 책은 1891년에 초판이 출간되었는데, 조리하는 양이 한 가족이 먹을 분량이고, 식재료가 비싸지 않으며, 조리 기술도 복잡하지 않은 것으로 보아 가정주부를 위한 요리책임이 분명하다. 아르투시는 또한 자신이 사실은 요리사가 아니며 오랫동안 가족에게 밥상을 차려준 시골 아낙네들의 조리법을 기록했을 뿐이라고 밝힌다. 실제로 책은 이탈리아 전역의 지역 특산 요리들의 조리법을 수록하고 있는데, 그 대부분이 [이탈리아 북부] 에밀리아로마냐Emilia-Romagna와 [이탈리아 중부] 토스카나Toscana 지역 음식들이다. 그런데 이 책은 19세기 이탈리아에서 엄청나게 많이 발간된 요리책의 대부분과는 다르다. 당시 이탈리아 요리책들은 대개 많은 보조 요리사를 거느린 거대한 전문 주방에서만 조리할 수 있는 프랑스 요리 조리법과 복잡한 절차들로 가득했다. 그렇다면 일부러 소가족을 위한 이탈리아 요리책을 쓴 이유는 무엇인가? 당시의 역사적 맥락을 이해하면 그 모든 것을 알 수 있다. 당시는 이탈리아가 근대 국민국가가 된 지 20년밖에 지나지 않은 때였다. 이탈리아 정부는 여러 이질적인 지역에서 전래되는 진정한 민속 전통에 초점을 맞추고, 그것들을 고유한 이탈리아의 것으로 묶어냄으로써 국가적 통합을 이루려고 노력했는데, 그 가운데 하나가 이 요리책이었다. 그 계획은, 이후의 역사를 보건대, 큰 성공을 거두었다. 예컨대 파스타는 공장에서 대량 생산 되지만 모든 곳에서 처음으로 주요한 첫 번째 요리가 되었다.

19세기 말 민족주의의 파고는 위의 사례와 아주 똑같은 의도를 가진 다시 말해 프랑스인들이 지배하고 있었던 전 세계 지배층들의 요리를 거부하고 농촌 현지 민속 요리[법]의 뿌리를 복원하려는 의도를 가진 요리책의 확산을 촉진했다. 민속 음악, 민속 의상, 민속 건축의 부활과 민속 언어 연구가 [요리책의 경우와] 동일한 과정을 통해 이어졌다. 정식 국가가 되려면 마치 국민들이 반드시 민족 요리를 먹어야 하는 것처럼 말이다.

마찬가지로, 특정한 이주민 공동체를 위한 요리책은 이주민들이 동화를 강요하는 세력들에 둘러싸였을 때 자신들의 정체성을 지키기 위해 사용하는 하나의 표현 방식이다. 20세기 초 들어, 이주 2세대나 3세대 후손들에게 사라질 위기에 있는 자기 민족의 전통 조리법과 조리 기술을 가르치는 요리책이 수많이 나왔다. 그 요리책들은 모든 외국의 문화 관습을 미국식으로 하얗게 분칠해 무조건 섞어버리는 "도가니melting pot"와 같은 개념에 이의를 제기했다. 물론 주로 노동 계급으로 구성된 이주민 사회의 정치적 요구들도 그러한 의제 형성에서 한몫을 차지했다. 갑자기 이탈리아 요리책, 유대인 요리책, 폴란드 요리책, 독일 요리책 같은 것들이 쏟아져 나오기 시작했다. 이런 요리책은 처음에는 자기네 민족 집단 내의 사람들에게 인기가 있었지만 시간이 흐르면서 다른 민족 집단에서도 관심을 보이는 사람들이 점점 많아졌다. 외부 집단 사람들이 다른 민족 집단의 요리책을 기꺼이 받아들이고 있다는 단서를 얻기 위해서는 아주 면밀하게 책을 읽을 필요가 있다. 예컨대 식재료가 자세히 설명되었는지, 조리법이 주류 사회의 입맛에 맞게 조정되었는지를 살펴볼 필요가 있다. 1914년 사라 보스Sara Bosse와 오노토 와타나Onoto Watanna가 저술한 《중·일식 요리책The Chinese-Japanese Cookbook》은 이와 관련된 아주 훌륭한 사례다.[6] 두 저자는 자신들의 동양 요리가 처음에는 이상하고 불쾌한 느낌이 들 수도 있지만, 한번 먹어본다면 미국인 가정의 식성에도 잘 맞을 거라고 설명한다. 이후 수십 년 동안, 수많은 소수민족 음식들이 주류 사회로 편입되었고, 요리책 저자들은 전통 음식을 단순히 조악하게 흉내 내는 것이 아니라 실제로 그 요리를 만드는 본토 사람으로서 가장 전통적인 민속 조리법을 제공하기 위해 지금도 끊임없이 매진하고 있다. 따라서 처음에는 미국식 이탈리아 요리나 미국식 중국 요리 같은 혼합 요리가 품격이 떨어진다고 생각하지만, 나중에는 그와 같은 혼합 요리도 그 자체로 상상력을 자극하는 훌륭한 요리로서 재발견된다.

이 모든 것은, 소수민족 음식 조리법을 역사적 기록으로서 해석할 때 가장 중요한 점이 바로 맥락context을 이해하는 것이라는 사실을 말해준다. 해당 이주민 사회가 자신들의 정체성을 나타내기 위한 조리법인가, 아니면 다른 사회의 사람들에게 자신들의 새롭고 흥미진진한 어떤 맛의 특성을 호소하기 위한 조리법인가? 본토에서 그렇게 요리해 먹기 때문에 그것이 진짜라고 주장하는 것인가, 아니면 새로운 혼합 요리들이 높이 평가를 받고 있음을 보여줌으로써 진짜 전통 음식은 더 좋다고 주장하는 것인가? 소수민족 요리 음식점에서 보게 될 음식들을 널리 알리기 위한 조리법인가, 아니면 집에서 해 먹을 수 있는 음식들을 보급하기 위한 조리법인가? 이런 다양한 맥락은 그 조리법을 읽을 독자들이 무엇을 가치 있게 생각하고, 바라고, 갈망하는지를 알려준다. "나는 이탈리아인인 것이 자랑스럽다. 그래서 우리 조상이 물려준 유산을 지키고 싶다", "나는 진짜 이탈리아 음식을 먹고 싶다. 방학 때 이탈리아에 갔는데 거기 피자는 미국 피자와는 전혀 달랐다", "내가 음식을 잘 아는 사람은 아니지만, 육즙이 있는 스파게티와 미트볼은 정말 맛있다." 요리책을 대하는 태도는 그 책 저자와 잠재적 독자가 어디 출신인지를 간결하게 설명해준다.

또한 요리책의 저자가 현재에 대해 어떤 자세를 취하고 있는가에 따라 요리책을 대하는 태도가 여러 가지로 분류될 수도 있다. 예컨대 어떤 요리책은 최신 장치들을 이용한다. 1970년대의 전자레인지를 이용한 요리책 또는 만능 조리 기구food processor를 이용하는 요리책들을 그 예로 들 수 있다. 또는 통조림식품들을 이용한 조리법을 알려주는 요리책도 있는데, 포피 캐년Poppy Cannon이 1951년에 쓴 《통조림따개 요리책The Can Opener Cookbook》은 통조림식품만을 대상으로 한 책이다.[7] 능률성을 중시하는 요리책도 있고, 손쉬운 조리를 중시하는 요리책도 있다. 즉석식품을 써서 조리하는 요리책도 있고, 최소한의 요리 기술밖에 없는 사람들을 위한 요리책도 있다. 이것은 독자들이 엄마의 앞치마 끈을 잡고 따라다니며 음식 만드는 기본도 배우지 못했으며, 사회적으로 매우 커다란 변화가 있었음을 시사한다. 대학에 다니며 구내식당 음식을 먹던 학생이 결혼해서 아이를 낳고 직장 맘이 되어 갑자기 집의 주방에서 가족들에게 음식을 만들어 먹여야 하는 사회가 된 것이다. 최근 수십 년 동안 요리책의 "지나친 단순함dumbing down"은, 여태껏 그런 것이 존재했는지 모르지만, 핵가족의 와해를 알리는 징후으로 매도되었다. 그것은 어떤 특정한 사람들이 좋아할 ─2.5명의 자녀를 둔 부부로 아내가 가사를 전담하는 가정─ 정치적 의제를 반영하는 경우가 더 많다. 어쨌든, 빠르고 쉽고 편리한 요리책은 미국 주류 문화가 가장 소중하게 생각하는 가치들이 무엇인지 드러내준다. 예를 들면 다음과 같은 것들이다. 속도가 가장 중요하고 음식은 그저 에너지를 공급하는 연료에 불과하다. 음식 맛이 좋아야 하는 것은 틀림없지만, 그것이 어디서 생산되고 그 안에 무엇이 들어가는지는 크게 신경 쓸 필요가 없다. 따라서 대개 전형적인 미국인들은 바삐 움직이면서 포장된 음식을 손에 들고 먹는 패스트푸드를 무척 좋아한다.

그러나 이와 정반대편에 있는 또 다른 형태의 요리책도 있다. 가족과 친구들이 집에서 둘러앉아 먹는 음식들처럼, 옛날의 향수를 불러일으키고 느긋하고 편안하면서도 정성이 많이 들어가는 조리법들이 기재된 요리책이 바로 그런 것이다. 이와 같은 요리책은 오늘날의 편리함과 현대식 주방도구의 사용을 거부하면서 더 우월한 맛과 건강을 추구하고 아마도 환경에 깊은 관심을 보이는 네오러다이트Neo-Luddite*의 모습을 띠는 것처럼 보일 수도 있다. 여기서는 조리하는 것이 대개 여가 활동이며, 복잡한 조리 과정을 익히는 일은 대체로 최근 수십 년 사이에 주말 요리를 담당하는 요리사가 된 남성들에게 매우 중요한 임무가 되었다. 이와 관련된 하위 장르 요리책으로, 고기와 내장을 큼지막하게 썰고 이상한 식재료를 쓰고 대개 아주 매운 칠리소스를 이용해 새로운 맛에 도전하는 조리법들로 가득한, 마초 요리책macho cookbook이라 불리는 것이 있다. 앞서 말한 것처럼, 요리책에 실린 조리법은 그 책을 읽을 독자들이 무엇을 중요하게 생각하는지를 알려준다.

또한 최근 몇십 년에는 돈도 벌고 음식점 홍보도 하기 위한 수단으로 유명 요리사가 쓴 요리책들이 나오기 시작했다. 오늘날 가장 인기 있는 요리책들은 텔레

---

* 19세기 초 기계파괴운동(러다이트)의 뒤를 이어 20세기 과학기술 문명에 반대하는 인간성 회복 운동.

비전에 출연한 인기 요리사들이 쓴 책으로 시청자들의 관심을 끌면서 광고 수입도 올린다. 대개 그런 요리책은 천문학적으로 많은 부수가 인쇄되어 팔린다. 그밖에도 인터넷 블로그나 팟캐스트처럼 첨단 기술을 이용한 요리 사이트들과 같은 조리법을 공유할 수 있는 여러 새로운 방식도 생각하지 않을 수 없다. 요리책을 전체적으로 분류하지 않더라도, 몇몇 사례의 정밀한 분석을 통해 역사적 분석 방법론이 무엇인지 알 수 있다.

다음은 기원전 330년경에 그리스어를 사용했던 시칠리아섬Sicilia의 아르케스트라토스가 쓴 고대 요리책에 나오는 한 부분이다. 이 기록은 그로부터 수백 년 뒤에 [고대 로마의] 아테나이오스가 펴낸 광범한 음식 개요서에도 수록되어 지금까지 전해지고 있다.

맛있는 요리의 다이달로스Daedalus인 아르케스트라토스는 자신의 요리학에서 (…) 아미아amia 생선 요리에 대해 말한다. 아미아. 플레이아데스Pleiad[Pleiades] 별자리의 광채가 약해지는 가을에 온갖 방식으로 조리한다. 그렇다면, 어떻게 해도 해가 되지 않는데 무엇하러 그렇게 똑같은 말을 되풀이하나? 그러나 그것을 알고 싶다면, 친애하는 모스쿠스Moschus여, 이 생선을 내놓는 가장 좋은 방법은 오리가노origano*를 너무 많이 뿌리지 않고 무화과 잎으로 감싸는 것이다. 치즈도 얹을 필요가 없고, 공들여 허튼짓도 하지 마라. 그냥 조심스럽게 생선을 무화과 잎으로 감싸서 골풀로 꼬아 만든 노끈으로 윗부분부터 살살 묶는다. 그런 다음 타고 남은 뜨거운 재 속에 그것을 넣고 충분히 익을 때까지 시간을 계산해서 굽는다. 타지 않게 해야 한다. 가장 맛있는 생선을 먹고 싶다면 아름다운 비잔티움 Byzantium[지금의 이스탄불]에서 잡은 것으로 조리하라. 하지만 이 근처에서 잡은 것도 맛있다. 헬레스폰트Hellespont[다르다넬스해협의 고대 그리스 이름]에서 멀어질수록 맛이 떨어진다. 에게해의 빛나는 소금길을 따라 여행한다 해도, 그것은 이제 더는 똑같은 생선이 아니다. 그것은 오히려 앞에서 말한 칭찬을 부끄럽게 할 뿐이다.[8]

---

* 지중해 음식에 널리 쓰이는, 박하향을 풍기는 향신료. 오레가노origano라고도 불린다.

먼저, 우리는 저자의 이름을 안다. 그러나 이 글이 쓰인 지 5세기가 지난 뒤에도 여전히 그의 이름을 사람들이 알고 있었고 저자는 다이달로스를 생각했다. 다이달로스는 "발명자an inventor"—자신의 아들 이카로스Icarus에게 날개를 만들어 달아준 바로 그 사람이다—를 의미한다. 그러나 아테나이오스가 기록한 내용은 약간 빈정대는 투로 들린다. 맛있는 요리의 발명자라는 말은 아무래도 특별히 그러한 웅장한 언어로 기록되기에는 좀 유치하다는 점을 암시하는지도 모른다. 또한 여기서 아르케스트라토스는 플라톤의 대화편을 읽은 사람이라면 충분히 친숙한 방식인 훌륭한 스승이자 명장인 사람과의 대화 형식을 통해 하고 싶은 말을 한다. 조리법 그 자체는 아주 단순하다. 아미아 생선 요리는 가다랑어의 일종으로 크기가 작은 참치를 무화과 잎으로 감싸면 끝난다. 왜 이처럼 단순한가? 아르케스트라토스는 일반적인 조리 방식에 반발하는 것처럼 보인다. 치즈를 가미하는 것처럼 괜히 "공들여 허튼짓"을 하면 생선의 미묘한 풍미를 느낄 수 없다는 것이 그의 생각이기 때문이다. 그는 또한 사람들 대다수가 향신료인 오레가노를 지나치게 많이 뿌린다고 믿는다. 그러나 그보다 더 흥미로운 것은 저자가 최고의 생선을 구할 수 있는 곳을 추천하고 있다는 사실이다. 비잔티움은 [시칠리아섬 남쪽 해안 도시] 젤라Gela에서 700마일[약 1130킬로미터] 넘게 떨어진 곳에 있다. 아마도 그런 먼 곳에서 잡힌 생선이 배송 과정에서 신선도를 유지하기는 어려웠을 것이다. 따라서 이 범세계적인cosmopolitan 저자는 분명 거기에 있었고 다른 지역에서 잡은 생선들을 먹고 비교할 수 있었던 게 틀림없다. 게다가 그는 아미아 생선 요리를 먹을 가장 좋은 철이 언제인지도 말한다. 이 문서로부터 우리는 무엇을 배우는가? 무엇보다 이 저자와 그의 독자들은 미식가의 전문성을 높이 평가하고 있다. 도처에 아미아를 잡는 어민들이 있었고, 아미아 생선 요리를 맛없게 만드는 사람들도 있었고, 제철이 아닌 때에 고기를 잡는 사람들도 있었을 것이다. 그러나 축적된 요리 지식은 직접적 체험 즉 고기를 숯불에서 얼마나 오랫동안 익혀야 하는지를, 또는 양념을 지나치게 뿌리지 않고 소박하게 조리된 음식을 어떻게 평가할지를 결정한다. 오늘날 우리는 이것을 맛있는 음식을 알아내는 기술과 과학이라고 해서 미식학gastronomy이라고 부른다. 지금까지 남아 있는 고대 그리스의 요리책이 거의 없지만, 우리는 고대 그리스인들이 무엇을 소중하게 생각했는지 알고 있다. 그것은 부나 사치나 복잡함이 아니라 자연을 진정으로 이해하고 최선의 결과를 낳기 위해 자연을 바꿀 줄 아는 능력이다.

　요리책에 대한 또 다른 실질적 분석을 위해 이제 지금까지와는 완전히 다른 시기와 장소로 이동하자. 리디아 마리아 프랜시스 차일드Lydia Maria Francis Child의 《알뜰한 가정주부The Frugal Housewife》는 1829년 [미국 매사추세츠주] 보스턴Boston에서 발간되어 이후 수십 년 동안 여러 차례 개정판을 냈다. '검약을 부끄러워하지 않는 사람들에게 바친다'라는 부제는 이 책의 취지를 명확하게 드러낸다. 저자는 또한 많은 소설을 썼고 노예제 폐지 운동에 적극적으로 나섰다. 불우한 사람들이 겪는 역경에 대한 그녀의 관심은 자신이 저술한 요리책의 모든 쪽에 묻어 나온다. 무엇보다도 이 책은 경제 침체의 산물이었는데, 상황은 100년 뒤에도 다르지 않았다. 그 시기를 명확하게 보여주는, 책이 신봉하는 당시의 중요한 문화적 가치들은 철저한 자급자족, 융통성, 독립심이다. "기름냄비grease-pot를 꼼꼼히 살펴보고 당신 가족이나 더 가난한 가족에게 영양을 공급할 만한 것이 정말 아무것도 없는지 확인하라." 여기서 그녀는 베이컨 같은 것에서 떨어지는 기름을 언급하고 있다. 그런 기름을 그냥 버리거나 돼지에게 주지 말고 다른 요리에 재사용하라는 것이다. 오래된 빵부스러기는 푸딩과 수프를 만들 때 써야 한다. 빵은 사 먹지 말고 집에서 구워 먹어야 한다. 좀 불편해도 그 편이 훨씬 더 싸다. 여기 발췌한 짧은 내용은 검약과 스스로 그것을 실천하는 것의 미덕에 대해 아주 명확하게 보여준다.

　　지방이 많은 돼지고기를 소금에 절이고 싶으면, 굵은 소금을 물에 넣어 소금이 더는 녹지 않을 때까지 끓이고 남은 소금을 걷어낸다. 돼지고기를 겹겹이 쌓되, 사이사이에 소금을 뿌린다. 소금물이 식으면, 그것을 돼지고기 위에 붓는다. 돼지고기에 소금물이 흠뻑 배도록 돼지고기 위에 무거운 돌을 얹어놓는다. 처음 몇 주 동안 그것을 지켜보다가 소금이 녹으면 소금을 조금 더 뿌린다. 필요할 때마다 소금을 끓여서 걷어낸 이 소금물은 20년은 충분히 간다. 돼지고기 껍데기는 고기를 절이는 커다란 통 모서리에 차곡차곡 쌓아둔다.

　　소고기도 돼지고기처럼 절이는 것이 아주 경제적이다. 굵은 소금 6파운드, 황설탕 8온스, 당밀 1파인트, 초석 8온스에 물 4갤런을 붓고 충분히 끓인다. 끓는 동안 소금을 깨끗이 걷어낸다. 소고기에 식은 소금물을 붓는다. 소고기에 소금물이 흠뻑 배도록 붓는다. 소고기가 위로 떠오르지 않게 주의한다. 아주 향긋한 냄새가 나지 않는다면, 소금을 조금 더 뿌린다. 거품이 일면, 다시 소금을 끓여서 걷어낸다. 소금물이 식으면 그것을 소고기 위에 붓는다.[9]

이 조언이 서부에 정착하거나 또는 금을 찾아 떠나는 한 가족에게 실제로 매우 중요했을 것임은 누구나 쉽게 상상할 수 있다. 그러나 행간을 따라 읽다 보면, 이 요리책을 읽을 독자가 [식재료] 비용에 대해 신경을 많이 쓰고 식구도 꽤 많은 가족임을 금방 알 수 있다. 저장하려는 고기의 양이 상당하다는 점에서. 이와 같이 자신이 직접 고기를 절이는 모습은 돈이 좀 더 있으면 기존에 보존 처리가 된 돼지고기와 소고기를 살 수 있을 것임을 넌지시 암시한다. 실제로 아머Armour, 스위프트Swift, 나중에 호멜Hormel 같은 거대 포장육 회사들이 철도를 이용해 미국 전역에 고기를 공급하기 시작하면서 그와 같은 구매 행태는 더욱 일반화되었다. 또한 냉동열차가 1년 내내 신선한 소고기와 돼지고기를 공급할 수 있게 되자, 더는 그처럼 많은 고기를 보관할 필요가 없어졌고 그런 저장 기술 또한 실질적으로 사라졌다.

마지막 사례는 훨씬 더 성격이 모호한 요리책으로, 스페인 [중서부] 살라망카Salamanca에서 1607년 발간된 도밍고 에르난데스 데 마세라스Domingo Hernández de Maceras의 《요리기술서Libro del arte de cozina》다. 저자는 자신이 법학 명문으로 널리 알려진 살라망카대학의 오비에도 성 살바도르 학생기숙사 요리사라고 밝힌다. 곧 그는 대학식당 요리사다. 따라서 우리는 이것을 통해 직업요리사의 주방을 슬쩍 들여다볼 수 있으며, 이 요리책이 아마도 다른 요리사들을 위한 지침서로 쓰였을 거라고도 짐작할 수 있다. 책은, 음식 분량에 관한 어떤 수치나 표시도 없지만, 이론적으로 볼 때 일반 가정에서도 쓸 수 있는 요리책이라고 생각할 수 있다. 저자가 사이사이에 곁들이는 설명들 또한 대단히 흥미롭다. 그가 식재료를 구입할 수 있는 예산은 한정된 것이 틀림없는 상황에서, 그는 학생들에게 해줄 수 있는 가장 이채로운 식사를 제공하려고 애쓰고 있기 때문이다. 예컨대 많은 양은 아니지만 향신료 같은 값비싼 각종 식재료를 요리에 사용하고 있다. 전체적으로 그의 조리법은 매우 단순하다. 저자 자신의 말에 따르면, 그가 실제로 대학식당에서 날마다 만드는 요리들의 조리법을 기술한 것이다. 또 한편으로 그가 자신이 음식을 공급하고 있었던 학생들에 대해 생각해보는 것도 흥미롭다. 그들은 귀족은 아니다. 귀족 가문의 작은아들이거나 부자 상인과 전문직업인들의 자녀들이다. 스페인에서 귀족은 큰아들에게 작위와 지위를 물려주며 일반적인 교육은 받지 않았기 때문이다. 그들["학생들"]은 제국의 관료제를 뒷받침하는 지식인 즉 미래의 관료들letrados이다. 따라서 마세라스는 한정된 예산을 지키려고 애쓰는 동시에 자신이 책임진 사람들에게 잘 해 먹이려고도 애썼다. 그는 맛있는 음식뿐 아니라 당시의 의학 이론들에 따라 건강한 음식을 학생들에게 먹이려고 노력하면서 계절별로 식단을 다르게 짰다. 그리고 로마가톨릭교회의 지시에 따라 금식일 특히 사순절 기간인 40일 동안의 금식 일정도 미리 잡아두었다. 이 요리책에 영향을 미치는 중요한 것들은 정말 흥미롭다. 다음은 사순절 음식에 대한 한 사례다. 공교롭게도 그것마저도 맛있는 조리법이다.

시금치

먼저 아주 깨끗이 씻고 나서 소금과 향신료를 넣고 조리할 준비를 한다. 도마 위에 시금치spinach를 얹고 잘게 썬 다음, 물기를 짜내고 솥이나 캐서롤casserole[일종의 찜냄비]에 기름 1/2쿼트quartillo와 잘게 썬 마늘을 조금 넣고 기름에 볶은 뒤, 시금치를 넣고 다시 볶는다. 건포도와 꿀을 넣으면 매우 달콤하다. 마늘 약간과 향신료를 넣고 함께 다진다. 푸른색 채소에는 마늘이 들어가야 맛이 좋다. 향신료와 마늘에 약간 촉촉하게 물을 뿌리고 시금치를 넣어 온갖 양념으로 버무린다. 접시에 시금치를 올릴 때 물기가 없어야 하기 때문이다. 수프를 대신해서 시금치국을 만들 수도 있고, 사순절 한 끼 식사로도 충분하다. 식초를 약간 치면 더 좋다.[10]

1. Gino Gornaciari, et al, "The 'gout' of the Medici, Grand Dukes of Florence: a palaeopathological study," *Rheumatology* 48, no. 4(2009): 375-377.

2. François Massialot, *Le Cuisinier Royale et Bourgeois*(Paris: Charles de Sercy, 1691).

3. Charles Elme Francatelli, *A Plain Cookery Book for the Working Classes*(London: Bosworth and Harrison, 1861).

4. Rufus Estes, *Good Things to Eat*(Chicago: By the Author, c. 1911).

5. Pellegrino Artusi, *Science in the Kitchen and the Art of Eating Well*, trans. Murtha Baca and Stepben Sartarelli(Toronto: University of Toronto Press, 1993 [1891]).

6. Sara Bosse and Onoto Watanna, *The Chinese-Japanese Cookbook*(Chicago: Rand McNally, 1914).

7. Poppy Cannon, *The Can-Opener Cookbook*(New York: Thomas J. Crowell, 1951).

8. Archestratus, *The Life of Luxury*, trans. John Wilkins and Shaun Hill(Totnes, Devon: Prospect Books. 1994), 73.

9. Lydia Maria Francis Child, *The Frugal Housewife*, 2nd ed.(Boston: Carter and Hendee, 1830), 9, 40.

10. Domingo Hernandez de Maceras, *Libro del arte de cozina*(Salamanca: Antonia Ramirez, 1607), 75(author's translation).

음식과 제국
Food and Empire

제이에타 샤르마 Jayeeta Sharma

"우리가 겨울을 맞을 때, 대영제국의 또 다른 곳에서는 청명한 하늘의 태양
이 사과를 빨갛게 물들이고, 달콤한 즙을 한껏 머금은 오렌지를 무르익게 하고
있다."
　　　—제국마케팅위원회 포스터의 선전 문구[1]

　1926년에서 1933년까지, 제국마케팅위원회Empire Marketing Board는 영국이 지배
하고 있는 전 세계 여러 식민지의 식[료]품들을 영국 본토로 보내는 수많은 광고,
영화, 전시, 포스터를 제작했다. 이러한 공보 활동을 통해 진정으로 전달하고 싶
었던 메시지는 오스트레일리아에서 나는 과일이나 인도에서 재배하는 차가 외국
의 것이 아니라는 의미였을 것이다. 그러한 식[료]품들은 대영제국 산하에 있음으
로 해서 영국의 것이었다. 그런 식[료]품들을 구매하고 필요로 하는 영국 소비자
들은 결국 자기네 경작지에서 나는 생산물들을 먹고 있는 셈이었다. 그러나 제국

마케팅위원회가 제국 내의 소비를 촉진하기 위해 기울인 이 특별한 노력이 얼마나 성공했는지, 그리고 실제로 무엇보다 그와 같은 노력이 필요했는지에 대해 의문의 여지가 있다. 근세의 교역과 식민지 개척은 그때까지 알지 못했거나 흔치 않았던 음식[먹거리]들의 전파와 불가분하게 연결되었다. 유럽 제국 및 산업사회의 확립과 더불어, 새로운 음식이든 전통적인 음식이든 그것의 생산·분배·소비를 수반한 복잡한 회로망이 전 세계에 걸쳐 구축되었다. 제국마케팅위원회가 활동하기 훨씬 전부터, 영국 소비자들의 일반적인 식[료]품 목록에는 식민지 제국의 구석구석에서 생산된 것들이 포함되어 있었고, 영국의 거의 모든 계층이 그것들을 어느 정도 구매할 수 있었다. 하지만 제국의 주변부 사람들의 식사와 생활에 이르면 그러한 제국의 풍요는 찾아보기 어려웠다.

이 글의 첫 부분은 유럽에서 처음에 이국의 진귀한 음식으로 인식되어 지배층의 신분을 나타내는 표시였다가 나중에 점점 하층계급으로 널리 확산된 아시아와 아메리카의 음식들에 대해 살펴본다. 또한 사회적으로 종속된 환경과 지리적으로 멀리 떨어진 농촌에 살고 있는 사람들의 집단들이 새로운 유럽 제국들의 활동으로 자신들에게 강제로 지워진 이상한 음식들에 어떻게, 그리고 왜 적응했는지를 검토한다. 그다음 부분에서는 원거리 교역과 현대 기술이 제국의 지식과 상품 유통망을 가로지르는 새로운 농산업 식품의 탄생과 전파에 어떤 역할을 했는지에 대해 생각한다. 마지막으로, 여태껏 특정 지역에 한정되었던 식품과 그것의 생산자들이 제국주의 무대와 탈식민지 환경으로 어떻게 이동하고 적응했는지를 검토하고, 이어서 유럽과 미국 제국을 대표하는 새로운 얼굴로서 여러모로 역할을 하는 세계적인 식품 기업들의 지배가 오늘날 이 시대에 어떤 영향을 끼치는지에 대해서도 탐색한다.

외래 음식의 유럽 이식과 식민지 통로

1920년대, 농업유전학자agricultural geneticist 에드워드 M. 이스트Edward M. East는 다음처럼 말했다. "오늘날 사람들은 아침을 먹기 위해 의자에 앉아, 아일랜드산 아마로 만든 냅킨을 식탁 위에 깔고, 중앙아메리카산 바나나로 식사를 시작해,

이어 쿠바산 사탕수수로 단맛을 낸 미네소타산 시리얼을 먹으며, 몬태나산 양갈비를 뜯고, 브라질산 커피 한 잔으로 아침식사를 끝낸다. 우리는 날마다 전 세계를 여행하는 삶을 산다. 하지만 그러한 경이로운 삶에서 어떤 전율도 느끼지 못한다."[2] 음식이 이와 같이 전 세계를 돌아다니는 것의 기원을 찾기 위해서는 근세까지 몇 세기를 거슬러 올라갈 필요가 있다. 유럽의 중상주의와 초기 자본주의가 전 세계의 문화 교류와 권력관계를 점차 바꾸기 시작하고, 먼 나라에서 생산된 식품을 맛본 유럽인들이 열광의 도가니에 빠졌던 시기가 바로 그때다.

유럽인들이 향신료를 어떻게 생각했는지에 대한 폴 프리드먼의 연구는 당시 향신료가 중세 조리법과 의학에서 차지했던 중요성에 주목한다. 그러나 그는 향신료의 고급성과 다용도성이 의학적 효능을 훨씬 뛰어넘었음을 강조한다. 이국적이고 신비한 동양에서 온 향신료는 물질적 안락과 사회적 명성을 상징하는 것으로 귀한 대접을 받았다. 향신료가 고기 방부제로서 극히 중요하다는 대중들 사이의 신화는 중세 식생활의 본질을 오해하고 향신료의 유용성을 과장한다. 향신료는 유럽과 아시아 모두에서 중세시대 지배층이 먹는 매우 기교적인 요리에 들어가는 중요한 향미료였다. 그러나 무엇보다 향신료가 과시적 소비를 통해 신분을 나타내는 징표가 된 것은 중세에서 근세에 이르기까지 유럽에서 향신료가 구하기 어렵고 비쌌기 때문이다.[3] 시드니 민츠의 주장에 따르면, 그런 향신료의 하나였던 설탕은, 14세기 유럽 궁정의 연회들에 나오는 정교한 마지팬marzipan 과자의 절묘한 맛은 중세시대 설탕의 희소성과 가격을 고려할 때, 권력과 부를 식탁을 통해 아주 효과적으로 과시하는 상징이었다.[4] 그러나 16세기 들어, 설탕 구하기가 쉬워지면서 일반 젠트리와 상인 가정에서도 잔치를 벌일 때 가격이 낮아진 설탕을 요리에 쓸 수 있었다. 설탕과 함께 대부분의 향신료도 점점 접근성이 높아지면서 그것을 먹을 수 있는 사회적 계급 또한 점점 낮아졌다. 근세에 이미 유럽인들은 설탕과 향신료의 산지들과 직접 접촉을 확대해나갔다.

스페인 정부가 향신료의 이식 재배와 경작을 위한 광범위한 프로그램을 어떻게 후원했는지에 관한 파울라 데 보스Paula de Vos의 연구는 유럽의 정권들이 음식에 대한 자신들의 욕망을 채우기 위해 식민지 중개상과 과학자들을 어떻게 고용하기 시작했는지 그 초기 사례를 제공해준다. 확실히, 향신료 재배를 확대하기 위한 스페인 정부의 프로그램은 카리브해 지역에 아시아의 생강을 이식한 것 말고는 그다지 성공한 게 없었다. 그럼에도 불구하고, 스페인이 실용식물학economic botany에 들인 노력은 훗날 영국·네덜란드·프랑스 같은 제국주의 국가들이 이국적이거나 진귀한 음식들을 자국에 이식하기 위해 가속화했던 다양한 과학적 시도의 선례가 되었다.[5] 그러나 향신료의 경우, 교역과 플랜테이션 농장의 확대로 향신료가 전에 비해 구하기 쉽고 풍부해지자, 향신료 맛이 강한 요리에 대한 유럽 지배층의 취향은 반대로 점점 약해졌다. 예컨대 카리브해 지역의 플랜테이션 농장에서 설탕을 공급하기 시작하면서 설탕은 희귀한 향신료의 범주에서 일상의 양념으로, 사치품에서 필수품으로, 과시적 소비에서 비가시적 주요 산물로 성격이 바뀌었다. 설탕 공급의 증가는 또한 다른 음식에 넣는 첨가물 즉 차와 커피에 타 먹는 식재료로서의 새로운 역할을 설탕에 부여했는데, 이는 유럽 소비자들의 새로운 입맛과 식습관을 창출했다.

음식의 역사가 유럽의 신세계 탐험과 식민지화 과정에 대한 새로운 통찰을 제공하는 중요한 방식 하나는, 새롭게 유럽에 등장한 열대 음식들이 어떻게 금방 유럽의 정복자들과 지배층을 나타내는 표식이 되었는지를 보여주는 것이다. 그런 음식 가운데 하나가 파인애플이다. 만지기 꺼림칙한 외양을 가진 맛있는 과일의 모습은 유럽인들의 호기심, 감탄, 식욕을 불러일으켰다. 초창기 포르투갈, 네덜란드, 영국의 탐험가들은 전쟁에 승리한 정복자의 전리품으로 파인애플을 들고 자국으로 돌아갔다. 처음에 그것은 왕실에서 수여하는 포상의 성격을 띠었다. 1668년 영국 왕 찰스 2세Charles II of England는 프랑스 대사를 위한 연회를 주재한 자리에서 식탁에 오른 파인애플을 두고 "킹파인King-pine이라고 하는 진귀한 과일"이라고 불렀는데, 이는 다른 유럽 열강과 주도권 다툼이 심했던 카리브해 섬들에 대한 영국의 지배를 상징적으로 표현한 것으로 보인다. 원예에 관심이 많은 귀족들은 더 우수한 종자를 육종하기 위해 서로 경쟁적으로 온실을 지었다. 18세기경, 파인애플은 북아메리카인들의 식탁에 장식용 식재료로 올랐다. 그 과일은 유럽과 미국의 상업과 식민지화의 흐름이 날로 확대되면서 요리로서의 가치와 사회적·경제적 가치를 지닌 사물로서 전 세계로 퍼져나갔다.[6]

브라이언 카원Brian Cowan은 해외에서 새로운 음식이 들어온 것만으로 그 음식이 구세계의 식사 습관에 저절로 동화된 것은 아니라고 지적한다. 신세계 음식이 구세계에 수용되기까지는 수많은 요소가 작용했다. 그중 중요한 영향을 끼친 한

가지 요소는 자메이카의 카카오를 유럽에 소개한 영국의 물리학자이자 식물채집가인 한스 슬론 경Sir Hans Sloane과 같은 권위 있는 과학계의 거장이 새로운 음식에 대한 영국인의 관심을 일깨운 점이다. 카카오를 비롯한 열대작물들은 처음에는 유럽에 약재로 소개되어 들어왔다. 담배, 커피, 차도 생약을 중시하는 갈레노스 의학계를 통해 신속하게 유럽에 진입했다. 그러나 열대작물들은 그 뒤 의학영역을 벗어나 일상적 입맛의 세계로 이동했는데 처음에는 지배층만 즐기다 나중에는 점점 더 폭넓은 계층으로 확산되었다. 대개 이 과정에서 섭취 방식이 처음과는 다른 방식으로 바뀌었는데, 예컨대 슬론은 초콜릿 음료를 만들기 위해 카카오 열매 가루에 설탕과 우유를 탔다.

젠더, 인종, 계급의 복잡한 상호작용은 외래 음식들의 국내 동화 과정을 더욱 촉진했다. 포르투갈 공주 캐서린 브라간사Catherine of Braganza[카타리나 디 브라간사]와 잉글랜드 왕 찰스 2세의 결혼은 영국 상층계급 사이에서 차 마시는 습관을 유행시켰다. 당시 시인이자 의회의원 에드먼드 월러Edmund Waller는 시에서 이러한 차 마시는 습관을 칭송했다. 캐서린 왕비의 후원에 힘입어, 18세기 영국 사회에서 차는 상류층 여성들의 가정생활에 꼭 필요한 음료로 여겨졌다. 반면에 영국 동인도회사가 [예멘의] 모카Mocha에서, 네덜란드동인도회사가 [인도네시아] 자바섬Java에서 수입한 커피는 남성들의 사교와 관련되었다. 영국 왕립학회Royal Society와 로이즈보험회사Lloyd's Insurance Company는 바로 런던의 상층계급 남성들이 교제를 나누던 사교 문화의 전초기지 두 곳이었다. 그런데 이와 같은 사교 문화는 남성들이 커피하우스에 모여 앉아 커피를 마시며 이야기를 나누던 것에서 비롯했다. 유럽인들이 커피 하면 터키를 연상하는 것은 당시 커피하우스들이 터키인들이 머리에 쓰던 터번 모양의 장식 매듭을 가게 간판으로 사용했기 때문이다.[7]

새로운 외래 음식들이 지배층의 식탁에 일상적으로 오르는 요리가 된 뒤에는 그 가운데 많은 것이 서서히 가격도 낮아지고 구하기도 쉬워지면서 사회의 하층계급으로 확산되기 마련이다. 차·커피·쌀·설탕·후추와 같은 열대작물을 포함한 영국의 식[료]품 대외 교역 통계 연구를 보면, 1700년에 외래 작물이 관세 공정가격 기준 전체 수입액의 16.9퍼센트를 차지했는데, 이 수치는 1800년에는 34.9퍼센트로 올라갔다.[8] 모든 외래 음식이 다 인기를 끌거나 인정을 받거나 동일한 수준의 성공을 거둔 것은 아니었다. 1851년 런던만국박람회에서 사람들의 많은 호기심을 불러일으킨 것은 파라과이 "차tea"라고 불리는 음료의 전시였다.[9] 파라과이차는 비싼 중국차의 대체품으로 싸게 마실 수 있는 차로 선전되었다. 하지만 그 찻잎은 충분한 양을 대량으로 수입할 수 없었다. 모든 유럽의 열강이 자신들의 식민지 배후지에서 생산하려 시도했던 커피는 영국의 지배층 남성 사회에서 인기를 끌었지만, 차는 그에 미치지 못했다. 따라서 차가 영국 소비자들 사이에서 최종적으로 성공하기 위해서는 대체로 계급과 젠더의 한계를 차가 얼마만큼 성공적으로 뛰어넘을 수 있느냐가 관건이었다.

트로이 비컴Troy Bickham은 설탕·차·담배·커피 같은 열대 음식들이 점점 유럽에 이식되면서 그것이 어디서나 볼 수 있는 제국의 상징이 되었다고 주장한다. 커피를 시장에서 광고하고 팔고 끓이고 마시는 현상은 영국인들에게 자국이 전 세계로 뻗어나가고 있다고 생각하게 했고, 동시에 그런 생각은 커피 소비를 더욱 촉진했다.[10] 그러나 린다 콜리Linda Colley가 상기시켜주는 것처럼, 19세기 초까지 줄곧, 식민지 소유물에 대한 영국의 지배는 불안한 상태를 유지했다.[11] 그와 같은 견지에서 볼 때, 비유럽 영토와 그곳의 유색인종에 대한 영국의 지배가 당시에 극히 부분적이었다는 점에서, 식민지의 1차산물들이 본국의 일상생활에 비교적 일찌감치 동화되었다는 사실은 또 다른 중요성을 갖는다.

식민지와 제국의 네트워크는 식민지의 새로운 음식을 본국으로 전파·이식하는 것뿐 아니라 제국의 지배 아래 있는 다른 식민지 국가들로 확산하는 데서도 중요한 역할을 했다. 그 대표적 사례가 바로 신세계의 감자다. 감자는 엘리자베스 1세 여왕 시대에 식민지를 약탈하던 해적들이 영국에 처음 소개한 음식으로 유명한데, 나중에는 스페인 식민지 정복자들이 스페인과 유럽의 여타 지역으로 전파했다. 이렇듯 일찌감치 구세계에 소개되었음에도, 감자가 유럽인들의 일상 식탁에 오르기 시작한 것은 18세기 말에 이르러서다. 특히, 아일랜드에서는 식민지 경제 체제 아래서 영국이 세금으로 아일랜드에서 수확한 밀을 대량으로 수탈하자 값싸고 수확량이 많은 감자가 농민들의 주식으로 진가를 발휘하면서 밀을 대체했다. 그러나 결과적으로 주식용 단일경작이 초래한 비극적 결과는, 이미 널리 알려진 대로, 19세기 중엽 아일랜드에 감자 농사의 흉작과 식민지 정부의 무관심으로 대기근이 발생하면서 약 100만 명이 죽고 최소한 또 다른 100만 명 정도가 다른 나라로 이주하는 참상으로 이어졌다. 뉴질랜드의 원주민 마오리족은 처음에 감자를 온대기후에서도 이겨나갈 수 있는 형태로 유럽 풍토에 순응된 열대지방 작물로서 만났다. 존 피츠패트릭John Fitzpatrick은 1801년 이후에 감자가 마오리족의 쿠마라kumara(고구마) 재배 기술을 통해 급속하게 전파된 과정을 설명한다. 그리고 1843년에서 1872년까지 뉴질랜드의 마오리족이 영국을 상대로 싸운[마오리전쟁Māori Wars, New Zealand Wars] 새로운 군사 역학 관계가 이 새로운 음식과 밀접하게 관련이 있음을 밝힌다.[12] 때때로, 식민지 당국은 스스로 그런 새로운 음식의 생산과 소비를 장려하는 중심 역할을 했다. 인도에 신세계의 감자가 처음 소개된 것은 무굴제국*이 지배하던 근세 때지만, 감자는 널리 인기를 끌지는 못했다. 그러다 영국 정부가 감자 재배를 보급하기 위해 농업 개선 운동을 개시한 다음에 비로소 감자는 모든 인도인의 식탁에 반드시 오르는 새로운 음식으로 자리 잡았다. 인도에서 감자는 유럽처럼 기초식품이나 탄수화물 식품으로서가 아니라 채식을 보충하는 곡물 위주 식사에 첨가하는 식품으로서 필수 식품이 되었다.[13]

제국주의의 다양한 노동체제들과 그것들 간의 치열한 대결 및 권력 관계는 종종 특정한 영토에서 또는 특정한 국민들 사이에서 식량에 대한 접근성과 식습관을 바꾸고 조정하는 중요한 역할을 했다. 아프리카 서해안과 서인도제도 사이 중간 항로를 가로질러 노예와 식민지 수탈 물품을 실어 나르는 삼각무역은 소금에 절인 대구를 캐나다와 뉴펀들랜드Newfoundland에서 카리브해 지역으로 수송하고, 아프리카와 유럽에는 럼주와 설탕을, 뉴펀들랜드에는 당밀을 보냈다. 전에 몰랐던 식품을 실제로 도입하게 되는 경우는 대개 사람이 살기 어려운 외딴 해안 지역에서 선택의 여지가 없는 상황이거나 식민지 지배자들의 인색함이 초래한 결과였다. 일례로, 미국의 독립전쟁 뒤에 캐나다 노바스코샤Nova Scotia로 이주한 흑인 왕당파Black Loyalist**와 1812년전쟁Wor of 1812[영미전쟁] 이후 그곳에 보내진 아프리카 노예들은 주거지 부족과 식량 부족 상황에 부닥쳐 옥수수와 당밀로 연명할 수밖에 없었다. 뉴펀들랜드 어민 사회는 카리브해 지역 설탕 생산의 부산물

---

* Mughal[Mughul, Moghul] Empire. 16세기 전반에서 19세기 중엽까지 인도 지역을 통치한 이슬람 왕조 (1526~1857).
** 미국 독립전쟁에서 영국에 대적하기를 거부한 흑인 식민주의자들.

인 값싼 당밀을 쉽게 구할 수 있어서, 결국은 당밀을 자신들의 필수 주식으로 삼았다. 마찬가지로, 프랑스의 제국주의 네트워크는 엄청난 양의 아일랜드산 소금에 절인 소고기를 마르티니크Martinique와 과들루프Guadeloupe*로 들여왔다. 그것을 먹는 사람은 당연히 노예들이 아니라 휴대용 단백질원으로 가장 값싼, 소금에 절인 소고기를 선호한 프랑스 정부 사람들이었다. 반면에, 카리브해 지역 영국 소유 플랜테이션 농장의 사탕수수 노동자들에게 배급된 유일한 단백질원은 가장 낮은 등급의 뉴펀들랜드산 소금에 절인 대구였다.[14]

그러나 식민지 지배를 받는 집단들이 위로부터 강요된 식습관의 변화에 협조하기를 거부하는 경우도 많았던 것은 틀림없다. 예컨대, 카리브해 지역 플랜테이션 농장이 노예들은 프랑스와 영국 식민지 정복자들이 수입산 밀가루 대신에 [남태평양의 프랑스령] 타이티섬Tahiti에서 이식한 빵나무breadfruit tree를 빻은 가루를 주려고 하자 격렬하게 저항했다. 이는 아마도 역사상 계몽주의 시대에 일어난 가장 야심적인 식량 대체 계획이었을 것이다. 농장주들은 비싼 밀을 대체하기 위해 빵나무 도입을 오랫동안 로비했음에도 노예노동자들에게 빵나무를 보급하거나 그것을 수확하고 다듬고 조리하는 법을 가르칠 수 있는 어떤 조치도 취하지 못했다. 또한 노예들에게 부족한 것은 탄수화물이 아니라 단백질이었다. 그들은 이미 텃밭에서 카사바, 얌, 고구마를 재배했다. 흥미로운 것은 노예제가 폐지되자마자 빵나무는 카리브해 지역의 새로운 지역 특산 요리로 자리를 잡았다는 사실이다. 노예해방 이후, [카리브해 지역의] 궁핍한 상황은 빵나무를 끓이고, 찌고, 볶고, 절인 쿠쿠cou-cou** 요리를 내키지 않아도 먹지 않을 수 없게 만들었다. 물론 이와 같은 배경에는 농장주들의 은밀한 강압이 도사리고 있었다. 한 카리브 지역 민속학자가 말한 것처럼, 그런 포만감만 느끼게 하는 싸구려 요리들은 "그거라도 먹지 않으면 견디지 못했을 수많은 가난한 사람의 배를 채워주었다."[15] 그 뒤로, 가난한 사람의 주식으로서 빵나무는 "저급한low" 문화적 물체를 상징하는 의미를 갖게 되었다.[16]

이와 같이, 인간의 독창성은 제국주의 정책이 식민지 하층계급에 강요한 처

---

* 둘 다 카리브해 동부에 있는 해외 프랑스령 섬이다.
** 삶아 빻은 옥수수와 오크라를 찰기가 돌 때까지 막대기로 세게 휘저어 만드는 서인도제도의 음식.

음 보는 이상한 음식물과 요리 관행을 새로운 음식과 조리법으로 다양하게 변조해냈다. 뉴펀들랜드에서는 소금에 절인 대구와 노예들이 먹던 토종 과일이 결합해 오늘날 카리브해 지역 어딜 가든 먹을 수 있는 아키앤솔트피시ackee and saltfish*라는 요리를 만들어냈다. 노예해방 이후, 사탕수수 재배를 위해 영국령 인도에서 [카리브해의] 트리니다드섬Trinidad과 [남아메리카 동북부] 가이아나Guyana로 온 계약노동자들은 자신들이 고향에서 먹던 납작한 빵과 그것과 곁들이는 음식을, 들고 다니며 먹을 수 있는 혼합 요리로 변형해, 오늘날 카리브해 지역 어디서든 볼 수 있는 길거리 음식으로 새롭게 만들어냈다. 이 음식은 염소고기나 호박 같은 채소들에 향신료로 만든 소스를 뿌려 익힌 것을 부리토burrito**처럼 납작한 빵으로 감싸서 먹는 것으로, 일하면서 쉽게 먹을 수 있는 빵이었다.[17] 대서양을 가로지르는 그러한 교환의 반대편에 있는 뉴펀들랜드 사람들은 과거에 희소 식품이었던 당밀을 자기네 민간 구비설화와 민속음악에 담긴 지역 정체성의 자랑스러운 증표로서 중요하게 생각하기 시작했다.[18] 궁핍과 고난의 상처를 간직한 수많은 요리가 그런 식으로 서서히 혼성 문화의 표식이 되거나 옛날의 향수를 불러일으키는 사회적 상징들을 담는 그릇 구실을 했다.

결론적으로, 17세기에서 19세기 사이에 유럽의 무역회사들이 문화를 생산하는 식민지 제국과 플랜테이션 농장으로 바뀌자마자 바로, 수많은 열대작물과 신세계 음식은 진귀한 외래 음식에서 집에서 일상으로 먹는 기초식품으로 성격이 바뀌었다. 이와 같은 변화의 저변에는 외래 음식들의 사회적 의미가 바뀌었다는 중요한 사실이 깔려 있다. 요컨대, 먼 곳에 있는 식민지 국가들에 대한 유럽의 정치적·경제적 지배가 점차 강화되면서, 그곳의 자연과 사람들이 생산해낸 산물들이 새로운 생산·유통·통신 기술의 지원을 받아 마침내 제국주의의 네트워크에 편입되었음을 의미한다.

---

* 아키 아 살피시aki ah saalfish. 아키와 염장한 대구에 향신료를 넣고 볶은 음식. 자메이카의 '국민음식'으로 일컬어진다. "아키(학명 블리그히아 사피다*Blighia sapida*)"는 상록수에서 열리는 배 모양의 과일로, 아키를 1793년에 영국 왕립식물원Royal Botanic Gardens에 가져가 학계에 처음으로 소개한 영국 해군장교이자 식민지 행정관 윌리엄 블라이William Bligh(바운티호 선장)의 이름에서 딴 것이다.
** 토르티야에 고기와 콩을 넣고 감싸서 구운 뒤 소스에 발라 먹는 멕시코의 전통 샌드위치.

산업식품: 유통, 풍요, 그리고 기아

1909년 11월, A. A. 커크패트릭A. A. Kirkpatrick은 다음처럼 선포했다. "나는 바다 건너 여러분의 친지들 덕분에 우리가 자력으로 이 제국을 건설할 수 있게 되기를 바라며, 그래서 유사시에 누구라도 거기에 가서 살 수 있게 되기를 고대합니다."[19] 커크패트릭은 당시 사우스오스트레일리아의 총독이었다. 그가 이 말을 한 곳은 런던 왕립식민협회Royal Colonial Institute의 한 회의였고, 그날 특별 토의 주제는 태즈메이니아섬Tasmania과 오스트레일리아의 자원과 미래 전망이었다. 그의 연설은 오스트레일리아의 과일·어류·밀의 교역이 어떻게 모국인 영국의 생활수준을 향상시키고 있는지에 대해 극찬하는 보고서를 발표하기 전에 인사말로 한 것이었다. 이제 우리는 제국의 음식에 대해 이렇게 격찬하게 된 배경을 따라가며, 원거리 교역과 기술 혁신이 제국 전체로 그러한 음식을 전파하고, 본국과 식민지들을 훨씬 더 복잡한 지식과 1차산물의 유통망에 연결시키는 새로운 농산업식품을 개발하는 데 얼마나 큰 영향을 끼쳤는지를 탐색할 것이다.

같은 해 왕립식민협회에서 열린 또 다른 회의에서, 한 회원은 1860년대에 캐나다 사과가 최초로 어느 온타리오Ontario 상인으로부터 작은 투기 품목으로 영국에 도달하게 된 과정을 설명하는 보고서를 발표했다. 과일은 마침내 식민지 제국 내부의 무역망에서 중심 품목이 되었다. 제국의 중심부에 이처럼 다변화된 식품 환경이 조성될 거라고 미리 예견한 사람이 있는데, 바로 1893년에 영국, 오스트레일리아, 뉴질랜드, 태즈메이니아섬, 실론섬Ceylon을 두루 돌아본 여행기를 발간한 인도 여행가 N. L. 도스N. L. Doss다. 도스는 12월에 런던의 코벤트가든Covent Garden을 방문했을 때 그 추운 날씨에도 엄청난 양의 과일이 팔리는 것을 보고 깜짝 놀라며 감탄했다. 서인도제도의 바나나·파인애플, 스페인·몰타섬 Malta·욥바Joppa*의 오렌지, 오스트레일리아와 태즈메이니아의 배·사과 같은 다양한 외래 과일이 런던의 시장에서 팔렸다. 1908년, 캐나다는 풋사과와 익은 사과를 162만 9,400배럴 수출했는데, 그 가운데 149만 311배럴가량이 영국으로

---

* 몰타섬은 지중해의 섬이고, 욥바는 오늘날의 야파Jaffa로, 예루살렘 북서부에 있는 지중해 연안 항구도 시다.

갔다.[20] 도스는 "이후 그 국가들을 방문했을 때, 영국으로 수출하는 과일은 그 식민지 주민들의 주요 수입원이었다는 사실을 알았다"라고 말했다.[21] 그는 이어서 제철이 아닌 데도 신선한 농산물이 진열대에서 팔리는 것은 오직 자기 지역에서 나는 과일만 먹을 수 있는 자신의 고향 캘커타Calcutta에서는 생각할 수 없는 일이라고 했다. 영국의 자본은 분명히 아직도 제국 전체에서 나오는 신선식품들의 가장 중요한 종착지였다. 당시에 그런 신선식품을 사 먹을 수 있었던 소비자들에게 이 제국의 식품들은 자연의 한계 즉 시간과 공간을 뛰어넘었다.

당시 도스가 코벤트가든에서 감탄한 파인애플은 상층계급만이 살 수 있었다. 바나나는 개당 1페니에 팔리는 비교적 싼 과일이었지만, 파인애플은 개당 6실링을 줘야 했다. 그러나 오늘날 농산업 기술은 파인애플을 비롯해 여러 열대과일의 귀족적 특성을 바꾸어버렸다. 1901년, 뉴잉글랜드 사업가 제임스 D. 돌James D. Dole은 하와이가 미국에 합병되기 직전에 그곳에 도착했다. 그는 거기서 사탕수수밭에 파인애플을 심으면 좋겠다고 생각했다. 그는 "플랜테이션 농장과 통조림공장, 원주민 노동자들, 그리고 전 세계에 과일 화물들을 실어 나르는 수송선"의 그림을 그렸다.[22] 1915년, 수많은 중국인, 일본인, 필리핀인, 하와이인, 한국인, 포르투갈인 어른과 아이들이 그의 농장과 통조림공장에서 일했다. 돌은 하와이파인애플생산자협회 회원들과 함께 자신이 그린 미래상을 실현하기 위해 1908년부터 1912년까지 중산계급 주부들의 주방 찬장과 식탁에 파인애플통조림을 보급하는 운동을 활발히 전개했다. 파인애플은 《레이디스홈저널Ladies Home Journal》과 같은 잡지들에 낙원과 다름없는 섬에서 자라는 위생적이고 간편하며 맛있는 과일의 화신으로 그려졌다. 1939년, 모더니즘 미술가 조지아 오키프Georgia O'Keeffe는 하와이를 방문해달라는 요청을 받았다. 거기서 돌은 오키프에게 '파인애플 꽃봉오리Pineapple Bud'라는 그림을 통해 파인애플통조림 주스를 홍보해달라고 부탁했다. 이제 유럽과 미국의 중산계급은 과거에 지배층과 식민지 개척자들이 누렸던 방식대로 자기 집에 앉아 그 열대과일을 맛볼 수 있게 되었다.

돌이 미국에서 농산업 제국을 설립할 수 있었던 것은 유럽 열강이 이미 개시한 식품과 운송 분야의 혁신 기술을 활용한 덕분이었다. 산업식품 개발에서 가장 중요한 요소들은 식품 저장 기술(식품을 소금이나 식초에 절이고, 비스킷과 통조림을 만들고, 냉동하는 기술), 기계화(농사용 기계, 공장 생산 설비, 조리기구와 유통 시설),

도소매 기술(상업용 먹거리 조달, 브랜딩, 포장, 판매, 광고), 운송 기술(철도, 화물선박)
의 개발이었다. 제국의 야망은 대개 그러한 혁신 기술의 개발을 추동했다. 예컨
대 오늘날 통조림 산업은 1809년으로 거슬러 올라간다. 그해에 파리의 한 제과
업자는 외딴곳이나 살기 어려운 지역에서 근무하는 육해군을 위해 고기를 저장
할 수 있는 기술을 개발한 공로로 프랑스 정부로부터 상을 받았다. 그 뒤, 한 영
국 회사는 프랑스에서 음식 저장용으로 사용하던 유리병을 철판에 주석 녹인 것
을 입혀 만든 깡통으로 대체했다.²³ 이 이후로 이집트 나일강에 배치된 유럽 군대
에든, 남극과 북극을 탐색하는 탐험가에게든, 영국령 인도에 파견된 대사에게든
푸른 완두콩을 비롯해서 저민 살코기와 콩팥kidney을 다져 넣어 만든 파이, 다져
서 양념한 소고기에 이르기까지 온갖 통조림식품은 제국주의 사업을 전개하는
데 없어서는 안 될 필수 장비가 되었다. 영국령 인도의 민족주의자들은 유럽에서
온 식민지 지배자들을 위해 자국으로 수입되는 통조림식품, 와인, 독한 증류주
를 "부의 배수구drain of wealth"라고 규정하고 분개했는데, 인도가 그 식품들을 수
입하면서 지불하는 어음 금액이 순식간에 엄청나게 불어났기 때문이다.

오늘날 식품 생산을 지배하는 두 거대 세력인 통조림업계와 비스킷업계가 맨
처음 목표로 삼은 것은 해외로 나가는 유럽의 여행객, 탐험가, 무장 군대, 무역업
자, 식민지 관리들에게 필요한 식품을 제공하는 것이었다. 그러한 첫 번째 단계
가 마무리된 다음에 비로소 통조림 가공식품의 산업 생산은 유럽의 국내시장
과 해외의 지역시장에 영향을 끼치기 시작했다. 여행가 도스는 영국 레딩Reading
에 있는 헌틀리앤팔머Huntly & Palmer라는 비스킷회사의 놀랄 정도로 엄청난 규모
를 둘러보면서, 자국 인도의 국민들이 이미 그 영국 회사의 이름과 거기서 생산
되는 유명한 과자를 잘 알고 있다고 말했다. 그의 말을 옮기면, "정통 힌두교에
서 아무리 이와 같은 진미들을 이교도의 음식이라고 주장해도, 인도에서 영어
를 할 줄 아는 젊은이들 가운데 그 맛을 모르는 사람은 거의 없다."²⁴ 유럽인들의
구미에 맞추는 식민지 상점들의 통조림 연유와 생강 비스킷의 효용은 야망을 가
진 식민지 지역 사업가들에게 밝은 전망을 가시화해주었다. 영국령 인도에 사는
대다수 사람들은 높은 가격과 미지의 식품을 멀리하는 종교적 금기 때문에 현실
적으로 그러한 제국의 산업식품들을 사 먹을 수 없었다. 그러나 젊은이들은 그
런 매력적인 새로운 식품들을 기발한 방식으로 탐색하기 시작했다. 1920년대 [인

도의] 시바사가르Sibsagar[Sivasagar]라는 작은 지방 도시에서는 유럽식 빵과 비스킷이 여전히 상층계급 힌두교 가정에서 금기 식품이었지만, 학교에 다니는 그들의 아들들은 종교적 구속이 심하지 않은 급우들 덕분에 금단의 식품을 종종 맛볼 수 있었다. 20세기가 흘러가면서 종교적 금기의 구속력이 약해짐에 따라 그러한 식품을 기이하게 생각하는 분위기도 점점 사라졌다. 예컨대 비스킷은 처음에 진기하고 비쌌는데 인도 내에서 제조하기 시작하면서 일반인들도 점점 사 먹기 쉬워졌다. 영국령 인도 최초의 비스킷공장은 1892년 캘커타에 설립된 브리타니아Britannia 비스킷회사로 나중에 두 차례 세계대전 기간에 영국 정부와 계약을 맺어 수익을 많이 올리면서 크게 성장했다. 마침내 인도는 부르봉Bourbon 초콜릿에서 커민cumin 비스킷에 이르기까지 다양한 제품을 생산하는 세계에서 두 번째로 큰 비스킷 생산국이 되었고, 그러한 비스킷 이름들은 인도에서 일상적으로 사용되는 말이 되었다.[25]

산업화 시대 기술이 유럽과 미국의 식품 공급에 끼친 가장 큰 영향은 소비자에게 신선한 고기를 안정적으로 공급할 수 있게 되었다는 점이다. 오스트레일리아의 통조림 고기는 보어전쟁Boer War* 때 영국 군대의 보급품으로 공급되었고, 뉴질랜드·뉴기니·피지·중국·인도·자바·모리셔스Mauritius 식민지 주민들에게도 공급되었다. 통조림 고기는 해외에 파견된 제국의 사절들에게 주식으로 제공되었다. 그러나 식민지 국내의 소비자들은 그러한 고기를 먹고 싶어도 가격이 너무 비싸고 구하기가 어려워 단념할 수밖에 없었다. 도스에게 "영국인의 주된 식품"인 고기는 매우 흥미로운 관심사였다. 그는 런던을 돌아보면서 영국이 다른 국가에서 주로 고기를 공급받고 있다는 사실을 확인했다. 19세기 후반까지 소금에 절여 숙성시킨 돼지고기 식품은 미국에서 영국으로 대량 수출 되었다. 당시에는 아직까지 소고기를 숙성 저장 하는 기술이 부족했기 때문이다. 따라서 많은 어려움에도 불구하고 대서양을 횡단해서 살아 있는 소를 교역하는 방법도 개발했다. 또 한편으로 고기를 냉동하는 실험들이 남아메리카, 미국, 프랑스, 오스트레일리아에서 진행 중에 있었다. 1874년, 최초로 미국에서 소고기를 실은 화물

---

* 1899년에 영국이 남아프리카의 금과 다이아몬드를 획득하기 위해 보어인이 건설한 트란스발공화국 Transvaal Republic과 오렌지자유국Orange Free State을 침략해 벌어진 전쟁

선이 영국에 무사히 도착했다. 1877년에는 오스트레일리아에서 선적한 소고기가 영국으로 갔다. 19세기가 끝날 무렵, 냉동설비의 향상은 고기 교역을 획기적으로 바꾸었다. 이와 같은 기술 향상은 마침내 유럽 시장에서 1년 내내 신선한 고기를 구할 수 있는 길을 열었다.

19세기 중엽 미국에서는 축산업이 크게 성장하면서 생태계와 식품 패턴에 거대한 변화가 일어났다. 미국 서부 태평양 연안의 초원들에 밀어닥친 새로운 이주 정착민들의 축우는 이미 새로운 산업체들에 바이슨[아메리카들소] 가죽과 고기를 제공하는 사냥꾼들 때문에 멸종 위기에 처한 아메리카 토종 바이슨의 종말을 재촉했다. 앤드루 이젠버그Andrew Isenberg는 1880년대 와이오밍Wyoming과 몬태나 Montana에서 축우의 급증은 그 지역에서 바이슨이 수백 마리까지 줄어든 것과 밀접하게 관련이 있음을 보여준다. 러셀 바시Russel Barsh는 바이슨의 멸종이 주로 산업 시대 서부의 목축업자들에게 이익을 안겨준 반면에 아메리카 원주민 집단의 생태와 문화를 파괴했다고 주장한다. 바이슨의 멸종을 묵인한 미국 정부는 새롭게 조성된 아메리카원주민보호구역에 거주하는 주민들에게 바이슨 대신에 고기를 공급하기 위해 축우 고기를 사들이는 최대 구매자가 되었다. 이와 같은 변화는 영양학적으로도 건강에 부정적 영향을 끼쳤다. 바이슨은 축우보다 총지방과 포화지방이 훨씬 더 낮기 때문이다. 원주민들에게 배급되는, 밀가루와 설탕이 뒤범벅된 식사법은 자기 땅에서 추방당하고 내부적 식민주의internal colonialism*와 산업적 팽창의 희생자가 된 사람들을 서서히 몰락의 길로 들어서게 했다. 한편, 철로가 서부로 점점 뻗어나가면서 서부 개척자, 군대, 광산 정착지에 원거리 식품 공급이 가능해지자 소고기 수요는 훨씬 더 급증했다. 미국은 점차 이러한 거대한 국내 수요를 충족시키는 일에 골몰하게 되었다.[26]

오스트레일리아, 뉴질랜드, 아르헨티나는 마침내 영국의 주요 고기 공급 국가가 되었다. 이와 같은 원거리 해양 교역의 초창기 성공담 가운데 하나가 1882년에 뉴질랜드에서 런던까지 냉동 양고기 5,000두를 싣고 무려 98일 동안 항해한

---

* 문화적으로 구별되는 집단이 지배집단에 의해 단일한 민족 실체, 중앙집권화된 정치적 규제, 하나의 민족명제로 편입되는 것. 한편, 외부적 식민주의external colonialism는 한 국가가 다른 국가를 복속하는 것을 말한다.

더니든Dunedin호의 사례다. 소고기는 영국에서 평균 7명이 소 1마리를 먹는 것을 감안할 때, 새로운 냉장기술을 이용한 원거리 교역의 중요한 품목이 되었다. 아르헨티나는 이 시장에서 금방 주도권을 잡았다. 부유한 영국 소비자들이 아르헨티나산 고품질의 냉장 소고기와 양고기를 좋아했기 때문이다. 꽁꽁 언 상태의 오스트레일리아산 냉동고기는 영국의 하층민 소비자들에게 싼 가격으로 팔렸다. 1911년, 아르헨티나의 냉장소고기 산업은 영국·아르헨티나·미국의 이해관계에 따라 크게 좌우되었다. 제1차 세계대전 동안 영국 정부는 아르헨티나의 고기 공급을 영국에 없어서는 안 될 중요한 부분으로 생각해 [아프리카 카나리아제도의] 라스팔마스Las Palmas 주요 고기 공장 하나를 임차까지 해서는 수년 동안 가동했다. 이런 식으로 제국의 고기 공급망은 산업 시대의 영국 소비자들과 그들의 수요를 충족시켜주는 제국주의 경제에 결정적 요소가 되었다.[27]

런던 시장에 제국주의 음식들이 넘쳐남에도, 가격과 소득의 제약 때문에 여전히 영국 사회의 상위층만 그것들을 먹을 수 있었다는 게 당시의 현실이었다. 하지만 이제 영국 어디서든 볼 수 있게 된 몇몇 열대 식품—코코아, 설탕, 차, 커피—은 영국의 새로운 산업 프롤레타리아 계급도 쉽게 사 먹을 수 있었다. 민츠가 "약물식품drug foods"이라고 일컬은 이러한 음식들의 제국주의 역사는 제국의 노동력 동원과 식품 소비의 변화 즉 영국에서 일어난 산업식품의 대량소비 혁명이라는 역사적 경험을 반드시 고려해야 한다. 예컨대 차는 과거 최고급 중국의 차들과 함께 인도의 아삼Assam, 다르질링Darjeeling, 실론과 같은 새로운 플랜테이션 농장에서 재배된 값싼 제국의 차들이 널리 보급되면서 영국의 소비자들에게 계급과 젠더를 초월해 없어서는 안 될 식품이 되었다. 노예들이 재배한 설탕의 섭취는 영국의 노예제 폐지론자들이 반대한 반면에, 명목상이지만 자유노동자free laborer들이 재배한 인도 차는 억압적 식민지 생산 구조가 명백하게 드러나지 않았다. 차는 오랫동안 노동력을 제공하는 사람이 인도인이고 생산지가 인도였을 뿐, 실제로 차의 제조·유통·판매를 지배한 국가는 영국이었다는 사실을 기억할 필요가 있다. 립턴Lipton 같은 영국의 식료품회사들은 영국인 소유의 플랜테이션 농장에서 인도인들이 재배한 찻잎을 수거해 영국과 아일랜드 홍차 상표가 찍힌 상자에 포장해서 판매했다. 동인도회사의 인도 차 수출을 지지하는 사람들은 차 생산과 유통에 대한 식민지 지배가 영국 정부의 재정 수입을 증대시켰을뿐더러 영국의 노동계급과 인도의 "원주민"의 시민의 덕목[공민적 덕성]civil virtue을 함양시키는 데도 크게 기여했다고 주장한다. 영국령 인도에서 차 마시는 습관의 확산은 계급적 관습 및 젠더화된 관습과, 대중화에 의해 심하게 굴절된 특유의 현대적 감성의 한 단면이 현실에 표출된 모습이었다. 20세기 초 아삼 지방의 주민들은 귀한 손님(대개 남성) 대접용으로 시장에서 구입한 차를 보관하는 경우가 많았다. 식구끼리는 대개 날마다 집에서 기르는 소에서 짠 우유를 마셨다. 또 비하르Bihar 지방의 주민들은 차를 마시고 담배를 피울 수 있는 사람의 등급을 나누었는데, 이 두 가지는 대체로 모두 남성들의 공공장소 및 현금 지출과 관련이 있었다. 이처럼 술 마시는 행위가 사회적으로 지탄을 받는 사회에서는 일반인들이 서로 만나 대화를 나눌 때 술 대신에 차가 서서히 윤활유 역할을 하기 시작했다.

요컨대, 산업식품의 역사는 여러 제국의 활동과 산업식품의 성장을 이끈 유럽과 미국의 지배를 고려하면서 초국가적 차원에서 이야기될 필요가 있다. 바이슨의 멸종, 캘리포니아와 하와이 과일농장의 등장, 인간이 초래한 아일랜드와 인도의 기근, 아삼의 차와 카리브 지역 사탕수수 플랜테이션 농장의 연기年期계약노동자indentured labor, 오스트레일리아와 아르헨티나 축우 산업의 성장과 같은 음식사의 이정표들을 하나의 틀에 넣고 보는 것은 산업화, 제국주의, 음식의 역사를 세계적 차원에서 새롭게 바라볼 수 있게 한다.

로컬푸드와 글로벌푸드: 제국과 그 여파

마지막으로 여기서는 제국주의의 여러 관계가 예컨대 인도식 커리 요리 같은 특정 음식—대개는 도중에 크게 변형된 모습으로 바뀌지만—이 전 세계적으로 수용되는 과정을 어떻게 촉진했는지 살펴본다. 또한 이전에 특정 지역의 가정식이었던 음식이 세계시장에 전파·순응되는 과정에서 노동력의 이동과 어떻게 관련되는지 탐구한다—대개 식민지에서 해방되어 새로운 독립국가의 탄생과 발전을 불러오기 마련인, 연이은 탈산업화, 탈식민지화, 정치 갈등, 경제 해체에 따른 압박과 긴장은 그와 같은 노동력의 이동을 강요한다. 더 나아가, 식민지 시대 이후에 세계화된 식품 생산과 유통 체계가 다방면에서 제국의 유물을 물려받은 남반구와 북반구의 사람들과 사회에 어떻게 차별적으로 영향을 끼쳤는지도 심층 분석 한다.

1897년, 인도 마드라스Madras에 살았던 G. P. 필라이G. P. Pillai는 서양에 관해 쓴 《인도인의 눈으로 본 런던과 파리London and Paris Through Indian Spectacles》를 발간했다. 필라이는 당시에 영국에 가려면 배를 타는 수밖에 없다는 것이 큰 행운이라고 생각했다. 그 항해를 통해 식민지 본국의 관습에 더 적응할 수 있었기 때문이다. "증기선에 올라타면, 영국식 정식을 먹기 시작하고, 영국 신사처럼 옷을 입고, 영국식 예절을 배우며, 다방면에서 영국식 방식에 익숙해진다."[28] 같은 인도 사람인 도스가 런던에 제국의 식민지 농산물이 넘쳐나는 것을 보고 깊은 인상을 받은 반면에, 필라이는 런던의 레스토랑들과 거기서 파는 엄청나게 다양한 음식에 압도당했다. 그러나 그는 인도의 모든 지식인이 방문하고 머물고 싶어 하는 영국 제국의 권력과 금력의 심장부인 런던에서 "커리" 같은 훌륭한 요리를 만들어내지 못한다는 사실에 도스와 마찬가지로 깜짝 놀랐다.

도스와 필라이처럼 세계를 무대로 활동하는 인도인들이 영국을 방문했을 때 "커리와 밥"을 찾았다는 사실은 역설적으로 그들이 지역의 한계를 벗어나지 못한 것처럼 보인다. 하지만, 중요한 것은 빅토리아 시대의 영국에서 "커리"를 즐겨 먹었다는 사실이다. 1747년 초, 한나 글라세Hannah Glasse는 "하층민the lower sort"들에게 훌륭한 가정식 요리를 가르치기 위해 썼다는 자신의 책에 "인도식 커리"를 만드는 최초의 영국 조리법을 수록했다.[29] 1861년경, 이사벨라 비턴Isabella Beeton은 자신의 살림살이 설명서에 14가지 정도의 커리 요리 조리법을 수록했는데, 주로 남은 고기를 커리가루에 묻혀 조리함으로써 그 고기를 재활용하기 위함이었다.[30] 트로이 빅캠은 그런 제국의 요리들이 수록된 요리책의 폭발적 증가가 영국 소비자들에게 자기 집이나 클럽에서 제국주의의 경험들을 반복하고 찬양할 수 있는 기회를 제공했다고 주장한다. 이는 그들이 일상의 의례처럼 날마다 차, 커피, 코코아, 설탕을 타 먹는 행위를 통해 자신이 제국의 일원이라는 소속감을 느꼈음을 말한다.[31] 그러나 본국에서 복제한 식민지 국가들의 식생활은 본디의 모습과는 다소 다르게 나타났다. 도스와 필라이 같은 식민지 국가의 방문객들은 처음에 영국에서 커리의 인기를 보고 [영국인들이] 인도인의 입맛을 높이 평가하는 것으로 생각했다. 런던에서, 그들은 고향의 친근한 커리 맛과 또 한편으로 영국에서의 인도 맛을 열심히 찾았다. 하지만 유감스럽게도 그들은 자신들이 말하는 커리가 당시에 영국인들이 먹던 커리와는 전혀 다른 음식임을 알았다. 요리사학자 앨런 데이비드슨Alan Davidson은 18세기까지만 해도 인도 주재 동인도회사 대표들이 후세의 영국인들보다 정통 인도식으로 향신료를 이용해 만든 정찬 요리를 훨씬 더 높이 평가했다고 말한다. 당시 글라세의 커리 조리법은 그러한 평가에 어울리게 고수씨처럼 향이 진한 향신료를 다른 것과 섞지 않고 그대로 사용했다. 그러나 19세기에 도스와 필라이가 영국을 방문했을 때, 이처럼 향신료를 정교하게 사용하는 조리법은 시중에서 파는 일반 커리가루 제품으로 변질되었고, 이는 영국인을 위한 인도 요리책들(예컨대 케니-허버트Kenney-Herbert 대령이 1885년에 기록한 조리법)에서 향신료가 줄 수 있는 영감을 앗아가버렸다.[32] 이러한 식품 변화는 식민지 인도에 주재하는 고위급 영국인들이 열대 식민지에 대해 더럽고 비위생적이고 후진적이라고 비판적으로 생각했던 태도에서 점차 벗어나기 시작했다는 시대적 상황을 반영했다. 영국에서는 커리가 고기 요리에 소량의 쌀밥과 곁들여 나오는 경우가 점점 많아졌다. 본디 남아시아에서는 향신료로 양념을 해서 익힌 고기를 쌀밥과 함께 여러 반찬 가운데 하나로 먹었다.[33] 도스와 필라이가 런던에서 먹은 (마음에 들지 않았던) 커리는 영국식으로 변형된 또 다른 열대 음식의 맛이었다. 필라이는 비꼬는 투로 다음과 같이 말했다. "여기서는 쌀밥이 커리에 딸려 나오지만, 인도에서는 그와 정반대다. 커리 요리가 엉터리라면, 쌀밥은 더 엉터리다."[34]

20세기 들어, 영국의 커리는 제국과 제국민의 운명 변화와 함께 과거 도스와 필라이가 본 것보다 훨씬 더 많이 바뀌었다. 그들이 방문했던 런던에서 조금이나마 맛있는 인도식 요리를 맛볼 수 있는 곳은 동인도 항만을 출입하던 배들의 선상 주방이나 런던과 브리스틀Bristol의 부둣가 같은 곳이었는데, 그곳들은 예로부터 중산계급 사람들도 찾지 않는 주변부 중에서도 끄트머리 지역이었다. 커리를 먹을 수 있는 곳으로 알려진 커피하우스가 몇 군데 있었지만, 아시아 이주민들이 영국인 노동계급과 잠시 영국에 머무는 인도인 고객들을 대상으로 본격적으로 "커리하우스curry-house" 음식점을 처음 연 것은 20세기 초에 이르러서였다. 그 뒤, 1926년 런던 리젠트가Regent Street에 상층계급을 대상으로 하는 커리 음식점인 비라스와미Veeraswamy가 문을 열었다. 이 음식점의 창립자는 영국인 장군과

인도 공주의 증손자로 알려진 에드워드 팔머Edward Palmer로 웸블리 대영제국박
람회Wembley Empire Exhibition에서 무굴제국 궁중음식 전시관을 성공적으로 운영했
었다.35 그의 음식점은 "전 인도 고위 군인의 커리 클럽"으로 유명해졌다. 1935년,
비라스와미는 대담한 사업가이자 보수당 출신 총리 윌리엄 아서 스튜어드 경Sir
William Arthur Steward에게 팔렸다. 1940년대 비라스와미의 차림표에는 커리가 5가
지 나오는데, 이는 당시 그 음식점의 기본 요리였다. 옛날 인도를 그리워하는 노
동자들은 마드라스 치킨 커리와 함께 멀리거토니 수프mulligatawny soup[향신료가 많
이 들어간 수프]를 맛볼 수 있었고, 좀 소심한 사람들은 마카로니 그라탱Macaroni au
gratin과 가자미 쉬프렘supreme of turbot을 먹었다.36

비라스와미의 주방이든 이스트런던East London 및 버밍엄Birmingham 부둣가의 허
름한 커리하우스든, 거기서 급부상 중인 영국식 아시아 요리를 조리하는 사람들
은 전에 실헤트Sylhet(당시 동벵골East Bengal로 지금의 방글라데시)의 항만 지역에서
온 선원 출신이었다. 그들은 대개가 전문적 조리 기술도 없을뿐더러 젠더화된 사
회의 사람들이어서, 점점 더 많은 영국 소비자가 인도 음식으로 알기 시작한 통
칭 "커리"는 고사하고 과거에 어떤 음식도 조리해본 적이 없었다.37 자유로운 이
동에 대한 정부 규제와 필수 식재료 부족 때문에, 그런 이주민들이 영국의 중심
부와 배후지로 이주하는 것은 대개 은밀하게 불법적으로 이루어졌는데, 남아시
아의 음식들은 이처럼 1차산물, 사람, 음식이 서로 순환하며 뒤섞이는 환경 속에
서 역사적 이동을 시작했다. 1947년 영국령 인도가 인도와 파키스탄으로 분할
독립 하면서 벌어진 전쟁과 1971년 방글라데시가 파키스탄에서 독립하면서 벌
어진 인도와 파키스탄의 전쟁 같은 탈식민지화의 정치적 이정표들은 그 지역 사
람들에게 커다란 정신적 외상을 입혔고, 그들이 더 많이 영국으로 이주하는 결
과를 낳았다. 이와 같은 사건들은 코이누르Kohinoor와 타지마할Taj Mahal처럼 과거
인도 페르시아제국의 영광을 상징하는 것들을 따서 이름을 지은 음식점들에서,
영국에 사는 사람들이 커리라고 알고 있는 음식을 조리할 과거 식민지 출신의
아주 값싼 노동력을 영국에 제공했다.38

산업식품과 제국주의 시대의 식품 생산 확대로 인간과 생태계가 치른 막대한
대가를 폭넓게 살펴본다면, 그 후탈이 개별 주민들의 건강 문제를 훌쩍 뛰어넘
어 식민지 지역에 특히 광범위하고 심각한 영향을 끼쳤음을 알 수 있다. 1870년

대부터 프랑스의 대對세네갈 식민지 정책은 세네갈 국토의 절반 이상을 수출용 상품작물 즉 땅콩을 재배하는 경작지로 바꾸는 것이었다. 세네갈 국민들은 그동안 주식으로 먹던 지역의 곡물 대신에 프랑스령 인도차이나 지역의 과잉 생산된 잉여 쌀을 수입해서 먹어야 했다. 세네갈 토속 조리법은 서속과 수수 같은 토종 곡물 대신에 조리 시간이 오래 걸리는 쌀을 중심으로 바뀌었다. 제국주의가 세네갈에 물려준 음식과 관련된 유산은 세네갈이 도저히 감당할 수 없는 엄청난 금액의 쌀 수입어음이었다. 영국령 인도에서 일련의 제국주의 정책은 그곳의 상업과 생계 패턴의 급격한 변화와 기아의 가파른 심화를 초래했다. 예컨대 1차 산물에 대한 세계 수요의 증가와 이를 충족시키려는 영국의 욕망은 그것이 차든, 지방종자oilseed든, 곡물이든 상관없이 수출을 위해 재배된 식용작물의 급격한 확산을 낳았다. 이러한 수출용 상품작물들의 재배 확산 때문에 소농들은 그동안 주식으로 삼았던 자급용 작물들의 재배를 포기할 수밖에 없었다. 동시에 인도는 직물 같은 전통적 수출 부문의 기반을 잃었다. 영국의 보호주의 정책으로 인도에서 영국으로 수출하는 수공 면화제품에 높은 관세가 부과된 때문이다. 게다가 식민지 인도는 영국 공장에서 만든 제조품의 수입국이 되었다.[39] 인도 경제사학자들은 이것을 식민지 인도의 산업공동화空洞化, deindustrialization라고 설명했는데, 이는 제국주의 영국의 산업화가 숨기고 있는 또 다른 측면이었다. 그들은 시장을 작동시키는 보이지 않는 힘으로 이 과정을 설명하는 신고전주의 경제학 이론을 정면으로 거부하면서, 관세와 높은 세금을 통해 인도의 전통적 수출 분야인 공예품 생산을 파괴하고, 인도의 생태 기반이 지탱할 수 없을 정도로 지나치게 많은 인력을 새로운 농업 부문에 투입하는 경제 환경을 만들어낸 제국의 다양한 식민지 정책이 결국 산업공동화를 초래했다고 주장한다. 원주민들에게 사냥을 제한하고 총기와 탄약의 구매를 억제하는 법률을 제정한 또 다른 제국주의 정책으로 유럽인들이 사냥감 같은 생태 자원을 독점하는 결과가 초래되었거니와 지역 주민들은 그동안 쉽게 구할 수 있었던 단백질 공급원에 대한 접근 제한으로 식량 부족 현상을 점점 더 겪어야 했다. 전반적으로 제국주의는 아시아·아프리카·라틴아메리카를 불문하고 식민지의 경제구조를 재구성함으로써, 세계 농산물 가격의 급격한 변동에 지나치게 의존하는 위험한 상황을 통해 만성적 또는 일시적으로 극명한 소득 격차와 기아의 장기적 조건들을 만들어냈다.

19세기 후반부터 영국의 자유무역경제 채택과 유럽대륙·미국·일본의 급속한 산업화는, 이들 국가에 사는 도시민과 산업인구가 상대적 풍요로움 속에서 값싼 음식들을 제공받기 시작하는 바로 그 순간, 1차 산물과 식료품에 대한 새로운 차원의 수요를 창출하면서 세계경제를 전면적으로 바꾸었다. 그런 값싼 음식들이 건강에 좋은 식품이라고 말하기는 어렵다는 사실이 점차 명백해졌다. 19세기, 변조 식품을 중심으로 제기된 먹거리 불안 문제는 1860년과 1899년 사이에 영국에서 제정된 식품변조 [금지] 법안 같은 같은 법적 규제를 통해 해결하려는 노력이 있었다. 나중에 그 초점은 새로운 산업 시대의 식습관이 야기한 건강 파괴 문제로 이동했다. 런던의 왕립연구소Royal Institution에서 나온 《국민의 곳간The Nation's Larder》 연속 강좌 기획물은 영국 노동자들의 일상식인 흰 빵, 마가린, 통조림 고기, 삶은 채소를 탄산음료, 싸구려 통조림 잼, 차, 설탕, 약간의 우유와 함께 먹은 생쥐들이 결국 병들고 욕구 불만에 시달리다 나중에는 서로 잡아먹는 데까지 이르렀다는 충격적인 실험 결과를 보여주었다.[40] 이와 같은 놀라운 발견에 쏠린 세간의 관심에도 불구하고, 이후 대기업들의 주도로 이루어진 세계화된 식품 체제로의 발전은 건강에 좋지 않은 산업 시대의 식습관이 확산되는 것을 막지 못했다.

20세기 중엽, 세계적인 다국적기업들의 활동과 그들이 생산지에서 가정의 식탁까지 모든 과정을 통제하기 위해 만든 슈퍼마켓supermarket은 전 세계 대부분에서 전 지구적 식품 거래를 현실로 만들었다. 동일한 대형 슈퍼마켓을 영국뿐 아니라 타이에서도 볼 수 있게 되었다. 패스트푸드 체인점fast-food chains도 마찬가지다. 남반구 대다수 소비자들은 여전히 소규모 판매업자와 행상들에 의존하고 있었지만, 시장에 대한 희망에 찬 이미지는 전 세계의 다양한 음식과 대중문화 영역으로 번져나갔다. 북반구의 식품 구매자 대다수에게 풍요로움이 넘실대는 슈퍼마켓은 제국주의 시대 때 처음 상상했던, 세상의 모든 식품을 한곳에 모으는 꿈plentiful uniformity을 마침내 실현한 것처럼 보였다. 20세기 후반, 유럽과 미국에서 이처럼 값싸고 간편한 식품의 새로운 세계는 살모넬라균salmonella에서 광우병mad cow disease에 이르기까지 일련의 식품 파동으로 큰 충격에 휩싸였다. 이러한 파동은 식품의 품질과 소비자의 건강에 대한 불안뿐 아니라 인간의 심각한 장애와 죽음을 야기할 수 있는 산업식품에 대한 우려와 함께, 과학자나 정부도 그러한 위험을 근절할 수 없을지 모른다는 걱정을 불러일으켰다. 그러한 식품 파동에 대한 소비자들의 반응은 다양했다. 슈퍼마켓과 글로벌푸드의 체인망에 대한 신뢰를 잃은 사람들은 완벽하게 실용적인 대안은 아닐지라도 유기농과 공정무역 인증 식품, 로컬푸드, 농산물 직판장 판매 작물의 소규모 공급업자들을 그나마 근접하는 대안으로 택했다. 또 다른 사람들은 기존의 식품 공급망을 정화하기 위해 슈퍼마켓과 정부가 더욱 경계를 강화해줄 것을 요구했다. 그러나 그러한 경계는 설사 북반구 사람들을 안심시킨다고 하더라도 남반구 사람들에게는 힘든 결과를 초래했다. 수잰 프라이드버그는 유럽과 아프리카를 가로지르는 초국가적 식료품 네트워크에 관한 연구를 통해, 20세기 후반 식품 안전에 대한 우려와 신자유주의가 지배하는 식품 조달 기구들이 만들어낸 관료화된 규제가 소규모 1차 생산자들 특히 남반구에 있는 생산자들을 배제·차별하는 구실을 했다고 지적한다.[41]

또 한편으로 글로벌푸드 문화는 과거 제국의 식민지 변방 출신으로 더 나은 경제생활을 추구하고, 대개 탈식민지화된 그런 지역들에서 새로운 세계화가 야기하는 정치적 혼란에서 벗어나고자 발버둥치는 사람들의 끊임없는 이동을 통해 작동한다. 남반구 도시들이 엄청난 수의 국내 이주민들을 수용한다면, 글로벌 이주민들이 글로벌푸드의 공급자가 되는 현상은 북반구에서 가장 잘 볼 수 있다. 해외 이주노동자들이 유럽과 미국 세계의 대중음식 문화를 점차 다양화했다는 사실은 학계의 전문가뿐 아니라 일반인도 금방 알 수 있다. 최근의 몇 가지 사례를 보면, 식민지 해방 이후 조국으로부터 물려받은 것이 불확실성과 불평등밖에 없는 카리브 지역 사람들, 베트남인, 남아시아인, 사하라사막 이남의 아프리카인들은 그들이 도망가 살고 싶었던 새로운 글로벌 도시들의 위태로운 생활에 뛰어들어, 자기 집에서 해먹던 가정요리 기술을 팔며 살아갈 수밖에 없다. 북반구에 새로운 난민의 물결이 진입할 때마다, 뉴욕·토론토·런던에 새로운 종류의 "소수민족ethnic" 식당들이 생겨나는 것은 이제 거의 기정사실이다. 거기서 사모사samosa*나 엠파나다empanada**처럼 과거에 특정 지역의 로컬푸드가 글로벌 푸드로 변신한다.

---

* 채소와 감자를 넣고 삼각형으로 빚어 기름에 튀긴 인도식 만두.
** 고기·생선·채소를 이용한 라틴아메리카의 스페인식 파이 요리.

주

1. 이 문구를 찾아볼 수 있게 해준 제임스 머턴에게 고마움을 전한다. James Murton, "John Bull and Sons: the Empire Marketing Board and the Creation of a British Imperial Food System," in *Edible Histories, Cultural Politics: Towards a Canadian Food History*, ed. Marlene Epp, Franca Iacovetta, and Valerie J. Korinek(Toronto: University of Toronto Press, 2012).
2. Edward M. East, *Mankind at the Crossroads*(New York: Charles Scribner's Sons, 1924), 64.
3. Paul Freedman, *Out of the East: Spices and the Medieval Imagination*(New Haven: Yale University Press, 2008), 1-5.
4. Sidney W. Mintz, *Sweetness and Power: The Place of Sugar in Modern History*(New York: Viking, 1985) [한국어판. 시드니 민츠 지음, 김문호 옮김, 《설탕과 권력》, 서울: 지호, 1997]
5. Paula de Vos, "The Science of Spices: Empiricism and Economic Botany in the Early Spanish Empire." *Journal of World History* 17, no. 4(2006): 399-427.
6. Gary Y. Okihiro, *Pineapple Culture: A History of the Tropical and Temperate Zones*(Berkeley: University of California Press, 2009).
7. Brian Cowan, New Worlds, New Tastes: Food Fashions after the Renaissance," in *Food: The History of Taste*, ed. Paul Freedman(Berkeley: University of California Press, 2007), 197-230.
8. Sidney W. Mintz, "Time, Sugar, and Sweetness," in *Food and Culture: A Reader*, ed. Carole Couiiihan and Penny Van Esterik(New York: Routledge, 1997), 363.
9. *Tallis's History and Description of the Crystal Palace and the Exhibition of the World's Industry in 1851*(London: John Tallis & Co., 1851).
10. Troy Bickham, "Eating the Empire: Intersections of Food, Cookery and Imperialism in Eighteenth-Century Britain," *Past and Present* 198(February 2008): 71-109.
11. Linda Colley, *Captives: Britain, Empire and the World, 1600-1850*(London: Pimlico, 2003).
12. John Fitzpatrick, "The Columbian Exchange and the Two Colonizations of Aotearoa New Zealand," *Food, Culture, and Society* 10, no. 2(Summer 2007): 211-238.
13. Sucheta Mazumdar, "The Impact of New World Food Crops on the Diet and Economy of China and India, 1600-1900," in *Food in Global History*, ed. Raymond Grew(Boulder, co: Westview Press, 1999), 58-78.
14. Bertie Mandelblatt, "A Transatlantic Commodity. Irish Salt Beef in the French Atlantic World," *History Workshop Journal* 63(2007): 18-47.
15. Austin Clarke, *Pig Tails 'n Breadfruit: Rituals of Slave Food*(Kingston: Ian Randle Publishers, 1999), 113-114.
16. Elizabeth DeLoughrey, "Globalizing the Routes of Breadfruit and Other Bounties," *Journal of Colonialism and Colonial History* 8, no. 3(Winter 2007): np.
17. Mimi Sheller, *Consuming the Caribbean: From Arawaks to Zombies*(London: Routledge, 2003).

18. Diane Tye, "A Poor Man's Meal: Molasses in Atlantic Canada," *Food, Culture, and Society* 11, no. 3(September 2008): 335-353.

19. "Tasmania: Its Resources and Future," *Journal of the Royal Colonial Institute* 1, no. 1(January 1910), np.

20. "Colonial Fruit," ibid.

21. N. L. Doss, *Reminiscences, English and Australasian. Being an Account of a Visit to England, Australia, New Zealand, Tasmania, Ceylon etc*(Calcutta: M. C. Bhowmick, 1893), 64.

22. Gary Y. Okihiro, *Pineapple Culture: A History of the Tropical and Temperate Zones*, 129에서 인용.

23. Jack Goody, *Cooking, Cuisine, and Class: A Study in Comparative Sociology*(Cambridge: Cambridge University Press, 1982).

24. N. L. Doss, *Reminiscences, English and Australasian*, 103.

25. K. T. Achaya, *The Food Industries of British India*(New Delhi: Oxford University Press, 1994).

26. Andrew C. Isenberg, *The Destruction of the Bison*(New York: Cambridge University Press, 2000); Russel L. Barsh, "The Substitution of Cattle for Bison on the Great Plains," in *The Struggle for the Land. Indigenous Insight and Industrial Empire in the Semi Arid World*, ed. Paul A. Olson(Lincoln: University of Nebraska Press, 1990), 103-126; Jeffrey M. Pilcher, "Empire of the 'Jungle': The Rise of an Atlantic Refrigerated Beef Industry, 1880-1920," *Food, Culture, and Society* 7, no. 2(Fall 2004): 63-78.

27. Richard Perren, *The Meat Trade in Britain, 1840-1914*(London: Routledge & Kegan Paul, 1978).

28. G. Paramaswaran Pillai, *London and Paris through Indian Spectacles*(Madras: Vaijayanti Press, 1897), 9.

29. Hannah Glasse, *The Art of Cookery made Plain and Easy*(London: W. Strahan, 1747), 101.

30. Isabella Beeton, *The Book of Household Management*(London: Jonathan Cape, 1861).

31. Troy Bickham, "Eating the Empire," 198.

32. Alan Davidson, "Curry" and "Curry Powder," in *The Oxford Companion to Food*(Oxford: Oxford University Press, 2006), 236-237.

33. Eliza Fay, *Original Letters from India*(New York: NYRB Classics, 2010), 181.

34. G. Paramaswaran Pillai, *London and Paris Through Indian Spectacles*, 12.

35. "Veeraswamy."(Online). Available: http://www.veeraswamy.com/(February 25, 2011).

36. *The Times*(London). February 3, 1949: 2.

37. Lizzie Collingham, *Curry: A Tale of Cooks and Conquerors*(Oxford: Oxford University Press, 2006).

38. Ben Highmore, "The Taj Mahal in the High Street: The Indian Restaurant as Diasporic Popular Culture in Britain," *Food, Culture, and Society* 12, no. 2(June 2009): 173-190.

39. K. N. Chaudhuri, "Foreign Trade and Balance of Payments," in *The Cambridge Economic History of India*, ed. Tapan Raychoudhuri, 2 vols.(New Delhi: Cambridge University Press, 1983), 2:828.

40. Christopher Driver, *The British at Table*(London: Chatto & Windus, 1983), 18.

41. Susanne Freidberg, *French Beans and Food Scares: Culture and Commerce in an Anxious Age*(New York: Oxford University Press, 2004).

산업식품

Industrial Food

가브리엘라 M. 페트릭 Gabriella M. Petrick

산업화industrialization 과정은 오랫동안 많은 학자가 연구해온 주제다. 월터 리히트Walter Licht, 루이스 갈람보스Louis Galambos, 앨런 트라첸버그Alan Trachenberg, 올리비에 준즈Olivier Zunz, 앨프리드 챈들러Alfred Chandler의 저작들은 미국사 개론 수업에서 필독서다.[1] 이 저자들은 1880년부터 1930년까지 미국 생활의 많은 부분이 산업 생산과 임금 상승을 기반으로 바뀌었다는 사실을 아주 잘 설명해준다. 이 기간을 잘 표현하는 말로 "뚜껑 열린 지옥Hell with the lid taken off"과 소비혁명consumer revolution이 있다.[2] 기술, 기업, 환경, 의료, 소비, 노동의 역사를 연구하는 학자들은 모두 이 거대한 변화에 대해 각자 나름의 평가를 내렸다. 그러나 최근까지 산업화가 미국인이 먹는 음식을 어떻게 바꾸었는지에 대해 지속적으로 관심을 보인 사람은 없었다. 음식이 그동안 완전히 무시되었던 것은 아니지만, 특히 농업사학자들의 경우가 더욱 그렇지만, 산업화 과정 및 음식 습관을 변화와 도심으로의 식료품 공급 사이 연관성은 역사기록학에서 비교적 새로운 연구 분야다. 특히, 미국인들이 빵과 시리얼을 기본으로 한 식사에서 더욱 다양하면서 (고기, 우유, 양상추, 완두콩, 오렌지, 바나나, 복숭아) 결국에는 더욱 산업화된 음식을 먹게 된 원인이 무엇인지를 이해하는 것이 무엇보다 중요하다.

20세기 전반에 미국인들이 무엇을 먹고 있었는지를 살펴보기 전에, 무엇이 산업식품industrial food이고 무엇이 아닌지를 먼저 정의할 필요가 있다. 대형 공장에서 제분된 밀가루나 시카고 도축시설에서 가공된 돼지기름이 산업식품인 것은 확실히 맞지만, 많은 역사학자와 최근 들어 마이클 폴란이나 에릭 슐로서 같은 대중작가들이 산업화된 음식에 대해 쓴 것에 따르면, 산업식품은 일반적으로 그것보다 더 고도로 가공된 식품을 의미한다. 나는 이와 같은 개념 정의에 동의하면서 거기에 덧붙여, 먹기 위해 전혀 조리할 필요가 없거나 아주 약간만 손을 보면 되는, 공장 시설에서 대량으로 생산된 식품을 산업식품이라고 정의한다. 이런 음식은 또한 대개 포장되어 있어서 들고 다니기가 매우 편하다. 예컨대 시중에서 판매하는 통조림식품, 냉동식품, 제과점·식료품점·슈퍼마켓에서 살 수 있는 빵·케이크·파이, 즉석 케이크 재료, 즉석 페이스트리와 파이 재료, 잼과 젤리, 아이스크림, 조리되거나 조리 안 된 시리얼, 인스턴트 으깬 감자 같은 음식들이 산업식품이다. 우유, 고기, 신선 과일과 채소, 식용기름, 밀가루, 설탕, 달걀을 비롯한 낙농제품들도 당연히 산업식품군에 들어가지만, 여기서는 이를 신선가공식품 fresh processed food 또는 최소가공식품minimally processed food으로 분류할 것이다. 이렇게 볼 때, 산업식품은 대호황 시대Gilded Age*나 혁신주의 시대Progressive Era**의 산물이 아니라 오히려 냉전과 베이비 붐 세대의 산물이라는 사실이 명백해진다.

식품 산업화: 역사기록학을 중심으로

음식의 역사는 2000년대 중반에 수많은 주요 연구 저작이 발표되었지만 역사학에서 상대적으로 새로운 하위 분야다. 1940년대 초만 하더라도 음식을 미국인

---

* 미국 남북전쟁 이후 호황기.
** 1890년대부터 1920년대까지 미국에서 사회운동이 광범위하게 일어나고 정치 개혁이 활발던 시기.

삶의 근간을 이루는 것으로 생각한 학자들은 소수에 불과했다. 나는 여기서 얼마나 다양한 분야의 학자들이 음식과 관련해서 기술과 산업화에 관해 썼는지를 면밀히 살펴보고자 한다. 비록 이 모든 학자가 자신을 음식사학자라고 말하지 않을지라도, 그들이 음식 연구에 기여한 부분을 살펴보면 미국인들의 식사 습관이 어떻게 왜 바뀌었는지를 더 잘 이해할 수 있을 것이다.

미국의 음식을 검토할 때는 늘 최초의 음식학자 두 사람, 리처드 오스본 커밍스와 오스카 에드워드 앤더슨Oscar Edward Anderson을 반드시 다루어야 한다. 커밍스가 1940년에 쓴《미국인과 음식: 미국 음식 습관의 역사》는 그가 그전에 쓴《미국의 아이스 산업과 냉장기술의 발전 1790~1860The American Ice Industry and the Development of Refrigeration 1790-1860》을 바탕으로 나온 것이다.[3] 커밍스는《미국인과 음식》에서 1789년부터 1940년까지 미국인의 식사 습관 변화를 매우 폭넓게 검토한다. 그는 대체로 미국인들이 먹었던 식품의 변화를 시간의 흐름에 따라 순서대로 기술하고 그러한 음식 습관의 변화가 미국인의 건강을 어떻게 개선했는지 설명한다. 커밍스는, 산업화와 기술이 책의 중심 주제가 아님에도, 기술의 변화와 과학 지식의 발전이 미국인의 영양과 식생활에 어떻게 영향을 끼쳤는지도 살핀다. 그는 냉장, 통조림, 저온살균[법]pasteurization, 식품변조에 대해 광범위하게 말하면서, 대개 이와 같은 기술이 도시민의 건강에 영향을 끼쳤다고 주장한다. 커밍스가 책에서 궁극적으로 초점을 맞춘 가장 중요한 요소는 도시에 식품을 공급하는 문제다. 다시 말해, 대도시에 건강에 좋은 식품을 공급하기 위해서는 농촌이나 지방 소도시에 식품을 공급할 때와는 근본적으로 다른 식품 기술이 필요하다는 것이다.

앤더슨이 쓴《미국의 냉장기술: 신기술과 그 영향의 역사Refrigeration in America: A History of a New Technology and Its Impact》(1953)는 아이스 산업과 냉장기술에 관한 커밍스의 연구와 달리, 19세기 후반 산업화 과정에서 냉장의 중요성과 그것이 20세기 식품 생산에서 핵심이 되는 훨씬 더 큰 역할을 했음을 명확하게 서술한다.[4] 얼음과 냉장기술은 우유와 맥주를 차가운 상태로 유지할 수 있게 해주었을뿐더러 수많은 종류의 식품들을 배후지에서 도심으로 수송할 수 있는 방법을 제시해주었다. 앤더슨은 천연 얼음이 공장 얼음으로 바뀌는 과정을 추적한 뒤, 얼음 제조 기술이 어떻게 냉각 식품포장공장이나 창고의 기계설비, 그리고 마침내 가정의 냉장고로 전환되었는지 설명한다. 앤더슨은 신선식품과 산업식품을 미국인에게 공급하는 데 필요한 다양한 장치를 재구성하는 과정에서 신빙성 있는 냉장기술의 중요성을 역사학자들이 과소평가해서는 안 된다고 강조한다. 앤더슨이 특히 기술의 역사를 밝히는 데 기여한 또 다른 부분은 그 기술들이 제2차 세계대전이 끝나고 초기에 어떻게 개조·전파되었는지를 보여줌으로써 이른바 콜드 체인cold chain이라고 불리는 저온유통체계의 "블랙박스"를 열었다는 것이다.

커밍스·앤더스와 동시대 인물로 건축이론가이자 미술사학자인 지그프리트 기디온은 기술과 산업화를 연구하는 역사학자들에게 심대한 영향을 끼쳤다. 그의 연구 가운데 음식의 역사 연구자들과 가장 밀접한 관련이 있는 부분은 곡물 수확, 밀가루 제분, 빵 굽기, 고기 도축의 기계화와 관련된 연구다. 기디온에 따르면, 이러한 과정의 자동화는 도시 인구를 먹여 살렸을 뿐 아니라 대량생산의 사회적 분위기 마련에도 한몫했다. 그는 이것을 "생각과 감정의 분리"라고 불렀다. 기디온은, 인간이 어느 정도까지 자연을 지배할 수 있는지에 대해 신중하게 반응하는 한편으로, 기계화되고 이어 산업화된 식품을 호되게 비판한 최초의 인물이다. 그는 빵을 구워내고 고기를 해체하는 기계와 기술이 "인간이 자기 안팎에 존재하는 유기적 힘들과 접촉하는 것"을 막았고, 1948년에는 "인간의 기본 가치들을 연결하는 끈이 닳아 해지면서 점점 더 위협적인" "마비되고 찢기고 혼란스러운 상황"을 만들어냈다고 믿는다. 유기적 힘들을 기계화하는 것에 대한 그의 비판에 더해, 음식사학자들은 이제 그것이 복숭아통조림이든 토르티야 봉지과자든 세계의 물질성을 통해 "익명의 역사anonymous history"에 관해 연구할 것을 요구하는 그의 목소리에 귀 기울일 줄 안다.[5]

그 밖의 다른 주제들을 연구함으로써 식품 산업화와 관련된 학문 발전에 기여한 수많은 역사학자가 있는데, 이들 또한 마찬가지로 중요한 역할을 했다. 앨프리드 챈들러의 《보이는 손The Visible Hand》(1977)은 자본주의 구조의 변화 과정을 이해하는 데 도움을 준다.[6] 챈들러는 식품회사들이 점점 확장하는 도심에 식량을 공급하기 위해 필요한 역할을 수행하는 동시에 소비혁명 시기를 이용해 핵심 브랜드, 새로운 마케팅, 유통 전략을 만들어냈다고 본다. 챈들러는 스위프트, 아머, 하인즈Heinz, 나비스코NABISCO 같은 많은 식품회사가 수직통합을 통해 사업을 확대한 것을 강조하면서, 식품산업이 어떻게 개인 회사에서 법인 기업으로 옮겨갔는지, 그리고 이런 기업이 생산하는 제품들에 요구되는 위생 기준 및 맛의 표준 같은 기업 규제 장치들이 어떻게 바뀌었는지 예시한다. 챈들러는 산업식품 생산의 품질과 일관성을 유지하려면 산업 통합과 함께 경영 자본주의managerial capitalism*로의 변화가 필요하다고 주장한다. 그러나 챈들러는 얼마나 많은 식품이 산업화되었는지에 대해서는 실제보다 과장해서 말한다. 대개 그가 주목한 것은 기술 과정보다는 기업 구조이기 때문이다. 다시 말해, 사회기반시설(철도와 전신), 개발, 보급에 대한 그의 강조는 많은 기술 체계가 대량생산 식품의 발전에 어떻게 필수적이었는지를 예시한다―그 체계는 과거 음식 관련 문헌에서 대개 간과되기 쉬웠던 산업화 과정의 한 중요한 요소다. 더 나아가, 브랜딩과 마케팅이 어디서든 볼 수 있는 대량생산 소비재의 출현에 결정적 역할을 했다는 그의 주장은 사회가 더욱 소비 중심 경제로 이동했음을 보여준다.

마찬가지로, 데이비드 하운셀David Hounshell과 윌리엄 크로넌 두 사람은 20세기 후반 산업식품 생산의 출현을 바라보는 통찰력을 제공한다. 하운셀의 연구는 기계장치 산업에서 기술의 변화와 표준화된 호환제품의 등장과 관련한 질문에 초점을 맞춘다. 여기서 하운셀은 곡물수확기와 자동도축시설의 해체라인이 미국의 식품 생산을 어떻게 바꾸었는지 알 수 있는 창을 제공한다. 음식사학자의 입장에서 볼 때, 매코믹이 발명한 곡물수확기는 더 광활한 밀밭과 곡물 경작지를 수확할 수 있게 해줌으로써 미국 중서부 북쪽에 거대한 제분공장이 많이 들어서도록 자극했다. 이들 제분공장 덕분에 밀가루와 빵이 훨씬 더 싸게 공급될 수 있었다. 빵과 같은 주식의 생산비용이 낮아지면서, 미국인들은 20세기 초반 몇십 년 동안 소고기·과일·채소를 포함해 매우 다양한 음식이 식탁에 오르면서 식생활이 바뀌기 시작했다. 게다가, 자동도축시설의 해체라인을 공장의 조립라인assembly line에 연결한 것은 기술이 한 산업에서 다른 산업으로 이전되면서 거대한 산업화 과정에 초기 식품 기술이 접목되었음을 의미한다. 실제로, 포드자동차의 조립라인(부품들이 노동자들에게 오는)은 아메리칸캔American Can 같은 대형 깡통제조회사와 캠벨스Campbell's[캠벨수프사Campbell Soup Company]나 하인즈 같은 미국의

* "경영자 자본주의", "관리[자] 자본주의"라고도 불린다.

통조림회사에서 처음 시작되었다.

환경사학자인 크로넌은 곡물수확기와 자동도축시설에 경의를 표한다. 도심과 그 배후지 농촌 사이의 공간 역학에 관심이 깊은 그는 기차, 양곡기, 자동도축시설의 해체 라인이 농촌 생산자와 도시 소비자를 더욱 긴밀하게 묶어주는 환경을 다졌다고 주장한다. 기차와 전신 같은 기술은 남북전쟁이 끝나고 몇 년 동안, 동부 산업 중심지의 성장과 미시시피강 건너 서부 기름진 농토의 개발을 동시에 촉진했다. 이러한 연결 수단은 대형 식품가공업체들이 농촌에서 도시로 생산물들을 끌어들임으로써 미국 먹거리체계에서 없어서는 안 될 요소가 되었다. 크로넌은 또한 농산물이 [미국] 서부에서 동부로 흘러들어갔듯이 산업제품은 동부에서 서부로 흘러들어갔는데, 이는 결국 농촌민과 도시민 모두에게 이익을 안겨주는 동력을 창출했다고 말한다. 하지만 그는 산업화에 따라 농촌민들이 점점 주변부로 밀려난 것은 문제가 있음을 명백히 한다.[7] 하운셀과 크로넌은 둘 다 기디온의 연구를 바탕으로 한다―차이가 있다면, 하운셀은 기술적 관점이고 크로넌은 공간적 관점이라는 점이다.

의학과 사회운동의 역사를 연구하는 학자들 또한, 기술과 환경의 역사를 연구하는 학자들처럼, 식품이 어떻게 산업화되는지 더 잘 이해할 수 있도록 도움을 준다. 남북전쟁과 제1차 세계대전 사이의 기간은 미국의 소비자들이 오염되지 않고 영양이 풍부하며 몸에 좋은 식품을 어떻게 얻을지에 대해 몹시 불안해한 시기였다. 20세기로 들어서는 길목에서 음식 문제에 대해 가장 결정적 비판을 가한 책은 아마 업턴 싱클레어의 《정글The Jungle》(1906)이라는 소설일 것이다.[8] 책이 발간되면서 시카고 정육업체들을 향한 혐오·공포·격노는 익명의 장소에서 생산되는 음식들에 대한 소비자들의 총체적 불안과 불신을 예고했다. 제임스 하비 영James Harvey Young, 낸시 톰스Nancy Tomes, 로레인 스웨인스턴 굿윈Loraine Swainston Goodwin 같은 역사학자들은 도시화 과정이 어떻게 모든 종류의 음식(고기를 비롯해 우유, 사과, 밀가루, 통조림식품에 이르기까지)를 얻고 먹는 것을 걱정하게 만들었는지, 특히 식구들이 먹을 음식을 사서 조리할 책임이 있는 여성들을 얼마나 불안에 떨게 만들었는지 예시해준다.[9] 굿윈이 지적하는 것처럼, 음식물과 의약품을 감독하는 연방기관의 부재는 20세기 초 "국민의 육체적, 정신적, 도덕적 건강을 약화시키고" 있었다.[10] 이러한 소비자 위주의 관점은, 하비 와일리Harvey Wiley와 거대 식품회사들의 역할에 초점을 맞추는 다수의 관점과 달리, 음식과 산업화에 관해 완전히 다르게 설명한다. 이들 연구는 대체로 소생산자들이 식품 오염과 식중독의 원인이며, 따라서 여성들은 대규모 생산업체들이 그런 유해식품을 막을 수 있을 것이라 생각했다고 주장한다. 브랜드명과 위생 포장은 그 안의 제품이 안전하다는 것을 보증했다. 클럽 여성 회원, 정부 기구 소속 화학자, 중앙과 지방 공중보건 관리, 대기업, 탐사보도 전문 기자들의 협력과 조직적 노력은 식품 안전 규제를 주저하는 연방정부를 압박했다. 그 결과 1906년 순수식품의약품법 Pure Food and Drug Act of 1906은, 식품 오염이나 식중독을 완벽하게 없애지는 못했지만, 멀리 떨어진 공장에서 제조된 식품에 대한 대중의 두려움을 어느 정도 누그러뜨릴 수는 있었다.

시드니 민츠와 하비 리벤스테인 같은 음식사학자들은, 앞서 언급된 연구들과 달리, 식품 산업화를 매우 부정적으로 보았다. 민츠는 《설탕과 권력》에서 영국의 설탕에 대한 희구를 통해 본국과 식민지 사이의 연결 관계를 살펴본다. 민츠는 17세기부터 19세기까지 식민지 서인도제도와 [본국] 영국 사이에서 정치·경제 권력이 어떻게 휘둘려졌는지를 면밀히 검토한다. 민츠는 영국에서 공장 제도의 발흥이 카리브해 지역의 설탕 생산을 강화했다고 말한다. "설탕 가격이 더 싸진 것은 설탕을 먹는 새로운 식습관 그 자체 때문이 아니라 그처럼 설탕을 많이 먹을 수 있도록 환경을 만들어준 공장 세계와 기계의 반복 동작이 설탕 소비 증가를 보장했기 때문이다."[11] 민츠는 (설탕 섭취를 통해) 필요한 칼로리를 손쉽고 값싸게 얻을 수 있게 되면서, 산업 경제에 불이 붙고 먹거리 통제권이 결국 대기업에 넘어갔다고 결론짓는다. 반면에, 영국인들이 그런 값싼 설탕에 맛이 들수록 설탕을 생산한 사람들은 오히려 더 억압받고 가난해졌다. 영국인들이 카리브해 지역 식민지들에 세운 대규모 플랜테이션 농장 체계는 의심할 여지 없이 혹독했지만, 영국의 공장노동자들이 당시 얼마나 많은 설탕을 먹었는지는 이들의 1인당 생산량이 얼마인지 계산한다고 해도 실제로 알 수 없다.[12] 사실상, 공장노동자의 칼로리 주 공급원은 설탕이 아니라 버터 바른 빵이었다.

반면에, 리벤스테인은 1880년부터 1930년 사이 미국에서 산업식품의 부상을 검토한다. 리벤스테인이 보기에, 미국이 산업식품 사회로 이전하기 위해서는 인간의 영양, 식사, 새로운 식습관을 선전하는 사람들, 그리고 농촌에서 생산된 음식들에 의존하는 도시 노동자들에 대한 더 과학적이고 의학적인 이해를 바탕으로 하는 새로운 이념체계가 필요했다. 리벤스테인은 영양학적 차원에서 사고의 변화를 주로 살피고 있지만, 혁신주의 시대의 식사 개혁론자들과 그 대상인 노동계급 사이의 계급적 긴장 관계를 면밀히 검토한다. 리벤스테인은 다른 많은 노동사학자와 마찬가지로, 공장 노동이 노동계급의 기능과 기술을 점점 쓸모없게 만들었다고 주장한다. "식품 부문에서도, 석유나 철강 부문에서처럼, 비용을 절감하고 숙련 기술 노동 의존도를 줄이려는 기술 혁신의 추구는 시장 지배력을 강화하기 위한 기업 합병 및 통합 시도와 함께 진행되었다."[13] 리벤스테인은 확실히 챈들러의 영향을 많이 받았지만, 로저 호로비츠Roger Horowitz가 지적하는 것처럼, 식품 생산—특히 정육 산업의 경우—은 숙련된 기술이 필요했다.[14] 리벤스테인은 다양한 식품 사이의 차이에는 주목하지 않고 식품 산업의 성장 과정에만 주목하고 있어서, 통조림을 만들고 고기를 도축하고 치즈를 만들고 아이스크림과 양념을 제조하는 데 필요한 노동자의 기술뿐 아니라 식품공장의 산업화 수준도 모두 잘못 해석한다.

그렇다고 해서 수많은 공장의 생산자가 신기술을 적용해 능률성을 높이지 못했다고 말하는 것은 아니다. 그러나 음식사학자들은 신기술을 이용했을 때 어느 정도까지 산업화가 이루어질 수 있는지를 밝히기 위해 각 식품의 생물학적, 관능적官能的, organoleptic 특성에 더욱 주목할 필요가 있다.* 요컨대, 생산물과 생산과정이 모두 중요하다는 말이다. 더 나아가, 리벤스테인은 대규모 식품가공회사들의 성장에 대해 설명하면서, 새로운 식품에서 광고의 중요성을 과장해서 말한다. 즉, 제1차 세계대전 무렵 식습관의 변화에 더 큰 영향을 끼친 것은 식품의 맛과 가격이나 위생 문제가 아니라 식품 광고였다는 것이다.[15]

그러나 최근에 호로비츠나 J. L. 앤더슨J. L. Anderson, E. 멜라니 뒤퓌, 셰인 해밀턴 같은 저자들은 고기와 우유 같은 1차산물들이 대량 시장 상품으로 바뀌는 과정에 대한 매우 복잡한 그림을 제공하면서 최종적으로 리벤스테인의 주장을 뒤집는다. 전체적으로 볼 때, 이들의 연구는 식품을 생물학적·문화적 복합체로 설명함으로써 산업식품 생산의 블랙박스를 비집고 들어가 20세기 미국에서 일어나

---

* 식품공학에서 사람의 오감五感에 의해 먹거리, 향료, 주류 따위의 품질을 평가하는 일을 관능검사 organoleptic test라고 한다.

는 산업 변화를 더욱 심층적으로 이해한다.[16]

호로비츠는 《미국인의 식탁에 고기 올리기Putting Meat on the American Table》에서 고기를 산업식품으로 가공하기가 얼마나 어려운지를 예시해준다. 기계적 가공 처리를 어렵게 하는 고기의 불규칙하고 부패하기 쉬운 복잡한 특성 때문에, 고기가 적절하게 처리되지 않는다면 그것을 먹은 사람들은 병에 걸리거나 죽을 수도 있다. 호로비츠는 자신의 연구를 통해, 정육업자들이 어떻게 신기술을 개발·적용하는 데 성공했는지 설명하면서, 다양한 형태의 고기가 어떻게 준準산업제품으로 바뀌게 되었는지를 보여준다. 하지만 당시 소비자들이 어디까지를 고기로 인정했는지가 또한 가공 기술과 마찬가지로 중요했다. 이러한 갈등의 좋은 사례로 냉동소고기에 대한 소비자들의 거부를 들 수 있다. 갓 도축한 신선한 소고기의 색깔은 앵두빛 붉은색을 띠지만 냉동소고기의 색깔은 갈색이기 때문이다. 정육업계에서 소비자 교육을 실시했음에도, 식구들에게 먹일 고기를 사는 여성들은 갈색 고기는 부패했다는 인식 때문에 냉동소고기를 사지 않았다.

호로비츠는 미국 국내의 고기 생산 특성뿐 아니라 도시화와 산업화가 미국인의 음식과의 관계를 어떻게 바꾸었는지를 면밀히 검토함으로써 산업육의 복합적 본질을 밝힌다. 호로비츠는 소고기·돼지고기·핫도그·닭고기를 포함해서 다양한 고기를 다룬 일련의 사례 연구를 통해, 살아 있는 유기체와 식품 생산, 기술 변화, 식습관 사이의 어렵고 대개는 불편한 긴장 관계를 살핀다. 호로비츠는 그와 같은 관계를 특히 조명해주는 한 사례로, 신선한 소고기가 값싸게 널리 유통되면서 돼지고기도 그동안 절인 고기를 유통하던 것에서 신선한 고기를 유통하는 것으로 바뀐 과정을 추적한다. 정말 말 그대로, 19세기 후반 정육업자들이 소고기를 도시 시장에 대량 공급 하면서, 소금에 절여 통에 저장된 돼지고기를 즐겨 먹던 미국인의 입맛이 싹 바뀌었다. 소고기에 대한 문화적 선호가 높아지면서, 돼지고기 생산자들은 돼지고기의 특성에 대해 다시 생각하지 않을 수 없었고, 마침내 맛과 질감과 외양에서 베이컨이나 햄보다 소고기에 더 가까운 제품을 생산하기로 결정했다.

호로비츠는 또한 음식의 역사 연구에서 방법론적으로 중요한 기여를 했다. 그는, 이전의 음식사학자들과 달리, 산업사회에서 고기의 특성이 바뀌었다는 자신의 주장을 뒷받침하기 위해 소비자 관련 데이터를 기업 자료와 연계한다. 그는 이런 접근방식을 통해 고기를 팔거나 살 때 생산자와 소비자가 직면했고 지금도 계속해서 직면하고 있는 제약 사항을 밝히는 매우 균형 잡힌 생산의 역사를 기술한다. 호로비츠의 책은 또한 기업, 소비, 기술, 과학, 그리고 음식의 역사를 연구하는 학자들이 산업육 생산과 소비에 영향을 끼치고 그것을 제한한 문화적 장벽뿐 아니라 경제적 요인과 기술적 요소를 이해할 수 있게 함으로써, 먹거리체계에 대한 역사기록학의 부족한 부분을 채우는 작업을 시도한다.[17]

앤더슨의 〈돼지기름에서 돼지 살코기로: 제2차 세계대전 이후 미국의 비육돈 생산Lard to Lean: Making the Meat-Type Hog in Post-World War II America〉은 미국의 돼지고기 생산에 관한 호로비츠의 연구를 더욱 폭넓게 분석한 논문이다. 논문에 따르면, 돼지고기 생산자들은 돼지고기를 소고기에 필적하는 식품으로 만들기 위해 최선을 다했지만 미국인들의 돼지고기 섭취를 늘리는 데 실패했다. 앤더슨의 연구에서 밝혀진 충격적인 사실은 돼지를 기르는 사람들이 비계가 없고 살코기가 많은 비육돈을 생산하기 위해 돼지의 형태 특성을 바꾸는 일까지 했다는 점이다. 앤더슨이 지적하는 가장 중요한 역사적 사실 하나는 제2차 세계대전 이전에 돼지가 돼지기름 형태의 동물성 지방 공급원으로서 매우 중요했다는 점이다. 앤더슨은 1940년에도 여전히 돼지기름이 돼지 축산업자들의 주머니를 두둑하게 만드는 고가의 상품이었음을 설명함으로써, 20세기 초에 식물성 고체 지방이나 마가린 같은 경화유지硬化油脂, hydrogenated fat가 동물성 지방보다 더 많이 쓰였다는 잘못된 통설을 정정한다. 그러나 제2차 세계대전이 끝난 뒤에 미국인들은 식습관과 돼지고기 지방의 양에 대해 우려하기 시작해, 불과 30년 전 미국인들이 먹던 돼지고기보다 25퍼센트 더 지방을 뺀 돼지고기를 개발하는 데 박차를 가했다.

앤더슨은 또한 돼지고기 소비가 전반적으로 정체된 것이 단순히 닭고기 소비의 증가 때문만은 아니었다고 지적한다―물론 그것이 중요한 요인 가운데 하나였음은 부인하지 않는다. 실제로 돼지고기 제조업체들은 지방이 적은 비육돈을 생산함으로써 소비자들의 돼지고기 식습관을 바꾸었다. 소비자들은 비육돈이 처음에는(생고기일 때) 육즙이 많다가 나중에는(익히면) 육즙이 빠진다는 것을 알았다. 앤더슨이 설명하는 것처럼, "새로운" 돼지고기는 "옛날의" 돼지고기처럼 육즙이 다 빠질 정도로 오랫동안 익히면 안 되었다. 그러나 소비자들은 선모충증旋毛蟲症, trichinosis 감염의 두려움 때문에 식품가공업자나 가정학자들이 지시하는 대로 돼지고기를 조리하지 않았다. 그런 방식으로 돼지고기를 조리하면 대개 닭고기나 소고기와 비교할 때 맛이 없었기 때문이다. 선모충증에 걸릴 위험이 실제로 있는지 없는지는 1950년에 와서 문제가 되지 않았다. 일반 대중이 더는 돼지고기를 많이 먹지 않았기 때문이다. 앤더슨은 전후 돼지와 관련된 생활사를 저녁 식탁에 오르는 돼지고기의 맛과 직접적으로 연결함으로써, 사람의 미각과 취향이 식품 가공과 마케팅만큼이나 음식의 역사에서 중요한 요소라는 사실을 다시 한 번 상기시켰다. 따라서 마케팅과 광고를 아무리 많이 했다고 해도 소고기와 닭고기 같은 특정 고기들에 대한 미국인의 선호를 바꾸지는 못했을 것으로 보인다. 호로비츠와 앤더슨 두 사람은 모두 돼지 축산업자들이 19세기 중반부터 오늘날까지 돼지고기를 미국인의 식탁에 늘 오르는 음식으로 만들기 위해 얼마나 분투했는지를 잘 보여준다. 이와 같은 맛에 대한 커다란 감수성은 소비자들이 식품을 선택할 때 그들의 힘이 어떻게 작용하는지를 예시해주고, 식품 산업화의 역사를 기업의 광고와 마케팅의 헤게모니 너머로까지 넓힌다.[18]

뒤퓌의 《자연이 준 완전식품: 우유는 어떻게 미국인의 음료가 되었나Nature's Perfect Food: How Milk Became America's Drink》는 미국에서 우유 소비의 성쇠를 이해할 때 문화 이데올로기와 기술 혁신이 서로 어떻게 영향을 끼치며 연결되는지를 보여준다. 문화지리학자인 뒤퓌는 사료들을 이용해 우유가 어떻게 미국인의 식사에서 지속적 자리를 차지하고 토착화했는지를 설명한다. 저온살균 논쟁에 관한 그녀의 분석은 새로운 식품 기술을 둘러싼 긴장 관계를 강조한다. 저온살균과 같은 신기술이 정치적·경제적 논쟁을 바탕으로 기꺼이 수용되지 않고 이의가 제기되거나 불완전하게 채택된 경우, 음식사학자들은 새로운 식품 기술에 대해 말할 때 그러한 논쟁과 긴장 관계들에 주시할 필요가 있다. 또한 지역 낙농업자들이 우유 가격 형성에 끼친 경제적 영향력에 관한 그녀의 분석은 예나 지금이나 하나의 통일된 시스템만 있을 뿐 여러 지역 시스템이 정치적·경제적으로 다양하게 상호작용하는 것에 대해 간과해온 그동안의 통설을 반박한다. 하지만 이처럼 지역의 영향력을 주목한다고 해서, 많은 지역사회가 지난 40년 동안 거대 국내 식품회사와 다국적기업들의 지배를 받게 되었다는 사실을 부인하는 것은 아니다. 그러나 그 변화 과정은 결코 단순하거나 획일적이지 않기 때문에, 지역적 차이에 바탕을 둔 식품 산업화의 역사적 우연성들을 면밀히 검토할 필요성이 생긴다.[19]

해밀턴은 마찬가지로 20세기 트럭 운송에 관한 연구에서, 단일한 먹거리체계를 상정하는 기존의 생각에서 벗어나 여러 개별 체계의 조합이라는 관점에서 먹거리체계를 파악한다. 특히, 1940년대부터 1970년대까지 우유와 고기의 트럭 운송에 관한 그녀의 분석은 주로 1950년대와 1960년대 사이에 신설된 고속도로들이 어떻게 식품가공업체들에 생산지에 더 가까이 다가갈 수 있는 기회를 제공했는지, 그리고 어떻게 트럭으로 그런 가공식품들을 교외의 슈퍼마켓으로 운송할 수 있게 해서 창고를 따로 둘 필요가 없게 했는지 예시해준다. 트럭운전사와 지역 저장 시설의 수를 더는 늘리지 않아도 된다는 것은 결국 전국의 미국인들에게 공급되는 우유와 고기의 원가가 낮아진다는 것을 의미했다. 그것은 또한 공장을 농촌 배후지로 이동시켜 생산 규모를 늘리고 소농들을 농업에서 강제 추방하는 결과도 초래했다. 더 나아가, 해밀턴은 대규모 낙농업자와 정육업체들이 어떻게 이 산업을 통합해 식품 원가를 낮추고 모든 미국인에게 충분한 식품을 제공하겠다는 꿈을 실현할 수 있었는지 서술한다. 그러한 꿈이 이루어지는 순간, 그들은 시장을 독점하게 되었고 농촌 노동자들은 임금이 깎여나갔다.[20]

특정 식품의 산업화 과정을 좀 더 자세히 들여다보면, 여러 정치적, 문화적, 경제적 힘이 다양한 먹거리체계를 형성하는 데 어떻게 영향을 끼쳤는지에 대해 더욱 심층적이고 복합적으로 이해할 수 있다. 앞서 설명한 연구들을 통해, 우리는 미국인들이 오늘날 먹는 음식들을 어떻게, 왜 먹게 되었는지 더 잘 이해하기 위해 복잡한 여러 먹거리체계를 하나하나 따로 떼어서 볼 수 있다. 대체로 이러한 연구들이 놓치고 있는 것은 미국인들이 어떤 산업식품들을 가장 많이 먹었는지에 관한 분석이다. 다음의 사례연구들은 아직 활용되지 않은 식품 섭취 관련 데이터들에 대한 면밀한 검토가 20세기 미국에서의 식습관 변화와 산업식품 섭취에 대한 더욱 완벽한 그림을 제공할 수 있음을 보여줄 것이다.

가정학 연구를 통한 미국인의 식생활 사례

음식의 역사에 관한 이 권위 있는 연구들을 읽다 보면, 미국인의 식사가 기업이 지배하는 산업식품으로 바뀌는 과정에서 1880년부터 1930년까지가 왜 가장 중요한지 쉽게 알 수 있다. 식품 산업 관련 데이터를 면밀히 살펴보면, 이 기간의 성장 속도는 그야말로 극적이다. 밀가루, 통조림식품, 오렌지, 건포도, 상추, 시리얼의 생산이 (일정하지는 않게) 모두 폭발적으로 증가한다. 그러나 역사학자들이 이러한 성장을 1인당 기준으로 계산하는 사례는 호로비츠를 제외하고는 거의 없다. 따라서 미국인들이 언제부터 산업식품을 대량으로 먹기 시작했는지는 식품 산업 관련 데이터와 식품 섭취 관련 데이터를 서로 보완할 때만 확인할 수 있다. 미국인의 식사 변화와 관련된 연구를 하는 대다수 역사학자가 보여준 것처럼, 산업 관련 데이터는 풍부할뿐더러 상대적으로 찾아서 활용하기 쉽다. 하지만 식품 섭취 관련 데이터는 훨씬 더 찾기 어렵고 복잡하다.

소비자들이 20세기 동안에 어떤 음식을 먹고 살았는지 확인하는 데 유용한 여러 종류의 역사 자료가 있다. 이들 자료는 대개 미국인들이 먹는 것들을 분류하고 목록화하는 가정학자들의 노력을 바탕으로 하는데, 크게 세 분석 단계로 나뉜다. 가장 광범위한 소비자 관련 데이터는 미국농무부 가정국Bureau of Home Economics에서 수집한 자료다. 통계학자이자 가정학자 마거리트 버크Marguerite C. Burk는 미국인들이 어떤 음식을 먹고 있는지 밝히기 위해 연구팀을 이끌고 1948년까지 역사를 거슬러 올라가 연구를 진행했다. 이러한 데이터 집합은 "사라지고 있는" 수치들을 기반으로 한다. 이 말은 연구자들이 모든 분야의 식품 생산 관련 데이터를 편집해서 그 수치를 가축 사료용, 통조림 제조용, 수출용과 같은 다른 용도로 조정했음을 의미한다. 그 나머지 식품이 소매 판매용으로 나간 것으로 짐작할 수 있을 것이다.[21] 이와 같은 데이터는 기본적으로 생산지에서 식탁까지 얼마나 많은 식품이 흘러갔는지를 일일이 열거한다. 그것은 1인당 섭취량을 지나치게 부풀리고 가정에서 직접 생산한 식품의 양을 과소평가하기 쉽기 때문에 정확한 추정치는 아니지만, 미국인들이 20세기 전반기에 먹은 식품의 양과 종류의 국가적 추세를 예시해준다.

두 번째 단계의 식품 섭취 관련 데이터와 그 분석 또한 가정학자들이 수집한 자료들이다. 대개는 주정부 농업연구소들과 공조한 결과지만, 가정조사국Home Economics Research Bureau(또는 가정국Bureau of Home Economics으로 알려진) 또한 지역별 식품 섭취 관련 데이터를 만들어냈다. 이러한 연구는 대개 지역사회, 주, 지역의 영양 건강을 측정하기 위해 주로 소비자들이 어떤 식품을 구매하거나 스스로 생산하는지를 파악하려 했다. 이들 연구에서 가정학자들은 대개 개별 가구를 방문해 세대원들이 한 주 동안 무슨 식품을 구매하고 먹고 버렸는지를 조사했다. 연구자들은 아울러 다양한 사회경제적 데이터를 수집했다.[22]

마지막 형태의 자료는 가정학자들이 미 전역의 가구로부터 수집하는 실제 식품소비 조사다. 가구 식품 조사는, 이 세 종류의 자료 가운데 가장 자세하지만, 더 큰 규모의 연구를 위한 자료로 쓰인 뒤에는 보관된 경우가 거의 없으며 다른 자료들만큼 쉽게 이용할 수도 없다. 종종 전국적이고 지역적인 보고서들을 도서관에서 또는 도서관 간 상호 대출을 통해 볼 수도 있지만, 대개 실제 조사 자료들은 고문서보관소에 있기 쉽다. 요컨대, 이런 자료를 통해 우리는 산업화가 어떻게 미국인의 식습관을 개조했는지 재구성할 수 있다.

국민 식생활의 추정

역사학자들은 미국농무부 보고서 〈1909~1948년 미국의 식품 소비Consumption of Food in the United States, 1909-1948〉를 이용해 20세기 전반기에 미국인들이 가장 많이 먹은 식품들이 무엇인지 알 수 있다. 이 보고서에 수록된 데이터를 통해, 1950년 이전에 대다수 미국인이 산업식품을 거의 먹지 않았다는 것을 알 수 있다. 또한 그때는 미국의 가난한 사람이나 노동자들보다 부유한 사람들이 가공식품을 훨씬 더 많이 먹었다는 것도 알 수 있다. 역사학자들이 특별히 중요하게 생각하는 것은 이 보고서에 나오는 신선식품과 가공식품 비율의 총체적 추이인데, 이 데이터들이 식품에 관한 역사기록학적 문헌과 오늘날의 문헌 모두를 완전히 뒤집기 때문이다.

보고서에 실린 표들을 면밀히 살펴보면, 미국인들이 다른 국가 사람들보다 훨씬 더 많이 먹은 음식이 있었다는 것이 명확히 드러난다. 다음의 첫 번째 표가 이러한 변화를 예시해준다.[23] 우유와 낙농제품, 과일과 채소, 곡물, 고기, 감자는 미국인들이 날마다 먹는 음식이었다. 대개 과일과 채소가 점점 더 중요해진 반면에 감자와 곡물은 점점 덜 중요해졌다. 고기, 지방, 달걀, 건두류dry beans, 설탕(1930년 수치는 통계적으로 문제가 있는 수치였다)은 약간의 상승 추이를 보이며 상대적으로 안정적인 모습을 보였다.[24]

미국인 1인당 주요 식품별 추정 소비량   (단위: 파운드)

연도	낙농제품 (버터 제외)	고기	지방	감자 고구마	감귤류 토마토	녹황색 채소	기타 채소 과일	곡물	설탕 /시럽
1909	388	161	59	204	44	76	209	291	84
1920	389	145	58	162	53	88	224	248	101
1930	385	139	67	144	60	88	216	227	124
1940	391	149	70	138	94	104	233	191	107
1948	431	158	65	115	105	114	234	171	106

우리는 이 보고서를 심층적으로 더 자세하게 분석할 수 있다. 예컨대 1909년
과 1948년 사이에 미국인의 식생활에서 가장 중요했던 신선 과일 세 가지는 사
과, 바나나, 복숭아였다.[25] 이 도표를 통해 왜 미국인의 식습관이 바뀌었는지 알
수는 없지만 식습관에 변화가 있었음은 분명히 알 수 있다. 변화의 이유는 다음
에 더 깊이 탐구될 수 있을 것이다. 두 번째 도표는 미국인들이 소량이지만 매우
다양한 기타 과일을 먹었음을 보여준다. 기타 과일 가운데 가장 많이 먹은 것이
포도이고, 다음이 배, 딸기 순이었다. 세 번째의 신선 채소 소비 추이 도표를 보
면 과일과 매우 비슷한 패턴을 나타내는데, 미국인의 미각을 지배한 채소는 종류
가 많지 않았다.[26]

미국인 1인당 주요 신선 과일 소비량, 1909-1948[27]

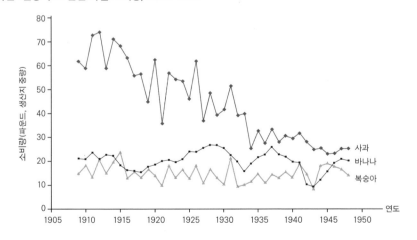

미국인 1인당 기타 신선 과일 소비량, 1909-1948[28]

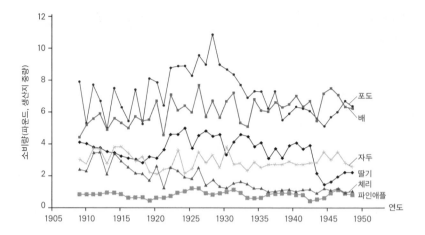

미국인 1인당 신선 채소 소비량, 1918-1948[29]

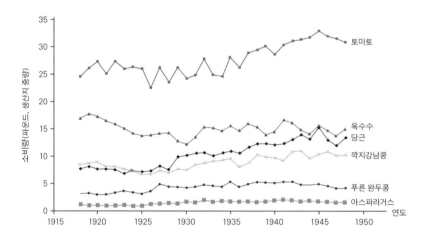

　예컨대 신선식품 소비량과 통조림식품 소비량을 비교하면, 많은 역사학자가
주장하는 것처럼, 통조림식품이 미국인의 식생활에 그렇게 널리 퍼지지 않았다
는 것을 알 수 있다.[30] 따라서 식품 산업이 상당한 성장을 이루고 미국인 일부가
통조림식품을 다른 사람들보다 훨씬 더 많이 먹은 것은 틀림없지만, 특히 신선
과일과 채소, 우유, 감자, 고기, 전분 식품과 같은 다른 식료품들과 비교할 때, 통
조림식품이 미국인의 식생활에서 늘 중요한 자리를 차지하는 음식이라고까지 말

할 수는 없었다. 또한 오직 일부 식품이 통조림식품 소비의 대부분을 차지했다는 사실은 놀라운 일이다. 토마토, 옥수수, 완두콩, 통조림 수프(1935년 이후), 복숭아, 파인애플이 그런 식품들이다. 사람들이 가장 많이 먹은 통조림 과일과 채소는 토마토, 옥수수, 배, 복숭아처럼 단기성 작물이거나, 파인애플처럼 대다수 사람이 자기 지역에서 구할 수 없는 것이었다. 20세기 초에서 1950년 사이에 소비자들이 신선식품보다 가공식품으로 더 많이 먹기 시작한 것은 완두콩이 유일하다. 1925년에 미국인 1인당 완두콩 통조림과 신선식품으로서 완두콩의 소비

미국인 1인당 통조림 과일 소비량, 1909-1948

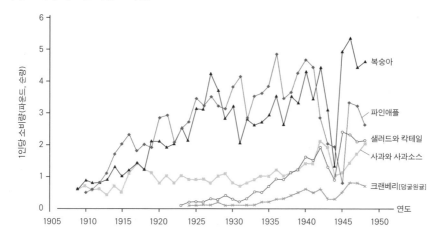

미국인 1인당 통조림 채소 소비량, 1909-1949

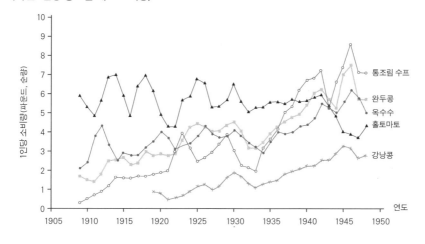

량은 각각 5파운드[약 2.3킬로그램] 정도로 서로 비슷했다. 그러나 1940년에는 완두콩 통조림의 한 해 소비량이 약 6파운드인 데 반해, 신선식품으로서 완두콩의 한 해 소비량은 2파운드에 불과했다.[31] 1975년, 미국인들은 신선식품으로서 완두콩을 한 해에 0.2파운드밖에 먹지 않았다. 1975년 한 해 1인당 완두콩 통조림과 냉동 완두콩 소비량은 각각 4.1파운드와 1.9파운드로 늘어났다.[32]

이 연구를 통해 또 하나 추론해볼 수 있는 측면은 소득 관련 소비 데이터다.[33] 연구자들은 1935년과 1936년, 1942년에 가정학자들이 개별 가구를 직접 방문해 인터뷰한 식생활 조사를 토대로 분석한 소득과 식품 소비 사이의 관계를 예시해준다. 하지만, 여기에 나온 개별 식품의 1인당 소비량을 절대적인 것으로 보면 안 된다. 다시 말해, 평균 소득이 1,500~1,999달러 구간의 미국인이 토마토 통조림을 정확하게 16.2파운드를 먹었다고 믿어서는 안 된다는 뜻이다. 그 표는 가공식품과 신선식품 섭취량의 상대적 비교로, 소득이 늘면서 가공식품 섭취량도 상대적으로 증가했다는 뜻이다. 역사학자들은 이 데이터를 통해 가공식품 소비의 추이 및 총체적 증가를 식별해낼 수 있다. 신선식품은 모든 소득 구간에서 가공식품보다 식생활에서 훨씬 더 중요한 구성요소였다. 사람들에게 가장 인기 있고, 가장 소득이 높은 구간에서도 많이 먹는(1인당 20.4파운드) 산업 식품인 토마토 통조림에 대해 따져볼 때, 평균적 미국인들은 하루에 그것을 1온스[약 28.4그램]도 못 먹은 반면에, 우유는 1파인트[약 0.5리터] 넘게, 고기는 약 0.5파운드, 신선한 녹색 채소는 3온스 조금 넘게 먹었다. 1948년의 전국적 조사와 1952년 및 1954년의 추가 조사를 토대로 볼 때, 미국인의 식생활이 산업화되었다고 결론 내리기는 매우 어렵다. 그러나 대다수 미국인이 주로 통조림식품 형태의 가공식품을 먹었고, 전후 초기에 비록 그런 식품들이 주 식량원의 위치까지 오르지는 못했지만, 미국인들이 그것들을 전보다 더 많이 먹게 되었다는 것은 틀림없는 사실이다.[34]

지역적, 경제적 편차에 대한 설명

우리는 이러한 연구들을 통해 미국인의 전반적 식품 소비에 대해 어느 정도 이해하지만, 지역별로 어떤 식품들을 선호하는지에 대해서는 알 수 없으며, 게다가 자가 생산 하는 식품까지 파악하려면 더 많은 노력이 필요하다. 생산과 소비를 모두 분석하는 지역별 식품 데이터는 누가 산업식품에 접근할 수 있고 그것을 구매할 수 있는 경제적 수단이 있는지를 더 잘 이해할 수 있게 해준다. 미국 남부 5개 주의 식품 자가 생산에 관한 조사가 바로 그러한 연구 가운데 하나다. 이 연구는, 농민들(흑인과 백인 모두 포함)의 토지 보유 상황을 유의해보면, 도시민이 농촌민보다 공장에서 생산된 식품을 더 많이 구매하는 경향이 있다고 밝힌다. 또한 농촌에 사는 미국인의 삶에서 집에서 길러 생산한 고기, 낙농제품, 과일통조림, 채소, 피클, 잼, 젤리가 얼마나 중요한 자리를 차지하고 있는지도 예시해준다. 이 연구의 조사 대상은 테네시주 산악지대(일반 농사), 아칸소주와 미시시피주 미시시피강 삼각주 지대(면화 농사)의 흑인과 백인 농민들, 버지니아주와 사우스캐롤라이나주(황색종 입담배 농사)의 농민들이다. 여기서 주목할 점은 테네시주 조사 대상 가운데 흑인 농가는 1가구밖에 없는 반면에, 면화 농사 지역에서는 흑인 농민 가구(200가구)가 백인 농민(108가구)보다 많았다는 사실이다. 담배 농사를 짓는 농민들은 흑인 농가와 백인 농가가 144가구 대 157가구로 상대적으로 비슷했다.[35]

이 데이터 조합은 몇 가지 중요한 사실을 말해준다. 테네시주와 담배 농사 지역의 농민들은 자신들이 자급용으로 생산한 식품이 구매한 식품보다 더 많았다는 점이다. 그리고 상대적으로 더 가난한 면화 농사 농민들도 자신들이 먹을 식품을 상당량 스스로 생산했다. 1947년, 면화 농민들은 평균적으로 식품 구매에 501달러를 쓴 반면에 자급용 식품을 353달러어치 생산했다. 담배 농민들은 452달러어치를 구매하고 672달러어치를 생산했으며, 테네시주 농민들은 357달러어치를 구매하고 777달러어치를 생산했다.[36] 자가 생산 식품은 우유와 유제품, 고기, 농산물, 달걀, 토끼고기 같은 사냥감과 물고기, 시리얼, 감자, 꿀과 시럽/수수, 견과류 같은 몇 가지 종류로 구분된다. 축산물은 단연코 가장 일반적인 자가 생산 식품이었다. 면화 재배지와 산악지대의 주된 자가 생산 식품이 우유를 비롯한 유제품이라면, 담배 재배지의 경우는 고기가 중심이었다.[37] 농산물(채소와 과일)은 비록 우유나 고기보다 비중이 낮았지만, 자가 생산 식품으로 세 번째로 중요한 자리를 차지했다.[38] 갓 수확해 아직 먹지 않은 것들은 나중에 먹기 위해 통조림으로 만들었다. 산악지대의 농민들은 대부분의 식품을 통조림으로 만들었다. 면화와 담배 재배지의 백인 농민들과 흑인 농장주들은 상당량의 농산물을 통조림으로 만들었다.[39] 면화 재배지의 흑인 소작인들은 자가 생산에서 각별히 주목할 예외였다. 그들은 최소 수준의 우유와 고기도 통조림을 만들거나 생산하지 못했고 부족한 끼니를 채우기 위해 자주 물고기를 낚았다.[40] 그들은 또한 이 연구에서 가장 가난한 농민들이었다. 따라서 인종, 소득과 자가 가공 및 통조림식품의 양은 직접적 연관 관계가 있었다.

이 연구를 통해 지역마다 식품을 특정한 하위범주로 나눌 수 있지만, 통계 데이터는 자가 생산 식품의 종류와 양에 대해 더 자세한 설명을 제공한다. 역사학자들은 이러한 종류의 데이터를 통해 어느 지역에서 어떤 식품을 선호했는지도 알 수 있다. 예컨대 미국인이 가장 많이 사육하거나 사냥하는 고기는 돼지고기, 튀김용 닭을 비롯한 각종 닭고기—아마도 질긴 산란용 암탉—, 토끼고기, 물고기였다. 그러나 더 포괄적으로 데이터를 살펴보면, 소수지만 송아지고기, 소고기, 새끼양고기, 양고기, 염소고기, 각종 사냥고기, 오리고기, 칠면조고기를 먹는 가구들도 있었다. 또한 면화 재배지의 흑인과 백인 농장주들이 자급용으로 소를 사육한 경우는 각각 20퍼센트와 35퍼센트에 이르렀다. 반면에, 담배와 면화 재배지의 백인과 흑인 소작인들은 자신들이 먹기 위해 소를 기를 가능성은 거의 없었다.[41] 여기서 특히 흥미로운 발견은 산악지대의 농민들이 아마도 그들의 북유럽 선조들의 유산이라 할 수 있는 코티지치즈cottage cheese*를 만든 유일한 집단이었다는 사실이다.[42] 담배 재배지와 산악지대에서는 옥수수가루가 주된 음식이었고, 상대적으로 소수의 담배 농가에서 매우 많은 양의 밀을 생산했다.[43] 무는 모든 농민이 생산했지만, 가지는 면화 재배지와 담배 재배지에서만 재배되었으며 백인 농장주들이 가장 많이 재배했다. 토마토는 가장 중요한 작물 가운데 하나였다. 사탕옥수수, 경협종硬莢種 완두, 양배추, 깍지콩, 까치콩, 깍지강낭콩 또한 대량으로 재배되었다. 상추, 영국 완두, 녹색 채소, 순무, 사탕무, 오크라okra,** 당근, 호박, 오이, 후추, 양파 같은 채소는 소량으로(대개 가구당 100파운드 미만으로)

---

* 숙성시키지 않은 부드러운 치즈의 하나. 흰색이고 신맛이 강하며 지방질이 적다.
** 아욱과의 한 종류. 채소로 재배하고, 열매는 생식하거나 맛을 내는 데 쓴다.

재배되었다. 피클통조림, 수프용 채소, 혼합 채소 또한 이들 가구의 식탁을 장식했다.[44] 자급용 과일 재배는 대개 자급용 채소 재배보다 덜 중요했다. 집에서 기르는 과일로는 수박, 다양한 참외류와 캔털루프, 사과, 무화과, 포도, 복숭아, 배, 대황, 각종 딸기, 기타 과일들이 있었다. 수박은 단연코 가장 중요한 과일이었고 (지역에 따라) 배와 사과가 그 뒤를 이었다.[45] 부유한 농민들은 매우 다양한 음식을 즐긴 반면에, 가난한 농민들은 극히 제한된 식사밖에 할 수 없었다. 가장 가난한 흑인 소작인들은 다른 농민들에 비해 지역의 식료품점에 대한 의존도가 훨씬 높았다—물론 그 식료품점에서 파는 식품이 산업식품일 가능성은 거의 없었지만 말이다.[46]

미국 가구의 식품 선택 과정

우리가 보유하고 있는 가장 세밀한 데이터는 개인별 식생활 조사 자료다. 이것들은 다름 아닌 미국농무부와 각 주 농업연구원에서 수집한 영양 상태와 생활비 조사의 원시 자료다. 개인별 조사 자료는, 전국 보고서나 지역 보고서와 달리, 찾기도 무척 어려울뿐더러 활용하기도 매우 어려운 데이터의 조합이다. 이러한 조사 자료를 데이터베이스로 만들면 미국인의 식생활 변화를 정량화할 수 있다. 하지만, 이와 같은 조사를 통해 우리는 개별 가구의 사례들을 확인할 수 있다.

예컨대 1936년 5월, 노픽해군조선소Norfolk Navy Yard가 있는 버지니아주 포츠머스portsmouth에 사는 한 4인 흑인 가구는 풀서비스full-service 식료품점에서 모든 식품을 구매했다. 풀서비스 식료품점은 대형 할인매장이나 일반 체인점들과 달리 현찰이 없는 가정이 월급날까지 식품을 외상으로 사고, 일주일 또는 격주, 월간 단위로 정산할 수 있었다. 이 집의 가장은 이례적으로 한 분기에 13주를 한 주도 거르지 않고 일했다. 이 연구의 조사 대상 가운데는 한 분기에 2주 이상을 실업 상태로 있는 사람들이 많았다. 그는 숙련된 기술자로 콩 공장에서 기계를 돌리는 일을 했다. 그의 아내는 집에서 밥하고 빨래하고 네 살짜리 딸을 돌보며 가사만 전담했다.[47] 열다섯 살짜리 아들은 그의 아버지가 어린 시절에 흔히 했던 대로 상점에서 일하는 대신에 아직 학교에 다니고 있었다. 반면에 이웃에 사는 노인은 일주일에 하루씩 남의 집 "가정부" 일을 하면서 한 주에 30달러를 내고 셋방살이를 했다. 음식은 늘 사다 먹었다. 그녀는 대형 할인매장에서 우유를 제외한 모든 식료품을 샀는데 우유는 사지 않은 게 분명했다. 실제로 그녀와 그녀의 남편은 조사하는 주간에 우유를 전혀 마시지 않았다. 당시 65세였던 그녀의 남편은 철도노동자였다.[48] 이 조사 자료에서 얻은 정보는, 아주 자세하지는 않지만, 이들 가구의 음식 습관과 관련해서 그들의 생활을 요약하는 데 도움을 준다.

우리는 이들 가구가 무엇을 먹고 살았는지 뿐 아니라 그들의 식생활 리듬과 구매 패턴까지도 이해할 수 있다. 흑인 전업 주부가 살던 그 집에는 그해 5월 11일 월요일의 조사 시작 시점에, 밀가루 8파운드, 버터 4온스, 오트밀 8온스, 각종 채소 4온스, 설탕 3파운드, 모레스 겨자 1파인트, 감자 4파운드가 있었다. 그녀는 이튿날 화요일에 콩통조림 2개, 흰빵 한 덩이, 젤리롤 케이크(7온스), 플루포 돼지기름 1파운드, 신선한 폭찹 1파운드를 샀다. 수요일에는 빵 한 덩이, 설탕 1파운드, 삶은 햄 4온스, 젤리롤 케이크, 딸기 12온스를 또 산다. 목요일에는 또다시 딸기 12온스, 라운드스테이크 1.5파운드, 효모 하나, 감자 2파운드, 젤리롤 케이크 3분의 1을 샀다. 금요일에는 리비스Libby's사의 콘비프corned beef 통조림 하나, 달걀 12개, 다이아몬드Diamond사의 홍차 1상자, 손질된 생선 4파운드, 양상추 3파운드, 훈제고기(아마 훈제 돼지족발) 2분의 1, 신선한 완두콩 5파운드를 샀다. 일주일 중 가장 식료품을 많이 사는 날인 토요일에는 흰빵 한 덩이, 튀김용 닭 2.5파운드, 파인애플통조림 하나, 소금에 절인 돼지고기 1파운드, 설탕 5파운드, 밀가루 6파운드, 달걀 12개, 감자 4파운드, 버터 1파운드, 효모 하나, 신선한 완두콩 5파운드를 샀다. 일요일에는 식료품을 사지 않았다. 다음 주 월요일에는 레몬 6개, 설탕 5파운드, 흰빵 한 덩이를 샀다. 화요일에는 아무것도 사지 않았다.[49] 그녀는 빵과 케이크를 자주 샀지만 돼지기름·버터·밀가루·효모·달걀도 많이 구입한 것으로 볼 때 비스킷이나 수제빵도 많이 구운 것으로 보인다. 그녀는 또한 제철 과일과 채소도 사고 시중에서 파는 통조림식품도 가족 식탁에 자주는 아니지만 정기적으로 올렸다. 그녀는 하루 이틀 전에 식단을 짰으며, 신선한 채소와 고기는 상대적으로 많이 먹지 않은 것으로 보인다. 위 4인 가구가 통조림식품을 꽤 먹은 반면에, 노인 부부는 조사 주간에 연유통조림을 한 깡통 산 것 말고는 없었다.[50]

뉴햄프셔주 클레어몬트Claremont(내슈아에서 90마일 떨어져 있고 화이트마운틴의 남쪽과 서쪽에 인접한 농촌 마을)의 한 7인 대가구도 앞에 나온 4인 가구와 비슷한 패턴으로 식료품을 구매했는데 먹는 음식은 매우 달랐다. 여기서는 도넛, 케이크, 과자, 크래커, 시나몬빵cinnamon bun[계피가 든 둥근 빵], 수제 애플파이를 한 주 내내 먹었다. 이 가구는, 버지니아주 포츠머스의 가구들과 달리, 날마다 우유 3쿼트를 마셨다. 그들은 또한 갈아서 다진 소고기와 소의 양, 구이용 햄, 삶은 햄, 콘플레이크, 신선한 폭찹, 신선한 돼지갈비구이, 복숭아통조림, 젤로Jell-O사의 젤라틴을 먹었다. 장성한 큰아들과 며느리, 손녀, 둘째 아들이 한 집에 함께 살았다.

장성한 자식들은 숙식비로 분기에 130달러를 내어 살림에 보탬을 주었다. 이 가구는 밀가루와 설탕은 상대적으로 적게 사고 조리된 식품들을 많이 산 것에서, 버지니아의 가구들처럼 집에서 빵을 직접 구워 먹지는 않았던 것으로 보인다.[51] 4월 말 어느 한 주에 이 대가구가 콘플레이크를 한 상자만 구입한 것과 달리, 클레어몬트의 또 다른 가구는 아침식사용 곡물 식품과 위티스Wheaties사의 콘플레이크를 샀다. 그 지역의 몇몇 가구에서는 가끔씩 정어리통조림도 사 먹었다. 3월 중순 조사 때 오직 1가구이기는 했지만 오렌지와 그레이프프루트도 먹는 가정이 있었다. 또 어떤 가구에서는 3월 하순의 어느 주에 아스파라거스통조림과 완두콩통조림, 신선한 시금치와 샐러리를 먹었다.[52]

이것은 여러 조사 가운데 특정한 부분의 단면만을 살핀 것에 불과하지만, 이 자료들은 1930년대 중반 미국의 많은 노동계급이 어떤 식품을 선택했는지 더 잘 이해할 수 있게 해 준다. 또한 당시 미국의 가구가 어디서 어떻게 자신들이 먹는 음식들을 구했는지에 대해서도 자세한 정보를 제공하면서, 지역과 인종에 따라 선호하는 식품이 어떻게 다르고 구매 성향은 어떠했는지를 집중 조명 한다. 이와 같은 소규모 조사들에서도 우리는 유사점들을 발견할 수 있다. 예컨대 당시 모든 가구에서 탄수화물이 풍부하고 젤리롤 케이크나 도넛 같은 지방과 당분이 많아 보이는 음식들을 먹었다. 또, 고기를 생선보다 조금 더 많이 먹었지만, 대개 식사 때마다 고기나 생선을 먹었다. 과일과 채소는 날마다 먹지는 않았지만 제철에 맞게 먹었다. 그러나 샌프란시스코의 6월 식품 재고량을 조사한 자료에 따르면, 캘리포니아는 버지니아와 뉴햄프셔의 가구들보다 신선한 농산물과 통조림 농산물 모두 더 많이 먹었고, 식품 저장 창고에도 다양한 식품이 더 많이 보관되어 있었다.[53] 전체적으로 볼 때, 이러한 개별 가구에 대한 조사는 식품 소비와 관련된 전국적이고 지역적인 조사 자료들을 보강하는 구실도 하지만, 미국 가구의 내부를 훨씬 더 세밀하게 들여다 볼 수 있게 해준다는 점에서도 매우 매력적이다.

에필로그

아무 식료품점, 슈퍼마켓, 주유소 상점이나 들어가보라. 오늘날 미국인이 먹는 음식이 정말 산업식품들로 가득하다는 것을 금방 알 수 있다. 식료품 진열대에는 다양한 통조림제품, 냉동식품, 탄산수와 간식용 식품, 구운 음식, "신선fresh" 살사와 후무스hummus* 같은 즉석식품들이 즐비하다. 심지어 채소들도 산업식품으로 나온다. 포장을 벗겨 바로 조리해 먹을 수 있는 "어린baby" 당근이나 샐러드용 어린잎 포장식품이 그런 것들이다. 미국의 산업화 과정에서 나타난 매우 많은 양상처럼, 미국인의 식생활이 산업화하는 과정은 기술적으로 가능했거니와 소비자들이 산업식품을 정기적으로 기꺼이 구매할 의지가 그것을 뒷받침하는 과정이 되풀이되는 가운데 이루어졌다. 산업식품을 많이 먹는 식습관은 1980년대 초반 문화·사회·기술의 변화가 함께 하면서 낳은 결과였다. 식품을 더 잘 보호할 수 있는 매우 정교한 폴리머polymer와 합성수지[플라스틱]plastic가 1960년대와 1970년대에 걸쳐 개발되었고, 1970년대 후반에는 2리터짜리 탄산수 합성수지(폴리에틸렌 테레프탈레이트polyethylene terephthalate 또는 PET)병 즉 페트병이 나오면서 정점에 이르렀다. 가정용과 업소용 전자레인지는 냉동식품을 쉽게 데워 먹을 수 있게 만들었다. 맞벌이부부 가구 특히 시장에 가고 조리할 시간이 거의 없는 직장여성들에게는 식사를 간편하게 해결할 방법이 필요했다. 점점 늘어나는 혼자 사는 사람, 이혼한 남녀, "맞벌이부부의 자녀"는 모두 식료품점, 주유소 상점, 다양한 음식점에서 파는 미리 조리된 식품들을 사 먹는 것이 유용하다고 생각했다.

---

* 병아리콩을 으깨어 만든 음식. '홈무스'라고도 한다.

1960년대 후반부터 1990년대 초반까지 산업공동화와 잦은 폭동 사태 때문에 슈퍼마켓들이 말썽 많은 지역에서 철수하기 시작하면서, 가난한 미국인들은 신선식품을 사 먹을 수 없게 되었고 따라서 그들의 식습관도 바뀌게 되었다. 오늘날 대다수 미국인이 산업식품에 등을 돌릴지는 의문이지만, 건강에 더 좋은 음식을 먹고 싶어 하는 새로운 경향은 식품 산업과 미국인의 식습관을 또 다시 새롭게 바꿀 것이다.

주

1. Walter Licht, *Industrializing America: Nineteenth Century*(Baltimore, MD: Johns Hopkins University Press, 1995); Louis Galambos, *Competition and Cooperation*(Baltimore, MD: Johns Hopkins University Press, 1966); and Louis Galambos and Joseph A. Pratt, *The Rise of the Corporate Commonwealth: U. S. Business and Public Policy in the Twentieth Century*(Baltimore, MD: Johns Hopkins University Press, 1988); Olivier Zunz, *Why the American Century?*(Chicago: University of Chicago Press, 1998); and Alfred D. Chandler, *The Visible Hand: The Managerial Revolution in American Business*(Cambridge, MA: Harvard University Press, 1977). [한국어판. 앨프리드 챈들러 지음, 김두얼·신해경·임효정 옮김, 《보이는 손》(전 2권), 서울: 지식을만드는지식, 2014]

2. James Parton, "Pittsburg" *The Atlantic Monthly*, January 1868(Online). Available: http://www.pittsburghinwords.org/james_parton.html(January 31, 2011).

3. Richard Osborne Cummings, *The American Ice Industry and the Development of Refrigeration, 1790-1860*(Cambridge, MA: Harvard University Press, 1940).

4. Oscar Edward Anderson, *Refrigeration in America: A History of a New Technology and Its Impact*(Princeton, NJ: Princeton University Press, 1953).

5. Siegfried Giedion, *Mechanization Takes Command: A Contribution to Anonymous History*(New York: Oxford University Press, 1948), v, 6. [한국어판. 지그프리트 기디온 지음, 이건호 옮김, 《기계문화의 발달사》, 서울: 유림문화사, 1992]

6. Alfred D. Chandler, Jr., *The Visible Hand*.

7. William Cronon, *Nature's Metropolis: Chicago and the Great West*(New York: W. W. Norton, 1991), 55-108, 207-262.

8. Upton Sinclair, *The Jungle*(New York: Doubleday, Page, 1906). [한국어판. 업튼 싱클레어 지음, 채광석 옮김, 《정글》, 서울: 페이퍼로드, 2009]

9. James Harvey Young, *Pure Food: Securing the Pure Food and Drugs Act of 1906*(Princeton, NJ: Princeton University Press, 1989); Nancy Tomes, *Gospel of Germs: Men, Women and the Microbe in American Life*(Cambridge, MA: Harvard University Press, 1998); Lorine Swainston Goodwin, *The Pure Food, Drink, and Drugs Crusaders, 1879-1914*(Jefferson, NC: McFarland, 1999).

10. Goodwin, *Pure Food, Drink, and Drugs*, 1.

11. Sidney W. Mintz, *Sweetness and Power: The Place of Sugar in Modern History*(New York: Viking, 1985), 166. [한국어판. 시드니 민츠 지음, 김문호 옮김, 《설탕과 권력》, 서울: 지호, 1997]

12. 민츠는 1800~1809년에 연간 영국인의 설탕 섭취량이 1인당 18파운드[약 8.2킬로미터]였다고 말한다. 이는 하루에 1인당 두 숟가락 또는 96칼로리 미만을 먹었다는 것을 의미한다. 67쪽과 252쪽의 주 165번을 보라. 설탕 섭취량은 1835년에 연간 22파운드로 약간 늘어났다. 모든 형태의 1인당 설탕 소비가 하루에 약 4.9온스에 이르렀던 1937년에 그것은 당시 하루 적정 식사

량 3,000칼로리의 16퍼센트에 불과했다. 19세기와 20세기에 설탕 섭취량이 극적으로 증가했다는 사실에 이의를 제기할 사람은 아무도 없지만, 설탕 섭취가 산업혁명에 불을 붙였다고 말하는 건 지나친 과장이다. 이에 비해, 1909년 미국의 설탕 섭취량은 1인당 84파운드였다가 1948년에 1인당 106파운드 즉 하루 4.6온스로 증가했다. *Consumption of Food in the United States, 1909-1948*, Miscellaneous Publication No. 691 USDA(Washington, DC: Government Printing Office, 1949), 120.

13. Harvey Levenstein, *Revolution at the Table: The Transformation of the American Diet*(New York: Oxford University Press, 1988), 32.

14. Roger Horowitz, *Putting Meat on the American Table: Taste, Technology, Transformation*(Baltimore, MD: Johns Hopkins University Press, 2006), 144.

15. Harvey Levenstein, *Revolution at the Table:*, 30-43. 초기 산업식품의 성장에 대한 매우 다른 해석과 관련해서는 다음을 보라. Gabriella M. Petrick, "Purity as Life': H. J. Heinz, Religious Sentiment and the Beginning of the Industrial Diet," *History and Technology* 27, no. 1(2011): 37-64.

16. Warren Belasco and Philip Scranton, eds., *Food Nations: Selling Taste in Consumer Societies*(New York: Routledge, 2002); Warren Belasco and Roger Horowitz, eds., *Food Chains: From Farmyard to Shopping Cart*(Philadelphia: University of Pennsylvania Press, 2009).

17. Roger Horowitz, *Putting Meat on the American Table: Taste, Technology, Transformation*.

18. J. L. Anderson, *Industrializing the Corn Belt: Agriculture, Technology and Environment, 1945-1972*(DeKalb: Northern Illinois University Press, 2008).

19. E. Melanie DuPuis, *Nature's Perfect Food: How Milk Became American's Drink*(New York: New York University Press, 2002).

20. Shane Hamilton, *Trucking Country: The Road to America's Wal-Mart Economy*(Princeton, NJ: Princeton University Press, 2008).

21. *Consumption of Food in the United States*, 1.

22. 두 사례는 다음과 같다. Southern Cooperative Experimentation Stations, *Family Food Consumption in Three Types of Farming Areas of the South: An Analysis of 1947 Food Data* Southern Cooperative Series Bulletin 7, Bureau of Home Economics and Nutrition, USDA(Washington, DC: Government Printing Office, 1950); Faith Clark, Janet Murray, Gertrude S. Weiss, and Evelyn Grossman, *Food Consumption of Urban Families in the United States with an Appraisal of Methods and Analysis* Agricultural Information Bulletin No. 132, Home Economics Branch, Agricultural Research Service, USDA(Washington, DC: Government Printing Office, 1954).

23. Table 38, Consumption of Food in the United States, 120 발췌.

24. Table 38, Consumption of Food in the United States, 120 발췌.

25. 불황 이후 사과 소비가 극적으로 감소한 명백한 이유는 없지만, 민간과 군대의 식품 소비 분할이 그 이유를 어느 정도 설명할 수 있다. 병충해 또는 좋지 않은 경제 환경 때문에 농부의 단순

한 생산 감축이 또 다른 요인일 수도 있다. 흥미롭게도, 바나나와 복숭아는 같은 기간에 매우 안정적 소비를 유지했다.

26. 처음 도표 3개는 Table 10, *Consumption of Food in the United States*, 75, 80 발췌.

27. Table 10, *Consumption of Food in the United States*, 75 발췌.

28. Table 10, *Consumption of Food in the United States*, 75 발췌.

29. Table 15, *Consumption of Food in the United States*, 80 발췌.

30. Table 11, *Consumption of Food in the United States*, 75 발췌. 1909~1942년 데이터는 6월부터 다음해 6월까지 1년 단위이고 1943-1948년 데이터는 1월부터 12월까지 1년 단위다.

31. Donald K. Tressler and Clifford F. Evers, *The Freezing and Preservation of Foods*(Westport, CT: AVI Publishing Company, 1977), 116.

32. Ibid.

33. Table 표 16, *Consumption of Food in the United States*, 81 발췌.

34. *Supplement for 1954 to Consumption of Food in the United States, 1909-1952*, Agricultural Handbook No. 62, Agricultural Marketing Service, USDA(Washington, DC: Government Printing Office, 1955).

35. Southern Cooperative Experiment Stations, *Family Food Consumption*, 10.

36. Ibid., 12.

37. Ibid., 24.

38. Ibid., 25

39. Ibid.

40. Ibid., 25-28.

41. Ibid., 121.

42. Ibid., 120.

43. Ibid..

44. Ibid., 125-129

45. Ibid., 129-131.

45. Ibid., 107-118.

47. Records of the Bureau of Labor Statistics, Record of Food Consumption for One Week, 1934-1937 National Archives and Records Administration, College Park, MD, Record Group 257, Entry 33, Box 48.

48. Ibid..

49. Ibid..

50. Ibid..

51. Ibid., Box 25.

52. Ibid., Box 24.

53. Ibid., Box 30.

16장

패스트푸드

Fast Food

스티브 펜폴드 Steve Penfold

패스트푸드의 기원을 얘기하자면, 아마도 리처드와 모리스 맥도날드Richard and Maurice McDonald 형제가 그들의 성공한 레스토랑을 재설계한 1948년으로 거슬러 올라가야 할 것이다. 두 사람은 1940년부터 캘리포니아주 샌버너디노San Bernadino에서 여자 종업원들carhops이 주차장에 있는 자동차에 햄버거, 핫도그, 바비큐샌드위치 같은 음식을 배달해주는 전형적인 드라이브인 음식점을 한 곳 운영했다. 그곳의 단골손님은 10대 청소년이었다. 맥도날드 형제는 장사를 잘했지만 여전히 만족스럽지 못했다. 종업원들의 인건비가 너무 많이 들었고, 10대 손님들은 너무 소란스러웠으며, 전반적으로 운영 속도가 너무 느렸다. 그래서 그들은 1948년에 매장을 재설계했다. 판매 식품의 종류를 25개에서 9개로 줄이고, 가격을 낮추고, 음식 분량과 소스를 표준화하고, 종업원의 업무를 분업화하고, 고객 셀프서비스를 통해 노동량을 줄였다. 처음에는 아무도 그 변화를 알아채지 못했다. 고객들은 새로운 서비스 체계를 이해하지 못하고 평소대로 여종업원에게 음식을 주문하기 위해 자기 차에 앉아 경적을 울렸다. 하지만 음식을 주문받고 배달하는 종업원은 이제 없었다. 그러자 10대 고객들은 더는 오지 않고 매출은 급락했다. 그러나 얼마 뒤, 지역의 가족 고객들과 인근의 노동자들이 매장을 찾아오기 시작했고 주문하기 위해 늘어선 줄이 길어졌다. 그제야 사람들은 새로운 변화를 눈치 채기 시작했다. 전국적인 한 음식점 잡지가 1952년에 맥도날드 형제를 소개했는데, 곧이어 햄버거를 만들어 팔고 싶어 하는 사람들이 맥도날드 매장의 운영 상황을 확인하기 위해 찾아왔고, 마침내 플로리다와 애리조나에까지 맥도날드 매장이 생겨났다.[1]

그러한 방문자 가운데 한 사람이 일리노이주 시카고의 레이 크록Ray Kroc이었다. 그는 이미 30년 동안 음식점에 주방 설비 파는 일을 해왔다. 그중에는 밀크셰이크 5잔을 동시에 만들 수 있는 획기적인 미국 발명품인 멀티믹서Multimixer도 있었다. 크록은 매장이 1개밖에 없는 맥도날드 형제가 멀티믹서를 8대나 산 것을 알고는 깜짝 놀라 직접 맥도날드 매장을 보기 위해 비행기를 타고 캘리포니아로 날아갔다. 크록은 감명을 받았다. 그는 "그것은 그때까지 내가 본 머천다이징 사업 가운데 가장 놀라운 것임에 틀림없었어요"라고 기억을 떠올렸다. "맥도날드 매장을 전국 중심가에 모두 개장해야겠다는 생각이 머릿속을 스쳤죠." 맥도날드 형제는 스스로 매장을 확장하겠다는 생각은 거의 하지 않았다. 크록은 자신이 대리인이 되어 전국 프랜차이즈 운영을 도와주겠다고 형제들을 설득했다. 맥도날드 형제와 곧바로 계약을 맺은 크록은 아내에게 그 소식을 알렸다. 그녀는 그다지 적극적이지 않았다. 그렇다고 그가 일을 늦출 사람은 아니었다. 크록은 타고난 사업가 기질이 있었다. 그의 자서전 제목이 《성취하기Grinding It Out》*이고, 그의 신조가 "밀고 나가라Press On"임을 보면 그 의미를 알 것이다. 그는 무슨 일을 하든 정력적이고 단호한 태도로 임했다. 크록의 리더십 아래서 맥도날드는 시카고 인근에 첫 매장을 연 이래로 1961년에는 44개 주에 300개 넘는 체인점을 거느린 거대 음식점 체인으로 성장했다. 크록은 그해에 맥도날드 형제에게 270만 달러를 주고 그 체인을 사들였다.[2] 이후 10년 동안 맥도날드 체인은 미국에서 독보적

---

* 국내에서는 《로켓 CEO: 맥도널드 창업자 레이 크록 이야기》(레이 크록 지음, 이영래 옮김, OCEO, 2016)로 번역·출간되었다.

자리를 차지하고 캐나다로 발을 넓히며 세계로 뻗어나가기 시작했다.

자주 회자되는 크록과 맥도날드 형제에 대한 이야기는, 기원 관련 이야기들이 대개 그러하듯, 단순하긴 하지만 정확하지 않다. 기원 이야기는 발생과 발명의 순간을 명백하게 밝히기 마련이지만, 패스트푸드의 역사는 거의 그런 식으로 되지 않는다. 맥도날드 형제가 이룬 "혁신innovations" 가운데 완전히 새로운 것은 없었다. 대부분의 사회에는 길거리 포장마차에서 샌드위치 가판대, 피시앤칩 가게에 이르기까지 어떤 형태로든 즉석에서 간편하게 사 먹을 수 있는 식품들이 있다. 미국의 패스트푸드도 그 계보는 매우 오랜 역사가 있다. 제2차 세계대전 이전에, 작은 식당들은 바쁜 손님들에게 값싼 음식들을 팔았다. 핫도그 가판대는 몇 가지 셀프서비스 품목을 전문으로 팔았고, 화이트캐슬White Castle 레스토랑 체인은 미국의 여러 도시에서 표준화된 햄버거를 팔았고, 하워드 존슨Howard Johnson은 노변 시장을 표적 삼아 인상적인 체인망을 만들었다. 이런 패스트푸드의 옛 역사를 아는 것도 중요하지만, 맥도날드 같은 오늘날 잘 알려진 거대 기업들은 대부분 제2차 세계대전 이후에 생겨났다. 커널 샌더스Colonel Sanders는 1954년에 자신이 개발한 켄터키프라이드치킨Kentucky Fried Chicken: KFC 조리법을 팔기 위해 길을 나섰다. 버거킹Burger King도 같은 해에 플로리다에서 시작해 1961년에 전국 프랜차이즈망을 구축했다. 글렌 벨Glen Bell은 1962년에 캘리포니아에 타코벨Taco Bell 레스토랑을 열고, 1950년대에 소규모 타코 체인점을 통해 여러 실험을 했다.[3] 실제로 1999년 기준으로 미국의 10대 패스트푸드 체인망—대부분이 세계에서 가장 큰—은 모두 1948년 이후 15년 사이에 설립되었다.[4]

물론 맥도날드 이야기로 패스트푸드의 역사를 시작하는 것은 또 다른 이점이 있다. 맥도날드가 가장 크고, 가장 중요하며 가장 많이 연구된 체인망이기 때문이다. 맥도날드는, 레닌식 표현으로 말하자면, 패스트푸드의 최고 단계the highest stage다. 맥도날드는 패스트푸드 업계를 대표하는 모델로 전 세계적 상상력을 자극하는 강력한 상징성을 발휘하면서, 현재 진행 중인 거대한 경제·사회·문화 과정에 대한 학문적 논의의 기준이기 때문이다. 벤저민 바버Benjamin Barber는 《지하드 대 맥월드Jihad vs. McWorld》에서 맥도날드를 전 세계 대중문화에 점점 더 많은 영향력을 끼치는 하나의 상징이라고 했다. 조지 리처George Ritzer의 "맥도날드화 명제McDonaldization thesis"는 우리 삶의 많은 영역에 맥도날드의 능률성, 예측가능성predictability, 통제control가 널리 스며든 과정을 추적한다. 리처는 나중에 "그로벌라이제이션[그로벌리제이션]grobalization"[grow와 globalization의 합성어]이라는 새로운 용어를 만들어냄으로써 그러한 생각을 전 세계로 퍼뜨렸다. 그로벌라이제이션은 "다양한 지리적 영역에 자신의 존재를 드러내려는 국가·기업·조직체 같은 것들의 제국주의적 야망, 그들의 바람, 간절한 욕구"를 의미한다.[5] 이에 비해, 여러 문화기술지적 연구는 소비자들이 패스트푸드를 어떻게 수용했는지에 초점을 맞추고 있다. 여섯 인류학자가 동아시아의 맥도날드에 관해 쓴 《동양의 골든아치 Golden Arches East》[6]가 그중 가장 잘 알려진 연구서지만, 패스트푸드 문화기술지도 패스트푸드 자체만큼이나 전 세계 학계로 널리 퍼지고 있다.* 햄버거 제조업체들이 각 지역의 환경에 맞게 변화를 주었듯 그에 대한 학문적 연구도 지역적 맥락에 맞게 진행되고 있다. 패스트푸드가 미국과 전 세계 문화의 본질적 형태라는 것에 이 학자들이 동의한다고 해도, 그럼에도 그들의 논문에 등장하는 핵심어는 적응accommodation, 혼종성hybridity, "글로컬라이제이션[글로컬리제이션]glocalization"** 같은 단어로, 의미 창조의 상호 과정을 강조한다. 조 킨첼로Joe Kincheloe와 더글러스 켈너Douglas Kellner는 여러 종류의 "다관점주의적multi-perspectivist" 접근방식이 필요하다고 주장한다. 맥도날드는 매우 다양한 차원—생산, 소비, 마케팅, 상징주의—에서 작동하기 때문에, 맥도날드를 완전히 이해하기 위해서는 다각적 분석 도구가 필요하다는 것이다.[7]

이 글은 이러한 다관점주의 입장을 취한다. 또 다른 한편으로, 40년 동안의 맥도날드 연구McStudy는 맥도날드에 관한 풍부하고 깊이 있는 묘사를 완성했다. 학자들은, 몇몇 특이한 경우를 제외하고, 다른 패스트푸드 체인에 대해 거의 주목하지 않았다. 실제로 때때로 맥도날드의 의제 설정 능력은 그 어떤 기업과 경험보다도 패스트푸드를 선도하는 가장 강력한 동인에 주의를 집중하면서 그 실체를 밝히기보다는 왜곡하는 역할을 했다. 역사학자들이 주목하는 또 다른 중요한 문제가 있다. 시간의 흐름에 따른 변화 과정을 기록하고 저마다의 사회적, 역사

---

* 골든아치는 맥도날드 상표에 그려진 상징 문장을 말한다.
** globalization과 localization의 합성어. 영국 사회학자 롤런드 로버트슨Roland Robertson이 제안한 신조어로, 현지화, 세방화世方化의 의미로 쓰이고 있다.

적 기업과 문화의 발전을 살펴보는 것이다. 이런 점에서 우리는 맥도날드의 기원에 관한 이야기를 다른 식으로서 다시 말해 어떤 중요한 주제를 암시하면서, 불완전하게나마 더 광범위한 패스트푸드의 역사를 기술하는 시발점으로서 해석할 수도 있다. 맥도날드 형제는 우리가 잘 아는 식품을 몇 가지 전문화했다. 그들은 체계적 사고를 생산과정에 적용했다. 그들이 고안한 새로운 매장에는 하나의 사회생활social life이 있었다. 이 사회생활은 나이, 가족, 여가, 소비와 관련해서 기존 문화와 새롭게 부상하는 문화에 꼭 들어맞았다. 크록은 이러한 근본적 간파를 통해 거대한 식품 체인망을 구축했다. 이와 같은 주제—팽창expansion, 맛taste, 시스템system, 사회생활—는 패스트푸드의 세계사를 구성하는 기본 요소들이다. 그것은 맥도날드의 이야기와 비슷한 점도 있지만 구별되는 독특한 요소도 있다.

맥에브리웨어McEverywhere : 맥도날드의 팽창 [8]

크록은 맥도날드 형제가 사업을 추진력 있게 밀고 나가지 못하는 것을 이해할 수 없었다. 그는 그들의 사업이 전국적으로 성장할 수 있는 데도, 그들이 현실에 만족하고 있음을 알았다. 그들은 대저택을 소유하고 해마다 새로 캐딜락을 한 대씩 샀다. 따라서 굳이 귀찮게 사업을 확장하고 싶지 않았다. "(그런) 방식은 내 생각과 전혀 달랐어요"라고 크록은 당시 상황을 떠올렸다. 크록은 좋은 아이디어가 있으면 밀고 나가서 마침내 성취해 "자유 기업 체제free enterprise를 빛낼 사적 기념비"를 세우라고 말한다. 그의 자서전은 기업가의 화려한 수사, 수많은 용기와 결단의 이야기, 치열한 경쟁에 대한 남성적 은유로 가득 찬 자본주의 선언서다. "이것을 산업이라고 부르는 것은 말도 안 된다"라고 크록은 1972년 《인스티튜션스 Institutions》지에서 말했다. "이것은 쥐가 쥐를 잡아먹고 개가 개를 잡아먹는 상황이다. 그들이 나를 죽이기 전에 내가 먼저 그들을 죽일 것이다. 지금 말하고 있는 것이 미국식 적자생존이다." [9] 크록과 같은 패스트푸드 회사 창업자들은 대개 끊임없이 세상을 돌아다니며 계약을 체결하고 가정생활까지도 자신의 사업을 뒷받침하는 방편으로 보는 남성 기업가의 세계 속에서 살았다. 그들에게 좋은 아내란 그런 남편의 뜻에 동참하거나 가사 일체를 보살피는 사람이었으며, 반대로 나쁜 아내란 경제적 불안정과 아버지의 부재에 대해 불평하는 사람이었다. 무엇보다도, 패스트푸드 회사 창업자들은 대개 자신이 즐겨 쓰는 용어로 자기 사업을 말하면서—자유 기업 체제를 빛낼 나의 기념비— 자기 회사의 체인점이 늘어나는 것으로 자신을 평가하고, 끊임없이 경쟁사들의 성장 그래프를 그리며 신경을 곤두세웠다. 이러한 기업가들의 남성적 기질은 시간이 흐르면서 기업 인수나 진화를 통해 관료주의, 주주, 이사회, 전문 지식에 자리를 내주었다. 그러나 패스트푸드 사업은 처음부터 이와 같은 팽창주의적 속성이 있었다.

패스트푸드 사업은 1950년대 중반 시작 때부터 미국 전역으로 그리고 전 세계로 광범위하고 신속하게 끊임없이 확산되었다. 1971년, [건축비평가] 에이다 루이즈 헉스터블Ada Louise Huxtable은 빈정거리는 투로 다음처럼 썼다. "아름다운 나라 미국이여, 내 당신을 찬양하리. 대서양에서 태평양까지 온통 버거킹과 데어리퀸Dairy Queen*이라네."[10] 그러나 패스트푸드에 대한 미국의 헤게모니는 이제 겨우 막 시작 단계에 불과했다. 1970년대에는 패스트푸드가 교외의 도로변을 벗어나 그야말로 전국적 지위를 차지하는 다시 말해 작은 읍내를 비롯해 대도시 중심가, 중심업무지구, 병원과 대학에 이르기까지 음식과 관련된 풍경에서 우리가 상상할 수 있는 모든 곳으로 퍼져나가는 매우 급격한 성장의 새로운 국면에 돌입했다.[11] 이뿐 아니라, 1971년경에는 각종 패스트푸드가 이미 미국의 국경선을 훌쩍 뛰어넘어 뻗어나간 상태였다. 패스트푸드 체인점들은 미국 전역에 퍼지기 전에 벌써 국경을 가로질러 캐나다 여러 곳에 있었다—데어리퀸은 1953년에, KFC는 1959년에, 그 밖에도 많은 패스트푸드 회사가 1960년대에 캐나다에 체인점을 열었다. 캐나다가 미국과 지리적으로 가깝고 문화적으로 비슷한 덕분에 패스트푸드 사업도 다른 곳에 비해 캐나다에서 빨리 성장했는데, 사업은 1960년대 중반에 이르면 더 먼 지역으로도 빠르게 퍼져나갔다. KFC는 1964년에 영국, 1968년에 독일과 오스트레일리아, 1970년에 일본에 상륙했다.** 맥도날드는 1965년에 최초로 해외(카리브 지역을 총괄하는)에 제품 개발 면허를 판매하고, 1967년에는 첫 번째 해외 매장(캐나다)을 개장했으며, 2년 뒤에는 공식적 국제 담

---

* 미국의 소프트아이스크림·패스트푸드 체인점.
** 한국에는 1984년에 제1호 KFC 매장이 문을 열었다.

당 부서를 신설했다. 이들 초기 교두보를 발판으로 패스트푸드의 국제적 성장은 1980년대에 북아메리카 시장이 포화상태에 다다를 정도로 가속화했다. 패스트 푸드는 점점 더 많은 지역으로 전파되었고(맥도날드의 경우, 1980년에 20개국에서 1995년에 89개국으로 증가했다), 각 지역에는 점점 더 많은 패스트푸드 매장이 생겨 났다(프랑스는 패스트푸드 매장이 1980년에 109개에서 1991년에 2,000개 이상으로 증 가했고, 타이는 2000년에 KFC 매장이 300곳, 데어리퀸 매장이 300곳, 맥도날드 매장이 102곳, 피자헛Pizza Hut 매장이 115곳, 던킨도넛Dunkin Donut 매장이 170곳이었다).[12]

대기업들이 조직적으로 규모를 키우면서, 패스트푸드의 **아이디어**idea는 이른바 (인터넷 시대에) "입소문going viral"이라고 부를 수 있는 역동적인 복제와 차용의 예 측불가능한 과정을 통해 팽창되었다. "거의 대다수 사람이 맥도날드를 베꼈죠." 1961년 루이빌Louisville에 문을 연 버커킹의 창업자 가운데 한 명이 이렇게 기억 을 떠올렸다. "맥도날드를 꼼꼼히 살폈더니 누워서 떡 먹기 식으로 장사가 잘되 는 것이 보인다면, 당연히 그 사업을 베끼지 않을 수 없겠지요."[13] KFC도 비슷한 종류의 패스트푸드가 많이 나왔는데, 캔자스프라이드치킨Kansas Fried Chicken, 오 자크프라이드치킨Ozark Fried Chicken, 신시내티프라이드치킨Cincinnati Fried Chicken이 바로 그런 제품이다. 국제적으로, 때로는 패스트푸드를 신규 시장에 먼저 확산하 는 주체가 미국의 패스트푸드 체인이 아니라 그러한 아이디어를 받아들인 그 지 역 국가의 기업가들일 때도 있었다. 필리핀의 토니 탄 칵티옹Tony Tan Caktiong 형 제는 1970년대 중반에 맥도날드의 기술·가격·제품, 심지어 색상 체계까지 모방 한 졸리비Jollybee라는 패스트푸드 체인점을 창업했다.[14] 대개는 미국의 체인점들 이 해당 지역에 상륙하자마자 그것을 복제한 제품들이 급속하게 나타나기 시작 했다. 1970년대 초에 일본과 프랑스에 맥도날드가 문을 연 뒤, 그 나라의 여러 사 업가가 매직버거Magic Burger와 모스버거MOS Burger처럼 미국식 이름을 딴 자국산 햄버거 체인점들을 개장했다. 패스트푸드 아이디어를 다른 새로운 식품에 응용 하는 사업 형태도 급속도로 성장했다. 벨이 창업한 타코벨이 그런 체인점 가운 데 하나였다. 벨은 샌버너디노에 있는 맥도날드 형제의 원조 매장에서 그리 멀지 않은 곳의 한 작은 햄버거 가판대 주인이었다. 그는 맥도날드 사업 모델에 딱 들 어맞는 새로운 제품을 찾고 있었다. 그래서 그는 국내의 멕시코 이주민들이 먹는 요리들을 연구했다. 2000년에 한 이스라엘 기업가는 중동 음식인 팔라펠falafel에 맥도날드 방식을 응용해 복고풍 매장과 산업식품 형태의 공 모양의 튀김을 결합한 체인점을 창업했다. 프랑스의 크루아상croissant도 비슷한 과정을 거쳤다.[15]

그 뒤, 패스트푸드는 광범위하고 맹렬하게 그리고 무엇보다도 급속도로 성장했다. 반세기도 지나지 않아, 패스트푸드 형태의 식품은 동일한 수준은 아니지만 전 세계로 널리 퍼졌다. 실제로 미국 기업들조차도 국제적 사업 운영이 경제적으로 점점 중요해졌다. 2001년, KFC와 맥도날드는 둘 다 수입의 절반 이상을 해외 자회사들로부터 벌어들였다.[16] 그러나 그 맥락을 꼼꼼히 따져보는 게 중요하다. 패스트푸드는 늘 미국의 직접적 팽창을 통해 세계경제에 진입하지 않았다. 국제 시장의 일부 변형된 형태의 패스트푸드 제품들은 해당 국가를 넘어 다른 국가들로 —이스라엘의 팔라펠 체인인 마오즈Ma'oz가 유럽으로, 일본의 모스버거가 아시아 여러 국가로— 확산되었지만, 그것들이 미국의 식품 환경에 영향을 끼치지는 못했다. 패스트푸드는 전 세계로 널리 퍼져나갔지만 그 방향은 늘 일방적이었다.[17] 새로운 이국적 음식들이 북아메리카의 주류 식단에 새롭게 오른 적은 자주 있었지만, 해외의 패스트푸드 체인이 북아메리카의 식사 환경을 바꾸는 매개체가 된 적은 전혀 없었다. 프렌치프라이 제국Empire of the French Fry에서 맥도날드 식민지 군단들McColonies은 아직 중심부를 정복하지 못했다.

고기, 감자, 그리고 돈: 맛

패스트푸드 혁명은 초기부터 표준화와 다양성, 친숙함과 새로움, 적응과 교육 사이에 긴장 관계가 있었다. 그것은 《타임》지에서 "고기, 감자, 그리고 돈meat, potatoes, and money"이라고 표현한 아주 간결한 상투적 문구에서 시작되었다.[18] 초기의 패스트푸드 품목은 12가지를 넘지 않는 작은 규모였다. 패스트푸드 회사들은 저마다 품목을 하나로 전문화했다. 햄버거와 치킨이 맨 먼저 나오고 도넛, 타코, 핫도그, 피자가 그 뒤를 이었다.[19] 이 식품들은 그 시대에 딱 맞았다. 1950년대부터 1980년대까지 거의 모든 패스트푸드 주요 식재료의 1인당 소비량이 급증했다—소고기는 35퍼센트, 치킨은 121퍼센트, 치즈는 179퍼센트 증가했다.[20] 1950년 이전에는 40년 동안 하락세에 있었던 감자 소비까지 패스트푸드 시대를 맞아 증가세로 돌아섰다. 프렌치프라이 판매 증가가 그 원인 가운데 일부였다.[21] 음료수 또한 중요했다. 1950년 이후 반세기 동안 미국의 청량음료 소비는 거의 4배 정도 늘어났다. 무엇보다 중요한 것은 음료수가 가장 이익을 많이 내는 품목이었다는 사실이다. 원료와 노동비용이 모두 낮은 덕분이었다. "맥도날드에서 샌드위치와 함께 음료수를 마신다는 사실이 고맙다고 할 수 있겠죠." 맥도날드 회장 프레드 터너Fred Turner가 1973년에 한 말이다.[22]

패스트푸드 체인들은 이처럼 다양한 구성요소를 결합해 맛있는 음식을 만드는 과정에서 주류 미국인들의 입맛에 맞게 조정된 식품에 친숙함을 더했다. 제1차 세계대전과 제2차 세계대전 기간 사이에 핫도그는 놀이공원이나 야구장에서 즐겨 먹는 음식이 됨으로써 소시지 식품의 전통적 이미지를 벗어던졌고, 화이트캐슬 레스토랑 체인점 같은 곳들은 햄버거를 완전히 미국인의 입맛에 맞춤으로써 애플파이와 함께 미국을 상징하는 식품으로 만들었다. 19세기에 지역과 전통에 따라 다르게 불렸던 도넛은 1930년대에 도시 노동계급의 일반식—가난한 사람이 먹는 기름진 음식—이 되면서 표준화되어 미국 전역으로 퍼져나갔다.[23] 그 밖의 다른 패스트푸드들도 요리의 경계를 허물어뜨렸다. 벨이 그 무대에 등장했을 때 캘리포니아 도심의 노점상들은 타코를 대중적인 음식으로 만들었다. 그러나 타코는 미국의 주류 사회에 파고들지 못했다. 벨의 첫 번째 부인은 일단 백인 소비자들이 매운맛의 멕시코 음식을 먹지 않을 것이며, 그렇다고 자극적인 맛을 빼면 미국 내의 멕시코인들이 외면할 것이라고 주장하면서, 타코가 미국의 음식 환경에서 처한 딜레마 상황에 대해 부정적 의견을 냈다. 대신에 그녀는 벨에게 그가 지금까지 해오던 가스 검침과 관련된 일로 복귀할 것을 제안했다. 벨은 타코를 미국의 주류 사회에 편입시키기 위해 향신료 맛을 좀 부드럽게 바꾸었다. 나중에 타코벨은 플로리다로 사업을 확장하면서 타코에 애국주의 문구와 익숙한 음식임을 알리는 비유를 결합해 소비자들에게 홍보했다. "모든 미국인의 타코: 아삭아삭 씹어 먹는 치즈버거."[24] 프라이드치킨은 초기에 미국 전역에 알려지지는 않았지만 샌더스가 그것을 전국적 식품의 반열에 올리면서 상표명에 "켄터키Kentucky"를 붙일 정도로 지역적 잠재성이 충분한 중간적 상황에 있었다. 샌더스는 더 나아가 결정적으로 프라이드치킨에 내재된 젠더의 경계를 허물어뜨렸다. 다시 말해, 프라이드치킨을 가정의 주방이라는 여성의 세계에서 남성 위주

기업 활동의 무대인 상업 세계로 이동시킨 것이다.[25]

패스트푸드 메뉴는 시간이 흐르면서 여러 이유에서 계속 늘어났다. 1960년
대, 패스트푸드 체인들은 주로 버거킹의 와퍼Whopper와 경쟁하기 위해 [맥도날드
의] 빅맥Big Mac이나 레드반Red Barn의 반버스터Barnbuster 같은 다양한 "사이즈를 키
운 제품들upsizings"을 개발했다. 1970년대에 새로 내놓은 제품들(맥도날드의 아침
식사 세트처럼)은 기존과 다른 "시간대day-parts"를 겨냥했다. 1980년대에는 숯불치
킨, 머핀, 샐러드 같은 건강식 품목이 추가되었다. 지역 특성에 따른 요리의 다양
성과 대량 판매 시장에 대한 욕구가 서로 적절하게 균형을 유지할 필요성에서 여
러 변화가 발생했다. 피자헛은 근거지를 [미국] 중서부에서 북동부로 옮기면서 지
역 다양성 문제에 직면했다. 그곳의 소비자들은 새로운 체인점의 껍질이 얇은 피
자보다 어디서나 볼 수 있는 이주민들이 경영하는 피자전문점의 껍질이 두꺼운
피자를 더 좋아했다. 그래서 피자헛은 더 쫄깃쫄깃한 피자를 새로 개발했다. 패
스트푸드 회사들 또한 문화적 차이를 극복하려 분투했다. 맥도날드의 신시내
티 체인점은 소비자 중 가톨릭 신자들의 관심을 끌기 위해 필레오피시Filet O' Fish*
를 개발했다. 그들은 금요일에는 고기를 먹지 않기 때문에 소고기가 들어간 모
든 버거를 회피했다. 30년 뒤, 흑인들이 KFC 매출의 4분의 1을 차지하면서, KFC
의 "도시 레스토랑들urban restaurants"은 고구마파이와 콜라드collard greens 같은 이른
바 "소울푸드soul sides"**를 포함해 "지역민의 입맛을 반영하는 추가 메뉴"를 제공
하기 시작했다.[26] 패스트푸드는 이처럼 제품 변화 과정을 통해 그 종류가 훨씬 많
아지고 복잡해졌다. 그러나 그 기본이 되는 식재료—고기, 유제품, 녹말, 소금, 설
탕—는 바뀌지 않았으며, 패스트푸드 체인 대부분이 "표준화된 원료들을 조합
해 다양성"을 창조했다.[27]

해외에서 팔리는 메뉴들도 이처럼 표준된 원료를 이용해 현지 입맛에 맞게
다양하게 변용한 새로운 품목을 개발하는 북아메리카의 패턴을 그대로 따랐다.
패스트푸드가 1960년대부터 1990년대까지 세계로 뻗어나가면서, 전 세계 1인당
고기 소비량은 거의 50퍼센트가 증가했다. 물론 그 증가 패턴은 지역과 패스트

---

* 뉴질랜드 근해에서 잡히는 호키hoki라는 생선으로 만든 버거.
** 미국 남부의 노예 후손인 흑인들의 전통 요리를 통칭.

푸드 종류에 따라 매우 불규칙했다. 닭고기는 패스트푸드가 확산되는 국가와 그 국가 안의 지역에 따라 소비량이 달랐지만 세계적인 고기에 가장 근접하는 것이 되고 있었다. 예컨대 중국의 닭고기 총소비량은 매우 높았지만, 특히 도시 지역과 남동부 지방에서 높았다.[28] 소고기는 훨씬 더 복잡했다. 영국에서는 소고기 자체가 흔히 먹는 고기였지만 햄버거에 대한 평판은 아주 나빴다. 오스트레일리아의 소비자들은 고기파이를 더 좋아했다. 그 밖의 많은 지역에서 소고기는 전혀 친숙하지 않았다. 이에 햄버거 체인점들은 모든 곳에서 현지인들의 생각을 바꾸기 위해 광고를 많이 하지 않을 수 없었다. 그러나 많은 사람이 햄버거를 찾게 된 것은 "범주이동category shift"의 과정을 겪은 때문이다. 포만감을 주는 식사를 중시해서 쌀밥과 함께 채소 또는 고기를 반찬으로 즐겨 먹는 아시아의 소비자들은 버거를 한 끼 식사보다는 간식으로, 고기보다는 빵으로 생각하고 먹었다.[29]

패스트푸드 체인점들은 또한, 매스컴에서 줄기차게 지적하는 것처럼, 현지의 식성에 맞게 메뉴와 식재료들을 적절히 바꾸었다. 맥도날드는 인도에서는 양고기를, 이집트에서는 팔라펠을, 타이에서는 돼지고기버거를 판다. KFC는 베이징에서 호박죽을 내놓는다. 웬디스Wendy's는 일본에서 콘 차우더corn chowder*를 판다. 타코벨은 푸에르토리코에서 맥주를 판다. 피자헛은 말레이시아에서 양고기를 재료로 쓴다. 이 밖에도 많은 사례가 있다. 메뉴를 늘리는 일은 저절로가 아니라 끊임없는 긴장 관계 속에서 이루어졌다. 따라서 그것은 체인점에 따라 시기에 따라 불규칙하게 일어났다. KFC는 중국에서 음식 맛을 완벽하게 현지 입맛에 맞게 바꾸었다. 그러나 기본 생각은 여전히 닭고기에 양념 반죽을 입혀 기름에 튀기는 것이었다. 맥도날드가 초기에 현지 입맛에 맞게 변화를 시도한 것들은 대개 실패했다. 그래서 맥도날드는 장기적으로 볼 때, 메뉴의 표준화standardization가 가장 좋은 전략이라고 확신하게 되었다. 물론 지역에 따라 그와 같은 전략을 적용하는 정도는 달랐다(예컨대 일본보다 인도에서 더 많은 조정이 필요했다).[30] 소비자 평판에서 지역의 다양성을 중시하는 제임스 왓슨James Watson도 다음처럼 말했다. "맥도날드 메뉴의 구성은 전 세계가 기본적으로 동일하다. 주 세트 메뉴가 버거/

---

* 차우더는 생선이나 조개류와 야채로 만든 걸쭉한 수프를 말한다. 콘 차우더는 차우더에 콘을 넣은 음식이다.

샌드위치, 감자튀김, 음료수—특히 코카콜라Coca-Cola다. 이런 성공적인 조합의 핵심은 바로 (…) 감자튀김이다. 이 주 세트 메뉴의 구성은 매우 다양할 수 있다. (…) 그러나 맥도날드의 대표적 혁신 제품—적갈색 감자를 가늘고 길게 썰어 튀긴 감자튀김—은 지금도 전 세계 사람들이 즐겨 먹고 있고 앞으로도 그럴 것이다."[31] 멕시코의 한 타코벨 식당에서 한 부부는 그곳의 타코와 부리토에 대해 퇴짜를 놓는 데 동의했지만—"우리는 쌀밥과 감자튀김을 타코와 함께 먹은 적이 없어"—, 자기네 딸이 "감자튀김을 좋아한다"라고 했다.[32] 그 지역의 정통성과 관련된 요리의 정치학은 늘 이처럼 복잡했다. "이 맛은 원래 맛이 아니네요, 그렇지 않아요?" 그 식당에서 식사를 하던 한 여성이 불평했다. "제가 원하는 건 텍사스에서 먹는 것처럼, 샐러드와 크래프트치즈, 그리고 각종 재료로 속을 채운 그런 커다란 타코였어요."[33]

메뉴를 늘리는 문제에서 균질화homogenization나 다양화diversity 문제에 대한 거대하고 보편적 결론으로 넘어가는 것은 여러 면에서 어리석은 일이다. 핵심은 맥락을 파악하는 것이다. 현지의 요리에 햄버거를 추가하는 일은 매우 다양한 모습으로 나타날 수 있다. 프라이드치킨이 기존 음식들을 대체한다면, 그 결과는 균질화일 수 있다. 현지 입맛에 맞게 메뉴를 늘림으로써 이론적으로 음식을 균질화하면서 동시에 다양화할 수도 있을 것이다. 그러나 이 모든 역학관계는 가장 중요한 점을 놓치고 있다. 요리학적으로 말해, 패스트푸드를 정의하는 특징은 맛의 균질화나 다양화가 아니라 제품의 표준화라는 점 말이다. 이론적으로, 패스트푸드는 먹을 수 있는 것이라면 무엇이든 시공을 초월해 특정 음식을 동일한 형태로 생산해 팔 수 있다면 가능하다. 그 특정 음식이 버거든 타코든, 양고기를 넣든 소고기를 넣든, 케첩을 뿌리든 커리로 맛을 내든 상관없이 그 시스템은 그대로다.

테크노버거: 시스템[34]

패스트푸드는 기술technology과 테크노크라시technocracy의 응용을 통해 탄생했다. 크록 같은 사업가들은 대량생산의 언어로 말하고 합리화된 시스템을 생각했다. "우리는 햄버거를 조립라인 위에 올려놓는다." 정확하게 설명하기보다는 은유적으로 환기하는 문구로서, 크록이 한 유명한 말이다. 버거킹과 버거셰프Burger Chef는 전자동 그릴을 사용했다.[35] 체인점 대부분이 케첩분사기, 압력솥, 감자튀김 타이머 같은 전문 장비를 썼지만, 압력솥으로 찌고 버거를 만들고 도넛을 기름에 튀기는 일 같은 거의 모든 노동은 사람이 했다. 체인점들은 이런 작업을 집중적으로 연구해 사람의 노동을 최소 단위로 쪼갠 뒤에 효율적 생산 시스템을 만들었다. 이제 햄버거와 감자튀김을 혼자서 만드는 사람은 없어졌다. 다만, 고기를 그릴에 굽는 사람, 소스를 뿌리는 사람, 감자를 튀기는 사람, 음료수를 만드는 사람, 계산을 하는 사람이 저마다 자기가 맡은 일을 철저히 수행할 뿐이었다. "케첩을 바깥쪽에서 안쪽으로 피클 위에 둥글게 원을 그리며 고르게 바른다." 사회학자 에스터 라이터Ester Reiter가 자신이 1970년대 후반에 버거킹에서 잠시 일했을 때를 떠올리며 한 말이다. "튀김솥에서 튀김을 건져내는 데 7초. (…) 버거를 봉지 포장할 때 처음 봉지로 싸는 데 5초, 그다음 봉지를 포장하는 데 3초."[36] 크록이 조립라인이라는 수사적 표현을 썼지만, 그와 같은 스톱워치 자본주의와 케첩 연출은 헨리 포드Henry Ford보다는 프레더릭 테일러Frederick Taylor에서 비롯되었다고 보는 것이 더 적절하다. 포드 시대로 거슬러 올라가서, 테일러는 사람의 노동을 세밀하게 분석하는 실험을 수행했다. 작업의 능률성을 높이고, 노동과정에서 개인의 재량권을 없애고, 모든 작업을 일련의 규칙에 따라 코드화해서 관리자가 노동자를 통제하고 강압하려는 시도였다. 초창기 패스트푸드 회사들은 테일러처럼 유일 최선의 방법the One Best Way이라는 제단 앞에서 기도했다. 초기 맥도날드의 운영 지침은 다음처럼 시작했다. "여기에 바로 성공의 비결이 있다 (…) 어떠한 타협도 없다."[37]

패스트푸드 체인들은 프랜차이즈 제도를 통해 모든 매장에 동일한 발전 방향을 적용했다. 이러한 시스템에서 패스트푸드 체인 본사는 자신이 정한 특정 규칙에 따라 가맹점에 사업 운영권을 판다. 그에 따라 다양한 관계가 생겨날 수 있었다. 버거킹과 웬디스는 대형 가맹점을 대상으로 영업권을 광역廣域으로 나누어 팔았다. 반면에, 그 밖의 다른 패스트푸드 체인들은 가족들의 돈을 한 푼 두 푼 모아 매장 하나를 사서 몇 년 뒤에 두세 개로 매장을 늘리려는 중산계급이나 노동계급의 소규모 사업자들을 가맹점으로 끌어들였다. 타코벨의 첫 번째 가맹점이 바로 그러한 전형적인 사례였는데, 그 가맹점주는 로스앤젤레스 경찰관으로 경찰신용조합에서 대출을 받고 집을 2차담보로 해서 매장을 하나 샀다.[38] 가맹점 입장에서는 안전성 및 규모의 경제와 함께 [본사가 가맹점의] 독립성을 보장해 주어서 그와 같은 시스템을 좋아하고, 본사 입장에서는 적은 자본으로도 빠르게 사업을 확장할 수 있고 가맹점주가 직접 매장을 운영하는 것이 단순 관리자가 매장을 운영하는 것보다 대개 훨씬 동기 부여가 커서 그와 같은 시스템을 좋아했다. 본사는 이 균형을 유지하기 위해, 중앙의 시설(맥도날드 햄버거대학McDonald's Hamburger University이나 버거킹 와퍼대학Burger King's Whopper College 같은)에서 가맹점들을 교육하고, 식품 원가부터 화장실 청소까지 모든 것을 자세히 기록한 운영 지침서를 발행하고, 끊임없는 점검을 통해 운영 상황을 확인하고, 의무를 이행하지 못한 가맹점은 계약 해지를 예고하면서 가맹점들을 관리했다. 또한 패스트푸드 체인들은 음식이 매장에 들어가기 전에도 음식을 통제함으로써 가맹점들이 재량권을 행사하지 못하도록 제한했다. 맥도날드는 자신들의 구매력을 빌미로 제빵업자들이 빵을 미리 잘라서 납품하고, 고기 공급업체들이 체인점의 요구 사양을 수락하고, 감자 재배 농민들이 재배와 저장 방식을 변경하게 만들었다. 또 다른 체인들은 유통을 통제함으로써 투입량을 조절했다.

패스트푸드를 낳은 기술과 테크노크라시의 특별한 조합은 패스트푸드 사업 구조 자체—규모의 경제와 소상인들을 강력하게 끌어당기는 힘을 적절히 균형 맞춘 일종의 테일러식 가내공업—에서 흘러나왔다. 패스트푸드 업주들은 주문을 기다리는 손님들에게 갓 나온 따끈한 음식과 미소를 제공해야 하기 때문에, 종업원이 손님을 직접 대면할 수 있는 소규모 상점이 여러 곳에 많이 분포되어 있을 필요가 있었다. 패스트푸드 체인들은 신속한 확장성과 엄격한 균일성을 추구하기 때문에, 넓은 지역에 걸쳐 그들의 산업체계와 운영 통제를 확산할 수 있는 방법을 찾아야 했다. 따라서 다양한 긴장 관계가 형성되었고, 패스트푸드를 만드는 일은 —체인 본사와 가맹점, 관리자와 종업원, 시스템과 개인, 합리주의와 인도주의 사이의— 계속되는 싸움일 수 있었다. 캐나다의 패스트푸드 초기 선두업체였던 하비스Harvey's의 대표 조지 수코르닉George Sukornyk은 "운영 통제는 가맹점들을 관리하는 본사가 스스로 사람들의 고질적 습성과 끊임없이 싸우고 있다는 것을 이해할 때 비로소 작동되죠"라고 설명했다. "본사가 주기적 감독을 통해 그러한 습성을 막지 않는다면, 가맹점들과 거기서 일하는 종업원들은 일생 동안 몸에 밴 다양한 습성으로 되돌아갈 겁니다."³⁹ 수코르닉의 간파를 마음에 새기지 않는 업체 가운데 장기적으로 사업을 잘 운영한 곳은 거의 없었다.

실제로, 어떤 면에서 그와 같은 통제는 특히 메뉴가 늘어나고 기업의 하부구조가 확대되고 운영이 복잡해지면서 더욱더 강화되는 쪽으로 흘러갔다. 맥도날드의 운영지침서는 1958년에 75쪽이었는데 1990년대 중반에는 750쪽이 넘었다. 1981년, 버거킹의 컴퓨터 시스템은 매출 목표에 따라 인력 할당—에서 특정 업무에 이르기까지—을 정확하게 통제했다. 그것은 과거에 관리자들의 경험과 판단에 따라 행해지던 일이었다.⁴⁰ 심지어 이전에도 체인들은 더 많은 식품 조리 과정을 산업용 처리 장치들에 맡겼다. 1960년대 후반 이후, 햄버거 체인들은 냉동 패티와 감자튀김을 가맹점에 공급하는 것으로 전환했고, 피자 회사들은 이미 만들어 냉동시킨 피자 크러스트를 중앙 본사에서 각 매장으로 공급하는 시스템을 개발했다.⁴¹ 패스트푸드 회사들은 동시에 연속적으로 식품공학을 통해 음식 맛을 창조하는 연구에 본격적으로 —맥도날드는 1960년대 초반에, 다른 패스트푸드 회사들은 그 이후에— 착수했다.⁴² 그러한 산업공학적 제조 과정은 비용이 덜 들거니와 매장에서 해야 할 가장 기본적인 것 이외의 모든 조리 과정을 없애는 동시에, 음식의 양과 맛과 질을 더욱 직접적으로 중앙에서 통제할 수 있게 했다. "제가 하는 일은, 그러니까, 기본적으로 타코를 만드는 겁니다!" 2000년에 타코벨의 한 종업원이 다음처럼 말했다. "고기는 상자 안의 봉지 속에 들어 있어요. 그 봉지들을 물에 넣고 끓여서 고기를 가열하죠. 그렇게 해서 타코를 만들어요."⁴³

그와 같은 맥도날드식 시스템은 다양한 조리 전통, 규제체계, 여러 지역적 변수의 거의 전면적인 저항 속에서 공간과 시간을 초월해 확산되었다. 여러 국가의 패스트푸드 관련 노동을 연구한 어느 결과에 따르면, 많은 부분(임금률, 작업 일정, 노동자 인구통계 현황, 노동제도)이 달랐지만, 이러한 지역 문제들이 지휘권, 생산체계, 기본적 노동조건 분야의 근본적 변화에 영향을 끼치지는 못했다. 맥도날드의 한 임원은 "주방은 우리 사업의 핵심입니다. 우리의 조리법은 어디서든 별 차이가 없어요"라고 말했다. "따라서 [미국] 텍사스 파리에서 맥도날드를 먹나 프랑스 파리에서 맥도날드를 먹나 그 맛은 마찬가지입니다."⁴⁴ 이러한 시스템의 유사성은 주방을 넘어 기업 문화로까지 나아갔다. 대다수 회사가 현지의 제휴업체와 임원들을 모집했는데 —KFC 중국지사의 벤 쿠Ben Koo는 "우리는 여기서 살아요. 중국인이죠. 우리는 이곳 사람들이 무엇을 더 좋아하는지 알아요"라고 주장했다[45]— 그들은 대개 맥도날드에 우호적인 역사학자 존 러브가 말한 것처럼, "자국에서 전통을 중시하는 사람이 아닌 (…) 미국의 사업 방식과 미국인 기업가에 매력을 느끼는" 현지 제휴업체와 임원들을 선호했다. KFC 중국지사에서 이른바 타이완 갱Taiwan Gang이라고 불리는 임원들은 중국 출신으로 서양 교육을 받고 패스트푸드 관련 경력이 있는 사람들이었다. 여기에 더해, 체인들은 그런 현지인들을 선발한 뒤에 기업의 훈련 절차를 거쳐 임원으로 집중 양성 했다.[46]

이러한 종류의 기업 "글로칼리즘glocalism[현지화주의]"은 공급망에서도 나란히 진행되었다. 대기업들은 현지의 공급업체들을 선호한다는 것을 명확히 보여주었는데, 현지 업체들이 홍보에 더 좋고 안정적이라고 생각되었기 때문이다. 그러나 로컬푸드 시스템은 대개 그 목표를 달성할 수 없게 만들었다. 예컨대 가장 품질이 좋은 프렌치프라이용 감자는 아무 데서나 자라지 않아서(이 때문에 감자가 오랫동안 무르지 않고 단단한 상태를 유지할 필요가 있다), 냉동 감자튀김을 해외로 운송하는 방법이 곧바로 개발되었다. 1998년 감자 교역량은 총 200만 톤 정도였는데, 네덜란드(대개 유럽으로 운송), 미국(대개 아시아로 운송), 캐나다(대개 미국으로 운송)가 대부분을 차지했다. 동시에 체인들은 자본, 지식, 기술의 세계적 이동을 통해 "현지의" 공급업체들을 구축했다. 인도에서 매케인푸즈McCain Foods(세계적인 식품가공업체)는 캐나다 감자(정부출연기관 연구실에서 과학적 육종을 통해 개발된 셰포디Shepody 품종)를 현지의 기후 조건에 맞게 개량했는데, 먼저 캐나다에서 들여온 감자를 히말라야 산악지대에 이식해 9월에 수확한 뒤, 그것을 또 다른 곳에 다시 심어 3월에 재수확하고, 최종적으로 매케인푸즈의 가공공장으로 보냈다. 매케인은 인도 농민들과의 계약을 유도하기 위해 시범 농장을 개장하고 최저 가격 보장을 협의했다. 물론 감자의 전파는 새로운 현상이 아니었다. 적어도 16세기부터 감자는 교역, 이주, 지식 네트워크를 통해 대서양을 가로질러 이동했다. 그러나 인도의 셰포디 품종 감자가 오랜 기간에 걸쳐 역동적인 농업과 경제 변화를 겪었다면, "현지의 공급업체들" 또한 맥도날드식으로 바뀌었을 수 있다. 과학과 자본은 근본적 변화의 엔진으로서 작용하는 패스트푸드의 경제력을 통해 기후와 계절의 제약까지도 이겨낼 수 있었다. 2010년, 맥도날드는 인도의 200군데 매장에서 감자 3,500톤을 쓸 것으로 예상했다.[47]

그러나 맥도날드화는 결코 저절로 이루어지거나 필연적인 것은 아니었다. 맥도날드화가 시공을 초월해 재현되기 위해서는 끊임없는 육성과 반복이 필요했다. 바로 여기서 대개 인적 요소가 개입되기 마련이었다. 모든 대형 패스트푸드 체인들이 테크노크라시의 이상을 공유했지만, 현장에서 합리성은 저절로 생겨나지 않았다. "버거셰프도 품질, 서비스, 청결과 관련해서 다른 체인들과 비슷한 규칙들이 있었어요." 오하이오 가맹점의 잭 로슈먼Jack Roshman은 기억을 떠올렸다. "하지만 우리는 맥도날드만큼 효과적으로 해내지 못했죠."[48] 버거셰프는 1970년대에 결국 문을 닫았다. 그러나 데어리퀸과 버거킹 같은 일부 성공한 업체들도 영업 구역이 넓은 거대 가맹점들과 계약을 맺다 보니 본사가 최종 매장을 직접 관리하지 못하고 여러 단계를 거쳐야 해서 현장 통제가 약화되었다. 이처럼 초기에 세계로 진출한 패스트푸드 교두보들은 대개 계획도 치밀하지 못하고 통제력 또한 부재했다. KFC는 1973년에 홍콩에 진출했지만 2년 뒤에 철수했다. 매장의 위치를 잘못 선정하고, 일관된 제품 품질을 유지하지 못하고, 마케팅 활동을 어중간하게 한 때문이었다. KFC는 1980년대 중반에 더욱 강력한 통제력을 갖추어 홍콩에 재진출했다.[49] 심지어 맥도날드조차도 프랑스에서는 매장 운영 통제력을 잃었다. 결국 맥도날드는 영업력이 떨어지는 프랑스 운영업체와 계약을 해지하기 위해 오랫동안 법적 소송을 벌여야 했다.[50] 대형 체인들이 정해진 절차대로 일을 진행하지 못하는 문제가 발생할 수 있었던 반면에, 소규모 체인들은 사업 운영을 완전히 맥도날드식으로 수행하기에는 사업 규모와 범위가 작아서 패스트푸드 모델의 일부만을 채택할 수밖에 없었다. 예컨대 1970년대 후반 신시내티에서는 여러 소규모 체인이 (시나몬을 넣은) 칠리소스 조리법을 이용해 만든 그 지역 고유의 새로운 패스트푸드를 팔았고, 본사에서 식재료들을 공급하고 고객의 편익을 고려해 매장 위치도 선정했지만, 시스템을 통한 테크노크라시적인technocratic 매장 관리가 거의 이루어지지 못하는 문제가 있었다. 실제로 한 체인점은 점주가 여전히 자기 집 지하실에서 양념을 만들고 있었다.[51]

또한 본사의 합리적 관리 대상인 가맹점들이 순전히 수동적이지만은 않았다. 가맹점들은 자신들의 이익을 대변하기 위해 협의회를 구성하고, 본사의 정책에 문제를 제기하고, 여기에 더해 본사를 상대로 소송도 불사하면서 저항했다. 종업원들도 전 세계에 걸쳐 특정 매장들끼리 노동조합을 결성하려는 수없이 많은 노력을 포함해 자신들의 이익을 지키기 위해 저항했다. 노동조합 결성은 대개 실패했지만, 종업원들은 좀 더 작은 다양한 방식으로 ―로빈 D. G. 켈리가《인종 반역자들Race Rebels》에서 아주 잘 설명한 대로, 음식을 훔치고, 태업하고, 말대답하고 대들며― 저항했다.[52] 이와 같은 한계를 인정하는 것은 맥도날드화가 하나의 과정으로서 아무런 힘이 없음을 의미하는 것이 아니라 오히려 테크노버거techno-burger를 패스트푸드와 관련된 치열한 인간의 역사와 조화시키려는 노력이다. 노동은 단순해졌지만 그 작업을 능숙하게 처리할 수 있는 권한은 여전히 많은 노동자에게 있었으며, 이는 노동자들이 느끼는 자부심의 원천이기도 했다. 종업원 채용 방식은 조직적인 동시에 사회적이었다. 구직 신청 같은 공식 절차를 밟거나 동족, 가족, 친구 관계와 같은 사적 네트워크도 동원하기 때문이다. 서비스 노동은 모든 것을 완벽하게 성문화하기가 어려웠다. 아무리 합리적인 규약이라 해도 예상치 못한 결과를 초래할 수 있었다. 아무리 고도의 테크노크라시적 시스템이라 해도 문화적 조건 아래서 작동하는 만큼, 대개 서비스 부문과 생산 부문 사이에 비공식적 젠더 간 노동 분업을 초래했다. 합리적 생산과 권한 체계는 결국 사람과 역사 과정과 서로 얽히고설키기 마련이었다.[53]

패스트푸드 바구니의 역사: 사회생활

패스트푸드는 단순히 한 끼 식사의 의미를 넘어섰다. 패스트푸드 회사들은 아주 단순한 디자인이지만 다양한 마케팅 전략과 광범위한 문화적 역동성의 영향을 받은 다채로운 사회사가 있는 매장들을 열었다. 미국에서 외식은 1954년에 가계 평균 식비 지출의 4분의 1도 안 되던 것에서 그 뒤 30년 사이에 3분의 1 이상으로 증가했다. 이는 경제적으로 풍요해지고 직장 생활을 하는 여성들이 늘어난 데 따른 현상이었다.[54] 그러나 "전업주부"까지도 바구니에 담긴 패스트푸드 음식을 먹는 것의 장점을 인정했다. "커널 샌더스는 여성들의 가장 좋은 친구입니다." KFC는 1968년의 미국인들을 기억해냈다. "(그는) 일주일 내내 온 가족이 누구나 좋아할 식사를 제공합니다. 피곤한 아내들을 위해서, 일하는 여성들을 위해서. 당신은 그냥 그것을 사기만 하면 됩니다."[55] 이런 의미에서 볼 때, 북아메리카 대륙의 패스트푸드는 1950년대 중반, 마케팅 담당자들이 "대중계급시장mass-class market"이라고 불렀던 것 다시 말해 미국 전체 인구의 절반 이상을 차지한 중산소득 가정으로 수렴되는 전후戰後의 시대를 연 결정적 호황들—경제 붐, 베이비 붐, 교외 붐— 속에서 생겨났다. 당시 미국 도시의 인종 분포를 감안할 때, 전형적인 패스트푸드 가정은 대개(항상은 아니지만) 백인 가정이었다. 역사학자 제프리 필처에 따르면, 일례로 로스앤젤레스를 중심으로 초기에 타코벨이 성장한 이유는 타코 매장들이 "[미국 캘리포니아주] 글렌데일Glendale, 패서디나, 샌페르난도밸리San Fernando Valley 같은 백인들이 거주하는 교외 지역으로" "지리적 이동"을 했기 때문이다.[56]

이와 같은 시장이 형성되었다는 것은 패스트푸드 메뉴에서 매장 인테리어, 광고에 이르기까지 서로 다른 여러 운영 분야에서 백인 중산계급 가정의 문화 코드—편리성convenience, 청결cleanliness, 공손civility, 가정적임domesticity을 설명하는 상업적 표현이 만들어졌음을 의미했다. 편리성이란 대형 주차장, 서비스 속도, 손으로 들고 쉽게 먹을 수 있는 음식이 구비되었음을 의미하며, 이는 또한 중산계급의 일상과 잘 맞아떨어졌다. 패스트푸드 매장은 기존의 정식 레스토랑과는 거의 전적으로 달랐다. 널리 광고된 "팁 사절No Tipping" 정책은 음식 값이 더 싸졌거니와 매장 종업원과 고객 사이에 더욱 가볍고 편안한 사회관계가 형성되었음을 암시했다. 이런 의미에서, "팁 사절" 정책은 패스트푸드의 편리성과 관련된 두 특징—적절한 가격과 비격식성—을 강화했다. 초기에 거의 모든 사람이 어떤 것을 사 먹을 때 드는 비용은 20센트 아래였고, 그 대표적 음식이 15센트짜리 햄버거였다. 1960년에 맥도날드의 기본 세트인 "모든 미국인의 식사All-American Meal" (버거, 감자튀김, 밀크셰이크)는 45센트였다(달리 표현하면, 맥도날드 기본 세트 4개 가격은 미국인 평균 가구가 40분 미만 일하고 받는 임금이었다). 매장들 또한 격식을 따지지 않고 편안한 옷차림으로 들를 수 있고 아이들이 좋아하는 인테리어로 중산계급 가정을 고객으로 유치했다.

위생적으로 보이게 하는 것이 중산계급을 표현하는 또 다른 열쇳말이었다. 패스트푸드 본사는 가맹점들에 청결을 가차 없이 강요할 뿐 아니라(크록이 한 유명한 말 가운데 "쉴 시간이 있다면, 청결하게 할 시간이 있다"가 있다) 문화적 측면에서도 매장의 위생 관리를 철저히 했다. 맥도날드가 10대 청소년들의 마음을 사로잡았지만, 크록은 드라이브인 음식점의 소란스러운 이미지를 "정화하기" 위해 주크박스와 여종업원을 없애고 지역사회를 끌어들이는 것이 중요하다고 역설했다. "우리의 분위기는 주일학교, 걸스카우트, 기독교청년회YMCA와 약간 비슷합니다." 크록은 1965년에 《뉴스위크》와의 인터뷰에서 다음처럼 말했다. "맥도날드는 청결하고 건전해요. 아이들이 있는 가족을 생각하는 곳이기 때문이죠."[57] 하지만 타코벨은 같은 문화적 목적을 달성하기 위해 다른 길을 택했는데, 백인들이 주로 사는 캘리포니아의 교외 "테마파크" 문화에 이주민들의 길거리 음식을 도입한 것이다. 매장은 아치 모양과 종탑 같은 건축적 요소와, 조명등이나 마리아치* 밴드 Mariachi band 같은 카니발 축제 느낌의 대규모 개장 축제 분위기를 보여주는 전형적인 "멕소티카Mexotica"**의 이국적 이미지를 연출했다.[58] KFC는 점잖은 가장으로서의 샌더스의 이미지로 샌더스 개인의 실제 성격을 상당하게 미화하고(오히려 그는 독선적인 사람이었다[59]), 당시 남부 백인들의 악의 없는 순진무구한 이미지를 적극 활용 했다.

무엇보다도 패스트푸드 체인들은 가족적임과 가정적임의 이미지들을 연출했다. "음식은 사랑이다food is love"라는 전략은 자기 아이들을 돌보면서 동시에 휴식을 취하고 싶은 부모들의 반향을 불러일으켰다. 초창기 광고 가운데 이런 문구가 있었다. "오늘 너무 바빠 점심을 차리기 어렵다면, 맥도날드로 오는 건 어때요? 아이들이 좋아할 겁니다." 패스트푸드 체인들은 또한 아이들을 직접 상대했다. 텔레비전 광고는 "아이들은 식구들을 버거셰프로 데려온다"라는 구호에서 보는 것처럼 자주 어린이들을 영향력이 있는 개인으로 그렸다. 그리고 매장들은 아이들이 빨대를 사용하고 소스를 뿌리고 주문하기 위해 발판의자에 올라서는 것을 포함해 외식하는 법을 배우는 훈련소 역할을 자임했고, 1970년대에는 놀이터와 아이들이 좋아하는 시설들을 구비했다.[60] 맥도날드 체인점의 마스코트인

---

* 멕시코에서 발달한, 댄스 음악을 위한 편성 악단. 현악기에 트럼펫, 기타 따위를 섞은 것으로 풍부한 민족색을 지닌다.

** Mexico와 exotica(이국풍의 것)의 합성어.

로널드 맥도날드Ronald McDonald는 그러한 어린 시절의 기억에 남는 [레닌의 표현으로 말하자면] 최고 단계의 모습이었다. 로널드 맥도날드는 1963년에 워싱턴D.C.에서 텔레비전 광고 캐릭터로 처음 등장했지만, 곧바로 이상적인 어린 시절의 추억으로서 맥도날드를 떠올리게 하는 아주 정교한 전국적 마케팅 전략의 일부가 되었다. 다른 패스트푸드 체인들도 저마다의 마스코트들을 창조했지만(만화 캐릭터 "버거킹" 같은), 과도한 광고비 지출(맥도날드는 1972년에 텔레비전 광고로 4,000만 달러, 1985년에는 10억 달러가 넘는 돈을 썼다) 때문에 뒤로 물러서면서, 이 친절하고 부드러운 이미지의 로널드가 전국을 휩쓸었다. 1973년 초에는, 미국 어린이의 97퍼센트가 로널드를 알았다. 시간이 흐르면서 베이비 붐이 약해지고 기업들이 청년과 10대를 대상으로 마케팅을 세분화했음에도, 대다수 체인들은 1970년대 이후까지 어린이에 초점을 맞춘 전략을 지속적으로 확대하면서, 월트 디즈니와 스타워즈의 캐릭터들과 관련된 어린이 세트들을 대량으로 생산해냈다.[61]

패스트푸드 체인점들은 1960년대 후반 백인 중산계급 가정이 교외로 퍼져나가는 것에 발맞추어 도시 외곽에 자리 잡고 있을 때 또 다른 사회적 역학 관계에 직면했다. 1969년, 한 흑인 연합 단체가 [미국 오하이오주] 클리블랜드Cleveland 맥도날드 매장 네 군데서 지역민들의 의사를 반영해 흑인들에게 매장을 팔 것을 주장하며 피켓시위를 벌였다.[62] 맥도날드는 결국 "얼룩말 파트너십zebra partnerships" (백인이 투자하고 흑인이 운영하는 점포)이라 부르는, 소수자 집단이 운영하는 가맹점을 수용하는 적극적 조치를 취하기 시작했다. 그러나 이 클리블랜드 분쟁은 특정 지역을 넘어 전국적 정치문제로 비화하는 더 거대한 싸움의 일부였을 뿐이다. 1982년, 제시 잭슨Jesse Jackson 목사가 조직한 단체 오퍼레이션 푸시Operation PUSH 는 흑인 소유의 KFC 매장 112군데를 개장하도록 지원하는 것을 포함하는 협정을 KFC 모회사 휴블레인Heublein과 맺는 것을 두고 협상했다. 프랜차이즈 계약은 푸시 입장에서 흑인의 경제력 향상을 도모할 수 있는 기회였고 패스트푸드 회사들 입장에서도 좋은 사업이었다. 1980년대 중반, 미국의 흑인들은 외식에 84억 달러를 썼다. 휴블레인의 회장은 "흑인은 우리 국내 매출의 중요한 부분을 차지합니다"라고 말했다. "우리는 우리를 후원하는 사람들을 후원합니다."[63] 마케팅은 이런 전략의 또 다른 한 축이었다. 1973년, 맥도날드는 흑인 위주의 광고에이전시와 계약을 맺었다. 버거킹도 10년 뒤에 이를 그대로 따라 했다. 맥도날드의 에이전시인 버렐 매케인Burrell-McCain은 기존 맥도날드의 상업적 표현을 흑인 가정의 이상적 생활 모습을 특징하는 독특한 선전 문구를 포함해 흑인들에게 더 잘 어필할 수 있는 용어로 바꾸었다(예컨대 "오늘 당신은 좀 쉬어도 되요You Deserve a Break Today"를 "맥도날드는 들고 다니며 먹기 좋아요McDonald's is Good to Have Around"라는 문구로 대체했다).[64] 1990년대 중반에는 많은 패스트푸드 체인이 이러한 전략을 남아메리카계 미국인들에게로 확대했다.[65]

패스트푸드는 전 세계로 뻗어나가면서 유사성과 차이성이 병존하는 문화정치학과 만났다. 학자들은 패스트푸드가 전 세계적으로 인기가 있는 이유를 밝히기 위해 국제적 감각을 갖춘 전 세계의 소비계층이 표출하는 다양한 징후까지 추적했다. 프랑스에서 맥도날드는 오랜 세월 매력의 대상이었던 미국의 현대성modernity에 대한 새로운 표출로서 부르주아 소비자들의 마음을 사로잡았다. 아시아에서 패스트푸드는 새롭게 떠오르는 "신흥 부자new rich"에게 손을 뻗쳤다. 그들에게 과시적 소비는 늘어나는 부와 권력을 나타내는 하나의 상징이었다. KFC 부회장 스티브 프로보스트Steve Provost는 2억 5,000만 명이나 되는 많은 중국인이 앞으로 10년 안에 중산계급에 진입할 거라고 지적하면서 "그 수가 정말 엄청날 겁니다"라고 주장했다. "그 모든 사람이 텔레비전을 사고, 자동차를 사고, 패스트푸드를 먹을 겁니다."[66] 패스트푸드의 전 세계적 인기는 또한 변화하는 가족과 세대의 역학 관계, 특히 소비자로서 어린이의 부상 다시 말해 "음식은 사랑이다"라는 구호의 세계화된 형태와 긴밀한 관련이 있었다. "영국은 아이들이 잡아끌어서 맥도날드에 갈 수밖에 없다고 항변하는 중산계급 부모로 가득한 것처럼 보인다." 1983년 《더타임스오브런던The Times of London》이 보도한 내용이다. "두 살짜리 아이들이 유모차에서 기어 나와 엄마를 잡아당기는 모습을 흔히 볼 수 있다." 전 세계의 부모들이 패스트푸드를 먹고 싶어 하는 아이들의 욕구에 묶여 있는 것처럼 보였다. "난 먹고 싶지 않기 때문에 안 먹어요." 에콰도르 패스트푸드 매장의 한 고객은 이처럼 불평을 토했다. "하지만 아이들 때문에."[67] 중국 KFC 매장의 한 부모도 이와 같은 불평에 공감했다. KFC 중국지사는 중국 아이들이 소비자 구매의 69퍼센트에 영향을 끼치고 한 해 50억 달러에 이르는 구매력을 발휘한다는 것을 발견하고, 학교 및 교사들과 손잡고 스포츠 행사나 글쓰기 대회에 대한 각종 후원을 통해 아이들에게 손을 뻗쳤다. 그러한 마케팅 전략이 통하게 된 것은 광범위한 사회변화, 특히 출산율 저하와 "소황제[샤오황디小皇帝]" 다시 말해 자식을 하나만 낳음으로써 생겨난 응석받이 세대의 출현 때문이다.[68]

　패스트푸드의 전 세계적 행진과 계급·가족·세대의 역학 관계 변화 사이 상관관계는 단순히 북아메리카의 사고방식이 확산되었다는 것만으로는 설명할 수 없다. 기업 임원들은 대개 패스트푸드 소비자들을 "중산계급middle class"이라고 말하지만, 그런 용어—북아메리카에서는 문제가 많은 용어—로 안정적인 대중계급시장의 이미지를 떠올려서는 안 된다. 지역민 가운데 패스트푸드를 먹는 사람들은 소수에 불과했다—패스트푸드 소비자 대부분이 도시민이고 부유한 편이었다. 맥도날드가 모스크바에 진출했을 때, 빅맥·감자튀김·음료수로 구성된 세트의 가격은 소련 평균 노동자 하루 임금의 절반에 해당했다. 멕시코에서는 기본이 되는 맥도날드 버거 가격이 멕시코 노동자들이 밖에서 주로 먹는 샌드위치인 토르타torta 가격의 두 배였다.[69] 패스트푸드 체인들은 대량 판매자로서 모든 사람을 대상으로 장사를 하고 싶었지만, "보통의 소비자들"에게 다가가는 일은 특히 1990년대 세계경제가 불안한 상황에서 결코 쉽지 않았다. 많은 패스트푸드 회사가 러시아에서 철수했다. 맥도날드도 볼리비아, 파라과이, 트리니다드에서 문을 닫았다. 타코벨이 멕시코에 처음으로 개장한 매장도 실패했다. 세계적인 가족의 역학 관계 또한 균일하지 않았다—체인점들은 아이들에게 다가갈 때도 자신들의 상업적 표현을 그 지역의 말로 바꾸었다. 아시아에서는 맥도날드 아줌마Aunt McDonald와 로널드 맥도날드가 결합했다—로널드는 나중에 도널드Donald가 되었다(도널드가 발음하기가 쉽기 때문이었다). KFC는 베이징의 어린이들이 샌더스를 "무뚝뚝한 할아버지"로 본다는 것을 알고는, 야구 모자를 비딱하게 쓰고 화려하게 치장한 캐릭터인 치키Chicky를 새로 개발해냈다.[70]

　현지인들의 수용 태도에 관한 여러 연구가 지적한 것처럼, 미국의 제품이라고 해서 반드시 미국의 관습을 현지에 퍼뜨리는 것은 아니었다. 셀프서비스는, 나중에 밝혀졌듯, 현지 정착이 쉽지 않았다. "길게 늘어선 계산대 앞이 사람들로 난장판이다." 피터 스티븐슨Peter Stephenson은 네덜란드의 한 맥도날드 매장에서 이러한 장면을 목격했다. "수많은 아이와 느릿느릿 움직이는 몇몇 어른은 모두 (…) 맥도날드 종업원과 (…) 눈을 마주치려 애쓰고 있다. 내 앞에서 여럿이 주문서를 높이 들고 흔들기 시작한다—'주문받는 사람'이 '다음은 누구죠?'라고 묻자, 그들은 동시에 '저요!'라고 소리친다."[71] 일본에서는 사람들이 음식을 함께 먹는다. 햄버거는 옆 사람에게 서로 전달하고 감자튀김은 탁자 한가운데 놓고 함께 식사한다. 학자들의 연구에 따르면, 일본에서는 함께 식사하는 것을 중요하게 여기는 관습이 있다.[72] 1981년에 피자헛은 홍콩에 진출한 뒤 피자를 "중국식"으로 먹을 수 있는 유일한 서양음식이라고 광고했다.[73]

패스트푸드가 미국에서 탄생하게 된 것에 대한 의미도 가지각색이었다. 패스트푸드는 대개 지역 국가들이 미국에 대해 생각하는 것 특히 현대성, 비격식성, 부유함의 일부로서 태어났다. 헝가리의 알라모 치킨Alamo Chicken에서 일하는 노동자들은 패스트푸드가 "제2차 세계대전의 트라우마를 겪어보지 않았고, 공산주의의 한계를 전혀 경험한 적이 없는 '아메리카Amerika'를 대변하며, 그곳에는 —당시의 (과장된) 소문에 따르면— '어디를 가든 거리 구석구석에 백만장자가 있다'"라고 생각했다.[74] 미국에 대한 이런 연상은 결코 사라지지 않았다. 그러나 시간이 흐르면서 패스트푸드는 일반적이고 친숙하고 일상적인 것이 되었다. KFC는 베이징에 진출한 지 10년도 안 되어, 최신 유행하는 현대적이고 새롭다는 말보다 편리하고 아동친화적이고 청결하다는 수식어로 중국인의 마음을 사로잡았다.[75] 맥도날드가 일본에 처음 진출했을 때, 햄버거는 너무 이국적이어서 현지의 체인 책임자는 그것의 장점을 극찬하는 풍자에 의지했다. "일본 사람들이 키가 작고 피부가 황색인 이유는 지난 200년 동안 생선과 쌀밥만 먹었기 때문입니다. 앞으로 100년 동안 맥도날드의 햄버거와 감자튀김을 먹는다면, 우리 역시 키도 크고 피부색도 하얗게 되고 머리카락도 금발이 될 겁니다." 그로부터 20년 뒤, 민족학자들이 일본인 1,500명에게 대표적인 국민식이 무엇인지 물었을 때, 햄버거가 (인스턴트 라면에 이어) 2위에 올랐다.[76]

이와 같은 "자국화domestification" 과정은 마케팅 전략과 사회 관습에서 나왔다. 패스트푸드 체인들은 패스트푸드를 현지에 정착시키려는 자신들의 노력을 끊임없이 강조했을뿐더러 자신들이 대량 판매자를 위한 합리적 전략인 대중 속에 자연스럽게 스며들기를 바랐지만, 그것은 여러 문제를 야기할 수 있었다. 러시아에서 맥도날드는 루블화만 받는 음식점을 열었는데, 이는, 그 체인점의 사회적 비전과 잘 맞았을지는 몰라도, 다른 한편으로는 체인점에서 벌어들인 이익이 러시아 외부로 쉽게 이전될 수 없음을 의미했다. "맥도날드의 전반적 취지는 맥도날드가 만인을 위한 곳이라는 겁니다"라고 조지 코언George Cohen은 상기했다. "달러만 고집하면서 수많은 소련 주민을 배제하는 것은 (…) 북아메리카의 어느 작은 도시 상점가에 맥도날드를 열고 사람들에게 턱시도와 야회복을 입어야만 입장할 수 있다고 말하는 것과 같다는 걸 알았죠."[77] 현지에서 마케팅은 그 지역의 사회 관습과 교차했다. 어떤 면에서, 이 과정은 일상적이었다—여러 해가 지나면, 그 매장은 그냥 "거기"에 있었다. 그게 어디서 온 것인지는 별로 중요하지도 않았고, 심지어 그것이 다른 나라 것인지도 알지 못했다. 어떤 일본 관광객은 피츠버그에서 미스터 도넛Mister Donut 가게를 보고는 매우 흥분했다. 그녀는 그 체인이 일본 것인 줄 알고 있었기 때문이다. 그러나 자국화는 더 깊은 의미가 담겨 있을 수 있다. 멜리사 콜드웰Melissa Caldwell은 맥도날드의 모스크바 진출을 "나시피케이션nashification"이라고 설명한다("나시nash"[наш]는 러시아말로 "우리의" 또는 "익숙한/일상적인"이라는 의미다). 시간이 흐르면서 햄버거는 이제 새로운 것도 이국적인 것도 아니었다. 한 러시아 대학생은 "전 햄버거를 자주 먹어요"라고 말했다. "맛도 있고 사 먹기도 편해요." 더욱 흥미로운 것은 나시피케이션이 패스트푸드를 기존의 매장 밖으로 이동시켰다는 사실이다. 밀크셰이크는 1990년대 모스크바에서 큰 인기를 끌면서 고급 레스토랑, 노점 식당, 심지어 대개 "정통 러시아" 요리로 한정된 영역인 국내소비 형태로까지 확산되었다.[78]

이러한 의미에서, 자국화는 연속성[지속성]continuity만큼이나 변화를 강조할 수 있었다. 따라서 패스트푸드는 역동적이고 변화무쌍한 다양한 음식 문화에 새로운 맛을 추가하거나 더 거대한 요식업계의 변화를 몰고 올 수 있었다. 많은 학자가 지적하듯, 예컨대 패스트푸드 매장은 음식점 청결에 대한 소비자들의 기대를 높여 다른 많은 소매업자에게 엄격한 위생 관리의 복음을 전파했다.[79] 이와 같은 연속성과 변화의 사례가 널리 전파되었을지라도, 미국에서 온 새로운 것이 지역의 일상적인 것으로 반드시 바뀌는 건 아니었다—의미는 그보다는 집단에 따라 다양하게 공명했다. 한 프랑스 청년은 세계적인 패스트푸드의 한가운데서 신기한 광경과 일상이 혼합된 모습에 완전히 사로잡혀 "처음에 (맥도날드에) 갔을 때 마치 미국에 온 것 같았어요"라고 주장했다. "그 뒤로는 평범해졌지만, 지금도 여전히 흥미로워요."[80] 자국화가 늘 동일한 형태를 띤 것 또한 아니었다—일본에서는 할머니보다 할아버지가 패스트푸드를 외국 음식으로 생각할 가능성이 더

컸는데, 할머니들이 손주들을 데리고 패스트푸드 매장에 더 자주 가기 때문이었다.[81]

물론, 모든 사람이 미국의 패스트푸드에 만족한 것은 아니었다. 1999년, 프랑스 농민이자 활동가인 조제 보베는 산업식품, 저질 식품, 신자유주의 무역체제, 미국의 문화적 영향력에 대한 비판을 한데 모은 주장을 펼치며 그것의 상징적·실질적 가치를 대변하는 기업으로(세계적으로 유명한 미국 기업이자 현대 먹거리체계의 핵심 부분으로서) 맥도날드를 지목하고는, 신축 중인 맥도날드 매장을 불도저로 밀고 들어가 부숴버렸다. 이탈리아에서는 카를로 페트리니가 로마에 맥도날드가 문을 여는 것에 항의하며 슬로푸드 운동을 전개했다. 이와 같은 균질화에 대한 또 다른 반발이 로컬푸드의 부활이었다. 예컨대 타이에서는 일부 중상류계급 소비자들이 음식을 자연 그대로의 형태로 먹을 것을 촉구하는 치와지드chiiwajid에 주목했는데, 그것은 불교철학과 최신 영양학이 결합된 방식이다. 또 다른 흐름은 공중 보건 당국이 적극적으로 홍보하고 요리책 또는 음식점이나 노점 같은 작은 업체에서 표현된 "할머니처럼 조리하기cooking like grandmother"와 지역에서 나는 식재료를 강조한 "전통tradition"과 "민속folk" 요리의 부흥이었다. 이런 경우에, 대개 패스트푸드에 대한 저항의 형태는 단순한 거부가 아니라 전통을 되살리는 창조의 모습을 취했다. 그것은 지역적이고 전통적인 것으로 세계적이고 산업적인 것에 맞서는 형태를 띠었는데 대개 어느 정도 반미주의anti-Americanism의 색채를 가미했다.[82]

패스트푸드에 대한 반혁명은 미국에서도 여러 방면에서 함께 진행되었다—실제로는 미국에서 최초로 일어났다. 1970년대에 미국의 지방과 소도시의 주민들은 패스트푸드 때문에 "지역사회와 상업 시설 사이의 미묘한 균형"이 깨졌다(브루클린의 한 시의회 의원이 한 말)고 주장하며 패스트푸드 매장이 들어서는 것에 반대하는 운동을 전개했다.[83] 미국의 사회비판가들 또한 패스트푸드를 공격했다. "맥도날드 음식은 돌이킬 수 없을 정도로 끔찍해요." 1974년, 뉴욕의 음식비평가 미미 셰러턴Mimi Sheraton은 한 패스트푸드 반대 집회에서 다음과 같이 경멸했다. "패스트푸드의 속은 중장비로 갈고 반죽하고 뽑아낸 것으로 채워져서 그 식감이 마치 볼로냐소시지를 씹는 것 같아요."[84] 동시에 역사학자 도나 R. 가바치아의 말처럼, 대개 "소수민족 음식을 공동체 지향의 사업 가치들"과 다시 연결하려 애쓰는 소수민족 음식과 공동체 음식이 미국 전역을 휩쓸며 되살아났다. "(…) 피자헛의 타성에 젖은 관료주의적 영업 방식은 소수민족 음식을 보고 친절한 전통음식점 주인—그리고 그들의 일대일 고객서비스 방식—을 떠올리는 고객들을 전혀 만족시킬 수 없었다."[85] 그로부터 25년 뒤, 북아메리카는 패스트푸드 음식 문화에 또 다른 반발 형태로 슬로푸드를 열성적으로 지지하는 사람이 많아졌다.[86] 이와 같은 비판은 괜한 우월의식에서 나온 것이 아니었다. 1970년대 후반, 패스트푸드에 대한 여러 "도시 괴담"이 미국 전역에 유포되었다. 켄터키프라이드랫Kentucky Fried Rat은 한 지각없는 소비자가 KFC의 말썽쟁이 종업원이 [닭고기가 아니라] 쥐고기를 튀겨 팔았다고 퍼뜨린 괴담이었다. 그와 비슷한 또 다른 괴담은 KKK단이 처치스치킨Church's Chicken(도심에 매장이 여러 곳 있었다)을 소유하고는 흑인 남성들을 불임에 걸리게 하기 위해 음식에 화학물질을 넣었다는 것이었다. 비록 슬로푸드가 맛에 주목하고 도시 괴담들이 오염에 초점을 맞추었지만, 두 요소 모두가 "음식을 먹는 사람의 거부"감을 불러일으킨 것은 사실이며, 그것은 비인격적인 패스트푸드로부터 비롯했다.[87]

패스트푸드에 대한 또 다른 공격은 건강에 집중되었다. 이는 1960년대 중반에 시작해 1970년대에 급성장한 고도의 가공식품에 대해 점점 거세게 반발하던 움직임의 일부였다.[88] 액션포칠드런스텔레비전Action for Children's Television 같은 활동단체들은 식품 광고를 첫 번째 표적으로 삼았지만, 성인 건강도 큰 문제로 함께 제기되었다. 심장마비에 걸렸다 살아난 부유한 기업가 필 솔로코프Phil Solokof는 1990년 한 광고에서 "미국의 중독The Poisoning of America", "맥도날드, 당신네 햄버거는 너무 지방이 많아!McDonald's, Your Hamburgers Have Too Much Fat!"라는 도발적 제목을 단 일련의 신문 전면광고를 통해 패스트푸드에 대한 그 많은 비판을 한 마디로 요약했다.[89] "비만"은 시간이 흐르면서 더욱더 패스트푸드 논쟁의 열쇳말이 되었다. 비만의 증가에 관한 많은 연구가 대개 미국의 국내외에서 늘어나고 있는 패스트푸드 식습관과 연결 지어 결론을 냈다. "글로비서티globesity"*는 영양실조에 견줄 상황에까지 이르렀다.[90] 체중이 사회적 요소의 하나인 옷이나 신발의 크기를

---

* 전 세계적 비만 현상. global과 obesity(비만)을 합성한 신조어다.

나타내는 치수의 측량 기준인 동시에 신체상에 대한 문화적 구성요소라서, 비만 담론은 대개 명확한 것과 불명확한 것, 교육적인 것과 판단적인 것, 통계화한 것과 고정관념화한 것이 혼재되었다. 1992년, 앨리스 워터스는 빌 클린턴 대통령이 패스트푸드를 좋아하는 식습관을 거세게 비판했다. 그는 대통령에게 "맛있고 건강에 좋고 책임감 있게 만든 음식"을 먹을 것을 촉구함으로써, 참맛, 공중보건, 정치경제학에 관한 문제들을 하나로 묶어냈다. 그로부터 10년 뒤, 한 미국 기자는 도심 슬럼가 마약 밀매자들의 식습관을 거론하면서 소수자 집단의 비만증가율 추이와 관련된 기사를 작성했는데, 하지만 도심 슬럼가는 인종, 식습관, 건강과 관련된 합리적 토론의 시발점으로서 전혀 적절치 않은 곳이었다.[91] 이러한 과정을 통해, 패스트푸드를 둘러싼 사회 환경은 매우 모호한 모습을 보여주었는데, 식품회사들은 샐러드와 과일 같은 건강식품을 추가로 내놓고, 식품의 양을 더 많이 늘려서 팔고, 공공연하게 남성성을 강조하는 묘사와 함께 먹고 있던 고기를 내던지는 광고를 내보냈다.[92]

프렌치프라이 제국

크록이 맥도날드 형제를 만난 지 거의 50년이 흐른 뒤, 에릭 슐로서가 쓴《패스트푸드의 나라》(2001)가 평단과 대중의 환호를 받으며 미국 서점가를 휩쓸었다. 여러 면에서,《패스트푸드의 나라》는 기존의 거의 모든 비판 방식을 한 권의 책으로 집약한 최고 단계의 패스트푸드 반혁명이었다. 슐로서는 도덕적 분노와 공감을 불러일으키는 이야기 전개, 심층 조사, 논리 정연한 실증주의를 결합해 생산에서 소비와 건강에 이르기까지 광범위한 주제를 모두 다루었다. 그는 전반적으로 대중 선동적 미사여구나 거들먹거리며 묵살하는 주장은 피하면서 패스트푸드, 기업의 입맛 조작, 보이지 않는 산업 생산의 영향을 둘러싼 역사적 배경에 대한 초점을 일관되게 유지했다. 책은 금방 패스트푸드에 반대하는 반혁명의 세계경제로 진입했고, 20개 언어로 번역되었으며 인기 영화—미국 제품이 전 세계로 여행하는 내용—로도 제작되었다.[93]

패스트푸드와《패스트푸드의 나라》가 둘 다 세계 문화경제로 널리 퍼졌다고 해도, 그 둘을 비교하기는 매우 우스운 일이다. 하지만 미국이 패스트푸드를 전 세계에 퍼뜨린 나라이면서 동시에 패스트푸드를 몹시 우려하는 복잡한 상황에 처한 나라라는 사실은 분명하다. 패스트푸드 체인들은 미국에서 제2차 세계대전 이후 호황기와 맞물리며 등장해 엄청나게 빠른 속도로 미 전역으로 자신들의 표준화된 제품들을 확산시켰다. 패스트푸드는 미국 문화와 관련되어 있음에도 ―어쩌면 미국 문화와의 관련 때문에― 미국 체인들의 체계적 성장과 지역 국가 기업가들의 발빠른 적응에 힘입어 급속도로 미국을 넘어 전 세계로 퍼져나갔다. 패스트푸드는 전 세계로 확산되면서, 가족·계급·맛의 사회적 역학 관계들과 얽히고설키는 동시에 제국주의·저항·희망·적응이 뒤섞인 "해외의 미국America abroad"이라는 다차원적 문화정치학과 밀접한 관련을 맺게 되었다. 그러나 "국내의 미국America at home"에서도 나란히 복잡한 관계가 있었다―대다수 미국인이 패스트푸드를 먹었다고 해도 인종, 맛, 계급, 문화의 역학 관계는 음식을 둘러싼 환경을 세분화하고 다양한 결과를 낳았기 때문이다. 패스트푸드를 둘러싼 수용 방식, 의견 차이, 저항과 관련된 여러 문제 제기는 아시아나 유럽에서뿐 아니라 미국에서도 당연한 것처럼 보인다.

그 의미는 더 확대될 수 있다. 패스트푸드는 어디든 있고, 친숙하고, 일상적이지만 전혀 1차원적이지 않다. 패스트푸드의 역사는 관료주의, 기술, 기업가정신이 어우러졌지만 동시에 인간적인 것이었다. 그런 만큼 우리가 역사를 연구하는 방식은 구조적, 경제적, 사회적, 문화적이어야 한다. 이러한 접근방식은 저마다 다른 분석적 균형을 요구한다. 패스트푸드의 문화적 의미가 패스트푸드 체인들의 마케팅 요소들과 소비자의 사회적 세계 사이에서 만들어진다고 본다면, 노동관계는 분석적으로 의미의 함축성이 훨씬 더 떨어지고, 인간의 영향력이 개입할 여지는 훨씬 더 좁아진다. 조 킨첼로 같은 학자들은 "맥도날드화 명제"가 패스트푸드 시스템을 아주 잘 설명한다고 지적한다(비록 통제가 전부라거나, 맥도날드가 언제나 모든 체인점의 운영 방식을 결정했다는 주장을 결코 받아들일 수는 없지만). 그러나 다른 여러 문제를 다루기 위해서는 좀 더 융통성 있는 접근방식이 필요하다. 또한 가지, 역사학자들은 패스트푸드의 현재 상황을 시간의 흐름에 따른 변화나 사회적 맥락을 무시한 채 단순히 역사적 진화 과정으로 독해하는 잘못을 저지르지 않도록 조심해야 한다.

그러나 무엇보다 가장 중요한 문제는 서로 다른 분석 차원 사이의 관계를 이해하는 것이다. 우리는 서술적 또는 분석적 편의를 위해 패스트푸드의 역사를 구조(기업, 합리화, 노동 등)와 문화(상징, 신호, 아이콘 등) 같은 범주로 나누거나, 팽창·맛·시스템·사회생활 같은 주제로 분리할 수 있다. 그러나 현실에서 그것들은 프렌치프라이 한 봉지, 팔라펠, 가족식사, 패스트푸드 매장에서 모두 하나로 만난다. 더군다나, 현지의 패스트푸드에 씌워진 정치경제학과 문화 또는 합리적 시스템과 사회 관습을 벗겨내는 일은 어려워 보인다. 맛과 사회생활은 어느 정도 다양성을 보여주지만, 합리적 시스템, 급속한 팽창, 경제력은 그 이전에 먼저 문화적 수용 방식을 상정한다. 동시에 합리성은 변함없이 강력한 원동력이었지만 인간의 상상력과 실행에 의존했다. 마찬가지로, 팽창은 급격하고 지속적이었지만, 그렇게 된 까닭은 미국의 패스트푸드 체인들과 현지의 기업가들이 현지의 음식 문화를 재창조하려고 노력하는 만큼 많이, 이미 익숙한 식품과 기존의 맛을 팔았기 때문이다. 프렌치프라이 제국에서 태양은 결코 권력, 능률성, 복잡성 너머로 지지 않는다.

주

1. John Love, *McDonald's: Behind the Arches*(New York: Bantam Books, 1995), 9-29.

2. Ray Kroc with Robert Anderson, *Grinding It Out*(New York: St Martin's Paperbacks, 1977), 8-10, 72-73, 123. [한국어판. 레이 크록 지음, 이영래 옮김, 《로켓 CEO: 맥도널드 창업자 레이 크록 이야기》, 서울: OCEO, 2016]

3. John Jakle and Keith Sculle, *Fast Food: Roadside Restaurants in the Automobile Age*(Baltimore, MD: Johns Hopkins University Press, 1999), 20-40, 73-78, 100-113, 186-189.

4. *Nation's Restaurant News*, July 15, 1999, 133.

5. Benjamin Barber, *Jihad vs. McWorld*(New York: Times Books, 1996) [한국어판. 벤자민 R. 바버 지음, 박의경·이진우 옮김, 《지하드 대 맥월드》, 서울: 문화디자인, 2003]; George Ritzer, *The McDonaldization of Society*, rev. ed.(Thousand Oaks, CA: Pine Forge Press, 2004), 12-15, 164. [한국어판. 조지 리처 지음, 김종덕·김보영·허남혁 옮김, 《맥도날드 그리고 맥도날드화》, 서울: 풀빛, 2017, 최신 개정판]

6. James Watson, ed., *Golden Arches East: McDonald's in East Asia*(Stanford: Stanford University Press, 1997).

7. Douglas Kellner, "Theorizing/Resisting McDonald's: A Multi-Perspectivist Approach" in *Resisting McDonaldization*, ed. Barry Smart(Thousand Oaks, CA: Sage, 1999), 186-206; Joe Kincheloe, *The Sign of the Burger: McDonald's and the Culture of Power*(Philadelphia: Temple University Press, 2002). [한국어판. 조 킨첼로 지음, 성기완 옮김, 《버거의 상징: 맥도널드와 문화권력》, 서울: 아침이슬, 2004]

8. Paul Aries, *Les Fils de McDo: Le McDonaldisation du Monde*(Paris: L'Harmattan, 1997), 48.

9. Ray Kroc with Robert Anderson, *Grinding It Out*, 12; "쥐가 쥐를 잡아먹다"는 다음에서 인용. Ester Reiter, *Making Fast Food: Out of the Frying Pan and into the Fryer*(Montreal: McGill-Queen's University Press, 1993), 47.

10. Ada Louise Huxtable, "Pow! It's Good-by History, Hello Hamburger," *New York Times*, March 21, 1971, D23.

11. Stan Luxemburg, *Roadside Empires: How the Chains Franchised America*(New York: Viking, 1985), 203-209.

12. Steve Penfold, "Selling by the Carload: the Early Years of Fast Food in Canada" in *Creating Postwar Canada, 1945-75*, ed. Magda Fahrni and Robert Rutherdale(Vancouver: UBC Press, 2008); *Newsday*, November 30, 1986, 8; Rick Fantasia, "Fast Food in France," *Theory and Society* 24(1995): 203; Clulanee Thianthai, "Cosmopolitan Food Beliefs and Changing Eating Habits in Bangkok"(Ph.D. diss., University of Oregon, 2003), 84.

13. Stan Luxemburg, Roadside Empires, 76-77(조지 클라크George Clark의 말을 인용).

14. Ty Matejowsky, "Global Tastes, Local Contexts: An Ethnographic Account of Fast Food Expansion in San Fernando City, the Philippines" in *Fast Food/Slow Food: The Cultural*

Economy of the Global Food System, ed. Richard Wilk(Lanham, MD: Altamira Press, 2006), 153-154.

15. Uri Ram, "Glocommodification: How the Global Consumers the Local-McDonald's in Israel," *Current Sociology* 52, no. 1(January 2004): 12-14.

16. Eric Schlosser, *Fast Food Nation: The Dark Side of the All-American Meal*(New York: Harper Collins, 2001), 229. [한국어판. 에릭 슐로서 지음, 김은령 옮김, 《패스트푸드의 제국》, 서울: 에코 리브르, 2001]

17. Uri Ram, "Glocommodification" 12-14.

18. "Meat, Potatoes, and Money," *Time*, November 3, 1961.

19. D. Daryl Wyckoff and E Earl Sasser, *The Chain Restaurant Industry*(Lexington MA: Lexington Books, 1978), xxxi-xxxii.

20. USDA, *Agriculture Fact Book, 2001-2*, Tables 2.1, 2.2, 2.6(Online). Available: http://www. usda.gov/factbook/(March 3, 2010).

21. James Lang, *Notes of a Potato Watcher*(College Station: Texas A&M University Press, 2001), 43-46.

22. Ernest Holsendolph, Keeping McDonald's Out in Front," *New York Times*, December 30, 1973, 83.

23. David Hogan, *Selling 'Em by the Sack: White Castle and the Creation of American Food*(New York: New York University Press, 1997); Paul Mullins, *Glazed America: A History of the Doughnut*(Gainesville: University Press of Florida, 2008), 31-49, 53-62.

24. Baldwin, *Taco Titan*, xx, 54-55; Jeffrey Pilcher, "Was the Taco Invented in Southern California?" *Gastronomica* 8, no. 1(2008): 35-36; Taco Bell advertisement in *St Petersburg Evening Independent*, July 5, 1972, lOB.

25. Donna R. Gabaccia, *We Are What We Eat: Ethnic Food and the Making of Americans*(Cambridge, MA: Harvard University Press, 1998), 171; Psyche Williams-Forson, *Building Houses Out of Chicken Legs: Black Women, Food, and Power*(Chapel Hill: University of North Carolina Press, 2006).

26. Donna R. Gabaccia, *We Are What We Eat*, 197; John Love, *Behind the Arches*, 226-227; Advertising Age, May 31, 1993, 3, 46.

27. K. Yasumuro, "Conceptualizing an Adaptable Marketing System." 다음에서 인용. Stephen Taylor, Sheena Smith, and Phil Lyon, "McDonaldization and Consumer Choice in the Future: An Illusion or the Next Marketing Revolution" in *McDonaldization Revisted: Critical Essays in Consumer Culture*, ed. Mark Alfino, John Caputo, and Robin Wynyard(Westport, CT: Praeger, 1998), 112.

28. Warren Liu, *KFC in China*(Honoken, NJ: Wiley & Sons, 2008), 62.

29. Yunxiang Yan, "McDonald's in Beijing: The Localization of Americana" in James Watson, ed., *Golden Arches East*, 45.

30. John Love, *Behind the Arches*, 418-445.

31. James Watson, "Introduction," in James Watson, ed., *Golden Arches East*, 24.

32. Lisa Taleuchi Cullen, "Kentucky Fried Rice," *Time*, January 17, 2008.

33. 다음에서 인용. Jeffrey Pilcher, "Taco Bell, Maseca and Slow Food: A Postmodern Apocalypse for Mexico's Peasant Cuisine?" in Richard Wilk, *Fast Food/Slow Food*, 74.

34. Theodore Levitt, "Production-Line Approach to Service," *Harvard Business Review*(September-October 1972): 44.

35. McLamore, *Burger King*, 19-20, 35-36; Scott R. Sanders, *Burger Chef*(Charleston: Arcadia Publishing, 2009), 8-9.

36. Ester Reiter, *Making Fast Food*, 100.

37. John Love, *Behind the Arches*,, 141.

38. Baldwin, *Taco Titan*, 109-110.

39. *Canadian Hotel and Restaurant*, May 15, 1968, 44, 47.

40. John Love, *Behind the Arches*, 140; Ester Reiter, *Making Fast Food*, 116-120.

41. John Love, *Behind the Arches*, 324-336; Harvey Levenstein, *Paradox of Plenty: A Social History of Eating in Modern America*(New York: Oxford University Press, 1993), 231.

42. Eric Schlosser, *Fast Food Nation: The Dark Side of the All-American Meal*(New York: Harper Collins, 2001) [한국어판. 에릭 슐로서 지음, 김은령 옮김, 《패스트푸드의 제국》, 서울: 에코리브르, 2001]; John Love, *Behind the Arches*, 124-126.

43. 다음에서 인용. Jeffrey Pilcher, "Taco Bell, Maseca and Slow Food." 74.

44. Tony Royle and Brian Towers, eds., *Labour Relations in the Global Fast Food Industry*(London: Routledge, 2002), 192-203; Brad Task of McDonald's to Marshall Fishwick. 다음에서 인용. Fishwick, "Ray and Ronald Girdle the Globe," *Journal of American Culture* 18, no. 1(Spring 1995): 20.

45. *Time*, November 17, 2003.

45. John Love, *Behind the Arches*, 429-430; Warren Liu, *KFC in China*, 24-29.

47. Charles Plummer, "French Fries Driving Globalization of Frozen Potato Industry," *Frozen Food Digest*, December 2002; *Business Week*, April 5, 2009. 좀 더 일반적으로 감자에 관해서는 다음을 보라. Linda Murray Berzok, "Potato" in *Encyclopedia of Food and Culture*, ed. Solomon Katz(New York: Scribner, 2003), 108-116. 다른 산물들은 약간 다른 경제적 지형을 보인다. 패스트푸드의 글로벌 공급사슬에 대한 학문적 연구는 거의 없다. 패스트푸드가 세계에 끼친 영향을 도표로 그리려는 이전의 일부 시도는 이른바 "햄버거 명제hamburger thesis"를 낳았는데, 거기서 학자들은 미국의 소고기 소비와 라틴아메리카의 삼림 파괴를 연결했다(그 주장은 대체로 분석적 의미보다는 수사학적으로 설득력이 있었다. 이후로 계속해서 내용이 보완되었다). 더 상세한 내용은 다음을 보라. Mark Edelman, "Rethinking the Hamburger Thesis: Deforestation and the Crisis of Central America's Beef," in *The Social Causes of Environmental Destruction in Latin America*, ed. Michael Painter and William Durham(Ann Arbor: University of Michigan Press, 1995), 25-62.

48. John Love, *Behind the Arches*, 114-115.

49. Warren Liu, *KFC in China*, 18-20.

50. Li Lan and Mahmood A. Khan, "Hong Kong's Fast Food Industry: An Overview," *Cornell*

Hotel and Restarant Administration Quarterly 36, no. 3(June 1995): 36; Rick Fantasia, "Fast Food in France," 206.

51. Timothy Charles Lloyd, "The Cincinnati Chili Culinary Complex" *Western Folklore* 40, no. 1(January 1981): 28-40. Andre Czegledy, "Manufacturing the New Consumerism: Fast-Food Restaurants in Postsocialist Hungary" in *Markets and Moralities: Ethnographies of Postsocialism*, ed. Ruth Mandel and Caroline Humphrey(New York: Berg, 2002).

52. Stan Luxemburg, *Roadside Empires, 252-278; Tony Royle and Brian Towers, eds., Labour Relations;* Robin D. G. Kelley, *Race Rebels: Culture, Politics, and the Black Working Class*(New York: Free Press, 1996).

53. Tony Royle and Brian Towers, eds., *Labour Relations;* Robin Leidner, *Fast Food, Fast Talk: Service Work and the Routinization of Everyday Life*(Berkeley: University of California Press, 1993); Jennifer Parker Talwar, *Fast Food, Fast Track: Immigrants, Big Business, and the American Dream*(Cambridge: Westview Press, 2002); Andre Czegledy, "Manufacturing the New Consumerism," 156-157.

54. Harvey Levenstein, *Paradox of Plenty: A Social History of Eating in Modern America,* 105, 233.

55. *Better Homes and Gardens,* November 1968(KFC 광고).

56. Jeffrey Pilcher, "Was the Taco Invented," 35.

57. 크록이 다음에서 인용. Kathleen Toerpe, "Small Fry, Big Spender: McDonald's and the Rise of a Children's Consumer Culture, 1955-1985."(Ph.D. diss., Loyola University of Chicago, 1994), 107. 여종업원 채용 금지는 1968년에 폐지되었다.

58. Baldwin, *Taco Titan,* 99-101, 110-11; Jeffrey Pilcher, "Was the Taco Invented," 35-36.

59. John Ed Pearce, *The Colonel: The Captivating Biography of the Dynamic Founder of a Fast-Food Empire*(Garden City, NY: Doubleday, 1982).

60. Katherine Parkin, *Food is Love: Advertising and Gender Roles in Modern America*(Philadelphia: University of Pennsylvania Press, 2006); Scott R. Sanders, *Burger Chef,* 77-91; Kathleen Toerpe, "Small Fry, Big Spender," 90-92.

61. Kathleen Toerpe, "Small Fry, Big Spender," 161-170, 217; James Helmer, "Love on a Bun: How McDonald's Won the Burger Wars," *Journal of Popular Culture* 26, no. 2(Fall 1992): 85-97.

62. John Love, *Behind the Arches,* 359-360; Lawrence Brisker, "Black Power and Black Leaders: A Study of Black Leadership in Cleveland, Ohio"(Ph.D. diss., Case Western Reserve University, 1977), 230-266; Frederick Benbow, "A Study of the Boycott of McDonald Hamburger Restaurants in Cleveland, Ohio in 1969"(Ph.D. diss., Union Graduate School, 1976).

63. *Jet,* April 5, 1982, 6.

64. Jason Chambers, *Madison Avenue and the Color Line*(Philadelphia: University of Pennsylvania Press, 2008), 246-247.

65. *Advertising Age,* May 31, 1993, 3, 46; "Fast Food Firms Learn Lessons of EI Mercado," *Los Angeles Times,* October 18, 1996, AI.

66. Rick Fantasia, "Fast Food in France" 213-215; Richard Robinson and David Goodman, "The New Rich in Asia," in *The New Rich in Asia: Mobile Phones, McDonald's, and Middle Class Revolution*, ed. Robinson and Goodman(New York: Routledge, 1996), 1-18; *Nation's Restaurant News*, February 14, 1994.

67. *The Times*(London), October 17, 1983. 다음에서 인용. Karen DeBres, "Burgers for Britain: A Cultural Geography of McDonald's UK," *Journal of Cultural Geography* 22, no. 2(Spring/Summer 2005): 130-131에서 인용; Mireya Fuerra, "Fast Food Creolization in Ecuador: How Consumers Have Received Fast Food Concept in their Culture"(M.Sc. Thesis, University of Guelph, 2002), 168, 181.

68. Eriberto P. Lozada Jr., "Globalized Childhood? Kentucky Fried Chicken in Beijing" in *Feeding China's Little Emperors: Food, Children, and Social Change*, ed. Jun Jing(Stanford: Stanford University Press, 2000), 118, 128-129.

69. *New York Times*, January 28, 1990, 1; William Stockton, "The Big Mac Goes to Mexico," *New York Times*, November 2, 1985, 35.

70. James Watson, "Introduction," 19; Eriberto P. Lozada Jr., "Globalized Childhood?" 116, 119.

71. Peter Stephenson, "Going to McDonald's in Leiden: Reflections on the Concept of Self and Society in the Netherlands," *Ethos* 17, no. 2(June 1989): 231-232.

72. John Traphagan and L. Keith Brown, "Fast food and Intergenerational Commensality in Japan," *Ethnology* 41, no. 2(Spring 2002): 127-130.

73. Lan and Khan, "Hong Kong's Fast Food Industry," 39.

74. Andre Czegledy, "Manufacturing the New Consumerism," 160.

75. Eriberto P. Lozada Jr., "Globalized Childhood?" 132.

76. John Love, *Behind the Arches*, 423; John Traphagan and L. Keith Brown, "Fast Food and Intergenerational Commensality," 131.

77. George Cohon with David Macfarlane, *To Russia With Fries: My Journey from Chicago's South Side to Moscow's Red Square—Having Fun Along the Way*, 85-86.

78. Melissa Caldwell, "Domesticating the French Fry: McDonald's and Consumerism in Moscow," *Journal of Consumer Culture* 4, no. 1(2004): 15.

79. James Watson, ed., *Golden Arches East*.

80. Cited in Marianne Debouzy, "Working for McDonald's, France: Resistance to the Americanization of Work," *International Labour and Working Class History* 70 (Fall 2006): 127.

81. John Traphagan and L. Keith Brown, "Fast food and Intergenerational Commensality," 121.

82. David Ellwood, "French Anti-Americanism and McDonald's," *History Today*(February 2001): 34-36; Thianthai, "Cosmopolitan Food Beliefs," 90-95.

83. 예컨대 다음을 보라. *New York Times*, August 18, 1974, 78; May 5, 1974, LI02; October 3, 1983, A16; February 26, 1986, Bl.

84. 다음에서 인용. John Love, *Behind the Arches*, 362.

85. Donna R. Gabaccia, *We Are What We Eat: Ethnic Food and the Making of Americans*, 198; Warren Belasco, "Ethnic Fast Foods: The Corporate Melting Pot," Food and Foodways〉 2(1987): 1-30.

86. Charlotte Anne Biltekoff, "Hidden Hunger: Eating and Citizenship from Domestic Science to the Fat Epidemic"(Ph.D. diss., Brown University, 2006), 166-168.

87. Gary Fine, "Kentucky Fried Rat: Legends and Modern Society," *Journal of the Folklore Institute* 17, no. 2/3(May 1980): 222-243; Patricia Turner, "Church's Fried Chicken and the Klan: A Rhetorical Analysis of Rumor in the Black Community," *Western Folklore* 46, no. 4(October 1987): 294-306.

88. Harvey Levenstein, *Paradox of Plenty: A Social History of Eating in Modern America*, 195-212, 237-55.

89. *New York Times*, April 4, 1990, A21. 솔로코프는 이전에 산업식품 가공업체에서 일했다. Leon Jaroff, "A Crusader from the Heartland," *Time*, March 25, 1991, 56-59. 어린이 대상 광고에 대한 비판은 다음을 보라. Kathleen Toerpe, "Small Fry, Big Spender," 232-246.

90. Ty Matejowsky, "Fast Food and Nutritional Perceptions in the Age of 'Globesity': Perspectives from the Provincial Philippines," *Food and Foodways* 17(2009): 29-32.

91. "Hail to the Chief," *Washington Post*, December 11, 1992, A26; "Habit Forming," *Wall Street Journal*, December 19, 1990, AI.

92. Smara Joy Neilson and Barry M. Popkin, "Patterns in Food Portion Sizes, 1977-88," *Journal of the American Medical Association* 289(January 23/29, 2003): 450-453; Carrie Packwood Freeman and Debra Merksin, "Having it His Way: The Construction of Masculinity in Fast-Fast Food TV Advertising," in *Food for Thought: Essays on Eating and Culture*, ed. Lawrence Rubin(Jefferson NC: McFarland & Co., 2008), 277-293.

93. Eric Schlosser, *Fast Food Nation: The Dark Side of the All-American Meal*

4부
음식의 전파

The Circulation of Food

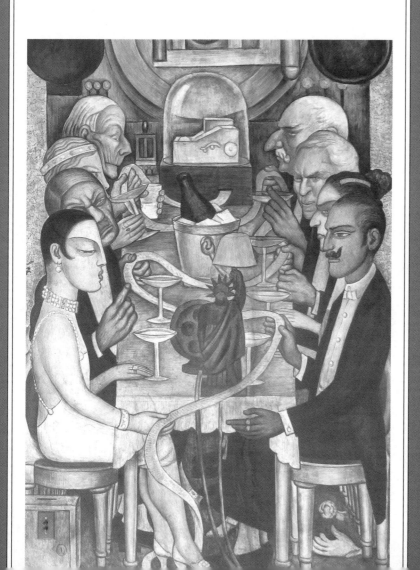

17장

음식, 이동, 그리고 세계사
Food, Mobility, and World History

도나 R. 가바치아 Donna R. Gabaccia

음식학이 하나의 학문 분야로서 한편으로는 일반적인 것을 다른 한편으로는 특수한 것을 이해하려고 애쓰는 건 당연한 일이다. 모든 살아 있는 존재는 먹어야 산다. 이것은 동물에 대한 보편적이고 생물학적인 기본 사실이다. 열을 가해 조리하는 것은 인간을 다른 동물과 구분하는 아주 일반적이지만 배우고 익혀야 하는 자그마한 행동의 하나다.[1] 불을 이용해서 조리하는 것은 인간과 동물을 식별할 수 있는 유일한 보편적 음식 관행은 아니지만 본능적인 행위임은 맞다. 모든 인간이 음식을 공급하고, 조리하고, 먹고, 나누기 위해 서로 협력하고 각종 도구를 사용하기 때문이다.[2] 모든 시기와 장소에서 일반적 관행은 인간의 심리적·자연적·생물학적 차원뿐 아니라 사회적·문화적·정치적·경제적 차원과 긴밀하게 연결되어 있다. 따라서 음식을 연구하는 것은 대개 인간 사회가 저마다 어떻게 다르고 특별한지를 명백하게 밝힌다.

이 글은 음식 관행이 어떻게 이러저러한 환경 아래서 여러 또는 모든 인간 사회에 "확산"되거나 "전파"되었는지에 관해 생각해보기 위해, 음식의 역사와 인류 이동의 역사를 연결해 살펴본다. 이 연구에서 주목하는 하나는 먹을 것을 찾는 문제 그 자체가 어떻게 사람들을 이동하게 했으며, 그와 같은 이동이 또 어떤 일반적 혹은 특수적 결과를 낳았는가 하는 부분이다. 더 나아가, 그러한 인간의 이동을 통해 특정한 음식, 음식 관행, 음식 기술이 매우 광범위하고 다양한 집단에 통용되면서 어떻게 여러 곳으로 "퍼져나갔는지"도 설명한다. 음식의 역사와 인류 이동의 역사는 서로 다른 방식으로 인간의 요리 생활에 나타난 일반적 현상을 이해하려 애쓰기 때문에 매우 광범위한 시간적 또는 공간적 규모의 분석이 필요하다. 이러한 분석 규모는 세계사를 연구하는 역사학자들이 가장 자주 수용하는 방식이다. 그들은 지난 5,000년 동안의 글을 읽고 쓸 줄 아는 인간의 역사만이 아니라 그야말로 지구상의 모든 인간의 삶을 연구 대상으로 선언한다.[3] 역사학자들은 어떻게 음식에 관한 연구를 세계사의 일부로서 다루기 시작했을까? 최근의 세계사들은, 이 장에서 각종 실례를 통해 충분히 입증되듯, 대부분 오늘날 이른바 세계화라고 부르는 것을 추적하고 설명하기 위해 음식의 역사를 인류 이동의 역사와 연결시켰다.

나는 기본적으로 지구상에서의 인간의 삶을 **장기지속적** 관점에서 파악하면서, 문화적으로 서로 다른 육대주 사회 간의 연결망을 이해하려는 최근의 노력들이, 음식 연구를 세계사의 중심 주제로 더욱 부각시키기 시작했다고 생각한다. 그러한 역사들 덕분에 우리는 훨씬 더 정교하고 자세하게, 매우 분석적인 방식으로 음식 문화의 일반성과 특수성 사이 관계를 이해할 수 있다. 오늘날 세계사는 특정한 음식, 음식 관행, 음식 기술, 음식 지식이 공간적, 시간적, 문화적 경계를 넘어 확산하면서 마침내 모든 사람에게 일반적인 것이 되게 하는 장치로서 교역, 인간의 이동, 미디어에 점점 더 주목하고 있다. 이는 최근 들어 상품과 인류의 이동에 대한 학자들의 관심이 집중되고 장거리 통신의 매개 기술과 그 변화에 대한 점점 높아지는 인식이 새롭게 부각되면서, 그동안 사람과 그들의 음식 문화가 둘 다 널리 "확산spread"하거나 "팽창expansion"하는 것과 관련해 모호한 설명으로 지나치게 일반화했던 주장들이 좁게는 음식학에서 또 크게는 세계사에서 사라질 것임을 의미한다. 이와 같은 추상적 개념은 "전파diffusion"에 관한 19세기 인류학의 이론화가 세계사에 물려준 비공식적 유산이다.

인간과 음식, 또는 인간의 음식 관행이 시공을 뛰어넘어 확산·전파·팽창된다고 말하는 것은 제대로 된 설명이 아니며 결국 아무것도 설명하지 않는 것이다. 다행히도, 이 책을 포함해 최근의 훌륭한 세계사 연구 가운데 그처럼 추상적 설명에 기대는 것은 거의 없다. 오히려, 그러한 연구 가운데 많은 것이 사람의 이동, 그들의 음식에 대한 생각과 기호를 세계화의 한 요소로서 주의 깊게 추적한다. 세계사에서의 음식을 연구하는 학자들이 음식의 역사가 인간의 작용, 인간의 불평등, 인간의 선택의 역사임을 알게 된다면 다시 말해 음식과 관련된 문화적 경계를 넘어 사회적 교차에 주목한다면, 그들은 사탕수수 플랜테이션 농장의 "확산"이나 시공을 가로지르는 설탕 소비의 "전파"에 대해 지금과는 매우 다르게 이해할 것이다.[4] 오늘날 우리가 농작물, 씨앗, 사치식품의 이동을 설명할 때, 콜럼버스의 교환이라고 알고 있는, 상품, 생각, 음식 관행의 전파와 팽창 또는 확산을 가능케 한 것도 또 그와 관련된 학술 논문이나 음식에 관한 많은 논문을 쓴 것도 바로 인간—노예무역상, 그들에게 강제로 끌려간 노예, 도망자, 투자자, 지주, 마름, 선원, 상인, 선장—이었다. 아주 드문 일이기는 하지만, 음식의 역사에서 우리는 지그문트 프로이트가 1909년에 자신이 뉴욕에 상륙할 것을 예견하며 아마도 카를 구스타프 융Carl Gustav Jung에게 말했을 것으로 생각되는, 자신의 심리분석학을 배우려는 미국인들을 가리키며 "우리가 그들을 전염시킬 거라는 사실을 알지 못해요"라고 말한 바로 그 순간과 같은 순간을 음식과 관련해서도 확인할 수 있다.[5] 그러나 국경을 넘어 이동한 사람들에게 초점을 맞추는 것은 지식 이전을 매개하는 기술의 상세한 역사와 더불어, 세계화에 대한 사회사와 문화사를 작성하기 위한 가장 확고한 토대를 구축하는 작업이다. 그것은 세계화의 역사가 추상적 구조나 힘에 의해서가 아니라 지각 있고 빈틈없이 계획하는 인간들이 추동하는 인간의 역사임을 확실하게 약속할 것이다.

최근의 세계사에 나타난 음식과 인구 이동

음식학은 아주 최근에 와서야 비로소 지역사와 일국사에서 자기 자리를 확실하게 발견했다. 하지만 음식사학자들은 이미 국가 건설에 관한 연구들에 중요한 공헌을 했다.[6] 음식에 관한 연구는 또한 세계사에서도 비교적 최근에 주목을 받기 시작했다. 아널드 토인비Arnold Toynbee의 초기 연구를 따르는[7] 세계사—1950년대, 1960년대, 1970년대에는 연구 분야가 아니라 주로 학생들을 가르치는 교과목이었다—는 서로 다른 여러 "문명들"의 성쇠라는 순환적이고 거의 예측가능한 역사 과정에 초점을 맞추었다.[8] 물론 토인비는 각 문명의 독특한 식생활을 통해 26개 문명—그가 그리스 문명, 중국 문명, 폴리네시아 문명, 에스키모 문명이라고 불렀던 것들을 포함해서—을 설명할 수 있었다. 하지만, 각 문명의 강화와 붕괴를 설명하는 토인비의 인과관계들은 수면 아래에서 움직이는 빙하의 이동과 같이 일상의 물질문화 저변에서 일어나는 보이지 않는 거대한 변화보다는, 군사주의와 지배층의 속성 변화를 훨씬 더 중요하게 생각했다. 이에 반해, 아날학파는 일상적 물질문화에서의 변화를 중시했는데, 1990년대 들어 음식을 통해 문명을 이해하고 문명의 성쇠를 통해 음식사를 탐구하는 공동연구가 많이 이루어졌다.[9]

학생들에게 세계사 특히 1500년 이전의 역사를 가르치기 위해 여러 문명의 역사를 계속해서 되풀이하는 오늘날의 새로운 교과서들은 얼핏 보면 음식에 대해 여전히 별 관심이 없는 것 같다. 음식이 오늘날의 문명, 국가, 지역사회와 관련해 어떤 의미가 있는지에 관한 연구가 훨씬 더 쉬워졌는데도 현실은 여전하다.[10] 그럼에도 대부분의 그런 교과서들에도 인류의 이동이 식량의 생산 및 소비와 밀접한 관련이 있음을 암시하는 내용들이 들어 있다. 세계사를 연구하는 많은 학자는 지금도 여전히 인간의 문명이 농경을 통해 먹거리를 생산하고 마침내 새로운 식품체제를 낳은 신석기혁명에서 비롯했다고 이해한다.[11] 그들은 문명의 특징을 도시생활로 설명한다. 그리고 그 도시생활을 유지하기 위해서는 이른바 정착농경을 통한 잉여 식량 생산이 반드시 필요하다고 하는데, 이는 다시 말하면 한곳에 정착한 지배층이 그들과 함께 정착해 곡식을 경작하는 피지배층(소농)으로부터 잉여 식량을 빼내간다는 것을 의미한다. 그러나 이런 견지에서 보면, 문명은 원거리 교역, 대개 사치품 교역이 특징인 것으로 이해된다. 하지만 역사학자들이 향신료 무역에 눈을 돌리는 1000년 이후까지도 그러한 사치품들은 식품으로 다루어지지 않는다. 그러나 사치식품은, 폴 프리드먼의 연구에서 암시하는 바처럼, 기존에 알려진 것보다 훨씬 오래전부터 원거리 지역 간에 교환된 역사가 있었다. 이와 같은 식품 교역은 또 하나의 오래된 "문명화된" 식품체제—오늘날 학자들이 전 세계 멀리 떨어진 곳에 있는 독립된 사회들을 세계체계 내 불평등한 권력계층 구조에 연결시킨 것으로 보는, 세계시장의 "확장" 및 상품사슬의 "확대"와 관련이 있는—를 상기시킨다.[12] 따라서 기록 매체—인류 문명의 세 번째 특징—는 문명의 세 명확한 특성 가운데 유일하게 식량 생산이나 식량 교환, 그리고 그와 함께, 인류의 이동 패턴과 직접 연결되지 않는다. (기록하는 것과 음식 및 인간의 이동이 간접적으로 연관성이 있다는 것—잉여농산물 생산을 위한 식재와 수확, 또는 교역 품목에 대한 기록—은 너무도 명백하다.)[13]

세계사를 연구하는 역사학자들이 이렇듯 문명사에 초점을 맞춘 까닭에, 그들은 매우 장기간 유지되어온 가장 중요한 인류의 식품체제와 도처에서 흔히 보는 인구 이동 문제를 오랫동안 대수롭지 않게 생각하거나 때로는 도외시까지 했다. 꽤 최근까지도 상당수의 인간들은 농경이나 교역이 아니라 수렵채집과 목축을 통해 먹을 것을 구했다. 이 두 식품체제는 상당히 많은 규범적이고 규칙적이며 정형화된, 그리고 순환적이면서 반복적인 인간의 이동에 의존했다. 수렵채집이라고 부르든 목축이라고 부르든, 먹을 것을 구하기 위해 이동하는 식품체제는 역사학이 아닌 다른 학문들의 주목을 받았으며, 그들의 연구는 역사학자들이 전통적으로 사용했던 방식과는 매우 다른 방식에 의지했다.[14] 학계에서의 이와 같은 수렵채집과 농경 사이의 명확한 경계 나눔이 가져온 의도치 않은 결과 하나는, 고대 문명들이 아직도 —나는 아니라고 믿지만— 매우 안정된 정착 사회인 것으로 쉽게 그려지고 있다는 사실이다. 문명의 세계사들은 무역이 문명의 한 구성요소임을 명확히 인정하지만, 그러한 세계사는 이미 아는 바와 같이 여러 문명의 성쇠를 가져온 수많은 전쟁과 군사 작전에 대한 설명으로 가득 차 있다. 무수한 사람의 "이동"과 엄청난 양의 음식 공급 없이는 어떠한 인간의 활동도 일어나지 않았을 테지만, 세계사를 연구하는 학자들은 놀랍게도 어떤 종류의 인구 이동에도 거의 관심을 보이지 않는다. 그들은 고대 문명들이 마치 정착한 경작자, 지배자, 종교지도자들이 차지한 제한된 영토로만 구성되어 있는 것처럼 문명을 묘사하는 경향이 있다.[15]

문명화된 사람들이 대개 이동을 멈추었다는 이러한 가정에는 때때로 정착성定着性, sedentism 또는 정주성定住性, sedentarism이라는 표찰이 붙었다.[16] 정착성은 수렵채집민과 유목민의 중요성을 덮거나 무시할뿐더러[17] 교역로를 따라 이동했던 상인과 선교사들 또는 이집트의 피라미드나 중국의 만리장성을 쌓기 위해 멀리서 강제로 동원된 노동자들을 실제로 그들이 역사에서 수행했을 역할보다 훨씬 더 예외적이고 주변적인 존재로 만든다. 학계에서의 정착성 선호는 아마도 문명에 대한 검증되지 않은 강력한 이데올로기의 산물 가운데 하나—농업 식품체제를 포함해서 자기네 문명의 생활 방식이 더 우월하다고 찬양하는 것—라고 보는 게 가장 적절한 해석일 것이다. 정착성은 또한 이동하는 사람들—그리고 이는 문명의 지배자들이 그들을 일반적으로 보았던 방식이기도 하다—이 일탈적이고 위험한 국외자들이었다고 주장한다. 그들은 고대 문명에서 흔히 통용되는 용어로 "야만인barbarians"이자 "침입자inbaders"였다. 정착한 문명인과 이동하는 야만인이라는 이분법은 때로는 음식 용어에도 나타났다. 일례로, 고대 중국에서는 "익힌[熟]"(중국에 동화된) 음식을 먹는 야만인과 "날[生]"(유목 또는 다른 문화의) 음식을 먹는 야만인을 구분했다.[18]*

따라서 세계 문명사의 전통을 다룬 교과서 《세계 문명의 유산The Heritage of World Civilizations》에서는 먹을 것을 자연에 의존하는 존재로 묘사되는 원시인류 또는 구석기("석기시대Stone Age") 인류를 다루는 부분에서 예상대로 아주 간략하게 음식을 소개한다. 밝은 주황색 화살표("식민지화 경로colonization routes"라고 표시된)가 그려진 컬러 지도는 "현생인류의 전파The Spread of Modern Humans"를 보여주는데, 그 옆 페이지에서 이주와 식민지화라고 표기된 이러한 전파의 주인공은 바로 사냥감을 쫓아 북아메리카로 이동하는 수렵민들이다.[19] 하지만 그 책은 신석기혁명 또는 농업혁명과 정착 초기의 문명화된 사회생활의 토대를 제공한 곡물들(보리, 밀, 쌀)에 관해 검토하면서, 사람들이 먹을 것을 어떻게 구하고 가공했는지, 그리고 그에 따라 식품체제가 어떻게 바뀌었는지에 대해서는 거의 주목하지 않는다.

《세계 문명의 유산》의 색인 목록은 왕의 이름, 왕궁이 있는 도시명, 수많은 정치적 사건이 대부분을 차지한다. 그런 만큼 색인 목록에서 전쟁이라는 항목이 서로 다른 문명 간의 중요한 접촉 형태로서 교역만큼이나 많은 (이주보다는 훨씬

---

* 일례로, 요遼에 귀화해 복종하던 여진족은 숙熟여진으로, 귀화하지 아니한 여진족은 생生여진으로 불렸다.

더 많이) 비중을 차지하는 것은 당연하다. 하지만 그 책은 음식에 관해서는 어떤 일반적 색인 항목도 제공하지 않는다. 음식 관련 색인 항목은 신석기혁명 이후에도 근세 문명에서 설탕에 관한 것에 한정되고, 근대에 와서는 유나이티드프루트컴퍼니 하나가 다였다. 게다가 이주에 관한 유일한 색인 항목 또한 1945년 이후의 세계에 대한 것으로 한정되는데, 이는 그러한 세계적 규모의 이동이 지금의 세계와 과거를 구분한다는 주장이다. 하지만 나는 이것이 잘못된 생각임을 결론 부분에서 다시 언급할 것이다.

정착성에 대한 집착을 버릴 때 비로소 우리는 고대 문명의 교역로와 상품사슬이 세계사에서 차지하는 위치를 제자리에 돌려놓을 수 있다. 또한 그 두 부분에 직접적으로 연관된 유목민―그리고 거기에 어느 정도 관련이 있는 수렵채집민―에 대한 장기적 관점에서의 중요성도 세계사에서 적절한 평가를 받을 수 있다. 주장하건대, 《세계 문명의 유산》은 과거의 진부한 방식으로 세계사를 이해한다. 세계사는, 2000년대 초반 패트릭 매닝Patrick Manning과 로스 던Ross Dunn이 발표한 논문들에 잘 기록되어 있는 것처럼, 1990년대에 여러 문명이 연속적으로 이어진다고 보는 토인비식 역사 인식에서 완전히 벗어났다.[20] 대학에서 세계사 교육은 이 10년 동안에 더욱 일반적인 것이 되었고, 일부에서는 세계사를 하나의 연구 분야로서 인정하기 시작하면서 학회나 협회, 학술지들도 생겨났다. 무엇보다 중요한 것은 이 "새로운 세계사new world history"가 그 학문 영역을 선사시대까지 넓혔다는 사실이다. 또한 세계사 연구방법론에서도 다양성이 더 증대하고 다른 학문과의 공동연구가 더 활발해졌다. 이와 같은 1990년대의 세계화 논의에 부응해 세계사를 연구하는 역사학자들은 지구상에서의 인간의 삶을 장기 지속적 관점에서 파악하면서 연구의 초점을 끊임없이 변화하고 긴밀해지는 세계 각 지역과 사람들 사이의 연결망과 그에 따른 자연계와 인간의 관계 변화로 옮기기 시작했다. 비록 그것이 세계사를 연구하는 역사학자들의 의도는 전혀 아니었더라도(그들은 예나 지금이나 음식 연구에 몰두하기보다는 서양의 발흥이나 서양과 그 밖의 지역 간 관계에 관해 쓴 윌리엄 맥닐William McNeill의 논문들을 가지고 논쟁하는 것에 더 흥미를 느낀다),[21] 세계사 연구 대상 시기의 확대(예컨대 데이비드 크리스천David Christian의 "빅히스토리Big History"[22])와 세계화에 대한 새로운 지적 관심은 모두 문화적 역학 관계에 초점을 맞추면서 인류의 이동에 관한 연구를 음식의 역사와 연결하기 위한 새로운 기회를 창출했다.[23] 이로써 세계사는 결정적으로 그리고 때로는 의식적으로 기존 세계 문명사의 토대가 되었던 정착성 개념에서 탈피하기 시작했다.

　이주와 음식—그리고 그 밖의 여러 문화 측면—이 20년 전보다 오늘날 세계사에서 훨씬 더 중요한 자리를 차지하고 있다는 사실은《버크셔 세계사 백과사전Berkshire Encyclopedia of World History》초판을 보면 잘 알 수 있다. 2005년에 출간된 이 5권짜리 책에는 에이드리언 카턴Adrian Carton이 작성한 음식 관련 항목이 있다. 그 항목은 음식 교환을 주제로 해서 탄탄한 내용으로 구성되어 있다. "음식 교환 행위는 인류를 다른 종과, 지리적으로 다양한 지역에 사는 다른 사람들과, 그리고 신성한 존재라는 개념과 연결하면서" 음식을 "젠더적, 문화적 차원에서 모두 세계사의 필수 요소"로 만든다. 카턴은 음식이 "문화적 정체성의 중심"이거니와 인간의 삶이 늘 "먹을 것을 찾아다니는 것을 둘러싸고 사회적으로 구성된다"는 것을 인정한다. 그는 농업혁명을 "식량 채집에서 식량 생산으로 이동"한 중대한 변화라고 설명한다. 그것은 생산 기술이 공간적 확대에서 공간적 집약으로 중심 이동 —인류의 이동 패턴에 변화가 일어났음을 암시— 하는 것과 동시에 발생했다.[24] 그러나 카턴은 더 나아가 그 변화가 교역을 통해 식량 교환을 증대시키는 데 한몫했다고 주장한다. 카턴에 따르면, 특히 고대사회 내부에서의 교역은 주요 곡물(밀, 서속, 쌀)의 교환과 밀접한 관련이 있던 반면에, 원거리 교역에서는 적어도 19세기까지 이국적인 사치식품들이 더욱 중요하게 취급되었다. (하지만 놀랍게도, 카턴은 교역 문제를 매우 폭넓게 다루는데도 교역 상인들과 그들의 영향력, 교역과 관련된 특별한 역학 관계에는 거의 관심이 없어 보인다.) 콜럼버스의 교환(감자, 옥수수, 밀, 설탕, 나중에는 커피와 차를 포함해서 "새로운 상업적 교환망new webs of commercial exchange"이라고 서술된)과 관련된 설명은 식량 생산의 산업화와 식민지화에 관한 논의 이후에 나오는데, 이 두 가지는 화려하게 미화된 노예무역과 강제로 끌려간 노예노동의 결합을 통해 이루어질 수 있었다. 카턴은 근대사에 나타난 인구과잉과 그 이후의 산업화 과정에 주목하면서, 원거리 교역에서 가장 중요한 교역 식품이 이전에는 사치식품이었는데 1930년에 이르면 기본적 식량인 주요 곡물로 바뀌었다고 명확히 말한다. 하지만 그는 그 이후에 다시 말해 그가 주장하는 것처럼 20세기 후반에 식품 교역이 왜 감소했는지 설명하지 못한다. 또한 그는 식량 교환에서의 그러한 변화가 인구 이동의 변화와 관련이 있었을 수 있다(실제로, 국제적 인구 이동 비율—군사 인력의 이동을 빼고—은 1930년대와 1970년대 사이에 급락했다)[25]고 주장하지도 않는다.

이것 말고도 또 있다. 카턴의 논문 이외에도, 《버크셔 세계사 백과사전》을 읽는 사람들은 농업혁명, 영양과 질병 사이 관계, 구석기시대의 수렵채집과 현대의 수렵채집, 콜럼버스의 교환, 기근, 목축사회·유목사회·원예사회, 그리고 소금·차·커피·설탕·술·곡물처럼 널리 교역되는 각각의 식품에 대한 세부 항목들을 발견할 것이다. 마크 코언Mark Cohen이 쓴 영양과 질병에 관한 항목은 음식과 인간의 이동의 관계에 대해 특히 예리한 통찰을 보여준다. 코언은 그동안 역사학자들이 정착성을 지나치게 중시해온 점에 주목할 것을 요청하면서, 정착민을 문명화된 사람으로 칭송하다 보니 그들의 식생활이 더 우월한 것으로 그려지게 되었음—따라서 영양과 질병의 역사를 지지할 수 없다는 점—을 강력하게 암시한다. 반면에, 옛날의 수렵채집민들이 오늘날의 빈민들보다 영양 상태도 더 좋고 기생충에 감염되어 병에 걸리는 경우도 훨씬 적었다는 증거가 많이 있다. 당시의 수렵채집민들이 지금보다 더 넓고 인구밀집도가 낮은 영토를 이동하며 살았다는 사실이 바로 그 하나다.[26]

《버크셔 세계사 백과사전》이 나온 것과 같은 시기에, 피터 스턴스Peter Stearns가 편집한 라우틀리지 출판사의 주제별 세계사 총서로 발간된 다음의 두 책은 인간의 이동과 음식의 관계에 관한 새로운 학문적 이해를 훨씬 더 충분하게 보여주었다. 스턴스의 주목을 끌었음에 틀림없을 매닝의 《이주의 세계사Migration in World History》(2005)와 제프리 필처의 《음식의 세계사Food in World History》(2006)는 서로 완전히 독립된 문제와 주제들을 탐구하고 있다.[27] 그러나 그것들은 예상했던 것보다 서로 겹치는 부분이 많았는데, 음식과 이동의 관계 부분에서 특히 그러하다.[28] 이 두 책은 오늘날 음식의 세계사를 연구하는 역사학자들이 더 충분하게 다룰 필요가 있는 많은 문제를 아주 잘 소개하고 있다.

매닝의 책은, 음식의 역사에서 그 초기에 그 어떤 흥미로운 증거도 제시하지 않는다는 점에서, 놀랄 정도로 카턴의 책과 닮았다. 특히, 초기 인류의 이동과 식량의 연관성과 관련해서 그렇다. 매닝은 카턴처럼 시간적 구성 범위를 넓게 잡아, 초기 인류가 전 세계로 "퍼져"나가는 과정과 1400년에서 1700년 사이에 콜럼버스의 교환에 따른 결과로 전 세계 구석구석에 사는 인류의 물질문화가 끊임없이 바뀌는 과정에서 음식이 어떠한 역할을 했는지에 대해 기존의 문명사 연구보다 더 많은 주의를 기울인다.

매닝은 책에서, 인간의 이동은 동물의 이동과는 다름을 시사하면서, 이주 자체가 사회변화의 중요한 원동력이었다고 강력하게 주장한다. 왜냐하면 인간들은 서로서로 배우며, 인간 사회는 문화적 경계를 넘은 이주민들이 상이한 문화공동체에 들어가서 새로운 문화 혁신을 낳으면서 발전하기 때문이다. 매닝의 설명에 따르면, 초기 인류는 먹을 것을 찾기 위한 활동을 통해 널리 "퍼져"나갔고, 물고기나 사냥감을 찾아서 강·바다·산골짜기를 걸어서 또는 배를 타고 돌아다녔다. 그러다 매닝은 콜럼버스의 교환 시대를 설명하는 부분에 가서는, 또다시 카턴이 한 것처럼, 이주민과 상인의 이동을 다양한 식품이 전 세계로 이전되는 과정과 효과적으로 연결한다. 그러나 근대 세계를 설명하는 부분에 이르면, 마치 음식을 둘러싼 상호작용이 근세와 함께 멈춰버린 것―필처의 책에서는 결코 생각할 수 없는 일―처럼, 음식과 식생활 다시 말해 일반적으로 물질문화에 대한 매닝의 주의력은 초점을 잃고 불안정해진다.

필처의 《음식의 세계사》는, 매닝이나 《버크셔 세계사 백과사전》과 달리, 선사시대와 산업혁명 이전 시대에도 여전히 음식과 식생활에 초점을 맞춘 항목들이 있지만, 콜럼버스의 교환 시기와 그 이후의 세계에 훨씬 더 큰 관심을 보인다. 필처가 주목하는 다섯 주제는 인간 역사에 대한 장기지속적 관점에서 "끊임없는 식품의 전파", 유목민과 농경민 사이 긴장 관계, 음식에 대한 접근과 조리를 기반으로 생성된 계급의식[계급구분 기준]class distinction, 젠더적으로 또는 문화적으로 음식이 사회적 정체성을 결정하는 방식, 식량 생산과 분배를 결정하는 문제에서의 근대 국민국가 역할이다. 필처는 세계화에 대한 논쟁들 내에서 이러한 주제들을 분석한다(그러나 그는 자신이 사용하는 "확산"과 "전파"라는 용어 안에 아마도 무의식적으로 반영되어 있는 문화적 변화의 구조들에 대한 이전의 학문적 개념들을 세계화가 어떻게 되살렸는지 언급할 수 있는 기회를 놓친다). 그는 역사학자로서 "세계화가 문화적 연결고리와 무역 관계의 강화를 의미하는 것으로 인정된다면, 적어도 음식 분야에서 세계화는 분명 수백 년 동안 지속되어왔다"라고 대담하게 주장한다.[29]

중국과 로마의 문명―방식은 다르지만 둘 다 이동성이 높은 생활습관의 야만족과 자신들을 구별하기 위해 다양한 음식 습관과 각종 은유를 사용했다—과 중동 및 북아프리카의 아랍 문명—이들의 다민족 음식들은 교역 상인과 유목민들의 이동하는 생활양식을 바탕으로 성립되었다—을 나누는 필처의 구분은 이전의 문명사적 접근방식의 정착성을 더욱 명백히 드러내는 동시에 그것이 문제가 있음을 보여준다. 필처가 이슬람 세계에 대해 주목하는 것은 특정 음식이나 정착성이 아니라 신과 할랄halal*인데, 이 둘은 무슬림과 무슬림이 아닌 사람들을 구별하는 기준이다. 따라서 필처는 우리가 정착성의 문화적 기원을 이해하고, 음식의 정체성이 시기와 장소에 따라 어떻게 서로 다르게 이동성과 관계를 맺는지 논거를 마련해준다.

필처의 노예·설탕·향신료 무역에 대한 설명은, 카턴 같은 학자들과 마찬가지로, 인간의 개입과 인구 이동—"전파"라는 모호한 추상적 용어가 아니라—을 통해 콜럼버스의 교환—최근에 레베카 얼에 의해 더욱 강화되고 훌륭하게 실증된 주장—이 이루어졌다는 이해를 바탕으로 한다.[30] 필처의 기근에 관한 비교연구는 아일랜드와 중국에서 왜 그처럼 많은 이주민이 생겨났는지를 이해할 수 있게 도와준다. 그리고 특별히 그가 19세기 제국 건설과 이주민 음식의 기반 구축을 뒷받침하는 인구 이동에 관해 쓴 부분은 음식을 조리하는 사람과 먹는 사람을 더욱 영토에 구속된 존재들로 다루는 음식 국가 건설에 관한 부분과 아주 잘 어울린다. 다만, 그의 예리한 감각은 20세기와 관련된 부분의 핵심 주제—대표적으로 총과 버터, 녹색혁명, 맥도날드—를 인구 이동과 연관시키는 쪽까지 나아가지 못하지만, 20세기 말 노동자와 난민들의 이주가 다시 늘어나면서 음식 다원주의culinary pluralism에 대한 되살아난 그의 관심 덕분에 어느 정도 인구 이동과의 관련성도 논의되기 시작한다.

요컨대, 매닝과 필처는 인간의 이동, 이주, 교역, 국경 횡단의 역사와 더불어 그 안에 깊숙이 내재된 음식과 음식 관련 믿음, 상징, 관습의 이동을 면밀히 검토하는 데 도움을 주는 강력한 사례들을 제공한다. 두 저자는 19세기와 20세기 관련 부분에서 이주민으로서 대규모 사람의 이동을 수반한 문화적(필처의 경우는 음식)

---

* 이슬람교도들이 먹을 수 있도록 계율로 허용된 모든 음식.

역학 관계들에 매우 세심한 주의를 기울인다. 표면적으로는 두 사람이 중요하게 다루는 주제가 매우 다르지만, 동화assimilation, 문화변용[문화접변]acculturation,* 차용borrowing, 문화 다원주의cultural pluralism는 그들의 핵심 연구 주제들이다. 둘은 특정한 문화 관습과 믿음—필처의 경우는 말 그대로 식품, 음식 관행, 음식 기술, 음식 관련 믿음을 의미한다—이 매우 다르지만 상호 연결된 수많은 인간 사회 사이에서 그것들이 왜 그리고 어떻게 일반화되는지를 설명하고 싶어 한다. 그러나 둘 모두 우리 시대에서 인구 이동과 음식의 관계를 분석하는 것에는 주저했다.

매닝은, 필처와 달리, 전파라는 용어의 사용을 되도록 피하고 오히려 그것에 대해 비판한다. 그는 "음식, 직물, 음악 양식, 종교적 신앙의 이동을 설명하기 위해 '전파'와 '확산'" 같은 단순한 용어에 의존하는 분석가들이 문화적 변화를 제대로 규명하지 못한다고 단언한다.[31] 매닝은 인간 사회의 일반적 문화 특성을 알고 싶다면, 문화를 "전달하는carrying" 것과 "차용하는borrowing" 것을 구별하는 법부터 배우라고 주장한다. 이러한 개념적 차이에 대한 그의 사례들은 음식 연구로부터 나오는데 주목할 가치가 충분하다.

우리는 필처와 매닝이 사례를 들어 설명한 음식과 인구 이동의 세계사가, 이전에 역사학자들의 문명사적 관점에서 그 두 주제를 바라보던 것에서 둘 사이의 관련성에 새롭게 주목하는 것으로 바뀌는 과정에서 발생했다는 사실을 알았다. 이와 같은 변화는 인류학의 지적 유산인 전파론diffusionism를 더욱 뚜렷하게 확인시켜주는 동시에 많은 문제를 제기하게 한다. 신석기혁명, 수렵채집과 유목 생활의 장기간에 걸친 전파와 유지 그리고 소멸, 콜럼버스의 교환, 플랜테이션 복합체, 세계화, 맥도날드화, 어떤 특정한 식품체제도 저절로 또는 스스로 전파되거나 확산되거나 팽창되지 않았다. 음식의 세계사를 쓰는 사람들이 맨 처음 부딪치는 문제는 바로 인간, 인간의 선택, 인간의 전략이 특정한 습관과 믿음을 어떻게 일반적인 것으로 만들었는지 정확하게 설명·분석하는 것이다. 학자들은 이런 문제에 부딪칠 때, 인류학의 유산인 전파론으로 좀 더 명쾌하게 해결하는 것이 낫다고 생각할 수도 있다. 하지만 인류학자들이 전파론을 선택한 데는 과거에 대해

---

* 둘 이상의 서로 다른 문화가 접촉했을 때, 한쪽 또는 양쪽의 문화 형태에 변화가 일어나는 현상.

그들이 취할 수 있는 선택이 그것밖에 없었기 때문이다.

전파는 19세기에 인종주의racism·제국주의·진화론을 정당화하기 위해 인류학에서 사용한 단어여서 지금도 여전히 인류학자들의 분노를 불러일으킬 수 있는 말이다. 그러나 인류학자들은 전파론을 "개별 문화 특성들이 이주·교역·전쟁과 같은 다양한 접촉을 통해 한 사회에서 다른 사회로 이전되는 과정"이라고 공정하고 중립적으로 정의 내릴 수도 있다.[32] 지난날 전파론을 지지하는 사람들은 문화가 어떻게 팽창·확산되는지에 대해 서로 반대되고 논란을 지피는 가설을 많이 만들어냈다. 일례로, 한 세기 전 인류학자들은 인간 문화의 일반적이거나 공통적인 요소들이 한 곳("가정hearth") 또는 여러 현장(토인비가 인정하는 고대 문명지들—나일강, 인더스강, 갠지스강, 황허강, 양쯔강 하곡 지대들, 그리고 메소포타미아, 중앙아메리카, 서아프리카 지역을 포함해서)에서 생겨났을 가능성을 두고 논쟁했다. 일부 학자는 인간 문화의 일반적 특성들이 지리적으로 격리된 다양한 지역에서 서로 비슷한 종류의 경제적, 인구통계학적, 환경적 문제에 직면한, 고립되어 있지만 동등한 능력을 갖춘 사람들에 의해 저마다 독립적으로 생성되었다고 주장한다. (전파론자들과 독립적 문화 생성을 지지하는 사람들 사이의 논쟁은 북아메리카대륙 선사시대 인류의 삶을 연구하는 전문가들 사이에서 특히 격렬했다.) 그러나 인류학 계열의 역사학자들도 전파론을 둘러싼 논쟁이 점차 문화적 역학 관계—예컨대 문화 동화와 변용—의 분석 쪽으로 대세가 흘러갔다는 점을 인정했다. 그것들은 대개 1500년 이후 이주와 관련되어 있고 오늘날 필처와 매닝의 세계사 속에서도 많이 드러난다.

따라서 학계에서는 전파론의 유산을 정복하거나 극복해야 할 장애물로 여기기에 앞서 오히려 특정한 문화 요소들이 어떻게 세계사 과정을 통해 일반화되는지 좀 더 완벽하게 이해하기 위해, 인류학자들이 발전시킨 전파론의 특성과 분류체계를 검토·평가할 수도 있을 것이다. 초창기 일부 인류학 이론가들에 따르면, 전파는 중심부, 영역, 권, 역외 사회들 사이의 예측가능한 문화적 역학 관계—오늘날 세계사 연구자들이 자주 인용하는 이매뉴얼 월러스틴의 세계체계의 틀을 예시像示해준—를 특징으로 하는 여러 "문화권들culture circles"을 만들어냈다.[33] 초기의 전파론자 가운데는 문화전달과 문화차용을 구분하라는 매닝의 주장보다 한 발 앞서, (인접한 사회들에서 —즉 광범위한 원거리 이주나 교역을 통하지 않고— 문화를 차용하는) 직접전파direct diffusion, (오늘날 학계에서는 식민지화colonization 또는 정복conquest이라는 용어로 표현되며, 대개 힘을 가진 사람들의 이동을 수반하는) 자극전파forced diffusion 또는 팽창전파expansion diffusion, (특정 문화의 생각들이 중개상, 매체, 다른 문화의 사람들에 의해 새로운 장소로 전달되는) 간접전파indirect diffusion를 구분하는 학자들도 있었다. 또 다른 일부 학자들은 이전移轉전파relocation diffusion를 주장했는데, 이는 이동하는 사람들이 중간매개 역할을 하거나 매개된 문화 차용을 통해 지금도 계속해서 그 밖의 다른 공간이나 문화로 아이디어나 혁신이 이동하는 것을 일컫는 용어로, 나중에 그 아이디어와 혁신이 어디서 전파된 것인지는 기억에서 사라지고 중요하지 않게 된다.[34] 프로이트도 마지막 전파 형태인 전염전파contagious diffusion가 무엇인지 확실히 알고 있었다. 전염은 그것을 일으키는 "세균germ"(프로이트의 경우는 자신의 심리분석학적 생각과 클라크대학에서의 강연) 이외에 다른 대규모 인구 이동 없이 개인 접촉이나 간접 접촉만으로도 충분히 일어난다.

요컨대, 인구 이동과 음식의 연관성은 매우 복잡하다. 이주와 음식의 세계사를 연구하는 역사학자들은 모두 그러한 연관성을 설명할뿐더러 초기의 전파론자들을 사로잡았던 것과 동일한 문화적 역학 관계를 인간의 영향력과 관련해 새롭게 분석하려 애쓴다. 그들은 전파론자들과 마찬가지로 특정한 고유 음식, 음식 관행, 음식 기술, 음식과 관련된 지식이 어떻게 시간적, 공간적, 문화적 경계를 넘나들며 이동하거나 발명되거나 차용되었는지 알고 싶어 한다. 가장 훌륭한 최근의 연구들과 초기 전파론자들 사이의 가장 큰 차이는 인간의 영향력, 인간의 선택, 인간의 창조성 다시 말해 인간이 여러 제약 요소와 한계에 대응하는 방식에 대한 그들의 관심이다. 따라서 그들이 사회과학 방법론들을 사용할 때도, 음식과 인구 이동에 관한 가장 최근의 학문적 성과는 폭넓게 말해 인문주의자들의 지적, 철학적 의제 구실을 한다.

글로벌푸드의 문화사를 향해

학자들은 어떻게 음식과 인구 이동의 연관성에 대한 이해를 더욱 넓힘으로써 세계화라는 세계 문화사의 저술 활동을 촉진할 수 있을까? 나는 이제 특별히 연구가 필요한 세 시점—초기 선사시대, 19세기와 20세기의 세계적 대이주, 우리 자신의 시대—을 고려하고, 저마다 독특한 관점을 유지하는 스털링 에번스Sterling Evans, 용 첸Yong Chen, 스티브 펜폴드Steve Penfold가 소개하고 검토한 학술 문헌의 일부를 살펴봄으로써 이 글을 마무리할 것이다.[35]

호모사피엔스 약탈자의 지구 식민지화 과정에 초점을 맞춘 여러 학문의 공동 연구 분야보다도 더, 음식 연구에서의 일반성과 특수성의 관계에 관한 이해를 높일 수 있는 연구 분야는 없다. 매닝은 역사언어학historical linguistics의 방법론들을 이용해 약 20만 년 전에 아프리카에 나타난 호모사피엔스를 설명하는 인류 이동의 연대기를 만들어냈다. 그는 7만 년 전부터 4만 년 전까지 약 3만 년 동안 호모사피엔스가 구세계의 열대지역으로 이동한 경로를 추적했다. 그 뒤, 매닝이 말한 이동하는 사람들은 온대지방과 추운 북부지방에 살다가, 4만 년 전에서 1만 5,000년 전 사이에 마침내 아메리카 지역에 살았다.[36] 이러한 초창기 인류 이동 시기에 식량의 중요성에 대해 아직도 알아야 할 것이 많이 있다. 예컨대 식생활의 변화, 뇌 크기의 진화, 직립 보행이 인류에게 필요한 칼로리의 증대와 큰 관련이 있으며, 따라서 초기 인류가 다른 영장류들보다 더 넓은 지역으로 먹을 것을 찾아 나서며 서서히 이동하게 되었다고 주장하는 연구도 일부 있다.[37] 매닝의 연대기는 또한 이동하는 인류가 이미 불을 쓸 줄 알았고, 동아프리카를 떠나 다른 지역으로 이동하면서 불 사용법—과 먹을 것을 공유하고 도구를 사용하는 것과 같은 관습—을 타 지역 사람들에게 전달함으로써 그것을 지금까지도 계속되는 일반적 관습으로 발전시켰음을 시사한다.

그러나 지구의 구석구석으로 인류가 퍼져나갔다고 주장하는 매닝의 분석에는 여전히 풀지 못한 수수께끼가 하나 있다. 인류가 이동하는 종種이고, 이동성이 그가 주장하는 듯 보이는 인간의 본능적 특성이라면, 매닝은 왜 자신의 분석에서 초기 인류가 먹을 것을 찾아서 떠돌아다녔음을 그렇게 강변했을까? (디르크 회르더Dirk Hoerder가 발표한 장기지속 관점에서의 이주와 관련된 소논문들은 인류의 이동과 먹을 것을 찾아나서는 행동습관의 관계를 훨씬 더 명쾌하게 밝혀준다.[38]) 에번스는 훨씬 더 내실 있는 주장을 한다. 기후변화, 다양한 생태계에 걸쳐 불균등하게 분포된 식량 자원, 환경 변화는 모두 이주를 촉발했는데, 이는 인간 본능의 문제가 아니라 물질과 생태 조건의 변화에 대응한 인간의 의사 결정의 문제라는 주장이다.[39]

인간 집단이 사냥감·물고기·열매를 거듭해서 남획한 결과, 현재의 지역에서 공급되는 칼로리 양이 현저하게 줄어들었고, 더 좋은, 적어도 또 다른 새로운 식량 자원을 찾아 아직 아무도 차지하지 않은 인근 지역으로 새로운 분파의 식민 집단들이 이동하면서, 그에 따라 지속적으로 친족 집단들이 분리되어나갔음을 지적함으로써, 초기 인류의 불합리성을 떠올리게 하는 학자들 또한 많이 있다.[40] 초기 인류는 자신들을 둘러싼 세계에 적극적으로 반응했다—이것은 때로는 그들의 식생활과 주거 환경에 긍정적 영향을 끼칠 때도 있었고 부정적 영향을 끼칠 때도 있었다. 이것이 보여주는 것처럼, 초기 인류의 음식 관행에 대한 아주 단편적인 증거밖에 없는 학자들조차도 초기 인류를 의사결정자로 본다. 다시 말해, 초기 인류가 배고파서 먹을 것만을 찾아 헤맨 사람이 아닌 생각하고 판단하면서 움직인 "사려 깊은thoughtful" 사람이라고 생각한다.[41]

이는, 초기 인류가 먹을 것과 관련된 지식을 가지고 이동하는 지식 창고와 같은 존재라는 사실의 중요성을 생각할 때, 그들의 끊임없이 변화하는 새로운 생태계로의 이동은 계속해 새로운 음식 습관을 낳았고, 시공을 초월해 놀라운 문화다양성의 기반이 되는 물질적 토대와 음식 환경을 마련했음을 의미한다. 실제로, 선사시대 수렵채취민들에 관한 거의 모든 고고학적 연구와 그 이후의 수렵채취민들에 관한 문화기술지적 연구들은, 널리 쓰이는 다양한 도구와 연료 그리고 음식 조리·저장·가공 기술들을 이용해서, 인류가 먹을 수 있음을 알고 나서 식용으로 전환시킨 광범위한 종류의 동물·식물·씨앗들을 강조했다. 사람이 살지 않는 지역에 첫발을 내디딘, 이동하는 사려 깊은 초기 인류의 창조성은 정형화된 인간의 균질성이 아닌 문화다양성을 낳았다. 그 다양성은 한때 고립되어 있던 독립 집단들이 서로 섞이면서 훨씬 더 중요해졌다. 매닝은 그 다양성이 상이한 공동체들을 서로 넘나드는 이주cross-community migration의 가능성을 열어줌으로써 인간의 역사를 전진시키는 엔진이 되었음을 발견한다. 이전의 학자들이 "문명civilization"이라고 표찰을 붙였던 조건 아래서, 문화의 차용은 전달보다 더 중요하지는 않더라도 그에 버금가게 중요성을 인정받았고, 서로 교류하는 인간 집단들 사이의 상호 음식 적응의 가능성은 이전에 학계에서 전파나 팽창으로 단순하게 이해했던 것을 더욱 복잡하게 만들기 시작했다.

고대 문명에서, 새로운 원거리 교역 체계와 근세 콜럼버스의 교환을 거쳐, 19세기와 20세기 세계적 대이주의 시대에 이르기까지 다시 꼼꼼히 살펴본다면, 우리는 음식의 역사에서 일반성과 특수성의 관계에 관한 창조적 연구가 필요한 또 하나의 새로운 지점에 도달한다. 여기서 잠시 눈을 돌려, 대이주의 시기 음식과 인구 이동에 관한 연구와 콜럼버스의 교환 시기 음식과 인구 이동에 관한 연구를 비교해보는 것도 도움이 된다. 두 시기에 음식과 사람은 모두 대량으로 이동하는 것으로 묘사되지만, 음식이 이동하는 것과 사람의 몸이 이동하는 것에 관한 학문적 관심은 다르다. 콜럼버스의 교환에 관한 연구들은 제국주의의 중개상들(대개 유대인이나 제노바 상인들)이 조직·관리하는 교역로를 따라 이동하는 식품 수송과 거래에 주로 초점을 맞추었다. 전형적인 "간접전파"의 경우라 볼 수 있다. 시간이 흐름에 따라, 터키인·이탈리아인·스페인인·중국인들도 감자·옥수수·고추 같은 신세계 작물들을 경작하고 먹는 법을 배웠다. 그러나 중앙아메리카 원주민들이 자신들이 공들여 재배한 옥수수를 직접 전파하지 않았고 중개상들이 늘 신세계의 식생활을 잘 이해하거나 따르는 것은 아니었던 만큼, 원주민들의 닉스타말 과정에 대한 지식은 교역로를 통해 전달되지 못했다. 그 결과, 구세계의 옥수수를 먹은 신세계 사람들은 멕시코인들이 과거에 전혀 걸린 적 없는 질병 곧 식이부족인 펠라그라 때문에 심한 고통에 시달렸다. 그럼에도, 아프리카의 농작물 씨앗, 음식, 재배 방식, 음식 지식을 아메리카대륙에 전달하는 일에 노예들이 중요한 역할을 담당했다고 주장하는 학자들은 격렬한 반발에 부딪쳤다.[42] 콜럼버스의 교환은 대체로 아메리카대륙이나 아프리카대륙에서 이주한 사람들이 전달하고 전파한 음식 지식에 관한 이야기가 아니라 소수의 유럽 상인이나 제국주의 정복자들이 간접전파를 통해 1차상품들을 들여온 이야기로 서술되었다.

이에 비해, 19세기와 20세기 초 대이주 시기 음식과 인구 이동에 관해 연구하는 학자들은 이주민들—음식을 먹고, 조리하고, 소비하는 사람들—을 역사의 중심인물로 다루었다. 하지만 그들은 그 과정에서 대개 이민자들이 포함되기 마련이고, 때로는 직접 연관되는 수출입 무역과 상거래, 그리고 관세를 통한 정부의 무역 규제라는 더 커다란 순환 구조를 무시했다. (유감스럽게도, 19세기의 이주와 국제교역을 직접 연결하는 일부 연구 가운데 하나는 미국에만 집중할뿐더러 실제로 음식 교역은 다루지도 않는다.)[43] 해시아 다이너Hasia Diner, 크리슈넨두 레이Krishnendu Ray 같은 학자들은 용 첸과 마찬가지로 세계사가 아니라 미국처럼 이주민들이 세운 단

일 국가의 인종 및 민족 형성과 국가 건설의 역사에 인구 이동과 식생활에 관한 연구를 끼워 넣었다.[44]

　세계사를 연구하는 역사학자들은《버크셔 세계사 백과사전》에 카턴이 이 시기에 관해 언급한 소견을 연구의 단초로 삼는 것이 더 나을지도 모른다. 19세기와 20세기 초, 산업식품의 생산과 제국주의 건설, 원거리 교역의 동시 발생은 다른 국가로 이주한 사람들을 기초 식량의 생산자와 소비자로 만들고, 사람과 음식이 모두 점점 더 많이 원거리로 퍼져나가는 계기를 마련했다. 아르헨티나 중부의 팜파스Pampas*와 미국 중서부 지역에 정착해 농작물을 재배하는 일부 이주민들의 경우, 멀리 떨어진 산업화된 도시에 자신들이 경작한 작물들을 먹는 친지들이 살고 있었다. 그들의 친척들 또한 일거리를 찾아 도시로 이주한 사람들이었다. 마찬가지로, 도시의 이주노동자들은 제국 건설을 위해 파견된 사람들이 지배하는 식민 거주지를 먹여 살리는 역할을 했다. 이탈리아 출신의 이주민들은 아르헨티나와 미국에 피자를 전파하고, 영국인 사히브sahib와 멤사히브memsahib(식민지 인도에 거주하는 백인 남자와 백인 여자를 지칭)는 본국에 있는 자기 친구들에게 커리 맛을 소개했다. 학자들은 이리저리 퍼져나간 이주민(음식 지식의 전달자이자 차용자로서)과 상인들, 그리고 음식의 수출입 교역 구조 사이의 연결 관계를 검토함으로써, 19세기의 음식과 인구 이동 사이의 관계가 콜럼버스의 교환에 담긴 문화적 역학 관계의 지속, 전환, 또는 변환을 잘 표현하는지 아닌지를 밝힐 수 있었다.

　음식의 생산과 가공의 산업화에 관한 카턴의 소견은 대이주 시기에 여러 사회와 문화에 걸친 음식과 음식 관행의 균질화에 관한 논의에 신선한 자극제를 제공해주었다. 그러나 특정한 국가적 맥락에서의 음식과 이주에 관한 연구는 19세기 음식의 표준화—대량 생산, 표준화된 식품의 대규모 교역, 식품 가공의 산업화, 표준화된 가공 제품의 대량 수출 형태로—가 균질화된 음식을 낳지 못했다는 사실을 밝혀냈다. 국제적 대규모 인구 이동의 시기에 세계적 규모의 맥도날드화는 전혀 일어나지 않았다. 오히려 높은 차원의 인구 이동을 통해 다양한 음

---

* 아르헨티나 부에노스아이레스를 중심으로 한 초원지대. "팜파스"라는 말은 남아메리카 원주민의 말로 "초원"을 뜻하는 말이라고 한다.

식·맛·관습이 광범위하게 전파될 수 있었고 대량 생산된 식품은 일부에 불과했다. 본국에서 동화를 주장하는 학자들은 식민지로 이주한 사람들이 원주민의 문화 관습과 음식을 재빨리 "차용"하기를 꿈꾸었을지 모르지만, 실제로는 그들이 원주민의 것을 차용하는 것만큼 많이 원주민들도 본국에서 이주해온 사람들의 것을 차용했다.[45] 매닝의 용어를 빌려 말하자면, 상이한 사회를 서로 넘나드는 이주는 새로운 음식 개발(예컨대 "찹수이 샌드위치chop suey sandwich"나 "신시내티 칠리 Cincinnati Chili")과 크리올화creolization*, 혼합 음식을 낳았다. 미국에서 지역 차이는 산업식품 표준화의 맹공격과 분쇄육 쇠고기나 통조림 피클 같은 표준화된 전국 유통 식품 소비의 점점 높아지는 인기를 끝까지 살려냈다. 그것은 부분적으로 그들 고유의 독특한 이주의 역사 때문이었다. 전달, 차용, 정복이라는 전파론자들의 초기 개념들은 지나치게 단순해서 19세기와 20세기 초 국제적인 대이주와 식품 교역이 촉발한 문화적 역학 관계를 제대로 설명할 수 없어 보인다.[46]

학자들이 지금의 시대를 다시 "이주의 시대"라고 말하고 있지만, 대량 생산되고 표준화된 기업 제품들—맥도날드로 상징화된—과 이주민들이 소개하는 다양한 맛, 음식, 음식 관행의 조화는 19세기 대이주 이래로 달라진 것처럼 보인다.[47] 이주민들은 분명 지금도 자기들이 이미 알고 있고, 이리저리 옮겨 다니는 과정에서 만나는 음식과 음식 관행을 전달하고, 차용하고, 개발하고, 적응하고, 뒤섞기를 계속하고 있지만 —그리고 확실히 미국의 지역 음식들을 다시 변화시키고 있지만— 전 세계로 확산되고 있는 패스트푸드의 생산과 소비에서 가장 중요한 요소는 이주민과 난민들이 아니었다. 이와 반대로, 펜폴드는 혁신적 기업가들이 샌버너디노에서 다소 현실에 안주하고 야심이 없는 맥도날드 형제를 방문한 뒤, 그리고 레이 크록이 동분서주하고 난 뒤, 맥도날드의 생산체계는 인쇄물 같은 매체들을 통해 쉽게 전달되는 일종의 지식 형태가 되었다. 펜폴드는 "새로운 패스트푸드의 **아이디어**는 이른바 (인터넷 시대에) '입소문'이라고 부를 수 있는 역동적인 복제와 차용의 예측불가능한 과정을 통해 팽창되었다"라고 말한다. 여

---

* 토착문화와 외부문화 간 접촉이나 섞임으로 형성되는 문화 혼성 또는 혼종화. 크레올(또는 크리올)은 아메리카 원주민들과 스페인인들 사이에서 태어난 혼혈인들을 지칭한다. 식민지와 피식민지 사이 이주와 이민의 경우를 말하기도 하지만 글로벌 문화와 로컬 문화 사이에 일어나는 경우를 말하기도 한다.

기에 더해 국제적으로 "때로는 패스트푸드를 신규 시장에 먼저 확ㅎ한하는 주체가 미국의 패스트푸드 체인이 아니라 그러한 아이디어를 받아들인 그 지역 국가의 기업가들일 때도 있었다"라고 한다.[48] 그러나 다시 한 번 말하지만, 관광이나 이주를 통해 알게 된 것이든 미디어나 기업의 통신망을 통해 알게 된 것이든 간에, 음식과 관련된 아이디어는 그 아이디어를 차용하고 전달하는 것이 표준화를 낳지 않았다는 것은 틀림없는 사실이다. 패스트푸드가 전 세계로 "확산해나가"자, 학자들은 재빠르게 그런 문화적 역학 관계에 "글로컬라이제이션"이라는 이름을 붙였다. 이 용어는 현지의 식량 자원을 이용함으로써 다양한 환경에서의 맥도날드를 해당 지역에 이식하는 것을 의미한다. 그것은 또한 현지인의 입맛을 고려해 거기에 맞게 소고기 패티를 변형하고 현지인의 소비 관습을 수용하는 것을 의미하기도 한다. 패스트푸드가 미국인 이주자들을 통해 전파된 것이 아니고 미디어와 기업의 탈중앙화적인decentralized 프랜차이즈 체계를 통해 퍼져나간 데서, 그 결과는 때때로 '이전전파'의 형태를 띨 때도 있었다. 일례로, 한국에서 패스트푸드 피자를 먹는 아이들은 자신들이 먹고 있는 것이 미국 음식이지 이탈리아 음식이라고 생각하지 않는다.

여기서 간략하게 살펴본 세 사례는 지금까지 고려한 각각의 식품체제—수렵채집, 기초식품의 국제적 상거래, 맥도날드화—가 특정한 인구 이동 체제와 밀접한 관련이 있다. 세계사에서 인구 이동을 장기지속의 관점으로 파악할 때, 인간의 이동은 콜럼버스의 교환 시기나 현재의 우리 시대보다 선사시대와 인구 대이주 시기에 더욱 강력한 요소였을지도 모른다. (물론, 학자들이 다양한 시기에 관한 연구의 방향을 잡는 방식이 서로 크게 다르다는 점을 감안할 때 —어떤 때는 음식의 상거래를 촉진하는 인간의 이동에 대한 고려 없이 상거래 자체에만 초점을 맞출 때도 있고, 또 어떤 때는 그 상거래는 무시하고 이동에만 주목할 때도 있다— 이러한 발견은 각각의 시기에 인간의 실제 생활 패턴을 반영하기보다는 그저 학술적 관례에 따른 것일 수 있다.) 더 나아가, 이 세 시기에 일부 특별한 음식 관행들이 더욱 일반화되거나, 여러 인간 사회와 지리적 영토를 가로질러 "확산" 또는 "전파"되면서, 학계에서 한때 문화의 팽창·확산·전파라고 설명했던 문화적 과정들이 대개 상당한 혁신과 분화를 낳았다는 사실은 명백한 것으로 보인다. 학자들은 음식 혁신이 어떻게, 어떤 방식으로 일어났는지 설명하기 위해 더욱 복잡하고, 때로는 매우 혼란스러운 용어들—'글로컬라이제이션'에서 '혼종성'에 이르기까지—을 공들여 만들어냈다. 하지만, 그와 같은 문화적 역학 관계는 앞서 언급된 몇몇 경우에만 과거의 전파론의 분류체계에 들어맞을 뿐이다. 한때 문화의 전파라 부른 것에 대해 인간을 그 중심에 놓고 진행된 연구들은, 과거 이론화 과정에서 주목받지 못한 역학 관계들과 그런 이론화 작업에 편향된 학자들에게 새로운 분류체계를 요구하는 것처럼 보이는 역학 관계들을 집중 조명 했다.

여기서 검토된 여러 사례를 통해, 새로운 특수주의particularism를 만들어낸 것이 바로 분별력 있고 창조적인 인간들임을 매우 구체적으로 밝힐 수 있었다. 이러한 특수주의는 다시 모든 시기와 장소에서 끊임없이 변화하는 인간 사회가 서로 점점 닮아가고 연결되고 있음에도 그 각각의 사회를 고유하고 독특하게 보이도록 만들었다. 이와 같은 특수주의를 문화의 전파라고 부르든, 세계화라고 부르든, 표준화라고 부르든, 균질화라고 부르든, 인간들은 스스로를 먹거리의 생산자로서, 가공자로서, 소비자로서 끊임없이 차별화하는 순간에도 많은 것을 공유할 수 있다. 그런 만큼 음식학은 다른 어떤 연구 분야만큼이나 많이, 인간을 세계사의 중심에, 그리고 세계화 논의의 중심에 계속해서 두기를 약속한다. 과거 전파론이 역사의 변화를 기계적이고 목적론적으로 설명했던 잘못을 21세기에 세계화를 설명할 때도 똑같이 반복하지 않기 위해서 말이다.

주

1. Richard Wrangham, *Catching Fire: How Cooking Made Us Human*(New York: Basic Books, 2009). [한국어판. 리처드 랭엄 지음, 조현욱 옮김, 《요리 본능: 불, 요리, 그리고 진화》, 서울: 사이언스북스, 2011]
2. 예컨대 다음을 보라. Martin Jones, *Feast: Why Humans Share Food*(Oxford: Oxford University Press, 2007).
3. 나는 세계사를 연구하는 학자들world historians이란 지구상 인간의 삶의 매우 장기적인 역학 관계를 분석하는 것에 관심이 있는 사람들이라고 본다. 반면에, 지구를 연구하는 학자들global historians은 오늘날 글로벌한 순간들의 더욱 직접적인 뿌리를 탐색하는 것에 헌신하는 사람들이라고 본다. 두 관점 모두 귀중하다. 하지만 전자는 다양한 문화와 사회를 넘어 음식을 함께 나누어 먹는 모습을 만들어내는 데 중요한 요소로서 이동성과 음식의 교차에 강한 흥미를 느낀 사람들에게 더욱 유용하다.
4. 예컨대 다음을 보라. Sidney W. Mintz, Sidney W. Mintz, *Sweetness and Power: The Place of Sugar in Modern History*(New York: Viking, 1985) [한국어판. 시드니 민츠 지음, 김문호 옮김, 《설탕과 권력》, 서울: 지호, 1997]
5. Cited in Russell Jacoby, "When Freud came to America," *The Chronicle of Higher Education*, September 21, 2009(Online). Available: http://chronicle.com/article/FreudsVisit-to-Clark-U/48424/(January 10, 2011).
6. 본서 25장.
7. Arnold Toynbee, *A Study of History*, 12 vols.(London: Oxford University Press, 1934-61).
8. 토인비와 그를 따르는 사람들만이 이 분야에 사로잡힌 것은 아니었다. 또한 다음도 보라. H. G. Wells, *A Short History of the World*(New York: The Macmillan & Co., 1922); Oswald Spengler, *The Decline of the West*, trans. Charles Francis Atkinson, 2 vols.(New York: Alfred A. Knopf, 1922).
9. Jean-Louis Flandrin, Massino Montanari, and Albert Sonnenfeld, eds., *Food: A Culinary History from Antiquity to the Present*, trans. Clarissa Botsford, et al.(New York: Columbia University Press, 1999)은 지중해 연안의 음식 문명에 대한 분석서다. 제러드 다이아몬드는 그의 책에서 음식을 빼먹었을지도 모른다. 하지만 《총 균 쇠: 무기·병균·금속은 인류의 운명을 어떻게 바꿨는가Guns, Germs, and Steel: The Fates of Human Societies》(New York: W.W. Norton, 1997)의 핵심 주장은 유라시아 문명들이 일찍이 동식물을 사육함으로써 장기적으로 "유리한 출발"을 했다는 것이다. 또한 다음을 보라. Evan Fraser and Andrew Rinas, *Empires of Foods: Feast, Famine, and the Rise and Fall of Civilizations*(New York: Simon and Schuster, 2010). 이 책은 여러 문명을 연결하는 이동, 접속, 거래에 초점을 맞추는 새로운 세계사와 더욱 명확한 대화를 나눈다.
10. 최근 사례로는 다음을 보라. Albert M. Craig, et al., *The Heritage of World Civilizations*, 8th ed.(Upper Saddle River, NJ: Pearson Prentice Hall, 2009).

11. 이 신석기혁명 또는 농업혁명에 관한 연구는 격렬한 논쟁을 불러일으켰지만, 세계사 저술가들에게 큰 영향력을 발휘하지는 못했다. 시간을 가로질러 변화하는 해석들을 추적한 세 연구는 다음과 같다. Mark Cohen, *The Food Crisis in Prehistory: Overpopulation and the Origins of Agriculture*(New Haven: Yale University Press, 1977); David Rindos, *The Origins of Agriculture: An Evolutionary Perspective*(Orlando: Academic Press, 1984); Graeme Barker, *The Agricultural Revolution in Prehistory: Why did Foragers become Farmers?*(Oxford: Oxford University Press, 2006)이다.

12. Marijke van der Veen, "When is Food a Luxury?" *World Archaeology* 34, no. 3(2003): 405-427; Paul Freedman, *Out of the East: Spices and the Medieval Imagination*(New Haven: Yale University Press, 2008).

13. 세계사 교과서에 나오는 문명에 대한 정의 대부분은 고든 차일드의 연구에서 왔다. David Russell Harris and Vere Gordon Childe, eds., *The Archaeology of V. Gordon Childe: Contemporary Perspectives*(Chicago: University of Chicago, 1994).

14. 정착 농업 문명과 함께 생겨나고, 시간이 흐르면서 대개 그들의 우월한 군사력(그 자체가 우월한 이동 기술의 산물)으로 그들만의 고유한 제국을 발전시킨 유목사회는 역사학의 연구 대상이 되었다. Peter B. Golden, "Nomads and Sedentary Societies in Medieval Eurasia," in *Agricultural and Pastoral Societies in Ancient and Classical History*, ed. Michael Adas(Philadelphia: Temple University Press, 2001), 71-115. 반면에 수렵채취민들은 계속해서 인류학과 고고학의 연구 대상이었지만 역사학의 연구 대상은 아니었다.

15. 문명화된 전쟁의 이동하는 것에 병사, 전투 부대, "종군 민간인들Camp followers"을 포함시켜야 한다고 주장하는 최근의 연구와 관련해서는 다음을 보라. Jan Lucassen and Leo Lucassen, "The Mobility Transition Revisited, 1500-1900: What the Case of Europe can Offer to Global History," *Journal of Global History* 4(2009): 347-377.

16. 그 용어는 대개 고고학자들이 사용하고 논쟁했다. 예컨대 다음을 보라 Robert L. Kelly, "Mobility/Sedentism: Concepts, Archaeological Measures, and Effects," *Annual Review of Anthropology* 21(October 1992): 43-66.

17. 수렵채집에 대한 장기지속을 설명하는 초기의 노력과 관련해서는 다음을 보라. Marshall Sahlins, "The Original Affluent Society," in *Stone Age Economics*(Chicago: Aldine Publishing Co, 1974). [한국어판. 마셜 살린스 지음, 박충환 옮김, 《석기시대 경제학: 인간의 경제를 향한 인류학적 상상력》, 파주: 한울아카데미, 2014]

18. Norman J. Girardot, *Myth and Meaning in Early Taoism: The Theme of Chaos*(Berkeley: University of California Press 1983), 130.

19. Albert M. Craig, et al., *Heritage of World Civilizations*, 6-9.

20. Patrick Manning, *Navigating World History: Historians Create a Global Past*(New York: Palgrave-Macmillan, 2003); Ross Dunn, ed., *The New World History: A Teacher's Companion*(Boston and New York: Bedford/St. Martin's, 2000).

21. William McNeill, *The Rise of the West: A History of the Human Community*(1963; repr., Chicago: University of Chicago Press, 1991).

22. David Christian, *Maps of Time: An Introduction to Big History*(Berkeley: University of

California Press, 2004). [한국어판. 데이비드 크리스천 지음, 이근영 옮김, 《시간의 지도: 빅 히스토리》, 서울: 심산, 2013]

23. Jerry Bentley and Herbert Ziegler, *Traditions and Encounters: A Global Perspective on the Past*, 3rd ed.(New York: McGraw-Hill, 2005); Edward H. Judge and John W. Langdon, *Connections: A World History*(Upper Saddle River, NJ: Pearson Education, 2009); Trevor Getz and Richard Hoffman, *Exchanges: A Global History Reader*(Upper Saddle River, NJ: Prentice Pearson, 2009).

24. Adrian Carton, "Food," in *Berkshire Encyclopedia of World History*, ed. William McNeill(Great Barrington: Berkshire Publishing, 2005), 757-763.

25. Dirk Hoerder, *Cultures in Contact: World Migrations in the Second Millennium*(Durham: Duke University Press, 2002).

26. 또한 다음을 보라. Clark Spencer Larsen, "Dietary Reconstruction and Nutritional Assessment of Past Peoples. The Bioanthropological Record," in *The Cambridge World History of Food*, ed. Kenneth F. Kiple and Kriemhild Conee Ornelas, 2 vols.(Cambridge: Cambridge University Press, 2000), 1:13-34.

27. Jeffrey M. Pilcher, *Food in World History*(New York: Routledge, 2006); Patrick Manning, *Migration in World History*(New York: Routledge, 2005).

28. A connection that is scarcely problematized, by contrast, in Kenneth F. Kiple and Kriemhild Conee Ornelas, eds., *The Cambridge World History of Food*.

29. Jeffrey M. Pilcher, *Food in World History*, 6.

30. 본서 19장.

31. Patrick Manning, *Migration in World History*, 126.

32. Peter J. Hugill, "Diffusion," in *Encyclopedia of Cultural Anthropology*, ed. David Levinson and Melvin Ember(New York: Henry Holt and Company, 1996), 344-345; Robert H. Winthrop, *Dictionary of Concepts in Cultural Anthropology*(New York: Greenwood, 1991), 82; Gail King and Meghan Wright, "Diffusionism and Acculturation," in *Anthropological Theories: A Guide Prepared for Students by Students*, ed. M. D. Murphy(Online). Available: http://www.as.ua.edu/ant/cultures/cultures.php?culture=Diffusionis m%2520a nd%2520Acculturation(March 12, 20n).

33. Walter Dostal and Andre Gingrich, "German and Austrian Anthropology," *Encyclopedia of Social and Cultural Anthropology*, ed. Alan Barnard and Jonathan Spencer(London: Routledge, 1996), 262-265.

34. Gail King and Meghan Wright, "Diffusionism and Acculturation."

35. 본서 12장; 본서 24장; 본서 16장.

36. Patrick Manning, *Migration in World History*.

37. 예컨대 다음을 보라. Leslie C. Aiello and Peter Wheeler, "The Expensive-Tissue Hypothesis: The Brain and the Digestive System in Human and Primate Evolution," *Current Anthropology* 36, no. 2(April 1995): 199-221.

38. Christiane Harzig and Dirk Hoerder, *What is Migration History?*(Cambridge: Polity Press,

2009), ch. 2.

39. 본서 12장.

40. 이 연구와 관련해서는 다음을 보라. James L. Boone, "Subsistence Strategies and Early Human Population History: An Evolutionary Ecological Perspective," *World Archaeology* 34, no. 1(June 2002): 6-25; P. Jeffrey Brantingham, "Measuring Forager Mobility," *Current Anthropology* 47, no. 3(June 2006): 435-459; Gary Hanes, "The Catastrophic Extinction of North American Mammoths and Mastodonts," *World Archaeology* 33, no. 3(February 2002): 391-416; Marcello A. Mannino and Kenneth D. Thomas, "Depletion of a Resource? The Impact of Prehistoric Human Foraging on Intertidal Mollusc Communities," *World Archaeology* 33, no. 3(February 2002): 452-474.

41. Steven J. Mithen, *Thoughtful Foragers: A Study of Prehistoric Decision Making*(Cambridge: Cambridge University Press, 1990).

42. Judith Carney and Richard Nicholas Rosomoff, *In the Shadow of Slavery: Africa's Botanical Legacy in the Atlantic World*(Berkeley: University of California Press, 2010). 다음도 보라. Frederick Douglass Opie, *Hog and Hominy: Soul Food from Africa to America*(New York: Columbia University Press, 2008).

43. Donna R. Gabaccia, *Foreign Relations: Global Perspectives on American Immigration*(Princeton, NJ: Princeton University Press, 2012). 새로운 연구는 이러한 문제를 바로잡는 데 한몫할 수 있다. 다음을 보라. Elizabeth Zanoni, "Gendered Geographies of Consumption and Migration: Commercial and Migratory Links between Italy, the U.S., and Argentina, 1880-1940"(Ph.D. diss., University of Minnesota, 2011).

44. 본서 24장"; Andrew Coe, *Chop Suey: A Cultural History of Chinese Food in the United States*(New York: Oxford University Press, 2009); Krishnendu Ray, *The Migrant's Table: Meals and Memories in Bengali-American Households*(Philadelphia: Temple University, 2004); Hasia Diner, *Hungering for America: Italian, Irish, and Jewish Foodways in the Age of Migration*(Cambridge, MA: Harvard University Press, 2001); Donna R. Gabaccia, *We Are What We Eat: Ethnic Food and the Making of Americans*(Cambridge, MA: Harvard University Press, 1998).

45. 이것은 확실히 이 논문의 주요 주제 가운데 하나다. "우리의 존재는 먹는 것이 결정한다We Are What We Eat."

46. 예컨대 다음을 보라. "Migrations, pratiques alimentaires et rapports sociaux: Quand continuité n'est pas reproduction, discontinuité n'est pas rupture," *Anthropology of Food* 7(December 2010).

47. Stephen Castles and Mark J. Miller, *The Age of Migration*(New York: Guilford Publication, 2008). [한국어판. 스티븐 카슬·마크 J. 밀러 지음, 한국이민학회 옮김,《이주의 시대》, 서울: 일조각, 2013]

48. Steve Penfold, "Fast Food."

18장

중세의 향신료 무역
The Medieval Spice Trade

폴 프리드먼Paul Freedman

　중세 말(1200~1500) 유럽의 만족할 줄 모르는 향신료spice 수요는 소비자의 욕구가 만들어낸 거대한 역사의 변화 가운데 가장 중요하고 널리 알려진 사례일 것이다. 운명적인 유럽인의 신대륙 발견 항해와 이어진 식민지화는, 곡물과 같은 기초적이고 필수적인 1차산물을 찾기 위해 시작된 것이 아니라, 흔히 "생활양식lifestyle"이라고 부를 수 있는 것을 향상시키려 건강에 좋고 품위 있는 향미와 기운을 제공할 향료를 구하기 위해 시작되었다. 크리스토퍼 콜럼버스, 바스쿠 다가마Vasco da Gama, 그리고 그 뒤로 이어진 탐험가들은 금과 은을 찾아서, 그리고 투르크족과의 전쟁에서 도움을 줄 수 있을지도 모를 이슬람 영토 너머 기독교국가의 왕들을 발견할 기회를 잡으려는 다양한 목표를 품고 여행을 준비했다. 그러나 그들이 탐험에 나선 근본적인 동기 하나는, 베네치아와 제노바 상인들이 이슬람 중동 지역 시장 거점들을 경유해 공급했던 향신료들을 더 낮은 가격으로 얻기 위해 향신료 산지를 직접 찾아가는 것이었다. 당시 유럽인들은 극도로 매혹적인 이국의 향과 맛이라고 생각한 다양한 향신료를 구하고자 수많은 구전 지식, 학식, 항해술, 재정 후원, 경제 이론화 작업을 총동원했다. 그들은 제한된 유럽 시장보다 베일에 가려진 신비한 원산지 국가를 직접 찾아가면 향신료가 훨씬 더 풍부하게 있을 거라고 믿었다.

음식의 역사에서 향신료 무역의 중요성은 단순히 향신료가 퍼져나간 상업적 교역로와 전파 방식에 대한 추측에 있는 것이 아니라 향신료 수요가 처음에 왜 그처럼 놀랄 정도로 높았는가에 있다. 오늘날 유럽 음식이 열대지방처럼 향신료를 많이 치지도 않으며 그런 조리 방식을 용인하지도 않는다는 것은 명백한 사실이다. 17세기와 18세기에 정통 프랑스 요리가 개발된 것은 이전에 시나몬·정향·사프란saffron*과 같은 향신료 때문에 매우 진한 향과 복잡한 맛이 나는 데 대한 거부감이 한 원인이었다. 중세와 르네상스 시대의 요리는 "아랍풍"이며 "유치한" 음식으로 일축되었는데, 육즙을 증류해 만든 더 기름지고 진한 형태의 소스를 개발하고, 거기에 맵고 톡 쏘는 향신료가 아닌 샬롯shallot, 송로, 유럽산 허브들로 맛을 냈다. 북아프리카·중동·인도·인도네시아의 향신료 상인들은 유럽인들에게 엄청나게 다양하고 풍성해 보이는 향신료를 거래한다. 프랑스 소비자들은 향신료를 늘 일상적으로 구매한다. 어떤 향신료(시나몬, 카다멈cardamom, 육두구肉荳蔲, nutmeg** 따위)는 유럽에서 후식 이외에 잘 어울리는 음식이 별로 없다. 사프란은 파에야paella, 로테오사프란lotte au safran, 리소토밀라네제risotto milanese[리소토알라밀라네제] 같은 요리에 들어간다. 하지만, 이런 음식은 매우 독특한 요리로 일반적 요리 관행의 일부가 아니다. 후추는 일반 향신료로 겨우 명맥을 유지했고(지금도 유럽에서는 많이 쓰지 않는다), 중세 때 향신료로 여겼던 설탕은 나중에 비정상적일 정도로 널리 인기를 끌게 되었다. 하지만 유럽인들이 향신료 산지를 발견하고 그 교역로를 지배하는 데 성공하자 유럽에서는 향신료에 대한 관심이 점점 사라졌다. 톡 쏘는 향신료가 들어간 요리 맛에 대한 이와 같은 무상함은 유럽에서 초기에 향신료가 인기를 얻은 배경과 관련한 기존의 이해와 부딪치는 것처럼 보

* 붓꽃과의 사프란 크로커스(saffron crocus, 학명 *Crocus sativus*) 꽃의 암술대를 말려 가루 낸 향신료.
** 카다멈 또는 카르다몸은 (서남아시아산) 생강과科 소두구속小荳蔲屬이나 두구속에 속하는 식물의 씨 또는 그것을 말려 가루 낸 향신료고, 육두구는 육두구속 식물의 씨 또는 그것을 말려 가루낸 향신료다.

인다.

　중세의 향신료 수요를 이해하는 데는 중세 사람들의 음식 선호에 대한 설명과 지난 수백 년 동안 유럽인의 입맛이 급격하게 달라진 것에 대한 평가가 필요하다. 그러나 중세에 향신료는 조리용 말고도 다른 용도가 있었다. 향신료는 소스와 같은 식재료로서의 용도 말고도 건강 증진에 도움을 주는 것으로 생각되었다. 그래서 향신료는 의약품의 중요한 성분이었다. 또한 향신료는 균형이 깨지기 쉬운 인체의 체액을 균형 있게 유지해주는 데 쓸모가 있었다. 개인의 기질에 따라, 체액을 구성하는 네 필수 유체는 서로 다른 음식의 여러 속성이 충돌하면 쉽게 균형이 깨질 수 있었다. 혈액, 황담즙, 흑담즙(우울증), 점액은 저마다 뜨겁고, 건조하고, 습하고, 차가운 속성이 있었다. 고기와 생선 같은 음식은 차갑고 습한 속성이 있어서, 그것을 먹을 때는 체액의 균형을 깨뜨리지 않도록 대체로 뜨겁고 건조한 속성이 있는 향신료를 가미해 먹었다.

　향신료가 미식가들의 입맛을 자극하고 의학적으로 효능이 있다고 평가받은 이유는 무엇보다도 그것의 이국적인 색다른 맛 때문이었다. 향신료는 미지의 먼 나라에서 왔다. 그것이 풍기는 경이로운 향내는 과거 인도와 관련해 일반적으로 받아들여진 생각들을 떠올리게 했다. 동양에 대한 이와 같은 이미지에다 성경 속 향기로운 지상낙원의 개념과 그곳이 동방Orient에 있다는 생각이 더해졌다. 일종의 사회적 특권과 신분을 나타내는 상징으로서 향신료는 단순히 음식에 한정해서가 아니라 음식을 포함해 향기로운 환경을 제공하는 능력과 밀접한 관련이 있었다. 어떤 의미에서 향신료는 단순히 음식에 일상적으로 들어가는 식재료가 아니라 신비한 성분이 있는 재료였다. 용연향龍涎香, ambergris, 사향麝香, musk, 장뇌樟腦, camphor* 같은 아주 비싼 향신료는 지독하게 역겨운 냄새를 풍기는 병을 막는 예방약, 실내에 향기를 발산하는 방향제, 부자들의 몸에 뿌리는 향수로 사용되었다. 그것들은 요리에도 일부 쓰였는데 특히 향료주spiced wine를 빚을 때 주로 사용되었다. 이처럼 다양한 용도는 향신료가 사람들의 마음을 사로잡은 이유 가운데 하나였다. 하지만 향신료가 육체적으로나 정신적으로 일종의 행복감을 줄

---

* 용연향은 향유고래의 소화기관에서 얻는 송진 비슷한 향료를, 사향은 사향노루의 사향샘에서 얻는 향료를, 장뇌는 상록수인 장뇌수樟腦樹나 용뇌수龍腦樹의 목재에서 얻는 향료를 말한다.

수 있다는 것은 지나치게 과장된 상상 속의 생각이었다. 오늘날 그것과 가장 비슷한 생각은 고요·순수·향·조화에 반대되는 "스트레스stress" 같은 불안감을 낳는, 설명하기 어려운 모호한 질병에서 벗어나 건강과 자유를 되찾는 "만족"감sense of "Wellness"일 것이다. 특히 향기가 정신적·육체적으로 건강에 도움이 된다는 방향요법[아로마테라피aromatherapy]의 기본적 생각은 중세 때 향기를 발산하는 사치품들에 폭넓은 중요성과 의미를 두었던 것에 비견될 수 있다.

사향과 용연향처럼 향기를 풍기지만 극히 일부만 먹을 수 있는 이국풍의 진기한 것이 향신료에 포함된 것은 중세에 "향신료"가 무엇을 의미했는지를 묻게 한다. 다시 말해, 향신료가 요리 이외의 용도가 있다는 이유로 높은 평가를 받았다면 당시의 향신료가 무엇을 의미했는지 묻게 된다. 피렌체 상인 프란체스코 발두치 페골로티Francesco Balducci Pegolotti는《상업 안내서[상업 실무]La pratica della mercatura》(1340)에서 무려 288종의 향신료를 열거했다—실제로는 193종인데, 같은 종이라도 유형이나 등급이 다른 것(예컨대 유향수지乳香樹脂, mastic와 생강은 각각 등급에 따라 3종으로 분류)은 서로 다른 향신료로 분류해 수록했다. 그것들은 모두 수입품이고, 잘 썩지 않으며, 단가가 매우 높다는 공통점이 있다(향신료는 소량이라도 매우 비싸서 철광석·목재·밀과 달리 수익을 내기 위해 대량 운송이 필요하지 않다). 페골로티는 염료·밀랍·면화도 향신료에 포함시키지만, 향신료에 포함된 대부분은 향기가 좋은 것들이다. 향신료가 향기를 발산하려면 그 재료를 갈거나 긁어야 하는데, 그것이 바로 향신료가 비싼 이유이기도 하다.

향신료가 허브와 구별되는 이유는 그것이 수입품이고 훨씬 더 비싸기 때문이다. 허브 역시 음식 조리에도 쓰이고 치료제로도 활용됨에도, 그것은 국내에서 재배·채집되기 때문에, 가끔 말려서 저장도 하지만, 푸른색 채소와 같은 것으로 취급되었다. 허브 또한 시장에서 거래되기도 했지만 대개 약제상점·향신료상점·식료품점 같은 도시 상점이 아니라 농민이나 채집자들이 주로 팔았다. 허브는 음식 맛을 내는 데서 향신료에 뒤지지 않고 또 향신료가 따라갈 수 없는 의학적 또는 유사의학적 효능도 있었다. 독약, 마법, 사랑의 묘약에는 향신료가 아니라 허브가 들어갔다. 그러나 허브는 상업적 가치가 없거나 있어도 아주 미미했다. 허브는 수입품이 아닌 국산품이었기 때문이다.

중세 요리와 향신료

향신료는 중세 때 모든 요리와 약물 조제에 늘 들어갔다. 향신료는 음식에 맛을 내는 양념이면서 질병을 치료·예방하는 약품이었다. 식이조절을 잘하면 건강에 좋고 과식을 하거나 편식을 하면 건강을 해친다고 대개 생각해왔다는 점에서 요리와 의학 분야는 늘 관련이 있다. 음식 섭취가 질병 및 그 원인과 밀접한 관련이 있던 때가 여러 차례 있었다. 20세기 중반, 사람들은 약물이 어떤 종류의 질병이나 영양 결핍도 고칠 수 있다고(또는 곧 고칠 거라고) 생각했다. 심지어 식품 산업의 정책입안자들은 균형 잡힌 식사와 영양분이 풍부한 냉동된 또는 농축된 식사를 위해 가정에서 조리하는 것이 곧 사라질 거라고 믿었다. 이러한 환경에서 음식과 의학은 사이가 크게 벌어졌고, 식이조절의 유일한 목적은 살을 빼거나 유지하는 것이 되었다. 20세기 후반, 비만 걱정, 식품 가공, 식품 산업의 관행, 신선한 것을 찾는 소비자 태도의 변화, 계절적 변동, 환경적 변화는 지난날 음식과 건강의 전형적 관계 특히 나쁜 식습관과 질병의 관계에 대한 관심을 다시 불러일으켰다. 사람들은 이제 어떤 음식이 건강에 나쁘고(예컨대 과당이 높은 옥수수 시럽으로 가공된 식품) 좋은지(예컨대 귀리 기울oat bran, 아마씨flax seed)만 생각하지 않는다. 여기서 더 나아가, 영양 불균형 대 영양 균형, 또는 유독성 대 청정성의 대립 개념은 의학과 음식 사이의 경계를 모호하게 하는 데 한몫한다. 이는 향신료가 맛을 낼 뿐 아니라 건강에도 유익하고 균형을 잡아주는 훌륭한 음식 성분이라는 중세의 세계관 가운데 일부를 오늘날 다시 상기시킨다. 향신료가 건강 관리와 증진에 기여할 거라는 기대는 향신료의 원산지가 신비한 미지의 땅이며, 향신료의 가격이 비싸고, 향신료의 이미지가 신성함과 관련이 있는 덕분에 더욱 높아졌다. 만일 에덴동산에 다양한 향신료가 차고 넘치고, 몸에서 나는 향기로운 냄새(썩어가는 몸에서 나는 악취와 정반대인)로 성인이라는 것을 확인할 수 있다면, 향신료로 좋은 향을 낸 음식과 약물은 몸과 마음, 여기에 더해 정신이나 영혼에도 유익한 영향을 끼치는 효능이 틀림없이 있을 것이었다.

그러나 향신료는, 이 모든 다양한 용도에도, 진짜 풍미가 있었다. 중세 요리는 의학이나 영양학적 전통 또는 부를 과시하고 싶은 욕망이 아니라 향신료 자체의 맛 때문에 매우 흥미진진한 것이었다. 중세 유럽의 요리 미학은, 맛시모 몬타나리가 요리 범주에 관한 총론에서 간략하게 정리한 용어를 빌리자면, 분석적[애널리틱]analytic이지 않고 종합적[신세틱]synthetic이다.[1] 종합적이라 함은 요리사가 기본 식재료의 맛을 강조하기보다 요리 전체에서 나는 다양한 맛을 중시한다는 의미에서다. 반면에 근대의 유럽 요리는 분석적이다. 식재료의 질을 높이고 조리 과정에서 식재료의 형태와 맛을 온전하게 유지함으로써 다시 말해 요리의 기본 성분이 무엇인지 모르게 그 기본 성분을 가리거나 뒤섞지 않고 오히려 강화함으로써, 종합적인 맛을 추구하는 중세 조리 전통의 맥을 끊었다. 대다수 인도 요리는 소스로 요리를 구분한다는 점에서 종합적이다. 이는 다른 고기나 채소 요리에도 똑같이 적용되는 만큼 요리의 맛은 기본 식재료의 맛보다 여러 식재료와 양념의 복합적인 맛으로 결정된다. 1656년, 니콜라 드 본퐁스Nicolas de Bonnefons는 "양배추 수프는 양배추 맛이, 부추 수프는 부추 맛이, 순무 수프는 순무 맛이 나야 한다"라고 하면서, 양념보다 기본 식재료가 더 중요하고, 식재료가 뒤섞여 정확하게 맛을 구분할 수 없는 종합적 요리보다 음식의 성분을 쉽게 구분할 수 있는 분석적 요리가 더 우선이라고 주장했다. 그의 결론은 아주 명쾌하다. "음식은 그 음식 본연의 맛을 내야 한다."[2]

지나친 향신료 사용은, 17세기 프랑스 요리사들이 옹호한 새로운 정통성에 따르면, 치명적 잘못이었다. 이러한 요리 철학의 참신성과 다른 유럽 국가들의 낙후성은 1657년 향신료·과일·고기의 기이한 결합 때문에 독일 요리가 엉망이 된 것을 발견한 쿨랑주 후작Marquis of Coulanges 같은 여행자들의 설명이나, 이와 거의 같은 시기 육두구·시나몬·사프란·설탕으로 뒤범벅된 폴란드 음식에 대한 오트빌의 가스파르Gaspard d'Hauteville의 인상에서 찾아볼 수 있다. 새로운 양식을 옹호했던 당시의 프랑스인들은 타국의 낙후성뿐 아니라 자국의 옛 전통도 거부했다. L.S.R.이라는 익명으로 《훌륭한 접대 기술L'Art de bien traiter》(1674)을 쓴 이는 자신의 혁신적 전임자 프랑수아 피에르 라 바렌François Pierre La Varenne조차 지나치게 향신료를 쓰고 너무 많은 양념을 사용한다며 외면했다. 그런 조리 방식은 "우리처럼 품위 있고, 섬세하고, 훌륭한 취향이 (가득한) 고상한 분위기에서보다 (…) 아랍인들 사이에서 더 잘 받아들여진다."[3] 이 모든 사례에는 옛날 전통의 맛—양념을 많이 넣고 달콤하고 이것저것 복합적으로 뒤섞은 중세의 소스 맛—에 대한 명시적 또는 암시적 비난이 담겨 있다.

아마도 "아랍풍"의 특성에 기반을 둔, 중세 요리에 대한 근대 프랑스 요리사들의 멸시는 중세 유럽의 조리법이 아랍과 페르시아 심지어 인도의 미적 양식을 따르는 것처럼 보인다는 점에서 어느 정도 이해될 수 있다. 장미향수rosewater 같은 향이 강한 식재료의 사용과, 말린 과일, 소스나 설탕절임 과자의 설탕, 아몬드 우유에 대한 선호는 서아시아 지역에서 차용된 방식임을 증명하는 것으로 보인다. 시금치와 아티초크artichoke 같은 새로운 채소, 또는 안달루시아의 광귤廣橘, bitter orange과 석류는 확실히 이슬람 세계에서 수입되었다. 그러나 중세 유럽인들의 이슬람 문화 중 요리 선호도가 얼마나 직접적이었는지에 대해서는 의견이 크게 갈린다. 유럽의 요리책에서 북아프리카, 서아시아, 페르시아 요리를 발견하기는 어렵다. "사라센 스타일Saracen style" 또는 "사라센 소스Saracen sauce"라고 말하는 것들도 사실은 이슬람 문화와는 직접적 연관성이 없다. 이슬람과 관련이 있다면 [요리의] 빨간색 정도일 것이다. "사라센"이라는 말이 들어간 혼합 요리에 돼지고기와 같이 이슬람 음식에 쓰여서는 안 되는 식재료가 들어가 있을 수도 있다.[4]

향신료와 관련한 중세 조리법의 특징은 일반적으로 동양의 미적 사고를 반영한다. 향신료는 근대 서양의 방식처럼 단독으로가 아니라 다른 식재료와 섞고 조합해서 사용된다. 향신료는 매콤한 요리에서 달콤한 요리에 이르기까지 메뉴 전반에 나타나는데 대개 설탕과 식초를 함께 넣기 때문에, 현대적 관점에서 볼 때, 매콤한 맛과 달콤한 맛의 대비가 잘 드러나지 않는다. 그리고 끝으로, 중세 조리법에서는 향신료가 대량으로 사용된다. 대체로 요리책에는 향신료의 양이 특정되어 있지 않으며, 중세 요리를 무조건 향신료가 마구 넘쳐나는 음식으로 과장해서 생각하는 것은 적절치 않지만, 가정에서 먹는 식사와 음식에 대한 설명은 향신료가 대부분의 요리에서 적지 않게 쓰였고 음식 맛을 내는 중요한 조미료였음을 보여준다. 중세시대 요리책들을 전체적으로 보면(13세기부터 15세기까지의 요리책이 약 150권 남아 있다), 조리법의 75퍼센트에 향신료가 들어가는데, 자그마치 영국의 중세 요리책 중 90퍼센트가 향신료를 식재료로 기재하고 있다.[5]

중세 때 다양한 향신료가 폭넓게 사용된 것은 향신료가 당시의 문화적 선호를 뒷받침하는 전반적 환경과 잘 맞아떨어진 때문이다. 대체로 중세 요리는 담백함보다는 인공적인 것을 강조했고, 기본적인 요소에 강도 높게 집중하기보다는 복잡한 맛의 조합(예컨대 달콤하면서도 시큼한 맛)을 강조했다. 중세 요리는 향내를 풍기고 톡 쏘는 맛뿐 아니라 음식 색깔, 착시 현상, 장엄한 분위기까지 포함해 특별한 효과를 즐겼다. 후추·사프란·시나몬·생강·설탕은 중세 요리에 가장 많이 쓰인 향신료로서, 동양에서 지중해 지역으로 수입된 향신료들의 주종을 이루었다. 그러나 중세 때 향신료를 유난히 좋아했던 현상에서 볼 수 있는 가장 두드러진 특징 하나는, 톡 쏘는 매콤한 맛을 내는 다양한 식재료를 요리에 많이 썼으며 그런 식재료들을 파는 상인도 많았다는 점이다. 육두구와 정향은 오늘날 인도네시아 동부 몰루카제도Moluccas[말루크제도Maluku Islands]의 작은 섬들에서 수입되었다. 그것들은 매우 귀했고 그런 만큼 값도 매우 비쌌다. 그 밖에 당시 흔히 쓰였던 향신료들은 오늘날 유럽과 북아메리카에서 아시아계 소수민족 거주지ethnic enclave 말고는 거의 알려져 있지 않다. 가랑갈galangal과 제도어리zedoary[둘 다, 뿌리를 향신료로 쓰는, 생강의 일종], 긴후추long-pepper(후추와 전혀 상관이 없는 인도산 향신료)는 중세시대 파리에서 유명한 향신료였지만, 수백 년이 지난 오늘날은 파리에서 사라졌다. 동남아시아가 아닌 서아프리카가 원산지인 말라게타후추malagueta pepper는 당시 사람들이 "낙원의 곡물[그레인스 오브 파라다이스]grains of Paradise"이라고 불렀는데, 이것은 초창기 마케팅 또는 "브랜딩"의 확실한 성공 사례라고 볼 수 있다. 말라게타후추는 특히 프랑스에서 16세기에 완전히 자취를 감추기 전인 13세기와 14세기에 큰 인기를 끌었다.

궁정 요리사 타유방Taillevent*과 《파리의 요리사Le Ménagier de Paris》를 쓴 상층 부르주아 저자는 둘 다 자신의 조리법에서 약 20가지의 향신료를 사용한다. 타유방은 요리사들이 반드시 수중에 두고 있어야 할 것들의 목록을 제공한다. 그중에는 푸드르 느와르poudre noir나 푸드르 마숑poudre marchant과 같은 혼합 향신료spice mixtures도 있었는데, 인도의 마살라masala나 북아프리카·중동의 다양한 향신료를 조합한 모로코 스타일의 라스 엘 하누트ras el hanout와 비슷한 향신료였다.

우리가 향수나 약재로 생각하는 일부 향료 재료도 요리에 사용되었다. 일례로 사향과 장뇌는 사탕절임 과자의 향을 내는 데 쓰였다. 그러나 이러한 경우는 르네상스 시대에 더욱 많아졌는데, 가장 귀한 향신료 가운데 하나이자 대개 치유

---

* 샤를 5세와 샤를 6세 요리장의 필명. 본명은 기욤 티렐Guillaume Tirel이다.

를 위한 정화용의 용연향도 연회 음식의 향과 맛을 내는 데 사용되었다.

향신료와 건강

과거에는 향신료의 향긋하거나 톡 쏘는 냄새와 맛이 먹는 사람들에게 즐거움을 줄뿐더러 환자가 먹는 음식에 건강을 회복시키는 효능을 더하는 것으로 알려져 있었다. 그러나 지금은 대체로 즐거움을 주는 음식이 건강에 좋지 않은 음식으로 여겨지고, 건강에 유익한 음식도 특별히 비싸거나 희귀하지 않기 때문에, 과거 향신료가 지녔던 이중 매력에 비견되는 음식은 오늘날 없다. 향신료가 인간의 건강에 유익한 효능은 두 가지가 있다고 여겨졌다. 첫째는 의학적 효능으로, 향신료가 여러 신체 장애를 치유하는 속성이 있다고 여겨졌다. 둘째는 고기와 생선을 많이 먹는 데 따른 영양의 불균형을 바로잡아주는 효능으로, 향신료가 소화력을 높이고 질병을 예방하고 몸의 균형을 유지시키는 것과 밀접한 관련이 있다고 여겨졌다. 향신료가 식재료와 약재로서 중첩되어 더욱 널리 사용된 것은 바로 이러한 까닭에서였다.

중세의 약 조제 설명서들을 보면 "약초[약용식물]simple"로 알려진 기본 약재가 수백 가지 나열되어 있다. 당시 요리에 쓰인 향신료들도 모두 효능 좋은 약의 목록에 들어 있다. 향신료는 많은 경우에(예컨대 설탕) 조리용보다 의료용으로 더 일찍 전파되었다. 12세기 설명서에 따르면, 후추는 가슴이 답답한 증상을 없애고 천식을 치료하는 데 효능이 있다. 시나몬을 소화불량을 완화하고, 포도주에 넣고 데워 먹으면 잇몸이 무너지는 것을 막는다.[6]

약제사들은 여러 가지 심지어 수십 가지 향료를 섞어 조제한 약물들도 내놓았다. 가장 인기가 많았던 조제약 가운데는 유명 의사가 많았던 프랑스 남부 소도시 몽펠리에Montpellier의 처방전에 따라 무려 83가지 재료를 섞어 만든 일종의 만병통치약도 있었다.[7] 약제사들은 매우 다양한 향료뿐 아니라 광물과 축산물도 보유하고 있었다. 한 바르셀로나 약국의 재고 목록에는 1353년부터 약재 검사 목록에 100가지가 넘는 향신료와 허브를 비롯해서 청금석[라피스 라줄리] lapis lazuli, 잘게 찧은 진주, 사향, 말린 오징어 같은 복합 조제용 약물이 들어 있었다. 방부 처리(중동에서 선호하는) 사체에서 흘러나온 것으로 끈적끈적하고 당연히 불쾌한 냄새가 풍겨나는 "미라mummy"라는 용어로 표기된 물질까지도 목록에 있었다.[8] 그 물질은 출혈을 막고 상처를 치료하는 데 쓰는 것으로 표시되어 있었다.[9] 따라서 사람들은 이처럼 기이한 재료들과 함께 상대적으로 일반 조리용 향신료 또한 치료에 효능이 있을 거라고 생각했다.

당시 사람들은 향기 그 자체가 질병이 확산되는 것을 막는 효능이 있다고 믿었다. 질병이 악취를 통해 전파된다고 믿었던 시절에 매혹적인 향수와 향료는 건강에 유익한 환경을 만드는 역할을 했다. 나쁜 공기—늪, 하수, 동물 사체, 산업 폐수와 작업 과정(특히, 가죽을 다듬고 철광석을 제련하는 과정)에서 나오는 "미아스마miasma"*—는 육두구를 비롯해 용연향·장뇌·사향 등 식용 향신료 같은 향내 나는 물질을 써서 제거했다. 실내는 허브, 향신료, 향의 신선한 향기로 채우거나 그것들을 불에 태워 향을 피우기도 했다. 조심성 많은 부자들은 불결한 거리를 통과할 때 휴대용 향수를 지니기도 했다. 포맨더pomander(프랑스어로 "용연향 사과 pomme d'ambre")는 금속으로 세공한 속이 보이는 공 모양의 통으로 그 안에 여러 향신료를 담아둘 수 있었는데, 그냥 손에 들고 다니거나 사슬에 매달아 다녔다. 의사와 약제사들은 질병 예방을 위해 질병 종류에 따라 여러 종류의 포맨더를 추천했다. 심지어 사람들은 흑사병이 메이스mace,** 백단향白檀香, sandalwood, 몰약 沒藥, myrrh, 소합향蘇合香, storax, 그리고 무엇보다 용연향이 풍기는 유익한 향기로 최소한 어느 정도는 완화될 수 있다고까지 생각했다.[10]

향신료는 또한 음식 조리 과정에서 질병을 예방하는 역할을 했으며 건강에 필요하다고 생각되는 체액의 균형을 이루는 중요한 구실을 했다. 인체에 중요한 4체액은 균형 상태를 유지하게 되어 있어서 어느 하나가 더 우세해서는 안 되었다. 질병은 4체액이 균형을 잃은 채 상호작용을 할 때 발생하는데, 이러한 체액의 영향력에 관한 이론들은 그리스와 로마 의학에서 유래되었다. 사람마다 점액, 황담즙, 흑담즙, 혈액 가운데 어느 것이 조금씩 더 많이 생겨나는 성향이나 기질 temperament이 있었다. 따라서 사람은 선천적으로 냉정할 수도 있고, 낙천적일 수

---

* 장기瘴氣 곧 유해한 공기, 대기 속에 있는 전염병 독, 독성을 머금은 수증기. '미아즈마'라고도 한다.
** 육두구 열매의 선홍색 씨의 껍질을 말린 것으로 고기 요리 및 과자 따위에 쓰는 향신료.

도 있고, 성을 잘 낼 수도 있고, 우울할 수도 있다. 의사들은 환자들에게 맞는 식사법을 권고하기 위해 그들의 기질을 알 필요가 있었다. 그래야 식단을 조절할 수 있기 때문이었다. 약간 우울증 증세가 있는(흑담즙이 많은) 사람은 체액을 차갑고 건조하게 만드는 음식에 주의해야 했다. 특정 체액 성향과 불균형이 발생하는 것은 단순히 인간의 생리 문제 때문만이 아니라 인간이 먹는 음식과도 관련이 있기 때문이었다. 그래서 차갑고 건조한 음식으로 대표적인 소고기는 우울증 기질이 있는 사람이라면 되도록 피하거나 그 재료가 지닌 체액의 편향적 성질을 중화하는 방식으로 조리해서 먹어야 했다.

조리 방식과 향신료 같은 첨가 재료는 체액의 특성을 강화하거나 완화하는 역할을 했다. 굽고 튀기는 방식은 음식을 더 따뜻하게 하기 때문에 차갑고 습한 성질이 있는 돼지고기는 굽거나 튀겨 먹어야 한다. 하지만 소고기는 본디 매우 건조한 성질이기 때문에 구워 먹는 것보다 삶아 먹는 것이 더 건강에좋다고 생각했다.

향신료는 대개 뜨겁고 건조한 성질이 있고 고기는 차갑고 습한 성질이 있어서 향신료를 고기에 첨가하는 것이 이상적이라고 여겨졌다. 향신료는 대개 소스 형태로 음식에 첨가되었다. 육수가 조리 과정과 일부 소스를 만드는 과정에서 사용되었을 수도 있지만, 소스를 고기와 별도로 만드는 것이 더 일반적이었다. 그 이유 하나는 향신료가 체액을 중화하는 효과를 더욱 강화하기 위해서였다. 따라서 소스를 만들 때 육즙을 쓰지 않는 것을 중시한 것이 바로 정통 프랑스 요리가 탄생하게 되는 다시 말해 프랑스 요리가 중세의 조리 전통과의 단절을 가져오게 되는 가장 중요한 혁신적 요소였다. 중세의 소스는 진하기보다는 톡 쏘고, 부드럽기보다는 묽고, 강렬하기보다는 복잡한 맛이 났다.

인체의 균형 상태를 중시하는 생각들에서는, 중세시대 균형에 대한 생각이나 중국과 인도의 전통 식이요법에서 볼 수 있는 것처럼, 복잡한 체액론의 세계를 관통하는 직관적 논리가 발견된다. 차갑고 뜨겁고 습하고 건조하다는 기본 속성은 특정 음식의 본성과 연관시켜볼 수 있고, 따라서 생선에 대체로 차갑고 습한 성질이 있다고 생각하는 것은 놀랄 일이 아니다. 그러나 비슷해 보이지만 실제로는 서로 다른 체액 성질이 있을 수 있는 기본 식재료가 많다. 포도는 조리 방식에 따라 체액 성질이 달라져서, 포도주는 따뜻하고 건조한 성질을 띠지만 포도 식초는 매우 차갑고 약간 건조한 성질을 띤다. 또 발효 직전의 포도즙은 따뜻하고 습한 반면에 덜 익은 포도에서 짜낸 즙은 그와 정반대의 성질이다. 향신료는 대체로 건조하고 뜨거운 성질이지만 종류에 따라 정도의 차이가 있었다. 육두구의 뜨겁고 건조한 성질은 모두 2등급이었지만, 후추는 매우 뜨거운 성질(4등급)인 반면에 건조한 성질은 2등급이었다. 생강은 뜨겁지만 습한 성질이 있다는 점에서 여타의 향신료와 달랐다.

중세시대에 향신료가 식재료와 약재로 널리 쓰이면서 그 중요성이 무시된 적은 결코 없다. 이미 언급한 것처럼, 향신료는 세속의 환경에서 맛있고 건강에 좋고 품위 있는 식재료인 한편으로 신성한 것과도 연결되어 있었다는 점에서 특별히 용도가 많은 사치품이었다. 향신료가 풍기는 기운은 점점 강화되었는데, 이는 향신료가 먼 미지의 세계에서 온 신비한 물질이라는 기원과 밀접한 관련이 있었다. 이와 같은 기원은 향신료의 높은 가격과 사회적 신분을 나타내는 상징으로서의 중요성을 정당화했다. 이 글의 나머지 부분에서는 이 귀하고 널리 전파된 1차산물의 원산지, 전파 경로, 가격에 대해 살펴본다.

향신료의 실제 원산지와 상상 속 원산지

이미 말한 것처럼, 향신료는 먼 곳에서, 실제로 유럽인들이 정말 알지 못하는 미지의 땅에서 수입된 향기로운 물품으로 정의되었다—적어도 그렇게 사람들은 생각했다. 향신료는 인도에서 왔지만, 실제 "인도India"라는 곳은 복잡하면서 일관되게 연결되어 있지 않은 "동양East"의 일부로서 베일에 가려진 채 여전히 신비에 싸여 있었기에 당시 사람들에게 어느 정도 미지의 이국이라는 묘한 호감을 주었다. 알렉산더 대왕의 정복과 미약하나마 헬레니즘과 로마 문화의 인도와의 끊임없는 소통은 인도가 엄청난 부국富國이며 뭔가 불길하지만 경이로운 자연의 땅이라는, 대체로 상상에 불과한 강력한 인상을 중세시대로 물려주었다. 인도에는 각종 보석·금·향신료가 가득하지만, 기괴한 반인반수, 독사, 정 떨어지는 기이한 관습 또한 차고 넘쳤다. 인도는 매혹적인 것과 위험한 것이 병존하는 곳이라고 여겨져서, 후추가 뱀들이 "수호하는" 인도의 숲에서 온 것이라고 널리 알려졌다. 그래서 뱀을 내쫓고 후추를 수확하기 위해서는 숲에 불을 질러야 했다. 이것은 후추가 왜 비싸고, 알후추가 모양이 왜 쭈글쭈글하고 형태가 마른 상태인지를 설명했다. 다이아몬드 또한 마찬가지로 인도의 특정 협곡에 풍부하게 매장되어 있었지만, 뱀이 많아 사람들이 안에 들어가 캐낼 수가 없었다. 그래서 다이아몬드가 있을 것으로 추정되는 협곡 내의 장소로 고기를 떨어뜨리고 독수리를 아래로 내려 보내 다이아몬드를 들고 올라오게 훈련시켰다.[11] 이와 같은 이야기는 희귀한 산물이 나는 실제 원산지에 대한 정보를 모호하게 하거나 그것의 가치를 정당화하고 높이려고 상인들이 꾸며낸 것이 많았다. 그 이야기들은 또한 이국적인 것을 희귀한 것과 위험한 것의 조합으로 느끼는 감정을 일부 반영 하는 것이었다. 그 느낌은 당시 인도에 대한 유럽인들의 왜곡된 생각에 한정된 것이 아니라 인도인들도 광범위하게 공유하고 있던 귀한 물질에 대한 매우 뿌리 깊은 것이었다.[12]

중세는 성경과 고전 설화가 결합된 내용이 13세기 후반 마르코 폴로Marco Polo를 필두로 해서 실제로 인도에 가까스로 도착한 사람들이 쓴 여행기들로 대체되기는커녕 "동양의 경이로움"에 관한 이야기들을 더욱 강화되는 형태로 양산했다. 당시의 세계 지도들을 보면 가장 동쪽 끝에 지상낙원(아담과 이브 이후에 인간이 들어갈 수 없지만 여전히 지상에 남아 있는)과 인도가 있었다. 그 가장 유명한 지도 가운데 하나로 약 1300년에 그려진 헤리퍼드 지도Hereford Map[헤리퍼드 마파문디 Hereford Mappa Mundi]*를 보면, 지상낙원은 세상의 동쪽 끝에 있는 외딴섬이고, 인도는 대륙의 가장 오른쪽 부분을 차지하고 있다. 지도에는 5,000개 도시와 소인족 및 다리가 하나인 인간을 닮은 존재를 포함해 "믿기 어려울 정도로 다양한 의식 관습과 옷"을 입은 사람들이 있다. 또한 후추 숲도 있고 보석 같은 희귀한 금속도 가득할 뿐 아니라 용을 포함해 온갖 야생동물도 있다.[13]

아시아의 고대 지리와 기독교 지형은 13세기 몽골의 침입이 몰고 온 예상치 못한 결과들로 점차 침식되거나 적어도 복잡해졌다. 저항할 수 없을 정도로 강력한 적의 무자비한 절멸의 위험이 사라지자, 유럽인들은 그동안 수천 마일이 넘는 영토에 대한 몽골의 지배력을 자신들에게 유리하게 이용하기 시작했다. 이

---

* 잉글랜드 헤리퍼드에서 만들어진 것으로 알려진 마파문디. "마파문디"는 중세 유럽에서 쓰이던 세계 지도를 통칭하는 말로, "식탁보"나 "신호 깃발"을 뜻하는 라틴어 '마파mappa'와 "세계(세상)"란 뜻의 소유격 '문디Mundi'가 합쳐진 것이다.

른바 "팍스 몽골리카Pax Mongolica"는 유럽에서 저 멀리 중국과 태평양을 가로지르는 길을 만들어냈다. 이 길을 따라 여행한 사람 가운데 한 명인 프란치스코회Franciscan[프란체스코회] 선교사 루브룩의 윌리엄William of Rubruck[기욤 드 뤼브룩Guillaume de Rubrouck]에게, 당시로서는 특별할 것이 없었지만 나중에 보면 운명적이었던 것은 인도와 중국의 상대적 위치를 알게 된 사실이었다. 윌리엄은 1253년부터 1255년까지 이어진 여행을 기록하면서 몽케 칸Möngke Khan*의 황실을 접견한 인도의 사신들이 자기 나라가 [당시] 몽골의 수도 카라코룸Karakorum의 동쪽이 아니라 서쪽에 있다고 말했다고 적었다. 그는 인도 사신단과 함께 돌아가다 서로 헤어지기 전에 그들을 따라 서쪽으로 상당한 거리를 말을 타고 가서 그 사실을 확인했다.[14]

마르코 폴로는 중국에서 돌아오는 길에 느긋하게 인도를 방문했다. 그는 인도가 아시아 어디에 위치하는지에 대한 정확한(어떤 면에서는 오히려 모호한) 느낌을 제공했을뿐더러 인도의 동쪽 끝부분에 많은 향신료 산지가 있고, 인도의 항구들이 역내에서 생산되는 향신료뿐 아니라 (유럽인의 관점에서) 멀리 떨어진 역외에서 온 향료들의 중심지라고 말한 최초의 인물이다. 14세기 인도, 중국, 페르시아, 그리고 지금의 투르케스탄Turkestan**이라고 하는 곳에는 모험심이 강한 유럽의 교역 상인이 꽤 많이 살고 있었다.[15] 인도 동쪽에 있는 섬들 다시 말해 "동인도제도Indies"라고 알려진 지역에 대한 정보가 아주 자세해지면서, 몰루카제도의 어느 섬에서 어떤 향신료가 나는지도 확인할 수 있었다. 피렌체 인문주의자 포조 브라치올리니Poggio Bracciolini는 니콜로 데 콘티Niccolò de' Conti의 여행기에 근거해서 반다Banda("그늘 근처near the shadows" 섬)가 정향의 원산지라고 설명한다.[16]

육두구와 정향 같은 향신료의 산지는 인도네시아 동부처럼 당시 사람들의 출입이 매우 어려운 지역이었다. 그런 만큼, 보르네오Borneo산 장뇌와 실론산 시나몬은 최고 품질의 향신료로 인정받았다. 중세 유럽인들이 인도를 향신료의 원산지로 생각한 것은 유럽으로 온 향신료의 대부분이 인도산은 아닐지라도 인도를 통해 유입되었기 때문에 어느 정도는 맞았다.

---

* 몽골제국의 제4대 황제(재위 1251~1259). 묘호는 헌종이며, 칭기즈칸의 손자다.
** 투르키스탄Turkistan. 파미르고원을 중심으로 하는 중앙아시아 지역을 말한다.

이러한 패턴을 따르지 않는 예외적 향신료도 일부 있었다. 피스타치오과 식물에서 나오는 진액인 유향수지는 오늘날 그리스의 키오스섬Chois에서만 생산된다. 사프란은 영국·스페인·프랑스·이탈리아를 포함해서 유럽의 여러 지역에서 자랐다. 향신료의 높은 가치는 향신료가 추출되는 식물이 희귀하다거나 원산지가 멀리 있다는 사실과 관련이 있는 것이 아니라 그것을 수확하는 데 들어가는 힘든 노동 과정과 밀접한 관련이 있었다. 말라게타후추 같은 "낙원의 곡물"은 포르투갈인들이 15세기 중반에 서아프리카에서 자라고 있는 것을 발견했다. 그럼에도 향신료의 주 교역로는 동남아시아와 남아시아에서 뻗어나갔다. 유럽은 향신료의 가장 큰 구매자가 결코 아니었다. 실제로 교역로들을 살펴보면 인도는, 재닛 아부-루고드Janet Abu-Lughod가 말한 것처럼, 세계지도의 극단에 그냥 있는 변경이 아니라 "모든 곳으로 가는 길목에 있는" 중심으로 생각되어야 마땅하다.[17]

향신료 무역로

인도·인도차이나·인도네시아에서 나는 향신료는 중국·중동·중앙아시아·유럽으로 수출되었다. 여기서 유럽은 이 세계적인(적어도 구세계에서) 교역에서 상대적으로 작은 시장이었다. 마르코 폴로는 후추를 싣고 유럽으로 가는 모든 선박이 [지중해 항구 도시] 알렉산드리아Alexandria에서 출발한 것과 비교하면서, 100척의 배가 차이톤Çaiton(취안저우泉州) 항구를 통해 중국에 도착했다고 주장했다.[18] 이것으로 향신료 교역량을 정확하게 측정할 수는 없지만, 당시 유럽의 향신료 교역량이 그다지 크지 않았음을 알 수 있다. 중국이 유럽보다 인구도 많고 경제 사정도 훨씬 나았지만, 상당히 많은 양의 향신료가 항상은 아니어도 대개 홍해와 이집트 항구들을 통해 유럽에 도착했다. 고고학 발굴지들은 로마제국이 인도로부터 후추를 수입하기 위해서 계절풍을 이용해 교역을 할 때 홍해 해안이 얼마나 중요한 역할을 했는지 잘 보여주었다.[19] 카이로 게니자Geniza[고문서보관소]에 보관된 고문서들을 보면, 11세기와 12세기에 유대인 상인들이 인도에서 이집트 특히 가장 중요한 중개항인 [지금의 예멘 항구도시] 아덴Aden으로 온갖 향신료를 실어 날랐음을 확인할 수 있다.[20]

인도의 서해안 특히 말라바르Malabar와 구자라트Gujarat의 향신료는 대개 홍해와 페르시아만을 통해 지중해 지역의 유럽으로 수출되었다. 9세기부터 12세기까지 콘스탄티노플Constantinople은 서유럽으로 향신료를 공급하는 중심지였다. 향신료는 페르시아만에 도착한 다음 바그다드나 여러 페르시아 도시를 통해 내륙으로 운송되었다. 1099년, 제1차 십자군 전쟁의 승리로 기독교도들에게 장악된 동지중해 항구들이 특히 [지금의 이스라엘 북부의 항구도시] 아크레Acre가 이러한 교역의 일부를 맡았다. 비잔틴제국의 경우든 기독교 국가들의 경우든 이슬람 중개상들이 있었지만, 지중해 지역으로 들어가는 항구는 모두 기독교 도시였다. 1291년, 아크레가 무너지고 그 결과 내륙에서 기독교도들이 사라진 뒤 이와 같은 상황은 멈추었다. 하지만 기독교도가 장악한 키프로스섬Cyprus은 여전히 바르셀로나를 비롯한 서쪽 항구 도시들에서 오는 향신료 상인들의 중요한 종착지였다. 그러나 이제는 알렉산드리아·[지중해 연안 지금의 레바논] 베이루트Beirut·[지중해 연안 지금의 시리아] 다마스쿠스Damascus가 이슬람 세계에서 기독교 세계로 향신료가 이동하는 것을 통제했다. 기독교도 상인들은 이슬람 세계와의 상업적 거래를 금지한 교황의 명령을 거역하거나 대개 회피했다.

그러나 몽골제국의 등장으로 교역로에 일부 변동이 생겼다. 13세기 말과 14세기 초, 서아시아 이슬람 국가들의 붕괴와 중앙아시아에 대한 몽골의 지배는 향신료·비단과 같은 동양 상품들의 내륙 교역을 촉진했다. 당시 향신료 무역은 그 유명한 실크로드의 서쪽 지역을 따라 이루어졌는데 즉 (향신료의 공급자가 아니라 소비자였던) 중국의 내부가 아닌 타브리즈Tabriz[이란 서북부 도시]·보하라Bokhara[부하라Bukhara, 우즈베키스탄 중부 도시]·사마르칸트Samarkand[우즈베키스탄 동부 도시]를 경유하는 구간을 통해서였다. 육상 운송은 시간이 오래 걸리고 힘도 많이 들었지만, 몽골이 실크로드 구간을 완벽하게 지배하고 있는 덕분에 교역을 안전하게 진행할 수 있었다. 이러한 육상 교역과 관련해, 흑해는 유럽 상인들에게 향신료를 넘겨주는 장소가 되었다. 특히 비잔틴제국의 영향 아래 있었던 [지금의 터키 북동부] 트레비존드Trebizond나 크림반도의 [지금의 우크라이나 크림주] 카파Caffa에 있는 제노바 상인들의 근거지가 그 대표적 장소였다.

14세기 후반쯤 몽골제국은 확실히 약화되었다. 그들은 명明이 다시 득세하면서 중국에 대한 지배력을 잃었다. 페르시아에서는 14세기 전반에 걸쳐 몽골의 종교와 지배 권력이 이슬람교와 지역 세력에 동화되었다. 1400년경, 유럽인들은 향신료 무역과 관련해 이집트의 맘루크 술탄*이나 지중해 북동부 오스만제국의 왕들 같은 이슬람 통치 세력들에 완벽하게 종속되어 있었다. 이런 상황은 베네치아와 제노바 상인들에게 더없이 좋은 조건이었다. 시장이나 지배 세력이 어떤 가격을 불러도 유럽 소비자들은 속수무책으로 받아들일 수밖에 없었기 때문이다. 향신료의 높은 가격과 이슬람 세계의 교역 통제는 상업과 종교 전략가들의 반발을 불러왔는데, 그들은 홍해를 봉쇄하거나 인도와 동인도제도에 직접 가기 위해 이슬람 지배 지역을 우회하는 방식으로 이슬람 세력을 물리칠 방법을 찾으려 애썼다. 이 지역의 지배자들은 이슬람교를 믿지 않는 이교도들이거나 기독교에 호의적인 사람 또는 이미 기독교에 귀의한 사람들이었을 것으로 추정된다. "세 개의 인도Three Indias[남아시아 남부, 남아시아 북부, 중앙아시아 인근을 의미]"를 지배한 기독교 사제이자 왕인 프레스터 존Prester John**과 관련한 여러 전설은 이슬람 세계를 측면에서 공격해 포위하려는 기독교 세력의 연합을 우호적으로 생각하는, 동양의 엄청난 부자에 대한 모험 넘치는 상상의 이야기들로 구성되었다. 15세기 전반기, 엠마누엘 필로티Emmanuel Piloti는 알렉산드리아와 카이로가 향신료 무역에 힘입어 레반트Levant[그리스와 이집트 사이에 있는 동지중해 연안 지역] 전체의 경제 중심지가 되었다고 주장했다. 그 도시들을 정복할 수 있다면(필로티는 이 일이 베네치아의 해군력의 도움을 받을 수 있다면 그다지 어려운 일이 아니라고 생각했다), 이슬람 경제는 완전히 붕괴될 것이다. 필로티는 향신료 무역이 매우 중요하고 향신료의 수출입항으로서 카이로의 역할 또한 막대해서, 카이로를 장악하는 사람은 누구든 기독교 세계를 지배하는 강력한 군주이자 향신료 원산지들을 간접적으로 지배하는 왕이 될 수 있을 것이라고 주장했다.[21] 그러나 향신료 무역을 지배하려는 이러한 호전적 전략은 강력한 지지 세력을 찾지 못했다. 콜럼버스와 다가마가 항해를 떠난 것은 결국 이슬람 세계를 우회해 향신료 원산지로 직접 찾아

---

* 맘루크Mamluk 왕조 또는 맘루크 술탄국은 1250년부터 1517년까지 이집트와 시리아 일대를 지배한 맘루크가 세운 술탄 왕조다. "맘루크"는 9세기 중엽부터 이슬람 사회의 군인 엘리트층을 형성한 백인 노예를 가리킨다. 사전적 의미로는 아랍어로 "소유된 자 즉 피소유자"를 뜻한다. 술탄sultan은 "이슬람교국의 군주"를 뜻한다.

** 중세 서양에서, 아시아와 아프리카에 강대한 기독교국을 건설했다는 전설상의 왕.

가 향신료 무역을 장악하기 위함이었다. 이와 같은 방식은 상상력이 요구되는 동시에 훨씬 더 유연한 지정학적 전략 감각도 필요했거니와, 그 방식의 내면에는 상거래를 적의 숨통을 조여 죽이는 형태로서 보는 단호한 시각도 잠재되어 있었다. 포르투갈인들이 1511년에서 1513년 사이에 몰루카의 "향료제도Spice Islands[몰루카제도, 말루크제도]"를 발견하고 말레이해협의 말라카Malacca[믈라카Melaka]를 정복하자 세계 향신료 무역의 교역로와 취약성에 대한 새로운 평가가 나왔다. 토메 피레스Tomé Pires*는 그 상황을 다음처럼 간결하게 함축했다. "말라카를 손안에 넣는 자, 베네치아의 숨통을 조이게 될 것이다."[22]

향신료 가격

향신료는 대개 귀금속과 보석에 비유되는 고가품이지만 음식, 의약품, 향수로 사용되어서 귀금속이나 보석보다 수명이 짧다. 향신료는 썩지 않는 상품으로 단가도 높아서 매우 멀리까지 비교적 소량만 실어 날라도 큰 이익을 남길 수 있었다. 하지만 얼마나 많은 이익을 남겼는지는 확인하기 어려운데, 당시 향신료의 가격을 오늘날의 조건에서 이해하기 위해서는 그것과 관련된 모든 것이 설명되어야 하기 때문이다. 또한 향신료가 광대한 공간을 가로질러 유럽으로 유입되었다는 사실은 수많은 이동과 중개상을 거치면서 향신료의 산지 가격과 최종 소비자 가격의 격차가 전체적으로 크게 커졌고, 훨씬 더 추정하기 어려운 방식으로 이익을 분배했다는 것을 의미하기에, 향신료 무역의 이익 규모를 파악하기는 매우 어렵다. 중세 말 특히 1496년부터 1498년까지, 베네치아에서 정향의 가격은 원산지인 몰루카제도에서의 가격보다 100배 정도 비쌌다.[23] 베네치아 상인들은 레반트 지역에서 정향과 같은 향신료를 살 때보다 훨씬 더 높은 가격을 불러 큰 이익을 남겼다. 15세기 초, 베네치아에서 정향의 가격 인상폭은 72퍼센트였다.[24] 북유럽을 비롯해 사실상 지중해 항구들을 거쳐 내륙 지역으로 팔려나간 향신료는 안쪽

---

* 16세기 초의, 동방에서 향신료를 수입하던 포르투갈 약재상. 《동방제국기Suma Oriental》의 저자이기도 하다.

으로 더 들어갈수록 운송비와 시세 차익 부과가 더 컸을 것이다. 1492년에 최초로 지구의를 만든 [독일] 뉘른베르크Nuremberg의 지도제작자 마르틴 베하임Martin Behaim은 향신료가 동인도에서 "우리 땅"으로 올 때까지 12단계를 거친다고 상정했다. 베하임이 교역로와 수출입항구에 대해 상정한 것은 동아시아와 관련해서 신빙성이 크게 떨어지지만 —그는 향신료가 자바나 보르네오에서 실론으로 이동한 다음 말레이반도와 수마트라 상인들의 수중에 들어간다고 말한다— 향신료 무역에 수반되는 거리감 및 복잡성 그리고 그 상업적 결과에 대한 생각은 통찰력이 있다. 운송이나 관할 지역과 관련해 추가 비용이 부과되었기 때문에, 베하임은 관세, 운송 원가, 시세 차익 사이에서 "우리가 먹는 향신료가 금값인 것은 당연"하다고 했다.[25]

향신료는 모두 사치품이었지만 그 종류에 따라 가격은 크게 달랐다. 후추·생강·시나몬·설탕은 그래도 가장 싼 편에 속했다. 정향과 육두구는 그것들보다 훨씬 비싸서 후추 가격의 3배는 되었을 것이다. 사프란은 후추보다 10~15배 더 비쌌다. 터무니없으리만치 비싼 향신료는 용연향·사향·장뇌 같은 의료용 향료였다.

적어도 후추가 귀족적 이미지를 일부 잃어버릴 만큼 많은 사람이 사 먹을 수 있게 된 것처럼 보이는 경우에서 인식할 수 있듯, 여러 향신료의 상대적 가치에 대한 인식은 바뀐 것 같다. [스페인의 연금술적 철학자이자 의사] 아르노 드 빌라노바Arnau de Vilanova의 것으로 잘못 알려진 15세기의 한 의학 논문에서, 후추는 시골사람이나 먹는 것으로 묘사되어 있고, 이는 시인 외스타슈 데샹Eustache Deschamps이 1404년에 쓴 글에서 확인된다. 데샹은 글에서 시골의 여인숙들이 후추를 엄청나게 많이 뿌린 맛없고 보잘것없는 양배추와 부추를 준다고 불평하고 있다.[26] 후추는 정말로 농민들이 아침 식사 조리에 늘 양념으로 사용할 정도로 값싼 향신료였을까? 알다시피, 당시 향신료는 대도시뿐 아니라 소도시와 시골 시장에서도 구할 수 있었고, 소작인들은 시장경제와 밀접하게 연관되어 있어서 지주들에게 적지만 결코 하찮지 않은 양의 후추를 소작료 또는 지대地代로 지불했다.

향신료에는 가치의 차이 말고도 공급과 추측공급(즉 투자자들이 생각하는 공급 부족, 선물先物 헤징hedging, 투기 매매)의 변화에 따른 상당한 가격 변동도 있었다.

1355년 알렉산드리아의 초대형 도매센터에서는 후추가 1스포르타sporta(오늘날 약 500파운드[약 227킬로그램]에 해당)당 금화 163디나르에 팔렸는데, 1386년에는 같은 양의 가격이 60디나르에 불과했다. 이와 같은 가격 변동은 다시 마찬가지로 불안정한 소매가에 영향을 주었다.[27]

헤르만 판 데르 베이Herman Van der Wee는 중세 말과 근대 초 [지금의 벨기에 서북부] 안트베르펜Antwerpen의 후추 가격에 대한 꼼꼼하고 철저한 연구에서 1385년부터 1400년까지 성바보박람회St. Bavo Fair 연례 박람회에서 후추의 안트베르펜 파운드 가격 추이 상황을 기록하고 있다. 가장 낮은 가격이 9.50플레미시그로트Flemish groat(9.50브라반트그로트Brabant groat)이고, 가장 높은 가격이 19.00플레미시그로트(21.08브라반트그로트)였다. 생강 가격은 파운드당 10.67플레미시그로트(12브라반트그로트)에서 36플레미시그로트(66브라반트그로트) 사이를 오르내렸다. 시나몬과 설탕은 생강과 비슷한 가격대를 유지한 반면, 같은 기간에 정향은 31플레미시그로트(31브라반트그로트) 아래로 가격이 내려간 적이 없었고 최대 57플레미시그로트(95.33브라반트그로트)까지 올랐다. 사프란은 가격 변동폭이 엄청나게 컸다—가장 낮은 가격이 1395년에 70플레미시그로트였고, 가장 높은 가격이 1389년에 198플레미시그로트였다. 브라반트그로트로는 1395년에 110에서 불과 3년 뒤인 1398년에 291.33으로 3배나 뛰었다.[28]

향신료 가격의 장기적 추이를 기록하려는 시도들은 매우 흥미롭지만 논란의 여지가 있음을 보여주었다. 베네치아 역사의 권위자인 역사학자 프레데릭 레인Frederic Lane은, 후추 가격이 이집트 맘루크 왕조의 술탄 알아슈라프 바르스베이al-Ashraf Barsbay의 재위(1422~1438) 동안 상승했는데, 이는 바르스베이가 후추 가격을 올리기 위해 그 공급을 강력하게 제한한 데서 일어난 일이라고 주장했다. 그러나 바르스베이가 죽은 뒤, 후추 가격은 세기말까지 계속해서 떨어졌다. 이러한 추정은 의심의 여지가 있었지만 명확한 반박이 뒤따르지 않았다.[29] 어쨌든, 초기에 포르투갈인들이 인도로 항해했던 당시에 산지 가격과 유럽의 도매 가격의 차이는 여전해서, 다가마는 두 번째 항해(1502~1503)에서 대부분이 후추인 향신료 1,700톤을 실어 나르고 400퍼센트의 순이익을 올렸다.[30]

향신료의 소매가를 지금의 상황에서 이해하기란 쉽지 않다. 중세시대의 거래를 지금의 통화로 추산해서 바꾸어놓는 일은 간단하지 않다. 중세의 물가뿐 아니라 중세의 주화와 가치의 불일치, 그리고 향신료에 부여된 다른 선택권과 문화적 중요성 때문에 그렇게 하기는 어렵다. 향신료는 지금도 여전히 비싸지만 지금은 소비자에게 어떤 특별한 사회적·문화적 이익을 제공하지 않는 반면에, 중세시대에는 향신료, 의복, 말, 은제 주방기구가 신분과 부를 과시하는 대표 품목이었다. 향신료를 다른 상품과 비교하고 평균 임금자의 구매력에 대비해 평가하는 방식으로 향신료의 가격을 계산해내는 방법이 있다. 존 먼로John Munro는 매우 오랜 기간 석공이나 목수 같은 장인의 평균 일당을 사치품의 가격과 비교하는 작업을 해왔다.[31] 먼로는 안트베르펜과 런던의 향신료 가격을 사용해, 1200년에 후추 1파운드를 사기 위해서는 약 14일치 일당이 필요하고 생강 1파운드는 8.6일치 일당을 지불해야 했음을 밝혔다. 하지만 1875년에 이르면, 후추 1파운드를 사는 데 불과 0.1일치 일당이면 충분했다(생강 1파운드는 1.6일치 일당의 가격이었는데, 후추에 비해 상대적으로 여전히 비쌌다). 현재는 후추, 생강, 시나몬 1파운드는 단지 15분만 일해서 번 돈이면 충분히 살 수 있다. 1439년, 런던에서는 장인의 일당이 약 8펜스였는데, 그 돈으로 우유 8갤런 또는 석탄 2부셸을 살 수 있었다. 모직물 7야드를 사려면 10일치 일당을 지불해야 한 반면에, 정향 1파운드를 사려면 4.5일을 일해야 했다.

당연히 아주 큰 부자나 거대가족인 경우를 빼고는 당시에도 지금보다 더 많이 향신료를 대량으로 구매하는 사람들은 없었다. 중세에 적당히 풍족한 부자들은, 원한다면 조리용 및 의료용 향신료를 포함해 사치품을 어느 정도는 살 수 있었다. 향신료 가격의 가장 급격한 하락은 로마제국 말기(먼로의 데이터에 따르면, 향신료가 정말로 터무니없이 비쌌을 때)부터 십자군의 일시적 승리와 이탈리아 상인을 비롯한 여러 기업가의 오랜 세월에 걸친 노력으로 지중해 무역이 일정한 궤도에 오를 때까지 발생했다.

결론

이 글에서 나는 중세시대의 향신료의 인기가 우리가 생각하는 것보다 더 광범위했고 향신료에는 조리용이 아닌 다른 용도도 있었음을 시사하려 애썼다. 이것은 중세 요리 특유의 미학이 지닌 중요성을 모호하게 만들려는 의도가 전혀 아니고, 오히려 건강, 지적 교양, 이국적인 것에 대한 생각이 우리가 음식을 선택하는 데 어떻게 영향을 끼치는지를 보여주려 함이었다. 향신료 무역은 대개 상업적 이익 추구가 되돌릴 수 없을 정도로 엄청나게 중요한 역사적 변화를 견인할 수 있다는 아주 대표적이고 적절한 사례라고 생각된다. 이 경우에 대개 간과하는 것은 처음에 왜 그처럼 강력한 수요가 있었는가, 그리고 그러한 수요에 대응한 공급의 제약사항(과 비용)을 극복하기 위해 얼마나 많은 노력이 투입되었는가하는 문제다. 이 책을 읽는 독자들은 음식의 맛과 혁신의 역사가 중요하다고 꼭 수긍할 필요는 없지만, 역사기록학의 측면에서 향신료 무역이라는 잘 알려진 주제를, 역사의 변화와 관련해서 맛, 사치품, 이뿐만 아니라 경망스러움과 잘못된 추측으로 행동하는 종species의 영향이라는 측면에서 더욱 면밀하게 들여다볼 필요가 있다.

주

1. Alberto Capatti and Massimo Montanari, *Italian Cuisine: A Cultural History*, trans. Aine O'Healy(New York: Columbia University Press, 2003), 86-87

2. Susan Pinkard, *A Revolution in Taste: The Rise of French Cuisine, 1650-1800*(New York: Cambridge University Press, 2009), 62.

3. Ibid, 125-126.

4. Bruno Laurioux, "Le goût médiévale est-il Arabe? À propos de la 'Saracen Connection'," in Laurioux, *Une histoire culinaire du Moyen Âge*(Paris: Honoré Champion, 2005), 305-325; *The Neapolitan Recipe Collection: Cuoco Napolitano*, ed. and trans. Terence Scully(Ann Arbor: University of Michigan Press, 2000), 68.

5. Bruno Luarioux, "De l'usage des épices dans l'alimentation médiévale," *Médiévales* 5(1983): 16-17.

6. *Das Arzneidrogenbuch "Circa instans" in einer Fassung des XIII. Jahrhunderts aus der Universitätsbibliothek Erlangen*, ed. Hans Wölfel(Hamburg: Preilipper, 1939), 33-34, 91-92.

7. Franlfois Granel, "La Thériaque de Montpellier," *Revue d'histoire de la pharmacie* 64, no. 228(1976): 75-83.

8. Tomás López Pizcueta, "Los bienes de un farmacéutico barcelonés del siglo XIV: Francesc de Camp," *Acta Medievalia* 13(1992): 17-73.

9. Michael Camille, "The Corpse in the Garden: Mumia in Medieval Herbal Illustrations," *Micrologus* 7(1999): 297-318.

10. John M. Riddle, "Pomum Ambrae: Amber and Ambergris in Plague Remedies," *Sudhoffs Archiv für Geschichte der Medizin und der Naturwissenschaften* 48(1964): 111-122.

11. Paul Freedman, *Out of the East: Spices and the Medieval Imagination*(New Haven: Yale University Press, 2008), 133-136.

12. James McHugh, "The Incense Trees of the Land of Emeralds: Exotic Material Culture of Kiimasastra," *Journal of Indian Philosophy* 39(2011): 63-100.

13. Scott D. Westrem, *The Hereford Map*(Turnhout: Brepols, 2001), 27-33.

14. William of Rubruck, *The Mission of Friar William of Rubruck*, ed. Peter Jackson and David Morgan(London: Hakluyt Society, 1990), 247.

15. Robert Lopez, "Da Venezia a Delhi nel Trecento," in Robert Lopez, *Su e giù per la storia di Genova*(Genoa: Università di Genova, 1975), 137-159; Robert Lopez, "European Merchants in the Medieval Indies," *Journal of Economic History* 3(1943): 164-184; Robert Lopez, "In quibuscumque mondi partibus'," in *Miscellanea di storia italiana e mediterranea per Nino Lamboglia*(Genoa: N.p., 1978), 345-354.

16. Poggio Bracciolini, *De L'Inde: Les voyages de Niccolò de' Conti*, ed. and trans. Michele Gueret-Laferte(Turnhout: Brepols, 2004), 117. 실제로 반다제도에서는 정향이 아니라 육두

구가 생산되었다. 니콜로 데 콘티는 육두구가 "손다이Sondai"라는 정체불명의 섬에서 나왔다
고 말했다. 이러한 정보는 1459년에 완성된 베네치아의 [카말돌리수도회 수사이자 지도제작자]
프라 마우로Fra Mauro의 세계지도에 그대로 실렸다. Piero FaIchetta, *Fra Mauro's World
Map*(Turnhout: Brepols, 2006), 210, 305-307.

17. Janet L. Abu-Lughod, *Before European Hegemony: The World System, A.D. 1250-
1350*(New York: Oxford University Press, 1989), 260-286.

18. Marco Polo, *Le devisement du monde*, ed. Jean-Claude DeIcos and Claude Roussel, vol.
5(Geneva: Droz, 2006), 129-130.

19. Gary K. Young, *Rome's Eastern Trade: International Commerce and Imperial Policy, 31
B.C.-A.D. 305*(London: Routledge, 2001), 27-89.

20. S. D. Goitein and Mordechai Akiva Friedman, *India Traders of the Middle Ages:
Documents from the Cairo Geniza*(India Book, Part One, Leiden: Brill, 2008). 1097년과
1199년 사이에 향신료를 언급한 기록이 최소 26개 있다.

21. *Traité d'Emmanuel Piloti sur Ie Passage en Terre Sainte(1420)*, ed. Pierre-Herman
Dopp(Louvain and Paris: E. Nauwelaerts, 1958), 특히 111-118. 협정 날짜는 1440년경이다.
Aline Durel, *L'imaginaire des epices: Itlaie méediévale, Orient lointain, XIVe-XVIe
siècles*(Paris: L'Harmattan, 2006), 202.

22. Jack Turner, *Spice: The History of a Temptation*(New York: Knopf, 2004), 27. [한국어판. 잭 터
너 지음, 정서진 옮김, 《스파이스: 향신료에 매혹된 사람들이 만든 욕망의 역사》, 서울: 따비, 2012]

23. David Bulbeck, et al., *Southeast Asian Exports Since the Fourteenth Century: Cloves,
Pepper, Coffee, and Sugar*(Leiden: KITLV Press, 1998), 26.

24. Eliyahu Ashtor, "Profits from Trade with the Levant in the Fifteenth Century," *Bulletin
of the School of Oriental and African Studies* 38(1975): 265-267; reprint, *Studies on the
Levantine Trade in the Middle Ages*(London: Variorum Reprints, 1978).

25. E. G. Ravenstein, *Martin Behaim, His Life and His Globe*(London: G. Philip & Son, 1908), 90.

26. Arnau de Vilanova, *Opera nuperrima revisa (…)*(Lyon, 1520), folio 137^r, col. A; Eustache
Deschamps, *Oeuvres complètes*, ed. Marquis de Queux de Saint-Hilaire and Gaston
Raymond, vol. 7(Paris: Fermin Didot, 1891), 88-90.

27. Eliyahu Ashtor, *Histoire des prix et des salaires dans l'Orient médiévasl*(Paris: S.E.Y.P.E.N.,
1969), 324-325.

28. Herman Van der Wee, *The Growth of the Antwerp Market and the European
Economy*(Fourteenth-Sixteenth Centuries), vol. 1(Louvain: Nijhoff, 1963), appendix 26, 306-
331.

29. Frederic Lane, "Pepper Prices Before Da Gama," *Journal of Economic History* 28(1968):
590-597; Jeffrey G. Williamson and Kevin H. O'Rourke, "Did Vasco da Gama Matter for
European Markets?" *Economic History Review* 62(2009): 655-684.

30. Sanjay Subrahmanyam, *The Career and Legend of Vasco da Gama*(Cambridge: Cambridge
University Press, 1997), 184.

31. John Munro, "The Consumption of Spices and Their Costs in Late-Medieval and Early-

Modern Europe: Luxuries or Necessities?" Rev. 2005(Online). Available: http://www.economics.utoronto.ca/munr05/SPICESl.pdf(February 9, 2011). 이 강의 원고는 1983년과 1988년에 강연한 것을 수정한 것으로 최신판 첫 쪽에 실렸다. 또한 다음을 보라. John E. Vollmer et al., *Silk Roads, China Ships: An Exhibition of East-West Trade*(Toronto: Royal Ontario Museum, 1983), 162에 나온 먼로의 향신료 가격과 장인 임금 도표.

19장

콜럼버스의 교환
The Columbian Exchange

레베카 얼 Rebecca Earle

"콜럼버스의 교환이 있기 전, 플로리다에는 오렌지도 없었고, 에콰도르에는 바나나도 없었고, 헝가리에는 파프리카도 없었고, 이탈리아에는 토마토도 없었고, 콜롬비아에는 커피도 없었고, 하와이에는 파인애플도 없었고, 아프리카에는 고무나무도 없었고, 텍사스에는 소도 없었고, 멕시코에는 당나귀도 없었고, 타이와 인도에는 고추도 없었고, 프랑스에는 담배도 없었고, 스위스에는 초콜릿도 없었다."[1] 한 유명 온라인 백과사전은 콜럼버스의 교환이 갖는 의미를, 1492년에 크리스토퍼 콜럼버스가 아메리카대륙에 도착하면서 시작된 아메리카대륙의 식물·동물·미생물의 대서양 너머로의 이동이라고 요약한다. 콜럼버스의 교환이 일어나지 않았다면, 세상은 지금 우리가 알고 있는 세상과 매우 다른 모습(과 맛)을 보이고 있을 것이다.

"콜럼버스의 교환"은 1972년 역사학자 앨프리드 W. 크로스비가 유럽의 아메리카대륙 식민지화로 촉발된 생물학적 전파 과정을 설명하기 위해 새롭게 만들어낸 용어다. 크로스비의 《콜럼버스의 교환: 1492년의 생물학적, 문화적 영향The Columbian Exchange: Biological and Cultural Consequences of 1492》(1972)은 1492년 이후 이어진 질병·식물·동물의 이동이 끼친 광범위한 영향을 자세하게 기술했다. 책은, 기본적으로 서로 연관 있는 논문들로 구성되어 있는데, 구세계 식물과 동물이 아메리카대륙에 끼친 영향, 신세계 음식의 전 지구적 전파 상황, 유럽의 식민지화가 병원균의 전파와 어떻게 밀접하게 관련되어 있는지를 면밀히 검토했다. 크로스비는 파프리카가 헝가리에 어떻게 들어왔고, 아파치족Apache[미국 서남부에 사는 아메리카 원주민의 일족]은 말을 어떻게 타기 시작했으며, 매독이 어떻게 아메리카대륙에 퍼지게 되었는지 그 경로를 추적하는 동시에, 왜 그러한 교환의 성립이 중요한지를 역설했다. 그는 유럽인들이 신세계를 식민지화하면서 세상에 끼친 가장 큰 영향이 자연계의 생물학적 변화라고 강력하게 주장했다.

《콜럼버스의 교환》에 대한 초기 반응은 크로스비의 새로운 접근방식과 익숙지 않은 종류의 연구 소재가 독자들에게 당혹스러움을 불러일으켰음을 보여준다. 한 논평자는 누구나 다 아는 감자의 원산지가 남아메리카라는 반反직관적 사실을 정리하는 데 전력하면서, 《콜럼버스의 교환》에서 감자가 신세계의 중요한 산물임을 명확히 함에도, 크로스비가 책에서 설명한 것은 유럽인들이 감자를 아메리카대륙에 소개한 과정이라고 주장했다.[2] 이런 당혹감이 유럽인의 아메리카대륙 정착에 따른 식물 전파의 깊은 충격에서 비롯했으리라는 것은 어느 정도 이해가 된다―16세기에 (북아메리카는 물론이고) 유럽 입장에서 신비한 이국의 수입품이었던 음식을 지금은 그 두 지역에서 모두 자기네가 원산지라고 생각하고 있다. 초기의 이와 같은 당혹감에도, 그런 생물학적 변화의 중심에 유럽의 [신세계] 식민지화 역사가 자리 잡고 있다는 크로스비의 주장은 널리 받아들여져 왔다. 콜럼버스의 교환이 세계 먹거리체계를 급격하고 예상치 못한 방식으로 바꾸었다는 사실과 관련해 학계의 주장은 대부분 일치한다. 이러한 변화가 일어난 방식은 콜럼버스의 교환을 포함하는 유럽의 팽창과 식민지화라는 더 커다란 역사 과정을 반영한다. 동시에, 그것의 영향은 또한 이 더 커다란 역사 과정이 지역 차원에서 개별 민중의 식습관을 어떻게 굴절시켰는지를 예증해준다. 이들 문제를 검토하기에 앞서, 콜럼버스의 교환의 등장인물 가운데 가장 중요한 주인공인 음식에 대해 간략하게 먼저 살펴보는 게 도움이 될 것이다.

신세계 음식과 구세계 음식

신세계부터 시작해보자. 이 글에서 나중에 검토될 여러 이유에서 크로스비는 신세계의 대표적 음식을 두 범주 즉 녹말 음식과 비非녹말 음식으로 나누었다. 신세계에서 가장 중요한 녹말 음식은 옥수수, 마니옥, 감자, 고구마다. 원주민 문화는, 호피족Hopi[미국 애리조나주 북동부에 사는 아메리카 원주민으로, 푸에블로인디언의 일족]에서 잉카[족]Incas[남아메리카 안데스 지대의 페루를 중심으로 문명을 형성한 인디오]에 이르기까지, 이들 작물의 재배를 둘러싸고 만들어졌다. 그 작물들은 종교적 숭배의 대상이었는데, 신세계에 정착한 유럽인들은 그것이 기독교의 종교의식과 비슷함을 알고 당황해하기도 했다.[3] 옥수수는 아메리카대륙의 여러 곳에서 자랐다. 옥수수는 대개 닉스타말 과정이라고 알려진 독특하고 시간이 많이 걸리는 처리 과정을 통해 먹을 수 있는 음식으로 가공되었다—이는 옥수수 낟알을 갈아 부드러운 반죽을 만들기 전에 탄산칼슘 용액에 담가두는 과정을 말한다. 닉스타말 과정은 옥수수의 영양 가치를 크게 높이는데, 특히 신세계에서 자생하는 강낭콩과 같은 보충 단백질[필수 아미노산]과 함께 먹을 때 그 효과가 좋다. 열대·아열대 지방에서 잘 자라는 마니옥은 단맛과 쓴맛의 품종이 있는데, 후자는 그 안의 유독한 즙을 제거하는 복잡한 처리 과정이 필요하다. 감자, 그리고 식물학적으로 감자와 무관한 고구마와 함께 다양한 덩이줄기와 뿌리, 또 [남아메리카 안데스산맥의 고원 지대에서 자라는] 퀴노아quinoa와 같은 곡물들은 1492년 이전은 물론이고 그 이후까지 원주민 공동체를 먹여 살린 녹말 형태의 탄수화물 음식이었다.

아메리카대륙은 또한 이탈리아에서 인도에 이르기까지 나중에 그 국가들의 요리에서 중요한 자리를 차지하게 되는 수많은 채소의 원산지이기도 했다. 그 대표적인 것이 토마토, 고추, 호박*이다. 아메리카에 정착한 유럽인들은 또한 거기서 군침 돌게 하는 다양한 과일을 만났다. 유럽에는 잘 알려지지 않은 열대과일이었다. 스페인 정복자들은 맛있는 파인애플, 구아바guava, 체리모야cherimoya,

---

* 원문에는 펌프킨pumpkin과 쿠쿠르비타속의 스쿼시squash로 구분되어 있다.

아보카도avocado에 대해 열광적으로 이야기했다. 그들은 이들 과일이 다른 어떤 과일보다 맛이 더 뛰어나다고 찬양했다. 또 서유럽인들은 아메리카 원주민Amerindian들이 타주는 특이한 거품이 이는 음료를 통해 카페인을 처음 접하게 되었는데, 그 음료의 원료가 되는 카카오도 그곳에 있었다. 아메리카 정착민들은 곧바로 그 음료에 거기서 나는 바닐라 열매나 설탕을 타 풍미를 더함으로써 새로운 맛을 개발했다. 중앙아메리카에서 그 음료는 단순히 기분을 전환하고 건강을 증진하기 위해 마시는 음료가 아니라 그들[아메리카 원주민들]이 숭배하는 신들과 관련이 있는 어느 정도 신성한 물질을 상징했다.[4]

신세계의 대표적 음식에 고기가 없다는 점은 주목할 사실이다. 흡혈박쥐와 재규어를 비롯해 구세계에는 알려지지 않은 동물이 신세계에 많았다. 하지만 콜럼버스의 교환 이후의 식습관과 관련해 칠면조를 제외하고는 육식용 고기로 중시된 동물은 전혀 없었다. 심지어 안데스 지역에서는 널리 먹는 기니피그guinea pig[속칭 모르모트]도 식용이 아니라 애완용으로 전 세계에 전파되었다. 그 밖에도 아메리카 원주민들은 즐겨 먹지만 유럽에서 온 정착민들이 강하게 거부한 것이 많이 있었다. 정착민들[유럽인들]이 먹지 않는 음식으로는 무엇보다 인육이 첫째였는데, 거미, 뱀, 조류藻類, 그리고 용설란 선인장에서 자라는 작은 벌레들도 그런 음식에 포함되었다. 이들 정착민들은 스스로 생각하기에 명백히 더 좋은 식품을 아메리카 원주민들에게 소개했음에도, 그들이 곤충과 조류를 계속해서 먹는 것을 보고는 놀랐다. 유럽인들이 우월하다고 생각한 음식이 유럽 문화와 밀접한 관련이 있듯이, 옥수수와 카카오도 원주민 세계와 밀접하게 연결되어 있었다.[5]

유럽 식품 가운데 가장 중요한 것은 밀과 포도주였다. 고대 그리스 시대 이래로, 밀로 만든 빵과 포도주는 유럽인에게 문명 및 건강과 관련이 있었다. 게다가 가톨릭 교리는 빵과 포도주가 신비스러운 성찬 의식을 통해 그리스도의 몸과 피로 변화될 수 있는 유일한 물질이라고 선포했다. 따라서 빵과 포도주는 육체와 정신 둘 다의 건강을 상징하고 보장했다.[6] 그에 따라 스페인 사람들은 가는 곳마다 밀과 포도나무를 심었지만 유감스럽게도 대개는 경작에 실패했다.[7] 1540년대에 브라질로 항해한 프랑스 위그노 교도Huguenots를 포함한 개신교도들은 마니옥 같은 현지의 대체 작물로 성찬식을 거행하는 것에 만족했지만, 건강에 좋고 맛도 좋은 밀로 만든 빵을 먹고 싶은 마음이 간절했다.[8] 빵은 모든 서유럽 국가 요리체계의 한가운데 우뚝 서 있었고, 아메리카 정착민들도 그것에 의존했다. 스페인 프란치스코회 [신부] 후안 데 산타 헤르트루디스 세라Juan de Santa Gertrudis Serra와 동료들은 18세기 말 남아메리카에 상륙했을 때, [남아메리카 음식인] 삶거나 구운 가금류, 플랜틴plantain*, 마니옥, 고구마, 옥수수 케이크maize cake로 풍성한 축하연을 열었다. 그러나 세라는 자신과 동료 교인들이 "빵 없이 어떻게 먹고 살지를 몰랐다"라고 기록하고 있다.[9] 빵이 없는 식사는 식사가 아니었다. 세라는 다음처럼 썼다. "빵을 먹고 살아온 사람들에게 빵은 생명을 유지해주는 자양분이었다는 사실을 깨달았다." 이러한 세라의 생각은 많은 사람이 공감하는 바였다. 16세기 말, 베아트리스 데 카르바야르Beatriz de Carvallar가 멕시코에서 자기 아버지에게 보낸 편지에는 자신의 새로운 조국에 제대로 된 빵이 없다고 불평하는 내용이 있었다. 그녀는 멕시코에 다른 맛있는 음식이 많이 있다는 것을 인정하지만, 그렇다고 그것들이 빵을 먹지 못하는 중요하고 근본적인 문제를 해결해주지는 못한다고 생각했다.[10] 세상의 모든 파인애플도 빵을 대신할 수는 없었다.

아메리카대륙에 정착한 스페인 사람들은 밀알을 뿌리고 포도나무를 심는 것 말고도 구세계의 많은 식물과 동물을 아메리카대륙에 전파했다. 무, 병아리콩, 멜론, 양상추, 올리브나무, 물냉이watercress를 서인도제도 곳곳에 이식하는 한편, 1490년대부터 스페인 정복자들은 번식용 소·말·돼지·염소의 암컷과 수컷들을 카리브제도(그 뒤에는 내륙 지역)에 풀어놓기 시작했다. 나중에 가축으로 이용할 그것들의 개체수를 늘리기 위해서였다. 그 결과, 1950년대에는 구세계의 오렌지가 안데스 산간 지역에서 자라고 있었고, 이베리아반도의 양들이 멕시코 일대의 풍경을 그루터기만 남은 척박한 모습으로 바꾸어놓았다.[11]

[유럽에서 온] 정착민들이 이와 같은 조치를 취한 이유는, 단순히 고향의 음식에 대한 향수 때문만이 아니라, 자신들의 평소 식습관을 통해 생경한 풍토로 여행하면서 부딪치는 어려움을 극복할 수 있기를 바랐기 때문이다. 근세 유럽인들은 몸에 대해 일반적으로 식습관이 건강을 유지하는 데 가장 중요하다고 생각

---

* 채소처럼 요리해서 먹는, 바나나의 일종. 쿠킹 바나나cooking banana.

했다.[12] 식습관은 체액들이 평소의 [신체] 균형을 유지하도록 도와주고, 여행처럼 일상을 파괴하는 변화 같은 불안정한 영향을 효과적으로 바로잡아주었다. 평소에 먹던 익숙한 음식은 식민지에 정착한 사람들을 괴롭혔을 향수병을 치료하는 데 도움이 될 수 있었다. 향수병은 여행자들에게 각종 질병이나 생소한 풍토만큼이나 위험을 불러온다고 많은 경험자가 말했다. 마찬가지로 초기 [유럽의] 정착민들이 보건대, 식습관은 매우 중요했다. 아메리카 원주민이 스페인 사람과 생김새와 행동거지가 다른 근본적인 이유가 바로 식습관 차이라고 생각되었기 때문이다. 한 스페인 의사는 아메리카 원주민이 "우리와 같은 음식을 먹지 않아서 체액이 우리 것과 다르다"라고 설명했다.[13] 원주민 음식을 너무 많이 먹으면 병에 걸릴뿐더러 위험한 원주민 체액이 유럽인의 몸 안을 가득 채울 가능성이 크다고 여겨졌다. 따라서 유럽의 음식은 식민지 정착민들에게 이중으로 중요한 의미가 있었다. 유럽의 음식은 식민지에서 그들이 재생하고 싶어 하는 유럽 문화의 핵심 요소를 상징하고, 유럽인의 몸이 병에 걸리거나 쇠약해지는 것을 막아주었다. 정착민들이 식민지에 밀·보리·무·양상추를 부지런히 심고, 양과 소를 신세계로 끌고 들어온 것은 바로 이런 이유에서였다.[14]

또한 정착민들은 —또 한 번 크로스비의 용어를 빌리자면— 아메리카대륙을 "유럽화Europeanize"하기 위해 그 대륙의 역사를 급격하게 바꾼 수많은 상업용 작물과 동물을 들여왔다.[15] 가장 대표적인 것이 설탕과 커피다. 뉴기니가 원산지인 설탕은 유럽에 알려진 지 이미 오래였지만, 유럽인들이 노예노동을 이용해 설탕을 준산업적 규모로 생산할 수 있었던 것은 그러한 여건 마련에 적합한 아메리카 식민지들을 획득하면서부터였다. 16세기부터 19세기 초반까지 아메리카대륙은 전 세계 설탕 생산을 지배했는데, 사탕수수 경작에 알맞은 기후와 충분한 노예 공급이 있어서였다. 유럽의 탐욕스러운 설탕 수요는 대서양을 가로지르는 노예무역을 부채질했다. 아프리카인 수천만 명이 브라질과 카리브해 지역으로 끌려와 신세계 사탕수수 플랜테이션 농장의 혹독한 환경에서 일했다. 사탕수수 농장 노예의 평균 수명이 약 15년이었다는 사실이 그곳의 노동조건에 대한 약간의 지표가 될 수 있다. 노예폐지론자들이 설탕은 피로 만들어졌다고 주장하는 데는 다 이유가 있다.[16]

커피는 예멘이 원산지로 18세기에 아메리카대륙에서 재배되기 시작했는데 마찬가지로 처음부터 노예노동을 이용한 상업용 작물로 길러졌다. 18세기 전반에 걸쳐 세계 커피 생산의 중심지는 서인도제도였다. 1780년대, 서인도제도의 작은 프랑스 식민지 생도맹그Saint-Domingue[지금의 아이티공화국]가 전 세계 커피의 절반 가까이를 생산하고 있었다.[17] 생도맹그에 대한 프랑스의 식민 지배와 노예제를 한 꺼번에 무너뜨린 1791~1804년의 아이티혁명Haitian Revolution은 전 세계 커피 생산 에서 카리브해 지역의 우위에 종지부를 찍었다. 혁명 후, 카리브해 지역에서 커피 를 여전히 많이 생산하는 곳은 쿠바·푸에르토리코·자메이카 정도였다. 19세기 중반 그 주도권은 브라질로 넘어갔고, 이후 브라질이 세계 커피 생산을 지배하기 시작했다. 1906년, 전 세계 커피의 82퍼센트가 브라질에서 수확되었고, 지금도 브라질이 2위와 3위 생산국의 수확량을 합한 것보다 더 많이 커피를 생산하고 있다.[18] 1940년대에 인기를 끌었던 어느 유행가의 경쾌한 후렴구에 "그들은 브라 질에서 엄청나게 많은 커피를 마셨다They've got an awful lot of coffee in Brazil"라는 가사* 가 있다.[19] 하지만 당시에 커피 수요가 그렇게 엄청나서 브라질이 그에 맞춰 많은 커피를 생산한 것은 아니었다. 오히려, 역사학자 스티븐 토픽Steven Topik이 보여준 것처럼, 브라질은 "충분히 싼 비용으로 충분히 많은 커피를 생산해 북아메리카 와 유럽의 노동계급이 그것을 사 먹을 수 있게 함으로써" 그와 같은 대량 수요를 창출하도록 도왔다.[20] 따라서 커피의 인기는 적어도 어느 정도는 콜럼버스의 교 환이 낳은 결과라 볼 수 있다. 커피는 아메리카대륙에서 복잡한 유산을 남겼다. 커피가 설탕과 달리 아메리카대륙에 민주주의와 강력한 정부가 들어서는 것을 도왔다고 주장하는 학자들도 있다. 반대로 커피가 설탕과 마찬가지로 불평등과 가난을 물려주었다고 주장하는 학자들도 있다.[21]

벼는 유럽인들이 상업용 작물로서 아메리카대륙에 들여와 초기에 부자유노 동을 통해 재배한 또 다른 구세계 작물이었다. 상업용 벼 경작을 가능케 한 전 문 기술은 바로 [지금의 미국] 조지아Georgia와 남·북캐롤라이나Carolinas의 질척질 척한 무논을 헤치며 모를 심었던 노예들에게서 나왔다. 아메리카대륙에서 벼농 사 기술은 예로부터 오랫동안 벼농사를 지어온 서아프리카인들에게서 전수된 것

---

* 1946년 프랭크 시나트라가 처음으로 취입한 〈The Coffee Song〉의 가사(부제이기도 하다).

이라는 주장이 일반적이었다. 아프리카 노예들이 아메리카대륙에서 상업적인 벼 문화를 만들어내는 데 정확하게 어떤 역할을 했는지에 대해서는 학계에서 여전히 논쟁이 이어지고 있지만, 종자와 농작물의 전파가 콜럼버스의 교환이라는 역사의 한 부분임은 틀림없는 사실이다.[22] 우리는 또한 그런 작물의 소비를 뒷받침한 경작·가공·조리의 연결 체계를 검토할 필요가 있다. 필요한 농업적 기술 조치를 취하지 않은 쌀알은, 유독한 즙을 제거하기 위해 갈지 않은 쓴맛의 마니옥 뿌리와 마찬가지로, 용도가 한정될 수밖에 없다. 닉스타말 과정이라는 가공 처리를 하지 않은 옥수수가 아프리카와 유럽으로 전파된 역사적 사건은 농작물이 이런 더 거대한 먹거리체계와 늘 함께 이동하는 것은 아니라는 사실을 예시해주는 사례다.

노예화된 아프리카인들과 그 후손들은 또한 얌yam과 동부콩black eyed pea[검은 점이 있는 흰 콩]을 비롯해 수박·플랜틴에 이르기까지 많은 아프리카 농작물을 신세계 땅에서 재배했다. 이들 작물은 때때로 노예들에게 제공된 자경 농지와 마룬 공동체maroon community*의 채소밭, 또는 노예에서 해방된 흑인 소유의 땅에서 자라났다. 이처럼 노예와 같은 종속집단이 콜럼버스의 교환에 기여한 부분을 검토하려는 시도―크로스비는 대개 유럽의 지배층과 준지배층의 역할에 초점을 맞추었다―는 흥미로운 방법론적 도전들을 제기한다. 그리고 이러한 작물이 신세계에 들어오게 된 자세한 과정은 아직 윤곽만 그려져 있는 상황이다. 그럼에도, 지리학자 주디스 카니가 밝힌 것처럼, 이와 같은 작물은 대개 노예무역의 결과로 근세에 서아프리카에 전파되고 있던 신세계 농작물들과 뒤섞이고 있었음에도 독특한 아프리카 음식 전통의 일부를 형성했다. 따라서 아메리카대륙에 도착하고 있던 많은 아프리카인은 옥수수와 마니옥 같은 아메리카 주곡에 이미 익숙해 있었다. 16세기부터 서아프리카에서도 그런 작물을 재배하고 있었기 때문이다.[23]

식민지 시대 초기에 아메리카대륙에 전파되어 노예들의 자경 농지에서 재배되고 있던 바나나와 플랜틴은 마침내 또 다른 중요한 상업용 작물로 등극할 때

---

* 아메리카대륙에서 도망친 아프리카 노예들이 카리브해 연안에 만든 공동체.

가 되었다(스페인 역사학자 곤살로 페르난데스 데 오비에도Gonzalo Fernández de Oviedo는 이 두 작물이 1540년대에 카리브해 지역에서 수없이 많이 재배되고 있었다고 기록했다).[24] 19세기 후반부터, 대개 미국 출신의 바나나 기업가들은 중앙아메리카와 카리브해 주변 지역에서 북아메리카 시장으로 바나나를 수출하는 상사들을 설립하기 시작했다. 이런 회사는 대개 그 경제적 위상에 어울리는 정치 활동을 했는데, 때로는 자신의 권한 범위를 넘어서는 중대한 정치적 개입도 마다하지 않았다. 1954년 과테말라 하코보 아르벤스Jacobo Arbenz 정권을 전복하는 데 [미국의] 유나이티드프루트컴퍼니가 되었다는 것은 확고부동한 사실이다. 콜롬비아 작가 가브리엘 가르시아 마르케스Gabriel García Márquez가 쓴 〈백년의 고독One Hundred Years of Solitude〉을 읽은 사람이라면, 일개 바나나 회사가 콜롬비아의 카리브해안 지역에서 벌인 대학살에 대한 소설적 묘사에 익숙할 것이다.[25] 동시에 라틴아메리카의 바나나 역사는 단순히 외국의 지배와 정치적 음모의 이야기가 아니다. 바나나는, 앞서 지적된 것처럼, 예나 지금이나 세계를 가로질러 광범위한 지역의 사람들이 먹는 먹거리다. 실제로 아메리카대륙에서 재배되는 바나나 대부분은 수출용이 아니라 내수용으로 생산된다.[26]

신세계에서 이루어진 대규모 목장 운영은 콜럼버스의 교환이 낳은 또 다른 결과였다. 아메리카대륙은 유럽인들이 상륙하기 전에 구세계에 전혀 알려지지 않은 많은 동물의 원산지였다. 그러나 그 가운데 아주 일부만이 나중에 식용이나 노동용 가축으로 적합하다고 확인되었다. 유럽인들은 [아메리카대륙에] 염소, 양, 돼지, 소, 말, 노새를 들여왔거니와 유럽 전통의 축산업과 가축 사육 방식 또한 도입했다. 구세계에서 신세계로 전파된 동물들은 천적이 없는 상태에서 [유럽의] 정착민들도 모두 놀랄 만큼 엄청난 속도로 번식했다. 그 결과, 거대한 무리의 소와 말들이 [북아메리카 서부] 로키산맥Rockies에서 [남아메리카 동남부] 라플라타강 Río de Plata에 이르기까지 평원지대를 몰려다니는 카우보이의 세계가 열렸다. 이러한 전개 과정이 환경에 끼친 영향은 충격적일 정도로 컸다. 역사학자 엘리너 멜빌이 밝힌 것처럼, 양은 16세기에 전파된 뒤 멕시코 중부 고원지대의 풍경을 빠르게 황폐화했고 대규모 소 방목은 아마존 일대 삼림 파괴의 원인이 되었다.[27] 대규모 목장 운영은 또 다른 파괴적 결과를 초래했다. 그것은 대개 불공평한 처지에서 싸우는 원주민 농업과 경쟁했는데, 그 결과 원주민 공동체가 공동으로 소유한 마을 땅의 상당 부분이 대규모 목장으로 바뀌었다. 이뿐만 아니라, 방목된 소 떼가 울타리가 없는 원주민의 농지로 들어가 농작물을 짓밟는 경우도 많았다. 크로스비는 유럽인들에게 정복당한 뒤의 아메리카대륙이 그 자연 풍경을 대기권 밖 우주 공간에서 보았다면, 그것은 소 떼가 아메리카 원주민들을 대체하려는 것 같았을 거라고 실제로 단언했다.

콜럼버스의 교환은 음식 말고도 다른 것들을 신세계에 들여왔다. 먼저 정착민들은 식용 목적이 아닌 식물과 동물을 많이 가지고 왔다. 말은 먹을 수도 있지만 짐을 나르는 데 이용할 동물이 부족한 지역에서 유용한 운송 수단으로 주로 쓰였고, 소는 대개 고기보다는 가죽을 얻기 위해 사육되었다. 수입되는 모든 것이 의도적이지는 않았다. 크로스비는 스페인의 아메리카 정복 과정에서 질병이 매우 중요한 역할을 했다고 강조했다. 신세계와 구세계 사이 인간의 질병 전파가 두 지역의 역사를 결정짓는 중요한 요인이었음은 의심할 나위가 없다. 게다가 식민지 정복자들은 의도치 않은 결과지만 많은 잡초와 해충도 전파했다. 포도나무뿌리진디Phylloxera와 네덜란드느릅나무병Dutch elm disease은 1492년부터 퍼지기 시작해 지금까지 이어지고 있다.

지금까지 살펴본 다양한 종류의 전파는 노예와 사탕수수 경작의 밀접한 관련성과 함께 콜럼버스의 교환이 구세계와 신세계 양쪽의 역사에서 광범위한 영역에 걸쳐 중대한 의미를 지니고 있음을 보여준다. 아메리카대륙에서 특히 새로운 질병의 전파는 수출용 농업, 대규모 농장 운영과 함께 수백만 명의 생명과 자연환경에 명백하고도 극적인 영향을 끼쳤다. 그렇다면, [콜럼버스의 교환이] 전 세계 사람들의 식습관에 끼친 영향은 어떠한가? 콜럼버스의 교환은 전 세계의 식사 관행eating practices을 급격하게 바꾸었다. 그 변화 과정은 1492년 콜럼버스가 카리브해 지역에 도착한 이후 벌어진 유럽인과 아메리카 원주민 사이의 수많은 개별 접촉에서 시작되었다.

신세계 문화민족주의cultural nationalism와의 초기 만남들

1492년 신세계 음식과의 만남에 대한 최초의 설명에는, 아메리카대륙에 도착한 유럽인들은 자신들이 가져온 식량이 바닥나자 할 수 없이 허기진 배를 채우기 위해 원주민들의 음식을 먹게 된 반면에 아메리카 원주민들은 여전히 유럽인들의 음식을 의심의 눈초리로 바라보았다고 나온다. 역사학자 오비에도는 유럽 탐험가들이 아메리카 원주민들에게 음식을 제공했지만 모두 거절당한 많은 사례를 기록하고 있다. 오비에도는 후안 데 아레이사가Joan de Areyzaga와 파타고니아 원주민들 사이의 한 만남을 묘사하면서, 스페인 사람들이 "그들에게 매우 맛있는 음식·생선·고기를 주었지만, 그 거인들은 빵을 원하지 않았고 먹을 생각도 없었다. 포도주도 마찬가지로 원하지 않았다"라고 기록했다.[28] 스페인에서 온 정착민들은 대체로 원주민들이 스페인에서 가장 칭송받는 음식을 별로 반기지 않는 것에 실망했다. [서인도제도에서 두 번째로 큰 섬인] 히스파니올라Hispaniola에 도착한 정착민들은 현지인들이 식물 뿌리를 "기독교인들이 그들에게 준 음식보다 더 좋아하며" 먹는 것을 보고 얼굴을 찌푸렸다.[29] 그 광경에 놀란 또 다른 사람은 "그들은 우리가 먹는 빵은 거들떠보지도 않는다"라고 썼다.[30] 이에 반해, 스페인 사람들은 원주민들이 먹는 음식 가운데 매우 많은 것이 분명 위험할 거라고 걱정했지만, 그처럼 까다로이 음식을 가리고 할 형편이 아니었다. 에르난도 데 소토Hernando de Soto는 미국 남부를 탐험 여행 하면서 현지 원주민들이 주는 옥수수 케이크와 스캘리언scallion*를 먹으며 연명했다.[31]

유럽인이든 아메리카 원주민이든 그들은 전에 알지 못했던 새로운 음식을 자기네 음식과 비교하면서 그것이 어떤 것인지 이해하려 애썼다. 스페인 사람들은 일상적으로 신세계의 과일과 채소를 유럽의 것에 비유했는데, 새로운 음식에 대한 우려를 극복하려는 시도였다. 16세기에 한 작가는 "아보카도는 배 같고, 구아바는 사과 같고, 파인애플은 퀸스quince[마르멜루marmelo, 모과의 일종] 같다"라고 설명했다.[32] 아메리카 원주민도 마찬가지였다. 아즈텍족은 후추를 칵스틸란 칠리caxtillan chilli 즉 "카스티야 고추Castile chile"라고 부르고, 밀은 카스틸란 트라올리castillan tlaolli나 칵스틸란 센틀리caxtillan centli 즉 "카스티야 옥수수Castile maize"라고 불렀다. 당근은 칵스틸란 카모틀리caxtillan camotli 즉 "카스티야

---

* 골파·부추류 비늘줄기의 작고 어린 양파.

고구마Castile sweet potato"라고 하고, 아몬드 나무는 "땅콩 비슷한 것이 자라는 카스티야 나무"라고 했다.[33] 실제로 이러한 새로운 음식들과 관련된 언어의 분석은 그 음식들의 수용과 전 세계로의 전파에 대한 통찰을 제공한다. 동아프리카의 다양한 언어에서 옥수수라는 용어는 바다를 통해 그 지역에 도착한 곡물임을 의미하는 반면에, 유럽에서 옥수수라는 용어는 그라노투르코granoturco(터키 밀)나 블레 사라쟁blé sarazin(사라센 밀)처럼 무어인Moors*과 투르크족을 연상시키는 명칭으로 그 음식의 이국적 특성을 나타냈다.[34] 포르투갈 사람들이 신세계 음식을 인도에 소개하는 데 중요한 역할을 했다는 사실도 마찬가지로 어원 분석을 통해 쉽게 알 수 있다. 일례로, 수많은 인도어에서 파인애플을 "아나나스ananas"라고 쓰는데, 포르투갈에서 파인애플을 표기할 때 바로 그 말[ananás]을 쓴다.[35]

앞서 알려진 것처럼 유럽의 음식을 별로 반기지 않았던 아메리카 원주민들의 초기 경계 심리는 서서히 누그러지기 시작했다. 원주민들이 유럽의 음식을 식민지 억압의 거대한 진행 과정 가운데 하나라고 보는 경우들이 있었다는 것은 명백한 사실이다. [베네수엘라 북동부 카리브해 연안] 쿠바과섬Cubagua의 아메리카 원주민들은 봉기를 일으켰을 때, 프란치스코회 수도원 정원에 심어진 오렌지 나무를 베어버렸다. 또한 1680년, 뉴멕시코에서 일어난 푸에블로 반란의 지도자들은 자신의 추종자들에게 "우리 조상의 작물이었던 옥수수와 콩만 심고, 스페인 사람들이 뿌린 종자들은 모두 불태워라"라고 명령했다.[36] 그럼에도 많은 원주민 공동체는 유럽 음식의 일부 요소를 최소한의 수준에서 받아들였다. 페루에서 나온 자료들에 따르면, 1580년대 초 안데스 산간의 마을들은 상추, 양상추, 무, 완두콩, 양파, 마늘, 콩, 겨자, 순무 같은 유럽 작물들을 기르고 있었다.[37] 소가 망치는 정도로 옥수수 밭을 짓밟지 않는 닭과 돼지는 널리 받아들여 사육했다. 식민지 정복자들은 아메리카 원주민들이 유럽의 술을 지나치게 좋아한다고 불평했다.[38] 반대로 스페인 사람들은 온갖 종류의 새로운 맛을 자신들의 식생활에 편입시켰다. 중남미Spanish America의 연대기 기록자와 여행자들은 당시 정착민들이 "대

---

* 711년부터 이베리아반도를 정복한 이슬람교도를 막연히 부르던 말. 본디는 모로코의 모리타니아, 알제리·튀니스 등지의 베르베르인을 주체로 하는 여러 원주민 부족을 가리켰다.

개 아톨레atole,* 피놀레pinole,** 플랜틴 데친 것, 카카오 버터, 인디언 옥수수Indian maize로 만든 푸딩을 몹시 매운 빨간 고추로 양념을 한 닭고기나 신선한 돼지고기와 함께" 먹었고, 초콜릿 같은 지역의 진미들도 즐겨 먹었다고 기록했다.[39] 그리고 1570년대부터 서인도제도에서 돌아오는 배의 선원들은 보통 딱딱한 건빵 대신에 옥수수나 카사바로 만든 빵을 지급받을 때도 있었다. 물론 그들은 그것이 온갖 소화불량 문제를 일으킨다고 불평이 이만저만이 아니었다.[40] 뉴잉글랜드의 영국인 식민지 정착민들은 옥수수를 찌거나 끓여서 자신들이 즐겨 먹는 푸딩을 만들었다. 그들도, [라틴아메리카의] 스페인 정착민들이 그랬던 것처럼, 인디언 음식을 오랫동안 먹는 것에 대해 걱정이 많았다.[41] 유럽인들은 음식을 조리할 때 원주민들의 식재료 말고도 원주민의 조리 기술도 많이 채택했다. 식민지의 조리법에는 향신료를 원주민들이 쓰는 맷돌에 갈고, 고기를 원주민들이 쓰는 번철 위에 놓고 조리하고, "타말Tamal[타말레]이 익을 때 나는 소리가 들릴" 때까지 음식을 데치라고 나와 있다.[42] 동시에 식민지 아메리카대륙의 식사 또한, 전 세계 모든 곳에서처럼, 신분과 계급의 표식으로서 중요한 역할을 했다. 기니피그 같은 "인디언" 음식에 대한 취향은 신분이 낮은 원주민의 정체성을 나타내는 확실한 표시였다. 그리고 식민 지배가 끝난 뒤, 정책 결정자들은 여러 세대에 걸쳐 아메리카 원주민의 토착성을 제거하고 문화 수준을 전반적으로 높인다는 명목으로 그들이 좀 더 "문명화된" 음식을 먹도록 장려했다. 1492년 이후 수백 년 동안 일어난 음식의 변화 과정은 특정 지역의 사람들과 그들의 음식을 높이 평가하고 그 밖의 다른 것들은 무시하는 식민지와 식민지 이후의 계급적 권력구조를 배경으로 발생했다.[43]

20세기 들어, 식민지 시대에 유럽 요리 관행과 원주민 요리 관행이 섞이기 시작했다는 생각은 라틴아메리카의 여러 국가에서 나타난 민족주의 신화의 핵심 요소가 되었다. 19세기의 엘리트 민족주의자들은 대개 아메리카 원주민들이 개인의 토지 소유와 같은 "근대성modernity" 요소를 완고하게 거부하면서 새로운 국가 건설에 부정적이라고 불평했다. 반면에 20세기 라틴아메리카의 민족주의 이

---

* 뜨거운 물이나 우유에 옥수수 가루를 풀어 마시는 음료.
** 옥수수 가루를 볶은 음식.

넘은 국가 이미지를 유럽 전통과 [라틴아메리카] 토착 전통(아프리카 전통은 최소화)이 혼합된 것으로 발전시키기 시작했다.[44] 혼합 음식은 혼합 국가를 상징하는 강력한 표상이었다. 많은 라틴아메리카 국가의 민족주의자들은, 신분의 고하를 막론하고 요리사들이 개별적인 콜럼버스의 교환을 통해, 식민지 시대에 새롭게 등장했을 것으로 보이는, 구세계와 신세계의 식재료가 혼합된 독특한 요리 전통들을 찬양하기 시작했다. 대개 이런 이야기들은, 역사학자 제프리 필처와 레이첼 라우던이 밝힌 것처럼, 식민지 시대의 복잡한 역사들을 의도적으로 왜곡해서 보여준다. 그것들은 근본적으로 여러 요소가 뒤섞인 것일 수밖에 없지만 그럼에도 국가의 비전을 강력하게 상징하는 역할을 한다. 한 멕시코 요리책 서문에는 다음처럼 쓰여 있다. "멕시코 요리는 현재의 우리 자신처럼 두 민족과 두 문화가 서로 결합해서 탄생한 산물이다."[45] 여러 향신료와 초콜릿을 섞어 매우 복잡한 향미의 소스를 뿌린 멕시코 가금 요리 몰레 포블라노mole poblano는 흔히 멕시코 대표 요리로 일컬어진다. 멕시코 자체가 유럽 문화와 원주민 문화의 혼합인 것처럼, 몰레 포블라노 또한 원주민의 식재료(칠면조, 초콜릿, 고추)를 쿠민cumin*과 각종 견과류와 같은 유럽의 식재료와 섞어서 만들기 때문이다—멕시코 요리에 대한 은유적 표현들을 보면, 아프리카가 멕시코 요리에 끼친 영향은 좀처럼 크게 부각되지 않는다. [멕시코식 매운 소스인] 몰레는, 한 멕시코 작가의 설명에 따르면, "지리, 경제, 정치, 그리고 무엇보다 새로운 사고방식의 형성으로 설명되는 문화 과정"에서 나왔다. "이 모든 것의 혼합체로서 요리는 19세기 멕시코에서 가장 초월적인 현상이라 할 수 있는 국가 탄생의 원천이 되었다."[46] 그래서 그와 같은 혼합 음식은 국가 그 자체의 강력한 상징으로서 민족주의의 언어 안에서 해석된다. 라틴아메리카의 다른 여러 국가도 멕시코와 마찬가지로 당대의 민족주의가 찬양하는 윤리적·문화적 메스티사혜mestizaje 즉 정체성을 반영한 다양한 이름의 상징 음식들이 있다. 따라서 음식민족주의는 장 앙텔름 브리야-사바랭Jean Anthelme Brillat-Savarin이 한 유명한 말["우리의 존재는 먹는 것이 결정한다we are what we eat"]을 뒤바꿔서 "우리가 먹는 것은 지금의 우리 자신이다we eat what we are"라고 선언한다.

---

* 미나리과의 식물 또는 그 씨앗을 말려서 만든 양념.

구세계에 불어닥친 새로운 식습관

신세계 음식들이 구세계의 식습관을 바꾸었다. 토마토·감자·고추·호박·초콜릿은 오늘날 구세계 식생활에서 없어서는 안 될 필수 음식이어서, 이것들이 고작 500년 전에 구세계에 전파되었다는 말은 믿기 어려울 정도다. 전통적인 영국 크리스마스 만찬과 인도 사그알루saag aloo* 요리 같은 다채로운 음식이 나오는 식사는 그 특유의 맛과 성분을 위해 칠면조·감자·고추 같은 신세계 식재료를 써서 조리한다. 크로스비는 콜럼버스의 교환이 구세계에 가져온 음식의 변화에 대한 광범위한 증거를 제공한다. 따라서 콜럼버스의 교환의 영향을 받지 않은 지역 음식이나 국내 음식은 생각하기 어렵다.

이와 같은 음식들이 전 세계로 전파된 특정 경로들은 유럽인들의 탐험과 식민지화 역사와 밀접하게 연관되어 있다. 고추를 인도에 가져온 사람은 바로 포르투갈 상인들이었는데, 고추는 인도 요리의 복잡한 향미를 내는 핵심 요소가 되었다. 실제로 고추는 이제 인도의 식생활에 깊이 파고들어간 상태여서, 고추 이름 대부분이 아메리카대륙의 원산지보다도 인도의 특정 지역들과 관련 있다.[47] 또한 옥수수를 서아프리카로 가져간 사람은 포르투갈인들이 틀림없을 것이다. 옥수수는 처음에는 노예 수송선에 탄 사람들이 먹는 식량이었지만 나중에는 서서히 서아프리카 현지의 식생활에서 중요한 부분을 차지하기 시작했다.[48] 초콜릿을 먹는 식습관은 [오스트리아] 합스부르크Hapsburg 왕조가 닦아놓은 교역로를 통해 유럽에 널리 퍼졌다. 오스트리아 귀족들은 카카오를 개인적으로 주문해서 배로 실어오기 위해 스페인의 인맥을 이용했고, 마드리드에서는 영국에서 여전히 사치품이었던 초콜릿 음료를 일반 수공업자들이 아침식사 때마다 마시고 있었다.[49] 음식은 세계와 지역의 역사를 움직이는 더 거대한 힘들과 무관하게 이동하는 경우가 거의 없다. 일례로, 16세기 후반에 신세계 음식들이 중국과 인도에 전파되었지만, 역사학자 수체타 마줌다르가 밝힌 것처럼, 그 이후에 이 두 지역에서 펼쳐진 신세계 작물 재배의 역사는 매우 다르다. 중국에서 고구마 같은 작물

---

* 튀긴 알감자를 넣은 시금치 커리.

은 중국의 농업과 요리 체계에 신속하게 편입되었다. 농지에 대한 중압감에 시달리고 있던 중국 농민들은 더욱 집약적인 농사 방식과 수확량이 많은 작물이 절실했다. 반면에 인도에서는 농민들이 경작할 수 있는 농지가 중국보다 훨씬 더 많았기에 식민지 정책으로 농지 소유 형태가 바뀔 때까지 고구마 경작을 서두를 까닭이 없었다.[50] 그러나 일반적으로 우리는 신세계 음식이 아시아와 아프리카로 전파된 과정보다 유럽으로 전파된 과정에 대해 훨씬 더 많은 것을 안다. 비록 이런 상황을 바꾸는 데 수많은 학자가 중요한 기여를 했지만 사정은 지금도 크게 달라지지 않았다.[51]

신세계 음식이 유럽인의 식생활에 끼친 심대한 변화는 유럽의 신세계 식민지화가 오직 근세 유럽인들 사이에서 제한된 관심만 불러일으켰다는 저명한 역사학자 존 엘리엇John Elliott의 견해를 미묘하게 수정한다. 엘리엇이 말한 "무딘 영향력blunted impact"이라는 논지는 서양의 활짝 열린 새로운 미래에 대해 이베리아반도 바깥에 있는 학자들이 보인 무반응을 강조한다. 엘리엇이 보기에 신세계 음식은 어떠한 급격한 인식론적 변화도 가져오지 않았다.[52] 그럼에도 불구하고, 학자들이 신세계의 존재에 대해 어떻게 반응했든 상관없이, 아일랜드와 [이탈리아의] 베네토Veneto 지역의 소농들은 감자와 옥수수를 주곡으로 재빠르게 받아들였는데, 그 작물들의 칼로리가 매우 높다는 점을 알아챈 때문일 것이다. 유럽의 소농들이 끔찍할 정도로 보수적이라, 선견지명이 있는 귀족들이 그들에게 새로운 음식을 먹도록 강권할 때까지 소농들이 그런 음식을 거부했다고 주장하는 음식 사학자들도 있지만, 실제로 소농들은 새로운 작물에 대한 관심이 엘리트 집단에 못지않게 높았다. 이러한 새로운 음식들에 대해 유럽의 일부 식물학자들이 의심의 눈초리를 보낸 반면에―영국의 약초학자 존 제라드John Gerard는 옥수수를 "사람보다는 돼지에게나 더 알맞은 음식"이라고 묘사했다―, 굶주림에 시달리고 있던 가난한 사람들은 그들의 말에 전혀 귀 기울이지 않았다.[53] 또한, 고구마와 옥수수를 중국 식생활에 편입시킨 사람들은 엘리트 집단이 아니라 가난한 농민들이었다. 그들이 이들 새로운 작물을 수용한 이유는, 그것이 잘 자라고 벼농사보다 노동력이 덜 들어가며 칼로리가 매우 높기 때문이었다. 이를 통해, 전에 자급자족을 위해 경작되었던 농지는 상품작물 재배지로 바뀌었고, 이것은 중국의 농업경제와 농민들에게 극적인 영향을 끼쳤다.[54]

실제로 크로스비가 《콜럼버스의 교환》의 끝에서 두 번째 장에서 주목한 것은 바로 콜럼버스의 교환이 영향을 끼친 이 마지막 측면이다. 크로스비는 이탈리아 요리에서 토마토가 그리고 헝가리 요리에서 고추가 중요한 영향을 끼친 것은 틀림없지만, 그럼에도 진정으로 세계의 역사를 바꾼 것은 신세계의 녹말가루라고 주장했다. 그에 따르면, 옥수수·마니옥·감자·고구마 같은 신세계 탄수화물 작물들이 지난 500년 동안 세계사의 변화에 획기적 전환점을 마련한 엄청난 인구 증가에 기여했다. "크리스토퍼 콜럼버스와 인구의 폭발적 증가 사이에 관련성이 있는가?"라고 크로스비는 물었다.[55] 그는 결론적으로 그 질문에 조심스럽게 긍정으로 답했다. 신세계의 녹말 작물들은 구세계의 녹말 작물들보다 확실히 칼로리가 더 높다―1헥타르당 감자는 750만 칼로리를 생산하는 반면에 밀은 420만 칼로리 생산에 불과하다. 마니옥 같은 작물은 재배 환경에 크게 구애받지 않기 때문에 광범위한 지역에서 재배할 수 있다. 크로스비는 감자가 아일랜드에서 중요한 작물이 되었을뿐더러 고구마가 일본과 중국에서, 옥수수와 마니옥이 아프리카의 여러 지역에서 주요 작물이 되었다는 것을 독자들에게 각인시켰다. 크로스비가 당시에 쓴 것처럼, 오늘날 전 세계에서 먹는 고구마의 대부분은 원산지인 카리브해 지역이 아니라 중국에서 재배되고, 마니옥은 아메리카대륙의 그 어느 곳보다도 나이지리아에서 더 많이 생산된다. 옥수수에서 나오는 칼로리는 멕시코나 과테말라보다 잠비아의 국민 식생활 구성비에서 더 높은 비중을 차지한다.[56] 이들 신세계 작물이 전 세계 여러 지역의 먹거리체계에 통합된 것은 이제 확실하다. 일부 학자는 비록 보편적으로 용인되는 설명은 결코 아닐지라도, 적어도 부분적으로는 신세계 작물의 전파가 가져온 영양 개선이 인구 증가의 배경이 되었다는 크로스비의 주장을 뒷받침했다.[57] 실제로 신세계 작물의 전파는 인간의 영양 개선만큼이나 심각하게 건강 조건을 악화시킨 경우들도 있었다. 옥수수는 중앙아메리카의 전통적 농법을 이용해 석회와 함께 가공 처리 될 때 비로소 영양가 높은 식품이 된다. 그러나 이 닉스타말 과정이라는 가공 처리를 거치지 않은 옥수수를 먹으면 니아신 부족 현상이 발생해 그것을 많이 먹는 사람은 펠라그라에 걸릴 위험이 높다. 1492년 이후에 전 세계에 옥수수가 널리 퍼졌지만, 시간이 많이 걸리고 겉보기에는 불필요해 보이는 닉스타말 과정은 옥수수와 함께 전파되지 못했다. 그 결과, 아프리카와 이탈리아에서 옥수수를 먹은 사람들은 펠라그라에 걸렸다. 최근 들어, 옥수수는 각종 증후군과의 연관성뿐 아니라 대규모 산업 규모로 경작되어 마침내 다양한 가공식품으로 발전시킨 미국 기업농과의 복잡한 관계 때문에 공격을 받게 되었다.[58]

콜럼버스의 교환이 남긴 유산

크로스비가 쓴《콜럼버스의 교환》은 1972년에 발간된 이후로 유럽의 식민지 팽창이 생물학적 변화에 끼친 영향에 관한 풍부한 학문적 연구를 낳는 발판으로서 끊임없이 역할을 해왔다. 탐험의 시대와 식민지화의 여파에 관해 제대로 이해하기 위해서는 그것들이 추동한 생물학적 변화의 역사를 받아들여야 한다. 더 나아가 이와 같은 생물학적 변화가 끼친 영향이 매우 광범위했음은 틀림없는 사실이다. 1492년 이후 수백 년 동안 전 세계의 식생활은 급격하게 바뀌었다. 오늘날 이러한 변화를 보여주는 사례들을 들자면, 봄베이 감자Bombay potato와 바닐라 아이스크림에서 밀가루 토르티야flour tortilla와 매우 다양한 종류의 푸푸 요리에 이르기까지 거의 끝이 없다. 신세계 작물의 배양 변종들의 확산이 지난 500년을 특징지을 수 있는 인구 증가를 뒷받침 했든 안 했든, 콜럼버스의 교환은 사람들이 먹는 음식을 확실히 바꾸었으며 오늘날까지 계속되고 있는 세계화의 초기 사례임에 틀림없다.

신세계 음식이 구세계에서 받아들여지고 채택되거나 거부된 과정들에 대한 두툼한 역사는 지금도 여전히 진행 중이며 기록되고 있다. 때로는 신세계 음식이 기존에 먹던 음식과 비슷해서 쉽게 받아들여진 것처럼 보일 때도 있다. 신세계의 콩이 유럽의 일부 지역에서 신속하게 수용된 것은 아마도 그런 사례 가운데 하나일 것이다.[59] 또 다른 한편으로 완전히 새로운 음식이라는 이유가 사람들의 마음을 사로잡았을 수도 있다. 거품이 이는 자극적인 초콜릿은 유럽인들이 전에 한 번도 먹어본 적이 없는 것이었지만, 스페인에서 온 정착민들은 아마도 원주민 문화 내 고위 신분들의 도움을 받아 금방 그 맛에 길들었을 것이다. 그럼에도, 이런 수용과 거부의 과정을 촉진한 역학 관계들에 대한 우리의 이해는 많은 경우에 아직도 윤곽을 그리는 수준에 불과하다. 그러나 의심 많은 근세 유럽인들이 신세계 음식을 불신해서 지어낸 오래전 이야기들이 이제 더는 적절치 못하다는 것은 명백하다. 16세기 후반, 스페인에서는 고구마를 재배해서 먹었다. 같은 시기에 베네치아 사람들은 서속을 넘어 옥수수도 받아들이고 있었다. 17세기 영국 조리법들은 초콜릿과 감자 같은 식재료를 아무렇지도 않은 듯이 말한다. 물론 대다수 유럽인은 감자에 유독 물질이 함유되어 있다고 믿었기 때문에 18세기까지 그것을 먹지 않았다는 주장이 일반적이다.[60] 하지만 근세 유럽인들은, 여태껏 묘사되어왔던 것처럼, 음식과 관련해 선사시대 굴속에서 살던 원시인 같은 존재가 결코 아니었다.

이와 같은 식생활의 변화와 식민주의 역사 사이 밀접한 연관 관계를 절대로 간과해서는 안 된다. 오늘날 카카오가 그 원산지인 중앙아메리카보다 아프리카에서 더 많이 경작되는 것은 유럽의 식민지 정복자들이 그 작물을 아프리카대륙에 일부러 전파했기 때문이다. 커피도 마찬가지로 서유럽 식민지 열강이 더 확실하게 커피 생산을 지배하기 위해 아메리카대륙으로 가져온 것이다. 콜럼버스의 교환의 역사는 또한 노예제의 역사와 복잡하게 얽혀 있다. 아프리카의 작물이 아메리카대륙에 전파되고, 신세계 음식이 서아프리카로 전파되는 과정은 대개 대서양을 횡단하는 노예무역을 통해 이루어졌다. 노예무역을 통해 새로운 음식이 서아프리카에 들어오는 것과 동시에, 의도치 않았지만, 신세계의 음식은 "아프리카식으로 바뀌었다." 역사학자 카니와 리처드 니컬러스 로소모프Richard Nicholas Rosomoff가 지적하듯, "콜럼버스의 교환에 관해 논의할 때, 아프리카로의 작물의 전파는 인간들이 그러한 교역을 할 수 있게 만드는 데 노예들이 기여한 역할과 따로 떨어뜨려 생각할 수 없다."[61] 분명히 말하지만, 콜럼버스의 교환을 단순히 전 세계가 서로 조리법을 교환한 것으로 보면 안 된다.

요컨대, 콜럼버스의 교환의 역사는 유럽의 초기 식민지 정복자들이 파인애플을 맛보고 느꼈던 희열과 신세계 사탕수수 플랜테이션 농장에서 자행된 무자비한 노동착취를 모두 망라해야 한다. 그것은 또한 매콤한 고구마볶음과 헝가리의 치킨 파프리카 요리, 그리고 멕시코 요리로 알려진 혼합 음식들도 모두 포함해야 한다. 이 책을 읽는 독자 어느 누구라도 콜럼버스의 교환 때문에 세상에 최초로 일어난 변화들의 영향을 받지 않은 사람은 거의 없을 것이다. 크로스비 자신이 말한 것처럼, 우리는 그 영향을 지금도 여전히 절감하고 있다.

주

1. "Columbian Exchange," Wikipedia(Online). Available: http://en.wikipedia.org/ wiki/ Columbian_Exchange(February 27, 2011).

2. Edward Barry, "Review of The Columbian Exchange," *American Historical Review* 80, no. 1(1975): 67. 감자의 기원에 관한 크로스비의 논의는 콜럼버스의 교환의 가장 혁신적인 특징과 거리가 멀었다. 다음을 보라. Redcliffe Salaman, *The History and Social Influence of the Potato*(Cambridge: Cambridge University Press, 1949).

3. 정복 이전의 음식 도입과 관련해서는 예컨대 다음을 보라. Sophie Coe, *America's First Cuisines*(Austin: University of Texas Press, 1994).

4. Redcliffe Salaman, *The History and Social Influence of the Potato*; Betty Fussell, *The Story of Corn*(New York: Knopf, 1992); Nelson Foster and Linda S. Cordell, eds., *Chilies to Chocolate: Food the Americas Gave the World*(Tucson: University of Arizona Press, 1992); Janet Long, ed., *Conquista y comida. Consecuencias del encuentro de dos mundos*(Mexico City: Universidad Nacional Autonoma de Mexico, 1997); Marcy Norton, *Sacred Gifts, Profane Pleasures: A History of Tobacco and Chocolate in the Atlantic World*(Ithaca, NY: Cornell University Press, 2008)

5. 기니피그에 관해서는 다음을 보라. Edmundo Morales, *The Guinea Pig: Healing, Food and Ritual in the Andes*(Tucson: University of Arizona Press, 1995); Eduardo Archetti, *Guinea Pigs: Food, Symbol and Conflict of Knowledge in Ecuador*(Oxford: Oxford University Press, 1997).

6. Jean Louis Flandrin, Massimo Montanari and Albert Sonnenfeld, eds., *Food: A Culinary History from Antiquity to the Present*, trans. Clarissa Botsford(New York: Columbia University Press, 1999); Thomas Aquinas, *Summa Theologica of St. Thomas Aquinas*, c. 1265-74, trans. Fathers of the English Dominican Province, third part, question 74(Online). Available: http://www.newadvent.org/summa/(February 27, 2011); Miri Rubin, *Corpus Christi: The Eucharist in Late Medieval Culture*(Cambridge: Cambridge University Press, 1991), 37-49.

7. 또한, 스페인 왕실은 수입된 반도의 와인과 경쟁을 막기 위해 포도나무 재배를 금지했다. 예컨대 다음을 보라. Instrucciones al Marques de Canete, 1591, *Los virreyes españoles en América durante el gobierno de la casa de Austria*, ed. Lewis Hanke, 7 vols., Biblioteca de Autores Espanoles vols. 280-286(Madrid: Editorial Atlas, 197B), 1:274; Clarence Henry Haring, *Trade and Navigation between Spain and the Indies*(Gloucester: Peter Smith, 1964), 125.

8. Jean de Léry, *History of a Voyage to the Land of Brazil*, trans. and ed. Janet Whatley(Berkeley: University of California Press, 1992 [15Bo]), 49(chap. 6).

9. Fray Juan de Santa Gertrudis Serra, *Maravillas de la naturaleza*, 2 vols.(C. 1771; reprint: Bogota: Empresa Nacional de Publicaciones, 1956), vol. 1, chapter 3. Biblioteca Luis Angel Arango Virtual(Online). Available: http://www.lablaa.org/blaavirtual/ faunayflora/mara/ indice.htm(February 27, 2011).

10. Beatriz de Carvallar to Lorenzo Martinez de Carvallar, Mexico, March 10, 1574, *Cartas privadas de emigrantes a Indias, 1540-1616*, ed. Enrique Otte(Mexico City: Fondo de Cultura Economica, 1996), 85.

11. Elinor G. K. Melville, *A Plague of Sheep: Environmental Consequences of the Conquest of Mexico*(Cambridge: Cambridge University Press, 1994); William Dunmire, *Gardens of New Spain: How Mediterranean Plants and Foods Changed America*(Austin: University of Texas Press, 2004).

12. Ken Albala, *Eating Right in the Renaissance*(Berkeley: University of California Press, 2002); Carmen Pena and Fernando Giron, *La prevención de la enfermedad en la España bajo medieval*(Granada: Universidad de Granada, 2006).

13. Pedrarias de Benavidez, *Secretos de chirurgia, especial de las enfermedades de morbo gallico y lamparones y mirrarchia*(Valladolid, 1567), 26-27.

14. Rebecca Earle, "If You Eat Their Food ... ': Diets and Bodies in Early Colonial Spanish America," *American Historical Review* 115, no. 3(2010): 688-713.

15. Alfred W. Crosby Jr., *Ecological Imperialism: The Biological Expansion of Europe, 900-1900*(Cambridge: Canto, 1986).

16. Richard Dunn, *Sugar and Slaves: The Rise of the Planter Class in the English West Indies, 1624-1713*(New York: W.W. Norton, 1972); Sidney W. Mintz, *Sweetness and Power: The Place of Sugar in Modern History*(New York: Viking, 1985) [한국어판. 시드니 민츠 지음, 김문호 옮김, 《설탕과 권력》, 서울: 지호, 1997]; Stuart Schwartz, "Plantations and Peripheries," in *Colonial Brazil*, ed. Leslie Bethell(Cambridge: Cambridge University Press, 1987), 67-144.

17. Steven Topik, "Coffee," in *The Second Conquest of Latin America: Coffee, Henequen and Oil during the Export Boom, 1850-1930*, ed. Steven Topik and Allan Wells(Austin: University of Texas Press, 1998), 41.

18. Steven Topik, "Where is the Coffee? Coffee and Brazilian Identity," *Luso-Brazilian Review* 36, no. 2(1999): 87.

19. "The Coffee Song"(Lyrics: Bob Hilliard/Music: Dick Miles), 1946.

20. Steven Topik, "Where is the Coffee? Coffee and Brazilian Identity," 62.

21. 예컨대 다음을 보라. Charles Bergquist, *Coffee and Conflict in Colombia, 1886-1910*(Durham: Duke University Press, 1978); William Roseberry, Lowell Gudmundson, and Mario Samper, eds., *Coffee, Society and Power in Latin America*(Baltimore: Johns Hopkins Press, 1995).

22. "검은 쌀" 논쟁과 관련해서는 다음을 보라. Judith Carney, *Black Rice: The African Origins of Rice Cultivation in the Americas*(Cambridge, MA: Harvard University Press, 2001); David Eltis, Philip Morgan, and David Richardson, "Agency and Diaspora in Atlantic History: Reassessing the African Contribution to Rice Cultivation in the Americas," *American Historical Review* 112, no. 5(2007): 1329-1258; "AHR Exchange: The Question of Black Rice," *American Historical Review* 115, no. 1(2010): 123-171.

23. Judith Carney, with Richard Nicholas Rosomoff, *In the Shadow of Slavery: Africa's*

Botanical Legacy in the Atlantic World(Berkeley: University of California Press, 2009).

24. Gonzalo Fernández de Oviedo, *Historia general y natural de las Indias*, ed. Juan Perez de Tudela Bueso, 5 vols., Biblioteca de Autores Espanoles 117-121(1535-1557; reprint: Madrid: Editorial Atlas, 1959), 1:248(book 8, chap. 1).

25. Stephen Schlesinger and Stephen Kinzer, *Bitter Fruit: The Untold Story of the American Coup in Guatemala*(New York: Anchor, 1982); Walter LaFeber, *Inevitable Revolutions: The United States in Central America*(New York: W.W. Norton, 1984); Gabriel Garda Marquez, *One Hundred Years of Solitude*, trans. Gregory Rabassa(London: Picador, 1970). [한국어판. 가브리엘 가르시아 마르케스 지음, 조구호 옮김,《백년의 고독》(전 2권), 서울: 민음사, 2017(제2판)]

26. Mark Moberg and Steve Striffler, "Introduction," in *Banana Wars: Power, Production and History in the Americas*, ed. Steve Striffler and Mark Moberg(Durham: Duke University Press, 2003), 9.

27. Jeremy Rifkin, *Beyond Beef: the Rise and Fall of the Cattle Culture*(New York: Plume, 1993) [한국어판. 제러미 리프킨 지음, 신현승 옮김,《육식의 종말》, 서울: 시공사, 2002]; Elinor G. K. Melville, *A Plague of Sheep*; Richard Tucker, *Insatiable Appetite: The United States and the Ecological Degradation of the Tropical World*(Lanham, MD: Rowman and Littlefield, 2007).

28. Gonzalo Fernandez de Oviedo, *Historia general y natural de las Indias*, 2:248(book 20, chap. 8).

29. "Interrogatorio Jeronimiano"(1517), in *Los dominicos y las encomiendas de indios de la isla Española*, ed. Emilio Rodriguez Demorizi(Santo Domingo: Academia Dominicana de la Historia, 1971), 298.

30. Juan Botero Benes, *Relaciones universales*, trans. Diego de Aguiar(Valladolid, 1603), 134(part 1, book 4).

31. Gonzalo Fernandez de Oviedo, *Historia general y natural de las Indias*, 2:164(book 17, chap. 25).

32. Juan Lopez de Velasco, *Geografia y descripción universal de las Indias*, ed. Cesareo Fernandez-Duro(c. 1574; repr., Madrid, 1894); "De los arboles de las Indias," Biblioteca Luis Angel Arango Virtual(Online). Available: http://www.lablaa.org/ bibliotecavirtual. htm(January 5, 2012).

33. James Lockhart, *The Nahuas after the Spanish Conquest: A Social and Cultural History of the Indians of Central Mexico, Sixteenth through Eighteenth Centuries*(Stanford: Stanford University Press, 1992), 276; *Vocabulario trilingüe, castellano, latino y mexicano*, Newberry Library, Ayer ms. 1478; Mary Clayton, 개인 교신, July 2007 and May 2010.

34. James McCann, *Maize and Grace: Africa's Encounter with a New World Crop, 1500-2000*(Cambridge, MA: Harvard University Press, 2005), 33-34; Stanley Brandes, "Maize as a Culinary Mystery," *Ethnology* 31, no. 4(1992): 331-336.

35. Sucheta Mazumdar, "The Impact of New World Food Crops on the Diet and Economy of China and India, 1600-1900," in *Food in Global History*, ed. Raymond Grew(Boulder, CO: Westview Press, 1999), 60.

36. Gonzalo Fernandez de Oviedo, *Historia general y natural de las Indias*, 2:196(book 19, chap. 3); Ramon Gutierrez, *When Jesus Came, the Corn Mothers Went Away: Marriage, Sexuality, and Power in New Mexico, 1500-1846*(Stanford: Stanford University Press, 1991), 136. 이 나중 참고문헌은 데버라 토너Deborah Toner 덕분이다.

37. "Descripción que se hizo en la Provincia de Xauxa por la Instrucción de S.M.," 1582, in *Relaciones geognificas de las Indias: Peru*, ed. Marcos Jimenez de la Espada, 3 vols., Biblioteca de Autores Espanoles 183-185(Madrid: Editorial Atlas, 1965), 1:171.

38. Gonzalo Fernandez de Oviedo, *Historia general y natural de las Indias*, 2:373, 382(book 23, chaps. 12, 15); Diego de Landa, *Relación de las cosas de Yucatán*, ed. Angel Maria Garibay(1574; reprint: Mexico City: Editorial Porrua, 1973), 57, 133; Bernardo de Vargas Machuca, "Descripción breve de todas las Indias occidentales," *Milicia y descripción de las Indias*, 2 vols.(1599; repr., Madrid, 1892), 2:92; Rebecca Earle, "Algunos pensamientos sobre 'el indio borracho' en el imaginario criollo," *Revista de Estudios Sociales* 29(2008): 18-27.

39. Thomas Gage, *The English-American: A New Survey of the West Indies, 1648*, ed. A. P. Newton(Guatemala City: El Patio, 1946), 197-198.

40. John Super, "Spanish Diet in the Atlantic Crossing, the 1570s," Terra Incognitae〉 16(1984): 60-63.

41. 그러한 불안과 관련해서는 다음을 보라. Joyce Chaplin, "Natural Philosophy and an Early Racial Idiom in North America: Comparing English and Indian Bodies," *William and Mary Quarterly*, 3rd series, 54, no. 1(1997): 229-252.

42. Anon., *Recetario novohispano, México, siglo XVIII*, prologue Elisa Vargas Lugo(Mexico City: Conaculta, 2004), 14, 39, 44, 45, 47, 51, 50(for quote), 52, 55, 60.

43. Jeffrey Pilcher, *¡Que vivan los tamales! Food and the Making of Mexican Identity*(Albuquerque: University of New Mexico Press, 1998).

44. Marilyn Miller, *The Rise and Fall of the Cosmic Race: The Cult of Mestizaje in Latin America*(Austin: University of Texas Press, 2004).

45. Ana M. de Benitez, *Pre-Hispanic Cooking/Cocina prehispanica*(Mexico City: Ediciones Euroamericanas, 1974), 7에서 인용; Jeffrey Pilcher and Rachel Laudan, "Chiles, Chocolate, and Race in New Spain: Glancing Backward to Spain or Looking Forward to Mexico?," *Eighteenth-Century Life* 23(1999): 59-70.

45. Lorenzo Luna cited in Boris Berenzon Gorn, "Historia y cocina: las fronteras de lo efímero", in *Historia y universidad: Homenaje a Lorenzo Mario Luna*, ed. Enrique Gonzalez Gonzalez(Mexico City: Universidad Nacional Autónoma de Mexico, 1996), 252.

47. 힌두어와 카밀어로 고추가 무엇인지를 알려준 쉬린 라이Shrin Rai에게 감사드린다.

48. Lizzie Collingham, *Curry: A Biography of a Dish*(London: Chatto and Windus, 2005); James McCann, *Maize and Grace: Africa's Encounter with a New World Crop, 1500-2000*

49. Bianca Lindorfer, "Discovering Taste: Spain, Austria, and the Spread of Chocolate Consumption Among the Austrian Aristocracy, 1650-1700," *Food and History* 7, no. 1(2010): 35-52; Irene Fattacciu, "Cacao: From an Exotic Curiosity to a Spanish

Commodity. The Diffusion of New Patterns of Consumption in Eighteenth-century Spain," *Food and History* 7, no. 1(2010): 53-78.

50. Sucheta Mazumdar, "The Impact of New World Food Crops," 58-78.

51. Ibid; James McCann, *Maize and Grace: Africa's Encounter with a New World Crop, 1500-2000*; Judith Carney, with Richard Nicholas Rosomoff, *In the Shadow of Slavery: Africa's Botanical Legacy in the Atlantic World*

52. John Elliott, "Renaissance Europe and America: A Blunted Impact?," in *First Images of America: The Impact of the New World on the Old*, ed. Fredi Chiappelli, 2 vols.(Berkeley: University of California Press, 1976), 1:11-23.

53. John Gerard, *The Herbal or General History of Plants. The Complete 1633 Edition as Revised and Enlarged by Thomas Johnson*(New York: Dover, 1975), 82-83.

54. Sucheta Mazumdar, "The Impact of New World Food Crops," 58-78.

55. Alfred W. Crosby Jr., *The Columbian Exchange: Biological and Cultural Consequences of 1492*(Westport, CT: Greenwood Press, 1972), 166. [한국어판. 앨프리드 W. 크로스비 지음, 김기윤 옮김, 《콜럼버스가 바꾼 세계: 신대륙 발견 이후 세계를 변화시킨 흥미로운 교환의 역사》, 서울: 지식의숲, 2006]

56. "Food and Agricultural Commodities Production," Food and Agriculture Organisation of the United Nations(Online). Available: http://faostat.fao.org/site/339/ default.aspx(February 27, 2011); James McCann, *Maize and Grace: Africa's Encounter with a New World Crop, 1500-2000*, 9.

57. Massimo Livi-Bacci, *A Concise History of World Population*(Oxford: Blackwell, 2007), 67-69. [한국어판. Massimo Livi-Bacci 지음, 송병건·허은경 옮김, 《세계인구의 역사》, 서울: 해남, 2009]

58. Daphne Roe, *A Plague of Corn: A Social History of Pellagra*(Ithaca, NY: Cornell University Press, 1973); Michael Pollan, *The Omnivore's Dilemma: A Natural History of Four Meals*(New York: Penguin, 2006). [한국어판. 마이크 폴란 지음, 조윤정 옮김, 《잡식동물의 딜레마》, 서울: 다른세상, 2008]

59. Ken Albala, *Beans: A History*(Oxford: Berg, 2007).

60. Francisco Nunez de Oria, *Regimiento y aviso de sanidad, que trata de todos los generos de alimentos y del regimiento della*(Medina del Campo, 1586), 43r; Jose de Acosta, *Natural and Moral History of the Indies*, trans. Frances López-Morillas(1590; reprint: Durham: Duke University Press, 2002), 202; Nicholas Monardes, *Joyfull News out of the New-found Worlde*(London: E. Allde, 1596), 104; Antonio Regueiro y Gonzalez-Barros, "La flora americana en la Espana del siglo XVI," in *America y la Espana del siglo XVI*, ed. Francisco de Solano and Fermin del Pino, 2 vols.(Madrid: Consejo Superior de Investigaciones Cientificas, 1982), 1:209; Sara Pennell, "Recipes and Reception: Tracking 'New World' Foodstuffs in Early Modern British Culinary Texts, c. 1650-1750," *Food and History* 7, no. 1(2010): 11-34.

61. Judith Carney, with Richard Nicholas Rosomoff, *In the Shadow of Slavery: Africa's Botanical Legacy in the Atlantic World*, 57.

20장

음식, 시간, 그리고 역사
Food, Time, and History

일라이어스 맨더러 Elias Mandala

　화살 같은 시간과 쳇바퀴 같은 시간은 이를테면 시간의 흐름을 크게 두 측면으로 나누어 표현한 것이라 할 수 있다. 서로 극단에 있는 이 두 측면은 저마다 근본적으로 역사를 이해하려 애쓰는 서양인이라면 누구나 그것들을 모두 직접 붙잡고 씨름해야 하는 지적(이고 실질적인) 생활을 포착하기 때문이다—화살 같은 시간은 개별적이고 돌이킬 수 없는 사건들에 대한 이해를 의미하는 반면에, 쳇바퀴 같은 시간은 변치 않는 질서와 법칙처럼 반복되는 구조에 대한 이해를 의미한다. 둘 다 반드시 필요하다.

　—스티븐 J. 굴드,《화살 같은 시간, 쳇바퀴 같은 시간Time's Arrow, Time's Cycle》[1] *

---

* 국내에서는《시간의 화살, 시간의 순환: 지질학적 시간의 발견에서 신화와 은유》(이철우 옮김, 아카넷, 2012)로 번역·출간되었다.

말라위Malawi[아프리카 동남부의 내륙국]의 농촌 농민들은 음식을 이야기할 때 그것을 어떻게 얻을 수 있는지 뿐 아니라 그것이 사람들을 어떻게 연결하는지에 대해서도 관심을 보인다. 마을 사람들은 씨앗을 고르고, 심고, 어린 작물들 주변에 난 잡초를 뽑고, 동물이나 새들이 작물을 망치지 못하게 막고, 마침내 수확해 저장할 때 다양한 방식으로 상호작용을 한다. 여성들은 한 끼 식사를 마련하기 위해 곡식을 빻아 가루를 낸다. 또한 의례식儀禮食에서 곁들이는 맥주는 참석자들 간에 정신적 교감을 나누는 양식을 제공한다. 음식은 경작지에서 식탁까지 이동하는 과정에서 다양한 사회적 정체성을 획득한다. 음식은 그 과정의 곳곳에서 여러 방식으로 공동체 구성원들과 관계를 맺는다.[2] 아프리카 전원에서, 음식은 다 저마다의 사회적 전기傳記가 있다.

이 사회적 전기는 순환적인 동시에 직선적이다. 씨앗을 심고 그것이 자라서 열매를 맺고 마침내 사람들이 먹을 수 있는 상태에 도달한다는 점에서 직선적이다. 그러나 농민들이 보기에 그러한 과정이 똑같이 반복된다는 점에서 순환적이다. 농민은 작물의 한살이 각 단계에서 공동체의 일원으로서 과거에 여러 차례 익히고 행한 규칙적 농사 관행을 따른다. 따라서 농촌 사람들은 작물이 직선적으로 움직인다는 것을 잘 알고 있지만, 음식을 이야기할 때 그것의 순환적 특성에 초점을 맞춘다. 말라위 농촌에서 음식을 나누는 두 중요한 원칙은 질서와 반복성에 특별한 지위를 부여한다. "황금기golden-age"론에 입각한 첫 번째 원칙은 공동체 구성원이 누구나 음식에 접근할 자격이 있다는 이상에 기댄다. "대안론alternative vision"에 입각한 두 번째 원칙은 그와 같은 권리가 제한될 수밖에 없다는 특성에 주목한다.

대안론과 황금기론은 모두 지리학자이자 고생물학자이며 동물학자인 하버드대학의 스티븐 J. 굴드Stephen J. Gould가 "쳇바퀴 같은 시간Time's Cycle" 다시 말해 "변치 않는 질서와, 법칙처럼 반복되는 구조에 대한 이해"라고 불렀던 것의 범위에 들어간다.[3] 쳇바퀴 같은 시간의 측면에서, 황금기론과 대안론은 질서의 문제를 다루고, 종교사학자이자 철학자인 시카고대학 미르체아 엘리아데Mircea Eliade가 "역사의 테러terror of history"—여기서는 기근famine과 같은 끔찍한 사건들—라고 적절하게 표현한 것에 대한 농민들의 집단적 저항을 설명한다.[4] 두 이론은 계절·풍요·기아hunger를 포함해 질서정연하면서 동시에 매우 반복적인 사회적 삶의 특성에 대해 말한다.

말라위의 옛 망간자족Mang'anja은 계절적 기아를 은잘라njala라고 부르면서 일회성 기근을 의미하는 차올라chaola와 구분했다. 가뭄이 느닷없이 찾아올 수 있지만, 그것이 차올라를 야기하는 것은 아니다. 가뭄은 1860년대 초 노예 반란과 20세기 전반 영국 지배로의 이행처럼, 보호(또는 제한)체계의 핵심 요소들을 망가뜨리는 정치적 위기가 발생할 때만 기근을 초래한다. 그러나 이러한 역사의 테러를 이해하기 위해서는 그것의 배후가 되는, 날마다 그리고 계절마다 반복되는 일상을 고려해야 한다. 말라위 먹거리체계의 역사를 쓰는 것은 누적되고 반복되는 이야기를 말하는 것이다. 그것은 되돌릴 수 없는 변화에 대한 이야기이자 일상days과 계절season에 대한 이야기다.

계절

말라위는 1년에 계절이 3번 바뀐다. 5월부터 8월까지 춥고 건조한 시기(마시카masika), 9월부터 11월까지 덥고 건조한 시기(칠림웨chilimwe), 12월부터 4월까지 비가 많이 내리거나 습한 시기(드진자dzinja)가 그것이다. 이는 1년을 자연현상에 따라 구분한 것이지만, 경제적, 사회적, 정치적 관점에서 1년은 크게 두 시기 곧 춥고 건조한 계절과 비가 많이 내리거나 습한 계절로만 나뉜다. 덥고 건조한 계절에는 육지의 경작지에서 거의 또는 전혀 농사 활동을 하지 않는다. 그 시기에 남자들은 대개 말을 돌보고 곡식창고를 수리하고, 여자들은 솥이나 항아리를 만들고 집에 회반죽을 바른다. 건기에는 또한 마을 사람들이 공동으로 물고기를 잡고 사냥을 하며 밭농사를 준비한다. 범람원에서는 할 수 있다면 약간의 농사도 지을 수 있는 때다. 그 뒤에 비가 내리거나 습한 계절이 오는데, 이 기간은 총체적으로 굶주리는(은잘라) 시기이며 육지의 경작지에서 고된 노동에 시달리는 때다. 작물이 여러 과정을 통해 무르익어가는 것처럼, 농민들은 예나 지금이나 씨를 뿌리고 잡초를 뽑는 과정을 반복한다.

우기에는 개별 가구와 마을 공동체 사이의 유대 관계가 줄어든다. 말라위의 농사는 현실적 이유 때문에 가족을 중심으로 이루어진다. 밭 갈기 준비 작업을 할 때만 간간이 마을 공동체가 함께 일을 한다. 공동체의 역할이 끝나면 개별 가구는 가족 구성원들끼리 역할을 분담한다. 밭일은 대개 가족 구성원을 일을 할 수 있는 사람과 어리거나 노인이거나 병약한 사람으로 나눈다. 노동력이 있는 힘센 사람은 밭으로 가고, 육체적으로 경작 활동에 적합지 않은 사람은 마을에 남는다. 땅에 대한 한 가족의 권리를 공식적으로 인정받는 행위인 경작은 하나의 생산단위인 가족을 그와 같이 나누고 분리한다.

농촌 사람들은 자기 밭에서 일하면서 자연세계를 저마다 다양하게 재창조한다. 농민들은 가능하다면 언제든 여러 밭을 서로 다른 생태적 환경 속에서 관리한다. 일반적으로 사이짓기를 하는 아프리카 농민들은 동일한 밭에서 동시에 여러 작물을 심는다. 그들은 작물을 심을 때 시차를 두는데, 동일한 성장기에 시점을 달리해 여러 종류의 작물 씨앗을 뿌리거나 동일 작물이라도 다양한 변종을 심는다. 실제로 이상적인 농민의 밭은 서로 단계가 다른 다양한 작물로 이루어진 자연경관을 정확하게 모사한다.[5]

농촌 사람들은 여러 종류의 밭을 경작하고, 다양한 특성을 가진 작물들을 혼합하고, 시차를 두고 씨를 뿌림으로써 위험을 무릅쓰는 동시에 피한다. 새뮤얼 팝킨Samuel Popkin과 제임스 스콧은 농민들이 위기를 체계적으로 방지하는 합리적 행위자이자 위험을 무릅쓰는 사람일 수도 있고 윤리적 행위자일 수도 있다고 주장하면서 복잡한 현실을 단순화했다.[6] 농민들은 스스로 자기가 맡은 배역을 훌륭하게 해석해내는 연기자 같은 사회적 행위자다. 농민들도 다른 사회계급의 구성원들과 마찬가지로 상황에 따라 위험을 무릅쓰기도 하고 피하기도 한다. 그들이 위험을 피하고 무릅쓰는 방식은 역사적 맥락에서 이해되어야 하는데, 작물이 한창 자라는 우기 때 그들이 기아의 고통을 겪는 문제도 그러한 이해가 필요한 부분 가운데 하나다.

농촌 사람들은 차올라 즉 기근을 식량 부족이라는 더 커다란 현상의 일부라고 보는데, 계절적 기아(은잘라)도 또 다른 부분적 현상이라고 생각한다. 여기에 더해, 기근은 파국을 초래하고 되돌릴 수 없지만 은잘라는 그렇지 않다. 은잘라는 시간의 순환 속에서 늘 반복되기 때문에 우기마다 가난한 농촌 가정을 다시 찾아온다.[7]

해마다 많은 가난한 농민이 식량 공백을 겪는다. 특히, 추수하기 전 몇 달이 그러하다. 일상은 변한다. 가난한 농가는 대개 기껏해야 하루에 한 끼로 연명한다. 이들이 먹는 식사는 영양이 매우 부실하거나 문화적으로 바람직하지 않은 음식들로 이루어진다.[8] 이와 같은 결핍은 가까운 이웃과의 관계를 악화시키는 반면, 식량이 남아도는 먼 곳에서 사는 친척들과의 유대 관계는 거꾸로 더욱 강화시키는 경향이 있다. 먹을 것이 없어서 먼 곳에서 얻어온 식량을 이웃과 나누기는 쉽지 않은 일이다. 따라서 황금기론은 우기 때 논리적 타당성을 인정받지 못한다. 이웃 간 의심과 긴장 관계는 공동체 안의 더 취약한 구성원들 특히 노동력이 없는 노인과 어린이들을 위험에 빠뜨린다. 아프리카 농촌에서 우기 때 5세 미만 아동 사망률은 하늘을 치솟을 정도로 높아지고, 노인들도 여러 난관에 직면한다.

노동력이 없는 배고픈 노인들은 대개 가족 내에서 폭력과 괴롭힘의 희생자가 된다. 계절적 기아는 농사 전문 지식과 기술을 가진 노인들의 지위를 허물어뜨린다. 지속되는 생존을 위한 사투에서 그들이 어떤 적극적 역할도 수행하지 못하기 때문이다. 그들은 그저 짐이 될 뿐이다. 특히 아이들이 죽기 시작하면 그들은 아주 위험한 짐이 된다. 노인들은 식량을 생산하지 못하면서 장차 식량 생산자가 될 아이들을 "먹는" 것이나 마찬가지기 때문이다. 말라위의 농촌에서는 그들을 살아갈 가치가 없는 마귀할멈이라고 생각했다. 이런 어둡고 추한 농민 세계의 이면은 특히 1930년대 초 대공황 기간의 경제적 어려움이 계절적 기아 문제를 악화시켰을 때 더욱 명백하게 드러났다. 1860년대 노예 반란의 기억을 강력하게 상기시키는 대공황 시기에, 노인들은 남녀를 불문하고 말라위와 모잠비크를 배회하면서 자기 아이들을 보호하지 못했다. 많은 사람이 식량과 거처를 찾다가 죽었다.[9]

은잘라라고 부르는 계절적 기아는 어떤 공동체에서는 새로운 현상일 수 있지만 또 어떤 공동체에서는 아프리카가 세계경제에 편입되기 이전부터 있었던 현상이다. 게다가 식량 부족이 어떤 공동체에서 다소 극심해졌는지 아닌지를 분간하기는 여전히 불가능할 수 있다. 어떤 곳에서는 새로운 개발 사업이 은잘라의 충격을 더욱 악화시킨 반면에 또 다른 곳에서는 새로운 식량 시장에 접근하는 것 같은 개발 사업이 [식량] 위기를 완화시키기도 했기 때문에, 그런 개발 사업이 은잘라 문제를 해결했다고 잘라 말하기도 어렵다. 하지만, 여기서 중요한 것은 경제적 맥락에서 어떤 변화가 일어나든지 간에 계절적 기아는 여전히 많은 농가가 예견할 수 있는 사건이라는 점이다. 이와 같은 형태의 굶주림의 덫에 빠진 농촌 사람들이 그러한 순환의 고리를 끊을 것이라고 기대할 수는 없다. 은잘라는 일종의 보존력이다. 은잘라는 식량 나누는 관습을 압박은 하지만 파괴는 하지 않는다. 오히려, 은잘라는 미래의 재난을 발생시키지만 그 피해자들이 현재에 대처할 수 있게 한다. 굶주린 농민들은 일의 능률이 떨어질뿐더러 그들이 은잘라 시기에 살아남기 위해 이용하는 일부 방식 예컨대 식량을 얻기 위해 다른 사람의 밭에서 일하는 것 같은 방식은 결국 그들을 자기 밭에서 멀어지게 한다. 올해 밭에 잡초가 가득하면 다음 해에는 은잘라가 반드시 닥치게 마련이다. 농촌 기술 특히 농민과 국가의 관계에 급격한 변화가 없이는 절대로 [계절적 기아인] 은잘라의 순환 고리를 끊을 수 없다. 인도·남아프리카공화국·짐바브웨의 역사는 은잘라를 완전히 없애기보다 차올라라고 부르는 [일회성] 기근을 막기가 더 쉽다는 것을 보여준다. 은잘라는 뉴스거리로 초점이 되는 기근보다 더 완강하고 만성적인 형태의 굶주림이다.

차올라에서 은잘라로 시선을 돌린다면, 아프리카에서 일어나는 식량 부족 현상이 기근의 시각으로 파악하는 것처럼 그렇게 독특한 현상이 아님을 알 수 있다. 서방과 일부 제3세계 국가들이 효과적으로 차올라라고 부르는 기근을 정복했지만, 구조적 기아는 지금도 여전히 모든 계급사회 가난한 사람들이 겪는 문제다. 제3세계 가난한 농민들 사이의 수확 전 기아 문제는 선진국 저소득 노동자들이 만성적으로 굶주림에 시달리는 것과 마찬가지로 불평등 때문에 발생한다. 전 세계 모든 곳의 저임금 노동자들도 급여일이 가까워질수록 생활수준의 규모를 줄인다. 기근은 마치 아프리카의 독특한 특성 때문에 발생하는 것처럼 과장되는 반면에, 은잘라는 모든 계급사회 가난한 사람들이 공통적으로 겪는 운명이라는 사실에 주목하게 한다. 더 나아가, 남들이 배불리 먹을 때 그들은 굶주린다는 사실은 식량 부족을 식량 잉여의 반대말인 것처럼 다루는 이유를 집중 조명한다. 이 두 현상의 공존은 과거 식민지 이전 시대에도 있었고 지금도 마찬가지다. 그때나 지금이나 농촌 사람들은 식량 부족의 공포를 사회적 행위자로서, 생각하는 사람으로서 견뎌낸다. 그들은 전반적으로 풍족한 수확기 때뿐 아니라 심지어 자신들이 극도의 기아에 시달릴 때에도 다른 사회계급들은 배불리 먹고 있다는 것을 이미 잘 알고 있다.

농촌 사람들은 작물을 거두어 곡식창고를 가득 채우는 수확기를, 은잘라 때문에 약화된 서로의 관계를 회복하고 여러 중요한 통과의례 특히 성인식과 망자를 약 아홉 달 동안 제사 지내는 의식을 통해 새로운 세대에게 질서를 가르치는 기회로 삼는다. 더 나아가, 이런 기념 의식을 위해 음식을 조리하고 맥주*를 양조하는 일은 여성들이 음식을 만드는 사람으로서 그들의 전문 기술을 새롭게 재정비할 수 있는 공론의 장을 제공한다. 조리된 음식은 나이, 성별, 사회적 신분에 상관없이 공동체 구성원을 다시 하나로 모으고 공동체에 활력을 불어넣는다. 말라위의 농촌 사람들은 죽은 사람의 영혼이 일반적으로 자신들이 특별히 마련한 음식을 먹고 마시면서 즐겁게 떠들고 노는 가운데 살아 있는 사람들의 공동체에 합류한다고 믿는다. 음식은 단순히 배를 채우기 위한 것이 아니다. 음식은 다양한 사회적 관계를 풍요롭게 하고 산 사람과 죽은 사람을 연결해준다. 이는 음식의 긴 여정에서 마지막 단계다. 이 단계에서 음식은 물질적 특성만을 강조하는 것에서 벗어난다. 음식은 이제 신성한 자양분으로 바뀐다. 황금기론은 이와 같은 의례 음식을 나누어 먹는 것에서 그 의미가 가장 잘 나타난다. 그러나 사회적 현실을 있는 그대로 반영해서 말하자면, 그런 축제 행사들은 사회적 아랫사람—"동물" 같은 존재에서 다양한 "인간"의 단계로 서서히 바뀌는 과정에 있는—과 사회적 윗사람, 그리고 죽은 영혼을 대변하는 노인들 사이에 불평등과 구조적 갈등을 엄숙하게 거행한다. 수확기는 공동체를 재구성하면서 날마다 공동체가 다시 살아날 수 있도록 사회적, 이데올로기적 에너지를 제공한다. 날마다 먹는 식사는 이러한 반복되는 일상의 한가운데에 우뚝 서 있다. 그 일상은 그 자체로 이해될 필요가 있다.

하루의 일상

우리는 극단적인 결핍의 순간들을 통해 사람들의 일상을 들여다볼 수 있다. 곧, 사람들이 극도로 곤궁에 처한 순간들을 찬찬히 살펴보면 그들이 하루하루

---

* 사탕수수를 재료로 한 맥주로, 치부쿠chibuku라고 한다.

살아가는 일상의 구조가 환하게 드러날 수 있다는 말이다. 예컨대 가난한 가정에서 계절적 기아는 현재 노동력이 있는 사람과 노동력이 없는 노인이나 아이들 사이에 근본적으로 긴장을 고조시킨다. 호시절에는 거의 거들떠보지도 않던 문제들이 실제로 어려운 시기가 오면 눈에 들어오기 시작한다. 그러나 특별한 것이 아닌 나머지를 모두 일상적인 것이라고 가정하기는 지나치게 단순화된 논리다.[10] 이례적인 특별한 사건들이 일상의 모든 측면을 보여주지는 못하지만 일부를 밝혀주는 것은 맞다―하지만 특별한 각도에서 볼 때만 그렇다. 특히, 농민들은 1921~1923년의 전국적 기근에 대한 이야기들을 연구자들에게 들려줄 것이다. 이 차올라는 그 이전인 1861~1863년의 기근 때와 마찬가지로, 숲에서 자라는 작물을 포함해 온갖 종류의 식량을 구하기 위한 생존 투쟁을 분쟁에 초점을 맞추어 변질시켰다. 그러나 농촌 사람들은 일반적으로 그런 작물을 얻기 위해 싸우지 않기 때문에 그 기근만으로 일상을 설명하기는 그릇된 결론을 도출할 것이다. 곧, 그 기근의 순간에 일어난 이례적 사건들이 일상의 한 부분인 것처럼 오해할 수 있다는 말이다. 따라서 그들이 평소에 먹는 식사와 같은 일상에서 반복되는 것들을 이해하는 것은 매우 중요하다.

물론 먹는 행위는 계절에 상관없이 이루어지는 활동이고, 그 준비는 결코 개별 행위자의 우연이나 개성에 맡길 수 없다. 말라위의 성인 농촌 여성은 아침에 눈을 뜨면, 당장 죽을지라도 자신이 그날 먹을 음식을 준비하고 조리할 것임을 안다. 농민들은 찬장과 냉장고에서 가열처리 된 쌀, 통조림 채소, 인스턴트 시리얼, 조리된 음식을 꺼내 먹을 수 있는 세상에서 살고 있지 않다. 농촌 여성들은 음식을 먹을 수 있는 상태까지 만드는 모든 과정을 수행한다. 날마다 농촌 여성들은 그날의 식사 준비를 중심으로 일과를 짠다. 식사 준비는 공동체 구성원들이 생산 활동에서 어떤 역할을 하든지 그들을 모두 하나로 모으는 가장 포용적인 활동이다. 한 가족 내에서 노동력이 있는 사람이든 노동력이 없는 노인과 아이들이든, 밥상 앞에서는 동등한 자격으로 마주 앉는다.

말라위의 농촌 가정에서는 대개 밥을 먹을 때 두 부류로 나뉘는데, 한 부류는 성인 남성과 10대 남자 아이들이고, 또 한 부류는 성인 여성과 모든 여자 아이들, 그리고 5세 미만의 모든 남녀 아이들이다. 그들이 먹는 음식 가운데 하나는 옥수수, 서속, 수수, 카사바 가루로 만든 걸쭉한 죽(은시마nsima)이다. 카사바와 고구마를 삶거나 구워서 죽 대신 먹을 때도 있다. 인체에 탄수화물을 공급하는 죽이나 그 대체 음식은 모두가 똑같이 먹는다. 이와 같은 기본적 음식을 나누어 먹을 때 지켜야 할 차별적 규칙은 전혀 없다. 있다면, 저마다 먹고 싶은 만큼 떠먹는 것이 원칙이다. 함께 먹는 죽 그릇에서 한 술 떠서 먹는 양은 사람에 따라 다를 수 있다. 이런 점에서 죽(이나 그것을 대체하는 음식)은 공동체 모든 구성원이 음식을 먹을 권리가 있다는 황금기론의 선언이 가리키는, 공언된 바는 없지만, 가장 중요한 음식이다. [말라위의 최대 종족으로 농경민족인] 체와족Chewa의 한 속담에서 단언하는 것처럼, 모든 사람은 "솥단지 안에 들어 있는 것에 대한 권리가 있다."[11]

일상적 식사에 차려지는 부차적 음식으로 단백질을 공급하는 은디워ndiwo(미국에서는 "스튜stew", 영국에서는 "렐리시relish", 학문적으로는 "부식side dish")를 나누어 먹는 것에 대한 설명과 관련해서는 [공동체 구성원의 음식 접근 제한 가능성의] 대안론이 [공동체 구성원 누구나 음식에 접근할 수 있다는] 황금기론보다 논리적으로 이해하기 쉽다. 은디워를 먹을 때 성인 남성이 먹는 것과 여성이나 아이들이 먹는 것 사이에 지켜야 할 불평등한 원칙이 세 가지 있다. 첫째, 여성들은 특정한 종류의 은디워를 먹을 수 없다. 실제로 그런 종류는 많지 않지만 지금까지도 이 원칙이 유지되고 있다. 둘째, 은디워를 상에 올릴 때 고기를 맨 위에 놓고 그다음에 생선, 채소, 소금 순서대로 차등을 두어 배열한다. 농촌 사람들은 식사 자리에 앉은 모든 사람이 높은 등급의 은디워를 충분히 먹을 수 있는 양이 안 되면, 여성과 아이들이 더 낮은 등급의 은디워를 먹기를 바란다. 셋째는 아마도 가장 만연한 차별 형태의 원칙으로, 생선과 고기의 특정 부위를 "여성"들이 먹는 것으로 분류하고 그 밖의 모든 것을 "남성"들만 먹는 것이다. 이와 같은 차별적 관습에 불만을 거침없이 쏟아내는 여성 노인들에 따르면("사회의 거친 구석에 있어본 사람들만이 사회의 악들을 기억할 수 있다"[12]는 말라위의 속담과 일맥상통하는), 더 좋은 은디워에 대한 확실한 권리가 있는 남성과 연장자들에게는 모든 식사가 "진수성찬feast"이 되지만, 그런 권리가 없는 여성과 아이들에게는 모든 식사가 "기근famine"이 된다. 옛날 말라위에서 체와족 말을 하는 사람들은 "하나의 공동체라는 기쁨은 은디워를 함께 먹을 때 사라진다"는 속담으로 대안론에 담긴 의미를 압축한다.[13] "진수성찬"과 "기근"은 공존한다. 모든 식사는 그것의 형태와 상관없이 그 안에 갈등이 내재되어 있다.

계층적 대안론은 가족식사뿐 아니라 공동체에서 함께 모여 식사(치디에라노 chidyerano)하는 자리에서 은디워를 함께 먹는 방식을 설명한다. 하나의 생산단위인 한 가정의 식사는 아내, 남편, 그 딸린 자식들이 함께 먹는다. 거기에 합류하는 외부인은 아내 또는 남편의 친척이나 그 식솔들이다. 반면에 공동식사(치디에라노)는, 오늘날 더는 행해지지 않지만, 주로 이웃을 기반으로 여러 독립된 가정이 함께 모여 밥을 먹는 것을 말했다. 여기서 친척 관계는 2차적 결정요소였다. 어떤 경우에는 공동식사에 참여하는 한 집에서 모든 가정이 먹을 수 있는 음식을 마련해서 식탁을 차리고, 또 어떤 경우는 모든 가정이 공동으로 먹을 수 있는 음식을 저마다 준비해서 가져온다. 공동식사는 가난한 가정을 보호했거니와, 자기 식구들끼리만 식사하는 경우 대개 단일한 식재료로 만든 죽을 질리도록 먹는 것에 비해 음식의 종류도 훨씬 더 다양했다.

오늘날 [말라위의] 농촌 사람들은 공동식사의 기원을 굶주렸던 시기에서뿐 아니라 식량이 풍족했던 시기에서도 찾는다. 두 시기 모두 음식을 나누어 먹는 것을 촉진했는데, 식량이 많을 때는 많아서 나누어 먹고 식량이 적을 때는 콩 하나라도 쪼개 먹는다. 영양이 더 풍부한 공동식사 관습이 사라진 까닭에 대해 농민들의 생각도 두 가지로 갈린다. 황금기론에 입각하는 사람들은 식량 공급이 장기적이고 구조적으로 악화된 결과 가족식사가 지배적인 제도가 되었다고 주장한다. 오늘날 공동식사 관습이 사라진 건 나누어 먹을 음식이 충분치 않기 때문이라는 것이다. 여성들은 이와 같은 주장에 정중하게 반대하면서 그 근본 원인이 은디워를 둘러싼 갈등에 있다고 말한다.[14] 그들의 주장에 따르면, 어떤 가정이 맛있는 은디워는 자기 가족끼리만 먹고 맛없는 은디워만 공동식사 자리에 가져오기 시작할 때 공동식사 관습이 사라진다고 한다. 다른 가정들이 그 사실을 알게 된다면 그들 또한 그런 식으로 앙갚음을 하게 되고, 이에 공동식사 관습은 위기에 빠진다. 따라서 은디워는 공동체 내 가정들 사이 및 가정 내부 사이의 구조적 갈등을 이해하기 위한 중요한 열쇠를 쥐고 있다.

죽보다 부식인 은디워가 갈등의 중심에 있는 이유가 무엇인지 알기는 어렵다. 부식은 한편으로 어떤 식사든 독특한 개성을 부여하고 다른 한편으로는 계절과 지역에 따라 식재료가 다양해지면서 매우 변화무쌍하게 바뀐다. 게다가 은디워의 재료들은, 죽의 재료와 달리, 잘 상한다. 구하기도 쉽지 않다. 그런 만큼 농민들은 가족에게 [은디워의 하나인] 스튜를 제공하기 위해 끊임없이 창조적이어야 한다.

결혼한 여성들이 날마다 은디워를 만들어 공급하는 사람이라는 사실은 음식의 역사를 연구하는 학자들에게 흥미로운 문제들을 제기한다. 예컨대 부엌에 들어가지도 않는 남성들이 어떻게 날마다 대안론의 이상을 여성들에게 강요할 수 있었는지 알 필요가 있다. 감히 말하건대, 여성들을 다음 세대의 여성들에게 대를 이어 전통을 물려주는 주 전달자로서 생각하는 관습 때문에 남성들이 그처럼 할 수 있었다고 추론할 수 있다. 그와 같은 체제가 돌아갈 수 있었던 것은 여성을 억압하는 여성 공범자들이 일반 여성이 아니었기 때문이다. 그들은 남성 노인들이 가진 특권 가운데 일부를 누릴 수 있게 된 여성 노인들이었다. 사람들은 자신이 기르는 작물들처럼 시간이 흐르면서 자신의 사회적 정체성도 바뀌었다. 점점 "남성"화된 여성 노인들은 기존 질서를 위협하는 내부의 적인 젊은 세대에 맞서 그것을 고수하려는 질서의 동조자였다.

지난 100년 동안, 질서에 저항하는 내부의 적들은 기독교 정신, 서양 교육, 그리고 일반적으로 돈이라고 하는 정체불명의 강력한 힘의 형태로 새로운 동맹자들을 받아들였다. 말라위의 역사는 기존 질서를 위협하는 이런 외부의 적들이 어떻게 내부의 적들의 입장을 강화했는지 잘 보여준다. 그 동맹은 질서를 가르치는 옛날 방식들을 바꾸고 약화시켰다. 그 결과, 오늘날 많은 젊은 기혼 여성은 은디워와 관련된 억압적 관습에 친숙하지도 않고 그것을 따라하지도 않는다. 대체로 오늘날 대안론은 노인들 간 사회적 행동과 담화의 지침으로서 살아남아 있다. 노인들은 질서의 관리인으로서, 그들이 생각하기에 이제 옛날 방식의 질서를 무시하거나 대놓고 어기는 신세대 아내와 엄마들의 무질서한 행동에 근심하며 살고 있다.

무질서

앞에서처럼, 질서를 집중 조명 하는 것이 무질서나 돌이킬 수 없는 시간의 특성, 역사의 "테러"를 무시하는 것은 아니다. 그것은 심지어 우리가 노화의 혼돈을 겪을 때에도 이러한 무질서의 배후에 어떤 규칙성이 있다는 사실을 강조할 뿐이다. 실생활에서 질서는 무질서의 일부로서만 존재한다. 엘리아데는 고대 문화는 일방향의 역사―와 그것의 임의성―를 받아들인다고 말하면서 그 주장을 인정한다. 고대 문화는 재난이 임의로 일어나며 차올라라는 [일회성] 기근은 그러한 재난 가운데 하나일 뿐이라고 이해한다.

농민들은 차올라를 돌이킬 수 없는 사건이라고 생각한다. 그것은 식량의 부족을 의미하거니와 음식을 나누어 먹는 관습을 전복시키게 하기 때문이다. 기아에 시달리는 사람들이 은디워를 나누어 먹는 것처럼, 숲에서 자라는 작물을 포함해 모든 종류의 음식을 나누어 먹으려고 할 때 기아는 기근이 된다. 모든 기근은 식량의 결핍 그리고 식량의 존재 둘 다에 관한 문제다. 어느 시대고 사람은 동물처럼 차올라를 겪지 않는다. 기근 때마다 사람들은 풍족한 삶과 그 의미를 잘 아는 가운데 극심한 배고픔의 고통을 겪는다. 차올라는 일상적인 것의 정반대 상황이다. 농촌 사람들이 가뭄이나 은잘라 같은 계절적 기아에는 결코 붙이지 않는 특별한 명칭들을 차올라에 붙이는 이유 하나가 바로 이것 때문이다(그러나 어떤 종류의 홍수에는 특별한 명칭을 붙인다). 이 명칭들은 사람들이 자기 조상의 사회적 정체성을 기억하거나 재창조하기 위해 자기 자식들에게 붙여주는 종류의 명칭이 아니다. 기근에 붙는 명칭들은 그와 같은 역사의 테러가 어떤 환경 아래 발생했는지를 구체적으로 표현한다. 그것들은 어떤 사람이 태어난 날과 같이 어떤 사건이 발생한 날을 기록하는 역사적 이정표다. 이러한 문제는 모두 화살 같은 시간과 관련이 있지만, 그렇다고 그것이 반드시 과거의 추억을 뒤로하고 목표를 향해 앞으로 뻗어나가는 진보주의자의 역사의식을 가리킨다고 생각할 필요는 없다. 그러나 그것은 서양 사람을 포함해 대다수 사람이 의미 있는 삶을 살도록 이끄는, 일직선으로 앞으로 나아가는 구도 같은 것임에는 틀림없다.[15] 농민들이 시간을 돌고 도는 것으로 생각한다고 해서, 그들이 시간이 화살처럼 일직선으로 나아가는 것에 대해 생각하지 않거나 거기서 발생하는 돌이킬 수 없는 재난들을 무기력하게 수용하는 것은 아니다.[16] 인간의 삶에서 돌고 도는 시간과 일직선으로 흐르는 시간은 따로 존재하는 것이 아니라 공존한다.

반복되는 과정은 돌이킬 수 없는 것을 통해서만 이해된다. 실제로 우리는 훨씬 더 멀리 나아갈 수 있다. 고대인들은 아주 정확하게 예측가능한 것들을 이상화한다. 질서를 위협하는 적들은 산업사회보다 그들이 살던 세계에서 어떤 면에선 더 큰 문제이기 때문이다. 홍수와 가뭄은 계절의 질서를 위협하고 차올라라는 기근의 가능성을 늘 상존하는 위험으로 만든다. 비가 제때 내리지 않으면 씨앗을 뿌리고 작물을 심는 시기도 늦출 수밖에 없기 때문에 농촌 사람들은 철따라 농사일을 할 때 엄격하게 일정에 따라 움직이기보다는 어느 정도 여유를 두고 융통성 있게 일해야 한다는 것을 알고 있었다.[17] 그러나 농사짓기에 가장 좋은 철이라는 것도 그것과 모순되는 상황 속에서만 그렇다. 다시 말해, 우기는 현재의 계절적 기아를 배경으로 미래의 풍요를 기약하면서 농사일의 수준과 강도를 높일 때 비로소 이상적 계절이 된다. 그동안 기른 작물을 수확하는 풍요의 계절에도 여러 긴장 관계가 나타난다. 풍요로움은 서로 상반되는 방식을 통해 질서를 가르친다. 모든 의식을 치를 때 먹는 음식은 공동체를 젠더, 나이, 사회적 신분에 따라 나눔으로써 공동체를 하나로 묶는다. 이런 거대한 축제가 끝나고 나면, 농촌 사람들이 혼돈의 날을 대면하는 것은 차별 없이 똑같다. [말라위의] 농민 공동체에서도, 여느 형태의 사회에서와 마찬가지로, 질서와 무질서는 늘 서로 가까이 있다. 질서를 무질서와 구별되는 별개의 사회적 현실로 보는 것은 지나치게 단순화된 생각이다.

농민들이 사는 세계와 그들의 질서정연해 보이는 일상의 작업들에는 질서와 무질서가 동거한다. 농민들은 날마다 밭에 나가 일하기 때문에, 식구 가운데 괭이질을 하지 못할 정도로 몸이 튼튼하지 못한 노인과 아이들에 대한 관심은 뒷전으로 밀려나는 반면에 신체가 건강한 구성원들의 협동이 무엇보다 중요하다. 게다가, 농사일을 할 수 있는 신체가 건강한 구성원은 나중에 전문 농사꾼이 되면 기존의 농사 방식을 탈피할 수 있다. 일상적 식사의 질서도 쉽게 깨질 수 있다. 첫째, 일상화된 식사 관습에도 서로 충돌하는 지점들이 있다. 예컨대 농촌 사람들은 한 가정의 일원으로서 밥을 먹을 수도 있고 여러 가정의 구성원으로서 밥을 먹을(치디에라노) 수도 있다. 둘째, 일상적 식사는, 그 식사 형태가 어떻든 간에, 황금기론의 원칙을 적용함으로써 공동체를 하나로 묶기도 하고 대안론을 통해 동일한 공동체를 분리하기도 한다. 여성과 아이들은 식사 때마다 같은 공동체에 있는 남성 노인들과 대립한다. 앞에 나온 평화로운 식품체제는 내부의 다양한 역학 관계가 변화를 향해 작용하면서 서로 충돌하는 갈등의 영역으로서 작동한다.

따라서 연구자들이 마주하는 질문은 식품체제를 바꿀 수 있는지 아니면 그것이 이미 바뀌었는지가 아니다. 우리는 변화를 당연한 것으로 생각할 수 있다. 어느 시대나, 전통을 존중하는 농민들은 반란을 일으킬 수도 있고 위험을 무릅쓸 수도 있는 사람이다. 그들이 정말로 던져야 할 질문은 그 반란자들이 오늘날의 무질서를 내일의 질서로 바꿀 수 있는지, 또는 그럴 수 있다면 어느 정도로 바꿀 수 있는지의 문제다. 그것을 알기 위해서는 먹거리체계를 더 넓은 범위에서 바라보아야 한다. 자유주의자들이 맥락의 필요성을 고수하는 것은 절대적으로 맞다. 하지만 그들은 역사적 맥락을 "자본주의 이전"의 사회 조직에서 "자본주의"의 사회 조직으로, 이른바 "이행"하는 것으로 한정하는 —본질적으로 먹거리체계의 더욱 중요하고 일상적인 측면들을 다룰 수 없는— 근본적 오류를 범한다. 그들은 사회적 행위자로서 우리가 질서정연한 방식으로 노화의 혼돈이 초래하는 무질서를 경험한다는 단순한 사실을 무시한다. 심지어 아프리카의 왕이나 종신 대통령들처럼 엄청난 부자들도 날마다 더 나이가 들어가고 더 부자가 된다고 해서 그때마다 자신의 식탁, 조리도구, 변기 따위를 바꾸지는 않는다. 따라서 음식을 생산하면서 동시에 먹는 존재인 인간의 역사에서 중요한 영역을 차지하는 음식의 역사를 제대로 이해하기 위해서는 화살 같은 시간의 측면과 쳇바퀴 같은 시간의 측면을 모두 고려해야 한다.

결론

황금기론과 대안론은 음식을 먹는 사람들의 단일성과 차별성을 분명히 보여준다. 그러나 우리가 식사할 때 목격하는 긴장 관계들이 밭을 일굴 때부터 일련의 포용과 배제의 원칙이 축적되어 나타난다는 사실은, 먹거리체계의 발전 단계마다 기존 질서의 동반자와 적이 함께 만들어진다는 것을 의미한다. 요컨대, 어떤 식품체제도 바뀌기 마련이다. 굴드가 명확히 표현한 말은 그러한 변화에 대한 문제를 제기하기 위한 기본 틀을 제공한다.

굴드 자신은 이분법의 함정을 누구보다 잘 알고 있었다. 그가 말한 두 은유적 표현["화살 같은 시간", "쳇바퀴 같은 시간"]은 두 "상반되는 해석"을 둘러싼 논쟁을 끝내기 위해 의도된 것이 아니다.[18] 오히려, 그 은유적 표현들은 황금기론과 대안론이 하는 것과 같은 방식으로 더욱 활발한 논쟁을 시작하도록 돕는다. 우리는 이제 두 극단 사이에 있는 시간의 특징들을 종합해서 볼 수 있다. 굴드의 방법은 시간의 화살을 따라 어떤 것도 구상할 수 없는 "연속성"이라는 고정된 범주 안으로 역사학자들을 떨어뜨리는 "변화와 연속성"에의 노골적 굴종이 아니라 역사를 이해하기 위한 더 강력한 도구를 제공한다. 이에 비해, 굴드의 은유적 표현은 서로 다른 역사적 운동의 법칙들에 대한 생산적 토론을 허용한다. 순환한다는 것은 화살처럼 앞으로 나아간다는 것과 내재적으로 밀접한 관련이 있는 만큼 "불변"을 의미하는 것이 아니다. 이 둘 사이의 상호의존 관계는 그동안 학자들이 한 시대에서 다른 시대로의 역사적 이행을 당연한 것으로 인정하면서도, 그 역사적 이행을 구성하는 일상과 계절에 대해서는 생각하지 않게 하는 것들과는 근본적으로 다른 문제를 제기하게 한다.

먹거리체계를 연구할 때, 일상과 계절을 끼워 넣으면 화살이 날아가는 것이 느려지고 복잡해질 수 있다. 하지만 그렇게 하면, 역사학자는 하나의 먹거리체계 안에서 다양한 궤적의 움직임을 상정할 수 있다. 여기서 우리는 여러 구성요소가 다양한 속도로 나아가는 체제를 생각할 수 있는 단초를 마련하게 된다. 예컨대 사회학적인 양상은 기술적이고 과학적인 양상보다 뒤처질 수 있다. 농민들은 계절적 기아에서 살아남기 위해 새로운 방식들을 배울 수 있다. 식량을 나누어 먹는 그들의 기존 생각을 꼭 바꾸지 않고도 새로운 식량시장들을 통해 그 문제를 해결할 수 있다는 말이다. 우리는 또한 어쩌면 한때 일직선으로 앞으로만 나아가는 것처럼 보였던 많은 개발에서 상황을 되돌릴 수 있는 변화를 보게 될 수도 있다. 20세기 처음 40년 동안, 말라위에서 면화를 재배하는 소작농들은 자작농으로 발전해가는 것처럼 보였다. 그것은 영국의 사회공학social engineering이 식민지에서 궁극적으로 추구하는 목표였다. 그러나 대공황과 함께 시작된 부정적 시장 상황 아래서 생태계의 변화는 날아가는 화살을 떨어뜨렸다. 농민들은 나락으로 떨어지고 다른 작물은 전혀 기르지 않고 면화만 전문으로 재배하던 추세는 힘을 잃었다.[19]

끝으로, 연구자들은 굴드의 통찰력 덕분에 하나의 체계가 교착 상태—질서를 위협하는 적들이 언제나 질서의 동반자들을 압도하기에 충분한 힘이 있는 것은 아니라는 사실을 그 어느 것보다 잘 보여주는, 해소되지 않은 긴장 관계들의 상태—에 이르는 상황을 예견할 수 있다. 굴드의 접근방식에는 그러한 결과를 분석할 수 있는 공간이 있다. 화살 같은 시간과 쳇바퀴 같은 시간은 다양한 역사적 궤적이 반드시 같은 속도나 방향은 아니지만 동시에 움직일 수 있다는 사실을 연구자들이 깨닫게 하는 역동적 접근방식이다.

주

1. Stephen J. Gould, *Time's Arrow Time's Cycle: Myth and Metaphor in the Discovery of Geological Time*(Cambridge: Harvard University Press, 1987), 15-16. 강조는 필자. [한국어판. 스티븐 제이 굴드 지음, 이철우 옮김, 《시간의 화살, 시간의 순환: 지질학적 시간의 발견에서 신화와 은유》, 서울: 아카넷, 2012]

2. Elias Mandala, *The End of Chidyerano: A History of Food and Everyday Life in Malawi, 1860-2004*(Portsmouth, NH: Heinemann, 2005), 203-238.

3. Stephen J. Gould, *Time's Arrow Time's Cycle*, 16.

4. Mircea Eliade, *The Myth of the Eternal Return: Or, Cosmos and History*, trans. Willard R. Trask(Princeton: Princeton University Press 1991 [1949]).

5. Ibid, 165-202.

6. James c. Scott, *The Moral Economy of the Peasant: Rebellion and Subsistence in Southeast Asia*(New Haven: Yale University Press, 1976); Samuel L. Popkin, *The Rational Peasant: The Political Economy of Rural Society in Vietnam*(Berkeley: University of California Press, 1979).

7. 예컨대 다음을 보라. J. U. Ogbu, "Seasonal Hunger in Tropical Africa as a Cultural Phenomenon," *Africa* 13, no. 4(1973): 317-332; Audrey I. Richards, *Land, Labour and Diet in Northern Rhodesia: An Economic Study of the Bemba Tribe*(1939, reprint: London: For International African Institute by Oxford University Press, 1952); Audrey. I. Richards, *Hunger and Work in a Savage Tribe*(London: Oxford University Press, 1932). 그러나 1970년대와 1980년대는 그렇지 않았다. 따라서 그 위기 문헌에서 언급한 "기근"이 계절적 기아에 속한다는 것에 의문을 제기할 수도 있다. 일회성 "기근"을 순환적 사건으로 융합하고자 하는 유혹은 특히 자본주의가 어떻게 아프리카의 기아를 조장했는지 입증하고자 애쓰는 역사학자들에게 강하게 나타난다.

8. J. U. Ogbu, "Seasonal Hunger in Tropical Africa as a Cultural Phenomenon," 317-332; Audrey I. Richards, *Land, Labour and Diet in Northern Rhodesia*; Audrey I. Richards, *Hunger and Work in a Savage Tribe*. 크리시 차와네-무고고 박사Dr. Chrissie Chawanje-Mughogho의 박사학위 논문은 몸에 좋은 음식이 무엇인지에 대한 문화적 정의와 "과학적" 정의의 조화가 부족하다는 것을 보여준다. 말라위 남부 사람들은 니카nyika[스와힐리어로 '황야·벌판', '황무지'라는 뜻] 뿌리를 기아 때 가난한 사람들만 먹는 열등한 음식으로 생각한다. 그러나 차와네-무고고 박사는 치리강Tchiri River 습지에서 발견된 이 뿌리가 각종 영양소와 비타민의 창고라는 사실을 발견했다.

9. Elias Mandala, *Work and Control in a Peasant Economy: A History of the Lower Tchiri Valley in Malawi, 1859-1960*, 173.

10. 1995년 7월 8일, 일라이어스 맨더러Elias Mandala가 말라위 치카와 니에레자 마을의 시그레시 링스토냐 자체파Sigresi Lingstonya Zachepa와 베난치오 자체파Venancio Zachepa를 인터뷰한 내용. 그녀

는 계절과 일상 차원의 음식에 대한 내 인식을 높여준 사람이다.

11. African Way of Life Club(Kachebere Major Seminary), "Bantu Wisdom: A Collection of Proverbs"(Unpublished manuscript), 20, item 142.

12. 이것은 더욱 다채로운 의미의 말라위 속담 "Wodya nyemba ndi wodya madeya, amaiwala ndi wodya nyemba"을 자유롭게 번역한 것이다. 직역하면 다음과 같다. "(맛있는) 콩을 먹은 사람들과 기울을 먹은 사람 중에 기울을 먹은 사람만이 (자기가 먹은 것을) 기억한다." 농촌 사정에 어울리게 음식의 중요성을 강력하게 상기시킨다.

13. 이것은 말라위 속담 "Ali awiri si mantha, kuipira kutha ndiwo m'mbale"을 자유롭게 번역한 것이다. 직역하면 다음과 같다. "둘이 있으면 어떤 두려움도 없지만 음식을 먹을 때는 즐겁지 않다."

14. 1991년 11월 5일, 에드워드 페레이라 템보Edward Pereira Tembo가 말라위 은사니에 구역 텐가니 T. A, 치트사 마을의 레니 페레이라Leni Pereira를 인터뷰한 내용. 1995년 7월 2일, 일라이어스 맨더러가 은사니에 구역 음베니에 T.A, 잠보 마을의 아놀드 쿠크할라를 인터뷰.

15. 다음을 보라. Robin Horton, *Patterns of Thought in Africa and the West: Essays on Magic, Religion and Science*(Cambridge: Cambridge University Press, 1993); John S. Mbiti, *African Religions and Philosophy*(New York: Anchor Books, 1970).

16. 어떤 종류의 종말론은 마법 근절(또는 음차페mchape) 콤플렉스의 핵심 요소인 것처럼 보인다. 음보나족Mbona의 기우제 같은 공식적 지지를 받는 종교들이 마을 사람들을 하나의 명확한 미래 즉 "황금"기에 이미 실현된 미래로 투사시키지만, 기존 질서의 주변부에서 작동하는 음차페 전문가들은 하나의 목표를 가지고 미래를 약속할 수 있었다. 오늘날 천년왕국 운동과 관련해서는 다음을 보라. Karen Fields, "Antinomian Conduct at the Millennium: Metaphorical Conceptions of Time in Social Science and Social Life," in *The Political Dimensions of Religion*, ed. Said Amir Arjomand(Albany: State University of New York Press, 1993), 157-168. 화살 같은 시간은 아프리카인의 우주론과 맞지 않을 수 있다. 하지만 초대받지 않은 손님이 방문했을 때처럼 곤란한 때 평범한 것의 의미를 강조하기 위해 등장했다.

17. Which often landed them into trouble with government officials, who insisted on strict and factory-like work schedules.

18. Stephen J. Gould, *Time's Arrow Time's Cycle*, 8.

19. Elias Mandala, *The End of Chidyerano: A History of Food and Everyday Life in Malawi, 1860-2004* 131-163.

식품체제
Food Regimes

앙드레 마냥André Magnan

음식학자들은 서로 떨어져 있는 사회적 행위자, 생태계, 장소들을 새롭고 복잡하며 대개 모순되는 관계 속에 집어넣는 글로벌 먹거리체계global food system의 진화를 설명해야 하는 어려운 과제와 대면한다. 그중에서도 중요한 문제는 이론적으로 정교한 동시에 역사적 배경을 고려하면서 총체적 관점으로 먹거리체계의 변화를 설명하는 것이다. 역사학적 정치경제학에 기반을 둔 식품체제 분석food regimes analysis은 이런 방식으로 접근해 들어가는 대표적 사례다. 식품체제의 관점은 농업과 먹거리를 세계적 차원에서 자본주의의 발전과 관련해 해석하고, 사회 변화를 사회운동, 자본, 국가 간 투쟁의 결과로 본다. 식품체제 관점의 가장 중요한 강점은 역사성historicity,* 방법론적 전체론methodological holism, 지역과 세계의 변

---

* 독특한 역사적 특질이나 사회적 맥락의 특성.

화 과정들을 서로 연결하고 해석할 수 있는 능력이다. 이 장에서는 식품체제 분석의 이론, 실증적 사례, 방법론을 면밀히 살펴보고, 식품체제의 이론화와 연구 작업의 최근 진행 상황을 조명한다.

전통적 농업 관련 정치경제학으로부터 새롭게 부상하고 있는[1] 식품체제 분석은 본디 세계사적 측면에서 20세기 후반 농업 및 먹거리의 재편성을 역사적 맥락과 연관 짓기 위한 수단으로서 발전했다. 1980년대, 세계 식량 교역에 일어난 중대한 변화들은 식량의 생산·소비·분배의 전 세계적 재편성에 대한 관심을 점점 더 고조시켰다. 이러한 과정은 농식품 상품사슬이 새로운 국제분업으로 재편되는 것에 관한 논문을 쏟아내면서 전 세계적으로 학문적 연구의 초점이 되었다.[2] 이런 종류의 연구는 대개 신선한 과일과 채소를 계절에 상관없이 전 세계에 공급하기 위한 상품사슬 구축과 남반구 국가 농식품 수출 전략에서의 상품사슬 역할에 초점을 맞추었다.[3] 또한, 농작물 재배에 직접적 관련(예컨대 종자나 화학비료)이 있거나 수확물의 처리(예컨대 식품 가공·유통·저장)와 관련된 농식품 분야 다국적기업들의 점점 커지는 힘과 영향력도 추적했다.[4] 전통적인 정치경제학에서의 이와 같은 다양한 연구 갈래는 식품체제 연구 방식에 영감(과 그 방식을 구상할 수 있는 실증적 기반)을 제공했다.

해리엇 프리드먼과 필립 맥마이클은 1870년 이후로 세계 자본주의의 발전 과정에서 농업과 먹거리의 역할이 바뀌고 있음을 설명한 논문을 통해 식품체제 개념을 처음 소개했다. 세계 밀 시장의 형성—주곡 시장으로는 최초—은 식량 공급의 역사에서 급격한 파열을 일으켰다. 일부 지역의 전 인구(예컨대 영국)가 멀리 떨어진 곳에서 공급되는 식량에 생존을 의지하게 되었고, 식량 교역은 여러 국가, 농민, 식량 소비자들을 새로운 방식으로 서로 연결했다. 프리드먼과 맥마이클에 따르면, 영국의 지배 아래 전 세계의 먹거리와 농업을 통제하는 역사적으로 특이한 형태의 규칙·제도·관행의 조합체인 국제적 식품체제는 이러한 상황 변화로 인해 세상에 처음으로 모습을 드러낼 수 있었다. 그들은 논문에서 국가체계의 진화와 관련이 있는 식량의 생산·소비·분배의 패턴이 어떻게 변화하고, 국제분업 체계가 어떻게 바뀌고, 농식품 및 산업 분야가 어떻게 점점 더 밀접한 관계를 맺게 되었는지를 보여주는, 역사에 등장한 두 식품체제의 성쇠를 추적했다. 그들은 또한 1970년대 세계경제의 구조적 변화가 주요 농업 수출국 간 무역 갈등, 제

3세계 부채 위기, 국제시장의 변동성에서 명백하게 드러난 식품체제 관계들의 위기를 초래했다고 주장했다. 따라서 오늘날의 농식품 재편 과정은 가장 최근의 안정된 식품체제의 붕괴에서 발생하는 각종 갈등과 모순을 통해 밝혀질 수도 있을 것이다.[5]

식품체제 분석은 글로벌 농식품체계 안에서 일어나는 여러 사회적 변화의 주요 영역에 적용되었다. 1990년대, 식품체제 분석은 농업 분야의 새로운 국제무역 규칙 수립을 둘러싼 격렬한 논쟁 과정을 설명하기 위해 사용되었다. 식품체제 분석은, 식량과 농업 관련 정책의 변화가 기업의 힘은 강해지는 반면에 농민의 정치력은 약해지고 농식품 분야에 대한 규제 권한이 공공 기관에서 민간 기업으로 이전한 때문임을 시사했다.[6] 식품체제 분석이 주목하는 또 다른 중요한 바는 글로벌 먹거리체계가 어떻게 국제적으로 조정되는 상품 복합체를 만들어냈는지를 설명하는 내용이다. 농식품 기업들이 주도하는 재편 과정 아래서, 그러한 상품 복합체는 "농업과 식생활에서 모두 시기와 장소의 특수성"을 무시하는 경향을 보인다.[7] 일부 학자는 식품체제를 지역적 또는 국가적 농식품 분야에 관한 실증적 연구—특히 영국 반대편 국가들의—의 출발점으로 사용했다.[8]

2000년대 중반부터 급격하게 성장하고 있는 전 세계 농업과 먹거리 분야를 학자들이 집중적으로 파고들기 시작하면서 식품체제 연구가 다시 활기를 띠었다. 데이비드 버치David Burch와 제프리 로런스Geoffrey Lawrence 같은 학자들은 글로벌 먹거리체계의 여러 측면에 대한 식품 판매업자들의 영향력이 강해지는 현상 특히 품질을 차별화하는 시장 부문을 창출하고 세계 상품 공급사슬 통제를 강화하는 민간 표준 사용과 같은 상황을 이해하는 데서 식품체제 개념을 사용하고 있다.[9] 프리드먼과 맥마이클은 "소매혁명retailing revolution"이라고 불리는 것이 세계적 계급 관계나 생태계의 위기와 어떤 관련이 있는지를 설명하고 있다.[10] 2009년, 저널《농업과 인간의 가치》가 식품체제 특집호를 발간했는데, 현재 국면에 그 개념을 적용할 수 있는지에 대한 혁신적 이론과 실천의 관점을 두루 담고 있었다.[11] 아래에서는 이러한 최근의 연구 성과를 바탕으로 3차 식품체제 상황을 둘러싼 지속적 논쟁들을 면밀히 살펴보고자 한다.

식품체제 이론

식품체제 개념은 거시사회학 이론의 두 갈래 즉 조절 이론regulation theory과 세계체계 이론[세계체계론]을 결합했다. 프랑스의 조절 이론은 자본주의 역사 발전 단계마다 특별한 자본 축적 형태가 사회·정치 제도의 안정화와 어떻게 결합되는지를 역설한다. 조절 이론에 따르면, 자본주의 사회는 역사적으로 다양한 자본 축적 체제를 통해 진화했다. 그 축적 체제는 저마다 안정을 위한 자기 나름의 기본 논리와 조건이 있었다.[12] 식품체제 개념은 조절 이론의 접근방식을 특히 농업과 먹거리의 영역에 적용하고 그것을 사회변화에 대한 세계체계 이론의 해석과 결합함으로써 그 범위를 일국사적 차원에서 세계사적 차원으로 확대한다.[13] 세계체계 이론은 계속되는 헤게모니(지배 국가에 귀속된 경제적, 사회적, 정치적 주도권)와 이행의 기간 이루어지는 전 세계적 자본 축적과 계층적 국가체계의 역동적 상호작용을 통해 사회변화가 일어난다고 설명한다.[14] 식품체제 개념을 이용한 접근방식은 이와 같은 이론적 갈래를 결합함으로써 먹거리 부문의 변화를 복합적이고 통일적인 잣대로 분석하는 안목을 기르려 애썼다.

"기본 개념"으로서 식품체제는 전 세계 농식품과 관련된 다양한 관계가 안정된 상태를 유지했던 기간과 위기에 처했던 시기를 설명하는 역사적 서사들에서 세계적, 지역적 변화 과정들을 찾는다.[15] 안정된 식품체제는 주요 행위자—농민, 소비자, 국가, 자본—가 자신들을 먹거리 생산, 소비, 교역의 관계에 엮어 넣기 마련인 내부의 규칙에 동의할 때 나타났다. 역사적으로 식품체제는 헤게모니 국가[패권국]hegemony power 즉 1941년까지는 영국, 1945년에서 1973년까지는 미국의 영향력에 따라 좌우되었다. 식품체제는 수십 년 비교적 안정된 상태를 유지했지만 전반적 위기의 시기 주요 행위자 사이에 갈등을 유발할 수 있는 내적 모순들을 안고 있다. 이러한 조건 아래서, 이전의 식품체제를 지배했던 내부 규칙은 주요 행위자가 새로운 의제를 던지고 현실을 새롭게 해석하면서 매듭이 풀리기 시작한다. 한 식품체제에서 다른 식품체제로 이행될 때, 다양한 사회운동이 특히 중요한 역할을 하는 가운데 상반되는 이해관계들이 "기존 체제를 위기에 빠뜨리기도 하고 새로운 체제를 형성하기도 하는 엔진" 역할을 하는 것으로 알려진 새로운 처리 방식들을 두고 싸운다.[16] 사회운동이 영향력을 발휘할 수 있다 하더라도, 권력과 소유의 불평등한 관계들에 의해 구조화된 분야에서 사람들은 기존 식품체제의 규칙들에 이의를 제기한다.

식품체제 개념을 이용한 접근방식은 지금까지 농식품 연구의 틀을 만드는 데 가장 영향력 있는 도구 가운데 하나였다. 그러나 일부 학자는 농식품체계를 변화시키는 힘으로서 자본주의의 축적 과정을 지나치게 결정론적으로 설명하는 식품체제와 정치경제학적 접근방식을 비판했다. 식품체제에 가해진 이와 같은 비판은 특정한 역사적 시기 특정한 식품체제가 일관성을 유지한다고 가정하는 것이 타당한지에 의문을 제기했다. 그들은 또한 식품체제의 접근방식이 농업과 먹거리의 재편성 및 정치적 논쟁과 관련된 국가적·지역적 특수성을 얼버무리며 넘어간다고 비판한다. 일례로, 마이클 와츠와 데이비드 굿맨은 산업 부문의 세계화와 농식품 부문의 세계화를 구분하는 가장 중요한 차이가 "농식품 부문은 어떤 단순한 의미로도 명백히 세계적이지 않다"는 것을 의미한다고 주장하면서, 농식품체계의 변화 궤적에 대해서는 비교적 잘 모른다는 입장을 취한다.[17] 또한 그들은 다자간 교역 규칙이 농식품 관계들에 대한 "민간의 글로벌 규제private global regulation" 장치로서 역할을 하고 있다고 주장한다.[18] 그 밖에도 농식품 변화에 관한 설명을 자연과 사회와 연계해 이론화하는 적절한 방법을 찾는 데 초점을 맞춘 논쟁들도 있다. 굿맨은 "근대적 존재론modernist ontology"에 내재된 자연-사회 이원론을 영속화하려는 정치경제학과 그와 관련된 접근방식들을 비판한다. 그는 대신에 인간과 비인간 "행위자actant" 사이의 상호작용으로 나타나는 자연-문화의 혼합으로서의 농식품 네트워크들을 분석하는 데서 브뤼노 라투르Bruno Latour의 행위자-연결망 이론actor-network theory의 사용을 제안했다.[19]

그러나 식품체제 분석은 때로는 공식적으로 알고 있는 것보다 훨씬 더 개방적이다. 심지어 그것은 자본주의 정치경제학의 핵심 원동력인 상품화와 자본 축적 과정을 강조할 때에도 새로운 가능성의 여지를 남겨둔다. 식품체제 분석에서는 다양한 농식품 관계가 완전히 우발적으로 결정되지도 않고 추상적 경제력에 의해 결정되는 것도 아니지만 역사적 사회구조와 사회적 행위자 사이의 상호작용으로 생겨나는 것은 틀림없다고 주장한다. 역사 속에서 잇따르는 식품체제의 발생·몰락·변화는 끊임없이 진화하는 자본주의의 정치경제학이라는 광대한 틀 안에서 발생하는데, 이러한 자본주의의 정치경제학은 체제의 사회적, 기술적, 생태적 기반이 바뀔 때 그것에 영향을 받기 마련이다. 요컨대, 중요한 것은 결정론을 피하고, 정치경제학적 변화의 **역사성**에 주목해야 한다는 사실이다. 여기서 변화 과정들은 안정과 변화의 시기를 가로질러 지역사적인 것을 세계사적인 것과 연결하는 "시기의 일치"를 통해 만들어지는 것으로 이해된다.[20]

식품체제의 접근방식은 또한 근본적으로 **상대적**이다. 이와 같은 상대적 차원은 시간과 공간을 가로질러 발생하는 여러 변화 과정을 다양성과 관계성 속에서 하나의 진화하는 전체로서 설명할 수 있게 한다. 따라서 식품체제 분석은 "일치성unity"이나 "이질성heterogeneity" 어느 것에도 특별한 우위를 두지 않지만, 특별한 변화의 사례들을 역사적 맥락과 연결해 세계사적으로 설명한다.[21] 식품체제와 그 접근방식을 비판하는 사람들은 분석의 **규모**scale(거시적)와 **범위**scope(총체적)를 결정론과 혼동한다. 이런 비판적 견해와 반대로, 식품체제의 접근방식은 특히 결과가 불확실한 역사적 행위자들 간의 투쟁을 강조하면서 전 세계적 농식품 관계들의 안정과 경쟁 시기를 세밀하게 재구성하는 방식으로 "우연성과 정치"를 둘 다 고려한다.[22]

끝으로, 식품체제 분석은 역사적 맥락에서 식품체제들의 생태적 기반과 모순점들을 강조함으로써 자연-사회의 관계를 다루었다.[23] 프리드먼은 특히 앨프리드 W. 크로스비와 윌리엄 크로넌의 환경사에 기대어, 농업이 인간 및 다양한 생명체와 생태계 사이의 관계들에 일으킨 급격한 변화를 추적했다. 그들은 식품체제의 변화를 구성하고 제한하는 것이 먹거리 생산과 소비의 연결점에 있는 생태 환경이라고 이해한다.[24]

식품체제 방법론

식품체제 접근법은 농식품체계를 변화시키고 그 변화를 설명하기 위해 사용된 역사적 서사들을 제공한다. 또한 역사적 비교연구를 위한 방법론적 처방들도 제공한다. 실제로 맥마이클은, 지난 20년 동안의 식품체제 전개와 함께, 식품체제의 관점이 농식품체계의 변화를 역사적으로 설명하는 분석 렌즈가 되었다고 주장했다. 일종의 분석 렌즈로서 식품체제 분석은 자본주의의 다양한 역학 관계에서 먹거리와 농업이 차지하는 중요성에 초점을 맞추면서 "시간과 공간을 가로질러 나타나는 자본주의적 과정들의 중요한 관계와 모순점"을 확인한다.[25] 방법론으로서 식품체제 분석은 사회적, 생태적 관계들의 진화 과정을 총체적이고 비결정론적 입장을 견지해 역사적으로 해석할 것을 요구한다. 식품체제 연구에 가장 중요한 영향력을 끼치는 방법론은 상품사슬 분석과 맥마이클의 역사적 비교분석 방법인 통합비교incorporated comparison 분석이다.[26]

윌리엄 프리들랜드가 하나의 방법론으로 처음 공식화한 상품사슬 분석commodity chain analysis은 대개 개별 상품이나 상품 복합체를 대상으로 사회적 행위자들이 생산과 소비의 연결망에 어떻게 관계를 맺고 있는지 추적한다. 여기서 경제적 교환이란 사회적 권력power관계를 말한다. 이처럼 상품사슬 분석은 경제적 관계를 그 관계의 사회적 기반에서 분리하는 주류 경제학의 논의에 이의를 제기한다. 상품사슬의 접근방식은 1980년대에 널리 퍼지기 시작했다. 당시는 전 세계적으로 권력이 국가에서 기업으로 이동하면서, 거시역사사회학의 기본 분석 단위로서 국민국가의 중요성에 이의가 제기되던 시기였다. 개발론 학자들은 상품사슬 분석이 "점점 진화하는 국제무역의 조직적 측면, 교역을 활성화하는 연계 장치, 교역을 가능하게 하는 국제적 조정, 교역을 규제하는 새로운 국제기구들을 완전히 이해할 수 있는" 접근방식이라고 생각했다.[27]

상품사슬 분석은 세계체계 이론의 사회학에서 가장 대표적인 접근방식이 되었고, 학계에서는 이 접근방식을 국제 상품사슬의 역사적 변화에 적용했다. 상품사슬 분석은 명실상부하게 전 세계에 초점을 맞추기 시작했고, 사람들은 이 글로벌global 상품사슬을 "하나의 상품이나 생산물을 중심으로 가정·기업·국가가 세계경제 안에서 서로 연결되는 조직 간 연결망의 조합"으로 이해했다. 여기서 중요한 점은 불평등한 행위자들 사이의 사회적 관계가 어떻게 세계적 차원의 경제 과정을 만들어내는지 이해하는 것이다. 그러기 위해서는 "국민국가의 수준보다 더 세부적이고 더 폭넓게 철저히 탐색하는" 분석이 필요하다.[28] 학자들은 이러한 통찰을 많은 농식품 상품에 적용했다. 일례로, 데버라 반트가 수행한 토마토의 북아메리카 상품사슬에 관한 분석—멕시코에 있는 이주 여성노동자부터 북아메리카의 소비자, 그리고 소매점 점원으로 일하는 여성노동자에 이르기까지—은 상품사슬 관계에 묶여 있는 계급적, 인종적, 젠더적 불평등 형태를 잘 보

여주었다.[29]

식품체제 분석은 하나의 규격화된 상품사슬 방법론에 의존하지는 않지만, 전 세계적으로 생산-소비 관계를 추적한다는 점에서 그와 같은 접근방식과 일치한다.[30] 식품체제를 연구하는 학자들은 예컨대 지금까지 역사적 식품체제의 특성으로 서로 다른 상품 복합체의 중요성을 강조해왔다. 그러나 식품체제 분석은 권력과 자본 축적의 역사적 맥락 속에서 먹거리의 생산·소비·분배 관계를 더욱 폭넓게 설명함으로써 한 걸음 더 나아간다.

이 총체적인 역사학적 정치경제학적 접근방식이 바로 "통합비교" 분석의 한 형태다. 맥마이클은 통합비교 분석이 사회구조와 역사 과정의 물신화를 피하면서 지리적, 연대기적 맥락에서 사회적 변화의 사례들을 찾는 역사학적 비교분석의 한 형태라고 이해한다. 통합비교 방식은 그러기 위해 우발적이면서 끊임없이 진화하는 어떤 통합체(예컨대 식품체제)의 변화와 관련해 그 통합체를 구성하는 부분 간의 변화를 상세히 설명한다. 통합비교는 "모든 것을 아우르는" 통합체가 존재한다고 앞질러 가정하기보다는 통합체와 그 통합체를 구성하는 부분들이 모두 시간의 흐름에 따라 질적으로 변화할 수 있음을 인정하고, 그 부분들이 역사적 관계 속에서 어떻게 통합체를 구성하는지 탐구한다. 요컨대, 맥마이클은 그 통합체를 "새롭게 나타나는 전체emergent totality"—경험적 실체가 아니라 오히려 "부분들이 서로 조건을 맞추는 과정을 분석함으로써 전체를 발견하는 (…) 개념적 진행절차procedure"—로 다룰 것을 주장한다.[31] 여기서 비교는 연구의 목표가 아니라 연구의 실질 내용이 된다.

통합비교를 통한 식품체제 분석은 농식품 관계의 특징이 되는 갈등과 안정의 조건을 특정 시기와 쉽게 연결해 생각할 수 있는 —늘 재해석되기 마련인— 구조화된 역사적 서사를 제시한다. 식품체제 분석에서 역사적 부분은 비교의 기반을 마련한다. 그러나 또한 그 부분들은 통합체 전체(식품체제)를 역사적으로 구성하는 데서 필요한 것들이다. 결국, 식품체제 분석은 통합체가 역사적으로 어떻게 진화하는지 바라보는 하나의 렌즈로서 안정과 변화의 연속되는 기간들을 추적한다. 따라서 이런 접근방식은 이질성과 우연성에 우선순위를 주는 농식품 연구 방식과는 다르다.[32]

식품체제 분석은 처음에는 먹거리의 생산·소비·교역을 지배하는 규칙의 안정된 기간을 밝히는 데 초점을 맞추었지만, 최근의 연구는 이행transition과 정치적 갈등의 시기를 강조했다. 실제로 새로운 식품체제가 현재 떠오르고 있는지(또는 이미 모습을 드러냈는지) 아닌지의 문제는 어쩌면 옛 관계의 해체와 새 관계의 등장을 명백하게 설명하는 문제보다 덜 중요할지도 모른다.[33] 이렇게 식품체제를 보는 방식은 식품체제 개념을 "특정한 시점에 글로벌한 정치경제학적 차원 속, 그리고/또는 글로벌한 식량 관계 속에서 구조화되는 과정들에 대해 구체적 문제를 제기"하기 위한 하나의 분석 렌즈로 사용한다.[34] 여기서 무엇보다 중요한 점은 역사적 [사실로서의] 식품체제와 그것들의 변화를 이끄는 사회적 행위자 간의 현실 세계 주도권 다툼을 설명할 때에 구조적 또는 역사적 환원주의를 피하는 것이다.

식품체제의 역사

어떤 체제를 이룰 만한 역사적 안정의 시기 또는 위기나 이행을 통한 변화의 시기를 상세히 열거하는 식품체제의 설명은 다른 곳에서도 여러 차례 상술되었다. 여기서는 식품체제의 역사를 개관하면서, 1차 식품체제와 2차 식품체제의 기본적 특징을 조명하고, 3차 식품체제의 등장을 둘러싼 논쟁들에 대해 언급한다. 1차 국제 식품체제(1870~1914)는 북아메리카와 오스트레일리아의 정착민 국가와 유럽의 제국주의 열강을 연결하는 주곡 식량 교역의 강화에서 시작되었다.[35] 이와 같은 새로운 국제분업 체계에서 정착민 국가들은 유럽에 온대지방 농산물 특히 밀과 고기를 수출하고 그 대가로 자본, 공장 제조품, 이주민을 받았다. 정착민 국가로부터 싸게 수입한 곡물과 고기는 유럽 국가의 노동계급에게 "임금으로 사 먹을 수 있는 식품wage foods"이 되었다. 그 덕분에 유럽 열강은 산업화의 비용을 줄이고 노동자들의 불만을 분산시킬 수 있었다. 동시에 유럽으로부터 정착민 국가들로의 온대 농업 확산은 때마침 유럽의 인구 증가에 따른 압력을 해소할 수 있는 안전 밸브를 제공했다. 유럽의 이주민 행렬이 정착민 국가들로 쏟아져 들어간 것이다. 반면에 미국에서 시작된 정착민 국가들은 국토 개발 사업과 연계된 영토 확장과 정착 과정에서 유럽으로의 농산물 수출을 이용했다.

정착민 국가들과 유럽의 분업은 이미 더 오래전인 19세기 말에 유럽 열강과 그들이 "점령"한 식민지 간의 분업에서 더욱 확대된 것이었다.[36] 식민지 국가는 정착민 국가와 비교할 때 식민지 열강의 지배를 직접적으로 받았고, 유럽 노동계급의 식생활에 중대한 영향을 준 것으로 알려진 사탕수수·커피·차·담배·카카오 같은 열대·아열대 작물을 집중적으로 생산했다.[37] 이런 국제분업은 유럽과 점령된 식민지 간 상이한 기후와 지리를 서로 보완해주는 특징을 낳았다. 이에 비해, 제국주의 열강과 정착민 국가 사이의 무역은 여러 동일한 산물을 생산하는 독립된 국민국가 간 경쟁을 낳았다.

영국의 패권은, 자본주의 세계경제 체제에서 금본위제도gold standard*가 국제통화와 국제무역을 조정하는 핵심 구실을 한 것처럼, 1차 식품체제를 뒷받침하는 구실을 했다. 영국은 또한 식품체제와 관련된 관계들에서 중심 자리를 차지하고 있었다. 영국은 1840년대 곡물법Corn Laws** 폐지를 시작으로 식량 수입 의존도를 높이는 급격한 실험의 결과로 그 시기에 세계에서 가장 큰 식량 수입국이었기 때문이다. 따라서 영국은 토지 소유를 희생하는 대신 산업자본을 키우면서 자유무역 정책 아래 자본과 공장 생산품을 수출했다.

1차 식품체제는 유럽과 정착민 국가의 사회와 생태계 관계를 변형시키고 국가체계를 재편하는 수많은 제도 혁신과 유산을 낳았다. 첫째, 1차 식품체제는 정착민 국가들에서 여성·남성·아동의 무보수노동[불불노동]unpaid labor이 뒷받침하는 상업적 농업가구("가족농") 계층을 낳았고, 그 결과 식량 가격을 유럽에서 식량이 생산될 때보다 더 낮출 수 있었다.[38] 이런 농가는 원거리 수출 시장·철도·은행·곡물상을 포함한 민간 회사들의 처분, 그리고 곡물 교역을 체계화한 국가에 의존할 수밖에 없었다. 둘째, 농가들이 직면한 구조적 불평등은 새로운 농촌 사회 운동을 분출시키는 독특한 농업 정책을 낳았다.[39] 셋째, 1차 식품체제는 국가체계의 변화를 몰고 왔다. 새로운 국제분업은 국제무역(중상주의의 보호무역과 반

---

* 금의 일정량의 가치를 기준으로 단위 화폐의 가치를 재는 화폐 제도. 금화 단본위제, 금괴 본위제, 금환 본위제의 세 가지가 있다.

** 12세기 이래, 영국에서 지주층과 국내 생산자의 이익을 보호하기 위해 수입 음식과 곡물에 대한 관세와 제한을 강제해 곡물의 수입을 규제한 법률. 1815년에는 법률로 곡물 가격을 고정하고자 했으나 자유무역론자들의 반대로 1846년에 폐지되었다.

대되는 형태의)과 경쟁을 도입함으로써, "독립적이고 자유로운 국민국가 체계"를 낳았다.[40] 이 국가들은 국내의 개발 과정에서 농업 생산 확대를 통해 산업화를 보완한 미국의 경험을 모델로 삼았다.

1차 식품체제 내부의 긴장 관계—생태적 부문과 사회적 부문 둘 다에서—는 1925년과 1945년 사이에 체제 위기를 불러일으켰다. 영국 패권의 안정된 영향력은 제1차 세계대전과 세계 준비통화reserve currency*로서 금본위제의 종료로 점점 약화되었다. 1920년대 중반 세계 곡물가가 급락하자 —대공황으로 가는 전반적 경제 붕괴의 전조— 농가들은 격심한 혼란과 고통에 시달리지 않을 수 없었다.[41] 이러한 상황은 1930년대 [극심한 모래폭풍인] 더스트볼dustbowl로 더욱 악화되었고 [미국과 오스트레일리아로 대표되는] 정착민 국가의 농업 기반이 되는 생태 환경을 크게 뒤흔들었다. 밀을 집약적으로 재배하는 경작 조건 아래서, 북아메리카 평원의 처녀지들은 토질의 양분이 급격히 고갈되었고 결국 가뭄과 토양 침식에 극도로 취약해지고 말았다. 그러는 가운데, 두 차례의 세계대전은 영국의 심각한 식량 수입 의존도가 초래한 취약성을 그대로 드러냈다.

미국 정부는 농업 부문에 닥친 경제 재난에 대응해 뉴딜정책 아래 곡물 계획을 추진했다. 곡물 계획은 농가 소득 증진을 위해 농가에 직접 지원금을 주기보다는 곡물 가격이 떨어지지 않도록 정부가 뒷받침해서 생산을 촉진하는 방식을 썼다. 당시에 미국이 채택한 그 특별한 형태의 국내 농업 정책은 미국이 취할 수 있던 유일한 대안이었고, 그리고 그것은 나중에 마침내 2차 식품체제의 구조를 결정하는 계기였음이 밝혀졌다.[42] 세계 농업시장에 불어닥친 경제 불황은 다양한 국제 곡물 협정의 형태로 정부의 제2차 대응을 이끌어냈다. 이는 주요 곡물 수입국과 수출국 사이에 수요와 공급을 맞추려는 조치였다. 그러나 국제 밀 거래 협정 체결을 얼마 앞두고 1939년 제2차 세계대전이 일어나면서 그 회담은 무기한 연기되고 말았다.[43]

전쟁 뒤 식량 안정화를 위한 환경을 재건하는 과정에서 여러 국가, 사회운동, 자본은 농업 진흥책과 국가 마케팅위원회를 포함해 일부 혁신적 조치에 의존

---

* 각국이 금과 더불어 대외지급을 위한 준비로서 보유하고 있는 통화.

했다. 이들 조치는 1차 식품체제가 위기에 빠지면서 그 위기를 극복하기 위해 생겨났고, 그 결과 식량 원조food aid와 같은 새로운 관계가 형성되었다. 프리드먼은 두 닮은꼴의 역학 관계를 설명하기 위해 2차 식품체제를 "중상주의적 산업mercantile-industrial" 식품체제라고 불렀다. 첫 번째 역학 관계는 정치적으로 구축된 국제무역이고, 두 번째 역학 관계는 나중에 농식품 대기업들이 지배하게 된 산업화된 농식품 부문의 발생이다. 이 두 차원에서 볼 때, 근본적으로 중상주의적 산업 식품체제를 만들어낸 것은 미국의 패권이었다. 전쟁이 끝나고 미국은 농가 소득을 안정화하는 수단으로서 공황 시대의 곡물 계획을 유지하려 했다. 곡물 계획은 예상치 않게 거대한 잉여surpluses 농산물을 생산했다. 미국은 이 잉여 농산물을 처리하기 위해 국제 식품체제의 규칙 제정을 주도하지 않을 수 없었다. 무엇보다 중요한 것은 미국의 요청으로 전후 산업 국가 간 자유무역을 위한 다자간 협력 틀인 관세무역일반협정GATT*에서 먹거리와 농업 부문이 제외되었다는 사실이다. 이 덕분에 미국은 GATT와 양립할 수 없는 국내의 곡물 계획 다시 말해 외국 농산물 수입을 통제하고 자국 내 농가에 수출 보조금을 지급하는 보호무역 정책을 유지할 수 있었다.[44]

농업에 이처럼 예외적 지위를 부여한 새로운 식품체제는 식량과 농산품을 시장을 통하지 않고 국가 대 국가로 직접 거래하는 것이 특징이었다. "식량 원조"의 탄생은 바로 이런 관계를 가장 명확히 보여주는 사례였다. 미국은 유럽 재건을 위해 마셜플랜Marshall Plan[유럽부흥계획]을 개시하면서 대규모 식량 원조를 통해 자국의 잉여 농산물 문제를 해소할 수 있는 출구를 발견했다. 그러나 유럽이 미국 모델을 따라 농업 규제를 실시하고 유럽 내부의 식량 부문을 보호하자, 미국의 농산물 수출 기회는 줄어들었다. 미국은 이 문제를 해결하기 위해 제3세계 [신흥] 독립국들에 대한 식량 원조를 확대했다. 1954년, 미국은 미공법480호 US Public Law 480를 통해 식량 원조를 받는 국가들이 미국 달러가 아닌 자국 통화로 대가를 지불하고 대량의 곡물(주로 밀)을 할인된 가격으로 수입할 수 있도록

---

* 세계무역기구WTO 체제 이전의 체제로, 1947년 스위스 제네바에서 23개국이 조인한 국제적인 무역협정. 관세장벽과 수출입 제한을 제거하고, 국제무역과 물자 교류를 증진시키는 것을 목표로 했다. 우리나라는 1967년 6월에 가입했다.

허용했다. 미국의 잉여 농산물은 이렇게 식량 원조 형태로 제3세계의 전후 산업화 계획에 직접적으로 기여했다. 세계 준비통화로서 달러의 새로운 역할을 감안할 때, 미국은 잉여 농산물을 처리하는 독특한 장치로 식량 원조를 활용했다.[45] 식량 원조는 미국의 국내 농업 정책으로서 역할을 했을뿐더러 미국이 다양한 대외 정책 목표를 추구하는 데도 기여했다. 냉전체제가 경쟁하던 당시의 세계정세를 고려할 때, 식량 원조는 제3세계 주요 국가들과 지정학적 유대 관계를 돈독히 다지고, 공산주의에 반대하는 전략 목표들을 더욱 확대하는 데 한몫했다. 냉전체제가 본격화하면서, 제1세계와 공산주의 국가로 구성된 제2세계는 상호 배타적 무역 연합이 되었다. 냉전의 벽Cold War dam이라 불린 이 통상금지 조치는 미국의 잉여 농산물이 계속해서 유지될 수 있는 조건을 제공했고, 이는 2차 식품체제의 핵심이 되는 구조적 특징이었다. 제3세계에서, 식량 원조는 값싼 수입 농산물에 대한 의존을 초래했고 밀 중심의 식사로 식습관을 변화시켰다. 이런 사정 때문에 제3세계 국가들은 이후 1970년대 들어 상황이 바뀌면서 심각한 위기에 직면하게 되었다.[46]

정부의 농업 진흥책과 국가 지원의 농업 생산 현대화는 전후 식품체제의 두 번째 —산업적industrial— 특징의 토대를 마련했다. 농민들은 정부의 농산물 가격 지원 정책에 힘입어 농업 산업화를 강화함으로써 생산량 극대화에 총력을 기울였다. 또한 농민들은 1차 식품체제에서 도입된 농업 기계화를 기반으로 화학비료 및 살충제와 새로운 작물 품종을 채택하고, 트랙터를 동원해 대규모 농사를 지음으로써 농업 기계화 과정을 완성했다. 전국적 규모에서 마침내 초국가적 규모로 커진 영농 기업들은 하나의 거대한 산업 부문이 되었다. 그들은 농업 생산의 일부 측면에 자본을 선택적으로 투입하고, 거름과 축력 대신에 화학비료와 트랙터 같은 외부 투입물을 농사에 도입했다.[47]

한편, 값싼 농산물은 새로운 농식품 복합체에 투입되었는데 이는 농업 산출물을 취급하는 거대 농업 기업들을 낳았다. "축산 복합체livestock complex"는 집중적으로 고기를 생산하기 위해 동물 사료를 제조하는 산업용 재료로 그런 값싼 농산물을 썼다. 이 과정을 처음 시작한 것은 미국이었다. 미국은 20세기 초 북아메리카에 들여온 콩과 생산성이 높은 옥수수를 혼합해 중요한 동물 사료로 썼다. 그 결과, 전후 미국인의 식습관을 규정하는 큰 특징 가운데 하나인 고기 소비가 급속도로 늘어났다. 축산 부문은 유럽경제공동체EEC가 유럽 내 밀 산업을 보호하는 대가로 미국 동물 사료의 수입관세에 면세 조치를 취하면서 국제적으로 통합되었다.[48] 전문화된 작물 생산, 가공, 고기 생산을 하나로 통합한 다국적 곡물상과 사료 가공업체들이 주도한 축산 부문은 마침내 초국가적 시장을 형성하게 되었고 그 결과 원재료를 세계적으로 아웃소싱하고 계급 차별화된 세계시장에 고기를 판매함으로써, 제1세계 부유한 소비자들은 고급 등급의 고기를, 제3세계 소비자들은 질 낮은 고기를 먹게 되었다.[49]

중상주의적 산업 식품체제의 두 번째 핵심 농산품 복합체는 "오랫동안 상하지 않는 저장식품durable foods" 복합체였다. 과일과 채소 통조림 같은 최초의 산업 제조 식품이 1차 식품체제에서 이미 나왔지만, 그 식품 시장은 식품의 공장 생산 자체가 하나의 강력한 산업 부문이 된 제2차 세계대전 이후 폭발적으로 성장했다. 식품 가공 및 제조 산업은 콩·옥수수·밀 같은 1차농산물을 산업용 식품 생산 재료로 전환해 포장식품이나 냉동식품을 포함한 표준화된 새로운 식품을 만들어냈다. 이 시기에 전국 규모의 대형 식품 제조회사들—브랜드 식품을 생산하는—이 급성장했다. 식품 가공 및 제조는 새로운 형태의 소매상 특히 슈퍼마켓 형식을 갖춘 상점들의 등장과 함께 나란히 발전해갔다. 슈퍼마켓은 제2차 세계대전 전에 미국에서 처음 등장했는데 전후에 지배적 소매점 형태로 자리 잡았다.[50] 이와 함께, 가공식품과 슈퍼마켓은 보편적이라고까지는 말할 수 없지만 일반적으로 표준화된 식생활의 전제가 된, 2차 식품체제의 값싼 먹거리경제를 상징하는 완벽한 전형이 되었다.

[오랫동안 상하지 않는] 저장식품 복합체는 축산 복합체처럼 전국적 규모의 농식품 자본이 국제적 거대 자본이 되면서 초국가적으로 통합되었다. 식품 기업들은 점점 고도로 발전하는 식품 과학과 기술을 이용해 원재료의 공급처를 다각화했다—예컨대 그동안 일반 식용기름과 감미료의 원료로 사용해온 제3세계 열대지방 농산물(예컨대 야자유)을 온대지방 작물(예컨대 콩, 옥수수)로 대체했다. 이와 같은 변화는 식민지 시대의 유산인 온대농업과 열대농업 사이의 분업과 전통적인 제3세계 농산물 수출 기반을 무너뜨렸다.

중상주의적 산업 식품체제는 세계 곡물시장에 불어닥친 거대한 구조적 변화가 시장의 안정성을 허물어뜨리면서 1973년부터 장기적 위기 상황으로 들어갔다. 이는 갑작스러운 파열은 아니었지만 그 위기의 원인은 전후 식품체제에 내재된 근본적 내부 모순에서 찾을 수 있다. 첫째, 산업농의 능률성 개선으로 농민 수가 점점 감소하는데도 계속해서 생산량을 늘릴 수 있는 대규모 농사가 가능해지면서, 농민의 정치적 영향력은 점점 약해졌다. 둘째, 제3세계 국가들은 외국 농산물 수입 의존도는 점점 커지는 반면 전통적 수출 여건은 점점 악화되면서 부채와 기아의 위기에 극도로 취약해졌다. 셋째, 그러한 식품체제 속에서 크게 성장한 농식품 기업들은 그동안 먹거리와 농업 부문을 지배한 국가 주도의 규제와 무역 규칙의 패러다임이 현실적으로 무의미해지면서 자유무역 쪽으로 방향을 선회하기 시작했다. 넷째, 유럽은 미국 모델을 따라 유럽 내의 농업 부문을 보호하면서 결국 미국과 똑같은 잉여 농산물 문제에 직면했고, 1970년대 유럽 국가들도 [미국처럼] 농산물 수출을 통해 출구를 찾는 방법을 선택했다.

이와 같은 내부 모순은 1972년 소련이 그동안 막혔던 냉전의 벽을 넘어 막대한 곡물 수요와 함께 세계시장에 진입하면서 전면에 모습을 드러냈다.* 이런 상황 변화는 기존의 식품체제를 뒷받침하며, 미국이 세계시장을 지배하는 원천이었던 잉여 곡물을 정말 하룻밤 사이에 사라지게 하는 결과를 가져왔다. 1972년 미국과 소련의 역사적 곡물 협상은 곡물 가격의 폭등을 초래했다. 그것은 1970년대 초 오일쇼크와 겹치면서 전 세계적으로 광범위한 파급력을 지닌 심각한 식량 위기를 낳았다. 그동안 값싼 밀의 수입에 식량을 의존하던 제3세계 국가들은 그들의 전통적 수출 시장마저 증발하는 상황을 맞으면서 더욱 심해지는 기아, 부채, 사회적 불안정에 직면했다. 미국은 기존 식량 원조 정책을 중단하고 상업적 판매로 방향을 바꾸었고, 그에 따라 수출업체 사이의 경쟁은 점점 격렬해졌다. 한편, 미국 정부는 농민들에게 생산 증대를 적극적으로 독려함으로써 잉여 농산물이 소멸된 상황에 대처했다. 실제로 농민들은 그렇게 했지만 그 과정에서 빚을 많이 지게 되었다. 그로부터 10년 뒤에 잉여 농산물과 가격 변동성이 다시 요동치자, 심각한 부채에 시달리던 농민들은 최근 30년 동안 농가 소득 위기의 원인이 된 경제적 위기를 맞았다.

---

* 1972년 7월, 주요 곡물수출국 소련이 극심한 가뭄으로 흉작이 들면서 미국의 곡물(주로 밀과 옥수수)을 대규모로 사들여 국제 곡물 가격을 폭등시킨 '소련발 곡물파동Great Grain Robbery'을 말한다.

이 일련의 사건은 식품체제 관계들을 둘러싼 국가적, 국제적 규모의 합의가 깨졌음을 상징했다. 국가적 규모에서는 전후 정부와 자작농 계급 사이의 연합 관계가 무너졌다. 그동안의 재정 적자 정책들은 많은 신자유주의 정부가 농업에 대한 공적 지원을 줄이도록 촉발했다.[51] 동시에 농업 진흥책의 심사가 전보다 강화되고 주변부로 밀려나면서, 농민들은 규모와 농산물 종류에 따라 점점 차별 대우를 받았고, 농민의 수도 계속해서 줄어들었다.[52] 국제적 환경에서 식량 원조는 이제 "투매dumping" 행위로 취급받으면서 거래 규모도 작아지고 철저한 심사를 거쳐 인도주의적 목적으로만 식량 원조를 할 수 있게 제한되었다. 식량 원조의 감소는 미국과 유럽의 무역 정책 특히 자국의 시장점유율을 높이거나 유지하기 위해 수출 보조금을 지원하는 것에 대한 비판을 고조시켰다. 이와 같은 정책은 세계 시장 질서를 어지럽히는 행위로 널리 인식되고 있었다. 정부 보조금 지원 경쟁을 감당할 수 없었던 캐나다, 뉴질랜드, 오스트레일리아, 아르헨티나 같은 2순위 농산물 수출국들은 [세계적 차원에서] 농산물의 자유무역을 모색하는 케언스 그룹Cairns group*이라는 느슨한 연대 모임을 구성했다. 이러한 국가 간 긴장 관계와 갈등은 마침내 GATT 협정을 기반으로 다자간 무역 협상의 틀 안에 농업을 편입시키는 것으로 결론이 내려졌다. 이것은 1986년에 시작해서 1994년에 끝난, 여러 차례에 걸친 GATT의 우루과이라운드 협상을 통해 완성되었다.

농업은 우루과이라운드Uruguay Round의 완결과 함께 공식적으로 글로벌한 자유무역 의제로 통합되었고, 강력한 새로운 집행 기관인 WTO의 통제를 받게 되었다. WTO의 농업 협정에는 농업의 수입관세를 축소(시장 접근을 최대로 보장하는 규칙)하고 수출 보조금과 국내 농업 보조금의 삭감을 요구하는 조항이 들어 있다. 그러나 이와 같은 농업에 대한 글로벌한 자유무역의 시행은 잘 진척되지 않았다. 미국과 유럽연합이 수출 보조금 지원을 의미 있는 정도로 축소하는 데 주저했기 때문이다. 게다가 브라질이 주도하는 남반구의 주요 농업 수출국들은 이와 별도로 자신들의 협상 의제를 발표했다. 2003년, WTO의 [무역장벽 제거를

---

* 농산물 수출 시 보조금을 지급하지 않거나 미미한 보조금만을 지급하는 국가들의 모임. 1986년 8월 오스트레일리아 케언스에서 자유로운 세계 농산물 무역체제의 확립을 목적으로 결성된 농산물 수출국 14개국 수뇌부가 농업보조금 철폐를 주장한 데서 유래한다. 2020년 1월 현재 회원국은 19개국이다.

목적으로 하는 다자간 무역협상] 도하[개발]라운드Doha [Development] Round[도하개발어
젠다Doha Development Agenda] 협상은 남반구 국가들이 연합해 세력을 과시하고 협
상을 거부하면서 농업 교역의 문제 해결이 어렵다는 것을 또 한 번 확인하면서
실패로 끝났다.

3차 식품체제? 현재의 농식품 관계에 대한 해석

식품체제를 연구하는 학자들은 농업과 먹거리에 대한 규제를 둘러싸고 계속
해서 진행 중인 갈등―WTO 협상 실패, 지속적인 전 세계적 기아 현상, 식량 가
격의 변동성, 농가 위기, 식품 안전에 대한 공포, 산업농의 환경 파괴에 대한 비판
에서 표현된―을 1970년대에 발생한 위기 상황이 아직도 완전히 해소되지 못한
신호로 받아들였다. 이러한 조건 아래서, 3차 식품체제가 새롭게 모습을 드러냈
는지 아닌지, 등장했다면 그것의 특별한 주요 성향과 모순점은 무엇인지를 둘러
싼 논쟁이 지금까지 이어지고 있다. 여기서는 논쟁에 나타난 식품체제 이론과 역
사에 대한 혁신적 새로운 관점들에 주목하면서 3차 식품체제와 관련된 논쟁을
살펴본다.

프리드먼은 최근 농식품 부문에 일어난 여러 변화―특히 슈퍼마켓 주도의 재
편, 전 세계적 생태 환경과 먹거리 정책―가 결합해 3차 식품체제의 여러 "특
징"을 만들어냈다고 주장한다.[53] 프리드먼의 관점에서, 이러한 새로운 관계들은
―그 안에 내재된 사회적, 생태적 긴장 상태들을 감안할 때― 그 새로운 관계들
이 안정화를 이룰지 불확실할지라도, 오늘날 우리가 새로운 식품체제로 이행하
는 과정에 있음을 보여준다. 그녀의 논지는 지난 30년 동안 슈퍼마켓의 영향력이
엄청나게 커지고 먹거리 정책이 급격하게 변화한 것에 초점이 맞춰져 있다. 슈퍼
마켓 체인들―오늘날 대개 초국가적인 거대 기업들―은 차별화된 품질의 식품
들에 대한 소비자 수요를 충족시키는 동시에 새롭게 창출되는 새로운 민간 품질
기준을 시행함으로써 농식품 상품사슬에 대한 자신들의 영향력을 공고히 했다.
이런 전략은 "자체 브랜드own brand"[54] 제품의 도입과 어느 정도 관련이 있다. 슈퍼
마켓은 자체 브랜드 제품을 통해 식품 제조에 점점 깊이 관여하고 있으며, 다른

브랜드 식품 공급자들과 직접적으로 경쟁하고 있다. 이로써 슈퍼마켓은 제품 디자인에 대한 통제와 공급업체에 대한 영향력을 더욱 강화하고, 즉석식품과 같은 신제품 개발이나 새로운 시장 개척에서 전략적 우위를 차지하고 있다.[55] 한편, 식품 안전, 새로운 유전공학 기술, 보건과 영양에 대한 소비자의 우려는 새로운 사회운동과 자연식품이나 유기농식품과 같은 새로운 세분 시장을 낳고 있다.

따라서 새로운 식품체제의 주요 특징은 민간 식품 기준의 확산, 슈퍼마켓의 영향력, 소비자 주도의 먹거리 정책이라고 말할 수 있다. 정부의 식품 기준이 축소되고 그 위에 슈퍼마켓이 계획한 민간 기준이 겹쳐지면서 글로벌 농식품체계의 안정성과 자본 축적을 위한 새로운 조건이 마련되고 새로운 국가 간 관계와 계급 관계가 만들어졌다. 프리드먼은 민간 기업이 통제하는 공급사슬이 대체로 보건과 지속가능성이라는 "환경" 문제를 제기하는 소비자 수요를 충족시켜야 하기 때문에, 새롭게 떠오르고 있는 식품체제를 기업-환경적corporate-environmental 식품체제라고 불렀다. 슈퍼마켓이 강력한 영향력을 끼치는 조건 아래서, "민간 자본은 (…) 정부 간 협상으로는 뒷받침될 수 없는 높은 기준을 담고 있는, 스스로 신중하게 통제하는 공급사슬을 만들어낸다." 이러한 고품질의 공급사슬은 전 세계 다수를 구성하는 가난한 소비자들이 먹기 마련인 표준화된 저급 상품의 공급사슬망과 한 쌍을 이룬다. 이 새로운 식품체제의 특징은 중상주의적 산업 식품체제에 제기되는 일반적 비판과 반대로, 오늘날 전 세계의 불균등한 소비 기준을 더욱 심화할 수 있는 품질 기준의 차별적 분화라 말할 수 있다. 이와 같은 농식품 관계의 재구성은 또한 생산자와 지역의 입장에서 새로운 형태의 주변화와 통합을 암시한다. 그들["생산자와 지역"]은 크고 작은 성공을 경험하며 "고품질의 제품을 수출하는 곳"이 되는 것에 운명을 건다.[56]

맥마이클은 근본적으로 그 안에 모순과 위기 성향이 내재해 있음에도 3차의, 기업적인 식품체제가 나타났다고 주장한다. 이 기업 식품체제corporate food regime는 "세계 농업world agriculture" 다시 말해 "보조금 지원으로 생산된 잉여 식량의 투매, 남반구의 토지·노동력·시장에 대한 기업농의 접근성 강화가 기업 주도의 식량 공급사슬과 (제한된) 전 세계의 소비자 계급을 하나로 묶을 수 있는 길을 열어주는" 글로벌 농식품체계를 세우기 위한 프로젝트라고 이해된다.[57] 이러한 변화를 이끄는 주요 "수단"은 WTO를 통한 농업 무역 자유화다. 그것은 북반구의 값싼 농식품 상품에 대한 남반구의 시장 개방을 호시탐탐 엿보고, 기회만 나면 농업 지식과 자원을 상품화·민영화하고, 소작 농업의 기반을 약화시키려고 애썼다. WTO의 농업 협정은 또한 힘센 북반구 국가들이 남반구와의 관계에서 자신들의 "기업-중상주의적 비교 우위"를 유지하는 틀이었다. 대체로 북반구의 농업 수출국들은 남반구 국가들이 사면초가 상태인 농업 부문에 대한 지원조차 금지하면서, 자기들은 농가 보조금 지원을 적정 수준으로 낮추는 것을 면제받는 방식으로 WTO의 규칙을 자신들에게 유리하게 조작했다.

기업 식품체제는 소작농의 이농과 주변화, 전 세계적 기아의 증가, 토양 침식, 이산화탄소 배출량 증가와 같은 심각한 사회적·생태적 탈구 현상을 낳는다. 그러나 이와 같은 현상은 다양한 "식량주권" 운동의 형태로 각종 대항 운동을 불러왔다. 식량주권은, 비아캄페시나 같은 초국적 농민운동에서 잘 드러나는 것처럼, 농민의 권리—최소한의 품위 있는 생활을 누리고 농업 자원을 통제할 수 있는 권리—와 먹는 사람들의 권리—문화적으로 적절하고 영양이 풍부하고 환경 친화적 음식을 먹을 권리—를 기업농의 이윤 추구보다 우선하는 것이다. 맥마이클은 이러한 식량주권 운동에서 사회적·생태적 문제를 중시하는 농업과 먹거리의 체계 중심에 있는 대안적 근대성의 고갱이를 본다.

이 논쟁에 함께 참여한 또 다른 학자들도 있다. 윌리엄 프리처드William Pritchard는 2008년 WTO 도하라운드의 실패[협상 결렬]가 식품체제가 그 기반을 다지는 데 성공하지 못했음을 입증하는 증거라고 주장했다. 실제로 프리처드는 농업을 WTO 체제에 편입시키는 것을 둘러싼 오랜 갈등을 사실은 2차 식품체제의 실패 이후로 여전히 해결하지 못하고 이어져온 모순—그가 "오랜 낡은 유물long hangover"이라고 부르는 것—을 풀기 위한 시도로서 이해해야 한다고 말한다. 1980년대 말, WTO가 세계적 차원에서 농업을 규제하는 새로운 민간 규제 방식의 기초가 될 수 있을지를 둘러싸고 많은 논쟁이 오갔다. 그러나 그로부터 20년이 지난 시점에서, WTO의 조정으로는 주요 수출국 사이의 긴장 관계를 풀 수 없으며 오히려 새로운 갈등만 키운다는 사실이 명백해졌다. WTO의 농업 협정은 북반구의 보호주의 장벽을 허물어뜨리기는커녕 도리어 은밀하게 그것의 합법성을 인정해주는 장치가 되고 말았다. 게다가 남반구 국가들의 농업은 강제로 자유무역 체계로 편입당한 결과, "가뜩이나 세계 먹거리체계world food system에 이미 존재하던 불평등한 기회가 더욱 악화되는" 상황이 초래되었다. 2000년대 초반, 이것은 남반구 국가 특히 브라질 같은 새롭게 떠오르는 농업 수출 강국들의 불만을 고조시키는 상황으로 이어졌다. 남반구와 북반구의 강력한 연합들 간 갈등은 결국 도하라운드의 실패와 함께 농업 무역 자유화를 더욱 어렵게 하는 결과를 낳았다. 프리처드는 WTO가 국가 간 상충되는 이해관계를 하나의 안정된 식품체제로 녹여내는 데 필요한 "조직체the institutional architecture"로서보다는 "논쟁의 장arena of contestation"으로서 더 많은 역할을 했다고 말한다.[58]

한편, 휴 캠벨Hugh Campbell은 식품 판매업계에서 지난 20년 동안 개발한 환경 식품 감시 체계가 더욱 생태적으로 합리적인 식품체제의 기반을 형성할 수 있을 것임을 시사했다. 오늘날 글로벌 먹거리체계에 대해 생태와 관련된 일반적 비판은 "어디서 오는지 모르는 먹거리food from nowhere"—생산지와 생태적·사회적 생산조건이 비밀에 싸인 값싼 농식품—를 둘러싼 내용이었다. 캠벨은 민간 기업들이 규제하는 부유한 소비자를 대상으로 한 차별화된 품질의 상품사슬이 "어디서 오는지 아는 먹거리food from somewhere"를 생산하는 것으로 간주될 수 있음을 시사하기 위해 프리드먼의 기업-환경적 식품체제 개념을 차용한다. 식품회사들은 식품과 관련된 다양한 문제와 값싼 식품의 생태 비용에 대한 사람들의 문화적 인식 수준이 높아지면서, 생태적 영향을 고려하는 복잡한 기준과 감시 절차(사회적 행위자들이 환경 변화에 대응할 수 있게 하는 정보의 흐름)를 개발하기 시작했다. 이러한 피드백 절차를 통해 먹거리 생산과 분배 과정에서 발생하는 생태적 부담을 줄일 수 있게 되면서 지속가능성을 더욱 높이는 길을 열 수도 있다. 그러나 "어디서 오는지 아는 먹거리"가 그 반대편에 있는 "어디서 오는지 모르는 먹거리"에 대응해 문화적 정당성cultural legitimacy을 가정한다는 점에서, 이와 같은 새로운 관계의 중심에 모순이 있다.[59]

식품체제와 관련한 최근의 또 다른 두 견해는 좀 더 진일보한 관점을 견지한다. 버치와 로렌스는 농식품체계의 변화에 관한 최근의 학문적 성과를 끊임없이 변화하는 자본주의 경제의 역학 관계라는 더 폭넓은 관점에서 해석한다. 여기서 그들은 음식학자들이 글로벌 경제 과정들을 만들어내는 세계 금융자본—1980년대부터 국제적으로 자유로운 자본의 이동에 의해 더욱 강화된—의 지배력 증대를 면밀히 들여다보아야 한다고 주장한다. 이러한 "금융화finacialization" 과정은 농식품 공급사슬을 완전히 바꾸고 있다. "오늘날 금융자본은 과거 농식품 공급사슬 안에 있는 기업들이 해외 토지와 자원에 행사했던 지배력을 인수할뿐더러 다양한 방식을 통해 —생산적 투자 방식뿐 아니라 투기 형태로— 더 광범위한 과정의 일부로서 자신이 직접적, 독자적으로 참여하기도 한다."[60] 따라서 식품체제를 연구하는 학자들은 식품회사들이 점점 금융자본화 되는 다시 말해 금융 거래와 투기 같은 활동에 적극적으로 뛰어들고 있는 상황 속에서 금융자본이 어떻게 먹거리체계를 재편하고 있는지 명확히 이해해야 한다.

끝으로 제인 딕슨Jane Dixon은 정부와 과학의 결합 형태가 어떻게 소비 관계를 정당화하고 제한하는지를 밝히면서, 영양학, 공공 정책, 식습관 관점에서 식품체제의 역사를 되돌아본다. 그녀는 오늘날 먹거리 정책이 과거에 값싼 칼로리의 원천으로서 산업식품이 건강과 풍요를 상징하는 것으로 당연히 연결시켰던 가정들을 무너뜨렸음을 보여준다고 주장한다. 그러나 작금의 정치와 문화 환경에서, 산업식품을 먹는 식습관의 문제점을 지적하는 시도들은 민간 기업들의 이해관계와 맞아떨어진다. 요컨대, 거대 "생명과학life sciences" 기업들은 "영양가가 높은 단위식품뿐 아니라 국민 필수식품들을 열거하고 품질을 높이고 널리 홍보"해, 사람들이 "슈퍼식품superfoods" 같은 먹거리를 반드시 먹어야 하는 것처럼 생각하도록 이 문제들을 호도함으로써, 영양학과 식생활에 대해 점점 더 큰 영향력을 행사하기 시작했다.[61]

결론

식품체제의 관점은 농업과 식량의 역사를 19세기 이후의 세계자본주의 관계 속에서 읽을 수 있게 도와준다. 식품체제를 연구하는 학자들은 이 역사를 세계 자본주의의 광대한 변화 과정을 배경으로 안정과 위기의 시기를 교차하면서 흘러온 것으로 특징지을 수 있다고 주장하고 있다. 지금까지 역사적으로 두 식품체제가 있었다. 또 다른 새로운 식품체제의 등장 여부에 대해서는 아직 학자들 사이에서 의견이 분분하다. 그러나 이러한 논쟁은 식품체제의 관점을 약화시키기보다는 오히려 "농식품체계의 구조적 관계와 다양한 차원을 이해하기 위한 색다른 관점"을 제시할 수 있다.[62] 식품체제를 통한 접근방식은 역사적 맥락에서 21세기 먹거리체계에 내재된 모순·갈등·가능성을 끊임없이 해석·재해석함으로써 먹거리와 농업의 미래에 대한 중요한 사회적 논쟁들에 기여할 것이다.

주

1. Frederick Buttel and Howard Newby, ed., *The Rural Sociology of the Advanced Societies: Critical Perspectives*(London: Croom Helm, 1980); Frederick Buttel, Olaf Larson, and Gilbert Gillespie, *The Sociology of Agriculture*(New York: Greenwood Press, 1990); William H. Friedland, et al, *Towards a New Political Economy of Agriculture*(Boulder, CO: Westview Press, 1991).

2. William H. Friedland, "Commodity Systems Analysis: An Approach to the Sociology of Agriculture," in *Research In Rural Sociology and Development: A Research Annual*, ed. H. K. Schwarzweller(Oxfordshire: Elsevier, 1984), 221-235; Alessandro Bonanno, et al, eds., *From Columbus to ConAgra: The Globalization of Agriculture and Food*(Lawrence, Kansas: University Press of Kansas, 1994); Philip McMichael, ed., *The Global Restructuring of Agro-food Systems*(Ithaca, NY: Cornell University Press, 1994); David Goodman and Michael Watts, eds., *Globalising Food: Agrarian Questions and Global Restructuring*(New York: Routledge, 1997).

3. William H. Friedland, "The Global Fresh Fruit and Vegetable System: An Industrial Organization Analysis," in Philip McMichael, ed., *The Global Restructuring of Agro-food Systems*, 173-189; William H. Friedland, "The New Globalization: The Case of Fresh Produce," in Alessandro Bonanno, et al, eds., *From Columbus to ConAgra*, 210-231; Luis Llambi, "Comparative Advantages and Disadvantages in Latin American Non-Traditional Fruit and Vegetable Exports," in Philip McMichael, ed., *The Global Restructuring of Agro-food Systems*, 190-213; Laura Raynolds, "The Restructuring of Third World Agro-Exports: Changing Production Relations in the Dominican Republic," in ibid, 214-237.

4. William Heffernan, "Concentration of Ownership And Control in Agriculture," in *Hungry for Profit: The Agribusiness Threat to Farmers, Food, and the Environment*, ed. Fred Magdoff, John Bellamy Foster, and Frederick H. Buttel(New York: Monthly Review Press, 2000), 61-75 [한국어판. 프레드 맥도프·존 포스터·프레드릭 버텔 엮음, 윤병선·박민선·류수연 옮김, 《이윤에 굶주린 자들》, 서울: 울력, 2006]; William Heffernan and Douglas Constance, "Transnational Corporations and the Globalization of the Food System," in Alessandro Bonanno, et al, eds., *From Columbus to ConAgra*, 29-51.

5. Harriet Friedmann and Philip McMichael, "Agriculture and the State System: The Rise and Decline of National Agricultures, 1870 to the Present," *Sociologia Ruralis* 29, no. 2(1989): 93-117.

6. Harriet Friedmann, "The Political Economy of Food: A Global Crisis," *New Left Review* 197(1993): 29-57; Philip McMichael and David Myhre, "Global Regulation vs. the Nation State: Agro-Food Systems and the New Politics of Capital," *Capital and Class* 43(1991): 83-105.

7. Harriet Friedmann, "Distance and Durability: Shaky Foundations of the World Food Economy," in Philip McMichael, ed., *The Global Restructuring of Agro-food Systems*, 272.

8. Richard Le Heron, *Globalized Agriculture, Political Choice*(New York: Pergamon Press, 1993); William Pritchard, "The Emerging Contours of the Third Food Regime: Evidence from Australian Dairy and Wheat Sectors," *Economic Geography* 74, no. 1(1998): 64-74; Michael Roche, International Food Regimes: New Zealand's Place in the International Frozen Meat Trade, 1870-1935," *Historical Geography* 27(1999): 129-151.

9. David Burch and Geoffrey Lawrence, "Supermarket Own Brands, Supply Chains and the Transformation of the Agri-Food System," *International Journal of the Sociology of Agriculture and Food* 13, no. 1(2005): 267-279.

10. Harriet Friedmann, "From Colonialism to Green Capitalism: Social Movements and Emergence of Food Regimes," in Frederick Buttel and Philip McMichael, *New Directions in the Sociology of Global Development*, 227-264; Philip McMichael and Harriet Friedmann, "Situating the 'Retailing Revolution,'" in *Supermarkets and Agri-Food Supply Chains*, ed. David Burch and Geoffrey Lawrence(Northampton, MA: Edward Elgar, 2007), 219-319.

11. Jane Dixon and Hugh Campbell, eds., "Symposium on Food Regime Analysis," *Agriculture and Human Values* 26, no. 4(December 2009).

12. 다음을 보라. Michel Aglietta, *A Theory of Capitalist Regulation*(London: New Left Books, 1979). [한국어판. 미셀 아글리에타 지음, 성낙선 외 옮김, 《자본주의 조절이론》, 서울: 한길사, 1994]

13. 세계체계 관점을 최초로 제기한 사람은 이매뉴얼 월러스틴이다. Immanuel Wallerstein, *The Modern World-System*, vol. 1, *Capitalist Agriculture and the Origins of the European World Economy in the Sixteenth Century*(New York: Academic Press, 1974). [한국어판. 이매뉴얼 월러스틴 지음, 나종일 외 옮김, 《근대세계체제 1: 자본주의적 농업과 16세기 유럽 세계경제의 기원》, 서울: 까치, 2013(제2판, 전 4권)]

14. Giovanni Arrighi, *The Long Twentieth Century: Money, Power, and the Origins of Our Times*(New York: Verso, 1994).

15. William Pritchard, "Food regimes," in *The International Encyclopedia of Human Geography*, ed. R. Kitchin and N. Thrift(London: Elsevier, 2009), 225.

16. Harriet Friedmann, "From Colonialism to Green Capitalism," 229.

17. David Goodman and Michael Watts, "Reconfiguring the Rural or Fording the Divide? Capitalist Restructuring and the Global Agro-Food System," *The Journal of Peasant Studies* 22, no. 1(1994): 14, 18-26, 37-38.

18. Harriet Friedmann, "The Political Economy of Food," 52.

19. David Goodman, "Agro-Food Studies in the 'Age of Ecology': Nature, Corporeality, Bio-Politics," *Sociologia Ruralis* 39, no. 1(1999): 17-38; Bruno Latour, *We Have Never Been Modern*(Cambridge, MA: Harvard University Press, 1993).

20. Philip McMichael, ed., *The Global Restructuring of Agro-food Systems*, 3.

21. Ibid, 13.

22. Jane Collins, "New Directions in Commodity Chain Analysis of Global Development Processes," in Frederick Buttel and Philip McMichael, *New Directions in the Sociology of Global Development*, 9.

23. Hugh Campbell, "Breaking New Ground in Food Regime Theory: Corporate Environmentalism, Ecological Feedbacks and the 'Food from Somewhere' Regime," *Agriculture and Human Values* 26(2009): 309-319.

24. Alfred W. Crosby, Jr., *Ecological Imperialism: The Biological Expansion of Europe, 900-1900*(Cambridge: Cambridge University Press, 1986); William Cronon, *Nature's Metropolis: Chicago and the Great West*(New York: W. W. Norton, 1991); Harriet Friedmann, "Circles of Growing and Eating: the Political Ecology of Food and Agriculture," in *Food in Global History*, ed. Raymond Grew(Boulder, co: Westview Press, 1999), 33-57.

25. Philip McMichael, "A Food Regime Geneaology," *The Journal of Peasant Studies* 36, no. 1(2009): 163.

26. Philip McMichael, "Incorporating Comparison within a World-Historical Perspective: An Alternative Comparative Method," *American Sociological Review* 55, no. 3(1990): 385-397.

27. Jane Collins, "New Directions in Commodity Chain Analysis of Global Development Processes," 4.

28. Gary Gereffi and Miguel Korzeniewicz, eds., *Commodity Chains and Global Capitalism*(Westport, CT: Praeger, 1994), 2.

29. Deborah Barndt, *Tangled Routes: Women, Work, and Globalization on the Tomato Trail*(Lanham, MD: Rowman and Littlefield, 2002)

30. Jane Collins, "New Directions in Commodity Chain Analysis of Global Development Processes," 8-9.

31. Philip McMichael, "Incorporating Comparison within a World-Historical Perspective," 389, 391.

32. E.g., David Goodman and Michael Watts, eds., *Globalising Food*.

33. Philip McMichael and Harriet Friedmann, "Situating the 'Retailing Revolution,'" 292.

34. Philip McMichael, "A food regime genealogy," *The Journal of Peasant Studies*, 36:1(2009), 148

35. Harriet Friedmann and Philip McMichael, "Agriculture and the State System."

36. Ibid, 97.

37. 설탕의 경우 다음을 보라. Sidney W. Mintz, *Sweetness and Power: The Place of Sugar in Modern History*(New York: Viking, 1985) [한국어판. 시드니 민츠 지음, 김문호 옮김, 《설탕과 권력》, 서울: 지호, 1997]

38. Harriet Friedmann, "Simple Commodity Production and Wage Labour in the American Plains," *Journal of Peasant Studies* 6(1978): 70-100.

39. Seymour Martin Lipset, *Agrarian Socialism: The Cooperative Commonwealth Federation in Saskatchewan*(Berkeley: University of California Press, 1971); Murray Knuttila and Bob Stirling, eds., *The Prairie Agrarian Movement Revisited*(Regina: Canadian Plains Research

Centre, 2007).

40. Harriet Friedmann and Philip McMichael, "Agriculture and the State System," 94.

41. John Conway, *The West: The History of a Region in Confederation*, 3rd ed.(Toronto: James Lorimer & Company, 2006).

42. Harriet Friedmann, "From Colonialism to Green Capitalism," 237-240.

43. C. F. Wilson, *A Century of Canadian Grain*(Saskatoon: Western Producer Books, 1978), 628.

44. Harriet Friedmann, "From Colonialism to Green Capitalism"; Harriet Friedmann, "The Political Economy of Food," 32-35.

45. Harriet Friedmann and Philip McMichael, "Agriculture and the State System," 104.

46. Harriet Friedmann, "The Political Economy of Food," 38-39.

47. David Goodman, Bernardo Sorj, and John Wilkinson, *From Farming to Biotechnology: A Theory of Agro-Industrial Development*(New York: Basil Blackwell, 1987).

48. Harriet Friedmann, "Distance and Durability," 269.

49. Harriet Friedmann and Philip McMichael, "Agriculture and the State System," 107-108.

50. Kim Humphery, *Shelf Life: Supermarkets and the Changing Cultures of Consumption*(Cambridge: Cambridge University Press, 1998).

51. 이것의 가장 큰 예외가 유럽연합과 미국이었다. 그들 국가에서 농업 보조금 축소는 1980년대 이래로 농업 무역 자유화에서 가장 논쟁이 치열한 문제였다.

52. Anthony Winson, *The Intimate Commodity Food and the Development of the Agro-Industrial Complex in Canada*(Toronto: Garamond Press, 1992), 90-92.

53. Harriet Friedmann, "From Colonialism to Green Capitalism," 227-264.

54. 상표 없는 제품, 이름 없는 제품, 슈퍼마켓 브랜드 제품으로 부르기도 한다.

55. David Burch and Geoffrey Lawrence, "Supermarket Own Brands," 1-28.

56. Harriet Friedmann, "From Colonialism to Green Capitalism," 253-257.

57. Philip McMichael, "Global Development and the Corporate Food Regime," in Frederick Buttel and Philip McMichael, *New Directions in the Sociology of Global Development*, 270.

58. Bill Pritchard, "The Long Hangover from the Second Food Regime: A World Historical Interpretation of the Collapse of the WTO Doha Round," *Agriculture and Human Values* 26(2009): 297, 301, 306.

59. Hugh Campbell, "Breaking New Ground in Food Regime Theory," 312, 317.

60. David Burch and Geoffrey Lawrence, "Towards a Third Food Regime: Behind the Transformation," *Agriculture and Human Values* 26, no. 4(2009): 268.

61. Jane Dixon, "From the Imperial to the Empty Calorie: How Nutrition Relations Underpin Food Regime Transitions," *Agriculture and Human Values* 26, no. 4(2009): 321.

62. Philip McMichael, "A Food Regime Genealogy," 163.

22장

음식관광
Culinary Tourism

루시 M. 롱Lucy M. Long

음식관광culinary tourism은 하나의 학문적 연구 분야이자 오늘날 점점 발전하고 있는 관광산업의 한 추세를 보여주는 용어다. 그것은 모험을 즐기는 식사, 호기심에 따른 먹기, 음식을 통한 다른 문화 탐험, 의도적인 "다른 것other"의 식생활 체험, 관광객을 끌기 위한 음식 개발 같은 말로 정의될 수 있다.[1] 그것은 또한 미식관광gastronomic tourism, 맛기행tasting tourism, 그냥 단순히 음식여행food tourism이라고도 하는데, 여행의 주된 동기가 특별한 음식을 경험하는 것이라고 할 수 있다.[2]

이 글은 이러한 관점을 개략하면서, 관광객들이 이국의 특이한 것exotic 경험과 익숙한 것familiar 사이에 조화를 이루는 방식으로 행동한다는 점을 민속학적 접근방식을 통해 밝힐 것이다. 세계사와 현대 대중문화의 산물인 음식관광은 일반적으로 관광을 둘러싼 현안뿐 아니라 식품 생산과 소비의 세계화 문제를 반영한다. 오늘날 관광과 관련해 정통성authenticity, 전통의 상품화, 정체성 구축, 지적 재산권, 무형 유산, 음식 문화에 대한 생태적·경제적·문화적 지속가능성의 문제들을 둘러싼 격론이 벌어지고 있다. 어떤 측면에서 음식관광은 타인들이 음식과 어떻게 관계를 맺는지 탐색하기 위한 틀을 제시하고 문화적·경제적·생태적 지속 가능성을 보장하는 방법들을 제공함으로써 이런 문제들을 일부 풀 수 있는 해법을 제안한다.[3]

음식관광의 기원: 호기심에 따른 먹기

사람들은 생명을 유지하기 위해서든 새로운 맛을 탐험하기 위해서든 늘 호기심으로 음식을 먹었다. 음식학자 파비오 파라세콜리Fabio Parasecoli는 새로운 음식과 새로운 요리의 개발을 촉진한 두 상충되는 충동을 설명하면서 사회학자 클로드 피슐러Claude Fischler와 심리학자 폴 로진을 인용한다. "인간의 잡식성 본성에 근거한 새로운 음식을 먹어보고 싶어 하는 호기심"을 말하는 네오필리아neophilia와 "동시에 거기에 독이 있을지도 모른다는 두려움"을 말하는 네오포비아neophobia가 바로 그것이다.[4] 그런 호기심은 음식의 역사에서 새로운 식재료, 조리법, 조리 수단, 요리 스타일을 낳는 원동력이었다. 음식관광은 처음에는 이국의 특이한 맛이었던 새로운 음식이, 점차 먹을 만하게 익숙해지다가, 마침내 진미로 바뀌면서 음식 문화에 편입되는 과정을 보여준다. 새로운 음식은 본디 신기하고 색다른(이국의 특이한) 먹을 수 없는 것으로 여겨진다. 하지만 그것이 일단 먹을 수 있는 것으로 인정받으면(익숙해지면) 그 음식의 맛에 대한 평가가 내려질 수 있다. 일례로, 미국에서 중국 음식은 1800년대 중반 골드러시로 캘리포니아에 몰려든 광부들 사이에 처음 알려졌을 때는 이국의 너무 특이한 것이어서 음식으로 인정받지 못했다. 그러나 미국인들 사이에서 중국 음식이 먹을 만한 것으로 인정받는 순간, 그것은 곧바로 그들에게 익숙한 "음식 세계culinary universe"의 일부가 되었으며, 미국인들이 중국 음식을 먹느냐 마느냐는 개개인의 취향일 뿐이었다. 이제 미국인 가운데 중국 음식이 잘 모르는 음식이어서 그것을 먹지 않는다는 사람은 없어졌다. 마찬가지로 음식점 주인들은 다시 사람들의 호기심을 불러일으키려 일부러 이국의 특이한 요소를 추가했을 수도 있다. 이것은 광둥식 중국음식점이 처음 들어서고 그 뒤에 일부 지역에서 중국의 다양한 지역 음식을 파는 음식점이 잇따라 생겨난 미국에서의 일반적 패턴을 설명해준다. 도나 가바 치아는《우리의 존재는 먹는 것이 결정한다》(1998)에서 미국 음식을 설명하는 데 서 타민족과의 식습관 교류를 그 가장 중요한 요소로 본다.[5]

세계사를 연구하는 펠리페 페르난데스 아르메스토는《천 개의 식탁: 음식의 역사Near a Thousand Tables: A History of Food》(2002)에서 마찬가지로 장기적 관점을 제 시한다. 그는 농경과 목축의 발생, 요리와 식탁예절의 개발, 원거리 교역과 산업 화를 포함해서 인류가 음식을 먹고 음식에 대해 생각하는 방식에서 여덟 번의 "혁명" 또는 패러다임의 변화가 일어났음을 밝힌다. 이런 역사적 이행 과정은 연 대순으로 일어나는 것이 아니라 그 과정들이 서로 중첩되고 일부 지역 사람들 사이에서 살아남으며 단계마다 흔적을 남긴다. 그는 "호기심에 따른 먹기/탐험 적인 먹기eating out of curiosity/exploratory eating"가 인류 역사에서 늘 일어났지만 그 방 식과 의미는 [시기와 장소에 따라] 상이했다고 시사한다. 페르난데스 아르메스토는 여덟 번째 마지막 혁명인 탈공업화 단계에서 음식관광의 등장을 즐거움과 호기 심 충족을 위해 의도적으로 "다른 것"을 탐험하는 것이라고 설명하는데, 이 단계 의 특징은 "미각의 국제화와 다문화주의를 반영한 퓨전 요리의 발흥"이다.[6]

산업 세계는 사람들에게 문화적 장벽을 뛰어넘을 수 있는 새로운 이동성을 제 공했다. 사람들은 한편으로는 개인의 즐거움, 교육, 상업적 목적을 위해 자발적으 로, 또 다른 한편으로는 안전, 보건, 생활양식, 직업 기회 때문에 비자발적으로 문화적 경계를 넘나들기 시작했다. 이것은 인근 지역에 살면서 식생활을 포함해 일상생활을 함께 나누지만 출신 배경이 다른 개인들을 말 그대로 하나로 묶어주 었다. 우리는 이웃집의 저녁 요리 냄새를 맡는다. 우리는 슈퍼마켓에 가서 진열 대에 있는 새로운 채소들을 본다. 우리는 전혀 먹어본 적이 없는 음식을 파는 음 식점에 간다—이 모든 것은 우리가 전에 있는지도 몰랐던 것들에 대한 호기심을 자극한다. 지리학자 데이비드 하비는 현대 세계의 상태 특히 1950년대 이후의 세 계를 "공간과 시간의 응축space-time compression[또는 시공간 압축time-space compression]" 상태라고 말한다.[7] 음식 문화는 또한 오늘날 우리 중 많은 사람(특히 미국에서)이 전 세계로부터 온 식재료, 음식, 요리 스타일, 음식 철학들을 쉽게 접한다는 의미 에서도 응축되어 있다고 말할 수 있다. 전에는 문학과 여행기에 나온 진기한 음 식들에 대해 호기심만 키웠을지 모르지만, 지금은 그런 호기심을 충족하기 위해 새로운 음식들을 실제로 먹어볼 수 있다. 이러한 식재료와 요리 스타일의 의도적 혼합은 수많은 퓨전 요리와 이에 더해 고급 퓨전 음식도 탄생시켰다. 동시에 혼합 요리는 당시 호기심의 초점이 될 수 있었을지 모를 편의성(비용, 효용성, 쉬운 조리법)으로 각광 받기 시작했다. 산업화에 대한 반발 또한 요리 실험 특히 더 정통성이 있고 자연친화적으로 보이는 음식들에 대한 실험을 자극했을 수 있다. 1960년대와 1970년대의 반反문화 혁명은 다양성과 일탈에 대한 찬양뿐 아니라 새로운 문화와 경험에 대한 개방성에 눈을 떴다. 이 모든 것은 새로운 맛에 대한 사람들의 미각을 활짝 여는 데 기여했다.[8]

이제 호기심에 따른 먹기는 폭넓고 다양한 형태로 —상업적이고 공적인 형태뿐 아니라 비공식적이고 사적인 형태로도— 일어난다. 교육적 목적으로 다른 문화와 장소를 돌아보고, 새로운 음식을 맛보는 즐거움을 누리기 위해 여행을 떠나는 것도 그런 형태에 포함된다. 오늘날의 세계 문화는 새로운 경험을 느낄 수 있는 음식을 먹도록 장려한다. "이국의 특이한" 음식을 먹는 프로그램을 주제로 하는 수많은 새로운 관광 상품이 식료품점과 음식점에서 팔리고 있다.

요리책과 여타의 음식 관련 문헌은 아마도 음식관광을 위한 최초의 가상 매체로 볼 수 있을 것이다. 그런 문헌을 통해 다른 국가 사람들이 먹는 음식을 들여다볼 수 있었기 때문이다. 요리책은 본디 조리법과 가사를 익히는 기본 지침서의 역할을 했지만, 그것을 읽는 사람들은 거기서 새로운 맛을 상상하면서 간접적으로 음식을 먹는 대리만족을 경험했을 수 있다. 오늘날 많은 요리책은 음식과 관련된 역사, 전기, 지도, 입안에 침이 돌 정도로 식욕을 돋우는 사진들처럼 조리법을 둘러싼 여러 문화 요소를 함께 설명한다. 지역 고유의 음식 전통을 주제로 하는 요리책은 특히 미국과 유럽에서 인기를 끈다. 이 가운데 많은 것이 미식가들에게 현지 식재료를 사용하는 전통 조리법을 새롭게 재해석한 것 또는 완전히 혁신적인 조리법을 소개하지만, 그 밖에도 한 국가 내부의 복잡한 특징을 탐험하기 위해 그 국가의 내면을 들여다보고 인간의 경험에서 중요한 자리를 차지하는 장소에 관심을 기울이는 요리책도 오늘날 등장하고 있다. 음식과 관련된 집필 활동은 1990년대 초부터 음식점을 탐방하며 평가하던 것에서 새로운 음식과 요리를 직접 찾아다니며 맛을 즐기는 음식 여행기로 바뀌기 시작했다. 오늘날 음식 관련 정기간행물들은 이국의 특이한 (또는 적어도 새로운) 음식과 식재료, 그리고 음식을 조리하고 차리는 새로운 방식을 주제로 삼는 경우가 많다. 일례로, [1978년 창간된 미국 월간지]《음식과 와인Food and Wine》 2007년 1월 호의 표지는 "2007년에 반드시 맛보아야 할 진미 100가지"를 예고한다. 음식이 주제가 아닌 간행물들에도 대개 진기한 요리에 대한 호기심에 바탕을 둔 음식이나 식사 경험을 소개하는 내용이 들어 있다. 2008년 베이징올림픽 동안에 한 주요 패션잡지는 "중국에서 가장 맛있고 권위 있으며 혁신적인 요리—완벽한 오리구이 요리[베이징카오야北京烤鴨]—를 파는 음식점을 찾는 데 몇 번 실패했다가 마침내 발견하는" 과정을 묘사한 기사를 실었다.[9]

새로운 매체는 또한 사람들의 음식에 대한 호기심을 채워주는 주된 장소였다. 텔레비전의 요리 프로는, 요리책과 마찬가지로, 진기한 음식을 먹기 위해 결코 여행을 떠날 수 없는 수많은 사람에게 새로운 음식의 세계를 경험할 수 있게 해주었다. 줄리아 차일드는 텔레비전에 최초로 등장한 요리사는 아니지만 1963년 〈프랑스 요리사The French Chef〉라는 최고의 텔레비전 요리 프로를 통해 미국 주부들이 고급 프랑스 요리를 "두려움 없이 조리"할 수 있는 방법을 보여줌으로써 신기원을 열었다. [미국에서] 텔레비전 요리 프로는 인기가 높긴 했지만 1993년에 푸드네트워크Food Network라는 전문 요리 채널 방송국이 설립되기 전까지는 주로 집에 머무르는 성인(주로 가정주부)을 대상으로 낮 시간대에만 방영되는 경향이 있었다. 요리 프로는 외식으로나 먹을 수밖에 없던 새로운 음식이나 요리를 가정에서 해 먹을 수 있게 했고, 이제까지 집안일의 일부로만 여겨졌던 조리 행위를 하나의 요리 솜씨로 생각하도록 사람들의 인식을 바꾸는 데 한몫했다. 2004년 텔레비전 요리 프로는 남녀노소를 불문하고 모두가 좋아하는 프로가 되었고, 푸드네트워크는 새롭고 이국의 특이한 음식을 전문으로 탐색하는 프로들을 쏟아냈다. 당시 가장 인기 있던 음식 탐방 프로 하나는 2001년과 2002년에 방영된 앤서니 보데인Anthony Bourdain*의 〈쿡스 투어A Cook's Tour〉로, 거기서 그는 도쿄와 동남아시아를 비롯해 포르투갈, 스페인 바스크Basque 지역, 멕시코, [미국 중앙부] 캔자스시티Kansas City, 브라질, 오스트레일리아에 이르기까지 현지를 직접 방문

---

* 미국의 유명 요리사이자 방송인(1956~2018). 맛 칼럼니스트이자, 요리·문화 탐방 전문기자로 유명세를 떨쳤다.

했다.

영화 또한, 텔레비전과 마찬가지로, 배우들 연기 장치의 일부로서 그리고 등장인물의 감정과 관계를 묘사하는 은유로서 늘 음식과 식사하는 모습을 영상에 포함시켰다. 일례로, [루이 말Louis Malle 감독의] 〈앙드레와의 저녁식사My Dinner with Andre〉(1981)는 두 등장인물이 한 끼 식사를 하면서 함께 이야기를 나누는 것이 줄거리의 전부다. 음식을 조리하고 먹는 것에 초점을 맞춘 영화는 과거에도 드물었다. 2010년에도 음식을 중심에 두고 줄거리를 엮어나가고 등장인물을 설정하는 영화는 매우 적다. 금욕생활을 하는 덴마크의 어느 마을공동체 사람들을 위해 음식을 만드는 한 여성을 소재로 한 [가브리엘 악셀Gabriel Axel 감독의] 〈바베트의 만찬Babette's Feast〉(1987)은, 실험정신이 강한 가정의 요리사들에게 주인공이 영화에서 하는 것처럼 19세기 파리의 연회를 재현하도록 영감과 용기를 북돋아준다. 호기심에 따른 먹기를 주제로 하는 또 다른 영화 [알렉산더 페인Alexander Payne 감독의] 〈사이드웨이Sideways〉(2004)는 두 중년 남성이 캘리포니아의 포도밭이 펼쳐진 전원을 여행하면서 와인과 고급 요리의 맛을 즐기는 가운데 자신들의 삶에 숨어 있던 가능성을 찾는다는 내용의 미국 코미디영화다. 그 밖에도 음식과 요리에 대한 관객들의 호기심을 자극하는 영화가 많이 있다. 그중 널리 알려진 것으로는 [캠벨 스콧Cambell Scott · 스탠리 투치Stanley Tucci 감독의] 〈빅나이트Big Night〉(1996), [리안李安 감독의] 〈음식남녀Eat, Drink, Man, Woman〉(1994), 여러 영화제 수상작 [노라 에프런Nora Ephron 감독의] 〈줄리 & 줄리아Julie & Julia〉(2009)가 있다.

음식 탐험을 기반으로 하는 체험기와 소설이라는 새로운 문학 장르도 이러한 흐름의 물결을 타고 있다. 특히, 체험기는 매우 인기 있는 장르로 과거의 기억을 구성하고 이해하는 실재 수단으로 대개 음식을 사용한다. 그런 체험기에서 대개 설정되는, 새로운 장소에서 음식을 탐험하는 장면은 자아의 발견을 표현하는 은유다. 그중 가장 영향력 있는 체험기로는 M. F. K. 피셔의 《나는 식도락가The Gastronomical Me》(1989), 피터 메일Peter Mayle의 《프로방스에서의 한 해A Year in Provence》(1991),* 루스 라이셜의 《식탁에서 성장하기Tender at the Bone: Growing up at

---

* 국내에서는 《나의 프로방스》(강주헌 옮김, 효형출판, 2004)로 번역 · 출간되었다.

the Table》(1998)와 《사과로 나를 위로하다: 식탁에서의 더 많은 모험Comfort Me with Apples: More Adventures at the Table》(2001)*이 있다. 특별히 음식관광과 관련이 있는 책으로는 제프리 스타인가튼Jeffrey Steingarten의 《모든 것을 먹어본 남자The Man Who Ate Everything》(1997)가 있다.** 《보그Vogue》지 음식평론가인 저자는 자신이 싫어하는 음식을 맛보고 그것에 대해 알기 위해 여행을 시작한다. 그는 자신이 좋아하는 음식이 아닐지라도 호기심, 모험심, 자신만의 음식 세계를 탐험하기 위해 그것들을 먹는다. 바버라 킹솔버Barbara Kingsolver의 《동물, 채소, 기적Animal, Vegetable, Miracle》(2007)은 저자가 [미국 동부] 버지니아 산악지대에서 1년을 보내며 거기서 생산되는 먹거리만으로 생활하는 내용을 담고 있는데, 환경과 공동체의 지속가능성이 사람들이 먹는 음식과 어떤 관련이 있는지에 대한 관심이 최근에 점점 더 높아지는 현실을 반영한 책이다.*** 이런 체험기들이 비슷하게 다루는 내용 하나는 음식을 통해 정체성, 가족, 공동체를 발견하는 것이다. 그중 가장 뛰어난 작품은 로라 셰넌Laura Schenone의 《잊힌 호보컨의 라비올리 조리법: 음식과 가족을 찾아서The Lost Ravioli Recipes of Hoboken: A Search for Food and Family》(2008)다. 저자는 자기 할머니처럼 라비올리****만드는 법을 배우기 위해 이탈리아로 요리 여행을 떠난다―그 과정에서 자신의 새로운 모습도 발견한다.

음식점, 요리 강좌, 민속축제들도 새로운 음식의 즐거움을 찾고 싶어 하는 욕구를 충족시킨다. 미국에서 외식은 오늘날 훨씬 더 일상화되었다. 특별한 날을 기념하기 위해서 뿐 아니라 단순히 영양 보충을 위해서도 외식을 한다. 외식은 이제 여흥을 즐기는 주된 수단이기도 하다. 사람들의 미각이 점점 범세계적cosmopolitan이 되면서 음식점은 대개 다양한 음식 문화에서 나온 요리들을 메뉴판에 추가해 점점 더 많은 맛을 제공한다. 예컨대 워싱턴D.C.의 한 고급 음식점을 소개하는 안내 책자에는 다음과 같은 대담한 문구가 박혀 있다. "천부적

---

* 국내에서는 《사과 한 알의 행복》(이혜진 옮김, 달과소, 2004)으로 번역·출간되었다.
** 국내에서는 《모든 것을 먹어본 남자: 최고의 음식 평론가가 말하는 음식의 진실》(이용재 옮김, 북캐슬, 2010)로 번역·출간되었다.
*** 국내에서는 《자연과 함께한 1년: 한 자연주의자 가족이 보낸 풍요로운 한해살이 보고서》(정병선 옮김, 한겨레출판, 2009)로 번역·출간되었다. 바버라 킹솔버가 스티븐 L. 호프와 카밀 킹솔버와 함께 쓴 책이다.
**** 밀가루를 반죽하여 얇게 편 다음 잘게 썬 고기와 야채 따위를 싸서 익혀 먹는, 이탈리아 음식.

요리 솜씨가 빚어낸 세계에서 가장 맛있는 요리를 고급술과 와인과 함께 맛보세요." 사람들의 입맛이 폭넓어지면서, 요리 강좌와 "시식" 행사가 인기를 끌기 시작했다. 미국에서 요리 강좌 중에는 아직도 여전히 프랑스 조리법에서 사용되는 조리 기술에 초점을 맞추는 것들도 있지만, 대체로 많은 강좌가 전 세계 여러 문화에 속한 조리 기술과 스타일을 두루 가르친다. 여기서는 대개 처음에 음식점을 통해 널리 알려진 뒤에 가정에서 재현할 수 있도록 여러 국가의 대표 요리들(중국의 볶음요리, 일본의 스시요리, 타이의 국수요리)을 주로 가르친다. 음식은 그 국가의 문화를 들여다볼 수 있는 창인 만큼, 호기심에 따른 먹기는 그 음식의 배경이 되는 문화를 탐험하는 좋은 방법이 될 수 있다. 따라서 교육자, 박물관, 여러 문화기관과 문화연구 학자들은 오래전부터 다른 문화의 신념체계, 미학, 생활양식, 전통을 알리는 데 음식을 도구로 사용해왔다. 예컨대 스미소니언협회가 [1967년부터] 해마다 개최하는 민속축제[스미소니언]포크라이프페스티벌[Smithsonian] Folklife Festival는 그 축제에 소개되는 모든 문화집단을 알리는 데 없어서는 안 될 필수요소로서 식생활을 반드시 전시에 포함시킨다. 많은 사람이 특정 음식에 대한 호기심 때문에 거기에 왔다가, 음식이 자신이 기존에 알고 있던 것보다 훨씬 더 복잡한 —그리고 풍요로운— 존재라는 사실을 알고 간다.

관광산업과 음식

관광산업이 음식을 관광객을 유인하는 수단이자 최종 목적지로 인식하기 시작한 것은 최근 일이다. 그전에는 대개 음식을 그저 여행자 "접객 서비스hospitality services"의 일부분으로만 생각했다. 그러나 관광을 단순히 즐기기 위한 여행이라고 정의한다면, 그리고 옛날 여행자들이 겪어야만 했던 어려움과 위험 때문에 여행을 즐거운 경험으로 받아들이지 못했다는 점을 안다면, 그 점은 충분히 이해할 만하다. 자기네 지역을 여행하는 사람들에게 거기서 생산되는 [식재료로 만든] 음식을 제공하는 전통이 있는 문화가 많이 있다. 예컨대 스페인 북부 지역은 시골 마을마다 고유한 종류의 콩을 심는 것으로 유명하다. 그래서 그것을 아는 사람들은 그런 콩으로 만든 특별 요리를 먹기 위해 그 지역에 있는 음식점을 두루 여행한다. 그들은 다른 지역에서 가져온 콩으로 요리하면 금방 맛이 달라지기 때문에, 요리 맛을 제대로 살리기 위해서는 반드시 콩이 재배된 산지에서 그 콩을 먹어야 한다고 주장한다. 와인 또한 마찬가지로 포도를 재배해 주조한 원산지에서 시음하기를 원하는 사람들의 마음을 사로잡았다. 그러한 여행은 아마 음식순례food pilgrimage라고 부르는 것이 더 정확할 수 있다. 거기에는 알고 싶어 하는 지적 욕구와 개인의 변화를 추구하는 신성한 목적으로서의 정통성을 찾는 요소가 담겨 있기 때문이다.[10]

국내외적으로 음식관광과 가장 관련이 깊은 국가로 프랑스, 이탈리아, 스페인을 들 수 있다. 이들 국가는 모두 요리 개발에 심혈을 기울일뿐더러 토박이들도 음식에 대한 조예가 깊고, 국내에서도 다른 지방의 음식 맛을 경험하기 위해 기꺼이 여행을 다닌다. 이들 국가는 또한 예나 지금이나 대개 포도밭과 와인 제조업자의 강력한 가족 전통과 연계해 와인을 선택하는 문화를 자랑스럽게 생각한다. 오늘날 오스트레일리아, 뉴질랜드, 중국, 타이, 싱가포르는 음식을 목적으로 관광객들이 몰려드는 주요 국가가 되었다. 캐나다와 미국 또한 관광시장에서 자국의 몫을 챙기려 경쟁하고 있다. 대개의 경우, 와인관광은 관광객들이 더 고가의 접객 서비스를 받기 위해 기꺼이 지갑을 열게끔 유도하면서 관광산업을 선도하고 있다. 이는 고급 요리와 미식가들을 위한 음식점의 개발을 촉진하고, 어떤 경우에는 새로운 요리—캐나다의 나이아가라 지역Niagara Region* 요리, 미국의 남부 애팔래치아Appalachia** 요리, 홍콩의 뉴 글로벌 요리New Global Cuisine—가 탄생할 수 있는 토대를 마련하고 있다.[11]

관광산업 내 개별 기업들은 이러한 이해관계를 인식하고 그에 대응하는 관광 상품들을 개발하고 있다. 예컨대 와인 양조장과 음식점들은 시설 내부에 숙박시설을 지으면서 자신들을 관광객들의 최종 목적지로 홍보하기 시작했다. 2000년대 초, 여행사들은 유명 음식점을 탐방하거나 특정한 음식으로 널리 알려진 지역들을 돌며 그 음식을 시식하는 방식으로 음식을 주요 관광 상품에 포함시키기 시작했다. 2000년대에 음식여행culinary tours에 초점을 맞춘 사업들이 뜨기 시작

---

* 캐나다의 동남부, 온타리오주에 있는 온타리오호와 이리호 사이에 해당하는 지역.
** 미국 뉴욕 주 남부에서 앨라배마주 북부와 조지아주까지의 미국 동부 문화 지역.

했다. 이 여행사들은 '음식 모험Culinary Adventures', '세계 곳곳을 다니는 미식가The Globetrotting Gourmet', '크레타섬 음식 보호구역Crete's Culinary Sanctuaries', '쿡스 투어'와 같은 이름의 상품을 내놓고 관광의 최종 목적이 음식임을 명백히 하고 있다. 여행안내서와 소개 자료들 또한 음식을 강조하고 있다. 일례로,《론리 플래닛—세계 음식Lonely Planet—World Food》시리즈는 특히 "현지의 조리법과 요리백과를 들고 다니며 먹고 마시고 여행하기 위해 사는 사람들을 위한"것이다.[12] 여기에는 지도, 사진, 조리법, 문화적·역사적 배경이 수록되어 있어서 독자들은 그곳의 음식 문화에 대해 많은 것을 배우고 존중하게 된다.

뉴질랜드, 오스트레일리아, 영국, 캐나다는 관광산업계에서 음식관광을 확립하는 데 주도적 역할을 하고 그 분야에 관한 학문 연구와 평가를 통해 산업 발전에 기여했다. 이들 국가는 저마다 음식관광을 감독하는 기관을 설치했다. 한편, 미국은 관광 상품으로서 음식의 가능성을 인식하는 데서 다른 국가들보다 더뎠다. 그래서 문화적 요소에 주목하기보다는 사업과 경영 측면에 더 많은 관심을 기울였다. 예컨대 [미국] 오리건주에 있는 국제컬리너리투어리즘협회International Culinary Tourism Association: ICTA는 관광 상품을 개발·판매하기 위한 전략에 초점을 맞추어 회원들에게 값비싼 인증 프로그램을 제공한다.[13]*

일상 음식을 통해 방문객들을 끌어들일 수 있는 가능성에 대한 관광업체들의 인식이 점점 높아지는 것은 맞지만, 관광업체들이 주로 초점을 맞추는 것은 관광객들의 새로운 맛 경험을 충족시키고 그들이 지불하는 금액을 정당화하기 위한 고급 요리와 혁신적인 음식이다. 그러나 특정 장소와 관련이 있는 음식은 무엇이든 음식관광의 초점이 될 수 있다. 일례로 [미국 북동부] 뉴잉글랜드의 단풍나무 시럽, 아르헨티나의 소고기, [미국 뉴잉글랜드] 메인주Maine의 바닷가재lobster, [미국 남부 멕시코만 연안] 루이애지나주Louisiana의 가재crawfish, 미국 남부의 그리즈grits**가 그런 것들이다. 또 일부 도시들도 특정 음식들과 관계를 맺고 —신시내티의 고추 요리, 캔자스시티나 멤피스Memphis의 바비큐 요리, 보스턴의 베이크드빈즈

---

* 2012년 2월, 현 농림축산식품부 소관의 (사)한국컬리너리투어리즘협회KoCTA가 설립되었다.
** 굵게 빻거나 거칠게 갈아낸 옥수수 또는 이것을 우유 등과 섞어낸 요리. 미국 남부에서 흔히 아침 식사용으로 먹는다.

baked beans,* 필라델피아의 치즈스테이크— 관광객 유치를 위해 그 음식들을 활용하고 있다. 관광객들은 대개 자신이 방문한 "장소를 더 잘 경험하기" 위해 그러한 음식을 일부러 먹는다. 그리고 관광객을 주 고객으로 하는 음식점들도 그와 같은 방식으로 음식을 판다. 지역을 대표하는 식품들은 또한 옷, 열쇠고리, 여타 자질구레한 장신구들 같은 관광기념품들과 함께 진열되고 팔린다.

음식관광은 다른 다양한 관광과 밀접하게 관련되어 있다. 음식관광은 관광객들이 색다른 문화를 경험하기 위해 여행하는 문화관광cultural tourism이라는 큰 틀 아래 놓일 수 있다. 이런 경우에 음식은 특정 문화에 속한 구성원들의 일상생활을 발견하는 것은 물론이고, 그들(또는 관광객들)과 함께 공동체 의식을 공유할 수 있는 수단으로 이용된다. 축제는 대개 어떤 조리법을 보여주기 위해 의도적으로 선정된 특별 요리를 소개하면서 문화관광을 위한 특정 장소들을 제공한다. 또한 농가를 탐방하며 농촌 생활을 관찰하거나 직접 경험 하는 농촌체험관광도 [전원관광]agritourism 음식과 밀접한 관련성이 있는데, 대개 젖소의 우유를 짜거나 작물을 수확하고, 통조림이나 치즈를 만드는 식품 가공·제조 시설이나 공장을 탐방한다. 농촌 체험 관광은 그 특성상 농촌 지역에 초점을 맞추는 반면에 음식관광은 음식점이 있는 도시 지역에서도 빈번하게 이루어진다.

[문화]유산관광heritage tourism**도 음식관광과 연관성이 있다. 미국 버지니아의 콜로니얼 윌리엄스버그와 매사추세츠의 플리머스 플랜테이션Plimoth Plantation과 같이 널리 알려진 살아 있는 역사박물관living history museum들은 대개 음식 조리 시연과 함께 관광객들에게 과거의 식생활을 체험해볼 기회를 제공한다. 관광안내자들은 사과를 썰고, 빵을 굽고, 밭일을 하는 것과 같은 활동을 함께 보면서 그것에 대해 설명한다. 어떤 장소에서는 방문객들이 직접 참여하거나 최소한 그 결과물로 나온 음식을 맛볼 수 있는 기회도 있다. 관광객들이 안전이나 사회적, 문화적 적정 수준의 한계를 몸소 체험하는 극한체험관광extreme tourism은 때로는 자기 국가에서는 대개 문화적으로 "정상적normal"이지도 먹을 수도 없는 식재료들로 만든 음식들이 포함될 때도 있다. 자연환경을 훼손하지 않고 여행하는 것에

---

* 토마토소스에 넣고 삶은 콩 통조림.
** 역사적 유산을 지니고 있는 문화유산에 한하지 않고 자연유산까지 포함해 인류의 유산을 답사하는 관광.

초점을 맞추는 생태관광ecotourism은 현지에서 생산되는 유기농 식재료로 만든 음식을 먹음으로써 음식관광과 연결될 수도 있다. 음식관광은 오늘날 방문한 지역 공동체에서 자본이 빠져나가지 않게 하고, 현지 주민들에게 일자리를 주고, 관광객들에게 그곳의 문화를 이해하도록 가르치는 방법을 제공하는 지속가능한 관광과 공동으로 진행되는 경우가 많다. 이제는 관광산업이 직면한 두 문제 곧 경쟁과 자원의 지속성 문제를 풀기 위한 방법들을 검토할 것이다.

음식관광―학술 문헌

관광과 음식이 교차하는 부분에 관한 학문적 연구는, 그 가장 기초적인 연구 논문들이 1990년대 말과 2000년대 초에 발표되었다는 사실에 알 수 있듯이, 매우 최근의 일이다. 초기 연구는 크게 두 갈래로 나뉘었다. 첫째 갈래는 인문학을 기반으로 하는 정성적, 문화기술지적 연구로 음식과 관광을 모두 사회문화적 구성물로서 탐색했다. 연구 초점은 그 구성물들의 의미와 영향에 맞춰지는 경향이 있었다. 둘째 갈래는 관광산업 안에서 음식을 둘러싼 문제들을 명확히 하고 해결하기 위해 정량적 방법으로 사회과학, 경영학, 마케팅 모형을 이용하는 응용과학이었다. 지금도 여전히 이 두 갈래가 존재하고 때로는 서로 반대편에서 서기도 하지만, 관광을 연구하는 학자와 관광업계에서 일하는 사람들(특히 미국 이외의 국가, 주로 캐나다, 오스트레일리아, 뉴질랜드, 영국에서)은 최근에 이 두 갈래의 연구를 연결하는 것이 필요하다는 사실을 인정했다. 지속가능한 관광에 관한 연구는 이 두 접근방식을 결합하는 경향이 있다.

지리학자 윌버 젤린스키는 아마도 스스로 "미식관광gastronomic tourism"이라고 이름 붙인 개념을 거론한 최초의 학자일 것이다. 그는 1985년에 발표한 논문에서 미국과 캐나다의 지역별 음식 지도를 그리기 위해 전화번호부에 나온 소수민족 음식점들을 조사하는 새로운 정량적 방식을 사용했다. 처음에 그의 연구는 어떤 민족집단의 음식점이 성행하는지를 밝히는 작업과 관련이 있었다.[14] 그럼에도 인문학계의 많은 학자는 그 용어를 이용해 "다른 것을 먹는 것eating the other"이라는 의미가 무엇인지 탐색하려 했다.[15] 일례로, 제이 앤 콕스Jay Ann Cox가 발표한 문화

연구 논문은 [멕시코 접경 지역인 미국] 애리조나 민속축제에 나온 멕시코 음식과 살사 소스 광고에서 보여주는 전형적인 멕시코 음식을 면밀히 검토했다.[16] 데이비드 벨David Bell과 질 밸런타인Gill Valentine의 《음식과 지리: 어디서 먹느냐가 존재를 결정한다Consuming Geographies: We are Where We Eat》는 다양한 이론과 논문을 아주 잘 요약·비판한다. 책은 다른 음식 문화를 대리 경험 할 수 있게 하는 현대 기술(특히 인터넷)의 여러 가능성을 언급하기 위해 "부엌식탁관광kitchen table tourism"이라는 문구를 쓴다. 그들은 세계를 다루는 장에서 음식관광과 관련된 수많은 문제를 문화지리학 관점에서 탐색한다.[17] 문화연구자 밥 애슐리Bob Ashley, 조앤 홀로스Joanne Hollows, 스티브 존스Steve Jones, 벤 테일러Ben Taylor가 공동으로 집필한 중요한 음식 연구서 《음식과 문화연구Food and Cultural Studies》 또한 이러한 문제를 훌륭하게 검토한 책이다.* 그들은 무엇보다도 정체성 차이와 계급 차이를 주장하기 위해, 오늘날 문화자본으로서 다른 문화의 음식에 대해 알려고 하는 추세를 피에르 부르디외의 사회적 구별짓기라는 개념을 이용해 설명한다. 그들은 다양한 해석이 인정되어야 하고, 다른 문화의 음식을 먹는 것이 수많은 문화 과정과 연결되어 있다고 지적한다. 그러한 과정 가운데 다섯 가지 즉 생산, 규제, 표현, 정체성, 소비 과정에 대한 그들의 설명은 유용한 연구 모형을 제공한다.[18]

젤린스키의 소수민족 음식점 연구는 그와 같은 시설이 음식과 관광을 위한 중요한 장소로 확고히 자리 잡는 데 기여했다. 많은 간행물이 특별히 관광에 대한 언급 없이 이렇게 음식과 관광이 만나는 부분들을 다룬다. 내가 음식관광을 공식적으로 언급한 것은 미국에 있는 한식당들을 연구하는 과정에서다.[19] 인류학자 데이비드 베리스David Beriss와 데이비드 서턴이 공동으로 편집한 《레스토랑 안내서: 음식점 문화기술지The Restaurants Book: Ethnographies of Where We Eat》도 관광을 포함해 오늘날 우리가 직면하고 있는 많은 문제를 탐색할 수 있는 "이상적 포스트모더니즘 시설"로서 음식점을 중심에 둔다.[20]

나는 1996년 음식과사회연구협회와 미국민속학회American Folklore Society가 공동으로 주최한 학술대회에서 발표한 논문에서 "음식관광"이라는 용어를 처음

---

* 국내에서는 《음식의 문화학》(박형신·이혜경 옮김, 한울아카데미, 2014)으로 번역·출간되었다.

썼다. 동료 학자들의 호평 덕분에 1998년 한 학술잡지에 논문이 게재되었고, 이후 편집서 《음식관광Culinary Tourism》(2004)을 출간했는데, 나는 거기서 관광과 음식을 문화적, 사회적, 개인적 구성물로 폭넓게 이해하기 위한 틀을 제공했다. 내가 내린 음식관광에 대한 정의는 민속학, 사회언어학sociolinguistics, 문화인류학, 미학이 모두 어우러져 도출된 것이다. 곧 "타자의 식생활에의 의도적, 탐색적 참여—자기 고유의 요리체계에 속하지 않는 음식물의 섭취, 조리, 상차림과 조리법, 식사체계, 식습관에 두루 참여하는 것"이라 할 수 있다. 이런 관점에서 볼 때, 음식관광은 개인들—관광객과 생산자 모두—에게 이국의 특이함과 익숙함을 느낄 수 있는 음식을 어떻게 절충해서 만들어내느냐 하는 문제와 관련이 있다. 다시 말해, 음식관광에서 음식은 호기심을 불러일으킬 정도로 충분히 특이해야 하지만, 먹을 수 있다고 생각될 정도로 충분히 익숙해야 한다. 또한 이국의 특이함이나 "타자성otherness"은 다양한 요소를 포함하는 개인적 관점의 문제다. 문화, 민족성, 종교, 시간(과거, 미래, 축제 시즌), 기풍이나 종교, 사회경제적 계급, 젠더, 나이는 모두 음식을 먹는 사람에게 서로 다른 의미의 음식을 제공할 수 있다. 예컨대 유대교 율법에 따라 만든 정결한 코셔 음식kosher foods은 유대교인이 아닌 사람들에게는 이국의 특이한 것일 수 있다. 마찬가지로 미성년자들에게는 술이, 현대인들에게는 모닥불 위에 걸린 쇠주전자에서 끓는 스튜가, 일반인들에게는 채식주의자의 음식이, "진정한 남자"에게는 키슈quiche*가 그처럼 특이하게 보일 수 있다.

타자성에 대한 이와 같은 접근방식은 어떤 음식이 관광에 유용할 수 있는지에 대한 가능성을 넓혀준다. 나는 일반적 일상 음식에 잠재된 이국의 특이함을 발견하는 다시 말해 단순히 미식가를 위한 음식을 넘어 일상의 잠재된 의미성을 인정하는 —익숙한 것을 이국의 특이한 것으로 보는— 쪽으로 관점을 옮기는 방법으로서 존 어리John Urry가 말한 "관광객의 시선tourist gaze"을 가져다 쓴다.[21] 나의 음식관광 모형은 초점을 음식(소비되는 상품)에서 음식 및 식사와 관련된 모든 활동이 얽히고설켜 있는 식생활로 옮긴다. 이 네트워크에는 음식 조달, 보존, 조

---

* 채소가 많이 들어간다고 남자답지 못한 음식이라고 알려져 있는, 프랑스 스타일의 파이.

리, 상차림, 식사 스타일, 식사 배경, 설거지, 음식에 대한 개념화, 상징 정책이 두루 포함된다. 음식에 대한 의미는 개인에 따라 다르다. 개인이 그러한 구성요소에 대해 가지고 있는 기억이 어느 정도 서로 다르기 때문이다. 예컨대 가족과 휴가 여행 중에 휴양지 강가에서 잡은 물고기는 상점에서 사는 생선 제품과 같은 것일 수 있지만, 그 물고기에는 사람들의 기억이 담겨 있고 사람마다 서로 다른 감정의 무게를 느끼게 하는 사건이 연결되어 있다. 내가 설정한 음식관광 모형은 또한 관광 장소가 가상적으로나 "실제"로나 단순히 음식을 먹는 곳을 넘어 다양한 장소로 뻗어나가고 있음을 시사한다—요리책, 조리기구 상점과 통신판매 카탈로그, 식료품점, 영화, 문헌, 텔레비전 요리 프로, 광고, 각종 축제, 농장 체험, 요리 강좌로 확대되고 있다. 음식관광에 대한 민속학적 접근방식은 개인들이 이런 심미적이고 감각적인 기억들을 통해 새로운 경험에 반응하면서 끊임없이 자신의 정체성, 공동체 의식, 문화적 공감대를 재구성한다는 것을 인정한다.

문화를 기반으로 음식을 연구하는 학자들은 1990년대 중반에 이미 음식관광을 다루기 시작했다. 1996년에 [유럽 동남부] 키프로스에서 열린 민족학적음식연구국제위원회International Commission for Ethnological Food Research* 제11차 회의는 음식관광에서 식민지하의 역할, 인구 이동과 이주, 특정 음식과 식생활의 지리적 분포 사이 연관성에 초점을 맞추었다. 그 회의의 의사록은 1998년 아일랜드 민속학자 퍼트리샤 리사트Patricia Lysaght가 편집해서 1998년에 공개되었는데, 그 안에 담긴 논문들은 역사적, 문화기술지적 관점을 견지한다. 최근에 이런 문제를 연구한 논문으로는 《음식, 문화 그리고 사회Food, Culture and Society》 특집호에 실린 〈음식여행: 시간과 공간 속의 요리여행Food Journeys: Culinary Travels in Time and Space〉이 있다. 여기 실린 논문들은 여행을 "회고, 기억, 교환 그리고 타자성을 은유하는 것"으로 보고 "여행의 시간과 공간 영역을 더 폭넓게 확장해서" 탐색한다. 이 논문들은 비판 이론의 접근방식을 이용해 "식사 관행에 관한 설명들이 식민 담론 [식민주의 담론]colonial discourse, 그리고 대개 차별적 권력관계와 긴밀하고 복잡하게 얽혀 있다"는 것을 인정한다.[22] 이 저널에서 카오리 오코너Kaori O'Connor는 음식

---

* 1970년에 설립된 콘퍼런스 위주의 음식민속학 연구 단체.

을 관광객을 유인하는 중심 요소일 뿐 아니라 하와이를 중심으로 발달한, 관광객 정체성을 상징하는 하나의 은유라고 분석한다. 데이지 탐Daisy Tam은 슬로푸드의 이론을 전개하는 데서 부르디외를 인용한다. 슬로푸드는 자아를 시스템의 일부로 보고 시스템의 나머지 부분에 책임을 느끼게 한다는 것이다. 따라서 개인은 외부에 관심을 가질 수밖에 없고 음식관광을 통해 인간과 외부의 다른 것들이 서로 긍정적 관계를 맺을 수 있도록 그 가능성을 모색한다고 말한다.[23]

한편, 관광에 관한 본격적인 학문 연구는 1990년대 중반에 이르러 비로소 음식을 관광객 유인 요소이자 최종 관광 목적으로서 다루기 시작했다. 영국, 오스트레일리아, 뉴질랜드의 학자들은 음식관광을 "특별한 종류의 음식이나 특정 지역의 산물을 체험하고 싶은 욕구"가 주된 관광 동기인 특별한 관광 장르의 하나라고 정의했다.[24] 이 정의는 나중에 "음식을 시식하거나 특정한 음식 생산 지역의 속성을 경험하는 것이 여행의 주된 동기 요소로 1차·2차 생산자, 음식 축제, 음식점, 특정 지역을 방문하는 것"을 포함하는 것으로 확대되었다.[25] 이런 점에서 와인관광wine tourism에 관한 한 책은 경영학, 사회과학, 정책적 접근방식을 비교분석 하는 여러 학문 분야의 관점을 제공한다. 2003년, C, 마이클 홀C. Michael Hall과 리즈 샤플스Liz Sharples 등이 편집한《전 세계 음식관광Food Tourism Around the World》은 음식 정체성의 동기와 모형, 음식 정체성이 암시하는 바와 지역 경제 개발을 두루 탐색한다. 책은 경영과 마케팅 관점을 제공하지만 또한 유용한 마케팅 도구로서 문화의 역할도 인정한다. 저자들은 음식관광의 중요한 요소로서 지역의 위치에 주목한다. 그들은 음식관광이 하나의 상품으로서 다른 곳에 "수출"될 수도 있지만 그 공간적 불변성은 여전히 남아 있다고 주장한다. "관광객들은 현지의 음식을 먹는 음식관광객이 되기 위해서는 그 생산지에 반드시 가야 한다."[26] 이러한 결론은 사람들이 실제로 집을 떠나 멀리 여행하지 않고도 다양한 장소를 통해 다른 문화의 음식들을 탐험할 수 있다고 보는 인문학적 접근방식과 다르다.

아네 메테 얄라게르Anne-Mette Hjalager와 그레흐 리하르드스Greg Richards가 편집한 또 다른 권위 있는 책《관광과 미식Tourism and Gastronomy》(2002)은 경제 발전과 문화 변화의 원동력으로서 미식관광을 살핀다. 저자들은 미식과 관광이 급진적이고 행동주의적 지식 분야로서 역할을 할 수 있는 가능성, 지적재산권의 중요성, 지역정체성과 국가정체성, 세계화와 현지화의 연계와 같은 문제들을 검토한다. 그들은 결론적으로 관광과 미식이 둘 다 실제로 수공업적 소량 생산에서 산업적 대량 생산으로 바뀌면서 뜨고 있는 분야라고 지적한다. 그들은 또한 세계화를 관광과 미식의 앞날에 유익한 영향을 끼칠 요소로 해석할 것을 요구한다. 세계화를 두려워하면 미식과 관광이 지닌 역동성을 인식할 수 없기 때문이라는 것이다. 그들이 보기에 포르투갈의 보호주의자들이 지금까지 세계화를 대한 자세는 포르투갈의 음식 문화를 질식시켰다. 이와 대조적으로, 자국의 지역 요리를 브랜드 상품으로 개발할 줄 아는 스페인은 더 창의적인 음식 문화를 만들어낼뿐더러 경제적으로도 더욱 현실적이다.

또 다른 중요한 초기 문헌에서 프리실라 보니페이스Priscilla Boniface는 먹고 마시는 것이 왜 최근에 그 자체로 사람들의 마음을 사로잡게 되었는지를 산업화, 근대성, 세계화의 역사적 맥락과 그것에 대한 오늘날의 반응에 질문을 던지면서 설명하려 애쓰고 있다. 그녀는 이러한 변화가 단순히 관광의 새로운 틈새를 발견하는 것 이상의 의미를 보여준다고 시사한다. 그것은 관광 문화 자체가 변했음을 의미한다. 이제 관광은 더는 일상과의 분리에 기반을 두지 않으며 오히려 휴가와 일상적인 것의 혼합을 바탕으로 함을 암시한다. 보니페이스는 문화적 관점에서 "맛기행"을 바라볼 때, 문화가 관광을 이끌고, 관광은 다시 정체성과 권력의 문제를 해결하는 수단을 사회에 제공한다는 것을 인정한다. 보니페이스는 자신의 생산 양식과 심지어 소비 양식과 단절된 현대인의 모습을 강조하는 문화비평가 앙리 르페브르Henri Lefebvre의 생각을 바탕으로, 음식관광을 음식을 통해 진짜로 인증된 것을 직접 체험 하고자 하는 욕구—현대적 삶의 특이성이 비롯한—에서 나온 것으로 본다. 그렇지만 보니페이스는 이 현대적 특이성이야말로 우리가 과거, 농촌, 그리고 산업화되지 않은 것을 인정하고 높이 평가하게 하는 것일 수 있다고 말한다. 끝으로, 그녀는 음식관광의 동기를 유발하는 다섯 가지 "원동력"이 무엇인지 밝힌다. 식품 안전과 사회 불안에 대한 걱정, 차별성과 풍족함 그리고 개인주의를 보여주고 싶은 욕구, 새로운 지식과 발견에 대한 호기심과 바람, 세계화의 중심에 있음을 느끼고 싶은 욕구, 감각과 촉감 만족의 요구가 바로 그것이다. 그녀의 연구는 특히 음식관광의 의미를 해석하려 애쓰는 인문학자들에게 유용하다.[27]

여기에서 언급한 책과 논문들은 관광에서 음식이 중요한 자리를 인정받음으로써 발생한 긍정적 기회들을 강조한다. 그러나 에릭 코언Erik Cohen과 니르 에이비엘리Nir Avieli가 2004년에 발표한 한 논문은 음식이 오히려 관광에 걸림돌이 될수 있다고 지적한다. 그들은 하나의 산업으로서 그리고 하나의 학문 분야로서 음식관광의 현 상황에 대한 이 유용한 평가에서, 불쾌한 음식 경험이 자칫 문화적 오해를 불러일으킬 수 있고, 음식을 관광객 유인책으로 이용하는 것이 실제로 그 나라의 문화에 해로운 영향을 끼칠 수도 있다고 말한다.[28] 2010년, 관광에 관한 학문적 연구는 음식관광을 단순히 하나의 중요한 산업적 추세로서 뿐 아니라 관광 상품과 관광객의 행동이 무엇을 의미하는지 이해하기 위한 중요한 사안으로서 인정한다.

현재의 쟁점들

음식관광을 둘러싼 많은 쟁점은 대체로 관광과 관련이 있다. 음식과 관련된 문제들이 좀 독특한 요소들이 있다고 해도, 음식은 그런 쟁점을 탐색해나가는 수단을 제공한다. 음식은 매우 다면적이고 동시에 다양한 의미를 담고 있어서, 인간의 욕구와 그것을 바탕으로 만들어지는 산업으로서 관광의 복잡한 의미를 이해하는 데 도움을 준다. 여기서는 먼저 관광에 제기되는 일반적인 비판들을 다룬 뒤, 앞으로 음식관광이 극복해야 할 가장 큰 두 문제 곧 경쟁competitiveness과 지속가능성sustainability의 문제를 살펴본다.

관광에 제기되는 가장 근본적인 비판 하나는 관광이 권력과 부를 가진 개인이 자신의 즐거움, 여흥, 의식의 고양을 위해 다른 문화를 착취하는 식민지 사업으로 분류된다는 사실이다. 그러한 착취는 다른 문화의 개별 구성원들에게서 인간성을 박탈하고 그들이 관광객들보다 저열한 사람들이라고 여기는 것을 의미한다. 이때, 관광은 "다른 사람들others"을 진열대에 올려놓고 그들을 구경의 대상으로 만든다. 음식관광에서는 이 문제를 "다른 것other" 즉 이국의 특이한 것이거나 자신과 다른 문화에 속한 음식을 먹는 것으로 바꿔 말할 수 있다. 어떤 음식을 먹는다는 것이 반드시 그 음식이 속한 문화에 대한 이해나 존중으로 이어지는 것은 아니다.[29] 이와 같은 문제는 음식관광을 다른 문화에 속한 사람들의 인간성을 경험하고 이해하는 수단으로 생각하는 내 연구의 한 과제이기도 하다. 인간의 기본적, 보편적 욕구인 음식을 문화적, 사회적, 개인적 구성물로서 접근함으로써 우리는 서로 다른 음식들 뒤에 숨어 있는 공통성과 논리를 밝힐 수 있다.[30]

철학자 리사 헬드케는 저서 《이국의 식욕: 한 음식모험가의 반추Exotic Appetites: Ruminations of a Food Adventurer》(2003)에서 식민주의의 문제를 다룬다. 그녀는 다른 문화의 음식을 먹는다는 것이 철학적 딜레마를 제기한다고 지적한다. 한편에서 그것은 음식을 가지고 실험할 수 있는 사람은 부자 국가 사람들뿐이라는 제국주의의 문제를 드러낸다. 하지만 그녀는 이어서 다음처럼 말한다. "우리 민족의 음식만 먹겠다는 것은 어떤 외국의 영향도 받아들이지 않기 위해 문고리를 닫아거는 것이다. 그것은 또한 다른 문화를 계속해서 무시함으로써 내 삶의 질을 떨어뜨리는 결정이다." 그녀의 대답은 우리 스스로에게 ─다른 문화의 음식과 그 배후에 있는 사람들에 대한 우리의 동기, 반응, 태도, 관계에 대해─ 끊임없이 질문을 던지는 것이다. "음식을 먹는 것은 그냥 한 번 먹고 끝나는 행위가 아니다. 우리가 하는 행동의 의미는 고정되어 있는 것이 아니라 그 행동의 맥락이 바뀜에 따라 계속해서 바뀐다." 이와 같은 자각은 우리가 "식민주의에 반대하는 음식모험가anticolonialist food adventurers"가 될 수 있게 해준다.[31]

음식관광 사업의 최근 추세는 헬드케가 촉구하는 인식의 변화가 투영된 여행객들의 자세 변화에서 잘 찾아볼 수 있다. 요리 강좌와 교육적인 음식여행은 관광객들을 단순히 관광을 즐기는 사람을 넘어 해당 문화를 연구하는 사람으로 만든다. 이런 종류의 활동이 대개 많은 비용이 들어가고, 이런 관광객들이 얻는 지식이 "자기 나라로 돌아가" 그들 자신을 향상시키기 위한 것이었다 할지라도, 오늘날 그것들은 관광국과 관광객 간의 전형적인 관계를 뒤바꾸는 방식으로 행해지고 있다. 이 경우에 관광국은 관광객들이 원하고 존중하는 지식과 기술을 가지고 있다. 그러한 관광에 참여한 많은 개인은 그것이 일반 관광보다 더 공정한 관계를 만들어낸다고 느낀다. "다른 것"으로서의 음식에 대한 이와 같은 특별한 존중의 태도, 더 나아가 숭배의 자세를 설명하기 위해, 나는 "음식순례"라는 용어를 제시했다. 음식순례를 하는 개인들은 되도록 옛날 그대로의 방식대로 음식을 경험하기 위해 그 음식을 둘러싼 본래의 맥락들을 알고 싶어 한다. "본래의 장소에서[그 위치에서]in situ" 그 음식을 보는 것은 특정한 시간, 공간, 사람이 서로 연결된 하나의 총체적 체계로서 음식을 이해할 수 있는 기회를 제공한다. 그런 관광은 사람들을 음식과 관련해 "초월적transcendent" 경험으로 이끈다. 그래서 음식 "순례자"들은 대개 자신들이 어떤 식으로든 긍정적 변화를 겪었다고 느낀다.

관광에 제기되는 또 다른 비판은, 문화를 관광객을 유치하기 위한 구경거리로 만듦으로써 그 문화는 하나의 상품이 되고 따라서 문화적 정체성은 점점 약화되고 마침내 문화적 정체성은 하나의 상품명과 다름없어진다는 것이다. 그러나 관광을 옹호하는 사람들은 관광지 사람들이 관광객 방문을 통해 자신의 정체성을 더 잘 알게 되는 경우가 많다고 지적한다. 더 나아가, 관광객들이 그 정체성을 존중하고 높이 평가한다면, 그것은 실제로 관광국의 자부심을 높이고 그들의 정체성을 보존하고자 하는 바람을 촉진할 수 있다고 한다. 일례로, 케빈 미탄Kevin Meethan은 관광이 실제로 "지역성, 또는 장소와 문화에 대한 특별함"을 강화한다고 말한다.[32] 식생활은 정체성을 나타내는 하나의 방식인 만큼, 음식관광은 그러한 정체성을 확고히 하는 매우 강력한 수단을 제공한다. 맥도날드화에 관한 조지 리처의 연구는 세계화가 지역 음식을 질식시키기보다는 오히려 그것에 대한 흥미를 불러일으켰다고 주장하며, 리처드 윌크도 중앙아메리카에 있는 벨리즈Belize 관광이 최근에 벨리즈 음식의 개발을 촉진했다고 말한다.[33]

관광에 대한 이와 같은 긍정적 해석은 "변별적인 정체성differential identity"이 서로 다른 정체성 간의 비교를 통해 만들어지는 것이라는 사실을 이해하는 데서 나온다. 문화 간 차이는 각 문화의 특징이 무엇이고 그러한 특징 가운데 무엇이 중요한지 알 수 있게 해준다. 음식관광은 이 과정에서 어떤 문화의 고유한 식생활을 강조함으로써 그런 역할을 수행한다. 이것은 다양한 차원에서 발생한다. 지리적 공간에 대한 직간접적 애착을 기반으로 하는 지역 정체성은 실제로 음식을 통해 인식되고 형성될 수 있다. 바비큐는 미국 남부를 대표하는 음식이 되었는데, 학자들은 오늘날 미국 남부 안에서도 각종 바비큐 고기와 양념이 다른 상황은 지역별 차이가 반영된 것이라고 주장한다.[34] 음식은 또한 개인들이 장소에 대한 애착심을 느낄 수 있는 공통적 특성을 제공할 수 있다. 그래서 음식을 먹는 행위는 그러한 애착심에 따라 행동하는 상징적 수단이 된다. 뉴잉글랜드의 클램

베이크clambake*는 그와 같은 목적에 부합하는 요리다.³⁵ 더 나아가, 음식은 한 지역을 정의할 때 사용되기도 한다. 예컨대 남부 애팔래치아 지역에서는 지역 특산물과 자연산 먹거리—산천어mountain trout, 블랙베리blackberry, 곰보버섯morel—를 특징으로 하는 새로운 요리가 개발되고 있다. 이러한 음식은 때로는 "화려하게 꾸며지기"도 하고 또 그들의 문화사에서 갑자기 자취를 감추기도 한다. 예컨대 그리츠는 "애팔래치아의 폴렌타Appalachia polenta"**라고 불리기도 하고, 풋토마토를 튀긴 것fried green tomatoes과 발효한 토마토 조각ripened tomato slices 같은 "전통" 음식이 신선한 모차렐라 치즈와 바질 잎과 곁들여 나오기도 한다.³⁶

민족 정체성도 음식관광을 통해 구성되고 확립되었다. 음식점, 축제, 교회 바자회, 요리책은 모두 음식관광객이 이런 음식을 경험할 수 있는 장을 제공한다.³⁷ 관광은 또한 상황에 따라 민족 정체성을 다르게 강조할 수 있게 한다. 예컨대 레바논계 미국인이 많이 사는 디트로이트의 한 중동음식점은 여러 대에 걸쳐 미국에서 살았고 레바논계가 아닌 사람과 결혼한 가족이 주인일 수 있다. 하지만 그들은 음식점을 경영해서 먹고살기 위해 자신들이 레바논계 혈통이라는 사실을 강조한다. 마찬가지로, 한국 음식은 미국 동부와 서부 해안의 주요 도시 이외에서는 수용 속도가 느렸기 때문에, 많은 한국인이 아시아의 유산을 물려받았음을 강조하면서 중국 음식이나 일본 음식을 파는 음식점들을 열었다. 이것 말고도, 처음에는 이국의 특이한 관광 음식이었다가 사람들에게 친숙해져 주류 음식 문화에 편입된 뒤에 그 음식의 민족성과 그것에 대한 더 깊은 탐색으로 이어진 소수민족 음식들의 사례—이탈리아의 피자, 멕시코의 타코, 스페인의 타파스tapas,*** 중국의 찹수이와 차우멘, 타이의 팟타이pad thai**** 등—는 무수하다.

음식관광을 위해 문화적 전통을 개량하는 것 또한 일반적으로 관광에 쏟아지는 많은 비판 가운데 하나다. 음식관광이 전통을 상품화하고, "값싼 노리갯감으로

---

* 야외에서 조개 따위를 구워먹는 해산물 파티 음식.
** 이탈리아 북부지방의 전통 음식으로 옥수수 가루로 끓인 죽.
*** 스페인에서 보통 식사 전에 술과 곁들여 여러 가지 음식을 조금씩 만들어 먹는 소량의 음식(전채前菜 요리).
**** 쌀국수에 숙주나물을 넣고 볶은 타이의 국수 요리. 똠얌tom yum, tom yam 등과 함께 타이를 대표하는 요리 중 하나다.

만들고"(전통 음식을 자질구레한 일개 기념품으로 전락시키고), 전통 음식의 본래 의미와 문화의 힘을 박탈한다는 것이다. 또한 세계화의 한 원동력으로서 관광은 문화적 다양성을 균질화하는 방향으로 몰아가고 있다. 많은 관광객이 여행하면서 익친숙한 음식들을 찾기 때문에, 전 세계 어딜 가든 유명 음식점 체인들이 현지의 음식 관행을 대체하기도 하고 현지 음식을 흉내 낸 음식을 내놓고 있기도 하다. 하지만 일부 학자들은 이러한 현상이 문화적 균질성으로 이어진다는 해석에 이의를 제기한다. 일례로, 제임스 왓슨은 아시아 국가들에서 맥도날드는 현지 주민들에 의해 문화적으로 특별한 의미와 기능이 주어진다는 것을 증명해주었다.[38]

음식관광은 거기에 참여하는 관광객들이 기존의 익숙한 음식과는 다른 음식을 적극적으로 찾는다는 점에서, 실제로 세계화뿐 아니라 현지 음식에 대한 긍정과 보존을 모두 촉진하는 동력이 될 수 있다. 관광객들은 자신들을 위한 시장을 창출함으로써 음식 전통을 유지할 수 있는 현실적 기반을 제공할 수 있다. 이는 관광객들의 입맛과 기대를 충족시키기 위해 새로운 음식을 개발하거나 전통 음식을 개량한 "관광 음식이나 요리"를 만들어내는 방향으로 나아간다. 예컨대 남부 애팔래치아 지역의 음식점들은 오늘날 그리츠나 옥수수빵 같은 전통 음식을 유기농이나 이국의 특이한 식재료를 사용한 새로운 종류의 음식으로 개량해서 내놓는다. 마찬가지로, 싱가포르의 요리사들도 특별히 관광객들이 좋아할 만한 새로운 퓨전 요리를 개발해왔다. 관광국 입장에서는 대개 일상적 음식보다는 축제 때 먹는 음식을 강조하는 경향이 있는데, 그것이 더 특색이 있고 맛도 있고 값도 비싸다고 생각하기 때문이다. 하지만 이는 축제 음식의 의미를 퇴색시킬 수 있다. 예컨대 하와이의 루아우luau*는 틀에 박힌 음식들로 구성된 하나의 관광 상품이 되면서 예전에 지역 공동체 내부에서 생각했던 신성한 의미는 사라지고 한갓 관광객을 위한 파티와 축제 음식으로 변질되었다.[39]

관광객들을 위해 전통 음식을 개량하는 경향은 정통성에 대한 문제 제기를 낳는다. 정통성은 관광을 연구하는 일부 학자들 사이에서 관광객의 동기를 유발하는 가장 중요한 특징이라고 생각하는 문제다.[40] 그러나 정통성은 외부의 영향력

---

* 소금 뿌린 돼지고기를 땅속에 묻은 솥에 넣고 익힌 칼루아 피그, 토란죽, 연어 샐러드, 코코넛 푸딩을 함께 먹는 하와이식 전통 저녁 만찬.

과 무관하게 늘 그대로 본모습을 유지하는 본래의 순수한 음식 문화가 존재한다는 가정을 전제한다. 따라서 일반적으로 문화의 역동적 특성을 감안할 때, 음식의 정통성 문제는 음식 문화를 어떻게 정의할지, 정통성을 질식시키지 않으면서 어떻게 보존할지, 그리고 그것의 소유권에 관한 문제 제기로 이어졌다.

음식은 오늘날 무형유산으로 인정되어 국제법의 보호를 받을 수 있다. 유네스코는 음식을 문화유산의 일부로 포함시킨다. 그러나 이러한 유산의 보전은 매우 복잡한 문제다. 일례로, 이탈리아의 한 지방도시 루카Lucca에서는 지역의 특산 음식을 보존하기 위해 음식점에서 일체의 민족 음식 판매를 금지하려 했다. 하지만 음식비평가들은 루카 당국이 보호하려고 했던 그 음식이 본디 "외국" 식재료(예컨대 토마토)를 이용해 개발된 것이라는 사실을 지적했다. 또한 일부 지역 주민들도 혁신적이고 창의적인 요리를 개발하고 먹고 싶다면서 당국의 조치에 항의했다. 요컨대, 지금까지 살펴본 바로는, 관광은 음식 유산food heritage의 가치를 확인시키는 역할도 하는 한편으로 위협하는 역할도 했다.

오늘날 음식은 또한 지적재산권으로 인정받고 있다. 이는 요리, 조리법, 요리 스타일, 여기에 더해 식재료도 소유권을 다툴 수 있다는 의미다. 지리적 요소를 알리는 표식들은 처음에 프랑스에서 시작되었는데, 음식의 정확한 원산지를 표시하기 위해 많은 국가에서 사용되고 있다. 프랑스에서는 치즈와 와인의 지적재산권을 보호하기 위해 1900년대 초에 원산지명칭통제Appellation d'Origine Controllee: AOC 제도를 실시했다. 이것은 테루아("산지의 맛")라는 기존 개념을 바탕으로 한 제도로, 지역마다 거기에 속하는 특정 형태 생산물들의 소유권을 주장할 수 있는 근거를 제공한다. 정부에서는 또한 지정된 지역에서 나온 생산물임을 인증하는 원산지명칭통제 승인 도장을 받을 수 있도록 표준 절차를 정한다. 이와 같은 지리 표식은 직접적으로 생산자에게 이익을 주는 동시에, 그것이 품질과 정통성을 보장한다는 점에서 음식관광산업에 의해 뒷받침된다. 관광 마케팅은 이와 같은 인증 표시를 상품 홍보를 위한 일종의 브랜드로 취급하는 경향이 있다.

오늘날 관광을 연구하는 많은 학자는 관광에 제기되는 이런 비판을 인정하지만, 동시에 관광에 직간접적으로 연관된 모든 참여자에게 손익이 발생할 수 있다는 것 또한 인정하는 약간 미묘한 태도를 보인다. 관광에 연관된 참여자에는 관광객은 물론이고, 관광지 지역사회, 관광지 정부, 관광업체 또는 관광객 공급과 관련된 사업[자], 그리고 자연환경이 모두 포함된다. 이러한 것들은 저마다 그 나름의 관점이 있다. 따라서 한쪽이 이익을 얻으면 다른 한쪽이 비용을 지불하거나 손해를 볼 수 있다. 게다가 더 복잡한 문제로 들어가면, 성공의 정의는 저마다의 관점에 따라 다를 수 있다. 관광학자 에르브 체임버스Erve Chambers가 지적하는 것처럼, 관광은 복잡하다. 다양한 관광 활동에는 자기만의 의미를 구성하는 수많은 참여자가 관련되어 있기 때문이다.[41] 더 힘 있는 국가와 개인이 관광산업을 뒷받침하는 하부구조를 개발하고 경제적 자본을 축적할 기회가 있다고 할지라도, 이러한 "관광의 모순적 상황"은 관광객이 누구인가를 불문하고 늘 존재한다.

이와 같은 관심사들은 지속가능한 관광 분야에서 다루어지고 있다. 지속가능한 관광이 주장하는 바에 따르면, 관광산업은 관광자원(현지의 경제, 생태, 문화 자원)을 신중하게 관리함으로써, 이들 자원의 지속가능성에 기여하거니와 그 산업 자체도 지속성을 유지할 수 있다. 음식관광은 지속가능성을 위한 강력한 도구를 제공할 가능성이 있다. "좋고, 깨끗하고, 공정한" 음식을 지향하는 슬로푸드의 구호에서 보는 바와 같이, 음식관광은 친환경적 방식으로 현지에서 생산되는 음식과 관련된 "목적"과 "매력"을 장려하고, 관광지 문화를 구성하는 사람들에게 일자리를 제공할 수 있다. 다만, 엘리트층과 부자들을 대상으로 하는 고급 미식 식재료나 조리 방식에 대한 음식관광산업의 지나친 관심에서 생겨나는 문제가 하나 있다. 기업들은 관광시장에서 경쟁력을 갖기 위해 차별적이고 독특한 것을 제공하는 동시에 가장 높은 이윤을 남기려 한다. 이는 생산자들(요리사, 농민, 음식점 주인)이 지역 문화 밖에서 유입된다는 것을 의미할 수 있다. 그 때문에 때로는 "이익유출leakage"(이익이 관광지 밖으로 나감)이 발생하기도 하고 문화적으로 지속 불가능한 제품이 생산되기도 한다. 예컨대 [높은 수준의] 요리 기술이 잘 보존된 소도시의 한 미식가 식당은 가끔씩 찾아오는 외부 손님들만 있을 뿐 현지 주민들에게는 그다지 매력이 없을 수도 있다. 따라서 그런 관광은 지역의 음식 문화에 대한 높은 평가를 낳기보다는 오히려 그것에 해악을 끼친다. 음식관광을 민속학적 차원에서 접근하는 방식은 관광지 내부 문화의 문화사에 대한 이해를 촉진하고, 음식 전통을 그들의 역사 안에 위치시키고, 음식 전통의 지역적 의미들을 강조하는 방식으로 보여줌으로써 그럴 가능성[음식 문화에 해악을 끼칠 가능성]을 차단하려고 한다. 볼링그린음식관광여행Bowling Green Culinary Tourism Trail은 이처럼 "익숙한 것을 이국의 특이한 것으로 만든" 성공적 사례다. 음식관광이 지속가능한 방식으로 이루어지기 위해서는 관광지의 수많은 음식 생산자와 유통업자가 관광객을 끌어들일 수 있는 다양한 요소를 고려해 철저하게 계획된 목적지를 제공해야 하며, 그러기 위해서 여러 공공과 민간 분야와 협력해야 한다. 미시건주의 한 생산자협동조합은 이른바 관광산업에서 말하는 그와 같은 "클러스터링 clustering"*의 훌륭한 사례다.

결론

하나의 학문 분야이자 관광산업 내의 한 부문으로서 음식관광은 복잡하고 다면적이다. 음식관광은 또한 오늘날 우리가 직면한 수많은 문제를 꿰뚫어 볼 수 있는 독특한 통찰력뿐 아니라 그 직면한 문제들을 풀 수 있는 다양한 가능성을 제공한다. 어쩌면 그중에서도 가장 중요한 것은 우리가 음식관광을 통해 음식의 힘을 확인할 수 있다는 점이다. 음식관광은 우리의 개인적·문화적 역사를 반영하고, 우리의 삶에 영향을 끼치는 내적·외적 힘들을 하나로 묶는다. 음식학자 파비오 파라세콜리가 음식 및 관광과 관련해 지적하는 것처럼, "문화적 변화의 코드와 양식을 정하는 기호작용의 정치적, 비중립적 특성에 대한 깊은 인식은 관광객들이 물리적으로 뿐 아니라 문화적으로 그들의 목적지를 변경하는 데 한몫한다. 관광객들이 하나의 현상 즉 음식 또는 생산물을 '대표적typical'으로 또는 '지역적local'으로 정의하게 하는 다양한 의미망을 좀 더 잘 이해한다면, 관광객들은 자신의 위치를 잊지 않으면서 타자성의 주어 자리를 어떻게 차지할 수 있는지 깨달을 수 있다."[42] 음식관광은 이처럼 다른 음식과 문화뿐 아니라 음식을 통해 우리의 삶을 탐색할 수 있는 기회를 제공한다.

---

* 유사성 등의 개념에 기초해 몇몇의 분야나 범주를 관련 있는 것끼리 묶는 활동.

주

1. 각 사례별로 다음을 보라. Lisa M. Heldke, *Exotic Appetites: Ruminations of a Food Adventurer*(New York: Routledge, 2003); Lucy M. Long, ed., *Culinary Tourism*(Lexington: University Press of Kentucky, 2004); C. Michael Hall, et al., eds., *Food Tourism Around the World: Development, Management and Markets*(London: Butterworth-Heinemann, 2003).

2. Anec-Mette Hjalager and Greg Richards, eds., *Tourism and Gastronomy*(London: Routledge, 2002); Priscilla Boniface, *Tasting Tourism: Travelling for Food Drink*(Aldershot: Ashgate, 2003); C. Michael Hall and Liz Sharples, "The Consumption of Experiences or the Experience of Consumption? An Introduction to the Tourism of Taste," in C. Michael Hall, et al., eds., *Food Tourism Around the World*, 1-24.

3. Lucy M. Long, ed., *Culinary Tourism*, 37-44; C. Michael Hall and Liz Sharples, *Food and Wine Festivals and Events Around the World*(London: Butterworth-Heinemann, 2008).

4. Fabio Parasecoli, *Bite Me: Food in Popular Culture*(Oxford: Berg, 2008), 142.

5. Donna R. Gabaccia, *We Are What We Eat: Ethnic Food and the Making of Americans* (Cambridge, MA: Harvard University Press, 1998).

6. Felipe Fernandez-Armesto, *Near a Thousand Tables: A History of Food*(New York: Free Press, 2002), 223.

7. David Harvey, *The Condition of Postmodernity: An Enquiry into the Origins of Cultural Change*(Oxford: Blackwell, 1989).

8. Warren Belasco, *Appetite for Change: How the Counterculture Took on the Food Industry*(1989; repr., Ithaca, NY: Cornell University Press, 1993).

9. Jeffrey Steingarten, "Lost in Beijing," *Vogue*(June 2008): 178-181, 203.

10. Lucy M. Long, "Food Pilgrimages: Seeking the Authentic and Sacred in Food" (paper presented at the annual meeting of the Association for the Study of Food and Society, Boston, MA, June 2006).

11. David J. Telfer and Atsuko Hashioto, "Food Tourism in the Niagara Region: The Development of a Nouvelle Cuisine," in C. Michael Hall, et al., eds., *Food Tourism Around the World*, 158-177; Lucy M. Long, "Culinary Tourism and the Emergence of an Appalachian Cuisine: Exploring the Foodscape of Asheville, NC," *North Carolina Folklore Journal* 57, no. 1(2010): 4-19; Rosario Scarpato, "Sustainable Gastronomy as a Tourist Product," in Anec-Mette Hjalager and Greg Richards, eds., *Tourism and Gastronomy*, 132-153.

12. 예컨대 다음을 보라. Bruce Geddes, *Lonely Planet World Food Mexico*(Hawthorn, Australia: Lonely Planet, 2000).

13. ICTA에 관한 더 많은 정보는 다음을 보라. Eric Wolf, *Culinary Tourism: The Hidden Harvest*(Dubuque, IA: Kendall Hunt Publishing, 2006).

14. Wilbur Zelinsky, "The Roving Palate: North America's Ethnic Restaurant Cuisines," *Geoforum* 16, no. 1(1985): 51.

15. Rogert Abrahams, "Equal Opportunity Eating: A Structural Excursus on Things of the Mouth," in *Ethnic and Regional Foodways in the United States: The Performance of Group Identity*, ed. Linda Keller Brown and Kay Mussell(Knoxville: University of Tennessee Press, 1984), 19-36.

16. Jay Ann Cox, "Eating the Other: Ethnicity and the Market for Authentic Mexican Food in Tucson, Arizona"(Ph.D. diss., University of Arizona, 1993).

17. David Bell and Gill Valentine, *Consuming Geographies: We Are Where We Eat*(London: Routledge, 1997), 6, 185-207.

18. Bob Ashley, et al., *Food and Cultural Studies*(London: Routledge, 2004), vii. [한국어판. 밥 애슐리·조앤 홀로스·스티브 존스·벤 테일러 지음, 박형신·이혜경 옮김, 《음식의 문화학》, 파주: 한울아카데미, 2014]

19. Linda Keller Brown and Kay Mussell, eds., *Ethnic and Regional Foodways*; Lucy M. Long, "Culinary Tourism: A Folkloristic Perspective on Eating and Otherness," *Journal of Southern Folklore* 55, no. 30 (1998): 181-203.

20. David Beriss and David Sutton, eds., *The Restaurants Book: Ethnographies of Where We Eat*(Oxford: Berg, 2007).

21. John Urry, *The Tourist Gaze: Leisure and Travel in Contemporary Societies*(London: Sage, 1990).

22. Daisy Tam and Nicola Frost, eds., "Food Journeys: Culinary Travels in Time and Space," *Food, Culture and Society* 11, no. 2(2008): 129.

23. Kaori O'Connor, "The Hawaiian Luau: Food as Tradition, Transgression, Transformation and Travel," *Food, Culture and Society* 11, no. 2(2008): 149-172; Daisy Tam, "'Slow' Journeys," *Food, Culture and Society* 11, no. 2(2008): 207-218.

24. C. Michael Hall, "Wine Tourism in New Zealand," in *Tourism Down Under II: Towards A More Sustainable Tourism*, ed. G. Kearsley(Otago: University of Otago Centre for Tourism, 1996), 109-119.

25. C. Michael Hall and R. Mitchell, "Wine and Food Tourism," in *Special Interest Tourism: Context and Cases*, ed. N. Douglas and R. Derrett(New York: Wiley, 2001), 308.

26. C. Michael Hall, et al., eds., *Food Tourism Around the World*, 10.

27. Priscilla Boniface, *Tasting Tourism*, 23-25.

28. Erik Cohen and Nir Avieli, "Food in Tourism: Attraction and Impediment," *Annals of Tourism Research* 31, no. 4(2004): 755-778.

29. Amy Bentley, "From Culinary Other to Mainstream American: Meanings and Uses of Southwestern Cuisine," in Lucy M. Long, ed., *Culinary Tourism*, 209-225; Rogert Abrahams, "Equal Opportunity Eating," 19-36.

30. Lucy M. Long, ed., *Culinary Tourism*, 32-34.

31. Lisa M. Heldke, *Exotic Appetites*, 163, 172.

32. Kevin Meethan, *Tourism in a Global Society: Place, Culture, Consumption*(Basinstoke: Palgrave, 2001), 114.

33. Richard Wilk, *Home Cooking in the Global Village: Caribbean Food from Buccaneers to Ecotourists*(Oxford: Berg, 2006), 172; George Ritzer, *The McDonaldization of Society*(Thousand Oaks, CA: Pine Forge Press, 1993). [한국어판. 조지 리처 지음, 김종덕·김보영·허남혁 옮김,《맥도날드 그리고 맥도날드화》, 서울: 풀빛, 2017(최신 개정 8판)]

34. Lolis Eric Elie, ed., *Cornbread Nation 2: The United States of Barbecue*(Chapel Hill: University of North Carolina Press, 2009); Lucy M. Long, *Regional American Food Culture*(Santa Barbara, CA: Greenwood Press, 2009), 138-139.

35. Kathy Neustadt, *Clambake: A History and Celebration of an American Tradition*(Amherst: University of Massachusetts Press, 1992).

36. Lucy M. Long, "Culinary Tourism," 4-19.

37. Susan Kalcik, "Ethnic Foodways in America: Symbol and the Performance of Identity," in Linda Keller Brown and Kay Mussell, *Ethnic and Regional Foodways*, 37-65.

38. James Watson,ed., *Golden Arches East: McDonald's in East Asia*(Stanford: Stanford University Press, 1997).

39. Kaori O'Connor, "The Hawaiian Luau," 149-171.

40. Dean MacCannell, *The Tourist: A New Theory of the Leisure Class*(New York: Schocken, 1989).

41. Erve Chambers, *Native Tours: The Anthropology of Travel and Tourism*(Prospect Heights, IL: Waveland Press, 2000), 122.

42. Fabio Parasecoli, *Bite Me*, 144-145.

5부
음식공동체

Communities of Consumption

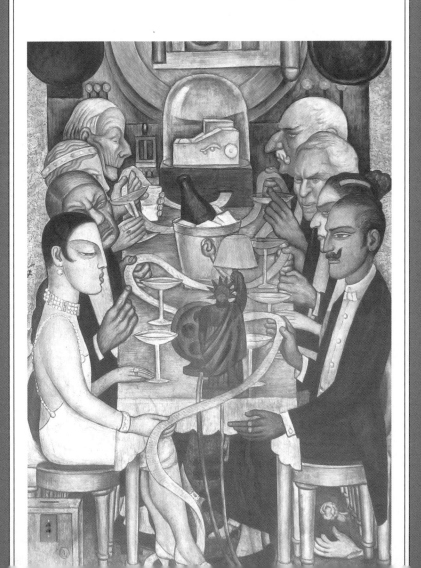

23장

음식과 종교
Food and Religion

코리 E. 노먼 Corrie E. Norman

　태초에 음식이 있었다—적어도 여러 전통 종교의 창조설화에 따르면. 세상 만물이 존재할 수 있도록 조리하는 [힌두교의] 브라만Brahman에서 [기독교의] 아담과 이브의 사과에 이르기까지, 종교와 관련된 인간들은 자신들의 신과 서로 연결되어 있었고 음식을 통해 세상과 관계를 맺었다. 그들은 기독교의 성찬식과 힌두교의 신에게 음식을 바치는 의례든, 유대교의 카슈루트나 이슬람교의 할랄처럼 종교적 음식 계율에 따라 날마다 식사하는 것이든, 저녁 식사를 준비하는 동안에도 그것에 의미를 부여했다. 오늘날에도 그들은 대개 새로운 문화적, 역사적 맥락에서 옛이야기에 새로운 식재료를 양념으로 첨가하면서 현대적 의미를 부여하는 행동을 계속하고 있다. 따라서 음식과 종교 사이의 관계에 관심이 있는 사람들을 위한 메뉴판에는 늘 새로운 것이 있고 반복해 맛을 음미할 만한 것이 많이 있다.

　음식은 종교에 관해 학문적으로 연구하기 시작할 시점에서도 매우 중요했다.

20세기 초 종교의 형성에 관한 연구 가운데 고대 히브리Hebrew 종교의 기원에 대해 윌리엄 로버트슨 스미스가 강의한 내용이 있다. 그의 첫 번째 강의는 공동체와 신의 관계를 포함해 공동체의 정체성이 확립되는 과정에서 향연 음식을 나누어 먹는 것feasting이 얼마나 중요한 역할을 했는지에 초점을 맞추었다.[1]

종교학자들은 음식에 대한 그와 같은 초기 관심에 거의 주목하지 않았다. 종교와 음식의 관계는 대개 인류학자와 사회학자의 몫으로 여겨졌다. 메리 더글러스는 오늘날 이 [종교와 음식] 분야에서 가장 권위 있는 학자다. 음식과 순수[깨끗함] 관계, 특히 히브리의 식사계율에 담긴 사회적 의미에 관한 그녀의 이론은 음식 연구에 새 장을 열었다. 그 이론은 또한 종교 연구에도 중대한 영향을 끼쳤다. 그러나, 그녀의 연구가 모든 (훌륭한) 종교학 과정의 독서 목록에 들어 있기는 하지만, 음식 연구에 더글러스의 그것을 적용한 종교학자는 거의 없다.[2]

더글러스의 연구는, 종교와 음식에 대한 관심을 높인 것은 사실이지만, 대체로 스미스의 연구와는 매우 다른 궤적을 그리고 있다. 더글러스도 스미스와 마찬가지로, 음식과 공동체의 정체성 사이 연관성에 주로 관심이 있다. (그녀의 연구 발표 이후로 음식과 종교에 관해 연구하는 거의 모든 사람이 그러하다.) 스미스는 축제 음식을 나누어 먹는 것에서 시작했지만, 더글러스의 초기 연구는 음식 "혐오abomination"에 대한 중요성을 특히 강조했다. 오늘날 인류학과 그 관련 분야의 학자들은 칼로리가 높은 종교적 식생활보다 금식fasting과 금지된 음식에 훨씬 더 관심이 많다. 이는, 더글러스 이론의 설득력과는 별도로, 먹는 것을 줄이는 것에 대한 강박관념이 특징일 수도 있는 문화적 맥락에서 보면 그다지 놀라운 일이 아니다.

종교와 관련된 모든 것을 찾아보려는 초보 학자가 당연히 보아야 할 책으로 《종교 백과사전Encyclopedia of Religion》을 들 수 있다. 책의 2005년도 판에 수록된 음식 관련 첫 번째 표제어는 종교적 "음식 관습food customs"이다. 하지만 그 검토 범위는 "식사계율, 금기 음식food taboos, 그리고 그것들을 만들어낸 종교와 사회 환경"에 한정되어 있다. 그 내용이 꽤 폭넓은 영역을 다루고 있지만, 고대의 금기taboo에서 시작해 근대의 금주를 거쳐 현대의 채식주의로 끝맺는 구성은 글이 음식과 종교의 관계를 주로 어떻게 —얼마나 제한적으로— 이해했는지를 잘 보여

준다.[3]

　존경받는 음식학자 E. N. 앤더슨Anderson은 음식과 문화에 관한 입문서에서 종교와 관련된 장 하나를 거의 금기만을 설명하는 데 할애한다.[4] 앤더슨이 그것을 설명하는 데 한 장을 온전히 다 바쳤다는 것은 매우 주목할 만하다. 또 하나의 경향은 종교를 아예 무시하거나, 아니면 종교에 대해 매우 특별한 것으로 이야기하는 것이다. 미국에서 음식을 연구하는 많은 학자의 입문서로서, 음식에 관한 가장 훌륭한 논문집 하나에는 종교공동체, 신성한 공간, 축제일과 관련된 식생활과 조리법을 연구한 논문들이 수록되어 있지만, 논문집은 그것들의 종교적 맥락이나 특징에 대해서는 대부분 전혀 주목하지 않는다.[5] 사정은 음식과 관련된 언론과 대중을 상대로 하는 글에서도 마찬가지다. 한 존경받는 음식저술가는 음식이 "더 광범위한 문제들 특히 섹슈얼리티와 관련된 문제를 밝히기 위해" 지금까지 어떻게 사용되었는지를 입증하기 위해 우파니샤드Upanishads*와 성경을 인용한다. 그럼에도 그는 종교에 대해 한 마디도 언급하지 않는다.[6]

　종교와 음식의 관계는 성별sex과의 관련성 때문에 그 의미가 퇴색되는 것을 넘어(하지만 실제로 대개 성별과 무관하지 않다) "유해한 영향bad influence을 끼치는 것"으로 의미가 격하되었다. 이러한 현상은 미국에서 특히 그러하다. 미국에서 음식에 관한 책들은, 학술서와 대중서를 불문하고, "유해한 음식bad food"을 모두 "청교도주의Puritanism"의 "죄의식에 차고guilt-ridden", "원죄의식에 사로잡힌sin-obsessed" 종교적 역사 탓으로 돌린다. 몇 년 전, 음식과사회연구협회의 그룹 메일 시스템에 연구 프로젝트 하나를 공지했을 때, 내게도 그런 일이 일어났다. 내가 지지하지는 않지만 연구가 필요한 어떤 종교 현상에 대해 매우 조심스럽게 설명했음에도, 사람들이 보인 반응은 신랄했다. 부모님이 "유대인 채식주의 집단"의 회원인 어느 학자는 금식(내가 공지한 연구 프로젝트의 주제가 아닌)에 대해 여러 차례 의문을 제기하고, 종교와 "불편한" 관계에 있는 "음식인food people"에 대해 공감을 표시하는 한편으로 주의를 부탁하면서 종교의 폐해에 대해 매우 통렬하게 비판했다.

---

* 기원전 3세기에 만들어져 신·우주·사람의 이치 등 힌두교의 철학사상을 나타내는 일군의 성전.

금기와 금식이 중요한 연구 주제임은 틀림없는 사실이며, 그것들에 관해 연구할 내용은 앞으로도 무궁무진할 것이다. 종교, 음식, 그리고 성별 좀 더 자세히 말하자면 젠더의 역할은 확실히 매우 유익한 탐구 분야다. 이것은 오늘날 음식과 종교에 관한 연구에서 음식 금기 다음으로, 종종 거의 같은 수준으로 인기 있는 주제다. 물론, 종교적 현상은 아주 특별한 것으로 해석될 수 있으며 비판적으로 검토할 가치가 있는 부정적 결론으로 이어질 수 있다. 하지만 그렇다고 해서, 종교인들의 식생활을 곰곰이 생각할 때 그와 같은 주제들까지 모두 검토해야 하는 것은 전혀 아니다.

　　우리는 우리 자신이 종교 문제의 전문가가 아니라는 사실을 부끄러워할 까닭도 없으며, 우리가 굳이 그 문제를 떠맡을 필요도 없다. 그보다는 오히려 종교학자들이 음식과 종교 문제를 검토하는 자리에 더 많이 참석할 필요가 있다고 생각한다. 많은 음식과사회연구협회 회원이 앞서의 설명처럼 경계하는 반응을 보이는 가운데, 나는 종교학 분야에서 여러 학문과 비교연구를 하는 회원을 딱 한 사람 찾을 수 있었다. 우리는 서로 더 자주 점심을 먹어야 했다. 실제로 종교학 분야의 연구는 자주 언급되는 "여러 학문들을 비교한[학제적學制的]interdisciplinary"보다는 "여러 학문을 종합한[다학제적多學制的]multidisciplinary"이라는 표현이 더 정확하다. 그 연구는 대부분 특정한 종교 전통에 초점을 맞춘 다양한 방법론과 하위 분야로 구성되기 때문이다. 음식에 관해 연구하는 한 불교학자는 동일한 주제로 연구하는 이슬람학자의 연구에 대해 적어도 그것이 발표되기 전까지는 전혀 모르고 있을 수도 있다. 음식과 종교에 관한 그 많은 연구 논문이 대체로 유익한 정보는 많지만 설명이 너무 빈약한 이유가 바로 여기에 있다.

　　종교학자들—그리고 우리에게 종교와 음식에 관한 정보를 주리라고 기대할 수 있는 사람들—이 부닥치는 문제 하나는 우리 모두가 동의할 수 있는 통일된 한 가지의 종교 조리법이 없다는 사실이다. 심지어 우리가 동의한다고 해도 그것은 결국 섣부른 게 되고 말 것이다. 종교학에서는 일반적으로 종교를 "의미를 만드는 한 과정mean-making process"으로 가정하기 때문에, 학자들은 종교의 물질적 또는 실천적 측면보다 분석적이고 추상적인 측면을 중시한다. 종교적 관행에서 음식과 같은 주제를 다룰 때 균형 있는 연구 자세는 보이지 않는다. 주요 종교이론가들은 자신들이 다루는 주제가 음식과 관련이 있을 때에도 식생활을 이해하는 것과 관련해서는 어떤 지표도 제공하지 않았다. 캐럴라인 워커 바이넘의 중세 여성과 음식에 관한 연구는 종교학에서 보기 드문 역작이다. 그것은 다른 학문 분야들과 마찬가지로 종교의 다양한 하위 분야에서 음식학자들에게 귀감이 되는 접근방식을 대변한다.[7]

종교학의 원칙 하나는 본질적으로 비교를 기반으로 한다는 것이다. "오직 한 가지 종교 전통만 아는 것은 그 어떤 전통도 알지 못하는 것이다." 부분적으로 조너선 Z. 스미스Jonathan Z. Smith 같은 학자들이 앞장서서 주장한 것처럼, 여러 종교 전통과 역사적 맥락을 고려하며 연구하는 것에 관심이 있는 종교학자들은 비교의 위험에 대해, 자신들의 주제들을 보편화하고 심지어 요점만 추출하는 "폐해evils"에 대해 경각심을 갖게 되었다. 이러한 경각심은 당연한 우려지만, 그것은 또한《종교 백과사전》이 추정하는 것보다 종교와 음식에 대해 더 많이 이야기하는 것을 주저하게 만들었을 수 있다. 음식은 종교에서 중요한 요소이며, "인간humanity 그 자체만큼이나 다채롭다."[8]

따라서 우리는 1995년《미국종교학회지Journal of the American Academy of Religion》에 실린 마야인Mayan[Maya peoples, 중앙아메리카(메소아메리카)의 아메리카 토착민의 일족], 수피교도Sufi[이슬람교의 신비주의적 종파]에 이르기까지, 세파르디인Sephardi[스페인과 북아프리카계 유대인]에서 아프리카계 미국인 기독교도에 이르기까지 다양한 종교 전통의 음식을 연구한 초기(그리고 지금도 유용한) 논문들의 영향권에서 멀리 벗어나지 못했다.[9] 하지만 이때부터 몇 년 동안《미국종교학회지》에 발표된 종교적 식생활 논문들에는 희망의 씨앗이 있다. 첫째, 그 논문들은 종교학자들이 음식에서 새로운 의미를 발견할 수 있는 지표들을 제공한다. 2010년 미국종교학회 정기총회는 중국 종교와 페미니스트, 의례 연구 관련 각종 회의를 위해 음식에 관한 논문들을 요청하면서 "음식, 정의, 그리고 지속가능성Food, Justice, and Sustainability"을 주제로 예비 회의 워크숍 개최를 홍보했다. 미국종교학회의 "종교, 음식, 그리고 식사Religion, Food, and Eating" 세미나는 2007년에 처음 개최되었고 2012년에 막을 내리면서 그 성과로 북아메리카의 음식과 종교에 관한 책 한 권을 남겼다.[10]

우리는 곧 한계에 이를지도 모른다. 여러 학자의 공동연구와 토론회를 통해 더 많은 정보가 모이고 처리될 때, 우리는 비로소 종교 관련 음식 현상에 대한 더 세밀한 설명뿐 아니라 종교적 식생활과 종교 시대에 대한 이해를 더욱 넓힐 수 있는, 음식에 대한 철저한 비교분석과 새로운 사고방식을 기대할 수 있다. 의례 연구ritual studies와 의식 연구는 특히 기대가 높은 분야다. "종교적 차원에서의 음식"이라는 내용으로 발행된 《의례학지Journal of Ritual Studies》를 편집한 필립 P. 아널드Philip P. Arnold는 다음처럼 설명한다. "학자들은 음식을 통해 일상적인 것과 우주적인 것을 오간다." 식생활은 온갖 종교적 경험과 관련이 있는 만큼 종교적 연구 대상에 포함되어야 한다. 종교에 대해 생각할 때 음식을 함께 고려하는 것은, 아널드의 주장처럼, 종교학의 연구 주제를 더욱 명확하게 이해할 수 있도록 해준다.[11]

그렇게 될 경우, 종교학자들은 자신들이 연구하는 것에 적극적으로 함께 참여할 다른 동료학자들을 발견할 수도 있다. 지난 몇 년 사이에, 종교적 식생활에 대한 걷잡을 수 없는 향수와 더불어 종교와 음식에 관한 보다 더 진지하고 균형 잡힌 설명이 여러 신문과 잡지에 등장했다. 종교 공동체를 비난하거나 이상한 집단으로 몰지 않는 기사를 [미국의] 《개스트로노미카["미식"]Gastronomica》나 《사브어["맛"]Saveur》 같은 [식문화/미식] 잡지에서 발견하기는 이제 흔한 일이다. 음식의 영적spiritual 측면이라고 하는 것에 대한 관심이 다시 새롭게 주목받고 있다. 전통 종교의 윤리와 관습이 새롭게 논의되는 현실은 "음식혁명food revolution"의 최근 양상이다.[12]

하지만, 종교학에서 내놓는 연구 결과는 점점 더 많아지는 반면에 그 연구 결과의 중요성에 대한 인식 수준은 아직 높아지지 않았다. 2009년 겨울, 음식과사회연구협회 메일시스템에 종교와 음식에 관한 새로운 강좌 개설을 위해 자료를 요청하는 글이 하나 올라왔다. 어떤 사람이 옛날 것이지만 아직 유용한 음식 관련 인류학 자료와 몇 가지 흥미로운 문학 사례를 제시했다. 종교학 쪽에서는 앞으로 신앙 전통과 관련된 음식 논문 선집이 한 권 나올 것이라는 점 말고는 별다른 언급이 없었다. 따라서 이 [나의] 글이 종교학 분야에서 나온 글들을 중심으로 그런 요구사항에 대한 하나의 큰 줄기를 잡는 답변이 되기를 바란다. 이 가운데 많은 부분은, 교양 과정을 듣는 학생 또는 종교에 대한 배경지식이 없지만 음식에 관심이 있는 일반인보다, 전문 연구자에게 더 유용할 것이다. 여기서 나는 할 수 있다면, 그들이 어디서부터 연구를 시작할지 그 "출발 장소들"을 알려줄 것이다. 또한 종교학이든 다른 학문 분야든, 종교학에 전문 지식이 있는 사람들에게 그들의 연구와 관련이 있는 식생활 연구를 소개하는 것이 이 글의 목적이기도 하다. 인류학은 지금도 여전히 여러 전통과 역사적 맥락을 연구하는 것 이상을 제공한다.

하나의 주제와 관련된 논의를 더 좋아하는 사람들에게는 미안한 일이지만(앞서 언급한 세 가지—사회적 정체성, 음식 제한, 젠더—는 거의 모든 경우에 가장 중요한 요소이며 서로 뒤얽혀 있다), 나는 종교적 식생활에 관한 논의를 할 때 주요 종교 전통들을 비교연구 하는 것이 합당하다고 생각한다. 종교적 식생활의 범주 구분은 그 자체가 논란이 분분하다. 식생활 분석은 서로의 경계를 명확히 할 수도 있지만 반대로 더 모호하게 할 수도 있다. 그러나 힌두교, 불교, 이슬람교, 유대교, 기독교는 종교인들이 향연 음식을 나누어 먹고 금식을 하는 것과 같은 종교적 식생활을 연구하는 학자들에게 가장 중요한 기준이 되는 구성체로 남아 있다. 그래서 다음에서 설명하는 것은, 음식과 종교에 관한 정보가 몹시 간절한 사람들에게는 확실히 풍족한 먹을거리지만 특정한 종교 전통에 관심이 있는 사람들에게는 별로 만족스럽지 않은 요리가 이것저것 이어 나오는 꼴일 수 있다. 그렇다고 이것이 균형 잡힌 논의라고는 말할 수 없는데, 모든 종교에 대해 동등하게 주의를 기울일 수는 없었기 때문이다. 어떤 경우에는 실제로 지금까지 영어로 발표된 모든 것을 다 언급한다. 하지만 종교 전통에 따라 거기서 안 맞는 것도 있는 만큼 [독자의] 취사선택이 필요하다.

여기서 다루는 거대한 종교 전통들의 범위 밖에 있는 연구들에 대해 언급하지 못하는 것은 나의 태만 때문일 수 있다. 인류학자 애나 메이그Anna Meig의 뉴기니의 종교에 관한 연구와 함께, 아널드의 아즈텍 문화와 그곳의 식민지 통역자들에 관한 《식사 풍경Eating Landscape》(1999)은 그 주제 자체로서 뿐 아니라 여러 학문(고고학, 언어학, 종교사, 지리학)을 종합해 분석한 보기 드문 연구라는 점에서도 매우 중요한 문헌이다. 더글러스의 제자 윌리엄 K. 파워스William K. Powers와 말라 M. N. 파워스Marla M. N. Powers의 오글라라Oglala 부족*의 음식 의례에 관한 구조 분석

---

* 미국 중앙대평원 북부 사우스다코타주州 파인리지인디언보호구역Pine Ridge Indian Reservation에 사는 라코타족Lakota(아메리카 원주민)의 하나.

또한 종교와 음식 관련 필수 도서 목록에 등재되어야 마땅하다.[13]

　음식에 주목하지는 않지만 음식을 종교적 표현의 필수 요소로서 다루는 몇 몇 종교학 연구서는 매우 중요한 자료다. 식생활과 종교에 관심이 있는 사람이라면 누구라도 로버트 오시Robert Orsi의 《115번가의 마돈나The Madonna of 115th Street》 (1986), 캐런 매카시 브라운Karen McCarthy Brown의 부두교 사제 《마마 롤라Mama Lola》(1986)에 관한 연구, 또는 데이비드 카라스코David Carrasco의 《희생의 도시: 아즈텍 제국에서 오늘날 아메리카대륙에 걸쳐 자행된 폭력City of Sacrifice: Violence From the Aztec Empire To the Modern Americas》(1999)을 들어보았을 것이다.[14]

　역설적이지만 지나치게 종교적 색채를 띤 책보다 식생활을 통해 종교적 내용을 세속적으로 표현한 책이 독자들의 사랑을 더 많이 받았다. "구원받기 위해 금식하는" 사춘기 소녀, 시음과 조리를 종교적으로 행하는 와인감정사와 미식가, 자신들의 개혁 의제를 정당화하기 위해 기독교의 신학적 미사여구를 사용하는 세속적 채식주의활동가들은 자신들이 그리는 종교 전통과 자신들이 따르는 식생활 사이의 경계뿐 아니라 기존 종교적 개념들의 범위도 확장한다.[15]

힌두교와 음식

　힌두교에는 3억 3,000만 개 안팎의 신이 있다고 한다. 하지만 힌두교의 음식은 그 이상으로 다채롭고 풍부하다. 힌두교 전통에 익숙하지 않는 사람들에게 힌두교의 중요한 음식 관련 주제들을 소개하는 훌륭한 자료로서, 본보기가 되는, 《음식과 문화 백과사전Encyclopedia of Food and Culture》(2003)에 들어 있는 라자 디크시타르Raja Deekshitar의 글을 들 수 있다.[16] [이 편집서의] 연구자들은 힌두교의 매우 다양한 식생활 외에도 인도의 토속종교인 자이나교Jainism*에서 유래된 다양한 음식 전통을 만난다. 또한 [힌두교] 이주민들의 거주 지역에서 전해진 각종 전통

---

* 기원전 6세기 무렵에 마하비라Mahāvīra가 일으킨 비非브라만Brahman 계통의 무신론 종교. 베다의 교권을 부정하고 엄격한 계율 생활과 불살생, 고행의 실천을 중요시하며, 바른 믿음正信, 바른 지식正知, 바른 행동正行의 삼보三寶를 기본 체계로 삼는다.

까지 더해지면서 훨씬 더 풍요로운 연구 분야가 형성된다.

지금까지 힌두교 음식 전통에 관한 연구는 특정한 맥락에 상관없이 음식 제한과 금욕주의에 집중하는 경향이 있었다. 그리고 특별한 문제―지역적이든 종파적이든―를 다루는 것은 여태껏 학문 연구의 흐름이었다. R. S. 카레R. S. Khare가 지적한 것처럼, 힌두교의 음식에 관한 "포괄적" 연구는 "부족"한 것이 현실이다.[17] 종교학자들을 비롯한 여러 분야 학자들이 "더 작은" 상황들에 대해 놀랄 정도로 매우 흥미로운 다양성과 적극적인 해석에 관심을 보이는 상황에서, 이런 현실은 정말 서글픈 역설이다. 카레에 따르면, 힌두교에서 안나anna(음식)는 모든 것을 아우르기 때문이다. 안나는 "핵심이 되는 철학 사상, 종교 가치, 의례 전통을 독특한 도덕 질서, 도덕경제, 계급 관습, 의례 절차와 하나로 엮는다."[18]

카레는 힌두 문화―더 넓게 말해 인도 문화―와 그 주된 식생활 관습을 포괄적으로 살펴보는 것을 자기 필생의 연구로 삼았다. 음식학자 가운데 이처럼 복잡하고 다면적인 주제에 대해 그만큼 포괄적 지식을 훌륭하게 다룰 줄 아는 사람은 드물다. 카레는 종교적 상징에서 사회계급과 농업 정책에 이르기까지 광범위한 주제에 대한 다양한 저술과 학술지 기고를 통해, 머릿속의 음식과 실제의 음식 사이 균형을 유지하고, 관습의 다양성을 인정하되 현존하는 실체들 속에 옛사람의 사상과 전통이 녹아 있음을 상기시키려 애쓴다. 그리고 그는 "힌두 세계"에서 음식의 의미와 관습에 "포괄성comprehensiveness"이 있다고 늘 주장한다. 그의 연구 가운데 일부는 오늘날 시대에 뒤떨어진 구조주의적 접근방식을 쓰지만, 일련의 복잡한 종교적·사회적 요소가 얽히고설킨 다양한 사회적 관계를 이해하는 데 그것은 여전히 유용하다. 카레가 지적하는 것처럼 안나를 통해 종교의 역사를 접근하는 방식이 매우 "희귀"하다는 점을 고려할 때, 그의 연구는 힌두교 맥락에서 음식과 종교를 연구하는 데 관심이 있는 사람들에게 여전히 최상의 출발점이다.[19]

음식 그 자체에 대한 연구는 아니지만, 샤를 말라무Charles Malamoud의 베다* 문

---

* Vedas. 인도 바라문교 사상의 근본 성전이며 가장 오래된 경전. 기원전 2000년부터 기원전 1100년에 이루어졌으며, 인도의 종교·철학·문학의 근원을 이루는 것으로 리그베다Rig-Veda, 야주르베다Yajur-Veda, 사마베다Sāma-Veda, 아타르바베다Atharva-Veda의 네 가지가 있다

헌에 나타난 희생과 그 관련 의례 행위 연구는 식생활과 관련된 은유와 의식 절차의 영향력을 뒷받침하는 논거로서, 음식학자들이 당연히 주목할 내용이다. 이뿐 아니라 근본적으로 고대 우주론에 따르면, 브라만은 음식을 "조리cooked"해 세상 만물이 존재하게 만들었다. 이런 점에서, 말라무는 의례 활동과 정체성의 많은 측면을 상징하는 핵심 은유로서 조리 행위가 발전하기 시작한다고 주장한다.[20]

특정한 환경에 있는 사회적, 경제적, 종교적 요소를 이해하는 수단으로 식생활의 중요성에 초점을 맞춘 학자도 여럿 있다. 카레와 M. S. A. 라오M. S. A. Rao가 편집한 논문집에 실린 캐럴 아파두라이 브레켄리지Carol Appadurai Breckenridge의 논문이 바로 그런 예로, 14세기부터 17세기까지 남인도 원주민의 순례 중심지에 관한 연구다. 또한, 남인도를 배경으로 타밀족Tamil* 브라만 계급들의 "음식정치학gastro-politics"에 관한 아르준 아파두라이의 분석은 종교와 음식의 조합이 사회적 관계와 경계를 구성하는 데 작용하는 복잡하고 때로는 상충하는 방식들을 꿰뚫어볼 수 있는 통찰력을 제공한다. 인도 자이푸르Jaipur 지역의 자이나교도에 관한 제임스 레이들로James Laidlaw의 책은 오늘날 또 다른 중요한 연구 사례다.[21]

자이나교는 음식 연구의 대상임이 틀림없다. 특히 아힘사ahimsa 즉 암소든 뿌리채소든 그 어떤 형태의 생명체도 살생을 금지["불살생不殺生"]하는 규율에서 비롯하는 음식 제한과 그것을 통해 개인의 순수성뿐만 아니라 공동체의 순수성을 유지한다는 사실을 볼 때 더욱 그러하다. 또 다른 한편에서 [농업과 목축의 신] 크리슈나Krishna[Kṛṣṇa]를 열성적으로 추종하는 신자들이 벌이는 축제는 음식학자들의 관심을 끌었다. 폴 투미Paul Toomey는 북인도(브라즈Braj)의 한 크리슈나 순례지에서 축제 음식을 나누어 먹는 관습의 역할에 대해 면밀히 살펴보고, 크리슈나 신을 믿는 서로 다른 두 종파의 식생활과 그것의 의미를 비교분석 했다. 엘리엇 싱어Eliot Singer가 1984년에 발표한, 미국의 크리슈나 신도들이 생각하는 음식에 대한 다양한 의미 특히 복음 전파에서 음식 사용의 의미에 관한 논문은 다원적 종

---

* 인도 동남부와 스리랑카 동북부 등지에 사는 드라비다족의 한 분파. . 타밀어를 사용하고 힌두교를 믿으며 카스트 제도를 지니고 있다.

교 환경에서 식생활, 이주, 종교적 정체성과 표현의 복잡한 관계를 이해하기 위한 입문 자료로서 여전히 유용하다.[22]

그것은 현재도 논의가 진행 중인 주제다. 최근에도 새로운 맥락 속에서 발전하고 있는 인도 원주민의 다양한 전통에서 식생활이 수행하는 역할에 관한 수많은 논문이 나왔다. 하지만 그 대부분이 아직 서론 수준이며 분석보다는 설명에 치중하는 편이다. 좀 더 높은 수준의 조사와 연구를 기대하지만, 그 가운데는 음식을 공동체 형성 및 정체성 보전과 관련해 생각하는 참신한 접근방식을 시도하면서 일반인들도 쉽게 이해할 수 있는 훌륭한 논문들도 있다. 영국과 뉴질랜드의 구자라트 공동체에서 중시하는 음식 기적의 의미에 관한 마틴 우즈Martin Woods의 논문과, 롤랑 바르트의 저작에서 차용한 이주민 자이나교도들의 "이산자diaspora 음식의 기호학"에 관한 앤 밸리Anne Valley의 연구가 바로 그런 예다. 또한, 미국 조지아주 애틀랜타Atlanta의 다양한 전통을 가진 이주민들이 만든 사원 공동체들의 식생활 전파에 관한 캐스린 매클리먼드Kathryn McClymond의 논문도 흥미롭다. 다양한 인도의 전통뿐 아니라 미국 남부의 유력한 기독교 문화를 이어가는 인도의 전통들이 서로 뒤섞이는 과정(저마다 조금씩 음식을 들고 와서 함께 나누어 먹는 힌두교도들의 식사 관습인 포트럭 디너potluck dinner!)에 대한 그녀의 설명은 사람들의 마음을 사로잡는다.[23]

지금까지 언급된 연구들은 대체로 사원 참배나 공적 식생활에 초점을 맞춘다. 그러나 개별 가정 공간과 여성들이 대개 주 행위자인 장소에서 일어나는 음식과 종교의 "사적" 측면 또한 똑같이 중요한 부분이다. 이러한 분야에서 뛰어난 역작으로, 여성 힌두교도들의 주기적 금식이 수행하는 매우 복잡하고 강력한 역할에 관한 앤 매켄지 피어슨Anne McKenzie Pearson의 책을 들 수 있다. 또한 학술 연구서는 아니지만, 벵골의 음식 관습에 관한 치트리타 배너지Chitrita Banerji의 생생하고 세밀한 회고는 인도를 비롯한 여타 지역의 여성들을 위한, 음식과 종교의 강력한 조합(과 유용한 강의 도구)에 관심이 있는 사람들의 필독서다.[24]

불교와 음식

여러 판본의 《전좌교훈典座敎訓, Instructions for the Tenzo》*을 비롯해 선승이자 요리사인 에드워드 에스페 브라운Edward Espe Brown이 쓴 요리책에 이르기까지, 불교 (꼭 선종禪宗, Zen만을 말하는 것은 아니다)와 음식에 대한 대중의 관심은 매우 크다. 그렇다면 그것에 대한 학계의 관심은 어떠한가? 앞서 언급한 카레와 라오의 논문집에 수록된 관련 글들 말고도, 일본에서 쌀밥의 의미에 관한 에미코 오누키-티어니Ohnuki-Tierney[일본명 오누키 에미코大貫惠美子]의 연구는 종교학자들로 하여금 시간을 가로질러 음식과 세계관에 대해 면밀히 검토할 필요성을 느끼게 했다.[25]

불교와 음식에 관해 전반적으로 훑어보기를 원하는 사람들에게는 아마 《음식과 문화 백과사전》에 실린 페니 밴 에스테릭Penny Van Esterik의 글이 최적의 출발점이 될 것이다. 또 다양한 문화의 음식에 관한 그린우드Greenwood [출판사의] 시리즈의 일부로서, 그녀가 저술한 동남아시아 음식에 관한 책은 그 지역의 종교적 식생활을 포함해 음식과 관련된 모든 것을 두루 살펴볼 수 있는 훌륭한 입문서다. 그녀는 또한 타이 불교에서 일상생활의 한 중요한 측면을 매력적으로 보이게 하거니와 여성들의 권한이 거의 없는 것처럼 보일 수 있는 종교 공동체에서 여성의 영향력과 음식에 관한 최고의 논문들 가운데 하나를 제공한다.[26]

그러나 언급한 서적 대부분은 거의 20년 전 것들이다. 음식과 불교를 전문적으로 다루는 수많은 학술 논문과 논문 발표회로부터 자극을 받지만, 음식과 불교에 관한 전면적 연구는 아직 미흡하다. 각별히 촉망되는 두 접근방식이 최근 연구에서 나타나고 있다. 첫 번째는 특히 다원적 맥락 즉 여러 종교가 경쟁하는 상황에서 종교적 정체성을 표현하는 하나의 수단으로서 서로 다른 종교 전통 간의 관계와 식생활을 살펴보는 것이다. 엘런 포스먼Ellen Posman은 오늘날 미국에서 식사에 대한 우려를 공통적으로 느끼는 많은 사람에게 음식이 어떻게 유대교와 불교를 이어주는 경로를 제공하는지 보여준다.[27] 캐서린 E. 울리

---

* 일본 도겐道元 선사(1200~1253)가 송나라를 방문해 무명의 선승을 만나 나눈 이야기를 기록한 것으로, 수행자가 지켜야 할 생활규칙 특히 수행자의 식생활에 대한 교훈을 서술한 책.

히Katherine E. Ulrich의 6세기부터 11세기까지 남인도의 힌두교도, 불교도, 자이나교도 간 식이요법 논쟁("음식 싸움food fight")에 관한 논문은 고대 문헌들을 의욕적으로 엄격하게 해석하고, 여러 전통의 형성 과정과 그것들을 다각도로 정의하기 위해 식생활을 적극 검토 한다. 울리히에 따르면, 이런 맥락에서 식이요법의 차이는 이 새롭게 부상하는 종교 문화들 간의 "경계 짓기 과정the process of building boundaries"을 "중앙 무대"로 가져왔다. 그녀는 "그것들['식이요법의 차이']은 용납할 수 없거나 비난받을 만하다고 생각하는 것들을 공격함으로써, 거꾸로 수용할 수 있거나 더 나아가 칭찬받을 만한 것들을 은연중에 강조했다. 그것들은 실제로든 머릿속으로든 다른 공동체를 비난함으로써 자기네 공동체를 만들어나갔다"라고 추정한다.[28]

두 번째로, 아널드가 타이 불교의 음식에 관한 논문에서 현실과 "이데올로기" 사이의 관계를 규명한 연구는, 카레가 언급하듯, 종교사 연구에서 "매우 보기 드문" 접근방식을 사용한 사례다. 그는 카레가 주창한 포괄적 접근방식에 가까운 연구 방식을 타이 불교에 적용한다.[29] 주로 중앙아메리카의 종교 전통 전문학자로 연구방법론에도 일가견이 있는 아널드는 "음식을 먹고 나누어주는 것과 관련해 종교의식, 신화, 교리, 민간신앙을 통합하는 일관된 종교관"을 발견하기 위해 타이 불교의 "이질적인" 이론적, 의례적 맥락을 면밀하게 살핀다.[30]

이슬람교와 음식

이슬람 문헌과 전통에서 식생활의 강조와 거기서 중요하게 생각하는 다양한 문화적 환경에도 불구하고, 지금까지 이슬람 문화의 종교 및 식생활과 관련해 우리가 쉽게 이해할 만한 학문적 연구 성과는 거의 없다. 이슬람 율법과 신학에서 음식을 어떻게 다루는지에 관심이 있는 사람들에게 추천할 만한 논문이 조금 있는데, 대부분이 이슬람교도의 정체성 형성을 위해 이러한 문헌들과 그 해석의 중요성을 강조하는 것들이다.[31] 이슬람교와 음식에 관한 일반적 입문서가 필요한 사람들에게는 《음식과 문화 백과사전》에 실린 폴 필드하우스Paul Fieldhouse의 글을 먼저 읽어볼 것을 권한다.[32]

금식이 이슬람교를 떠받치는 다섯 기둥 가운데 하나이며 종교와 음식에 관한 연구가 대개 음식 제한을 중시하는 경향이 있음을 감안할 때, 필드하우스의 글은, 놀랍게도 이슬람교에서는 음식을 먹는 것과 음식을 금하는 것 사이의 균형을 강조하고 있다고 주장한다.* 이와 같은 균형은 본디 음식과 관련된 이슬람 교리에도 나오지만, 이슬람교도─특히 라마단과 관련된 "비공식적" 전통을 수행하는 소수자 집단과 여성 이슬람교도─가 "공식적" 전통뿐 아니라 자신들이 처한 사회적 환경을 절충하는 복잡한 과정에서 비롯하는 결과이기도 한다. 발레리아 호프먼Valeria Hoffman의 수피파와 음식에 관한 논문은, 코란Koran**과 하디스hadith***에 대한 수피파의 해석이 음식을 조리하고 대접하고 금식하고 나누어 먹는 형태로 자선의 균형 잡힌 배합을 낳는다고 역설한다. 그녀의 주장에 따르면, 모든 것은 알라신에게 감사함으로써 하나로 연결되었다. (어쨌든, 수피파의 다채로운 음식 전통을 잘 모르거나 식생활과 관련된 창의적 강의 자료를 찾는 사람들이라면, 캐슬린 세이들Kathleen Seidel의 온라인 수피교도 요리책과 아트 갤러리를 반드시 보기 바란다.)[33]

어쩌면 지금까지 특정 환경에 있는 이슬람교도의 식생활을 가장 잘 분석한 논문일지도 모를, "올드델리Old Delhi"****의 이슬람 축제에 관한 크리스토퍼 머피Christopher Murphy의 연구는 이슬람교도 내부에서든 "이슬람교도가 아닌 이웃" 사이에서든, 축제가 이슬람 소수자 집단의 정체성과 공동체 문제를 어떻게 잘 절충해 극복해나가는지 설명한다. 경건함, 명예, 환대, 자선이라는 이슬람 가치들이 각양각색의 축제들에서 다양한 조합을 통해 강조된다. 예컨대 명예와 환대는 결혼식 행사에서 강조되고, 경건함과 자선은 라마단 금식이 끝나고 먹는 음식에서 강조된다. 음식 나누어 먹는 전통과 금식하는 전통에서 이러한 가치의

---

* 이슬람교의 지주支柱가 되는 기본 원리인 다섯 기둥(arkān-al-Islām, 5대 의무)은 신앙고백(샤하다shahādah), 기도 혹은 예배(살라트salāt), 자선의 의무(자카트zakāt), 라마단의 금식(사움Sawm), 성지 순례(하즈Hajj)를 말한다.
** 이슬람교의 경전. 이슬람교의 창시자 무하마드Muhammad[마호메트Mahomet]가 천사 가브리엘을 통해 받은 알라의 계시 내용과 계율 따위를 기록한 것으로, 이슬람교도의 신앙뿐만 아니라 일상생활의 규범을 서술하고 있다. "꾸란Quran"이라고도 한다.
*** 무함마드의 언행록. 코란에 다음가는 이슬람 경전으로 인정받고 있다.
**** 뉴델리와 함께 인도의 델리를 구성하는 지역. 뉴델리 북쪽에 있으며, 과거 무굴제국 당시 수도 기능을 했던 곳이다. 샤자하나바드Shahjahanabad라고도 불린다.

균형은 또한 각종 모순적 상황을 표현하는 동시에 해결함으로써 이슬람교도가 사회에서 어떤 자리에 있어야 할지를 중재하는 역할을 한다. 일례로, 제물을 바치는 의식은 북인도 이슬람교도들과 똑같은 의식을 거행하는 모든 이슬람교도를 동시에 하나로 묶는다. 그러나 이슬람 공동체는 제물로 바친 고기를 자기 가족뿐 아니라 자선이라는 가치 실현을 위해 비非이슬람교도 이웃과 가난한 사람들에게 나누어주는 행위를 통해 이슬람교의 정체성을 뛰어넘어 더 널리 퍼져나간다.[34]

이슬람 여성들의 금식 관습이 보여주는 정신적·사회적 역학 관계는, 힌두교와 불교에서와 마찬가지로, 학자들의 주목을 받았다. 모로코 여성들의 라마단 활동에 관한 인류학자 마르요 바위텔라르Marjo Buitelaar의 연구에서, 금식은 "남성들이 주인공처럼 보이는" 대부분의 이슬람교 의식보다 여성들에게 "더 분명한" 공적 표현으로 두드러진다. 그러나 금식 기간에 여성들의 리더십 가운데 많은 게 음식을 조리하고 나누어주는 것, 그리고 여기에 더해 잠시 금식 중단이 허용된 때와 금식을 종료했을 때의 식사와도 관련이 있다. 음식 나누어 먹기와 금식 사이의 균형은 이슬람 여성들의 "평소" 사적 역할과 라마단 기간의 "예외적인" 공적 역할의 배합에서도 드러난다. 이슬람 여성들이 음식을 나누어주기 위해 집 밖으로 나가거나 "라마단 음식을 교환하는 것"은 여성들을 공적 영역에 두는 "지역 관습"이다. 그것들은 또한, 바위텔라르의 주장에 따르면, "'공식적' 이슬람 율법을 뛰어넘지만 율법과 충돌하지는 않는 비공식적 여성들의 이슬람 문화"의 사례다.[35]

많은 아프리카계 미국인의 이슬람교 수용은 음식 상징주의가 어떻게 지속될 수 있고 또 바뀌거나 폐기될 수 있는지를 잘 보여주는 흥미로운 사례다. 식생활, 정치적 수사, 정체성에 관한 도리스 위트Doris Witt의 역작 《검은 기아Black Hunger》는 "소울푸드soul food"가 지배적 인종차별주의 기독교 문화뿐 아니라 흑인 남성들의 거세와 갖는 관련성을 밝힌다. 일부 이슬람교 지도자들은 위생에 대한 우려를 말하면서, 압제자들과 공모해 자기 남성들을 삶아 죽인 흑인 여성들을 비난했다. 2004년 《문화인류학Cultural Anthropology》지에 실린 한 논문은 아프리카계 미국인 개종자들이 "서양의" 물질주의와 건강에 유해한 식사 관행뿐 아니라 "소울푸드"로 상징되는 "노예제의 유산"을 스스로 극복하기 위해, 순

결을 강조하는 이슬람 교리에 따라 음식을 먹는 것을 어떻게 이해하는지 상세히 살핀다.[36]

유대교와 음식

고대 히브리 민족 식사계율의 기원에 대해서는 다른 어떤 종교의 음식 관련 주제보다 더 많은 이야기가 오갔다. 그러한 논의는 대개 종교 연구 밖에서 이루어지고 방법론적 난제들과 부딪치면서 차곡차곡 준비 작업을 꾸준히 해왔다.[37] 대체로 종교학자들은 축산·보건·경제에 초점을 맞추는 물질주의적 설명을 피하고, 특정한 동물, 대체로 돼지고기의 섭취를 금지하는 것과 고대 히브리 문화에서 준수된 기이한 것들에 대한 특별한 혐오 사이의 연관성을 주장하는 더글러스의 이론을 대략 따랐다. 더글러스 자신도, 다른 학자들과 마찬가지로, 시간이 흐르면서 자신의 기존 이론을 새롭게 전개하기도 하고 심지어는 폐기하기도 했다. 제이컵 밀그롬Jacob Milgrom(과 더글러스의 개정판)은 돼지의 갈라진 발굽 같은 기이한 것들에 초점을 맞추던 것에서 피를 삼키거나 송아지를 제 어미 소의 젖으로 삶는 것을 금하는 것 같은 [유대교] 율법에서 금지하는 행위들의 배경이 되는 "윤리적, 인도주의적 원칙"으로 시선을 돌렸다. 그러나 오늘날 일반적으로 대다수는 유대인의 식사계율이 타민족과 구별되는 신성사회로서 고대 히브리 민족의 자기이해 기틀이 되는 신성함과 순결의 개념을 "표현"한 것이라는 더글러스의 주장을 따른다.[38]

이와 같은 옛날 논쟁들을 뛰어넘어, 지난 10년 동안 발표된 논문집과 개별 논문들은 대개 중요한 신학적, 사회적 주제를 연구하기 위한 하나의 맥락으로서 고대 히브리 민족이 무엇을 먹고 무엇을 먹지 않았는지 탐색했다. 이들 연구 가운데 많은 것이 고대 히브리 문헌들에서 음식을 하나의 문학 도구literary device로서 주목한다. 반면에, 음식, 기억과 역사(더 많은 종교학자들이 탐색해야 할 것), 정치 신학과 음식, 식사의 고고학 같은 주제들을 다루는 네이션 맥도날드Nathan McDonald의 책에서 예시된 것처럼, 연구 방향이 방법론과 주제 면에서 균형 잡힌 절충주의를 채택하는 쪽으로 바람직하게 바뀌고 있다.[39]

이제 학자들의 관심은 고대 문헌을 넘어 점점 공동체로 향하고 있다. 학자들이 주목하는 것들은 기정사실, 적어도 정체성 확립 과정에서 절충된 기정사실들이다. 다양한 배경의 유대인들은 그러한 규칙을 어떻게 개발하고 지키고 폐기하거나 바꿀까? 그것들을 넘어, 식생활은 어떻게 유대인과 비유대인, 또는 서로 배경이 다른 유대인들 사이의 차이를 나타낼까? 이런 질문들에 대한 대답은, 다른 분야에서의 음식 연구처럼, 장소에 따라 제각각 다 다르다.

여기서 다루고 있는 영역들의 좋은 예는 유대문명연구Studies in Jewish Civilization 시리즈에 있는 논문집《음식과 유대교Food and Judaism》다. 논문집 저자 가운데는 민속학자, 음식사학자, 사회사학자, 그리고 이들뿐 아니라 "텔레비전 유명인사"인 조앤 네이선Joan Nathan도 있었다. 종교는 다른 분야에서와 마찬가지로 여기서도 잘 기술되어 있다. "뉴욕의 러시아 유대 음식 풍경"을 비롯해 "남부 유대인의 식생활", 네브래스카 유대인 요리책에 이르기까지 북아메리카 지역이 특히 잘 다뤄져 있다. 많은 유대인 공동체에서 점점 관심이 높아지고 있는 채식주의와 "합당한just" 식사*를 주제로 한 논문이 세 편이나 수록되어 있다. 다양한 환경에서 유대교의 윤리적 음식의 "코셔화 공정kosherization"***과 관련된 내용이 논의된다. 특히 하시디즘Hasidism*** 같은 경건주의를 추종하는 유대교 종파에서는 음식을 정신적 상징 및 도구로서 중시한다. 주방에서 유대인의 정체성을 지키는 "문지기"로서 여성들에 관한 논문들은 때로는 공적 영역과 사적 영역이 분리되고 남성과 여성의 성별에 따라 서로 충돌하는 여러 차원의 권위를 강조한다. 근세 마늘 섭취를 둘러싼 논쟁을 다룬 한 논문은 국외자와의 차이와 순응을 표현하는 매개체로서 음식을 검토하는 두 논문 가운데 하나다.[40]

데이비드 크레머David Kraemer의 《대대로 내려온 유대인의 식사법과 정체성Jewish Eating and Identity Through the Ages》(2007)은 "오늘날 유대인의 정체성을 이해하기 위한 열쇠로서 여러 시대에 걸친 유대인의 식사 관행을 해석하는 것"이 목적이다. 이 읽기 쉬운 책(대학 강의에 유용한)은 《음식과 유대교》와 유사한 주제들을 다루

---

* 유대교의 식사계율인 카슈루트를 의미. '코셔kosher'라고도 부른다.
** 코셔 식품 생산을 위한 고온 정화 절차.
*** 18세기에 폴란드와 우크라이나의 유대교도 사이에 일어난 신비주의적 경향의 신앙 부흥 운동.

는데 때로는 동일한 영역을 다룬 내용도 있다. 크레머는 카슈루트가 여러 환경에 있는 유대인들을 하나로 묶기도 하지만 분리하기도 한다고 주장한다. 16세기 폴란드에서는 젖과 고기의 분리*가 "독실한" 유대인과 "보통의" 유대인을 가르는 기준이 되었다. 오늘날에는 카슈루트를 더 엄격하게 해석해서 "초趨정통파ultra-orthodox"와 "율법을 따르지 않는 사람들non-observant"로 구분한다. 그는 미국 조제 식품점에서 "코셔 제품kosher style"을 개발하는 현상에서 보는 것처럼 대개 "거부rejection와 보존preservation"이 동시에 공존하는 예로서 카슈루트를 거론하면서 "절충negotiation"을 설명한다.[41]

이 두 책은 성경 관련 문헌들과 고대 유대교의 범위를 넘어 연구 영역을 넓히지만 중점적으로 연구하는 부분은 결국 그 두 범위 안에 있다. 크레머의 책은 고대 랍비 시대에 새롭게 전개된 사건들의 중요성을 강조한다. 그는 캐서린 벨Catherine Bell의 의례화 이론ritualization theory를 수용해 유대인의 식사를 그들의 정체성을 나타내는 상징으로 만든 "특정한 문화 전략"으로 보면서, 코셔 고기의 제한보다 축복 의식의 중요성을 더 강조한다. 의례에 초점을 맞추면서도, 크레머는 맥락을 중시한다. 그 시대의 유대인들은 헬레니즘 문화의 다른 민족들과 많은 부분을 공유했다. 여러 면에서 식사 형식의 공통점과 차이점은 정체성 형성 과정에 대한 많은 것을 우리에게 얘기해준다.[42]

최근 10년 내에 유대교의 음식과 식사의 중요성을 가장 이해하기 쉽게 설명한 연구가 있다. 조너선 브룸버그-크라우스Jonathan Brumberg-Kraus가 헬레니즘 시대 유대인의 식사에 대해 일반적으로 인정된 생각들을 아주 훌륭하게 요약해 말해주는 것처럼, 유대교도들의 식사는 그들의 몸짓과 말을 통해 유대교가 무엇이라는 것을 밝히기 위한 적극적 해석 도구인 "미드라시midrash"[유대교 율법학자/율법교사 랍비들의 성서 주석]인 셈이다.[43]

브룸버그-크라우스는 오늘날 종교에서 음식의 역할을 가장 잘 이해할 수 있게 정리한 뛰어난 학자 가운데 한 사람이다. 20년 전쯤, 고대 유대교와 기독교를

---

* 동물의 젖과 고기를 함께 먹지 않고, 젖과 고기에 쓰이는 식기도 분리해 사용하는 유대인들의 식사법. 생명을 주는 요소(젖)와 생명이 없는 죽은 요소(고기)를 함께 섞을 수 없다는 의미다. 탈출기(출애굽기) 23:19의 "너는 염소 새끼를 그것의 어미의 젖으로 삶지 말지니라"에 근거하는 것이라 알려져 있다.

연구하는 인류학자 길리언 필리-하르낙Gillian Feeley-Harnak을 비롯한 몇몇 학자는 그 두 종교가 나란히 발전해온 과정을 밝히는 중요한 요소로서, 두 종교의 음식 전통이 나란히 발전해온 것에 주목하기 시작했다.[44] 그러나 유대교와 기독교의 기원과 음식 및 식사법을 그리스-로마 문화에서 찾는 연구의 방법론과 기술이 발전하고 전성기를 맞으면서 학계에 참신한 연구의 바람이 불기 시작한 것은 최근 10년 사이의 일이다.

2002년에 처음 열린 성서학회Society of Biblical Literature: SBL의 '그리스-로마 시대 식사 세미나Greco-Roman Meals Seminar'는, 지금도 매우 유용한 관련 웹사이트에 따르면, "식사를 그리스-로마 세계의 사회생활과 종교생활을 들여다보는 창과 고대 기독교 및 유대교를 이해하기 위한 핵심 고려사항으로 보고 분석한다." 세미나는 "연회 형식과 이데올로기"에 초점을 맞추고 그것이 고대 기독교와 유대교 환경에서 사회의 발전 과정을 어떻게 표현했는지에 주목하는데, 그러한 목표 달성을 촉진하기 위해 음식을 연구하는 다른 학문 분야의 방법론을 기꺼이 수용하면서 서로 비교하고 공동으로 연구하는 노력을 기울인다. 세미나에서 나온 연구보고서들은 대부분 현재 그 웹사이트에서 볼 수 있다. 일부 연구 작업은 온라인 토론을 통해 이루어지기도 한다. 2010년 가을, 이 글을 쓰고 있는 시점에서, 학회 연례 총회에서 내린 결의사항들에 최종 합의 하기 위해, 당시 상정된 결의사항들을 웹사이트에 올리고 회원들 간에 토론을 진행하고 있다.[45]

이와 같은 연구 작업이 남긴 유산은 성서학회 세미나 회원 조던 로젠블럼Jordan Rosenblum이 고대 랍비 문서들에 나온 음식에 관한 최근 저서에서 이미 명백하게 나타난다.[46] 이 통찰력 있고 흥미진진한 책은 다른 회원들도 새로운 연구 결과를 곧 내놓을 것임을 예고한다. 조만간 발표될 데이비드 M. 프라이덴라이히David M. Freidenreich의 중세 유대교, 기독교, 이슬람교 율법에 나타난 음식과 정체성에 관한 연구는, 중세 '그리스-로마 시대 식사 세미나'의 맥락을 넘어, 지난날 전혀 탐색된 적이 없는 연구 영역으로 옮겨가고 있다.[47] 동시에, 신진 학자들의 이해하기 쉽고 방법론적으로 정교하고 세심한 비교연구들은 유대교 음식 연구의 전도유망한 미래를 가리키고 있다.

기독교와 음식

지난 10년 동안 발표된 수많은 연구는 신약성서와 여러 고대 기독교 문서에 나타난 초기 기독교의 발전 과정에서 음식과 식사가 수행한 역할을 면밀하게 검토하기 시작했다. 그러한 연구 논문들은 로마 시대 신들에게 제사지낸 음식을 먹거나 유대교 식사계율을 지키는 문제, 금욕주의와 식사, 고대 기독교 사회에서 식사 및 음식과 젠더 문제의 관련성, 고대 기독교의 사회화 과정에서 식탁 교제 [식탁 친교]table fellowship의 역할 따위를 주제로 다루었다.[48] 그 가운데 두 권의 영어책과 한 권의 독일어책은 새로운 연구 발전을 촉발했다. 독일 학자 마티아스 클링하르트Matthias Klinghardt의 연구와 함께, 데니스 스미스Dennis Smith의 《향연에서 성찬식까지: 고대 기독교 세계의 연회From Symposium to Eucharist: The Banquet in the Early Christian World》(2003)는 '그리스-로마 시대 식사 세미나' 개최를 촉진했고, 고대 기독교인들의 식사를 고대 기독교에 관한 연구의 전면으로 가져왔다. 스미스는 신약성서에 나오는 음식이 "그것의 구성과 윤리적 측면에서" 고대 그리스-로마 시대의 연회 전통을 따르고 있음을 명확히 밝힌다.[49] 앤드루 맥고원Andrew McGowan의 《금욕적 성찬식Ascetic Eucharist》(1999)은 마찬가지로 고대 기독교의 식사법이 일반적 헬레니즘 문화의 연회와 관련이 있다는 것에 동의하지만 그 형태는 매우 다양함을 밝히고 있다. 예컨대 일부 기독교 집단은 빵과 포도주뿐 아니라 생선과 치즈도 의례 음식으로 썼다는 것이다. 맥고원의 연구는 무엇보다도 고대 기독교인들이 그들의 공동체가 내세우는 정신적 목표를 달성하기 위해 다양한 식사 "방식strategies"을 어떤 식으로 활용했는지에 주목했다. 그는 또한 〈음식, 의례, 그리고 권력Food, Ritual, and Power〉에서, 고대 기독교에서 식사와 음식의 역할을 대학 강의를 통해 널리 가르칠 수 있도록 아주 명확하게 소개했다.[50]

'그리스-로마 시대 식사 세미나'에서 발표된 연구 결과와 현재 진행 중인 연구들로 밝혀진 식사계율은 오늘날 교회에서 볼 수 있는 것과는, 다시 말해 학자들이 나중에 신약성서에서 공식화된 성찬식들을 보고 가정했던 것과는 매우 다르다는 걸 보여주고 있다. 현재 우리가 아는 것은 고대 기독교인들이 동시에 한 식탁에 모여 함께 미사를 드리고 식사하는 관행을 3세기 너머까지 계속했다는 사실이다. 세미나 회원 할 타우시히Hal Taussig는 《태초에 식사가 있었다: 사회적 실험과 고대 기독교의 정체성In the Beginning was the Meal: Social Experimentation and Early Christian Identity》(2009)에서, 고대 기독교인들은 식탁에 모여 앉아 함께 식사를 하면서 자신들의 정체성을 확인하는 작업을 했다고 주장한다. 타우시히는 의례의 식을 당면 문제들에 대처하는 의식performance 수단으로 보는 조너선 Z. 스미스의 생각을 따르면서, 식탁이 어떻게 변화무쌍한 사회관계들을 연출하는 주 무대가 되었는지를 설명한다.[51]

시간의 흐르면서 의례의식으로서의 성찬식과 날마다 먹는 식사는 서로 분리되었지만, 적어도 일부 기독교인들에게는 여전히 성찬식과 일상의 식사가 직접적으로 연결되어 있었다. 그렇지만 성찬식을 꾸준히 연구해온 학자들과 그것을 설명하려 애써온 신학자들은 그 둘 사이의 연관성보다 다른 사안들에 더 관심이 많다. 이와 같은 상황에서, 캐럴라인 워커 바이넘의 중세시대 여성 신비주의자와 음식의 중요성에 관한 연구서 《거룩한 향연과 거룩한 금식》(1987)은 그것["그 둘 사이의 연관성"]을 되살려냈다.[52] 수유, 금식, 음식을 먹는 것에서의 젠더의 역할과 신비주의자들의 성찬식을 통한 그리스도의 인간성과 고통의 체화 사이 상호관계에 대한 바이넘의 분석은 오늘날 종교적 체험에서 음식의 중요성에 관해 연구하는 사람들의 본보기다.

《거룩한 향연과 거룩한 금식》이 중세 기독교와 특히 여성의 신비주의에 대한 관심을 증폭했음에도 불구하고, 아쉽게도 고대 그리스-로마 시대 이후의 음식과 기독교에 관한 연구에서 이것을 뛰어넘는 연구는 아직 나오지 않았다. 바이넘을 따르는 사람들 가운데 수유 및 식사 행위와 영적 체험 사이의 관련성을 더욱 깊이 있게 다루거나 새로운 통찰력으로 바라본 사람은 거의 없다. 금식과 영성에 관한 레이철 풀턴Rachel Fulton의 연구는 중세 연구에서 뛰어난 예외 가운데 하나다.[53]

바이넘의 연구는 음식 규칙에 대해 상대적으로 무심했던, 전통을 연구하는 학자들이 금식이나 절식, 또는 특정 음식 거부와 같은, 식이 제한에 관심을 갖게 하고 있다. 일부 학자는 "규범을 철저히 준수하는" 기독교인들의 거부에도, 켈트족을 비롯해 베트남 개신교도들에 이르기까지 일부 기독교 공동체들에서 카슈루트 전통을 유지하는 것에 초점을 맞추었다.[54] 채식주의는 많은 기독교 종파와 개혁 프로그램에서 큰 주목을 받는 매력적인 연구 대상이 되었다. 시간이 흐르면서 점점 사람들의 마음을 사로잡은 다양성은 레이철 뮤어스Rachel Muers와 데이비드 그러밋David Grummet이 편집한 논문집에 잘 기술되어 있다. 이와 관련된 또 다른 논문집은 미국의 식습관과 이상을 추구하는 개혁 사상 사이 연관성, 기독교 안팎에서 볼 수 있는 육식과 관련된 다양한 문제를 폭넓게 다룬다.[55]

금식의 역사적 실제 특히 금식의 (어쨌든 우리 대다수에게) 기이한 측면들을 오늘날 식이법과 관련된 문제들과 연결할 경우, 우리는 그것을 제대로 이해하기보다는 오해할 가능성이 더 많을 수 있다. 루돌프 벨Rudolf Bell의 "식욕을 억제하는" 수녀들에 관한 책은 바이넘의 매우 섬세한 연구보다 먼저 나왔다.[56] 오늘날 식습관·건강·신성함에 대한 관심을 뒷받침하는 논문은 점점 늘어나고 있지만, 그중에서도 현재 일어나고 있는 "기독교 식습관 운동Christian dieting movements"과 그와 같은 식욕 억제를 옹호하는 다양한 미국 개신교 집단의 역사적 사례들에 관한 마리 그리피스Marie Griffith의 연구는 가장 뛰어난 성과다.[57]

그러나 기독교의 대축일 축제, 공동체 만찬, 음식 축제, 그리고 온갖 종류의 캐서롤casserole* 요리는 어떠한가? 자선 수유와 굶주림(금식이나 다이어트 때문이 아닌)은 또 어떠한가? 놀랍게도 북아메리카 이외의 환경에서는 이와 유사한 주제에 관해 거의 관심이 없고 실제로 논의도 없는 상태다. 다니엘 색Daniel Sack은 미국의 주류 개신교에서 식사와 수유에 대한 큰 그림을 그리려 애쓰는 유일한 학자다.[58] 그 밖의 몇몇 학자는 그것보다 더 작은 지역 공동체나 민족 공동체들을 다루었다. 제2차 바티칸공의회Vatican II[Vatican Council II]** 이후 여성수도회의 권한과 음식에 관한 퍼트리샤 커런Patricia Curran의 연구는, 내가 아는 한, 중세 이후 가톨릭 공동체의 음식에 관한 유일한 성과물이다. 음식이 종교와 세속 문화를 어떻게 연결하고 그 경계를 모호하게 만드는지에 관심이 있는 사람들은 웨이드 클라크 루프Wade Clark Roof가 미국 남부의 바비큐 요리와 근본주의 개신교 지역과 관련된 두 요소에 관해 분석한 글을 반드시 읽어야 한다.[59]

식사 지침서들이 종교학에서 주목을 받기 시작하면서, 교회의 요리책들이 여성사 관련 자료들을 찾는 사회역사학자와 문헌학자들의 관심을 불러일으켰다.

---

* 냄비에 식재료를 넣고 천천히 익히는 찌개나 찜 요리.
** 로마 가톨릭교회가 현대화를 목표로 행한 공의회(1962~1965).

기독교학자들은 이런 것들에 거의 주의를 기울이지 않았다. 메노파교도* 요리책들에 관한 매슈 베일리-딕Matthew Bailey-Dick의 연구는 특별히 언급할 가치가 있는데, 그 요리책이 거기에 수록된 조리법과 그것으로 표현된 세계관을 통해 자신들이 누구인지 스스로 이해할뿐더러 외부 집단의 사람들과 구별되는 자기 정체성을 확인하는 기록으로서 얼마나 중요할 수 있는지를 예시해주기 때문이다.[60]

이것은 우리가 그동안 중요한 것을 어떻게 스스로 놓치고 살았는지를 보여주는 한 예에 불과하다. 이제 종교를 비롯한 여러 분야에서 음식이 종교적 표현으로서 중요하다는 사실을 아는 학자들은 우리의 식탁에 오르는 모든 음식에 대해 (지금까지 그것들이 대개 저지방 음식이었다고 할지라도), 음식 규칙과 의례 지침일뿐아니라 조리법에도 관심을 갖을 것이 틀림없다. 어쩌면 조리법은 우리가 종교라고 부르는 이 풍부한 혼합물 안에 무엇이 담겨 있고, 그것이 어떻게 요리되고 차려지는지에 대해 더 많은 것을 알려줄 수 있는 일종의 의례 지침일 수도 있다.

---

* 메노파派(Mennonites) 혹은 메노나이트는 재세례파 교회의 한 교파로 16세기 종교개혁 시기에 네덜란드의 신학자 메노 시몬스Menno Simons가 창시했다. 유아 세례를 부정하고, 신약 성경에 기초를 둔 평화주의와 무저항을 강조했다.

1. W. R. Smith, *Lectures on the Religion of the Semites: Their Fundamental Institutions*, 3rd ed.(London: A. & C. Black, 1927). 성경 연구에서 음식에 관한 스미스의 영향과 역사기록을 잘 요약한 책으로는 다음을 보라. Nathan MacDonald, *Not Bread Alone: The Uses of Food in the Old Testament*(Oxford: Oxford University Press, 2008), 1-17.

2. Mary Douglas, *Purity and Danger: An Analysis of Concepts of Pollution and Taboo*(London: Routledge, 1966) [한국어판. 메리 더글러스 지음, 유제분·이훈상 옮김, 《순수와 위험: 오염과 금기 개념의 분석》, 서울: 현대미학사, 1997]; Mary Douglas, "Deciphering a Meal," in *Myth, Symbol and Culture*, ed. Clifford Geertz(New York: Norton, 1971), 61-81; Mary Douglas, *Leviticus as Literature*(New York: Oxford, 1999).

3. James E. Latham(1987) and Peter Gardella(2005), "Food," in *Encyclopedia of Religion*, ed. Lindsay Jones, 2nd ed.(Macmilan Reference USA, 2005), 5: 316-375. 다음도 보라. Corrie E. Norman, "Religion and Food," in *Encyclopedia of Food and Culture*, ed. Solomon Katz(New York: Scribner's, 2003), 3:171-6(Online). Available: http://www.enotes.com/food-encyclopedia/religion-food(November 20, 2010).

4. E. N. Anderson, *Everyone Eats: Understanding Food and Culture*(New York: NYU Press, 2005), 155-161.

5. Carole M. Counihan, ed., *Food in the USA: A Reader*(New York: Rutledge, 2002). 미국의 음식과 종교에 관한 더 많은 내용은 다음을 보라. Corrie E. Norman, "Reading Foodways as Faithways in Contemporary America" in *Faith in America: Changes, Challenges, and New Directions*, ed. Charles H. Lippy(Westport, CT: Praeger, 2006), 2:213-236, 특히 217-220.

6. Mark Kurlansky, *Choice Cuts: A Savory Selection of Food Writing from Around the World and Throughout History*(New York: Ballantine, 2002), 1-2. [한국어판. 마크 쿨란스키 지음, 이은영 옮김, 《맛의 유혹: 맛있는 음식은 섹스보다 유혹적이다》, 서울: 산해, 2009]

7. Caroline Walker Bynum, *The Religious Significance of Food to Medieval Women*(Berkeley: University of California Press, 1987).

8. 예컨대 다음을 보라. Jonathan Z. Smith, *Imagining Religion*(Chicago: University of Chicago Press, 1982). Latham and Gardella, "Food," 3167.

9. *The Journal of the American Academy of Religion* 63, no. 3(1995).

10. "American Association of Religion."(Online). Available: https:llwww. aarweb.org/Meetings/AnnuaLMeeting/Program_Units/PUCS/Website/main.asp?PUNum=AARPU181(November 20, 2010).

11. Philip P. Arnold, "Religious Dimensions of Food: An Introduction," *Journal of Ritual Studies* 14, no. 1(2000): 4-5.

12. 신문방송과 관련해서는 예컨대 다음을 보라. Samantha M. Shapiro, "Kosher Wars," *New York Times Magazine*, October 9, 2008(Online). Available: http://www.nytimes.

comho08ho/12/magazineh2kosher-t.html(November 11, 2010). 음식 잡지에 나타난 종교와 관련해서는 다음을 보라. Corrie E. Norman, "Reading Foodways as Faithways in Contemporary America." 예컨대 다음이 있다. H.C. Chehabi, "How Caviar Turned Out to be Halal," *Gastronomica* 7, no. 2(2007): 17-23와 Leah Koenig, "Reaping the Faith," *Gastronomica* 8, no. 1(2008): 80-84는 두 무슬림 농부와 그들의 신앙 및 지속가능한 식습관의 관계를 보여준다. 21010년 "사브어 100선 음식Saveur 100" 가운데 70번이 교회 만찬이다. Theresa Wolke, "Sacred Heart Church Ravioli Dinner," *Saveur*(January/ February 2010): 62.

13. Anna Meigs, *Food, Sex, and Pollution: A New Guinea Religion*(New Brunswick: Rutgers University Press, 1988); Philip P. Arnold, *Eating Landscape: Aztec and European Occupation of Tlalocan*(Boulder: University Press of Colorado, 1999); William K. and Marla M.N. Powers, "Metaphysical Aspects of an Oglala Food System," in *Food in the Social Order: Studies of Food and Festivities in Three American Communities*, ed. Mary Douglas(Washington, DC: Sage Foundation, 1994), 40-96.

14. Robert Orsi, *The Madonna of 115th Street: Faith and Community in Italian Harlem, 1880-1950*(New Haven: Yale University Press, 1986); Karen McCarthy-Brown, *Mama Lola: A Vodou Priestess in Brooklyn*(Berkeley: University of California Press, 1991); David Carrasco, *City of Sacrifice: Violence From the Aztec Empire to the Modern Americas*(Boston: Beacon Press, 1999), esp. ch. 6, "We Eat the Gods and Gods Eat Us."

15. Michelle Lelwica, *Starving for Salvation*(New York: Oxford, 1999); Corrie E. Norman, "Reading Foodways as Faithways"; Robert Fuller, *Religion and Wine*(Knoxville: University of Tennessee Press, 1994); James R. T. E. Gregory, "A Lutheranism of the Table: Religion and the Victorian Vegetarians" in *Eating and Believing: Interdisciplinary Perspectives on Vegetarianism and Theology*, ed. Rachel Muers and David Grumett(New York: T&T Clark, 2008), 135-152.

16. Raja Deekshitar, "Fasting and Abstinence: Hinduism and Buddhism" in Solomon Katz, *Encyclopedia of Food and Culture*, 1:611-612(Online). Available: http://www.enotes.com/ food-encyclopedia/hinduism-buddhism(November 20, 2010).

17. R. S. Khare, "Anna," in *The Hindu World*, ed. Sushil Mittal and Gene Thursby(New York: Rutledge, 2004), 407-428, 408; R. S. Khare, *Annambrahman: Cultural Models, Meanings, and Aesthetics of Hindu Food*(Albany: State of New York Press, 1992).

18. 역사기록학과 관련해서는 다음을 보라. R. S. Khare, "Anna," 408-411.

19. 다양한 논문 사례로는 다음을 보라. R. S. Khare, ed., *The Eternal Food: Gastronomic Ideas and Experiences of Hindus and Buddhists*(Albany: State University of New York Press, 1992). R. S. Khare, "Anna," 410은 포괄적 이해를 위해 특히 다음을 추천한다. A. K. Ramanujan, "Food for Thought: Toward an Anthology of Hindu Food Images," 221-250; R. S. Khare and M. S. A. Rao, eds., *Food, Society, and Culture: Aspects in South Asian Food Systems*(Durham, NC: Carolina Academic Press, 1986).

20. R. S. Khare, "Anna," 410. Charles Malamoud, *Cooking the World: Ritual and Thought in Ancient India*, trans. David White(New York: Oxford; 1998), 24-53.

21. Carol Appadurai Breckenridge, "Food, Politics, and Pilgrimage in South India, 1350-1650 AD," in Khare and Rao, *Food, Society, and Culture*, 21-53. Arjun Appadurai, "Gastro Politics in Hindu South Asia," *American Ethnologist* 8, no. 3(1981): 494-511. 또한 다음을 보라. Arjun Appadurai, "How to Make a National Cuisine: Cookbooks in Contemporary India," *Comparative Studies* 30, no. 1(1988): 3-24; James Laidlaw, *Riches and Renunciation: Religion, Economy, and Society among the Jains*(Oxford: Oxford University Press, 1995).

22. Eliot A. Singer, "Conversion Through Foodways Enculturation: The Meaning of Eating in an American Hindu Sect" in *Ethnic and Regional Foodways in the United States: The Performance of Group Identity*, ed. Linda Keller Brown and Kay Mussell(Knoxville: University of Tennessee Press, 1984), 195-214. Three works by Paul M. Toomey, *Food from the Mouth of Krishna: Feast and Festivities in a North Indian Pilgrimage Center*(Hindustan Publishing, 1994); "Food From the Mouth of Krishna: Socio-Religious Aspects of Sacred Food in Two Krishniate Sects," in Khare and Rao, *Food, Society, and Culture*, 55-83; and "Mountain of Food, Mountain of Love: Ritual Inversion in the Annakuta Feast at Mount Govardhan" in R. S. Khare, ed., *Eternal Food*, 117-145.

23. Kathryn McClymond, "You are Where You Eat: Negotiating Hindu Utopias in Atlanta," in *Eating in Eden: Food in American Utopias*, ed. Martha Finch and Etta Madden(Lincoln: University of Nebraska Press, 2006), 89-106; Martin Wood, "Divine Appetites: Food Miracles, Authority and Religious Identities in the Gujarati Hindu Diaspora," *Journal of Contemporary Religion*, 23, no. 3(2008): 337-353; Anne Vallely, "The Jain Plate: Semiotics of the Diaspora Diet," in *South Asians in the Diaspora*, ed. Knut Jacobsen and Pratap Kumar(Boston: Brill, 2004), 3-22.

24. Anne McKenzie Pearson, *Because It Gives Me Peace of Mind: Ritual Fasts in the Religious Lives of Hindu Women*(Binghampton: State University of New York Press, 1996); Chitrita Banerji, *Feeding the Gods: Memories of Food and Culture in Bengal*(Seagull, 2006).

25. R. S. Khare, ed., *Eternal Food*; R. S. Khare and M. S. A. Rao, eds., *Food, Society, and Culture*; Emiko Ohnuki-Tierney, *Rice as Self: Japanese Identities through Time*(Princeton, NJ: Princeton University Press, 1993).

26. Penny Van Esterik, "Buddhism," in Solomon Katz, *Encyclopedia of Food and Culture*, 1:269-271, also at http://www.enotes.com/food-encyclopedia/buddhism; Penny Van Esterik, *Food and Culture in Southeast Asia*(Westport, CT: Greenwood Publishing Group, 2008); Penny Van Esterik, "Feeding Their Faith: Recipe Knowledge among Thai Buddhist Women," *Food and Foodways* 1(1986): 197-215, republished in *Food and Gender: Identity and Power*, ed. Carol M. Counihan and Steven I. Kaplan(Newark, N.J.: Harwood Academic Press, 1998), 81-97.

27. Ellen Posman, "Veggie Burger in Paradise: Food as World Transformer in Contemporary American Buddhism and Judaism," in Martha Finch and Etta Madden, *Eating in Eden*, 239-257.

28. Katherine E. Ulrich, "Food Fights' among Buddhist, Hindu, and Jain Dietary Polemics in South India," *History of Religions* 46, no. 3(2007): 228-261, 229, 261.

29. Philip P. Arnold, "Eating and Giving Food: The Material Necessity of Interpretation in Thai Buddhism," *Journal of Ritual Studies* 14, no. 1(2000): 6-22.

30. Ibid, 6.

31. Mohammed Hocine Benkheira, "Artificial Death, Canonical Death: Ritual Slaughter in Islam," *Food and Foodways* 8, no. 4(2000), 227-252; Michael Cook, "Early Islamic Dietary Law," *Jerusalem Studies in Arabic and Islam* 7(1986): 217-277; Michael Cook "Magician Cheese: An Archaic Problem in Islamic Law," *Bulletin of the School of Oriental and African Studies* 47(1984): 449-467; Myhammad Khalid Masud, "Food and the Notion of Purity in the fatw Literature," in *La alimentación en las culturas Islamicas*, ed. Manuela Marin and David Waines(Madrid: Agencia Espaftol de Coopercaion Internacional, 1994), 89-110.

32. Paul Fieldhouse, "Islam," in Solomon Katz, *Encyclopedia of Food and Culture*, 2:293-298(Online). Available: http://www.enotes.com/food-encyclopedia/sunni-islam(November 20, 2010).

33. Kathleen Seidl, *Serving the Guest: A Sufi Cookbook and Art Gallery*(Online). Available: http://www.superluminal.com/cookbook(November 20, 2010). Valerie J. Hoffman, "Eating and Fasting for God in Sufi Tradition," *Journal of the American Academy of Religion* 63, no. 3(1995): 201-230.

34. Christopher P.H. Murphy, "Piety and Honor: The Meaning of Muslim Feasts in Old Delhi," in R. S. Khare and M. S. A. Rao, *Food, Society, and Culture*, 85-119.

35. Marjo Buitelaar, *Feasting and Fasting in Morocco: Women's Participation in Ramadan*(Oxford: Berg 1993), 180.

36. Doris Witt, *Black Hunger: Food and Politics of US Identity*(New York: Oxford, 1999); Carolyn Rouse and Janet Hoskins, "Purity, Soul Food, and Sunni Islam: Explorations at the Intersection of Consumption and Resistance," *Cultural Anthropology* 19, no. 2(2004): 226-249.

37. 중요한 문헌과 논쟁에 관한 자세한 검토는 다음을 보라. Nathan MacDonald, *Not Bread Alone: The Uses of Food in the Old Testament*, 18-28; David Kraemer, *Jewish Eating and Identity Through the Ages*(New York: Routledge, 2007), 12-19.

38. David Kraemer, *Jewish Eating and Identity*, 17-19. 가장 잘 알려진 물질주의자의 해석은 마빈 해리스의 것이다. Marvin Harris, *Good to Eat: Riddles of Food and Culture*(New York: Simon and Schuster, 1985). [한국어판. 마빈 해리스 지음, 서진영 옮김, 《음식문화의 수수께끼》, 서울: 한길사, 1992]; Jacob Milgrom, "Leviticus 1-16," in *The Anchor Bible*(New York: Doubleday 1991).

39. Nathan MacDonald, *Not Bread Alone: The Uses of Food in the Old Testament*, 7-13은 그 관련 참고문헌을 잘 요약하고 비판한다. 특히 다음을 보라. Athalya Brenner and Jan Willem van Henten, eds., *Food and Drink in the Biblical Worlds. Semeia 86*(Atlanta: Society of Biblical Literature, 2001).

40. Leonard J. Greenspoon, Ronald A. Simkins, and Jean Axelrad Cahan, eds. *Food and*

Judaism. Studies in Jewish Civilization 15(Omaha, NE: Creighton University Press, 2005). 이러한 주제들을 다룬 연구서로는 다음이 있다. Marcie Cohen Ferris, *Matzoh Ball Gumbo: Culinary Tales of the Jewish South*(Chapel Hill: University of North Carolina Press, 2005); Eliezer Diamond, *Holy Men and Hunger Artists: Fasting and Asceticism in Rabbinic Culture*(New York: Oxford University Press, 2004).

41. David Kraemer, *Jewish Eating and Identity*, 87ff, 153ff, and 140ff.

42. Ibid, 74-76.

43. Jonathan Brumberg-Kraus, "'Meals as Midrash': A Survey of Meals in Jewish Studies Scholarship," available in PDF form in 2002 as "Meals and Jewish Studies" at the Greco-Roman Meals Seminar(Online). Available: http://www.philipharland.com/meals/GrecoRomanMealsSeminar.htm(November 20, 2010).

44. Gilliam Feeley-Harnik, *The Lord's Table: The Meaning of Food in Early Judaism and Christianity*(Washington, DC: Smithsonian Institution Press, 1981); Paul F. Bradshaw and Lawrence A. Hoffman, eds., *Passover and Easter: Origin and History to Modern Times*(South Bend, IN: University of Notre Dame Press, 1999).

45. Jonathan D. Brumberg-Kraus, Susan Marks, and Jordan Rosenblum, "Table as Generative Locus for Social Formation in Early Judaism," available in PDF form under Session 3, 2010(Online). Available: http://www.philipharland.com/meals/GrecoRomanMealsSeminar.htm(November 20, 2010).

45. Jordan D. Rosenblum, *Food and Identity in Early Rabbinic Judaism*(Cambridge: Cambridge University Press, 2010).

47. 데이비드 M. 프라이덴라이히는 자신의 박사학위 논문인 "Foreign Food: A Comparatively Enriched Analysis of Jewish Christian and Islamic Law"(Ph.D. dissertation, Columbia University, 2006)를 바탕으로 음식에 관한 여러 편의 논문과 한 권의 책을 발표할 예정이다. [이 박사학위 논문은 다음과 같은 단행본으로 출간되었다. David M. Freidenreich, *Foreigners and Their Food: Constructing Otherness in Jewish, Christian, and Islamic Law*, University of California Press, 2014.]

48. 또 다른 중요한 연구서로, Willi Braun, *Feasting and Social Rhetoric in Luke 14*(Cambridge: Cambridge University Press, 1995); Kathleen Corley, *Private Women, Public Meals: Social Conflict in the Synoptic Tradition*(Peabody, MA: Hendrickson, 1993); Teresa M. Shaw, *The Burden of the Flesh: Fasting and Sexuality in Early Christianity*(Minneapolis: Fortress Press, 1998). 특히 두드러진 논문으로는 다음이 있다. Blake Leylerle, "Clement of Alexandria on the Important of Table Etiquette," *Journal of Early Christian Studies* 3(1995): 123-141.

49. Matthias Klinghardt, *Gemeinschaftsmahl und Mahlgemeinschaft: Soziologie und Liturgie frühchristlicher Mahlfeiern*(Tübingen: A. Francke Verlag, 1996). Dennis E. Smith, *From Symposium to Eucharist: The Banquet in the Early Christian World*(Minneapolis: Augsburg Fortress, 2003), 6-7, 285.

50. Andrew McGowan, *Ascetic Eucharists: Food and Drink in Early Christian Ritual Meals*(New York: Oxford, 1999); Andrew McGowan, "Discipline and Diet: Feeding the

Martyrs in Roman Carthage," *Harvard Theological Review* 96, no. 4(2003): 455-476, 472; Andrew McGowan, "Food, Ritual, and Power," in *A People's History of Christianity: Late Ancient Christianity*, ed. Virginia Burrus(Minneapolis Augsburg Fortress, 2005), 145-164. 맥고원의 음식 연구 참고문헌은 2007년 '그리스-로마 시대 식사 세미나' 제2분과 웹사이트에 수록되어 있다.

51. 다음을 보라. Matthias Klinghardt and Dennis Smith, "Rethinking Last Supper/Lord's Supper in the New Testament"; Andrew McGowen and Lillian Larsen, "Toward a Profile of Eucharistic Origins" under Sessions 1 and 2, 2010, Greco-Roman Meals 웹사이트. Hal Taussig, *In the Beginning was the Meal: Social Experimentation and Early Christian Identity*(Minneapolis, MN: Fortress Press, 2009), 19-20, 66-67.

52. Caroline Walker Bynum, *Holy Feast and Holy Fast*.

53. Rachel Fulton, "'Taste and See That the Lord is Sweet': The Flavor of God in the Monastic West," *Journal of Religion* 86, no. 2(April 2006): 169-204.

54. David Grumett, "Mosaic Food Rules in Celtic Spirituality in Ireland," in Rachel Muers and David Grumett, *Eating and Believing*, 31-43. Nir Avieli, "At Christmas We Don't Like Pork, Just Like the Maccabbees: Festive Food and Religious Identity at the Protestant Christmas Picnic in Hoi An," *Journal of Material Culture* 14, no. 2(2009): 219-241.

55. Rachel Muers and David Grumett, *Eating and Believing*; Martha Finch and Etta Madden, *Eating in Eden*.

56. Rudolph M. Bell, *Holy Anorexia*(Chicago: University of Chicago Press, 1985). 또한 다음도 보라. Margaret R. Miles, "Religion and Food: The Case of Eating Disorders," *Journal of the American Academy of Religion* 63, no. 3(1995): 549-564.

57. R. Marie Griffith, *Born Again Bodies: Flesh and Spirit in American Christianity*(Berkeley: University of California Press, 2004).

58. Daniel Sack, *Whitebread Protestants: Food and Religion in American Culture*(New York: St. Martin's Press, 2000).

59. Patricia Curran, *Grace Before Meals: Food Ritual and Bodily Discipline in Convent Culture*(Urbana: University of Illinois Press, 1989); Wade Clark Roof, "Blood in the Barbecue? Food and Faith in the American South," in *God in the Details: American Religion in Popular Culture*, ed. Eric M. Mazur and Kate McCarthy(New York: Routledge, 2001), 109-121.

60. 예컨대 다음을 보라. Ann Romines, "Growing Up with Methodist Cookbooks," in *Recipes for Reading: Community Cookbooks, Stories, Histories*, ed. Anne L. Bower(Amherst: University of Massachusetts Press, 1997), 75-88. Matthew Bailey-Dick, "The Kitchenhood of All Believers: A Journey into the Discourse of Mennonite Cookbooks," *Mennonite Quarterly Review* 79(2005): 153-179.

음식, 인종, 그리고 민족성*
Food, Race, and Ethnicity

용 첸 Yong Chen

중국의 한 현자는 2,000여 년 전에 식욕과 성욕이 인간의 가장 기본적인 욕구라고 지적했다.** 프로이트 이후로 인간의 섹슈얼리티에 대한 우리의 이해는 크게 진보했다. 이에 비해, 음식의 중요성은 여전히 제대로 인정받지 못한 채로 남아 있다. 식욕은 인체의 가장 기본적인 욕구다. 우리가 무엇을 먹고 어떻게 먹느냐는 인간과 자연환경이 서로 어떻게 관계를 맺는지를 보여준다. 그러나 음식의 중요성은 단순한 육체적 욕구를 채우기 위한 것으로서가 아니라 서로 다른 개인·공동체·국가가 다양한 관계를 맺으면서 음식의 역할을 깊이 생각하는 쪽으로 확대되었다. 개인과 사회는 음식에 담긴 정치적, 사회경제적, 문화적 의미를

----

* 이 장의 제목에서 "race"는 '표면상의 체질적 특성'을, "ethnicity"는 '사회문화적 특성'을 지닌 것이다. "ethnicity"는 "민족성", "종족성", "족군族群" 등으로 번역된다.
** "食色性也", 맹자, 『고자 · 상告子·上』.

내면화하고 있다. 무엇이 먹을 수 있고 매력적인 것인지 무엇이 그렇지 않은 것인지를 구분하는 개념에는 우리의 내면에 깊게 뿌리내린 자기 자신에 대한 생각과 타자 사이의 관계를 뒷받침하는 강력한 이데올로기가 반영되어 있다. "우리의 존재는 먹는 것이 결정한다"는 옛 속담은 먹는 것이 다르면 [그 사람은] 우리와 다른 사람이라는 누구나 암묵적으로 당연하다고 인정하는 생각을 떠오르게 한다. 따라서 음식은 역사를 통틀어 정체성을 나타내는 징표로서 중요한 역할을 했다.

인간은 늘 "우리"와 "그들"을 분리했지만 그 방식은 시간의 흐름에 따라 바뀌었다. 근대에는 차이라는 개념이 인종race과 민족성ethnicity이라는 언뜻 과학적인 것처럼 보이는 언어 뒤에 숨어 있었다. 19세기 저자들은 다양한 범주에서 그러한 카테고리를 사용했지만 —어떤 사람들은 유럽에서만 적어도 인종을 세 종류로 분류했다— 그들의 분류체계는 모두 인종적 특성은 타고난 것이라 바뀔 수 없다는 일반적 생각을 바탕으로 했다.[1] 20세기 들어, 인종 구분을 뒷받침해온 과학적 기반이 거짓임이 밝혀지면서, 학계에서는 음식과 언어 같은 잘 바뀔 수 있는 문화 패턴에서 비롯하는 상이한 집단을 가리키는 용어로 민족성이라는 개념을 점점 더 많이 사용하기 시작했다. 미국과 영국에서는 대개 인종이라는 말을 흑인과 백인 사이의 관계를 논의할 때 많이 사용하는 반면에, 민족성은 흑인이 아닌 집단 사이의 관계를 말할 때 많이 사용한다. 그러나 이 두 범주의 경계는 어떤 특정 집단이 주류 집단과 육체적, 문화적으로 다르다는 생각에서 생겨나는 "인종화racialization" 과정을 통해 쉽게 허물어졌다. 일례로, 중국계 미국인은 오랫동안 특이한 신체적 특질과 비루한 문화적 특성을 가진 열등한 인종으로 여겨졌다. 이 두 용어["인종과 민족성"]의 사용이 그처럼 유동적인 것을 보면, 오늘날 대중문화에서 아프리카계 미국인의 음식을 포함해 미국 사회의 비주류 음식들을 왜 "소수민족ethnic"* 음식이라고 부르는지를 잘 알 수 있다.

식생활의 인종화가 발생한 데는 여러 원인이 있는데, 특정 집단과 음식 사이에 독특한 관계가 있기 때문이기도 하지만, 사람들이 먹고 즐기기 위해 노예와 하인들에게 음식을 만들도록 강요한 때문이기도 하다. 인종차별이 권력의 불평등을

---

* "ethnic"은 본래 다양한 민족 집단을 가리키는 말이다. 다민족국가인 미국에서는 "소수민족"을 의미한다.

수반하는 사회적 맥락에서, 음식과 먹거리체계는 소수 인종과 소수 민족 집단에 대한 정치적 압박과 경제적 착취를 조장하고 상징화했다. 그러나 동시에 소수 집단도 음식을 저항의 상징이자 압제자들에 대항하는 효율적 무기로 사용했다.

근대적 인종화는 인간의 역사를 통틀어 반복되었던 음식, 정체성, 권력 사이의 다양한 관계 속에서 나란히 진행된다. 메리 더글러스가 언급한 "순수[깨끗함]"와 "오염[더러움]"의 이분법적 사고는 우리가 어떤 음식은 먹을 수 있고 어떤 음식은 먹을 수 없다고 구분할 때 중심성centrality을 확립하는 동시에 그런 사회적 통념을 확고히 한다. 예컨대 유대인들은 자신들이 선택받은 민족임을 규정하는 데서 먹는 것을 제한하는 식사법을 사용한다. 더 나아가, 음식을 통해 표현되는 문화적 차이는 대개 권력의 불평등을 반영하면서 계층적 구조를 보인다. 클로드 레비-스트로스는 남아메리카 원주민 공동체들의 신화에 관한 연구에서 "날것"과 "익힌 것"이라는 두 범주를 나누어 그 차이가 무엇인지 면밀히 살폈다. 그 연구는 날것과 익힌 것으로 상징되는 자연과 문화의 차이가 계층적이라고 특징짓는데, 자연은 감정적이고 본능적인 것과 관련이 있고 문화는 이성적이고 지적인 것과 관련이 있다고 결론짓는다. 예컨대 중국 청 대(1646~1911) 타이완 원주민들은 그들의 문화변용acculturation 정도에 따라 "날[生]"과 "익힌[熟]"으로 분류되었다.* 근대적 국민의식도 음식을 통해 내부자들끼리는 심리적 유대감을 만들어내고 국가에 적합하지 않다고 생각되는 사람들은 배제하는 방식으로 표출된다. 에미코 오누키 티어니는 쌀이 어떻게 일본인의 국민정체성national identity을 상징하는 아이콘이 되었는지 설명하고 있는데, 일본인들은 "쌀을 우리 음식", "논을 우리 땅"이라고 생각한다는 것이다.[2]

사회적으로 만들어진 범주로서 인종과 민족성은 사회마다 그 개념의 범위가 매우 다양하다. 여기서는 역사적으로 유럽 출신 정착민들과 다양한 유색인종이 뒤섞여 탄생한 매우 복잡한 인종과 민족 형태의 조합인 미국에 초점을 맞춘다. 음식은 미국 역사에서 복잡한 인종과 민족성을 꿰뚫어볼 수 있는 특별한 통찰력

---

* 청 대에 대륙의 일부 한족漢族이 타이완섬으로 이주하면서 타이완 원주민들의 한족화가 진행되었다. 타이완 원주민 중 한족 문화를 적극적으로 받아들여 한족에 동화한漢化[곧 한족의 통치를 받는] 평지 원주민을 숙번熟番, 그렇지 않은 산지 원주민을 생번生番이라고 불렀다. ("番"은 "이민족", "야만족"의 뜻이다.)

을 제공한다. 정치적으로 주류 사회는 다양한 인종 집단의 음식 전통들을 공격하면서 그것들을 바꾸고 배제하려 끊임없이 애썼다. 그러는 중에 음식은 국가의 인종적 특성을 정립하고 새롭게 바꾸려는 사람들에게 강력한 은유metaphor이자 도구tool가 되었다. 이 과정에서 발전한, 인종과 민족의 계층적 구조는 음식 소비와 생산 패턴에서 사회경제적 불평등 관계를 반영했다. 그러한 불평등은 인종과 민족성 문제가 계급 및 젠더 문제와 서로 교차됨을 밝혀준다.

이 글은 1차연구primary research와 2차자료secondary source를 바탕으로 음식, 인종, 민족성 사이의 관계에 대한 역사적 서사를 제공한다. 미국의 지역 요리는 식민지에 뿌리를 두고 있는데, 이는 사회적 신분을 의식하는 근세 정착민들이 신세계에 유럽 사회를 재창조하려 애쓰는 가운데 자연스럽게 이루어진 일이었다. 그들은 [미국] 개척시대 사회frontier society에서 절박한 생존 욕구 때문에 아메리카 원주민과 아프리카계 음식에 의존하지 않을 수 없었지만, 그럼에도 이런 음식을 유럽인의 건강과 사회적 신분의 기준에 맞는 유럽식으로 바꾸려 애썼다. 19세기, 초기 정착민 가운데 이른바 "유서 깊은 집안old stock"의 후손들은 유럽·아시아·라틴아메리카에서 새로 이주해온 사람들을 배제하거나 동화시키려 노력했다. 이와 같은 노력은 종종 "음식 싸움food fights"의 형식을 취했는데, 이는 새로운 이민자들과 함께 들어온 이른바 건강에 해롭고 비위생적인 음식에 대해 백인의 산업식품들이 맞서는, 민족 정체성을 지키려는 투쟁이었다. 이런 초기의 배제와 불평등 형태는 심지어 동화된 형태의 소수민족 식품이 널리 인기를 얻은 20세기까지 지속되었다. 마침내, 기업에서 생산된 식품은 특히 1965년 이민개혁법* 통과 후 시장에서 새로운 이민자들의 음식으로부터 도전에 직면했다. 이러한 배제와 동화의 형태들이 반복됨에도, 음식·인종·민족성에 관한 새로운 학문적 연구는 아직 안정된 연구 분야로 자리 잡지 못했다. 이 글은 그런 연구와 관련해 여러 기본 개념과 중요한 연구, 그리고 계속되는 논쟁을 소개한다.

---

* 1965년 이민 및 국적 법령The Immigration and Nationality Act of 1965. 인종차별적 요소를 제거하고 이민자의 전문적 기술과 가족재통합family reunification이라는 개념에 따른 이민 정책이 수립된 법령이다. 1924년 이민법Immigration Act of 1924[국적기원법] 이후 실시되어오던 북유럽과 서유럽 출신 백인 중심의, 출신 국가별 이민 쿼터제가 폐지되면서 미국에 가족이 있는 경우 이민 우선권을 주는 방식으로 정책이 바뀌었다. 이를 통해 아시아계와 라틴아메리카계 등 다양한 국적과 인종의 이민자 수가 폭발적으로 증가하게 된다.

미국 주류의 문화와 미식의 뿌리

초기 정착민들은 백인 아닌 여러 유색인종 문화와 만나는 과정에서, 자신들의 우월성을 유지하면서 백인의 문화적 뿌리 특히 자신들의 전통 음식에 충실하기로 결정했다. 전쟁과 질병으로 엄청나게 많은 아메리칸인디언이 죽으면서 그들이 농작물과 가축을 기르던 드넓은 땅을 백인 정착민들이 차지하게 되었다. 게다가, 남부 식민지의 극심한 여름 기후 풍토에 잘 적응하는 아프리카 노예들이 숙련된 농업 노동력을 제공했다. 정착민들은 이런 유리한 조건 아래서 18세기 중반에 영국인들이 주로 먹던 소고기, 맥주, 빵 같은 음식에 쉽게 접근했다. 신사 계급 gentry과 상인들은 [포르투갈의] 마데이라Madeira 와인과 요리책, 식기, 차 같은 사치품도 수입할 수 있었다. 그럼에도 유럽 음식이 원주민 음식 및 아프리카 음식과 서로 뒤섞이면서 요리의 혼합이 일찌감치 일어났다. 식민지 정착민들은 자신들의 순수성을 지키기 위해 초기에 비유럽인의 문화적 도움에 대한 역사적 기억들을 억누르는 전통을 만들기 시작했고, 그 전통은 이후 오랫동안 지속되었다.

음식을 둘러싼 유럽의 식민지 정착민과 아메리칸인디언 사이의 불편한 관계는 옥수수를 중심으로 주기적으로 발생했다. [북미 동부 해안의] 제임스타운과 플리머스의 식민지 정착민들은 처음 맞은 혹독한 겨울에 현지 인디언들이 생산한 옥수수로 생명을 유지할 수 있었다. 그러나 트루디 에덴은 《초기 미국인의 식탁Early American Table》(2008)에서, 아메리칸인디언의 음식을 먹으면 유럽인의 몸이 말 그대로 인디언의 몸으로 바뀔 거라는 믿음 때문에 아메리칸인디언 음식을 계속해서 먹는 것에 두려움을 느꼈던 초기 정착민들의 모습을 장황하게 설명한다.[3] 대신에 초기 정착민들은 옥수수를 자기네 문화 규범에 맞게 바꿔 경작하려 했다. 그들은 인디언들이 하는 것처럼 옥수수를 콩·호박과 사이짓기를 하지 않고, 정통 영국식 방식으로 옥수수를 일렬로 가지런하게 심었다. 이에 더해, 그들은 유럽에서 하는 식으로 옥수수를 가축 사료로 쓰고, 옥수수로 빵을 만들고, 옥수수를 증류해 위스키를 주조했다. 그러나 가장 일반적으로 옥수수를 먹는 방식은 실제로 영국령 북아메리카British North America[지금의 캐나다와 뉴펀들랜드 지역]의 주식인 옥수수죽으로, 그것은 옥수수의 영양가를 최대화하기 위해 그 지역 고유의 알칼리 처리 과정[닉스타말 과정]을 거쳐 조리되었다. 정착민들은 인디언들에게 받은 이런 도움을 인정하기보다는 오히려 그들을 문명을 모르는 야만인이라고 비난했다. 이는 부분적으로 정착민들이 자신들이 생각하는 남녀의 역할과 다른 모습을 인디언들에게서 보았기 때문이다. 인디언은 여성들이 땅을 일구는 반면에 남성들은 밖에 나가 사냥을 했는데, 영국인의 눈으로 보기에 사냥은 하찮은 일이며 귀족들의 소일거리였다.[4] 그럼에도 식민지 정착민들은 원주민의 사냥 기술 덕분에 큰 이득을 보았다. 그들은 인디언들에게 값싼 증류주를 주고 대신 값비싼 모피를 얻었는데, 그 때문에 "술 취한 인디언drunken Indian"이라는 새로운 고정관념이 생겨났다.[5]

아프리카 노예들은 아메리카 식민지뿐 아니라 본국에서도 영국 음식을 재창조하고 개발해내는 데 매우 중요한 역할을 했지만, 역사적으로는 그러한 사실이 간과되었다. 시드니 민츠는 뛰어난 역작 《설탕과 권력》(1985)에서 설탕이 선물로 점점 인기 식품이 된 것이 어째서 인종화 과정이었는지를 설명한다. 민츠는 그 이유가 유럽 소비자들이 먹을 설탕을 아프리카 노예들이 생산했기 때문이라고 말한다.[6] 주디스 카니는 또 다른 중요한 식민지 주요 산물인 쌀을 생산하는 데서 아프리카 노예들이 한 역할을 기술했다. 그녀는 서아프리카인과 캐롤라이나 벼농사 사이의 중요한 연관성을 지적하면서, 영국인 식민지 농장주들이 [사우스캐롤라이나주] 찰스턴 주변 습지에서 벼를 재배하기 위한 배수구와 수문들의 정교한 관계망 구축을 서아프리카 노예들의 노동력과 농사 지식에 절대적으로 의존했다고 주장한다. 또한 상당한 손재주가 필요한 등골 빠지는 절구질을 통해 벼를 정미하는 작업에도 아프리카 여성들의 숙련된 노동이 필수적이었다.[7] 카니는 공동저자인 리처드 로소모프와 함께 아프리카 음식, 농사, 조리법이 아메리카대륙에 끼친 영향에 대한 광범위한 조사를 실시했다. 그들은 또한 노예선에 식량을 공급하고, 노예들이 자신의 생존을 위해 식량을 자급할 수밖에 없었던 상황이 노예제의 굴레 아래서도 아프리카인들의 기술을 살아남게 했음을 지적함으로써, 지금까지 아메리카대륙의 농업 혁신이 마치 유럽인 농장주들만의 힘으로 이루어진 것처럼 지배자의 입장에서 해석하는 풍토에서 아프리카인들과의 역사적 연관성을 다시 상기시키려 애쓴다.[8]

그동안의 아프리카계 미국인 요리사[즉 흑인 요리사]에 관한 논의 기피와 카니의 "검은 쌀 명제[흑인의 벼 재배 명제]black rice thesis"를 둘러싼 역사기록학계의 논란은 부분적으로 플랜테이션 노예제의 인간성 말살이 초래한 결과다. 그러나 많은 학자는 아직도 억압체계에서 자신을 지키기 위해 식량 자급이나 도둑질 같은 "약자의 무기weapons of the weak"를 사용하는 노예들의 능력에 주목했다. 특히 노예제 폐지 전 수십 년 동안, 농장주들은 노예시장 상인들에게 일정한 권력과, 민츠의 표현을 빌리자면, "자유의 맛taste of freedom"을 주면서 그들에게 의존했다.[9]

유럽에서 온 다양한 정착민들도 영국령 북아메리카의 문화적 다양성에 한몫했지만, 그들도 대부분 이미 패권을 장악한 식민지 요리에 동화되었다. 독일인, 네덜란드인, 스웨덴인은 중부 식민지Middle Colonies[지금의 미국 펜실베이니아주, 뉴욕주, 뉴저지주 지역]에 소시지, [독일식 채소 절임 음식] 사우어크라우트sauerkraut, 와플, [저민 고기, 야채, 옥수수 가루를 기름에 넣고 튀긴] 스크래플scrapple을 포함해 다양한 음식을 소개했다. 그 사이에, 남부에서는 마시 코언 페리스Marcie Cohen Ferris가 쓴 매력적인 《마초볼검보Matzoh Ball Gumbo*》(2005)에서 설명한 것처럼, 초기 찰스턴과 [조지아주] 서배너Savannah에 살았던 유대인들은 [손님을 따뜻이 맞이하고 환영하는] 남부의 환대Southern hospitality에 부응해서 식탁에서 자신들의 지역적·종교적 정체성 문제를 잘 절충해서 극복해나갔다.[10] 제임스 맥윌리엄스James McWilliams는 다음처럼 결론짓는다. "영국령 아메리카 식민지의 가장 예외적인 특징 하나는 비영어권 이민자들을 흡수하는 동시에 그들이 영국 사회에 거꾸로 선택적이기는 하지만 자신들의 요리 관행을 일부 보존하고 채택할 수 있도록 허용할 줄 알았다는 사실이다."[11]

영어권 식민지 정착민들은 영국으로부터 정치적 독립을 선포한 뒤에도, 영국식 식생활에 대한 충성과 다른 문화의 음식에 대한 의심을 거두지 않았다. 지역별 요리 전통은 공화국[미국 성립] 초기에 등장한 요리 문헌에서 점점 중요한 자리를 차지하기 시작했다. 아멜리아 시먼스Amelia Simmons의 《미국 요리American Cookery》(1796), 루시 에머슨Lucy Emerson의 《뉴잉글랜드 요리The New England Cookery》(1808), 메리 랜돌프Mary Randolph의 《버지니아 가정주부The Virginia Housewife》(1838) 같은 요리책은 미국 주류 사회의 한복판에 여전히 남아 있던 신세계 음식에 대한 아메

---

* 유대인들이 크리스마스이브나 크리스마스에 열리는 댄스파티에서 먹는 수프

리카 원주민의 역할과 토착 뿌리의 기억을 대부분 지워버렸다. 따라서 옥수수는 미국 남부 식품으로 알려지게 되었고 토마토는 이탈리아 식품이 되었다. 하비 리벤스테인은 이 과정을 "영미 요리 보수주의British-American culinary conservatism"의 한 형태라고 설명하면서, 영국과 미국의 한 텔레비전 유명인사가 "영국인이 미국인에게 요리에 대해 훈수를 두는 것은 장님이 애꾸눈의 손을 잡고 길을 안내하는 것이나 마찬가지다"라고 말한 것에 의문을 제기했다.[12] 리벤스테인은 지금도 여전히 견줄 책이 없는 사회사 《식탁 혁명Revolution at the Table》(1988)에서 미국백인의 특징 없는 식생활에 대한 집착이 인종적 순수성을 지키려는 노력에 원인이 있음을 보여주는 수많은 증거를 제시한다. 그러나 그러한 노력은 시간이 흐를수록 새로운 이민자들이 계속해서 미국으로 흘러 들어오면서 다양한 도전에 직면하게 되었다.

19세기의 배제와 동화

1820년대부터 1920년대까지 "이민의 세기" 동안, 수백만의 새로운 이민자들[이주민들]이 미국에 도착했다. 특히 유럽에서 온 이민자가 다수였다. "이민자들의 나라nations of immigrants"라는 역사적 기억은 이민자들을 환영하는 분위기를 떠오르게 한다. 자유의 여신상 받침대에 새겨진 [시인] 엠마 래저러스Emma Lazarus의 희망에 부푼 문구 "자유롭게 숨 쉬기를 갈망하는 지치고 가난하고 움츠린 대중이여, 내게 맡겨라Give me your tired, your poor, Your huddled masses yearning to breathe free, The wretched refuse of your teeming shore"에서 그것을 단적으로 느낄 수 있다. 실제로, "움츠린 대중"은 백인 지도자들이 미국의 인종적 순수성을 위협하는 존재로서 두려워하는 바로 그들이었다. 역사학자 에리카 리Erika Lee는 이 기간을 미국이 "문지기gatekeeper" 국가로서 재탄생한 시기라고 보았다. 처음에는 중국인들의 이민을 제한하고 이후 점점 더 많은 다른 인종 집단의 이민을 막더니, 마침내 상황은 1920년대 들어 극도로 제한적인 이민자 수 할당 제도를 도입함으로써 정점에 이르렀다.[13] 세기가 바뀔 즈음 수십 년 동안, 산업화에 따른 노동력 수요의 증가는 이민자의 완벽한 제한을 불가능하게 했다. 그러나 개혁주의자들은 주류 사회에서 인정한 문명의 개념을 받아들인 이민자들을 사회에 동화시킬 것을 주장했다. 가장 먼저 이민자들의 조리법부터 흡수하자고 했다. 그러나 가정학자들이 장려한 단조로운 영국식 식단은 [유럽으로부터 온] 새로운 이민자들에게는 아무런 매력이 없었다. 그들은 오히려 자기네 전통 음식을 미국에 이식해 궁극적으로 미국 문화를 풍요롭게 했다.

대기근을 피해 미국에 유입된 아일랜드 이민자들은 19세기 중반 미국에서 일어난 외국인에 대한 인종화 과정을 잘 예시해준다. 16세기 이래로 식민지 지배를 받은 아일랜드인들을 영국인들은 자신들보다 열등하다고 생각했다. 신문 삽화에서도 아일랜드인들은 흑인과 동등한 사람으로 묘사되는 경우가 많았다. 아일랜드인들이 믿는 가톨릭 종교는 또한 대다수가 개신교 신도인 영국계 백인 엘리트층과 그들 사이를 갈라놓았다. 그럼에도 아일랜드인의 노동력은 수요가 매우 많았는데, 특히 중산계급 가정의 가사를 돌보는 하인으로 인기가 많았다. 수많은 만평과 요리책에 등장하는 아일랜드 출신 하녀들에 대한 넘쳐나는 조롱과 비난은 그들을 인종차별적 직업으로 바라보고 동시에 반아일랜드 편견을 확산시키는 데 크게 한몫했다. 일례로, 가정교사이자 노예제 폐지론자인 캐서린 비처Catherine Beecher와 해리엇 비처 스토Harriet Beecher Stowe가 공동으로 쓴 《미국 여성의 가정The American Woman's Home》(1869)은 아일랜드 하녀에 대한 영국계 백인들의 노골적 편견을 그대로 담고 있다. 그들은 아일랜드 하녀를 "골격과 근육은 엄청나지만, 머리는 나쁘고 잘 안 돌아가는 피조물"이라고 불렀다.[14] 게다가 그런 편견에는 소작농과 관련된 계급적 기반도 있다. 해시아 다이너는 이민자의 식생활에 관한 훌륭한 연구에서 영국계 미국인들의 불신에 대한 더 많은 증거를 제공한다. "아일랜드 하녀와 최악의 요리 사이의 과장된 관계는 개인의 글과 대중 언론에 차고 넘쳤다."[15]

중국 음식의 경우도 소수민족 집단과 그들의 음식에 대한 인종화 과정과 함께 인종주의와 편견의 뿌리 깊은 문화적 근원을 꿰뚫어볼 수 있는 귀중한 통찰을 제공한다. 19세기 초에 이미, 중국은 미국 제조품의 가장 큰 잠재 시장이자 기독교 선교단의 가장 큰 전도 지역을 대표했다. 미국인들은 이러한 초기의 다양한 만남을 통해 중국인들이 한심하기 짝이 없는 식생활을 지닌 낙후된 국민이라는 영속적 이미지를 만들어냈다. 1833년에 선교단의 식자공으로 중국에 온 S. 웰스 윌리엄스S. Wells Williams는 서양인들의 그런 잘못된 인식을 포착했다. "중국인들이 먹는 음식과 그들의 축제 양식 및 행사들에 관한 기사들은 그들의 특이한 이미지가 널리 유포되는 데 크게 한몫 거들었다." 그는 이어서 말했다. "기이한 방식으로 식탁에 차려진 제비집수프, 훈제 개고기, 고양이 요리, 쥐, 뱀, 벌레와 같은 기이한 음식들에 대해 지나치리만치 과장되게 떠들고 다니는 여행자들 때문에, 그들의 말을 인용해 쓴 기사를 읽는 사람들은 그들의 과장된 설명만큼이나 중국 음식에 대해 과장된 생각을 갖게 마련이다."[16]

1849년 캘리포니아 골드러시가 시작되면서 중국 이민자들이 미국에 도착했을 때, 그들의 음식 습관은 영국계 백인 엘리트 이민제한론자뿐 아니라 이른바 [육체노동에 종사하는] "쿨리coolie" 노동자라고 불린 중국 이민자들과의 경쟁이 두려웠던 노조 간부들로부터 조롱의 표적이 되었다["쿨리"는 중국어로 "고된 노동력"이라는 의미의 쿠리苦力에서 비롯된 말이다]. 미국을 영국계 백인 국가로서 인종적 특성을 유지하고자 열망했던 당시 미국의 언론인들은 중국 음식이 미국 국민의 신체적 건강을 위협한다고 기사를 썼다. 1854년의 한 풍자 기사는 이렇게 보도했다. "캘리포니아의 한 신문은 시내의 한 중국음식점에 다음과 같은 내용이 담긴 메뉴판이 있다고 전한다. '고양이 커틀릿 25센트, 구운 쥐 6센트, 개 수프 12센트, 개 구이 18센트, 개 파이 6센트.'"[17] 중국 음식에 쥐고기가 들어 있다는 생각은 대중 사이에 널리 퍼진 도시 괴담이 되었으며, 그 잔향은 지금까지도 전해지고 있다. 한편, 노조 지도자들은 쌀밥을 먹고 사는 중국인들과의 경쟁 때문에 백인 노동자들의 임금이 깎이고 그래서 그 돈으로 [백인 노동자들이] 고기를 사 먹을 수 없을지도 모른다고 두려워했다. 1902년, 미국노동총연맹American Federation of Labor은 〈중국인 배척이 필요한 몇 가지 이유: 고기 대 쌀밥: 아시아 쿨리 노동자에 맞서는 용감한 미국 남성: 어느 쪽이 살아남을 것인가?Some Reasons for Chinese Exclusion: Meat vs. Rice: American Manhood against Asiatic Coolieism: Which Shall Survive?〉라는 제목의 강력한 주장을 담은 팸플릿을 발행했다.[18] 미국 백인들에게 고기는 물질적 풍요, 힘, 남성성을 상징한 반면, 쌀밥은 결핍, 나약함, 여성성과 관련이 있었다. 이처럼 음식은 인종차별뿐 아니라 젠더차별의 대상이 되었다. 1882년 중국인배척법Chinese Exclusion Act of 1882은 중국인의 미국 입국을 금지하고 중국인 이민자들은 귀화 시민이 될 수 없다는 인종차별의 원칙을 재확인함으로써 백인 노동자들

의 그런 두려움에 답했다.[*]

세기가 바뀔 즈음에, 가정 요리는 미국 국민을 규정하는 음식 싸움에서 중요한 전쟁터가 되었다. 리벤스테인은 《식탁 혁명》에서 여성 이민자들에게 건강에 좋고 경제적이며 무엇보다 중요한 미국 음식을 조리하도록 교육시키려고 애썼던 혁신주의 시대 식품개혁가와 가정학자들에 관한 연구를 바탕으로 이런 이야기를 했다. 냄비에 넣어 찌고 삶은 채소는 그들의 문화에서 제대로 된 식사에 해당한다. 하지만 토마토소스와 치즈 가루를 뿌린 스파게티는 거기에 해당하지 않는다. 리벤스테인은 이와 같은 식이 혁명이 산업화와 동화 과정을 통해 점점 뒤안길로 사라졌다고 본다. 다이너는 《아메리카에 대한 갈망Hungering for America》(2001)에서 동일한 역사적 순간을 유럽 출신 이민자의 관점에서 면밀히 살폈다. 그녀는 이민자들의 회고록을 주의 깊게 읽고 난 뒤, 이민자들이 미국에 동화되는 변화를 일으키는 원동력은 식품개혁가들의 운동보다는 소수민족 공동체들 내부의 세대 갈등과 사회적 이동에 있었다고 지적하면서, 미국화Americanization를 지나치게 단순화해 설명하는 것에 문제를 제기한다. 그녀는 이민자들이 어떤 상황에서는 자기 민족의 전통을 유지하면서 또 어떤 상황에서는 미국인으로서의 소속감을 나타내는 이중적 정체성을 형성하는 데 한몫한 것이 바로 음식이라고 설명한다. 최종적으로, 그녀는 미국으로 옮겨옴으로써 구세계에서의 굶주림을 극복했다는 전통적인 이민자들의 이야기를 풀어놓는다.

리벤스테인은 19세기 말 식품가공업이 생겨나면서, 순수 식품이 미국 기업들이 파는 깔끔하게 포장된 통조림 브랜드 물품들과 관련을 맺게 되었다는 중요한 사실을 지적한다. 그러나 도나 가바치아가 식품 기업가들의 인종 출신과 관련한 인물 연구에서 밝힌 것처럼, 모든 산업식품이 똑같은 과정을 통해 탄생된 것은 아니다. 업턴 싱클레어 같은 탐사 폭로 기자들의 표적이 된 산업들은 대개 이민자 출신 기업가들이 운영했는데, 가장 대표적인 것이 정육업계였다. 주로 스코틀랜드인, 아일랜드인, 유대인들이 그 중심에 있었다. 혁신주의 시대의 분노는 또한 미국 중서부의 독일인 맥주 양조업자들과 캘리포니아의 이탈리아인 및 중유럽인

---

* 1882년 중국인배척법은 1943년 매그너슨법Magnuson Act[1943년 중국인배척 폐지법Chinese Exclusion Repeal Act of 1943]에 의해 폐지되었다.

포도주 양조업자들이 생산해내는 술에 초점이 맞추어져 있었다. 그 술을 마시는 사람들은 주로 도시의 이민자들이었다. 반면에, 도정업이나 제빵업 같은 영국계 백인 기업들이 지배한 시장 부문은 국가 발전의 모범이 되었다. 따라서 미국의 혁신주의Progressivism와 금주법 시행 시대Prohibition[1920~1933]는, 어느 정도, 바람직하지 않은 국외자들로부터 미국 국민을 보호하려는 외국인혐오증[Xenophobia]적 시도를 반영했다.[19]

산업식품의 인종화는 한편으로 배제와 예속을 다른 한편으로 이상적인 백인 가정 모델의 창조를 수반했다. 워시번-크로스비컴퍼니Washburn-Crosby Company가 1921년에 창안한 베티 크로커*Betty Crocker는 소비자들과 교감을 나누며, 제너럴 밀스General Mills 제품들을 광고하기 위해 진력을 다했다—워시번-크로스비컴퍼니는 그 7년 뒤[1928]에 다른 도정업체들과 합병해 세계에서 가장 큰 제분회사인 제너럴밀스가 되었다. 베티 크로커는 라디오와 인쇄물에서 요리를 아주 잘하는 영국계 백인 여성으로 의인화되어 사람들의 머릿속에 각인되었고, 1945년에 [미국 경제전문지] 《포천Fortune》은 마침내 그녀를 "식품의 미국 퍼스트레이디America's First Lady of Food"라고 부르며 엘리너 루스벨트Eleanor Roosevelt[미국 제32대 대통령 프랭클린 D. 루스벨트 대통령의 부인] 다음으로 가장 인기 있는 여성에 올렸다.[20] 이와 같이 가정을 보살피고 이러한 인종 정체성을 가진 사람에 비해, 아프리카계 미국인 여성은 고용된 요리사이자 가정부로서 묘사되었다. 베티 크로커가 탄생하기 전에, 워시번-크로스비는 "신비한 매미mystic Mammy"의 이미지를 광고에 사용했다.[21]** 물론 그런 이미지로 가장 유명한 가상의 인물은 19세기 말 팬케이크 가루를 팔기 위해 중서부의 제분회사들이 만들어낸 앤트 저마이머였다. 원래 백인 남성이 흑인 여성으로 분장을 하고는 노래를 하고 춤을 추며 흑인 노예들의 삶을 희화하는 민스트럴쇼minstrel show를 바탕으로 한, 그 광고들은 근대 자본주의를 뒷받침한 노예제에 관한 상징 연구에서 따온 것들이다. 도리스 위트는 다음처럼 설명한다. "앤트 저마이머 팬케이크 가루는 과거 노예와 하녀로서 흑인 여성

---

* 워시번-크로스비컴퍼니가 자사의 상품과 조리법 홍보를 목적으로 창조해낸 가상의 여성 식품전문가 캐릭터. 같은 이름의 브랜드를 만들어 케이크와 반죽 가루 제품 등을 출시하기도 했다.
** 여기서 매미는 과거 미국 남부 백인 가정에 고용된 흑인 유모를 경멸적으로 부르던 용어다.

들의 요리가 노동력 착취의 한 형태였음을 부정하면서, 그들의 요리 솜씨가 미국 사회에 광범위하게 이식되는 과정에 한몫했거니와 그 제품을 사는 사람들이 새롭게 떠오르는 공장 식품노동자 계급, 주로 이민자 여성들이 (…) 어떻게 일하는지 몰라도 되게끔 만들었다."[22]

아프리카계 미국인의 식생활은 노예제 폐지를 지켜보면서 백인의 패권을 지키려는 과정에서 조롱의 대상이 되었다. 사이키 윌리엄스-포슨은 미국 사회에 만연한, 좀도둑과 경범죄자로서 폄하된 흑인의 이미지를 면밀히 검토했다. 그런 이미지는 흑인들이 백인 여성을 포함해 백인 남성이 가진 모든 것을 소유하고 싶어 하는 불순한 욕망을 가지고 있음을 알리려는 의도였다. 흑인 남성은 심지어 "집쿤Zip Coon"이라는 인물을 통해 닭으로 비유되었다. 집쿤은 화려하지만 해진 옷을 입고 수탉처럼 무게를 잡으며, 미래를 꿈꾸는 흑인들을 조롱하는 역할을 하는 멋쟁이 흑인 분장을 한 가상의 인물이다. 그러나 윌리엄스-포슨은, 만연한 인종주의에도 불구하고, 닭을 조리해서 차리는 것이 흑인들에게 어떻게 권력과 수입의 원천을 제공할 수 있는지 잘 보여준다.[23] 비슷한 방식으로, 이타이 바르디Itai Vardi는 흑인의 신체에 대한 통제를 확고히 하고 그럼으로써 인종 의식을 형성하기 위해 백인들이 기획해낸 먹기 시합—주로 수박 먹기 시합—이 폭넓게 인기를 얻은 까닭을 분석하고 있다. 바르디 또한 윌리엄스-포슨처럼 흑인들이 이러한 권력관계를 어떻게 역전시켰는지 탐색하기 위해 [미국의 흑인 페미니즘이론가, 사회운동가] 벨 훅스bell hooks의 "저항의[대항적] 시선oppositional gaze" 개념을 차용한다. 1930년대 젊었을 때 켄터키에서 열린 한 먹기 대회에 참가한 믹키 베이커Micky Baker는 백인 관중의 기괴한 행동에 역겨움을 느꼈다. "무대 위에서 수박을 게걸스레 먹으며 씨를 뱉어내는 모습을 지켜보고 있는 남부의 무지렁이 백인들. 그들은 좋아서 어쩔 줄 모르며 방귀를 뀌어댔다. 그야말로 관객석이 무너져 내릴 정도였다."[24]

다른 소수민족 집단은 그들의 음식 습관을 버리도록 강요받고 그것이 마치 악마의 것인 양 취급받았다. 마이클 와이즈Michael Wise는 [미국 북서부] 몬태나주 블랙피트인디언보호구역Blackfeet Indian Reservation에서 음식 식민주의food colonialism 과정을 검토하고 있다.* 정부 관리들은 그곳에 자본주의적 임노동체계를 이식하기 위해 생계유지 형태를 재구성하는 방식을 강구했다. 야생 버팔로를 사냥하던 모습에서 가축 소를 방목하고 보호구역 내 도축장을 건설하는 것으로 생계유지 방식을 바꿈으로써 과거 블랙피트족의 포식성 식사법을 정화하려 했다. 이와 같은 식민지 계획은 전통적으로 여성들이 고기를 만지는 것을 인정하지 않았던 정육점에서 확인할 수 있듯, 젠더와 관련된 요소가 있었기 때문에, 버팔로 베이컨 형태인 "뒤피여dupuyer" 같은 원주민 조리법을 유럽의 감수성에 맞는 요리로 바꾸었다.25 텍사스 샌안토니오의 보건개혁가들은 이와 비슷하게 "칠리 퀸"으로 알려진 멕시코인 노점상들을 없애려는 운동을 전개했다. 이 노점상들은, 블랙피트 인디언들의 경우와 달리, 샌안토니오 도시에 귀중한 관광객 유치에 기여했기 때문에 경찰의 괴롭힘에도 장사를 계속할 수 있었다. 결국, 그 멕시코인 노점상들이 팔던 음식은 자신들이 속한 소수민족 공동체 밖에 있는 기업인들에 의해 고춧가루와 타말레 통조림 제품 형태로 제조되어 팔렸고, 1940년대에 들어서는 보건당국이 그들이 운영하던 노점 식당을 강제로 폐쇄해버렸다.26

소수민족 식품 생산에 대한 지속적 탄압에도 불구하고, 단언컨대 미국 백인 엘리트들은 19세기에 영국계 백인 음식의 우위를 유지하려던 패권적 목표 달성에 실패했다. 가바치아는 《우리의 존재는 먹는 것이 결정한다》(1998)에서 이민자들이 미국인의 식습관을 형성하는 데 어느 정도까지 영향을 끼쳤는지를 보여주었다. 미국의 상층계급인 영국계 백인 개신교도들WASP이 비록 중국 음식, 이탈리아 음식, 유대 음식, 멕시코 음식들을 매우 혐오스럽게 생각했지만, 소수민족 음식들은 집시와 노동자들을 포함해 주변부 백인 집단들이 그 음식들이 값싸고 맛있다는 것을 인정하기 시작하면서 밑으로부터 위로 서서히 주류 사회를 파고들었다.27 20세기 전반에 걸쳐 인종차별의 불평등은 끝이지 않았지만, 노동계급의 세계주의[코즈모폴리터니즘]와 더불어 시작된 것이 마침내 미국 중산계급 식사의 특징이 되었다.28

---

* 블랙핏족[또는 블랙풋족Blackfoot]은 미국의 몬태나주와 캐나다의 앨버타 지역에 거주하는, 북아메리카 원주민을 말한다.

20세기의 소수민족 천이*와 "먹거리사막"

20세기 미국의 인종 관계는 역사적 시민권운동과 식량 접근에 대한 끊임없는 차별과 불평등으로 특징지을 수 있다. 소수민족 음식은 20세기 중반 수십 년 동안 미국 사회에서 널리 받아들여졌다. 그것은 1920년대 이민 규제와 대공황으로 미국에서 태어난 외국인의 수가 급락한 바로 그 시점이었는데, 이러한 상황은 1920년대 이민 규제 조치에서 제외되었던 라틴아메리카 이민자들에 대한 비공식적 배제를 촉발했다. 백인 이민자의 자녀들은 특별한 날에 부모 국가의 음식을 먹으며 그곳과 상징적 유대 관계를 유지했지만, 그들은 소수민족 거주지에서 나와 주류 사회로 이동하면서 대부분 주류 사회의 식사 패턴에 동화되기 시작했다. 많은 백인 소수민족 집단 사이에서는 자손이 3대에 이르자 자신들의 정체성을 되찾으려는 바람이 불었다. 1965년 미국의 이민법 개정 이후 새로운 이민자들이 다시 유입되면서, 다양한 소수민족 음식을 맛볼 기회가 크게 늘어났다. 하지만 미국의 중산계급 소비자들은 교외의 식품점이나 테마 레스토랑으로 발길을 돌렸다. 인종화된 소수민족들은 대체로 주류 사회에서 여전히 배제되었다. 도시와 농촌에서 차별받는 그들은 건강에 좋은 음식을 먹을 기회가 거의 없었다. 패스트푸드 체인점과 정부의 식량 지원 프로그램들은 그들의 중요한 식량 공급원이 되었고, 그것은 미국에서 음식과 관련된 질병을 유발하는 가장 큰 원인으로 이어졌다. 따라서 인종차별의 불평등은 식품 섭취의 영역에서 지금까지 늘 변치 않는 현실로 남아 있다.

미국 정부는 더 많은 국민들에게 영국계 백인의 식생활을 전파하려 지속적으로 노력했다. 제2차 세계대전 동안, 미국국립연구회의National Research Council 음식습관위원회Committee on Food Habits는 전후에 국외자들을 동화시키고 미국인의 식생활을 전 세계로 전파할 목적으로 미국인의 음식 습관에 관한 다양한 연구를 실시했다. 위원회 사무총장은 저명한 문화인류학자 마거릿 미드Margaret Mead였는데, 그녀는 다음과 같은 방식으로 주류 사회의 음식을 확인했다. "미국인이 되는

---

* ethnic succession. 여기서 succession은 같은 장소에서 시간의 흐름에 따라 진행되는 식물군집의 구성원 변화를 가리킨다.

것은 외국의 생활양식, 외국의 음식, 외국의 사고방식, 외국인의 억양, 외국의 악습을 버리는 문제다. 따라서 위스키를 마시면 아일랜드인으로 때로는 가톨릭교도로 여겨지고, 맥주를 마시면 독일인으로 여겨지고, 마리화나를 피우면 흑인 음악가로 여겨진다."[29] 군대 또한 식품 생산 부문에서 인종차별적 분업을 승인하고 제도화했다. 1932년, 미 해군은 아프리카계 미국인을 모병하기 시작했는데, 그들은 모두 급식 담당 하사관으로만 복무했다.[30] 필리핀계 미 해군도 마찬가지로 부차적 직무에 배치되었다. 옌 에스피리투Yen Espiritu에 따르면, 1970년에 "미 해군에 복무 중인 필리핀계 미국인은 1만 6,669명이었는데, 그 가운데 80퍼센트가 식품 조달 수병이었다."[31]

가정에서 소수민족 음식을 먹는 것은 많은 사람에게 여전히 가족과 공동체의 정체성을 정하는 중요한 기준이었지만, 그것의 섭취 형태는 세대에 따라 매우 크게 바뀌었다. 주디스 구드Judith Goode, 재닛 테오파노, 캐런 커티스Karen Curtis가 필라델피아에 사는 이탈리아계 미국인의 식생활에 관해 연구한 중요한 논문에 따르면, 소수민족 음식과 미국 음식은 서로 먹는 방식이 달랐다. 냄비에 그레이비gravy*를 넣고 끓인 요리를 먹는 것은 변형된 이탈리아 식사 형태였지만, 접시에 고기와 채소를 따로 담아 먹는 것은 미국식 식사의 특징이었다. 미국 가정에서는 이런 종류의 식사들을 격주로 번갈아가면서 먹었다. 종교적 성찬이나 금식 또한 이탈리아 음식 전통을 지키는 역할을 했다. 그럼에도 젊은 세대는 주류 미국인들이 먹지 않는 내장 고기와 빙어 같은 특정한 음식을 먹는 것에 심한 거부감을 보였다. 저자들은 미국의 가정들이 이탈리아의 동네 조리법을 재빠르게 변용하고 소수민족 공동체가 특정한 맛을 내는 어떤 통일된 원칙이 있다는 생각에 의문을 제기하면서 매우 특이한 조리법을 개발해낼 수 있었음에 주목했다.[32] 그러나 소수민족의 대표 요리들은 그 국가에서는 이미 구식 음식이 되었을 때도 미국에서는 여전히 민족성을 상징하는 것으로 남을 수 있었다. 일례로, 미네소타의 노르웨이 이민자 후손들은 아직도 레프세lefse라고 하는 매우 얇은 감자 팬케이크를 만든다. 그들은 노르웨이에서 온 한 외교관의 부인에게 이 음식을 대접했을 때,

---

* 육류를 철판에 구울 때 생기는 국물에 후추, 소금, 캐러멜 따위를 넣어 조미한 소스.

오늘날 노르웨이에서는 그 음식을 박물관에서나 볼 수 있다는 말을 듣고는 당황해서 어쩔 줄 몰라 했다.[33]

학자들은 또한 소수민족 음식점들이 따랐던 식사 방식들을 밝히려고 애썼다. 지리학자 윌버 젤린스키는 전화번호부를 이용해 소수민족 음식점의 지도를 그리는 훌륭한 방법론을 개발했다. 그는 놀랄 것 없이 가장 인기 있는 세 종류의 요리 즉 중국 요리, 이탈리아 요리, 멕시코 요리가 미국 전체 요리의 70퍼센트를 차지한다는 것을 알아냈다. 이 수치를 인구 자료와 비교한 뒤, 그는 사업가 기질이 있는 요리사가 소수민족의 식사 공동체보다 더 중요하다는 결론을 내렸다. 특히 이런 현상은 중국음식점의 경우에서 두드러졌는데, 미국 대부분 지역에 중국계 미국인의 수가 그다지 많지 않은 데도 중국음식점이 없는 곳이 거의 없었다.[34] 가바치아는 소수민족 음식점이 어느 지역에 있느냐 없느냐를 결정하는 중요한 요소로 이민자 수에서 남녀의 비율을 든다. 20세기 미국에서 가장 많은 음식점을 차린 소수민족 집단으로, 앞서 말한 중국인, 이탈리아인, 멕시코인에 더해 그리스인들은 모두 남성 이민자의 비율이 압도적으로 많다는 특징이 있었다. 그들은 이 값싼 음식점 요리로 집에서 먹는 음식을 대체했다. 반면에, 남녀 비율이 비슷한 이민자 집단인 폴란드인, 독일인, 유대인, 아일랜드인들이 문을 연 음식점은 그다지 많지 않았다. 그들의 음식은 주로 식료품점이나 델리 가게에서 팔렸다.[35]

소수민족 천이 현상의 패턴은 이전의 이민자들이 이미 자리를 차지한 낮은 지위의 서비스 시장에서 새로운 이민자들이 틈새를 비집고 들어가려 애쓰는 가운데 미국의 음식점 산업의 형성에 크게 기여했다. 크리슈넨두 레이는 미국에서 소수민족 음식점의 지위와 그 산업에 종사하는 노동자의 민족적 기원을 결정하는 데 별개의 두 과정이 작용한다는 사실을 발견했다. 그는 특정 집단이 주로 음식점 일을 잘한다는 통념에 문제를 제기하면서 오히려 주류 사회가 가하는 사회적 영향력에 바탕을 둔 이론에 찬성했다. 특히, 그는 미국에서 음식점의 사회적 지위가 미국 내의 실제 이민자 수에 반비례한다고 결론지었다. 따라서 중국계 이민자와 비교할 때 일본계 이민자의 상대적 희소성과 부유함은 오늘날 미국인들이 [중국의] 딤섬보다 [일본의] 스시를 더 좋아하게 만드는 데 한몫했다. 동시에 음식점 주방의 숙련도가 낮은 일자리들은 새로운 이주노동자들이 들어갈 수 있는 매력적인 직업이었는데, 그 자리는 오늘날 라틴아메리카에서 새로 온 사람들이 대부분 차지했다.[36] 한편, 하이밍 리우Haiming Liu와 리안리안 린Lianlian lin은 서로 다른 소수민족 집단 사이가 아니라 오히려 같은 국가에서 새로 이주해온 특정 집단의 색다른 식생활에서 소수민족 천이 현상의 또 다른 패턴을 발견하고 그것에 주목했다. 19세기 중국 이민자들은 미국인들에게 캔턴Canton으로 더 잘 알려진 남중국 광둥 지방 출신이 대다수였다. 그러나 1965년 이후부터 쓰촨성·상하이·베이징 출신의 새로운 이민자들이 대거 미국에 건너오면서, 그들 지역 특산 요리들이 적어도 차이나타운의 미식가들 사이에서는 예전의 광둥요리들을 대체하기 시작했다.[37]

"소울푸드"의 새로운 등장은 아프리카계 미국인 공동체 안팎에서 음식관광의 또 다른 흥미진진한 패턴을 예시해준다. 남부의 흑인 소작인들이 북부의 공장으로 일자리를 찾아 이동한 흑인대이동Great Migration은 20세기로 바뀔 무렵에 시작되어 제2차 세계대전 시기에 정점에 이르렀다. 그들이 미국 북부의 흑인 사회에 도착했을 때, 기존에 할렘과 하이드파크에 살던 도시의 흑인 숙련노동자들은 처음에 촌구석에서 온 흑인들이 먹는 메기, 콜라드, 돼지곱창을 보고 이를 업신여겼다. 하지만, 이민자들이 느끼는 고향에 대한 향수가 북부에서도 지속되는 인종차별의 고통과 결합하면서, 할렘과 시카고에서 가정식 음식을 파는 카페와 음식점은 흑인들이 함께 모여 식사하는 친교commensality의 안식처가 되었다. 1960년대, 흑인의 정치운동이 힘을 얻으면서, 아프리카계 중산계급 미국인들은 자신들의 미국 사회로의 동화에 가해지는 비판을 피하기 위해 대개 노예들이 먹던 식사로 여겨졌던 소울푸드에 대한 진정성authenticity을 갑자기 수용했다. 프레더릭 더글러스 오피Frederick Douglas Opie가 처음 지적했듯, 소울푸드에 대해 고려할 때 대개 간과하는 것이 이민자에 관한 것이다. 오피는 최근 역사에서 1920년대와 1930년대의 카리브해 지역 요리의 영향력뿐 아니라, 최근 이민자들이 할렘식 소울푸드 음식점들을 장악한 것에서 볼 수 있는 것처럼, 점점 커지고 있는 소수민족 천이 현상의 중요성에 대해서도 특별히 언급했다. 그런 음식점으로 가장 유명한 예는 에티오피아계 스웨덴인 유명 요리사 마커스 사무엘손Marcus Samuelsson이 개업한 레드 루스터Red Rooster 식당이다.[38]

미국에서 소수민족 음식의 판매와 소비를 이어주는 하나의 공통된 맥락은 수없이 다양한 방식으로 만나게 되는 진정성에 대한 바람이었다. 션 루Shun Lu와 개리 앨런 파인은 중국음식점 업주들이 소수민족 공동체 밖에서 자기네 음식을 원조라고 소개할 때 직면하는 미묘한 균형delicate balance*을 면밀히 검토했다. 그들은 문화사업가로서 "이국적이면서 동시에 친숙해 보이는 위치에 놓여야 하는 다시 말해 주류 음식과 구별되지만(그래서 호감이 가지만) 새로운 먹거리로서 흡수될 수 있는 독창적 요리 전통"을 제공한다.[39] 워런 벨라스코는 이와 같은 이국의 특이함과 익숙함 사이의 균형을 식품가공업자들과 레스토랑 체인점들이 어떻게 숙달했는지 예시해주었다. 그들이 그러한 진정성을 표방하며 내세운 음식들은 1960년대와 1970년대에 소수민족 음식의 부활과 반문화 운동을 끌어들이는 데 크게 성공했다. 일례로, 제너럴밀스는 베티 크로커를 새롭게 단장해서, 메릴린 홀터Marilyn Halter의 표현을 빌려, "소비자들의 무지개 연합a rainbow coalition of consumers"에 호소하기 위해 다인종·다민족 인물로 변용했다.[40] 마리 사리타 가이탄Marie Sarita Gaytán의 멕시코음식점에 관한 연구는 민족성을 상징하는 이야기와 의식performance에서 진정성뿐 아니라 **비진정성**inauthenticity의 중요성을 강조한다. 그녀는 매우 중요한 분류법을 제공하는데, 소수민족 공동체나 미국화 이민자들이 주류 사회 소비자들에게 호소하기 위해 기념하는 것이 진정성이고, 혼합된 정체성을 찾는 소수민족이나 이국적 특성을 깨끗이 지워버린 음식을 만드는 기업들이 수용한 것이 비진정성이라고 구분한다.[41]

역설적으로 대규모 농기업들에는 보조금을 지급하는 반면 소수자 집단에 대한 정부 지원은 제한되는, 오늘날 신자유주의 정책은 식생활의 인종화 현상을 확산하고 역사적으로 배제된 집단들의 영양 건강 기반을 약화했다. 식재료의 대량 구매로 값싼 식품을 조달하는 패스트푸드 음식점은 지난 수십 년 동안 고급 음식점과 슈퍼마켓이 교외로 빠져나가면서 도심을 빠르게 장악했다. 이러한 현상은 도심의 빈민가를, 신선하고 건강에 좋은 음식을 사 먹기 어려운 지역을 의미하는 "먹거리사막"으로 바꾸어놓았다. 동시에, 샬럿 빌테코프가 앞서 설명한 것처럼, 전문가들은 건강한 식사에 대한 담론을 도덕적 문제로 만들어서는 가난한 사람들이 아마 "선택"하게 될 식사에 대한 책임을 소비자에게 전가하려

---

* 열린 마음으로 새로운 것을 받아들이되, 가정에 대해 세밀하게 분석하는 자세.

애썼다. 이 문제를 둘러싼 복잡한 상황은 최근의 정부 정책 사업들에서 확인할 수 있다. 일례로, 2008년 7월 29일 로스앤젤레스 시당국은 로스앤젤레스 남부의 가난한 소수민족 거주 지역에 1년 동안 패스트푸드 음식점을 개업하지 못하게 금지하는 조치를 투표에 붙였다. 좀 더 부유한 영국계 백인이 사는 로스앤젤레스 웨스트사이드Westside와 비교할 때, 이 지역에는 패스트푸드점이 지나치게 많이 밀집해 있고 주민들의 비만율도 훨씬 더 높다. 그럼에도 불구하고, 이 1년간 일시 중지 조치는 일종의 "퍼터널리즘paternalism"*와 소비자 선택권의 제한이라는 비판에 직면했다.[42] 이 조치는 2010년 12월에 시의회에서 영구 정책으로 투표에 부쳤다. 그러나 소수민족 집단의 빈약한 영양 건강과 비만 현상이 확산되고 있음을 부인하는 사람은 아무도 없다. 한편, 인류학자 개리 폴 나브함Gary Paul Nabham은 잉여 식량 지원 프로그램으로 연명하는 아메리칸인디언들 사이에 당뇨병이 만연해있다고 지적하면서, 전통적인 원주민 식사로 복귀할 것을 요구했다.[43] 정치적으로 상반된 주장을 하는 어떤 집단들도 누구나 인정하는 한 가지는 인종화와 불평등이 21세기 미국인의 식생활에서 여전히 다루기 어려운 요소로 남아 있다는 사실이다.

결론

인종적 불평등은 그것을 낳는 노동관계와 건강한 식사에 접근할 수 있는 기회, 특정 음식에 부여된 사회적 지위를 통해 미국인의 식생활 역사에서 늘 존재했다. 그럼에도, 인종차별의 억압 형태와 소수민족 집단이 그 억압에 저항했던 방식에서 명백한 역사적 변화가 있었다. 특징 없는 영국식 조리법의 식민지 양식은 19세기에 똑같이 별 특징이 없는 대량생산된 산업식품으로 대체되고 있다. 20세기 들어, 기업 광고는 소수민족 집단에 대한 마케팅을 통해 이익을 보기 시

---

* 일종의 아버지와 자식의 관계에서 볼 수 있는 바와 같이 지배, 보호, 간섭, 규제, [강제적] 개입의 특질을 가진 사회관계. 기업에서의 이른바 온정주의적 관리 따위가 그 한 사례다. 국내 문헌 등에는 "[부권적] 간섭주의", "개입주의", "온정주의", "부권주의" 등 다양한 용어로 쓰이고 있다.

작했다. 그러나 그러한 패권에 반대하는 흐름 또한 초기부터 그 조짐이 있어왔다. 확실히 19세기의 거대한 프롤레타리아의 이동을 통해 임계 상황에 다다른 노동 자들은 영국계 백인 모형의 우월성에 문제를 제기하고 인종과 민족성의 경계를 가로지르는 음식을 먹기 시작했다. 소수민족 천이 과정이 많은 소수민족 집단을 주류 중산 계급으로 편입시켰지만, 새로운 이민자의 끊임없는 유입은 기업이 생산하는 특징 없는 음식 공급에 대한 대안을 제공하고 있다. 이 글에 인용된 다양한 학자들이 보여주는 것처럼, 음식은 미국의 인종 형성과 변화 과정을 이해하는 데 크게 기여할 수 있다.

주

1. Ivan Hannaford, *Race: The History of an Idea in the West*(Baltimore, MD: Johns Hopkins University Press, 1996), 329.

2. Emiko Ohnuki-Tierney, *Rice as Self: Japanese Identities through Time*(Princeton, NJ: Princeton University Press, 1993), 4.

3. Trudy Eden, *The Early American Table: Food and Society in the New World*(DeKalb: Northern Illinois University Press, 2008), 22, 58-77. Similar fears of culinary and racial blending among Spanish conquistadors were described by Rebecca Earle, "If You Eat Their Food … ': Diets and Bodies in Early Colonial Spanish America," *American Historical Review* 115, no. 3(2010): 688-713.

4. James E. McWilliams, *A Revolution in Eating: How the Quest for Food Shaped America*(New York: Columbia University Press, 2005), 82-84.

5. "술 취한 인디언"의 생성 배경에 관해서는 다음을 보라. Peter C. Mancall, *Deadly Medicine: Indians and Alcohol in Early America*(Ithaca, NY: Cornell University Press, 1995).

6. Sidney W. Mintz, *Sweetness and Power: The Place of Sugar in Modern History*(New York: Viking, 1985) [한국어판. 시드니 민츠 지음, 김문호 옮김, 《설탕과 권력》, 서울: 지호, 1997]

7. Judith Carney, *Black Rice: The African Origins of Rice Cultivation in the Americas*(Cambridge, MA: Harvard University Press, 2001).

8. Judith Carney and Richard Nicholas Rosomoff, *In the Shadow of Slavery: Africa's Botanical Legacy in the Atlantic World*(Berkeley: University of California Press, 2009).

9. Sidney Mintz, *Tasting Food, Tasting Freedom: Excursions into Eating, Culture, and the Past*(Boston: Beacon Press, 1996), 33-49; Eugene Genovese, *Roll, Jordan, Roll: The World the Slaves Made*(New York: Vintage Books, 1976), 540-559; Charles Joyner, *Down by the Riverside: A South Carolina Slave Community*(Urbana: University of Illinois Press, 1984), 106, 129-130; Psyche Williams-Forson, *Building Houses Out of Chicken Legs: Black Women, Food, and Power*(Chapel Hill: University of North Carolina Press, 2006), 13-37. "검은 쌀" 논쟁에 관해서는 다음도 보라. *American Historical Review* 115, no. 1(February 2010).

10. Marcie Cohen Ferris, *Matzoh Ball Gumbo: Culinary Tales of the Jewish South*(Chapel Hill: University of North Carolina Press, 2005).

11. James E. McWilliams, *A Revolution in Eating*, 181.

12. Harvey A. Levenstein, *Revolution at the Table: The Transformation of the American Diet*(New York: Oxford University Press), 4.

13. Erika Lee, *Chinese Immigration During the Exclusion Era, 1882-1943*(Chapel Hill: University of North Carolina Press, 2003).

14. Catharine Esther Beecher and Harriet Beecher Stowe, *The American Woman's Home*(New York: J. B. Ford and Company, 1869), 311.

15. Hasia Diner, *Hungering for America: Italian, Irish, and Jewish Foodways in the Age of Migration*(Cambridge, MA: Harvard University Press, 2001), 118.

16. S. Wells Williams, *The Middle Kingdom*, 2 vols.(1895; reprint, New York: Paragon Book Reprint Corp., 1966), 1:771. 또한 다음을 보라. J. A. G. Roberts, *China to Chinatown: Chinese Food in the West*(London: Reaktion, 2002); Andrew Coe, *Chop Suey: A Cultural History of Chinese Food in the United States*(New York: Oxford University Press, 2009), 32.

17. *Gleason's Pictorial Drawing-Room Companion* 6, no. 3(January 21, 1854): 47.

18. American Federation of Labor, *Some Reasons for Chinese Exclusion: Meat vs. Rice: American Manhood against Asiatic Coolieism: Which Shall Survive?*(Washington, DC: Government Printing Office, 1902).

19. Donna R. Gabaccia, "As American as Budweiser and Pickles? Nation-Building in American Food Industries," in *Food Nations: Selling Taste in Consumer Societies*, ed. Warren Belasco and Philip Scranton(New York: Routledge, 2002), 175-193.

20. Susan Marks, *Finding Betty Crocker: The Secret Life of America's First Lady of Food*(Waterville, ME: Thorndike Press, 2005), 116. Katherine J. Parker, *Food Is Love: Food Advertising and Gender Roles in America*(Philadelphia: University of Pennsylvania, 2006).

21. Alice A. Deck, "'Now Then-Who Said Biscuits'; The Black Woman Cook as Fetish in American Advertising," in *Kitchen Culture in America: Popular Representations of Food, Gender, and Race*, ed. Sherrie A. Inness(Philadelphia: University of Pennsylvania Press, 2001), 69.

22. Doris Witt, *Black Hunger: Food and the Politics of U.S. Identity*(New York: Oxford University Press, 1999), 36-37.

23. Psyche Williams-Forson, *Building Houses Out of Chicken Legs: Black Women, Food, and Power*, 26-37, 50-70.

24. 다음에서 인용. Itai Vardi, "Feeding Race: Eating Contests, the Black Body, and the Social Production of Group Boundaries Through Amusement in Turn of the Twentieth Century America," *Food, Culture & Society* 13, no. 3(September 2010): 380.

25. Michael Wise, "Colonial Beef and the Blackfeet Reservation Slaughterhouse, 1879-1895," *Radical History Review* 110 (Spring 2011): 59-82.

26. Jeffrey M. Pilcher, "Who Chased Out the 'Chili Queens'? Gender, Race, and Urban Reform in San Antonio, Texas, 1880-1943," *Food and Foodways* 16, no. 3(July 2008): 173-200.

27. 맨체스터의 노동계급 사이에서도 비슷한 현상이 일어나기 시작했다. Tamara Ketabgian, "Foreign Tastes and 'Manchester Tea-Parties': Eating and Drinking with the Victorian Lower Order," in *Consuming Culture in the Long Nineteenth Century*, ed. Tamara S. Wagner and Narin Hassan(New York: Rowman & Littlefield, 2007), 125-139.

28. 중산계급의 세계주의[코스모폴리터니즘]에 관해서는 다음을 보라. Andrew P. Haley, *Turning the Tables: Restaurants and the Rise of the American Middle Class, 1880-1920*(Chapel Hill: University of North Carolina Press, 2011).

29. Margaret Mead, "Ethnicity and Anthropology in America," in *Ethnic Identity: Cultural Continuity and Change*, ed. George A. DeVos and Lola Romanucci-Ross(Palo Alto, CA: AltaMira Press, 1995), 313. 다음도 보라. Margaret Mead, "The Problem of Changing Food Habits," in *Food and Culture: A Reader*, ed. Carole Counihan and Penny Van Esterik, 2nd ed.(New York: Routledge, 2008), 21.

30. Richard E. Miller, *The Messman Chronicles: African Americans in the U.S. Navy, 1932-1943*(Annapolis, MD: Naval Institute Press, 2004).

31. Yen Espiritu, *Filipino American Lives*(Philadelphia: Temple University Press, 1995), 16; Ray I. Burdeos, *Filipinos in the U.S. Navy & Coast Guard During the Vietnam War*(Bloomington, IN: AuthorHouse, 2008).

32. Judith Goode, Janet Theophano, and Karen Curtis, "A Framework for the Analysis of Continuity and Change in Shared Sociocultural Rules for Food Use: The Italian-American Pattern," in *Ethnic and Regional Foodways in the United States: The Performance of Group Identity*, ed. Linda Keller Brown and Kay Mussell(Knoxville: University of Tennessee Press, 1984), 66-88.

33. Traci Marie Kelly, "Honoring Helga, 'The Little Lefse Maker': Regional Food as Social Marker, Tradition, and Art," in *Cooking Lessons: The Politics of Gender and Food*, ed. Sherrie A. Inness(Lanham, MD: Rowman and Littlefield, 2001), 22.

34. Wilbur Zelinsky, "The Roving Palate: North America's Ethnic Restaurant Cuisines," *Geoforum* 16, no. 1(1985): 51-72.

35. Donna R. Gabaccia, *We Are What We Eat: Ethnic Food and the Making of Americans*, 80-81.

36. Krishnendu Ray, "Ethnic Succession and the New American Restaurant Cuisine," in *The Restaurants Book: Ethnographies of Where We Eat*, ed. David Beriss and David Sutton(Oxford: Berg, 2007), 97-114.

37. Haiming Liu and Lianlian Lin, "Food, Culinary Identity, and Transnational Culture: Chinese Restaurant Business in Southern California," *Journal of Asian American Studies* 12, no. 2(June 2009): 135-162.

38. Frederick Douglas Opie, *Hog and Hominy: Soul Food from Africa to America*(New York: Columbia University Press, 2008). Tracy N. Poe, "The Origins of Soul Food in Black Urban Identity: Chicago, 1915-1947," *American Studies International* 37, no. 1(February 1999): 4-33.

39. Shun Lu and Gary Allen Fine, "The Presentation of Ethnic Authenticity: Chinese Food as a Social Accomplishment," *Sociological Quarterly* 36, no. 3(Summer 1995): 536.

40. Marilyn Halter, *Shopping for Identity: The Marketing of Ethnicity*(New York: Schocken Books, 2000), 180; Warren Belasco, "Ethnic Fast Foods: The Corporate Melting Pot," *Food and Foodways* 2(1987): 1-30.

41. Marie Sarita Gaytan, "From Sombreros to Sincronizadas: Authenticity, Ethnicity, and the Mexican Restaurant Industry," *Journal of Contemporary Ethnography* 37, no. 3(June 2008):

314-41. 또한 다음을 보라. Liora Gvion and Naomi Trostler, "From Spaghetti and Meatballs through Hawaiian Pizza to Sushi: The Changing Nature of Ethnicity in American Restaurants," *Journal of Popular Culture* 41, no. 6(2008): 950-974.

42. 본서 10장; Robert Creighton, "Cheeseburgers, Race, and Paternalism: Los Angeles' Ban on Fast Food Restaurants," *Journal of Legal Medicine* 30:2(2009): 249-267; Abby Wisse Schachter, "Our Year of Lost Liberty," *Jewish Chronicle* 49, no. 33(December 25, 2008): 6.

43. Gary Paul Nabhan, "Rooting Out the Causes of Disease: Why Diabetes is So Common Among Desert Dwellers," in Counihan and Van Esterik, *Food and Culture*, 369-380.

25장

민족 음식
National Cuisines

앨리슨 K. 스미스Alison K. Smith

2005년, 유럽평의회Council of Europe는 "유럽 40개국의 음식을 기술한 다양한 논문"을 제시한다는 목표를 천명하고, "유럽의 음식 문화"를 찬양하는 화려하고 시각자료가 많이 실린 책을 한 권 발간했다.¹ 파비오 파라세콜리는 그 책《유럽의 음식 문화Culinary Cultures of Europe》서문에서 민족 음식national cuisine의 본질이 사실은 인위적으로 새로 만들어진 것이라고 언급하면서, "전통tradition과 진정성authenticity의 핵심 개념들을 규정짓는 여러 복잡한 관계를 나타내는 곧 '대표적typical'인 어떤 것을 만들어서 지방과 지역뿐 아니라 국가의 정체성을 확립하는 데 가장 중요한 역할을 하는" 많은 것을 설명한다. 이와 같은 기표signifier에는 식재료, 조리 기술, 요식업계, 위치, 시간, 매체가 포함되는데, 그것들은 모두 다양한 변화를 창조하고 결국에는 민족적national이라고 해석되는 차이들을 만들어낸다. 더 나아가 그는 다음처럼 지적한다. "이러한 특성은 '특정 음식이나 식생활의 본질'을 포착하기 마련이므로, 그 모든 동일시와 배제의 과정은 실제로 소위 본질이라고 말하는 이런 것들을 기반으로 이루어진다."² 다시 말해, 특히 최근에 주장하듯 민족 음식에는 문화와 경제의 변화가 개인과 사회의 식습관에 어떤 영향을 끼쳤는지 반영되어 있다.

그 책의 나머지 구성은 상술한 생각을 명확하게 뒷받침하는 것처럼 보인다. 편집자[엮은이]들은 국가를 지역별로 묶거나 논문을 주제별로 나누기보다는, 마치 "민족의" 분할이 그저 임의적 분류일 뿐이라는 생각을 강조하는 것인 양, 40개 국가를 단순히 알파벳 순서로 나열한다. 일부 논문 필자는 민족 음식이 국민의 사회생활과 관련된 모든 의식 예컨대 현대 미술, 영화, 식사 관습에 대한 일반적 생각 따위를 관통하는, 새롭게 만들어진 생각이라는 개념을 매우 즐겨 쓴다. 이런 논문들에 근거해 어떤 독자는 민족 음식이 오늘날 일정하게 지속되는 민족 운동을 통해 만들어졌지만 다른 한편으로는 금방 폐기될 수도 있는 인위적 유물이라고 결론 내릴 수도 있을 것이다. 책은 세계화된 세상(그리고 유럽적 맥락, 범유럽 당국의 맥락)에서 민족 음식이 놓인 복잡한 위상을 지적하면서 시종일관 그와 같은 생각을 뒷받침한다. 새로운 식품—또는 어쩌면 완전히 새로운 것이라기보다는 오히려 한때 구하기 힘든 것이었지만 지금은 쉽게 먹을 수 있게 된 식품—과 세계적 프랜차이즈를 통한 새로운 음식 소비 패턴의 등장은 국경을 넘나들며 다양한 변화를 만들어낸다. 책에 실린 논문들은 그러한 영향력에 대한 증거로 읽힐 수 있다.

그러나 그 책에 이런 측면이 있음에도, 책에 실린 많은 논문이 서로 매우 다른 접근방식을 취하는 것처럼, 여러 요소가 19세기에 "국가"가 탐구 주제가 되면서 급증한 각종 국가주의에 바탕을 둔 연구와 문화적 기술 내용과 연결되어 있다. 어떤 때는 단순히 "민족national" 음식, "진정한authentic" 음식, 또는 "전통traditional" 음식을 나열할 때도 있고, 어떤 때는 약간 더 복잡하게 분석하지만 결국에는 일련의 여러 음식과 요리에 대한 설명으로 끝날 때도 있다. 이들 논문의 필자들은 대개 민족 음식을 오랜 전통의 유산으로서 크게 변하지 않는 명백한 것으로 간주한다. 따라서 그들은 모든 국민이 인정하는 음식들을 통해 민족 음식이 무엇인지 쉽게 알 수 있으며, 민족 음식이 외부 세계에 그 국가를 대표하는 외교 사절 구실도 할 수 있다고 생각한다. 이에 대해 이처럼 계속해서 중요한 음식을 단순히 국가별로 나열하는 방식으로 민족 음식을 정의하는 것은 식습관의 차이를 뛰어넘으려는 민족 음식의 세계화에 숨어 있는 한계를 보여준다. 실제로, 세계화는 지역적인 것을 정치적 논쟁거리로 전락시킴으로써, 민족 음식에 대해 유연하지 못한 생각을 갖게 할 수 있다. 하지만, 민족 음식은 새로운 식품, 새로운 음식 섭취 패턴, 심지어 음식과 관련된 새로운 윤리적 생각으로부터 진부하다는 소리를 듣는 상황에 직면할 때, 요리책 저자, 슬로푸드 지지자, 전통적 식사 패턴을 지키려는 음식점 주인 같은 개별 식품개혁가, 국가의 건실한 경제와 특수성을 지키기 위해 특정한 농업생산자나 농산품의 이익을 보호하려는 중앙 정부의 노력 덕분에 그 상황을 매우 빨리 벗어날 수 있다. 이와 같은 종류의 "음식민족주의 gastronationalism"는 2005년 프랑스 정부가 푸아그라foie gras*를 "보호가 필요한 공인된 문화와 요리 유산"의 하나로 지정하는 근거가 되었다. 이는 음식의 민족적 요소를 프랑스가 공식적으로 인정했음을 의미한다.[3]

먼저 일련의 서로 다른 구성요소로부터 민족 음식이 일반적으로 어떻게 발전해왔는지 살펴보고, 이어 다양한 민족 개념과 맞물려 발전한, 한 특정 민족 음식의 사례 연구로 전환할 것이다. 첫째 부분은 이를테면, 지역 음식의 식재료에 대한 검토에서 시작한다. 이어 그 지역 음식이 민족 음식으로 바뀌는 다양한 방식과 그렇게 변화하는 목적—민족을 통합하고, 외부 세계에 자기 민족을 소개하고, 이주민 공동체가 자기 민족을 기억하기 위한—에 대한 검토로 나아간다. 끝으로, 특히 국제 교역과 사람의 이동이 매우 빈번하게 이루어지는 현대 세계에서, 바로 그와 같은 힘들이 또한 민족 음식의 변화에 영향을 주는 방식들에 대해 검토할 것이다. 마지막 부분에서는 러시아 민족 음식의 사례 연구를 한 가지 살펴본다. 여기서는 첫째 부분에서 검토된 거의 모든 요소를 볼 수 있다—곧 "전통"에 대한 이해, 요식업계와 외국인들의 접촉을 통해 생겨난 새로운 식품, 새로운 생산과 소비 양식, 민족 음식에 대한 의식적 검토, 민족 음식을 체계화하려는 의식적 노력을 확인할 수 있다. 결과적으로, 러시아는 민족 음식에 관한 광범위한 영향력을 잘 보여주는 사례 연구다.

---

* 식용을 위해 살을 찌운 거위나 오리의 간 또는 그것으로 만든 프랑스 요리. 푸아그라는 프랑스어로 "살찐 간"을 뜻한다.

민족 음식의 구성요소

사회과학계 내부에서는 민족이 역사적으로 오랫동안 존재해온 제도가 아니라 아주 최근에 만들어진 체제라는 것이 통설로 되어 있다. 민족은 어느 정도 "만들어진 전통invented tradition"으로부터 성립된 "상상의[상상된] 공동체"지만, 그러면서도 공동체 구성원들에게 강력한 영향력을 발휘한다.[4] 따라서 민족 음식은 농업, 교역, 지역regional, 지방local, 가정, 종교의 차이와 전통에 따라 창조되고, 요리책과 같은 각종 매체, 음식점, 특정한 물품을 통해 —때로는 민족을 자기 공동체 구성원들에게 소개하기 위해, 때로는 그 민족을 외부 세계에 소개하기 위해, 또 때로는 이주민들이 자기 민족에 대한 기억을 간직하기 위해— 일반인들에게 제시되는, 조리된 음식의 집합체라 볼 수 있다.[5] 이뿐 아니라, 민족 음식은 실제 의미가 담긴 실제 음식으로 구성된다. 하지만 이러한 민족 음식이 반드시 해당 민족이 먹는 모든 음식과 같음을 의미하는 것도 아니고, 해당 지역에서 실제로 오랫동안 이어져 내려온 전통과 꼭 일치함을 의미하는 것도 아니다. 오히려 민족 음식은 그런 구성 과정이 암시하는 모든 복잡한 문제를 안고, 때로는 의식적으로 때로는 무의식적으로 해당 민족의 역사 속에서 만들어진다. 게다가 민족 음식은 고정되어 있지 않고 오히려 그것의 가장 중요한 "민족적" 특성을 잃지 않으면서 형태를 바꿀 수 있다.

민족(순전한 이산 민족을 제외하고)은 특정한 지리적 공간과 그곳에서 나는 산물들과 관련이 있기 때문에, 민족 음식은 무엇보다도 특정 지역의 농업 관행과 농작물에서 나온다. 이러한 분화differentiation는 신세계와 구세계의 서로 다른 동식물상에서 비롯하지만 그다음에는 대륙마다의 서로 매우 다른 농업 환경을 통해 더욱 복잡해진다. 사람들이 가장 일반적으로 먹는 음식인 녹말 식품의 중요성을 감안할 때, 지역마다 사람들이 먹는 주요 녹말 식품이 다른 이유 하나는 대륙 간에 농업 환경이 매우 다르기 때문이다. 아시아의 벼는 유럽의 다양한 곡물과 아메리카대륙의 감자와 옥수수로 바뀐다. 이런 거대한 지역들 내부와 그 사이에서 농업지대가 나뉘고 그에 따라 서로 다른 요리가 만들어진다. 지중해 지역의 올리브는 한쪽으로 북유럽의 씨앗기름에, 또 다른 한쪽으로 인도의 기ghee[인도 요리에 쓰이는 정제 버터]에 자리를 빼앗긴다. 적도 지방의 열대과일은 한대 지방에서 나는 내한성 과일과 채소로 대체된다. 그리고 대개 이러한 음식의 기본 구성요소는 민족 음식을 만드는 사람들에 의해 [민족 음식의] 중요한 식재료가 된다.[6] 러시아인에게는 메밀죽buckwheat porridge, 에티오피아인에게는 천연발효 테프 빵, 페루인에게는 감자 이상의 음식이 없다. 기본이 되는 농산물—당연히 지역민들이 공통으로 재배하는 농산물일 것이다—은 결국 민족문화에 각별히 중요한 것으로 간주된다.

이와 같은 기본 식별자만 보더라도, 다양한 조리 기술은 이미 이러한 기초 식량 공급과 관련해 지역별로 특정한 식사 패턴을 만들어냈다. 조리는 날 음식을 사람들이 먹고 소화시킬 수 있는 음식으로 만들뿐더러 그것을 문화적 의미가 스며든 상징체로 바꾼다. 그리고 그러한 변화 방식과 특정 조리 기술의 다양성은 지역별로 다양한 요리를 창조해낸다. 탄수화물·고기·채소의 기본적 조합은 많은 지역에서 일반적 배합일 수 있지만, 그것들을 조리할 때 세부 사항—과 특히 조리 용기—에는 민족적 의미가 듬뿍 배어 있다. 기본적 스튜 음식이지만 타진tagine[고기·향신료·채소를 넣고 끓이는 북아프리카의 전통 스튜를 만들 때 쓰는 냄비]에 넣고 끓이면 특정한 지역 요리가 된다. [중국식 프라이팬] 웍wok은 볶음요리stir-fry를 할 때 쓰고 [프랑스 요리] 소테sauté[평평한 일반 프라이팬에 버터나 기름을 바르고 고기나 생선, 채소를 넣어 센불로 급히 익힌 요리]를 조리할 때는 안 쓴다. [아르메니아 전통 빵] 라바시labash와 [인도의 전통 빵] 난nann, [이탈리아의 납작한 빵] 치아바타ciabatta를 굽는 오븐은 저마다 구조와 사용하는 연료가 다르다. 따라서 서로 다른 조리 기술과 기법은 지역 간뿐만 아니라 같은 지역 내에서도 차이를 만들어내기 시작한다. 또한 그것은 매우 특정한 지리적, 문화적 일체감의 시작을 의미한다.

그러나 민족 음식이 "예로부터 전해 내려오는age old" 또는 "토착의native" 농산물이나 조리 기술로만 만들어지고 발전한다고 생각해서는 안 된다. 교역과 같은 다양한 인위적 접촉을 통해 농업 관행과 음식 습관이 오랜 세월에 걸쳐 바뀌었기 때문이다. 물품들이 이리저리 이동하면서 "토착적"인 것에 대한 이해가 완전히 새로운 시각에서 조명되면서, 외래적인 것이 특정 지역의 전통적인 것으로 바뀌는 경우도 있었다. 실제로 어떤 곳에서는 신세계 작물이 들어오면서 그곳에서 오랫동안 즐겨 먹었던 음식이 사라졌다. 새로운 "민족" 음식의 탄생 과정에 신세계 작물이 끼친 영향력의 정도는 지역마다 달랐다. 신세계 작물인 카사바와 옥수수는 아프리카의 많은 지역에서 토착 작물인 서속과 수수를 몰아냈다. 이 경우, 새로운 작물은 민족 (혹은 다른) 요리의 분화를 만들어내는 기반을 창출하기보다는, 아프리카대륙을 폭넓게 가로지르며 문화의 전파와 획일성을 입증하는, 새로운 요리 관행이 확고하게 뿌리 내릴 기반을 제공했다. 그러는 동안, 영국에서 사탕수수와의 새로운 접촉─신세계의 새로운 작물을 영국에 소개한 것 그 자체를 통해서가 아니라 신세계의 식민지 확장과 플랜테이션 농업의 성장을 통해 가능해진 것─은 영국인의 먹고 마시는 습관에 일대 혁명을 가져왔다. 설탕과 그 제품은 이전의 감미료들을 몰아내고 새로운 "민족" 음료─차─가 성공하도록 도왔을 뿐 아니라 단맛이 영국인이 좋아하는 식사의 중요한 요소가 되었고, 이는 또한 유럽대륙의 사람들이 좋아하는 식사와 차별화를 이루는 특징이 되었다.[7]

　새로운 작물이나 식품이 식습관에 꼭 획일적이지는 않지만 심대한 영향을 준다고 해서 옛날의 작물이나 식품이 완전히 사라지는 것은 아니었다. 많은 경우에, 새로운 식재료는 문화적 의미가 충분히 스며들 정도로 식습관에 포함되었지만 ─감자 팬케이크, 토마토, 후추 소스─ 다른 한편에서는 기존의 작물들이 새로운 모습으로 다시 살아남았다. 식민지 이주민들이 신세계에 자국 음식을 갖고 온 결과, 서로 다른 두 음식 세계는 음식을 기반으로 한 사회분화를 만들 수 있는 근거를, 다양한 차원에 걸쳐 신세계에 형성된 새로운 내부자/국외자 관계에 제공했다. 멕시코─일반적으로 라틴아메리카─에서 밀과 옥수수는 그들의 사회와 민족 전통의 특징을 나타내는 상징이 되었고, 특히 서로 다른 "국민people"과 국가의 이미지를 구성하는 필수 요소로서 이해되었다. 19세기에 크리올 지배층은 옥수수는 원주민들이 먹는 낙후된 음식으로, 밀은 자기들 같은 새로운 민족의 근대성을 상징하는 음식이라고 생각했다.[8] 또 다른 곳에서는 새것과 옛것의 상호작용이 훨씬 더 복잡했다. 예컨대 옥수수는 에티오피아에서 이식에 성공했음에도 정작 그 나라의 중요한 음식으로 자리 잡지 못했다. 에티오피아인들이 자기네 고유한 민족 음식을 강력하게 고집하는 까닭은 에티오피아인 자체가 하나의 독립된 민족이라는 생각과 직접적으로 연결되어 있었다. 물론, 에티오피아인의 주식인 테프 같은 토종 곡물의 질긴 생명력을 감안하더라도, 지금의 테프 요리는 초기에 그들이 먹었던 그 음식이 아니다. 무역망의 영향력을 보여주는 대표적인 과거 사례—향신료 무역—는 에티오피아의 식사 패턴에 오랫동안 영향을 끼쳤다.[9] 그리고 이 특별한 사례는 무역망과 같은 사람들의 다양한 접촉이 때로는 중요한 변화를 가져오거나 기존의 특징을 지우면서 특정 지역의 식습관을 바꾸는 경우도 있음을 입증해준다.

어떤 지역이 새로운 제품과 기술을 받아들이지 않을 수도 있는데, 그 지역의 다양한 문화 규범이 개인의 입맛—어떤 맛을 더 좋아하는 것이든, 어떤 음식을 금지하거나 혐오하는 것이든—을 특정한 방향으로 몰고 가는 경우다. 어느 곳이든, 원칙적으로 먹을 수 있는 모든 식재료가 음식을 만들 때마다 반드시 들어가는 것은 아니다. 또한 음식을 조리하거나 보존할 수 있는 방법이 어디서나 다 유용한 것도 아니다. 오히려, 항상은 아니지만, 대개 문화 관습에 기반을 둔 사람의 입맛은 이러한 특성의 방향을 정한다. 쓴맛, 신맛, 삭힌 맛을 좋아하는지 싫어하는지는 문화에 따라 다른 양상으로 전개된다. 그리고 이와 같은 맛 선호도는 어떤 음식을 자기 문화 내부로 수용할 것인지에 영향을 끼친다. 이런 것은 어쩌면 음식을 저장하는 지역의 방식에서 비롯하는 것일 수도 있다. 음식을 오랫동안 저장하기 위해 보통 사용하는 다양한 방식—식초 또는 소금에 절이거나, 발효시키거나, 훈제하는—이 그런 강력한 맛과 향을 만들어내기 때문이다. 맛 선호도는 또한 국외자를 구분하는 표시로서 역할을 할 수도 있는데, 실제로 남들이 혐오 음식으로 생각하는 것은 그 음식의 상징적 중요성을 더 높이는 구실을 할 수 있다. 일례로, 스코틀랜드의 해기스haggis—오트밀과 잘게 다져 조리한 양의 내장을 양의 위 안에 섞어 넣은 음식(지금은 대개 소시지 케이싱sausage casing 안에 넣는다)—가 바로 그런 음식이다. 국외자가 느낀 해기스의 혐오스러움은 거꾸로 그것을 가장 스코틀랜드다운 음식의 반열에 올리는 데 중요한 역할을 했다. 그것은 요리 측면에서 스코틀랜드보다 빈약한 영국이라는 적에 맞서는 스코틀랜드 국민의 특별한 강인함을 상징했다.

대개 문화의 분화와 경계를 나누는 근거로서 구실을 하는 종교는 음식을 먹을 수 있는 것과 먹을 수 없는 것으로 구분함으로써 부분적으로 그러한 기능을 수행한다. 많은 종교가 음식을 순결한 것과 불결한 것으로 나눈다. 실제로 종교에 따라, 음식을 렌텐Lenten인지 아닌지[개신교의 재세례파와 복음주의파가 사순절 금식 때 먹는, 고기가 들어가지 않은 음식인지 아닌지], 코셔kosher인지 트레파trefah인지 [유대교 율법을 따른 정결한 음식인지 아닌지], 할랄halal인지 하렘haram인지[이슬람교 율법에서 허용한 음식인지 금지한 음식인지]를 구분한다. 이와 같은 구분은 특별히 국외자와 내부자의 신분을 구분 짓는 강력한 표시가 될 수 있다. 그 구분에 도덕적 순결과 죄악을 경계 짓는 본능적 특성이 있기 때문이다. 따라서 이런 구분은 다른 문화에 맞서 자기 문화를 강조할 때 특별히 강력한 역할을 한다. 그러나 그러한 구분은 또한 음식을 통해 민족을 발견하려는 사람들에게 어려움을 안겨줄 수 있는 사회 내부의 분열을 초래할 수도 있다. 인도의 식사 지침dietary guidelines은 일반적으로 힌두교보다 특정한 카스트와 매우 밀접하게 관련이 있다. 그 결과, "인도 요리"와 밀접하게 인연을 맺게 된 일부 음식 예컨대 맛이 매우 자극적인 음식들이 일부 독실한 정통 힌두교 신자들에게 금지 식품인 것에서 보는 바와 같이, 힌두교에 광범위하게 기반을 둔 특정 민족 음식을 현실에서 다루는 문제는 어려운 일이다. 따라서 음식을 종교와 관련해서만 초점을 맞추는 경향이 있었다. 예컨대 힌두교에서는 말 그대로 신성한 소를 보호하기 위해 소고기를 먹는 이슬람교도에 반대한다는 식이다. 그러나 스위젠드라 나라얀 자Swijendra Narayan Jha가 지적하고 직접 겪은 것처럼, 그런 관련성은 이른바 오랫동안 전해 내려온 고문서보다는 최근의 민족주의 정책에서 더 많이 발견되었다.[10] 다양한 사례에서 볼 수 있듯, 서로 다른 종교들은 음식 규칙—심지어 식품 선호도—을 통해 화합할 수 있지만 그 이외의 다른 측면에서는 서로 크게 갈라선다. 유대교와 이슬람교는 원칙적으로 특정한 식이 제한을 공유하고, 오늘날 중동 지방 사람들은 모두 팔라펠falafel*을 좋아하지만, 일례로 [아리 산델Ari Sandal 감독의] 단편영화 〈웨스트뱅크 스토리West Bank Story〉(2005)**에서 풍자하는 것처럼, 이러한 공통점은 분열을 누그러뜨리기보다는 오히려 유발하는 역할을 한다.[11]

종교는 특정 음식을 순결하거나 불결하다고 규정할 뿐 아니라 축제 일정표—그 결과, 축제 음식—를 만들어낸다. 이와 같은 축제 음식은 대개 민족 음

---

* 병아리콩을 으깨 만든 작은 경단으로 보통 납작한 빵과 함께 먹는 서아시아 음식.
** 이스라엘인과 팔레스타인인이 각각 운영하는 팔라펠 음식점 집안 사이의 로맨스 이야기로 〈웨스트사이드 스토리〉와 〈로미오와 줄리엣〉을 섞어놓은 듯한 느낌의 영화.

식을 정의할 때 매우 중요한 구실을 하게 되는데, 많은 부분에서 그것이 해당 민족집단을 하나로 묶어주기 때문이다. 축제 음식은 일상적 음식과는 다른 특이성 그 자체로 이미 개개인의 식사에서 특별한 자리를 차지하며 또한 자주 먹는 흔한 음식이 아니기 때문에 사람들이 그것을 몹시 기다리고 바라기 마련이다. 축제 음식은 이처럼 특별한 축제일과 그날이 떠올리는 거대한 감정의 세계를 상징하는 표시가 된다. 축제는 잦지는 않지만 정기적으로 열리는 행사인 만큼 일시적으로 사람들을 통합하는 구실도 한다―축제일은 과거와 현재를 매우 확실하게 하나로 묶는다. 또한 축제 음식은 (적어도 원칙적으로) 계급사회에서도 신분에 상관없이 널리 공유되는 유일한 음식일 수 있다. 따라서 대중과 지배층이 서로 다른 식사 패턴을 가진 사회에서 축제 음식은 계급을 초월해 공동의 유대감을 만들어낼 수 있다. 축제 음식은 더 나아가 이산 민족과 이주민 공동체 내부에서도 연대의식을 만들어낼 수 있다. 축제와 축제일은 서로 멀리 떨어져 있는 가족들을 실제로 또는 상징적으로 한데 모아 신을 경배하며 특별한 축제 음식을 함께 먹게 한다.[12]

자칭 (또는 국제적으로 인정된) 단일민족 내부에도 또 다른 분화의 원인들이 있다. 가장 작은 단위로 쪼갤 때, 모든 "전통" 음식은 실제로 무엇보다도 가정식이다. 전통 조리법은 대개 한 집안에서 대대로 전해 내려온 조리법에 불과하다. 그래서 특정 집단과 관련이 있는 요리는 그 어떤 것이든 종류가 다양하다. 한 특정 집단의 구성원 모두를 대표할 수 있는 전형적인 조리법이 반드시 있어야 하는 것은 아니기 때문이다. 게다가, 사회계층이 존재한다는 것은 특정 지역 사람들의 일상식에 매우 큰 편차가 있음을 의미한다. 소작농이 먹는 음식과 지배층이 먹는 음식은 한편으로 얼마나 비싼 새로운 식재료를 썼는지에 따라 또 다른 한편으로 얼마나 노동집약적인 신기술을 썼는지에 따라 나뉜다. 잭 구디가 특별히 주장하는 바에 따르면, "고급 요리는 민족적 관점에서 볼 때, 농민들이 먹던 지역 음식과 이국적인 외국의 요리 방식을 혼합·변형시킨다."[13] 따라서 민족 음식을 명확히 밝히기 위해서는 이런 분화의 원인을 극복해야 하며, 대개, [민족 음식의] 본모습은 이국의 관습과 음식에 의해 이미 사라지고 바뀌었다는 사실을 염두에 두고 "민족" 음식의 의미를 이해할 필요가 있다.

민족 음식이 만들어지는 방식

이 모든 변형의 원인들이 반드시 민족 음식을 낳는 것은 아니다. 그것들은 지역에 따라 모습이 매우 다른 음식을 만들어낸다. 원칙적으로, 스스로를 하나의 민족으로 규정하는 지역은 그 어디든 자기네 음식을 민족 음식이라 부를 수 있다. 그러나 실제로 민족 음식을 규정하기 위해서는 무엇보다 외부와의 민족적 경계를 모호하게 하는 지역적 유사성 문제를 해결하고, 단일 민족이라고 해도 지역이 여러 곳으로 나뉘어 있고 그 밖에 민족 내부에서 분화를 야기하는 여러 사회적·문화적 요인이 있을 수 있는 문제를 풀 수 있어야 한다. 유사한 음식 패턴을 가진 넓은 지역의 일부에 속하는 민족의 경우, 민족 음식이 성립되기 위해서는 그 폭넓은 음식 패턴의 특정 부분이 바로 그 특별한 민족에 속한다는 것이 밝혀져야 한다. 식생활을 포함해 지역 정체성이 강한 여러 지역이나 특이한 식사법을 가진 서로 매우 다른 여러 사회집단으로 구성된 민족의 경우도, 민족 음식이 성립되기 위해서는 비슷한 작업이 이루어져야 하지만, 그것 말고도 민족 음식이 그 민족을 전체적으로 대표할 수 있는 음식임을 밝히거나, 민족 음식이 그 밖의 여러 음식과 분명히 다른 새로운 것임이 확인되어야(또는, 그런 것을 창조해내야) 한다.

인쇄자본주의print capitalism와 산업자본주의는 민족 음식이 만들어지는 구조를 제공한다. 에릭 홉스봄Eric Hobsbawm과 베네딕트 앤더슨이 주장하는 것처럼, 인쇄는 민족 형성에 필수불가결한 요소로서 지역 음식, 계급 음식, 또는 가족 음식이 민족 음식—즉 민족 구성원이나 세계인이 보기에 한 민족임을 증명할 수 있게 도와주는 하나의 창조물—으로 바뀌는 과정에서 중요한 역할을 한다.[14] 그 가운데 무엇보다 중요한 것이 요리책이다. 요리책은 서로 별개의 음식을 하나의 일관된 전체로 묶기도 하고, 한때 여러 방식으로 조리되었던 일련의 음식을 단일한 방식의 공인된 요리로 개량하기도 한다. 오직 일부 요리책 저자만이 한 권의 책에 여러 민족 음식을 담으려 애쓸 뿐이고, 대체로 많은 저자는 자신의 요리책을 통해 한 가지 민족 음식의 여러 조리법을 제공한다. 동일한 기본 조리법을 반복해 보여주는 요리책들은, 특히 그 과정에서 민족성을 검토한다면, 민족 음식의 창조를 돕는다. 그리고 스티븐 메넬이 지적하듯, 서로 다른 민족에게서 나온 요리책(과 그것을 둘러싼 언론 보도)은 해당 민족에게 특별한 요리나 식사 방식을 체계적으로 정리해줄뿐더러, 더 나아가, 일반적으로 서로 다른 민족 사이의 중요한 차이점을 보여주는 것으로 해석될 수 있다.[15] 다시 말해, 요리책과 문화 관련 저작물은 민족 음식을 구성하는 음식물뿐 아니라 민족 그 자체도 예시해준다.

동시에 새로운 형태의 경제적 생산—농업과 식품 산업의 혁명과 함께, 새로운 종류의 기업가들이 운영하는 대중음식점의 성장—은 특정 음식, 요리, 식탁 예절이 어떤 민족에게서 특별하고 고유한 것으로 자리 잡는 데 기여했다. 한스 J. 토이테베르크Hans J. Teuteberg의 주장에 따르면, 산업화는 그 자체만으로도 사람들의 식습관 변화에 지속적으로 영향을 끼쳤다. 공장 노동은 식사 패턴을 바꾸었고, 중산계급의 식습관은 새로운 중심지에서 지배적인 것이 되었으며, 통조림 같은 새로운 식품 기술은 다양한 음식을 어디서든 먹을 수 있는 새로운 환경을 만들었다.[16] 그 과정에서 산업화는 특정 지역, 대개 국가라고 새롭게 규정된 지역의 식사 패턴을 더욱 획일화하면서 민족적 균질성이라는 새로운 의식을 만들어내는 데 한몫했다. 때로는 기업가 같은 사람들도 새로운 시장을 창출하기 위해 노골적으로 자기네 제품을 "민족적"인 것으로 만들려 애썼다. 현대 국가의 소비사회에서 거의 한결같이, "'민족 음식'은 그것이 만들어짐으로써 가장 큰 이익을 얻을 사람들 특히 정치인, 식품업자, 기타 음식 관련 전문가들에게 가장 중요할 수 있을 것처럼 보인다. (…) 또한 민족 음식이라는 개념은, 전통·관습·소울푸드·테루아를 주장하는 것에서 근거를 찾고 있을지라도, 근대에 이르러 생겨난 매우 새로운 것임은 명백해 보인다."[17]

이와 같은 인쇄와 요식업계의 접합은 다양한 청중과 이야기하는 방식으로 민족 음식을 만들어낸다. 무엇보다도 그 방식은 해당 민족의 시민들에게 대개 여러 다른 민족 개념과 함께 민족 음식의 개념을 설명할 때 도움을 준다. 음식은 민족을 뒷받침하기 위해 새롭게 만들어진 많은 전통 가운데 하나가 된다. 이러한 내향성은 "옛" 민족과 "새" 민족 모두에서 발생한다. 고유한 지역 음식의 역사가 있는 영국의 일부 지역에서는 근세에 이르러 새로운 요리책들이 발간되었는데, 그것들은 중간 신분의 사람들에게 어울리는, 영국 요리에 대한 일반적 감각을 키우는 데 한몫했다. 당시 요리책들은 그 과정에서 일개 지역이 아니라 광범위하게 영국인이라는 사회적 집단으로서 동일시하는 개념을 확고히 뒷받침하면서 서로 다른 신분의 사람들을 하나로 묶어냈다. 19세기 말,《주방 과학과 잘 먹는 법》(1891)의 저자 펠레그리노 아르투시는 새로 건국된 자국[이탈리아]의 음식을, 통일되고 고유한 것—당시에 지역의 소작농들이 먹는 음식과 지배층의 화려한 프랑스식 음식으로 철저하게 분리된 음식과는 다른—으로 설명하고 싶었다. 그 요리책은 실제로 토스카나와 에밀리아로마냐 지역 음식이 중심이었지만, 당시의 지역분열, 계급 차이, 여기에 더해 과거와 현재의 분리 상태까지 넘어서려 애썼다. 그과정에서 새로운 국가를 뒷받침하는 이탈리아 요리의 새로운 통일된 역사가 만들어졌고, 그 결과 국가 내부 특히 북부와 남부 지역 사이의 불평등한 권력관계는 더욱 강화되었다.[18]

이러한 국가적 변화는 또한 시선을 밖으로 돌리게 하는 구실 즉 자기 민족을전 세계 사람들에게 널리 소개하는 구실도 할 수 있다. 프랑스 요리가 전 세계의 지배층 음식으로 인정받고 성장한 것은 —사실상 이탈리아 음식과 영국 음식이 적어도 일부 정의내린 것과 다른 것으로서— 국외자들이 보기에 국가 이미지와 민족 음식을 가장 성공적으로 융합한 사례다. 그것은 적어도 초기에 프랑스 요리가 대다수 프랑스 사람들이 먹는 음식과는 별 관련이 없던 프랑스의이미지를 일관되게 유지하며 외부에 널리 알려질 수 있었기 때문이다. 18세기《왕족과 부르주아의 요리》의 성공과 19세기 초 앙토냉 카렘과 같은 명장 요리사의 등장은 프랑스 지배층 요리가 당시까지보다 더 넓은 새로운 시장—귀족뿐아니라 신흥 중산 계급—의 문을 열고, 그곳을 향해 뻗어나갈 수 있는 새로운길—프랑스 요리책이 번역되어 해외에서 다시 출간되는 방식을 통해—을 제시했다.[19] 더 나아가, 이와 같은 통일된 프랑스 민족 음식이라는 개념을 널리 전파한 것은 단순히 요리책이라는 인쇄물, 더 일반적으로 말해 미식 관련 문헌만이아니었다. 요식업계의 혁신 특히 국내외 고객들에게 요리를 전파하는 장소로서음식점의 등장과, 프랑스 땅 및 풍경 그 자체(테루아)에 기반을 둔 민족적 정통성[진정성]이라는 새로운 시장 개념의 개발 또한 중요한 구실을 했다.[20] 그 결과, 지역 간 차이를 극복하고 더 나아가 프랑스에 대한 뚜렷한 정체성과 부르주아중산계급의 등장을 상징하는 프랑스와 프랑스 요리 문화에 대한 사람들의 인식이 확산되었다.

민족 음식의 개념이 만들어지는 과정에서, 식민지 이후 생겨난 독립 국가의 수

많은 사람이 아주 복잡한 방식으로 상호작용했다―지금도 여전히 상호작용하고 있다. 앤더슨이 지적한 대로, 19세기가 저물 무렵 아메리카대륙에서 민족 혁명을 이끌었던 "크리올 선구자들creole pioneers"은 식민지 시대의 행정기관이었던 곳들을 기반으로 자신들의 새로운 국가를 세웠다. 이와 같은 역사 때문에 그들의 민족 전통과 문화를 수립하는 과정이 복잡해졌다. 그 결과, 이런 국가들에서 민족 음식의 개념은 매우 다양하게 나타났다. 19세기 내내, 글을 읽고 쓸 줄 아는 사람은 일부 유럽인의 후손뿐이었다. 따라서 그들에게 초점을 맞춘 요리책들은 대다수 민중이 널리 먹는 음식보다는 전 세계적 영향력을 떨치는 프랑스 요리(그리고 이전의 스페인 요리에 대한 거부)를 더 많이 다루었다. 그러나 20세기 들어, 민중이 정치권력을 쥐면서 민족 음식 개발 과정에서 그들의 역할은 더욱 커졌다. 그들은 마찬가지로 동일한 작업에 서서히 속도를 높이고 있던 탈식민지 국가들의 20세기 물결에 합류했다. 그들은 다양한 국내의 조리법에서 새로운 단일 민족 음식을 만들어내고, 광범위한 지역 심지어 대륙의 음식 개념에서 고유한 민족 음식 개념을 분리해내려 애썼다.[21]

이러한 탈식민지 국가 가운데 일부의 경우, 민족 음식을 위한 제3의 잠재 시장은 중요한 구실을 할 수 있다. 예컨대 옛날 자기 민족의 정체성을 지키려 애쓰는 이산 민족 좀 더 일반적으로 말해 이주민 집단을 대상으로 하는 시장이 바로 그런 경우다. 인쇄업체와 요식업체 기업가들은 많은 이주민 집단이 때로는 적대적 상황에 잘 동화하면서 동시에 자기네 민족 음식을 지키기 위한 상충되는 압력을 잘 헤쳐나갈 수 있게 도와준다. 이주민들은 자기네 음식이 끊임없는 자기 분리와 대대로 이어온 민족 정체성의 유지를 상징하는 표시임을 안다. 이것을 명백하게 보여주는 것이 "민족national" 음식과 "소수민족ethnic" 음식 사이의 불명확한 경계다. 대개 한 국가에서 민족 음식이라고 규정된 음식이 그 국가를 떠나 다른 국가로 갔을 때, 그것은 "소수민족" 음식으로 바뀐다. 그러나 이는 보편적이 아니며 단순한 의미의 차이일 뿐이다. 게다가, 어떤 경우에는 한 음식이 이주민들 사이에서 유지된다는 사실이 이전에 전혀 존재하지 않았던 민족성을 일깨워준다. 이주민들은 자신들이 먹는 음식을 단순히 더 커다란 지역 전통의 일부로서가 아니라 특별히 민족적인 것으로 규정하고 있음을 어느 순간 문득 깨달을 수 있다. 리처드 윌크에 따르면, 바로 그와 같은 종류의 상황 전개가 [중앙아메리카의 유카탄반도 동남부에 있는 영국 연방 내의 독립국] 벨리즈 출신의 이주민 공동체에서 일어났다. 벨리즈는 오래전에 자신들만의 독특한 음식을 개발했지만, 그 음식이 특정 지역의 다양한 음식 가운데 하나가 아닌 민족을 대표하는 음식이 된 것은 오로지 그 이주민 공동체를 통해서다.[22] 이 경우에 개인들은 음식을 통해 그들의 민족이 사는 공간의 바깥에서 민족 정체성을 유지할 수 있다—그리고 이런 역할이 중요한 것은 어쩌면 그 역할이 이러한 민족 음식의 경계를 투명하게 만드는 데 도움을 줄지도 모르기 때문이다.

아마도 민족 음식의 정의는 경제적 생산을 비롯해 문화 규범, 시간 경과에 대한 이해, 지리적 위치에 이르기까지 다양한 변수에 따라 크게 달라질 수 있다는 점에서 언제라도 바뀔 수 있다고 생각해야 한다. 단적으로, 새로운 국가를 건설하려는 욕망은 오늘날에도 거의 사라지지 않았으며, 분리주의 집단들은 대개 자신들이 정치적 자치를 요구하는 근거를 찾기 위해 음식을 포함한 문화민족주의 요소들에 주목한다. 그러나 심지어 이미 개발된 민족 음식의 개념도 시간의 흐름에 따라 새로운 음식과 규범을 채택하거나 옛날 것들을 폐기함으로써 바뀔 수 있다. 따라서 이 문제는 매우 까다로울 수 있다. 이주민 공동체 사이에서 민족 음식의 개념을 유지하는 것과 함께 민족 규범의 변화 가능성에 대해서도 주목하는 한 가지 사례가 있다. 안네 J. 케르셴Anne J. Kershen은 영국 내부 이주민 공동체의 음식(그 자체가 매우 민감한 창작된 민족 개념)과 관련해서, "이주민을 받아들이는 사회는 음식과 정체성에 대해 매우 단순하고 피상적으로 해석하는 경우가 너무도 많다. 커리 음식을 **영국식으로 바꾸고** 변형시킨 여러 문화를 가로지르는 변화들에 대해서는 전혀 주목하지 않으면서, 그것을 그저 인도 음식의 하나로 여전히 생각한다"라고 지적한다.[23] 그녀가 강조한 "영국식으로 바꾸고"는 이런 전개 과정에서 일어나는 긴장 관계를 보여준다. 커리는 인도인의 민족적 정체성이 유지되고 있음에 대한 신호이면서, 그것은 동시에 영국의 특성을 나타내는 어떤 것으로 바뀌었다.

민족 음식에 대한 이와 같은 새로운 개입은, 언제나 진짜 민족적인 것으로 받아들여지는 것이 아니라 종종 쇠락의 신화나 조롱의 대상으로 비쳐진다. 그러나 이러한 개입은 민족 내부 구성원들의 식습관을 바꾸고, 때로는 그 변화가 민족 음식의 새로운 단계를 가리키는 것으로 받아들여질 정도로 심각할 때도 있다.

더 일반적으로 말하자면, 글로벌한 식생활이 여러 방식으로 국내의 식생활에 끼어들었을 때, 그리고 기술이 바뀌었을 때, 민족 음식의 개념은 가장 "진정성 있는" 민족 음식조차도 현재의 변화가 반영된다는 사실을 받아들이지 않을 수 없었다. 과거는 민족 음식의 개념에 존재할 수 있지만, 이런 상황에서 민족 음식의 개념은 과거가 현재와 효과적으로 통합될 때 비로소 성립한다.

러시아 요리에서 러시아 민족 음식으로의 변천

역사학자 레지널드 E. 젤닉Reginald E. Zelnik은 보르쉬borsch*를 통해 러시아 역사를 해석하면서, 러시아 역사와 러시아 음식의 더부룩함에 대해 꿰뚫어볼 기회를 확실히 즐기고 있었다. 그가 조롱하듯 비꼬아서 주장하는 바에 따르면, 보르스치는 동란의 시대Time of Troubles**에, 러시아 국가 내부에 알력을 낳았고, 표트르 대제Peter the Great[표트르 1세]의 서구화[서유럽화 정책]를 경멸할 때 그 대상이 되었으며(그것은 그에게 반反보르스치라는 칭호를 안겨주었다), 상상 속의 초기 소비에트 신요리정책Soviet New Gastronomic Policy에서는 특별한 구실을 수행했다. 그러나 젤닉의 조롱하는 듯한 묘사에서 보듯, 그의 주장의 출발점—널리 알려진 러시아 전통 수프의 사회사가 언젠가 우리가 러시아의 정치와 사회의 전개 과정을 이해하는 데 도움을 줄 수도 있을 방법들을 간략하게나마 윤곽을 그리는 것—은 실제로 매우 적절했다.[24] 더군다나 러시아 수프 더 일반적으로 말해 러시아 요리가 러시아의 정치와 사회를 이해하는 것과 연관되어 있다는 생각을 과거의 러시아인들은 잘 이해하고 있었다. 실제로, 러시아 지배층이 자신들의 최근 서구화 경향을 볼 때, 그들이 진실로 러시아의 민중과 동일한 사회에 속하는지 아닌지에 대해 의문을 제기하기 시작한 19세기 말부터, 러시아 요리책의 발전은 러시아 민족과 러시아 제국의 상황에 대한 관심과 관련되어 있었다. 음식은 근본적으로 러시아인이라는 것이 무엇을 의미하는지를 둘러싼 논쟁의 장이

---

* 러시아인들이 즐겨 먹는 비트 뿌리로 만든 붉은색이 나는 수프. "borscht"라고도 표기한다.
** 1604년부터 1613년까지 차르가 없는 러시아에서 귀족들 간에 권력을 둘러싼 혈투가 벌어졌던 시기.

되었다.

민족 음식으로서 러시아 요리의 역사는 오히려 러시아 민족 그 자체의 역사처럼 여러모로 18세기 초 표트르 대제(재위 1682~1725)의 개혁에서 시작된다. 물론 나중에 민족주의자들은 정통 러시아인에 관한 개념들을 창조해내기 위해 표트르 대제 이전의 시기까지 거슬러 올라가 상상 속의 과거를 만들어냈다. 그러나 이들 또한 일반적으로 그 과거를 표트르 대제와 그가 취한 조치들을 통해 현재와 단절된 과거로 이해했다. 특히, 가장 두드러진 표트르의 개혁이 낳은 결과는 엘리트 사회의 탄생이었다. 그들의 서구화된 문화는 "전통적인" 민중의 문화에서 점점 더 멀어졌는데, 논란의 여지는 있지만, 이 현상은 다른 유럽 사회들보다 러시아에서 더욱 심했다. 이것의 반대가 다음 세기에 이어질 러시아 지식인층의 주된 관심사가 되었다. 이 새로운 지배층은 더 커다란 러시아 세계와 공통점을 찾고, 자신들의 새로운 국가(많은 사람이 "러시아"가 표트르와 함께 시작된 것으로 보았다)를 현재뿐 아니라 그 잊힌 과거에도 속하는 어떤 것으로 해석하기 위해 고군분투했다.

러시아 지배층의 일부 구성원 사이에서 민족주의 의식이 싹트기 시작한 18세기 말부터, 그들은 러시아 음식 더 일반적으로 말해 러시아 요리를 러시아 문화의 매우 핵심적인 개념으로 생각하기 시작했다. 러시아 지배층 사회의 현재 습관을 과거 러시아의 절도 있고 절제하는 습관과 부정적으로 비교하면서 음식을 검토한 최초의, 그리고 아마도 가장 잘 기억되는 사람은 보수적 귀족들이었다. 예카테리나 여제Catherine the Great(재위 1762~1796, [예카테리나 2세])의 위세가 정점에 이르렀던 1780년대의 저술에서 M. M. 셰르바토프Mikhailo Mikhailovich Shcherbatov는 식습관의 변화를 자신의 분노의 대상이었던 "도덕성의 타락corruptions of morals"의 핵심 부분으로 보았다. 당시 러시아 귀족들은 지나치게 비싼 식재료로 만든 사치스러운 요리를 먹었는데, 이는 과거에 먹었던 음식과 비교하면 천양지차였다. 셰르바토프에 따르면, 그런 과거의 음식은 "수없이 많았지만 모두 소박한 것들로 만들어졌다." 더 나아가, 옛날에는 음식을 먹는 것이 거의 다 가정에서 이루어지는 행위였다. 귀족들도 집에서 품위 있게 밥을 먹었는데, 어쩌면 몇몇 가까운 친척을 초대해서 함께 식사했을 수도 있다. 그러나 셰르바토프의 불평에 따르면, 표트르 대제 시대에 벌써, 막강한 권력이 있는 귀족들은 다른 사람들을 집으로 불러 가정의 건강보다는 자신의 권력과 부를 과시하기 위해 해외에서 수입한 식품들로 이루어진 매우 복잡한 음식들을 내놓기 시작했다. 예카테리나 여제의 재위 시절, 그녀의 식습관은 "매우 절도 있었다." 하지만 그녀가 총애했던 그리고리 포툠킨 대공Prince Potemkin[그리고리 포툠킨]은 당시 귀족 가운데 가장 사치스럽고 무절제한 식사를 즐겼고 심지어 폭식하는 지경이기까지 했다.[25] 셰르바토프는 당시 귀족들(과 그들의 식습관)이 어떻게 사회 통념을 벗어나 비민족적이 되었는지를 예시했다.

그러나 근대 시기의 사치를 욕하는 것은 근대국가에 적합한 음식의 개념을 발전시키는 데 아무런 도움을 주지 못했다. 특히 국가 구성원과 국외자 모두에게 국가를 대표하는 민족 음식이 중요한 의미가 있다는 점을 고려할 때 그러했다. 셰르바토프는 표트르 대제 이전에 귀족들이 먹던 음식(예컨대 대부분 소박한 요리로서 실제로 향신료나 양념이 전혀 안 들어간 음식)에 대해 아주 맛없게 묘사하느라, 정작 근대 시기의 지나치게 사치스러워 용납할 수 없다고 본 귀족 식사를 대체할 실질적 대안을 독자들에게 제시하지 못했다. 하지만 다른 저술가들은 러시아 음식이 사람들에게 적극적으로 추천할 수 있는 음식으로 더 잘 개발될 수 있다는 측면에서 음식을 바라보기 시작했다. 셰르바토프가 귀족 음식을 비판하는 글을 쓴 때와 거의 같은 시기에, 또 다른 러시아인 이반 볼틴Ivan Boltin도 비슷한 톤의 통렬한 비판의 글을 썼다—그러나 이번에는 러시아 사회를 향해서가 아니라 러시아 사회를 바라보는 프랑스 여행자의 시선에 대해서였다. 볼틴은 프랑스 여행자 르클레르LeClerc[조르주-루이 르클레르 드 뷔퐁]가 "러시아 음식"을 러시아의 과거가 아닌 현재의 일부이며 또한 러시아 지배층의 것이 아닌 러시아 농민의 것으로 본다는 사실을 알았다. [볼틴이 보기에] 이것은 문제가 있었다. 한편으로는 르클레르가 오해했기 때문이고 또 한편으로는 러시아 농민만 보는 것으로는 세계적으로 러시아를 대표할 만한 음식을 묘사할 수 없었기 때문이다. 볼틴은 첫 번째 이유에 대해 의견을 달며 르클레르의 수많은 오해를 바로잡았다. 그는 러시아 농민들이 "대개 형편없이 조리해서 구운" 빵을 먹는다거나, 당시 기계장치의 윤활유로나 쓰이는 기름으로 만든 시치shchi(캐비지 수프)를 먹는다는 주장들에 대해 반박하고 비난했다. 러시아에는 맛이 뛰어난 빵이 많으며, 더군다나 농민들이 사순절 금식 기간에 먹는 씨앗과 견과에서 짜낸 식용기름은 그 품질도 매우 높다고 그는 기술했다. 르클레르는 특히 러시아 음식을 묘사하는 부분에서 많은 잘못을 저질렀다. 그는 두 종류의 생선 요리(그 하나는 조리된 요리가 아니라 생선의 한 종류)와 아스픽aspic*을 가장 대표적인 러시아 음식으로 열거했다. 하지만 볼틴은 이러한 주장을 비웃었다. 그는, 분명한 어조로, 시치가 러시아를 가장 잘 상징하는 음식이라는 것을 모르는 사람은 없다고 썼다.[26] 르클레르의 주장은 또 틀렸다─그러나 또다시 볼틴은 러시아 음식을 민족 음식으로 격상할 수 있는 새로운 기반을 거의 제시하지 못했다.

러시아 음식을 긍정적으로 정의하고 재창조해내는 작업은 러시아 최초의 요리책 편집자이자 저자 가운데 한 명인 바실리 레브신Vasilii Levshin에게 맡겨졌다. 1970년대 중반, 레브신은 두꺼운 분량의 《요리 사전Cooking Dictionary》을 발간했다. 거기에는 근대의 러시아 민족 음식에 대해 최초로 쓴 글이 수록되어 있었다. 러시아 요리는 더 커다란 연구 프로젝트에서 다루어진 많은 민족 음식 ─프랑스, 독일, 네덜란드, 스페인, 영국, 오스트레일리아, 베를린, 보헤미안, 색슨 음식─ 가운데 하나일 뿐이었다. 그리고 그것["근대의 러시아 민족 음식"]은 그 거대한 사전의 모든 구성요소 맨 마지막에 나열되었지만, 그것이 다른 민족 음식들과 나란히 목록에 포함된 것은 [그것이] 러시아 요리로 그리고 어쩌면 더 나아가 러시아 문화가 하나의 민족 음식과 민족문화로 가치를 인정받는 하나의 중요한 단계였다. 레브신은 또한 이와 같은 러시아 음식이 정의되는 과정을 진지하게 바라보았다. 어떤 면에서 그는 셰르바토프 같은 저술가들의 주장을 그대로 따랐다. 그는 "자국 땅에서 자란 식재료로 조리된 소박한 음식"이 어떻게 귀족들의 식탁에서 사라지고 "이국 땅에서 온 복잡하고 (…) 향신료 범벅의 (…) 음식들"에 자리를 빼앗겼는지를 설명했다. 또 그는 러시아 음식 조리법을 완벽하게 글로 설명한 책자가 없어서 결국 "러시아 요리"가 사람들의 기억에서 거의 완전히 사라졌다는 사실을 한탄했다. 그러나 동시에 레브신은 독자들에게 러시아 음식에 대한 공식적 정의를 제공했다. 그것은 특정한 "전통" 음식에 기반을 두기보다는 러시아 음식을 구성하는 여러 원칙에 더 많은 기반을 두었다. 레브신은 음식과 관련해 지

---

* 고기, 생선, 조개, 버섯 따위를 젤리로 뭉쳐 만드는 냉요리.

켜야 할 두 원칙을 통해 그 부분을 구성했다. 하나는 정교신앙Orthodoxy*의 금식 주간으로, 이 기간에는 동물성 식품을 철저히 배제하고 사순절 음식만을 먹는 경우도 있고, 동물성 식품 중 우유나 달걀은 안 되지만 생선은 먹을 수 있는 경우도 있다. 또 다른 하나는 음식이 나오는 특정한 순서로, 차가운 요리, 수프 같은 따뜻한 요리, 스튜나 구이 요리, 속이 있는 페이스트리가 차례로 나온다. 분명히 일부 러시아 음식 특히 수프(러시아 어디서나 먹는 시치 수프를 포함해서)와 페이스트리는 이 음식 목록에 없었다. 그러나 레브신은 러시아 음식을 정의할 때 그 음식이 러시아 것이냐 아니냐 뿐 아니라 정교신앙의 생각과 특별한 식사 방식 또한 중요하다는 사실을 명확히 밝혔다.

18세기 말에는 사소한 문제에 불과했던 것이 19세기 중반에 중요한 문제가 되었다. 러시아다움이라는 것 자체가 국가와 지식인층의 중요한 관심사가 된 것이다. 니콜라스 1세Nicholas I[니콜라이 1세] 재위(1825~1855) 동안, 정부 교육부처는 "동방정교신앙, 전제주의專制主義, autocracy, 국민성Nationality"에 대한 사랑을 전파하려 애썼다. 러시아제국의 백성들은 그러한 삼위일체 체제를 "관제 국민주의Official Nationality"라고 불렀다. 동방정교회와 전제군주정을 정의하기는 쉬웠지만 국민성은 그것들보다 더 복잡한 개념임이 밝혀졌다. 따라서 현 체제를 뒷받침하려 애쓰는 지식인층과, 더 나은 러시아의 미래를 끊임없이 마음속에 그리며 러시아의 전통과 서구의 영향력이 갖는 상대적 가치를 두고 논쟁하는 슬라브주의자와 서구주의자 사이에서 공통적으로 국민성과 대중문화에 관한 연구가 활발하게 진행되었다. 동시에, 니콜라스 1세 때 기근과 그에 준하는 기아 상황이 수년간 지속되면서 러시아 민중은 생산과 소비 측면 모두에서 음식에 대한 새로운 의식이 싹트기 시작했다. 농업의 민족적 특성은 정치적 문제가 되었고, 전통적 농사법에 대한 생각은 근대화되고 세계적으로 유명한 유럽의 농업 강국을 적대적으로 바라보게 했다. 그러나 니콜라스 왕조는 러시아 농민들이 최소한의 연명을 위해 필요

* 동방정교회東方正敎會, Eastern Orthodox Church의 신앙. 곧 동로마제국의 국교로서 콘스탄티노플을 중심으로 발전한 기독교의 한 교파의 신앙을 말한다. 1054년 로마를 중심으로 하는 서방 교회와 분리되었는데, 로마 교황을 승인하지 아니하며 교의 및 의식을 중시하고 상징적·신비적 경향이 강하다. 동유럽과 러시아에서 성하다.

한 것을 자급자족할 능력이 없다는 사실을 심각하게 우려했다. 그 결과 즉 그 어느 때보다도 농업에 대해 오랫동안 고민한 결과, 국가는 농민들에게 감자 생산을 장려하기 위해 일련의 보조금을 지원하는 조치를 취했다. 이 조치는 19세기 초 수십 년 동안 제한된 성공을 거두었지만, 감자가 러시아의 밭과 식탁에서 기본 식품이 된 것은 20세기 초였다.

러시아 음식에 대한 새로운 관심은 이와 같은 러시아 농업에 대한 우려와 민족주의라는 정치권력의 새로운 개념과 관련이 있었다. 민족을 둘러싼 일반 논쟁에서, 일부 학자는 특정한 음식(양파와 마늘)과 요리(시치)에 특별한 민족적 의미를 흠뻑 부여했다. 저명한 민족주의 정치평론가 파데이 불가린Faddei Bulgarin[1789~1859]은 특히 그것과 관련된 많은 글을 썼는데, 한 잡지에서는 요리 전문 고정 칼럼을 맡아 특별히 러시아 음식의 문제를 주로 다루었다. 그보다 더 중요한 것은 1840년대 새롭게 등장한 러시아 요리책 저술 활동이 노골적으로 민족주의 색채를 띠고 러시아의 다양한 중산층—19세기에 일반적으로 러시아 민족주의의 이상을 가슴에 품었던 사람들—을 대상으로 활발하게 이루어졌다는 사실이다. 특히, 또 한 명의 중요한 정치평론가의 자매인 K. A. 아브제예바K. A. Avdeeva는 노골적으로 러시아 민족주의 냄새를 풍김으로써 국내에서 가장 인기 있는 요리책 저자가 되었다. 그녀는 자신을 "경험이 풍부한 러시아 가정주부"라고 칭하며, 민족 음식을 둘러싼 많은 문제에 대해 자신의 권위를 주장했다. 내용적으로, 아브제예바는 정교신앙에 기반을 둔 레브신의 체계를 유지하면서도, 또한 "러시아인들에게 보급된 음식"을 포함함으로써 "러시아" 요리의 집합체를 확장했다. 이러한 환경—러시아다움을 해석하는 사람으로서 중산층과 여성에 초점을 맞추고, 새로운 음식을 현재의 러시아 음식으로 통합하는 것에 주목하는—은 레브신의 초기 체계화 작업과 결합해 민족주의 시대에 걸맞은 러시아 민족 음식의 새로운 기준을 만들어냈다.

따라서 19세기 중엽, "러시아 요리" 또는 "러시아 음식"은 명확하게 정의되고 체계화되었다. 이런 상황은 요리책 저자들에게 충분한 것처럼 보였고, 그들은 이제 요리책에서 러시아다움을 노골적으로 언급하지 않아도 되었다. 이제 요리책에는 러시아인에 의한 또는 러시아인을 위한이라는 꼬리표가 더는 붙지 않았다—요리책이 그저 러시아에 존재한다는 것만으로 충분해 보였기 때문이다.

그러나 러시아 음식은 러시아제국 시대 후반에 맹위를 떨친 러시아주의자들 사이에서 중요한 구실을 계속했다. 이 시기에 옛 러시아의 모든 것에 대한 국가 주도의 사랑은 건축 양식과 가장무도회뿐 아니라 그들의 민족적 요소들을 널리 알리는 러시아제국의 만찬에서도 여실히 드러났다. 메뉴판은 만찬이 당시 유행한 "러시아 양식Russian style"으로 호화롭게 꾸며졌다는 것을 기념하기 위해 옛날 신사와 숙녀들의 이미지, 옛 건축 디자인을 차용한 장식, 전통적 서체의 글자들로 인쇄되었다. 메뉴의 내용 또한 19세기 중반에 확립된 "러시아 음식"과 동일한 모습을 계속해서 보여준다. 거기에는 "민족" 음식과 그것이 아닌 음식이 모두 포함되었는데, 이미지와 음식의 통합—캐비지 수프, 통닭구이, 아스파라거스, 아이스크림 같은 음식에 수반된 러시아인의 상징성이 말해주는 것처럼—은 러시아 음식이 이러한 이질적 요소들을 통합할 수 있음을 강조했다.

1917년 혁명과 새로운 소비에트 국가의 도래—적어도 원칙적으로 그 어떤 민족적인 것보다 새로운 소비에트 정체성Soviet identity을 중시한—와 함께, 하나의 별개의 음식으로서 러시아 요리는 어쩌면 확실히 사라졌어야 했을지도 모른다. 하지만 오히려, 부분적으로 소련의 상대적으로 폐쇄된 경제체계 덕분에, 그 새로운 국가는 민족 음식으로서 러시아 요리에 대한 인식이 놀라울 정도로 여전히 지속되고 있음을 발견했다. "사회적 영양social nutrition"을 책임지는 새로운 시설들—레스토랑에서 구내식당, 노점 간이식당에 이르기까지 모든 음식점—이 가정 요리를 완전히 대체하지는 못했지만, 그곳은 새로운 음식 표준화[규격화]standardization의 중심이 되었다. 지역의 음식 소비에트 단위가 그 시설들을 통제했고, 샐러드·수프·페이스트리를 어떻게 조리하는지를 표준화[규격화]해서 기술한 요리책들이 점점 인기를 끌었다. 더 나아가, 이 새로운 표준화된[규격화된] 음식들은, 그 시기의 요리책들이 시사하는 것처럼, 본질적으로 당시에 러시아 민족 음식에 대한 특별한 관점을 의미했다. 1930년대 말부터 다양한 판본으로 간행된 《맛있고 건강한 음식 책Book of Tasty and Healthy Food[Книга о вкусной и здоровой пище]》 같은 가정용 "소비에트" 요리책조차도 특정한 음식과 식습관을 특별히 러시아 것이라고 계속해서 설명했다. 볼틴 때부터 많은 요리책 저자가 캐비지 수프는 무엇보다도 가장 러시아다운 음식이라고 주장했듯, 소비에트 요리책의 저자들도 독자들에게 "러시아 음식은 특별히 다양한 종류의 수프들이 그 특징이며, 시치(와 여러 수프)는 러시아 요리 특유의 특수성을 만들어낸다"라고 홍보했다.[27] 근본적으로 무엇이 전통인지에 대한 이와 같은 일관된 언급은, 심지어 원칙적으로 전통과 단절된 상태나 민족 그 자체가 바뀌더라도, 이러한 민족적 일체화national identification의 힘이 얼마나 강력하게 작용하는지를 시사해준다.

소련의 몰락 뒤에 새롭게 되살아난 러시아의 민족 음식은 또다시 가끔은 노골적인 민족주의적 방식으로 많은 사람에게 새로이 주목받았다. 새로운 음식과 상품이 러시아 시장에 마구 흘러 들어와서 적어도 어느 정도 시차를 두고 많은 러시아인들의 식생활을 바꾸었지만 ─예컨대 스시 레스토랑은 2000년대 초 놀랍게도 러시아 도시 풍경의 일부가 되었다─ 러시아 음식은 매우 의식적으로 신경쓰는 가운데 여전히 중요한 영향력을 유지하고 있다. 블린blin[러시아식 팬케이크 일종]과 메밀죽을 기반으로 하는 패스트푸드 체인점*은 길모퉁이 맥도날드 매장에 대응하는 민족주의 음식점을 만들어냈다. 그곳의 종업원들은 손님들에게 19세기의 존댓말을 쓰고 메뉴판 음식 명칭은 옛날 영웅들의 이름을 따라 지었다. 독특한 러시아 알코올성 청량음료 크바스kvas의 광고는 훨씬 더 노골적으로 민족주의 성향을 내보인다. 그 광고에서 청량음료를 사러온 손님은 다음처럼 말한다. "미국 것은 말고No─to Cola-nization."** 물론 실제로는 많은 러시아인이 "러시아 전통 음식"이 아닌 것들도 잘 먹는다. 그러나 계속되는 이러한 비유들은 민족 음식과 관련된 개념들의 복원력과 특히 새로운 음식·경제·독자에 대한 민족 음식의 뛰어난 적응력을 강조하며 사람들의 관심을 더욱 높인다.

《음식과 문화연구》의 저자들이 말하듯, 민족 음식은 "문제가 많은 명백함problematic obviousness" 때문에 고통을 받는다.[28] 한편으로, 많은 사람은 자국 민족 음식─또 때로는 다른 사람들의 민족 음식─이 무엇인지 설명하라고 하면 쉽게 한다. 그러나 다른 한편으로, 그러한 설명 가운데 어떤 것도 서로 일치하는 것은 없다. 그 설명은 오히려 서로 완전히 다르게 설명할 수 있게 하는 일련의 차이를 담고 있을 가능성이 크다. 그러나 그와 같은 차이들은 민족 음식의 인위적으로 만들어

---

* 대표적인 패스트푸드점인 쩨뻬목Tepemok[теремок]에서는 블린과 보르쉬 등을 판매한다.
** 여기서 "Cola-nization"은 코카콜라나이제이션cocacolonization 곧 콜라의 식민지화, 콜라를 통한 미국의 세계화를 의미하는 말이다.

진 특성, 하지만 그것의 강력한 영향력을 두드러지게 한다. 그것들은 누가 봐도 명백한 요리들의 집합에 통합된 다층적 의미 다시 말해 민족과 민족 음식을 낳는 경제, 종교, 풍토, 문화, 정치 사이의 상호작용을 대변한다. 그것들은 또한 민족 음식의 적응력을 설명한다. 사람과 음식은 전 세계를 옮겨 다니고, 새로운 음식과 기술을 오래된 지역으로 (혹은 반대로) 보내기도 한다. 동시에, 민족 음식이 명백하다는 것은 민족 음식의 영향력이 크고 매우 오랫동안 존재했음을 의미한다. 민족 음식은 민족을 구성하는 기본 요소로 인정받는 다는 점에서 민족의식을 고취하는 특별한 힘이 있다. 따라서 민족 음식은 국가를 지지하는 데 동원될 수 있다. 민족 음식은 정체성을 지키고, 경제적 침입을 물리치고, 민족의 역량을 입증해 국외자들의 마음을 사로잡는 역할을 한다. 끝으로, 민족 음식 또한 여타의 음식을 만드는 과정과 똑같은 과정을 통해 만들어진다. 각종 식재료를 인간이 어루만지고 조리하는 과정을 통해 만들어진 고유한 그 어떤 것이, 그리고 맛과 취향의 차이 때문에 사람들을 나누는 동시에 통합하는 그 어떤 것이 바로 민족 음식이다.

주

1. Terry Davis, "Preface," in *Culinary Cultures of Europe: Identity, Diversity and Dialogue*, ed. Darra Goldstein and Kathrin Merkle(Strasbourg: Council of Europe Publishing, 2005), 9.

2. Fabio Parasecoli, "Food: Identity and Diversity," in ibid, 14.

3. Michaela DeSoucey, "Gastronationalism: Food Traditions and Authenticity Politics in the European Union," *American Sociological Review* 75, no. 3(2010): 444.

4. Benedict Anderson, *Imagined Communities: Reflections on the Origin and Spread of Nationalism*, rev. ed.(London: Verso, 1991). [한국어판. 베네딕트 앤더슨 지음, 서지원 옮김, 《상상된 공동체: 민족주의의 기원과 보급에 대한 고찰》, 서울: 도서출판 길, 2018]

5. Arjun Appadurai, "How to Make a National Cuisine: Cookbooks in Contemporary India," *Comparative Studies in Society and History* 30, no. 1(1988): 3-24.

6. 예컨대 다음을 보라. Emiko Ohnuki-Tierney, *Rice as Self: Japanese Identities through Time*(Princeton, NJ: Princeton University Press, 1993).

7. Sidney W. Mintz, *Sweetness and Power: The Place of Sugar in Modern History*(New York: Viking, 1985) [한국어판. 시드니 민츠 지음, 김문호 옮김, 《설탕과 권력》, 서울: 지호, 1997]

8. Jeffrey M. Pilcher, *¡Que vivan los tamales! Food and the Making of Mexican Identity*(Albuquerque: University of New Mexico Press, 1998).

9. James C. McCann, *Stirring the Pot: A History of African Cuisine*(Athens: Ohio University Press, 2009).

10. D. N. Jha, *The Myth of the Holy Cow*, new ed.(London: Verso, 2004).

11. Yael Raviv, "Falafel: A National Icon," *Gastronomica* 3, no. 3(Summer 2003): 20-25. [한국어판. D. N. 자 지음. 이광수 옮김, 《성스러운 암소신화: 인도 민족주의의 역사만들기》, 서울: 푸른역사, 2004]

12. Linda Keller Brown and Kay Mussell, eds., *Ethnic and Regional Foodways in the United States: The Performance of Group Identity*(Knoxville: University of Tennessee Press, 1984).

13. Jack Goody, *Cooking, Cuisine, and Class: A Study in Comparative Sociology*(Cambridge: Cambridge University Press, 1982), 105.

14. E. J. Hobsbawm, *Nations and Nationalism since 1780: Programme, Myth, Reality*(Cambridge: Cambridge University Press, 1990); Benedict Anderson, *Imagined Communities*.

15. Stephen Mennell, *All Manners of Food: Eating and Taste in England and France from the Middle Ages to the Present*, 2nd ed.(Urbana: University of Illinois Press, 1996).

16. Hans J. Teuteberg, "The General Relationship between Diet and Industrialization," in *European Diet from Pre-Industrial to Modern Times*, ed. Elborg and Robert Forster(New York: Harper & Row, 1975), 61-110. 또한 다음을 보라. Katarzyna Cwiertka, *Modern Japanese Cuisine: Food, Power, and National Identity*(London: Reaktion Books, 2006).

17. Warren Belasco, "Food Matters: Perspectives on an Emerging Field," in *Food Nations:*

Selling Taste in Consumer Societies, ed. Warren Belasco and Philip Scranton(New York: Routledge, 2002), 12.

18. Luigi Ballerini, "Introduction: A as in Artusi, G as in Gentleman and Gastronome," in Pellegrino Artusi, *Science in the Kitchen and the Art of Eating Well*, trans. Murtha Baca and Stephen Sartarelli(Toronto: University of Toronto Press, 2003 [1891]), xv, xix.

19. Priscilla Parkhurst Ferguson, "A Cultural Field in the Making: Gastronomy in Nineteenth-Century France," *The American Journal of Sociology* 104, no. 3(November 1998): 597-641; Priscilla Parkhurst Ferguson, *Accounting for Taste: The Triumph of French Cuisine*(Chicago: University of Chicago Press, 2004); Priscilla Parkhurst Ferguson, "Culinary Nationalism," *Gastronomica* 10, no. 1(2010): 102-109; Franyois Massialot, *Le Cuisinier Royale et Bourgeois*(Paris: Charles de Sercy, 1691).

20. Rebecca Spang, *The Invention of the Restaurant: Paris and Modern Gastronomic Culture*(Cambridge, MA: Harvard University Press, 2000); Kolleen M. Guy, *When Champagne Became French: Wine and the Making of a National Identity*(Baltimore, MD: Johns Hopkins University Press, 2003).

21. Arjun Appadurai, "How to Make"; Igor Cusack, "African Cuisines: Recipes for Nation-Building," *Journal of African Studies* 13, no. 2(2000): 207-225.

22. Richard Wilk, "Food and Nationalism: The Origins of 'Belizean Food'," in *Food Nations: Selling Taste in Consumer Societies*, 80.

23. Anne J. Kershen, "Introduction: Food in the Migrant Experience," in *Food in the Migrant Experience*, ed. Anne J. Kershen(Aldershot: Ashgate, 2002), 7.

24. Reginald E. Zelnik, "Wie es Eigentlich Gegessen: Some Curious Thoughts on the Role of Borsch in Russian History," in *For Want of a Horse: Choice and Chance in History*, ed. John M. Merriman(Lexington: The Stephen Greene Press, 1985), 77-90.

25. Prince M. M. Shcherbatov, *On the Corruption of Morals in Russia*, trans. and ed. A. Lentin(Cambridge: Cambridge University Press, 1969), 120-122, 128, 142, 244-145. 번역은 필자.

26. Ivan Boltin, *Primechaniia na istoriiu drevniia i nyneshniia Rossii G. Leklerka [Notes on G. LeClerc's History of Ancient and Modern Russia]*, vol. II(St. Petersburg: Gornoe Uchilishche, 1788), 370-371, 374, 408, 410-411.

27. *Kniga 0 vkusnoi i zdorovoi pishche[The Book of Tasty and Healthy Food]*, 8th ed.(Moscow: Legkaia i pishchevaia promyshlennost', 1982), 47, 85. 또한 다음을 보라. V. V. Pokhlebkin, *Kukhnia veka[Cuisine of the Century]*(Moscow: Polifakt, 2000).

28. Bob Ashley, et al., *Food and Cultural Studies*(London: Routledge, 2004), vii. [한국어판. 밥 애슐리·조앤 홀로스·스티브 존스·벤 테일러 지음, 박형신·이혜경 옮김, 《음식의 문화학》, 파주: 한울아카데미, 2014]

26장

음식과 윤리적 소비
Food and Ethical Consumption

레이첼 A. 앙키니 Rachel A. Ankeny

음식[먹거리] 소비에 대해 보통 설명해놓은 것을 보면, 대다수 사람이 역사적으로 무엇을 먹고 마실지를 비교적 단순하게 선택한 것처럼 다시 말해 사람들이 자신의 선택이나 그 선택의 중요한 의미에 대해 별로 많이 생각하지 않은 것처럼 기술되어 있는 경우가 많다. 음식 선택은, 거짓말·사기·도둑질처럼 타인에게 해를 끼칠 명백한 가능성이 있는 행동들과 달리, 윤리적 차원의 문제라기보다는 개인 선호도의 문제라고 대개 생각했다. 음식과 관련된 윤리적 문제에 대한 분명한 관심이 상대적으로 부족한 이유는 예로부터 사람들의 결정이 유용성, 편리성, 비용, 평소 습관이 어우러져서 내려졌지, 실제로 개인의 호불호에 따라 무엇을 선택하는 경우는 드물었기 때문일 여지가 크다. 따라서 어떤 의미에서 개인의 선택은 대체로 그들이 마음대로 조정할 수 있는 것이 아니었다.

역사적으로 더 깊이 들어가면, 음식 윤리food ethics와 관련된 [식품] 표시[food] label 대부분이 새로 나온 말들이지만, 핵심이 되는 문제들은 대개 새로운 것이 아님을 금방 알 수 있다. 일부 원주민 사회와 전통 사회는 동물을 죽일 수 있는 사람이 누구이고, 언제, 왜 그런 일을 할 수 있는지(예컨대 평소에는 안 되고 먹을 것이 극도로 부족할 때만)와 관련한 규정이 있었다. 유대교, 기독교, 이슬람교, 불교, 힌두교를 포함해 수많은 전통 종교에는 무엇을 먹을 수 있고, 언제 어떤 것을 먹어야 하는지, 그리고 특별한 소비 결정 형태의 허용가능성과 윤리성에 대한 제약사항이 있다. 일부 학자는 이러한 문제에 대한 우리의 역사적 인식 부재가 처음부터 음식과 관련된 다양한 윤리적 문제가 아닌, 가톨릭교에서 일곱 대죄*의 하나로 가리킨 식탐에 초점을 맞춘 때문이라고 주장한다.[1]

음식[식품]이 상대적으로 풍부하고 사회가 풍요로운 오늘날 선진국 세계에서 어떤 음식을 먹을지에 대한 우리의 선택은 배가 고플 때 우리가 보이는 단순한 반응보다 훨씬 더 복잡하다는 인식이 점점 커지고 있다. "무엇을 먹을지"에 대한 문제는 이제 바뀌었다. 즉, 우리는 오늘날 생존에 필요한 기본 식량을 구하는 방법과 관련해 선택의 여지가 없는 상황이 아니라 오히려 선택권이 엄청나게 많은 것처럼 보이는 상황에 직면해 있다. 로컬푸드, 제철 먹거리, 야생 식재료, 유기농 음식, 공정무역 음식, 지속가능한 음식 같은 다양한 음식이 여러 경로를 통해 많은 사람에게 장려되고 있다. 우리가 먹는 것이 인도주의적 또는 지속가능한 방식으로 생산되는지, 오늘날 "푸드마일"로 알려진 것에서 알 수 있듯, 그것의 생산과 소비 방식이 기후변화에 원인을 제공했는지가 중요한 문제가 되었다. 또한 윤리적으로 돌이킬 수 없는 방식으로 행동하는 것으로 보이는 기업이나 산업체에서 생산된 제품의 불매운동을 벌이거나, 더 일반적으로 말해, 식품을 사고 먹을 때, 사회적 책임 의식을 갖고 행동하는 것도 오늘날 음식과 관련해서 중요한 고려사항이다. 예컨대 이른바 "윤리적 미식가ethicurean"는 잘 먹되 지속가능하고, 유기농법으로 재배한, 자기 지역의, 그리고/또는 윤리적 음식(오늘날 소울푸드SOLE food**로 알려진)을 추구할 것을 촉구한다.[2] 일부 종교 교파 지도자들은 먹을 것을 고를 때도 윤리적 의사 결정이 필요하다고 주장하고 있다.

---

* 신약성경 마르코복음서 제7장에서 유래한 교만, 인색, 시기(질투), 분노, 음욕, 탐욕(탐식), 나태의 7죄종七罪宗.
** sustainable, organic, local, ethical의 첫 글자를 따서 만든 신조어. 미국 남부 흑인의 전통 음식을 지칭하는 'soul food'와 발음이 같지만 구별이 필요하다.

2005년, 캔터베리 대주교(영국국교회[영국성공회] 지도자)는 지속가능한 음식을 먹고, 폐기물을 줄이고, 친환경 제품과 공정무역 제품을 사고, 여기에 더해 성찬식 때 유기농 빵과 포도주를 사용하라고 권고했다.[3]

이와 같은 간곡한 권고에도 불구하고, 먹거리를 고를 때 윤리적 의사 결정을 내리는 일은 복잡한 문제이며 모순된 결과를 초래할 수도 있다. 예컨대 공정무역 제품과 유기농 제품은 대개 시장에 도달하기까지 먼 거리를 이동해야 한다. 그리고 로컬푸드가 환경에 긍정적 영향을 끼치는지도 분명하지 않고, 그러한 구매 행위의 효과를 어떻게 평가할지에 대해서도 확실하게 나온 것은 없다. 심지어 "윤리적 소비ethical consumerism"를 정의하는 것도 골치 아픈 사안이다. 윤리적 소비로의 전환이 그것을 실천하는 사람들 사이의 공유된 가치관, 신념, 정치의식들로 설명될 수 없음은 명백하다. 윤리적 소비는 일반적으로 정치적 소비political consumerism(즉 다양한 행동주의activism, 특별한 정치적 목적이 있는 소비자단체 따위), 책임 있는 소비responsible consumption나 양심적 소비conscientious consumption와 구분되어야 한다고 주장하는 사람들도 있다.[4] 그것들은 특정한 현재적 사안과 관련된 특징이 있다고 주장되고, 도를 넘는 현대적 생활에 제기되는 광범위한 비판에 연관되어 있기 때문이다.[5]

윤리적 소비는 하나의 일관된 실천 행위라기보다 다양한 경향을 포괄하는 두루뭉술한 표현이라고 이해하는 것이 더 적절할 수 있다.[6] 윤리적 소비는 결국 "일상의 소비행위가 소비 그 자체의 영역을 넘어 도달하는 책임 있는 시민으로 행동하기 위한 장으로서 재구성되는 일종의 정치적 현상"으로서 보일 수도 있다.[7] 소비는 시민이자 소비자인 개인들이 머릿속에 개념화된 좋은 삶을 현실에서 추구하는 하나의 공간일 수 있다. 예컨대 그들은 공정무역이나 환경문제와 같은 자신의 관심사를 반영하는 소비를 선택한다.[8] 윤리적 소비는 20세기 후반에 번창한 폭넓은 대안 소비운동의 일환이다. 일부에서는 그 운동이 레이건과 대처 시대에 대한 반발로서 부상했다고 주장하기도 한다.[9]

여기서 "윤리적 음식 소비ethical food consumerism"란 행위자들이 중시하는 가치와 사회적 책임의식 같은 것들에 대한 그들의 신념의 결과물이 지향하는, 자발적이고 적극적으로 먹거리를 선택하는 다양하고 가끔은 서로 충돌하는 행위로 정의된다. 오직 건강을 위해 고기류나 유전자조작생물체GMOs를 이용한 식품을 먹지 않는 경우는 이 범주에 속하지 않으며, 공정무역 코코아를 사는 이유가 보통의 코코아가 불공정한 노동조건에서 일하는 노동자에 의해 생산된다는 사실에 대한 생각 없이 그저 그것이 더 맛있기 때문이라면 이 또한 윤리적 음식 소비와는 무관하다.

윤리적 음식 소비 연구는 사람들이 무엇을 사고 먹는지 뿐 아니라 그들이 왜 특별한 유형의 먹거리를 선택하는지를 면밀히 살펴볼 것을 요구한다. 사람들의 그 동기 유발을 설명하기 위해서는 그와 같은 범주의 소비행태를 이해하는 것이 필수적이기 때문이다. 결론적으로, 윤리적 음식 소비에 관한 학문적 연구는 사회과학적 방법론을 비롯해 환경 연구, 마케팅과 경영학, 철학과 같은 다양한 연구방법론을 사용한다. 이러한 문제들에 관한 논의는 대개 협의적 의미의 음식 연구의 범위를 뛰어넘어 더욱 포괄적인 맥락에서(예컨대 소비자운동, 기업 경영, 세계화에 관한 탐구처럼) 이루어진다. 그것은 다양한 형태의 원시자료에 의존한다. 그 원시자료의 대부분은 음식 메뉴판, 광고, 정부 정책, 식이 조사 내용과 같은 일시적이고 대중적 특성이 있는 자료들이다. 이것들보다 더 전통적인 학문 연구의 원시자료는 대개 사람들의 동기 유발 면에서 한계가 있다. 따라서 윤리적 음식 소비의 역사를 거슬러 올라가 연구하려는 학자들은 방법론적 문제에서 늘 큰 난관에 부딪친다.

이 글은 다양한 학문적 관점으로부터 제기되는 현대의 음식 윤리와 관련 있는 주요 주제에 대한 개요를 서술하는 것을 목적으로 하며, "윤리적 음식 소비"의 개념 자체를 분석할뿐더러 윤리적 음식 소비에 관해 최근에 대중과 학계에서 논의되는 내용의 저변에 깔린 여러 주제와 논리적 연관성을 명확히 설명하려 한다. 음식 윤리에 관한 논의와 관련해 현재와 과거의 주된 차이는 정체성과 윤리적 음식 선택 사이의 연관성이 얼마나 긴밀한지를 보면 알 수 있다. 그것은 역으로 윤리적 음식 선택에 대한 우리의 이해를 새롭게 한다.

채식주의와 완전채식주의

먹거리를 고를 때, 그 선택의 이유는 사람마다 다르겠지만, 채식주의vegetarianism를 선택하는 것보다 더 다양한 동기가 있는 경우는 아마 없을 것이다. 오늘날 여러 형태의 채식주의에 관한 실증적 연구에 따르면, 채식주의 지지자들은 개인 건강뿐 아니라 공통적으로 동물 복지에 관심이 많다는 것을 알 수 있다.[10] 윤리적 채식주의자들은 보통 동물에게 해를 끼치는 행동을 최소화하기 위해 고기 섭취를 피한다. 따라서 그들은 대개 자신들의 윤리적 신념을 행동으로 보여주기 위해 동물 복지에 대한 신념을 뒷받침하는 음식의 선택으로 급격히 전환한다.[11] 반면에, 건강을 위한 채식주의자들은 일반적으로 살을 빼거나 마음을 편안하게 하기 위해 고기를 먹지 않는다. 그들이 채식으로 식단을 바꾸는 과정은 대개 윤리적 채식주의자들보다 서서히 진행된다.[12]

"채식주의자vegetarian"라는 용어는 1830년대 말에 이미 나타났지만(따라서 이러한 식사 방식의 선택을 통해 자신의 정체성을 명시적으로 드러내는 개념은 최근에 만들어진 것이다), 채식에 대한 생각은 고대에도 존재했다. 당시에는 채식을 하는 사람들을, 육식에 반대한 고대 그리스 철학자의 이름을 따서 피타고라스 신봉자Pythagorean들이라고 종종 불렀다.[13] 채식주의는 또한 힌두교와 불교 같은 특정 종교에서 오랜 역사적 전통이 있다.[14] 예컨대 힌두교에서 모든 육식을 피하되 특히 소고기 섭취를 절대 금지하는 것은 죽은 사람의 영혼이 환생한다는 힌두교 신앙과 관련이 있으며, 논란의 여지는 있지만, 본디 신성한 소에 대한 윤리적 생각과도 연결되어 있다. 불교는 고기를 먹기 위해 일부러 동물을 죽이는 것을 포함해 의도적 살생을 금지하며, 이와 같은 살생 금지는 다른 생명체에게 동정심을 갖고 어떤 해악도 끼쳐서는 안 된다는 도덕률[계율]과 연결되어 있다. 하지만 불교에서 말하는 핵심은 이미 죽은 동물의 고기까지 먹지 말 것을 강요하는 건 아니기에, 오늘날 많은 불교 신자는 엄격히 말해 채식주의자가 아니다.

오늘날 윤리적 채식주의자 가운데, 고기 섭취와 생산이 잠재적으로 환경에 부정적 영향을 끼치는 문제에 대한 우려 때문에 고기 섭취를 줄이거나 피해야 한다고 주장하는 사람이 점점 늘어나고 있다.[15] 그러나 윤리적 채식주의자의 또 다른 부류(이른바 윤리적 여성주의 채식주의자들feminist ethical vegetarians)는 동물 복지뿐 아니라 음식과 그것의 섭취를 위한 고기의 생산으로 조장된 가부장 체계에 관심이 있는 사람들이다.[16] 채식주의자 가운데는 유독 여성이 많다. 이런 현상은 대개 여러 요인이 뒤섞인 것이지만, 여성이 남성보다 윤리적 신념을 공유하는 경우가 더 많기 때문이라기보다는, 평균적으로 여성이 건강과 식이요법에 더 신경을 쓰기 때문이기도 하다. 그러나 캐서린 팩스턴 조지Kathryn Paxton George 같은 여성주의를 지지하는 비평가들은 보편적인 윤리적 채식주의를 주장하는 것이 남성을 인류의 규범으로 가정함으로써 그 결과 연령주의[연령차별주의]ageism, 성별주의[성차별주의] sexism, 계급주의[계급차별주의]classism에 기반을 두고 있다고 지적한다.[17]

"피를 흘리지 않는 식사blodless diet"를 신봉하는 전통은 아주 오래전부터 있어왔지만, 채식주의의 한 형태로 완전채식주의veganism가 공식적으로 등장한 것은 1900년대 중반으로 아주 최근의 일이다.[18] 완전채식주의자를 의미하는 "vegan[비건]"은 채식주의자를 의미하는 "vegetarian[베저테리언]"의 앞 글자 "veg"와 뒤 글자 "an"을 합성한 것이다. 이 단어를 처음 만들어낸 도널드 왓슨 Donald Watson*은 "완전채식주의는 채식주의와 함께 시작해서 그것을 끝까지 철저하게 실행한다"는 의견을 표명했다.[19] 완전채식주의를 옹호하는 사람들은 그것을 윤리적 채식주의의 자연스러운 확장이라고 본다. 모든 동물성 식품(달걀을 비롯해 치즈, 버터, 우유 같은 낙농제품을 포함)을 전면 거부 하는 것은 모든 형태의 동물 착취에 맞서는 것으로 여겨진다. 완전채식주의는 처음에 심지어 채식주의 운동을 하는 많은 사람에게조차 극단적인 것으로 생각되었지만, 오늘날은 대개 많은 채식주의자가 동경하는 이상형으로 비쳐지고 있다.[20]

채식주의와 특히 완전채식주의를 비판하는 여러 입장이 있는데, 그것이 건강을 위해 좋은 선택인지에 대한 우려에서, 모든 동물성 식품을 먹지 않는 것이 과연 진화론적으로 적절한 것인지에 대한 의문에 이르기까지 다양하다. 인간이 동물(그리고 남성이 여성)을 지배하는 자연의 위계질서와 이와 같은 다른 존재들의 열등성을 지지하는 지식의 역사는 아주 오래전 아리스토텔레스 시대부터 면면히 이어져왔다.[21] 최근에 로저 스크루턴Roger Scruton 같은 일부 학자들은 채식주의를 옹호하는 것이 일부 채식주의자 사이에서 새로운 형태의 극단주의 종교가 되었고, 이를 피하기 위해서라도 우리는 고기 섭취를 줄이고 양심적으로 먹으려고 노력해야 한다고 주장한다.[22] 따라서 레온 카스Leon Kass 같은 사람들이 주장하는 것처럼, 우리는 음식을 단순히 목숨을 연명하기 위한 식량으로만 보지 말고, 음식과 관련된 정신적·윤리적 의미에 대해 더 많이 알아야 한다. 그러려면 어떤 음

* 영국의 동물보호운동가(1910~2006). '비건은 왓슨이 1944년 비거니즘 단체인 비건소사이어티The Vegan Society를 공동으로 설립하면서 처음으로 사용한 용어다.

식물을 먹고 배설하는 것에 주목하기보다는 우리의 식습관(그것이 다양한 관계와 공동체를 어떻게 발전시키는지를 포함해서)의 특성에 초점을 맞추는 것이 가장 효과적이고 유의미하다.[23]

동물 복지

동물을 잔혹하게 죽이거나 학대하는 행위를 거들게 되지 않기를 바라는 마음에서 특정한 유형의 제품을 피하거나 다른 제품을 찾는 사람이 점점 늘어나고 있다.[24] 이러한 윤리적 소비 결정의 전형적인 예로 비인도적 환경에서 사육되는 송아지고기를 먹지 않는 것을 들 수 있다. 그런 송아지는 초기에 어미 소와 떼어 놓은 뒤, 인위적 먹이 공급 같은 수단을 이용해 송아지의 성장을 강제로 막고 근육 발달을 제한해 고기 맛을 연하게 만들려고 송아지를 매우 좁은 공간에서 키운다. 이와 같은 사육 환경은 대개 매우 높은 강도의 스트레스와 심각한 질병에 시달리고 있을 가능성이 많은 동물을 낳는다.[25] 이러한 사육 환경과 그에 따른 결과를 그림과 사진으로 보여주는 문서가 1980년대 미국·영국·유럽 여러 국가에서 광범위하게 퍼졌고, 그때부터 많은 서양 국가에서 송아지고기 판매는 크게 낮아졌다.[26] 미국송아지고기협회American Veal Association는 2017년까지 송아지를 사육하는 좁은 칸막이 철제 상자를 단계적으로 없애기로 했다. 그러면서 자유롭게 사육된 송아지고기의 수요는 점점 늘어나고 있다.

최근에는 특별한 방식으로 살찌운 오리나 거위의 간으로 만든 푸아그라를 둘러싸고 논란이 일고 있다. 대개의 경우, 오리나 거위의 위에 고무관을 삽입해 강제로 옥수수를 공급한다. 많은 국가(이스라엘, 이탈리아, 영국을 포함해서)와 미국의 캘리포니아주는 직간접적으로 치료 목적이 아니면 동물에게 강제급식force-feeding을 금지한다. 푸아그라의 생산은 "현재 그것이 식사 관습인 곳을 제외하고" 유럽평의회가 결의한 농사 목적에 사용되는 동물의 보호에 관한 유럽협약European Convention for the Protection of Animals kept for Farming Purposes에 의해 금지된다.[27]

동물 복지 문제는 또한 대개 수많은 긍정적 소비 결정을 기반으로 하며, 다양한 신제품 유형과 인증체계, 그리고 [자연 방목 하는] 프리 레인지free-range나 [닭장에 가

두지 않고 키우는] 케이지 프리cage-free, 또는 인도적humane 방식으로 생산한 달걀, 가금, 고기 제품 같은 식품 표시를 최근에 널리 확산시켰다. 비평가들은 이런 유형을 정하는 법적 규제가 관할 지역에 따라 서로 다르거나 아예 관련 법규가 없는 곳도 있으며, 식품 표시가 종종 오해를 불러일으키기도 한다고 지적한다.[28] 다양한 식품 표시는 "헛간 사육barn-roaming"(자유롭게 방목하지는 않지만 폐쇄된 닭장이 아닌 넓은 헛간에서 돌아다닐 수 있는 환경에서 사육된 닭)처럼 본디 닭이 사육되는 환경 조건을 정확하게 알리기 위해 개발되었는데, 동물 복지를 평가할 수 있는 좋은 수단이 이 되고 있다.[29] 하지만 소비자들은 이러한 식품 유형 때문에 종종 오해를 하는 경우가 많다. 소비자들은 그런 표시가 마치 동물들이 자연 목초지에서 생산된 먹이만 먹고 자란 것을 말한다고 잘못 해석한다. 사실 "프리 레인지"라고 표시된 경우에도 반드시 그렇게 키운 동물은 아니기 때문이다. 그 밖에도 [돌고래를 해치지 않고 잡은] 돌핀 세이프dolphin-safe 참치, [꿀을 먹여 키운] 글래스 페드grass-fed 소의 고기 같은 또 다른 주요한 윤리적 소비 식품들이 있는데, 이것들은 모두 일부 지역에서 표시 기준을 둘러싸고 소비자들의 오해를 불러일으킬 소지가 있는 여러 문제를 야기한다는 점에서 ["프리 레인지"의 경우와] 비슷하다.

지역 소비

식품의 생산 방식과 현장 그리고 공식 또는 비공식 표시를 통해 산지를 기록하고 알리는 기준에 대한 구체적 정보를 제공하는 식품 표시는, 농산물 직판매장에서 개인적 접촉을 통해 소비자와 그들이 먹는 식품의 출처를 재연결하면서, 윤리적 소비의 핵심 요소로 여겨졌다.[30] 농산물 직판매장, 친환경농산물 배달 판매, 지역공동체 지원 농업, 공동체 텃밭을 포함해 지역 소비를 촉진하는 다양한 장치가 최근 몇 년 사이에 인기를 끌며 성장하는 가운데, 자기가 사는 지역에 가까운 산지에서 나는 것만 먹는 사람을 지칭하는 "로커보어locavore"라는 식품 표시의 사용도 덩달아 점점 늘어났다.[31] 소설가 바버라 킹솔버가 자기 딸하고 남편과 함께 자신들이 먹을 대부분의 먹거리를 키우고 철따라 생산되는 것을 먹은 이야기를 저술한 두꺼운 책에 나온 것처럼, 대개 지역 소비는 제철 음식을 먹고, 텃밭과 같은

소규모 생산 방식을 통해 다시 자급자족 생활로 전환함으로써 촉진된다.[32]

일반적으로 지역에서 생산되는 음식을 사 먹는다는 생각은 그 역사가 매우 오래되었다. 향신료 같은 이국적이고 값비싼 것을 제외하고, 전통적 사회에서 구매되고 교환되는 음식 대부분이 지역에서 생산된 음식이라고 주장하는 것은 논란의 여지가 있다. 지역에서 생산된 음식을 노골적으로 홍보하는 일은 수많은 지역에서 민족주의를 표현하는 하나의 방식으로서 반복되었다.[33] 예컨대 인도에서 1900년대 초, 간디 이전의 스와데시Swadeshi("자급자족")운동은 영국 제국주의와 싸우기 위해 국민들에게 음식물을 포함해 인도산 제품을 사고 영국산 제품은 불매할 것을 촉구했다.[34] 오늘날 지역에서 생산된 음식을 먹으라고 홍보하는 일은 옛날처럼 민족주의를 기반으로 하는 것이 아니라, "100마일 식사100-mile diet" 운동의 진흥에서 보듯, 일정한 반경 구역에 초점을 맞추는 것을 포함한 일정한 거리에 있는 특정 "지역local" 개념에 주목하는 경향이 있다.[35]

맥도날드 로마점의 개장에 반대한 시민단체 아르치골라Arcigola의 전통을 이어받아 1986년에 이탈리아에서 시작된 슬로푸드 운동은 지역을 특별히 강조한다.[36] 이 운동은 130개국 넘게 확산되었다. 이 운동의 지지자들은 전통 요리, 지역 요리, 그리고 음식과 관련된 관습을 보존하고, 사라질 위험에 처한 전 세계 전통 음식과 지역 음식 편람을 만드는 작업인 "맛의 방주Ark of Taste"와 종자은행을 통해 지역 생태계의 지속가능한 농업 특성을 널리 전파하려 애쓴다. 느리게 살기 운동의 일부로서 슬로푸드 운동에는 세계화에 반대하는 매우 중요한 의도가 내재되어 있다.[37] 비평가들이 정확하게 지적하는 것처럼, 공식적 슬로푸드 운동은 오히려 모호하며 통일되어 있지 않고, 그것이 문화와 같은 여러 형태의 "정통성", 특별한 음식 전통, 식도락의 즐거움에 특히 주목하고 있음을 감안할 때, "올바른right way" 식사에 대한 엘리트층의 생각elitist view을 고취하는 것으로 비쳐질 수도 있다.[38]

로컬푸드의 철학은 대부분 몇몇 중첩되는 윤리적 근거를 기반으로 하고 있다. 첫째, 지역에서 생산된 제품을 사면, 그 지역사회에 돈이 머물게 되고 따라서 지역 경제가 튼튼해진다. 예컨대 친환경농산물 배달이나 농산물 직판매장에서 지역 농산물을 사는 것은 이해와 신뢰를 기반으로 하는 관계 구축을 가능하게 하고 더 나아가 지역사회를 견고하게 통합할 수 있다. 로컬푸드를 먹는 것은 오늘날 다국적기업의 성장과 농업 비용의 증가로 위기에 처하게 된 소규모 가족농장을 뒷받침한다. 끝으로, 지역에서 생산된 음식을 먹어야 하는 이유는 푸드마일·포장·폐기물을 줄임으로써 환경 보전에 기여할 수 있기 때문이다.

이와 같은 근거에 대한 타당성 여부는 특정한 소비 결정을 내리게 된 특정한 맥락 안에서 다양한 다른 요소와 관련지어 신중하게 평가되어야 한다. 예컨대 제철에 나지 않는 지역 농산물을 사 먹는 것은 따뜻한 기후에서 자란 수입 농산물을 사 먹는 것보다 오히려 이산화탄소 배출(온실 재배가 매우 비효율적일 수 있는 것처럼)에 더 크게 거들 수 있다.[39] 그웬돌린 블루Gwendolyn Blue 같은 학자들은 로컬푸드로의 전환이 다양한 신자유주의적 지배 형태 안에 녹아들어가 있으며, 이런 문제가 많은 제도를 강화하는 데 한몫한다고 지적한다.[40] 또한, 클레어 C. 힌리히스Claire C. Hinrichs가 말하는 것처럼, 지역적인 것에 집착하는 것은 "사회적 관계를 위한 공간적 관계의 융합"[41]을 초래해, 참된 지속가능한 지역사회보다는 인간의 유대감에 대한 낭만적이고 엘리트적인 환상만을 만들어낸다. 끝으로, "로커보어"는 이제 윤리적 음식을 먹는 사람이 되려고 노력하는 사람들에게 일종의 자기 정체성 선언이 되었다.

유기농식품

유기농식품organic food은 일반적으로 농약이나 화학비료 같은 "인공artificial" 또는 비유기농[무기농]non-organic 요소를 쓰지 않고 기르고, [보존을 위한 감마선을 쬐는] 식품 조사照射, food irradiation, 용매, 기타 식품첨가물food additive을 사용하지 않고 가공·처리한 식품을 말한다. "유기농organic"이라는 표시를 할 수 있는 정확한 조건에 대한 법적 기준은 지역마다 다르다. 유기농 제품이라고 표시하기 위해 전체 농산물 가운데 몇 퍼센트를 유기농으로 생산해야 하는지도 그 기준에 들어간다. 일부 법규는 자연환경 조건을 특별히 강조한다. 따라서 1990년 미국유기농식품생산법U.S. Organic Foods Production Act of 1990과 같은 관련 법규는 천연자원의 순환을 조성하고, 생태계의 균형을 촉진하며, 생물다양성을 보전하기 위해 문화적·생물학적·기계적 처리의 통합을 명시적으로 검토한다. 대부분의 국가에서 유기농 제품은 유전자 조작을 할 수 없으며, 많은 지역에서 유기농 가축 인증을 받기 위해서는 항생제와 성장호르몬을 쓰면 안 된다. 유기농 제품 생산에 들어가는 비용은 대개 전통적 생산 방식의 경우보다 훨씬 더 높다.

유기농 식사를 추구하는 사람들은, 채식주의자들과 마찬가지로, 대개 다양한 동기를 가지고 있다. 유기농식품을 건강과 같은 것과 연관해 더 안전하고 신선한 고급 식품으로 생각하는 사람들도 있고, 주로 환경과 관련된 이유에서 유기농식품을 사는 사람들도 있다. 후자가 매우 중요한 근거로 드는 것은 화학비료나 농약을 덜 쓸수록 환경 파괴를 줄이고 농장에서 일하는 사람들의 건강을 덜 해칠 가능성이 크다는 점이다. 유기농 제품을 재배하는 사람들은 자신들의 재배 방식을 유지하기 위해 다양한 생태계를 보존할 필요가 있다. 따라서 (유해 동물이나 곤충 같은) 병충해 방제를 위해 자연계의 수단들을 사용해야 하고, 이는 다시 환경에 긍정적 영향을 끼친다. 마지막으로, 유기농 농장은 에너지를 덜 사용하고 폐기물(예컨대 관행농업conventional farming*에 사용되는 합성 재료와 관련 있는 포장지)을 덜 생산한다. 어떤 경우에는 유기농 생산을 뒷받침하는 것으로 지역 농업을 활성화할 수도 있다. 최근까지 유기농 제품들은 대체로 친환경농산물 배달이나 농산물 직매장에서만 구할 수 있었다.

"유기농" 표시는, 이전의 윤리적 음식의 유형 대부분과 마찬가지로, 특별한 종류의 소비자로서 자기 자신을 만드는 것과 관련해 의미하는 바가 크다. 그러나 유기농을 비판하는 사람들은 현재의 유기농 표시 및 인증 제도에 결함이 있으며, 특히 오늘날 유기농식품에 대한 급격한 수요 증가 및 그에 따른 대형 할인매장을 통한 대량 판매와 유기농 부문의 기업화를 감안할 때, 현행 법적 규제 또는 식품 검사 체계를 지나치게 신뢰하는 것은 아닌지 의심하지 않을 수 없다고 지적한다. 이처럼 유기농식품이 소규모 농업에서 대기업 사업으로 옮겨가는 현상은 소농 육성과 같은, 이전의 유기농 지원과 관련된 중요한 가치들이 이제 더는 유효하지 않음을 의미한다. 일부 비평가는 포장된 샐러드 재료나 어린잎 채소 같은 특정 유기농 제품이 역설적이게도 최종적으로 산업식품 즉 "여피족 음식"이 되었다고 논평했다.[42]

---

* 화학비료와 유기합성 농약을 사용해 작물을 재배하는 관행적인 형태의 농업.

유전자조작생물체에서 자유로운 식품

　유전자조작[변형]생물체GMOs는 특정 유전자를 제거하거나 그것의 기능을 바꾸고, 또는 또 다른 생물체에 특정 유전자를 삽입하는 기술을 이용해 생물체 원래의 유전자를 바꿈으로써 인간이 바라는 속성을 창조해냈다. 오늘날 시장에 가면 콩·카놀라·옥수수를 비롯해서 수많은 GMOs 농작물을 살 수 있다. 현재 미국은 유전자조작 식품의 최대 생산자다. 상업적 사용과 섭취를 위한 유전자조작 동물은 과학적, 기술적, 상업적 이유 때문에 농작물에 비해 개발 속도가 더 느렸다.

　유전자조작 식품은 특정 지역에서는 소비자들의 우려가 점점 높아져왔다. 예컨대 유럽에서는 유전자조작 식품이 단순히 인체 건강에 미칠 영향에 대한 우려뿐 아니라 윤리적 이유에서 그것에 대한 상당한 반대가 있다.[43] 일부는 유전자조작 행위가 "조물주 놀이playing God"와 같으며, 그것이 자연에 대한 인간의 개입 행위 가운데 극단적 형태여서 절대로 지지되어서는 안 된다는 철학적, 종교적 반대와 보조를 같이한다.[44] 유전자조작을 비판하는 사람들은 지금까지 자연적으로 발생할 수 있는 것을 훨씬 뛰어넘는 방식으로 한 종의 유전자가 다른 종으로 변이되는 것에 대해 특히 우려한다. 그러나 GMOs를 반대하는 일부 사람들조차 이런 주장이 일반적으로는 자연에 대한 인간의 개입을, 특별히는 농작물 재배와 가축 사육을 배제하려는 움직임처럼 보이는 데서 매우 제한적이며 일종의 신기술 반대 운동이라고 지적한다. 유전자조작에 반대하는 두 번째 주된 윤리적 주장은 유전자조작 농산물과 같은 다양한 GMOs가 환경을 돌이킬 수 없을 정도로 파괴할 위험이 상존한다는 점이다. 그 용납하기 어려운 위험의 실체에 대해서는 아직 알려진 것이 별로 없다. 무엇보다 가장 심각하게 우려하는 바는 유전자조작 식물이 비유전자조작 식물과 교배해 급속히 퍼진다면 통제할 수 없는 환경 재앙을 초래할 수 있다는 가능성이다.[45]

　일부 지지자들은 GMOs가 오스트레일리아 같은 극한의 환경에서도 잘 자랄 수 있는, 가뭄이나 염분 내성이 강한 밀처럼 매우 지속가능한 농작물을 생산할 수 있다고 주장한다. 신중하고 적절한 주의만 기울인다면, GMOs가 세계 식량 문제를 해결할 수 있는 중요한 대안이 될 수 있다고 주장하는 사람들도 있다. 유전자조작은 더 많은 사람에게 영양을 공급하고 더 고농도의 특정 비타민이 함유된 주요 산물을 생산하는 데 쓰일 수 있으며, 이는 만연한 영양 결핍 현상을 해결하는 데 기여할 수 있을 것이라는 주장이다. 그러한 GMOs의 대표적 사례로 "황금쌀golden rice"을 들 수 있다―그것은 개발도상국의 어린아이들에게 많이 발생하는 실명의 주된 원인인 비타민A를 생성하는 베타카로틴beta-carotene 물질을 공학 기술로 만들어낸다.[46] 예컨대 자연적으로 병충해나 잡초에 잘 견디는 유형의 작물을 개발하면, 합성 살충제와 제초제의 사용을 줄여 관행농법보다 생태적으로 더 건강해질 수 있고, 농민들의 건강과 농촌에서의 삶도 더 좋아질 수 있을 것이다. 하지만 이와 같은 주장은 어느 정도 제한적으로만 영향이 있을 뿐이다. 주요 GMOs 제조업체들이 대개 영리를 목적으로 하는 다국적기업인 점을 감안할 때, 유전자조작 농산물 대부분은 개발도상국이 하나의 표적시장일 뿐이지 그들의 처지를 고려해 만들어진 것이 아니기 때문이다. 더군다나 GMOs 연구가 점점 박차를 가하면서, 식량 부족 문제를 기술적으로 해결할 수 있다는 낙관적 견해로 어쩌면 식량 원조가 실제로 감소하는 상황이 발생할지도 모른다.[47]

먹거리 정책과 GMOs에 대한 광범위한 문제들에 더해, 식품 표시를 둘러싼 논쟁은 미국을 필두로 수많은 지역에서 여전히 가열되고 있다.[48] 유럽연합, 오스트레일리아, 뉴질랜드, 수많은 아시아 국가가 유전자조작 성분을 의무적으로 식품에 표시하는 제도를 시행하고 있지만, 미국은 현재 그런 제도가 없다. 미국에서 생산된 음식물에 옥수수, 콩, 카놀라가 늘 함유되어 있다는 사실은 만일 소비자들이 유기농으로 생산된 제품을 사지 않는다면 미국산 가공식품 대부분에는 GMOs가 함유되어 있음을 의미한다.*

---

* 미국은 2018년 12월 20일, '국가생명공학식품 표시 기준National Bioengineered Food Disclosure Standard: NBFDS' 최종안이 발표되면서 뒤늦게 유전자조작[변형]식품 표기 의무화를 추진·확정한 국가다. 《농민신문》의 〈미국, GMO 식품 표기방안 확정〉 기사(접속일. 2019. 12. 27)에 따르면 "미국 농무부USDA가 최근 유전자변형농산물GMO을 사용한 식품의 표기방안을 최종 확정했다. GMO로 만든 식품을 판매하려는 식품 제조·수입 업체는 라벨에 '생명공학BE식품'이라고 표시해야 한다는 게 주된 내용이다. (…) 이 법안은 2020년 1월 1일부터 시행되는데, 의무 시행일인 2022년 1월 1일 전까지는 자발적인 이행기간으로 정해졌다"라고 되어 있다. ("BE"는 "Bioengineered"를 뜻한다.)

푸드마일과 녹색제품

"푸드마일food miles"이라는 용어는 1990년대에 처음 쓰였는데, 대개 식품이 생산지에서 소비자에게 도달할 때까지 이동하는 거리를 말한다. 최근 몇 년 사이에 세계 무역의 급격한 증대, 식품 공급망 유형의 변화(특히 거대 슈퍼마켓 체인의 포장과 물품저장소의 강화 같은), 그리고 대개 지역에서 생산되지 않는 가공식품 및 포장식품의 증가 때문에 푸드마일의 총거리가 두드러지게 늘어났다. 푸드마일은 식품이 보통 환경에 끼친 영향을 측정하는 척도 특히 탄소발자국carbon footprint*을 계산하고 지구온난화에 얼마나 영향을 끼치는지를 측정하는 데 사용된다. 영국의 테스코Tesco 같은 주요 슈퍼마켓 체인은 식품의 푸드마일이나 탄소발자국 크기를 소비자들에게 알리는 스티커를 제품에 붙였다. 그러나 이러한 제도는 표준화된 측정체계가 없고 가공식품의 성분을 자세하게 확인할 수 없는 어려움이 있다.[49]

푸드마일 개념에 제기되는 비판은 매우 많다. 그 첫째가, 식품 공급망에는 여러 단계가 있는데, 그것들은 농기업들이 농약, 화학비료, 고탄소 처리 장치 같은 것들을 이용해 농산물 생산에 에너지를 사용하면서 온실가스 배출의 원인이 된다는 점이다. 예컨대 더욱 절제되거나 효율적인 에너지 환경에서 생산되고 운송된 식품은 온실에서 재배된 농산물이나 방목하지 않고 축사에서 키운 가축보다 평균적으로 에너지를 덜 쓸 수 있을 것이다.[50] 탄소발자국을 줄이는 가장 좋은 방법은 채식주의자의 식단을 따르는 것이라고 주장하는 사람들도 있다. 요컨대, 푸드마일은 환경을 보존하고 지속가능성을 높이려 애쓰는 사람들에게 적절한 윤리적 행동이 무엇인가라는 더 커다란 문제의 한 부분일 수도 있다.

푸드마일은 더 폭넓게 보면 "녹색green" 제품의 하위 범주로서 환경에 긍정적 영향을 주려는(적어도 부정적 영향을 줄이려는) 구매 결정과 밀접한 관련이 있다. "녹색"이라는 범주는 법적으로 잘 정의된 것도 아니며 그와 관련된 식품 표시에 관한 법규도 거의 없다(유기농식품 표시와 비교할 때)고 회의적으로 생각하는 사람

---

* 인간이 활동하거나 상품을 생산, 유통, 소비, 폐기하는 과정에서 직간접적으로 발생하는 이산화탄소의 총량.

들이 많다. 따라서 기업들이 자기네 제품이 환경에 악영향을 끼치지 않음을 보여주기 위해 허위로 만들어낸, "그린워싱green washing[환경보호를 위장한]"제품이 늘어나고 있다.[51] 자칭 "녹색소비자green consumer"라고 말하는 사람이 늘어나면서, 일부 학자는 이제 녹색소비자에서 "녹색시민green citizen"으로 변신해서 이런 문제들에 대해 더욱 전면적이고 폭넓은 접근방식을 강화할 필요가 있다고 주장한다.[52]

불매운동과 대의마케팅

불매운동boycott은 자신의 윤리적 의견을 표현하거나, 어쩌면 그 효과에 대해서는 회의적일지 모르지만, 구매력을 통해 회사나 여타 기관의 비윤리적 행위를 막으려고 할 때 소비자들이 일반적으로 사용하는 방식이었다. 일부 "경제적" 목적의 불매운동도 윤리적인 것으로 이해될 수 있다. 식품의 가격 상승이 불매운동의 초점일 때에도, 고기·설탕·우유처럼 주요 생필품이 그 대상일 경우 특히 가정주부들을 중심으로 자발적 불매운동이 일어나기 마련이기 때문이다.[53]

초창기 불매운동은 1791년에 노예무역법 폐지 법안 통과가 실패하면서 1700년대 말과 1800년대 초에 영국에서 일어났다. 수십만 명이 카리브해 지역 플랜테이션 농장 노예들이 생산한 설탕 구매를 거부했다. 일부는 대신에 동인도산 설탕의 구매를 옹호했다. 설탕 그릇에는 "노예가 생산하지 않는 동인도 설탕 East India sugar not made by slaves"이라는 문구가 새겨져 있었다.[54] 이 불매운동은 이후 벌어진 식품 불매운동들에서 나타난 특징들을 보여주었다. 첫째, 소비와 윤리적 행위 사이를 이어주는 수사학적 연결고리가 있었다. 이는 개인이 중시하는 가치와 신념 체계를 증명하는 것으로서 일상적 소비 결정에 초점을 맞추었다. 둘째, 여성들이 대개 운동의 선두에 섰는데, 특히 여성들에게 투표권이 없던 시기에 구매와 소비를 거부하는 것은 여성들이 자신들의 윤리적 신념을 주장할 수 있는 한 방법이었기 때문이다.

20세기 후반에 일어난 가장 두드러진 불매운동 가운데 식품과 관련된 운동이 두 차례 있었다. 하나는 미국의 포도 불매운동(1960~1980년대)이고, 다른 하나는 스위스 식품회사 네슬레Nestle 제품 불매운동(1974~1984)이다. 포도 불매운동은 1960년대 중반 필리핀계 미국인 농장노동자들이 저임금에 항의해 파업을 벌이면서 시작되었다. 전국농장노동자연합National Farm Workers' Association(나중에 농장노동자조합United Farm Workers으로 바뀜)의 활동가 세사르 차베스César Chávez는 파업을 확대하고 모든 미국인이 노동자들에 대한 지원을 표시하는 방식으로 포도를 사 먹지 말 것을 독려했다. 파업은 5년 동안 지속되었고 미국의 전 국민이 이주노동자들의 노동조건에 주목하기 시작했다. 1980년대, 차베스는 포도에 유독성 살충제를 뿌리는 것에 반대하기 위해 불매운동을 이끌었다. 일부는 그것이 노동자들에게 유리한 새로운 계약 조건을 협상하기 위한 노조의 전략이라고 믿었다. 또 오늘날 어떤 사람들은 그 불매운동이 지속적 영향이 있었는지에 대해 의문을 제기한다. 아마도 세계적 브랜드 제품에 대한 불매운동의 최초 사례는 의학적 조사를 통해 조제분유가 모유와 비교할 때 더 높은 영아사망률과 상관관계가 있다고 밝혀졌음에도, 아프리카와 아시아에서 조제분유를 판매하는 데 대한 반발로 발생했다고 볼 수 있다. 다른 회사들도 아프리카와 아시아 시장에서 조제분유를 팔았지만, 네슬레가 "가족의 가치family values"를 눈에 띄게 강조하고 연상시켰다는 점에서 소비자들의 공분을 불러일으키기에 가장 적절한 표적이었다.[55]

오늘날 또 다른 불매운동은, 과거 인종차별에 반대해 남아프리카공화국산 사과를 불매하거나 아우구스토 피노체트의 독재정치에 반대해 칠레산 포도를 불매한 것처럼, 정치적 저항운동의 일환으로 특정 지역에서 생산된 제품을 거부하는 것에 초점을 맞추었다. 더 최근에는 삼림 벌채가 초래한 환경 파괴 특히 멸종위기종인 우랑우탄의 서식지 파괴와 관련해 종려유[팜유]palm oil에 대한 세계적 관심이 있었다. 캐드버리Cadbury와 네슬레 초콜릿에서 심지어 걸스카우트 쿠키에 이르기까지 종려유로 만든 식품이 불매운동의 표적이 되었다. 종려유산업 종사자들을 포함해서 이러한 불매운동을 비판하는 사람들은 종려유와 종려열매 통조림이 지속가능하고 다수확의 방식으로 재배되고 있으며 고농도의 비타민A를 함유하고 있는 만큼 중요한 식량 공급원으로서 역할을 할 수 있다는 점을 지적했다.[56]

불매운동의 반대편에, 1970년대부터 인기를 얻으며 크게 성장한 대의마케팅[공익연계마케팅]cause-related marketing: CRM과 관련된 제품들이 있다. 그러한 마케팅 전략은 [예컨대] 수익의 1퍼센트를 자선단체에 기부하는 특정한 제품의 구매를 촉진한다. "대의마케팅"이라는 용어는 기업이 사회적 또는 자선적 목적을 널리 알리기 위해 비영리단체와 함께 벌이는 공동작업을 의미한다. 근래에 진행된 대의마케팅으로는, 유방암 연구를 지원하기 위해 생수병과 요구르트병에 분홍색 리본을 다는 운동과 아프리카에 깨끗한 마실 물을 제공하기 위한 음료수 냉각기 사업자들의 기부 캠페인이 있다.[57] 또 다른 예로 오스트레일리아 멜버른대학의 케레케레KereKere 카페가 있는데, 거기서는 매우 다양한 종류의 커피(유기농 커피, 공정무역 커피, 열대우림연합Rainforest-Alliance 커피, 지속가능한 커피)를 팔 뿐 아니라 고객들이 커피 수익의 배분 방법까지도 정할 수 있게 한다.* 그 카페는 "지역사회의 복지를 증진하는 문화" 육성을 표방한다.[58]

기업들은 매출 증가와 적극적인 판촉 활동으로 이익을 얻는 반면에, 비영리단체는 자금을 조달할뿐더러 자신들의 대의에 대한 인식을 높인다. 소비자 입장에서 대의명분이 있는 제품을 구매하는 것은 대개 어떤 식으로든 살 계획이 있는 제품을 통해 윤리적 대의를 지지하는 매우 간단하면서도 저렴한 방식이다. 하지만 그와 같은 방식으로 자선단체에 기부하는 금액은 실제로 기업들이 벌어들이는 수익의 극히 일부에 불과하며, 그런 제휴 관계는 영리 기업들이 중요한 사회적 공헌을 하지 않고도 좋은 이미지를 남길 수 있게 한다는 비판도 많다.

공정무역

소비자들은 자신이 구매하는 제품의 생산방식이 인간에게 끼치는 영향과 자신의 소비 선택이 초래할 수 있는 불평등에 대해 점점 더 의식적으로 행동하고 있다. 세계 커피 무역과 에티오피아 농민들의 이야기를 다룬《씁쓸한 초콜릿: 세상에서 가장 매혹적인 달콤함의 어두운 측면Bitter Chocolate: The Dark Side of the World's Most Seductive Sweet》(2006)이라는 책**과 〈검은 황금Black Gold〉(2006)이라는 영화와

---

* 케레케레는 피지어로 "give without expectation(바라는 대가 없이 주기)"의 의미라고 한다.
** 국내에서는《나쁜 초콜릿: 탐닉과 폭력이 공존하는 초콜릿의 문화·사회사》(배현 옮김, 알마, 2012)로 변역·출간되었다.

같은 탐사 저널리즘은 제3세계 농민들의 부당한 노동조건에 대한 대중의 관심을 불러일으켰다.[59] "공정무역fair trade" 운동은 개발도상국의 생산자들이 더 좋은 노동조건, 지속가능한 생산, 더 높은 수익을 얻을 수 있도록 돕는 것을 목적으로 (경제적 인센티브 제공을 통해) 시장을 기반으로 하는 접근방식을 취한다. 코코아, 초콜릿, 설탕, 커피, 차, 와인, 다양한 과일, 허브, 향신료 같은 식품은 1980년대부터 시행된 다양한 식품 표시 제도를 통해 공식적 인증을 받았다.[60]

공정무역 개념의 역사는 적어도 1900년대 중반까지 거슬러 올라가는데, 이는 종교단체와 비정부기구들이 개발도상국에서 생산되는 수공예품과 같은 여러 상품을 판촉하기 시작한 시점이다. 공정무역 운동은 1960년대에 더욱 급진적이고 정치적인 색깔을 띠게 되었다. 개발도상국 국민들을 단순히 원조로 돕기보다는 지속가능한 방식으로 그들에게 권한을 주자는 것이 목적이었다. 공정무역 운동은 처음 시작할 때는 작은 규모였지만 주류 할인매장과 대기업들이 공정무역 표준과 제품을 채택하면서 급속도로 성장했다.[61] 공정무역 제품을 판매하는 거대 기업으로는 영국 슈퍼마켓 체인 코옵Co-Op(자체 브랜드의 공정무역 커피와 초콜릿을 판다)과 오스트레일리아와 뉴질랜드의 캐드버리(이들의 밀크초콜릿 제품은 최근에 공정무역 인증을 받았다) 등이 있다.

공정무역이 윤리적으로 꼭 필요한 이유는 매우 명백하다. 공정무역은 국제무역이 개발도상국 생산자들을 불공정하게 다룬다고 주장한다. 따라서 공정무역 제품을 사는 것은 가난한 지역 노동자들에게 더 정당한 노동환경을 조성하고 그들의 일상생활 조건을 향상시킨다. 공정무역은 또한 안정된 농산물 가격, 사업 지원, 시장 접근, 더 좋은 거래 조건을 보장함으로써 시장 실패의 문제를 해결하려는 하나의 시도로도 볼 수 있다.

공정무역은 지금까지 다양한 비판을 받아왔다. 정치적으로 우파에 속한 사람들은 공정무역을 경제성장을 가로막고 개발도상국 시장에 공급과잉을 야기할 수 있는 영업 계략이라고 본다. 반면에 좌파에 속한 사람들은 공정무역이 시장 모델에 지나치게 의존적이어서 그것의 기반이 되는 철학적·경제적 목표를 달성할 수 있을 정도로 혁명적이지 못하다고 생각한다. 또한 로컬푸드에 대해 퍼부었던 비난과 마찬가지로, 초국적 도덕경제의 창조를 통해 생산자와 소비자를 다시 연결하려는 이러한 시도에 내재하는 여러 역설을 지적하는 사람들도 있다.[62]

쓰레기, 과잉 소비, 그리고 프리거니즘

[모건 스펄럭Morgan Spurlock 감독의] 현대판 고전 영화 〈슈퍼사이즈 미Super Size Me〉(2004)*는 건강과 패스트푸드의 부정적 영향에 대한 내용이지만 또한 세계화와 쓰레기 문제에 대한 각성을 일깨운다. 대부분의 산업사회는 과잉 구매와 방치 때문에 엄청난 양의 음식을 쓰레기로 버린다.[63] 남은 음식을 퇴비로 만들거나 재활용하는 데 실패함과 동시에, 그와 같은 습성은 탄소발자국을 남기는 큰 원인이 된다. 그러나 쓰레기를 줄이는 일은 몸에 밴 구매 습관과 소비 심리 때문에 극도로 어렵다는 것이 밝혀졌다. 쓰레기 증가와 그것이 끼치는 영향에 대한 우려는 그러한 효과를 완화하기 위해 다양한 윤리적 접근방식을 시도하게 했다.

"느리게 살기downshifting" 또는 "소박한 삶simple living"은 더 단순한 삶을 살면서 현대성과 물질주의의 치명적 영향권에서 벗어나고 싶은 사람들이 추구하는 생활양식을 의미하는 일반적 용어다.[64] 이러한 행동은 대개 외부에서 중요하게 생각하는 가치가 아니라 개인의 소망에 따라 동기가 유발된 측면이 있다는 점을 고려할 때 윤리적 요소를 기반으로 하지 않을 수도 있다. 하지만 어떤 경우에는 그와 같은 생활양식을 선택하는 것이 더 나은 사회와 환경을 위해 의식적인 행동일 수도 있다. 그 극단적인 예인 프리거니즘freeganism은 "free[자유롭다]"와 "vegan[완전채식주의자]"을 합성한 말로 소박한 삶의 한 형태를 말한다. 프리건freegan[대형 음식점, 슈퍼마켓, 식료품점에서 버린 멀쩡한 식품들을 구해 식사를 하는 사람들]은 동물과 환경을 해치지 않는 완전채식주의자로서, 또한 먹을 것을 돈을 주고 구매하는 방식이 아니라 먹을 것을 찾아다니거나 물물교환 같은 비소비적 방식으로, 더욱 적극적으로 현실에 참여한다. 프리거니즘의 극단적 경우로, 전통적 위계질서에 맞서고 자본주의적 환경 파괴에 저항하는 수단으로 쓰레기통을 뒤져 버려진 식품을 찾는 것에서 더 나아가 음식을 훔치거나 썩은 음식도 먹는 사람들도 있는데, 이들이 먹는 이런 음식을 "펑크 음식punk cuisine"이라고 부른다.[65]

이 모든 형태의 음식 철학에서 핵심 목표는 특히 선진국과 개발도상국 사이

---

* 영화감독이 스스로 패스트푸드를 먹고 비만의 문제를 제기한 다큐멘터리 영화.

에 그리고 선진국의 "부유한 자"와 "가난한 자" 사이에 현존하는 불평등을 고려하면서 쓰레기와 환경오염을 줄이는 것이다. 프리건은 쓰레기통에 버려진 여전히 쓸모 있는 안전하고 깨끗한 제품을 찾아 뒤지고 다니는 "도시의 음식 채집urban foraging"—쓰레기통 뒤지기를 의미하는 "덤프스터 다이빙dumpster diving"이나 "스킵 딥핑skip dipping"으로도 알려진— 방식을 통해 먹을 것을 구하는 사람들로 잘 알려져 있다. 그들은 또한 자연환경과 다시 가까워지고 더 긴밀한 공동체 의식을 키우기 위해 천연 제품과 공동체 텃밭을 적극적으로 활용한다.[66] "프리거니즘"은 새로운 용어지만, 쓰레기통을 뒤지고 다니는 것은 이미 오래전부터 도시생활의 일부였다. 여기서 어쩌면 새로운 것은 자발적 정치 행동, 환경주의environmentalism, 물질주의 거부, 그리고 이와 같은 형태의 활동과 관련된 자기 정체성 선언에 대한 지지일 수도 있다.[67]

윤리적 음식 소비자를 넘어서

소비주의[소비지상주의]consumerism는 20세기 후반에도 여전히 번창하고 있다. "윤리적 소비"를 그 밑바탕에 깊게 깔린 윤리적 가치들이 무시당한 채 단순히 소비주의의 한 형태라고 의심하는 사람들도 있다. 그들이 보기에, 윤리적 소비자는 공정무역이나 유기농 같은 공인된 상표brand나 녹색 같은 비공식 상표를 기반으로 의사결정을 하는 전형적인 소비자일 뿐이며, 이러한 상표를 통해 부분적으로는 그 상표와 자기 정체성을 연계함으로써 하나로 모든 것이 연결된 사회적 세상을 구축하려고 (허황된 생각을) 하는 사람이다. 극단적으로, 재산의 축적과 그것의 소비(심지어 "윤리적" 소비를 가장한다고 해도)는 행복 추구 수단으로 매우 흠결이 많은 것으로 비쳐짐에 틀림없다. 따라서 좋은 삶을 추구하기 위한 다른 대안 다시 말해 경제적 목표를 위주로 하지 않는 모델을 추구해야 한다.[68] 사람들이 음식을 선택할 때 최신 유행하는 핸드백이나 식재료, 사회적 지위와 정체성을 연상하고, 그와 관련된 모든 사회문제는 "브랜드 문화brand culture"를 강화한다고 볼 때, 윤리적 소비는 부르주아적 취향을 함축하고 있다.[69]

윤리적 소비가 특히 식량과 물 같은 아주 근본적인 사회적 욕구를 충족시켜야 하는 집단적 조치와 정부의 책임을 소비자인 개인에게 떠넘기려는 신자유주의 체제의 숨은 의도의 일환으로서 촉진되고 있다고 비판하는 사람들도 있다.[70] 윤리적 소비는 역으로 "먹거리 불안food anxieties"을 조장할 수도 있다. 특히, 명확하게 규정된 식품 표시 기준의 부재는 소비자들이 윤리적으로 행동하는 것을 어렵게 한다. 행동의 중심체로서 개인들에게 초점을 맞추는 것은 오늘날 먹거리체계의 구조적 불평등과 소비 관행을 간과하게 할 수 있다.[71] 소비주의를 논의의 중심에 둘 때, 우리는 사회정의 특히 노동자 사이의 계급 불평등 문제에서 관심이 멀어질 수 있다.[72]

역사적으로 여성과 노동자 같은 "주변부" 집단이, 현재 윤리적 음식 소비 운동의 형태로 인정받는 불매운동과 같은 다양한 운동에 참여했지만, 윤리적 소비를 실천하기 위한 그런 다양한 수단을 모든 사람이 쓸 수 있는 것은 아니다.[73] 정치 참여의 한 형태로서 윤리적 음식 소비는 주로 이른바 "윤리적" 제품을 살 수 있는 경제적 또는 사회적 자본이 있는 사람만이 할 수 있기 때문이다(프리거니즘은 아마도 예외로 보아야 할 것이다. 자발적으로 그와 같은 생활양식을 추구하는 경우, 그런 행동을 상대적으로 부유한 사람들이 누리는 일종의 사치라고 주장하는 사람들도 일부 있지만 말이다). 이러한 상황은 일반 제품에 비해 유기농 제품이나 공정무역 제품의 높은 비용 때문에 더욱 악화되기 마련이다. 반대로, 이런 윤리적 음식 선택을 추구하는 것과 관련된 (농산물 직판장이나 녹색 재품이나 유기농 제품을 전문으로 취급하는 상점을 애용하는 것 같은) 실천 행위들은 사회적 통합을 촉진하기보다는 오히려 계급차별, 지역차별, 젠트리피케이션gentrification[원주민 내몰림 현상], 소수자 집단과 가난한 사람들의 배제에 한몫하는 것으로 보일 수 있다.[74]

윤리적 음식 선택을 하려는 많은 사람은 여러 측면에서 한계가 있다고 널리 알려진 식품 표시 제도에 전적으로 의존한다. 더 일반적으로 말해, 지식에 초점을 맞추는 것(즉 제품 성분이 무엇이고, 그것이 어떻게 생산되는지에 대한)은 지배적 소비문화를 강화한다.[75] 반면에, 제품 성분 표시 및 식품 표시와 마찬가지로 제품에 초점을 맞추는 것은 이러한 제품과 관련된 중요한 가치들(환경의 지속가능성이나 이산화탄소 배출 축소 따위)을 널리 알리기보다는 특정 형태의 소비 결정(예컨대 "녹색" 음식이나 "로컬"푸드)을 통해 자기 정체성을 확인하는 경향을 더욱 강화한다.

끝으로, 윤리적 소비를 비판하는 사람들은 윤리적 소비가 "기업의 사회적 책임"이라는 상투적 수사에도 불구하고, 대개 "윤리적" 대의명분 때문이 아니라 다국적기업들의 영리 목적에 의해 이루어지는 경우가 많다고 지적하기도 한다. 따라서 그러한 영리 목적의 사업에 참여하는 것은 윤리적 소비를 지지하는 사람들이 꿈꾸는 근본적 변화의 기반을 허물어뜨린다는 것이다.[76] 윤리적 식품을 매장에 가득 쌓아놓고 있다고 자랑하는 미국의 거대 슈퍼마켓 체인 홀푸즈마켓Whole Foods Market*의 최고경영자 존 매키John Mackey도 자신들이 2000년대 중반에 닭장에서 기르는 닭에서 나온 달걀을 매장에서 팔지 않기로 한 것은 자사의 윤리적 동기 때문이 아니라 "고객의 요구" 때문이라고 말했다.[77] 식품 윤리에 대한 "대안적" 담론을 기업의 마케팅 활동에 활용하는 것은 이제 주류 식품판매업자들에게 일반적 현상이 되었다.[78]

요컨대, 윤리적 음식 소비가 문제가 있을 수 있다는 것이 명백하고, 어쩌면 그것이 음식 윤리와 관련된 진정한 목표들(영양가 높고, 문화적으로 적절하고, 지속가능하고, 인정받고, 안전한 음식에 동등하게 접근할 수 있는 권한을 포함하는 먹거리보장과 같은)의 의미를 흐릴지도 모르지만, 그럼에도 윤리적 음식 소비에 대한 관심은 현재의 지배적인 생산·소비 방식들과 관련된 다양한 문제를 면밀히 검토하게 한다.[79] 그러한 관심은 기존에 우리가 선택한 것들에 대해 문제를 제기하고 대안들에 대한 대중의 인식을 일깨울 수 있다. 음식 윤리에 대한 관심이 점점 커지면서, 우리는 더 근본적인 차원에서 다른 사람들과의 윤리적 관계를 살피지 않을 수 없다.[80] 음식 윤리에 대한 관심 또한 복잡한 현대 세계에서 우리 자신의 정체성과 역할을 더 잘 이해할 수(있고, 어쩌면 바꿀 수도) 있게 한다. 비판적 음식 소비자critical food consumer가 되기는 지구촌의 일원으로 참여하고, 모두를 위한 조건 특히 식량과 물 같은 기본적인 것과 관련된 조건을 향상시키려고 애쓰는 과정에서 아주 중요한 발걸음이다.

---

* 인공 첨가제가 포함되지 않은 유기농식품을 전문적으로 판매하는 미국의 슈퍼마켓 체인.

주

1. 예컨대 다음을 보라. Hub Zwart, "A Short History of Food Ethics," *Journal of Agricultural and Environmental Ethics* 12, no. 2(2000): 113-126; Peter Singer and Jim Mason, *The Ethics of What We Eat*(Melbourne: Text Publishing, 2006), 3.

2. "The Ethicurian."(Online). Available: http://www.ethicurean.com/about/ philosoph/ (March 30, 2011).

3. Robert Verkaik, "Archbishop Tells Church to Help Save the Planet with Green Policies," *The Independent*, February 3, 2005.

4. 음식과 관련된 정치 운동에 관해서는 다음을 보라. Warren Belasco, "Food and Social Movements," in *Oxford Handbook of Food History*, ed. Jeffrey M. Pilcher(New York: Oxford University Press, 2012), 481-498.

5. Tania Lewis and Emily Potter, "Introducing Ethical Consumption," in *Ethical Consumption: A Critical Introduction*, ed. Tania Lewis and Emily Potter(Oxford: Routledge, 2010), 3-23.

6. Jo Littler, "What's Wrong with Ethical Consumption?" in ibid, 27-39.

7. Nick Clarke, et al, "Globalising the Consumer: Doing Politics in an Ethical Register," *Political Geography* 26, no. 3(2007): 231-249.

8. Kate Soper, "Rethinking the 'Good Life': The Consumer as Citizen," *Capitalism, Nature, Socialism* 15, no. 3(2004): 111-117.

9. Kate Soper, Martin Ryle, and Lyn Thomas, eds. *The Politics and Pleasures of Consuming Differently: Better Than Shopping*(London: Palgrave Macmillan, 2009); Tim Lang and Yiannis Gabriel, *The Unmanageable Consumer: Contemporary Consumption and Its Fragmentations*(London: Sage, 1995); Yiannis Gabriel and Tim Lang, "A Brief History of Consumer Activism," in *The Ethical Consumer*, ed. Rob Harrison, Terry Newholm and Deirdre Shaw(London: Sage, 2005).

10. Alan Beardsworth and Teresa Keil, "Health-Related Beliefs and Dietary Practices among Vegetarians and Vegans: A Qualitative Study," *Health Education Journal* 50, no. 1(1991): 38-42; Alan Beardsworth and Teresa Keil, "Vegetarianism, Veganism and Meat Avoidance: Recent Trends and Findings," *British Food Journal* 93, no. 4(1991): 19-24; Alan Beardsworth and Teresa Keil, "The Vegetarian Option: Varieties, Conversions, Motives and Careers," *The Sociological Review* 40, no. 2(1992): 253-293; Jennifer Jabs, Carol M. Devine, and Jeffery Sobal, "Model of the Process of Becoming a Vegetarian: Health Vegetarians and Ethical Vegetarians," *Journal of Nutrition Education* 30, no. 4(1998): 196-202; Emma Lea and Anthony Worsley, "Influences on Meat Consumption in Australia," *Appetite* 36, no. 2(2001): 127-136; Annet C. Hoek, et al., "Food-Related Lifestyle and Health Attitudes of Dutch Vegetarians, NonVegetarian Consumers of Meat

Substitutes, and Meat Consumers," *Appetite* 42, no. 3(2004): 265-275; Nick Fox and Katie Ward, "You Are What You Eat? Vegetarianism, Health and Identity," *Appetite* 50, no. 2-3(2008): 2585-2595.

11. M. B. Hamilton, "Wholefoods and Healthfoods: Beliefs and Attitudes," *Appetite* 20, no. 3(1993): 223-228; Jennifer Jabs, Carol M. Devine, and Jeffery Sobal, "Model of the Process of Becoming a Vegetarian," 196-202.

12. Paul Rozin, Maureen Markwith, and Caryn Stoess, "Moralization and Becoming a Vegetarian: The Transformation of Preferences into Values and the Recruitment of Disgust," *Psychological Science* 8, no. 2(1997): 67-73; Marjaana Lindeman and Minna Sirelius, "Food Choice Ideologies: The Modern Manifestations of Normative and Humanist Views of the World," *Appetite* 37, no. 3(2001): 175-184.

13. Kerry S. Walters and Lisa Portmess, eds., *Ethical Vegetarianism: From Pythagoras to Peter Singer*(Albany: State University of New York Press, 1999); Rod Preece, *Sins of the Flesh: A History of Ethical Vegetarian Thought*(Vancouver: UBC Press, 2008), 13.

14. Colin Spencer, *The Heretic's Feast: A History of Vegetarianism*(London: Fourth Estate, 1993).

15. Greta Gaard, "Vegetarian Eco-Feminism: A Review Essay," *Frontiers* 23, no. 3(2002): 117-146; Annet C. Hoek, et al., "Food-Related Lifestyle"; Marjaana Lindeman and Minna Sirelius, "Food Choice Ideologies," 265-275.

16. Carol J. Adams, *The Sexual Politics of Meat: A Feminist-Vegetarian Critical Theory*(New York: Continuum, 1990). [한국어판. 캐럴 J. 애담스 지음, 류현 옮김, 《육식의 성정치: 페미니즘과 채식주의 역사의 재구성》, 서울: 미토, 2006]

17. Kathryn Paxton George, *Animal, Vegetable or Woman? A Feminist Critique of Ethical Vegetarianism*(Albany: State University of New York Press, 2000).

18. James Gregory, *Of Victorians and Vegetarians: The Vegetarian Movement in Nineteenth-Century Britain*(London: Tauris Academic Studies, 2007), 11; Rod Preece, *Sins of the Flesh*.

19. Colin Spencer, *The Heretic's Feast*, 298.

20. Rod Preece, *Sins of the Flesh*, 294.

21. Kerry S. Walters and Lisa Portmess, *Ethical Vegetarianism*, 254ff.

22. Roger Scruton, "The Conscientious Carnivore," in *Food for Thought: The Debate over Eating Meat*, ed. Steve F. Sapontzis(Amherst, NY: Prometheus, 2004), 81-91.

23. Leon R. Kass, *The Hungry Soul: Eating and the Perfecting of Our Nature*(Chicago: University of Chicago Press, 1999).

24. Andrew Fiala, "Animal Welfare," in *Society, Culture, and Ethics*, vol. 2 of *Critical Food Issues: Problems and State-of-the-Art Solution Worldwide*, ed. Lynn Walter(Santa Barbara, CA: Praeger, 2009), 227-242.

25. Peter Singer, *Animal Liberation: A New Ethics for our Treatment of Animals*(New York: Random House, 1975). [한국어판. 피터 싱어 지음, 김성한 옮김, 《동물해방》, 고양: 연암서가, 2012(개정완역판)]

26. 미국의 경우, 송아지고기의 1인당 평균 소비량은 1년에 0.5파운드로 1950년대에 4파운드였던

것에 비하면 크게 줄었다. 다음을 보라. Marion Burros, "Veal to Love, without the Guilt," *New York Times*, April 18, 2007.

27. "European Convention for the Protection of Animals kept for Farming Purposes."(Online). Available: http://conventions.coe.int/Treaty/en/Treaties/Html/ 087.htm(March 30, 2011).

28. Jim Mason, *The Ethics of What We Eat*.

29. Mara Miele, "The Taste of Happiness: Free-Range Chicken," *Environment and Planning A* 43, no. 9(2011): 2076-2090.

30. 지리적 표시들에 관한 사례는 다음을 보라. Laurence Berard and Philippe Marchenay, "Local Products and Geographical Indications: Taking Account of Local Knowledge and Biodiversity," *International Social Science Journal* 58, no. 1(2006): 109-116; Moya Kneafsey, et al, *Reconnecting Consumers, Producers and Food: Exploring Alternatives*(Oxford: Berg, 2008).

31. Helen La Trobe, "Farmers' Markets: Consuming Local Rural Produce," *International Journal of Consumer Studies* 25, no. 3(2001): 181-192; Paul Fieldhouse, "Community Shared Agriculture," *Agriculture and Human Values* 13, no. 3(1996): 43-47; Sarah Elton, *Locavore: From Farmers' Fields to Rooftop Gardens: How Canadians Are Changing the Way We Eat*(Toronto: Harper Collins Canada, 2010).

32. Barbara Kingsolver with Steven Hopp and Camille Kingsolver, *Animal, Vegetable, Miracle: A Year of Food Life*(London: Faber, 2007). [한국어판. 바버라 킹솔버·스티븐 L. 호프·카밀 킹솔버 지음, 정병선 옮김, 《자연과 함께한 1년: 한 자연주의자 가족이 보낸 풍요로운 한해살이 보고서》, 서울: 한겨레출판, 2009]

33. Dana Frank, *Buy American: The Untold Story of Economic Nationalism*(Boston: Beacon Press, 2000).

34. Matthew Hilton, *Consumerism in Twentieth-Century Britain: The Search for an Historical Movement*(Cambridge: Cambridge University Press, 2003).

35. 민족주의를 기반으로 한 지역 농산물 섭취 운동으로는 민족주의 기치 아래 오랫동안 전개된 "오스트레일리아 농산물 구매" 운동과 지역의 양고기 섭취 캠페인을 들 수 있다. 다음을 보라. Rachel A. Ankeny, "The Moral Economy of Red Meat in Australia," in *Food and Morality: Proceedings of the Oxford Symposium on Food and Cookery 2007*, ed. Susan Friedland(Blackawton, Totnes: Prospect Books, 2008), 20-28. 100마일 식사 운동에 관해서는 다음을 보라. Alisa Smith and J. B. MacKinnon, *Plenty: One Man, One Woman, and a Raucous Year of Eating Locally*(New York: Harmony Books, 2007).

36. Carlo Petrini, *Slow Food: The Case for Taste*, trans. William McCuaig(New York: Columbia University Press, 2001); Geoff Andrews, *The Slow Food Story: Politics and Pleasure*(London: Pluto Press, 2008); "Slow Food."(Online). Available: www.slowfood. com(March 30, 2011).

37. Wendy Parkins and Geoffrey Craig, *Slow Living*(Oxford: Berg, 2006).

38. Kelly Donati, "The Pleasure of Diversity in Slow Food's Ethics of Taste," *Food, Culture & Society* 8, no. 2(2005): 227-242; Julie Labelle, "A Recipe for Connectedness: Bridging Production and Consumption with Slow Food," *Food, Culture & Society* 7, no. 2(2004):

81-96. 커니핸의 슬로푸드 논의는 본서의 6장을 보라.

39. Tara Garnett, *Wise Moves: Exploring the Relationship between Food, Transport and CO2*(Hoxton, UK: Transport 2000, 2003).

40. 예컨대 다음을 보라. Gwendolyn Blue, "On the Politics and Possibilities of Locavores: Situating Food Sovereignty in the Turn from Government to Governance," *Politics and Culture*, no. 2(2009, Online). Available: http://www.politicsandculture. org/2010/10/27/on–the–politics–and–possibilities–of–Iocavores–situating–food–sovereigntyin–the–turn–from–government–to–governance/(January 5, 2012).

41. Claire C. Hinrichs, "Embeddedness and Local Food Systems: Notes on Two Types of Direct Agricultural Market," *Journal of Rural Studies* 16, no. 3(2000): 295-303, 301.

42. Julie Guthman, "Fast Food/Organic Food: Reflexive Tastes and the Making of 'Yuppie Chow,'" *Social & Cultural Geography* 4, no. 1(2003): 45-58.

43. George Gaskell, et al, "Worlds Apart? The Reception of Genetically Modified Foods in Europe and the U.S.," *Science* 285, no. 5426(1999): 384-388.

44. Conrad G. Brunk and Harold Coward, eds., *Acceptable Genes?: Religious Traditions and Genetically Modified Foods*(Albany: SUNY Press, 2009).

45. Nuffield Council on Bioethics, "Genetically Modified Crops: The Ethical and Social Issues"(London: Nuffield Council on Bioethics, 2001, Online). Available: http:// www. nuffieldbioethics.org/gm-crops(March 30, 2011).

45. 황금쌀 논쟁의 양쪽 측면에 관해서는 다음을 보라. Michael Ruse and David Castle, eds., *Genetically Modified Foods: Debating Biotechnology*(Amherst, NY: Prometheus Books, 2002), 29-64.

47. Jennifer Clapp, "The Political Economy of Food Aid in an Era of Agricultural Biotechnology," in *Food and Culture: A Reader*, ed. Carole Counihan and Penny Van Esterik(New York: Routledge, 2008), 539-553.

48. Paul B. Thompson, "Food Biotechnology's Challenge to Cultural Integrity and Individual Consent," *Hastings Center Report* 27, no. 4(1997): 34-38.

49. Caitlin Zaino, "Sticky Sticker Situation: Food Miles, Carbon Labelling and Development," *International Centre for Trade and Sustainable Development*, no. 2(2008, Online). Available: http://ictsd.org/i/news/bioresreviewh209S/(March 30, 2011).

50. Caroline Saunders, Andrew Barber, and Greg Taylor, *Food Miles: Comparative Energy/Emissions Performance of New Zealand's Agricultural Industry*, Research Report 285(Lincoln, NZ: Agribusiness & Economics Research Institute, Lincoln University, 2006, Online). Available: http://www.lincoln.ac.nzlDocumentsh328 _RR285-S13389. pdf(March 30, 2011).

51. Jo Littler, *Radical Consumption: Shopping for Change in Contemporary Culture*(Buckingham: Open University Press, 2009); Jo Littler, "Good Housekeeping: Green Products and Consumer Activism," in *Community Activism*, ed. Sarah Banet-Weiser and Roopali Mukherjee(New York: New York University Press, 2009).

52. Andrea Prothero, Pierre McDonagh, and Susan Dobscha, "Is Green the New Black?

Reflections on a Green Commodity Discourse," *Journal of Macromarketing* 30, no. 2(2010): 147-159.

53. Monroe Friedman, "American Consumer Boycotts in Response to Rising Food Prices: Housewives: Protests at the Grassroots Level," *Journal of Consumer Policy* 18, no. 1(1995): 55-72.

54. Claire Midgley, "Slave Sugar Boycotts, Female Activism, and the Domestic Base of British Anti-Slavery Culture," *Slavery & Abolition* 17, no. 3(1996): 137-162.

55. Andrew Chetley, *The Politics of Baby Foods: Successful Challenges to an International Marketing Strategy*(New York: St. Martin's Press, 1986); Penny Van Esterik, "The Politics of Breast feeding: An Advocacy Update," in Counihan and Van Esterik, *Food and Culture*, 467-481; Naomi Klein, *No Logo: Taking Aim at the Brand Bullies*(New York: Picador, 2000), 336. [한국어판. 나오미 클라인 지음, 이은진 옮김, 《슈퍼 브랜드의 불편한 진실: 세상을 지배하는 브랜드 뒤편에는 무엇이 존재하는가》, 파주: 살림출판사, 2010]

56. Noel W. Solomons, "Plant Sources of Vitamin A and Human Nutrition: Red Palm Oil Does the Job," *Nutrition Reviews* 56, no. 10 (1998): 309-311.

57. Samantha King, *Pink Ribbons, Inc: Breast Cancer and the Politics of Philanthropy* (Minneapolis: University of Minnesota Press, 2008).

58. Lewis and Potter, "Introducing Ethical Consumption," 3.

59. Carol Off, *Bitter Chocolate: The Dark Side of the World's Most Seductive Sweet*(New York: New Press, 2006) [한국어판. 캐럴 오프 지음, 배현 옮김, 《나쁜 초콜릿: 탐닉과 폭력이 공존하는 초콜릿의 문화·사회사》, 파주: 알마, 2012]; Sidney W. Mintz, *Sweetness and Power: The Place of Sugar in Modern History*(New York: Viking, 1985) [한국어판. 시드니 민츠 지음, 김문호 옮김, 《설탕과 권력》, 서울: 지호, 1997]

60. Alex Nicolls and Charlotte Opal, *Fair Trade: Market-Driven Ethical Consumption*(London: Sage, 2005); Laura T. Raynolds, Douglas Murray, and John Wilkinson, eds., *Fair Trade: The Challenges of Transforming Globalization*(New York: Routledge, 2007).

61. Marie-Christine Renard, "Fair Trade: Quality, Market and Conventions," *Journal of Rural Studies* 19, no. 1(2003): 87-96.

62. Michael K. Goodman, "Reading Fair Trade: Political Ecological Imaginary and the Moral Economy of Fair Trade Foods," *Political Geography* 23, no. 7(2004): 891-915.

63. Gay Hawkins, *The Ethics of Waste*(Lanham, MD: Rowman & Littlefield, 2006).

64. Neil Levy, "Downshifting and Meaning in Life," *Ratio* 18, no. 2(2005): 176-189.

65. Dylan Clark, "The Raw and the Rotten: Punk Cuisine," in Counihan and Van Esterik, *Food and Culture*, 411-422.

66. "Freegan.info."(Online). Available: http://freegan.info/(March 30, 2011).

67. 프리거니즘의 짧은 역사와 논의에 관해서는 다음을 보라. Sean Thomas, "Do Freegans Commit Theft?" *Legal Studies* 30, no. 1(2010): 98-125. 그와 관련된 체험 연구로는 다음을 보라. Emma Rush, "Skip Dipping in Australia," *Australia Institute webpaper*(Online) February 2006. Available: https:llwww.tai.org.au/documents/ downloads/WP85.

pdf(March 30, 2011).

68. 예컨대 다음을 보라. Zygmunt Bauman, *Does Ethics Have a Chance in a World of Consumers?*(Cambridge, MA: Harvard University Press, 2008).

69. Georges Monbiot, "Environmental Feedback: A Reply to Clive Hamilton," *New Left Review* 45(May-June 2007): 105-113; Naomi Klein, *No Logo*.

70. Clarke et al., "Globalising the Consumer," 231-249; Jo Littler, "What's Wrong with Ethical Consumption?"

71. Julie Guthman, "Neoliberalism and the Making of Food Politics in California," *Geoforum* 39, no. 3(2008): 1171-1183; Elspeth Probyn, "Feeding the World: Towards a Messy Ethics of Eating," in Tania Lewis and Emily Potter, *Ethical Consumption*, 103-113.

72. Deborah Barndt, "Whose 'Choice'? 'Flexible' Women Workers in the Tomato Food Chain," in *Food and Culture*, 452-466; Josee Johnston and Shyon Baumann, *Foodies: Democracy and Distinction in the Gourmet Foodscape*(New York: Routledge, 2010).

73. 예컨대 영국의 협동적 슈퍼마켓 운동의 출현에 관해서는 다음을 보라. Jo Littler, "What's Wrong with Ethical Consumption?"; Dana Frank, *Buy American*; Michele Micheletti, *Political Virtue and Shopping: Individuals, Consumerism, and Collective Action*(New York: Palgrave Macmillan, 2003).

74. Sharon Zukin, "Consuming Authenticity: From Outposts of Difference to Means of Exclusion," *Cultural Studies* 22, no. 5(2008): 724-748.

75. Clive Barnett, et al, "Consuming Ethics: Articulating the Subjects and Spaces of Ethical Consumption," *Antipode* 37(2005): 23-45; Benjamin Coles and Philip Crang, "Placing Alternative Consumption: Commodity Fetishism in Borough Fine Foods Market, London," in Tania Lewis and Emily Potter, *Ethical Consumption*, 87-102.

76. Jo Littler, "What's Wrong with Ethical Consumption?"

77. Jim Mason, *The Ethics of What We Eat*, 5.

78. Peter Jackson, Polly Russell, and Neil Ward, "The Appropriation of 'Alternative' Discourses by 'Mainstream' Food Retailers," in *Alternative Food Geographies: Representation and Practice*, ed. Damian Maye, Lewis Holloway, and Moya Kneafsey(Oxford: Elsevier, 2007), 309-330.

79. Lisa M. Heldke, "Food Security: Three Conceptions of Access-Charity, Rights, and Coresponsibility," in Walter, *Society, Culture, and Ethics*, 213-225.

80. Lisa M. Heldke, "Food Politics, Political Food," in *Cooking, Eating, Thinking: Transformative Philosophies of Food*, ed. Deane W. Curtin and Lisa M. Heldke(Bloomington: Indiana University Press, 1992), 302-327.

27장

음식과 사회운동

Food and Social Movements

워런 벨라스코 Warren Belasco

　개혁가들은 부당한 현재를 바꿈으로써 더 나은 미래를 만들려고 한다. 그런데 그들이 미래를 향해 나아가는 과정에서 대개 과거로부터 승계된 견해, 가치, 조리법, 패턴, 구조에 제약을 받는다는 것은 역설이 아닐 수 없다. 따라서 과거, 현재, 미래는 사회운동을 바라보는 관점을 두고 서로 다툰다. 언젠가 죽음을 맞게 될 대다수 인간이 순간의 문제들에 집중하기를 더 좋아하는 것은 당연한 일이다. 특히, 날마다 먹는 식사의 문제에 이르면 그런 현상은 더 두드러진다. 당장 한 끼를 먹는 즐거움은 그 음식이 어디서 와서 어떤 결과를 낳는지의 문제보다 훨씬 더 직접적인 문제이기 때문이다.

　이와 같은 의미에서 식품개혁가food reformer*들은 사람들이 무엇을 먹을지 결

---

* 음식과 관련된 사회문화, 정치경제, 산업 등에서의 여러 문제를 제기하고 개혁하려는 운동가.

정하는 다면적 과정을 더욱 복잡하게 만든다. 일상에서 음식[먹거리] 선택은 대개 맛과 편의성convenience 사이의 복잡한 절충 과정을 통해 결정된다. 이 두 결정 요소는 하나같이 매우 복잡하다. 맛은 생물학적, 심리학적, 문화적 조건의 산물이다. 아주 어렸을 때 한번 몸에 밴 개인적 맛의 선호는 바꾸기가 쉽지 않다. 음식 선택은 또한 편의성 즉 특정한 식재료, 조리 도구, 연료, 시간, 기술을 쓸 수 있는지, 그리고 그것들을 살 수 있는 경제적 여력이 있는지에 따라 결정된다. 활동가들은 이러한 맛과 편의성의 상호작용에다 매우 윤리적이고 정치적인 제3의 요소인 책임 의식까지 부과하려 애쓴다. 책임성responsibility은 한 끼 식사에 들어가는 모든 비용을 기꺼이 지불할 의향으로 정의될 수 있다. 그와 같은 비용은 제품의 직접적 시장가격을 넘어 경제학자들이 "외부효과externality"라 부르는 즉 그 제품을 소비하면서 발생하는 더 광범위하고 대개는 눈에 보이지 않는 장기적 결과로까지 확대된다. 생산과정이 제품 생산자(농민, 식품노동자)에게 끼치는 영향, 소비자가 부담하는 급성/만성 질환(식중독, 당뇨, 암) 비용, 후손이 사용할 자원(토양, 에너지, 물)에 끼치는 영향 같은 것들이 그런 비용에 들어간다.

환경교육학자 데이비드 오어David Orr의 주장에 따르면, 이러한 원격 비용에는 "1) 수치로 측정할 수 없는 가치가 있는 것들, 2) 수치로 측정할 수 있었지만 무시하고 넘어가기로 한 것들, 3) 사라질 때까지 중요하다고 생각하지 못하던 것들 때문에 발생한 손실"이 포함된다. 낭만적 저항자 헨리 소로Henry Thoreau는 자신의 급진적인 개인적 개혁 시도들을 기록한 《월든Walden》(1854)에서 그에 대해 간단명료하게 말했다. "어떤 것의 비용은 즉각적이든 장기적이든 그것을 얻기 위해 치러야 하는 인생의 양과 같다."[1] 소로는 양심적 시민들에게 그들의 행동이 가져올 "장기적" 효과를 염두에 둘 것을 촉구하면서, "우리의 결정이 다음 일곱 세대에 걸쳐 영향을 끼친다는 것을 무엇보다 신중하게 생각해야 한다"는 이로쿼이족Iroquois*의 좌우명에서 "우리는 아버지에게서 땅을 물려받은 것이 아니다. 자식들에게서 땅을 빌렸을 뿐이다"라는 아미시Amish** 공동체의 격언에 이르기까지, 자

---

* 북아메리카 원주민의 한 부족.
** 재세례파 계통의 개신교 종파. 현대 기술 문명을 거부하고, 보수적이며, 소박한 농경생활을 하는 것으로 많이 알려져 있다.

연을 보전하는 마음을 가진 많은 문화에서 찾아볼 수 있는 세대 간 형평성의 윤리를 상기시켰다. 요컨대, 개혁가들은 먹거리사슬의 다차원적 면모에 주목할 것을 요구한다. 활동가들은 우리가 지금 접시 위에 놓인 음식에 초점을 맞출 것이 아니라 그 음식이 여기까지 어떻게 왔고, 그 과정에서 누가 피해를 입었고, 그 식사가 미래에 더 큰 해를 끼칠 수 있는지에 대해 진지하게 생각하기를 바란다.

음식 행동주의 활동가들이 보기에, 윤리적으로 순결한clean 음식은 아무런 해가 없다. 순결한 음식은 이제 그런 매우 부정적인 속성을 뛰어넘어 미덕을 나타낸다. "우리의 존재는 먹는 것이 결정한다"면 ─그리고 더 나아가, 우리가 먹지 않는 것도 우리의 존재에 영향을 끼친다면─ 음식은 개인의 사회적 정체성과 사회적 구별을 알리는 수단이 된다. 개혁가들은 그 누구보다 더 차별적이지 않다. 모든 문화는 음식을 윤리적 대상으로 만든다. 특히 집단 구성원(순결한 음식)과 국외자(부정한dirty 음식)를 구분할 때 그렇다. 그러나 모든 문화가 오늘날 식품개혁가들이 사용하는 경제적, 사회학적, 정치적 도구로 무장되어 있는 것은 아니다. 그들은 대개 현대의 산업화된 먹거리체계에 대해 두 가지 우려의 목소리를 낸다. 한 목소리는 제품의 저급한 ─대량화되고, 평범하고, 단조롭고, 인공적이고, 이질적이고, 다양한 첨가물과 유독물질로 뒤범벅된─ 품질 자체에 대한 것이다. 다른 한 목소리는 제품이 어떻게 생산되는지와 관련이 있다. 대규모 기업의 농경, 가공 처리, 유통은 환경을 망가뜨리고, 농민·동물·노동자를 수탈하고, 멀리 떨어져 있는 국가들을 식민지로 만들고, 가난한 사람들의 정당한 몫을 빼앗아 부유한 소비자들에게 아첨한다고 주장한다. 요컨대, 사람들은 오늘날 음식을 신통치 않고, 인공적이고, 위험하고, 불공평하다고 생각한다. "우리의 존재는 먹는 것이 결정한다"는 견지에서 파악할 때, 오늘날 음식은 대체로 현대적 삶 그 자체를 부정적으로 반영하게 된다. 따라서 개혁가들은 우리를 미래를 향해 나아가게 하고 싶어 하지만, 대개는 거꾸로 근대 이전의 과거를 열정적으로 이야기하는 경우가 많다. 역설적 상황이 아닐 수 없다.[2]

그와 같은 과거에 대한 향수가 근대 시기 전반에 걸쳐 널리 퍼져 있었던 것은 아니다. 실제로 최근 역사의 대부분 기간, 풍요의 윤리cornucopian ethic─적은 돈으로 좀 더 많은 음식을, 무슨 수단을 써서라도 최대한의 생산을─가 대권을 장악했고 누구도 그것에 이의를 달지 않았다.[3] 풍요의 윤리를 따르는 낙관주의자들은 근대 과학과 산업의 도구들이 인류 역사의 적인 기아에 대항하는 가장 훌륭한 무기라고 믿는다. 이는 실질적 측면에서 기술 혁신, 영토 확장, 사업 합리화를 강조했다. 그 모든 것은 인구 증가보다 훨씬 더 빨리 농업생산성을 높이기 위해 서로 결합했고, 영국의 경제학자 토머스 맬서스가 《인구론》(1798)에서 예견했던 전 세계적 기근과 식량 전쟁을 막는 데 기여했다.[4] 산업식품의 생산 덕분에, 비관적 입장의 맬서스는 풍요의 윤리를 주창하는 철학자 마르키 드 콩도르세Marquis de Condorcet와 벌인 논쟁에서 적어도 초기에 몇 차례는 밀렸다. 콩도르세는 인간의 기술적 창의력을 통해 "아주 작은 땅에서도 매우 유용하고 양질의 식량을 엄청나게 많이 생산할 수 있을 것이다"라고 주장했다.[5] 그런데 맬서스에게는 사회주의적 무정부주의자 윌리엄 고드윈William Godwin이라는 또 한 명의 논쟁 상대가 있었다. 고드윈을 따르는 사람들은, 콩도르세가 주장하는 기술적 해결책만으로는 인류를 기아에서 완전히 해방시킬 수 없으며, 식생활 개혁(특히 자원집약적 고기 섭취를 줄이는), 탐욕 억제, 사회정의 추구 같은 인류학적 해결책이 병행되어야 한다고 주장했다. 고드윈 추종자들은, 소득과 권력의 근본적 재분배가 먹거리체계를 더 건강하고 평등하게 만들 것이라고 생각했다. 인구통계학자 조엘 코언Joel Cohen은 식량의 미래를 둘러싼 이 세 갈래의 논쟁을 다음과 같이 정리한다. 맬서스가 "더 적은 포크fewer forks"(인구 감소)를 주장하고 콩도르세가 "더 큰 파이bigger pies"(생산 증대)를 주장한다면, 고드윈은 "더 좋은 방식better manners"(민주사회주의)을 고취했다.[6] 식품개혁가들은 대개 윤리적으로 순결한 음식을 더욱 금욕적이고 평등적이고 "전통적인" 것으로 정의하면서 고드윈의 뒤를 따랐다.

풍요의 윤리를 따르는 사람들이 이 세 갈래 논쟁에서 기본적으로 패권을 장악하고 있지만, 그것에 반대하는 견해들이 더 크게 터져 나온 때가 여러 차례 있다. 여기서는 세 차례에 걸친 미국의 개혁 활동—앤드루 잭슨Andrew Jackson의 시대*(1830~1840년대), 혁신주의 시대(1890~1920), 반문화 시대(1960~1970년대)—에 초점을 맞출 것이다. 역사학자에게 당면한 문제는 그러한 격동의 시대가

* 미국 제7대 대통령인 앤드루 잭슨(재위 1829~1837)은 대통령에 당선된 뒤에 선거권을 확대하고, 공립학교를 보급하며, 농민과 중소기업가의 이익을 옹호하는 등의 민주주의 정책을 전개했는데, 이는 잭슨 민주주의Jacksonian Democracy라고 불린다.

어떤 맥락에서 생겨났는지를 알아내는 것이다. 활동가들이 더 거대한 사회변화를 이루는 수단으로 식품 개혁을 자극하고 추진할 수 있었던 동력은 무엇일까? 우리가 여기서 검토하고 있는, 일종의 선제적이고 미리 대책을 강구하는 책임 있는 식사를 위해서는 다섯 가지 전제조건이 있다.

첫째, 식량 공급 체계는 생산자와 소비자가 서로 잘 알지 못할 정도로 규모가 매우 커야 한다. 그런 "거리성distancing"은 제국주의 정복, 영토 확장, 도시화, 자본주의적 개발, 기술 발전 같은 것이 한데 모여 만들어진 결과일 수 있다. 식량 공급 사슬은, 최초의 근대 다국적 식품 대기업 가운데 하나인 영국동인도회사British East India Company에 관한 1701년 보고서에 나온 것처럼, 오랜 세월에 걸쳐 점점 확장되어 왔다. 이 기업이 이역 땅에서 벌인 혁신적 기업 활동과 준군사적 행위의 결과로, 풍족한 영국의 소비자들은 자신이 마시는 차가 어떻게 달콤해지는지, 자신이 마시는 와인의 원료인 포도가 어떻게 수확되는지에 대해 많이 생각할 필요가 없었다.

우리는 아리비아의 향신료를 맛보지만, 그것을 만들어내는 강렬한 태양은 결코 느끼지 못한다. 우리는 비단옷을 입고 환하게 빛나지만, 그것은 결코 우리 손으로 짠 것이 아니다. 우리는 빈야드Vinyard[스페인산 레드와인]를 마시지만, 우리가 가꾼 포도는 아니다. 금광 속의 보화는 모두 우리 것이지만, 우리 손으로 캐지는 않았다. 우리는 그저 대양을 가르고 나아가 세상 모든 나라의 수확물을 거두기만 할 뿐이다.[7]

그러한 원격성remotenesss이 경이롭고 유익한 것처럼 보일 때도 있다. 낙관주의자들이 주장하듯, 세상의 풍요에 접근할 수 있다는 것 더군다나 소비자의 입장에서 전혀 어떤 수고도 없이 그와 같이 할 수 있다면 그것은 일종의 특권이다.[8] 특히, 우리가 대단히 맛있는 고기를 먹을 때, 살아 있는 동물이 어떻게 크고 작은 살코기로 해체되는지 모르고 먹는 편이 오히려 편할 수 있다. 윌리엄 크로넌은 정육산업이 우리의 "망각"을 부추기며 실제로 그것을 기반으로 번창한다고 주장한다.[9] 농부시인 웬들 베리Wendell Berry에 따르면, 근대의 이상적 소비자란 "음식을 먹는 것이 농업적 행동임을 모르고, 음식을 먹는 것과 땅의 관계를 더는 모르거나 상상도 하지 못하고, 그래서 수동적이고 무비판적일 수밖에 없는 (…) 산업식품을 먹는 사람"이다.[10] 앤 빌레이시스Ann Vileisis가 《주방 리터러시Kitchen

Literacy》(2007)에서 말하는 것처럼, 그런 무지가 자라고 완성되기까지는 지난 200년 동안 기업가, 과학자, 교육자, 그리고 소비자 자신들의 노력이 필요했다.[11]

그러나 생산자로부터 소비자를 분리하는 일은 도덕적 공황을 불러일으키기에 충분할 정도로 소외되는 것처럼 보일 때도 있다. 이 세 기간 동안 식품 산업은 그때마다 범위와 구조를 새롭게 확대했고, 그것은 소비자와 노동자를 수탈하기 위해 새로운 규모와 익명성anonymity을 이용하는 탐욕스럽고 무책임한 기업가들에 대한 우려로 이어졌다. 앤드루 잭슨 시대에는 복잡한 도시의 식품시장과 상업 서비스 특히 음식점과 빵집의 성장이 그와 같은 우려를 더욱 부추겼다. 증기선과 운하는 동부 지방 제빵업자들이, 밀가루 제조에 더 책임감을 느낄 것이 틀림없는 인근의 제분업자가 아닌, 이름도 모르는 중서부 지방의 공급업자에게서 밀을 구매할 수 있게 만들었다. 그러한 상황은 "우리의 존재는 먹는 것이 결정한다"는 규칙에 따라 더 광범위한 사회적, 경제적 불행을 상징했다. 스티븐 니센바움Stephen Nissenbaum은 다음처럼 말한다. "가게에서 파는 빵은 앤드루 잭슨 식 시장 자체 다시 말해 얼굴 한 번 본 적 없는 사람이 제조하고, 보이지 않는 유독물질로 오염된 제품들로 가득한 과열된 혼돈의 장소를 상징하는 하나의 은유일 뿐이었다. 익명성은 음모를 조장했다."[12] 혁신주의 시대에는 미 대륙을 가로지르는 철도가 거대한 기업 "트러스트trusts"를 낳았다. 특히, 업턴 싱클레어의 《정글》(1906)을 통해 악명을 얻은 대형 정육업체가 대표적이다.[13] 1960년대, 가장 놀라운 멀어짐은 교외의 거대한 슈퍼마켓과 패스트푸드 체인의 발흥을 통해 완성되었다. 실제로 교외에 주택가가 형성되면서 농장들이 사라지고 "음식을 먹는 것과 땅eating and the land"의 관계가 더욱 멀어졌다. 그 상황을 가장 잘 대변하는 은유는 "비닐plastic"이다. 비닐은 음식뿐 아니라 공허하고 소원해진 교외의 중산계급 문화를 묘사할 때 자주 쓰였다.[14]

둘째, 멀어짐이 초래한 피해망상을 키우는 다양한 보고서·뉴스·논평 같은 활발한 지적 토양이 자신의 행동 때문에 일어날지 모를 눈에 보이지 않는 결과에 불안해하는 소비자들에게 경고한다. 세 시기는 저마다 매우 경쟁력 있는 뉴스 산업들—앤드루 잭슨 시대의 자극적이고 치명적인 "페니 신문penny press",*

---

* 19세기에 미국에서 처음 나온 값싼 대중지. 신문 가격이 1페니라고 해서 붙은 이름이다. 그때까지의 신문이 지식계급을 주 대상으로 해서 값도 비쌌던 데 비해 싸고 자극적이고 대중적 흥미를 끄는 기사에 중점을 두었다.

혁신주의 시대의 추문 폭로자 "황색 신문yellow press", 1960년대의 반란자 "지하 underground" 신문—이 있었다. 세상을 놀라게 하는 탐사보도는 속임수를 폭로하고 급진적 견해와 제안을 토해냈다. 이 기간에 저마다 꿈꾸는 이상향에 대한 실험들을 맘껏 펼칠 수 있었던 것은 결코 우연이 아니었다. 그와 같은 실험은 대부분 생산지에서 식탁까지의 거리를 줄이는 공동 식량 생산과 관련이 있었다. 그러한 실험적 공동체 가운데 살아남은 곳은 극히 드물었지만, 그들은 매우 영향력 있는 뉴스기사·회고록·소설·요리책들을 생산해냄으로써 더 많은 사람이 그것에 관심을 갖고 그것을 따라 하게 만들었다. 1840년대는 특히 그레이어마이트공동체Grahamite boarding-house*와 푸리에주의적인Fourieristic[공상적 사회주의적인] 브룩팜Brook Farm**과 오나이다Oneida***가 유명했고, 19세기 말에는 공동체 텃밭을 가꾸고 집안일을 공동으로 돌아가며 하는 내용의 대중적인 유토피아 소설들이, 1970년대에는 유기농 농장, 협동조합 상점, 자연식 음식점들이 인기를 끌었다. 가장 최근에 진행된 반문화 운동의 사회적 실험은 또한 매스컴을 통해 널리 알려진 유명 요리사들을 대량으로 배출했으며, 이들은 식량 생산의 지역적 특성을 되살려내고 먹거리사슬에 대한 친근감과 책임의식을 복원하는 구실을 했다.[15]

셋째, 역설적이게도 시기마다 옛날의 향수를 불러일으킨 활동가들은 근대적 먹거리체계의 잘못을 지적하는 소규모 지역 농민, 장인, 노점상들의 기억에서 이미 사라진 것처럼 보였던, 전통 음식을 현대적으로 되살려내어 새로운 전통 먹거리체계로 이상화했지만, 그들은 대개 필요한 영양소를 수량화하고, 신체를 과학적으로 조절·개량할 수 있는 기계처럼 생각하는 실증적 사고방식을 보여주었다.

* 실베스터 그레이엄 목사의 식이 개혁 운동을 따라 채식과 절주를 추구한 공동체.
** 미국 뉴잉글랜드를 기반으로 한 초월주의자transcendentalist들의 공산주의적 공동체(1841~1847). 미국의 유니테리언 목사 조지 리플리George Ripley와 그의 부인 소피아 리플리Sophia Ripley가 매사추세츠주 웨스트록스베리West Roxbury에 만들었다. 프랑스의 공상적 사회주의자 샤를 푸리에Charles Fourier의 이상을 따랐다.
*** 오나이다 커뮤니티[오나이다 공산촌]Oneida Community(1848~1881). 1848년 미국 뉴욕주 매디슨카운티 오나이다에 종교가 존 험프리 노이스John Humphrey Noyes가 세운 그리스도교적 공산촌. 인간이 죄 없는 완전성을 기하려면 그리스도 안에서의 사회적 공유 제도를 통해 이룩된다고 주장했다. 완벽주의자들Perfectionists이라고도 부른다.

많은 개혁가는 세계적 차원에서 미래의 식량 공급, 인구 증가, 유망한 경제 개발을 조심스레 추정한다. "세속적 도덕성secular morality"은, 인류학자 솔로몬 카츠 Solomon Katz가 주장한 것처럼, 신학이 아니라 통계가 그 지침이다.[16] 사람들을 위협해서 행동하도록 하기 위해, 이런 통계는 대개 매우 불안한 추세 특히 식품 관련 질병의 증가율이나 식량 수요의 증가에 비해 공급의 감소 현상을 시사한다. 비관적 추세의 달인인 맬서스주의자들은 여기서 이를 부추기는 역할을 한다. 그들의 끔찍한 예견은 미래에 대한 대중의 불안을 부채질해서 더 효율적이고 평등해 보이는 대안들에 대한 관심을 촉발한다.[17] 앤드루 잭슨 시대의 식품개혁가 실베스터 그레이엄Sylvester Graham은 두 권짜리 걸작 《인간생활의 과학 강의Lectures on the Science of Human Life》(1839)에서 "도정한" 흰 밀가루, 붉은 살코기, 알코올 원액이 영양이 부실한 도시 거주자들의 "결장結腸 무력증lazy colon"에 끼치는 악영향을 자세히 설명하기 위해 "화학과 물리학 교재"들을 자주 인용했다. 동시에 그레이엄은 값싼 밀에 대한 수요 때문에, 욕심 많은 농민은 연약한 토양을 황폐화(또는 "타락")시킬 수밖에 없고 따라서 후손들이 스스로 먹고 살 수 있는 능력을 위협한다고 주장함으로써, 맬서스주의자들의 아픈 데를 건드렸다.[18]

혁신주의 시대의 언론인 싱클레어는 사람들이 "신뢰trust"하고 있는 고기에 대한 자신의 비판을 뒷받침하기 위해 미생물·단백질·칼로리에 대한 최근의 영양학 지식을 총동원했다. 그의 공격은 곡물과 고기 공급의 미래에 대한 맬서스주의자들의 우려와 일치했다. 이러한 20세기 초 "비관론자들scarcity howlers"은, 도널드 워스터가 보여준 것처럼, 밀 경작자들이 서부 변방의 건조지를 개간할 것을 촉구했다.[19] 뒤이은 서부 대초원 더스트볼 지대의 생태계 파괴는 그레이엄 시기의 농업의 "타락debauchery"을 훨씬 뛰어넘었다—그리고 그것은 제2차 세계대전 이후 맬서스주의자들의 또 다른 예측으로 이어졌다. 이런 예측은 파울 에를리히Paul Ehrlich의 《인구 폭탄Population Bomb》(1968)과 윌리엄 패독William Paddock과 폴 패독Paul Paddock의 《기근—1975!Famine-1975!》(1967)에 나타난 극단적으로 음울한 인구통계학적 예측에서 정점에 이르렀다. 한편, 고드윈주의자 프랜시스 무어 라페Frances Moore Lappé의 《한 소행성을 위한 식습관Diet for a Small Planet》(1971)은 고기 섭취가 영양학적으로도 비효율적이고, 사회적으로도 불평등하며, 생태적으로도 재앙이라는 자신의 주장을 입증하기 위해 단백질 상보성[단백질 보충화]

protein complementarity*과 사료요구율feed conversion ratio**을 상세하게 계산했다. 더 최근 들어, 환경을 중시하는 음식 행동주의 활동가들은 "푸드마일"과 "생태발자국ecological footprint"***처럼 정교하게 계산된 환경지표들까지 고려대상에 넣었다. 이와 같은 "수용력"을 둘러싼 논쟁은 고드윈의 사위이자 시인 퍼시 비시 셸리Percy Bysshe Shelley에 의해 일찍이 예견되었다. 그는 1813년에 육식하는 사람들을 비판하면서 다음처럼 말했다. 그들은 "한 끼 식사로 1에이커 땅에서 나는 곡물을 먹어치움으로써 자신의 기질을 파괴"할 것이다. "도축된 황소 한 마리를 살찌우기 위해 [황소에게] 먹이는 영양가 높은 채소의 양은 그 소가 그저 생명을 유지하기 위해 대지의 한가운데서 풀을 뜯어먹을 때 양의 10배에 해당한다."[20]

넷째, 활동가들이 예상하는 것이 당연히 신뢰를 받기 위해서는 기초식품이 질적으로나 양적으로 어떻게든 위협을 받아야만 한다. 서양에서 이것은 전통적으로 소고기와 밀의 공급에 대한 우려를 의미했다. 그러한 걱정은 대개 잘 알려진 식품 오염 사례뿐 아니라 식품 가격의 상승 같은 형태로 개인의 먹고 싶어 하는 욕망에 직접 영향을 끼친다. 그레이엄이 가게에서 파는 흰 빵을 품위 없는 생명의 양식이라고 비판하면서, 근대적 도덕성의 폐단을 광범위하고 전면적으로 공격한 것은 결코 우연이 아니다. 반면에, 통밀빵은 매우 일관되고 낙관적인 사회질서를 상징했다. 식품노동자들의 정의를 찾기 위해 애쓰고 있던 싱클레어는 상징적으로, 때로는 실제로 그들을 산산이 갈아버리는 정육산업에 초점을 맞추었다. 라페도 마찬가지로 환경과 생태에 대한 광범위한 분석 과정에서 고기에 초점을 맞추었다.[21]

다섯째, 국내의 여러 불안정한 사정은 주요 식품에 대한 위협 의식을 심화하면서 사람들이 불안한 뉴스와 예측을 선뜻 받아들이게 한다. 국내의 정치적 추문, 경제 불평등 심화 조짐, 환경 재앙, 악천후, 이주민과 외지인들에 대한 문화적 불안 같은 것이 그러한 걱정거리라 할 수 있다. 그레이엄 시대에는 이런 두려움이 대개 급속히 성장하고 있던 도시들을 압도한 콜레라의 파도에 휩쓸렸다. 싱

---

* 여러 식품을 보충해 완벽한 단백질을 섭취하는 과정.

** 가축의 단위 체중 증가에 필요한 사료 섭취량.

*** 인간이 의·식·주 해결을 위해 각종 자원을 생산·유통·소비·폐기하는 과정이 자연 생태계에 미치는 영향을 토지 면적으로 환산해 글로벌헥타르gha란 단위로 나타낸 지수. 지수가 높을수록 생태 환경의 훼손이 심각함을 의미한다.

클레어 시대의 걱정거리는 이주민들(소설 속에 등장하는 리투아니아인 소시지 생산자를 포함해서)과 관련된 "병균germs"에 대한 두려움이었다.[22] 1960년대의 걱정거리는 점점 증가하는 종족 간 폭동, 환경오염, 반전 저항운동과 서로 뒤섞였다. 이와 같은 위기는 미래의 재앙을 막기 위해 무언가 중대한 조치가 이루어져야 한다는 활동가들의 주장에 절박감과 선교의 열정을 더한다. 소규모의 임시처방으로는 충분치 않을 것이다. 이런 종말론적 분위기는 《정글》, 《세상은 굶어 죽을 것인가?Will the World Starve?》, 《행군 중인 사막Deserts on the March》, 《분노의 포도Grapes of Wrath》, 《인구 폭탄》, 《기로에 선 인류Mankind at the Crossroads》, 《파마겟돈Farmageddon》, 《음식의 종말The End of FoodThe End of Food》, 《치욕의 수확Harvest of Shame》과 같은 자극적인 책 제목, 아울러 '타락debauchery', '독poison', '위험peril', '전염병plague', '생존survival', 그리고 정말로 '미래the future'와 같은 선정적인 단어들의 잦은 사용에 반영되어 있다.[23]

이와 같은 변수 가운데 많은 것이 맬서스 자신의 시대에 맨 먼저 왔다. 영국의 중산계급에 1790년대는 미래에 대한 우려가 매우 컸던 시기다―제임스 길레이James Gillray가 1795년 만평에서 "높은 세금, 군사적 패배, 식량 부족, 가난한 프랑스 성직자들의 유입으로 극도로 곤궁해진 옛 영국의 잔재마저 야금야금 갉아먹는 (…) 거대한 정치적 메뚜기"를 묘사한 것처럼.[24] 이러한 패턴은 여기서 논의된 다른 시기에도 반복되었다. 앞날에 대한 걱정이 격화되던 시기마다, 순결한 식사를 유지하는 방법에 대한 전형적인 이야기들이 묵었던 먼지를 털고 다시 전면에 등장하는 경향이 있다. 그런 사례는 많지만 여기서는 여덟 가지만 소개한다.

불매운동을 하는 사람은 목표를 정밀하게 조준해서 시위한다. 그들은 현재 매우 중요하지만 의심이 가는 음식에 대해서만 신중하게 막는다. 불매운동은 음식 전쟁의 스마트 폭탄smart bombs이다. 영어로 불매운동을 의미하는 "보이콧boycott"이라는 용어는 아일랜드 소작농들이 영국인 부재지주들의 혐오스러운 토지 관리인 찰스 보이콧Charles Boycott의 지시에 저항해 곡물 수확을 거부한 1880년대까지 없었다. 하지만 이와 같은 관행은 훨씬 오래전부터 있었다. 예컨대 미국의 혁명가들은 영국 차茶를 외면했고, 1790년대와 1830년대의 노예제 폐지론자들은 노예들이 생산한 설탕을 거부했다. 1980년대, 식품개혁가 그레이엄은 흰 빵, 붉은 살코기, 술을 소비자의 건강, 농장, 공공의 도덕성을 위협하는 식사의 오염물질로 비난한 것으로 악명을 떨쳤다. 혁신주의 시대의 일부 개혁가들은 가격 상승 특히 1906년 싱클레어가 발표한 폭로소설 《정글》에 잘 표현된 것처럼, 독점사업자의 탐욕, 노동자 착취에 반대하기 위해 고기 불매운동을 전개했다. 1960년대와 1970년대, 민권운동가들은 음식점을 포함해 각종 대중시설의 이용과 관련한 불평등한 인종차별을 겨냥한 한편으로 포도와 상추 불매운동에 대해서는 농장노동자들의 노동조합 결성을 지원했고, 반전 시위자들은 붉은 살코기를 가부장적 군사주의의 상징으로 보았다.[25]

회계사Accountant나 검소한 부모Frugal Parent 유형의 사례는 무책임한 행동에 대한 우려를 전달하기 위해 회계장부를 작성할 때 쓰는 용어를 채택한다. 소로의 칙령에 따라, 회계사는 모든 외부효과를 포함해 음식의 "실제비용true cost"을 계산·지불하려고 애쓴다. 근대적 방탕에 저항하는 검소한 부모는 절제를 가치 있게 생각하고, 늘 자신이 계산하고, 자신이 게으름뱅이로 취급받는 것을 끔찍이 두려워하고, 자식에게 빚을 물려주려 하지 않으며, 미래를 위해 저축한다. 세대 간 형평성을 유지하려 애쓰는 그들은 "우리는 코가 꿰었다. 우리는 중독되었다. 우리는 아이들 것을 도둑질하고 있다. 우리 것은 행운의 편지처럼 위험을 계속 후세에게 전가하는 경제다. 우리가 일찌감치 너무 후한 배당금을 받는 바람에, 우리 아이들은 자기네 우편함이 비어 있음을 알게 된다"라고 말한 환경운동가 데이비드 브라우어David Brower의 말에 동의한다.[26] 지속가능성—또 다른 경제적 은유—의 이상은 유전학자 에드워드 이스트Edward East가 1924년에 명확히 밝힌 바 있는, 땅에 대한 인간의 지혜로운 책무의 기저를 이룬다. "토양은 은행계좌처럼 다루어져야 한다. 적절한 농경으로 조심스레 아껴서, 기회가 날 때마다 예금해야 한다." 환경운동가 샌드라 포스텔Sandra Postel도 마찬가지로 1994년 "땅의 손익"을 평가하면서, "세계적으로 생태적 회계장부는 수입과 지출이 맞아떨어져야 한다"라고 주장했다. 이와 같은 회계 용어의 사용은 결국 금융시장 개혁 같은 식의 방안—더욱 "독립적인" 감시, 규제, 투명성, 신중한 투자—을 촉구하는 것으로 이어진다. 동시에, 냉철한 회계사는 낙관주의자들의 기술적 해결을 "훌륭한 장난감", "아이들의 소원 성취 환상", "헛되고 과도한 망상"으로 치부하며 그다지 신뢰하지 않는다.[27] 매우 "원숙한" 회계사는 결코 책상·서류·사무실로 가득한 화이트칼라 세상에서 낭만적 환상에 빠져 있을 그런 활동가 같은 사람이 아니다. 혁신주의 시대 미국농무부의 화학자 하비 와일리나 자유주의 소비자운동가 랠프 네이더Ralph Nader를 떠올려보라. 그러나 회계사 유형의 가장 가벼운 개혁 조치—토양 보전, 식품첨가물 목록 공개, 읽기 쉬운 식품 표시, 검증가능한 건강 정보—에도 격렬하게 반대하는 식품산업의 현실을 감안할 때, 그러한 조치가 비록 일부 혁명가들이 바라는 거대한 해일을 일으키지는 못할지라도, 정직한 중개인 한 명이 커다란 한 줄기 파도는 만들 수 있다.[28]

불매운동 시위자의 단편적 항의와 회계사의 샌님 같은 어설픈 개혁에 만족할 수 없는 생존주의자Survivalist는 단순히 특정 제품이 아닌 현대 문명 전체를 기피한다. 지구 종말의 아마겟돈에 맞서 몸을 웅크리고 버티는 형상은 디스토피아 소설과 주류 운동에서 쫓겨난 사람들에서 흔히 볼 수 있는 것이다. 생존주의자는 묵시문학[계시문학]에 뿌리가 있다. 그 출발점이라고 할 수 있는 고드윈의 딸 메리 셸리Mary Shelley의 소설 《프랑켄슈타인Frankenstein》(1818)과 《마지막 사람The Last Man》(1826)*에 나오는 소외된 영웅들은 황무지로 달아나 채식주의의 평화를 누리며 살 수 있었다. 처음부터 다시 시작하려는 이러한 결정은 성경에 나오는 노아의 방주 이야기에서도 그 뿌리를 찾을 수 있다.[29] 거기서 생존주의자는 인간의 진화를 압축해서 보여주며, 직접 수렵하고 채집하고 불을 사용하고 씨 뿌리는 법을 배운다. 1845년, 소로는 노예제 폐지 운동을 벌이다 소진된 몸을 이끌고 월든 호수 가로 내려가 평화로운 목가 생활을 누렸다. 혁신주의 시대에 야외 캠핑과 도보 여행의 유행은 어떤 의미에서 또 다른 형태의 생존주의자의 재탄생이었다. 1960년대 후반에도 일부 히피족들이 자신들의 반문화 "혁명"을 재가동하려는 절박한 마음에서 멘도시노Mendosino, 버몬트Vermont, 애팔래치아산맥의 황무지로 도피했다. 종말론적 사고가 만연했던 그 시기에 먹는 것과 관련된 조언에 당연히 많이 들어간 용어는 "생존survival"이었다. 예컨대 《지구백과The Last Whole Earth Catalog》에서는 일종의 자연식품 요리책인 《생존을 위한 방법Passport to Survival》을 추천했다. "여기에 수록된 응급상황 시 대응 절차와 예견은 대참사·재난·실업과 같은 사태가 발생했을 때 대처할 수 있도록 도울 것이다." 1968년,

* 국내에서는 《최후의 인간》(김하나 옮김, 아고라, 2014)으로 번역·출간되었다.

〈세상이 끝날 때까지 할 일What to Do Until the World Ends〉이라는 한 비주류 뉴스 칼럼은 다음처럼 조언한다. "잡초 먹는 법을 배워라 (…) (잡초도) 잘 조리하면 맛있게 먹을 수 있다. 그것은 다른 음식을 더는 구할 수 없을 때, 당신을 살릴 수 있다."[30]

나중에 생존주의자는 두 부류 곧 자작농과 공상적 공산주의자로 나뉜다. 자작농은 '마지막 사람'보다는 좀 더 진화한 형태로, 먹을 것을 찾아 쓰레기 더미를 뒤지고 다니던 것에서 안정된 자급농업으로 전환했다. 토머스 제퍼슨 식 농본주의의 주식, 자급자족의 윤리는 그가 말했을 때 이미 어느 정도 구식이었다. 제퍼슨은 세계시장에 벌써 깊숙이 연루되어 있었다. 제퍼슨은 농촌 자립을 칭송했지만, 자신은 노예가 기른 농산물을 먹고, 남은 곡물은 수출하고, 유럽산 와인과 진미들을 지나치게 많이 수입하는 바람에 가계가 파탄 날 지경이었다.[31] 앤드루 잭슨 시대에 그 이미지는 훨씬 더 구닥다리였다. 중산계급 결혼 가정에서 자란 그레이엄은 스스로 빵을 구워 먹었던 식민지 시대 강인한 어머니—많은 사람이 빵집에서 빵을 사 먹는 것에 반발해 과거를 향수하며—의 사라짐을 애통해했다.[32] 혁신주의 시대는 또한 귀농운동이 활발히 전개되었는데, 그것은 특히 주류 사회에서 따돌림 받던 도시의 지식인 앨런 니어링Allan Nearing과 스콧 니어링 Scott Nearing 부부의 마음을 사로잡았고, 그들은 마침내 1920년대의 급진적 정치 활동을 접고 [미국 동북부 끝에 있는] 메인주로 내려왔다. 채식주의를 실천하는 그들의 자급자족 생활 실험을 기록한 《좋은 삶 살기Living the Good Life》(1954)*는 《뉴스위크Newsweek》에서 1960년대 말 반문화 열풍이 불었던 "도시에 지친 사람들의 바이블"이라고 부를 정도의 호평을 받았다.[33] 결국 그런 나이 든 히피족 가운데 일부는 2000년대 초 유기농 농산물과 고기 수요가 다시 늘어나면서 돈을 벌 수 있을 때까지 오랫동안 농촌에서 살았다. 그 대표적 인물이 마이클 폴란의 《잡식동물의 딜레마The Omnivore's Dilemma》(2006)에 나와서 유명인사가 된 복음주의적 자유의지론자인 농민 조엘 샐러틴Joel Salatin이다.[34]

공상적 공산주의자는 집단화된 자작농이다. 현대 세계로부터 버림받은, 뜻이

---

* 국내에서는 《조화로운 삶》(류시화 옮김, 보리, 2000)으로 번역·출간되었다.

비슷한 망명자들의 집단은 다가올 폭풍에서 살아남은 뒤, 날씨가 개면 새로운 성장의 온상 구실을 할 수 있는 대안적 공동체를 세우려 한다. 앞서 살펴본 것처럼, 시기마다 매우 빠르게 이상적 공동체가 만들어졌고, 그 공동체들의 소식과 식생활도 활자를 통해 빠르게 전파·보급되었다. 그러한 모델은 이미 "모든 사람의 시선"을 사로잡을 모범적인 "언덕 위의 도시City on a Hill"를 세우기 위해 청교도들이 스스로 부여한 "황야로의 심부름[사명]errand into the wilderness"에서 명백한 선례를 찾아볼 수 있다.[35] 싱클레어는 《정글》을 출판해 번 돈으로 금욕 생활과 채식주의를 실천하는 이상적인 농촌 공동체에 자금을 지원했다.[36] 페미니즘의 이상을 추구하는 일부 공동체 또한 남편과 자식을 위해 모든 고기, 빵, 후식을 일상적으로 절제하는 가난한 가정에서 흔히 볼 수 있는 자기희생의 모델에 기반을 두었다. 예컨대 샬럿 퍼킨스 길먼Charlotte Perkins Gilman의 소설 《허랜드Herland》(1915)*에 등장하는 여성들은 그들이 "본능"적 "모성애Mother Love"—"한없는 자매애, 폭넓고 일관된 봉사", 개인의 이익을 넘어 사회적 요구에 부응하게 하는 여성의 내면 깊숙이 자리 잡은 이타심—라고 부르는 것으로 뭉친, 생태계를 보살피는 채식주의 공동체를 만들었다.[37] 부엌으로부터의 해방을 추구하는 일부 페미니즘 공동체는 알약음식물mealpill, 에테르 영양식, 인스턴트 식사, 인조 갈빗살 같은 가사노동을 줄여주는 현대 식품공학의 혼합물을 환영했다. 메리 E. 브래들리 레인Mary E. Bradley Lane의 질겁할 내용의 소설 《미조라Mizora》(1880)에 등장하는 여성들은 화학물질로 살균 처리 되고, 완벽하게 "균형 잡힌" 영양을 제공하고, 요리하기 쉬운 "화학적으로 조리된 고기"를 먹었다. 심지어 소설에는 남성들이 존재하지 않기 때문에 가정주부들은 남편을 위해 정성 들여 식사를 준비할 필요도 없었다.[38] 그러나 대부분의 이상향은 신전통주의neotraditional를 추구하면서 다양한 통곡물을 주식으로 했다. 남자들이 부엌에서 빵을 굽는 모습을 볼 때도 가끔 있지만, 대부분의 공동체는 [미국 교육가·사상가] 아모스 브론슨 올컷Amos Bronson Alcott이 세운 이상적 공동체 프루트랜즈Fruitlands의 생활 방식을 따랐다. 그곳에서는 올컷의 아내와 딸들이 주로 조리하고 텃밭을 가꾼 반면에, 남자들은 "농작물

---

* 국내에서는 《허랜드: 여자들만의 나라》(황유진 옮김, 아고라, 2016)로 번역·출간되었다.

을 재배하는 것보다 대화를 나누며 관계를 구축하는 일에 대부분의 시간을 보내는 경향이 있었다."[39] 수많은 공동체 실험이 와해된 가장 중요한 원인은 바로 이와 같은 젠더 불평등 때문이었다.

설립자의 포로가 된 이상향들도 있었다. 이런 이상향이 본디 의도한 것은 함께 결정하고 함께 행동하는 공동체 생활 방식이었지만, 대부분의 유토피아는 비범한 정신적 매력을 지닌 한 개인에 의해 영감을 받고 관리되었다. 이러한 지도자들은 대개 요기Yogi—먹는 것과 관련해 강력한 영향력을 끼치는 개혁가의 또 다른 원형—들처럼 그들의 공동체가 더 오랫동안 유지되고 더 빛나게 했다. 강인하면서도 당당하게 마른 몸매의 요기는 음식을 초탈하거나 적어도 음식 너머에 있다. 요기는 음식을 단순히 살기 위해서도 먹고, 아끼고 소중히 여기는 책임감과 경외심, 심사숙고하는 마음으로도 먹는다. 요기는 거리성, 식탐, 탐욕, 낭비에 전혀 구애받지 않으면서, 먹는 것을 마음대로 능수능란하게 다룰 줄 아는 사람이다. 올컷의 이상향 프루트랜즈는 완전채식주의를 엄격하게 지켰다. 비록 그 공동체는 실패했지만, 올컷의 채식주의를 기반으로 하는 초월주의는 지식인과 급진주의자 세대에게 큰 영향을 끼쳤다. 수많은 혁신주의 활동가도 그레이엄의 카리스마 넘치는 사도들인 존 하비 켈로그John Harvey Kellogg와 호레이스 플레처Horace Fletcher가 전파한 금욕적 자기 수양을 따랐다. 그들의 노력은 싱클레어가 헬리콘홀Helicon Hall이라는 협동조합 형태의 공동체가 실패로 끝난 직후에 쓴 《금식 요법 The Fasting Cure》(1911)이라는 적절한 제목의 책을 통해 대중에게 널리 알려졌다.[40] 1960년대에 젊은 급진주의자들은 일본인 철학자 조지 오사와George Ohsawa[사쿠라자와 유키카스櫻澤如一]와 미치오 쿠시Michio Kushi[구시 미치오久司道夫]가 주창한 "매크로바이오틱macrobiotic"* 식단을 통해 마음의 평화와 불굴의 의지를 발견했다. (이전 초월주의자들과 연결된 미국의 급진주의자들은 아시아의 이념과 식이요법을 소중하게 여겼다.) 대량으로, 빨리, 쉽고, 무심하게 생산된 것은 무엇이든 가차 없이 반대함으로써 음식의 즐거움을 다시 느끼게 하려는 슬로푸드 운동도 반요리 countercuisine에서 왔다. 1971년, 성공한 히피 공동체 가운데 하나인 더팜The Farm

---

* 동양의 자연사상과 음양원리에 뿌리를 두고 있는 식생활법. 신토불이身土不二, 일물전체一物全体 등의 원칙을 지키며 유기농 곡류와 채식을 중심으로 먹을 것을 권한다.

의 지도자 스티븐 개스킨Steven Gaskin은 〈느긋해지는 법How to Slow Down〉이라는 짧은 시에서 이러한 사색적 철학을 표현했다. "어딘가 자그마한 땅 한 뙈기 찾아, 당근 씨 한 알 심는다. 이제 앉아서 그것이 자라는 모습을 지켜보네. 그것이 다 자라거든 뽑아서 먹으리."[41] 개스킨의 아내 이나 메이 캐스킨Ina May Gaskin이 그녀의 인기 있는 가정 출산 지침서 《영적 산파술Spiritual Midwifery》(1977)에서 비슷한 요가 철학의 원리를 적용한 것은 우연이 아니었다.[42]

역설적이게도, 이와 같은 명상적 태도는 개혁가들을 쾌락주의 예술가Pleasure Artist들이 취하는 공공연한 쾌락에 탐닉하는 생활 방식으로 이끌기도 했다. 완벽하게 절제된 삶을 산 그레이엄이나 싱클레어 같은 개혁가가 있다면, "빌붙어 먹고 사는 사람들의 왕자prince of spongers"라 불리던 사교술이 뛰어난 고드윈이나 "욕망의 시인poet of the appetites"이라 불리던 관능적인 M. F. K. 피셔 같은 개혁가도 있다.[43] 이러한 요기의 도시 사촌city cousin에게 잘 먹고 잘 마시는 것은 가장 훌륭한 복수—터무니없이 과도한 우아함, 현대적 무미건조함, 특히 미국 대중문화에 다양하게 내재하는 천박함에 대한 개인적 반항 행위—다. 따라서 쾌락주의 예술가는 "생존"이라는 말을 요기의 "살기 위해 먹는" 절제된 의미에서, 너무 과도하지는 않을지라도 자신의 경제적 범위 안에서 "먹기 위해 사는" 다소 방종한 의미로 확대한다. 레베카 스팽은 프랑스 레스토랑이 18세기 후반 귀족들의 퇴폐에 대한 혁명적 반발 즉 민중이 "원기를 회복시켜주는" 부용bouillon 수프를 비롯해 훌륭하고 건강한 음식을 맛볼 수 있는 평범하고 민주적인 장소로서 "창조되었다"고 주장했다.[44] 이와 같은 민주적 기풍이 낳은 프랑스 작가 장 앙텔름 브리야-사바랭은 균형, 수양, 인간적 즐거움의 과학으로서 "미식"을 주장했다. 그것은 상대적으로 비공식적이고 가식 없는 자리에서 고급 요리를 대접하려 했던 제퍼슨이 열정적으로 추구했던 삶의 자세로 가히 "공화주의자의 소박성republican simplicity"이라 부를 만하다.[45]

19세기 낭만파 시인과 라파엘전파Pre-Raphaelites 화가, 그리고 대식가gourmand들에 의해 처음으로 명확하게 표현된 자유분방한 예술가들 사이에서의 세련된 취향의 보존은, 급격하게 커지고 있던 부정직한 공장식품 체계로부터 민중을 떼어놓거나 적어도 보호하고, 바라건대 그 체계를 더욱 견고한 공예("장인적") 기반의 체계로 돌려놓기 위함이었다. 윌리엄 모리스의 권위 있는 소설 《유토피아에서 온 소식News from Nowhere》(1890)*에서는 종말론적 세계관을 벗어난 사회주의자들이 생기 넘치는 농민들의 음식(농가에서 반드시 먹는 통밀빵 덩어리를 포함해)과 그림 같은 신新중세풍의 환경에서 건강한 성생활을 즐겼다.[46] 요리의 정통성과 대중적 다양성의 추구는 도시의 혁신주의자들을 이주민들이 모여 사는 빈민촌의 싸구려 "이국적" 레스토랑 특히 리틀 이탈리아Little Italy**의 "스파게티 조인트spaghetti joint"와 차이나타운의 "찹수이 하우스chop suey house"로 이끌었다.[47] 반反요리는 "소수민족" 음식에 대한 이런 친밀감과 "지역적"인 것의 부활에 대한 관심을 결합시켰다. 앨리스 워터스는 버클리의 히피족과 반전 활동가들을 위해 최초로 엘리자베스 데이비드의 "농민"의 조리법으로 음식을 만들었다.[48] "맛있는 혁명delicious revolution"을 신봉하는 워터스는, 앤아버와 버클리의 좌파 학생 거주지에서 미식가 경력을 시작한《뉴욕타임스》음식비평가이자《미식가》지 편집자 루스 라이설이 그랬던 것처럼, 19세기 초 자유분방한 예술가풍의 살롱에서 안식을 느꼈을 것이다. 마찬가지로, 카를로 페트리니 같은 이탈리아 공산주의자들도 정치적 저항을 "미각 교육taste education"과 지역 진미 보존에 전념하는 슬로푸드 운동으로 전환시켰다.[49] 음식이 좋을수록 과식 욕구가 줄어든다는 믿음은 모든 쾌락주의 예술성에 공통적으로 나타나는 현상이었다. 거꾸로(그리고 반직관적으로) "산업식품을 먹는 사람들industrial eaters"은 진짜real 음식의 맛을 음미하거나 이해하지 못하고 그저 배만 가득 채웠다. 19세기 초 부용 수프를 파는 레스토랑이든 20세기 말 누벨퀴진을 파는 비스트로 같은 작은 식당이든, 간소하지만 맛있는 식사는 자유분방한 쾌락주의와 평등과 금욕을 추구하는 이상주의 사이의 충돌을 줄이는 것처럼 보였다. 요컨대, 쾌락주의 예술가도 요기와 마찬가지로 도덕적으로 군살이 없었다.

이처럼 요리와 관련된 급진주의culinary radicalism는 대개 사회주의적 평화주의 socialist pacifism와 관련이 있었지만, 또 다른 개혁가의 원형인 애국자Patriot 유형도 주목할 필요가 있다. 일반적으로 전쟁 시기에 빛을 발하는 애국자는 조국 수호

---

* 국내에서는《에코토피아 뉴스》(박홍규 옮김, 필맥, 2004)로 번역·출간되었다.
** 미국 뉴욕주 뉴욕의 로어 맨해튼Lower Manhattan에 위치한, 이탈리아계가 많이 거주하는 지역. "리틀 이탈리[이탈리]"라고도 한다.

전쟁에 참전하기 위해, 때로는 희생당한 민간인 협력자들을 위해 자기 가정을 희생할 수 있다고 생각한다. 애국자는 전쟁 시기에는 모든 물자가 부족하기에 절약과 가계생산home production이 중요하며, 그야말로 "살기 위해 먹는" 윤리에 딱 들어맞는 최첨단 군용식량에 관한 연구가 필요하다고 주장한다. 두 차례의 세계대전은, 하비 리벤스테인과 에이미 벤틀리가 제시한 것처럼, 금욕적 능률성을 지지하는 사람들에게 기회를 주었다.[50] 1917년 뉴욕주 보건당국에서 내건, 한 포스터는 "음식을 남기지 마세요"라고 촉구했다. "먹을 만큼만 담아가세요. 유럽에서는 지금 수천 명이 굶어 죽고 있습니다." 애국자들을 향해 좀 더 적극적으로 조언하는 포스터도 있었다. "옥수수, 귀리, 호밀을 더 많이 드세요. (…) 우리의 군대와 동맹군을 위해 밀, 고기, 설탕, 지방 식품의 섭취는 줄이세요."[51] 식량 절약과 검소한 생활에 대한 호소가 전쟁 중에는 지지를 얻지만, 전쟁 뒤에는 그 열기가 금세 사라지기 마련이었다. 제1차 세계대전 중에 굶주림에 시달리는 벨기에인과 아르메니아인들에게 식량을 공급하기 위해 처음 시작된 "음식 남기지 않기 운동Gospel of the Clean Plate"은 1950년대 풍족하고 기름진 식사를 즐기던 사람들에게, 비록 아시아나 아프리카의 기근 소식들이 중산계급 거실에 흘러들 때마다 음식물 낭비에 대한 경계심을 불러일으키기는 했지만, 그다지 큰 호소력이 없었다.

1960년대와 1970년대 일부 히피 식품개혁가들은 각종 권리, 평화, 정의의 혁명적 투쟁을 위해 호전적 수사법을 다시 사용했다. 한 비주류 신문의 음식 칼럼은 "백색식품*을 먹지 마라. 올바른 식사를 위해 싸워라!"라고 강력히 충고했다.[52] 이런 호소는 일찍이 싱클레어가 간소한 음식, 금주, 그리고 오랜 사회주의 "투쟁"을 구체적으로 실천하는 가장 좋은 방법으로서 플레처리즘Fletcherism**("음식을 남김없이 깨끗이 먹는 고상한 과학the noble science of clean eating")을 지지했던 것과 맥을 같이하는 것이었다.[53] 최근 들어 일부 로컬푸드 지지자들은 9·11테러 이후 국가주의와 관련된 국가 안보 문제를 자신들의 주장을 펼치는 데 이용했다. 예컨대 "국토 안보Homeland Security"라는 제목이 붙은, 한 광고는 "로컬푸드를 사라. 그것이 중요하다Buy Local, It Matters"라는 건조한 설명 문구만 단 채로 농장 도로변 토

---

* 흰쌀, 흰 밀가루, 흰 설탕, 흰 소금, 흰 조미료와 같이 가공 정제 처리를 한 백색의 식품.
** 배고플 때만 소량의 음식을 꼭꼭 씹어 먹는 식사법.

마토 가판대를 묘사했다. 제임스 몽고메리 플래그James Montgomery Flagg가 제1차 세계대전 당시 신병 모집용으로 그린 엉클 샘Uncle Sam(1916)이 손가락으로 정면을 가리키는 모습 아래에 캡션으로 달린 "나는 당신을 원한다I Want You"는 문구를 "로컬푸드를 사라"로 바꿔 만든 포스터는 전쟁 시기의 선전선동을 더욱 떠올리게 했다. 이처럼 은연중에 전쟁 시기를 암시하는 것들의 완결판은 지속가능한 자연식을 널리 알리는 데 전념한 새로운 클린앤클리너플레이트 클럽Clean and Cleaner Plate Club이었다.[54]

이와 같은 다양한 행동주의 방식에 대한 평가는 역사 기록이 엇갈린다. 불매운동은 어쩌면 가장 성공적이라고 볼 수 있지만 산발적이고 일시적이다. 때로는 특정 범주의 모든 음식 심지어 윤리적으로 생산된 식품들(사과 성장억제제 에일라Alar, 시금치, 포도)도 불매 대상으로 삼기 때문에 충분히 정밀하지 못할 때도 있고, 반대로 지나치게 범위를 정밀하게 잡는 바람에 대상을 부당하게 구별할 때도 있다. 예컨대 노예가 생산한 설탕은 안 되고 남미의 일용노동자가 생산한 설탕은 된다거나, 강제로 사료를 먹인 거위의 간은 먹으면 안 되면서 같은 방식으로 키운 닭의 간은 먹어도 된다는 식이다.[55] 장기적으로 볼 때, 불매 대상 목록에 오르내리는 것들을 계속해서 기록하기는 쉽지 않다. 베이비 붐 세대* 노인들은 대개 농장노동자들과 연대하기 위해 지금도 여전히 캘리포니아산 아이스버그 상추iceberg lettuce**와 생식용 포도에 대해 불매운동을 한다. 하지만 그 운동은 오래전에 공식적으로 끝났다. 2010년 1월, 영국의 비영리단체 윤리적 소비자Ethical Consumer 웹사이트는 50개가 넘는 "진보적" 불매운동을 열거했는데, 그 대부분이 식품이나 동물과 관련된 것들이었다.[56] 그 불매 대상에 포도나 시금치가 포함되어 있지 않다는 사실은 농장노동자조합의 노동운동이 어느 정도 성공했음을 보여준다. 물론 농장노동자는 아직도 먹거리사슬에서 가장 많이 착취당하는 부분으로 남아 있다.

그러한 불의와 불평등의 지속은 또한 점증적이고 순차적으로 조정해나가는 방식을 추구하는 회계사 방식의 약한 고리가 무엇인지를 가리켜준다. 대개 규제

---

* 미국의 베이비 붐 세대는 1946년에서 1965년 사이에 출생한 사람들이다.
** 잎이 딱딱하고 공처럼 도르르 말려 있는 상추.

를 통한 개혁은 가장 뛰어난 회계사, 변호사, 광고전문가를 고용할 수 있는 대기업들에 유리한 쪽으로 마무리되기 마련이다. 예컨대 혁신주의 시대에 소비자운동가consumerist들의 시장에 대한 신뢰 요구로 가장 큰 혜택을 입은 쪽은 가장 믿을 수 있고 "신선한" 식품을 파는 곳으로 홍보될 수 있는 전국적인 브랜드를 가진 대기업들이었다. 따라서 싱클레어가 기업의 책임과 식품 안전성을 요구했던 운동은 본디 의도한 바와 정반대로 먹거리체계의 중앙 집중화를 가속화했다.[57] 1990년대 안전한 해산물을 위한 엄격한 규제가 대형 해외 생산자들에게 이익을 안겨준 것처럼, 연방정부의 규제 또한 유기농식품 산업의 합병을 촉진했다.[58]

소비자본주의consumer capitalism는 비주류의 획기적 혁신을 흡수할 줄 아는 뛰어난 능력이 있다. 특히, 자유분방한 예술가는 미지의 변경 지역에서 나오는 신선한 아이디어에 목마른 대기업들이 소비자들의 요구를 들을 수 있는 독립된 정보 수집처 역할을 오랫동안 해왔다.[59] 제너럴밀스는 재빠르게 반문화식 그래놀라와 요구르트를 네이처밸리Nature Valley 그래놀라와 요구르트 아이스바로 재탄생시켰다.[60] 마찬가지로, 자유분방한 예술인들이 모이는 레스토랑은 도시 변두리 지역의 젠트리피케이션의 선봉장 노릇을 한다. 일단 언더그라운드 카페나 화랑이 나타나기 시작하면, 곧이어 버려진 공장들이 값비싼 "잡화 전문쇼핑몰"로 개조된다. 토지 투기자들이 볼 때, "전위예술"은 "부동산 호황"의 전조를 의미한다. 이는 히피 협동조합이나 공동체가 생겨나기 오래전부터 있었던 일이다. 1890년대 값싼 "스파게티 조인트"에 출입하던 진보적 생각을 가진 고객들은 허름한 이주민 거주지를 1920년대에 이르러 최신 유행하는 자유주의 사상이 넘실대는 구역으로 전환시켰다. 갑자기 경제가 급성장한 미시건주 배틀크리크Battle Creek에서, 아침식사용 시리얼 산업이 켈로그 형제[윌 키스 켈로그Will Keith Kellogg, 존 하비 켈로그John Harvey Kellogg]의 초창기 개혁적 실험을 통해 어떻게 번창했는지를 눈여겨보라. 또한 1980년대에 그레이엄의 식이요법을 따르며 갑자기 생겨난 수많은 그레이엄 공동체가 오늘날 어떻게 새로 단장된 "빅토리아 시대" 동네의 "아침밥을 제공하는 간이 숙박bed and breakfast"*으로 명맥을 유지하고 있는지도 궁금하다.

---

* 아침식사로 지역적 전통음식을 제공하고 가정적 분위기를 창출하는 토속적 운영 방식의 숙박 형태. 비앤비.

많은 음식 남기지 않는 방식은 사람들을 설득하거나 상업적으로 이용될 때 말고도 또 다른 중대한 어려움에 봉착한다—바로 상황이 바뀔 때다. 위기가 끝나거나 상황이 새로운 국면으로 이동할 때 절박감은 약해진다. 전쟁은 결국 끝나고, 전쟁의 도덕적 노력도 끝난다. 그런데 오히려 미국은 이라크를 침공한다. 그리고 아프리카에서 일어나는 식량 폭동은 이제 더는 뉴스가 아니다. 미국농무부는 일부 규제 법안을 만지작거리고, 곡물 비축량은 증가한다. 식량 가격은 안정세를 유지하고 심지어 하락하기까지 한다. 식량 공급이 지난 200년 동안 인구 증가를 추월했다는 사실을 안다면 맬서스는 큰 충격을 받을 것임에 틀림없다. 여러 조건이 바뀌고 예측하기 어려운 상황이 전개되면서 우리는 끊임없이 충격을 받는다. 인생도 변한다. 사람들은, 체코 사람 밀란 쿤데라Milan Kundera가 "참을 수 없는 존재의 가벼움"이라고 부르는 것처럼, 바람이 불면 항로를 벗어난다. 그들은 겁에 질리고 연민을 느끼거나, 특히 먹고살기 위해 너무 열심히 일하는 것에 지친다. 생계 부담감이 수그러들 줄 모르고 지나치게 따분하게 이어질 수 있기 때문이다. 생계를 꾸려나가는 일은 싫증이 난다. 요리사는 자신의 집이 아닌 곳에서 음식을 만들기 시작한다. 생존주의자는 시카고의 법학대학원으로 돌아가기로 결심한다. 자작농은 인생이 짧다는 것을 깨닫고 자신의 낙농장을 웨스트팜비치*의 한 콘도와 맞바꾸기로 한다. 양심적 소비자는 농산물직매장에서 자신들이 먹는 식품을 생산하는 데 들어간 "실제비용"을 지불하기보다는 자식의 교육비를 저축하기 위해 월마트에서 파는 값싼 식품을 산다. 이상향 공동체의 설립자는 지나치게 많은 동지와 함께 숙식을 같이하는 바람에 모든 것이 무너져 내린다. 요기는 트라이베카**에서 고급 퓨전요리 전문 비스트로를 개점한다. 음식 사업은 이러한 이야기들로 가득하다.

문화적 급진주의cultural radicalism에 내재하는 이와 같은 약점과 모순을 생각할 때, 우리는 사회적 책임을 생각하는 식사 방식을 가로막거나 그것을 훨씬 더 복

---

* West Palm Beach. 미국 플로리다주 팜비치카운티에 있는 휴양지 도시. 여기서는 구체적 지명이 아닌 상징적 의미로 쓰였다.
** Tribeca. 미국 뉴욕주 맨해튼의 유명 맛집들이 밀집해 있는 구역. 여기서는 구체적 지명이 아닌 상징적 의미로 쓰였다.

잡하게 만드는, 매우 강력한 신념체계와 제도들이 있다는 것을 명심할 필요가 있다. 오늘날 소비문화는 풍요와 선택의 자유 특히 맛과 편의성으로 음식을 고를 자유를 중요하게 여긴다. "우리의 존재는 먹는 것이 결정한다"는 구호는 현대식 식생활을 공격할 때도 사용될 수 있고 방어할 때도 사용될 수 있다. 〈파사이드Far Side〉라는 만화에서 "우리의 존재를 먹는 것이 결정한다면, 나는 빠르고 값싸고 쉬운 존재다"라고 비꼬자, 또 다른 유머 작가는 그것을 "우리의 존재를 먹는 것이 결정한다면, 나는 끝내주게 달콤한 사람이다"라고 바꿔 말했다. 현대 문화는 또한 각종 통계를 중시하며, 거대한 관료체계를 만들어 통계 작업을 수행하고 그것을 통해 패권 강화를 촉진한다. 수치numbers는 양날의 칼이다―그것이 공포를 불러일으키기도 하고, 누그러뜨리기도 하기 때문이다. 미국에서 이런 패권적 하부구조는 오래전부터 미국농무부와 거기서 토지를 무상으로 불하받은 대학들의 중심에 있었다.[61] 미국농무부가 실제로 워싱턴몰Washington Mall에 있는 유일한 정부부처이며, 그곳의 바로 인근에 신고전주의 양식의 워싱턴기념비Washington Monument가 있다거나, 농무부의 본관 건물이 많은 농업학교처럼 고대 사원을 본떠 지어졌다는 사실은 결코 우연이 아니다. 이러한 성지들에서 배출된 많은 가정학자, 농학자, 과학기술 관료가 능률[성]의 복음[능률주의]gospel of efficiency을 설파한다. 여기서 음식을 남기지 않고 먹는다는 것은 산업용 단일경작의 깨끗한 밭에서 재배된, 잘 균형 잡힌 여러 영양소의 집합을 의미한다. 그리고 그들은 계산을 해서 맞지 않으면 언제나 조소를 보낸다. 그들이 주장하는 지배적 가설에 의문을 제기하는 사람이 있으면, 그런 양심적 소비자를 엘리트주의자elitist니 괴짜eccentric이니, 광신자cultist니, 불길한 예언자Cassandra니, 나약한 친불파Francophile니, 식품 경찰Food Police이니 하면서 문화적 조롱 장치로 고삐를 쥔다. 히틀러로의 환원Reductio ad Hitlerum*은 "음식광food nut"을 공격하는 사람들이 특별히 즐겨 쓰는 말이다. 급진적 비판의 많은 요소―맬서스주의의 논리적 기반, 공중보건 지향, 채

---

* 상대방의 의견이나 주장을 모두 히틀러[좀 더 넓게는 나치주의]로 환원/귀류歸謬시키는, 그리고 그 환원을 통해 상대방의 의견이나 주장을 반박·반대하는 것은 궤변이자 오류라는 의미. 예컨대, "히틀러는 채식주의자였다. A는 채식주의자다. 그러므로 A는 나치다"라는 식이다. 독일 태생의 유대계 미국 정치철학자 레오 스트라우스Leo Strauss(1899~1973)간 만들어낸 용어다.

식주의자의 자연 회귀에 대한 편견—가 어떻게 나치즘 특히 "히틀러는 채식주의자였다Hitler was a vegetarian"는 상투적 문구에 뒷덜미가 잡혀 있는지 안다면 깜짝 놀랄 것이다.[62]

양심적 소비의 성과가 불확실한 상황을 감안할 때, 음식 남기지 않기 운동이 근본적 정치 변화를 낳을지에 의문을 제기하는 것은 합당하다. 한 끼 식사에도 사회적 책임의식을 느끼려 애쓰는 것은 맞는 것일까? 당연히 그렇다. 그러한 행동의 결과를 알기에, 그처럼 훌륭한 행동을 없던 일로 되돌리기는 어렵다. 하지만 그것은 과연 올바른 **방법**strategy인가? 개인의 변화가 마침내 더 광범위한 정치적 변화를 낳을까? 자발적으로 그와 같은 운동에 참여하는 것만으로도 충분히 자기 역할을 했다고 자족하며 스스로를 기만하기는 쉽다. 그러나 개인이 책임 있는 소비 활동을 아무리 열심히 한다고 해도, 기아 현상은 끊이지 않고, 식품노동자들은 착취당하고, 지구온난화는 빠르게 진행된다. 요컨대, 사회변화를 꾀하는 일이 개인의 우아한 행동을 모두 합한 것보다 훨씬 더 많은 것을 바꾼다.[63]

정치 문제는 제쳐두고, 먹거리체계를 바꾸는 것만 생각해도 충분히 어려운 일이다. 폴 로진의 주장에 따르면, 가장 효과적인 행동 변화는 고기든 설탕이든 통조림수프든 건강에 좋지 않다고 생각되는 식품에 대해 적극적이고 지속적으로 역겨움을 느끼게 하는 것들이다.[64] 모든 것을 고려할 때, 아마 가장 효과가 큰 것으로 입증된 음식 남기지 않기 운동 방식은 불순하고 이질적인 것에 대한 혐오감을 내면에 각인하는 데 매우 효과적인 정통파 신학orthodox theology과 토착주의nativism*에 뿌리를 두고 있다. 그러나 이러한 방식 가운데 어느 것도 자유 인본주의liberal humanism**나 학문적 진리 탐구와 양립할 수는 없어 보인다. 역사학자들은 아마도 슬로푸드와 같은 인근 지역 음식만을 먹는 사람들이 만들어진 전통을 노골적으로 주장하는 것을 그냥 지켜보거나 받아들이기 어려울수도 있다. 어쩌면 그레이엄이 했던 것처럼, 정의로운 빵을 구워주던 식민지 시대 어머니들에 대

---

* 한 사회의 성원들이 외국인, 외국의 관습, 사상 등을 없앰으로써 원주민의 권리를 옹호하려는 입장. "원주민주의" "원주민보호주의" 등 다양한 용어로 쓰이고 있다.
** 종교적 교리나 정치적 신념보다 이성과 합리성으로 대표되는 인간의 가치와 역량을 더 중시하는 철학적 입장.

한 창조 신화를 만드는 편이 더 편할지도 모르지만, 그런 식으로 과거를 왜곡하는 것이 윤리적으로 옳은 일일까? 오늘날 할머니가 만들어준 음식이 더 건강에 좋고, 더 맛있고, 사회적 책임 의식을 갖고 만들었다고 과장해서 말하는 음식 행동주의 활동가들에 대해서도 똑같은 질문을 던질 수 있을 것이다. 음식의 세계사를 잠깐 훑어만 봐도 알 수 있듯이, 과거는 그처럼 단순하지 않았다.

자신들의 고유한 음식 맛과 금기들을 철저히 지키려는 근본주의자fundamentalist들—독실한 유대인이든, 프랑스의 테러리스트들이든 상관없이—의 노력에도, 이런 음식조차 세계 소비자본주의로부터 상당한 압력을 받고 있다. 따라서, 전 세계에 퍼져 있는 월마트나 타이슨Tyson*과 싸우는 것이 음식을 남기지 않는 것보다 훨씬 더 많은 것을 바꿀 수 있다. 현실에서는 베이컨 치즈버거와 감자튀김을 좋아하는 사람과 함께 식사를 할 수도 있기 때문이다. 이와 같은 문제는 반요리의 초기에도 있었다. 당시에 식품 협동조합 상점들은 사악한 흰 빵과 고기를 취급할지 말지를 두고 논란이 많았다. 일부 회원은 노동계급과 관계를 맺는 하나의 방편으로 그런 금기 품목을 취급하는 것에 찬성한 반면, 대다수는 반대했다—그 문제 때문에 식품 협동조합 상점 일부는 폐업하기도 했고 아예 고급식료품 상점으로 탈바꿈한 곳도 있었다.[65]

다른 한편으로, 음식을 남기지 않는다고 해서 그것이 깨끗한 세상을 보장하는 것은 아니다. 조지 부시George Bush[아들 부시] 대통령은 수년 동안 지속가능한 방식으로 생산된 유기농식품, 로컬푸드, 제철 음식 퓨전 요리를 먹었지만, 그와 같은 행위가 부시의 환경·외교·사회 정책에 영향을 끼친 것은 전혀 없다. 또한, 2008년 미 대선에서 "붉은 살코기red-meat" 세라 페일린Sarah Palin의 공화당 부통령 후보 수락 연설을 쓴 사람은 윤리적 채식주의를 설득력 있게 호소한 《지배: 인간의 힘, 동물의 고통, 그리고 자비의 간구Dominion: The Power of Man, the Suffering of Animals, and the Call to Mercy》(2002)의 저자 매슈 스컬리Matthew Scully였다.[66] 그와 거의 동시에 부시의 텍사스 목장 밖에서 야영을 하며 시위를 벌이던 사람들은 반전 시위와 오랫동안 인연이 깊었던 정의로운 완전채식 음식이 아닌, 고기 라자냐,

---

* 육류 가공 식품을 판매하는 미국의 다국적기업.

바비큐, 닭고기찜 요리 같은 고지방의 진수성찬을 먹었다.[67] 부시든 그와 싸우는 [미국의 주부이자 시민운동가] 신디 시핸Cindy Sheehan이든, 우리가 흔히 말하는 "우리의 존재는 먹는 것이 결정한다"라는 구호에 딱 맞는 사람은 없다.

실제로 식품 개혁을 더 광범위한 사회적 의제로 활용하는 것은 어쨌든 가장 효과적인 방법이 아닐 수도 있다. 음식을 정치적 문제의 중심에 두는 것은 문제를 더욱 직접적으로 제기하는 이점이 있는 반면에, 음식 문제 때문에 더 광범위한 의제가 그냥 파묻힐 위험이 있다. 그레이엄은 그의 노예제 폐지 주장보다 통밀빵 먹기를 주창한 사람으로 더 널리 알려졌다. 싱클레어는 《정글》을 통해 독자들에게 정육노동자들의 열악한 처우를 알리고자 했던 자신의 의도가 실패했을 수도 있다는 생각에 실망해서, "대중의 마음을 겨냥했지만 엉뚱하게도 그들의 배를 가격한 꼴"이 되었다고 한탄했다. 이와 비슷하게 저자의 의도와 다른 방향으로 흐른 사례는 노동문제 전문 기자 에릭 슐로서가 쓴 《패스트푸드의 나라》에서도 나타났다. 책에서 저자는 식품노동자들의 노동조합 문제를 부각하려 했지만, 독자들은 소름끼치는 도살장 장면들을 더 생생하게 떠올릴 수 있다. 그리고 《한 소행성을 위한 식습관》(1971)의 놀라운 성공 이후 "콩 계통의 줄리아 차일드the Julia Child of the soybean circuit"로 희화된 라페는 마침내 정치적 변화에 더욱 명확하게 초점을 맞추기 위해 자신이 설립한 재단 '푸드퍼스트Food First'를 떠났다. 게다가 그녀가 새로 설립한 "소행성연구소The Small Planet Institute"는 명칭에서도 "식습관diet"이라는 말이 빠졌다. 이 모든 경우에서 보는 것처럼, 음식은 사람들의 관심을 끄는 손쉬운 방법이었지만 활동가들이 추구하는 더 높은 목표로 나아가는 데 방해가 될 수도 있음이 밝혀졌다.

이제 식습관을 바꿈으로써 세상을 바꿀 수 있다는 생각을 거두어야 할 때가 된 것 같다. "우리의 존재는 먹는 것이 결정한다"는 의미를 어느 정도 인정한다고 하더라도, 이러한 사례 연구는 더 좋은 음식을 먹는다고 거대한 시스템이 저절로 변화하는 것은 아님을 잘 보여준다. 식습관 개혁은 그 자체로 추구할 만한 가치가 충분히 있는 목표다. 하지만 거기에 윤리성을 녹여 붙이는 것은 더 좋은 먹거리체계를 창출하거나 더 좋은 세상을 만드는 것을 더 어렵게 할지도 모른다.

주

1. David Orr, Earth in Mind: On Education, Environment, and the Human Prospect(Washington, DC: Island Press, 1994), 172 [한국어판. 데이비드 오어 지음, 이한음 옮김, 《작은 지구를 위한 마음: 생태적 문맹에서 벗어나기》, 서울: 현실문화, 2014]; Henry David Thoreau, Walden; or, Life in the Woods(Boston: Ticknor and Fields, 1854). [한국어판. 헨리 데이비드 소로우 지음, 강승영 옮김, 《월든》, 서울: 은행나무, 2011]

2. Josee Johnston and Shyon Baumann, Foodies: Democracy and Distinction in the Gourmet Foodscape(New York: Routledge, 2010); Rachel Laudan, "Slow Food, the French Terroir Strategy, and Culinary Modernism," Food, Culture and Society 7, no. 2(Fall 2004): 133-144.

3. Rachel Laudan, "A Plea for Culinary Modernism: Why We Should Love New, Fast, Processed Food," Gastronomica 1(February 2001): 36-44.

4. Thomas R. Malthus, An Essay on the Principle of Population(London: J. Johnson, 1798).

5. Warren Belasco, Meals to Come: A History of the Future of Food(Berkeley: University of California Press, 2006), 6.

6. Joel E. Cohen, How Many People Can the World Support?(New York: W.W. Norton, 1995), 370.

7. Henry Martin, Considerations on the East India Trade(1701, Online). Available: http://ideas.repec.org/b/hay/hetboo/martym701.html.(February 22, 2010). 근세의 "멀어짐"에 관해서는 다음을 보라. Richard R. Wilk, "Anchovy Sauce and Pickled Tripe: Exporting Civilized Food in the Colonial Atlantic World," in Food Chains: From Farmyard to Shopping Cart, ed. Warren Belasco and Roger Horowitz(Philadelphia: University of Pennsylvania Press, 2009): 87-107.

8. Warren Belasco, Meals to Come: A History of the Future of Food, 3-92.

9. William Cronon, Nature's Metropolis: Chicago and the Great West(New York: W. W. Norton, 1991), 256.

10. Wendell Berry, "The Pleasures of Eating," Journal of Gastronomy 5, no. 2(1989): 126.

11. Ann Vileisis, Kitchen Literacy: How We Lost Knowledge of Where Food Comes from and Why We Need to Get It Back(Washington, DC: Island Press, 2007).

12. Stephen Nissenbaum, Sex, Diet, and Debility in Jacksonian America(New York: Oxford University Press, 1988), 19.

13. Upton Sinclair, The Jungle(New York: Doubleday, Page, 1906). [한국어판. 업튼 싱클레어 지음, 채광석 옮김, 《정글》, 서울: 페이퍼로드, 2009]

14. Warren Belasco, "Food, Morality and Social Reform," in Morality and Health, ed. Allan M. Brandt and Paul Rozin(New York: Routledge, 1997), 185-199; Warren Belasco, Appetite for Change: How the Counterculture Took on the Food Industry, 2nd rev. ed.(Ithaca, NY: Cornell University Press, 2006).

15. Warren Belasco, *Meals to Come: A History of the Future of Food*, 95-146; Warren Belasco, *Appetite for Change*.

16. Solomon Katz, "Secular Morality," in Brandt and Rozin, *Morality and Health*, 297-330; Jessica J. Mudry, *Measured Meals: Nutrition in America*(Albany: State University of New York Press, 2009).

17. Warren Belasco, *Meals to Come: A History of the Future of Food*, 88-92.

18. Stephen Nissenbaum, *Sex, Diet, and Debility in Jacksonian America*, 3-68; Sylvester Graham, *Lectures on the Science of Human Life*, 2 vols.(Boston: Marsh, Capen, Lyon, and Webb, 1839).

19. Belasco, "Food, Morality and Social Reform," 190-192; Donald Worster, *Dust Bowl: The Southern Plains in the 1930s*(New York: Oxford University Press, 1979), 80-97.

20. Warren Belasco, *Meals to Come: A History of the Future of Food*, 5, 38-60; Mathis Wackernagel and William Rees, *Our Ecological Footprint: Reducing Human Impact on the Earth*(Gabriola Island, BC: New Society Publishers, 1996).

21. Warren Belasco, *Meals to Come: A History of the Future of Food*, 3-19.

22. Nancy Tomes, "Moralizing the Microbe: The Germ Theory and the Moral Construction of Behavior in the Late Nineteenth Century Antituberculosis Movement," in Allan M. Brandt and Paul Rozin, *Morality and Health*, 271-294; Alan M. Kraut, *Silent Travelers: Germs, Genes, and the "Immigrant Menace"*(New York: Basic Books, 1994).

23. Warren Belasco, *Meals to Come: A History of the Future of Food*, 61-92.

24. Ibid, 21-22.

25. Warren Belasco, "Food, Morality and Social Reform," 185-199; Nick Fiddes, *Meat: A Natural Symbol*(London: Routledge, 1991).

26. Brower quoted by John McPhee, *Encounters with the Archdruid: Narratives about a Conservationist and Three of His Natural Enemies*(New York: Farrar, Straus, & Giroux, 1971), 82.

27. Warren Belasco, *Meals to Come: A History of the Future of Food*, 87-88.

28. Marion Nestle, *Food Politics: How the Food Industry Influences Nutrition and Health*, 39 [한국어판. 매리언 네슬 지음, 김정희 옮김,《식품정치: 미국에서 식품산업은 영양과 건강에 어떤 영향을 끼치는가?》, 서울: 고려대학교출판부, 2011]

29. Warren Belasco, *Meals to Come: A History of the Future of Food*, 120-146.

30. Warren Belasco, *Appetite for Change*, 31.

31. Damon Lee Fowler, ed., *Dining at Monticello: In Good Taste and Abundance*(Chapel Hill: University of North Carolina Press, 2005).

32. Stephen Nissenbaum, *Sex, Diet, and Debility in Jacksonian America*, 10.

33. Helen and Scott Nearing, *Living the Good Life*(1954; repr.,New York: Schocken Books, 1970). [한국어판. 헬렌 니어링·스코트 니어링 지음, 류시화 옮김,《조화로운 삶》, 서울: 보리, 2000]

34. Michael Pollan, *The Omnivore's Dilemma: A Natural History of Four Meals*(New York: Penguin, 2006), 123-133. [한국어판. 마이크 폴란 지음, 조윤정 옮김,《잡식동물의 딜레마》, 서울: 다른

세상, 2008]

35. Perry Miller, *Errand into the Wilderness*(Cambridge, MA: Harvard University Press, 1956).

36. William Bloodworth, From The Jungle to The Fasting Cure: Upton Sinclair on American Food," *Journal of American Culture* 2, no. 3(Fall 1979): 444-453.

37. Charlotte Perkins Gilman, *Herland*(Auckland: Floating Press, 1915). [한국어판. 샬럿 퍼킨스 길먼 지음, 황유진 옮김, 《허랜드: 여자들만의 나라》, 서울: 아고라, 2016]

38. Warren Belasco, *Meals to Come: A History of the Future of Food*, 95-188; Carl J. Guarneri, *The Utopian Alternative: Fourierism in Nineteenth-Century America*(Ithaca, NY: Cornell University Press, 1991); Etta M. Madden and Martha L. Finch, eds., *Eating in Eden: Food and American Utopias*(Lincoln: University of Nebraska Press, 2006); Mary E. Bradley Lane, *Mizora*(1880; repr., New York: G. W. Dillinghamn 1890).

39. Warren Belasco, *Appetite for Change*, 82.

40. William Bloodworth, From The Jungle to The Fasting Cure," 450; Upton Sinclair, *The Fasting Cure*(New York: Kennerley, 1911).

41. Warren Belasco, *Appetite for Change*, 51.

42. Ina May Gaskin, *Spiritual Midwifery*(Summertown, TN: Book Pub. Co., 1977).

43. 고드윈에 관해서는 다음을 보라. Graham Wallas, *Life of Francis Place*(New York: Knopf, 1924), 59-62. 피셔에 관해서는 다음을 보라. Joan Riordan, *Poet of the Appetites: The Lives and Loves of M. F. K. Fisher*(New York: North Point Press, 2004).

44. Rebecca Spang, *The Invention of the Restaurant: Paris and Modern Gastronomic Culture*(Cambridge, MA: Harvard University Press, 2000).

45. Damon Lee Fowler, *Dining at Monticello*.

45. Warren Belasco, *Meals to Come: A History of the Future of Food*, 95-188; Timothy Morton, ed., *Cultures of Taste/Theories of Appetite: Eating Romanticism*(New York: Palgrave Macmillan, 2004); William Morris, *News from Nowhere*(Boston: Roberts Brothers, 1890). [한국어판. 윌리엄 모리스 지음, 박홍규 옮김, 《에코토피아 뉴스》, 서울: 필맥, 2004(2008, 개정 1판)]

47. Donna R. Gabaccia, *We Are What We Eat: Ethnic Food and the Making of Americans* (Cambridge, MA: Harvard University Press, 1998), 93-121; Andrew Coe, *Chop Suey: A Cultural History of Chinese Food in the United States*(New York: Oxford University Press, 2009), 180-210.

48. Warren Belasco, *Appetite for Change*; David Kamp, *The United States of Arugula*(New York: Broadway Books, 2006); Josee Johnston and Shyon Baumann, *Foodies*; Alice Waters, *The Art of Simple Food: Notes, Lessons, and Recipes from a Delicious Revolution*(New York: Clarkson Potter, 2007).

49. Ruth Reichl, *Tender at the Bone: Growing Up at the Table*(New York: Broadway Books, 1998); Carlo Petrini, *Slow Food: The Case for Taste*(New York: Columbia University Press, 2001).

50. Harvey Levenstein, *Revolution at the Table: The Transformation of the American Diet*(New York: Oxford University Press, 1988), 137-160; Amy Bentley, *Eating for Victory:*

Food Rationing and the Politics of Domesticity(Urbana: University of Illinois Press, 1998); Helen Zoe Veit, "'We Were a Soft People'. Asceticism, Self-Discipline, and American Food Conservation in the First World War," *Food, Culture and Society* 10, no. 2(Summer 2007): 167-190.

51. "Teaching With Documents: Sow the Seeds of Victory! Posters from the Food Administration During World War I"(Online). Available: http://www.archives.gov/educationllessonslsow-seedsl(February 26, 2010).

52. Warren Belasco, *Appetite for Change*, 48.

53. William Bloodworth, From The Jungle to The Fasting Cure," 449; Warren Belasco, "Food, Morality and Social Reform," 191.

54. "CASA란? What is CASA?"(Online). Available: http:www.greenearthgrowers.net/Homeland_security.jpg(February 22, 2010); "Making this Home."(Online). Available: http://www.makingthishome.com/2008/11/29/your-guide-to-local-holiday-shopping/(February 22, 2010). 환경론자들의 로컬푸드 사례에 관해서는 다음을 보라. Amy B. Trubek, *The Taste of Place: A Cultural Journey into Terroir*(Berkeley: University of California Press, 2008); Brian Halweil, *Eat Here: Reclaiming Homegrown Pleasures in a Global Supermarket*(New York: Norton, 2004).

55. Sidney W. Mintz, *Sweetness and Power: The Place of Sugar in Modern History*(New York: Viking, 1985), 151-186. [한국어판. 시드니 민츠 지음, 김문호 옮김, 《설탕과 권력》, 서울: 지호, 1997]. Mark Caro, *Foie Gras Wars: How a 5000Year-Old Delicacy Inspired the World's Fiercest Food Fight*(New York: Simon and Schuster, 2009).

56. "Ethical Consumer."(Online). Available: http://www.ethicalconsumer.org/(February 22, 2010).

57. Susan Strasser, *Satisfaction Guaranteed: The Making of the American Mass Market*(New York: Pantheon, 1989).

58. Kelly Feltault, "Trading Quality, Producing Value: Crabmeat, HACCP, and Global Seafood Trade," in *Food Chains*, 62-83; Samuel Fromartz, *Organic Inc.: Natural Foods and How They Grew*(New York: Harcourt, 2006).

59. Thomas Frank, *The Conquest of Cool: Business Culture, Counterculture, and the Rise of Hip Consumerism*(Chicago: University of Chicago Press, 1998).

60. Warren Belasco, *Appetite for Change*, 185-255.

61. Marion Nestle, *Food Politics: How the Food Industry Influences Nutrition and Health*, 39 [한국어판. 매리언 네슬 지음, 김정희 옮김, 《식품정치: 미국에서 식품산업은 영양과 건강에 어떤 영향을 끼치는가?》, 서울: 고려대학교출판부, 2011] ; John H. Perkins, *Geopolitics and the Green Revolution: Wheat, Genes, and the Cold War*(New York: Oxford University Press, 1997); Fred Powledge, *Fat of the Land*(New York: Simon and Schuster, 1984); Jim Hightower, *Eat Your Heart Out: How Food Profiteers Victimize the Consumer*(New York: Vintage, 1975).

62. Warren Belasco, *Appetite for Change*, 111-182; Corinna Treitel, "Nature and the Nazi Diet," *Food and Foodways* 17, no. 3(2009): 139-158; Barry Glassner, *The Gospel of Food:*

Everything You Think You Know About Food Is Wrong(New York: Ecco, 2007).

63. Josee Johnston and Shyon Baumann, *Foodies*.

64. Paul Rozin, "Moralization," in Allan M. Brandt and Paul Rozin, *Morality and Health*, 379–401.

65. Warren Belasco, *Appetite for Change*, 87–94.

66. Matthew Scully, *Dominion: The Power of Man, the Suffering of Animals, and the Call of Mercy*(New York: St. Martin's Press, 2002).

67. Ibid, xi.

감사의 말

이 책의 출간을 제안하고 그 과정에서 끊임없이 격려를 아끼지 않은 낸시 토프에게 고맙다는 말을 전하고 싶다. 소니아 타이코는 중요한 순간에 적절한 조언을 해주어 이 책이 완성될 수 있도록 도왔다. 또한 원고를 교열해준 수잰 코펜하겐, 그리고 끝까지 성실하게 작업을 완료한 옥스퍼드대학출판사와 뉴젠Newgen 제작 팀에도 감사드린다. 이 책에 실린 논문 저자분들에게는 그저 대단하다는 말밖에 드릴 말씀이 없다. 그들의 심오한 지식과 열정이 이 프로젝트를 완성했다. 특히 한때 '히피'였던 두 사람, 워런 벨라스코와 캐럴 커니핸에게 감사의 말씀을 드린다. 그들이 이 책을 만드는 과정에서 베풀어준 지혜, 학식, 온정, 아량은 영원히 잊지 못할 것이다. 이 책을 팀과 리스에게 바친다.

참고문헌

서문

Belasco, Warren. *Food: The Key Concepts*. Oxford: Berg, 2009.

Bynum, Caroline Walker. *Holy Feast and Holy Fast: The Religious Significance of Food to Medieval Women*. Berkeley: University of California Press, 1987.

Chang, K. c., ed. *Food in Chinese Culture: Anthropological and Historical Perspectives*. New Haven: Yale University Press, 1977.

Counihan, Carole M. *The Anthropology of Food and Body: Gender, Meaning, and Power*. New York: Routledge, 1999.

Flandrin, Jean-Louis, Massimo Montanari, and Albert Sonnenfeld, eds. *Food: A Culinary History from Antiquity to the Present*. Translated by Clarissa Botsford, et al. New York: Columbia University Press, 1999.

Freedman, Paul, ed. *Food: The History of Taste*. Berkeley: University of California Press, 2007.

Kiple, Kenneth F., and Kriemhild Conee Ornelas, eds. *The Cambridge World History of Food*. 2 vols. Cambridge: Cambridge University Press, 2000.

Mintz, Sidney. *Sweetness and Power: The Place of Sugar in Modern History*. New York: Viking Books, 1985. [한국어판. 시드니 민츠 지음, 김문호 옮김, 《설탕과 권력》, 서울: 지호, 1997]

Scholliers, Peter. "Twenty-five Years of Studying *un Phénomène Social Total*: Food History Writing on Europe in the Nineteenth and Twentieth Centuries." *Food, Culture, and Society* 10, no. 3 (Fall 2007): 449-471.

Teuteberg, Hans J., ed. *European Food History: A Research Overview*. Leicester: Leicester University Press, 1992.

1장

Aron, Jean-Paul. *The Art of Eating in France: Manners and Menus in the Nineteenth Century*. Translated by Nina Rootes. London: Peter Owen, 1975.

Braudel, Fernand. *The Structures of Everyday Life: The Limits of the Possible*. Vol. 1 of Civilization and Capitalism, 15th-18th Century. Translated by Sian Reynolds. New York: Harper & Row, 1979. [한국어판. 페르낭 브로델 지음, 주경철 옮김, 《물질문명과 자본주의: 일상생활의 구조Civilisation matérielle, économie et capitalisme, XVe et XVIIIe siècles 1. Les Structures du quotidien》(전 2권), 서울: 까치, 1995]

Flandrin, Jean-Louis. *Arranging the Meal: A History of Table Service in France*. Translated by Julie E. Johnson. Berkeley: University of California Press, 2007.

Flandrin, Jean-Louis, Massimo Montanari, and Albert Sonnenfeld, eds. *Food: A Culinary History from Antiquity to the Present.* Translated by Clarissa Botsford, et al. New York: Columbia University Press, 1999.

Forster, Robert, and Orest Ranum, eds. *Food and Drink in History: Selections from the Annales Economies, Societes, Civilisations.* Translated by Elborg Forster and Patricia Ranum. Baltimore, MD: Johns Hopkins University Press, 1979.

Le Roy Ladurie, Emmanuel. *The Peasants of Languedoc.* Translated by John Day. Urbana: University of Illinois Press, 1974. [한국어판. 에마뉘엘 르 루아 라뒤리 지음, 김응종·조한경 옮김, 《랑그도크의 농민들Les Paysans de Languedoc》(전 2권), 파주: 한길사, 2009]

Scholliers, Peter, ed. Food, *Drink and Identity: Cooking, Eating and Drinking in Europe Since the Middle Ages.* Oxford: Berg, 2001.

2장

Bassett, Thomas J., and Alex Winter-Nelson. *The Atlas of World Hunger.* Chicago: University of Chicago Press, 2010.

Bello, Walden. *The Food Wars.* London: Verso Books, 2009. [한국어판. 월든 벨로 지음, 김기근 옮김, 《그 많던 쌀과 옥수수는 모두 어디로 갔는가: 식량전쟁을 둘러싸고 벌어지는 세계화와 신자유주의의 본질》, 서울: 더숲, 2010]

Cullather, Nick. *The Hungry World: America's Cold War Battle Against Poverty in Asia.* Cambridge, MA: Harvard University Press, 2010.

Deutsch, Tracey. *Building a Housewife's Paradise: Gender, Politics, and American Grocery Stores in the Twentieth Century.* Chapel Hill: University of North Carolina Press, 2010.

Friedmann, Harriet, and Philip McMichael. "Agriculture and the State System: The Rise and Decline of National Agricultures, 1870 to the Present." *Sociologia Ruralis* 29, no. 2 (1989): 93-117.

Nestle, Marion. *Food Politics: How the Food Industry Influences Nutrition and Health.* Berkeley: University of California Press, 2002. [한국어판. 매리언 네슬 지음, 김정희 옮김, 《식품 정치: 미국에서 식품산업은 영양과 건강에 어떤 영향을 끼치는가?》, 서울: 고려대학교출판부, 2011]

Ochoa, Enrique C. *Feeding Mexico: The Political Uses of Food Since 1910.* Wilmington, DE: S.R. Books, 2000.

Ó Gráda, Cormac. *Famine: A Short History.* Princeton: Princeton University Press, 2009.

Schurman, Rachel, and William A. Munro. *Fighting for the Future of Food: Activists Vs. Agribusiness in the Struggle Over Biotechnology.* Minneapolis: University of Minnesota Press, 2010.

Sen, Amartya. *Poverty and Famines: An Essay on Entitlement Deprivation.* Oxford: Oxford University Press, 1981.

von Braun, Joachim, and Eugenio Dfaz-Bonilla, eds. *Globalization of Food and Agriculture and the Poor.* New Delhi: Oxford University Press, 2008.

Walton, John, and David Seddon. *Free Markets and Food Riots: The Politics of Global Adjustment.* Oxford: Blackwell Publishers, 1994.

Winders, Bill. *The Politics of Food Supply: U.S. Agricultural Policy and the World Economy.* New Haven: Yale University Press, 2009.

3장

Bynum, Caroline Walker. *Holy Feast and Holy Fast: The Religious Significance of Food to Medieval Women.* Berkeley: University of California Press, 1987.

Capatti, Alberto, and Massimo Montanari. *Italian Cuisine: A Cultural History.* Translated by Aine O'Healy. New York: Columbia University Press, 2003.

Faroqhi, Suraiya, and Christoph K. Neumann, eds. *The Illuminated Table, the Prosperous House: Food and Shelter in Ottoman Material Culture.* Wiirzburg: Ergon Verlag, 2003.

Fitzpatrick, Joan, ed. *Renaissance Food from Rabelais to Shakespeare: Culinary Readings and Culinary Histories.* Farnham: Ashgate, 2010.

Flandrin, Jean-Louis. *Arranging the Meal: A History of Table Service in France.* Translated by Julie E. Johnson. Berkeley: University of California Press, 2007.

Flandrin, Jean-Louis, Massimo Montanari, and Albert Sonnenfeld, eds. *Food: A Culinary History from Antiquity to the Present.* Translated by Clarissa Botsford, et al. New York: Columbia University Press, 1999.

Freedman, Paul, ed. *Food: The History of Taste.* Berkeley: University of California Press, 2007.

McCann, James c. *Stirring the Pot: A History of African Cuisine.* Athens: Ohio University Press, 2009.

Pilcher, Jeffrey M. *¡Que vivan los tamales! Food and the Making of Mexican Identity.* Albuquerque: University of New Mexico Press, 1998.

Rath, Eric C. *Food and Fantasy in Early Modern Japan.* Berkeley: University of California Press, 2010.

Spang, Rebecca L. *The Invention of the Restaurant: Paris and Modern Gastronomic Culture.* Cambridge, MA: Harvard University Press, 2000.

Swislocki, Mark. *Culinary Nostalgia: Regional Food Culture and the Urban Experience in Shanghai.* Stanford: Stanford University Press, 2009.

4장

Adas, Michael, ed. *Agricultural and Pastoral Societies in Ancient and Classical History.* Philadelphia: Temple University Press, 2001.

Boydston, Jeanne. *Home and Work: Housework, Wages, and the Ideology of Free Labor in the Early Republic.* New York: Oxford University Press, 1990.

Deutsch, Tracey. *Building a Housewife's Paradise: Gender, Politics and American Grocery Stores in the Twentieth Century.* Chapel Hill: University of North Carolina Press, 2010.

Lauria-Santiago, Aldo. *An Agrarian Republic: Commercial Agriculture and the Politics of Peasant Communities in El Salvador, 1823-1914.* Pittsburgh: University of Pittsburgh Press, 1999.

Leong-Salabi, Cecilia. *Food Culture in Colonia Asia: A Taste of Empire.* New York: Routledge, 2011.

Mapes, Kathryn. *Sweet Tyranny:* Migrant Labor, Industrial Agriculture, and Imperial Politics. Urbana: University of Illinois Press, 2009.

Mintz, Sidney. *Sweetness and Power: The Place of Sugar in Modern History.* New York: Penguin, 1985. [한국어판. 시드니 민츠 지음, 김문호 옮김, 《설탕과 권력》, 서울: 지호, 1997]

Robertson, Claire. *Trouble Showed the Way: Women, Men, and Trade in the Nairobi Area, 1890-1990.* Bloomington: Indiana University Press, 1997.

Striffler, Steven. *Chicken: The Dangerous Transformation of America's Favorite Food.* New Haven: Yale University Press, 2005.

Tsing, Anna, for the Matsutake Research Group. "Beyond Economic and Ecological Standardisation." *The Australian Journal of Anthropology* 20(December 2009): 347-368.

5장

"Colonial Williamsburg." [Online]. Available: http://www.history.org/foundation/journal. [January 31, 2011].

"Desert Botanical Garden." [Online]. Available: http://www.dbg.org. [January 31, 2011].

Dubin, Steven C. *Displays of Power, Memory, and Amnesia in the American Museum.* New York: New York University Press, 1999. Dusselier, Jane. "Does Food Make Place? Food Protests in Japanese American Concentration Camps." *Food and Foodways* 10, no. 3(2002): 137-165.

"The Food Museum." [Online]. Available: http://www.foodmuseum.com. [January 31, 2011].

"Jamestown National Historic Site"(part of Colonial National Historical Park). [Online]. Available: www.historyisfun.org/jamestown-settlement.htm. [December 20, 2011].

Kirshenblatt-Gimblett, Barbara. *Destination Culture: Tourism, Museums, and Heritage.* Berkeley: University of California Press, 1998.

Long, Lucy, ed. *Culinary Tourism.* Lexington: University Press of Kentucky, 2003.

Nabhan, Gary Paul and Annette Rood, compo and ed., *Renewing America's Food Traditions(RAFT): Bringing Cultural and Culinary Mainstays of the Past into the New Millenium.* Flagstaff: Center for Sustainable Environments at Northern Arizona University, 2007.

Ory, Pascal. "Gastronomy." In *Traditions, vol. 2 of Realms of Memory: The Construction of the French Past.* Edited by Pierre Nora, translated by Arthur Goldhammer, 442-467. New York: Columbia University Press, 1997.

"Plimoth Plantation." [Online]. Available:http://www.plimoth.org/learn/thanksgivinghistory/ partakers-our-plenty. [January 31, 2011].

6장

Abarca, Meredith. *Voices in the Kitchen: Views of Food and the World from Working-Class*

Mexican and Mexican American Women. College Station: Texas A & M University Press, 2006.

Avakian, Arlene Voski, ed. *Through the Kitchen Window: Women Explore the Intimate Meanings of Food and Cooking*. Boston: Beacon Press, 1997.

_____. and Barbara Haber, eds. *From Betty Crocker to Feminist Food Studies: Critical Perspectives on Women and Food*. Amherst: University of Massachusetts Press, 2005.

Barndt, Deborah, ed. *Women Working the NAFTA Food Chain: Women, Food and Globalization*. Toronto: Sumach Press, 1999.

Bynum, Caroline Walker. *Holy Feast and Holy Fast: The Religious Significance of Food to Medieval Women*. Berkeley: University of California Press, 1987.

Counihan, Carole. *The Anthropology of Food and Body: Gender, Meaning and Power*. New York: Routledge, 1999.

_____. *Around the Tuscan Table: Food, Family and Gender in Twentieth Century Florence*. New York: Routledge, 2004.

DeVault, Marjorie L. *Feeding the Family: The Social Organization of Caring as Gendered Work*. Chicago: University of Chicago Press, 1991.

Inness, Sherrie A., ed. *Pilaf, Pozole, and Pad Thai: American Women and Ethnic Food*. Amherst: University of Massachusetts Press, 2001.

Kahn, Miriam. *Always Hungry, Never Greedy: Food and the Expression of Gender in a Melanesian Society*. New York: Cambridge University Press, 1986.

Probyn, Elspeth. *Carnal Appetites*: FoodSexIdentities. New York: Routledge, 2000.

Williams-Forson, Psyche A. Building Houses out of Chicken Legs: Black Women, Food, and Power@. Chapel Hill: University of North Carolina Press, 2006.

_____, and Carole Counihan, eds. *Taking Food Public: Redefining Foodways in a Changing World*. New York: Routledge, 2011.

7장

Bestor, Theodore C. *Tsukiji: The Fish Market at the Center of the World*. Berkeley: University of California Press, 2004.

Caplan, Pat. *Feasts, Fasts, Famine: Food for Thought*. Oxford: Berg, 1994.

Counihan, Carole, and Penny Van Esterik, eds. *Food and Culture: A Reader*. 2nd ed. New York: Routledge, 2008.

Douglas, Mary. *Purity and Danger: An Analysis of Concepts of Pollution and Taboo*. London: Routledge, 1966. [한국어판. 메리 더글러스 지음, 유제분·이훈상 옮김, 《순수와 위험: 오염과 금기 개념의 분석》, 서울: 현대미학사, 1997]

Elias, Norbert. *The Civilizing Process: Sociogenetic and Psychogenetic Investigations*. Translated by Edmund Jephcott. New York: Wiley-Blackwell, 2000. [한국어판. 노르베르트 엘리아스 지음, 박미애 옮김, 《문명화과정Über den Prozeß der Zivilisation》(전 2권), 서울: 한길사, 1996]

Goody, Jack. *Cooking, Cuisine and Class: A Study in Comparative Sociology.* Cambridge: Cambridge University Press, 1982.

Lévi-Strauss, Claude. *The Raw and the Cooked.* Translated by John and Dorren Weightman. New York: Harper & Row, 1969. [한국어판. 레비-스트로스 지음, 임봉길 옮김, 《신화학 1: 날것과 익힌 것Mythologiques 1: Le Cru et le Cuit》, 서울: 한길사, 2005]

Mintz, Sidney W. *Sweetness and Power: The Place of Sugar in Modern History.* New York: Viking Books, 1985. [한국어판. 시드니 민츠 지음, 김문호 옮김, 《설탕과 권력》, 서울: 지호, 1997]

Ohnuki-Tierney, Emiko. *Rice as Self: Japanese Identities through Time.* Princeton, NJ: Princeton University Press, 1993.

Plotnicov, Leonard, and Richard Scaglion, eds. *The Globalization of Food.* Prospect Heights, IL: Waveland Press, 2003.

Richards, Audrey I. *Land, Labour and Diet in Northern Rhodesia.* Oxford: Oxford University Press, 1939.

Sahlins, Marshall. *Stone Age Economics.* Chicago: Aldine Publishing Co., 1974. [한국어판. 마셜 살린스 지음, 박충환 옮김, 《석기시대 경제학: 인간의 경제를 향한 인류학적 상상력》, 파주: 한울아카데미, 2014]

Smith, William Robertson. *Religion of the Semites.* 1894. Reprint: New Brunswick, NJ: Transaction Publishers, 2002.

Sutton, David E. *Remembrance of Repasts: An Anthropology of Food and Memory.* Oxford: Berg, 2001.

Wilk, Richard. *Home Cooking in the Global Village: Caribbean Food from Buccaneers to Ecotourists.* Oxford: Berg, 2006.

8장

Appadurai, Arjun. "How to Make a National Cuisine: Cookbooks in Contemporary India." *Comparative Studies in Society and History* 30, no. 1(January 1988): 3-24.

Bennett, Tony, et al. *Culture, Class, Distinction.* London: Routledge, 2009.

Bourdieu, Pierre. *Distinction: A Social Critique of the Judgment of Taste.* Translated by Richard Nice. Cambridge, MA: Harvard University Press, 1984. First published 1979. [한국어판. 삐에르 부르디외 지음, 최종철 옮김, 《구별짓기: 문화와 취향의 사회학La Distinction: Critique sociale du jugement》(전 2권), 서울: 새물결, 2005]

DeVault, Marjorie L. *Feeding the Family: The Social Organization of Caring as Gendered Work.* Chicago: University of Chicago Press, 1991.

Elias, Norbert. *The Civilizing Process.* Vol. 1. *The History of Manners.* Translated by Edmund Jephcott. Oxford: Blackwell, 1969. First published 1939. [한국어판. 노르베르트 엘리아스 지음, 박미애 옮김, 《문명화과정Über den Prozeß der Zivilisation》(전 2권), 서울: 한길사, 1996]

Ferguson, Priscilla Parkhurst. *Accounting for Taste: The Triumph of French Cuisine.* Chicago: Chicago University Press, 2004.

Fine, Gary Alan. @Kitchens: The Culture of Restaurant Work. Berkeley: University of California Press, 1996.

Goody, Jack. *Cooking, Cuisine and Class: A Study in Comparative Sociology.* Cambridge: Cambridge University Press, 1982.

Habermas, Jürgen. *The Structural Transformation of the Public Sphere.* Translated by Thomas Burger. Cambridge, MA: MIT Press, 1989. First published 1962. [한국어판. 위르겐 하버마스 지음, 한승완 옮김, 《공론장의 구조변동: 부르주아 사회의 한 범주에 관한 연구Strukturwandel der Öffentlichkeit: Untersuchungen zu einer Kategorie der bürgerlichen Gesellschaft》, 서울: 나남, 2001]

Johnston, Josée, and Shyon Baumann. *Foodies: Democracy and Distinction in the Gourmet Foodscape.* New York: Routledge, 2010.

Mennell, Stephen. *All Manners of Food: Eating and Taste in England and France from the Middle Ages to the Present.* 2nd ed. Urbana: University of Illinois Press, 1996. First published 1985.

Veblen, Thorstein. *The Theory of the Leisure Class.* 1899. Reprint: New York: Penguin Books, 1994. [한국어판. 소스타인 베블런 지음, 김성균 옮김, 《유한계급론》, 서울: 우물이있는집, 2012(개정판)]

Warde, Alan, and Lydia Martens. *Eating Out: Social Differentiation, Consumption and Pleasure.* Cambridge: Cambridge University Press, 2000.

Zukin, Sharon. *The Cultures of Cities.* Malden: Blackwell Publishing, 1995.

9장

Atkins, Peter. "Mapping Foodscapes." *Food & History* 3, no. 1 (2005): 267-280.

_____, Peter Lammel, and Derek J. Oddy, eds. *Food and the City in Europe since 1800.* London: Ashgate, 2007.

Bell, David, and Gill Valentine, eds. *Consuming Geographies: We Are Where We Eat.* London: Routledge, 1997.

Carney, Judith, and Richard Nicholas Rosomoff. *In the Shadow of Slavery: Africa's Botanical Legacy in the Atlantic World.* Berkeley: University of California Press, 2009.

Freidberg, Susanne. *Fresh: A Perishable History.* Cambridge, MA: Harvard University Press, 2009.

Goodman, David, and Michael Watts, eds. *Globalising Food: Agrarian Questions and Global Restructuring.* London: Routledge, 1997.

Guthman, Julie. *Agrarian Dreams? The Paradox of Organic Farming in California.* Berkeley: University of California Press, 2004.

Hughes, Alex, and Suzanne Reimer, eds. *Geographies of Commodity Chains.* London: Routledge, 2004.

Morgan, Kevin, Terry Marsden, and Jonathan Murdoch. *Worlds of Food: Place, Power, and Provenance in the Food Chain.* Oxford: Oxford University Press, 2006. 171.

Pitte, Jean-Robert, and Massimo Montanari, eds. *Les Frontières alimentaires.* Paris: CNRS Éditions, 2009.

Shortridge, Barbara, and James Shortridge. "Cultural Geography of American Foodways: An Annotated Bibliography." *Journal of Cultural Geography* 15(1995): 79-108.

10장

Biltekoff, Charlotte. *Eating Right in America: Food, Health and Citizenship from Domestic Science to Obesity.* Durham: Duke University Press, 2013.

Campos, Paul. *The Obesity Myth: Why America's Obsession with Weight Is Hazardous to Your Health.* New York: Gotham Books, 2004.

Coveney, John. *Food, Morals, and Meaning: The Pleasure and Anxiety of Eating.* New York: Routledge, 2000.

Crawford, Robert. "Health as Meaningful Social Practice." *Health: An Interdisciplinary Journal for the Social Study of Health, Medicine, and Illness* 10, no. 4(2006): 401-420.

Cullather, Nick. "The Foreign Policy of the Calorie." *American Historical Review* 112, no. 2(2007): 337-364.

Gard, Michael, and Jan Wright. *The Obesity Epidemic: Science, Morality and Ideology.* London: Routledge, 2005.

Kamminga, Harmke, and Andrew Cunningham, eds. *The Science and Culture of Nutrition, 1840-1940.* Amsterdam: Rodopi, 1995.

LeBesco, Kathleen. *Revolting Bodies? The Struggle to Redefine Fat Identity.* Amherst: University of Massachusetts Press, 2004.

Levenstein, Harvey. *Revolution at the Table: The Transformation of the American Diet.* New York: Oxford University Press, 1988.

Lupton, Deborah. *Food, the Body and the Self.* London: Sage Publications, 1996.

Mudry, Jessica. *Measured Meals: Nutrition in America.* Albany: State University of New York Press, 2009.

Scrinis, Gyorgy. "On the Ideology of Nutritionism." *Gastronomic* 8, no. 1(2008): 39-48.

11장

Bender, Daniel, et al. "Eating in Class: Gastronomy, Taste, Nutrition, and Teaching Food History." *Radical History Review* 110(Spring 2011): 197-216.

Bonnekessen, Barbara. "Food is Good to Teach: An Exploration of the Cultural Meanings of Food." *Food, Culture & Society* 13, no. 2 (June 2010): 279-295.

Deutsch, Jonthan, and Jeffrey Miller, eds. *Teaching Food: Agriculture, Food and Society Syllabi and Course Materials Collection.* 2000, 2003, 2010. http://www.food-culture. org/members/login.php?co=syllabi_set.php.

Deutsch, Jonathan, et al. "Food Voice in the Classroom: A Collection of Teaching Tools." *Food, Culture & Society* 7, no. 1(Spring 2004): 107-145.

Deutsch, Jonathan, and Sarah Billingsley. *Culinary Improvisation: Skill Building Beyond the Mystery Basket Exercise.* New York: Pearson, 2010.

Guthman, Julie. "Commentary on Teaching Food: Why I am Fed Up with Michael Pollan et al." *Agriculture and Human Values* 24, no. 2(June 2007): 261-254.

Heldke, Lisa. *Exotic Appetites: Ruminations of a Food Adventurer.* New York: Routledge, 2003.

Long, Lucy M. "Nourishing the Academic Imagination: The Use of Food in Teaching the Concept of Culture." *Food and Foodways* 9, no. 3-4 (December 2001): 235-262.

Miller, Jeffrey P., Jonathan Deutsch, and Yolanda Sealey-Ruiz. "Advancing Multicultural Education in Hospitality Education Through the Use of Food Studies Curricula." *Journal of Hospitality and Tourism Education* 16, no. 4(2004): 45-51.

Norman, Corrie. "Nostalgia for Origins in a Fast Food Culture: Teaching with the Food Memories of Carolina College Women." *Food, Culture & Society* 15, no. 2(June 2012): 261-276.

Parasecoli, Fabio. "Food and Pop Culture: Teaching Critical Theory Through Food." *Food, Culture & Society* 7, no. 1(Spring 2004): 147-157.

12장

Banner, Stuart. *Possessing the Pacific: Land, Settlers, and Indigenous People from Australia to Alaska.* Cambridge, MA: Harvard University Press, 2007.

Crosby, Alfred W., Jr. *Ecological Imperialism: The Biological Expansion of Europe, 900-1900.* New York: Cambridge University Press, 1986.

Evans, Sterling. *Bound in Twine: The History and Ecology of the Henequen-Wheat Complex for Mexico and the American and Canadian Plains, 1880-1950.* College Station: Texas A & M University Press, 2007.

Funes Monzote, Reinaldo. *From Rainforest to Cane Field: An Environmental History since 1492.* Translated by Alex Martin. Chapel Hill: University of North Carolina Press, 2008.

Melville, Elinor G. K. *A Plague of Sheep: Environmental Consequences of the Conquest of Mexico.* New York: Cambridge University Press, 1994.

Ponting, Clive. *A Green History of the World: The Environment and the Collapse of Great Civilizations.* New York: Penguin Books, 1991. [한국어판. 클라이브 폰팅 지음, 이진아 옮김, 《녹색세계사》, 서울, 그물코, 2010(개정판)]

Radkau, Joachim. *Nature and Power: A Global History of the Environment.* New York: Cambridge University Press, 2008. [한국어판. 요아힘 라트카우 지음, 이영희 옮김, 《자연과 권력: 인간과 자연, 갈등과 개입 그리고 화해의 역사Natur und Macht: eine Weltgeschichte der Umwelt》, 서울: 사이언스북스, 2012]

Simmons, I. G. *Global Environmental History.* Chicago: University of Chicago Press, 2008.

Solbrig, Otto T., and Dorothy J. Solbrig. *So Shall You Reap: Farming and Crops in Human Affairs.* Washington, DC: Island Press, 1994.

13장

Beck, Leonard N. *Two Loaf Givers or A Tour through the Gastronomic Libraries of Katherine Golden Bitting and Elizabeth Robins Pennel.* Washington, DC: Library of Congress, 1984.

Bower, Anne L., ed. *Recipes for Reading: Community Cookbooks, Stories, Histories.* Amherst:

University of Massachusetts Press, 1997.

Floyd, Janet and Laurel Forster. *The Recipe Reader: Narratives, Contexts, Traditions.* Aldershot: Ashgate, 2003.

Gold, Carol. *Danish Cookbooks.* Seattle: University of Washington Press, 2007.

Haber, Barbara. *From Hardtack to Homefries: An Uncommon History of American Cooks and Meals.* New York: The Free Press, 2002.

Humble, Nicola. *Culinary Pleasures: Cookbooks and the Transformation of British Food.* London: Faber and Faber, 2005.

Lehmann, Gilly. *The British Housewife.* Totnes: Prospect Books, 2002.

Mendelson, Ann. *Stand Facing the Stove: The Story of the Women Who Gave America The Joy of Cooking.* New York: Henry Holt, 1996.

Mennell, Stephen. *All Manners of Food: Eating and Taste in England and France from the Middle Ages to the Present.* Oxford: Basil Blackwell, 1985.

Shapiro, Laura. *Perfection Salad: Women and Cooking at the Turn of the Century.* New York: Farrar, Straus and Girous, 1986.

Theophano, Janet. *Eat My Words: Reading Women's Lives through the Cookboks They Wrote.* New York: Palgrave, 2002.

Wheaton, Barbara Ketchum. *Savoring the Past: The French Kitchen and Table from 1300 to 1789.* New York: Simon and Schuster, 1983.

14장

Achaya, K. T. *The Food Industries of British India.* New Delhi: Oxford University Press, 1994.

Collingham, Lizzie. *Curry: A Tale of Cooks and Conquerors.* Oxford: Oxford University Press, 2006.

Counihan, Carole and Penny Van Esterik, eds. *Food and Culture: A Reader.* New York: Routledge, 1997.

Davidson, Alan. *The Oxford Companion to Food.* Oxford: Oxford University Press, 2006.

Epp, Marlene, Franca Iacovetta, and Valerie J. Korinek, eds. *Edible Histories, Cultural Politics: Towards a Canadian Food History.* Toronto: University of Toronto Press, 2012.

Freedman, Paul, ed. *Food: The History of Taste.* Berkeley: University of California Press, 2007.

Freedman, Paul. *Out of the East: Spices and the Medieval Imagination.* New Haven: Yale University Press, 2008.

Freidberg, Susanne. *French Beans and Food Scares: Culture and Commerce in an Anxious Age.* New York: Oxford University Press, 2004.

Goody, Jack. *Cooking, Cuisine, and Class: A Study in Comparative Sociology.* Cambridge: Cambridge University Press, 1982.

Grew, Raymond, ed. *Food in Global History.* Boulder, CO: Westview Press, 1999.

Mintz, Sidney W. *Sweetness and Power: The Place of Sugar in Modern History.* New York: Viking, 1985. [한국어판. 시드니 민츠 지음, 김문호 옮김, 《설탕과 권력》, 서울: 지호, 1997]

Okihiro, Gary. *Pineapple Culture: A History of the Tropical and Temperate Zones.* Berkeley:

University of California Press, 2009.

15장

Anderson, Oscar Edward. *Refrigeration in America: A History of a New Technology and its Impact.* Princeton, NJ: Princeton University Press, 1953.

Belasco, Warren and Roger Horowitz, eds. *Food Chains: From Farmyard to Shopping Cart.* Philadelphia: University of Pennsylvania Press, 2009.

Chandler, Alfred D. *The Visible Hand: The Managerial Revolution in American Business.* Cambridge, MA: The Belknap Press, 1977. [한국어판. 앨프리드 챈들러 지음, 김두얼·신해경·임효정 옮김, 《보이는 손》(전 2권), 서울: 지식을만드는지식, 2014]

Hamilton, Shane. *Trucking Country: The Road to America's Wal-Mart Economy.* Princeton, NT: Princeton University Press, 2008.

Horowitz, Roger. *Putting Meat on the American Table: Taste, Technology, Transformation.* Baltimore, MD: Johns Hopkins University Press, 2006.

Levenstein, Harvey. *Revolution at the Table: The Transformation of the American Diet.* New York: Oxford University Press, 1988.

Mintz, Sidney. *Sweetness and Power: The Place of Sugar in Modern History.* New York: Viking Books, 1985. [한국어판. 시드니 민츠 지음, 김문호 옮김, 《설탕과 권력》, 서울: 지호, 1997]

16장

JakIe, John, and Keith Sculle. *Fast Food: Roadside Restaurants in the Automobile Age.* Baltimore, MD: Johns Hopkins University Press, 1999.

Reiter, Ester. *Making Fast Food: Out of the Frying Pan and into the Fryer.* Montreal: McGill-Queen's University Press, 1993.

Schlosser, Eric. *Fast Food Nation: The Dark Side of the All-American Meal.* New York: Harper Collins, 2001. [한국어판. 에릭 슐로서 지음, 김은령 옮김, 《패스트푸드의 제국》, 서울: 에코리브르, 2001]

Smart, Barry, ed. *Resisting McDonaldization.* Thousand Oaks, CA: Sage, 1999.

Watson, James, ed. *Golden Arches East: McDonald's in East Asia.* Stanford: Stanford University Press, 1997.

17장

Crosby, Alfred W. Jr. *The Columbian Exchange: Biological and Cultural Consequences of 1492.* Westport, CT: Greenwood Press, 1972. [한국어판. 앨프리드 W. 크로스비 지음, 김기윤 옮김, 《콜럼버스가 바꾼 세계: 신대륙 발견 이후 세계를 변화시킨 흥미로운 교환의 역사》, 서울: 지식의숲, 2006]

Davidson, Alan, ed. *Oxford Symposium. Food in Motion. The Migration of Foodstuffs and Cookery Techniques.* Leeds: Prospect Books, 1983.

Diamond, Jared. *Guns, Germs, and Steel: The Fates of Human Societies*. New York: Norton, 1999. [한국어판. 재러드 다이아몬드 지음, 김진준 옮김, 《총 균 쇠: 무기·병균·금속은 인류의 운명을 어떻게 바꿨는가》, 서울: 문학사상, 2013(개정증보판)]

Fernández-Armesto, Felipe. *Near a Thousand Tables: A History of Food*. New York: Free Press, 2002.

Friedmann, Harriet. "Food." in *Dictionary of Transnational History*, edited by Akira Iriye and Pierre-Yves Saunier, 416-422. New York: Palgrave-Macmillan, 2009.

Kiple, Kenneth F. *A Movable Feast: Ten Millennia of Food Globalization*. Cambridge: Cambridge University Press, 2007.

Kiple, Kenneth F., and Kriemhild Conee Ornelas, eds. *The Cambridge World History of Food*. 2 vols. Cambridge: Cambridge University Press, 2000.

Pilcher, Jeffrey. *Food in World History*. New York: Routledge, 2006.

Wilk, Richard R., ed. *Fast Food/Slow Food: The Cultural Economy of the Global Food System*. Lanham, MD: Altamira Press, 2006.

18장

Ashtor, Eliyahu. *East-West Trade in the Medieval Mediterranean*. London: Variorum Reprints, 1986.

Freedman, Paul. *Out of the East: Spices and the Medieval Imagination*. New Haven: Yale University Press, 2008.

Keay, John. *The Spice Route: A History*. Berkeley: University of California Press, 2006.

Krondl, Michael. *The Taste of Conquest: The Rise and Fall of the Three Great Cities of Spice*. New York: Ballantine Books, 2007.

Turner, Jack. *Spice: The History of a Temptation*. New York: Vintage, 2004. [한국어판. 잭 터너 지음, 정서진 옮김, 《스파이스: 향신료에 매혹된 사람들이 만든 욕망의 역사》, 서울: 따비, 2012]

19장

Carney, Judith, and Richard Rosomoff. *In the Shadow of Slavery: Africa's Botanical Legacy in the Atlantic World*. Berkeley: University of California Press, 2009.

Crosby, Alfred W., Jr. *The Columbian Exchange: Biological and Cultural Consequences of 1492*. Westport, CT: Greenwood Press, 1972. [한국어판. 앨프리드 W. 크로스비 지음, 김기윤 옮김, 《콜럼버스가 바꾼 세계: 신대륙 발견 이후 세계를 변화시킨 흥미로운 교환의 역사》, 서울: 지식의숲, 2006]

Earle, Rebecca. "'If You Eat Their Food … ': Diets and Bodies in Early Colonial Spanish America." *American Historical Review* 115, no. 3 (2010): 688-713.

Foster, Nelson, and Linda S. Cordell, eds. *Chilies to Chocolate: Food the Americas Gave the World*. Tucson: University of Arizona Press, 1992.

Long, Janet, ed. *Conquista y com ida. Consecuencias del encuentro de dos mundos*. Mexico City: Universidad Nacional Autonoma de Mexico, 1997.

Mazumdar, Sucheta. "The Impact of New World Food Crops on the Diet and Economy of

China and India, 1600-1900." In *Food in Global History*, edited by Raymond Grew, 58-78. Boulder, co: Westview Press, 1999.

McCann, James. *Maize and Grace: Africa's Encounter with a New World Crop, 1500-2000*. Cambridge, MA: Harvard University Press, 2005.

Melville, Elinor. *A Plague of Sheep: Environmental Consequences of the Conquest of Mexico*. Cambridge: Cambridge University Press, 1994.

Norton, Marcy. *Sacred Gifts, Profane Pleasures: A History of Tobacco and Chocolate in the Atlantic World*. Ithaca, NY: Cornell University Press, 2008.

Pilcher, Jeffrey M. *¡Que vivan los tamales! Food and the Making of Mexican Identity*. Albuquerque: University of New Mexico Press, 1998.

Salaman, Redcliffe. *The History and Social Influence of the Potato*, Cambridge: Cambridge University Press, 1949.

Warman, Arturo. *Corn and Capitalism: How a Botanical Bastard Grew to Global Dominance*. Translated by Nancy Westrate. Chapel Hill: University of North Carolina Press, 2003.

20장

Eliade, Mircea. *The Myth of Eternal Return: Or, Cosmos and History*. Translated by Willard R. Trask. 1949, reprint: Princeton, NJ: Princeton University Press 1991.

Gould, Stephen J. *Time's Arrow Time' Cycle: Myth and Metaphor in the Discovery of Geological Time*. Cambridge, MA: Harvard University Press, 1987. [한국어판. 스티븐 제이 굴드 지음, 이철우 옮김, 《시간의 화살, 시간의 순환: 지질학적 시간의 발견에서 신화와 은유》, 서울: 아카넷, 2012]

Mandala, Elias C. *The End of Chidyerano: A History of Food and Everyday Life in Malawi, 1860-2004*. Portsmouth, NH: Heinemann, 2005.

Ogbu, J. U. "Seasonal Hunger in Tropical Africa as a Cultural Phenomenon." *Africa* 13, no. 4 (1973): 317-332.

21장

Bonanno, Alessandro, et al., eds. *From Columbus to ConAgra: The Globalization of Agriculture and Food*. Lawrence: University Press of Kansas, 1994.

Burch, David, and Geoffrey Lawrence. "Supermarket Own Brands, Supply Chains and the Transformation of the Agri-Food System." *International Journal of the Sociology of Agriculture and Food* 13, no. 1(2005): 1-28.

Campbell, Hugh. "Breaking New Ground in Food Regime Theory: Corporate Environmentalism, Ecological Feedbacks and the 'Food from Somewhere' Regime." *Agriculture and Human Values* 26, no. 4(2009): 309-319.

Collins, Jane. "New Directions in Commodity Chain Analysis of Global Development Processes." In *New Directions in the Sociology of Global Development*, edited by Frederick Buttel and Philip McMichael, 3-17. Oxford: Elsevier, 2005.

Dixon, Jane. "From the Imperial to the Empty Calorie: How Nutrition Relations Underpin Food Regime Transitions." *Agriculture and Human Values* 26, no. 4 (2009): 321-333.

Friedmann, Harriet. "Distance and Durability: Shaky Foundations of the World Food Economy." In *The Global Restructuring of Agro-Food Systems*, edited by Philip McMichael, 258-275. Ithaca, NY: Cornell University Press, 1994.

Friedmann, Harriet. "From Colonialism to Green Capitalism: Social Movements and Emergence of Food Regimes." In *New Directions in the Sociology of Global Development*, edited by Frederick Buttel and Philip McMichael, 227-264. Oxford: Elsevier, 2005.

Friedmann, Harriet, and Philip McMichael. "Agriculture and the State System: The Rise and Decline of National Agricultures, 1870 To The Present." *Sociologia Ruralis* 29, no. 2(1989): 93-117.

McMichael, Philip, ed. *The Global Restructuring of Agro-food Systems*. Ithaca, NY: Cornell University Press, 1994.

McMichael, Philip. "Global Development and the Corporate Food Regime." In *New Directions in the Sociology of Global Development*, edited by Frederick Buttel and

Philip McMichael, 265-300. Oxford: Elsevier, 2005.

McMichael, Philip. "A Food Regime Geneaology." *The Journal of Peasant Studies* 36, no. 1(2009): 139-169.

Pritchard, Bill. "The Long Hangover from the Second Food Regime: A World-Historical Interpretation of the Collapse of the WTO Doha Round." *Agriculture and Human Values* 26, no. 4 (2009): 297-307.

22장

Boniface Priscilla. *Tasting Tourism: Travelling for Food Drink*. Aldershot: Ashgate, 2003.

Hall, C. Michael, and Liz Sharples. *Food and Wine Festivals and Events Around the World*. London: Butterworth-Heinemann, 2008.

Hall, C. Michael, et al. *Wine Tourism Around the World: Development, Management and Markets*. London: Butterworth Heinemann, 2002.

Hall, C. Michael, et al. *Food Tourism Around the World: Development, Management and Markets*. London: Butterworth-Heinemann, 2003.

Heldke, Lisa M. *Exotic Appetites: Ruminations of a Food Adventurer*. New York: Routledge, 2003.

Hjalager, Ane-Mette, and Greg Richards, eds. *Tourism and Gastronomy*. London: Routledge, 2002.

Long, Lucy M. "Culinary Tourism: A Folkloristic Perspective on Eating and Otherness." *Southern Folklore* 55, no. 3(1998): 181-204.

_____. "Culinary Tourism and the Emergence of an Appalachian Cuisine: Exploring the Foodscape of Asheville, NC." *North Carolina Folklore Journal* 57, no. 1(2010): 4-19.

_____, ed. *Culinary Tourism*. Lexington: University Press of Kentucky, 2004.

Lysaght, Patricia, ed. *Food and the Traveller: Migration, Immigration, Tourism and Ethnic Food.* Cyprus: Intercollegiate Press, 1998.

Wilk, Richard. *Home Cooking in the Global Village: Caribbean Food from Buccaneers to Ecotourists.* Oxford: Berg, 2006.

Wolf, Erik. *Culinary Tourism: The Hidden Harvest.* Dubuque, IA: Kendall Hunt Publishing, 2006.

23장

Arnold, Philip P., ed. "Religious Dimensions of Food." Special Issue of *Journal of Ritual Studies* 14, no. 1(2000).

Bynum, Caroline Walker. *Holy Feast, Holy Fast: The Religious Significance of Food to Medieval Women.* Berkeley: University of California Press, 1987.

Greenspoon, Leonard J., et al, eds. *Food and Judaism.* Studies in Jewish Civilization 15. Omaha, NE: Creighton University Press, 2005.

Griffith, R. Marie. *Born Again Bodies: Flesh and Spirit in American Christianity.* Berkeley: University of California Press, 2004.

Khare, R. S., ed. *The Eternal Food: Gastronomic Ideas and Experiences of Hindus and Buddhists.* Albany: State University of New York Press, 1992.

Khare, R. S. "Anna." In *The Hindu World*, edited by Sushil Mittal and Gene Thursby, 407-428. New York: Rutledge, 2004.

Kraemer, David. *Jewish Eating and Identity Through the Ages.* New York: Rutledge, 2007.

McGowen, Andrew. "Food, Ritual, and Power." In *A People's History of Christianity: Late Ancient Christianity*, edited by Virginia Burrus, 145-164. Minneapolis: AugsburgFortress, 2005.

McKenzie Pearson, Anne. *Because It Gives Me Peace of Mind: Ritual Fasts in the Religious Lives of Hindu Women.* Binghampton: State University of New York Press, 1996.

Miles, Margaret R., ed. "Food and Religion." Special Issue of *The Journal of the American Academy of Religion* 63, no. 3(1995).

Sack, Daniel. *Whitebread Protestants: Food and Religion in American Culture.* New York: St. Martin's Press, 2000.

Smith, Dennis E. *From Symposium to Eucharist: The Banquet in the Early Christian World.* Minneapolis: Augsburg Fortress, 2003.

24장

Belasco, Warren. "Ethnic Fast Foods: The Corporate Melting Pot." *Food and Foodways* 2 (1987): 1-30.

Brown, Linda Keller, and Kay Mussell, eds. *Ethnic and Regional Foodways in the United States: The Performance of Group Identity.* Knoxville: University of Tennessee Press, 1984.

Carney, Judith A. *Black Rice: The African Origins of Rice Cultivation in the Americas.* Cambridge, MA: Harvard University Press, 2001.

Diner, Hasia R. *Hungeringfor America: Italian, Irish, and Jewish Foodways in the Age of Migration.* Cambridge, MA: Harvard University Press, 2001.

Ferris, Marcie Cohen. *Matzoh Ball Gumbo: Culinary Tales of the Jewish South.* Chapel Hill: University of North Carolina Press, 2005.

Gabaccia, Donna. *We Are What We Eat: Ethnic Food and the Making of Americans.* Cambridge, MA: Harvard University Press, 1998.

Levenstein, Harvey A. *Revolution at the Table: The Transformation of the American Diet.* New York: Oxford University Press, 1988.

Lu, Shun, and Gary Allen Fine. "The Presentation of Ethnic Authenticity: Chinese Food as a Social Accomplishment." *Sociological Quarterly* 36, no. 3(Summer 1995): 535-53.

Opie, Fredrick Douglass. *Hogs and Hominy: Soul Food from Africa to America.* New York: Columbia University Press, 2008.

Poe, TracyN. "The Origins of Soul Food in Black Urban Identity: Chicago, 1914-1947." *American Studies International* 37, no. 1(February 1999): 4-33.

Williams-Forson, Psyche A. *Building Houses Out of Chicken Legs: Black Women, Food, and Power.* Chapel Hill: University of North Carolina Press, 2006.

Witt, Doris. *Black Hunger: Food and the Politics of u.s. Identity.* New York: Oxford University Press, 1999.

25장

Appadurai, Arjun. "How to Make a National Cuisine: Cookbooks in Contemporary India." *Comparative Studies in Society and History* 30, no. 1(January 1988): 3-24.

Cusack, Igor. "African Cuisines: Recipes for Nation-building." *Journal of African Studies* 13, no. 2(2000): 207-225.

DeSoucey, Michaela. "Gastronationalism: Food Traditions and Authenticity Politics in the European Union." *American Sociological Review* 75, no. 3(2010): 432-455.

Ferguson, Priscilla Parkhurst. *Accountingfor Taste: The Triumph of French Cuisine.* Chicago: University of Chicago Press, 2004.

Guy, Kolleen M. *When Champagne Became French: Wine and the Making of a National Identity.* Baltimore, MD: Johns Hopkins University Press, 2003.

Karaosmanoglu, Defne. "Surviving the Global Market: Turkish Cuisine 'Under Construction'." Food, Culture and Society 10, no. 3 (Fall 2007): 425-448.

Ohnuki-Tierney, Emiko. *Rice as Self: Japanese Identities through Time.* Princeton, NJ: Princeton University Press, 1993.

Pilcher, Jeffrey M. *iQue vivan los tamales! Food and the Making of Mexican Identity.* Albuquerque: University of New Mexico Press, 1998.

Pujol, Anton. "Cosmopolitan Taste: The Morphing of the New Catalan Cuisine." *Food, Culture and Society* 12, no. 4(December 2009): 437-455.

Rogers, Ben. *Beef and Liberty.* London: Chatto & Windus, 2003.

Scholliers, Peter, and Anneke Geyzen. "Upgrading the Local: Belgian Cuisine in Global Waves." Gastronomica 10, no. 3(2010): 49-54.

Smith, Alison K. *Recipes for Russia: Food and Nationhood under the Tsars.* DeKalb: Northern Illinois University Press, 2008.

26장

Coveney, John. *Food, Morals and Meaning: The Pleasure and Anxiety of Eating.* London: Routledge, 2006.

Heldke, Lisa M. *Exotic Appetites: Ruminations of a Food Adventurer.* New York: Routledge, 2003.

Kass, Leon R. *The Hungry Soul: Eating and the Perfecting of Our Nature.* Chicago: University of Chicago Press, 1999.

Kjænes, Unni, Mark Harvey, and Alan Warde. *Trust in Food: A Comparative and Institutional Analysis.* Basingstoke: Palgrave Macmillan, 2007.

Korthals, Michiel. *Before Dinner: Philosophy and Ethics of Food.* Dordrecht: Springer, 2004.

Mepham, Ben, ed. *Food Ethics.* London: Routledge, 1996.

Sapontzis, Steve F., ed. *Food for Thought: The Debate over Eating Meat.* Amherst, NY: Prometheus Books, 2004.

Schurman, Rachel, and William A. Munro. *Fighting for the Future of Food: Activists Versus Agribusiness in the Struggle over Biotechnology.* Minneapolis: University of Minnesota Press, 2010.

Singer, Peter, and Jim Mason. *The Ethics of What We Eat.* Melbourne: Text Publishing, 2006. [한국어판. 피터 싱어 지음, 김성한 옮김, 《동물해방》, 고양: 연암서가, 2012(개정완역판)]

27장

Belasco, Warren. "Food, Morality and Social Reform." In *Morality and Health*, edited by Allan M. Brandt and Paul Rozin, 185-199. New York: Routledge, 1997.

Belasco, Warren. *Appetite for Change: How the Counterculture Took on the Food Industry*, 2d. rev. ed. Ithaca, NY: Cornell University Press, 2006.

Belasco, *Warren. Meals to Come: A History of the Future of Food.* Berkeley: University of California Press, 2006.

Coveney, John. *Food, Morals and Meaning: The Pleasure and Anxiety of Eating.* 2nd ed. London: Routledge, 2006.

Frank, Thomas. *The Conquest of Cool: Business Culture, Counterculture, and the Rise of Hip Consumerism.* Chicago: University of Chicago Press, 1998.

Johnston, Josee, and Shyon Baumann. *Foodies: Democracy and Distinction in the Gourmet Foodscape.* New York: Routledge, 2010.

Kamp, David. *The United States of Arugula: How We Became a Gourmet Nation.* New York:

Broadway Books, 2006.

Lappe, Frances Moore. *Diet for a Small Planet.* New York: Ballantine, 1971.

Levenstein, Harvey. *Revolution at the Table: The Transformation of the American Diet.* New York: Oxford University Press, 1988.

Lien, Marianne Elisabeth, and Brigitte Nerlich, eds. *The Politics of Food.* Oxford: Berg, 2004.

Nestle, Marion. *Food Politics: How the Food Industry Influences Nutrition and Health.* Berkeley: University of California Press, 2002. [한국어판. 매리언 네슬 지음, 김정희 옮김, 《식품 정치: 미국에서 식품산업은 영양과 건강에 어떤 영향을 끼치는가?》, 서울: 고려대학교출판부, 2011]

Nissenbaum, Stephen. *Sex, Diet, and Debility in Jacksonian America.* New York: Oxford University Press, 1988.

Wharton, James C. *Crusaders for Fitness: The History of American Health Reformers.* Princeton, NJ: Princeton University Press, 1982.

필자 소개(글 게재순)

제프리 M. 필처Jeffrey M. Pilcher (엮은이, 서문, 3장)

캐나다 토론토대학 스카버러캠퍼스 음식사 교수. 저서로는 《타코 행성: 멕시코 음식의 세계사Planet Taco: A Global History of Mexican Food》(2012), 《소시지 반란: 멕시코시티의 공중보건, 사기업, 그리고 고기, 1890-1917The Sausage Rebellion: Public Health, Private Enterprise, and Meat in Mexico City, 1890-1917》(2006), 토머스 F. 맥간 상Thomas F. McGann Memorial Prize을 받은 《타말레! 음식과 멕시코의 정체성 형성¡Que vivan los tamales! Food and the Making of Mexican Identity》(1998) 등이 있다.

시드니 와츠Sydney Watts (1장)

미국 리치몬드대학 근세 유럽사 부교수. 미국 코넬대학에서 프랑스사 박사학위를 받았다. 저서로는 《고기가 중요하다: 18세기 파리의 정육업자, 정치 그리고 시장 문화Meat Matters: Butchers, Politics and Market Culture in Eighteen-Century Paris》(2006)가 있고, 정육업자 길드와 공중위생의 역사와 관련된 다수의 논문을 발표했다. 그녀가 진행 중인 사순절과 세속 사회에 관한 연구는 근세 프랑스 도시에서의 음식 습관과 종교 규범의 변화에 초점을 맞추고 있다.

엔리케 C. 오초아Enrique C. Ochoa (2장)

미국 캘리포니아주립대학 로스앤젤레스캠퍼스 남미학·역사학 교수. 저서로 《멕시코 식량 공급: 1910년 이후 음식의 정치적 이용Feeding Mexico: The Political Uses of Food Since 1910》(2000) 등이 있고, 공동편집서로 《라틴계 미국인의 로스앤젤레스: 이민, 공동체 그리고 정치 운동 Latino Los Angeles: Migrations, Communities and Political Activism》(2005) 등이 있다. 현재 계획 중인 책은 "옥수수 없이는 나라도 없다: 멕시코 식량 주권 투쟁Sin Maíz, No Hay País: Mexico's Struggle for Food Sovereignty"이라고 제목을 붙였다.

트레이시 도이치Tracey Deutsch (4장)

미국 미네소타대학 역사학 부교수. 저서로는 《주부의 천국 만들기: 젠더, 정부 그리고 20세기의 미국 식품점Building a Housewife's Paradise: Gender, Government and American Grocery Stores in the Twenties Century》(2010) 등이 있고, 먹거리정치, 젠더 체계, 자본주의를 주제로 강의하고 연구하고 글을 쓰고 있다.

레이나 그린Rayna Green (5장)

스미스소니언 국립미국사박물관 명예 큐레이터. 원주민 연구와 미국학 교수로 대학에서 15년 동안 재직했다. 아메리칸인디언의 초상, 의식performance, 미국의 정체성과 관련된 전시, 특수 연구, 논문, 다큐멘터리 제작으로 유명하다. 그 밖에도 미국인과 아메리칸인디언의 음식 및 식생활과 관련된 다양한 전시(예컨대 "많이 드세요: 스미소니언에서 만나는 줄리아 차일드의 주방Bon Appétit: Julia Child's Kitchen at the Smithsonian")와 영화(예컨대《우리는 옥수수다: 푸에블로 인디언 음식 이야기Corn Is Who We Are: The Story of Pueblo Indian Food》), 책(예컨대《마더콘, 딕시피그 바비큐를 만나다: 남아메리카 원주민의 음식Mother Corn Meets the Dixie Pig: Native Food in the Native South》)을 발표했다.

캐럴 커니핸Carole Counihan (6장)

미국 펜실베이니아 밀러스빌대학 인류학 명예교수. 30년 동안 이탈리아와 미국에서 문화기술지적 방식으로 음식 문화, 젠더, 정체성에 관해 연구해왔다. 저서로는《음식과 몸의 인류학: 젠더, 의미 그리고 권력Anthropology of Food and Body: Gender, Meaning and Power》(1999),《토스카나 사람들의 식탁: 20세기 플로렌스 지방의 음식, 가족 그리고 젠더Around the Tuscan Table: Food, Family and Gender in Twentieth Century Florence》(2004),《토르티야는 인생을 닮았다: 콜로라도 샌루이스 계곡의 음식과 문화A Tortilla Is Like Life: Food and Culture in the San Luis Valley of Colorado》(2009)가 있다. 페니 밴 에스테릭Penny Van Esterik과 공동으로《음식과 문화: 입문서Food and Culture: A Reader》(1997, 2008, 2015)를 편집했다.

R. 켄지 티어니R. Kenji Tierney (7장)

미국 뉴욕주립대학교 뉴팔츠캠퍼스 객원조교수. 미국 캘리포니아대학 버클리캠퍼스에서 인류학 박사학위를 받았다. 음식과 스모의 인류학과 관련된 다수의 논문을 발표했고,《신일본의 다문화주의: 내부의 경계 허물기Multiculturalism in the New Japan: Crossing the Boundaries Within》(2007)를 공동 편집 했다.

에미코 오누키-티어니Emiko Ohnuki-Tierney(일본명 오누키 에미코大貫恵美子) (7장)

미국 위스콘신대학 윌리엄 F. 빌라스 연구교수. 일본 태생이다. 쌀, 원숭이, 벚꽃과 같은 일본인의 정체성을 나타내는 다양한 상징물을 사회정치학적 맥락과 역사적 관점에서 연구하는 데 초점을 맞추고 있다. 영어와 일본어로 많은 출판을 했다. 국내에는《쌀의 인류학Rice as Self: Japanese Identities through Time》(2001) 등이 번역되어 있다. 미국 의회도서관은 2009년에 그녀를 현대 문화 연구에 뛰어난 업적을 이룬 교수로 선정하기도 했다.

시에라 버넷 클라크Sierra Burnett Clark (8장)

미국 스탠퍼드 루실패커드어린이병원Lucile Packard Children's Hospital Stanford 이사회 소속. 뉴욕대학과 뉴스쿨에서 음식 문화를 가르치고 있기도 하다. 미국 위스키에 관한 연구를 통해 오늘날 먹거리체계에 반영된 전통 방식과 기술에 관한 정책을 고찰한다. 뉴욕대학 식품학 박사학위를 받았으며 브라운대학에서 국제관계를 공부한 뒤 프랑스 조리전문학교 조리와 제과 과정을 함께 이수하는 그랑디플로마Grande Diplôme 과정을 마쳤다.

크리슈넨두 레이Krishnendu Ray (8장)

미국 뉴욕대학 식품학 부교수. 그전에 10년 동안 미국 유명 조리 전문학교인 CIA(Culinary Institute of America)에서 학생들을 가르쳤다. 저서로는《소수민족 식당 경영자The Ethnic

Restaurateur》(2016),《이민자의 식탁: 벵골계 미국인 가정의 식사와 추억The Migrant's Table: Meals and Memories in Bengali-American Households》(2004) 등이 있고,《커리 문화: 세계화, 인도 요리 그리고 남아시아 중산층Curried Cultures: Globalization, Indian Cuisine and South Asian Middle Classes》(2012)을 공동 편집 했다.

버티 만델블랫Bertie Mandelblatt (9장)

캐나다 토론토대학 뉴칼리지 카리브지역학 조교수. 17세기와 18세기 프랑스령 앤틸리스 제도의 음식 생산·공급·소비에 초점을 맞춘 프랑스령 대서양 지역의 상품 교환에 대한 연구를 주로 한다. 특히, 카리브해를 비롯한 대서양 지역에서 노예 소비의 경제적 효과를 중점적으로 강조한다.

샬럿 빌테코프Charlotte Biltekoff (10장)

미국 캘리포니아대학 데이비스캠퍼스 미국학과 식품과학기술 부교수. 19세기 말부터 현재까지 미국의 식생활 건강에 관한 문화 정책을 중점적으로 연구하고 있다. 저서로《미국에서의 올바른 식사: 먹거리와 건강의 문화정치학Eating Right in America: The Cultural Politics of Food and Health》(2013)이 있다.

조너선 도이치Jonathan Deutsch (11장)

미국 필라델피아 브렉셀대학 조리학 및 식품학 교수. 정통 요리사(조리사) 과정을 밟은 전문요리사이기도 하다. 저서로는 (애니 호크 로슨과 함께 쓴)《요리도시: 음식과 뉴욕시티 Gastropolis: Food and New York City》(2010)와 (제프리 밀러와 함께 쓴)《식품학: 연구방법론Food Studies: An Introduction to Research Methods》(2009) 등이 있다. 일과시간이 끝나면 뉴욕시티의 지역 밴드들과 어울려 튜바를 연주하곤 한다.

제프리 밀러Jeffrey Miller (11장)

미국 콜로라도주립대학 부교수. 호텔경영학과 강좌 코디네이터 직책을 맡고 있다. 조리법을 포함해서 다양한 호텔 경영 관련 강의를 하면서 캘리포니아주립대학에서 음식과 사회 관련 과목을) 가르친다. 교수가 되기 전에 20년 동안 다양한 고급호텔에서 요리사 일을 했다.

스털링 에번스Sterling Evans (12장)

미국 오클라호마대학 루이즈웰시 석좌교수. 접경지역 역사를 가르치고 있다. 캔자스대학 대학원을 마친 뒤, 브랜든대학(마니토바), 훔볼트주립대학(캘리포니아), 앨버타대학에서 강의했다. 저서로는 미국농업사학회Agricultural History Society가 수여하는 테오도르 살루토스 최고 도서상 등을 수상한《노끈으로 묶인: 1880-1950년 멕시코와 미국 및 캐나다 평원의 에네켄-밀 복합체의 역사와 생태Bound in Twine: The History and Ecology of the Henequen-Wheat Complex for Mexico and the American and Canadian Plains, 1880-1950》(2007) 등이 있다. 주로 연구하고 가르치는 분야는 환경, 농업, 다국적 관계와 관련된 역사다.

켄 알바라 Ken Albala (13장)

미국 퍼시픽대학 역사학 교수. 르네상스 시대 영양학과 고급 정찬에서 각종 콩 요리에 이르기까지 음식과 관련된 많은 책을 썼다. 《르네상스 시대의 올바른 식사 Eating Right in the Renaissance》(2002), 《콩의 역사 Beans: A History》(2007) 등 지금까지 20권이 넘는 책을 저술·편집했다. 그중에는 공동으로 저술한 요리책도 2권 있다. 현재 저널 《음식, 문화 그리고 사회 Food, Culture and Society》의 편집고문이기도 하다.

제이에타 샤르마 Jayeeta Sharma (14장)

캐나다 토론토대학 스카버러캠퍼스 역사학·아시아지역학 부교수. 남아시아와 영국 제국의 역사와 문화 과목들을 가르치고 있다. 연구와 강의 주제는 이민, 음식, 민족, 노동, 어린이, 해외 이주와 식민지 이후의 문화 등이다. 저서로는 근대와 현대 인도의 정체성 형성과 식민지 차 자본주의의 관계를 살펴본 《제국의 정원: 아삼과 인도의 형성 Empire's Garden: Assam and the Making of India》(2011) 등이 있다.

가브리엘라 M. 페트릭 Gabriella M. Petrick (15장)

미국 뉴헤이븐대학 호텔관광학 Hospitality & Tourism 교수. 20세기 미국에서 가공식품의 발전과 식생활 변화에 초점을 맞춰 연구하고 있다. 현재 식품 과학과 기술에 관한 연구 이외에 미각의 역사에 관한 책을 쓰고 있다.

스티브 펜폴드 Steve Penfold (16장)

캐나다 토론토대학 역사학 부교수. 북아메리카 자본주의의 정치사, 사회사, 문화사, 특히 캐나다에서의 대량 소비에 연구 중점을 둔다. 저서로는 《캐나다 도넛의 역사 The Donut: A Canadian History》(2008) 등이 있다.

도나 R. 가바치아 Donna R. Gabaccia (17장)

캐나다 토론토대학 스카버러캠퍼스 역사문화학 교수. 해외 이주, 미국 이민자들의 생활, 전 세계 이탈리아인들의 삶에 관한 책과 논문을 많이 썼다. 저서로는 《우리의 존재는 먹는 것이 결정한다: 소수민족 음식과 미국인의 형성 We Are What We Eat: Ethnic Food and the Making of Americans》(1998), 《이탈리아의 해외 이주민들 Italy's Many Diasporas》(2000), 《외교 관계: 미국 이민을 바라보는 세계적 관점들 Foreign Relations: Global Perspectives on American Immigration》(2012) 등이 있다.

폴 프리드먼 Paul Freedman (18장)

미국 예일대학 역사학 교수. 중세사가로서 1000년에서 1500년까지 카탈로니아 지역의 농민, 교회, 귀족의 역사를 전문으로 연구했다. 음식 역사 분야에서 괄목할 연구 업적을 이루었다. 관련 저서로는 《동양으로부터 온 향신료와 중세적 상상력 Out of the East: Spices and the Medieval Imagination》(2008) 등이 있으며, 10개국 언어로 번역된 《음식: 맛의 역사 Food: The History of Taste》(2007)를 편집했다. 최근 저서로는 《미국을 바꾼 10개의 레스토랑 Ten Restaurants That Changed America》(대니 마이어와 공저)이 있다. 현재는 19세기 미국의 식생활에 대해 연구하고 있다.

레베카 얼Rebecca Earle (19장)

영국 잉글랜드 워릭대학 역사학 교수. 연구 주제는 중남미 지역의 식민지 시대와 독립 국가들의 문화사와 지성사다. 관련 저서로는 근세 중남미 세계의 식민지 건설에서 음식이 담당한 중심 역할을 연구한《신대륙 정복자 집단: 음식, 민족 그리고 식민지 경험The Body of the Conquistador: Food, Race and the Colonial Experience》(2012), 식민지 정복 이전의 19세기 엘리트 민족주의의 역할에 대해서 검토한《원주민의 귀환: 인디언과 중남미의 신화 만들기, 1810-1830Return of the Native: Indians and Mythmaking in Spanish America, 1810~1930》(2008), 중남미 지역의 독립전쟁들을 연구한《스페인과 콜롬비아의 독립, 1810~1825Spain and the Independence of Colombia, 1810-1825》(2000)이 있다.

일라이어스 맨더러Elias Mandala (20장)

미국 로체스터대학 역사학 교수. 말라위대학에서 학사와 석사 학위를 받고, 미네소타 대학에서 박사학위를 받았다. 아프리카 농민들에 대해 연구하는데, 특히 농업, 먹거리체계, 젠더, 세대 갈등, 농촌 차별에 주목한다. 저서로는《치디에라노의 종말: 말라위의 음식과 생활사, 1860~2004The End of Chidyerano: A History of Food and Everyday Life in Malawi, 1860-2004》(2005)와《농민 경제에서의 노동과 통제: 말라위 치리계곡 하류 지역의 역사, 1859~1960Work and Control in a Peasant Economy: A History of the Lower Tchiri Valley in Malawi, 1859-1960》(1990) 등이 있다.

앙드레 마냥André Magnan (21장)

캐나다 리자이나대학 사회학 부교수. 주로 관심을 두는 연구 분야는 역사정치학적 경제의 관점에서 본 지역과 세계의 먹거리체계, 특히 캐나다 대초원 지역이다. 유전자조작작물을 둘러싼 정치적 갈등, 공동곡물마케팅 정책, 캐나다-영국 밀 상품사슬의 역사적 발전에 관한 연구 논문들을 발표했다. 저서로는《밀이 군림할 때: 캐나다-영국 곡물교역의 성쇠When Wheat was King: The Rise and Fall of the Canada-UK Grain Trade》(2016)가 있다.

루시 M. 롱Lucy M. Long (22장)

비영리단체 음식·문화센터Center for Food and Culture(https://foodandculture.org/) 설립자 겸 운영자. 볼링그린주립대학 등에서 관광과 미국 문화연구 과정을 통해 식품학을 가르치고 있다. 미국 펜실베이니아대학에서 민속학 박사학위를 받았다. 저서로는《음식관광Culinary Tourism》(2004, 편집서),《지역별 미국 음식 문화Regional American Food Culture》(2009) 등이 있으며, 애팔래치아 산간 지방 음식과 음악에서 아일랜드 소다빵과 한국음식점에 이르기까지 음식과 관련된 광범위한 주제들을 출판했다.

코리 E. 노먼Corrie E. Norman (23장)

미국 하버드대학에서 신학으로 박사학위를 받았다. 미국과 이탈리아의 종교와 문화에 관한 다수의 책과 논문을 비롯해서 음식과 종교에 관한 여러 논문을 발표했다. 지금은 현대 미국의 영성과 음식에 관한 책을 쓰고 있다.

용 첸Yong Chen (24장)

미국 캘리포니아대학 어빙캠퍼스 역사학 교수. 대학원에서 부학장을 지내기도 했다. 《춥수이, 미국: 미국에서 중국 음식의 부상Chop Suey, USA: The Rise of Chinese Food in America》(2014), 《중국인의 샌프란시스코 1850~1943Chinese San Francisco, 1850-1943》(2000) 등을 썼고, 《미국사를 바라보는 새로운 관점: 환태평양 공동체New Perspectives on American History: A Trans-Pacific Community》(2010)를 공동으로 편집했으며, "'아직 먹어보지 못했어?': 미국의 중국음식점'Have You Eaten Yet?': The Chinese Restaurant in America"(뉴욕, 필라델피아) 전시회를 공동으로 준비하는 책임을 맡았다. 중국계 미국인의 역사, 음식, 대학교육과 같은 다양한 주제로 최고 수준의 여러 학술저널에 많은 논문을 게재했고, 미국을 비롯해서 여러 나라의 매스컴에서 광범위한 주목을 받았다.

앨리슨 K. 스미스Alison K. Smith (25장)

캐나다 토론토대학 역사학 부교수. 러시아인의 식생활과 관련된 다수의 논문을 썼고, 《러시아 조리법: 차르 시대의 음식과 독립 국가Recipe for Russia: Food and Nationhood Under the Tsars》(2008) 등을 저술했다. 현재는 18세기와 19세기 러시아의 사회범주와 사회이동에 관한 단행본을 쓰고 있다.

레이철 A. 앙키니Rachel A. Ankeny (26장)

오스트레일리아 애들레이드대학 역사학 교수. 음식 관련 새로운 연구 분야의 대학원 과정을 진행하는 프로그램 조정자(그전에는 조리학대학원 과정의 프로그램 책임자였다)이기도 하다). 관심 분야는 음식 윤리, 여성과 어린이의 음식 습관, 과학과 요리의 관련성이다. 보건과 과학 정책, 특히 대중 참여와 생명윤리 분야의 전문가이며 그와 관련된 연구를 지속하고 있다.

워런 벨라스코Warren Belasco (27장)

미국 메릴랜드대학 볼티모어카운티캠퍼스 미국학 명예교수. 저서로는 《음식: 주요 개념Food: The Key Concepts》(2008), 《변화에 대한 욕구: 반문화는 음식 산업에 어떻게 투영되었나Appetite for Change: How the Counterculture Took on the Food Industry》(2006), 《여행 중인 미국인들: 오토캠프에서 모텔까지, 1910~1945Americans on the Road: From Autocamp to Motel, 1910-1945》(1979) 등이 있다. 《음식, 문화 그리고 사회Food, Culture and Society》 저널의 편집자문위원회 소속이기도 하다.

옮긴이의 글

2000년 후반부터 인터넷 방송을 통해 인기를 끌기 시작하던 이른바 '먹방(먹는 방송)'이 서서히 유튜브나 케이블TV로 번져나가더니 이제는 심지어 공중파 방송에서도 버젓이 방송 프로그램의 한 장르로 확고하게 자리를 잡았다. 그전에도 음식을 소재로 한 요리 프로그램이 있기는 했지만 지금처럼 유행한 적은 없다. 그동안 음식은 이런 오락 방송 프로그램뿐 아니라 여러 학문 분야의 연구에서도 단순한 소품이나 부차적 문화 현상의 일부로 다루어졌다. 하지만 음식이 인류의 역사와 맥을 같이한다는 점에서 그동안 음식에 관한 진지한 학문적 연구는 지나치게 태만한 측면이 있었다. 그런 면에서 이 《옥스퍼드 음식의 역사―27개 주제로 보는 음식 연구》는 묵직한 책의 두께와 무게만큼이나 중요한 의미가 있다. 서문에서 밝힌 것처럼, 이제 음식은 특정 역사적, 문화적, 사회적, 정치적 특성에 따라 수반되는 부차적 현상이 아니라 오히려 그러한 특성에 중요한 영향을 끼치는 실체로서 그 존재론적 의미를 찾아보기에 이르렀다. 음식만큼 인간의 삶과 뗄 수 없는 관계에 있는 것은 없을 것이다. 너무도 일상적이기에 당연한 것으로 여겨졌던 음식이 이제 모든 학문 분야와 사회현상을 연구하는 데 매우 중요한 요소의 하나로 인식되기 시작한 것이다.

《옥스퍼드 음식의 역사―27개 주제로 보는 음식 연구》는 음식에 관해 연구된 그동안의 성과를 총결산하고 앞으로의 연구 방향을 제시하는 책이라고 할 수 있다. 따라서 이 책에서 다루고 있는 분야는 매우 방대하고 저마다 수많은 전문용어와 주요 저작과 학자들이 등장한다. 한 분야를 집중적으로 파고드는 것이 아니라 전체적 맥락 속에서 음식과 관련된 해당 분야의 연구 흐름을 이해해야 하기 때문에 그만큼 집중력도 요구된다. 또한 이 책은, 엮은이가 서문에서 밝힌 것처럼, 일반 대중을 대상으로 하기보다는 음식과 관련된 전문가들을 대상으로 하기 때문에 내용이 매우 전문적이고 딱딱하다. 하지만 각 분야별로 그동안 이룬 연구 성과들을 일관된 맥락 속에서 정리하고 있는 만큼 음식에 관해 좀 더 깊이 있는 연구나 검토를 원하는 사람들에게 큰 도움을 줄 수 있을 것이다.

이 책은 또한 일반 대중의 입장에서도 음식이 단순히 인간의 신체적 욕구를 충족시키기 위한 물질적, 소비적 수단이 아니라 인간 사회와 역사 전반에 결정적 영향을 끼치는 사회변화의 촉진체로 존재해왔음을 깨달을 수 있는 기회를 제공할 것이다. 음식을 바라보는 이런 관점의 변화는 음식에 대한 대중적 논의의 품격을 높일 것이다. 이 책은, 기존의 음식 관련 방송처럼 단순히 식욕을 자극하고 소비하는 먹방이나 요리 프로그램이 아니라, 현재의 식습관이 우리의 정체성과 어떤 연관성이 있으며, 오늘날 식량 문제가 음식의 생산·유통·소비와 어떻게 연결되어 있는지, 따라서 인간 공동체와 음식과 자연환경의 관계를 어떻게 올바르게 정립할지에 대해 성찰할 수 있는 계기를 마련할 것이라 기대한다. 또한 최근 우리나라에서도 음식과 관련된 논쟁들이 일어나고 있지만, 아직 학계나 전문가들 사이에 심층적 연구의 부족으로 그 내용이 부실하기 짝이 없다. 특히 예능화된 수많은 음식 방송 프로그램과 연예인으로 전락한 음식전문가, 식품업계의 이익을 반영한 잘못된 음식 정보들이 활개 치는 상황에서 이와 같은 진지하고 깊이 있는 연구서의 소개는 음식과 관련된 국내 학자와 전문가들의 각성을 불러일으킬 수 있을 것이다. 음식의 대중화도 좋지만 우리의 삶과 관련된 음식에 대한 올바른 이해와 진지한 성찰 또한 매우 필요한 시점이기 때문이다.

이런 종류의 책은 음식을 전문적으로 연구하거나 음식에 대해 깊은 관심과 조예가 부족한 사람이 번역하기는 솔직히 어려운 측면이 많다. 다양한 학자들이 저마다 자기 학문 분야와 음식에 관한 지식을 연결시킨 작업을 우리말로 정확하게 풀어내기란 여간 힘든 일이 아니기 때문이다. 순수하게 번역하는 데 들어간 시간만 해도 꽤 오래지만, 부족한 번역 때문에 교정과 교열을 거치는 데도 상당한 시간과 노력이 수반되었다. 특히 번역의 오류 지적과 적절치 않은 용어 수정, 국내에 소개된 관련 서적들에 대한 정보 수록에 이르기까지 꼼꼼하게 교열 작업을 해주신 좌세훈 씨와 도서출판 따비의 신수진 편집장에게 진심으로 감사의 말씀을 전한다.

2020년 1월
김병순

찾아보기

- 약어 -